刑法规范精解集成

（第八版）

谭淼 编著

法律出版社
LAW PRESS·CHINA

—— 北京 ——

图书在版编目(CIP)数据

刑法规范精解集成 / 谭淼编著. -- 8版. -- 北京：
法律出版社, 2024
ISBN 978-7-5197-8308-2

Ⅰ. ①刑… Ⅱ. ①谭… Ⅲ. ①刑法-法律解释-中国
Ⅳ. ①D924.05

中国国家版本馆CIP数据核字(2023)第169209号

刑法规范精解集成(第八版)
XINGFA GUIFAN JINGJIE JICHENG
(DI-BA BAN)

谭 淼 编著

策划编辑 蒋 橙
责任编辑 蒋 橙
装帧设计 李 瞻

出版发行 法律出版社
编辑统筹 法律应用出版分社
责任校对 王 丰 郭艳萍
责任印制 刘晓伟
经 销 新华书店

开本 A5
印张 28.25 字数 998千
版本 2024年2月第8版
印次 2024年2月第1次印刷
印刷 天津嘉恒印务有限公司

地址:北京市丰台区莲花池西里7号(100073)
网址:www.lawpress.com.cn
投稿邮箱:info@lawpress.com.cn
举报盗版邮箱:jbwq@lawpress.com.cn

销售电话:010-83938349
客服电话:010-83938350
咨询电话:010-63939796

书号:ISBN 978-7-5197-8308-2
定价:98.00元
凡购买本社图书,如有印装错误,我社负责退换。电话:010-83938349

刑法工具书的“加法”与“减法”

（第八版自序）

从第一版到第六版，本书的编辑工作一直在做“加法”，按照应收尽收原则，全面收录与日俱增的新规。然而，如果一味做“加法”，刑法工具书将越编越厚，份量越来越重。法律工具书的编辑既要做好“加法”，也要做好“减法”。只有删除那些可有可无的重复内容，才能腾出更多篇幅来容纳新规。笔者从第七版开始做“减法”，第八版则继续把“减法”做精做深做透。尽管第八版收录了第七版之后三年间出台的全部新规，但篇幅仅比第七版多了 24 页，“减法”初见成效！

一、本书的“加法”

第八版收录了 2023 年 12 月 29 日通过的《刑法修正案（十二）》，该修正案涉及刑法七个条文，并全文收录了自 2021 年 1 月以来新制定或修订的 25 个司法解释和“两高”的大部分指导性案例。

本书的一大特色是收录了司法解释的理解与适用。第八版继续收录新的理解与适用，但不再原文照录，而是概括其要点，以尽量压缩篇幅，可谓“加法”之中有“减法”。

现在刑法工具书琳琅满目，各有特色。作者群体既有法官和检察官，也有学者和刑辩律师。编者的职业身份不同，视角自然不同，刑辩律师当然更关注无罪罪轻规则。从 2019 年底开始，笔者系统研究无罪罪轻规则[1],研习四年,略有心得。第八版收录的数个无罪罪轻规则便是学习收获,相关案例放在正文,个人思考则置于脚注。相信假以时日,无罪罪轻规则定会成为本书的一大亮点。

自 2021 年初,笔者开始精心经营自己的微信公众号"谭淼律师刑辩心法",三年间撰写推文 50 篇。专业写作促使我深入思考了许多法律问题,进而根据新的认识重新调整相关内容的注释关系,对单位犯罪注释关系的调整便是其中一例。

二、本书的"减法"

"减法"之道,就是删除重复之处。

如某个罪名的立案标准与其相对应的刑法条文完全雷同,则不再收录该罪名的立案标准;如多个司法解释对同一法律问题均有规定,则只保留其中一个。例如,《最高人民检察院关于全面履行检察职能为推进健康中国建设提供有力司法保障的意见》(高检发〔2016〕12 号,以下简称《意见》)规定:"办案中要严格落实罪刑法定原则,贯彻宽严相济刑事政策,对于销售少量根据民间传统配方私自加工的药品,或者销售少量未经批准进口的国外、境外药品,没有造成他人伤害后果或者延误诊治的行为,以及病患者实施的不以营利为目的的带有自救、互助性质的制售药品行为,不作为犯罪处理。"这一内容已被《最高人民法院、最高人民检察院关于办理危害药品安全刑事案件适用法律若干问题的解释》(高检发释字〔2022〕1 号)第十八条所吸收,故第八版就不再收录该《意见》。此种情况较为普遍,不再一一枚举。

---

[1] 刘艳红:《实质出罪论》,中国人民大学出版社 2022 年第 2 版;方鹏:《出罪事由的体系和理论》,中国人民公安大学 2011 年版;魏汉涛:《刑法从宽事由共同本质的展开》,法律出版社 2012 年版;高诚刚:《经济犯罪出罪事由》,武汉大学出版社 2018 年版;尹振国:《刑法出罪事由:理论基础与司法实践》,中国政法大学出版社 2022 年版;钱叶六主编,张伟副主编:《出罪事由的理论与实践》,法律出版社 2018 年版。

“两高”颁布的指导性案例篇幅较长,为节约篇幅,只保留裁判要旨,其余内容一概删减。若读者想要了解详情,可自行查阅案例原文。

本书始于2003年,历经十年方才成书。从2013年的第一版到2024年的第八版,又历经十年。本书最初收录了一些基础知识,现在看来,这些内容过于浅显,第八版不再保留。

做“加法”是规定动作,既安全又保险,而做“减法”则充满风险,万一删除了那些有价值的内容怎么办?所以每一次做“减法”都如履薄冰,反复斟酌、权衡再三。一番“减法”操作下来,发现简洁是终极的复杂。少则明,多则惑,愈简洁,愈能看清事物的本来面目。做“减法”何尝不是自信和智慧的表现。

三、关于本书索引

从某种意义上讲,刑法是一个由无数个法律概念组成的严密的知识之网,要想迅速而精准地定位到所需知识点,索引便是其不二法门。“点对点”式注释体例与拥有“点”式整序优势的关键词索引之间存在着一种与生俱来的默契,两者相得益彰,互相成就。

编制索引的念头萌生于第五版,成书于第七版,第八版则增补或充实了许多内容,继续深化和优化索引,使之更丰富、更精准、更有效。

刑法工具书的创新在于体例,“点对点”式注释关系就是本书的最大特点,更是精髓所在。良工不示人以朴,每一版修订都要重新审视现有注释关系,注释位置的调整似乎永无止境。这个不易被人察觉的“里子”工程,虽无“面子”那么光鲜,但始终是作者最为用心用功用情之处,祈望读者诸君多加留意,驻足品味。

2024年1月11日

一本书和它倡导的编纂理念

一、"点对点"式注释体例的探索

任何事物既是共性与个性的统一,也是内容与形式的统一,刑法工具书也不例外。刑法工具书内容的准确、全面,只是其最起码的要求,也是其共性所在。而刑法工具书的个性应在于其形式,确切地说,在于其体例。

许多刑法工具书将司法解释作为一个整体而附于刑法典相应条文之下;即使有所拆分,还是止步于对某个刑法条文进行解释,而没有进一步精确到刑法典中某个特定概念。笔者姑且称之为"块对块"式注释体例。这种体例虽然实现了司法解释与刑法典某种程度的结合,但依然未能从根本上脱离简单堆砌的窠臼。鉴于此,笔者遂萌生一个念头,编纂一部体例上更能实现刑法典与相关知识的有机融合、更能实现精准检索的刑法工具书。

在刑法典中,规范的构成要件要素和整体的评价要素是一个普遍现象,而刑事司法解释的主要功能之一,就是进一步界定这两类构成要件要素的内涵和外延。既然司法解释与刑法典在内容上的结合点主要是这两类构成要件要素,那么刑法工具书的体例就应该在这个结合点上做足文章。唯有如此,司法解释与刑法典才能真正融合为一个有机整体。例如,在"块对块"式注释体例的刑法工具书中,盗窃罪司法解释是作为一个整体与《刑法》第264条的盗窃罪对应起来的。而本书则将盗窃罪的罪状拆分为“盗窃”“公私”“财物”“数额”“较大”等不同的刑法概念,然后将相关司法解释进行相应的拆分,最后将两者一一对应起来,这就是《四书集注》的“集注”式体例,也就是本书的“点对点”式注释体例。

在“点对点”式注释体例确立之后,下一个重要问题就是注释位置的精心选择。刑法学是最精确的法学,为了真正实现精细到对字、词层面的解释,就必须尽可能地将司法解释与有关刑法概念直接对应起来。例如,虽然多个司法解释均针对受贿罪的“为他人谋取利益”进行解释,但实际上是在解释其中的“为”这一字,故本书将注释置于该字之后。为取得最佳效果,全书的每一个注释位置都经历了反复调整。

二、刑法存量知识的深度融合

编纂一部刑法工具书,一方面,要尽可能地将与刑法典有关的信息收集齐全;另一方面,最为重要的是将这些信息条理化、系统化,最终形成一个编排科学、结构严谨的刑法知识体系。笔者试图通过以下五个方面的深度融合来实现这一目标。

1. 刑法典与刑事司法解释的深度融合

由于刑法典和刑事司法解释在本质上存在主从关系,刑法工具书的编纂,就应准确反映出这种主从关系。本书以刑法典为“纲”,以其中的关键概念、术语或范畴为“点”,创造性地确立了“点对点”式注释体例,将刑事司法解释与刑法典深度融合,通过“合”的路径,将刑事司法解释深深地嵌入刑法典之中,实现了“融为一体、合而为一”。

2. 刑法总则与刑法分则的深度融合

作为一名执业多年的刑辩律师,笔者发现,控辩双方真正的争议焦点往往是总则问题而不是分则问题,因为总则问题往往是抽象的深层次问题,而分则问题则是具体的表层问题。基于此,本书尽可能地将散布在各个司法解释中涉及总则问题的内容摘录出来,以解释刑法总则的特定概念。例如,将走私犯罪、贪污罪、抢劫罪等司法解释中关于“既遂”和“未遂”认定标准的内容,用于解释刑法总则中的“未遂”;将洗钱罪、走私罪和掩饰、隐瞒犯罪所得罪等司法解释中关于“明知”的内容,用于解释刑法总则的犯罪故意;将赌博犯罪、危害药品安全犯罪等司法解释中形形色色的“帮助行为”汇总起来,以丰富我们对于帮助犯的理解。笔者认为,司法实务工作者有必要更加重视刑法总则的学习,善于运用刑法分则来加深对刑法总则的理解,再运用刑法总则原理来创造性地解决刑法分则问题。

3. 实体法与程序法的深度融合

我国长期以来存在的“重实体、轻程序”的错误倾向,刑事诉讼法始终未得到应有的尊重,而冤假错案的发生往往与没有严格遵守程序法直接相关。当前防范和纠正冤假错案,必然要求严格司法,严格遵循刑法和刑事诉讼法。随着刑事一体化的趋势日益深化,刑法和刑事诉讼法的关系更加紧密。本书适度收录了某些司法解释中关于个案的逮捕条件和立案管辖等程序性规定,以及针对特定罪名的特别程序。例如,将对涉嫌重大贿赂犯罪的犯罪嫌疑人可以指定居所监视居住,辩护律师在侦查阶段会见此类犯罪嫌疑人时应当取得侦查机关的许可等程序性规定收录其中。这种将实体法与程序法合编的编纂技术,有助于读者树立刑事一体化的思维习惯。

4. “刑事法”与“非刑事法”的深度融合

刑法从来不是一个封闭的知识体系,而是始终与其他部门法保持着紧密的互动关系。对刑法典中规范的构成要件要素的理解,必须要联系相关部门法,而相关部门法的修改势必影响对刑法相关概念的理解。例如,随着《消费者权益保护法》和《广告法》对“虚假广告”定义的修改,虚假广告罪中的“虚假广告”的内涵也必然发生变化。再如,《民法典》关于“法人”的最新界定必然影响到刑法中“单位”这一概念的内涵和外延。本书有意将刑法之外的知识纳入其中,意在为读者提供一个更广阔的思考空间。

5.“理论理性”和“实践理性”的深度融合

有了真问题,才有真学问。从警四年、从检六年、从事刑辩八年的工作经历,以及长达十余年的法学理论研究所产生的问题意识,使笔者时刻关注司法实践中的“多发病”和“疑难杂症”。例如,单位犯罪的认定虽然只是一个定性问题,但其结果直接影响被追诉人刑事责任大小这一定量问题。我国刑法典只是从实质违法性而不是形式违法性的角度规定了单位犯罪,尽管有关单位犯罪和金融犯罪的两个常见司法解释明确规定了单位犯罪的两个构成要件,但并没有进一步明确其具体内容。笔者就产生了一个大胆的猜想,既然单位犯罪最初源于《海关法》,就说明单位犯罪在走私犯罪中较为普遍,那么答案也许就隐藏在走私犯罪司法解释之中。思路决定出路,笔者很快就从中找到了答案。

万物得其本者生,百事得其道者成。这种“点对点”式注释体例无疑是一种全新的编纂体例,其生命力是否旺盛,归根结底还在于其是否能够准确地把握和妥善处理好刑法典与各类信息的内在联系,切实构筑起以刑法典为主体的严密知识之网。

凡是过去,皆为序章(what’s past is prologue)。本书成书之前历经长达十年的酝酿,成书之后又历经四版,如今的第五版又会呈现一个什么样的新风貌呢?与这本书相伴相惜十五载的我,唯有始终秉执以匠心致初心的信念,努力使这本书不断进化,日臻成熟,愿第五版就是它的成年礼。

凡　　例

一、本书体例

1. 本书创造性地采用"点对点"式注释体例，将司法解释及其理解与适用等内容与刑法典融合为一个以刑法典为主体的严密的知识之网，实现了刑法存量知识的体系化和系统化。

2. 司法解释在本书中不再自成体系，而是按照法律解释学原理予以科学拆分，与刑法典的"规范的构成要件要素""整体的评价要素"等刑法重要概念形成一一对应的"点对点"式注释关系，司法解释中凡能够与刑法典的某个概念形成清晰对应关系的内容，则通过拆分而与该概念一一对应起来。例如，涉及犯罪既遂、未遂内容的司法解释则附注于与犯罪行为相关的刑法概念之后；再如，涉及共同犯罪和犯罪主观要件内容的司法解释则附注于犯罪主体之后；其他不能与特定刑法概念形成清晰对应关系的司法解释内容，则置于相应刑法条文之首。

3. 全部注释均以刑法条文为单位而分别独立排序。在同一个刑法条文中，按被解释的刑法概念逐一编号。注释编号由刑法条文号和该条文中的顺序号共同组成。如《刑法》第 190 条中有五个需要解释的刑法概念，则逐个编号为 190 - 1，190 - 2，……，190 - 5。凡同一注释中包括多个不同的司法解释，则逐个编号以示区别。

4. 将与某一类罪或某一个罪有关的规范性文件名称全部汇总，并标注于该类罪或该个罪名之前，便于读者对相关规范性文件进行总体把握。

5. 为充分体现这种精细到字词层面的"点对点"式注释体例,本书每一个注释的位置均经过精心选择,敬请读者诸君多加留意。

二、正文内容

(一)刑法典的内容

1. 本书正文以刑法典为主体。

2. 刑法修正案及全国人大常委会制定的涉及犯罪与刑罚方面的决定等相关内容。刑法条文如有修正,则标明修正案简称。如《刑法修正案(八)》则标注为(刑八)。

3. 总则条文主旨参考郎胜主编:《中华人民共和国刑法释义》,法律出版社 2015 年版。

4. 分则个罪罪名的确定依据最高人民法院、最高人民检察院的相关司法解释。

(二)刑事司法解释的内容

1. 收录了自 1997 年 3 月 25 日至 2023 年 12 月 29 日的全部刑事立法和绝大部分刑事司法解释。凡已废止失效的刑事司法解释,除仍有特别参考价值外,概不辑录。尚有参考之价值者,则择要采录之。

2. 截至 2023 年 12 月 29 日第二十六批第 147 号的最高人民法院指导性案例予以全部收录;截至 2023 年 12 月 29 日第二十五批第 97 号的最高人民检察院指导性案例予以全部收录。

3. 酌情适当收录了最高人民法院、最高人民检察院和公安部的通知、会议纪要及其法律政策研究室或业务庭的答复等司法文件中涉及定罪量刑并对刑事司法实务有重要参考价值的内容。

4. 适度收录了刑事诉讼法及相关司法解释,如特定类罪或个罪的立案管辖规定、证据的采信以及特定刑事程序的司法解释,帮助读者树立刑事一体化的思维习惯。

5. 同一注释中，按立法解释和司法解释依次排序，如有多个司法解释，则主要按照语义逻辑关系排序，兼顾时间因素。

6. 刑法修正案、立法解释和司法解释后附注的日期，均系实施日期。

（三）正文的注释内容

1. 以立法背景或立法理由的方式，阐明立法原意。

2. 总结“两高”颁布的司法解释理解与适用中的内容，并摘其精要，对相关司法解释作深度阐述。

（四）脚注的内容

1. 将我国知名刑法学者关于刑法典中的关键性概念或易混淆、易误解问题的学术观点作为学理解释列入脚注，与正文的有权解释相区别。

2. 对司法解释个别概念的补充说明，也列入脚注。

（五）省略的内容

省略纯属技术处理，本书省略的内容包括：

1. 司法解释开篇部分对定罪量刑不具有直接意义的内容。

2. 若某个司法解释和《立案标准》就同一个罪名均规定追诉标准的，采从新原则而省略其他内容，但在脚注中注明被省略内容的条文名称。

3. 若立案标准与刑法典完全重复，则悉数从略。

目　录

第一编　总　则

第二编 分 则

中华人民共和国刑法

1.《中华人民共和国刑法》* 由第八届全国人民代表大会第五次会议于1997年3月14日修订,同年10月1日起施行。

2.《中华人民共和国刑法修正案》由第九届全国人民代表大会常务委员会第十三次会议于1999年12月25日通过,自通过之日起施行。

3.《中华人民共和国刑法修正案(二)》由第九届全国人民代表大会常务委员会第二十三次会议于2001年8月31日通过,自通过之日起施行。

4.《中华人民共和国刑法修正案(三)》由第九届全国人民代表大会常务委员会第二十五次会议于2001年12月29日通过,自通过之日起施行。

5.《中华人民共和国刑法修正案(四)》由第九届全国人民代表大会常务委员会第三十一次会议于2002年12月28日通过,自通过之日起施行。

6.《中华人民共和国刑法修正案(五)》由第十届全国人民代表大会常务委员会第十四次会议于2005年2月28日通过,自通过之日起施行。

7.《中华人民共和国刑法修正案(六)》由第十届全国人民代表大会常务委员会第二十二次会议于2006年6月29日通过,自通过之日起施行。

8.《中华人民共和国刑法修正案(七)》由第十一届全国人民代表大会常务委员会第七次会议于2009年2月28日通过,自通过之日起施行。

9.《中华人民共和国刑法修正案(八)》** 由第十一届全国人民代表

---

* 1997年9月25日《最高人民法院关于适用刑法时间效力规定若干问题的解释》。

** 2011年4月25日《最高人民法院关于〈中华人民共和国刑法修正案(八)〉时间效力问题的解释》。

大会常务委员会第十九次会议于2011年2月25日通过，自2011年5月1日起施行。

10.《中华人民共和国刑法修正案（九）》* 由第十二届全国人民代表大会常务委员会第十六次会议于2015年8月29日通过，自2015年11月1日起施行。

11.《中华人民共和国刑法修正案（十）》由第十二届全国人民代表大会常务委员会第三十次会议于2017年11月4日通过，自2017年11月4日起施行。

12.《中华人民共和国刑法修正案（十一）》由第十三届全国人民代表大会常务委员会第二十四次会议于2020年12月26日通过，自2021年3月1日起施行。**

13.《中华人民共和国刑法修正案（十二）》由第十四届全国人民代表大会常务委员会第七次会议于2023年12月29日通过，自2024年3月1日起施行。

---

* 2015年10月29日《最高人民法院关于〈中华人民共和国刑法修正案（九）〉时间效力问题的解释》。

** 刑法、历次刑法修正案、涉及修改刑法的决定的施行日期，分别依据各法律所规定的施行日期确定。

《最高人民法院、最高人民检察院、公安部、司法部关于适用〈中华人民共和国刑法修正案（十一）〉有关问题的通知》（法发〔2021〕16号，2021年5月20日）。

第一编

总　　则

第一章　刑法的任务、基本原则和适用范围

第一条　【立法目的】为了惩罚犯罪，保护人民，根据宪法，结合我国同犯罪作斗争的具体经验及实际情况，制定本法。

第二条　【任务】中华人民共和国刑法的任务，是用刑罚同一切犯罪行为作斗争，以保卫国家安全，保卫人民民主专政的政权和社会主义制度，保护国有财产和劳动群众集体所有的财产，保护公民私人所有的财产，保护公民的人身权利、民主权利和其他权利，维护社会秩序、经济秩序，保障社会主义建设事业的顺利进行。

第三条　【罪刑法定】法律明文规定为犯罪行为的，依照法律定罪处刑；法律没有明文规定为犯罪行为的，不得定罪处刑。

第四条　【适用刑法平等】对任何人犯罪，在适用法律上一律平等。不允许任何人有超越法律的特权。

第五条[1]　**【罪责刑相适应】**刑罚的轻重，应当与犯罪分子所犯罪行和承担的刑事责任相适应。[2]

5-1　《最高人民法院关于贯彻宽严相济刑事政策的若干意见》(法发〔2010〕9号，2010年2月8日)

5-2　理解与适用：我国现行刑事司法政策是宽严相济，“相济”的根本依据是罪责刑相适应原则。无论宽严，对被告人最终所处的刑罚，都应当与其所犯罪行和所承担的刑事责任相适应，都是在准确认定犯罪行为的社会危害性，并在充分考量犯罪人的主观恶性和人身危险性，准确认定犯罪人罪责大小的前提下，确定是否从宽、从严以及从宽和从严的幅度，确保罚当其罪，最大限度地发挥刑罚功能，最大限度地实现刑罚目的。

第六条　【属地管辖】凡在中华人民共和国领域[1]内犯罪的,除法律有特别规定*的以外,都适用本法。

凡在中华人民共和国船舶或者航空器内犯罪的,[2]也适用本法。

犯罪的行为或者结果有一项发生在中华人民共和国领域内的[3],就认为是在中华人民共和国领域内犯罪。

6-1　1.《最高人民法院关于审理发生在我国管辖海域相关案件若干问题的规定(一)》(法释〔2016〕16号,2016年8月2日)第一条　本规定所称我国管辖海域,是指中华人民共和国内水、领海、毗连区、专属经济区、大陆架,以及中华人民共和国管辖的其他海域。

法释〔2016〕16号第三条　中国公民或者外国人在我国管辖海域实施非法猎捕、杀害珍贵濒危野生动物或者非法捕捞水产品等犯罪的,依照我国刑法追究刑事责任。

2.《香港特别行政区维护国家安全法》(2020年6月30日)第三十六条　任何人在香港特别行政区内实施本法规定的犯罪的,适用本法。犯罪的行为或者结果有一项发生在香港特别行政区内的,就认为是在香港特别行政区内犯罪。

在香港特别行政区注册的船舶或者航空器内实施本法规定的犯罪的,也适用本法。

6-2　《最高人民法院关于适用〈中华人民共和国刑事诉讼法〉的解释》(法释〔2021〕1号,2021年3月1日)

法释〔2021〕1号第六条　在国际列车上的犯罪,根据我国与相关国家签订的协定确定管辖;没有协定的,由该列车始发或者前方停靠的中国车站所在地负责审判铁路运输刑事案件的人民法院管辖。

法释〔2021〕1号第七条　在中华人民共和国领域外的中国船舶内的犯罪,由该船舶最初停泊的中国口岸所在地或者被告人登陆地、入境地的人民法院管辖。

法释〔2021〕1号第八条　在中华人民共和国领域外的中国航空器

---

* 不适用我国刑法的四种情况:(1)享有外交特权和豁免权的外国人的刑事责任问题,通过外交途径解决,不适用我国刑法。(2)我国香港特别行政区、澳门特别行政区和台湾地区适用其本地刑事规定,而不适用中华人民共和国刑法及其他具有普遍效力的刑事法律;其刑事规定属于我国的区域性规定,不能认为这些地区不适用中国刑法。(3)刑法颁布后国家立法机关制定了特别刑法,出现法条竞合的情况时,根据特别法优于普通法的原则,适用特别刑法。(4)民族自治地区不能全部适用刑法,行为符合变通或者补充规定的,适用该变通或补充规定。

内的犯罪,由该航空器在中国最初降落地的人民法院管辖。

6-3 《最高人民法院关于审理拐卖妇女案件适用法律有关问题的解释》(法释〔2000〕1号,2000年1月25日)第二条　外国人或者无国籍人拐卖外国妇女到我国境内被查获的,应当根据刑法第六条的规定,适用我国刑法定罪处罚。

第七条　【属人管辖】中华人民共和国公民[1]在中华人民共和国领域外犯本法规定之罪的,适用本法,但是按本法规定的最高刑为三年以下有期徒刑的,可以不予追究。

中华人民共和国国家工作人员和军人*在中华人民共和国领域外犯本法规定之罪的,适用本法。

7-1 《香港特别行政区维护国家安全法》(2020年6月30日)第三十七条　香港特别行政区永久性居民或者在香港特别行政区成立的公司、团体等法人或者非法人组织在香港特别行政区以外实施本法规定的犯罪的,适用本法。

第八条　【保护管辖】外国人[1]在中华人民共和国领域外对中华人民共和国国家或者公民犯罪,而按本法规定的最低刑为三年以上有期徒刑的,可以适用本法,但是按照犯罪地的法律不受处罚的除外。

8-1 **1.** 法释〔2021〕1号第十一条　外国人在中华人民共和国领域外对中华人民共和国国家或者公民犯罪,根据《中华人民共和国刑法》应当受处罚的,由该外国人登陆地、入境地或入境后居住地的人民法院管辖,也可以由被害人离境前居住地或者现居住地的人民法院管辖。**

2.《香港特别行政区维护国家安全法》(2020年6月30日)第三十八条　不具有香港特别行政区永久性居民身份的人在香港特别行政区以外针对香港特别行政区实施本法规定的犯罪的,适用本法。

第九条　【普遍管辖】对于中华人民共和国缔结或者参加的国际条约所规定的罪行,中华人民共和国在所承担条约义务的范围内

---

* 前款优惠只适用于普通公民,不适用于我国的国家工作人员和军人,即对后者无论罪行轻重、法定刑高低,都应适用我国《刑法》。

** 实行保护性管辖的前提:一是犯罪人进入我国境内;二是通过引渡,但本国人不得被引渡。

行使刑事管辖权的,适用本法。[1]

9-1 法释〔2021〕1 号第十二条 对中华人民共和国缔结或者参加的国际条约所规定的罪行,中华人民共和国在所承担条约义务的范围内行使刑事管辖权的*,由被告人被抓获地、登陆地或者入境地的人民法院管辖。

第十条 【域外刑事判决的消极承认】凡在中华人民共和国领域外犯罪,依照本法应当负刑事责任的,虽然经过外国审判,仍然可以依照本法追究,但是在外国已经受过刑罚处罚的,可以免除或者减轻处罚。

第十一条 【外交代表的刑事豁免】享有外交特权和豁免权的外国人的刑事责任,通过外交途径解决。

第十二条[1] **【溯及力】**中华人民共和国成立以后本法施行以前的行为,如果当时的法律不认为是犯罪的,适用当时的法律;如果当时的法律认为是犯罪的,依照本法总则第四章第八节的规定应当追诉的,按照当时的法律追究刑事责任,但是如果本法不认为是犯罪或者处刑较轻[2] 的,适用本法。

本法施行以前,依照当时的法律已经作出的生效判决,继续有效。

12-1 1.《最高人民法院关于适用刑法第十二条几个问题的解释》(法释〔1997〕12 号,1998 年 1 月 13 日);2.《最高人民法院、最高人民检察院关于适用刑事司法解释时间效力问题的规定》(高检发释字〔2001〕5 号,2001 年 12 月 17 日);3.《最高人民法院关于〈中华人民共和国刑法修正案(八)〉时间效力问题的解释》(法释〔2011〕9 号,2011 年 5 月 1 日);4.《最高人民法院关于〈中华人民共和国刑法修正案(九)〉时间效力问题的解释》(法释〔2015〕19 号,2015 年 11 月 1 日);5.《最高人民法院研究室关于假释时间效力法律适用问题的答复》(法研〔2011〕97 号,2011 年 7 月 15 日)。

1.《最高人民检察院关于对跨越修订刑法施行日期的继续犯罪、

---

* 实行普遍性管辖,定罪量刑的法律依据仍然是我国刑法,因为国际条约没有对罪行规定法定刑,而是要求缔约国或参加国将条约所列的罪行规定为国内刑法上的犯罪。

连续犯罪以及其他同种数罪应如何具体适用刑法问题的批复》(高检发释字〔1998〕6号,1998年12月2日) 对于开始于1997年9月30日以前,继续或者连续到1997年10月1日以后的行为,以及在1997年10月1日前后分别实施的同种类数罪,如果原刑法和修订刑法都认为是犯罪并且应当追诉,按照下列原则决定如何适用法律:

一、对于开始于1997年9月30日以前,继续到1997年10月1日以后终了的继续犯罪,应当适用修订刑法一并进行追诉。

二、对于开始于1997年9月30日以前,连续到1997年10月1日以后的连续犯罪,或者在1997年10月1日前后分别实施同种类数罪,其中罪名、构成要件、情节以及法定刑均没有变化的,应当适用修订刑法,一并进行追诉;罪名、构成要件、情节以及法定刑已经变化的,也应当适用修订刑法,一并进行追诉,但是修订刑法比原刑法所规定的构成要件和情节较为严格,或者法定刑较重的,在提起公诉时应当提出酌情从轻处理意见。

2. 高检发释字〔2001〕5号 一、司法解释是最高人民法院对审判工作中具体应用法律问题和最高人民检察院对检察工作中具体应用法律问题所作的具有法律效力的解释,自发布或者规定之日起施行,效力适用于法律的施行期间。

二、对于司法解释实施前发生的行为,行为时没有相关司法解释,司法解释施行后尚未处理或者正在处理的案件,依照司法解释的规定办理。

三、对于新的司法解释实施前发生的行为,行为时已有相关司法解释,依照行为时的司法解释办理,但适用新的司法解释对犯罪嫌疑人、被告人有利的,适用新的司法解释。

四、对于在司法解释施行前已办结的案件,按照当时的法律和司法解释,认定事实和适用法律没有错误的,不再变动。

理解与适用:司法解释从属于法律,故其效力应适用于法律的整个实施期间。如司法解释发布施行以前的行为没有被追究,在司法解释发布施行以后被追究,那是由于法律本身不明确或是由于司法机关对该行为没有正确的认识,属于实践中的问题,并不违反罪刑法定原则。

3.《最高人民法院、最高人民检察院、公安部、司法部关于办理非法放贷刑事案件若干问题的意见》(法发〔2019〕24号,2019年10月21日) 八、本意见自2019年10月21日起施行。对于本意见施行前发生的非法放贷行为,依照最高人民法院《关于准确理解和适用刑法中"国家规定"的有关问题的通知》(法发〔2011〕155号)的规定办理。

4. 法释〔2011〕9号第一条　对于2011年4月30日以前犯罪,依法应当判处管制或者宣告缓刑的,人民法院根据犯罪情况,认为确有必要同时禁止犯罪分子在管制期间或者缓刑考验期内从事特定活动,进入特定区域、场所,接触特定人的,适用修正后刑法第三十八条第二款或者第七十二条第二款的规定。

犯罪分子在管制期间或者缓刑考验期内,违反人民法院判决中的禁止令的,适用修正后刑法第三十八条第四款或者第七十七条第二款的规定。

法释〔2011〕9号第二条　2011年4月30日以前犯罪,判处死刑缓期执行的,适用修正前刑法第五十条的规定。

被告人具有累犯情节,或者所犯之罪是故意杀人、强奸、抢劫、绑架、放火、爆炸、投放危险物质或者有组织的暴力性犯罪,罪行极其严重,根据修正前刑法判处死刑缓期执行不能体现罪刑相适应原则,而根据修正后刑法判处死刑缓期执行同时决定限制减刑可以罚当其罪的,适用修正后刑法第五十条第二款的规定。

法释〔2011〕9号第三条　被判处有期徒刑以上刑罚,刑罚执行完毕或者赦免以后,在2011年4月30日以前再犯应当判处有期徒刑以上刑罚之罪的,是否构成累犯,适用修正前刑法第六十五条的规定;但是,前罪实施时不满十八周岁的,是否构成累犯,适用修正后刑法第六十五条的规定。

曾犯危害国家安全犯罪,刑罚执行完毕或者赦免以后,在2011年4月30日以前再犯危害国家安全犯罪的,是否构成累犯,适用修正前刑法第六十六条的规定。

曾被判处有期徒刑以上刑罚,或者曾犯危害国家安全犯罪、恐怖活动犯罪、黑社会性质的组织犯罪,在2011年5月1日以后再犯罪的,是否构成累犯,适用修正后刑法第六十五条、第六十六条的规定。

法释〔2011〕9号第四条　2011年4月30日以前犯罪,虽不具有自首情节,但是如实供述自己罪行的,适用修正后刑法第六十七条第三款的规定。

法释〔2011〕9号第五条　2011年4月30日以前犯罪,犯罪后自首又有重大立功表现的,适用修正前刑法第六十八条第二款的规定。

法释〔2011〕9号第六条　2011年4月30日以前一人犯数罪,应当数罪并罚的,适用修正前刑法第六十九条的规定;2011年4月30日前后一人犯数罪,其中一罪发生在2011年5月1日以后的,适用修正后刑法第六十九条的规定。

法释〔2011〕9号第七条 2011年4月30日以前犯罪，被判处无期徒刑的罪犯，减刑以后或者假释前实际执行的刑期，适用修正前刑法第七十八条第二款、第八十一条第一款的规定。

法释〔2011〕9号第八条 2011年4月30日以前犯罪，因具有累犯情节或者系故意杀人、强奸、抢劫、绑架、放火、爆炸、投放危险物质或者有组织的暴力性犯罪并被判处十年以上有期徒刑、无期徒刑的犯罪分子，2011年5月1日以后仍在服刑的，能否假释，适用修正前刑法第八十一条第二款的规定；2011年4月30日以前犯罪，因其他暴力性犯罪被判处十年以上有期徒刑、无期徒刑的犯罪分子，2011年5月1日以后仍在服刑的，能否假释，适用修正后刑法第八十一条第二款、第三款的规定。

5.《最高人民法院关于〈中华人民共和国刑法修正案(九)〉时间效力问题的解释》(法释〔2015〕19号，2015年11月1日)

为正确适用《中华人民共和国刑法修正案(九)》，根据《中华人民共和国刑法》第十二条规定，现就人民法院2015年11月1日以后审理的刑事案件，具体适用修正前后刑法的有关问题规定如下：

第一条 对于2015年10月31日以前因利用职业便利实施犯罪，或者实施违背职业要求的特定义务的犯罪的，不适用修正后刑法第三十七条之一第一款的规定。其他法律、行政法规另有规定的，从其规定。

第二条 对于被判处死刑缓期执行的犯罪分子，在死刑缓期执行期间，且在2015年10月31日以前故意犯罪的，适用修正后刑法第五十条第一款的规定。

第三条 对于2015年10月31日以前一人犯数罪，数罪中有判处有期徒刑和拘役，有期徒刑和管制，或者拘役和管制，予以数罪并罚的，适用修正后刑法第六十九条第二款的规定。

第六条 对于2015年10月31日以前组织考试作弊，为他人组织考试作弊提供作弊器材或者其他帮助，以及非法向他人出售或者提供考试试题、答案，根据修正前刑法应当以非法获取国家秘密罪、非法生产、销售间谍专用器材罪或者故意泄露国家秘密罪等追究刑事责任的，适用修正前刑法的有关规定。但是，根据修正后刑法第二百八十四条之一的规定处刑较轻的，适用修正后刑法的有关规定。

第七条 对于2015年10月31日以前以捏造的事实提起民事诉讼，妨害司法秩序或者严重侵害他人合法权益，根据修正前刑法应当以伪造公司、企业、事业单位、人民团体印章罪或者妨害作证罪等追究刑事责任的,适用修正前刑法的有关规定。但是,根据修正后刑法第三百零七条之一的规定处刑较轻的,适用修正后刑法的有关规定。

实施第一款行为,非法占有他人财产或者逃避合法债务,根据修正前刑法应当以诈骗罪、职务侵占罪或者贪污罪等追究刑事责任的,适用修正前刑法的有关规定。

第八条　对于2015年10月31日以前实施贪污、受贿行为,罪行极其严重,根据修正前刑法判处死刑缓期执行不能体现罪刑相适应原则,而根据修正后刑法判处死刑缓期执行同时决定在其死刑缓期执行二年期满依法减为无期徒刑后,终身监禁,不得减刑、假释可以罚当其罪的,适用修正后刑法第三百八十三条第四款的规定。根据修正前刑法判处死刑缓期执行足以罚当其罪的,不适用修正后刑法第三百八十三条第四款的规定。

第九条　本解释自2015年11月1日起施行。

6.《最高人民法院研究室关于假释时间效力法律适用问题的答复》(法研〔2011〕97号,2011年7月15日)　一、根据刑法第十二条的规定,应当以行为实施时,而不是审判时,作为新旧法选择适用的判断基础。故《最高人民法院关于适用刑法时间效力规定若干问题的解释》第八条规定的"1997年9月30日以前犯罪,1997年10月1日以后仍在服刑的累犯以及因杀人、爆炸、抢劫、强奸、绑架等暴力性犯罪被判处十年以上有期徒刑、无期徒刑的犯罪分子",包括1997年9月30日以前犯罪,已被羁押尚未判决的犯罪分子。

二、经《中华人民共和国刑法修正案(八)》修正前刑法第八十一条第二款规定的"暴力性犯罪",不仅包括杀人、爆炸、抢劫、强奸、绑架五种,也包括故意伤害等其他暴力性犯罪。

12-2　法释〔1997〕12号第一条　刑法第十二条规定的"处刑较轻",是指刑法对某种犯罪规定的刑罚即法定刑比修订前刑法轻。法定刑较轻是指法定最高刑较轻;如果法定最高刑相同,则指法定最低刑较轻。

法释〔1997〕12号第二条　如果刑法规定的某一犯罪只有一个法定刑幅度,法定最高刑或者最低刑是指该法定刑幅度的最高刑或者最低刑;如果刑法规定的某一犯罪有两个以上的法定刑幅度,法定最高刑或者最低刑是指具体犯罪行为应当适用的法定刑幅度的最高刑或者最低刑。

法释〔1997〕12号第三条　1997年10月1日以后审理1997年9月30日以前发生的刑事案件,如果刑法规定的定罪处刑标准、法定刑与修订前刑法相同的,应当适用修订前的刑法。

第二章　犯　　罪

第一节　犯罪和刑事责任

第十三条　【犯罪概念】一切危害国家主权、领土完整和安全，分裂国家、颠覆人民民主专政的政权和推翻社会主义制度，破坏社会秩序和经济秩序，侵犯国有财产或者劳动群众集体所有的财产，侵犯公民私人所有的财产，侵犯公民的人身权利、民主权利和其他权利，以及其他危害社会的行为，依照法律应当受刑罚处罚的，都是犯罪，但是情节显著轻微危害不大[1]的，不认为是犯罪。

13-1　1.《最高人民法院、最高人民检察院、公安部、司法部关于依法办理家庭暴力犯罪案件的意见》（法发〔2015〕4号，2015年3月2日）　18.……对于实施家庭暴力情节显著轻微危害不大不构成犯罪的，应当撤销案件、不起诉，或者宣告无罪。

2.《最高人民法院、最高人民检察院关于办理敲诈勒索刑事案件适用法律若干问题的解释》（法释〔2013〕10号，2013年4月27日）第六条　敲诈勒索近亲属的财物，获得谅解的，一般不认为是犯罪；认定为犯罪的，应当酌情从宽处理。

被害人对敲诈勒索的发生存在过错的，根据被害人过错程度和案件其他情况，可以对行为人酌情从宽处理；情节显著轻微危害不大的，不认为是犯罪。

3.《最高人民法院关于审理未成年人刑事案件具体应用法律若干问题的解释》（法释〔2006〕1号，2006年1月23日）第九条　已满十六周岁不满十八周岁的人实施盗窃行为未超过三次，盗窃数额虽已达到“数额较大”标准，但案发后能如实供述全部盗窃事实并积极退赃，且具有下列情形之一的，可以认定为“情节显著轻微危害不大”，不认为是犯罪：

(一)系又聋又哑的人或者盲人;

(二)在共同盗窃中起次要或者辅助作用,或者被胁迫;

(三)具有其他轻微情节的。

已满十六周岁不满十八周岁的人盗窃未遂或者中止的,可不认为是犯罪。

已满十六周岁不满十八周岁的人盗窃自己家庭或者近亲属财物,或者盗窃其他亲属财物但其他亲属要求不予追究的,可不按犯罪处理。

4.《最高人民法院关于审理非法集资刑事案件具体应用法律若干问题的解释》(法释〔2022〕5 号,2022 年 3 月 1 日)第六条　非法吸收或者变相吸收公众存款的数额,以行为人所吸收的资金全额计算。在提起公诉前积极退赃退赔,减少损害结果发生的,可以从轻或者减轻处罚;在提起公诉后退赃退赔的,可以作为量刑情节酌情考虑。

非法吸收或者变相吸收公众存款,主要用于正常的生产经营活动,能够在提起公诉前清退所吸收资金,可以免予刑事处罚;情节显著轻微危害不大的,不作为犯罪处理。

对依法不需要追究刑事责任或者免予刑事处罚的,应当依法将案件移送有关行政机关。

5.《最高人民法院、最高人民检察院关于办理妨害信用卡管理刑事案件具体应用法律若干问题的解释》(法释〔2018〕19 号,2018 年 12 月 1 日)第十条　恶意透支数额较大,在提起公诉前全部归还或者具有其他情节轻微情形的,可以不起诉;在一审判决前全部归还或者具有其他情节轻微情形的,可以免予刑事处罚。但是,曾因信用卡诈骗受过两次以上处罚的除外。

6.《最高人民法院、最高人民检察院关于办理走私刑事案件适用法律若干问题的解释》(法释〔2014〕10 号,2014 年 9 月 10 日)第九条第四款　不以牟利为目的,为留作纪念而走私珍贵动物制品进境,数额不满十万元的,可以免予刑事处罚;情节显著轻微的,不作为犯罪处理。

7.《最高人民法院、最高人民检察院关于办理危害药品安全刑事案件适用法律若干问题的解释》(高检发释字〔2022〕1 号,2022 年 3 月 6 日)第十八条　根据民间传统配方私自加工药品或者销售上述药品,数量不大,且未造成他人伤害后果或者延误诊治的,或者不以营利为目的实施带有自救、互助性质的生产、进口、销售药品的行为,不应当认定为犯罪。

对于是否属于民间传统配方难以确定的，根据地市级以上药品监督管理部门或者有关部门出具的认定意见，结合其他证据作出认定。

8.《最高人民法院、最高人民检察院、公安部关于办理制毒物品犯罪案件适用法律若干问题的意见》(法发〔2009〕33号，2009年6月23日)

一、关于制毒物品犯罪的认定

(三)易制毒化学品生产、经营、使用单位或者个人未办理许可证明或者备案证明，购买、销售易制毒化学品，如果有证据证明确实用于合法生产、生活需要*，依法能够办理只是未及时办理许可证明或者备案证明，且未造成严重社会危害的，可不以非法买卖制毒物品罪论处。

9.《最高人民法院关于审理毒品犯罪案件适用法律若干问题的解释》(法释〔2016〕8号，2016年4月11日)第十二条第三款　容留近亲属吸食、注射毒品，情节显著轻微危害不大的，不作为犯罪处理；需要追究刑事责任的，可以酌情从宽处罚。

第十四条　【故意犯罪】明知[1**] 自己的行为会发生危害社会的结果，并且希望或者放任这种结果发生，因而构成犯罪的，是故意犯罪。

故意犯罪，应当负刑事责任。

14-1　1.《最高人民法院、最高人民检察院、公安部、司法部关于办

---

* 本规定仅限于非法买卖制毒物品行为，且无数量限制，但不适用于走私易制毒化学品行为。

** 1. 秦志晖(秦火火)诽谤案[(2013)朝刑初字第2584号]，秦志晖的转发行为被认定为犯罪，是因为有足够的证据证明其主观上“明知”。第一，在秦志晖涉案事件中，相关真实信息是存在的；第二，秦志晖拥有在网上核实信息真伪的能力和基本技能；第三，秦志晖无主观意愿去核实信息。故意不知(ignorance)和积极主动的认识具有同等的应受谴责性。

2. 吴铭等制作、复制、出版、贩卖、传播淫秽物品牟利罪案(快播案)[(2015)海刑初字第512号]，“明知”一般可从两个角度证明：一是直接证明行为人知道或者因他人告知而知道；二是基于行为人的特定身份、职业、经验等特点推定其知道。首先，作为自称“非常重视用户体验”的视频服务提供商，快播公司应当知道其网络用户搜索和点击的视频内容的统计特征，其被扣押服务器内的淫秽视频却多达70%。其次，快播公司先后两次接受行政处罚和整改，主要内容就是审核和过滤淫秽视频。如果说在第一次接受处罚并作出整改时，快播公司的决策者、经营者、管理者还有可能对快播网络服务系统介入淫秽视频传播活动且导致淫秽视频在互联网上大量传播并不知情，那么在事隔一年之后，快播公司再次接受处罚并作出整改，而且先后两次整改的内容实际上都是针对快播公司传播淫秽视频这一事实，快播公司的经营者、管理者仍自称其不知情是难以令人置信的，故快播公司完全符合主观上的“明知”要件。

理性侵害未成年人刑事案件的意见》(高检发〔2023〕4号,2023年6月1日)第十七条　知道或者应当知道对方是不满十四周岁的幼女,而实施奸淫等性侵害行为的,应当认定行为人"明知"对方是幼女。

对不满十二周岁的被害人实施奸淫等性侵害行为的,应当认定行为人"明知"对方是幼女。

对已满十二周岁不满十四周岁的被害人,从其身体发育状况、言谈举止、衣着特征、生活作息规律等观察可能是幼女,而实施奸淫等性侵害行为的,应当认定行为人"明知"对方是幼女。

2.《最高人民法院关于审理洗钱等刑事案件具体应用法律若干问题的解释》(法释〔2009〕15号,2009年11月11日)第一条　刑法第一百九十一条、第三百一十二条规定的"明知",应当结合被告人的认知能力,接触他人犯罪所得及其收益的情况,犯罪所得及其收益的种类、数额,犯罪所得及其收益的转换、转移方式以及被告人的供述等主、客观因素进行认定。

具有下列情形之一的,可以认定被告人明知系犯罪所得及其收益,但有证据证明确实不知道的除外:

(一)知道他人从事犯罪活动,协助转换或者转移财物的;

(二)没有正当理由,通过非法途径协助转换或者转移财物的;

(三)没有正当理由,以明显低于市场的价格收购财物的;

(四)没有正当理由,协助转换或者转移财物,收取明显高于市场的"手续费"的;

(五)没有正当理由,协助他人将巨额现金散存于多个银行账户或者在不同银行账户之间频繁划转的;

(六)协助近亲属或者其他关系密切的人转换或者转移与其职业或者财产状况明显不符的财物的;

(七)其他可以认定行为人明知的情形。

被告人将刑法第一百九十一条规定的某一上游犯罪的犯罪所得及其收益误认为刑法第一百九十一条规定的上游犯罪范围内的其他犯罪所得及其收益的,不影响刑法第一百九十一条规定的"明知"的认定。

3.《最高人民法院、最高人民检察院、海关总署关于办理走私刑事案件适用法律若干问题的意见》(法〔2002〕139号,2002年7月8日)五、关于走私犯罪嫌疑人、被告人主观故意的认定问题

行为人明知自己的行为违反国家法律法规,逃避海关监管,偷逃

进出境货物、物品的应缴税额，或者逃避国家有关进出境的禁止性管理，并且希望或者放任危害结果发生的，应认定为具有走私的主观故意。

走私主观故意中的“明知”是指行为人知道或者应当知道所从事的行为是走私行为。具有下列情形之一的，可以认定为“明知”，但有证据证明确属被蒙骗的除外：

（一）逃避海关监管，运输、携带、邮寄国家禁止进出境的货物、物品的；

（二）用特制的设备或者运输工具走私货物、物品的；

（三）未经海关同意，在非设关的码头、海（河）岸、陆路边境等地点，运输（驳载）、收购或者贩卖非法进出境货物、物品的；

（四）提供虚假的合同、发票、证明等商业单证委托他人办理通关手续的；

（五）以明显低于货物正常进（出）口的应缴税额委托他人代理进（出）口业务的；

（六）曾因同一种走私行为受过刑事处罚或者行政处罚的；

（七）其他有证据证明的情形。

4.《最高人民法院、最高人民检察院关于办理非法利用信息网络、帮助信息网络犯罪活动等刑事案件适用法律若干问题的解释》（法释〔2019〕15号，2019年11月1日）第十一条　为他人实施犯罪提供技术支持或者帮助，具有下列情形之一的，可以认定行为人明知他人利用信息网络实施犯罪，但是有相反证据的除外：

（一）经监管部门告知后仍然实施有关行为的；

（二）接到举报后不履行法定管理职责的；

（三）交易价格或者方式明显异常的；

（四）提供专门用于违法犯罪的程序、工具或者其他技术支持、帮助的；

（五）频繁采用隐蔽上网、加密通信、销毁数据等措施或者使用虚假身份，逃避监管或者规避调查的；

（六）为他人逃避监管或者规避调查提供技术支持、帮助的；

（七）其他足以认定行为人明知的情形。

第十五条　【过失犯罪】应当预见自己的行为可能发生危害社

会的结果,因为疏忽大意而没有预见*,或者已经预见而轻信能够避免,以致发生这种结果的,是过失犯罪。

过失犯罪,法律有规定的才负刑事责任[1]。

15-1 《最高人民法院关于贯彻宽严相济刑事政策的若干意见》(法发〔2010〕9 号,2010 年 2 月 8 日) 32. 对于过失犯罪,如安全责任事故犯罪等,主要应当根据犯罪造成危害后果的严重程度、被告人主观罪过的大小以及被告人案发后的表现等,综合掌握处罚的宽严尺度。对于过失犯罪后积极抢救、挽回损失或者有效防止损失进一步扩大的,要依法从宽。对于造成的危害后果虽然不是特别严重,但情节特别恶劣或案发后故意隐瞒案情,甚至逃逸,给及时查明事故原因和迅速组织抢救造成贻误的,则要依法从重处罚。

第十六条 【不可抗力和意外事件】行为在客观上虽然造成了损害结果,但是不是出于故意或者过失,而是由于不能抗拒或者不能预见的原因所引起的,不是犯罪。

第十七条[1] **【刑事责任年龄】**已满十六周岁[2] 的人犯罪,应当负刑事责任。

已满十四周岁不满十六周岁的人,犯故意杀人、故意伤害致人重伤或者死亡、强奸、抢劫、贩卖毒品、放火、爆炸、投放危险物质罪**的,应当负刑事责任[3]。

(刑十一)已满十二周岁不满十四周岁的人,犯故意杀人、故意伤害罪,致人死亡或者以特别残忍手段致人重伤造成严重残疾,情节恶劣,经最高人民检察院核准追诉的,应当负刑事责任。

对依照前三款规定追究刑事责任的不满十八周岁的人,应当[4]从轻或者减轻处罚。

因不满十六周岁不予刑事处罚的,责令其父母或者其他监护人加以管教;在必要的时候,依法[5] 进行专门矫治教育。

---

* 认定疏忽大意的过失,最关键的是要将其与意外事件相区分。

** 《刑法修正案(三)》已将"投毒罪"修改为"投放危险物质罪"。

17-1　1. 1.《最高人民法院关于审理未成年人刑事案件具体应用法律若干问题的解释》(法释〔2006〕1号,2006年1月23日);2.《人民检察院办理未成年人刑事案件的规定》(高检发研字〔2013〕7号,2013年12月27日第2次修订)。

2.《治安管理处罚法》(2012年10月26日修正,2013年1月1日)第十二条　已满十四周岁不满十八周岁的人违反治安管理的,从轻或者减轻处罚;不满十四周岁的人违反治安管理的,不予处罚,但是应当责令其监护人严加管教。

17-2　1. 法释〔2006〕1号第二条　刑法第十七条规定的"周岁",按照公历的年、月、日计算,从周岁生日的第二天起算。

法释〔2006〕1号第三条　审理未成年人刑事案件,应当查明被告人实施被指控的犯罪时的年龄。裁判文书中应当写明被告人出生的年、月、日。

法释〔2006〕1号第四条　对于没有充分证据证明被告人实施被指控的犯罪时已经达到法定刑事责任年龄且确实无法查明的,应当推定其没有达到相应法定刑事责任年龄。

相关证据足以证明被告人实施被指控的犯罪时已经达到法定刑事责任年龄,但是无法准确查明被告人具体出生日期的,应当认定其达到相应法定刑事责任年龄。

2. 法释〔2021〕1号第一百四十六条　审查被告人实施被指控的犯罪时或者审判时是否达到相应法定责任年龄,应当根据户籍证明、出生证明文件、学籍卡、人口普查登记、无利害关系人的证言等证据综合判断。

证明被告人已满十二周岁、十四周岁、十六周岁、十八周岁或者不满七十五周岁的证据不足的,应当作出有利于被告人的认定。

3.《最高人民检察院关于"骨龄鉴定"能否作为确定刑事责任年龄证据使用的批复》(高检发研字〔2000〕6号,2000年2月21日)　犯罪嫌疑人不讲真实姓名、住址,年龄不明的,可以委托进行骨龄鉴定或其他科学鉴定,经审查,鉴定结论能够准确确定犯罪嫌疑人实施犯罪行为时的年龄的,可以作为判断犯罪嫌疑人年龄的证据使用。如果鉴定结论不能准确确定犯罪嫌疑人实施犯罪行为时的年龄,而且鉴定结论又表明犯罪嫌疑人年龄在刑法规定的应负刑事责任年龄上下的,应当依法慎重处理。

17-3　1.《全国人民代表大会常务委员会法制工作委员会关于已满十四周岁不满十六周岁的人承担刑事责任范围问题的答复意见》

(法工委复字〔2002〕12 号,2002 年 7 月 24 日) 刑法第十七条第二款规定的八种犯罪,是指具体犯罪行为而不是具体罪名。对于刑法第十七条中规定的"犯故意杀人、故意伤害致人重伤或者死亡",是指只要故意实施了杀人、伤害行为并且造成了致人重伤、死亡后果的,都应负刑事责任。而不是指只有犯故意杀人罪、故意伤害罪的,才负刑事责任,绑架撕票的,不负刑事责任。对司法实践中出现的已满十四周岁不满十六周岁的人绑架人质后杀害被绑架人、拐卖妇女、儿童而故意造成被拐卖妇女、儿童重伤或死亡的行为,依据刑法是应当追究刑事责任的。

2.《最高人民检察院关于相对刑事责任年龄的人承担刑事责任范围有关问题的答复》(高检研发〔2003〕13 号,2003 年 4 月 18 日) 一、相对刑事责任年龄的人实施了刑法第十七条第二款规定的行为,应当追究刑事责任的,其罪名应当根据所触犯的刑法分则具体条文认定。对于绑架后杀害被绑架人的,其罪名应认定为绑架罪。

二、相对刑事责任年龄的人实施了刑法第二百六十九条规定的行为的,应当依照第二百六十三条的规定,以抢劫罪追究刑事责任。但对情节显著轻微,危害不大的,可根据刑法第十三条的规定,不予追究刑事责任。

3. 法释〔2006〕1 号第五条 已满十四周岁不满十六周岁的人实施刑法第十七条第二款规定以外的行为,如果同时触犯了刑法第十七条第二款规定的,应当依照刑法第十七条第二款的规定确定罪名,定罪处罚。

法释〔2006〕1 号第十条 已满十四周岁不满十六周岁的人盗窃、诈骗、抢夺他人财物,为窝藏赃物、抗拒抓捕或者毁灭罪证,当场使用暴力,故意伤害致人重伤或者死亡,或者故意杀人的,应当分别以故意伤害罪或者故意杀人罪定罪处罚。

已满十六周岁不满十八周岁的人犯盗窃、诈骗、抢夺罪,为窝藏赃物、抗拒抓捕或者毁灭罪证而当场使用暴力或者以暴力相威胁的,应当按照刑法第二百六十九条的规定定罪处罚;情节轻微的,可不以抢劫罪定罪处罚。

17-4 1.《最高人民法院、最高人民检察院关于常见犯罪的量刑指导意见(试行)》(法发〔2021〕21 号,2021 年 7 月 1 日) 三、常见量刑情节的适用(一)对于未成年人犯罪,综合考虑未成年人对犯罪的认知能力、实施犯罪行为的动机和目的、犯罪时的年龄、是否初犯、偶犯、悔罪表现、个人成长经历和一贯表现等情况,应当予以从宽处罚。

1. 已满十二周岁不满十六周岁的未成年人犯罪,减少基准刑的

30%—60%；

2. 已满十六周岁不满十八周岁的未成年人犯罪，减少基准刑的10%—50%。

2. 法释〔2006〕1号第十一条　对未成年罪犯适用刑罚，应当充分考虑是否有利于未成年罪犯的教育和矫正。

对未成年罪犯量刑应当依照刑法第六十一条的规定，并充分考虑未成年人实施犯罪行为的动机和目的、犯罪时的年龄、是否初次犯罪、犯罪后的悔罪表现、个人成长经历和一贯表现等因素。对符合管制、缓刑、单处罚金或者免予刑事处罚适用条件的未成年罪犯，应当依法适用管制、缓刑、单处罚金或者免予刑事处罚。

法释〔2006〕1号第十二条　行为人在达到法定刑事责任年龄前后均实施了危害社会的行为，只能依法追究其达到法定刑事责任年龄后实施的危害社会行为的刑事责任。

行为人在年满十八周岁前后实施了不同种犯罪行为，对其年满十八周岁以前实施的犯罪应当依法从轻或者减轻处罚。行为人在年满十八周岁前后实施了同种犯罪行为，在量刑时应当考虑对年满十八周岁以前实施的犯罪，适当给予从轻或者减轻处罚。

17-5　《预防未成年人犯罪法》（2021年6月1日）第四十五条第一款　未成年人实施刑法规定的行为、因不满法定刑事责任年龄不予刑事处罚的，经专门教育指导委员会评估同意，教育行政部门会同公安机关可以决定对其进行专门矫治教育。

第十七条之一[1]　（刑八）【老年人刑事责任】已满七十五周岁的人故意犯罪的，可以从轻或者减轻处罚；过失犯罪的，应当从轻或者减轻处罚。

17A-1　1.《最高人民法院关于贯彻宽严相济刑事政策的若干意见》（法发〔2010〕9号，2010年2月8日）　21. 对于老年人犯罪，要充分考虑其犯罪的动机、目的、情节、后果以及悔罪表现等，并结合其人身危险性和再犯可能性，酌情予以从宽处罚。

2.《最高人民法院、最高人民检察院关于常见犯罪的量刑指导意见（试行）》（法发〔2021〕21号，2021年7月1日）　三、常见量刑情节的适用（二）对于已满七十五周岁的老年人故意犯罪，综合考虑犯罪的性质、情节、后果等情况，可以减少基准刑的40%以下；过失犯罪的，减少基准刑的20%—50%。

第十八条 【特殊人员的刑事责任能力】精神病人在不能辨认或者不能控制自己行为的时候造成危害结果,经法定程序[1]鉴定确认的,不负刑事责任,但是应当责令他的家属或者监护人严加看管和医疗;在必要的时候,由政府强制医疗。

间歇性的精神病人在精神正常的时候犯罪,应当负刑事责任。

尚未完全丧失辨认或者控制自己行为能力的精神病人犯罪的,应当负刑事责任,但是可以从轻或者减轻处罚。

醉酒的人犯罪,应当负刑事责任。

18-1 **1.**《刑事诉讼法》(2018年10月26日第三次修正)第五编特别程序第五章 依法不负刑事责任的精神病人的强制医疗程序,对强制医疗程序作了明确规定。

《刑事诉讼法》第三百零二条 实施暴力行为,危害公共安全或者严重危害公民人身安全,经法定程序鉴定依法不负刑事责任的精神病人,有继续危害社会可能的,可以予以强制医疗。

2. 徐加富强制医疗案(指导性案例第63号)

裁判要点 审理强制医疗案件,对被申请人或者被告人是否"有继续危害社会可能",应当综合被申请人或者被告人所患精神病的种类、症状,案件审理时其病情是否已经好转,以及其家属或者监护人有无严加看管和自行送医治疗的意愿和能力等情况予以判定。必要时,可以委托相关机构或者专家进行评估。

第十九条 【又聋又哑的人或盲人犯罪的刑事责任】又聋又哑的人或者盲人犯罪,可以[1]* 从轻、减轻或者免除处罚。

19-1 《最高人民法院、最高人民检察院关于常见犯罪的量刑指导意见(试行)》(法发〔2021〕21号,2021年7月1日) 三、常见量刑情节的适用(三)对于又聋又哑的人或者盲人犯罪,综合考虑犯罪性质、情节、后果以及聋哑人或者盲人犯罪时的控制能力等情况,可以减少基准刑的50%以下;犯罪较轻的,可以减少基准刑的50%以上或者依法免除处罚。

第二十条[1] **【正当防卫】**为了[2]使国家、公共利益、本人或者他

---

* 刑法规定,本条情形是"可以"从轻、减轻或者免除处罚,而刑事诉讼法规定"应当"指定辩护人。

人的人身、财产和其他权利免受正在进行[3]的不法侵害[4]，而采取的制止不法侵害的行为，对不法侵害人[5]造成损害的，属于正当防卫[6]，不负刑事责任。

正当防卫明显超过必要限度[7]造成重大损害[8]的，应当负刑事责任[9]，但是应当减轻或者免除处罚。

对正在进行行凶[10]、杀人、抢劫、强奸、绑架以及其他严重危及人身安全的暴力犯罪[11]，采取防卫行为，造成不法侵害人伤亡的，不属于防卫过当，不负刑事责任。

20-1　1.《民法典》(2021年1月1日)第一百八十一条　因正当防卫造成损害的，不承担民事责任。

正当防卫超过必要的限度，造成不应有的损害的，正当防卫人应当承担适当的民事责任。

2.《最高人民法院、最高人民检察院、公安部关于依法适用正当防卫制度的指导意见》(法发〔2020〕31号，2020年8月28日)

一、总体要求

1. 把握立法精神，严格公正办案。正当防卫是法律赋予公民的权利。要准确理解和把握正当防卫的法律规定和立法精神，对于符合正当防卫成立条件的，坚决依法认定。要切实防止"谁能闹谁有理""谁死伤谁有理"的错误做法，坚决捍卫"法不能向不法让步"的法治精神。

2. 立足具体案情，依法准确认定。要立足防卫人防卫时的具体情境，综合考虑案件发生的整体经过，结合一般人在类似情境下的可能反应，依法准确把握防卫的时间、限度等条件。要充分考虑防卫人面临不法侵害时的紧迫状态和紧张心理，防止在事后以正常情况下冷静理性、客观精确的标准去评判防卫人。

3. 坚持法理情统一，维护公平正义。认定是否构成正当防卫、是否防卫过当以及对防卫过当裁量刑罚时，要注重查明前因后果，分清是非曲直，确保案件处理于法有据、于理应当、于情相容，符合人民群众的公平正义观念，实现法律效果与社会效果的有机统一。

4. 准确把握界限，防止不当认定。对于以防卫为名行不法侵害之实的违法犯罪行为，要坚决避免认定为正当防卫或者防卫过当。对于虽具有防卫性质，但防卫行为明显超过必要限度造成重大损害的，应当依法认定为防卫过当。

20-2 法发〔2020〕31号 二、正当防卫的具体适用

8.准确把握正当防卫的意图条件。正当防卫必须是为了使国家、公共利益、本人或者他人的人身、财产和其他权利免受不法侵害。对于故意以语言、行为等挑动对方侵害自己再予以反击的防卫挑拨,不应认定为防卫行为。

20-3 法发〔2020〕31号 二、正当防卫的具体适用

6.准确把握正当防卫的时间条件。正当防卫必须是针对正在进行的不法侵害。对于不法侵害已经形成现实、紧迫危险的,应当认定为不法侵害已经开始;对于不法侵害虽然暂时中断或者被暂时制止,但不法侵害人仍有继续实施侵害的现实可能性的,应当认定为不法侵害仍在进行;在财产犯罪中,不法侵害人虽已取得财物,但通过追赶、阻击等措施能够追回财物的,可以视为不法侵害仍在进行;对于不法侵害人确已失去侵害能力或者确已放弃侵害的,应当认定为不法侵害已经结束。对于不法侵害是否已经开始或者结束,应当立足防卫人在防卫时所处情境,按照社会公众的一般认知,依法作出合乎情理的判断,不能苛求防卫人。对于防卫人因为恐慌、紧张等心理,对不法侵害是否已经开始或者结束产生错误认识的,应当根据主客观相统一原则,依法作出妥当处理。

20-4 **1.** 法发〔2020〕31号 二、正当防卫的具体适用

5.准确把握正当防卫的起因条件。正当防卫的前提是存在不法侵害。不法侵害既包括侵犯生命、健康权利的行为,也包括侵犯人身自由、公私财产等权利的行为;既包括犯罪行为,也包括违法行为。不应将不法侵害不当限缩为暴力侵害或者犯罪行为。对于非法限制他人人身自由、非法侵入他人住宅等不法侵害,可以实行防卫。不法侵害既包括针对本人的不法侵害,也包括危害国家、公共利益或者针对他人的不法侵害。对于正在进行的拉拽方向盘、殴打司机等妨害安全驾驶、危害公共安全的违法犯罪行为,可以实行防卫。成年人对于未成年人正在实施的针对其他未成年人的不法侵害,应当劝阻、制止;劝阻、制止无效的,可以实行防卫。

2.《最高人民法院、最高人民检察院、公安部、司法部关于依法办理家庭暴力犯罪案件的意见》(法发〔2015〕4号,2015年3月2日)

三、定罪处罚

19.准确认定对家庭暴力的正当防卫。为了使本人或者他人的人身权利免受不法侵害,对正在进行的家庭暴力采取制止行为,只要符合刑法规定的条件,就应当依法认定为正当防卫,不负刑事责任。防卫行为造成施暴人重伤、死亡,且明显超过必要限度,属于防卫过当,应当负

刑事责任,但是应当减轻或者免除处罚。

……

3.《最高人民法院、最高人民检察院、公安部关于依法惩治妨害公共交通工具安全驾驶违法犯罪行为的指导意见》(公通字〔2019〕1号,2019年1月8日)

一、准确认定行为性质,依法从严惩处妨害安全驾驶犯罪

(四)对正在进行的妨害安全驾驶的违法犯罪行为,乘客等人员有权采取措施予以制止。制止行为造成违法犯罪行为人损害,符合法定条件的,应当认定为正当防卫。

20-5　法发〔2020〕31号　二、正当防卫的具体适用

7.准确把握正当防卫的对象条件。正当防卫必须针对不法侵害人进行。对于多人共同实施不法侵害的,既可以针对直接实施不法侵害的人进行防卫,也可以针对在现场共同实施不法侵害的人进行防卫。明知侵害人是无刑事责任能力人或者限制刑事责任能力人的,应当尽量使用其他方式避免或者制止侵害;没有其他方式可以避免、制止不法侵害,或者不法侵害严重危及人身安全的,可以进行反击。

20-6　法发〔2020〕31号　二、正当防卫的具体适用

9.准确界分防卫行为与相互斗殴。防卫行为与相互斗殴具有外观上的相似性,准确区分两者要坚持主客观相统一原则,通过综合考量案发起因、对冲突升级是否有过错、是否使用或者准备使用凶器、是否采用明显不相当的暴力、是否纠集他人参与打斗等客观情节,准确判断行为人的主观意图和行为性质。

因琐事发生争执,双方均不能保持克制而引发打斗,对于有过错的一方先动手且手段明显过激,或者一方先动手,在对方努力避免冲突的情况下仍继续侵害的,还击一方的行为一般应当认定为防卫行为。

双方因琐事发生冲突,冲突结束后,一方又实施不法侵害,对方还击,包括使用工具还击的,一般应当认定为防卫行为。不能仅因行为人事先进行防卫准备,就影响对其防卫意图的认定。

10.防止将滥用防卫权的行为认定为防卫行为。对于显著轻微的不法侵害,行为人在可以辨识的情况下,直接使用足以致人重伤或者死亡的方式进行制止的,不应认定为防卫行为。不法侵害系因行为人的重大过错引发,行为人在可以使用其他手段避免侵害的情况下,仍故意使用足以致人重伤或者死亡的方式还击的,不应认定为防卫行为。

20-7　**1.**法发〔2020〕31号　三、防卫过当的具体适用

12.准确认定"明显超过必要限度"。防卫是否"明显超过必要限

度”,应当综合不法侵害的性质、手段、强度、危害程度和防卫的时机、手段、强度、损害后果等情节,考虑双方力量对比,立足防卫人防卫时所处情境,结合社会公众的一般认知作出判断。在判断不法侵害的危害程度时,不仅要考虑已经造成的损害,还要考虑造成进一步损害的紧迫危险性和现实可能性。不应当苛求防卫人必须采取与不法侵害基本相当的反击方式和强度。通过综合考量,对于防卫行为与不法侵害相差悬殊、明显过激的,应当认定防卫明显超过必要限度。

2. 法发〔2015〕4 号　三、定罪处罚

19. ……认定防卫行为是否“明显超过必要限度”,应当以足以制止并使防卫人免受家庭暴力不法侵害的需要为标准,根据施暴人正在实施家庭暴力的严重程度、手段的残忍程度,防卫人所处的环境、面临的危险程度、采取的制止暴力的手段、造成施暴人重大损害的程度,以及既往家庭暴力的严重程度等进行综合判断。

3. 陈某正当防卫案(检例第 45 号)

要旨　在被人殴打、人身权利受到不法侵害的情况下,防卫行为虽然造成了重大损害的客观后果,但是防卫措施并未明显超过必要限度的,不属于防卫过当,依法不负刑事责任。

不批准逮捕的理由　第一,陈某面临正在进行的不法侵害,反击行为具有防卫性质。任何人面对正在进行的不法侵害,都有予以制止、依法实施防卫的权利。本案中,甲某等人借故拦截陈某并实施围殴,属于正在进行的不法侵害,陈某的反击行为显然具有防卫性质。

第二,陈某随身携带刀具,不影响正当防卫的认定。对认定正当防卫有影响的,并不是防卫人携带了可用于自卫的工具,而是防卫人是否有相互斗殴的故意。陈某在事前没有与对方约架斗殴的意图,被拦住后也是先解释退让,最后在遭到对方围打时才被迫还手,其随身携带水果刀,无论是日常携带还是事先有所防备,都不影响对正当防卫作出认定。

第三,陈某的防卫措施没有明显超过必要限度,不属于防卫过当。陈某的防卫行为致实施不法侵害的 3 人重伤,客观上造成了重大损害,但防卫措施并没有明显超过必要限度。陈某被 9 人围住殴打,其中有人使用了钢管、石块等工具,双方实力相差悬殊,陈某借助水果刀增强防卫能力,在手段强度上合情合理。并且,对方在陈某逃脱时仍持续追打,共同侵害行为没有停止,所以就制止整体不法侵害的实际需要来看,陈某持刀挥刺也没有不相适应之处。综合来看,陈某的防卫行为虽有致多人重伤的客观后果,但防卫措施没有明显超过必要限度,依法不属于防卫过当。

4. 朱凤山故意伤害(防卫过当)案(检例第46号)

要旨　在民间矛盾激化过程中,对正在进行的非法侵入住宅、轻微人身侵害行为,可以进行正当防卫,但防卫行为的强度不具有必要性并致不法侵害人重伤、死亡的,属于明显超过必要限度造成重大损害,应当负刑事责任,但是应当减轻或者免除处罚。

指导意义　防卫过当中,重大损害是指造成不法侵害人死亡、重伤的后果,造成轻伤及以下损伤的不属于重大损害;明显超过必要限度是指,根据所保护的权利性质、不法侵害的强度和紧迫程度等综合衡量,防卫措施缺乏必要性,防卫强度与侵害程度对比也相差悬殊。司法实践中,重大损害的认定比较好把握,但明显超过必要限度的认定相对复杂,对此应当根据不法侵害的性质、手段、强度和危害程度,以及防卫行为的性质、手段、强度、时机和所处环境等因素,进行综合判断。

20-8　法发〔2020〕31号　三、防卫过当的具体适用

11.准确把握防卫过当的认定条件。根据刑法第二十条第二款的规定,认定防卫过当应当同时具备"明显超过必要限度"和"造成重大损害"两个条件,缺一不可。

13.准确认定"造成重大损害"。"造成重大损害"是指造成不法侵害人重伤、死亡。造成轻伤及以下损害的,不属于重大损害。防卫行为虽然明显超过必要限度但没有造成重大损害的,不应认定为防卫过当。

20-9　法发〔2020〕31号　三、防卫过当的具体适用

14.准确把握防卫过当的刑罚裁量。防卫过当应当负刑事责任,但是应当减轻或者免除处罚。要综合考虑案件情况,特别是不法侵害人的过错程度、不法侵害的严重程度以及防卫人面对不法侵害的恐慌、紧张等心理,确保刑罚裁量适当、公正。对于因侵害人实施严重贬损他人人格尊严、严重违反伦理道德的不法侵害,或者多次、长期实施不法侵害所引发的防卫过当行为,在量刑时应当充分考虑,以确保案件处理既经得起法律检验,又符合社会公平正义观念。

20-10　**1.** 法发〔2020〕31号　四、特殊防卫的具体适用

15.准确理解和把握"行凶"。根据刑法第二十条第三款的规定,下列行为应当认定为"行凶":(1)使用致命性凶器,严重危及他人人身安全的;(2)未使用凶器或者未使用致命性凶器,但是根据不法侵害的人数、打击部位和力度等情况,确已严重危及他人人身安全的。虽然尚未造成实际损害,但已对人身安全造成严重、紧迫危险的,可以认定为"行凶"。

2. 于海明正当防卫案(检例第47号)*

要旨 对于犯罪故意的具体内容虽不确定,但足以严重危及人身安全的暴力侵害行为,应当认定为刑法第二十条第三款规定的"行凶"。行凶已经造成严重危及人身安全的紧迫危险,即使没有发生严重的实害后果,也不影响正当防卫的成立。

3. 张那木拉正当防卫案(指导性案例第144号)

裁判要点 1. 对于使用致命性凶器攻击他人要害部位,严重危及他人人身安全的行为,应当认定为刑法第二十条第三款规定的"行凶",可以适用特殊防卫的有关规定。

2. 对于多人共同实施不法侵害,部分不法侵害人已被制伏,但其他不法侵害人仍在继续实施侵害的,仍然可以进行防卫。

20-11 **1.** 法发〔2020〕31号 四、特殊防卫的具体适用

16. 准确理解和把握"杀人、抢劫、强奸、绑架"。刑法第二十条第三款规定的"杀人、抢劫、强奸、绑架",是指具体犯罪行为而不是具体罪名。在实施不法侵害过程中存在杀人、抢劫、强奸、绑架等严重危及人身安全的暴力犯罪行为的,如以暴力手段抢劫枪支、弹药、爆炸物或者以绑架手段拐卖妇女、儿童的,可以实行特殊防卫。有关行为没有严重危及人身安全的,应当适用一般防卫的法律规定。

17. 准确理解和把握"其他严重危及人身安全的暴力犯罪"。刑法第二十条第三款规定的"其他严重危及人身安全的暴力犯罪",应当是与杀人、抢劫、强奸、绑架行为相当,并具有致人重伤或者死亡的紧迫危险和现实可能的暴力犯罪。

18. 准确把握一般防卫与特殊防卫的关系。对于不符合特殊防卫起因条件的防卫行为,致不法侵害人伤亡的,如果没有明显超过必要限度,也应当认定为正当防卫,不负刑事责任。

2. 侯雨秋正当防卫案(检例第48号)

要旨 单方聚众斗殴的,属于不法侵害,没有斗殴故意的一方可以进行正当防卫。单方持械聚众斗殴,对他人的人身安全造成严重危险的,应当认定为刑法第二十条第三款规定的"其他严重危及人身安全的暴力犯罪"。

不起诉理由 判断不法侵害行为是否属于刑法第二十条第三款规

---

* 于海明正当防卫案即2018年年初的昆山反杀案。该案在侦查阶段被认定为正当防卫而撤销案件,充分体现了"从轻从快"的法治精神。

定的“其他”犯罪,应当以本款列举的杀人、抢劫、强奸、绑架为参照,通过比较暴力程度、危险程度和刑法给予惩罚的力度等综合作出判断。

单方持械聚众斗殴构成犯罪的法定最低刑虽然不重,与一般伤害罪相同,但刑法第二百九十二条同时规定,聚众斗殴,致人重伤、死亡的,依照刑法关于故意伤害致人重伤、故意杀人的规定定罪处罚。刑法作此规定表明,聚众斗殴行为常可造成他人重伤或者死亡,结合案件具体情况,可以判定聚众斗殴与故意致人伤亡的犯罪在暴力程度和危险程度上是一致的。

指导意义　认定“其他严重危及人身安全的暴力犯罪”时,除了在方法上,以本款列举的四种罪行为参照,通过比较暴力程度、危险程度和刑法给予惩罚的力度作出判断以外,还应当注意把握以下几点:一是不法行为侵害的对象是人身安全,即危害人的生命权、健康权、自由权和性权利。人身安全之外的财产权利、民主权利等其他合法权利不在其内,这也是特殊防卫区别于一般防卫的一个重要特征;二是不法侵害行为具有暴力性,且应达到犯罪的程度。对本款列举的杀人、抢劫、强奸、绑架应作广义的理解,即不仅指这四种具体犯罪行为,也包括以此种暴力行为作为手段,而触犯其他罪名的犯罪行为,如以抢劫为手段的抢劫枪支、弹药、爆炸物的行为,以绑架为手段的拐卖妇女、儿童的行为,以及针对人的生命、健康而采取的放火、爆炸、决水等行为;三是不法侵害行为应当达到一定的严重程度,即有可能造成他人重伤或死亡的后果。需要强调的是,不法侵害行为是否已经造成实际伤害后果,不必然影响特殊防卫的成立。此外,针对不法侵害行为对他人人身安全造成的严重危险,可以实施特殊防卫。

在共同不法侵害案件中,“行凶”与“其他严重危及人身安全的暴力犯罪”,在认定上可以有一定交叉,具体可结合全案行为特征和各侵害人的具体行为特征作综合判定。另外,对于寻衅滋事行为,不宜直接认定为“其他严重危及人身安全的暴力犯罪”,寻衅滋事行为暴力程度较高、严重危及他人人身安全的,可分别认定为刑法第二十条第三款规定中的行凶、杀人或抢劫。需要说明的是,侵害行为最终成立何种罪名,对防卫人正当防卫的认定没有影响。

3. 于欢故意伤害案(指导性案例第93号)

裁判要点　1. 对正在进行的非法限制他人人身自由的行为,应当认定为刑法第二十条第一款规定的“不法侵害”,可以进行正当防卫。

2. 对非法限制他人人身自由并伴有侮辱、轻微殴打的行为,不应当认定为刑法第二十条第三款规定的“严重危及人身安全的暴力犯罪”。

3. 判断防卫是否过当,应当综合考虑不法侵害的性质、手段、强度、危害程度,以及防卫行为的性质、时机、手段、强度、所处环境和损害后果等情节。对非法限制他人人身自由并伴有侮辱、轻微殴打,且并不十分紧迫的不法侵害,进行防卫致人死亡重伤的,应当认定为刑法第二十条第二款规定的"明显超过必要限度造成重大损害"。

4. 防卫过当案件,如系因被害人实施严重贬损他人人格尊严或者亵渎人伦的不法侵害引发的,量刑时对此应予充分考虑,以确保司法裁判既经得起法律检验,也符合社会公平正义观念。

第二十一条　【紧急避险】为了使国家、公共利益、本人或者他人的人身、财产和其他权利免受正在发生的危险,不得已采取的紧急避险行为*,造成损害的,不负刑事责任。

紧急避险超过必要限度造成不应有的损害的[1],应当负刑事责任,但是应当减轻或者免除处罚。

第一款中关于避免本人危险的规定,不适用于职务上、业务上负有特定责任的人[2]。

21-1　《民法典》第一百八十二条　因紧急避险造成损害的,由引起险情发生的人承担民事责任。

危险由自然原因引起的,紧急避险人不承担民事责任,可以给予适当补偿。

紧急避险采取措施不当或者超过必要的限度,造成不应有的损害的,紧急避险人应当承担适当的民事责任。

《民法典》第一百八十四条　因自愿实施紧急救助行为造成受助人损害的,救助人不承担民事责任。

21-2　《最高人民法院、最高人民检察院、公安部关于依法惩治妨害公共交通工具安全驾驶违法犯罪行为的指导意见》(公通字〔2019〕1号,2019年1月8日)　一、准确认定行为性质,依法从严惩处妨害安全驾驶犯罪

(五)正在驾驶公共交通工具的驾驶人员遭到妨害安全驾驶行为侵害时,为避免公共交通工具倾覆或者人员伤亡等危害后果发生,采取紧急制动或者躲避措施,造成公共交通工具、交通设施损坏或者人身损

---

* 对有主人的动物自发侵害法益的情况下,不存在正当防卫,但可以成立紧急避险。如果不得已打伤或打死该动物,则属于通过给主人的财产造成损害的方法保护法益。

害,符合法定条件的,应当认定为紧急避险。

(七)本意见所称公共交通工具,是指公共汽车、公路客运车,大、中型出租车等车辆。

第二节 犯罪的预备*、未遂和中止

第二十二条 【犯罪预备】为了犯罪,准备工具**、制造条件的,是犯罪预备。

对于预备犯,可以比照既遂犯从轻、减轻处罚或者免除处罚。

第二十三条 【犯罪未遂】已经着手实行犯罪,由于犯罪分子意志以外的原因而未得逞的[1],是犯罪未遂。

对于未遂犯,可以比照既遂犯从轻或者减轻处罚。[2]

23-1 1.《最高人民法院关于审理抢劫、抢夺刑事案件适用法律若干问题的意见》(法发〔2005〕8 号,2005 年 6 月 8 日)

十、抢劫罪的既遂、未遂的认定

抢劫罪侵犯的是复杂客体,既侵犯财产权利又侵犯人身权利,具备劫取财物或者造成他人轻伤以上后果两者之一的,均属抢劫既遂;既未劫取财物,又未造成他人人身伤害后果的,属抢劫未遂。据此,刑法第二百六十三条规定的八种处罚情节中除"抢劫致人重伤、死亡的"这一结果加重情节之外,其余七种处罚情节同样存在既遂、未遂问题,其中属抢劫未遂的,应当根据刑法关于加重情节的法定刑规定,结合未遂犯的处理原则量刑。

2.《全国法院审理经济犯罪案件工作座谈会纪要》(法〔2003〕167 号,2003 年 11 月 13 日)

二、关于贪污罪 (一)贪污罪既遂与未遂的认定 贪污罪是一种以非法占有为目的的财产性职务犯罪,与盗窃、诈骗、抢夺等侵犯财产

---

* 惩罚预备犯主要考虑的是其个人的犯罪倾向和对社会的防卫。而在我国刑法中,惩罚预备犯成为通例,这有些夸大了犯罪人的主观倾向和过分强调了防卫社会的刑法目的。《俄罗斯刑法典》第 30 条第 2 款规定,只有对预备实施严重犯罪或特别严重的犯罪,才追究刑事责任。

** 准备工具事实上也是为实行犯罪制造条件的行为,只因是最常见的预备行为,刑法便将其独立于制造条件之外予以规定。

罪一样,应当以行为人是否实际控制财物作为区分贪污罪既遂与未遂的标准。对于行为人利用职务上的便利,实施了虚假平帐等贪污行为,但公共财物尚未实际转移,或者尚未被行为人控制就被查获的,应当认定为贪污未遂。行为人控制公共财物后,是否将财物据为己有,不影响贪污既遂的认定。

3.《最高人民法院、最高人民检察院关于办理妨害文物管理等刑事案件适用法律若干问题的解释》(法释〔2015〕23号,2016年1月1日)第八条第二款　实施盗掘行为,已损害古文化遗址、古墓葬的历史、艺术、科学价值的,应当认定为盗掘古文化遗址、古墓葬罪既遂。

4.《最高人民法院、最高人民检察院关于办理走私刑事案件适用法律若干问题的解释》(法释〔2014〕10号,2014年9月10日)第二十三条　实施走私犯罪,具有下列情形之一的,应当认定为犯罪既遂:

(一)在海关监管现场被查获的;

(二)以虚假申报方式走私,申报行为实施完毕的;

(三)以保税货物或者特定减税、免税进口的货物、物品为对象走私,在境内销售的,或者申请核销行为实施完毕的。

5.《最高人民法院、最高人民检察院关于办理组织、利用邪教组织破坏法律实施等刑事案件适用法律若干问题的解释》(法释〔2017〕3号,2017年2月1日)第五条　为了传播而持有、携带,或者传播过程中被当场查获,邪教宣传品数量达到本解释第二条至第四条规定的有关标准的,按照下列情形分别处理:

(一)邪教宣传品是行为人制作的,以犯罪既遂处理;

(二)邪教宣传品不是行为人制作,尚未传播的,以犯罪预备处理;

(三)邪教宣传品不是行为人制作,传播过程中被查获的,以犯罪未遂处理;

(四)邪教宣传品不是行为人制作,部分已经传播出去的,以犯罪既遂处理,对于没有传播的部分,可以在量刑时酌情考虑。

6.《最高人民法院、最高人民检察院关于办理组织考试作弊等刑事案件适用法律若干问题的解释》(法释〔2019〕13号,2019年9月4日)第四条　组织考试作弊,在考试开始之前被查获,但已经非法获取考试试题、答案或者具有其他严重扰乱考试秩序情形的,应当认定为组织考试作弊罪既遂。

7.《最高人民法院关于全国部分法院审理毒品犯罪案件工作座谈会纪要》(法〔2008〕324号,2008年12月1日)

四、制造毒品的认定与处罚问题

……

已经制成毒品,达到实际掌握的死刑数量标准的,可以判处死刑;数量特别巨大的,应当判处死刑。已经制造出粗制毒品或者半成品的,以制造毒品罪的既遂论处。购进制造毒品的设备和原材料,开始着手制造毒品,但尚未制造出粗制毒品或者半成品的,以制造毒品罪的未遂论处。

8.《最高人民法院、最高人民检察院关于办理妨害国(边)境管理刑事案件应用法律若干问题的解释》(法释〔2012〕17号,2012年12月20日)第一条第三款　以组织他人偷越国(边)境为目的,招募、拉拢、引诱、介绍、培训偷越国(边)境人员,策划、安排偷越国(边)境行为,在他人偷越国(边)境之前或者偷越国(边)境过程中被查获的,应当以组织他人偷越国(边)境罪(未遂)论处;具有刑法第三百一十八条第一款规定的情形之一的,应当在相应的法定刑幅度基础上,结合未遂犯的处罚原则量刑。

23-2　**1.**《最高人民法院、最高人民检察院关于常见犯罪的量刑指导意见(试行)》(法发〔2021〕21号,2021年7月1日)　(四)对于未遂犯,综合考虑犯罪行为的实行程度、造成损害的大小、犯罪未得逞的原因等情况,可以比照既遂犯减少基准刑的50%以下。

2.《最高人民法院、最高人民检察院关于办理诈骗刑事案件具体应用法律若干问题的解释》(法释〔2011〕7号,2011年4月8日)第六条　诈骗既有既遂,又有未遂,分别达到不同量刑幅度的,依照处罚较重的规定处罚;达到同一量刑幅度的,以诈骗罪既遂处罚。

3.《最高人民法院、最高人民检察院、公安部、司法部关于办理"套路贷"刑事案件若干问题的意见》(法发〔2019〕11号,2019年4月9日)　6.……已经着手实施"套路贷",但因意志以外原因未得逞的,可以根据相关罪名所涉及的刑法、司法解释规定,按照已着手非法占有的财物数额认定犯罪未遂。既有既遂,又有未遂,犯罪既遂部分与未遂部分分别对应不同法定刑幅度的,应当先决定对未遂部分是否减轻处罚,确定未遂部分对应的法定刑幅度,再与既遂部分对应的法定刑幅度进行比较,选择处罚较重的法定刑幅度,并酌情从重处罚;二者在同一量刑幅度的,以犯罪既遂酌情从重处罚。

4. 王新明合同诈骗案(指导性案例第62号)

裁判要点 在数额犯中,犯罪既遂部分与未遂部分分别对应不同法定刑幅度的,应当先决定对未遂部分是否减轻处罚,确定未遂部分对应的法定刑幅度,再与既遂部分对应的法定刑幅度进行比较,选择适用处罚较重的法定刑幅度,并酌情从重处罚;二者在同一量刑幅度的,以犯罪既遂酌情从重处罚。

第二十四条 【犯罪中止】在犯罪过程中,自动放弃犯罪或者自动有效地防止犯罪结果发生的,是犯罪中止。

对于中止犯,没有造成损害的,应当免除处罚;造成损害的,应当减轻处罚。

第三节 共同犯罪[1]*

S.3-1 **1.**《最高人民法院关于贯彻宽严相济刑事政策的若干意见》(法发〔2010〕9号,2010年2月8日)

四、准确把握和正确适用宽严"相济"的政策要求

30. 对于恐怖组织犯罪、邪教组织犯罪、黑社会性质组织犯罪和进行走私、诈骗、贩毒等犯罪活动的犯罪集团,在处理时要分别情况,区别对待:对犯罪组织或集团中的为首组织、指挥、策划者和骨干分子,要依法从严惩处,该判处重刑或死刑的要坚决判处重刑或死刑;对受欺骗、胁迫参加犯罪组织、犯罪集团或只是一般参加者,在犯罪中起次要、辅助作用的从犯,依法应当从轻或减轻处罚,符合缓刑条件的,可以适用缓刑。

对于群体性事件中发生的杀人、放火、抢劫、伤害等犯罪案件,要注意重点打击其中的组织、指挥、策划者和直接实施犯罪行为的积极参与者;对因被煽动、欺骗、裹胁而参加,情节较轻,经教育确有悔改表现的,应当依法从宽处理。

---

* 首恶者必办、胁从者不问、立功者受奖是惩办与宽大相结合刑事政策的具体内容,我国刑法以在共同犯罪活动中所起的作用为标准,将共同犯罪人分为主犯、从犯、胁从犯,正是这一刑事政策的具体内容的法律化。而教唆犯则是我国刑法按照分工分类的唯一法定的共同犯罪人种类,故其是我国刑法中共同犯罪人的特殊类型。

31. 对于一般共同犯罪案件,应当充分考虑各被告人在共同犯罪中的地位和作用,以及在主观恶性和人身危险性方面的不同,根据事实和证据能分清主从犯的,都应当认定主从犯。有多名主犯的,应在主犯中进一步区分出罪行最为严重者。对于多名被告人共同致死一名被害人的案件,要进一步分清各被告人的作用,准确确定各被告人的罪责,以做到区别对待;不能以分不清主次为由,简单地一律判处重刑。

33. 在共同犯罪案件中,对于主犯或首要分子检举、揭发同案地位、作用较次犯罪分子构成立功的,从轻或者减轻处罚应当从严掌握,如果从轻处罚可能导致全案量刑失衡的,一般不予从轻处罚;如果检举、揭发的是其他犯罪案件中罪行同样严重的犯罪分子,或者协助抓获的是同案中的其他主犯、首要分子的,原则上应予依法从轻或者减轻处罚。对于从犯或犯罪集团中的一般成员立功,特别是协助抓获主犯、首要分子的,应当充分体现政策,依法从轻、减轻或者免除处罚。

2.《最高人民法院关于处理自首和立功若干具体问题的意见》(法发〔2010〕60号,2010年12月22日)　在共同犯罪案件中,对具有自首、立功情节的被告人的处罚,应注意共同犯罪人以及首要分子、主犯、从犯之间的量刑平衡。犯罪集团的首要分子、共同犯罪的主犯检举揭发或者协助司法机关抓捕同案地位、作用较次的犯罪分子的,从宽处罚与否应当从严掌握,如果从轻处罚可能导致全案量刑失衡的,一般不从轻处罚;如果检举揭发或者协助司法机关抓捕的是其他案件中罪行同样严重的犯罪分子,一般应依法从宽处罚。对于犯罪集团的一般成员、共同犯罪的从犯立功的,特别是协助抓捕首要分子、主犯的,应当充分体现政策,依法从宽处罚。

第二十五条　【共同犯罪概念】共同犯罪是指二人[1]以上共同故意[2]犯罪。

二人以上共同过失犯罪,不以共同犯罪论处;应当负刑事责任的,按照他们所犯的罪分别处罚。

25-1　1.《最高人民法院关于审理挪用公款案件具体应用法律若干问题的解释》(法释〔1998〕9号,1998年5月9日)第八条　挪用公款给他人使用,使用人与挪用人共谋,指使或者参与策划取得挪用款的,以挪用公款罪的共犯定罪处罚。

2.《最高人民法院关于审理贪污、职务侵占案件如何认定共同犯罪几个问题的解释》(法释〔2000〕15号,2000年7月8日)第一条 行为人与国家工作人员勾结,利用国家工作人员的职务便利,共同侵吞、窃取、骗取或者以其他手段非法占有公共财物的,以贪污罪共犯论处。

法释〔2000〕15号第二条 行为人与公司、企业或者其他单位的人员勾结,利用公司、企业或者其他单位人员的职务便利,共同将该单位财物非法占为已有,数额较大的,以职务侵占罪共犯论处。

法释〔2000〕15号第三条 公司、企业或者其他单位中,不具有国家工作人员身份的人与国家工作人员勾结,分别利用各自的职务便利,共同将本单位财物非法占为已有的,按照主犯的犯罪性质定罪。

3.《全国法院审理经济犯罪案件工作座谈会纪要》(法发〔2003〕167号,2003年11月13日) 二、关于贪污罪

(三)国家工作人员与非国家工作人员勾结共同非法占有单位财物行为的认定

对于国家工作人员与他人勾结,共同非法占有单位财物的行为,应当按照《最高人民法院关于审理贪污、职务侵占案件如何认定共同犯罪几个问题的解释》的规定定罪处罚。对于在公司、企业或者其他单位中,非国家工作人员与国家工作人员勾结,分别利用各自的职务便利,共同将本单位财物非法占有的,应当尽量区分主从犯,按照主犯的犯罪性质定罪。司法实践中,如果根据案件的实际情况,各共同犯罪人在共同犯罪中的地位、作用相当,难以区分主从犯的,可以贪污罪定罪处罚。

三、关于受贿罪

(五)共同受贿犯罪的认定

根据刑法关于共同犯罪的规定,非国家工作人员与国家工作人员勾结,伙同受贿的,应当以受贿罪的共犯追究刑事责任。非国家工作人员是否构成受贿罪共犯,取决于双方有无共同受贿的故意和行为。国家工作人员的近亲属向国家工作人员代为转达请托事项,收受请托人财物并告知该国家工作人员,或者国家工作人员明知其近亲属收受了他人财物,仍按照近亲属的要求利用职权为他人谋取利益的,对该国家工作人员应认定为受贿罪,其近亲属以受贿罪共犯论处。近亲属以外的其他人与国家工作人员通谋,由国家工作人员利用职务上的便利为请托人谋取利益,收受请托人财物后双方共同占有的,构成受贿罪共犯。国家工作人员利用职务上的便利为他人谋取利益,并指定他人将财物送给其他人,构成犯罪的,应以受贿罪定罪处罚。

4.《最高人民检察院法律政策研究室关于非司法工作人员是否可以构成徇私枉法罪共犯问题的答复》(〔2003〕高检研发第11号,2003年4月16日) 非司法工作人员与司法工作人员勾结,共同实施徇私枉法行为,构成犯罪的,应当以徇私枉法罪的共犯追究刑事责任。

5.《最高人民法院、最高人民检察院关于办理商业贿赂刑事案件适用法律若干问题的意见》(法发〔2008〕33号,2008年11月20日)第十一条 非国家工作人员与国家工作人员通谋,共同收受他人财物,构成共同犯罪的,根据双方利用职务便利的具体情形分别定罪追究刑事责任:

(1)利用国家工作人员的职务便利为他人谋取利益的,以受贿罪追究刑事责任。

(2)利用非国家工作人员的职务便利为他人谋取利益的,以非国家工作人员受贿罪追究刑事责任。

(3)分别利用各自的职务便利为他人谋取利益的,按照主犯的犯罪性质追究刑事责任,不能分清主从犯的,可以受贿罪追究刑事责任。

6.《最高人民法院关于审理交通肇事刑事案件具体应用法律若干问题的解释》(法释〔2000〕33号,2000年11月21日)第五条第二款 交通肇事后,单位主管人员、机动车辆所有人、承包人或者乘车人指使肇事人逃逸,致使被害人因得不到救助而死亡的,以交通肇事罪的共犯论处。

7.《最高人民法院、最高人民检察院关于办理危害生产安全刑事案件适用法律若干问题的解释》(法释〔2015〕22号,2015年12月16日)第九条 在安全事故发生后,与负有报告职责的人员串通,不报或者谎报事故情况,贻误事故抢救,情节严重的,依照刑法第一百三十九条之一的规定,以共犯论处。

25-2 **1.**《最高人民法院、最高人民检察院、海关总署关于办理走私刑事案件适用法律若干问题的意见》(法〔2002〕139号,2002年7月8日)

十五、关于刑法第一百五十六条规定的"与走私罪犯通谋"的理解问题

通谋是指犯罪行为人之间事先或者事中形成的共同的走私故意。下列情形可以认定为通谋:

(一)对明知他人从事走私活动而同意为其提供贷款、资金、账号、发票、证明、海关单证,提供运输、保管、邮寄或者其他方便的;

(二)多次为同一走私犯罪分子的走私行为提供前项帮助的。

2.《最高人民法院关于审理非法集资刑事案件具体应用法律若干

问题的解释》(法释〔2022〕5号,2022年3月1日)第七条第三款　集资诈骗罪中的非法占有目的,应当区分情形进行具体认定。行为人部分非法集资行为具有非法占有目的的,对该部分非法集资行为所涉集资款以集资诈骗罪定罪处罚;非法集资共同犯罪中部分行为人具有非法占有目的,其他行为人没有非法占有集资款的共同故意和行为的,对具有非法占有目的的行为人以集资诈骗罪定罪处罚。

3. 天津市人民检察院第一分院诉李彬、袁南京、胡海珍等绑架案(《最高人民法院公报》2008年第8期)　根据刑法第二十五条的规定,共同犯罪是指二人以上共同故意犯罪,各共同犯罪人必须具有共同犯罪的故意。所谓共同犯罪的故意,是指各共同犯罪人通过意思联络,知道自己是和他人配合共同实施犯罪,认识到共同犯罪行为的性质以及该行为所导致的危害社会的结果,并且希望和放任这种结果的发生。

如果行为人并不了解他人真正的犯罪意图,不清楚他人所实施的犯罪行为的性质,而是被他人蒙骗或者出于自己的错误认识,在错误理解犯罪性质的情况下参与他人实施的犯罪,则不能认定该行为人与他人实施了共同犯罪,而应当依据该行为人的犯罪实际情况,按照主客观一致的原则正确定罪处罚。

第二十六条　【主犯】组织、领导犯罪集团进行犯罪活动的或者在共同犯罪中起主要作用的,是主犯。

三人以上为共同实施犯罪而组成的较为固定的犯罪组织,是犯罪集团。

对组织、领导犯罪集团的首要分子,按照集团所犯的全部罪行处罚。

对于第三款规定以外的主犯[1],应当按照其所参与的或者组织、指挥的全部犯罪处罚。

26-1　1.《最高人民法院关于审理抢劫刑事案件适用法律若干问题的指导意见》(法发〔2016〕2号,2016年1月6日)

五、抢劫共同犯罪的刑罚适用

1. 审理抢劫共同犯罪案件,应当充分考虑共同犯罪的情节及后果、共同犯罪人在抢劫中的作用以及被告人的主观恶性、人身危险性等情节,做到准确认定主从犯,分清罪责,以责定刑,罚当其罪。一案中有两名以上主犯的,要从犯罪提意、预谋、准备、行为实施、赃物处理等方面区分出罪责最大者和较大者；有两名以上从犯的，要在从犯中区分出罪责相对更轻者和较轻者。对从犯的处罚，要根据案件的具体事实、从犯的罪责，确定从轻还是减轻处罚。对具有自首、立功或者未成年人且初次抢劫等情节的从犯，可以依法免除处罚。

2. 对于共同抢劫致一人死亡的案件，依法应当判处死刑的，除犯罪手段特别残忍、情节及后果特别严重、社会影响特别恶劣、严重危害社会治安的外，一般只对共同抢劫犯罪中作用最突出、罪行最严重的那名主犯判处死刑立即执行。罪行最严重的主犯如因系未成年人而不适用死刑，或者因具有自首、立功等法定从宽处罚情节而不判处死刑立即执行的，不能不加区别地对其他主犯判处死刑立即执行。

3. 在抢劫共同犯罪案件中，有同案犯在逃的，应当根据现有证据尽量分清在押犯与在逃犯的罪责，对在押犯应按其罪责处刑。罪责确实难以分清，或者不排除在押犯的罪责可能轻于在逃犯的，对在押犯适用刑罚应当留有余地，判处死刑立即执行要格外慎重。

2.《最高人民法院、最高人民检察院、公安部、司法部关于依法惩治拐卖妇女儿童犯罪的意见》(法发〔2010〕7 号，2010 年 3 月 15 日)

23. 对于拐卖妇女、儿童犯罪的共犯，应当根据各被告人在共同犯罪中的分工、地位、作用，参与拐卖的人数、次数，以及分赃数额等，准确区分主从犯。

对于组织、领导、指挥拐卖妇女、儿童的某一个或者某几个犯罪环节，或者积极参与实施拐骗、绑架、收买、贩卖、接送、中转妇女、儿童等犯罪行为，起主要作用的，应当认定为主犯。

对于仅提供被拐卖妇女、儿童信息或者相关证明文件，或者进行居间介绍，起辅助或者次要作用，没有获利或者获利较少的，一般可认定为从犯。

对于各被告人在共同犯罪中的地位、作用区别不明显的，可以不区分主从犯。

3.《最高人民法院、最高人民检察院、公安部、司法部关于办理实施“软暴力”的刑事案件若干问题的意见》(2019 年 4 月 9 日) 十一、雇佣、指使他人采用“软暴力”手段强迫交易、敲诈勒索，构成强迫交易罪、敲诈勒索罪的，对雇佣者、指使者，一般应当以共同犯罪中的主犯论处。

为强索不受法律保护的债务或者因其他非法目的，雇佣、指使他人采用“软暴力”手段非法剥夺他人人身自由构成非法拘禁罪，或者非法侵入他人住宅、寻衅滋事，构成非法侵入住宅罪、寻衅滋事罪的，对雇佣者、指使者,一般应当以共同犯罪中的主犯论处;因本人及近亲属合法债务、婚恋、家庭、邻里纠纷等民间矛盾而雇佣、指使,没有造成严重后果的,一般不作为犯罪处理,但经有关部门批评制止或者处理处罚后仍继续实施的除外。

第二十七条 【从犯】在共同犯罪中起次要或者辅助[1] 作用[*]的,是从犯[**]。

对于从犯[2],应当从轻、减轻处罚或者免除处罚。

27-1 **1.**《最高人民法院、最高人民检察院关于办理利用互联网、移动通讯终端、声讯台制作、复制、出版、贩卖、传播淫秽电子信息刑事案件具体应用法律若干问题的解释》(法释〔2004〕11号,2004年9月6日)第七条 明知他人实施制作、复制、出版、贩卖、传播淫秽电子信息犯罪,为其提供互联网接入、服务器托管、网络存储空间、通讯传输通道、费用结算等帮助的,对直接负责的主管人员和其他直接责任人员,以共同犯罪论处。

2.《最高人民法院、最高人民检察院关于办理赌博刑事案件具体应用法律若干问题的解释》(法释〔2005〕3号,2005年5月13日)第四条 明知他人实施赌博犯罪活动,而为其提供资金、计算机网络、通讯、费用结算等直接帮助的,以赌博罪的共犯论处。

3.《最高人民法院、最高人民检察院关于办理危害药品安全刑事案件适用法律若干问题的解释》(高检发释字〔2022〕1号,2022年3月6日)第九条 明知他人实施危害药品安全犯罪,而有下列情形之一的,以共同犯罪论处:

(一)提供资金、贷款、账号、发票、证明、许可证件的;

(二)提供生产、经营场所、设备或者运输、储存、保管、邮寄、销售渠道等便利条件的;

(三)提供生产技术或者原料、辅料、包装材料、标签、说明书的;

---

* 辅助作用也是次要作用,之所以特别提出辅助作用,是因为按照分工,对共同犯罪的分类中存在帮助犯,如果"次要作用"是指次要的实行犯,那么"辅助作用"即是指帮助犯。所以条文特别用"辅助作用"概括这种情况,以便全面理解"次要作用"的内涵。

** 在共同犯罪中,存在各行为人均为主犯,而没有从犯的情况,但不存在只有从犯而没有主犯的情况。在共同犯罪中起次要作用的,是次要的实行犯,起辅助作用的是帮助犯,实行犯并非一律是主犯。帮助犯不直接实行犯罪构成客观要件的行为,而是为实行犯提供帮助。

(四)提供虚假药物非临床研究报告、药物临床试验报告及相关材料的;

(五)提供广告宣传的;

(六)提供其他帮助的*。

4.《最高人民法院、最高人民检察院关于办理环境污染刑事案件适用法律若干问题的解释》(法释〔2023〕7号,2023年8月15日)第八条 明知他人无危险废物经营许可证,向其提供或者委托其收集、贮存、利用、处置危险废物,严重污染环境的,以共同犯罪论处。

5.《最高人民法院、最高人民检察院关于办理组织、利用邪教组织破坏法律实施等刑事案件适用法律若干问题的解释》(法释〔2017〕3号,2017年2月1日)第十三条 明知他人组织、利用邪教组织实施犯罪,而为其提供经费、场地、技术、工具、食宿、接送等便利条件或者帮助的,以共同犯罪论处。

6.《最高人民法院、最高人民检察院、公安部、司法部关于办理"套路贷"刑事案件若干问题的意见》(法发〔2019〕11号,2019年4月9日) 5.……明知他人实施"套路贷"犯罪,具有以下情形之一的,以相关犯罪的共犯论处,但刑法和司法解释等另有规定的除外:

(1)组织发送"贷款"信息、广告,吸引、介绍被害人"借款"的;

(2)提供资金、场所、银行卡、账号、交通工具等帮助的;

(3)出售、提供、帮助获取公民个人信息的;

(4)协助制造走账记录等虚假给付事实的;

(5)协助办理公证的;

(6)协助以虚假事实提起诉讼或者仲裁的;

(7)协助套现、取现、办理动产或不动产过户等,转移犯罪所得及其产生的收益的;

(8)其他符合共同犯罪规定的情形。

上述规定中的"明知他人实施'套路贷'犯罪",应当结合行为人的认知能力、既往经历、行为次数和手段、与同案人、被害人的关系、获利

---

* 将提供虚假广告等帮助行为的行为人作为共犯处理的司法解释还包括:

1.《最高人民法院关于审理非法集资刑事案件具体应用法律若干问题的解释》(法释〔2022〕5号,2022年3月1日)第八条第二款。

2.《最高人民法院、最高人民检察院关于办理危害食品安全刑事案件适用法律若干问题的解释》(法释〔2021〕24号,2022年1月1日)第十四条。

情况、是否曾因“套路贷”受过处罚、是否故意规避查处等主客观因素综合分析认定。

理解与适用:在起草过程中,意见稿一度采用“与‘套路贷’犯罪分子事先通谋”才能以共犯论处的观点。后将“通谋”改为“明知”,主要考虑“通谋”一般会被理解为二名以上行为人通过交流沟通形成共同犯罪故意的过程,而反映这一过程的证据难以获取,只能严重依赖口供,容易出现只要一方否认就难以形成闭合证据链的情况。当前“套路贷”犯罪链条化,“套路贷”共同犯罪人之间分工明确、配合默契,往往通过心照不宣的方式即可形成犯意联络,不再依赖明示沟通,如以“通谋”作为入罪条件,会不当提高定罪标准,导致放纵犯罪。

27-2 《最高人民法院、最高人民检察院关于常见犯罪的量刑指导意见(试行)》(法发〔2021〕21号,2021年7月1日) (五)对于从犯,综合考虑其在共同犯罪中的地位、作用等情况,应当予以从宽处罚,减少基准刑的20%—50%;犯罪较轻的,减少基准刑的50%以上或者依法免除处罚。

第二十八条 【胁从犯】对于被胁迫参加犯罪的,应当按照他的犯罪情节减轻处罚或者免除处罚。

第二十九条 【教唆犯】教唆他人犯罪的,应当按照他在共同犯罪中所起的作用*处罚。教唆不满十八周岁的人犯罪的,应当从重处罚。

如果被教唆的人没有犯被教唆的罪,对于教唆犯,可以从轻或者减轻处罚。

---

* 唐律规定:“诸共犯罪者,以造意为首,随从者减一等。若家人共犯止坐尊长;侵损于人者,以凡人首从论,即其监临主守为犯,虽造意,仍以监主为首,凡人以常从论。”

第四节 单位犯罪*

第三十条 【单位负刑事责任的范围】公司、企业、事业单位、机关、团体[1]实施的危害社会[2]的行为，法律规定为单位犯罪的，应当负刑事责任。

30-1 1.《全国法院审理金融犯罪案件工作座谈会纪要》(法〔2001〕8号，2001年1月21日)

……

(一)关于单位犯罪问题

根据刑法和《最高人民法院关于审理单位犯罪案件具体应用法律有关问题的解释》的规定，以单位名义实施犯罪，违法所得归单位所有的，是单位犯罪。

1. 单位的分支机构或者内设机构、部门实施犯罪行为的处理。以单位的分支机构或者内设机构、部门的名义实施犯罪，违法所得亦归分支机构或者内设机构、部门所有的，应认定为单位犯罪。不能因为单位的分支机构或者内设机构、部门没有可供执行罚金的财产，就不将其认定为单位犯罪，而按照个人犯罪处理。

……

4. 单位共同犯罪的处理。两个以上单位以共同故意实施的犯罪，应根据各单位在共同犯罪中的地位、作用大小，确定犯罪单位。

2. **《最高人民法院关于适用〈中华人民共和国刑事诉讼法〉的解释》(法释〔2021〕1号，2021年3月1日)第三百四十条　对应当认定为单位犯罪的案件，人民检察院只作为自然人犯罪起诉的，人民法院应

---

* 陈兴良教授在2023年4月7日高铭暄学术馆开馆仪式上讲了一个故事。1997年《刑法》规定了单位犯罪，但高铭暄教授对此有异议，认为法人犯罪是一个犯罪主体问题，且在其主编的刑法教科书中亦未将单位犯罪作为一种犯罪特殊形态予以论述。单位犯罪只有在其罪与罚区别于自然人犯罪时，才具有独立价值。目前只有单位受贿罪和单位行贿罪等个别罪名对单位规定了较轻的法定刑，而在其他单位犯罪中，对单位的直接负责的主管人员和其他直接责任人员均按自然人犯罪定罪处罚，单位犯罪的特殊性并未得以体现。因此，单位犯罪规定被虚置的现象十分严重，该制度并未发挥其预想的规制功能。

** 《全国法院审理金融犯罪案件工作座谈会纪要》规定，有关单位犯罪案件的审理程序的内容不再适用。

当建议人民检察院对犯罪单位追加起诉。人民检察院仍以自然人犯罪起诉的,人民法院应当依法审理,按照单位犯罪中的直接负责的主管人员或者其他直接责任人员追究刑事责任,并援引刑法分则关于追究单位犯罪中直接负责的主管人员和其他直接责任人员刑事责任的条款。

3.《最高人民检察院关于办理涉互联网金融犯罪案件有关问题座谈会纪要》(高检诉〔2017〕14 号,2017 年 6 月 2 日)

三、依法认定单位犯罪及其责任人员

22. 对参与涉互联网金融犯罪,但不具有独立法人资格的分支机构,是否追究其刑事责任,可以区分两种情形处理:

(1)全部或部分违法所得归分支机构所有并支配,分支机构作为单位犯罪主体追究刑事责任;

(2)违法所得完全归分支机构上级单位所有并支配的,不能对分支机构作为单位犯罪主体追究刑事责任,而是应当对分支机构的上级单位(符合单位犯罪主体资格)追究刑事责任。

23. 分支机构认定为单位犯罪主体的,该分支机构相关涉案人员应当作为该分支机构的"直接负责的主管人员"或者"其他直接责任人员"追究刑事责任。仅将分支机构的上级单位认定为单位犯罪主体的,该分支机构相关涉案人员可以作为该上级单位的"其他直接责任人员"追究刑事责任。

24. 对符合追诉条件的分支机构(包括具有独立法人资格的和不具有独立法人资格)及其所属单位,公安机关均没有作为犯罪嫌疑单位移送审查起诉,仅将其所属单位的上级单位作为犯罪嫌疑单位移送审查起诉的,对相关分支机构涉案人员可以区分以下情形处理:

(1)有证据证明被立案的上级单位(比如总公司)在业务、财务、人事等方面对下属单位及其分支机构进行实际控制,下属单位及其分支机构涉案人员可以作为被移送审查起诉的上级单位的"其他直接责任人员"追究刑事责任。在证明实际控制关系时,应当收集、运用公司决策、管理、考核等相关文件,OA 系统等电子数据,资金往来记录等证据。对不同地区同一单位的分支机构涉案人员起诉时,证明实际控制关系的证据体系、证明标准应基本一致。

(2)据现有证据无法证明被立案的上级单位与下属单位及其分支机构之间存在实际控制关系的,对符合单位犯罪构成要件的下属单位或分支机构应当补充起诉,下属单位及其分支机构已不具备补充起诉条件的,可以将下属单位及其分支机构的涉案犯罪嫌疑人直接起诉。

4.《最高人民法院、最高人民检察院、公安部关于办理非法集资刑事案件若干问题的意见》(高检会〔2019〕2 号,2019 年 1 月 30 日)

二、关于单位犯罪的认定问题

单位实施非法集资犯罪活动,全部或者大部分违法所得归单位所有的,应当认定为单位犯罪。

个人为进行非法集资犯罪活动而设立的单位实施犯罪的,或者单位设立后,以实施非法集资犯罪活动为主要活动的,不以单位犯罪论处,对单位中组织、策划、实施非法集资犯罪活动的人员应当以自然人犯罪依法追究刑事责任。

判断单位是否以实施非法集资犯罪活动为主要活动,应当根据单位实施非法集资的次数、频度、持续时间、资金规模、资金流向、投入人力物力情况、单位进行正当经营的状况以及犯罪活动的影响、后果等因素综合考虑认定。

三、关于涉案下属单位的处理问题

办理非法集资刑事案件中,人民法院、人民检察院、公安机关应当全面查清涉案单位,包括上级单位(总公司、母公司)和下属单位(分公司、子公司)的主体资格、层级、关系、地位、作用、资金流向等,区分情况依法作出处理。

上级单位已被认定为单位犯罪,下属单位实施非法集资犯罪活动,且全部或者大部分违法所得归下属单位所有的,对该下属单位也应当认定为单位犯罪。上级单位和下属单位构成共同犯罪的,应当根据犯罪单位的地位、作用,确定犯罪单位的刑事责任。

上级单位已被认定为单位犯罪,下属单位实施非法集资犯罪活动,但全部或者大部分违法所得归上级单位所有的,对下属单位不单独认定为单位犯罪。下属单位中涉嫌犯罪的人员,可以作为上级单位的其他直接责任人员依法追究刑事责任。

上级单位未被认定为单位犯罪,下属单位被认定为单位犯罪的,对上级单位中组织、策划、实施非法集资犯罪的人员,一般可以与下属单位按照自然人与单位共同犯罪处理。

上级单位与下属单位均未被认定为单位犯罪的,一般以上级单位与下属单位中承担组织、领导、管理、协调职责的主管人员和发挥主要作用的人员作为主犯,以其他积极参加非法集资犯罪的人员作为从犯,按照自然人共同犯罪处理。

5.《最高人民法院研究室关于外国公司、企业、事业单位在我国领域内犯罪如何适用法律问题的答复》(法研〔2003〕153号,2003年10月15日) 符合我国法人资格条件的外国公司、企业、事业单位,在我国领域内实施危害社会的行为,依照我国《刑法》构成犯罪的,应当依照我国《刑法》关于单位犯罪的规定追究刑事责任。

个人为在我国领域内进行违法犯罪活动而设立的外国公司、企业、事业单位实施犯罪的,或者外国公司、企业、事业单位设立后在我国领域内以实施违法犯罪为主要活动的,不以单位犯罪论处。

6. 浙江省某县图书馆及赵某、徐某某单位受贿、私分国有资产、贪污案(检例第73号)。

指导意义 (一)检察机关对单位犯罪可依法直接追加起诉。人民检察院审查监察机关移送起诉的案件,应当查明有无遗漏罪行和其他应当追究刑事责任的人。对于单位犯罪案件,监察机关只对直接负责的主管人员和其他直接责任人员移送起诉,未移送起诉涉嫌犯罪单位的,如果犯罪事实清楚,证据确实充分,经与监察机关沟通,检察机关对犯罪单位可以依法直接提起公诉。

(二)检察机关在审查起诉中发现遗漏同案犯或犯罪事实的,应当及时与监察机关沟通,依法处理。检察机关在审查起诉中,如果发现监察机关移送起诉的案件遗漏同案职务犯罪人或犯罪事实的,应当及时与监察机关沟通,依法处理。如果监察机关在本案审查起诉期限内调查终结移送起诉,且犯罪事实清楚,证据确实充分的,可以并案起诉;如果监察机关不能在本案审查起诉期限内调查终结移送起诉,或者虽然移送起诉,但因案情重大复杂等原因不能及时审结的,也可分案起诉。

30-2 **1.**《最高人民法院关于审理单位犯罪案件具体应用法律有关问题的解释》(法释〔1999〕14号,1999年7月3日)第一条 刑法第三十条规定的"公司、企业、事业单位",既包括国有、集体所有的公司、企业、事业单位,也包括依法设立的合资经营、合作经营企业和具有法人资格的独资、私营等公司、企业、事业单位。*

法释〔1999〕14号第二条 个人为进行违法犯罪活动而设立的公司、企业、事业单位实施犯罪的,或者公司、企业、事业单位设立后,以实施犯罪为主要活动的,不以单位犯罪论处。

---

* 这种方式扩大了原有范围。

法释〔1999〕14号第三条　盗用单位名义实施犯罪，违法所得由实施犯罪的个人私分的*，依照刑法有关自然人犯罪的规定定罪处罚。

2.《全国法院审理金融犯罪案件工作座谈会纪要》(法〔2001〕8号，2001年1月21日)　(一)关于单位犯罪问题

根据刑法和《最高人民法院关于审理单位犯罪案件具体应用法律有关问题的解释》的规定，以单位名义实施犯罪，违法所得归单位所有的，是单位犯罪。

……

3.《最高人民法院、最高人民检察院、海关总署关于办理走私刑事案件适用法律若干问题的意见》(法〔2002〕139号，2002年7月8日)

十八、关于单位走私犯罪及其直接负责的主管人员和直接责任人员的认定问题

具备下列特征的，可以认定为单位走私犯罪：(1)以单位的名义实施走私犯罪，即由单位集体研究决定，或者由单位的负责人或者被授权的其他人员决定、同意；(2)为单位谋取不正当利益或者违法所得大部分归单位所有。

4.《最高人民检察院关于办理涉互联网金融犯罪案件有关问题座谈会纪要》(高检诉〔2017〕14号，2017年6月2日)

三、依法认定单位犯罪及其责任人员

21　涉互联网金融犯罪所涉罪名中，刑法规定应当追究单位刑事责任的，对同时具备以下情形且具有独立法人资格的单位，可以以单位犯罪追究：

(1)犯罪活动经单位决策实施；

(2)单位的员工主要按照单位的决策实施具体犯罪活动；

(3)违法所得归单位所有，经单位决策使用，收益亦归单位所有。但是，单位设立后专门从事违法犯罪活动的，应当以自然人犯罪追究刑事责任。

5.《全国法院审理金融犯罪案件工作座谈会纪要》(法〔2001〕8号，2001年1月21日)　(三)关于金融诈骗罪

2.贷款诈骗罪的认定和处理

贷款诈骗犯罪是目前案发较多的金融诈骗犯罪之一。审理贷款诈

---

* 《刑法》第三百九十三条规定，因行贿取得的违法所得归个人所有的，按行贿罪处理，而不是按单位行贿罪处理。

骗犯罪案件,应当注意以下两个问题:

一是单位不能构成贷款诈骗罪。根据刑法第三十条和第一百九十三条的规定,单位不构成贷款诈骗罪。对于单位实施的贷款诈骗行为,不能以贷款诈骗罪定罪处罚,也不能以贷款诈骗罪追究直接负责的主管人员和其他直接责任人员的刑事责任。但是,在司法实践中,对于单位十分明显地以非法占有为目的,利用签订、履行借款合同诈骗银行或其他金融机构贷款,符合刑法第二百二十四条规定的合同诈骗罪构成要件的,应当以合同诈骗罪定罪处罚。

……

6.《最高人民法院关于在审理经济纠纷案件中涉及经济犯罪嫌疑若干问题的规定》(法释〔2020〕7 号,2021 年 1 月 1 日)第二条 单位直接负责的主管人员和其他直接责任人员,以为单位骗取财物为目的,采取欺骗手段对外签订经济合同,骗取的财物被该单位占有、使用或处分构成犯罪的,除依法追究有关人员的刑事责任,责令该单位返还骗取的财物外,如给被害人造成经济损失的,单位应当承担赔偿责任。

法释〔2020〕7 号第三条 单位直接负责的主管人员和其他直接责任人员,以该单位的名义对外签订经济合同,将取得的财物部分或全部占为己有构成犯罪的,除依法追究行为人的刑事责任外,该单位对行为人因签订、履行该经济合同造成的后果,依法应当承担民事责任。

法释〔2020〕7 号第四条 个人借用单位的业务介绍信、合同专用章或者盖有公章的空白合同书,以出借单位名义签订经济合同,骗取财物归个人占有、使用、处分或者进行其他犯罪活动,给对方造成经济损失构成犯罪的,除依法追究借用人的刑事责任外,出借业务介绍信、合同专用章或者盖有公章的空白合同书的单位,依法应当承担赔偿责任。但是,有证据证明被害人明知签订合同对方当事人是借用行为,仍与之签订合同的除外。

法释〔2020〕7 号第五条 行为人盗窃、盗用单位的公章、业务介绍信、盖有公章的空白合同书,或者私刻单位的公章签订经济合同,骗取财物归个人占有、使用、处分或者进行其他犯罪活动构成犯罪的,单位对行为人该犯罪行为所造成的经济损失不承担民事责任。

行为人私刻单位公章或者擅自使用单位公章、业务介绍信、盖有公章的空白合同书以签订经济合同的方法进行的犯罪行为,单位有明显过错,且该过错行为与被害人的经济损失之间具有因果关系的,单位对该犯罪行为所造成的经济损失,依法应当承担赔偿责任。

法释〔2020〕7号第六条 企业承包、租赁经营合同期满后,企业按规定办理了企业法定代表人的变更登记,而企业法人未采取有效措施收回其公章、业务介绍信、盖有公章的空白合同书,或者没有及时采取措施通知相对人,致原企业承包人、租赁人得以用原承包、租赁企业的名义签订经济合同,骗取财物占为己有构成犯罪的,该企业对被害人的经济损失,依法应当承担赔偿责任。但是,原承包人、承租人利用擅自保留的公章、业务介绍信、盖有公章的空白合同书以原承包、租赁企业的名义签订经济合同,骗取财物占为己有构成犯罪的,企业一般不承担民事责任。

单位聘用的人员被解聘后,或者受单位委托保管公章的人员被解除委托后,单位未及时收回其公章,行为人擅自利用保留的原单位公章签订经济合同,骗取财物占为己有构成犯罪,如给被害人造成经济损失的,单位应当承担赔偿责任。

法释〔2020〕7号第七条 单位直接负责的主管人员和其他直接责任人员,将单位进行走私或其他犯罪活动所得财物以签订经济合同的方法予以销售,买方明知或者应当知道的,如因此造成经济损失,其损失由买方自负。但是,如果买方不知该经济合同的标的物是犯罪行为所得财物而购买的,卖方对买方所造成的经济损失应当承担民事责任。

第三十一条 【单位犯罪的处罚原则】单位犯罪的,对单位判处罚金[1],并对其直接负责的主管人员[*]和其他直接责任人员[2]判处刑罚。本法分则和其他法律另有规定的,依照规定。

31-1 1.《最高人民法院研究室关于企业犯罪后被合并应当如何

---

* 吴铭等制作、复制、出版、贩卖、传播淫秽物品牟利罪案(快播案)[(2015)海刑初字第512号],单位犯罪中直接负责的主管人员应当同时具备两个条件:一是其在单位中具有管理者身份且实际行使管理职权;二是其对单位具体犯罪行为负有主管责任,起到了决策、纵容或指挥的作用。王欣在快播公司传播淫秽视频牟利犯罪行为中起到了决定、批准、授意、纵容、指挥等作用。张克东、牛文举则是快播公司和王欣意志的执行者,不仅明知快播公司传播淫秽视频牟利的行为,而且为了快播公司实现非法牟利目的,在管理过程中指挥和监督下属员工积极落实单位和王欣的决定,在快播公司传播淫秽视频牟利犯罪行为中起到了纵容、指挥等作用。吴铭系快播事业部的总经理,负责整个快播事业部的工作,具有领导、管理、监督职责,对于快播事业部审核过滤淫秽信息工作停滞一事,亦负有督促有效运转之责,但其采取了推脱、回避、放任不管的态度,实际上体现了快播公司对传播淫秽视频的"放任"意志。王欣、张克东、吴铭、牛文举均应作为快播公司直接负责的主管人员承担相应的刑事责任。

追究刑事责任问题的答复》(1998 年 11 月 18 日)　人民检察院起诉时该犯罪企业已被合并到一个新企业的,仍应依法追究原犯罪企业及其直接负责的主管人员和其他直接人员的刑事责任。人民法院审判时,对被告单位应列原犯罪企业名称,但注明已被并入新的企业,对被告单位所判处的罚金数额以其并入新的企业的财产及收益为限*。

2.《最高人民法院、最高人民检察院、海关总署关于办理走私刑事案件适用法律若干问题的意见》(法〔2002〕139 号,2002 年 7 月 8 日)

十九、关于单位走私犯罪后发生分立、合并或者其他资产重组情形以及单位被依法注销、宣告破产等情况下,如何追究刑事责任的问题

单位走私犯罪后,单位发生分立、合并或者其他资产重组等情况的,只要承受该单位权利义务的单位存在,应当追究单位走私犯罪的刑事责任。走私单位发生分立、合并或者其他资产重组后,原单位名称发生更改的,仍以原单位(名称)作为被告单位。承受原单位权利义务的单位法定代表人或者负责人为诉讼代表人。

单位走私犯罪后,发生分立、合并或者其他资产重组情形,以及被依法注销、宣告破产等情况的,无论承受该单位权利义务的单位是否存在,均应追究原单位直接负责的主管人员和其他直接责任人员的刑事责任。

人民法院对原走私单位判处罚金的,应当将承受原单位权利义务的单位作为被执行人。罚金超出新单位所承受的财产的,可在执行中予以减除。

31-2　1.《最高人民检察院关于办理涉互联网金融犯罪案件有关问题座谈会纪要》(高检诉〔2017〕14 号,2017 年 6 月 2 日)

三、依法认定单位犯罪及其责任人员

20　涉互联网金融犯罪案件多以单位形式组织实施,所涉单位数量众多、层级复杂,其中还包括大量分支机构和关联单位,集团化特征明显。有的涉互联网金融犯罪案件中分支机构遍布全国,既有具备法人资格的,又有不具备法人资格的;既有受总公司直接领导的,又有受总公司的下属单位领导的。公安机关在立案时做法不一,有的对单位立案,有的不对单位立案,有的被立案的单位不具有独立法人资格,有的仅对最上层的单位立案而不对分支机构立案。对此,检察机关公诉部

---

* 这是罪责自负原则在财产刑领域的具体体现。

门在审查起诉时,应当从能够全面揭示犯罪行为基本特征、全面覆盖犯罪活动、准确界定区分各层级人员的地位作用、有利于有力指控犯罪、有利于追缴违法所得等方面依法具体把握,确定是否以单位犯罪追究。

26　单位犯罪中,直接负责的主管人员和其他直接责任人员在涉互联网金融犯罪案件中的地位、作用存在明显差别的,可以区分主犯和从犯。对起组织领导作用的总公司的直接负责的主管人员和发挥主要作用的其他直接责任人员,可以认定为全案的主犯,其他人员可以认定为从犯。

2.《全国法院审理金融犯罪案件工作座谈会纪要》(法〔2001〕8号,2001年1月21日)　(一)关于单位犯罪问题

2. 单位犯罪直接负责的主管人员和其他直接责任人员的认定:直接负责的主管人员,是在单位实施的犯罪中起决定、批准、授意、纵容、指挥等作用的人员,一般是单位的主管负责人,包括法定代表人。其他直接责任人员,是在单位犯罪中具体实施犯罪并起较大作用的人员,既可以是单位的经营管理人员,也可以是单位的职工,包括聘任、雇佣的人员。应当注意的是,在单位犯罪中,对于受单位领导指派或奉命而参与实施了一定犯罪行为的人员,一般不宜作为直接责任人员追究刑事责任。对单位犯罪中的直接负责的主管人员和其他直接责任人员,应根据其在单位犯罪中的地位、作用和犯罪情节,分别处以相应的刑罚,主管人员与直接责任人员,在个案中,不是当然的主、从犯关系,有的案件,主管人员与直接责任人员在实施犯罪行为的主从关系不明显的,可不分主、从犯。但具体案件可以分清主、从犯,且不分清主、从犯,在同一法定刑档次、幅度内量刑无法做到罪刑相适应的,应当分清主、从犯,依法处罚。

3.《最高人民法院、最高人民检察院、海关总署关于办理走私刑事案件适用法律若干问题的意见》(法〔2002〕139号,2002年7月8日)

十八、关于单位走私犯罪及其直接负责的主管人员和直接责任人员的认定问题

根据单位人员在单位走私犯罪活动中所发挥的不同作用,对其直接负责的主管人员和其他直接责任人员,可以确定为一人或者数人。对于受单位领导指派而积极参与实施走私犯罪行为的人员,如果其行为在走私犯罪的主要环节起重要作用的,可以认定为单位犯罪的直接责任人员。

4.《最高人民法院关于审理单位犯罪案件对其直接负责的主管人员和其他直接责任人员是否区分主犯、从犯问题的批复》(法释〔2000〕

31 号,2000 年 10 月 10 日) 在审理单位故意犯罪案件时,对其直接负责的主管人员和其他直接责任人员,可不区分* 主犯、从犯,按照其在单位犯罪中所起的作用判处刑罚。

5.《最高人民检察院关于涉嫌犯罪单位被撤销、注销、吊销营业执照或者宣告破产的应如何进行追诉问题的批复》(高检发释字〔2002〕4 号,2002 年 7 月 15 日) 涉嫌犯罪的单位被撤销、注销、吊销营业执照或者宣告破产的,应当根据刑法关于单位犯罪的相关规定,对实施犯罪行为的该单位直接负责的主管人员和其他直接责任人员追究刑事责任,对该单位不再追诉。

6. 法释〔2021〕1 号第三百四十四条 审判期间,被告单位被吊销营业执照、宣告破产但尚未完成清算、注销登记的,应当继续审理;被告单位被撤销、注销的,对单位犯罪直接负责的主管人员和其他直接责任人员应当继续审理。

7.《全国人民代表大会常务委员会关于〈中华人民共和国刑法〉第三十条的解释》(2014 年 4 月 24 日第十二届全国人民代表大会常务委员会第八次会议通过) 全国人民代表大会常务委员会根据司法实践中遇到的情况,讨论了刑法第三十条的含义及公司、企业、事业单位、机关、团体等单位实施刑法规定的危害社会的行为,法律未规定追究单位的刑事责任的,如何适用刑法有关规定的问题,解释如下:公司、企业、事业单位、机关、团体等单位实施刑法规定的危害社会的行为,刑法分则和其他法律未规定追究单位的刑事责任的,对组织、策划、实施该危害社会行为的人依法追究刑事责任。

8.《最高人民检察院关于单位有关人员组织实施盗窃行为如何适用法律问题的批复》(高检发释字〔2002〕第 5 号,2002 年 8 月 13 日) 单位有关人员为谋取单位利益组织实施盗窃行为,情节严重的,应当依照刑法第二百六十四条的规定以盗窃罪追究直接责任人员的刑事责任。

9.《最高人民法院、最高人民检察院关于办理盗窃刑事案件适用法律若干问题的解释》(法释〔2013〕8 号,2013 年 4 月 4 日)第十三条 单位组织、指使盗窃,符合刑法第二百六十四条及本解释有关规定的,以盗窃罪追究组织者、指使者、直接实施者的刑事责任。

---

* 不区分主犯、从犯的潜在逻辑是一般认为直接负责的主管人员的罪责重于其他责任人员。在其他责任人员的罪责重于直接负责的主管人员的情况下,则区分主犯、从犯,将其他直接责任人员认定为主犯,而将直接负责的主管人员认定为从犯,以切实体现罪责刑相适应原则。

第三章　刑　　罚

第一节　刑罚的种类

第三十二条　【刑罚的分类】刑罚分为主刑和附加刑。

第三十三条　【主刑种类】主刑的种类如下：

(一)管制；

(二)拘役；

(三)有期徒刑；

(四)无期徒刑；[1]

(五)死刑。

33-1　《最高人民法院关于审理未成年人刑事案件具体应用法律若干问题的解释》(法释〔2006〕1号,2006年1月23日)第十三条　未成年人犯罪只有罪行极其严重的,才可以适用无期徒刑。对已满十四周岁不满十六周岁的人犯罪一般不判处无期徒刑。

第三十四条　【附加刑种类】附加刑的种类如下：

(一)罚金；[1]

(二)剥夺政治权利*；

(三)没收财产。

附加刑也可以独立适用。

34-1　《最高人民法院关于适用财产刑若干问题的规定》(法释〔2000〕45号,2000年12月19日)第四条　犯罪情节较轻,适用单处罚

---

* 剥夺政治权利后被改判无罪的,不予国家赔偿。单处剥夺政治权利不适用简易程序。

金不致再危害社会并具有下列情形之一的,可以依法单处罚金:

(一)偶犯或者初犯;

(二)自首或者有立功表现的;

(三)犯罪时不满十八周岁的;

(四)犯罪预备、中止或者未遂的;

(五)被胁迫参加犯罪的;

(六)全部退赃并有悔罪表现的;

(七)其他可以依法单处罚金的情形。

第三十五条 【驱逐出境】对于犯罪的外国人,可以独立适用或者附加适用驱逐出境。

第三十六条 【赔偿经济损失与民事优先原则】由于犯罪行为而使被害人遭受经济损失的,对犯罪分子除依法给予刑事处罚外,并应根据情况判处赔偿经济损失。[1]

承担民事赔偿责任的犯罪分子,同时被判处罚金,其财产不足以全部支付的,或者被判处没收财产的,应当先承担对被害人的民事赔偿责任。

36-1 《最高人民法院、最高人民检察院关于常见犯罪的量刑指导意见(试行)》(法发〔2021〕21号,2021年7月1日) 三、常见量刑情节的适用

(十一)对于积极赔偿被害人经济损失并取得谅解的,综合考虑犯罪性质、赔偿数额、赔偿能力以及认罪悔罪表现等情况,可以减少基准刑的40%以下;积极赔偿但没有取得谅解的,可以减少基准刑的30%以下;尽管没有赔偿,但取得谅解的,可以减少基准刑的20%以下。对抢劫、强奸等严重危害社会治安犯罪的,应当从严掌握。

(十二)对于当事人根据刑事诉讼法第二百八十八条达成刑事和解协议的,综合考虑犯罪性质、赔偿数额、赔礼道歉以及真诚悔罪等情况,可以减少基准刑的50%以下;犯罪较轻的,可以减少基准刑的50%以上或者依法免除处罚。

第三十七条 【非刑罚性处置措施】对于犯罪情节轻微不需要判处刑罚的,可以免予刑事处罚,但是可以根据案件的不同情况,予

以训诫或者责令具结悔过、赔礼道歉、赔偿损失，或者由主管部门予以行政处罚或者行政处分。

第三十七条之一　（刑九）【禁止从事相关职业】因利用职业便利实施犯罪，或者实施违背职业要求的特定义务的犯罪被判处刑罚的，人民法院可以根据犯罪情况和预防再犯罪的需要，禁止其自刑罚执行完毕之日或者假释之日起从事相关职业[1]，期限为三年至五年。

被禁止从事相关职业的人违反人民法院依照前款规定作出的决定的，由公安机关依法给予处罚；情节严重的，依照本法第三百一十三条的规定定罪处罚。

其他法律、行政法规对其从事相关职业另有禁止或者限制性规定的，从其规定。

37A-1　1.《最高人民法院、最高人民检察院关于办理危害生产安全刑事案件适用法律若干问题的解释》（法释〔2015〕22号，2015年12月16日）第十六条　对于被判处刑罚的犯罪分子，可以根据犯罪情况和预防再犯罪的需要，禁止其自刑罚执行完毕之日或者假释之日起三年至五年内从事与安全生产相关的职业。

2.《最高人民法院、最高人民检察院、公安部、司法部关于办理“套路贷”刑事案件若干问题的意见》（法发〔2019〕11号，2019年4月9日）　9.对于“套路贷”犯罪分子，应当根据其所触犯的具体罪名，依法加大财产刑适用力度。符合刑法第三十七条之一规定的，可以依法禁止从事相关职业。

第二节　管　　制*

第三十八条[1]　（刑八）【管制的期限、执行方式及禁止令规定】管制的期限，为三个月以上二年以下。

---

* 管制不适用缓刑。

判处管制,可以根据犯罪情况,同时禁止[2]犯罪分子在执行期间从事特定活动,[3]进入特定区域、场所,[4]接触特定的人[5]。

对判处管制的犯罪分子[6],依法实行社区矫正。[7]

(刑八)违反第二款规定的禁止令的,由公安机关依照《中华人民共和国治安管理处罚法》的规定处罚。

38-1 《最高人民法院、最高人民检察院、公安部、司法部关于对判处管制、宣告缓刑的犯罪分子适用禁止令有关问题的规定(试行)》(法发〔2011〕9号,2011年4月28日)

38-2 法发〔2011〕9号第二条 人民法院宣告禁止令,应当根据犯罪分子的犯罪原因、犯罪性质、犯罪手段、犯罪后的悔罪表现、个人一贯表现等情况,充分考虑与犯罪分子所犯罪行的关联程度,有针对性地决定禁止其在管制执行期间、缓刑考验期限内"从事特定活动,进入特定区域、场所,接触特定的人"的一项或者几项内容。

38-3 法发〔2011〕9号第三条 人民法院可以根据犯罪情况,禁止判处管制、宣告缓刑的犯罪分子在管制执行期间、缓刑考验期限内从事以下一项或者几项活动:

(一)个人为进行违法犯罪活动而设立公司、企业、事业单位或者在设立公司、企业、事业单位后以实施犯罪为主要活动的,禁止设立公司、企业、事业单位;

(二)实施证券犯罪、贷款犯罪、票据犯罪、信用卡犯罪等金融犯罪的,禁止从事证券交易、申领贷款、使用票据或者申领、使用信用卡等金融活动;

(三)利用从事特定生产经营活动实施犯罪的,禁止从事相关生产经营活动;

(四)附带民事赔偿义务未履行完毕,违法所得未追缴、退赔到位,或者罚金尚未足额缴纳的,禁止从事高消费活动;

(五)其他确有必要禁止从事的活动。

38-4 法发〔2011〕9号第四条 人民法院可以根据犯罪情况,禁止判处管制、宣告缓刑的犯罪分子在管制执行期间、缓刑考验期限内进入以下一类或者几类区域、场所:

(一)禁止进入夜总会、酒吧、迪厅、网吧等娱乐场所;

(二)未经执行机关批准,禁止进入举办大型群众性活动的场所;

(三)禁止进入中小学校区、幼儿园园区及周边地区,确因本人就

学、居住等原因,经执行机关批准的除外;

(四)其他确有必要禁止进入的区域、场所。

38-5 **1.** 法发〔2011〕9号第五条 人民法院可以根据犯罪情况,禁止判处管制、宣告缓刑的犯罪分子在管制执行期间、缓刑考验期限内接触以下一类或者几类人员:

(一)未经对方同意,禁止接触被害人及其法定代理人、近亲属;

(二)未经对方同意,禁止接触证人及其法定代理人、近亲属;

(三)未经对方同意,禁止接触控告人、批评人、举报人及其法定代理人、近亲属;

(四)禁止接触同案犯;

(五)禁止接触其他可能遭受其侵害、滋扰的人或者可能诱发其再次危害社会的人。

2.《最高人民法院、最高人民检察院、公安部、司法部关于依法办理家庭暴力犯罪案件的意见》(法发〔2015〕4号,2015年3月2日)

21. 充分运用禁止令措施。人民法院对实施家庭暴力构成犯罪被判处管制或者宣告缓刑的犯罪分子,为了确保被害人及其子女和特定亲属的人身安全,可以依照刑法第三十八条第二款、第七十二条第二款的规定,同时禁止犯罪分子再次实施家庭暴力,侵扰被害人的生活、工作、学习,进行酗酒、赌博等活动;经被害人申请且有必要的,禁止接近被害人及其未成年子女。

38-6 法发〔2015〕4号

24. 充分运用社区矫正措施。社区矫正机构对因实施家庭暴力构成犯罪被判处管制、宣告缓刑、假释或者暂予监外执行的犯罪分子,应当依法开展家庭暴力行为矫治,通过制定有针对性的监管、教育和帮助措施,矫正犯罪分子的施暴心理和行为恶习。

38-7 **1.**《刑事诉讼法》第二百六十九条 对被判处管制、宣告缓刑、假释或者暂予监外执行的罪犯,依法实行社区矫正,由社区矫正机构负责执行。

2.《社区矫正法》(2020年7月1日)

第三十九条 【被管制罪犯的义务与权利】被判处管制的犯罪分子,在执行期间,应当遵守下列规定:

(一)遵守法律、行政法规,服从监督;

(二)未经执行机关批准,不得行使言论、出版、集会、结社、游

行、示威自由的权利;*

(三)按照执行机关规定报告自己的活动情况;

(四)遵守执行机关关于会客的规定;

(五)离开所居住的市、县或者迁居,应当报经执行机关批准。

对于被判处管制的犯罪分子,在劳动中应当同工同酬。

第四十条 【管制的解除】被判处管制的犯罪分子,管制期满,执行机关应即向本人和其所在单位或者居住地的群众宣布解除管制。

第四十一条 【管制刑期的计算和折抵】管制的刑期,从判决执行之日起计算;判决执行以前先行羁押的,羁押一日折抵刑期二日。

第三节 拘 役

第四十二条 【拘役的期限】拘役的期限,为一个月以上六个月以下。

第四十三条 【拘役的执行】被判处拘役的犯罪分子,由公安机关就近执行。

在执行期间,被判处拘役的犯罪分子每月可以回家一天至两天;参加劳动的,可以**酌量发给报酬。

第四十四条 【拘役刑期的计算】拘役的刑期,从判决执行之日起计算;判决执行以前先行羁押的,羁押一日折抵刑期一日。

---

* 虽然未被剥夺政治权利,但行使政治权利受到限制。这一规定是缓刑、假释犯所不具有的,因为这不是实际执行刑罚。

** 管制是"应当",而拘役是"可以"。

第四节 有期徒刑、无期徒刑

第四十五条 【有期徒刑的期限】有期徒刑的期限，除本法第五十条、第六十九条规定外，为六个月以上十五年以下。

第四十六条 【有期徒刑与无期徒刑的执行】被判处有期徒刑、无期徒刑的犯罪分子，在监狱或者其他执行场所执行；[1] 凡有劳动能力的，都应当参加劳动，接受教育和改造。

46-1 《刑事诉讼法》第二百六十四条 罪犯被交付执行刑罚的时候，应当由交付执行的人民法院在判决生效后十日以内将有关的法律文书送达公安机关、监狱或者其他执行机关。

第四十七条 【有期徒刑刑期的计算】有期徒刑[1] 的刑期，从判决执行之日起计算；判决执行以前先行羁押的，羁押一日折抵[2] 刑期一日。

47-1 **1.**《最高人民法院关于办理减刑、假释案件具体应用法律的规定》(法释〔2016〕23号，2017年1月1日)第二十三条第二款 被判处无期徒刑的罪犯假释时，刑法中关于实际执行刑期不得少于十三年的时间，应当从判决生效之日起计算。判决生效以前先行羁押的时间不予折抵。

2.《刑法》第八十条 无期徒刑减为有期徒刑的刑期，从裁定减刑之日起计算*。

47-2 **1.**《刑事诉讼法》第七十六条 指定居所监视居住的期限应当折抵刑期。被判处管制的，监视居住一日折抵刑期一日；被判处拘役、有期徒刑的，监视居住二日折抵刑期一日。

2.《监察法》(2018年3月20日)第四十四条第三款 被留置人员涉嫌犯罪移送司法机关后，被依法判处管制、拘役和有期徒刑的，留置一日折抵管制二日，折抵拘役、有期徒刑一日。

---

* 即无期徒刑减为有期徒刑后，先前羁押的日期不予折抵刑期。

第五节 死 刑[1]

S.5-1 1.《最高人民法院、最高人民检察院、公安部、国家安全部、司法部关于办理死刑案件审查判断证据若干问题的规定》(法发〔2010〕20号,2010年6月13日);2.《最高人民法院关于办理死刑复核案件听取辩护律师意见的办法》(法〔2014〕346号,2015年2月1日);3.《最高人民法院、最高人民检察院、公安部、司法部、国家安全部关于办理刑事案件严格排除非法证据若干问题的规定》(法发〔2017〕15号,2017年6月27日)。

第四十八条* **【死刑的适用对象及核准程序】**死刑只适用于罪行极其严重[1]的犯罪分子。对于应当判处死刑的犯罪分子,如果不是必须立即执行的,可以**判处死刑同时宣告缓期二年执行。

死刑除依法由最高人民法院判决的以外,都应当报请最高人民法院核准。[2]死刑缓期执行的,可以由高级人民法院判决或者核准。

48-1 《最高人民法院关于贯彻宽严相济刑事政策的若干意见》(法发〔2010〕9号,2010年2月8日)

二、准确把握和正确适用依法从"严"的政策要求

6. 宽严相济刑事政策中的从"严",主要是指对于罪行十分严重、社会危害性极大,依法应当判处重刑或死刑的,要坚决地判处重刑或死刑;对于社会危害大或者具有法定、酌定从重处罚情节,以及主观恶性深、人身危险性大的被告人,要依法从严惩处。在审判活动中通过体现依法从"严"的政策要求,有效震慑犯罪分子和社会不稳定分子,达到

---

* 本条法律规定向我们传递了三层立法信息:其一,死刑只适用于"罪行极其严重"的犯罪分子,但并不意味着所有"罪行极其严重"的犯罪分子都应当适用死刑;其二,即使是"罪行极其严重"的犯罪分子,如果不具备"应当判处死刑"的条件,决不可以对之适用死刑;其三,犯罪分子即使符合"应当判处死刑"的条件,如果不是"必须立即执行"的,则可以判处"死缓"。这三层意思的相互联系和有机统一,构筑起我国刑法限制生命刑的三道严密防线。如果说确认"罪行极其严重"是定罪问题的话,那么"应当判处死刑"则是依法科学量刑的问题。定罪只解决罪行是否"极其严重"的问题,还不能解决是否"应当判处死刑"的问题。

** 既然已经规定"不是必须立即执行"这样的前提,而其后果却是或然的。在这里,"必须"的条件和"可以"的结果之间的矛盾一目了然。

有效遏制犯罪、预防犯罪的目的。

7. 贯彻宽严相济刑事政策，必须毫不动摇地坚持依法严惩严重刑事犯罪的方针。对于危害国家安全犯罪、恐怖组织犯罪、邪教组织犯罪、黑社会性质组织犯罪、恶势力犯罪、故意危害公共安全犯罪等严重危害国家政权稳固和社会治安的犯罪，故意杀人、故意伤害致人死亡、强奸、绑架、拐卖妇女儿童、抢劫、重大抢夺、重大盗窃等严重暴力犯罪和严重影响人民群众安全感的犯罪，走私、贩卖、运输、制造毒品等毒害人民健康的犯罪，要作为严惩的重点，依法从重处罚。尤其对于极端仇视国家和社会，以不特定人为侵害对象，所犯罪行特别严重的犯罪分子，该重判的要坚决依法重判，该判处死刑的要坚决依法判处死刑。

三、准确把握和正确适用依法从"宽"的政策要求

29. 要准确理解和严格执行"保留死刑，严格控制和慎重适用死刑"的政策。对于罪行极其严重的犯罪分子，论罪应当判处死刑的，要坚决依法判处死刑。要依法严格控制死刑的适用，统一死刑案件的裁判标准，确保死刑只适用于极少数罪行极其严重的犯罪分子。拟判处死刑的具体案件定罪或者量刑的证据必须确实、充分，得出唯一结论。对于罪行极其严重，但只要是依法可不立即执行的，就不应当判处死刑立即执行。

48-2　1.《人民法院组织法》(2019 年 1 月 1 日)第十七条　死刑除依法由最高人民法院判决的以外，应当报请最高人民法院核准。*

2.《最高人民法院关于统一行使死刑案件核准权有关问题的决定》(法释〔2006〕12 号，2007 年 1 月 1 日)

第四十九条　【死刑适用对象的限制】犯罪的时候不满十八周岁的人和审判的时候怀孕[1] 的妇女，不适用死刑。

(刑八)审判的时候已满七十五周岁的人，不适用死刑，但以特别残忍手段致人死亡的除外。

49-1　1.《最高人民法院研究室关于如何理解"审判的时候怀孕的妇女不适用死刑"问题的电话答复》(1991 年 3 月 18 日)　在羁押期间已是孕妇的被告人，无论其怀孕是否属于违反国家计划生育政策，也不

---

* 《宋史 · 欧阳修传》：汝父为吏，尝夜烛治官书，屡废而叹。吾问之，则曰："此死狱也，我求其生不得尔。"吾曰："生可求乎？"曰："求其生而不得，则死者与我皆无恨也；矧求而有得邪，以其有得，则知不求而死者有恨也。夫常求其生，犹失之死，而世常求其死也。"

论其是否自然流产或者经人工流产以及流产后移送起诉或审判期间的长短,仍应执行我院〔83〕法研字第18号《关于人民法院审判严重刑事犯罪案件中具体应用法律的若干问题的答复》中对第三个问题的答复:"对于这类案件,应当按照刑法第四十四条和刑事诉讼法第一百五十四条的规定办理,即人民法院对'审判的时候怀孕的妇女,不适用死刑'。如果人民法院在审判时发现,在羁押受审时已是孕妇的,仍应依照上述法律规定,不适用死刑。"

2.《最高人民法院关于对怀孕妇女在羁押期间自然流产审判时是否可以适用死刑问题的批复》(法释〔1998〕18号,1998年8月13日)

怀孕妇女因涉嫌犯罪在羁押期间自然流产后,又因同一事实被起诉、交付审判的,应当视为"审判的时候怀孕的妇女",依法不适用死刑。

第五十条[1] **(刑八、刑九)【死缓变更】**判处死刑缓期执行的,在死刑缓期执行期间,如果没有故意犯罪[2],二年期满以后,减为无期徒刑;如果确有重大立功表现,二年期满以后,减为二十五年有期徒刑;如果故意犯罪,情节恶劣的,报请最高人民法院核准后执行死刑;对于故意犯罪未执行死刑的,死刑缓期执行的期间重新计算,并报最高人民法院备案。

对被判处死刑缓期执行的累犯以及因故意杀人、强奸、抢劫、绑架、放火、爆炸、投放危险物质或者有组织的暴力性犯罪被判处死刑缓期执行的犯罪分子,人民法院根据犯罪情节等情况可以同时决定对其限制减刑[3]。

50-1 《最高人民法院关于办理减刑、假释案件具体应用法律的规定》(法释〔2016〕23号,2017年1月1日)

50-2 法释〔2016〕23号第二十一条第二款　罪犯在死刑缓期执行期间又故意犯罪,未被执行死刑的,死刑缓期执行的期间重新计算,减为无期徒刑后,五年内不予减刑。

法释〔2016〕23号第三十五条　被判处死刑缓期执行的罪犯,在死刑缓期执行期内被发现漏罪,依据刑法第七十条规定数罪并罚,决定执行死刑缓期执行的,死刑缓期执行期间自新判决确定之日起计算,已经执行的死刑缓期执行期间计入新判决的死刑缓期执行期间内,但漏罪被判处死刑缓期执行的除外。

法释〔2016〕23 号第三十六条　被判处死刑缓期执行的罪犯,在死刑缓期执行期满后被发现漏罪,依据刑法第七十条规定数罪并罚,决定执行死刑缓期执行的,交付执行时对罪犯实际执行无期徒刑,死缓考验期不再执行,但漏罪被判处死刑缓期执行的除外。

在无期徒刑减为有期徒刑时,前罪死刑缓期执行减为无期徒刑之日起至新判决生效之日止已经实际执行的刑期,应当计算在减刑裁定决定执行的刑期以内。

原减刑裁定减去的刑期依照本规定第三十四条处理。

50-3　法释〔2016〕23 号第十三条　被限制减刑的死刑缓期执行罪犯,减为无期徒刑后,符合减刑条件的,执行五年以上方可减刑。减刑间隔时间和减刑幅度依照本规定第十一条的规定执行。

法释〔2016〕23 号第十四条　被限制减刑的死刑缓期执行罪犯,减为有期徒刑后再减刑时,一次减刑不超过六个月有期徒刑,两次减刑间隔时间不得少于二年。有重大立功表现的,间隔时间可以适当缩短,但一次减刑不超过一年有期徒刑。

法释〔2016〕23 号第十五条　对被判处终身监禁的罪犯,在死刑缓期执行期满依法减为无期徒刑的裁定中,应当明确终身监禁,不得再减刑或者假释。

第五十一条　【死缓执行期间的计算】死刑缓期执行的期间,从判决确定之日起计算。死刑缓期执行减为有期徒刑的刑期,从死刑缓期执行期满之日起计算。

第六节　罚　　金[1]

S. 6-1　1.《最高人民法院关于适用财产刑若干问题的规定》(法释〔2000〕45 号,2000 年 12 月 19 日)

第一条　刑法规定"并处"没收财产或者罚金的犯罪,人民法院在对犯罪分子判处主刑的同时,必须依法判处相应的财产刑,刑法规定"可以并处"没收财产或者罚金的犯罪,人民法院应当根据案件具体情况及犯罪分子的财产状况,决定是否适用财产刑。

第九条　人民法院认为依法应当判处被告人财产刑的,可以在案件审理过程中,决定扣押或者冻结被告人的财产。

第十条 财产刑由第一审人民法院执行。

犯罪分子的财产在异地的,第一审人民法院可以委托财产所在地人民法院代为执行。

2.《最高人民法院关于刑事裁判涉财产部分执行的若干规定》(法释〔2014〕13号,2014年11月6日)

第四条 人民法院刑事审判中可能判处被告人财产刑、责令退赔的,刑事审判部门应当依法对被告人的财产状况进行调查,发现可能隐匿、转移财产的,应当及时查封、扣押、冻结其相应财产。

第五条 刑事审判或者执行中,对于侦查机关已经采取的查封、扣押、冻结,人民法院应当在期限届满前及时续行查封、扣押、冻结,人民法院续行查封、扣押、冻结的顺位与侦查机关查封、扣押、冻结的顺位相同。

对侦查机关查封、扣押、冻结的财产,人民法院执行中可以直接裁定处置,无需侦查机关出具解除手续,但裁定中应当指明侦查机关查封、扣押、冻结的事实。

3.《最高人民法院关于适用〈中华人民共和国刑事诉讼法〉的解释》(法释〔2021〕1号,2021年3月1日)

第五百三十条 被执行财产在外地的,第一审人民法院可以委托财产所在地的同级人民法院执行。

第五十二条 【罚金的判处】判处罚金,应当根据犯罪情节[1]决定罚金数额[2]。

52-1 法释〔2000〕45号第二条 人民法院应当根据犯罪情节,如违法所得数额、造成损失的大小等,并综合考虑犯罪分子缴纳罚金的能力,依法判处罚金。刑法没有明确规定罚金数额标准的,罚金的最低数额不能少于一千元。对未成年人犯罪应当从轻或者减轻判处罚金,但罚金的最低数额不能少于五百元。

法释〔2000〕45号第三条 依法对犯罪分子所犯数罪分别判处罚金的,应当实行并罚,将所判处的罚金数额相加,执行总和数额。

52-2 **1.**《最高人民法院、最高人民检察院关于办理侵犯知识产权刑事案件具体应用法律若干问题的解释(三)》(法释〔2020〕10号,2020年9月14日)第十条 对于侵犯知识产权犯罪的,应当综合考虑犯罪违法所得数额、非法经营数额、给权利人造成的损失数额、侵权假冒物品数量及社会危害性等情节,依法判处罚金。

罚金数额一般在违法所得数额的一倍以上五倍以下确定。违法所得数额无法查清的，罚金数额一般按照非法经营数额的百分之五十以上一倍以下确定。违法所得数额和非法经营数额均无法查清，判处三年以下有期徒刑、拘役、管制或者单处罚金的，一般在三万元以上一百万元以下确定罚金数额；判处三年以上有期徒刑的，一般在十五万元以上五百万元以下确定罚金数额。

2.《最高人民法院、最高人民检察院关于办理侵犯公民个人信息刑事案件适用法律若干问题的解释》（法释〔2017〕10号，2017年6月1日）第十二条　对于侵犯公民个人信息犯罪，应当综合考虑犯罪的危害程度、犯罪的违法所得数额以及被告人的前科情况、认罪悔罪态度等，依法判处罚金。罚金数额一般在违法所得的一倍以上五倍以下。

3.《最高人民法院、最高人民检察院关于办理内幕交易、泄露内幕信息刑事案件具体应用法律若干问题的解释》（法释〔2012〕6号，2012年6月1日）第九条　同一案件中，成交额、占用保证金额、获利或者避免损失额分别构成情节严重、情节特别严重的，按照处罚较重的数额定罪处罚。

构成共同犯罪的，按照共同犯罪行为人的成交总额、占用保证金总额、获利或者避免损失总额定罪。

第十条　刑法第一百八十条第一款规定的“违法所得”，是指通过内幕交易行为所获利益或者避免的损失。

内幕信息的泄露人员或者内幕交易的明示、暗示人员未实际从事内幕交易的，其罚金数额按照因泄露而获悉内幕信息人员或者被明示、暗示人员从事内幕交易的违法所得计算。处罚，但判处各被告人罚金的总额应掌握在获利或者避免损失总额的一倍以上五倍以下。

第五十三条　（刑九）【罚金的缴纳】罚金在判决指定的期限[1]内一次或者分期缴纳。期满不缴纳的，强制缴纳*。对于不能全部缴纳罚金的，人民法院在任何时候发现被执行人有可以执行的财产，应当随时追缴。

由于遭遇不能抗拒的灾祸等原因缴纳确实有困难的[2]，经人民法院裁定，可以延期缴纳、酌情减少或者免除。

53-1　1. 法释〔2000〕45号第五条　刑法第五十三条规定的“判决

---

* 只是规定强制缴纳，没有规定缴纳滞纳金。

指定的期限”应当在判决书中予以确定;“判决指定的期限”应为从判决发生法律效力第二日起最长不超过三个月。

2. 法释〔2014〕13号第三条 人民法院办理刑事裁判涉财产部分执行案件的期限为六个月。有特殊情况需要延长的,经本院院长批准,可以延长。

53-2 **1.** 法释〔2000〕45号第六条第一款 刑法第五十三条规定的“由于遭遇不能抗拒的灾祸缴纳确实有困难的”主要是指因遭受火灾、水灾、地震等灾祸而丧失财产;罪犯因重病、伤残等而丧失劳动能力,或者需要罪犯抚养的近亲属患有重病,需支付巨额医药费等,确实没有财产可供执行的情形。

2. 法释〔2021〕1号第五百二十四条 因遭遇不能抗拒的灾祸等原因缴纳罚金确有困难,被执行人申请延期缴纳、酌情减少或者免除罚金的,应当提交相关证明材料。人民法院应当在收到申请后一个月以内作出裁定。符合法定条件的,应当准许;不符合条件的,驳回申请。

第七节 剥夺政治权利

第五十四条 【剥夺政治权利的内容】剥夺政治权利是剥夺下列权利:

(一)选举权和被选举权;

(二)言论、出版、集会、结社、游行、示威自由的权利;

(三)担任国家机关职务的权利;

(四)担任国有公司、企业、事业单位和人民团体领导职务的权利。

第五十五条 【剥夺政治权利的期限】剥夺政治权利的期限,除本法第五十七条规定外,为一年以上五年以下。

判处管制附加剥夺政治权利的,剥夺政治权利的期限与管制的期限相等,同时执行。

第五十六条 【剥夺政治权利的适用对象】对于危害国家安全的犯罪分子应当附加剥夺政治权利;对于故意杀人、强奸、放火、爆炸、投毒、抢劫等严重破坏社会秩序[1]的犯罪分子，可以附加剥夺政治权利。

独立适用剥夺政治权利的，依照本法分则的规定。

56-1　**1.**《最高人民法院关于对故意伤害、盗窃等严重破坏社会秩序的犯罪分子能否附加剥夺政治权利问题的批复》（法释〔1997〕11号，1998年1月13日）　根据刑法第五十六条规定，对于故意杀人、强奸、放火、爆炸、投毒、抢劫等*严重破坏社会秩序的犯罪分子，可以附加剥夺政治权利。对故意伤害、盗窃等其他严重破坏社会秩序的犯罪，犯罪分子主观恶性较深、犯罪情节恶劣、罪行严重的，也可以依法附加剥夺政治权利问题。

2.《最高人民法院、最高人民检察院关于办理组织、利用邪教组织破坏法律实施等刑事案件适用法律若干问题的解释》（法释〔2017〕3号，2017年2月1日）第十四条　对于犯组织、利用邪教组织破坏法律实施罪、组织、利用邪教组织致人重伤、死亡罪，严重破坏社会秩序的犯罪分子，根据刑法第五十六条的规定，可以附加剥夺政治权利。

第五十七条　【对死刑、无期徒刑罪犯剥夺政治权利的适用】对于被判处死刑、无期徒刑的犯罪分子，应当剥夺政治权利终身。

在死刑缓期执行减为有期徒刑或者无期徒刑减为有期徒刑的时候，应当把附加剥夺政治权利的期限改为三年以上十年以下。

第五十八条　【剥夺政治权利的刑期计算、效力与执行】附加剥夺政治权利的刑期，从徒刑、拘役执行完毕之日或者从假释之日起计算；剥夺政治权利的效力当然施用于主刑执行期间。

被剥夺政治权利的犯罪分子，在执行期间，应当遵守法律、行政法规和国务院公安部门有关监督管理的规定，服从监督；不得行使本法第五十四条规定的各项权利。

---

* 上述各罪在分则中均未规定可以判处剥夺政治权利。

第八节　没收财产[1]

S.8-1 《最高人民法院关于刑事裁判涉财产部分执行的若干规定》(法释〔2014〕13号,2014年11月6日)。

第五十九条　【没收财产的范围】没收财产是没收犯罪分子个人所有[1]财产的一部或者全部。没收全部财产的,应当对犯罪分子个人及其扶养的家属保留必需的[2]生活费用。

在判处没收财产的时候,不得没收属于犯罪分子家属所有或者应有的财产。

59-1　法释〔2014〕13号第九条第一款　判处没收财产的,应当执行刑事裁判生效时被执行人合法所有的财产。

59-2　法释〔2014〕13号第九条第二款　执行没收财产或罚金刑,应当参照被扶养人住所地政府公布的上年度当地居民最低生活费标准,保留被执行人及其所扶养家属的生活必需费用。

第六十条　【以没收的财产偿还债务】没收财产以前犯罪分子所负的正当债务[1],需要以没收的财产偿还的,经债权人请求,应当偿还。

60-1　法释〔2000〕45号第七条　刑法第六十条规定的"没收财产以前犯罪分子所负的正当债务",是指犯罪分子在判决生效前所负他人的合法债务。

第四章 刑罚的具体运用[1]

C.4-1 1.《最高人民法院关于贯彻宽严相济刑事政策的若干意见》*(法发〔2010〕9号,2010年2月8日)

一、贯彻宽严相济刑事政策的总体要求

1. 贯彻宽严相济刑事政策,要根据犯罪的具体情况,实行区别对待,做到该宽则宽,当严则严,宽严相济,罚当其罪,打击和孤立极少数,教育、感化和挽救大多数,最大限度地减少社会对立面,促进社会和谐稳定,维护国家长治久安。

2. 要正确把握宽与严的关系,切实做到宽严并用。既要注意克服重刑主义思想影响,防止片面从严,也要避免受轻刑化思想影响,一味从宽。

3. 贯彻宽严相济刑事政策,必须坚持严格依法办案,切实贯彻落实罪刑法定原则、罪刑相适应原则和法律面前人人平等原则,依照法律规定准确定罪量刑。从宽和从严都必须依照法律规定进行,做到宽严有据,罚当其罪。

4. 要根据经济社会的发展和治安形势的变化,尤其要根据犯罪情况的变化,在法律规定的范围内,适时调整从宽和从严的对象、范围和力度。要全面、客观把握不同时期不同地区的经济社会状况和社会治安形势,充分考虑人民群众的安全感以及惩治犯罪的实际需要,注重从严打击严重危害国家安全、社会治安和人民群众利益的犯罪。对于犯罪性质尚不严重,情节较轻和社会危害性较小的犯罪,以及被告人认罪、悔罪,从宽处罚更有利于社会和谐稳定的,依法可以从宽处理。

5. 贯彻宽严相济刑事政策,必须严格依法进行,维护法律的统一和权威,确保良好的法律效果。同时,必须充分考虑案件的处理是否有利于赢得广大人民群众的支持和社会稳定,是否有利于瓦解犯罪,化解矛

---

* 该刑事政策主要规范量刑。《尚书·吕刑》:"刑罚世轻世重,惟齐非齐,有伦有要。"

盾,是否有利于罪犯的教育改造和回归社会,是否有利于减少社会对抗,促进社会和谐,争取更好的社会效果。要注意在裁判文书中充分说明裁判理由,尤其是从宽或从严的理由,促使被告人认罪伏法,注重教育群众,实现案件裁判法律效果和社会效果的有机统一。

二、准确把握和正确适用依法从“严”的政策要求

6. 宽严相济刑事政策中的从“严”,主要是指对于罪行十分严重、社会危害性极大,依法应当判处重刑或死刑的,要坚决地判处重刑或死刑;对于社会危害大或者具有法定、酌定从重处罚情节,以及主观恶性深、人身危险性大的被告人,要依法从严惩处。在审判活动中通过体现依法从“严”的政策要求,有效震慑犯罪分子和社会不稳定分子,达到有效遏制犯罪、预防犯罪的目的。

7. 贯彻宽严相济刑事政策,必须毫不动摇地坚持依法严惩严重刑事犯罪的方针。对于危害国家安全犯罪、恐怖组织犯罪、邪教组织犯罪、黑社会性质组织犯罪、恶势力犯罪、故意危害公共安全犯罪等严重危害国家政权稳固和社会治安的犯罪,故意杀人、故意伤害致人死亡、强奸、绑架、拐卖妇女儿童、抢劫、重大抢夺、重大盗窃等严重暴力犯罪和严重影响人民群众安全感的犯罪,走私、贩卖、运输、制造毒品等毒害人民健康的犯罪,要作为严惩的重点,依法从重处罚。尤其对于极端仇视国家和社会,以不特定人为侵害对象,所犯罪行特别严重的犯罪分子,该重判的要坚决依法重判,该判处死刑的要坚决依法判处死刑。

8. 对于国家工作人员贪污贿赂、滥用职权、失职渎职的严重犯罪,黑恶势力犯罪、重大安全责任事故、制售伪劣食品药品所涉及的国家工作人员职务犯罪,发生在社会保障、征地拆迁、灾后重建、企业改制、医疗、教育、就业等领域严重损害群众利益、社会影响恶劣、群众反映强烈的国家工作人员职务犯罪,发生在经济社会建设重点领域、重点行业的严重商业贿赂犯罪等,要依法从严惩处。

对于国家工作人员职务犯罪和商业贿赂犯罪中性质恶劣、情节严重、涉案范围广、影响面大的,或者案发后隐瞒犯罪事实、毁灭证据、订立攻守同盟、负案潜逃等拒不认罪悔罪的,要坚决依法从严惩处。

对于被告人犯罪所得数额不大,但对国家财产和人民群众利益造成重大损失、社会影响极其恶劣的职务犯罪和商业贿赂犯罪案件,也应依法从严惩处。

要严格掌握职务犯罪法定减轻处罚情节的认定标准与减轻处罚的幅度,严格控制依法减轻处罚后判处三年以下有期徒刑适用缓刑的范

围,切实规范职务犯罪缓刑、免予刑事处罚的适用。

9. 当前和今后一段时期,对于集资诈骗、贷款诈骗、制贩假币以及扰乱、操纵证券、期货市场等严重危害金融秩序的犯罪,生产、销售假药、劣药、有毒有害食品等严重危害食品药品安全的犯罪,走私等严重侵害国家经济利益的犯罪,造成严重后果的重大安全责任事故犯罪,重大环境污染、非法采矿、盗伐林木等各种严重破坏环境资源的犯罪等,要依法从严惩处,维护国家的经济秩序,保护广大人民群众的生命健康安全。

10. 严惩严重刑事犯罪,必须充分考虑被告人的主观恶性和人身危险性。对于事先精心预谋、策划犯罪的被告人,具有惯犯、职业犯等情节的被告人,或者因故意犯罪受过刑事处罚、在缓刑、假释考验期内又犯罪的被告人,要依法严惩,以实现刑罚特殊预防的功能。

11. 要依法从严惩处累犯和毒品再犯。凡是依法构成累犯和毒品再犯的,即使犯罪情节较轻,也要体现从严惩处的精神。尤其是对于前罪为暴力犯罪或被判处重刑的累犯,更要依法从严惩处。

12. 要注重综合运用多种刑罚手段,特别是要重视依法适用财产刑,有效惩治犯罪。对于法律规定有附加财产刑的,要依法适用。对于侵财型和贪利型犯罪,更要注重通过依法适用财产刑使犯罪分子受到经济上的惩罚,剥夺其重新犯罪的能力和条件。要切实加大财产刑的执行力度,确保刑罚的严厉性和惩罚功能得以实现。被告人非法占有、处置被害人财产不能退赃的,在决定刑罚时,应作为重要情节予以考虑,体现从严处罚的精神。

13. 对于刑事案件被告人,要严格依法追究刑事责任,切实做到不枉不纵。要在确保司法公正的前提下,努力提高司法效率。特别是对于那些严重危害社会治安,引起社会关注的刑事案件,要在确保案件质量的前提下,抓紧审理,及时宣判。

三、准确把握和正确适用依法从“宽”的政策要求

14. 宽严相济刑事政策中的从“宽”,主要是指对于情节较轻、社会危害性较小的犯罪,或者罪行虽然严重,但具有法定、酌定从宽处罚情节,以及主观恶性相对较小、人身危险性不大的被告人,可以依法从轻、减轻或者免除处罚;对于具有一定社会危害性,但情节显著轻微危害不大的行为,不作为犯罪处理;对于依法可不监禁的,尽量适用缓刑或者判处管制、单处罚金等非监禁刑。

15. 被告人的行为已经构成犯罪,但犯罪情节轻微,或者未成年人、

在校学生实施的较轻犯罪，或者被告人具有犯罪预备、犯罪中止、从犯、胁从犯、防卫过当、避险过当等情节，依法不需要判处刑罚的，可以免予刑事处罚。对免予刑事处罚的，应当根据刑法第三十七条规定，做好善后、帮教工作或者交由有关部门进行处理，争取更好的社会效果。

16. 对于所犯罪行不重、主观恶性不深、人身危险性较小、有悔改表现、不致再危害社会的犯罪分子，要依法从宽处理。对于其中具备条件的，应当依法适用缓刑或者管制、单处罚金等非监禁刑。同时配合做好社区矫正，加强教育、感化、帮教、挽救工作。

17. 对于自首的被告人，除了罪行极其严重、主观恶性极深、人身危险性极大，或者恶意地利用自首规避法律制裁者以外，一般均应当依法从宽处罚。

对于亲属以不同形式送被告人归案或协助司法机关抓获被告人而认定为自首的，原则上都应当依法从宽处罚；有的虽然不能认定为自首，但考虑到被告人亲属支持司法机关工作，促使被告人到案、认罪、悔罪，在决定对被告人具体处罚时，也应当予以充分考虑。

18. 对于被告人检举揭发他人犯罪构成立功的，一般均应当依法从宽处罚。对于犯罪情节不是十分恶劣，犯罪后果不是十分严重的被告人立功的，从宽处罚的幅度应当更大。

19. 对于较轻犯罪的初犯、偶犯，应当综合考虑其犯罪的动机、手段、情节、后果和犯罪时的主观状态，酌情予以从宽处罚。对于犯罪情节轻微的初犯、偶犯，可以免予刑事处罚；依法应当予以刑事处罚的，也应当尽量适用缓刑或者判处管制、单处罚金等非监禁刑。

20. 对于未成年人犯罪，在具体考虑其实施犯罪的动机和目的、犯罪性质、情节和社会危害程度的同时，还要充分考虑其是否属于初犯，归案后是否悔罪，以及个人成长经历和一贯表现等因素，坚持“教育为主、惩罚为辅”的原则和“教育、感化、挽救”的方针进行处理。对于偶尔盗窃、抢夺、诈骗，数额刚达到较大的标准，案发后能如实交代并积极退赃的，可以认定为情节显著轻微，不作为犯罪处理。对于罪行较轻的，可以依法适当多适用缓刑或者判处管制、单处罚金等非监禁刑；依法可免予刑事处罚的，应当免予刑事处罚。对于犯罪情节严重的未成年人，也应当依照刑法第十七条第三款的规定予以从轻或者减轻处罚。对于已满十四周岁不满十六周岁的未成年犯罪人，一般不判处无期徒刑。

21. 对于老年人犯罪，要充分考虑其犯罪的动机、目的、情节、后果以及悔罪表现等,并结合其人身危险性和再犯可能性,酌情予以从宽处罚。

22. 对于因恋爱、婚姻、家庭、邻里纠纷等民间矛盾激化引发的犯罪,因劳动纠纷、管理失当等原因引发、犯罪动机不属恶劣的犯罪,因被害方过错或者基于义愤引发的或者具有防卫因素的突发性犯罪,应酌情从宽处罚。

23. 被告人案发后对被害人积极进行赔偿,并认罪、悔罪的,依法可以作为酌定量刑情节予以考虑。因婚姻家庭等民间纠纷激化引发的犯罪,被害人及其家属对被告人表示谅解的,应当作为酌定量刑情节予以考虑。犯罪情节轻微,取得被害人谅解的,可以依法从宽处理,不需判处刑罚的,可以免予刑事处罚。

24. 对于刑事被告人,如果采取取保候审、监视居住等非羁押性强制措施足以防止发生社会危险性,且不影响刑事诉讼正常进行的,一般可不采取羁押措施。对人民检察院提起公诉而被告人未被采取逮捕措施的,除存在被告人逃跑、串供、重新犯罪等具有人身危险性或者可能影响刑事诉讼正常进行的情形外,人民法院一般可不决定逮捕被告人。

四、准确把握和正确适用宽严"相济"的政策要求

25. 宽严相济刑事政策中的"相济",主要是指在对各类犯罪依法处罚时,要善于综合运用宽和严两种手段,对不同的犯罪和犯罪分子区别对待,做到严中有宽、宽以济严;宽中有严、严以济宽。

26. 在对严重刑事犯罪依法从严惩处的同时,对被告人具有自首、立功、从犯等法定或酌定从宽处罚情节的,还要注意宽以济严,根据犯罪的具体情况,依法应当或可以从宽的,都应当在量刑上予以充分考虑。

27. 在对较轻刑事犯罪依法从轻处罚的同时,要注意严以济宽,充分考虑被告人是否具有屡教不改、严重滋扰社会、群众反映强烈等酌定从严处罚的情况,对于不从严不足以有效惩戒者,也应当在量刑上有所体现,做到济之以严,使犯罪分子受到应有处罚,切实增强改造效果。

28. 对于被告人同时具有法定、酌定从严和法定、酌定从宽处罚情节的案件,要在全面考察犯罪的事实、性质、情节和对社会危害程度的基础上,结合被告人的主观恶性、人身危险性、社会治安状况等因素,综合作出分析判断,总体从严,或者总体从宽。

29. 要准确理解和严格执行"保留死刑,严格控制和慎重适用死刑"的政策。对于罪行极其严重的犯罪分子,论罪应当判处死刑的,要

坚决依法判处死刑。要依法严格控制死刑的适用,统一死刑案件的裁判标准,确保死刑只适用于极少数罪行极其严重的犯罪分子。拟判处死刑的具体案件定罪或者量刑的证据必须确实、充分,得出唯一结论。对于罪行极其严重,但只要是依法可不立即执行的,就不应当判处死刑立即执行。

30. 对于恐怖组织犯罪、邪教组织犯罪、黑社会性质组织犯罪和进行走私、诈骗、贩毒等犯罪活动的犯罪集团,在处理时要分别情况,区别对待:对犯罪组织或集团中的为首组织、指挥、策划者和骨干分子,要依法从严惩处,该判处重刑或死刑的要坚决判处重刑或死刑;对受欺骗、胁迫参加犯罪组织、犯罪集团或只是一般参加者,在犯罪中起次要、辅助作用的从犯,依法应当从轻或减轻处罚,符合缓刑条件的,可以适用缓刑。

对于群体性事件中发生的杀人、放火、抢劫、伤害等犯罪案件,要注意重点打击其中的组织、指挥、策划者和直接实施犯罪行为的积极参与者;对因被煽动、欺骗、裹胁而参加,情节较轻,经教育确有悔改表现的,应当依法从宽处理。

31. 对于一般共同犯罪案件,应当充分考虑各被告人在共同犯罪中的地位和作用,以及在主观恶性和人身危险性方面的不同,根据事实和证据能分清主从犯的,都应当认定主从犯。有多名主犯的,应在主犯中进一步区分出罪行最为严重者。对于多名被告人共同致死一名被害人的案件,要进一步分清各被告人的作用,准确确定各被告人的罪责,以做到区别对待;不能以分不清主次为由,简单地一律判处重刑。

32. 对于过失犯罪,如安全责任事故犯罪等,主要应当根据犯罪造成危害后果的严重程度、被告人主观罪过的大小以及被告人案发后的表现等,综合掌握处罚的宽严尺度。对于过失犯罪后积极抢救、挽回损失或者有效防止损失进一步扩大的,要依法从宽。对于造成的危害后果虽然不是特别严重,但情节特别恶劣或案发后故意隐瞒案情,甚至逃逸,给及时查明事故原因和迅速组织抢救造成贻误的,则要依法从重处罚。

33. 在共同犯罪案件中,对于主犯或首要分子检举、揭发同案地位、作用较次犯罪分子构成立功的,从轻或者减轻处罚应当从严掌握,如果从轻处罚可能导致全案量刑失衡的,一般不予从轻处罚;如果检举、揭发的是其他犯罪案件中罪行同样严重的犯罪分子,或者协助抓获的是同案中的其他主犯、首要分子的,原则上应予依法从轻或者减轻处罚。

对于从犯或犯罪集团中的一般成员立功,特别是协助抓获主犯、首要分子的,应当充分体现政策,依法从轻、减轻或者免除处罚。

34. 对于危害国家安全犯罪、故意危害公共安全犯罪、严重暴力犯罪、涉众型经济犯罪等严重犯罪;恐怖组织犯罪、邪教组织犯罪、黑恶势力犯罪等有组织犯罪的领导者、组织者和骨干分子;毒品犯罪再犯的严重犯罪者;确有执行能力而拒不依法积极主动缴付财产执行财产刑或确有履行能力而不积极主动履行附带民事赔偿责任的,在依法减刑、假释时,应当从严掌握。对累犯减刑时,应当从严掌握。拒不交代真实身份或对减刑、假释材料弄虚作假,不符合减刑、假释条件的,不得减刑、假释。

对于因犯故意杀人、爆炸、抢劫、强奸、绑架等暴力犯罪,致人死亡或严重残疾而被判处死刑缓期二年执行或无期徒刑的罪犯,要严格控制减刑的频度和每次减刑的幅度,要保证其相对较长的实际服刑期限,维护公平正义,确保改造效果。

对于未成年犯、老年犯、残疾罪犯、过失犯、中止犯、胁从犯、积极主动缴付财产执行财产刑或履行民事赔偿责任的罪犯、因防卫过当或避险过当而判处徒刑的罪犯以及其他主观恶性不深、人身危险性不大的罪犯,在依法减刑、假释时,应当根据悔改表现予以从宽掌握。对认罪伏法,遵守监规,积极参加学习、劳动,确有悔改表现的,依法予以减刑,减刑的幅度可以适当放宽,间隔的时间可以相应缩短。符合刑法第八十一条第一款规定的假释条件的,应当依法多适用假释。

五、完善贯彻宽严相济刑事政策的工作机制

35. 要注意总结审判经验,积极稳妥地推进量刑规范化工作。要规范法官的自由裁量权,逐步把量刑纳入法庭审理程序,增强量刑的公开性和透明度,充分实现量刑的公正和均衡,不断提高审理刑事案件的质量和效率。

36. 最高人民法院将继续通过总结审判经验,制发典型案例,加强审判指导,并制定关于案例指导制度的规范性文件,推进对贯彻宽严相济刑事政策案例指导制度的不断健全和完善。

37. 要积极探索人民法庭受理轻微刑事案件的工作机制,充分发挥人民法庭便民、利民和受案、审理快捷的优势,进一步促进轻微刑事案件及时审判,确保法律效果和社会效果的有机统一。

38. 要充分发挥刑事简易程序节约司法资源、提高审判效率、促进司法公正的功能,进一步强化简易程序的适用。对于被告人对被指控的基本犯罪事实无异议,并自愿认罪的第一审公诉案件,要依法进一步强化普通程序简化审的适用力度,以保障符合条件的案件都能得到及时高效的审理。

39. 要建立健全符合未成年人特点的刑事案件审理机制,寓教于审,惩教结合,通过科学、人性化的审理方式,更好地实现"教育、感化、挽救"的目的,促使未成年犯罪人早日回归社会。要积极推动有利于未成年犯罪人改造和管理的各项制度建设。对公安部门针对未成年人在缓刑、假释期间违法犯罪情况报送的拟撤销未成年犯罪人的缓刑或假释的报告,要及时审查,并在法定期限内及时作出决定,以真正形成合力,共同做好未成年人犯罪的惩戒和预防工作。

40. 对于刑事自诉案件,要尽可能多做化解矛盾的调解工作,促进双方自行和解。对于经过司法机关做工作,被告人认罪悔过,愿意赔偿被害人损失,取得被害人谅解,从而达成和解协议的,可以由自诉人撤回起诉,或者对被告人依法从轻或免予刑事处罚。对于可公诉也可自诉的刑事案件,检察机关提起公诉的,人民法院应当依法进行审理,依法定罪处罚。对民间纠纷引发的轻伤害等轻微刑事案件,诉至法院后当事人自行和解的,应当予以准许并记录在案。人民法院也可以在不违反法律规定的前提下,对此类案件尝试做一些促进和解的工作。

41. 要尽可能把握一切有利于附带民事诉讼调解结案的积极因素,多做促进当事人双方和解的辨法析理工作,以更好地落实宽严相济刑事政策,努力做到案结事了。要充分发挥被告人、被害人所在单位、社区基层组织、辩护人、诉讼代理人和近亲属在附带民事诉讼调解工作中的积极作用,协调各方共同做好促进调解工作,尽可能通过调解达成民事赔偿协议并以此取得被害人及其家属对被告人的谅解,化解矛盾,促进社会和谐。

42. 对于因受到犯罪行为侵害、无法及时获得有效赔偿、存在特殊生活困难的被害人及其亲属,由有关方面给予适当的资金救助,有利于化解矛盾纠纷,促进社会和谐稳定。各地法院要结合当地实际,在党委、政府的统筹协调和具体指导下,落实好、执行好刑事被害人救助制度,确保此项工作顺利开展,取得实效。

43. 对减刑、假释案件,要采取开庭审理与书面审理相结合的方式。对于职务犯罪案件,尤其是原为县处级以上领导干部罪犯的减刑、假释案件,要一律开庭审理。对于故意杀人、抢劫、故意伤害等严重危害社会治安的暴力犯罪分子,有组织犯罪案件中的首要分子和其他主犯以及其他重大、有影响案件罪犯的减刑、假释，原则上也要开庭审理。书面审理的案件，拟裁定减刑、假释的，要在羁押场所公示拟减刑、假释人员名单，接受其他在押罪犯的广泛监督。

44. 要完善对刑事审判人员贯彻宽严相济刑事政策的监督机制，防止宽严失当、枉法裁判、以权谋私。要改进审判考核考评指标体系，完善错案认定标准和错案责任追究制度，完善法官考核机制。要切实改变单纯以改判率、发回重审率的高低来衡量刑事审判工作质量和法官业绩的做法。要探索建立既能体现审判规律、符合法官职业特点，又能准确反映法官综合素质和司法能力的考评体制，对法官审理刑事案件质量，落实宽严相济刑事政策，实现刑事审判法律效果和社会效果有机统一进行全面、科学的考核。

45. 各级人民法院要加强与公安机关、国家安全机关、人民检察院、司法行政机关等部门的联系和协调，建立经常性的工作协调机制，共同研究贯彻宽严相济刑事政策的工作措施，及时解决工作中出现的具体问题。要根据“分工负责、相互配合、相互制约”的法律原则，加强与公安机关、人民检察院的工作联系，既各司其职，又进一步形成合力，不断提高司法公信，维护司法权威。要在律师辩护代理、法律援助、监狱提请减刑假释、开展社区矫正等方面加强与司法行政机关的沟通和协调，促进宽严相济刑事政策的有效实施。

2. 最高人民法院刑二庭《宽严相济在经济犯罪和职务犯罪案件审判中的具体贯彻》(2010 年 4 月 7 日)

最高人民法院于 2009 年 2 月 8 日发布的《关于贯彻宽严相济刑事政策的若干意见》(以下称《意见》)，对宽严相济刑事政策的基本内涵作出了科学阐释，对宽严相济刑事政策的贯彻落实提出了明确要求，是新形势下刑事审判工作的一个纲领性文件，对于人民法院正确适用法律，充分发挥审判职能作用，最大限度地预防和减少犯罪、化解社会矛盾、维护社会和谐稳定，具有重要的实践指导意义。《意见》内涵深刻、内容丰富，为深入理解和正确适用本《意见》，现结合审判工作实际，就《意见》有关经济犯罪和职务犯罪案件审判工作中贯彻宽严相济刑事政策的规定说明如下：

一、宽严相济刑事政策在经济犯罪案件审判中的具体贯彻

(一)关于从严惩处的案件范围。根据《意见》第 9 条规定，发生在经济领域、需依法从严惩处的主要是指下列严重犯罪：以高利率或高回报为诱饵，针对社会公众实施的非法集资、非法证券、传销、地下“六合

彩”等涉众型犯罪;制售假冒伪劣、有毒、有害食品、药品等损害群众切身利益的犯罪;制售伪劣农药、兽药、化肥、种子等坑农害农的犯罪;制贩假币、操纵证券期货市场、金融诈骗等严重危害金融秩序的犯罪;走私,逃税、骗税、虚开增值税专用发票等严重侵害国家经济利益的犯罪;重大环境污染、非法采矿、盗伐林木等各种严重破坏环境资源的犯罪。

(二)关于政策法律界限。对于当前金融危机背景下的经济违法行为,应当根据《意见》第4条规定的“审时度势”原则、第5条规定的“两个效果相统一”原则以及第14条、第23条规定的从宽要求,审慎分析判断其社会危害性,从有利于保障经济增长、维护社会稳定的角度依法准确定罪量刑。以非法集资案件为例说明如下:一是要准确界定非法集资与民间借贷、商业交易的政策法律界限。未经社会公开宣传,在单位职工或者亲友内部针对特定对象筹集资金的,一般可以不作为非法集资。二是要准确把握非法集资罪与非罪的界限。资金主要用于生产经营及相关活动,行为人有还款意愿,能够及时清退集资款项,情节轻微,社会危害不大的,可以免予刑事处罚或者不作为犯罪处理。此外,对于“边缘案”、“踩线案”、罪与非罪界限一时难以划清的案件,要从有利于促进企业生存发展、有利于保障员工生计、有利于维护社会和谐稳定的高度,依法妥善处理,可定可不定的,原则上不按犯罪处理。特别对于涉及企业、公司法定代表人、技术人员因政策界限不明而实施的轻微违法犯罪,更要依法慎重处理。

(三)关于刑罚适用。(1)根据《意见》第6条关于从严处理的原则性规定以及第29条关于死刑适用政策的规定,对于数额特别巨大、情节特别恶劣、危害后果特别严重的经济犯罪,要依法从严惩处,对于罪行极其严重的经济犯罪分子,依法应当判处死刑的,要坚决适用死刑;对假币犯罪累犯、惯犯、涉案假币数额巨大或者全部流入社会的犯罪分子,应当依法从重判处;对于伪造货币集团的首要分子、骨干分子,伪造假币数额特别巨大或者有其他特别严重情节,罪行极其严重的犯罪分子,应当判处死刑的,要坚决依法判处死刑;对数额特别巨大,肆意挥霍集资资金或者归案后拒不交代赃款去向,造成特别重大经济损失或者致使被害人自杀身亡等严重后果的集资诈骗犯罪分子,应当依法从重判处;对造成严重疾患、伤亡后果或者以婴幼儿、危重病人为对象,社会影响恶劣的制售有毒有害食品、假药劣药犯罪分子,应当依法从重判处。(2)根据《意见》第25条规定的宽严“相济”要求,应当区分犯罪行为的具体情形区别对待。以走私犯罪为例,对海上偷运走私、绕关走私等未向海关报关的走私与价格瞒骗走私，走私特殊物品与走私普通货物、物品在具体量刑时都应当有所区别；对进口走私象牙等珍贵动物制品犯罪在量刑时应当酌情考虑出口国家的法律规定以及行为人的主观认识因素。(3)要切实执行《意见》第12条有关“对于侵财型和贪利型犯罪，更要注重通过依法适用财产刑使犯罪分子受到经济上的惩罚”的规定，以最大限度地挽回国家和人民利益的损失，安抚受害群众。同时，此类犯罪的目的就是获得非法利益，有针对性地加大经济制裁，特别是执行的力度，以有效地剥夺犯罪分子重新犯罪的条件，发挥刑罚的预防犯罪功能。

二、宽严相济刑事政策在职务犯罪案件审判中的具体贯彻

(一)关于从严惩处的案件范围。保持惩治腐败的高压态势，依法从严惩治腐败，是我国惩治和预防腐败工作的一项长期政策。根据《意见》第8条第1款规定，当前要特别注意严肃惩处以下职务犯罪：发生在领导机关和领导干部中滥用职权、贪污贿赂、腐化堕落、失职渎职等职务犯罪；工程建设、土地出让、产权交易、医药购销、政府采购、资源开发和经销、金融等多发易发领域的商业贿赂犯罪；在扩内需、保增长，灾后恢复重建等专项工作中发生的贪污贿赂、挪用公款、渎职等职务犯罪；黑恶势力犯罪、重大安全生产事故、重大食品安全等群体性事件背后的行贿受贿、徇私舞弊、滥用职权、玩忽职守等职务犯罪；贪污、挪用、侵占农业投资专项资金等职务犯罪。

(二)关于政策法律界限。在坚持依法从严惩处职务犯罪的同时，同样需要根据《意见》第14条、第25条的规定，体现宽严“相济”，做到严中有宽、宽以济严。以贿赂犯罪为例说明如下：(1)对于收受财物后于案发前退还或上交所收财物的，应当区分情况作出不同处理：收受请托人财物后及时退还或者上交的，因其受贿故意不能确定，同时为了感化、教育潜在受贿犯罪分子，故不宜以受贿处理；受贿后因自身或者与其受贿有关联的人、事被查处，为掩饰犯罪而退还或者上交的，因受贿行为既已完毕，且无主动悔罪之意思，故不影响受贿罪的认定。(2)对于行业、领域内带有一定普遍性、涉案人员众多的案件，要注意区别对待，防止因打击面过宽导致不良的社会效果。特别是对于普通医生的商业贿赂犯罪问题，更要注意运用多种手段治理应对。对收受回扣数额大的；明知药品伪劣，但为收受回扣而要求医院予以采购的；为收受回扣而给病人大量开药或者使用不对症药品，造成严重后果的；收受回扣造成其他严重影响的等情形，应依法追究刑事责任。(3)对于性质

恶劣、情节严重、涉案范围广、影响面大的商业贿赂犯罪案件,特别是对于顶风作案的,或者案发后隐瞒犯罪事实、毁灭证据、订立攻守同盟、负案潜逃等企图逃避法律追究的,应当依照《意见》第8条第2款的规定依法从严惩处的同时,对于在自查自纠中主动向单位、行业主管(监管)部门讲清问题、积极退赃的,或者检举、揭发他人犯罪行为,有自首、立功情节的,应当依照《意见》有关规定依法从轻、减轻或者免予处罚。

(三)关于自首、立功等量刑情节的运用。自首、立功是法定的从宽情节。实践中要注意依照《意见》第17条、第18条等规定,结合"两高"《关于办理职务犯罪案件认定自首、立功等量刑情节若干问题的意见》的规定,做好职务犯罪案件审判工作中宽严相济刑事政策与法律规定的有机结合,具体如下:(1)要严格掌握自首、立功等量刑情节的法定标准和认定程序,确保自首、立功等量刑情节认定的严肃性和规范性的。(2)对于具有自首情节的犯罪分子,应当根据犯罪事实并结合自动投案的动机、阶段、客观环境,交代犯罪事实的完整性、稳定性以及悔罪表现等具体情节,依法决定是否从轻、减轻或者免除处罚以及从轻、减轻处罚的幅度。(3)对于具有立功情节的犯罪分子,应当根据犯罪事实并结合立功表现所起作用的大小、所破获案件的罪行轻重、所抓获犯罪嫌疑人可能判处的法定刑以及立功的时机等具体情节,依法决定是否从轻、减轻或者免除处罚以及从轻、减轻处罚的幅度。(4)对于犯罪分子依法不成立自首,但主动交代犯罪事实的,应当视其主动交代的犯罪事实情况及对证据收集的作用大小、酌情从轻处罚。(5)赃款赃物追回的,应当注意区分贪污、受贿等不同性质的犯罪以及犯罪分子在追赃中的具体表现,决定是否从轻处罚以及从轻处罚的幅度。

(四)关于缓刑等非监禁刑的适用。在依照《意见》第14条、第15条、第16条规定适用缓刑等非监禁刑时,应当充分考虑到当前职务犯罪案件缓刑等非监禁刑适用比例偏高的实际情况,以及职务犯罪案件适用非监禁刑所需要的社会民意基础和过多适用非监禁刑可能带来的社会负面影响。贪污、受贿犯罪分子具有下列情形之一的,一般不得适用缓刑:致使国家、集体和人民利益遭受重大损失或者影响恶劣的;不退赃或者退赃不积极,无悔罪表现的;犯罪动机、手段等情节恶劣,或者将赃款用于非法经营、走私、赌博、行贿等违法犯罪活动的;属于共同犯罪中情节严重的主犯,或者犯有数罪的;曾因职务、经济违法犯罪行为受过行政处分或者刑事处罚的;犯罪涉及的财物属于救灾、抢险、防汛、防疫、优抚、扶贫、移民、救济、捐助、社会保险、教育、征地、拆迁等专项款项和物资的。渎职犯罪分子具有下列情形之一的，一般不适用缓刑：(1)依法减轻处罚后判处三年有期徒刑以下刑罚的；(2)渎职犯罪造成特别恶劣影响的；(3)渎职行为同时构成其他犯罪，以渎职犯罪一罪处理或者实行数罪并罚的。

3.《最高人民法院、最高人民检察院、公安部、国家安全部、司法部关于规范量刑程序若干问题的意见》(法发〔2020〕38 号，2020 年 11 月 6 日)

第一节　量　　刑[1]

S. 1-1　《最高人民法院、最高人民检察院关于常见犯罪的量刑指导意见(试行)》(法发〔2021〕21 号，2021 年 7 月 1 日)

为进一步规范量刑活动，落实宽严相济刑事政策和认罪认罚从宽制度，增强量刑公开性，实现量刑公正，根据刑法、刑事诉讼法和有关司法解释等规定，结合司法实践，制定本指导意见。

一、量刑的指导原则

(一)量刑应当以事实为根据，以法律为准绳，根据犯罪的事实、性质、情节和对于社会的危害程度，决定判处的刑罚。

(二)量刑既要考虑被告人所犯罪行的轻重，又要考虑被告人应负刑事责任的大小，做到罪责刑相适应，实现惩罚和预防犯罪的目的。

(三)量刑应当贯彻宽严相济的刑事政策，做到该宽则宽，当严则严，宽严相济，罚当其罪，确保裁判政治效果、法律效果和社会效果的统一。

(四)量刑要客观、全面把握不同时期不同地区的经济社会发展和治安形势的变化，确保刑法任务的实现；对于同一地区同一时期案情相似的案件，所判处的刑罚应当基本均衡。

二、量刑的基本方法

量刑时，应当以定性分析为主，定量分析为辅，依次确定量刑起点、基准刑和宣告刑。

(一)量刑步骤

1. 根据基本犯罪构成事实在相应的法定刑幅度内确定量刑起点。

2. 根据其他影响犯罪构成的犯罪数额、犯罪次数、犯罪后果等犯罪事实，在量刑起点的基础上增加刑罚量确定基准刑。

3. 根据量刑情节调节基准刑,并综合考虑全案情况,依法确定宣告刑。

(二)调节基准刑的方法

1. 具有单个量刑情节的,根据量刑情节的调节比例直接调节基准刑。

2. 具有多个量刑情节的,一般根据各个量刑情节的调节比例,采用同向相加、逆向相减的方法调节基准刑;具有未成年人犯罪、老年人犯罪、限制行为能力的精神病人犯罪、又聋又哑的人或者盲人犯罪,防卫过当、避险过当、犯罪预备、犯罪未遂、犯罪中止,从犯、胁从犯和教唆犯等量刑情节的,先适用该量刑情节对基准刑进行调节,在此基础上,再适用其他量刑情节进行调节。

3. 被告人犯数罪,同时具有适用于个罪的立功、累犯等量刑情节的,先适用该量刑情节调节个罪的基准刑,确定个罪所应判处的刑罚,再依法实行数罪并罚,决定执行的刑罚。

(三)确定宣告刑的方法

1. 量刑情节对基准刑的调节结果在法定刑幅度内,且罪责刑相适应的,可以直接确定为宣告刑;具有应当减轻处罚情节的,应当依法在法定最低刑以下确定宣告刑。

2. 量刑情节对基准刑的调节结果在法定最低刑以下,具有法定减轻处罚情节,且罪责刑相适应的,可以直接确定为宣告刑;只有从轻处罚情节的,可以依法确定法定最低刑为宣告刑;但是根据案件的特殊情况,经最高人民法院核准,也可以在法定刑以下判处刑罚。

3. 量刑情节对基准刑的调节结果在法定最高刑以上的,可以依法确定法定最高刑为宣告刑。

4. 综合考虑全案情况,独任审判员或合议庭可以在20%的幅度内对调节结果进行调整,确定宣告刑。当调节后的结果仍不符合罪责刑相适应原则的,应当提交审判委员会讨论,依法确定宣告刑。

5. 综合全案犯罪事实和量刑情节,依法应当判处无期徒刑以上刑罚、拘役、管制或者单处附加刑、缓刑、免予刑事处罚的,应当依法适用。

(四)判处罚金刑,应当以犯罪情节为根据,并综合考虑被告人缴纳罚金的能力,依法决定罚金数额。

(五)适用缓刑,应当综合考虑被告人的犯罪情节、悔罪表现、再犯罪的危险以及宣告缓刑对所居住社区的影响,依法作出决定。

三、常见量刑情节的适用

量刑时应当充分考虑各种法定和酌定量刑情节，根据案件的全部犯罪事实以及量刑情节的不同情形，依法确定量刑情节的适用及其调节比例。对黑恶势力犯罪、严重暴力犯罪、毒品犯罪、性侵未成年人犯罪等危害严重的犯罪，在确定从宽的幅度时，应当从严掌握；对犯罪情节较轻的犯罪，应当充分体现从宽。具体确定各个量刑情节的调节比例时，应当综合平衡调节幅度与实际增减刑罚量的关系，确保罪责刑相适应。

……

五、附则

(一)本指导意见规范上列二十三种犯罪判处有期徒刑的案件。其他判处有期徒刑的案件，可以参照量刑的指导原则、基本方法和常见量刑情节的适用规范量刑。

(二)各省、自治区、直辖市高级人民法院、人民检察院应当结合当地实际，共同制定实施细则。

(三)本指导意见自2021年7月1日起实施。最高人民法院2017年3月9日《关于实施修订后的〈关于常见犯罪的量刑指导意见〉的通知》(法发〔2017〕7号)同时废止。

第六十一条　【量刑根据】对于犯罪分子决定刑罚的时候，应当根据犯罪的事实、犯罪的性质、情节[1] 和对于社会的危害程度，依照本法的有关规定判处。

61-1　1.《在审理故意杀人、伤害及黑社会性质组织犯罪案件中切实贯彻宽严相济刑事政策》(最高人民法院刑三庭，2010年4月14日)

2. 充分考虑各种犯罪情节。犯罪情节包括犯罪的动机、手段、对象、场所及造成的后果等，不同的犯罪情节反映不同的社会危害性。犯罪情节多属酌定量刑情节，法律往往未作明确的规定，但犯罪情节是适用刑罚的基础，是具体案件决定从严或从宽处罚的基本依据，需要在案件审理中进行仔细甄别，以准确判断犯罪的社会危害性。

……

2. 法释〔2021〕1号第一百九十四条　审理刑事附带民事诉讼案件，人民法院应当结合被告人赔偿被害人物质损失的情况认定其悔罪表现，并在量刑时予以考虑。

第六十二条　【从重处罚与从轻处罚】犯罪分子具有本法规定

的从重处罚、从轻处罚情节的,应当在法定刑的限度以内判处刑罚。

第六十三条 (刑八)【减轻处罚】犯罪分子具有本法规定的减轻处罚情节的,应当在法定刑以下[1] 判处刑罚;本法规定有数个量刑幅度的,应当在法定量刑幅度的下一个量刑幅度内判处刑罚。*

犯罪分子虽然不具有本法规定的减轻处罚情节,但是根据案件的特殊情况**,经最高人民法院核准,[2] 也可以在法定刑以下判处刑罚。[3]

63-1 《最高人民法院研究室关于如何理解"在法定刑以下判处刑罚"问题的答复》(法研〔2012〕67 号,2012 年 5 月 30 日) 刑法第六十三条第一款规定的"在法定刑以下判处刑罚",是指在法定量刑幅度的最低刑以下判处刑罚。刑法分则中规定的"处十年以上有期徒刑、无期徒刑或者死刑",是一个量刑幅度,而不是"十年以上有期徒刑"、"无期徒刑"和"死刑"三个量刑幅度。

63-2 《最高人民法院关于适用〈中华人民共和国刑事诉讼法〉的解释》(法释〔2021〕1 号,2021 年 3 月 1 日)第四百十一四条 报请最高人民法院核准在法定刑以下判处刑罚的案件,应当按下列情形分别处理:

(一)被告人未上诉、人民检察院未抗诉的,在上诉、抗诉期满后三日以内报请上一级人民法院复核。上级人民法院同意原判的,应当书面层报最高人民法院核准;不同意的,应当裁定发回重新审判,或者按照第二审程序提审;

(二)被告人上诉或者人民检察院抗诉的,上一级人民法院维持原判,或者改判后仍在法定刑以下判处刑罚的,应当依照前项规定层报最高人民法院核准。

法释〔2021〕1 号第四百一十六条 报请最高人民法院核准在法定刑以下判处刑罚的案件,应当报送判决书、报请核准的报告各五份,以及全部案卷、证据。

法释〔2021〕1 号第四百一十七条 对在法定刑以下判处刑罚的案件,最高人民法院予以核准的,应当作出核准裁定书;不予核准的,应当作出不核准裁定书,并撤销原判决、裁定,发回原审人民法院重新审判

---

* 《刑法修正案(八)》增加,原条文只规定了前半部分。限制减轻处罚只能在下一个量刑档量刑,限制了法官的量刑自由裁量权。

** 有论者认为,本款主要是解决具有特殊情节的个案中的"法律适用"问题,而非事实问题。

或者指定其他下级人民法院重新审判。

63-3 《最高人民法院关于适用刑法时间效力规定若干问题的解释》(法释〔1997〕5号,1997年10月1日)第二条　犯罪分子1997年9月30日以前犯罪,不具有法定减轻处罚情节,但是根据案件的具体情况需要在法定刑以下判处刑罚的,适用修订前的刑法第五十九条第二款的规定。

第六十四条　【犯罪物品的处理】犯罪分子违法所得的一切财物,应当予以追缴[1]或者责令退赔;[2]对被害人的合法财产,应当及时返还;违禁品和供犯罪所用的本人财物*,应当予以没收。没收的财物和罚金,一律上缴国库,不得挪用和自行处理。

64-1 **1.**《最高人民法院关于刑事裁判涉财产部分执行的若干规定》(法释〔2014〕13号,2014年11月6日)第十条　对赃款赃物及其收益,人民法院应当一并追缴。

被执行人将赃款赃物投资或者置业,对因此形成的财产及其收益,人民法院应予追缴。

被执行人将赃款赃物与其他合法财产共同投资或者置业,对因此形成的财产中与赃款赃物对应的份额及其收益,人民法院应予追缴。

对于被害人的损失,应当按照刑事裁判认定的实际损失予以发还或者赔偿。

2.《最高人民法院、最高人民检察院关于办理职务犯罪案件认定自首、立功等量刑情节若干问题的意见》(法发〔2009〕13号,2009年3月12日)　四、关于赃款赃物追缴等情形的处理

贪污案件中赃款赃物全部或者大部分追缴的,一般应当考虑从轻处罚。

受贿案件中赃款赃物全部或者大部分追缴的,视具体情况可以酌定从轻处罚。

犯罪分子及其亲友主动退赃或者在办案机关追缴赃款赃物过程中积极配合的,在量刑时应当与办案机关查办案件过程中依职权追缴赃款赃物的有所区别。

---

* 认定的标准有四:一是应直接用于犯罪之物;二是故意犯罪;三是用途专门或主要用于犯罪;四是适用罪刑相适应原则。借鉴《德国刑法典》第74条B。

职务犯罪案件立案后,犯罪分子及其亲友自行挽回的经济损失,司法机关或者犯罪分子所在单位及其上级主管部门挽回的经济损失,或者因客观原因减少的经济损失,不予扣减,但可以作为酌情从轻处罚的情节。

3.《最高人民法院、最高人民检察院、公安部、司法部关于办理黑恶势力犯罪案件若干问题的指导意见》(法发〔2018〕1号,2018年1月16日)

七、依法处置涉案财产

26. 公安机关、人民检察院、人民法院根据黑社会性质组织犯罪案件的诉讼需要,应当依法查询、查封、扣押、冻结全部涉案财产。公安机关侦查期间,要会同工商、税务、国土、住建、审计、人民银行等部门全面调查涉黑组织及其成员的财产状况。

对于不宜查封、扣押、冻结的经营性资产,可以申请当地政府指定有关部门或者委托有关机构代管或者托管。

对黑社会性质组织及其成员聚敛的财产及其孳息、收益的数额,办案单位可以委托专门机构评估;确实无法准确计算的,可以根据有关法律规定及查明的事实、证据合理估算。

27. 对于依法查封、冻结、扣押的黑社会性质组织涉案财产,应当全面收集、审查证明其来源、性质、用途、权属及价值大小的有关证据。符合下列情形之一的,应当依法追缴、没收:

(1)组织及其成员通过违法犯罪活动或其他不正当手段聚敛的财产及其孳息、收益;

(2)组织成员通过个人实施违法犯罪活动聚敛的财产及其孳息、收益;

(3)其他单位、组织、个人为支持该组织活动资助或主动提供的财产;

(4)通过合法的生产、经营活动获取的财产或者组织成员个人、家庭合法资产中,实际用于支持该组织活动的部分;

(5)组织成员非法持有的违禁品以及供犯罪所用的本人财物;

(6)其他单位、组织、个人利用黑社会性质组织违法犯罪活动获取的财产及其孳息;

(7)其他应当追缴,没收的财产。

28. 违法所得已用于清偿债务或者转让给他人,具有下列情形之一的,应当依法追缴:

(1)对方明知是通过违法犯罪活动或者其他不正当手段聚敛的财产及其孳息、收益的;

(2)对方无偿或者以明显低于市场价格取得的；

(3)对方是因非法债务或者违法犯罪活动而取得的；

(4)通过其他方式恶意取得的。

29. 依法应当追缴、没收的财产无法找到、被他人善意取得、价值灭失或者与其他合法财产混合且不可分割的，可以追缴、没收其他等值财产。

30. 黑社会性质组织犯罪嫌疑人、被告人逃匿，在通缉一年后不能到案，或者犯罪嫌疑人、被告人死亡的，应当依照法定程序没收其违法所得。

31. 对于依法查封、扣押、冻结的涉案财产，有证据证明确属被害人合法财产，或者确与黑社会性质组织及其违法犯罪活动无关的，应当予以返还。

4.《最高人民法院、最高人民检察院、公安部关于办理非法集资刑事案件适用法律若干问题的意见》(公通字〔2014〕16号，2014年3月25日)　五、关于涉案财物的追缴和处置问题

向社会公众非法吸收的资金属于违法所得。以吸收的资金向集资参与人支付的利息、分红等回报，以及向帮助吸收资金人员支付的代理费、好处费、返点费、佣金、提成等费用，应当依法追缴。集资参与人本金尚未归还的，所支付的回报可予折抵本金。

将非法吸收的资金及其转换财物用于清偿债务或者转让给他人，有下列情形之一的，应当依法追缴：

(一)他人明知是上述资金及财物而收取的；

(二)他人无偿取得上述资金及财物的；

(三)他人以明显低于市场的价格取得上述资金及财物的；

(四)他人取得上述资金及财物系源于非法债务或者违法犯罪活动的；

(五)其他依法应当追缴的情形。

查封、扣押、冻结的易贬值及保管、养护成本较高的涉案财物，可以在诉讼终结前依照有关规定变卖、拍卖。所得价款由查封、扣押、冻结机关予以保管，待诉讼终结后一并处置。

查封、扣押、冻结的涉案财物，一般应在诉讼终结后，返还集资参与人。涉案财物不足全部返还的，按照集资参与人的集资额比例返还。

64-2　**1.** 法释〔2021〕1号第一百七十六条　被告人非法占有、处置被害人财产的，应当依法予以追缴或者责令退赔。被害人提起附带民事诉讼的，人民法院不予受理。追缴、退赔的情况，可以作为量刑情

节考虑。

2.《最高人民法院关于适用刑法第六十四条有关问题的批复》(法〔2013〕229号,2013年10月21日)　根据刑法第六十四条和《最高人民法院关于适用〈中华人民共和国刑事诉讼法〉的解释》第一百三十八条、第一百三十九条的规定,被告人非法占有、处置被害人财产的,应当依法予以追缴或者责令退赔。据此,追缴或者责令退赔的具体内容,应当在判决主文中写明;其中,判决前已经发还被害人的财产,应当注明。被害人提起附带民事诉讼,或者另行提起民事诉讼请求返还被非法占有、处置的财产的,人民法院不予受理。

3.《最高人民法院、最高人民检察院、公安部、司法部关于办理"套路贷"刑事案件若干问题的意见》(法发〔2019〕11号,2019年4月9日)　7. 犯罪嫌疑人、被告人实施"套路贷"违法所得的一切财物,应当予以追缴或者责令退赔;对被害人的合法财产,应当及时返还。有证据证明是犯罪嫌疑人、被告人为实施"套路贷"而交付给被害人的本金,赔偿被害人损失后如有剩余,应依法予以没收。

犯罪嫌疑人、被告人已将违法所得的财物用于清偿债务、转让或者设置其他权利负担,具有下列情形之一的,应当依法追缴:

(1)第三人明知是违法所得财物而接受的;

(2)第三人无偿取得或者以明显低于市场的价格取得违法所得财物的;

(3)第三人通过非法债务清偿或者违法犯罪活动取得违法所得财物的;

(4)其他应当依法追缴的情形。

4.《最高人民法院、最高人民检察院关于常见犯罪的量刑指导意见(试行)》(法发〔2021〕21号,2021年7月1日)　(十)对于退赃、退赔的,综合考虑犯罪性质,退赃、退赔行为对损害结果所能弥补的程度,退赃、退赔的数额及主动程度等情况,可以减少基准刑的30%以下;对抢劫等严重危害社会治安犯罪的,应当从严掌握。

第二节　累　　犯[1]

S. 2-1　法释〔2021〕1号第七十二条第二款　认定被告人有罪和对被告人从重处罚,应当适用证据确实、充分的证明标准。

法释〔2021〕1号第一百四十五条　证明被告人具有累犯、毒品再犯情节等的证据材料，应当包括前罪的裁判文书、释放证明等材料；材料不全的，应当通知人民检察院提供。

第六十五条　（刑八）【一般累犯】被判处有期徒刑以上刑罚的犯罪分子，刑罚执行完毕[1]或者赦免以后，在五年以内[2]再犯应当判处有期徒刑以上刑罚之罪的，是累犯，应当从重[3]处罚，但是过失犯罪和不满十八周岁的人犯罪的[*]除外。

前款规定的期限，对于被假释的犯罪分子，从假释期满之日起计算。

65-1　1.《最高人民检察院关于认定累犯如何确定刑罚执行完毕以后"五年以内"起始日期的批复》（高检发释字〔2018〕2号，2018年12月30日）　刑法第六十五条第一款规定的"刑罚执行完毕"，是指刑罚执行到期应予释放之日。认定累犯，确定刑罚执行完毕以后"五年以内"的起始日期，应当从刑满释放之日起计算。

2.《最高人民法院、最高人民检察院关于缓刑犯在考验期满后五年内再犯应当判处有期徒刑以上刑罚之罪应否认定为累犯问题的批复》（高检发释字〔2020〕1号，2020年1月20日）　被判处有期徒刑宣告缓刑的犯罪分子，在缓刑考验期满后五年内再犯应当判处有期徒刑以上刑罚之罪的，因前罪判处的有期徒刑并未执行，不具备刑法第六十五条规定的"刑罚执行完毕"的要件，故不应认定为累犯，但可作为对新罪确定刑罚的酌定从重情节予以考虑。

65-2　《最高人民法院关于适用刑法时间效力规定若干问题的解释》（法释〔1997〕5号，1997年10月1日）第三条　前罪判处的刑罚已经执行完毕或者赦免，在1997年9月30日以前又犯应当判处有期徒刑以上刑罚之罪，是否构成累犯，适用修订前的刑法第六十一条的规定；1997年10月1日以后又犯应当判处有期徒刑以上刑罚之罪的，是否构成累犯，适用刑法第六十五条的规定。

65-3　1.《最高人民法院、最高人民检察院关于常见犯罪的量刑指导意见（试行）》（法发〔2021〕21号，2021年7月1日）　三、常见量刑情节的适用（十五）对于累犯，综合考虑前后罪的性质、刑罚执行完毕

---

* 《刑法修正案（八）》增加了"不满十八周岁的人犯罪"的情况。

或赦免以后至再犯罪时间的长短以及前后罪罪行轻重等情况,应当增加基准刑的10%—40%,一般不少于3个月。

(十六)对于有前科的,综合考虑前科的性质、时间间隔长短、次数、处罚轻重等情况,可以增加基准刑的10%以下。前科犯罪为过失犯罪和未成年人犯罪的除外。

2.《最高人民法院关于贯彻宽严相济刑事政策的若干意见》(法发〔2010〕9号,2010年2月8日)

11. 要依法从严惩处累犯和毒品再犯。凡是依法构成累犯和毒品再犯的,即使犯罪情节较轻,也要体现从严惩处的精神。尤其是对于前罪为暴力犯罪或被判处重刑的累犯,更要依法从严惩处。

第六十六条　(刑八)【特别累犯】危害国家安全犯罪、恐怖活动犯罪、黑社会性质的组织犯罪*的犯罪分子,在刑罚执行完毕或者赦免以后,在任何时候再犯上述任一类罪的,都以累犯论处。

第三节[1]　自首和立功**

S. 3-1　1.《最高人民法院关于处理自首和立功具体应用法律若干问题的解释》(法释〔1998〕8号,1998年5月9日);2.《最高人民法院、最高人民检察院关于办理职务犯罪案件认定自首、立功等量刑情节若干问题的意见》***(法发〔2009〕13号,2009年3月12日);3.《最高人民法院关于处理自首和立功若干具体问题的意见》(法发〔2010〕60号,2010年12月22日)。

---

* 《刑法修正案(八)》增加了恐怖活动犯罪、黑社会性质的组织犯罪两类犯罪也构成特别累犯。

** 自首和立功似乎存在冲突,如某人是自首的,那么其他人就不会因此而立功,因为立功必须是犯罪人带领侦查人员将其他犯罪人抓获的,而不可能是后者自首。解决这一冲突在于放宽对立功的认定标准,只要起到了协助作用,就可以认定立功。参见最高人民法院刑事审判第一庭、第二庭编:《刑事审判参考》(总第42集),法律出版社2005年版,331号案例,带领侦查人员抓捕同案犯未果后电话劝说对方自首的行为是否属于立功表现。

*** 该意见进一步规范了自首和立功的认定标准,严格了认定程序,明确了从宽幅度,对准确处理自首和立功问题,正确贯彻宽严相济刑事政策和"保留死刑,严格控制和慎重适用死刑"政策,进一步提高刑事审判工作的质量和效率,都具有十分重要的意义。

第六十七条　【自首】犯罪以后自动投案,[1] 如实供述自己的罪行的*,[2] 是自首。对于自首的犯罪分子,可以从轻或者减轻处罚。[3] 其中,犯罪较轻的,可以免除处罚。

被采取强制措施的犯罪嫌疑人、被告人和正在服刑的罪犯,如实供述司法机关还未掌握的本人其他罪行[4] 的,以自首论。

(刑八)【坦白】犯罪嫌疑人虽不具有前两款规定的自首情节,但是如实供述自己罪行的,可以从轻处罚[5];因其如实供述自己罪行,避免特别严重后果发生的,可以减轻处罚。

67-1　1. 法释〔1998〕8 号第一条　根据刑法第六十七条第一款的规定,犯罪以后自动投案,如实供述自己的罪行的,是自首。

(一)自动投案,是指犯罪事实或者犯罪嫌疑人未被司法机关发觉,或者虽被发觉,但犯罪嫌疑人尚未受到讯问、未被采取强制措施**时,主动、直接向公安机关、人民检察院或者人民法院投案。

犯罪嫌疑人向其所在单位、城乡基层组织或者其他有关负责人员投案的(**亲首**);犯罪嫌疑人因病、伤或者为了减轻犯罪后果,委托他人先代为投案(**代首**),或者先以信电投案的;罪行尚未被司法机关发觉,仅因形迹可疑,被有关组织或者司法机关盘问、教育后,主动交代自己的罪行的;犯罪后逃跑,在被通缉、追捕过程中,主动投案的;经查实确已准备去投案,或者正在投案途中,被公安机关捕获的,应当视为自动投案。

并非出于犯罪嫌疑人主动,而是经亲友规劝、陪同投案的(**陪首**);公安机关通知犯罪嫌疑人的亲友,或者亲友主动报案后,将犯罪嫌疑人

---

* "如实供述",必须是在司法机关掌握主要犯罪之前,才能体现悔罪态度和节约司法资源。故将"如实供述"的时间限定在犯罪嫌疑人到案后的第一份口供。犯罪嫌疑人自动投案后,虽然投案初期没有交代自己的主要犯罪事实,但在司法机关掌握其主要犯罪事实之前主动交代的,还应认定为如实供述自己的罪行。

《最高人民法院关于处理自首和立功若干具体问题的意见》规定:"类似情况下,对具有自首情节的被告人的从宽幅度要适当宽于具有立功情节的被告人。"之所以这样规定,主要是考虑到自首情节对每一名犯罪分子机会均等,而立功则不是人人都有机会,且自首比立功更能充分体现出犯罪分子的悔罪态度,故对自首的认定标准和从宽幅度的掌握要更宽一些。

** 传唤不是强制措施,而拘传才属于强制措施。

送去投案的(**送首**),也应当视为自动投案。*

犯罪嫌疑人自动投案后又逃跑的,不能认定为自首。

2. 法发〔2010〕60号 一、关于"自动投案"的具体认定 《解释》(此为《最高人民法院关于处理自首和立功具体应用法律若干问题的解释》之简称)第一条第(一)项规定七种应当视为自动投案的情形,体现了犯罪嫌疑人投案的主动性和自愿性。根据《解释》第一条第(一)项的规定,犯罪嫌疑人具有以下情形之一的,也应当视为自动投案:

1. 犯罪后主动报案,虽未表明自己是作案人,但没有逃离现场,在司法机关询问时交代自己罪行的;

2. 明知他人报案而在现场等待,抓捕时无拒捕行为,供认犯罪事实的;

3. 在司法机关未确定犯罪嫌疑人,尚在一般性排查询问时主动交代自己罪行的;

4. 因特定违法行为被采取劳动教养、行政拘留、司法拘留、强制隔离戒毒等行政、司法强制措施期间,主动向执行机关交代尚未被掌握的犯罪行为的;

5. 其他符合立法本意,应当视为自动投案的情形。

罪行未被有关部门、司法机关发觉,仅因形迹可疑被盘问、教育后,主动交代了犯罪事实的,应当视为自动投案,但有关部门、司法机关在其身上、随身携带的物品、驾乘的交通工具等处发现与犯罪有关的物品的,不能认定为自动投案。交通肇事后保护现场、抢救伤者,并向公安机关报告的,应认定为自动投案,构成自首的,因上述行为同时系犯罪嫌疑人的法定义务,对其是否从宽、从宽幅度要适当从严掌握。

交通肇事逃逸后自动投案,如实供述自己罪行的,应认定为自首,但应依法以较重法定刑为基准,视情决定对其是否从宽处罚以及从宽处罚的幅度。

犯罪嫌疑人被亲友采用捆绑等手段送到司法机关,或者在亲友带领侦查人员前来抓捕时无拒捕行为,并如实供认犯罪事实的,虽然不能认定为自动投案,但可以参照法律对自首的有关规定酌情从轻处罚。

3. 法发〔2009〕13号 一、关于自首的认定和处理

根据刑法第六十七条第一款的规定,成立自首需同时具备自动投

---

* 法发〔2010〕60号 一、关于"自动投案"的具体认定:犯罪嫌疑人被亲友采用捆绑等手段送到司法机关,或者在亲友带领侦查人员前来抓捕时无拒捕行为,并如实供认犯罪事实的,虽然不能认定为自动投案,但可以参照法律对自首的有关规定酌情从轻处罚。

案和如实供述自己的罪行两个要件。犯罪事实或者犯罪分子未被办案机关掌握,或者虽被掌握,但犯罪分子尚未受到调查谈话、讯问,或者未被宣布采取调查措施或者强制措施时,向办案机关投案的,是自动投案。在此期间如实交代自己的主要犯罪事实的,应当认定为自首。

犯罪分子向所在单位等办案机关以外的单位、组织或者有关负责人员投案的,应当视为自动投案。

没有自动投案,在办案机关调查谈话、讯问、采取调查措施或者强制措施期间,犯罪分子如实交代办案机关掌握的线索所针对的事实的,不能认定为自首。

……

单位犯罪案件中,单位集体决定或者单位负责人决定而自动投案,如实交代单位犯罪事实的,或者单位直接负责的主管人员自动投案,如实交代单位犯罪事实的,应当认定为单位自首。单位自首的,直接负责的主管人员和直接责任人员未自动投案,但如实交代自己知道的犯罪事实的,可以视为自首;拒不交代自己知道的犯罪事实或者逃避法律追究的,不应当认定为自首。单位没有自首,直接责任人员自动投案并如实交代自己知道的犯罪事实的,对该直接责任人员应当认定为自首。

对于具有自首情节的犯罪分子,办案机关移送案件时应当予以说明并移交相关证据材料。

……

4. 法释〔2021〕1 号第一百四十二条　对监察机关、侦查机关出具的被告人到案经过、抓获经过等材料,应当审查是否有出具该说明材料的办案人员、办案机关的签名、盖章。对到案经过、抓获经过或者确定被告人有重大嫌疑的根据有疑问的,应当通知人民检察院补充说明。

法释〔2021〕1 号第一百四十四条　证明被告人自首、坦白、立功的证据材料,没有加盖接受被告人投案、坦白、检举揭发等的单位的印章,或者接受人员没有签名的,不得作为定案的根据。对被告人及其辩护人提出有自首、坦白、立功的事实和理由,有关机关未予认定,或者有关机关提出被告人有自首、坦白、立功表现,但证据材料不全的,人民法院应当要求有关机关提供证明材料,或者要求相关人员作证,并结合其他证据作出认定。

67-2　**1.** 法释〔1998〕8 号第一条　根据刑法第六十七条第一款的规定,犯罪以后自动投案,如实供述自己的罪行的,是自首。

……

(二)如实供述自己的罪行,是指犯罪嫌疑人自动投案后,如实交代自己的主要犯罪事实。

犯有数罪的犯罪嫌疑人仅如实供述所犯数罪中部分犯罪的,只对如实供述部分犯罪的行为,认定为自首。

共同犯罪案件中的犯罪嫌疑人,除如实供述自己的罪行,还应当供述所知的同案犯,主犯则应当供述所知其他同案的共同犯罪事实*,才能认定为自首。

犯罪嫌疑人自动投案并如实供述自己的罪行后又翻供的,不能认定为自首;但在一审判决前又能如实供述的,应当认定为自首。

2.《最高人民法院关于被告人对行为性质的辩解是否影响自首成立问题的批复》(法释〔2004〕2 号,2004 年 4 月 1 日)　根据刑法第六十七条第一款和最高人民法院《关于处理自首和立功具体应用法律若干问题的解释》第一条的规定,犯罪以后自动投案,如实供述自己的罪行的,是自首。被告人对行为性质的辩解不影响自首的成立。

理解与适用:成立自首的两个条件,从性质上看,属于客观要件;如实供述的核心内容是"客观事实",而非"主观心理"。如果行为人不否认或基本不否认犯罪行为的客观事实方面,能如实交代其行为的客观方面,而仅否认主观内容方面,无论是否认其主观犯罪故意,还是否认其客观行为的犯罪性质,均属于辩解,不影响自首的成立。从逻辑关系上看,属于充分必要条件,即只要符合这两个要件,就成立自首,成立自首,必须符合这两个要件。动机并不影响自首的成立。被告人对其行为性质进行辩解,是其依法行使辩护权的具体体现。需要注意的是,在共同犯罪中,犯罪故意的共谋本身,不仅是一种主观心理态度,而且是一种应如实交代的客观事实,辩解中对主观故意的否定不包括对共谋行为及内容的否定,如果犯罪分子不如实交代共谋的过程及内容,就不能认为是作了如实供述,也就不应认定为自首。

3. 法发〔2010〕60 号　二、关于"如实供述自己的罪行"的具体认定

《解释》**第一条第(二)项规定如实供述自己的罪行,除供述自己的主要犯罪事实外,还应包括姓名、年龄、职业、住址、前科等情况。犯罪

---

* 共犯和主犯在如实供述自己的罪行方面有明显区别,共犯只要如实供述所知的同案犯,而主犯除此之外,还应供述同案犯的罪行。1979 年《刑法》对自首的内涵未作具体规定,但当年的刑法理论将悔改作为自首成立条件之一,自首的三要件是自动投案、如实交代自己的罪行、接受审查和裁判,现行刑法理论不再将悔罪作为自首的条件。

** 此为《最高人民法院关于处理自首和立功具体应用法律若干问题的解释》之简称。

嫌疑人供述的身份等情况与真实情况虽有差别，但不影响定罪量刑的，应认定为如实供述自己的罪行。犯罪嫌疑人自动投案后隐瞒自己的真实身份等情况，影响对其定罪量刑的，不能认定为如实供述自己的罪行。

犯罪嫌疑人多次实施同种罪行的，应当综合考虑已交代的犯罪事实与未交代的犯罪事实的危害程度，决定是否认定为如实供述主要犯罪事实。虽然投案后没有交代全部犯罪事实，但如实交代的犯罪情节重于未交代的犯罪情节，或者如实交代的犯罪数额多于未交代的犯罪数额，一般应认定为如实供述自己的主要犯罪事实。无法区分已交代的与未交代的犯罪情节的严重程度，或者已交代的犯罪数额与未交代的犯罪数额相当，一般不认定为如实供述自己的主要犯罪事实。

犯罪嫌疑人自动投案时虽然没有交代自己的主要犯罪事实，但在司法机关掌握其主要犯罪事实之前主动交代的，应认定为如实供述自己的罪行。

67-3　**1.**《最高人民法院、最高人民检察院关于常见犯罪的量刑指导意见（试行）》（法发〔2021〕21 号，2021 年 7 月 1 日）　（六）对于自首情节，综合考虑自首的动机、时间、方式、罪行轻重、如实供述罪行的程度*以及悔罪表现等情况，可以减少基准刑的 40% 以下；犯罪较轻的，可以减少基准刑的 40% 以上或者依法免除处罚。恶意利用自首规避法律制裁等不足以从宽处罚的除外。

2. 法发〔2009〕13 号　一、关于自首的认定和处理

……

对于具有自首情节的犯罪分子，应当根据犯罪的事实、性质、情节和对于社会的危害程度，结合自动投案的动机、阶段、客观环境，交代犯罪事实的完整性、稳定性以及悔罪表现等具体情节，依法决定是否从轻、减轻或者免除处罚以及从轻、减轻处罚的幅度。

3. 法发〔2010〕9 号　三、准确把握和正确适用依法从"宽"的政策要求

17. 对于自首的被告人，除了罪行极其严重、主观恶性极深、人身危

---

* 1. 具体确定从轻、减轻还是免除处罚，应当根据犯罪轻重，并考虑自首的具体情节。

2. 如实供述罪行并非绝对的，而是相对的，故有程度之分。（诸犯罪未发而自首者，原其罪。其轻罪虽发，因首重罪，免其重罪；即因问所劾之事而别言余罪者，亦如之。即遣人代首，若于法得相容隐者为首及相告言者，各听如罪人身自首法。）参见《唐律疏议》（卷第五·名例五），岳纯之点校，上海古籍出版社 2013 年版，第 79～83 页。

险性极大,或者恶意地利用自首规避法律制裁者以外,一般均应当依法从宽处罚。

对于亲属以不同形式送被告人归案或协助司法机关抓获被告人而认定为自首的,原则上都应当依法从宽处罚;有的虽然不能认定为自首,但考虑到被告人亲属支持司法机关工作,促使被告人到案、认罪、悔罪,在决定对被告人具体处罚时,也应当予以充分考虑。

67-4 **1.** 法释〔1998〕8号第二条 根据刑法第六十七条第二款的规定,被采取强制措施的犯罪嫌疑人、被告人和已宣判*的罪犯,如实供述司法机关尚未掌握的罪行,与司法机关已掌握的或者判决确定的罪行属不同种罪行的,以自首论。

法释〔1998〕8号第四条 被采取强制措施的犯罪嫌疑人、被告人和已宣判的罪犯,如实供述司法机关尚未掌握的罪行,与司法机关已掌握的或者判决确定的罪行属同种罪行的,可以酌情从轻处罚;如实供述的同种罪行较重的,一般应当从轻处罚。

2. 法发〔2009〕13号 一、关于自首的认定和处理

……

没有自动投案,但具有以下情形之一的,以自首论:(1)犯罪分子如实交代办案机关未掌握的罪行,与办案机关已掌握的罪行属不同种罪行的;(2)办案机关所掌握线索针对的犯罪事实不成立,在此范围外犯罪分子交代同种罪行的。

3. 法发〔2010〕60号 三、关于"司法机关还未掌握的本人其他罪行"和"不同种罪行"的具体认定

犯罪嫌疑人、被告人在被采取强制措施期间,向司法机关主动如实供述本人的其他罪行,该罪行能否认定为司法机关已掌握,应根据不同情形区别对待。如果该罪行已被通缉,一般应以该司法机关是否在通缉令发布范围内作出判断,不在通缉令发布范围内的,应认定为还未掌握,在通缉令发布范围内的,应视为已掌握;如果该罪行已录入全国公安信息网络在逃人员信息数据库,应视为已掌握。如果该罪行未被通缉,也未录入全国公安信息网络在逃人员信息数据库,应以该司法机关是否已实际掌握该罪行为标准。

犯罪嫌疑人、被告人在被采取强制措施期间如实供述本人其他罪

---

* 将"正在服刑"改为"已宣判"。

行，该罪行与司法机关已掌握的罪行属同种罪行还是不同种罪行，一般应以罪名区分。虽然如实供述的其他罪行的罪名与司法机关已掌握犯罪的罪名不同，但如实供述的其他犯罪与司法机关已掌握的犯罪属选择性罪名或者在法律、事实上密切关联，如因受贿被采取强制措施后，又交代因受贿为他人谋取利益行为，构成滥用职权罪的，应认定为同种罪行。

理解与适用：如果"其他罪行"包括同种罪行，则自首范围过宽，将导致实践中几乎所有的盗窃、抢劫、贪污、受贿等案件都有自首，既不严肃，也使处理案件时，有一部分罪行算自首，另一部分不算自首，不便于执行。当然，对于如实供述同种罪名的犯罪分子，仍可依法酌情从轻处罚。

4. 刘某、姚某挪用公款案(《刑事审判参考》总第84辑第755号)

裁判要旨　职务犯罪案件中办案机关掌握的线索，不限于直接查证犯罪事实的线索，还包括与查证犯罪事实有关的线索。被告人交代的事实与办案机关所掌握的线索针对的事实属于同种罪行，则不成立自首。

办案机关掌握的线索是认定职务犯罪自首的重要标准，准确理解和把握办案机关掌握的线索范围，是职务犯罪自首认定最关键的问题之一。线索本身是一个中性概念，线索并不等于犯罪事实本身，有时甚至不能起到直接查证犯罪事实的作用。在刑事案件中，线索大致可分为两种类型：一种是能够直接查证犯罪事实的线索；另一种是不能直接查证犯罪事实，但与查证犯罪事实有关联的线索。后一种线索虽不能直接认定犯罪事实，但其具有指向犯罪事实的作用。办案机关掌握此类线索后，能够研判行为人可能涉嫌的犯罪事实的类型。只要办案机关掌握了上述任何一种线索，对被告人均不能认定为自首。

67-5　《最高人民法院、最高人民检察院关于常见犯罪的量刑指导意见(试行)》(法发〔2021〕21号，2021年7月1日)　三、常见量刑情节的适用

(七)对于坦白情节，综合考虑如实供述罪行的阶段、程度、罪行轻重以及悔罪表现等情况，确定从宽的幅度。

1. 如实供述自己罪行的，可以减少基准刑的20%以下；

2. 如实供述司法机关尚未掌握的同种较重罪行的，可以减少基准刑的10%—30%；

3. 因如实供述自己罪行，避免特别严重后果发生的，可以减少基准刑的30%—50%。

(八)对于当庭自愿认罪的，根据犯罪的性质、罪行的轻重、认罪程度以及悔罪表现等情况，可以减少基准刑的10%以下。依法认定自首、坦白的除外。

第六十八条[*]　**(刑八)【立功】**犯罪分子有揭发他人[1]犯罪行为,查证属实的,或者提供重要线索[2],从而得以侦破其他案件等立功表现的,可以从轻或者减轻处罚;[3]有重大立功[4]表现的,可以减轻或者免除处罚。

68-1　**1.** 法释〔1998〕8号第五条　根据刑法第六十八条第一款的规定,犯罪分子到案后有检举、揭发他人犯罪行为,包括共同犯罪案件中的犯罪分子揭发同案犯共同犯罪以外的其他犯罪,经查证属实;提供侦破其他案件的重要线索,经查证属实;阻止他人犯罪活动;协助司法机关抓捕其他犯罪嫌疑人(包括同案犯);具有其他有利于国家和社会的突出表现的,应当认定为有立功表现。

法释〔1998〕8号第六条　共同犯罪案件的犯罪分子到案后,揭发同案犯共同犯罪事实的,可以酌情予以从轻处罚。

2. 法释〔2012〕22号第七条第一款　因行贿人在被追诉前主动交待行贿行为而破获相关受贿案件的,对行贿人不适用刑法第六十八条关于立功的规定,依照刑法第三百九十条第二款的规定,可以减轻或者免除处罚。

法释〔2012〕22号第九条　行贿人揭发受贿人与其行贿无关的其他犯罪行为,查证属实的,依照刑法第六十八条关于立功的规定,可以从轻、减轻或者免除处罚。

68-2　法发〔2010〕60号　四、关于立功线索来源的具体认定

犯罪分子通过贿买、暴力、胁迫等非法手段,或者被羁押后与律师、亲友会见过程中违反监管规定,获取他人犯罪线索并"检举揭发"的,不能认定为有立功表现。

犯罪分子将本人以往查办犯罪职务活动中掌握的,或者从负有查办犯罪、监管职责的国家工作人员处获取的他人犯罪线索予以检举揭发的,不能认定为有立功表现。

犯罪分子亲友为使犯罪分子"立功",向司法机关提供他人犯罪线索、协助抓捕犯罪嫌疑人的,不能认定为犯罪分子有立功表现。

---

* 原《刑法》第六十八条第二款规定,犯罪后自首又有重大立功表现的,应当减轻或者免除处罚。其中缺乏从轻处罚的量刑档次,且应当减轻或者免除刑罚的规定过于绝对,缺乏灵活性,如果不严格限定重大立功的认定标准,对于那些罪行严重应当依法严惩的犯罪分子,由于具有自首和重大立功表现,只能对其"减轻或者免除处罚",可能造成量刑失衡,故《刑法修正案(八)》删除该款规定。

五、关于"协助抓捕其他犯罪嫌疑人"的具体认定

犯罪分子具有下列行为之一，使司法机关抓获其他犯罪嫌疑人的，属于《解释》第五条规定的"协助司法机关抓捕其他犯罪嫌疑人"：1. 按照司法机关的安排，以打电话、发信息等方式将其他犯罪嫌疑人（包括同案犯）约至指定地点的；2. 按照司法机关的安排，当场指认、辨认其他犯罪嫌疑人（包括同案犯）的；3. 带领侦查人员抓获其他犯罪嫌疑人（包括同案犯）的；4. 提供司法机关尚未掌握的其他案件犯罪嫌疑人的联络方式、藏匿地址的，等等。

犯罪分子提供同案犯姓名、住址、体貌特征等基本情况，或者提供犯罪前、犯罪中掌握、使用的同案犯联络方式、藏匿地址，司法机关据此抓捕同案犯的，不能认定为协助司法机关抓捕同案犯。

六、关于立功线索的查证程序和具体认定

被告人在一、二审审理期间检举揭发他人犯罪行为或者提供侦破其他案件的重要线索，人民法院经审查认为该线索内容具体、指向明确的，应及时移交有关人民检察院或者公安机关依法处理。

侦查机关出具材料，表明在三个月内还不能查证并抓获被检举揭发的人，或者不能查实的，人民法院审理案件可不再等待查证结果。

被告人检举揭发他人犯罪行为或者提供侦破其他案件的重要线索经查证不属实，又重复提供同一线索，且没有提出新的证据材料的，可以不再查证。

根据被告人检举揭发破获的他人犯罪案件，如果已有审判结果，应当依据判决确认的事实认定是否查证属实；如果被检举揭发的他人犯罪案件尚未进入审判程序，可以依据侦查机关提供的书面查证情况认定是否查证属实。检举揭发的线索经查确有犯罪发生，或者确定了犯罪嫌疑人，可能构成重大立功，只是未能将犯罪嫌疑人抓获归案的，对可能判处死刑的被告人一般要留有余地，对其他被告人原则上应酌情从轻处罚。

被告人检举揭发或者协助抓获的人的行为构成犯罪，但因法定事由不追究刑事责任、不起诉、终止审理的，不影响对被告人立功表现的认定；被告人检举揭发或者协助抓获的人的行为应判处无期徒刑以上刑罚，但因具有法定、酌定从宽情节，宣告刑为有期徒刑或者更轻刑罚的，不影响对被告人重大立功表现的认定。

七、关于自首、立功证据材料的审查

人民法院审查的自首证据材料，应当包括被告人投案经过、有罪供

述以及能够证明其投案情况的其他材料。投案经过的内容一般应包括被告人投案时间、地点、方式等。证据材料应加盖接受被告人投案的单位的印章,并有接受人员签名。

人民法院审查的立功证据材料,一般应包括被告人检举揭发材料及证明其来源的材料、司法机关的调查核实材料、被检举揭发人的供述等。被检举揭发案件已立案、侦破,被检举揭发人被采取强制措施、公诉或者审判的,还应审查相关的法律文书。证据材料应加盖接收被告人检举揭发材料的单位的印章,并有接收人员签名。

人民法院经审查认为证明被告人自首、立功的材料不规范、不全面的,应当由检察机关、侦查机关予以完善或者提供补充材料。

上述证据材料在被告人被指控的犯罪一、二审审理时已形成的,应当经庭审质证。

68-3 **1.** 法发〔2010〕60号 八、关于对自首、立功的被告人的处罚

对具有自首、立功情节的被告人是否从宽处罚、从宽处罚的幅度,应当考虑其犯罪事实、犯罪性质、犯罪情节、危害后果、社会影响、被告人的主观恶性和人身危险性等。自首的还应考虑投案的主动性、供述的及时性和稳定性等。立功的还应考虑检举揭发罪行的轻重、被检举揭发的人可能或者已经被判处的刑罚、提供的线索对侦破案件或者协助抓捕其他犯罪嫌疑人所起作用的大小等。

具有自首或者立功情节的,一般应依法从轻、减轻处罚;犯罪情节较轻的,可以免除处罚。类似情况下,对具有自首情节的被告人的从宽幅度要适当宽于具有立功情节的被告人。

虽然具有自首或者立功情节,但犯罪情节特别恶劣、犯罪后果特别严重、被告人主观恶性深、人身危险性大,或者在犯罪前即为规避法律、逃避处罚而准备自首、立功的,可以不从宽处罚。

对于被告人具有自首、立功情节,同时又有累犯、毒品再犯等法定从重处罚情节的,既要考虑自首、立功的具体情节,又要考虑被告人的主观恶性、人身危险性等因素,综合分析判断,确定从宽或者从严处罚。累犯的前罪为非暴力犯罪的,一般可以从宽处罚,前罪为暴力犯罪或者前、后罪为同类犯罪的,可以不从宽处罚。

在共同犯罪案件中,对具有自首、立功情节的被告人的处罚,应注意共同犯罪人以及首要分子、主犯、从犯之间的量刑平衡。犯罪集团的首要分子、共同犯罪的主犯检举揭发或者协助司法机关抓捕同案地位、作用较次的犯罪分子的,从宽处罚与否应当从严掌握,如果从轻处罚可

能导致全案量刑失衡的，一般不从轻处罚；如果检举揭发或者协助司法机关抓捕的是其他案件中罪行同样严重的犯罪分子，一般应依法从宽处罚。对于犯罪集团的一般成员、共同犯罪的从犯立功的，特别是协助抓捕首要分子、主犯的，应当充分体现政策，依法从宽处罚。

2.《最高人民法院、最高人民检察院关于常见犯罪的量刑指导意见(试行)》(法发〔2021〕21号，2021年7月1日) 三、常见量刑情节的适用(九)对于立功情节，综合考虑立功的大小、次数、内容、来源、效果以及罪行轻重等情况，确定从宽的幅度。

1. 一般立功的，可以减少基准刑的20%以下；

2. 重大立功的，可以减少基准刑的20%—50%；犯罪较轻的，减少基准刑的50%以上或者依法免除处罚。

68-4 法释〔1998〕8号第七条 根据刑法第六十八条第一款的规定，犯罪分子有检举、揭发他人重大犯罪行为，经查证属实；提供侦破其他重大案件的重要线索，经查证属实；阻止他人重大犯罪活动；协助司法机关抓捕其他重大犯罪嫌疑人(包括同案犯)；对国家和社会有其他重大贡献等表现的，应当认定为有重大立功表现。

前款所称“重大犯罪”、“重大案件”、“重大犯罪嫌疑人”的标准，一般是指犯罪嫌疑人、被告人可能被判处无期徒刑以上刑罚或者案件在本省、自治区、直辖市或者全国范围内有较大影响等情形。

第四节 数罪并罚*

第六十九条 (刑八)【判决宣告前一人犯数罪的并罚】判决宣告以前一人犯数罪的，除判处死刑和无期徒刑的以外，应当在总和刑期以下、数刑中最高刑期以上，酌情决定执行的刑期，但是管制最高不能超过三年，拘役最高不能超过一年，有期徒刑总和刑期不满三十五年的**，最高不能超过二十年，总和刑期在三十五年以上的，

---

* 数罪并罚必须发生在刑罚执行完毕之前发现的新罪或漏罪才适用，在刑罚执行完毕之后发现罪犯在判决宣告之前还有其他罪没有判决的，如果没有超过追诉时效，应依法定罪量刑，但这既不是数罪并罚问题，也不是累犯问题。

** 《刑法修正案(八)》将有期徒刑数罪并罚的刑期总和从20年提高到35年。

最高不能超过二十五年。

(刑九)数罪中有判处有期徒刑和拘役的,执行有期徒刑。数罪中有判处有期徒刑和管制,或者拘役和管制的,有期徒刑、拘役执行完毕后,管制仍须执行。

数罪中有判处附加刑的,附加刑仍须执行*,其中附加刑种类相同的,合并执行,种类不同的,分别执行。

第七十条[1] **【判决宣告后发现漏罪的并罚】**判决宣告以后,刑罚执行完毕以前,发现被判刑的犯罪分子在判决宣告以前还有其他罪[2]没有判决的,应当对新发现的罪作出判决,把前后两个判决**所判处的刑罚,依照本法第六十九条的规定,决定执行的刑罚。已经执行的刑期,[3]应当计算在新判决决定的刑期以内。

70-1 《最高人民法院关于判决宣告后又发现被判刑的犯罪分子的同种漏罪是否实行数罪并罚问题的批复》(法复〔1993〕3号,1993年4月16日) 人民法院的判决宣告并已发生法律效力以后,刑罚还没有执行完毕以前,发现被判刑的犯罪分子在判决宣告以前还有其他罪没有判决的,不论新发现的罪与原判决的罪是否属于同种罪,都应当依照刑法第六十九条的规定实行数罪并罚。但如果在第一审人民法院的判决宣告以后,被告人提出上诉或者人民检察院提出抗诉,判决尚未发生法律效力的,第二审人民法院在审理期间,发现原审被告人在第一审判决宣告以前还有同种漏罪没有判决的,第二审人民法院应当依照刑事诉讼法第一百三十六条第(三)项***的规定,裁定撤销原判,发回原审人民法院重新审判,第一审人民法院重新审判时,不适用刑法关于数罪并罚的规定。

70-2 《最高人民法院关于适用〈中华人民共和国刑事诉讼法〉的解释》(法释〔2021〕1号,2021年3月1日)第十三条第一款 正在服

---

* 例如,前罪的罚金刑没有执行,即缴纳罚金,后罪再次判处罚金刑,应就前罪和后罪所处罚金刑实行数罪并罚。

** 如果前一个案件涉及数罪并罚,那么前一个判决是数罪并罚的结果,所以应将就漏罪所作出的新的判决和前一个经数罪并罚所得出的判决采取先加后减的方式,决定新的判决。无论是发现新罪还是发现漏罪,并不区分前罪和后罪是否属于同种罪行,一律实行数罪并罚。

*** 2018年《刑事诉讼法》第二百三十六条第一款第三项。

刑的罪犯在判决宣告前还有其他罪没有判决的，由原审地人民法院管辖；由罪犯服刑地或者犯罪地的人民法院审判更为适宜的，可以由罪犯服刑地或者犯罪地的人民法院管辖。

70-3 《最高人民法院关于罪犯因漏罪、新罪数罪并罚时原减刑裁定应如何处理的意见》（法〔2012〕44 号，2012 年 1 月 18 日）　罪犯被裁定减刑后，因被发现漏罪或者又犯新罪而依法进行数罪并罚时，经减刑裁定减去的刑期不计入已经执行的刑期。在此后对因漏罪数罪并罚的罪犯依法减刑，决定减刑的频次、幅度时，应当对其原经减刑裁定减去的刑期酌予考虑。

第七十一条　【判决宣告后又犯新罪的并罚】判决宣告以后，刑罚[1] 执行完毕以前，被判刑的犯罪分子又犯罪的，应当对新犯的罪作出判决，把前罪没有执行的刑罚[2] 和后罪所判处的刑罚，依照本法第六十九条的规定，决定执行的刑罚。

71-1 《全国人大常委会法制工作委员会关于对被告人在罚金刑执行完毕前又犯新罪的罚金应否与未执行完毕的罚金适用数罪并罚问题的答复意见》（法工办复〔2017〕2 号，2017 年 11 月 26 日）　刑法第七十一条中的“刑罚执行完毕以前”应是指主刑执行完毕以前。如果被告人主刑已执行完毕，只是罚金尚未执行完毕的，根据刑法第五十三条的规定，人民法院在任何时候发现有可以执行的财产，应当随时追缴。因此，被告人前罪主刑已执行完毕，罚金尚未执行完毕的，应当由人民法院继续执行尚未执行完毕的罚金，不必与新罪判处的罚金数罪并罚。

71-2 《最高人民法院关于在执行附加刑剥夺政治权利期间犯新罪应如何处理的批复》（法释〔2009〕10 号，2009 年 6 月 10 日）

一、对判处有期徒刑并处剥夺政治权利的罪犯，主刑已执行完毕，在执行附加刑剥夺政治权利期间又犯新罪，如果所犯新罪无须附加剥夺政治权利的，依照刑法第七十一条的规定数罪并罚。

二、前罪尚未执行完毕的附加刑剥夺政治权利的刑期从新罪的主刑有期徒刑执行之日起停止计算，并依照刑法第五十八条规定从新罪的主刑有期徒刑执行完毕之日或者假释之日起继续计算；附加刑剥夺政治权利的效力施用于新罪的主刑执行期间。

三、对判处有期徒刑的罪犯，主刑已执行完毕，在执行附加刑剥夺政治权利期间又犯新罪,如果所犯新罪也剥夺政治权利的,依照刑法第五十五条、第五十七条、第七十一条的规定并罚。*

第五节 缓 刑[1]

S.5-1 1.《最高人民法院、最高人民检察院关于办理职务犯罪案件严格适用缓刑、免予刑事处罚若干问题的意见》(法发〔2012〕17号,2012年8月8日) 一、严格掌握职务犯罪案件缓刑、免予刑事处罚的适用。

职务犯罪案件的刑罚适用直接关系反腐败工作的实际效果。人民法院、人民检察院要深刻认识职务犯罪的严重社会危害性,正确贯彻宽严相济刑事政策,充分发挥刑罚的惩治和预防功能。要在全面把握犯罪事实和量刑情节的基础上严格依照刑法规定的条件适用缓刑、免予刑事处罚,既要考虑从宽情节,又要考虑从严情节;既要做到刑罚与犯罪相当,又要做到刑罚执行方式与犯罪相当,切实避免缓刑、免予刑事处罚不当适用造成的消极影响。

二、具有下列情形之一的职务犯罪分子,一般不适用缓刑或者免予刑事处罚:

(一)不如实供述罪行的;

(二)不予退缴赃款赃物或者将赃款赃物用于非法活动的;

(三)属于共同犯罪中情节严重的主犯的;

(四)犯有数个职务犯罪依法实行并罚或者以一罪处理的;

(五)曾因职务违纪违法行为受过行政处分的;

(六)犯罪涉及的财物属于救灾、抢险、防汛、优抚、扶贫、移民、救济、防疫等特定款物的;

(七)受贿犯罪中具有索贿情节的;

(八)渎职犯罪中徇私舞弊情节或者滥用职权情节恶劣的;

(九)其他不应适用缓刑、免予刑事处罚的情形。

三、不具有本意见第二条规定的情形,全部退缴赃款赃物,依法判

---

* 根据不同情况采取了限制加重为主、以吸收和并科为补充的数罪并罚原则,也参照了《最高人民法院研究室关于数罪中有判处两个以上剥夺政治权利附加刑的应如何并罚问题的电话答复》(1986年10月20日)。

处三年有期徒刑以下刑罚，符合刑法规定的缓刑适用条件的贪污、受贿犯罪分子，可以适用缓刑；符合刑法第三百八十三条第一款第（三）项的规定，依法不需要判处刑罚的，可以免予刑事处罚。

不具有本意见第二条所列情形，挪用公款进行营利活动或者超过三个月未还构成犯罪，一审宣判前已将公款归还，依法判处三年有期徒刑以下刑罚，符合刑法规定的缓刑适用条件的，可以适用缓刑；在案发前已归还，情节轻微，不需要判处刑罚的，可以免予刑事处罚。

四、人民法院审理职务犯罪案件时应当注意听取检察机关、被告人、辩护人提出的量刑意见，分析影响性案件案发前后的社会反映，必要时可以征求案件查办等机关的意见。对于情节恶劣、社会反映强烈的职务犯罪案件，不得适用缓刑、免予刑事处罚。

五、对于具有本意见第二条规定的情形之一，但根据全案事实和量刑情节，检察机关认为确有必要适用缓刑或者免予刑事处罚并据此提出量刑建议的，应经检察委员会讨论决定；审理法院认为确有必要适用缓刑或者免予刑事处罚的，应经审判委员会讨论决定。

2. 最高人民法院刑二庭《宽严相济在经济犯罪和职务犯罪案件审判中的具体贯彻》（2010 年 4 月 7 日）

二、宽严相济刑事政策在职务犯罪案件审判中的具体贯彻

（四）关于缓刑等非监禁刑的适用。……渎职犯罪分子具有下列情形之一的，一般不适用缓刑：(1) 依法减轻处罚后判处三年有期徒刑以下刑罚的；(2) 渎职犯罪造成特别恶劣影响的；(3) 渎职行为同时构成其他犯罪，以渎职犯罪一罪处理或者实行数罪并罚的。

第七十二条　（刑八）【适用条件】对于被判处拘役、三年以下[1][*]有期徒刑的犯罪分子，同时符合下列条件的[**]，可以宣告缓刑，对其中不满十八周岁的人、怀孕的妇女和已满七十五周岁的人，应当宣告缓刑：

（一）犯罪情节较轻；

（二）有悔罪表现；

（三）没有再犯罪的危险；

---

* 三年以下包括本数。

** 《刑法修正案（八）》将缓刑的条件细化为四种情况，增强了可操作性。

(四)宣告缓刑对所居住社区没有重大不良影响。

宣告缓刑,可以根据犯罪情况,同时禁止犯罪分子在缓刑考验期限内从事特定活动,进入特定区域、场所,接触特定的人。

被宣告缓刑的犯罪分子,如果被判处附加刑,附加刑仍须执行。

72-1 《最高人民检察院法律政策研究室关于对数罪并罚决定执行刑期为三年以下有期徒刑的犯罪分子能否适用缓刑问题的复函》(〔1998〕高检研发第16号,1998年9月17日) 对于判决宣告以前犯数罪的犯罪分子,只要判决执行的刑罚为拘役、三年以下有期徒刑,且符合根据犯罪分子的犯罪情节和悔罪表现,适用缓刑确实不致再危害社会的条件,依法可以适用缓刑。

第七十三条 【考验期限】拘役的缓刑考验期限为原判刑期以上一年以下,但是不能少于二个月。

有期徒刑的缓刑考验期限为原判刑期以上五年以下,但是不能少于一年。

缓刑考验期限,从判决确定之日起计算。

第七十四条 (刑八)【累犯和犯罪集团的首要分子不适用缓刑】对于累犯和犯罪集团的首要分子*,不适用缓刑。

第七十五条 【缓刑犯应遵守的规定】被宣告缓刑的犯罪分子,应当遵守下列规定:

(一)遵守法律、行政法规,服从监督;

(二)按照考察机关的规定报告自己的活动情况;

(三)遵守考察机关关于会客的规定;

(四)离开所居住的市、县或者迁居,应当报经考察机关批准。

第七十六条 (刑八)【缓刑的考察】对宣告缓刑的犯罪分子,在缓刑考验期限内,依法实行社区矫正*,如果没有本法第七十七条规定

---

* 《刑法修正案(八)》增加规定了犯罪集团的首要分子不适用缓刑的规定。
* 《刑法修正案(八)》增加规定了对缓刑犯实行社会矫正的规定。

的情形，缓刑考验期满，原判的刑罚就不再执行*，并公开予以宣告。

第七十七条** 　**【缓刑的撤销】**被宣告缓刑的犯罪分子，在缓刑考验期限内犯新罪或者发现判决宣告以前还有其他罪没有判决的，应当撤销缓刑***，对新犯的罪或者新发现的罪作出判决，把前罪和后罪所判处的刑罚，依照本法第六十九条的规定，决定执行的刑罚。

（刑八）被宣告缓刑的犯罪分子，在缓刑考验期限内，违反法律、行政法规或者国务院有关部门关于缓刑的监督管理规定，或者违反人民法院判决中的禁止令，情节严重的，[1] 应当撤销缓刑，执行原判刑罚。[2]

77-1 《最高人民法院、最高人民检察院、公安部、司法部关于对判处管制、宣告缓刑的犯罪分子适用禁止令有关问题的规定（试行）》（法发〔2011〕9号，2011年4月28日）第十二条　被宣告缓刑的犯罪分子违反禁止令，情节严重的，应当撤销缓刑，执行原判刑罚。原作出缓刑裁判的人民法院应当自收到当地社区矫正机构提出的撤销缓刑建议书之日起一个月内依法作出裁定。人民法院撤销缓刑的裁定一经作出，立即生效。违反禁止令，具有下列情形之一的，应当认定为“情节严重”：

（一）三次以上违反禁止令的；

（二）因违反禁止令被治安管理处罚后，再次违反禁止令的；

（三）违反禁止令，发生较为严重危害后果的；

（四）其他情节严重的情形。

77-2 《最高人民法院关于撤销缓刑时罪犯在宣告缓刑前羁押的时间能否折抵刑期问题的批复》（法释〔2002〕11号，2002年4月18日）　根据刑法第七十七条的规定，对被宣告缓刑的犯罪分子撤销缓刑执行原判刑罚的，对其在宣告缓刑前羁押的时间应当折抵刑期。

---

* 这种情况不构成累犯，因为不认定前罪被判处刑罚。主刑不再执行，但附加刑仍然执行。

** 《刑法修正案（八）》修改了本条第二款，原第二款为：“被宣告缓刑的犯罪分子，在缓刑考验期限内，违反法律、行政法规或者国务院公安部门有关缓刑的监督管理规定，情节严重的，应当撤销缓刑，执行原判刑罚。”

*** 新发现的犯罪涉及追诉时效的，也许不予追诉，但应当撤销缓刑。

第六节 减 刑*

S.6-1 1.《最高人民法院关于办理减刑、假释案件具体应用法律的规定》(法释〔2016〕23号,2017年1月1日)

2.《最高人民法院关于减刑、假释案件审理程序的规定》(法释〔2014〕5号,2014年6月1日)

3.《人民检察院办理减刑、假释案件规定》(高检发监字〔2014〕8号,2014年8月1日)

4.《最高人民法院关于贯彻宽严相济刑事政策的若干意见》(法发〔2010〕9号,2010年2月8日)

四、准确把握和正确适用宽严"相济"的政策要求

对于未成年犯、老年犯、残疾罪犯、过失犯、中止犯、胁从犯、积极主动缴付财产执行财产刑或履行民事赔偿责任的罪犯、因防卫过当或避险过当而判处徒刑的罪犯以及其他主观恶性不深、人身危险性不大的罪犯,在依法减刑、假释时,应当根据悔改表现予以从宽掌握。对认罪服法,遵守监规,积极参加学习、劳动,确有悔改表现的,依法予以减刑,减刑的幅度可以适当放宽,间隔的时间可以相应缩短。符合刑法第八十一条第一款规定的假释条件的,应当依法多适用假释。

第七十八条[1] **【适用条件与限度】**被判处管制、拘役[2]、有期徒刑[3]、无期徒刑[4]的犯罪分子[5],在执行期间,如果认真遵守监规,接受教育改造,确有悔改表现的[6],或者有立功表现的[7],可以减刑;有下列重大立功表现[8]之一的,应当减刑:

(一)阻止他人重大犯罪活动的;

(二)检举监狱内外重大犯罪活动,经查证属实的;

---

* 宽严相济刑事政策是我国基本刑事政策,贯穿于刑事立法、刑事司法和刑罚执行的全过程。减刑、假释作为一种刑罚执行变更制度,是人民法院审判工作的重要组成部分,是贯彻宽严相济刑事政策"宽"的一面的重要切入点,是以"宽"济"严"的重要渠道。各级人民法院审理减刑、假释案件,务必要以宽严相济刑事政策为指导,充分发挥减刑、假释制度的积极功能,确保刑罚的执行效果。

（三）有发明创造或者重大技术革新的；

（四）在日常生产、生活中舍己救人的；

（五）在抗御自然灾害或者排除重大事故中，有突出表现的；

（六）对国家和社会有其他重大贡献的。

（刑八）减刑以后实际执行的刑期[9]不能少于下列期限[10]：

（一）判处管制、拘役、有期徒刑的[11]，不能少于原判刑期的二分之一；

（二）判处无期徒刑的[12]，不能少于十三年；

（三）人民法院依照本法第五十条第二款规定限制减刑的死刑缓期执行的犯罪分子，缓期执行期满后依法减为无期徒刑的，不能少于二十五年，缓期执行期满后依法减为二十五年有期徒刑的，不能少于二十年。

78-1 《最高人民法院关于办理减刑、假释案件具体应用法律的补充规定》（法释〔2019〕6号，2019年6月1日）第一条　对拒不认罪悔罪的，或者确有履行能力而不履行或者不全部履行生效裁判中财产性判项的，不予假释，一般不予减刑。

78-2 **1.** 法释〔2016〕23号第十六条　被判处管制、拘役的罪犯，以及判决生效后剩余刑期不满二年有期徒刑的罪犯，符合减刑条件的，可以酌情减刑，减刑起始时间可以适当缩短，但实际执行的刑期不得少于原判刑期的二分之一。

法释〔2016〕23号第十八条　被判处拘役或者三年以下有期徒刑，并宣告缓刑的罪犯，一般不适用减刑。

前款规定的罪犯在缓刑考验期内有重大立功表现的，可以参照刑法第七十八条的规定予以减刑，同时应当依法缩减其缓刑考验期。缩减后，拘役的缓刑考验期限不得少于二个月，有期徒刑的缓刑考验期限不得少于一年。

2. 宣告缓刑罪犯蔡某等12人减刑监督案（检例第70号）

裁判要旨　对于判处拘役或者三年以下有期徒刑并宣告缓刑的罪犯，在缓刑考验期内确有悔改表现或者有一般立功表现，一般不适用减刑。在缓刑考验期内有重大立功表现的，可以参照刑法第七十八条的规定予以减刑。人民法院对宣告缓刑罪犯裁定减刑适用法律错误的，人民检察院应当依法提出纠正意见。人民法院裁定维持原减刑裁定的,人民检察院应当继续予以监督。

指导意义 人民检察院在办理减刑、假释案件时,应准确把握法院减刑、假释裁定所依据规范性文件。对于地方人民法院、人民检察院制定的司法解释性文件,应当根据《最高人民法院、最高人民检察院关于地方人民法院、人民检察院不得制定司法解释性质文件的通知》予以清理。人民法院依据地方人民法院、人民检察院制定的司法解释性文件作出裁定的,属于适用法律错误,人民检察院应当依法向人民法院提出书面监督纠正意见,监督人民法院重新组成合议庭进行审理。

78-3 法释〔2016〕23 号第六条 被判处有期徒刑的罪犯减刑起始时间为:不满五年有期徒刑的,应当执行一年以上方可减刑;五年以上不满十年有期徒刑的,应当执行一年六个月以上方可减刑;十年以上有期徒刑的,应当执行二年以上方可减刑。有期徒刑减刑的起始时间自判决执行之日起计算。

确有悔改表现或者有立功表现的,一次减刑不超过九个月有期徒刑;确有悔改表现并有立功表现的,一次减刑不超过一年有期徒刑;有重大立功表现的,一次减刑不超过一年六个月有期徒刑;确有悔改表现并有重大立功表现的,一次减刑不超过二年有期徒刑。

被判处不满十年有期徒刑的罪犯,两次减刑间隔时间不得少于一年;被判处十年以上有期徒刑的罪犯,两次减刑间隔时间不得少于一年六个月。减刑间隔时间不得低于上次减刑减去的刑期。

罪犯有重大立功表现的,可以不受上述减刑起始时间和间隔时间的限制。

法释〔2016〕23 号第七条 对符合减刑条件的职务犯罪罪犯,破坏金融管理秩序和金融诈骗犯罪罪犯,组织、领导、参加、包庇、纵容黑社会性质组织犯罪罪犯,危害国家安全犯罪罪犯,恐怖活动犯罪罪犯,毒品犯罪集团的首要分子及毒品再犯,累犯,确有履行能力而不履行或者不全部履行生效裁判中财产性判项的罪犯,被判处十年以下有期徒刑的,执行二年以上方可减刑,减刑幅度应当比照本规定第六条从严掌握,一次减刑不超过一年有期徒刑,两次减刑之间应当间隔一年以上。

对被判处十年以上有期徒刑的前款罪犯,以及因故意杀人、强奸、抢劫、绑架、放火、爆炸、投放危险物质或者有组织的暴力性犯罪被判处十年以上有期徒刑的罪犯,数罪并罚且其中两罪以上被判处十年以上有期徒刑的罪犯,执行二年以上方可减刑,减刑幅度应当比照本规定第六条从严掌握,一次减刑不超过一年有期徒刑,两次减刑之间应当间隔一年六个月以上。

罪犯有重大立功表现的,可以不受上述减刑起始时间和间隔时间的限制。

法释〔2016〕23号第四十条第二款　本规定所称“减刑间隔时间”,是指前一次减刑裁定送达之日起至本次减刑报请之日止的期间。

78-4　法释〔2016〕23号第八条　被判处无期徒刑的罪犯在刑罚执行期间,符合减刑条件的,执行二年以上,可以减刑。减刑幅度为:确有悔改表现或者有立功表现的,可以减为二十二年有期徒刑;确有悔改表现并有立功表现的,可以减为二十一年以上二十二年以下有期徒刑;有重大立功表现的,可以减为二十年以上二十一年以下有期徒刑;确有悔改表现并有重大立功表现的,可以减为十九年以上二十年以下有期徒刑。无期徒刑罪犯减为有期徒刑后再减刑时,减刑幅度依照本规定第六条的规定执行。两次减刑间隔时间不得少于二年。

罪犯有重大立功表现的,可以不受上述减刑起始时间和间隔时间的限制。

法释〔2016〕23号第九条　对被判处无期徒刑的职务犯罪罪犯,破坏金融管理秩序和金融诈骗犯罪罪犯,组织、领导、参加、包庇、纵容黑社会性质组织犯罪罪犯,危害国家安全犯罪罪犯,恐怖活动犯罪罪犯,毒品犯罪集团的首要分子及毒品再犯,累犯以及因故意杀人、强奸、抢劫、绑架、放火、爆炸、投放危险物质或者有组织的暴力性犯罪的罪犯,确有履行能力而不履行或者不全部履行生效裁判中财产性判项的罪犯,数罪并罚被判处无期徒刑的罪犯,符合减刑条件的,执行三年以上方可减刑,减刑幅度应当比照本规定第八条从严掌握,减刑后的刑期最低不得少于二十年有期徒刑;减为有期徒刑后再减刑时,减刑幅度比照本规定第六条从严掌握,一次不超过一年有期徒刑,两次减刑之间应当间隔二年以上。

罪犯有重大立功表现的,可以不受上述减刑起始时间和间隔时间的限制。

法释〔2016〕23号第十条　被判处死刑缓期执行的罪犯减为无期徒刑后,符合减刑条件的,执行三年以上方可减刑。减刑幅度为:确有悔改表现或者有立功表现的,可以减为二十五年有期徒刑;确有悔改表现并有立功表现的,可以减为二十四年以上二十五年以下有期徒刑;有重大立功表现的,可以减为二十三年以上二十四年以下有期徒刑;确有悔改表现并有重大立功表现的,可以减为二十二年以上二十三年以下有期徒刑。

被判处死刑缓期执行的罪犯减为有期徒刑后再减刑时,比照本规定第八条的规定办理。

法释〔2016〕23号第十一条　对被判处死刑缓期执行的职务犯罪罪犯,破坏金融管理秩序和金融诈骗犯罪罪犯,组织、领导、参加、包庇、纵容黑社会性质组织犯罪罪犯,危害国家安全犯罪罪犯,恐怖活动犯罪罪犯,毒品犯罪集团的首要分子及毒品再犯,累犯以及因故意杀人、强奸、抢劫、绑架、放火、爆炸、投放危险物质或者有组织的暴力性犯罪的罪犯,确有履行能力而不履行或者不全部履行生效裁判中财产性判项的罪犯,数罪并罚被判处死刑缓期执行的罪犯,减为无期徒刑后,符合减刑条件的,执行三年以上方可减刑,一般减为二十五年有期徒刑,有立功表现或者重大立功表现的,可以比照本规定第十条减为二十三年以上二十五年以下有期徒刑;减为有期徒刑后再减刑时,减刑幅度比照本规定第六条从严掌握,一次不超过一年有期徒刑,两次减刑之间应当间隔二年以上。

法释〔2016〕23号第三十七条　被判处无期徒刑的罪犯在减为有期徒刑后因发现漏罪,依据刑法第七十条规定数罪并罚,决定执行无期徒刑的,前罪无期徒刑生效之日起至新判决生效之日止已经实际执行的刑期,应当在新判决的无期徒刑减为有期徒刑时,在减刑裁定决定执行的刑期内扣减。

无期徒刑罪犯减为有期徒刑后因发现漏罪判处三年有期徒刑以下刑罚,数罪并罚决定执行无期徒刑的,在新判决生效后执行一年以上,符合减刑条件的,可以减为有期徒刑,减刑幅度依照本规定第八条、第九条的规定执行。

原减刑裁定减去的刑期依照本规定第三十四条处理。

78-5　法释〔2016〕23号第十九条　对在报请减刑前的服刑期间不满十八周岁,且所犯罪行不属于刑法第八十一条第二款规定情形的罪犯,认罪悔罪,遵守法律法规及监规,积极参加学习、劳动,应当视为确有悔改表现。

对上述罪犯减刑时,减刑幅度可以适当放宽,或者减刑起始时间、间隔时间可以适当缩短,但放宽的幅度和缩短的时间不得超过本规定中相应幅度、时间的三分之一。

法释〔2016〕23号第二十条 老年罪犯、患严重疾病罪犯或者身体残疾罪犯减刑时,应当主要考察其认罪悔罪的实际表现。

对基本丧失劳动能力,生活难以自理的上述罪犯减刑时,减刑幅度可以适当放宽,或者减刑起始时间、间隔时间可以适当缩短,但放宽的幅度和缩短的时间不得超过本规定中相应幅度、时间的三分之一。

法释〔2016〕23号第三十九条 本规定所称"老年罪犯",是指报请减刑、假释时年满六十五周岁的罪犯。

本规定所称"患严重疾病罪犯",是指因患有重病,久治不愈,而不能正常生活、学习、劳动的罪犯。

本规定所称"身体残疾罪犯",是指因身体有肢体或者器官残缺、功能不全或者丧失功能,而基本丧失生活、学习、劳动能力的罪犯,但是罪犯犯罪后自伤致残的除外。

对刑罚执行机关提供的证明罪犯患有严重疾病或者有身体残疾的证明文件,人民法院应当审查,必要时可以委托有关单位重新诊断、鉴定。

78-6 法释〔2016〕23号第三条 "确有悔改表现"是指同时具备以下条件:

(一)认罪悔罪;

(二)遵守法律法规及监规,接受教育改造;

(三)积极参加思想、文化、职业技术教育;

(四)积极参加劳动,努力完成劳动任务。

对职务犯罪、破坏金融管理秩序和金融诈骗犯罪、组织(领导、参加、包庇、纵容)黑社会性质组织犯罪等罪犯,不积极退赃、协助追缴赃款赃物、赔偿损失,或者服刑期间利用个人影响力和社会关系等不正当手段意图获得减刑、假释的,不认定其"确有悔改表现"。

罪犯在刑罚执行期间的申诉权利应当依法保护,对其正当申诉不能不加分析地认为是不认罪悔罪。

法释〔2016〕23号第三十八条 人民法院作出的刑事判决、裁定发生法律效力后,在依照刑事诉讼法第二百五十三条、第二百五十四条的规定将罪犯交付执行刑罚时,如果生效裁判中有财产性判项,人民法院应当将反映财产性判项执行、履行情况的有关材料一并随案移送刑罚执行机关。罪犯在服刑期间本人履行或者其亲属代为履行生效裁判中财产性判项的,应当及时向刑罚执行机关报告。刑罚执行机关报请减刑时应随案移送以上材料。

人民法院办理减刑、假释案件时,可以向原一审人民法院核实罪犯履行财产性判项的情况。原一审人民法院应当出具相关证明。

刑罚执行期间,负责办理减刑、假释案件的人民法院可以协助原一审人民法院执行生效裁判中的财产性判项。

法释〔2016〕23号第四十一条　本规定所称“财产性判项”是指判决罪犯承担的附带民事赔偿义务判项,以及追缴、责令退赔、罚金、没收财产等判项。

78-7　法释〔2016〕23号第四条　具有下列情形之一的,可以认定为有“立功表现”:

(一)阻止他人实施犯罪活动的;

(二)检举、揭发监狱内外犯罪活动,或者提供重要的破案线索,经查证属实的;

(三)协助司法机关抓捕其他犯罪嫌疑人的;

(四)在生产、科研中进行技术革新,成绩突出的;

(五)在抗御自然灾害或者排除重大事故中,表现积极的;

(六)对国家和社会有其他较大贡献的。

第(四)项、第(六)项中的技术革新或者其他较大贡献应当由罪犯在刑罚执行期间独立或者为主完成,并经省级主管部门确认。

78-8　法释〔2016〕23号第五条　具有下列情形之一的,应当认定为有“重大立功表现”:

(一)阻止他人实施重大犯罪活动的;

(二)检举监狱内外重大犯罪活动,经查证属实的;

(三)协助司法机关抓捕其他重大犯罪嫌疑人的;

(四)有发明创造或者重大技术革新的;

(五)在日常生产、生活中舍己救人的;

(六)在抗御自然灾害或者排除重大事故中,有突出表现的;

(七)对国家和社会有其他重大贡献的。

第(四)项中的发明创造或者重大技术革新应当是罪犯在刑罚执行期间独立或者为主完成并经国家主管部门确认的发明专利,且不包括实用新型专利和外观设计专利;第(七)项中的其他重大贡献应当由罪犯在刑罚执行期间独立或者为主完成,并经国家主管部门确认。

78-9　法释〔2016〕23号第四十条第一款　本规定所称“判决执行之日”,是指罪犯实际送交刑罚执行机关之日。

78-10　**1.** 法释〔2019〕6号第四条　被判处死刑缓期执行的,减为无期徒刑后,符合减刑条件的,执行四年以上方可减刑。

确有悔改表现或者有立功表现的，可以减为二十五年有期徒刑；确有悔改表现并有立功表现的，可以减为二十四年六个月以上二十五年以下有期徒刑；有重大立功表现的，可以减为二十四年以上二十四年六个月以下有期徒刑。

减为有期徒刑后再减刑时，减刑幅度比照本规定第二条的规定执行。两次减刑之间应当间隔二年以上。

法释〔2019〕6号第五条　罪犯有重大立功表现的，减刑时可以不受上述起始时间和间隔时间的限制。

2. 法释〔2016〕23号第十二条　被判处死刑缓期执行的罪犯经过一次或者几次减刑后，其实际执行的刑期不得少于十五年，死刑缓期执行期间不包括在内。

死刑缓期执行罪犯在缓期执行期间不服从监管、抗拒改造，尚未构成犯罪的，在减为无期徒刑后再减刑时应当适当从严。

78-11　法释〔2019〕6号第二条　被判处十年以上有期徒刑，符合减刑条件的，执行三年以上方可减刑；被判处不满十年有期徒刑，符合减刑条件的，执行二年以上方可减刑。

确有悔改表现或者有立功表现的，一次减刑不超过六个月有期徒刑；确有悔改表现并有立功表现的，一次减刑不超过九个月有期徒刑；有重大立功表现的，一次减刑不超过一年有期徒刑。

被判处十年以上有期徒刑的，两次减刑之间应当间隔二年以上；被判处不满十年有期徒刑的，两次减刑之间应当间隔一年六个月以上。

78-12　法释〔2019〕6号第三条　被判处无期徒刑，符合减刑条件的，执行四年以上方可减刑。

确有悔改表现或者有立功表现的，可以减为二十三年有期徒刑；确有悔改表现并有立功表现的，可以减为二十二年以上二十三年以下有期徒刑；有重大立功表现的，可以减为二十一年以上二十二年以下有期徒刑。

无期徒刑减为有期徒刑后再减刑时，减刑幅度比照本规定第二条的规定执行。两次减刑之间应当间隔二年以上。

第七十九条　【减刑程序】对于犯罪分子的减刑，由执行机关[1]向中级以上人民法院[2]提出减刑建议书。人民法院应当组成合议庭进行审理，对确有悔改或者立功事实的，裁定予以减刑。非经法定程序[3]不得减刑。

79-1 《监狱提请减刑假释工作程序规定》(司法部令第130号,2014年10月10日第一次修订)

79-2 **1.**《最高人民法院关于适用〈中华人民共和国刑事诉讼法〉的解释》(法释〔2021〕1号,2021年3月1日)第五百三十四条　对减刑、假释案件,应当按照下列情形分别处理:

(一)对被判处死刑缓期执行的罪犯的减刑,由罪犯服刑地的高级人民法院在收到同级监狱管理机关审核同意的减刑建议书后一个月以内作出裁定;

(二)对被判处无期徒刑的罪犯的减刑、假释,由罪犯服刑地的高级人民法院,在收到同级监狱管理机关审核同意的减刑、假释建议书后一个月内作出裁定,案情复杂或者情况特殊的,可以延长一个月;

(三)对被判处有期徒刑和被减为有期徒刑的罪犯的减刑、假释,由罪犯服刑地的中级人民法院,在收到执行机关提出的减刑、假释建议书后一个月内作出裁定,案情复杂或者情况特殊的,可以延长一个月;

(四)对被判处拘役、管制的罪犯的减刑,由罪犯服刑地中级人民法院,在收到同级执行机关审核同意的减刑、假释建议书后一个月内作出裁定。

对社区矫正对象的减刑,由社区矫正执行地的中级以上人民法院在收到社区矫正机构减刑建议书后三十日以内作出裁定。

2. 法释〔2016〕23号第三十二条　人民法院按照审判监督程序重新审理的案件,裁定维持原判决、裁定的,原减刑、假释裁定继续有效。

再审裁判改变原判决、裁定的,原减刑、假释裁定自动失效,执行机关应当及时报请有管辖权的人民法院重新作出是否减刑、假释的裁定。重新作出减刑裁定时,不受本规定有关减刑起始时间、间隔时间和减刑幅度的限制。重新裁定时应综合考虑各方面因素,减刑幅度不得超过原裁定减去的刑期总和。

再审改判为死刑缓期执行或者无期徒刑的,在新判决减为有期徒刑之时,原判决已经实际执行的刑期一并扣减。

再审裁判宣告无罪的,原减刑、假释裁定自动失效。

法释〔2016〕23号第三十四条　罪犯被裁定减刑后,刑罚执行期间因发现漏罪而数罪并罚的,原减刑裁定自动失效。如漏罪系罪犯主动交代的,对其原减去的刑期,由执行机关报请有管辖权的人民法院重新作出减刑裁定,予以确认;如漏罪系有关机关发现或者他人检举揭发的,由执行机关报请有管辖权的人民法院,在原减刑裁定减去的刑期总和之内,酌情重新裁定。

79-3 《最高人民法院、最高人民检察院、公安部、司法部社区矫正法实施办法》(司发通〔2020〕59 号,2020 年 7 月 1 日)第四十二条　社区矫正对象符合法定减刑条件的,由执行地县级社区矫正机构提出减刑建议书并附相关证据材料,报经地(市)社区矫正机构审核同意后,由地(市)社区矫正机构提请执行地的中级人民法院裁定。

依法应由高级人民法院裁定的减刑案件,由执行地县级社区矫正机构提出减刑建议书并附相关证据材料,逐级上报省级社区矫正机构审核同意后,由省级社区矫正机构提请执行地的高级人民法院裁定。

人民法院应当自收到减刑建议书和相关证据材料之日起三十日内依法裁定。

社区矫正机构减刑建议书和人民法院减刑裁定书副本,应当同时抄送社区矫正执行地同级人民检察院、公安机关及罪犯原服刑或者接收其档案的监狱。

第八十条　【无期徒刑减刑的刑期计算】无期徒刑减为有期徒刑的刑期,从裁定减刑之日起计算。

第七节　假　　释*

第八十一条[1]　**(刑八)【适用条件】**被判处有期徒刑的犯罪分子[2],执行原判刑期[3] 二分之一以上,被判处无期徒刑的犯罪分子,实际执行[4] 十三年以上,如果认真遵守监规,接受教育改造,确有悔改表现,没有再犯罪的危险的[5],可以假释。如果有特殊情况[6],经最高人民法院核准,可以不受上述执行刑期的限制。

对累犯以及因故意杀人、强奸、抢劫、绑架、放火、爆炸、投放危险物质或者有组织的暴力性犯罪被判处十年以上有期徒刑、无期徒

---

* 假释是落实宽严相济刑事政策的一项重要制度。相对于减刑而言,假释在维持原判稳定性、促使罪犯自我改造和顺利回归社会、降低行刑成本方面具有一定的优势。但是,当前大部分人民法院假释的适用率不高,远远低于减刑适用率。针对这一情况,《意见》规定,符合刑法第八十一条第一款规定的假释条件的,应当依法多适用假释。

刑的犯罪分子,不得假释[7]**。**

对犯罪分子决定假释时,应当考虑其假释后对所居住社区的影响。

81-1 **1.**《最高人民法院关于办理减刑、假释案件具体应用法律的补充规定》(法释〔2019〕6 号,2019 年 6 月 1 日)第一条 对拒不认罪悔罪的,或者确有履行能力而不履行或者不全部履行生效裁判中财产性判项的,不予假释,一般不予减刑。

法释〔2019〕6 号第六条 对本规定所指贪污贿赂罪犯适用假释时,应当从严掌握。

2.《最高人民法院关于适用刑法时间效力规定若干问题的解释》(法释〔1997〕5 号,1997 年 10 月 1 日)第八条 1997 年 9 月 30 日以前犯罪,1997 年 10 月 1 日以后仍在服刑的累犯以及因杀人、爆炸、抢劫、强奸、绑架等暴力性犯罪被判处十年以上有期徒刑、无期徒刑的犯罪分子,适用修订前的刑法第七十三条的规定,可以假释。

3.《最高人民法院研究室关于假释时间效力法律适用问题的答复》(法研〔2011〕97 号,2011 年 7 月 15 日)

一、根据刑法第十二条的规定,应当以行为实施时,而不是审判时,作为新旧法选择适用的判断基础。故《最高人民法院关于适用刑法时间效力规定若干问题的解释》第八条规定的"1997 年 9 月 30 日以前犯罪,1997 年 10 月 1 日以后仍在服刑的累犯以及因杀人、爆炸、抢劫、强奸、绑架等暴力性犯罪被判处十年以上有期徒刑、无期徒刑的犯罪分子",包括 1997 年 9 月 30 日以前犯罪,已被羁押尚未判决的犯罪分子。

二、经《中华人民共和国刑法修正案(八)》修正前刑法第八十一条第二款规定的"暴力性犯罪",不仅包括杀人、爆炸、抢劫、强奸、绑架五种,也包括故意伤害等其他暴力性犯罪。

4. 法释〔2016〕23 号第二十八条 罪犯减刑后又假释的,间隔时间不得少于一年;对一次减去一年以上有期徒刑后,决定假释的,间隔时间不得少于一年六个月。

罪犯减刑后余刑不足二年,决定假释的,可以适当缩短间隔时间。

81-2 **1.** 法释〔2016〕23 号第二十六条 对下列罪犯适用假释时可以依法从宽掌握:

(一)过失犯罪的罪犯、中止犯罪的罪犯、被胁迫参加犯罪的罪犯;

(二)因防卫过当或者紧急避险过当而被判处有期徒刑以上刑罚的罪犯;

（三）犯罪时未满十八周岁的罪犯；

（四）基本丧失劳动能力、生活难以自理，假释后生活确有着落的老年罪犯、患严重疾病罪犯或者身体残疾罪犯；

（五）服刑期间改造表现特别突出的罪犯；

（六）具有其他可以从宽假释情形的罪犯。

罪犯既符合法定减刑条件，又符合法定假释条件的，可以优先适用假释。

法释〔2016〕23号第三十一条　年满八十周岁、身患疾病或者生活难以自理、没有再犯罪危险的罪犯，既符合减刑条件，又符合假释条件的，优先适用假释；不符合假释条件的，参照本规定第二十条有关的规定从宽处理。

2. 罪犯康某假释监督案（检例第71号）

裁判要旨　人民检察院办理未成年罪犯减刑、假释监督案件，应当比照成年罪犯依法适当从宽把握假释条件。对既符合法定减刑条件又符合法定假释条件的，可以建议刑罚执行机关优先适用假释。审查未成年罪犯是否符合假释条件时，应当结合犯罪的具体情节、原判刑罚情况、刑罚执行中的表现、家庭帮教能力和条件等因素综合认定。

81-3　法释〔2016〕23号第二十三条第一款　被判处有期徒刑的罪犯假释时，执行原判刑期二分之一的时间，应当从判决执行之日起计算，判决执行以前先行羁押的，羁押一日折抵刑期一日。

81-4　法释〔2016〕23号第二十三条　……被判处无期徒刑的罪犯假释时，刑法中关于实际执行刑期不得少于十三年的时间，应当从判决生效之日起计算。判决生效以前先行羁押的时间不予折抵。

被判处死刑缓期执行的罪犯减为无期徒刑或者有期徒刑后，实际执行十五年以上，方可假释，该实际执行时间应当从死刑缓期执行期满之日起计算。死刑缓期执行期间不包括在内，判决确定以前先行羁押的时间不予折抵。

81-5　法释〔2016〕23号第二十二条　办理假释案件，认定"没有再犯罪的危险"，除符合刑法第八十一条规定的情形外，还应当根据犯罪的具体情节、原判刑罚情况，在刑罚执行中的一贯表现，罪犯的年龄、身体状况、性格特征，假释后生活来源以及监管条件等因素综合考虑。

法释〔2016〕23号第二十七条　对于生效裁判中有财产性判项，罪犯确有履行能力而不履行或者不全部履行的，不予假释。

81-6　法释〔2016〕23号第二十四条　刑法第八十一条第一款规定

的"特殊情况",是指有国家政治、国防、外交等方面特殊需要的情况。

81-7 法释〔2016〕23号第二十五条 对累犯以及因故意杀人、强奸、抢劫、绑架、放火、爆炸、投放危险物质或者有组织的暴力性犯罪被判处十年以上有期徒刑、无期徒刑的罪犯,不得假释。

因前款情形和犯罪被判处死刑缓期执行的罪犯,被减为无期徒刑、有期徒刑后,也不得假释。

第八十二条 【假释程序】对于犯罪分子的假释,依照本法第七十九条规定的程序进行。非经法定程序不得假释。

第八十三条 【考验期限】有期徒刑的假释考验期限,为没有执行完毕的刑期;无期徒刑的假释考验期限为十年。

假释考验期限,从假释之日起计算*。

第八十四条 【假释犯应遵守的规定】被宣告假释的犯罪分子,应当遵守下列规定:

(一)遵守法律、行政法规,服从监督;

(二)按照监督机关的规定报告自己的活动情况;

(三)遵守监督机关关于会客的规定;

(四)离开所居住的市、县或者迁居,应当报经监督机关批准。

第八十五条 (刑八)【假释考察】对假释的犯罪分子,在假释考验期限内,依法实行社区矫正,如果没有本法第八十六条规定的情形,假释考验期满,就认为原判刑罚已经执行完毕,并公开予以宣告。

第八十六条[1] **【假释的撤销】**被假释的犯罪分子,在假释考验期限内犯新罪,应当撤销假释,依照本法第七十一条的规定实行数罪并罚。

在假释考验期限内,发现被假释的犯罪分子在判决宣告以前还有其他罪没有判决的,应当撤销假释,依照本法第七十条的规定实

---

* 如附加剥夺政治权利问题,其期限自假释之日起计算。

行数罪并罚。

（刑八）被假释的犯罪分子，在假释考验期限内，有违反法律、行政法规或者国务院有关部门关于假释的监督管理规定的行为，尚未构成新的犯罪的，应当依照法定程序[2] 撤销假释，收监执行未执行完毕的刑罚。

86-1　法释〔2016〕23 号第三十条　依照刑法第八十六条规定被撤销假释的罪犯，一般不得再假释。但依照该条第二款被撤销假释的罪犯，如果罪犯对漏罪曾作如实供述但原判未予认定，或者漏罪系其自首，符合假释条件的，可以再假释。

被撤销假释的罪犯，收监后符合减刑条件的，可以减刑，但减刑起始时间自收监之日起计算。

86-2　法释〔2016〕23 号第二十九条　罪犯在假释考验期内违反法律、行政法规或者国务院有关部门关于假释的监督管理规定的，作出假释裁定的人民法院，应当在收到报请机关或者检察机关撤销假释建议书后及时审查，作出是否撤销假释的裁定，并送达报请机关，同时抄送人民检察院、公安机关和原刑罚执行机关。

罪犯在逃的，撤销假释裁定书可以作为对罪犯进行追捕的依据。

第八节　时　　效*

第八十七条　【追诉时效期限】犯罪经过下列期限不再追诉：

（一）法定最高刑为不满五年有期徒刑的，经过五年；

（二）法定最高刑为五年以上不满十年有期徒刑的，经过十年；

（三）法定最高刑为十年以上有期徒刑的，经过十五年；

（四）法定最高刑为无期徒刑、死刑的，经过二十年。如果二十年以后认为必须追诉的，[1] 须报请最高人民检察院核准[2]。

87-1　《人民检察院刑事诉讼规则》（高检发释字〔2019〕4 号，2019

---

* 追诉时效制度是罪刑相适应原则在追诉制度上的具体体现，体现了宽严相济的刑事政策和“历史从宽，现实从严”的政策，有利于司法机关集中精力追诉现行犯罪，有利于社会秩序的安定。

年12月30日)第三百二十条 法定最高刑为无期徒刑、死刑的犯罪,已过二十年追诉期限的,不再追诉。如果认为必须追诉的,须报请最高人民检察院核准。

高检发释字〔2019〕4号第三百二十一条 须报请最高人民检察院核准追诉的案件,公安机关在核准之前可以依法对犯罪嫌疑人采取强制措施。

公安机关报请核准追诉并提请逮捕犯罪嫌疑人,人民检察院经审查认为必须追诉而且符合法定逮捕条件的,可以依法批准逮捕,同时要求公安机关在报请核准追诉期间不得停止对案件的侦查。

未经最高人民检察院核准,不得对案件提起公诉。

高检发释字〔2019〕4号第三百二十二条 报请核准追诉的案件应当同时符合下列条件:

(一)有证据证明存在犯罪事实,且犯罪事实是犯罪嫌疑人实施的;

(二)涉嫌犯罪的行为应当适用的法定量刑幅度的最高刑为无期徒刑或者死刑;

(三)涉嫌犯罪的性质、情节和后果特别严重,虽然已过二十年追诉期限,但社会危害性和影响依然存在,不追诉会严重影响社会稳定或者产生其他严重后果,而必须追诉的;

(四)犯罪嫌疑人能够及时到案接受追诉。

高检发释字〔2019〕4号第三百二十七条 最高人民检察院决定核准追诉的案件,最初受理案件的人民检察院应当监督公安机关的侦查工作。

最高人民检察院决定不予核准追诉,公安机关未及时撤销案件的,同级人民检察院应当提出纠正意见。犯罪嫌疑人在押的,应当立即释放。

87-2 **1.** 马世龙(抢劫)核准追诉案(检例第20号)

要旨 故意杀人、抢劫、强奸、绑架、爆炸等严重危害社会治安的犯罪,经过二十年追诉期限,仍然严重影响人民群众安全感,被害方、案发地群众、基层组织等强烈要求追究犯罪嫌疑人刑事责任,不追诉可能影响社会稳定或者产生其他严重后果的,对犯罪嫌疑人应当追诉。

2. 丁国山等(故意伤害)核准追诉案(检例第21号)

要旨 涉嫌犯罪情节恶劣、后果严重,并且犯罪后积极逃避侦查,经过二十年追诉期限,犯罪嫌疑人没有明显悔罪表现,也未通过赔礼道歉、赔偿损失等获得被害方谅解,犯罪造成的社会影响没有消失,不追诉可能影响社会稳定或者产生其他严重后果的,对犯罪嫌疑人应当追诉。

3. 杨菊云(故意杀人)不核准追诉案(检例第22号)

要旨 1.因婚姻家庭等民间矛盾激化引发的犯罪,经过二十年追诉期限,犯罪嫌疑人没有再犯罪危险性,被害人及其家属对犯罪嫌疑人表示谅解,不追诉有利于化解社会矛盾、恢复正常社会秩序,同时不会影响社会稳定或者产生其他严重后果的,对犯罪嫌疑人可以不再追诉。

2.须报请最高人民检察院核准追诉的案件,侦查机关在核准之前可以依法对犯罪嫌疑人采取强制措施。侦查机关报请核准追诉并提请逮捕犯罪嫌疑人,人民检察院经审查认为必须追诉而且符合法定逮捕条件的,可以依法批准逮捕。

4. 蔡金星、陈国辉等(抢劫)不核准追诉案(检例第23号)

要旨 1.涉嫌犯罪已过二十年追诉期限,犯罪嫌疑人没有再犯罪危险性,并且通过赔礼道歉、赔偿损失等方式积极消除犯罪影响,被害方对犯罪嫌疑人表示谅解,犯罪破坏的社会秩序明显恢复,不追诉不会影响社会稳定或者产生其他严重后果的,对犯罪嫌疑人可以不再追诉。

2.1997年9月30日以前实施的共同犯罪,已被司法机关采取强制措施的犯罪嫌疑人逃避侦查或者审判的,不受追诉期限限制。司法机关在追诉期限内未发现或者未采取强制措施的犯罪嫌疑人,应当受追诉期限限制;涉嫌犯罪应当适用的法定量刑幅度的最高刑为无期徒刑、死刑,犯罪行为发生二十年以后认为必须追诉的,须报请最高人民检察院核准。

第八十八条 【追诉期限的延长】在人民检察院、公安机关、国家安全机关立案侦查或者在人民法院受理案件以后,逃避侦查或者审判的*,不受追诉期限的限制。

被害人在追诉期限内提出控告,人民法院、人民检察院、公安机关应当立案而不予立案的,不受追诉期限的限制。

第八十九条[1] **【追诉期限的计算】**追诉期限从犯罪之日[2]起计算;犯罪行为有连续或者继续状态的,从犯罪行为终了之日起计算。

---

* 只有同时具备两个条件,即公安司法机关立案或受理案件后,并且有逃避侦查或审判行为的,才不受追诉期限的限制。逃避侦查或者审判的,宜理解为积极的、明显的,致使侦查、审判工作无法进行的逃避行为,主要是指逃跑或者藏匿;对于行为人实施了毁灭证据、串供等行为的,不宜认定为"逃避侦查和审判",对逃避侦查和审判作过于宽泛的理解,追诉时效制度就会丧失其应有的意义。

在追诉期限以内又犯罪的,前罪追诉的期限从犯后罪*之日起计算。

89-1 《最高人民法院关于挪用公款犯罪如何计算追诉期限问题的批复》(法释〔2003〕16 号,2003 年 10 月 10 日) 根据刑法第八十九条、第三百八十四条的规定,挪用公款归个人使用,进行非法活动的,或者挪用公款数额较大、进行营利活动的,犯罪的追诉期限从挪用行为实施完毕之日起计算;挪用公款数额较大、超过三个月未还的,犯罪的追诉期限从挪用公款罪成立之日起计算。挪用公款行为有连续状态的,犯罪的追诉期限应当从最后一次挪用行为实施完毕之日或者犯罪成立之日起计算。

89-2 《最高人民法院关于在审理经济纠纷案件中涉及经济犯罪嫌疑若干问题的规定》(法释〔2020〕7 号,2021 年 1 月 1 日)第九条 被害人请求保护其民事权利的诉讼时效在公安机关、检察机关查处经济犯罪嫌疑期间中断。如果公安机关决定撤销涉嫌经济犯罪案件或者检察机关决定不起诉的,诉讼时效从撤销案件或决定不起诉之次日起重新计算。

---

* 本款属于追诉时效的中断。既然行为人实施了某种犯罪之后又犯新罪,就说明其并没有悔改,或者说前罪所反映的人身危险性并没有消失,故需要从犯后罪之日起重新计算。如果后罪的法定最高刑轻于前罪,而后罪的追诉期限届满,而前罪的追诉期限未届满,则只能追究前罪的刑事责任。

第五章 其他规定

第九十条 【民族自治地方刑法适用的变通】民族自治地方不能全部适用本法规定的,可以由自治区或者省的人民代表大会根据当地民族的政治、经济、文化的特点和本法规定的基本原则,制定变通或者补充的规定,报请全国人民代表大会常务委员会批准[1]施行。

90-1 《立法法》* 第八十五条 民族自治地方的人民代表大会有权依照当地民族的政治、经济和文化的特点,制定自治条例和单行条例。自治区的自治条例和单行条例,报全国人民代表大会常务委员会批准后生效。自治州、自治县的自治条例和单行条例,报省、自治区、直辖市的人民代表大会常务委员会批准后生效。

自治条例和单行条例可以依照当地民族的特点,对法律和行政法规的规定作出变通规定,但不得违背法律或者行政法规的基本原则,不得对宪法和民族区域自治法的规定以及其他有关法律、行政法规专门就民族自治地方所作的规定作出变通规定。

第九十一条 【公共财产的范围】本法所称公共财产,是指下列财产:

(一)国有财产;

(二)劳动群众集体所有的财产;

(三)用于扶贫和其他公益事业的社会捐助或者专项基金的财产。

在国家机关、国有公司、企业、集体企业和人民团体管理、使用或者运输中的私人财产,以公共财产论。

---

* 第九届全国人民代表大会第三次会议通过,2000 年 7 月 1 日;第十二届全国人民代表大会第三次会议通过修改,2015 年 3 月 15 日,2023 年 3 月 13 日修订。

第九十二条 【公民私人所有财产的范围】本法所称公民私人所有的财产,是指下列财产:

(一)公民的合法收入、储蓄、房屋和其他生活资料;

(二)依法归个人、家庭所有的生产资料;

(三)个体户和私营企业的合法财产;

(四)依法归个人所有的股份[1]、股票、债券和其他财产。

92-1 《全国人大常委会法制工作委员会对关于公司人员利用职务上的便利采取欺骗等手段非法占有股东股权的行为如何定性处理的批复的意见》(法工委发函〔2005〕105号,2005年12月1日) 据刑法第九十二条的规定,股份属于财产。采用各种非法手段侵吞、占有他人依法享有的股份,构成犯罪的,适用刑法有关非法侵犯他人财产的犯罪规定。

第九十三条 【国家工作人员的范围】本法所称国家工作人员[1],是指国家机关中从事公务的人员。

国有公司、企业、事业单位、人民团体中从事公务的人员和国家机关、国有公司、企业、事业单位委派[2]到非国有公司、企业、事业单位、社会团体[3]从事公务的人员,以及其他依照法律从事公务[4]的人员,以国家工作人员论。

93-1 《最高人民法院研究室关于对行为人通过伪造国家机关公文、证件担任国家工作人员职务并利用职务上的便利侵占本单位财物、收受贿赂、挪用本单位资金等行为如何适用法律问题的答复》(法研〔2004〕38号,2004年3月20日) 行为人通过伪造国家机关公文、证件担任国家工作人员职务以后,又利用职务上的便利实施侵占本单位财物、收受贿赂、挪用本单位资金等行为,构成犯罪的,应当分别以伪造国家机关公文、证件罪和相应的贪污罪、受贿罪、挪用公款罪等追究刑事责任,实行数罪并罚。

93-2 **1.**《全国法院审理经济犯罪案件工作座谈会纪要》(法〔2003〕167号,2003年11月13日)

一、关于贪污贿赂犯罪和渎职犯罪的主体

(二)国家机关、国有公司、企业、事业单位委派到非国有公司、企业、事业单位、社会团体从事公务的人员的认定

所谓委派,即委任、派遣,其形式多种多样,如任命、指派、提名、批准

等。不论被委派的人身份如何,只要是接受国家机关、国有公司、企业、事业单位委派,代表国家机关、国有公司、企业、事业单位在非国有公司、企业、事业单位、社会团体中从事组织、领导、监督、管理等工作,都可以认定为国家机关、国有公司、企业、事业单位委派到非国有公司、企业、事业单位、社会团体从事公务的人员,如国家机关、国有公司、企业、事业单位委派在国有控股或者参股的股份有限公司从事组织、领导、监督、管理等工作的人员,应当以国家工作人员论。国有公司、企业改制为股份有限公司后原国有公司、企业的工作人员和股份有限公司新任命的人员中,除代表国有投资主体行使监督、管理职权的人外,不以国家工作人员论。

(四)关于"从事公务"的理解

从事公务,是指代表国家机关、国有公司、企业、事业单位、人民团体等履行组织、领导、监督、管理等职责。公务主要表现为与职权相联系的公共事务以及监督、管理国有财产的职务活动。如国家机关工作人员依法履行职责,国有公司的董事、经理、监事、会计、出纳人员等管理、监督国有财产等活动,属于从事公务。那些不具备职权内容的劳务活动、技术服务工作,如售货员、售票员等所从事的工作,一般不认为是公务。

2.《最高人民法院、最高人民检察院关于办理国家出资企业中职务犯罪案件具体应用法律若干问题的意见》(法发〔2010〕49号,2010年10月2日)

四、关于国家工作人员在企业改制过程中的渎职行为的处理

……

国家出资企业中的国家工作人员在公司、企业改制或者国有资产处置过程中徇私舞弊,将国有资产低价折股或者低价出售给特定关系人持有股份或者本人实际控制的公司、企业,致使国家利益遭受重大损失的,依照刑法第三百八十二条、第三百八十三条的规定,以贪污罪定罪处罚。贪污数额以国有资产的损失数额计算。

五、关于改制前后主体身份发生变化的犯罪的处理

国家工作人员在国家出资企业改制前利用职务上的便利实施犯罪,在其不再具有国家工作人员身份后又实施同种行为,依法构成不同犯罪的,应当分别定罪,实行数罪并罚。

国家工作人员利用职务上的便利,在国家出资企业改制过程中隐匿公司、企业财产,在其不再具有国家工作人员身份后将所隐匿财产据为己有的,依照刑法第三百八十二条、第三百八十三条的规定,以贪污

罪定罪处罚。

……

六、关于国家出资企业中国家工作人员的认定

经国家机关、国有公司、企业、事业单位提名、推荐、任命、批准等,在国有控股、参股公司及其分支机构中从事公务的人员,应当认定为国家工作人员。具体的任命机构和程序,不影响国家工作人员的认定。

经国家出资企业中负有管理、监督国有资产职责的组织批准或者研究决定,代表其在国有控股、参股公司及其分支机构中从事组织、领导、监督、经营、管理工作的人员,应当认定为国家工作人员。

国家出资企业中的国家工作人员,在国家出资企业中持有个人股份或者同时接受非国有股东委托的,不影响其国家工作人员身份的认定。

七、关于国家出资企业的界定

本意见所称"国家出资企业",包括国家出资的国有独资公司、国有独资企业,以及国有资本控股公司、国有资本参股公司。

是否属于国家出资企业不清楚的,应遵循"谁投资、谁拥有产权"的原则进行界定。企业注册登记中的资金来源与实际出资不符的,应根据实际出资情况确定企业的性质。企业实际出资情况不清楚的,可以综合工商注册、分配形式、经营管理等因素确定企业的性质。

3.《最高人民法院关于如何认定国有控股、参股股份有限公司中的国有公司、企业人员的解释》(法释〔2005〕10号,2005年8月11日) 国有公司、企业委派到国有控股、参股公司从事公务的人员,以国有公司、企业人员论。

93-3 《最高人民检察院关于佛教协会工作人员能否构成受贿罪或者公司、企业人员受贿罪主体问题的答复》(高检研发〔2003〕2号,2003年1月13日) 佛教协会属于社会团体,其工作人员除符合刑法第九十三条第二款的规定属于受委托从事公务的人员外,既不属于国家工作人员,也不属于公司、企业人员。根据刑法的规定,对非受委托从事公务的佛教协会的工作人员利用职务之便收受他人财物,为他人谋取利益的行为,不能按受贿罪或者公司、企业人员受贿罪追究刑事责任。

93-4 **1.**《全国人民代表大会常务委员会关于〈中华人民共和国刑法〉第九十三条第二款的解释》(2000年4月29日) 全国人民代表大会常务委员会讨论了村民委员会等村基层组织人员在从事哪些工作

时属于刑法第九十三条第二款规定的“其他依照法律从事公务的人员”,解释如下:村民委员会等村基层组织人员协助人民政府从事下列行政管理工作,属于刑法第九十三条第二款规定的“其他依照法律从事公务的人员”:

(一)救灾、抢险、防汛、优抚、扶贫、移民、救济款物的管理;

(二)社会捐助公益事业款物的管理;

(三)国有土地的经营和管理*;

(四)土地征收、征用**补偿费用的管理;

(五)代征、代缴税款;

(六)有关计划生育、户籍、征兵工作;

(七)协助人民政府从事的其他行政管理工作。

村民委员会等村基层组织人员从事前款规定的公务,利用职务上的便利,非法占有公共财物、挪用公款、索取他人财物或者非法收受他人财物,构成犯罪的,适用刑法第三百八十二条和第三百八十三条贪污罪、第三百八十四条挪用公款罪、第三百八十五条和第三百八十六条受贿罪的规定。

2.《最高人民检察院关于〈全国人民代表大会常务委员会关于《中华人民共和国刑法》第九十三条第二款的解释〉的时间效力的批复》(高检发研字〔2000〕15号,2000年6月29日)

《全国人民代表大会常务委员会关于〈中华人民共和国刑法〉第九十三条第二款的解释》是对刑法第九十三条第二款关于“其他依照法律从事公务的人员”规定的进一步明确,并不是对刑法的修改。因此,该解释的效力适用于修订刑法的施行日期,其溯及力适用修订刑法第十二条的规定。

3.《全国法院审理经济犯罪案件工作座谈会纪要》(法〔2003〕167号,2003年11月13日)

一、关于贪污贿赂犯罪和渎职犯罪的主体

(三)“其他依照法律从事公务的人员”的认定

刑法第九十三条第二款规定的“其他依照法律从事公务的人员”

---

* 如果是农村集体土地的承包经营、管理和宅基地的管理等工作,则不属于本项内容。

** 《全国人民代表大会常务委员会关于修改部分法律的决定》(2009年8月27日)第二条第一款将本法中的“征用”修改为“征收、征用”。

应当具有两个特征：一是在特定条件下行使国家管理职能；二是依照法律规定从事公务。具体包括：(1)依法履行职责的各级人民代表大会代表；(2)依法履行审判职责的人民陪审员；(3)协助乡镇人民政府、街道办事处从事行政管理工作的村民委员会、居民委员会等农村和城市基层组织人员；(4)其他由法律授权从事公务的人员。

理解与适用*：其他依照法律从事公务的人员，具有两个特征：(1)在特定的条件下行使国家管理职能，如果不是在特定条件下行使国家管理职能，就直接认定为国家工作人员了。(2)其行使国家管理职能有法律依据，是依照法律、法规从事公务的。该条件系为了防止主体的不当扩大化。龚建平案最初起诉的是公司、企业人员受贿罪，最后定为受贿罪，其理由是其受中国足协指派，在全国足球联赛中执行裁判工作任务。

4.《最高人民检察院对〈关于中国保险监督管理委员会主体认定的请示〉的答复函》(2000年10月8日)　对于中国保险监督管理委员会可参照对国家机关的办法进行管理。据此，中国保险监督管理委员会干部应视同国家机关工作人员。

5.《最高人民法院研究室关于国家工作人员在农村合作基金会兼职从事管理工作如何认定身份问题的答复》(法研明传〔2000〕12号，2000年6月29日)　国家工作人员自行到农村合作基金会兼职从事管理工作的，因其兼职工作与国家工作人员身份无关，应认定为农村合作基金会一般从业人员；国家机关、国有公司、企业、事业单位委派到农村合作基金会兼职从事管理工作的人员，以国家工作人员论。

6.《最高人民检察院关于镇财政所所长是否适用国家机关工作人员的批复》(高检发研字〔2000〕9号，2000年5月4日)　对于属行政执法事业单位的镇财政所中按国家机关在编干部管理的工作人员，在履行政府行政公务活动中，滥用职权或玩忽职守构成犯罪的，应以国家机关工作人员论。

7.《最高人民检察院对〈关于中国证监会主体认定的请示〉的答复函》(高检法发字〔2000〕7号，2000年4月30日)　中国证券监督管理委员会为国务院直属事业单位，是全国证券期货市场的主管部门。其主要职责是统一管理证券期货市场，按规定对证券期货监管机构实行

---

* 最高人民法院刑事审判第一庭、第二庭编：《刑事审判参考》(总第31辑)，法律出版社2003年版。

垂直领导，所以，它是具有行政职责的事业单位。据此，北京证券监督管理委员会干部应视同为国家机关工作人员。

8.《最高人民检察院法律政策研究室关于集体性质的乡镇卫生院院长利用职务之便收受他人财务的行为如何适用法律问题的批复》（高检研发〔2003〕9号，2003年4月2日）　经过乡镇政府或者主管行政机关任命的乡镇卫生院院长，在依法从事本区域卫生工作的管理与业务技术指导，承担医疗预防保健服务工作等公务活动时，属于刑法第九十三条第二款规定的其他依照法律从事公务的人员。对其利用职务上的便利，索取他人财物的，或者非法收受他人财物，为他人谋取利益的，应当依照刑法第三百八十五条、第三百八十六条的规定，以受贿罪追究刑事责任。

第九十四条　【司法工作人员的范围】本法所称司法工作人员，是指有侦查、[1]检察、审判、监管职责的工作人员。

94-1　《最高人民检察院关于企业事业单位的公安机构在机构改革过程中其工作人员能否构成渎职侵权犯罪主体问题的批复》（高检发释字〔2002〕3号，2002年5月16日）　企业事业单位的公安机构在机构改革过程中虽尚未列入公安机关建制，其工作人员在行使侦查职责时，实施渎职侵权行为的，可以成为渎职侵权犯罪的主体。

理解与适用：如何界定司法工作人员，主要依据是其所担负的职责和行使的职权，而不能简单以具体什么样的身份加以认定。在机构改革中的企业、事业单位的公安机构是改革过程中的特定产物，是阶段性、暂时性的，其实质仍然行使与县级公安机关同等的侦查职权，负有侦查的职责，故应属于司法工作人员范畴。

第九十五条[1]　**【重伤】**本法所称重伤，是指有下列情形之一的伤害：

（一）使人肢体残废或者毁人容貌的；

（二）使人丧失听觉、视觉或者其他器官机能的；

（三）其他[2]对于人身健康有重大伤害的。

95-1　《最高人民法院、最高人民检察院、公安部、国家安全部、司法部〈人体损伤程度鉴定标准〉》（2014年1月1日）

95-2　《最高人民法院、最高人民检察院关于办理组织、强迫、引诱、容留、介绍卖淫刑事案件适用法律若干问题的解释》(法释〔2017〕13号,2017年7月25日)第十二条第二款　具有下列情形之一,致使他人感染艾滋病病毒的,认定为刑法第九十五条第三项“其他对于人身健康有重大伤害”所指的“重伤”,依照刑法第二百三十四条第二款的规定,以故意伤害罪定罪处罚:

(一)明知自己感染艾滋病病毒而卖淫、嫖娼的;

(二)明知自己感染艾滋病病毒,故意不采取防范措施而与他人发生性关系的。

第九十六条[1]　**【违反国家规定之含义】**本法所称违反国家规定,是指违反全国人民代表大会及其常务委员会制定的法律和决定,国务院制定的行政法规、规定的行政措施、发布的决定和命令。

96-1　《最高人民法院关于准确理解和适用刑法中“国家规定”的有关问题的通知》(法发〔2011〕155号,2011年4月8日)　目前,国务院法制办就国务院办公厅文件的有关规定是否可以认定为刑法中的“国家规定”予以统一、规范。为切实做好相关刑事案件审判工作,准确把握刑法有关条文规定的“违反国家规定”的认定标准,依法惩治犯罪,统一法律适用,现就有关问题通知如下:

一、根据刑法第九十六条的规定,刑法中的“国家规定”是指,全国人民代表大会及其常务委员会制定的法律和决定,国务院制定的行政法规、规定的行政措施、发布的决定和命令。其中,“国务院规定的行政措施”应当由国务院决定,通常以行政法规或者国务院制发文件的形式加以规定。以国务院办公厅名义制发的文件,符合以下条件的,亦应视为刑法中的“国家规定”:(1)有明确的法律依据或者同相关行政法规不相抵触;(2)经国务院常务会议讨论通过或者经国务院批准;(3)在国务院公报上公开发布。

二、各级人民法院在刑事审判工作中,对有关案件所涉及的“违反国家规定”的认定,要依照相关法律、行政法规及司法解释的规定准确把握。对于规定不明确的,要按照本通知的要求审慎认定。对于违反地方性法规、部门规章的行为,不得认定为“违反国家规定”。对被告人的行为是否“违反国家规定”存在争议的,应当作为法律适用问题,逐级向最高人民法院请示。

三、各级人民法院审理非法经营犯罪案件,要依法严格把握刑法第二百二十五条第(四)项的适用范围。对被告人的行为是否属于刑法

第二百二十五条第(四)项规定的“其他严重扰乱市场秩序的非法经营行为”,有关司法解释未作明确规定的,应当作为法律适用问题,逐级向最高人民法院请示。

第九十七条　【首要分子的范围】本法所称首要分子,是指在犯罪集团或者聚众犯罪中起组织、策划、指挥作用的犯罪分子。

第九十八条　【告诉才处理的含义】本法所称告诉才处理,是指被害人告诉才处理。如果被害人因受强制、威吓无法告诉的,人民检察院和被害人的近亲属也可以告诉。

第九十九条　【以上、以下、以内的界定】本法所称以上、以下、以内,包括本数[*]。

第一百条[1]　**【前科报告制度】**依法受过刑事处罚的人,在入伍、就业的时候,应当如实向有关单位报告自己曾受过刑事处罚,不得隐瞒。

(刑八)犯罪的时候不满十八周岁被判处五年有期徒刑以下刑罚的人,免除前款规定的报告义务。

100-1　《最高人民法院、最高人民检察院、公安部、国家安全部、司法部关于建立犯罪人员犯罪记录制度的意见》(法发〔2012〕10号,2012年5月10日)

第一百零一条　【总则的效力】本法总则适用于其他有刑罚规定的法律,但是其他法律有特别规定的除外。

---

* 如果某罪可以判处三年以上七年以下有期徒刑,那么可以判处三年有期徒刑,而这一刑罚仍可适用缓刑。不满不包括本数。

第二编

分　　则*

*　一、分则罪名的确定：1.《最高人民法院关于执行〈中华人民共和国刑法〉确定罪名的规定》（法释〔1997〕9号，1997年12月16日）；2.《最高人民法院、最高人民检察院关于执行〈中华人民共和国刑法〉确定罪名的补充规定（二）》（法释〔2003〕12号，2003年8月21日）；3.《最高人民法院、最高人民检察院关于执行〈中华人民共和国刑法〉确定罪名的补充规定（三）》（法释〔2007〕16号，2007年11月6日）；4.《最高人民法院、最高人民检察院关于执行〈中华人民共和国刑法〉确定罪名的补充规定（四）》（法释〔2009〕13号，2009年10月16日）；5.《最高人民法院、最高人民检察院关于执行〈中华人民共和国刑法〉确定罪名的补充规定（五）》（法释〔2011〕10号，2011年5月1日）；6.《最高人民法院、最高人民检察院关于执行〈中华人民共和国刑法〉确定罪名的补充规定（六）》（法释〔2015〕20号，2015年11月1日）；7.《最高人民法院、最高人民检察院关于执行〈中华人民共和国刑法〉确定罪名的补充规定（七）》（法释〔2021〕2号，2021年3月1日）；8.《最高人民法院、最高人民检察院关于执行〈中华人民共和国刑法〉确定罪名的补充规定（八）》（法释〔2024〕3号，2024年3月1日）。

二、分则罪名的立案标准：1.《最高人民检察院、公安部关于公安机关管辖的刑事案件立案追诉标准的规定（一）》（公通字〔2008〕36号，2008年6月5日，以下简称《立案标准（一）》）；2.《最高人民检察院、公安部关于公安机关管辖的刑事案件立案追诉标准的规定（一）的补充规定》（公通字〔2017〕12号，2017年4月27日，以下简称《立案标准（一）的补充规定》）；3.《最高人民检察院、公安部关于公安机关管辖的刑事案件立案追诉标准的规定（二）》（公通字〔2022〕12号，2022年5月15日，以下简称《立案标准（二）》）；4.《最高人民检察院、公安部关于公安机关管辖的刑事案件立案追诉标准的规定（三）》（公通字〔2012〕26号，2012年5月16日，以下简称《立案标准（三）》）。

第一章　危害国家安全[1]罪

C.1-1　1.《国家安全法》(2015年7月1日)第二条　国家安全是指国家政权、主权、统一和领土完整、人民福祉、经济社会可持续发展和国家其他重大利益相对处于没有危险和不受内外威胁的状态,以及保障持续安全状态的能力。

2.《香港特别行政区维护国家安全法》(2020年6月30日)。

第四条　香港特别行政区维护国家安全应当尊重和保障人权,依法保护香港特别行政区居民根据香港特别行政区基本法和《公民权利和政治权利国际公约》、《经济、社会与文化权利的国际公约》适用于香港的有关规定享有的包括言论、新闻、出版的自由,结社、集会、游行、示威的自由在内的权利和自由。

第五十五条　有以下情形之一的,经香港特别行政区政府或者驻香港特别行政区维护国家安全公署提出,并报中央人民政府批准,由驻香港特别行政区维护国家安全公署对本法规定的危害国家安全犯罪案件行使管辖权:

(一)案件涉及外国或者境外势力介入的复杂情况,香港特别行政区管辖确有困难的;

(二)出现香港特别行政区政府无法有效执行本法的严重情况的;

(三)出现国家安全面临重大现实威胁的情况的。

第五十六条　根据本法第五十五条规定管辖有关危害国家安全犯罪案件时,由驻香港特别行政区维护国家安全公署负责立案侦查,最高人民检察院指定有关检察机关行使检察权,最高人民法院指定有关法院行使审判权。

第五十七条　根据本法第五十五条规定管辖案件的立案侦查、审查起诉、审判和刑罚的执行等诉讼程序事宜,适用《中华人民共和国刑事诉讼法》等相关法律的规定。

根据本法第五十五条规定管辖案件时,本法第五十六条规定的执法、司法机关依法行使相关权力,其为决定采取强制措施、侦查措施和司法裁判而签发的法律文书在香港特别行政区具有法律效力。对于驻香港特别行政区维护国家安全公署依法采取的措施,有关机构、组织和个人必须遵从。

第五十八条 根据本法第五十五条规定管辖案件时,犯罪嫌疑人自被驻香港特别行政区维护国家安全公署第一次讯问或者采取强制措施之日起,有权委托律师作为辩护人。辩护律师可以依法为犯罪嫌疑人、被告人提供法律帮助。

犯罪嫌疑人、被告人被合法拘捕后,享有尽早接受司法机关公正审判的权利。

第五十九条 根据本法第五十五条规定管辖案件时,任何人如果知道本法规定的危害国家安全犯罪案件情况,都有如实作证的义务。

第六十条 驻香港特别行政区维护国家安全公署及其人员依据本法执行职务的行为,不受香港特别行政区管辖。

持有驻香港特别行政区维护国家安全公署制发的证件或者证明文件的人员和车辆等在执行职务时不受香港特别行政区执法人员检查、搜查和扣押。

驻香港特别行政区维护国家安全公署及其人员享有香港特别行政区法律规定的其他权利和豁免。

第六十一条 驻香港特别行政区维护国家安全公署依据本法规定履行职责时,香港特别行政区政府有关部门须提供必要的便利和配合,对妨碍有关执行职务的行为依法予以制止并追究责任。

第一百零二条 【背叛国家罪】勾结外国,危害中华人民共和国的主权、领土完整和安全的,处无期徒刑或者十年以上有期徒刑。

与境外机构、组织、个人[1] 相勾结[2],犯前款罪的,依照前款的规定处罚。

102-1 《反间谍法实施细则》(2017 年 11 月 22 日)第三条 《反间谍法》所称"境外机构、组织"包括境外机构、组织在中华人民共和国境内设立的分支(代表)机构和分支组织;所称"境外个人"包括居住在中华人民共和国境内不具有中华人民共和国国籍的人。

102-2 《反间谍法实施细则》第七条 《反间谍法》所称"勾结"实

施危害中华人民共和国国家安全的间谍行为，是指境内外组织、个人的下列行为：

（一）与境外机构、组织、个人共同策划或者进行危害国家安全的间谍活动的；

（二）接受境外机构、组织、个人的资助或者指使，进行危害国家安全的间谍活动的；

（三）与境外机构、组织、个人建立联系，取得支持、帮助，进行危害国家安全的间谍活动的。

第一百零三条　【分裂国家罪】组织、策划、实施分裂国家、破坏国家统一的[1]，对首要分子或者罪行重大的，处无期徒刑或者十年以上有期徒刑；对积极参加的，处三年以上十年以下有期徒刑；对其他参加的，处三年以下有期徒刑、拘役、管制或者剥夺政治权利。

【煽动分裂国家罪】煽动[2]分裂国家、破坏国家统一的，处五年以下有期徒刑、拘役、管制或者剥夺政治权利；首要分子或者罪行重大的，处五年以上有期徒刑。

103-1　《香港特别行政区维护国家安全法》（2020年6月30日）第二十条第一款　任何人组织、策划、实施或者参与实施以下旨在分裂国家、破坏国家统一行为之一的，不论是否使用武力或者以武力相威胁，即属犯罪：

（一）将香港特别行政区或者中华人民共和国其他任何部分从中华人民共和国分离出去；

（二）非法改变香港特别行政区或者中华人民共和国其他任何部分的法律地位；

（三）将香港特别行政区或者中华人民共和国其他任何部分转归外国统治。

103-2　**1.**《香港特别行政区维护国家安全法》第二十一条　任何人煽动、协助、教唆、以金钱或者其他财物资助他人实施本法第二十条规定的犯罪的，即属犯罪。情节严重的，处五年以上十年以下有期徒刑；情节较轻的，处五年以下有期徒刑、拘役或者管制。

2.《最高人民法院关于审理非法出版物刑事案件具体应用法律若干问题的解释》（法释〔1998〕30号，1998年12月23日）第一条　明知出版物中载有煽动分裂国家、破坏国家统一或者煽动颠覆国家政权、推翻社会主义制度的内容,而予以出版、印刷、复制、发行、传播的,依照刑法第一百零三条第二款或者第一百零五条第二款的规定,以煽动分裂国家罪或者煽动颠覆国家政权罪定罪处罚。

第一百零四条　【武装叛乱、暴乱罪】组织、策划、实施武装叛乱或者武装暴乱的,对首要分子或者罪行重大的,处无期徒刑或者十年以上有期徒刑;对积极参加的,处三年以上十年以下有期徒刑;对其他参加的,处三年以下有期徒刑、拘役、管制或者剥夺政治权利。

策动、胁迫、勾引、收买国家机关工作人员、武装部队人员、人民警察、民兵进行武装叛乱或者武装暴乱的,依照前款的规定从重处罚。

第一百零五条　【颠覆国家政权罪】组织、策划、实施颠覆[1] 国家政权、推翻社会主义制度的,对首要分子或者罪行重大的,处无期徒刑或者十年以上有期徒刑;对积极参加的,处三年以上十年以下有期徒刑;对其他参加的,处三年以下有期徒刑、拘役、管制或者剥夺政治权利。

【煽动颠覆国家政权罪】以造谣、诽谤或者其他方式煽动[2] 颠覆国家政权、推翻社会主义制度的,处五年以下有期徒刑、拘役、管制或者剥夺政治权利;首要分子或者罪行重大的,处五年以上有期徒刑。

105-1　《香港特别行政区维护国家安全法》第二十二条第一款　任何人组织、策划、实施或者参与实施以下以武力、威胁使用武力或者其他非法手段旨在颠覆国家政权行为之一的,即属犯罪:

(一)推翻、破坏中华人民共和国宪法所确立的中华人民共和国根本制度;

(二)推翻中华人民共和国中央政权机关或者香港特别行政区政权机关;

(三)严重干扰、阻挠、破坏中华人民共和国中央政权机关或者香港特别行政区政权机关依法履行职能;

(四)攻击、破坏香港特别行政区政权机关履职场所及其设施,致使其无法正常履行职能。

105-2　《香港特别行政区维护国家安全法》第二十三条　任何人煽动、协助、教唆、以金钱或者其他财物资助他人实施本法第二十二条规定的犯罪的,即属犯罪。情节严重的,处五年以上十年以下有期徒刑;情节较轻的,处五年以下有期徒刑、拘役或者管制。

第一百零六条　【与境外勾结的处罚规定】与境外机构、组织、个人相勾结[1],实施本章第一百零三条(*分裂国家罪、煽动分裂国家罪*)、第一百零四条(*武装叛乱、暴乱罪*)、第一百零五条(*颠覆国家政权罪、煽动颠覆国家政权罪*)规定之罪的,依照各该条的规定从重处罚。

106-1　《香港特别行政区维护国家安全法》第二十九条第一款　为外国或者境外机构、组织、人员窃取、刺探、收买、非法提供涉及国家安全的国家秘密或者情报的;请求外国或者境外机构、组织、人员实施,与外国或者境外机构、组织、人员串谋实施,或者直接或者间接接受外国或者境外机构、组织、人员的指使、控制、资助或者其他形式的支援实施以下行为之一的,均属犯罪:

(一)对中华人民共和国发动战争,或者以武力或者武力相威胁,对中华人民共和国主权、统一和领土完整造成严重危害;

(二)对香港特别行政区政府或者中央人民政府制定和执行法律、政策进行严重阻挠并可能造成严重后果;

(三)对香港特别行政区选举进行操控、破坏并可能造成严重后果;

(四)对香港特别行政区或者中华人民共和国进行制裁、封锁或者采取其他敌对行动;

(五)通过各种非法方式引发香港特别行政区居民对中央人民政府或者香港特别行政区政府的憎恨并可能造成严重后果。

第一百零七条　(刑八)【资助危害国家安全犯罪活动罪】* 境内外**机构、组织或者个人资助[1] 实施本章第一百零二条、第一百零三条、第一百零四条、第一百零五条规定之罪的,对直接责任人员,处五年以下有期徒刑、拘役、管制或者剥夺政治权利;情节严重的,处五年以上有期徒刑。

---

* 将资助行为单独定罪。

** 《刑法修正案(八)》将资助对象范围扩大到境外组织或者个人,从此不再限于境内组织和人员。

107-1 《反间谍法实施细则》第六条 《反间谍法》所称“资助”实施危害中华人民共和国国家安全的间谍行为,是指境内外机构、组织、个人的下列行为:

(一)向实施间谍行为的组织、个人提供经费、场所和物资的;

(二)向组织、个人提供用于实施间谍行为的经费、场所和物资的。

第一百零八条 【投敌叛变罪】投敌叛变的,处三年以上十年以下有期徒刑;情节严重或者带领武装部队人员、人民警察、民兵投敌叛变的,处十年以上有期徒刑或者无期徒刑。

第一百零九条* **(刑八)【叛逃罪】**国家机关工作人员在履行公务期间,擅离岗位,叛逃境外或者在境外叛逃的,处五年以下有期徒刑、拘役、管制或者剥夺政治权利;情节严重的,处五年以上十年以下有期徒刑。

掌握国家秘密的国家工作人员叛逃境外或者在境外叛逃的,依照前款的规定从重处罚。

第一百一十条 【间谍罪】有下列间谍行为[1]之一,危害国家安全的,处十年以上有期徒刑或者无期徒刑;情节较轻的,处三年以上十年以下有期徒刑:

(一)参加间谍组织或者接受间谍组织及其代理人[2]的任务的;

(二)为敌人指示轰击目标的。

110-1 《反间谍法》(2023年7月1日)第四条 本法所称间谍行为,是指下列行为:

(一)间谍组织及其代理人实施或者指使、资助他人实施,或者境内外机构、组织、个人与其相勾结实施的危害中华人民共和国国家安全的活动;

(二)参加间谍组织或者接受间谍组织及其代理人的任务,或者投靠间谍组织及其代理人;

(三)间谍组织及其代理人以外的其他境外机构、组织、个人实施

---

* 第一百零九条第一款删除了“危害中华人民共和国国家安全的”,处罚未变。第二款将犯前款罪具体写明为“叛逃境外或者在境外叛逃”。

或者指使、资助他人实施，或者境内机构、组织、个人与其相勾结实施的窃取、刺探、收买、非法提供国家秘密、情报以及其他关系国家安全和利益的文件、数据、资料、物品，或者策动、引诱、胁迫、收买国家工作人员叛变的活动；

(四)间谍组织及其代理人实施或者指使、资助他人实施，或者境内外机构、组织、个人与其相勾结实施针对国家机关、涉密单位或者关键信息基础设施等的网络攻击、侵入、干扰、控制、破坏等活动；

(五)为敌人指示攻击目标；

(六)进行其他间谍活动。

间谍组织及其代理人在中华人民共和国领域内，或者利用中华人民共和国的公民、组织或者其他条件，从事针对第三国的间谍活动，危害中华人民共和国国家安全的，适用本法。

110-2 《反间谍法实施细则》第四条 《反间谍法》所称"间谍组织代理人"，是指受间谍组织或者其成员的指使、委托、资助，进行或者授意、指使他人进行危害中华人民共和国国家安全活动的人。

间谍组织和间谍组织代理人由国务院国家安全主管部门确认。

第一百一十一条[1] **【为境外窃取、刺探、收买、非法提供国家秘密、情报罪】**为境外的机构、组织、人员窃取、刺探、收买、非法提供国家秘密[2]或者情报[3]的，[4]处五年以上十年以下有期徒刑；情节特别严重的，[5]处十年以上有期徒刑或者无期徒刑；情节较轻的，[6]处五年以下有期徒刑、拘役、管制或者剥夺政治权利。

111-1 《最高人民法院关于审理为境外窃取、刺探、收买、非法提供国家秘密、情报案件具体应用法律若干问题的解释》(法释〔2001〕4号，2001年1月22日)第五条 行为人知道或者应当知道没有标明密级的事项关系国家安全和利益，而为境外窃取、刺探、收买、非法提供的，依照刑法第一百一十一条的规定以为境外窃取、刺探、收买、非法提供国家秘密罪定罪处罚。

第六条 通过互联网将国家秘密或者情报非法发送给境外的机构、组织、个人的，依照刑法第一百一十一条的规定定罪处罚……

第七条 审理为境外窃取、刺探、收买、非法提供国家秘密案件，需要对有关事项是否属于国家秘密以及属于何种密级进行鉴定的，由国家保密工作部门或者省、自治区、直辖市保密工作部门*鉴定。

111-2 **1.** 法释〔2001〕4号第一条第一款　刑法第一百一十一条规定的“国家秘密”，是指《中华人民共和国保守国家秘密法》**第二条、第八条以及《中华人民共和国保守国家秘密法实施办法》***第四条确定的事项。

2.《保守国家秘密法》第二条　国家秘密是关系国家安全和利益，依照法定程序确定，在一定时间内只限一定范围的人员知悉的事项。

《保守国家秘密法》第九条　下列涉及国家安全和利益的事项，泄露后可能损害国家在政治、经济、国防、外交等领域的安全和利益的，应当确定为国家秘密：

(一)国家事务重大决策中的秘密事项；

(二)国防建设和武装力量活动中的秘密事项；

(三)外交和外事活动中的秘密事项以及对外承担保密义务的秘密事项；

(四)国民经济和社会发展中的秘密事项；

(五)科学技术中的秘密事项；

(六)维护国家安全活动和追查刑事犯罪中的秘密事项；

(七)经国家保密行政管理部门确定的其他秘密事项****。

政党的秘密事项中符合前款规定的，属于国家秘密。

111-3 **1.** 法释〔2001〕4号第一条第二款　刑法第一百一十一条规定的“情报”，是指关系国家安全和利益、尚未公开或者依照有关规定不应公开的事项。*****

法释〔2001〕4号第一条第三款　对为境外机构、组织、人员窃取、刺探、收买、非法提供国家秘密之外的情报的行为，以为境外窃取、刺探、收买、非法提供情报罪定罪处罚。

2.《最高人民法院、国家保密局关于执行〈关于审理为境外窃取、刺探、收买、非法提供国家秘密、情报案件具体应用法律若干问题的解释〉有关问题的通知》(法发〔2001〕117号，2001年8月22日)　人民法院审理为境外窃取、刺探、收买、非法提供情报案件，需要对有关事项

---

* 特殊鉴定的鉴定人为单位而非个人。

** 《保守国家秘密法》(1988年9月5日制定，2010年4月29日修订)。

*** 2014年3月1日起，《保守国家秘密法实施办法》已被《保守国家秘密法实施条例》所取代。

**** 自2005年起，自然灾害死亡人数不再作为国家秘密。

***** 缩小解释。

是否属于情报进行鉴定的，由国家保密工作部门或者省、自治区、直辖市保密工作部门鉴定。

111-4　法释〔2001〕4号第三条　为境外窃取、刺探、收买、非法提供国家秘密或者情报，具有下列情形之一的，处五年以上十年以下有期徒刑，可以并处没收财产：

（一）为境外窃取、刺探、收买、非法提供机密级国家秘密的；

（二）为境外窃取、刺探、收买、非法提供三项以上秘密级国家秘密的；

（三）为境外窃取、刺探、收买、非法提供国家秘密或者情报，对国家安全和利益造成其他严重损害的。

111-5　法释〔2001〕4号第二条　为境外窃取、刺探、收买、非法提供国家秘密或者情报，具有下列情形之一的，属于"情节特别严重"，处十年以上有期徒刑、无期徒刑，可以并处没收财产：

（一）为境外窃取、刺探、收买、非法提供绝密级国家秘密的；

（二）为境外窃取、刺探、收买、非法提供三项以上机密级国家秘密的；

（三）为境外窃取、刺探、收买、非法提供国家秘密或者情报，对国家安全和利益造成其他特别严重损害的。

实施前款行为，对国家和人民危害特别严重、情节特别恶劣的，可以判处死刑，并处没收财产。

111-6　法释〔2001〕4号第四条　为境外窃取、刺探、收买、非法提供秘密级国家秘密或者情报，属于"情节较轻"，处五年以下有期徒刑、拘役、管制或者剥夺政治权利，可以并处没收财产。

第一百一十二条　【资敌罪】战时供给敌人武器装备、军用物资资敌的，处十年以上有期徒刑或者无期徒刑；情节较轻的，处三年以上十年以下有期徒刑。

第一百一十三条　【危害国家安全罪适用死刑、没收财产的规定】本章上述危害国家安全罪行中，除第一百零三条第二款（*煽动分裂国家罪*）、第一百零五条（*颠覆国家政权罪、煽动颠覆国家政权罪*）、第一百零七条（*资助危害国家安全犯罪活动罪*）、第一百零九条（*叛逃罪*）外，对国家和人民危害特别严重、情节特别恶劣的，可以判处死刑。

犯本章之罪的，可以并处没收财产。

第二章　危害公共安全罪[1]

C.2-1　《最高人民检察院、公安部关于公安机关管辖的刑事案件立案追诉标准的规定(一)》(公通字〔2008〕36号,以下简称《立案标准(一)》)。

第一百一十四条*　(刑三)【放火罪;决水罪;爆炸罪;投放危险物质罪;以危险方法危害公共安全罪】放火、决水、爆炸以及投放毒害性、放射性、传染病病原体等物质[1**]或者以其他危险方法危害公共安全,尚未造成严重后果的,处三年以上十年以下有期徒刑。

114-1　**1.**《最高人民法院、最高人民检察院、公安部等关于依法惩治涉枪支、弹药、爆炸物、易燃易爆危险物品犯罪的意见》(法发〔2021〕35号,2021年12月31日)　二、正确认定犯罪　8.在水路、铁路、航空易燃易爆危险物品运输生产作业活动中违反有关安全管理的规定,有下列情形之一,明知存在重大事故隐患而不排除,足以危害公共安全的,依照刑法第一百一十四条的规定,以危险方法危害公共安全罪定罪处罚;致人重伤、死亡或者使公私财产遭受重大损失的,依照刑法第一百一十五条第一款的规定处罚:

(1)未经依法批准或者许可,擅自从事易燃易爆危险物品运输的;

(2)委托无资质企业或者个人承运易燃易爆危险物品的;

(3)在托运的普通货物中夹带易燃易爆危险物品的;

(4)将易燃易爆危险物品谎报或者匿报为普通货物托运的;

---

* 原条文为:放火、决水、爆炸、投毒或者以其他危险方法破坏工厂、矿场、油田、港口、河流、水源、仓库、住宅、森林、农场、谷场、牧场、重要管道、公共建筑物或者其他公私财产,危害公共安全,尚未造成严重后果的,处三年以上十年以下有期徒刑。原条文系从犯罪对象的角度来界定本罪的罪质,而新的表述则主要从犯罪手段的角度来界定罪质。

** 《刑法修正案(三)》将"投毒"改为"投放毒害性、放射性、传染病病原体等物质",删除列举式规定侵犯对象。

(5)其他在水路、铁路、航空易燃易爆危险物品运输活动中违反有关安全管理规定的情形。

非法携带易燃易爆危险物品进入水路、铁路、航空公共交通工具或者有关公共场所,危及公共安全,情节严重的,依照刑法第一百三十条的规定,以非法携带危险物品危及公共安全罪定罪处罚。

理解与适用:本意见第8条规定,行为人在从事水路、铁路、航空易燃易爆危险物品运输生产作业活动过程中违反有关安全管理的规定,明知存在重大事故隐患而不排除,足以危害公共安全的,可以认定为以危险方法危害公共安全罪。作出上述规定,有利于督促有关单位和个人在事故发生前及时消除安全隐患,确保水路、铁路、航空运输安全。需要注意的是,以危险方法危害公共安全罪是重罪,本意见将本罪的适用范围严格限定在水路、铁路、航空易燃易爆危险物品运输生产作业活动过程中,实践中不能随意扩大适用范围。

2.《最高人民法院、最高人民检察院关于办理妨害预防、控制突发传染病疫情等灾害的刑事案件具体应用法律若干问题的解释》(法释〔2003〕8号,2003年5月15日)第一条 故意传播突发传染病病原体,危害公共安全的,依照刑法第一百一十四条、第一百一十五条第一款的规定,按照以危险方法危害公共安全罪定罪处罚。

患有突发传染病或者疑似突发传染病而拒绝接受检疫、强制隔离或者治疗,过失造成传染病传播,情节严重,危害公共安全的,依照刑法第一百一十五条第二款的规定,按照过失以危险方法危害公共安全罪定罪处罚。

第一百一十五条[*] **(刑三)【放火罪;决水罪;爆炸罪;投放危险物质罪;以危险方法危害公共安全罪】**放火、决水、爆炸以及投放毒害性、放射性、传染病病原体等物质或者以其他危险方法致人重伤、死亡或者使公私财产遭受重大损失的,处十年以上有期徒刑、无期徒刑或者死刑。

【失火罪[**]**;过失决水罪;过失爆炸罪;过失投放危险物质罪;过**

---

* 原条文为:放火、决水、爆炸、投毒或者以其他危险方法致人重伤、死亡或者使公私财产遭受重大损失的,处十年以上有期徒刑、无期徒刑或者死刑。

** 失火罪与其他过失引起火灾的犯罪的区别在于,是日常生活之中因用火不慎而引起火灾,还是以特定方法或针对特定对象或违反特定物品管理规定,或在生产、管理过程中造成的责任事故。

失以危险方法危害公共安全罪】过失犯前款罪的,处三年以上七年以下有期徒刑;情节较轻的,[1] 处三年以下有期徒刑或者拘役。

115-1 《立案标准(一)》第一条 过失引起火灾,涉嫌下列情形之一的,应予立案追诉:

(一)造成死亡一人以上,或者重伤三人以上的;

(二)造成公共财产或者他人财产直接经济损失五十万元以上的;

(三)造成十户以上家庭的房屋以及其他基本生活资料烧毁的;

(四)造成森林火灾,过火有林地面积二公顷以上,或者过火疏林地、灌木林地、未成林地、苗圃地面积四公顷以上的;

(五)其他造成严重后果的情形。

本条和本规定第十五条规定的"有林地"、"疏林地"、"灌木林地"、"未成林地"、"苗圃地",按照国家林业主管部门的有关规定确定。

第一百一十六条 【破坏交通工具罪】破坏火车、汽车、电车、船只、航空器,足以使火车、汽车、电车、船只、航空器发生倾覆、毁坏危险,尚未造成严重后果的,处三年以上十年以下有期徒刑。

第一百一十七条 【破坏交通设施罪】破坏轨道、桥梁、隧道、公路、机场、航道、灯塔、标志或者进行其他破坏活动,足以使火车、汽车、电车、船只、航空器发生倾覆、毁坏危险,尚未造成严重后果的,处三年以上十年以下有期徒刑。

第一百一十八条[1] 【破坏电力设备罪;破坏易燃易爆设备罪】破坏电力[2]、燃气或者其他易燃易爆设备,[3] 危害公共安全,尚未造成严重后果的,处三年以上十年以下有期徒刑。

118-1 《最高人民法院关于审理破坏电力设备刑事案件具体应用法律若干问题的解释》(法释〔2007〕15号,2007年8月15日)

118-2 法释〔2007〕15号第三条 盗窃电力设备,危害公共安全,但不构成盗窃罪的,以破坏电力设备罪定罪处罚;同时构成盗窃罪和破坏电力设备罪的,依照刑法处罚较重的规定定罪处罚。

盗窃电力设备,没有危及公共安全,但应当追究刑事责任的,可以根据案件的不同情况,按照盗窃罪等犯罪处理。

118-3　《最高人民法院、最高人民检察院关于办理盗窃油气、破坏油气设备等刑事案件具体应用法律若干问题的解释》（法释〔2007〕3号，2007年1月15日）

第一条　在实施盗窃油气等行为过程中，采用切割、打孔、撬砸、拆卸、开关等手段破坏正在使用的油气设备的，属于刑法第一百一十八条规定的“破坏燃气或者其他易燃易爆设备”的行为；危害公共安全，尚未造成严重后果的，依照刑法第一百一十八条的规定定罪处罚。

理解与适用：开关行为之所以被定为破坏性手段，其原因在于，输油管道、输气管道、油气井等油气设备都有严格的操作规程，不得随意开关。违反操作规程擅自开关油气设备的行为也会造成安全事故。不过，司法解释将其严格限定在盗窃油气行为过程中的开关行为。

第三条　盗窃油气或者正在使用的油气设备，构成犯罪，但未危害公共安全的，依照刑法第二百六十四条的规定，以盗窃罪定罪处罚。

盗窃油气，数额巨大但尚未运离现场的，以盗窃未遂定罪处罚。

为他人盗窃油气而偷开油气井、油气管道等油气设备阀门排放油气或者提供其他帮助的，以盗窃罪的共犯定罪处罚。

第四条　盗窃油气同时构成盗窃罪和破坏易燃易爆设备罪的，依照刑法处罚较重的规定定罪处罚。

第五条　明知是盗窃犯罪所得的油气或者油气设备，而予以窝藏、转移、收购、加工、代为销售或者以其他方法掩饰、隐瞒的，依照刑法第三百一十二条的规定定罪处罚。

实施前款规定的犯罪行为，事前通谋的，以盗窃犯罪的共犯定罪处罚。

第六条　违反矿产资源法的规定，非法开采或者破坏性开采石油、天然气资源的，依照刑法第三百四十三条以及《最高人民法院关于审理非法采矿、破坏性采矿刑事案件具体应用法律若干问题的解释》的规定追究刑事责任。

第七条　国家机关工作人员滥用职权或者玩忽职守，实施下列行为之一，致使公共财产、国家和人民利益遭受重大损失的，依照刑法第三百九十七条的规定，以滥用职权罪或者玩忽职守罪定罪处罚：

（一）超越职权范围，批准发放石油、天然气勘查、开采、加工、经营等许可证的；

（二）违反国家规定，给不符合法定条件的单位、个人发放石油、天然气勘查、开采、加工、经营等许可证的；

（三）违反《石油天然气管道保护条例》等国家规定，在油气设备安全保护范围内批准建设项目的；

(四)对发现或者经举报查实的未经依法批准、许可擅自从事石油、天然气勘查、开采、加工、经营等违法活动不予查封、取缔的。

第八条　本解释所称的"油气"，是指石油、天然气。其中，石油包括原油、成品油；天然气包括煤层气。本解释所称"油气设备"，是指用于石油、天然气生产、储存、运输等易燃易爆设备。

第一百一十九条　【破坏交通工具罪；破坏交通设施罪；破坏电力设备罪；破坏易燃易爆设备罪】破坏交通工具、交通设施、电力设备[1]、燃气设备、易燃易爆设备，造成严重后果的，[2] 处十年以上有期徒刑、无期徒刑或者死刑。

【过失损坏交通工具罪；过失损坏交通设施罪；过失损坏电力设备罪；过失损坏易燃易爆设备罪】过失犯前款罪的，处三年以上七年以下有期徒刑；情节较轻的，处三年以下有期徒刑或者拘役。

119-1　法释〔2007〕15号第四条第一款　本解释所称电力设备，是指处于运行、应急等使用中的电力设备；已经通电使用，只是由于枯水季节或电力不足等原因暂停使用的电力设备；已经交付使用但尚未通电的电力设备。不包括尚未安装完毕，或者已经安装完毕但尚未交付使用的电力设备。

理解与适用：盗窃使用中的电力设备，同时构成盗窃罪和破坏电力设备罪的，择一重罪处罚。所谓"使用中"，一般理解为正在通电，但以下两种情形即使不通电也属于"正在使用中"：(1)已经架设完毕交付电力部门验收的，即使尚未通电使用，也认为是正在使用中的电力设备；如果已经架设完毕，但尚未交付电力部门验收的线路，不认为是正在使用中。(2)农村小水电站季节性通电的线路，或者季节性使用的电力排灌设备，即使在暂停使用期间不通电的，也认为是正在使用中。

119-2　**1.** 法释〔2007〕15号第一条　破坏电力设备，具有下列情形之一的，属于刑法第一百一十九条第一款规定的"造成严重后果"，以破坏电力设备罪判处十年以上有期徒刑、无期徒刑或者死刑：

(一)造成一人以上死亡、三人以上重伤或者十人以上轻伤的；

(二)造成一万以上用户电力供应中断六小时以上，致使生产、生活受到严重影响的；

（三）造成直接经济损失一百万元以上的；

（四）造成其他危害公共安全严重后果的。

法释〔2007〕15号第四条第二款　本解释中直接经济损失的计算范围，包括电量损失金额，被毁损设备材料的购置、更换、修复费用，以及因停电给用户造成的直接经济损失等。

理解与适用：如案件中出现的重伤、轻伤单项达不到规定的人数，但重伤、轻伤合计的人数明显超过了单项人数的情况，同时造成重伤2人、轻伤9人的情况，则可归于第4种情况。

2. 法释〔2007〕3号第二条　实施本解释第一条规定的行为，具有下列情形之一的，属于刑法第一百一十九条第一款规定的“造成严重后果”，依照刑法第一百一十九条第一款的规定定罪处罚：

（一）造成一人以上死亡、三人以上重伤或者十人以上轻伤的；

（二）造成井喷或者重大环境污染事故的；

（三）造成直接经济损失数额在五十万元以上的；

（四）造成其他严重后果的。

第一百二十条[1]　（刑三、刑九）【组织、领导、参加恐怖组织罪】组织、领导[2]恐怖活动组织[3]* 的，处十年以上有期徒刑或者无期徒刑，并处没收财产；积极参加[4]的，处三年以上十年以下有期徒刑，并处罚金；其他参加[5]的，处三年以下有期徒刑、拘役、管制或者剥夺政治权利，可以并处罚金。

犯前款罪并实施杀人、爆炸、绑架等犯罪的，依照数罪并罚[6]的规定处罚。

120-1　1.《反恐怖主义法》**（2018年4月27日修订）；2.《最高人民法院、最高人民检察院、公安部、司法部关于办理恐怖活动和极端主义犯罪案件适用法律若干问题的意见》***（高检会〔2018〕1号，2018年3月16日）。

---

* 《刑法修正案（三）》起草时，曾有人建议应明确恐怖活动组织的含义，但鉴于国际社会对恐怖主义没有一个统一的认定标准，故未作出定义性的规定。2015年2月25日全国“两会”审议了反恐怖主义法草案。

** 《反恐怖主义法》（2015年12月27日通过，2018年4月27日修正）。

*** 本解释发布施行后，《最高人民法院、最高人民检察院、公安部关于办理暴力恐怖和宗教极端刑事案件适用法律若干问题的意见》（公通字〔2014〕34号）同时废止；之前发布的司法解释和规范性文件与本解释不一致的，以本解释为准。

二、正确适用程序

(三)宣扬恐怖主义、极端主义的图书、音频视频资料,服饰、标志或者其他物品的认定,应当根据《反恐怖主义法》有关恐怖主义、极端主义的规定,从其记载的内容、外观特征等分析判断。公安机关应当对涉案物品全面审查并逐一标注或者摘录,提出审读意见,与扣押、移交物品清单及涉案物品原件一并移送人民检察院审查。人民检察院、人民法院可以结合在案证据、案件情况、办案经验等综合审查判断。

120-2 高检会〔2018〕1号 一、准确认定犯罪

(一)具有下列情形之一的,应当认定为刑法第一百二十条规定的"组织、领导恐怖活动组织",以组织、领导恐怖组织罪定罪处罚:

1. 发起、建立恐怖活动组织的;

2. 恐怖活动组织成立后,对组织及其日常运行负责决策、指挥、管理的;

3. 恐怖活动组织成立后,组织、策划、指挥该组织成员进行恐怖活动的;

4. 其他组织、领导恐怖活动组织的情形。

120-3 **1.**《反恐怖主义法》第三条第三款 本法所称恐怖活动组织,是指三人以上为实施恐怖活动而组成的犯罪组织。

2.《香港特别行政区维护国家安全法》第二十四条 为胁迫中央人民政府、香港特别行政区政府或者国际组织或者威吓公众以图实现政治主张,组织、策划、实施、参与实施或者威胁实施以下造成或者意图造成严重社会危害的恐怖活动之一的,即属犯罪:

(一)针对人的严重暴力;

(二)爆炸、纵火或者投放毒害性、放射性、传染病病原体等物质;

(三)破坏交通工具、交通设施、电力设备、燃气设备或者其他易燃易爆设备;

(四)严重干扰、破坏水、电、燃气、交通、通讯、网络等公共服务和管理的电子控制系统;

(五)以其他危险方法严重危害公众健康或者安全。

犯前款罪,致人重伤、死亡或者使公私财产遭受重大损失的,处无期徒刑或者十年以上有期徒刑;其他情形,处三年以上十年以下有期徒刑。

第二十五条第二款 本法所指的恐怖活动组织,是指实施或者意图实施本法第二十四条规定的恐怖活动罪行或者参与或者协助实施本法第二十四条规定的恐怖活动罪行的组织。

120-4　高检会〔2018〕1 号　一、准确认定犯罪

(一)……具有下列情形之一的,应当认定为刑法第一百二十条规定的“积极参加”,以参加恐怖组织罪定罪处罚:

1. 纠集他人共同参加恐怖活动组织的;

2. 多次参加恐怖活动组织的;

3. 曾因参加恐怖活动组织、实施恐怖活动被追究刑事责任或者二年内受过行政处罚,又参加恐怖活动组织的;

4. 在恐怖活动组织中实施恐怖活动且作用突出的;

5. 在恐怖活动组织中积极协助组织、领导者实施组织、领导行为的;

6. 其他积极参加恐怖活动组织的情形。

120-5　高检会〔2018〕1 号　一、准确认定犯罪

(一)……参加恐怖活动组织,但不具有前两款规定情形的,应当认定为刑法第一百二十条规定的“其他参加”,以参加恐怖组织罪定罪处罚。

120-6　高检会〔2018〕1 号　一、准确认定犯罪

(一)……犯刑法第一百二十条规定的犯罪,又实施杀人、放火、爆炸、绑架、抢劫等犯罪的,依照数罪并罚的规定定罪处罚。

(八)犯刑法第一百二十条规定的犯罪,同时构成刑法第一百二十条之一至之六规定的犯罪的,依照处罚较重的规定定罪处罚。

犯刑法第一百二十条之一至之六规定的犯罪,同时构成其他犯罪的,依照处罚较重的规定定罪处罚。

第一百二十条之一　(刑三、刑九)[*]**【帮助恐怖活动罪】**[**]资助[1]恐怖活动组织、实施[2]恐怖活动的个人的,或者资助恐怖活动培训的,处五年以下有期徒刑、拘役、管制或者剥夺政治权利,并处罚金;情节严重的,处五年以上有期徒刑,并处罚金或者没收财产。

(刑九)为恐怖活动组织、实施恐怖活动或者恐怖活动培训招募、运送人员的,依照前款的规定处罚。

---

* 联合国于 1999 年 12 月 9 日通过了《制止向恐怖主义提供资助的国际公约》,中国也签署了该公约。联合国安理会于 2001 年 9 月 29 日通过了第 1739 号决议,规定各国应将为恐怖活动提供或者筹集资金的行为规定为犯罪。

** 资助行为本为帮助行为,但此处单独成罪。

单位犯前两款罪的,对单位判处罚金,并对其直接负责的主管人员和其他直接责任人员,依照第一款的规定处罚。

120A-1 **1.**《香港特别行政区维护国家安全法》第二十六条 为恐怖活动组织、恐怖活动人员、恐怖活动实施提供培训、武器、信息、资金、物资、劳务、运输、技术或者场所等支持、协助、便利,或者制造、非法管有爆炸性、毒害性、放射性、传染病病原体等物质以及以其他形式准备实施恐怖活动的,即属犯罪。情节严重的,处五年以上十年以下有期徒刑,并处罚金或者没收财产;其他情形,处五年以下有期徒刑、拘役或者管制,并处罚金。

有前款行为,同时构成其他犯罪的,依照处罚较重的规定定罪处罚。

2.《最高人民法院、最高人民检察院、公安部、司法部关于办理恐怖活动和极端主义犯罪案件适用法律若干问题的意见》(高检会〔2018〕1号,2018年3月16日) 一、准确认定犯罪

(二)具有下列情形之一的,依照刑法第一百二十条之一的规定,以帮助恐怖活动罪定罪处罚:

1. 以募捐、变卖房产、转移资金等方式为恐怖活动组织、实施恐怖活动的个人、恐怖活动培训筹集、提供经费,或者提供器材、设备、交通工具、武器装备等物资,或者提供其他物质便利的;

2. 以宣传、招收、介绍、输送等方式为恐怖活动组织、实施恐怖活动、恐怖活动培训招募人员的;

3. 以帮助非法出入境,或者为非法出入境提供中介服务、中转运送、停留住宿、伪造身份证明材料等便利,或者充当向导、帮助探查偷越国(边)境路线等方式,为恐怖活动组织、实施恐怖活动、恐怖活动培训运送人员的;

4. 其他资助恐怖活动组织、实施恐怖活动的个人、恐怖活动培训,或者为恐怖活动组织、实施恐怖活动、恐怖活动培训招募、运送人员的情形。

……

帮助恐怖活动罪的主观故意,应当根据案件具体情况,结合行为人的具体行为、认知能力、一贯表现和职业等综合认定。

明知是恐怖活动犯罪所得及其产生的收益,为掩饰、隐瞒其来源和性质,而提供资金账户,协助将财产转换为现金、金融票据、有价证券,通过转账或者其他结算方式协助资金转移,协助将资金汇往境外的,以

洗钱罪定罪处罚。事先通谋的，以相关恐怖活动犯罪的共同犯罪论处。

3.《最高人民法院关于审理洗钱等刑事案件具体应用法律若干问题的解释》(法释〔2009〕15号，2009年11月11日)第五条　刑法第一百二十条之一规定的"资助"，是指为恐怖活动组织或者实施恐怖活动的个人筹集、提供经费、物资或者提供场所以及其他物质便利的行为。

120A-2　**1.** 高检会〔2018〕1号　一、准确认定犯罪

(二)具有下列情形之一的，依照刑法第一百二十条之一的规定，以帮助恐怖活动罪定罪处罚：

……

实施恐怖活动的个人，包括已经实施恐怖活动的个人，也包括准备实施、正在实施恐怖活动的个人。包括在我国领域内实施恐怖活动的个人，也包括在我国领域外实施恐怖活动的个人。包括我国公民，也包括外国公民和无国籍人。

……

2. 法释〔2009〕15号第五条第二款　刑法第一百二十条之一规定的"实施恐怖活动的个人"，包括预谋实施、准备实施和实际实施恐怖活动的个人。

第一百二十条之二　(刑九)【准备实施恐怖活动罪】有下列情形之一的，[1] 处五年以下有期徒刑、拘役、管制或者剥夺政治权利，并处罚金；情节严重的，处五年以上有期徒刑，并处罚金或者没收财产：

(一)为实施恐怖活动准备凶器、危险物品或者其他工具的；

(二)组织恐怖活动培训或者积极参加恐怖活动培训的；

(三)为实施恐怖活动与境外恐怖活动组织或者人员联络的；

(四)为实施恐怖活动进行策划或者其他准备的。

有前款行为，同时构成其他犯罪的，依照处罚较重的规定定罪处罚。

120B-1　《最高人民法院、最高人民检察院、公安部、司法部关于办理恐怖活动和极端主义犯罪案件适用法律若干问题的意见》(高检会〔2018〕1号，2018年3月16日)　一、准确认定犯罪

(三)具有下列情形之一的，依照刑法第一百二十条之二的规定，以准备实施恐怖活动罪定罪处罚：

1. 为实施恐怖活动制造、购买、储存、运输凶器,易燃易爆、易制爆品,腐蚀性、放射性、传染性、毒害性物品等危险物品,或者其他工具的;

2. 以当面传授、开办培训班、组建训练营、开办论坛、组织收听收看音频视频资料等方式,或者利用网站、网页、论坛、博客、微博客、网盘、即时通信、通讯群组、聊天室等网络平台、网络应用服务组织恐怖活动培训的,或者积极参加恐怖活动心理体能培训,传授、学习犯罪技能方法或者进行恐怖活动训练的;

3. 为实施恐怖活动,通过拨打电话、发送短信、电子邮件等方式,或者利用网站、网页、论坛、博客、微博客、网盘、即时通信、通讯群组、聊天室等网络平台、网络应用服务与境外恐怖活动组织、人员联络的;

4. 为实施恐怖活动出入境或者组织、策划、煽动、拉拢他人出入境的;

5. 为实施恐怖活动进行策划或者其他准备的情形。

第一百二十条之三　(刑九)【宣扬恐怖主义、极端主义、煽动实施恐怖活动罪】以制作、散发宣扬[1]恐怖主义[2]、极端主义的图书、音频视频资料或者其他物品,或者通过讲授、发布信息等方式宣扬恐怖主义、极端主义的,或者煽动实施恐怖活动的,[3]处五年以下有期徒刑、拘役、管制或者剥夺政治权利,并处罚金;情节严重的,处五年以上有期徒刑,并处罚金或者没收财产。

120C-1 《香港特别行政区维护国家安全法》第二十七条　宣扬恐怖主义、煽动实施恐怖活动的,即属犯罪。情节严重的,处五年以上十年以下有期徒刑,并处罚金或者没收财产;其他情形,处五年以下有期徒刑、拘役或者管制,并处罚金。

120C-2 《反恐怖主义法》第三条第一款　本法所称恐怖主义,是指通过暴力、破坏、恐吓等手段,制造社会恐慌、危害公共安全、侵犯人身财产,或者胁迫国家机关、国际组织,以实现其政治、意识形态等目的的主张和行为。

本法所称恐怖活动,是指恐怖主义性质的下列行为:

(一)组织、策划、准备实施、实施造成或者意图造成人员伤亡、重大财产损失、公共设施损坏、社会秩序混乱等严重社会危害的活动的;

(二)宣扬恐怖主义,煽动实施恐怖活动,或者非法持有宣扬恐怖主义的物品,强制他人在公共场所穿戴宣扬恐怖主义的服饰、标志的;

(三)组织、领导、参加恐怖活动组织的;

（四）为恐怖活动组织、恐怖活动人员、实施恐怖活动或者恐怖活动培训提供信息、资金、物资、劳务、技术、场所等支持、协助、便利的；

（五）其他恐怖活动。

……

120C-3　高检会〔2018〕1 号　一、准确认定犯罪

（四）实施下列行为之一，宣扬恐怖主义、极端主义或者煽动实施恐怖活动的，依照刑法第一百二十条之三的规定，以宣扬恐怖主义、极端主义、煽动实施恐怖活动罪定罪处罚：

1. 编写、出版、印刷、复制、发行、散发、播放载有宣扬恐怖主义、极端主义内容的图书、报刊、文稿、图片或者音频视频资料的；

2. 设计、生产、制作、销售、租赁、运输、托运、寄递、散发、展示带有宣扬恐怖主义、极端主义内容的标识、标志、服饰、旗帜、徽章、器物、纪念品等物品的；

3. 利用网站、网页、论坛、博客、微博客、网盘、即时通信、通讯群组、聊天室等网络平台、网络应用服务等登载、张贴、复制、发送、播放、演示载有恐怖主义、极端主义内容的图书、报刊、文稿、图片或者音频视频资料的；

4. 网站、网页、论坛、博客、微博客、网盘、即时通信、通讯群组，聊天室等网络平台、网络应用服务的建立、开办、经营、管理者，明知他人利用网络平台、网络应用服务散布、宣扬恐怖主义、极端主义内容，经相关行政主管部门处罚后仍允许或者放任他人发布的；

5. 利用教经、讲经、解经、学经、婚礼、葬礼、纪念、聚会和文体活动等宣扬恐怖主义、极端主义、煽动实施恐怖活动的；

6. 其他宣扬恐怖主义、极端主义、煽动实施恐怖活动的行为。

第一百二十条之四　（刑九）【利用极端主义破坏法律实施罪】 利用极端主义煽动、胁迫群众破坏国家法律确立的婚姻、司法、教育、社会管理等制度实施[1]的，处三年以下有期徒刑、拘役或者管制，并处罚金；情节严重的，处三年以上七年以下有期徒刑，并处罚金；情节特别严重的，处七年以上有期徒刑，并处罚金或者没收财产。

120D-1　《最高人民法院、最高人民检察院、公安部、司法部关于办理恐怖活动和极端主义犯罪案件适用法律若干问题的意见》（高检会〔2018〕1 号，2018 年 3 月 16 日）　一、准确认定犯罪

（五）利用极端主义，实施下列行为之一的，依照刑法第一百二十

条之四的规定,以利用极端主义破坏法律实施罪定罪处罚:

1. 煽动、胁迫群众以宗教仪式取代结婚、离婚登记,或者干涉婚姻自由的;

2. 煽动、胁迫群众破坏国家法律确立的司法制度实施的;

3. 煽动、胁迫群众干涉未成年人接受义务教育,或者破坏学校教育制度、国家教育考试制度等国家法律规定的教育制度的;

4. 煽动、胁迫群众抵制人民政府依法管理,或者阻碍国家机关工作人员依法执行职务的;

5. 煽动、胁迫群众损毁居民身份证、居民户口簿等国家法定证件以及人民币的;

6. 煽动、胁迫群众驱赶其他民族、有其他信仰的人员离开居住地,或者干涉他人生活和生产经营的;

7. 其他煽动、胁迫群众破坏国家法律制度实施的行为。

第一百二十条之五　(刑九)【强制穿戴宣扬恐怖主义、极端主义服饰、标志罪】以暴力、胁迫[1]等方式强制他人在公共场所穿着、佩戴宣扬恐怖主义、极端主义服饰、标志的,处三年以下有期徒刑、拘役或者管制,并处罚金。

120E-1 《最高人民法院、最高人民检察院、公安部、司法部关于办理恐怖活动和极端主义犯罪案件适用法律若干问题的意见》(高检会〔2018〕1号,2018年3月16日)　一、准确认定犯罪

(六)具有下列情形之一的,依照刑法第一百二十条之五的规定,以强制穿戴宣扬恐怖主义、极端主义服饰、标志罪定罪处罚:

1. 以暴力、胁迫等方式强制他人在公共场所穿着、佩戴宣扬恐怖主义、极端主义服饰的;

2. 以暴力、胁迫等方式强制他人在公共场所穿着、佩戴含有恐怖主义、极端主义的文字、符号、图形、口号、徽章的服饰、标志的;

3. 其他强制他人穿戴宣扬恐怖主义、极端主义服饰、标志的情形。

第一百二十条之六　(刑九)【非法持有宣扬恐怖主义、极端主义物品罪】明知[1]是宣扬恐怖主义、极端主义的图书、音频视频资料或者其他物品而非法持有,情节严重的,[2]处三年以下有期徒刑、拘役或者管制,并处或者单处罚金。

120F-1　《最高人民法院、最高人民检察院、公安部、司法部关于办理恐怖活动和极端主义犯罪案件适用法律若干问题的意见》(高检会〔2018〕1号,2018年3月16日)　一、准确认定犯罪

(七)非法持有宣扬恐怖主义、极端主义物品罪主观故意中的“明知”,应当根据案件具体情况,以行为人实施的客观行为为基础,结合其一贯表现,具体行为、程度、手段、事后态度,以及年龄、认知和受教育程度、所从事的职业等综合审查判断。

具有下列情形之一,行为人不能作出合理解释的,可以认定其“明知”,但有证据证明确属被蒙骗的除外:

1. 曾因实施恐怖活动、极端主义违法犯罪被追究刑事责任,或者二年内受过行政处罚,或者被责令改正后又实施的;

2. 在执法人员检查时,有逃跑、丢弃携带物品或者逃避、抗拒检查等行为,在其携带、藏匿或者丢弃的物品中查获宣扬恐怖主义、极端主义的物品的;

3. 采用伪装、隐匿、暗语、手势、代号等隐蔽方式制作、散发、持有宣扬恐怖主义、极端主义的物品的;

4. 以虚假身份、地址或者其他虚假方式办理托运,寄递手续,在托运、寄递的物品中查获宣扬恐怖主义、极端主义的物品的;

5. 有其他证据足以证明行为人应当知道的情形。

120F-2　高检会〔2018〕1号　一、准确认定犯罪

(七)明知是载有宣扬恐怖主义、极端主义内容的图书、报刊、文稿、图片、音频视频资料、服饰、标志或者其他物品而非法持有,达到下列数量标准之一的,依照刑法第一百二十条之六的规定,以非法持有宣扬恐怖主义、极端主义物品罪定罪处罚:

1. 图书、刊物二十册以上,或者电子图书、刊物五册以上的;

2. 报纸一百份(张)以上,或者电子报纸二十份(张)以上的;

3. 文稿、图片一百篇(张)以上,或者电子文稿、图片二十篇(张)以上,或者电子文档五十万字符以上的;

4. 录音带、录像带等音像制品二十个以上,或者电子音频视频资料五个以上,或者电子音频视频资料二十分钟以上的;

5. 服饰、标志二十件以上的。

非法持有宣扬恐怖主义、极端主义的物品,虽未达到前款规定的数量标准,但具有多次持有,持有多类物品,造成严重后果或者恶劣社会影响,曾因实施恐怖活动、极端主义违法犯罪被追究刑事责任或者二年

内受过行政处罚等情形之一的,也可以定罪处罚。

多次非法持有宣扬恐怖主义、极端主义的物品,未经处理的,数量应当累计计算。非法持有宣扬恐怖主义、极端主义的物品,涉及不同种类或者形式的,可以根据本条规定的不同数量标准的相应比例折算后累计计算。

……

第一百二十一条 【劫持航空器罪】以暴力、胁迫或者其他方法劫持航空器的,处十年以上有期徒刑或者无期徒刑;致人重伤、死亡或者使航空器遭受严重破坏的,处死刑。

第一百二十二条 【劫持船只、汽车罪】以暴力、胁迫或者其他方法劫持船只、汽车的,处五年以上十年以下有期徒刑;造成严重后果的,处十年以上有期徒刑或者无期徒刑。

第一百二十三条 【暴力危及飞行安全罪】对飞行中的航空器上的人员*使用暴力**,危及飞行安全,尚未造成严重后果的,处五年以下有期徒刑或者拘役;造成严重后果的,处五年以上有期徒刑。

第一百二十四条[1] **【破坏广播电视设施、公用电信设施罪】**破坏广播电视设施、公用电信设施***,危害公共安全的[2],处三年以上七年以下有期徒刑;造成严重后果的,[3] 处七年以上有期徒刑。

【过失损坏广播电视设施、公用电信设施罪】过失犯前款罪的[4],处三年以上七年以下有期徒刑;情节较轻的,处三年以下有期徒刑或者拘役。

124-1 1.《最高人民法院关于审理破坏公用电信设施刑事案件具体应用法律若干问题的解释》(法释〔2004〕21号,2005年1月11日);2.《最高人民法院关于审理破坏广播电视设施等刑事案件具体应用法

---

* 航空器上的人员,既包括航空器上的驾驶人员、服务人员,也包括航空器上的乘客。

** 暴力危及飞行安全罪的行为方式仅限于暴力,而劫持航空器罪和劫持船只、汽车罪的行为方式包括暴力、胁迫或者其他方法。暴力危及飞行安全罪的行为对象,只能是正在飞行中的航空器。

*** 本罪的犯罪主体是自然人,不是单位。

律若干问题的解释》（法释〔2011〕13 号，2011 年 6 月 13 日）。

124-2　1. 法释〔2004〕21 号第一条　采用截断通信线路、损毁通信设备或者删除、修改、增加电信网计算机信息系统中存储、处理或者传输的数据和应用程序等手段，故意破坏正在使用的公用电信设施，具有下列情形之一的，属于刑法第一百二十四条规定的“危害公共安全”，依照刑法第一百二十四条第一款规定，以破坏公用电信设施罪处三年以上七年以下有期徒刑：

（一）造成火警、匪警、医疗急救、交通事故报警、救灾、抢险、防汛等通信中断或者严重障碍，并因此贻误救助、救治、救灾、抢险等，致使人员死亡一人、重伤三人以上或者造成财产损失三十万元以上的；

（二）造成二千以上不满一万用户通信中断一小时以上，或者一万以上用户通信中断不满一小时的；

（三）在一个本地网范围内，网间通信全阻、关口局至某一局向全部中断或网间某一业务全部中断不满二小时或者直接影响范围不满五万（用户 × 小时）的；

（四）造成网间通信严重障碍，一日内累计二小时以上不满十二小时的；

（五）其他危害公共安全的情形。

法释〔2004〕21 号第三条　故意破坏正在使用的公用电信设施尚未危害公共安全，或者故意毁坏尚未投入使用的公用电信设施，造成财物损失，构成犯罪的，依照刑法第二百七十五条规定，以故意毁坏财物罪定罪处罚。

盗窃公用电信设施价值数额不大，但是构成危害公共安全犯罪的，依照刑法第一百二十四条的规定定罪处罚；盗窃公用电信设施同时构成盗窃罪和破坏公用电信设施罪的，依照处罚较重的规定定罪处罚。

法释〔2004〕21 号第四条　指使、组织、教唆他人实施本解释规定的故意犯罪行为的，按照共犯定罪处罚。

法释〔2004〕21 号第五条　本解释中规定的公用电信设施的范围、用户数、通信中断和严重障碍的标准和时间长度，依据国家电信行业主管部门的有关规定确定。

2.《最高人民法院、最高人民检察院、工业和信息化部、公安部关于印发〈公用电信设施损坏经济损失计算方法〉的通知》（工信部联电管〔2014〕372 号，2014 年 8 月 28 日）

3.《最高人民法院关于审理破坏广播电视设施等刑事案件具体应

用法律若干问题的解释》(法释〔2011〕13号,2011年6月13日)第一条　采取拆卸、毁坏设备,剪割缆线,删除、修改、增加广播电视设备系统中存储、处理、传输的数据和应用程序,非法占用频率等手段,破坏正在使用的广播电视设施,具有下列情形之一的,依照刑法第一百二十四条第一款的规定,以破坏广播电视设施罪处三年以上七年以下有期徒刑:

(一)造成救灾、抢险、防汛和灾害预警等重大公共信息无法发布的;

(二)造成县级、地市(设区的市)级广播电视台中直接关系节目播出的设施无法使用,信号无法播出的;

(三)造成省级以上广播电视传输网内的设施无法使用,地市(设区的市)级广播电视传输网内的设施无法使用三小时以上,县级广播电视传输网内的设施无法使用十二小时以上,信号无法传输的;

(四)其他危害公共安全的情形。

法释〔2011〕13号第四条　建设、施工单位的管理人员、施工人员,在建设、施工过程中,违反广播电视设施保护规定,故意或者过失损毁正在使用的广播电视设施,构成犯罪的,以破坏广播电视设施罪或者过失损坏广播电视设施罪定罪处罚。其定罪量刑标准适用本解释第一至三条的规定。

法释〔2011〕13号第五条　盗窃正在使用的广播电视设施,尚未构成盗窃罪,但具有本解释第一条、第二条规定情形的,以破坏广播电视设施罪定罪处罚;同时构成盗窃罪和破坏广播电视设施罪的,依照处罚较重的规定定罪处罚。

法释〔2011〕13号第六条　破坏正在使用的广播电视设施未危及公共安全,或者故意毁坏尚未投入使用的广播电视设施,造成财物损失数额较大或者有其他严重情节的,以故意毁坏财物罪定罪处罚。

法释〔2011〕13号第七条　实施破坏广播电视设施犯罪,并利用广播电视设施实施煽动分裂国家、煽动颠覆国家政权、煽动民族仇恨、民族歧视或者宣扬邪教等行为,同时构成其他犯罪的,依照处罚较重的规定定罪处罚。

法释〔2011〕13号第八条　本解释所称广播电视台中直接关系节目播出的设施、广播电视传输网内的设施,参照国家广播电视行政主管部门和其他相关部门的有关规定确定。

124-3　法释〔2004〕21号第二条　实施本解释第一条规定的行为,具有下列情形之一的,属于刑法第一百二十四条第一款规定的“严重后果”,以破坏公用电信设施罪处七年以上有期徒刑:

（一）造成火警、匪警、医疗急救、交通事故报警、救灾、抢险、防汛等通信中断或者严重障碍，并因此贻误救助、救治、救灾、抢险等，致使人员死亡二人以上、重伤六人以上或者造成财产损失六十万元以上的；

（二）造成一万以上用户通信中断一小时以上的；

（三）在一个本地网范围内，网间通信全阻、关口局至某一局向全部中断或网间某一业务全部中断二小时以上或者直接影响范围五万（用户×小时）以上的；

（四）造成网间通信严重障碍，一日内累计十二小时以上的；

（五）造成其他严重后果的。

124-4 法释〔2011〕13号第三条 过失损坏正在使用的广播电视设施，造成本解释第二条规定的严重后果的，依照刑法第一百二十四条第二款的规定，以过失损坏广播电视设施罪处三年以上七年以下有期徒刑；情节较轻的，处三年以下有期徒刑或者拘役。

过失损坏广播电视设施构成犯罪，但能主动向有关部门报告，积极赔偿损失或者修复被损坏设施的，可以酌情从宽处罚。

第一百二十五条[1] **【非法制造、买卖、运输、邮寄、储存枪支、弹药、爆炸物罪】**非法制造、买卖、运输、邮寄、储存[2]枪支[3]、弹药[4]、爆炸物[5]的，[6]处三年以上十年以下有期徒刑；情节严重[7]的，处十年以上有期徒刑、无期徒刑或者死刑。

（刑三）*【非法制造、买卖、运输、储存危险物质罪】非法制造、买卖、运输、储存毒害性[8]、放射性、传染病病原体等物质，危害公共安全的，[9]依照前款的规定处罚。

单位犯前两款罪的，对单位判处罚金，并对其直接负责的主管人员和其他直接责任人员，依照第一款的规定处罚。

125-1 《最高人民法院关于审理非法制造、买卖、运输枪支、弹药、爆炸物等刑事案件具体应用法律若干问题的解释》（法释〔2009〕18号，2010年1月1日）

125-2 法释〔2009〕18号第八条第一款 刑法第一百二十五条第一款规定的“非法储存”，是指明知是他人非法制造、买卖、运输、邮寄

---

* 原第二款为“非法买卖、运输核材料的，依照前款的规定处罚”。

的枪支、弹药而为其存放的行为,或者非法存放爆炸物*的行为。

125-3 **1.**《公安机关涉案枪支弹药性能鉴定工作规定》(公通字〔2010〕67号,2010年12月7日)第一条第二款 本规定所称制式枪支、弹药,是指按照国家标准或公安部、军队下达的战术技术指标要求,经国家有关部门或军队批准定型,由合法企业生产的各类枪支、弹药,包括国外制造和历史遗留的各类旧杂式枪支、弹药。

第三款 本规定所称非制式枪支、弹药,是指未经有关部门批准定型或不符合国家标准的各类枪支、弹药,包括自制、改制的枪支、弹药和枪支弹药生产企业研制工作中的中间产品。

2.《公安部关于枪支主要零部件管理有关问题的批复》(公治〔2014〕110号,2014年3月6日) 枪支主要零部件是指组成枪支的主要零件和部件,其中,枪支主要零件是指对枪支性能具有较大影响而且不可拆分的单个制件,如枪管、击针、扳机等;枪支部件是指由若干枪支零件组成具有一定功能的集合体,如击发机构部件、枪机部件等。《最高人民法院关于审理非法制造、买卖、运输枪支、弹药、爆炸物等刑事案件具体应用法律若干问题的解释》(法释〔2009〕18号)中的枪支散件和《公安机关涉案枪支弹药性能鉴定工作规定》(公通字〔2010〕67号)中的枪支专用散件等同于枪支主要零件。

枪支主要零部件的生产加工应当委托具有枪支制造资质的企业进行。对枪支主要零部件的鉴定工作,应当按照《公安机关涉案枪支弹药性能鉴定工作规定》进行,对国外生产的枪支或者自制枪支的主要零部件,可以采取判别是否具有枪支零部件主要性能特征的方式进行鉴定。

3.《立案标准(一)》第三条第二款 本条和本规定第四条、第七条"枪支",包括枪支散件。成套枪支散件,以相应数量的枪支计;非成套枪支散件,以每三十件为一成套枪支散件计。

4.《最高人民检察院法律政策研究室关于非法制造、买卖、运输、储存以火药为动力发射弹药的大口径武器的行为如何适用法律问题的答复》(〔2004〕高检研发第18号,2004年11月3日) 对于非法制造、买卖、运输、储存以火药为动力发射弹药的大口径武器的行为,应当依照刑法第一百二十五条第一款的规定,以非法制造、买卖、运输、储存枪

---

* 本条修订了法释〔2001〕15号司法解释,将爆炸物单列。

支罪追究刑事责任。

5.《最高人民法院、最高人民检察院关于涉以压缩气体为动力的枪支、气枪铅弹刑事案件定罪量刑问题的批复》(法释〔2018〕8号,2018年3月30日)　一、对于非法制造、买卖、运输、邮寄、储存、持有、私藏、走私以压缩气体为动力且枪口比动能较低的枪支的行为,在决定是否追究刑事责任以及如何裁量刑罚时,不仅应当考虑涉案枪支的数量,而且应当充分考虑涉案枪支的外观、材质、发射物、购买场所和渠道、价格、用途、致伤力大小、是否易于通过改制提升致伤力,以及行为人的主观认知、动机目的、一贯表现、违法所得、是否规避调查等情节,综合评估社会危害性,坚持主客观相统一,确保罪责刑相适应。

6.《公安部关于对彩弹枪按照枪支进行管理的通知》(公治〔2002〕82号,2002年6月7日)　彩弹枪的结构符合《中华人民共和国枪支管理法》第四十六条有关枪支定义规定的要件,且其发射彩弹时枪口动能平均值达到93焦耳,已超过国家军用标准规定的对人体致伤动能的标准(78焦耳)。各地要按照《中华人民共和国枪支管理法》的有关规定对彩弹枪进行管理,以维护社会治安秩序,保障公共安全。

7.《公安部关于对空包弹管理有关问题的批复》(公复字〔2011〕3号,2011年9月22日)　空包弹是一种能够被枪支击发的无弹头特种枪弹。鉴于空包弹易被犯罪分子改制成枪弹,并且发射时其枪口冲击波在一定距离内,仍能够对人员造成伤害。因此,应当依据《中华人民共和国枪支管理法》将空包弹纳入枪支弹药管理范畴。其中,对中国人民解放军、武装警察部队需要配备使用的各类空包弹,纳入军队、武警部队装备枪支弹药管理范畴予以管理;对公务用枪配备单位需要使用的各类空包弹,纳入公务用枪管理范畴予以管理;对民用枪支配置、影视制作等单位需要配置使用的各类空包弹,纳入民用枪支弹药管理范畴予以管理。

对于射钉弹、发令弹的口径与制式枪支口径相同的,应当作为民用枪支弹药进行管理;口径与制式枪支口径不同的,对制造企业应当作为民用爆炸物品使用单位进行管理,其销售、购买应当实行实名登记管理。

8.《公安部关于对以气体等为动力发射金属弹丸或者其他物质的仿真枪认定问题的批复》(公复字〔2006〕5号,2006年10月11日)　依据《中华人民共和国枪支管理法》第四十六条的规定,利用气瓶、弹簧、电机等形成压缩气体为动力、发射金属弹丸或者其他物质并具有杀伤力的“仿真枪”,具备制式气枪的本质特征,应认定为枪支,并按气枪进行管制处理。对非法制造、买卖、运输、储存、邮寄、持有、携带和走私此类枪支的,应当依照《中华人民共和国枪支管理法》、《中华人民共和国刑法》、《中华人民共和国治安管理处罚法》的有关规定。追究当事人的法律责任。对不具有杀伤力但符合仿真枪认定规定的,应认定为仿真枪;对非法制造、销售此类仿真枪的,应当依照《中华人民共和国枪支管理法》的有关规定,予以处罚。

9.《最高人民法院、最高人民检察院、公安部关于依法收缴非法枪爆等物品严厉打击涉枪涉爆等违法犯罪的通告》(2021 年 5 月 25 日)

七、严禁使用枪支、弹药、爆炸物品、仿真枪、弩等从事非法娱乐游艺活动。玩具制造企业不得生产、销售外形、颜色与制式枪支相同或者相似,或者枪口比动能大于 0.16 焦耳/平方厘米的玩具枪。广大人民群众在购买玩具枪时要选择正规企业生产的产品,不要购买无生产厂家、无许可证号、无产品标志、来源不明的玩具枪,不要购买仿真枪、火柴枪、水弹枪和仿真手雷、炸弹等易于造成危害的物品。

10.《公安部关于涉弩违法犯罪行为的处理及性能鉴定问题的批复》(公复字〔2006〕2 号,2006 年 5 月 25 日)　一、弩是一种具有一定杀伤能力的运动器材,但其结构和性能不符合《中华人民共和国枪支管理法》对枪支的定义,不属于枪支范畴。因此,不能按照《最高人民法院关于审理非法制造、买卖、运输枪支、弹药、爆炸物等刑事案件具体应用法律若干问题的解释》(法释〔2001〕15 号)追究刑事责任,仍应按照《公安部、国家工商行政管理局关于加强弩管理的通知》(公治〔1999〕1646 号)的规定,对非法制造、销售、运输、持有弩的登记收缴,消除社会治安隐患。

二、对弩的鉴定工作,不能参照公安部《公安机关涉案枪支弹药性能鉴定工作规定》(公通字〔2001〕68 号)进行。鉴于目前社会上非法制造、销售、运输、持有的弩均为制式产品,不存在非制式弩的情况,因此不需要进行技术鉴定。

125-4　法释〔2018〕8 号　二、对于非法制造、买卖、运输、邮寄、储存、持有、私藏、走私气枪铅弹(用铅、铅合金或者其他金属加工的气枪弹)的行为,在决定是否追究刑事责任以及如何裁量刑罚时,应当综合考虑气枪铅弹的数量、用途以及行为人的动机目的、一贯表现、违法所得、是否规避调查等情节,综合评估社会危害性,确保罪责刑相适应。

125-5　《最高人民法院、最高人民检察院、公安部、国家安全监管总局关于依法加强对涉嫌犯罪的非法生产经营烟花爆竹行为刑事责任追究的通知》(安监总管三〔2012〕116 号,2012 年 9 月 6 日)　非法生产、经营烟花爆竹及相关行为涉及非法制造、买卖、运输、邮寄、储存黑火药、烟火药,构成非法制造、买卖、运输、邮寄、储存爆炸物罪的,应当依照刑法第一百二十五条的规定定罪处罚。

125-6　**1.** 法释〔2009〕18 号第一条　个人或者单位非法制造、买卖、运输、邮寄、储存枪支、弹药、爆炸物,具有下列情形之一的,依照刑法第一百二十五条第一款的规定,以非法制造、买卖、运输、邮寄、储存枪支、弹药、爆炸物罪定罪处罚:

(一)非法制造、买卖、运输、邮寄、储存军用枪支一支以上的;

(二)非法制造、买卖、运输、邮寄、储存以火药为动力发射枪弹的非军用枪支一支以上或者以压缩气体等为动力的其他非军用枪支二支以上的;

(三)非法制造、买卖、运输、邮寄、储存军用子弹十发以上、气枪铅弹五百发以上或者其他非军用子弹一百发以上的;

(四)非法制造、买卖、运输、邮寄、储存手榴弹一枚以上的;

(五)非法制造、买卖、运输、邮寄、储存爆炸装置的;

(六)非法制造、买卖、运输、邮寄、储存炸药、发射药、黑火药一千克以上或者烟火药三千克以上、雷管三十枚以上或者导火索、导爆索三十米以上的;

(七)具有生产爆炸物品资格的单位不按照规定的品种制造,或者具有销售、使用爆炸物品资格的单位超过限额买卖炸药、发射药、黑火药十千克以上或者烟火药三十千克以上、雷管三百枚以上或者导火索、导爆索三百米以上的;

(八)多次非法制造、买卖、运输、邮寄、储存弹药、爆炸物的;

(九)虽未达到上述最低数量标准,但具有造成严重后果等其他恶劣情节的。

介绍买卖枪支、弹药、爆炸物的,以买卖枪支、弹药、爆炸物罪的共犯论处。

法释〔2009〕18 号第九条　因筑路、建房、打井、整修宅基地和土地等正常生产、生活需要,以及因从事合法的生产经营活动而非法制造、买卖、运输、邮寄、储存爆炸物,数量达到本解释第一条规定标准,没有造成严重社会危害,并确有悔改表现的,可依法从轻处罚;情节轻微的,可以免除处罚。

具有前款情形,数量虽达到本解释第二条规定标准的,也可以不认定为刑法第一百二十五条第一款规定的"情节严重"。

在公共场所、居民区等人员集中区域非法制造、买卖、运输、邮寄、储存爆炸物,或者因非法制造、买卖、运输、邮寄、储存爆炸物三年内受到两次以上行政处罚又实施上述行为,数量达到本解释规定标准的,不适用前两款量刑的规定。

法释〔2009〕18号第十条 实施非法制造、买卖、运输、邮寄、储存、盗窃、抢夺、持有、私藏其他弹药、爆炸物品等行为,参照本解释有关条文规定的定罪量刑标准处罚。

2.《最高人民法院、最高人民检察院、公安部等关于依法惩治涉枪支、弹药、爆炸物、易燃易爆危险物品犯罪的意见》(法发〔2021〕35号,2021年12月31日) 三、准确把握刑事政策 12. 利用信息网络非法买卖枪支、弹药、爆炸物、易燃易爆危险物品,或者利用寄递渠道非法运输枪支、弹药、爆炸物、易燃易爆危险物品,依法构成犯罪的,从严追究刑事责任。

13. 确因正常生产、生活需要,以及因从事合法的生产经营活动而非法生产、储存、使用、经营、运输易燃易爆危险物品,依法构成犯罪,没有造成严重社会危害,并确有悔改表现的,可以从轻处罚。

14. 将非法枪支、弹药、爆炸物主动上交公安机关,或者将未经依法批准或者许可生产、储存、使用、经营、运输的易燃易爆危险物品主动上交行政执法机关处置的,可以从轻处罚;未造成实际危害后果,犯罪情节轻微不需要判处刑罚的,可以依法不起诉或者免予刑事处罚;成立自首的,可以依法从轻、减轻或者免除处罚。

有揭发他人涉枪支、弹药、爆炸物、易燃易爆危险物品犯罪行为,查证属实的,或者提供重要线索,从而得以侦破其他涉枪支、弹药、爆炸物、易燃易爆危险物品案件等立功表现的,可以依法从轻或者减轻处罚;有重大立功表现的,可以依法减轻或者免除处罚。

125-7 法释〔2009〕18号第二条 非法制造、买卖、运输、邮寄、储存枪支、弹药、爆炸物,具有下列情形之一的,属于刑法第一百二十五条第一款规定的"情节严重":

(一)非法制造、买卖、运输、邮寄、储存枪支、弹药、爆炸物的数量达到本解释第一条第(一)、(二)、(三)、(六)、(七)项规定的最低数量标准五倍以上的;

(二)非法制造、买卖、运输、邮寄、储存手榴弹三枚以上的;

(三)非法制造、买卖、运输、邮寄、储存爆炸装置,危害严重的;

(四)达到本解释第一条规定的最低数量标准,并具有造成严重后果等其他恶劣情节的。

125-8　1. 王召成等非法买卖、储存危险物质案(指导性案例第13号)　1. 国家严格监督管理的氰化钠等剧毒化学品,易致人中毒或者死亡,对人体、环境具有极大的毒害性和危险性,属于刑法第一百二十五条第二款规定的“毒害性”物质。2.“非法买卖”毒害性物质,是指违反法律和国家主管部门规定,未经有关主管部门批准许可,擅自购买或者出售毒害性物质的行为,并不需要兼有买进和卖出的行为。

2.《最高人民法院研究室关于磷化铝是否属于刑法规定的毒害性物质研究意见》*　磷化铝片剂属于刑法中规定的毒害性物质,但是结合磷化铝在粮食存储中被广泛使用以及案件的具体情况,可以对被告人从宽处理。

125-9　《立案标准(一)》第二条　非法制造、买卖、运输、储存毒害性、放射性、传染病病原体等物质,危害公共安全,涉嫌下列情形之一的,应予立案追诉:

(一)造成人员重伤或者死亡的;

(二)造成直接经济损失十万元以上的;

(三)非法制造、买卖、运输、储存毒鼠强、氟乙酰胺、氟乙酰钠、毒鼠硅、甘氟原粉、原液、制剂五十克以上,或者饵料二千克以上的;

(四)造成急性中毒、放射性疾病或者造成传染病流行、爆发的;

(五)造成严重环境污染的;

(六)造成毒害性、放射性、传染病病原体等危险物质丢失、被盗、被抢或者被他人利用进行违法犯罪活动的;

(七)其他危害公共安全的情形。

第一百二十六条　【违规制造、销售枪支罪】依法被指定、确定的枪支制造企业、销售企业,违反枪支管理规定,有下列行为之一的[1],对单位判处罚金,并对其直接负责的主管人员和其他直接责任人员,处五年以下有期徒刑;情节严重的[2],处五年以上十年以下有期徒刑;情节特别严重的[3],处十年以上有期徒刑或者无期徒刑:

---

* 刘德权主编:《最高人民法院司法观点集成·刑事卷》(第2版),人民法院出版社2014年版,第450页。

(一)以非法销售为目的,超过限额或者不按照规定的品种制造、配售枪支的;

(二)以非法销售为目的,制造无号、重号、假号的枪支的;

(三)非法销售枪支或者在境内销售为出口制造的枪支的。

126-1 法释〔2009〕18 号第三条第一款 依法被指定或者确定的枪支制造、销售企业,实施刑法第一百二十六条规定的行为,具有下列情形之一的,以违规制造、销售枪支罪定罪处罚:

(一)违规制造枪支五支以上的;

(二)违规销售枪支二支以上的;

(三)虽未达到上述最低数量标准,但具有造成严重后果等其他恶劣情节的。

126-2 法释〔2009〕18 号第三条第二款 具有下列情形之一的,属于刑法第一百二十六条规定的"情节严重":

(一)违规制造枪支二十支以上的;

(二)违规销售枪支十支以上的;

(三)达到本条第一款规定的最低数量标准,并具有造成严重后果等其他恶劣情节的。

126-3 法释〔2009〕18 号第三条第三款 具有下列情形之一的,属于刑法第一百二十六条规定的"情节特别严重":

(一)违规制造枪支五十支以上的;

(二)违规销售枪支三十支以上的;

(三)达到本条第二款规定的最低数量标准,并具有造成严重后果等其他恶劣情节的。

第一百二十七条 (刑三)【盗窃、抢夺枪支、弹药、爆炸物、危险物质罪】盗窃、抢夺枪支、弹药、爆炸物的,或者盗窃、抢夺毒害性、放射性、传染病病原体等物质,危害公共安全的[1],处三年以上十年以下有期徒刑;情节严重的[2],处十年以上有期徒刑、无期徒刑或者死刑。

【抢劫枪支、弹药、爆炸物、危险物质罪;盗窃、抢夺枪支、弹药、爆炸物、危险物质罪】抢劫枪支、弹药、爆炸物的,或者抢劫毒害性、放射性、传染病病原体等物质,危害公共安全的,或者盗窃、抢夺国家机关、军警人员、民兵的枪支、弹药、爆炸物的,处十年以上有期徒刑、无期徒刑或者死刑。

127-1　法释〔2009〕18号第四条第一款　盗窃、抢夺枪支、弹药、爆炸物，具有下列情形之一的，依照刑法第一百二十七条第一款的规定，以盗窃、抢夺枪支、弹药、爆炸物罪定罪处罚：

（一）盗窃、抢夺以火药为动力的发射枪弹非军用枪支一支以上或者以压缩气体等为动力的其他非军用枪支二支以上的；

（二）盗窃、抢夺军用子弹十发以上、气枪铅弹五百发以上或者其他非军用子弹一百发以上的；

（三）盗窃、抢夺爆炸装置的；

（四）盗窃、抢夺炸药、发射药、黑火药一千克以上或者烟火药三千克以上、雷管三十枚以上或者导火索、导爆索三十米以上的；

（五）虽未达到上述最低数量标准，但具有造成严重后果等其他恶劣情节的。

127-2　法释〔2009〕18号第四条第二款　具有下列情形之一的，属于刑法第一百二十七条第一款规定的"情节严重"：

（一）盗窃、抢夺枪支、弹药、爆炸物的数量达到本条第一款规定的最低数量标准五倍以上的；

（二）盗窃、抢夺军用枪支的；

（三）盗窃、抢夺手榴弹的；

（四）盗窃、抢夺爆炸装置，危害严重的；

（五）达到本条第一款规定的最低数量标准，并具有造成严重后果等其他恶劣情节的。

第一百二十八条[*]　**【非法持有、私藏枪支、弹药罪】**违反枪支管理规定，非法持有[1]、私藏[2]枪支、弹药的，[3]处三年以下有期徒刑、拘役或者管制；情节严重的[4]，处三年以上七年以下有期徒刑。

【非法出租、出借枪支罪】依法配备公务用枪的人员，非法出租、出借枪支的，[5]依照前款的规定处罚。[6]

依法配置枪支的人员，非法出租、出借枪支，造成严重后果的，依照第一款的规定处罚。

---

* 本罪原属于妨害社会管理秩序罪，1997年刑法将其纳入危害公共安全罪，并修改了构成要件，这说明本罪虽然妨害了枪支、弹药的管理秩序，但更主要的是危害了公共安全。

单位犯第二款、第三款罪的,对单位判处罚金,并对其直接负责的主管人员和其他直接责任人员,依照第一款的规定处罚。

128-1　法释〔2009〕18 号第八条第二款　刑法第一百二十八条第一款规定的"非法持有",是指不符合配备、配置枪支、弹药条件的人员,违反枪支管理法律、法规的规定,擅自持有枪支、弹药的行为。

128-2　法释〔2009〕18 号第八条第三款　刑法第一百二十八条第一款规定的"私藏",是指依法配备、配置枪支、弹药的人员,在配备、配置枪支、弹药的条件消除后,违反枪支管理法律、法规的规定,私自藏匿所配备、配置的枪支、弹药且拒不交出*的行为。

128-3　法释〔2009〕18 号第五条第一款**　具有下列情形之一的,依照刑法第一百二十八条第一款的规定,以非法持有、私藏枪支、弹药罪定罪处罚:

(一)非法持有、私藏军用枪支一支的;

(二)非法持有、私藏以火药为动力发射枪弹的非军用枪支一支或者以压缩气体等为动力的其他非军用枪支二支以上的;

(三)非法持有、私藏军用子弹二十发以上,气枪铅弹一千发以上或者其他非军用子弹二百发以上的;

(四)非法持有、私藏手榴弹一枚以上的;

(五)非法持有、私藏的弹药造成人员伤亡、财产损失的。

128-4　法释〔2009〕18 号第五条第二款　具有下列情形之一的,属于刑法第一百二十八条第一款规定的"情节严重":

(一)非法持有、私藏军用枪支二支以上的;

(二)非法持有、私藏以火药为动力发射枪弹的非军用枪支二支以上或者以压缩气体等为动力的其他非军用枪支五支以上的;

(三)非法持有、私藏军用子弹一百发以上,气枪铅弹五千发以上或者其他非军用子弹一千发以上的;

(四)非法持有、私藏手榴弹三枚以上的;

(五)达到本条第一款规定的最低数量标准,并具有造成严重后果等其他恶劣情节的。

---

* 非法持有和私藏行为的区别在于主体身份上的不同。非法持有行为的主体不具有持有枪支的资格,而非法私藏行为的主体则具有合法持有枪支的资格。1979 年刑法对私藏行为规定了拒不交出的要件,但 1997 年刑法删除了该要件。现司法解释又恢复了这一要件。

** 《立案标准(一)》第四条从略。

128-5　《最高人民检察院关于将公务用枪用作借债质押的行为如何适用法律的批复》(高检发释字〔1998〕4 号,1998 年 11 月 3 日)　依法配备公务用枪的人员,违反法律规定,将公务用枪用作借债质押物,使枪支处于非依法持枪人控制、使用之下,严重危害公共安全的,是刑法第一百二十八条第二款所规定的非法出借枪支行为的一种形式,应以非法出借枪支罪追究刑事责任;对接受枪支质押的人员,构成犯罪的,根据刑法第一百二十八条第一款的规定,应以非法持有枪支罪追究刑事责任。

128-6　《立案标准(一)》第五条　依法配备公务用枪的人员或单位,非法将枪支出租、出借给未取得公务用枪配备资格的人员或单位,或者将公务用枪用作借债质押物的,应予立案追诉。

依法配备公务用枪的人员或单位,非法将枪支出租、出借给具有公务用枪配备资格的人员或单位,以及依法配置民用枪支的人员或单位,非法出租、出借民用枪支,涉嫌下列情形之一的,应予立案追诉:

(一)造成人员轻伤以上伤亡事故的;

(二)造成枪支丢失、被盗、被抢的;

(三)枪支被他人利用进行违法犯罪活动的;

(四)其他造成严重后果的情形。

第一百二十九条　【丢失枪支不报罪】依法配备公务用枪的人员,丢失枪支不及时报告,造成严重后果[1] 的,处三年以下有期徒刑或者拘役。

129-1　《立案标准(一)》第六条　依法配备公务用枪的人员,丢失枪支不及时报告,涉嫌下列情形之一的,应予立案追诉:

(一)丢失的枪支被他人使用造成人员轻伤以上伤亡事故的;

(二)丢失的枪支被他人利用进行违法犯罪活动的;

(三)其他造成严重后果的情形。

第一百三十条　【非法携带枪支、弹药、管制刀具、危险物品危及公共安全罪】非法携带枪支、弹药、管制刀具[1] 或者爆炸性、易燃性、放射性、毒害性、腐蚀性物品,进入公共场所或者公共交通工具,危及公共安全,情节严重的[2],处三年以下有期徒刑、拘役或者管制。

130-1　**1.**《公安部关于将陶瓷类刀具纳入管制刀具管理问题的批复》(公复字〔2010〕1 号,2010 年 4 月 7 日)　陶瓷类刀具具有超高硬度、超高耐磨、刃口锋利等特点,其技术特性已达到或超过了部分金属刀具的性能,对符合《管制刀具认定标准》(公通字〔2007〕2号)规定的刀具类型、刀刃长度和刀尖角度等条件的陶瓷类刀具,应当作为管制刀具管理。

2.《公安部关于对少数民族人员佩带刀具乘坐火车如何处理问题的批复》(公复字〔2001〕6号,2001年4月28日) 根据国务院批准、公安部发布的《对部分刀具实行管制的暂行规定》(〔83〕公发(治)31号)的规定,管制刀具是指匕首、三棱刀(包括机械加工用的三棱刮刀)、带有自锁装置的弹簧刀(跳刀)以及其他相类似的单刃、双刃、三棱尖刀。任何人不得非法制造、销售、携带和私自保存管制刀具。少数民族人员只能在民族自治地区佩带、销售和使用藏刀、腰刀、靴刀等民族刀具;在非民族自治地区,只要少数民族人员所携带的刀具属于管制刀具范围,公安机关就应当严格按照相应规定予以管理。凡公安工作中涉及的此类有关少数民族的政策、法律规定,各级公安机关应当积极采取多种形式广泛宣传,特别是要加大在车站等人员稠密的公共场所及公共交通工具上的宣传力度。

少数民族人员违反《中华人民共和国铁路法》和《铁路运输安全保护条例》携带管制刀具进入车站、乘坐火车的,由公安机关依法予以没收,但在本少数民族自治地区携带具有特别纪念意义或者比较珍贵的民族刀具进入车站的,可以由携带人交其亲友带回或者交由车站派出所暂时保存并出具相应手续,携带人返回时领回;对不服从管理,构成违反治安管理行为的,依法予以治安处罚;构成犯罪的,依法追究其刑事责任。

130-2 **1.**《立案标准(一)》第七条 非法携带枪支、弹药、管制刀具或者爆炸性、易燃性、放射性、毒害性、腐蚀性物品,进入公共场所或者公共交通工具,危及公共安全,涉嫌下列情形之一的*,应予立案追诉:

……

(五)携带管制刀具二十把以上,或者虽未达到上述数量标准,但拒不交出,或者用来进行违法活动尚未构成其他犯罪的;

(六)携带的爆炸性、易燃性、放射性、毒害性、腐蚀性物品在公共场所或者公共交通工具上发生泄漏、遗洒,尚未造成严重后果的;

(七)其他情节严重的情形。

2.《最高人民法院、最高人民检察院、公安部等关于依法惩治涉枪

* 第(一)项至第(四)项与法释〔2009〕18号第六条相同,故从略。

支、弹药、爆炸物、易燃易爆危险物品犯罪的意见》(法发〔2021〕35 号，2021 年 12 月 31 日)　二、正确认定犯罪　8. ……非法携带易燃易爆危险物品进入水路、铁路、航空公共交通工具或者有关公共场所，危及公共安全，情节严重的，依照刑法第一百三十条的规定，以非法携带危险物品危及公共安全罪定罪处罚。

理解与适用：对于水路、铁路、航空旅客个人在随身携带或者托运的行李物品中夹带少量易燃易爆危险物品，危及公共安全，情节严重的，可以认定为非法携带危险物品危及公共安全罪，不宜以以危险方法危害公共安全罪定罪处罚。《意见》第 8 条第 2 款对此作出了规定。

9. 通过邮件、快件夹带易燃易爆危险物品，或者将易燃易爆危险物品谎报为普通物品交寄，符合本意见第 5 条至第 8 条规定的，依照各该条的规定定罪处罚。

3. 法释〔2009〕18 号第六条　非法携带枪支、弹药、爆炸物进入公共场所或者公共交通工具，危及公共安全，具有下列情形之一的，属于刑法第一百三十条规定的“情节严重”：

(一)携带枪支或者手榴弹的；

(二)携带爆炸装置的；

(三)携带炸药、发射药、黑火药五百克以上或者烟火药一千克以上、雷管二十枚以上或者导火索、导爆索二十米以上的；

(四)携带的弹药、爆炸物在公共场所或者公共交通工具上发生爆炸或者燃烧，尚未造成严重后果的；

(五)具有其他严重情节的。

行为人非法携带本条第一款第(三)项规定的爆炸物进入公共场所或者公共交通工具，虽未达到上述数量标准，但拒不交出的，依照刑法第一百三十条的规定定罪处罚；携带的数量达到最低数量标准，能够主动、全部交出的，可不以犯罪论处。

第一百三十一条[1]　**【重大飞行事故罪】**航空人员违反规章制度，致使发生重大飞行事故，造成严重后果的，处三年以下有期徒刑或者拘役；造成飞机坠毁或者人员死亡的，处三年以上七年以下有期徒刑。

131-1　《公安机关办理刑事案件程序规定》(公安部令第 159 号，2020 年 9 月 1 日)第二十七条第二款　重大飞行事故刑事案件由犯罪结果发生地机场公安机关管辖。犯罪结果发生地未设机场公安机关或者不在机场公安机关管辖范围内的,由地方公安机关管辖,有关机场公安机关予以协助。

第一百三十二条*　【铁路运营安全事故罪】铁路职工违反规章制度,致使发生铁路运营安全事故,造成严重后果的,处三年以下有期徒刑或者拘役;造成特别严重后果的**,处三年以上七年以下有期徒刑。

第一百三十三条[1]　【交通肇事罪】违反交通运输管理法规,因而发生重大事故,致人重伤、死亡或者使公私财产遭受重大损失的,[2]处三年以下有期徒刑或者拘役;交通运输肇事后逃逸[3]或者有其他特别恶劣情节[4]的,处三年以上七年以下有期徒刑;因逃逸致人死亡的,[5]处七年以上有期徒刑。

133-1　《最高人民法院关于审理交通肇事刑事案件具体应用法律若干问题的解释》(法释〔2000〕33号,2000年11月21日)第一条　从事交通运输人员或者非交通运输人员,违反交通运输管理法规发生重大交通事故,在分清事故责任的基础上,对于构成犯罪的,依照刑法第一百三十三条的规定定罪处罚。

法释〔2000〕33号第五条第二款　交通肇事后,单位主管人员、机动车辆所有人、承包人或者乘车人指使肇事人逃逸,致使被害人因得不到救助而死亡的,以交通肇事罪的共犯论处。

法释〔2000〕33号第七条　单位主管人员、机动车辆所有人或者机动车辆承包人指使、强令他人违章驾驶造成重大交通事故,具有本解释第二条规定情形之一的,以交通肇事罪定罪处罚。

法释〔2000〕33号第八条第一款　在实行公共交通管理的范围内发生重大交通事故的,依照刑法第一百三十三条和本解释的有关规定办理。

133-2　《最高人民法院、最高人民检察院关于常见犯罪的量刑指导意见(试行)》(法发〔2021〕21号,2021年7月1日)　四、常见犯罪的量刑　(一)交通肇事罪

1. 构成交通肇事罪的,根据下列情形在相应的幅度内确定量刑起点:

---

*　本罪的量刑标准依照本法第一百三十四条重大责任事故罪的相关规定。

**　对基本犯罪持过失心态,但规定了结果加重犯。

(1)致人重伤、死亡或者使公私财产遭受重大损失的,在二年以下有期徒刑、拘役幅度内确定量刑起点。

(2)交通运输肇事后逃逸或者有其他特别恶劣情节的,在三年至五年有期徒刑幅度内确定量刑起点。

(3)因逃逸致一人死亡的,在七年至十年有期徒刑幅度内确定量刑起点。

2. 在量刑起点的基础上,根据事故责任、致人重伤、死亡的人数或者财产损失的数额以及逃逸等其他影响犯罪构成的犯罪事实增加刑罚量,确定基准刑。

3. 构成交通肇事罪的,综合考虑事故责任、危害后果、赔偿谅解等犯罪事实、量刑情节,以及被告人的主观恶性、人身危险性、认罪悔罪表现等因素,决定缓刑的适用。

133-3　1. 法释〔2000〕33号第三条　"交通运输肇事后逃逸",是指行为人具有本解释第二条第一款规定和第二款第(一)至(五)项规定的情形之一,在发生交通事故后,为逃避法律追究而逃跑的行为。*

理解与适用:这里并不区分是送伤者到医院后逃逸,还是从现场直接逃逸,只要是在肇事后为逃避法律追究而逃跑的行为,都应视为"肇事后逃逸"。

2.《最高人民法院关于处理自首和立功若干具体问题的意见》(法发〔2010〕60号,2010年12月22日)　一、关于"自动投案"的具体认定

……

交通肇事后保护现场、抢救伤者,并向公安机关报告的,应认定为自动投案,构成自首的,因上述行为同时系犯罪嫌疑人的法定义务,对其是否从宽、从宽幅度要适当从严掌握。交通肇事逃逸后自动投案,如实供述自己罪行的,应认定为自首,但应依法以较重法定刑为基准,视情决定对其是否从宽处罚以及从宽处罚的幅度。

犯罪嫌疑人被亲友采用捆绑等手段送到司法机关,或者在亲友带领侦查人员前来抓捕时无拒捕行为,并如实供认犯罪事实的,虽然不能认定为自动投案,但可以参照法律对自首的有关规定酌情从轻处罚。

133-4　法释〔2000〕33号第四条　交通肇事具有下列情形之一的,属于"有其他特别恶劣情节",处三年以上七年以下有期徒刑:

---

* 肇事后逃逸,就以不救助被害人为核心来理解逃逸,因逃逸是犯罪人之常情,不具有期待可能性,否则为何仅在交通肇事罪中将逃逸规定为法定刑升格的情节。

(一)死亡二人以上或者重伤五人以上,负事故全部或者主要责任的;

(二)死亡六人以上,负事故同等责任的;

(三)造成公共财产或者他人财产直接损失,负事故全部或者主要责任,无能力赔偿数额在六十万元以上的。

133-5 法释〔2000〕33号第五条 "因逃逸致人死亡",是指行为人在交通肇事后为逃避法律追究而逃跑,致使被害人因得不到救助而死亡的情形。*

法释〔2000〕33号第六条 行为人在交通肇事后为逃避法律追究,将被害人带离事故现场后隐藏或者遗弃,致使被害人无法得到救助而死亡或者严重残疾的,应当分别依照第二百三十二条(*故意杀人罪*)、第二百三十四条第二款(*故意伤害致人重伤*)的规定,以故意杀人罪或者故意伤害罪定罪处罚。

第一百三十三条之一[1] **【危险驾驶罪】**在道路[2]上驾驶机动车,有下列情形之一的,处拘役[3],并处罚金[4]:

(一)追逐竞驶,情节恶劣的;

(二)醉酒[5]驾驶机动车的;

(三)从事校车业务或者旅客运输,严重超过额定乘员载客,或者严重超过规定时速行驶的;

(四)违反危险化学品安全管理规定运输危险化学品,危及公共安全的。

机动车所有人、管理人对前款第三项、第四项行为负有直接责任的,依照前款的规定处罚。

有前两款行为,同时构成其他[6]犯罪的,依照处罚较重的规定定罪处罚。

133A-1 《最高人民法院、最高人民检察院、公安部、司法部关于办理醉酒危险驾驶刑事案件的意见》(高检发办字〔2023〕187号,2023年12月28日)

133A-2 高检发办字〔2023〕187号第五条 醉驾案件中"道路"

---

* 这种情况主要是指行为人主观上并不希望发生被害人死亡的后果,但是没有救助被害人或者未采取得力的救助措施,导致发生被害人死亡的结果。

“机动车”的认定适用道路交通安全法有关“道路”“机动车”的规定。

对机关、企事业单位、厂矿、校园、居民小区等单位管辖范围内的路段是否认定为“道路”，应当以其是否具有“公共性”，是否“允许社会机动车通行”作为判断标准。只允许单位内部机动车、特定来访机动车通行的，可以不认定为“道路”。

133A-3　高检发办字〔2023〕187 号第六条　对醉驾犯罪嫌疑人、被告人，根据案件具体情况，可以依法予以拘留或者取保候审。具有下列情形之一的，一般予以取保候审：

（一）因本人受伤需要救治的；

（二）患有严重疾病，不适宜羁押的；

（三）系怀孕或者正在哺乳自己婴儿的妇女；

（四）系生活不能自理的人的唯一扶养人；

（五）其他需要取保候审的情形。

对符合取保候审条件，但犯罪嫌疑人、被告人不能提出保证人，也不交纳保证金的，可以监视居住。对违反取保候审、监视居住规定的犯罪嫌疑人、被告人，情节严重的，可以予以逮捕。

高检发办字〔2023〕187 号第十三条　对公安机关移送审查起诉的醉驾案件，人民检察院综合考虑犯罪嫌疑人驾驶的动机和目的、醉酒程度、机动车类型、道路情况、行驶时间、速度、距离以及认罪悔罪表现等因素，认为属于犯罪情节轻微的，依照刑法第三十七条、刑事诉讼法第一百七十七条第二款的规定处理。

高检发办字〔2023〕187 号第十四条　对符合刑法第七十二条规定的醉驾被告人，依法宣告缓刑。具有下列情形之一的，一般不适用缓刑：

（一）造成交通事故致他人轻微伤或者轻伤，且负事故全部或者主要责任的；

（二）造成交通事故且负事故全部或者主要责任，未赔偿损失的；

（三）造成交通事故后逃逸的；

（四）未取得机动车驾驶证驾驶汽车的；

（五）血液酒精含量超过 180 毫克/100 毫升的；

（六）服用国家规定管制的精神药品或者麻醉药品后驾驶的；

（七）采取暴力手段抗拒公安机关依法检查，或者实施妨害司法行为的；

（八）五年内曾因饮酒后驾驶机动车被查获或者受过行政处罚的；

（九）曾因危险驾驶行为被判决有罪或者作相对不起诉的；

(十)其他情节恶劣的情形。

高检发办字〔2023〕187号第十八条　根据本意见第十二条第一款、第十三条、第十四条处理的案件,可以将犯罪嫌疑人、被告人自愿接受安全驾驶教育、从事交通志愿服务、社区公益服务等情况作为作出相关处理的考量因素。

高检发办字〔2023〕187号第十九条　对犯罪嫌疑人、被告人决定不起诉或者免予刑事处罚的,可以根据案件的不同情况,予以训诫或者责令具结悔过、赔礼道歉、赔偿损失,需要给予行政处罚、处分的,移送有关主管机关处理。

高检发办字〔2023〕187号第二十条　醉驾属于严重的饮酒后驾驶机动车行为。血液酒精含量达到80毫克/100毫升以上,公安机关应当在决定不予立案、撤销案件或者移送审查起诉前,给予行为人吊销机动车驾驶证行政处罚。根据本意见第十二条第一款处理的案件,公安机关还应当按照道路交通安全法规定的饮酒后驾驶机动车相应情形,给予行为人罚款、行政拘留的行政处罚。

人民法院、人民检察院依据本意见第十二条第一款、第十三条处理的案件,对被不起诉人、被告人需要予以行政处罚的,应当提出检察意见或者司法建议,移送公安机关依照前款规定处理。公安机关应当将处理情况通报人民法院、人民检察院。

133A-4　高检发办字〔2023〕187号第十五条　对被告人判处罚金,应当根据醉驾行为、实际损害后果等犯罪情节,综合考虑被告人缴纳罚金的能力,确定与主刑相适应的罚金数额。起刑点一般不应低于道路交通安全法规定的饮酒后驾驶机动车相应情形的罚款数额;每增加一个月拘役,增加一千元至五千元罚金。

133A-5　高检发办字〔2023〕187号第四条第一款　在道路上驾驶机动车,经呼气酒精含量检测,显示血液酒精含量达到80毫克/100毫升以上的,公安机关应当依照刑事诉讼法和本意见的规定决定是否立案。对情节显著轻微、危害不大,不认为是犯罪的,不予立案。

高检发办字〔2023〕187号第十条　醉驾具有下列情形之一,尚不构成其他犯罪的,从重处理:

(一)造成交通事故且负事故全部或者主要责任的;

(二)造成交通事故后逃逸的;

(三)未取得机动车驾驶证驾驶汽车的;

(四)严重超员、超载、超速驾驶的;

（五）服用国家规定管制的精神药品或者麻醉药品后驾驶的；

（六）驾驶机动车从事客运活动且载有乘客的；

（七）驾驶机动车从事校车业务且载有师生的；

（八）在高速公路上驾驶的；

（九）驾驶重型载货汽车的；

（十）运输危险化学品、危险货物的；

（十一）逃避、阻碍公安机关依法检查的；

（十二）实施威胁、打击报复、引诱、贿买证人、鉴定人等人员或者毁灭、伪造证据等妨害司法行为的；

（十三）二年内曾因饮酒后驾驶机动车被查获或者受过行政处罚的；

（十四）五年内曾因危险驾驶行为被判决有罪或者作相对不起诉的；

（十五）其他需要从重处理的情形。

高检发办字〔2023〕187号第十一条　醉驾具有下列情形之一的，从宽处理：

（一）自首、坦白、立功的；

（二）自愿认罪认罚的；

（三）造成交通事故，赔偿损失或者取得谅解的；

（四）其他需要从宽处理的情形。

高检发办字〔2023〕187号第十二条　醉驾具有下列情形之一，且不具有本意见第十条规定情形的，可以认定为情节显著轻微、危害不大，依照刑法第十三条、刑事诉讼法第十六条的规定处理：

（一）血液酒精含量不满150毫克/100毫升的；

（二）出于急救伤病人员等紧急情况驾驶机动车，且不构成紧急避险的；

（三）在居民小区、停车场等场所因挪车、停车入位等短距离驾驶机动车的；

（四）由他人驾驶至居民小区、停车场等场所短距离接替驾驶停放机动车的，或者为了交由他人驾驶，自居民小区、停车场等场所短距离驶出的；

（五）其他情节显著轻微的情形。

醉酒后出于急救伤病人员等紧急情况，不得已驾驶机动车，构成紧急避险的，依照刑法第二十一条的规定处理。

高检发办字〔2023〕187号第十七条　犯罪嫌疑人醉驾被现场查获后，经允许离开，再经公安机关通知到案或者主动到案，不认定为自动投案;造成交通事故后保护现场、抢救伤者,向公安机关报告并配合调查的,应当认定为自动投案。

133A-6 高检发办字〔2023〕187号第十六条 醉驾同时构成交通肇事罪、过失以危险方法危害公共安全罪、以危险方法危害公共安全罪等其他犯罪的,依照处罚较重的规定定罪,依法从严追究刑事责任。

醉酒驾驶机动车,以暴力、威胁方法阻碍公安机关依法检查,又构成妨害公务罪、袭警罪等其他犯罪的,依照数罪并罚的规定处罚。

第一百三十三条之二[1] **(刑十一)【妨害安全驾驶罪】**对行驶中的公共交通工具[2]的驾驶人员使用暴力或者抢控驾驶操纵装置,干扰公共交通工具正常行驶,危及公共安全的[3],处一年以下有期徒刑、拘役或者管制,并处或者单处罚金。

前款规定的驾驶人员在行驶的公共交通工具上擅离职守,与他人互殴或者殴打他人,危及公共安全的,依照前款的规定处罚。

有前两款行为,同时构成其他犯罪的,依照处罚较重的规定定罪处罚。

133B-1 《最高人民法院、最高人民检察院、公安部关于依法惩治妨害公共交通工具安全驾驶违法犯罪行为的指导意见》(公通字〔2019〕1号,2019年1月8日) 一、准确认定行为性质,依法从严惩处妨害安全驾驶犯罪

133B-2 公通字〔2019〕1号 一、准确认定行为性质,依法从严惩处妨害安全驾驶犯罪

(七)本意见所称公共交通工具,是指公共汽车、公路客运车,大、中型出租车等车辆。

133B-3 公通字〔2019〕1号 一、准确认定行为性质,依法从严惩处妨害安全驾驶犯罪

(一)乘客在公共交通工具行驶过程中,抢夺方向盘、变速杆等操纵装置,殴打、拉拽驾驶人员,或者有其他妨害安全驾驶行为,危害公共安全,尚未造成严重后果的,依照刑法第一百一十四条的规定,以以危险方法危害公共安全罪定罪处罚;致人重伤、死亡或者使公私财产遭受重大损失的,依照刑法第一百一十五条第一款的规定,以以危险方法危害公共安全罪定罪处罚。

实施前款规定的行为,具有以下情形之一的,从重处罚:

1. 在夜间行驶或者恶劣天气条件下行驶的公共交通工具上实施的;

2. 在临水、临崖、急弯、陡坡、高速公路、高架道路、桥隧路段及其他易发生危险的路段实施的;

3. 在人员、车辆密集路段实施的;

4. 在实际载客10人以上或者时速60公里以上的公共交通工具上实施的;

5. 经他人劝告、阻拦后仍然继续实施的;

6. 持械袭击驾驶人员的;

7. 其他严重妨害安全驾驶的行为。

实施上述行为,即使尚未造成严重后果,一般也不得适用缓刑。

(二)乘客在公共交通工具行驶过程中,随意殴打其他乘客,追逐、辱骂他人,或者起哄闹事,妨害公共交通工具运营秩序,符合刑法第二百九十三条规定的,以寻衅滋事罪定罪处罚;妨害公共交通工具安全行驶,危害公共安全的,依照刑法第一百一十四条、第一百一十五条第一款的规定,以以危险方法危害公共安全罪定罪处罚。

(三)驾驶人员在公共交通工具行驶过程中,与乘客发生纷争后违规操作或者擅离职守,与乘客厮打、互殴,危害公共安全,尚未造成严重后果的,依照刑法第一百一十四条的规定,以以危险方法危害公共安全罪定罪处罚;致人重伤、死亡或者使公私财产遭受重大损失的,依照刑法第一百一十五条第一款的规定,以以危险方法危害公共安全罪定罪处罚。

第一百三十四条[1]* **(刑六)【重大责任事故罪】**在生产、作业中违反有关安全管理的规定,因而发生重大伤亡事故或者造成其他严重后果的,[2] 处三年以下有期徒刑或者拘役;情节特别恶劣的,[3] 处三年以上七年以下有期徒刑。

(刑十一)【强令、组织他人违章冒险作业罪】[4] 强令[5] 他人违章冒险作业,或者明知存在重大事故隐患[6] 而不排除,仍冒险组织作业[7],因而发生重大伤亡事故或者造成其他严重后果的,[8] 处五年以

---

* 原条文为:工厂、矿山、林场、建筑企业或者其他企业、事业单位的职工,由于不服管理、违反规章制度,或者强令工人违章冒险作业,因而发生重大伤亡事故或者造成其他严重后果的,处三年以下有期徒刑或者拘役;情节特别恶劣的,处三年以上七年以下有期徒刑。

下有期徒刑或者拘役;情节特别恶劣的,处五年以上有期徒刑。

134-1　1.《最高人民法院、最高人民检察院关于办理危害生产安全刑事案件适用法律若干问题的解释》(法释〔2015〕22号,2015年12月16日)

法释〔2015〕22号第一条　刑法第一百三十四条第一款规定的犯罪主体,包括对生产、作业负有组织、指挥或者管理职责的负责人、管理人员、实际控制人、投资人等人员,以及直接从事生产、作业的人员。

法释〔2015〕22号第十四条　国家工作人员违反规定投资入股生产经营,构成本解释规定的有关犯罪的,或者国家工作人员的贪污、受贿犯罪行为与安全事故发生存在关联性的,从重处罚;同时构成贪污、受贿犯罪和危害生产安全犯罪的,依照数罪并罚的规定处罚。

2.《最高人民法院、最高人民检察院关于办理危害生产安全刑事案件适用法律若干问题的解释(二)》(法释〔2022〕19号,2022年12月19日)

3.《最高人民法院关于进一步加强危害生产安全刑事案件审判工作的意见》(法发〔2011〕20号,2011年12月30日)二、危害生产安全刑事案件审判工作的原则　4.区分责任,均衡量刑。危害生产安全犯罪,往往涉案人员较多,犯罪主体复杂,既包括直接从事生产、作业的人员,也包括对生产、作业负有组织、指挥或者管理职责的负责人、管理人员、实际控制人、投资人等,有的还涉及国家机关工作人员渎职犯罪。对相关责任人的处理,要根据事故原因、危害后果、主体职责、过错大小等因素,综合考虑全案,正确划分责任,做到罪责刑相适应。

三、正确确定责任

8.多个原因行为导致生产安全事故发生的,在区分直接原因与间接原因的同时,应当根据原因行为在引发事故中所具作用的大小,分清主要原因与次要原因,确认主要责任和次要责任,合理确定罪责。

一般情况下,对生产、作业负有组织、指挥或者管理职责的负责人、管理人员、实际控制人、投资人,违反有关安全生产管理规定,对重大生产安全事故的发生起决定性、关键性作用的,应当承担主要责任。

对于直接从事生产、作业的人员违反安全管理规定,发生重大生产安全事故的,要综合考虑行为人的从业资格、从业时间、接受安全生产教育培训情况、现场条件、是否受到他人强令作业、生产经营单位执行安全生产规章制度的情况等因素认定责任,不能将直接责任简单等同于主要责任。

对于负有安全生产管理、监督职责的工作人员,应根据其岗位职责、履职依据、履职时间等,综合考察工作职责、监管条件、履职能力、履职情况等,合理确定罪责。

134-2 法释〔2015〕22号第六条第一款 实施刑法第一百三十二条、第一百三十四条第一款、第一百三十五条、第一百三十五条之一、第一百三十六条、第一百三十九条规定的行为,因而发生安全事故,具有下列情形之一的,应当认定为“造成严重后果”或者“发生重大伤亡事故或者造成其他严重后果”,对相关责任人员,处三年以下有期徒刑或者拘役:

(一)造成死亡一人以上,或者重伤三人以上的;

(二)造成直接经济损失一百万元以上的;

(三)其他造成严重后果或者重大安全事故的情形。

法释〔2015〕22号第十二条 实施刑法第一百三十二条、第一百三十四条至第一百三十九条之一规定的犯罪行为,具有下列情形之一的,从重处罚:

(一)未依法取得安全许可证件或者安全许可证件过期、被暂扣、吊销、注销后从事生产经营活动的;

(二)关闭、破坏必要的安全监控和报警设备的;

(三)已经发现事故隐患,经有关部门或者个人提出后,仍不采取措施的;

(四)一年内曾因危害生产安全违法犯罪活动受过行政处罚或者刑事处罚的;

(五)采取弄虚作假、行贿等手段,故意逃避、阻挠负有安全监督管理职责的部门实施监督检查的;

(六)安全事故发生后转移财产意图逃避承担责任的;

(七)其他从重处罚的情形。

实施前款第五项规定的行为,同时构成刑法第三百八十九条(*行贿罪*)规定的犯罪的,依照数罪并罚的规定处罚。

法释〔2015〕22号第十三条 实施刑法第一百三十二条、第一百三十四条至第一百三十九条之一规定的犯罪行为,在安全事故发生后积极组织、参与事故抢救,或者积极配合调查、主动赔偿损失的,可以酌情从轻处罚。

法释〔2015〕22号第十六条 对于实施危害生产安全犯罪适用缓刑的犯罪分子,可以根据犯罪情况,禁止其在缓刑考验期限内从事与安全生产相关联的特定活动;对于被判处刑罚的犯罪分子,可以根据犯罪情况和预防再犯罪的需要,禁止其自刑罚执行完毕之日或者假释之日起三年至五年内从事与安全生产相关的职业。

理解与适用:危害生产安全犯罪系过失犯罪,依法不能适用刑法关于累犯从重处罚的规定。但行为人因实施危害生产安全违法犯罪行为受到行政处罚或者刑事处罚后拒不悔改,事后又因过失行为构成危害生产安全犯罪的,表明其藐视法律规范,再犯可能性较大,理应从重处罚。故本解释第十二条第一款第(四)项对此作出规定,为避免打击面过大,将受到行政处罚或者刑事处罚的期间限定在一年之内。

134-3 法释〔2015〕22号第七条第一款 实施刑法第一百三十二条、第一百三十四条第一款、第一百三十五条、第一百三十五条之一、第一百三十六条、第一百三十九条规定的行为,因而发生安全事故,具有下列情形之一的,对相关责任人员,处三年以上七年以下有期徒刑:

(一)造成死亡三人以上或者重伤十人以上,负事故主要责任的;

(二)造成直接经济损失五百万元以上,负事故主要责任的;

(三)其他造成特别严重后果、情节特别恶劣或者后果特别严重的情形。

理解与适用:2007年《最高人民法院、最高人民检察院关于办理危害矿山生产安全刑事案件具体应用法律若干问题的解释》(已失效)主要以事故后果的严重程度,即责任事故造成的人身伤亡结果和直接经济损失数额作为标准,来确定处第二档刑罚(三年以上七年以下)。实践中发现,上述标准有一定的问题:(1)唯事故结果量刑,导致轻罪重罚。危害生产安全犯罪均属过失犯罪,过失行为与事故结果之间具有条件因果关系的行为人,均有可能被认定为犯罪人。各行为人的行为对引发事故结果所起的原因力是不同的。由于我国刑法不承认过失共同犯罪,故对处于同一因果链条上的多个犯罪人,无法适用共同犯罪的从犯、胁从犯减轻、免除处罚的相关规定。某一安全事故发生后,直接责任人和主要责任人,间接责任人和次要责任人,均适用同一档法定刑,将导致次要责任人的处刑明显过重。(2)引起法律适用方面的连锁反应。由于对某些负次要责任的被告人无法降档处刑,有的法院为追求个案量刑的合理性,将不具备法定自首条件的被告人认定为自首,有的法院则直接对部分被告人适用免予刑事处罚措施。(3)预防再次犯罪的对象,是对安全事故的发生起最直接作用、负最主要责任的犯罪人,而不是众多负次要责任的人。

各被告人应负的刑事责任是主客观相统一的结果,主要责任人和次要责任人应负责任大小不一,这是现代刑法罪责刑相适应原则的当然要求。经反复研究，本解释对第二档法定刑量刑标准采取了“事故结果+责任大小”的规定方式，即原则上安全事故造成的后果达到一定程度，同时行为人对事故承担主要责任的，方可处以第二档法定刑；对于事故仅负次要责任的被告人，即使事故后果达到了一定严重程度，原则上也不应处以第二档法定刑。

法释〔2015〕22号第十条　在安全事故发生后，直接负责的主管人员和其他直接责任人员故意阻挠开展抢救，导致人员死亡或者重伤，或者为了逃避法律追究，对被害人进行隐藏、遗弃，致使被害人因无法得到救助而死亡或者重度残疾的，分别依照刑法第二百三十二条、第二百三十四条的规定，以故意杀人罪或者故意伤害罪定罪处罚。

134-4　《最高人民法院、最高人民检察院关于办理危害生产安全刑事案件适用法律若干问题的解释(二)》(法释〔2022〕19号，2022年12月19日)*

134-5　1. 法释〔2015〕22号第二条　刑法第一百三十四条第二款规定的犯罪主体，包括对生产、作业负有组织、指挥或者管理职责的负责人、管理人员、实际控制人、投资人等人员，以及直接从事生产、作业的人员。

法释〔2015〕22号第五条　明知存在事故隐患、继续作业存在危险，仍然违反有关安全管理的规定，实施下列行为之一的，应当认定为刑法第一百三十四条第二款规定的“强令他人违章冒险作业”：

(一)利用组织、指挥、管理职权，强制他人违章作业的；

(二)采取威逼、胁迫、恐吓等手段，强制他人违章作业的；

(三)故意掩盖事故隐患，组织他人违章作业的；

(四)其他强令他人违章作业的行为。

理解与适用：实践中，有的生产经营单位管理人员在明知存在事故隐患、继续作业存在危险的情况下，采用关闭、破坏相关的安全监控和报警设备等方式，故意掩盖工作环境中存在事故隐患的事实，使一线作业者放松心理戒备而违章作业，此类行为的社会危险性极大，以重大责任事故罪论处无法做到罪责刑相适应。经研究认为，这种情况下，一线作业者开展作业看似未受强制和胁迫，但其如果知悉实情，绝不肯违章冒险作业。管理者故意掩盖事故隐患的行为，让一线作业者失去了进行理性选择的机会，这与采用强制手段或者利用自身职务身份要求他

---

* 法释〔2022〕19号第十二条　本解释自2022年12月19日起施行。最高人民法院、最高人民检察院此前发布的司法解释与本解释不一致的，以本解释为准。

人违章冒险作业的行为并没有根本性区别,故也应认定为“强令”。

法释〔2015〕22 号第七条第二款 实施刑法第一百三十四条第二款规定的行为,因而发生安全事故,具有本条第一款规定情形的,对相关责任人员,处五年以上有期徒刑。

2. 法释〔2022〕19 号第一条第一款 明知存在事故隐患,继续作业存在危险,仍然违反有关安全管理的规定,有下列情形之一的,属于刑法第一百三十四条第二款规定的“强令他人违章冒险作业”:

(一)以威逼、胁迫、恐吓等手段,强制他人违章作业的;

(二)利用组织、指挥、管理职权,强制他人违章作业的;

(三)其他强令他人违章冒险作业的情形。

134-6 法释〔2022〕19 号第四条 刑法第一百三十四条第二款和第一百三十四条之一第二项规定的“重大事故隐患”,依照法律、行政法规、部门规章、强制性标准以及有关行政规范性文件进行认定。

刑法第一百三十四条之一第三项规定的“危险物品”,依照安全生产法第一百一十七条的规定确定。

对于是否属于“重大事故隐患”或者“危险物品”难以确定的,可以依据司法鉴定机构出具的鉴定意见、地市级以上负有安全生产监督管理职责的部门或者其指定的机构出具的意见,结合其他证据综合审查,依法作出认定。

134-7 法释〔2022〕19 号第一条第二款 明知存在重大事故隐患,仍然违反有关安全管理的规定,不排除或者故意掩盖重大事故隐患,组织他人作业的,属于刑法第一百三十四条第二款规定的“冒险组织作业”。

134-8 法释〔2015〕22 号第六条第二款 实施刑法第一百三十四条第二款规定的行为,因而发生安全事故,具有本条第一款规定情形的,应当认定为“发生重大伤亡事故或者造成其他严重后果”,对相关责任人员,处五年以下有期徒刑或者拘役。

第一百三十四条之一[1] **(刑十一)【危险作业罪】**在生产、作业中违反有关安全管理的规定,有下列情形之一,具有发生重大伤亡事故或者其他严重后果的现实危险的,处一年以下有期徒刑、拘役或者管制:

(一)关闭、破坏直接关系生产安全的监控、报警、防护、救生设备、设施，或者篡改、隐瞒、销毁其相关数据、信息的；

（二）因存在重大事故隐患被依法责令停产停业、停止施工、停止使用有关设备、设施、场所或者立即采取排除危险的整改措施，而拒不执行[2]的；

（三）涉及安全生产的事项未经依法批准或者许可，擅自从事矿山开采、金属冶炼、建筑施工，以及危险物品[3]生产、经营、储存等高度危险的生产作业活动的。

134A-1　法释〔2022〕19号第二条　刑法第一百三十四条之一规定的犯罪主体，包括对生产、作业负有组织、指挥或者管理职责的负责人、管理人员、实际控制人、投资人等人员，以及直接从事生产、作业的人员。

法释〔2022〕19号第十条　有刑法第一百三十四条之一行为，积极配合公安机关或者负有安全生产监督管理职责的部门采取措施排除事故隐患，确有悔改表现，认罪认罚的，可以依法从宽处罚；犯罪情节轻微不需要判处刑罚的，可以不起诉或者免予刑事处罚；情节显著轻微危害不大的，不作为犯罪处理。

法释〔2022〕19号第十一条　有本解释规定的行为，被不起诉或者免予刑事处罚，需要给予行政处罚、政务处分或者其他处分的，依法移送有关主管机关处理。

134A-2　法释〔2022〕19号第三条　因存在重大事故隐患被依法责令停产停业、停止施工、停止使用有关设备、设施、场所或者立即采取排除危险的整改措施，有下列情形之一的，属于刑法第一百三十四条之一第二项规定的“拒不执行”：

（一）无正当理由故意不执行各级人民政府或者负有安全生产监督管理职责的部门依法作出的上述行政决定、命令的；

（二）虚构重大事故隐患已经排除的事实，规避、干扰执行各级人民政府或者负有安全生产监督管理职责的部门依法作出的上述行政决定、命令的；

（三）以行贿等不正当手段，规避、干扰执行各级人民政府或者负有安全生产监督管理职责的部门依法作出的上述行政决定、命令的。

有前款第三项行为，同时构成刑法第三百八十九条行贿罪、第三百九十三条单位行贿罪等犯罪的，依照数罪并罚的规定处罚。

认定是否属于"拒不执行",应当综合考虑行政决定、命令是否具有法律、行政法规等依据,行政决定、命令的内容和期限要求是否明确、合理,行为人是否具有按照要求执行的能力等因素进行判断。

134A-3 法释〔2022〕19号第四条第二款 刑法第一百三十四条之一第三项规定的"危险物品",依照安全生产法第一百一十七条的规定确定。

第一百三十五条 (刑六)【重大劳动安全事故罪】安全生产设施或者安全生产条件[1]不符合国家规定,因而发生重大伤亡事故或者造成其他严重后果的,[2]对直接责任的主管人员和其他直接责任人员[3],*处三年以下有期徒刑或者拘役;情节特别恶劣的,处三年以上七年以下有期徒刑。

135-1 1. 立法背景:原为"劳动安全设施",现修改为"安全生产设施或者安全生产条件",范围有所扩大。安全生产设施,是指用于保护劳动者人身安全的各种设施,如隔离栏、防护网、危险标志、紧急逃生通道等。安全生产条件,主要是指保障劳动者安全生产、作业必不可少的安全防护用品和措施,如用于防毒、绝缘、避雷、防火、通风等的用品和措施。

2.《最高人民法院研究室关于被告人阮某重大劳动安全事故案有关法律适用问题的答复》(法研〔2009〕228号,2009年12月25日)

用人单位违反职业病防治法的规定,职业病危害预防设施不符合国家规定,因而发生重大伤亡事故或者造成其他严重后果的,对直接负责的主管人员和其他直接责任人员,可以依照刑法第一百三十五条的规定,以重大劳动安全事故罪定罪处罚。

135-2 《立案标准(一)》第十条 安全生产设施或者安全生产条件不符合国家规定,涉嫌下列情形之一的,应予立案追诉:

(一)造成死亡一人以上,或者重伤三人以上;

(二)造成直接经济损失五十万元以上的;

(三)发生矿山生产安全事故,造成直接经济损失一百万元以上的;

---

* 原条文为"直接责任人员",现《刑法修正案(六)》将其修改为"直接负责的主管人员和其他直接责任人员",使本罪犯罪主体的范围更加明确。

(四)其他造成严重后果的情形。

135-3　法释〔2015〕22号第三条　刑法第一百三十五条规定的“直接负责的主管人员和其他直接责任人员”,是指对安全生产设施或者安全生产条件不符合国家规定负有直接责任的生产经营单位负责人、管理人员、实际控制人、投资人,以及其他对安全生产设施或者安全生产条件负有管理、维护职责的人员。

第一百三十五条之一[*]　(刑六)【大型群众性活动重大安全事故罪】举办大型群众性活动违反安全管理规定,因而发生重大伤亡事故或者造成其他严重后果的,[1]对直接负责的主管人员和其他直接责任人员,处三年以下有期徒刑或者拘役;情节特别恶劣的,处三年以上七年以下有期徒刑。

135A-1　《立案标准(一)》第十一条　举办大型群众性活动违反安全管理规定,涉嫌下列情形之一的,应予立案追诉:

(一)造成死亡一人以上,或者重伤三人以上;

(二)造成直接经济损失五十万元以上的;

(三)其他造成严重后果的情形。

第一百三十六条　【危险物品肇事罪】违反爆炸性、易燃性、放射性、毒害性、腐蚀性物品的管理规定,在生产、储存、运输、使用中发生重大事故,造成严重后果的,[1]处三年以下有期徒刑或者拘役;后果特别严重的,处三年以上七年以下有期徒刑。

136-1　**1.**《立案标准(一)》第十二条　违反爆炸性、易燃性、放射性、毒害性、腐蚀性物品的管理规定,在生产、储存、运输、使用中发生重大事故,涉嫌下列情形之一的,应予立案追诉:

(一)造成死亡一人以上,或者重伤三人以上;

(二)造成直接经济损失五十万元以上的;

(三)其他造成严重后果的情形。

2.《最高人民法院、最高人民检察院、公安部等关于依法惩治涉枪支、弹药、爆炸物、易燃易爆危险物品犯罪的意见》(法发〔2021〕35号,2021年12月31日)　二、正确认定犯罪　6. 在易燃易爆危险物品生

---

* 本罪的量刑标准依照本法第一百三十四条重大责任事故罪的相关规定。

产、储存、运输、使用中违反有关安全管理的规定,实施本意见第5条前两款规定以外的其他行为,导致发生重大事故,造成严重后果,符合刑法第一百三十六条等规定的,以危险物品肇事罪等罪名定罪处罚。

7. 实施刑法第一百三十六条规定等行为,向负有安全生产监督管理职责的部门不报、谎报或者迟报相关情况的,从重处罚;同时构成刑法第一百三十九条之一规定之罪的,依照数罪并罚的规定处罚。

理解与适用:行为人非法违法从事易燃易爆危险物品生产经营活动,导致发生重大事故的,应当认定为危险物品肇事罪或者重大责任事故罪、重大劳动安全事故罪等罪名。行为人在发生安全事故后,故意不报、谎报或者迟报事故情况的,严重干扰事故应急救援和调查处理,社会危害性大,应当予以从重处罚;在事故发生后不报、谎报或者迟报事故情况的行为同时构成不报、谎报安全事故罪的,该不报、谎报、迟报行为直接侵害了国家的事故调查报告制度,不属于不可罚的事后行为,应当以不报、谎报安全事故罪和危险物品肇事罪、重大责任事故罪、重大劳动安全事故罪等罪名数罪并罚。

第一百三十七条[1]* **【工程重大安全事故罪】**建设单位、设计单位、施工单位、工程监理单位违反国家规定,降低工程质量标准,造成重大安全事故[2]的,对直接责任人员,处五年以下有期徒刑或者拘役,并处罚金;后果特别严重[3]的,处五年以上十年以下有期徒刑,并处罚金。

137-1 法释〔2015〕22号第六条第一款 实施刑法第一百三十二条、第一百三十四条第一款、第一百三十五条、第一百三十五条之一、第一百三十六条、第一百三十九条规定的行为,因而发生安全事故,具有下列情形之一的,应当认定为“造成严重后果”或者“发生重大伤亡事故或者造成其他严重后果”,对相关责任人员,处三年以下有期徒刑或者拘役:

(一)造成死亡一人以上,或者重伤三人以上的;

(二)造成直接经济损失一百万元以上的;

(三)其他造成严重后果或者重大安全事故的情形。

137-2 法释〔2015〕22号第六条第三款 实施刑法第一百三十七条规定的行为,因而发生安全事故,具有本条第一款规定情形的,应当认定为“造成重大安全事故”,对直接责任人员,处五年以下有期徒刑

* 本罪的量刑标准依照本法第一百三十四条重大责任事故罪的相关规定。

或者拘役,并处罚金。

137-3 法释〔2015〕22号第七条第一款 实施刑法第一百三十二条、第一百三十四条第一款、第一百三十五条、第一百三十五条之一、第一百三十六条、第一百三十九条规定的行为,因而发生安全事故,具有下列情形之一的,对相关责任人员,处三年以上七年以下有期徒刑:

(一)造成死亡三人以上或者重伤十人以上,负事故主要责任的;

(二)造成直接经济损失五百万元以上,负事故主要责任的;

(三)其他造成特别严重后果、情节特别恶劣或者后果特别严重的情形。

法释〔2015〕22号第七条第三款 实施刑法第一百三十七条规定的行为,因而发生安全事故,具有本条第一款规定情形的,对直接责任人员,处五年以上十年以下有期徒刑,并处罚金。

第一百三十八条 【教育设施重大安全事故罪】明知校舍或者教育教学设施有危险,而不采取措施或者不及时报告,致使发生重大伤亡事故[1]的,对直接责任人员,处三年以下有期徒刑或者拘役;后果特别严重[2]的,处三年以上七年以下有期徒刑。

138-1 法释〔2015〕22号第六条第四款 实施刑法第一百三十八条规定的行为,因而发生安全事故,具有本条第一款第一项规定情形的,应当认定为"发生重大伤亡事故",对直接责任人员,处三年以下有期徒刑或者拘役。

138-2 法释〔2015〕22号第七条第四款 实施刑法第一百三十八条规定的行为,因而发生安全事故,具有下列情形之一的,对直接责任人员,处三年以上七年以下有期徒刑:

(一)造成死亡三人以上或者重伤十人以上,负事故主要责任的;

(二)具有本解释第六条第一款第一项规定情形,同时造成直接经济损失五百万元以上并负事故主要责任的,或者同时造成恶劣社会影响的。

第一百三十九条[*] 【消防责任事故罪】违反消防管理法规,经消防监督机构通知采取改正措施而拒绝执行,造成严重后果的,[1]对

---

* 本罪的量刑标准依照本法第一百三十四条重大责任事故罪的相关规定。

直接责任人员,处三年以下有期徒刑或者拘役;后果特别严重的,处三年以上七年以下有期徒刑。

139-1 《立案标准(一)》第十五条 违反消防管理法规,经消防监督机构通知采取改正措施而拒绝执行,涉嫌下列情形之一的,应予立案追诉:

(一)造成死亡一人以上,或者重伤三人以上;

(二)造成直接经济损失五十万元以上的;

(三)造成森林火灾,过火有林地面积二公顷以上,或者过火疏林地、灌木林地、未成林地、苗圃地面积四公顷以上的;

(四)其他造成严重后果的情形。

第一百三十九条之一 (刑六)【不报、谎报安全事故罪】在安全事故发生后,负有报告职责的人员[1]* 不报或者谎报事故情况,贻误事故抢救,情节严重的,[2] 处三年以下有期徒刑或者拘役;情节特别严重的,[3] 处三年以上七年以下有期徒刑。

139A-1 法释〔2015〕22号第四条 刑法第一百三十九条之一规定的"负有报告职责的人员",是指负有组织、指挥或者管理职责的负责人、管理人员、实际控制人、投资人,以及其他负有报告职责的人员。

法释〔2015〕22号第九条 在安全事故发生后,与负有报告职责的人员串通,不报或者谎报事故情况,贻误事故抢救,情节严重的,依照刑法第一百三十九条之一的规定,以共犯论处。

理解与适用:2007年《最高人民法院、最高人民检察院关于办理危害矿山生产安全刑事案件具体应用法律若干问题的解释》(已失效)第七条规定:"在矿山生产安全事故发生后,实施本解释第六条规定的相关行为,帮助负有报告职责的人员不报或者谎报事故情况,贻误事故抢救的,对组织者或者积极参加者,依照刑法第一百三十九条之一的规定,以共犯论处。"该条规定存在的问题:首先,将共犯的成立范围限定为帮助行为,即认为无身份之人只可能构成帮助犯和从犯,但实践中,对于组织、指使、强令负有报告职责的人员不报、谎报事故情况的,也可以认定为共犯,甚至可能构成主犯;其次,仅对帮助犯中的组织者或者

---

* 全国人大法工委刑法室认为,刑法第三百九十七条是第一百三十九条之一的特别规定,国家工作人员有此行为者,对其应按滥用职权罪或玩忽职守罪处罚。

积极参加者以共犯论处，不当缩小了共犯成立范围，并无明确的理论基础，且在仅有一名帮助犯的情况下，由于不存在参照对象，难以认定为组织者或积极参加者，这种情况下是否应当认定为共犯，实践中存在争议。经研究，本解释删去了上述规定，明确与负有报告职责的人员串通，不报或者谎报安全事故情况的，只要符合刑法规定的共犯成立条件，即可认定为共犯。

139A-2　1. 法释〔2015〕22号第八条第一款　在安全事故发生后，负有报告职责的人员不报或者谎报事故情况，贻误事故抢救，具有下列情形之一的*，应当认定为刑法第一百三十九条之一规定的“情节严重”：

（一）导致事故后果扩大，增加死亡一人以上，或者增加重伤三人以上，或者增加直接经济损失一百万元以上的；

（二）实施下列行为之一，致使不能及时有效开展事故抢救的：

1. 决定不报、迟报、谎报事故情况或者指使、串通有关人员不报、迟报、谎报事故情况的；

2. 在事故抢救期间擅离职守或者逃匿的；

3. 伪造、破坏事故现场，或者转移、藏匿、毁灭遇难人员尸体，或者转移、藏匿受伤人员的；

4. 毁灭、伪造、隐匿与事故有关的图纸、记录、计算机数据等资料以及其他证据的；

（三）其他情节严重的情形。

2.《立案标准（一）的补充规定》第一条　在安全事故发生后，负有报告职责的人员不报或者谎报事故情况，贻误事故抢救，涉嫌下列情形之一的，应予立案追诉：

（一）导致事故后果扩大，增加死亡1人以上，或者增加重伤3人以上，或者增加直接经济损失100万元以上的；

（二）实施下列行为之一，致使不能及时有效开展事故抢救的：

1. 决定不报、迟报、谎报事故情况或者指使、串通有关人员不报、迟报、谎报事故情况的；

2. 在事故抢救期间擅离职守或者逃匿的；

3. 伪造、破坏事故现场，或者转移、藏匿、毁灭遇难人员尸体，或者

---

* 《立案标准（一）的补充规定》第一条规定的《立案标准（一）》第十五条之后增加的第十五条之一与本条内容一致，故从略。

转移、藏匿受伤人员的；

4. 毁灭、伪造、隐匿与事故有关的图纸、记录、计算机数据等资料以及其他证据的；

(三)其他不报、谎报安全事故情节严重的情形。

……

139A-3 法释〔2015〕22号第八条第二款 具有下列情形之一的，应当认定为刑法第一百三十九条之一规定的“情节特别严重”：

(一)导致事故后果扩大，增加死亡三人以上，或者增加重伤十人以上，或者增加直接经济损失五百万元以上的；

(二)采用暴力、胁迫、命令等方式阻止他人报告事故情况，导致事故后果扩大的；

(三)其他情节特别严重的情形。

第三章　破坏社会主义市场经济秩序罪*1

C.3-1　最高人民法院刑二庭《宽严相济在经济犯罪和职务犯罪案件审判中的具体贯彻》(2010年4月7日)

一、宽严相济刑事政策在经济犯罪案件审判中的具体贯彻

(一)关于从严惩处的案件范围。根据《意见》第9条规定,发生在经济领域、需依法从严惩处的主要是指下列严重犯罪:以高利率或高回报为诱饵,针对社会公众实施的非法集资、非法证券、传销、地下"六合彩"等涉众型犯罪;制售假冒伪劣、有毒、有害食品、药品等损害群众切身利益的犯罪;制售伪劣农药、兽药、化肥、种子等坑农害农的犯罪;制贩假币、操纵证券期货市场、金融诈骗等严重危害金融秩序的犯罪;走私,逃税、骗税、虚开增值税专用发票等严重侵害国家经济利益的犯罪;重大环境污染、非法采矿、盗伐林木等各种严重破坏环境资源的犯罪。

(二)关于政策法律界限。对于当前金融危机背景下的经济违法行为,应当根据《意见》第4条规定的"审时度势"原则、第5条规定的"两个效果相统一"原则以及第14条、第23条规定的从宽要求,审慎分析判断其社会危害性,从有利于保障经济增长、维护社会稳定的角度依法准确定罪量刑。以非法集资案件为例说明如下:一是要准确界定非法集资与民间借贷、商业交易的政策法律界限。未经社会公开宣传,在单位职工或者亲友内部针对特定对象筹集资金的,一般可以不作为非法集资。二是要准确把握非法集资罪与非罪的界限。资金主要用于生产经营及相关活动,行为人有还款意愿,能够及时清退集资款项,情节轻微,社会危害不大的,可以免予刑事处罚或者不作为犯罪处理。此外,对于"边缘案"、"踩线案"、罪与非罪界限一时难以划清的案件,要从有利于促进企业生存发展、有利于保障员工生计、有利于维护社会和

---

* 本章犯罪由公安机关管辖。生产、销售伪劣商品案件(严重危害社会秩序和国家利益的除外)属于由人民法院直接受理的"被害人有证据证明的轻微刑事案件"。

谐稳定的高度,依法妥善处理,可定可不定的,原则上不按犯罪处理。特别对于涉及企业、公司法定代表人、技术人员因政策界限不明而实施的轻微违法犯罪,更要依法慎重处理。

(三)关于刑罚适用。(1)根据《意见》第6条关于从严处理的原则性规定以及第29条关于死刑适用政策的规定,对于数额特别巨大、情节特别恶劣、危害后果特别严重的经济犯罪,要依法从严惩处,对于罪行极其严重的经济犯罪分子,依法应当判处死刑的,要坚决适用死刑。……(3)要切实执行《意见》第12条有关"对于侵财型和贪利型犯罪,更要注重通过依法适用财产刑使犯罪分子受到经济上的惩罚"的规定,以最大限度地挽回国家和人民利益的损失,安抚受害群众。同时,此类犯罪的目的就是获得非法利益,有针对性地加大经济制裁,特别是执行的力度,以有效地剥夺犯罪分子重新犯罪的条件,发挥刑罚的预防犯罪功能。

第一节 生产、销售伪劣商品罪[1]

S.1-1 1.《最高人民法院、最高人民检察院关于办理生产、销售伪劣商品刑事案件具体应用法律若干问题的解释》(法释〔2001〕10号,2001年4月10日)第十条 实施生产、销售伪劣商品犯罪,同时构成侵犯知识产权、非法经营等其他犯罪的,依照处罚较重的规定定罪处罚。

第十一条 实施刑法第一百四十条至第一百四十八条规定的犯罪,又以暴力、威胁方法抗拒查处,构成其他犯罪的,依照数罪并罚的规定处罚。

第十二条 国家机关工作人员参与生产、销售伪劣商品犯罪的,从重处罚。

2.《最高人民法院、最高人民检察院关于办理危害药品安全刑事案件适用法律若干问题的解释》(高检发释字〔2022〕1号,2022年3月6日)

3.《最高人民法院、最高人民检察院关于办理非法生产、销售烟草专卖品等刑事案件具体应用法律若干问题的解释》(法释〔2010〕7号,2010年3月26日)

4.《最高人民法院、最高人民检察院、公安部关于依法严惩"地沟油"犯罪活动的通知》(公通字〔2012〕1号,2012年1月9日)

5.《最高人民法院、最高人民检察院关于办理危害食品安全刑事案件适用法律若干问题的解释》(法释〔2021〕24号,2022年1月1日)

第一百四十条　【生产、销售伪劣产品罪】 生产者、销售者[1] 在产品中掺杂、掺假[2],以假充真[3],以次充好[4] 或者以不合格产品[5] 冒充合格产品,销售金额五万元以上不满二十万元[6] 的,处二年以下有期徒刑或者拘役,并处或者单处销售金额[7] 百分之五十以上二倍以下罚金;销售金额二十万元以上不满五十万元的,处二年以上七年以下有期徒刑,并处销售金额百分之五十以上二倍以下罚金;销售金额五十万元以上不满二百万元的,处七年以上有期徒刑,并处销售金额百分之五十以上二倍以下罚金;销售金额二百万元以上的,处十五年有期徒刑或者无期徒刑,并处销售金额百分之五十以上二倍以下罚金或者没收财产。

140-1　法释〔2001〕10号第九条　知道或者应当知道*他人实施生产、销售伪劣商品犯罪,而为其提供贷款、资金、账号、发票、证明、许可证件,或者提供生产、经营场所或者运输、仓储、保管、邮寄等便利条件,或者提供制假生产技术的,以生产、销售伪劣商品犯罪的共犯论处。

140-2　法释〔2001〕10号第一条第一款　刑法第一百四十条规定的"在产品中掺杂、掺假",是指在产品中掺入杂质或者异物,致使产品质量不符合国家法律、法规或者产品明示质量标准规定的质量要求,降低、失去应有使用性能的行为。

140-3　法释〔2001〕10号第一条第二款　刑法第一百四十条规定的"以假充真",是指以不具有某种使用性能的产品冒充具有该种使用性能的产品的行为。

140-4　法释〔2001〕10号第一条第三款　刑法第一百四十条规定的"以次充好",是指以低等级、低档次产品冒充高等级、高档次产品,或者以残次、废旧零配件组合、拼装后冒充正品或者新产品的行为。

140-5　**1.** 法释〔2001〕10号第一条第四款　刑法第一百四十条规定的"不合格产品",是指不符合《中华人民共和国产品质量法》第二十

---

* 行为人"应当知道"他人实施本罪,而提供各种帮助行为,不应以共犯论处,因为"应当知道"而不知道的,不具备故意的认识因素。

六条第二款规定的质量要求的产品。

2.《产品质量法》(2018年12月29日第三次修正)第二十六条第二款　产品质量应当符合下列要求:

(一)不存在危及人身、财产安全的不合理的危险,有保障人体健康和人身、财产安全的国家标准、行业标准的,应当符合该标准;

(二)具备产品应当具备的使用性能,但是,对产品存在使用性能的瑕疵作出说明的除外;

(三)符合在产品或者其包装上注明采用的产品标准,符合以产品说明、实物样品等方式表明的质量状况。

3.《最高人民法院关于审理生产、销售伪劣商品刑事案件有关鉴定问题的通知》(法〔2001〕70号,2001年5月21日)　……由于涉案产品是否"以假充真"、"以次充好"、"以不合格产品冒充合格产品",直接影响到对被告人的定罪及处刑,为准确适用刑法和《最高人民法院、最高人民检察院关于办理生产、销售伪劣商品刑事案件具体应用法律若干问题的解释》(以下简称《解释》),严惩假冒伪劣商品犯罪,不放纵和轻纵犯罪分子,现就审理生产、销售伪劣商品、假冒商标和非法经营等严重破坏社会主义市场经济秩序的犯罪案件中可能涉及的假冒伪劣商品的有关鉴定问题通知如下:

一、对于提起公诉的生产、销售伪劣产品、假冒商标、非法经营等严重破坏社会主义市场经济秩序的犯罪案件,所涉生产、销售的产品是否属于"以假充真"、"以次充好"、"以不合格产品冒充合格产品"难以确定的,应当根据《解释》第一条第五款的规定,由公诉机关委托法律、行政法规规定的产品质量检验机构进行鉴定。

二、根据《解释》第三条和第四条的规定,人民法院受理(*自诉案件*)的生产、销售假药犯罪案件和生产、销售不符合卫生标准的食品犯罪案件,均需有"省级以上药品监督管理部门设置或者确定的药品检验机构"和"省级以上卫生行政部门确定的机构"出具的鉴定结论。

三、经鉴定确系伪劣商品,被告人的行为既构成生产、销售伪劣产品罪,又构成生产、销售假药罪或者生产、销售不符合卫生标准的食品罪,或者同时构成侵犯知识产权、非法经营等其他犯罪的,根据刑法第一百四十九条第二款和《解释》第十条的规定,应当依照处罚较重的规定定罪处罚。

4. 法释〔2021〕24号第十五条第一款　生产、销售不符合食品安全标准的食品添加剂,用于食品的包装材料、容器、洗涤剂、消毒剂,或者用于食品生产经营的工具、设备等,符合刑法第一百四十条规定的,以生产、销售伪劣产品罪定罪处罚。

140-6　《立案标准(一)》第十六条第一款　生产者、销售者在产品中掺杂、掺假,以假充真,以次充好或者以不合格产品冒充合格产品,涉嫌下列情形之一的,应予立案追诉:

(一)伪劣产品销售金额五万元以上的;

(二)伪劣产品尚未销售,货值金额十五万元以上的;

(三)伪劣产品销售金额不满五万元,但将已销售金额乘以三倍后,与尚未销售的伪劣产品货值金额合计十五万元以上的。

140-7　**1.** 法释〔2001〕10 号第二条　刑法第一百四十条、第一百四十九条规定的"销售金额",是指生产者、销售者出售伪劣产品后所得和应得的全部违法收入。

伪劣产品尚未销售,货值金额达到刑法第一百四十条规定的销售金额三倍以上的,以生产、销售伪劣产品罪(未遂)定罪处罚。

货值金额以违法生产、销售的伪劣产品的标价计算;没有标价的,按照同类合格产品的市场中间价格计算。货值金额难以确定的,按照国家计划委员会、最高人民法院、最高人民检察院、公安部 1997 年 4 月 22 日联合发布的《扣押、追缴、没收物品估价管理办法》的规定,委托指定的估价机构确定。

多次实施生产、销售伪劣产品行为,未经处理的,伪劣产品的销售金额或者货值金额累计计算。

2.《国家工商行政管理局关于〈反不正当竞争法〉第二十三条和第三十条"质次价高"、"滥收费用"及"违法所得"认定问题的答复》(工商公字〔1999〕313 号,1999 年 12 月 1 日)　一、《反不正当竞争法》第二十三条规定的"质次价高"、"滥收费用"和"违法所得"是密切相关的三个法律概念。"质次价高商品" * 是指被指定的经营者所销售的商品属于不合格商品,或者质量与价格明显不符的合格商品,即商品虽然合

---

* 这一解释的实质意义就是将"质次"和"价高"这两个因素有机地结合起来认定"以次充好"。此前的最高人民法院、最高人民检察院司法解释均采用了"违法所得",现以"销售金额"取而代之,体现了立法技术的进步,也体现了刑法将犯罪的本质界定为侵犯了利益,而不在于得到了利益(标价 > 同类产品中间价 > 估价)。销售金额,是指所得和应得的全部违法收入,无论是"所得"还是"应得"均是以真实的交易价格为依据的,尚未销售的伪劣产品按货值金额计算,而货值金额则以标价为准,其潜在前提是假设标价是真实的。如果标价是虚假的,那么就不宜按标价计算,而应参照其他证据予以确定,否则有失公正。

格,但其价格明显高于同类商品的通常市场价格,而同类商品的通常市场价格是指政府定价、政府指导价或者同期市场同类商品的中等市场价格……

第一百四十一条[1 *] **(刑八、刑十一)【生产、销售、提供假药罪】** 生产[2]、销售假药[3]的,处三年以下有期徒刑[4]或者拘役,并处罚金[5];对人体健康造成严重危害[6]或者有其他严重情节[7]的,处三年以上十年以下有期徒刑,并处罚金;致人死亡或者有其他特别严重情节[8]的,处十年以上有期徒刑、无期徒刑或者死刑,并处罚金或者没收财产。

药品使用单位的人员明知是假药而提供[9]给他人使用的,依照前款的规定处罚。

141-1 《最高人民法院、最高人民检察院关于办理危害药品安全刑事案件适用法律若干问题的解释》(高检发释字〔2022〕1号,2022年3月6日)**

高检发释字〔2022〕1号第十一条　以提供给他人生产、销售、提供药品为目的,违反国家规定,生产、销售不符合药用要求的原料、辅料,符合刑法第一百四十条规定的,以生产、销售伪劣产品罪从重处罚;同时构成其他犯罪的,依照处罚较重的规定定罪处罚。

高检发释字〔2022〕1号第十二条　广告主、广告经营者、广告发布者违反国家规定,利用广告对药品作虚假宣传,情节严重的,依照刑法第二百二十二条的规定,以虚假广告罪定罪处罚。

高检发释字〔2022〕1号第十三条　明知系利用医保骗保购买的药品而非法收购、销售,金额五万元以上的,应当依照刑法第三百一十二

---

* 《刑法修正案(八)》将本罪的犯罪构成要件作了较大修改:一是取消了"足以严重危害人体健康"的定罪要件,将本罪由危险犯调整为行为犯;二是在加重处罚的情节中增加了"其他严重情节""其他特别严重情节"的规定,以适应刑事打击的需要;三是删去了单处罚金和罚金刑数额标准的规定,以解决经济处罚力度不够和罚金刑数额难以确定、罚金刑数额与行政罚款不协调的问题。

** 高检发释字〔2022〕1号第二十一条　本解释自2022年3月6日起施行。本解释公布施行后,《最高人民法院、最高人民检察院关于办理危害药品安全刑事案件适用法律若干问题的解释》(法释〔2014〕14号)、《最高人民法院、最高人民检察院关于办理药品、医疗器械注册申请材料造假刑事案件适用法律若干问题的解释》(法释〔2017〕15号)同时废止。

条的规定,以掩饰、隐瞒犯罪所得罪定罪处罚;指使、教唆、授意他人利用医保骗保购买药品,进而非法收购、销售,符合刑法第二百六十六条规定的,以诈骗罪定罪处罚。

对于利用医保骗保购买药品的行为人是否追究刑事责任,应当综合骗取医保基金的数额、手段、认罪悔罪态度等案件具体情节,依法妥当决定。利用医保骗保购买药品的行为人是否被追究刑事责任,不影响对非法收购、销售有关药品的行为人定罪处罚。

对于第一款规定的主观明知,应当根据药品标志、收购渠道、价格、规模及药品追溯信息等综合认定。

高检发释字〔2022〕1 号第十四条　负有药品安全监督管理职责的国家机关工作人员,滥用职权或者玩忽职守,构成药品监管渎职罪,同时构成商检徇私舞弊罪、商检失职罪等其他渎职犯罪的,依照处罚较重的规定定罪处罚。

负有药品安全监督管理职责的国家机关工作人员滥用职权或者玩忽职守,不构成药品监管渎职罪,但构成前款规定的其他渎职犯罪的,依照该其他犯罪定罪处罚。

负有药品安全监督管理职责的国家机关工作人员与他人共谋,利用其职务便利帮助他人实施危害药品安全犯罪行为,同时构成渎职犯罪和危害药品安全犯罪共犯的,依照处罚较重的规定定罪从重处罚。

141-2　高检发释字〔2022〕1 号第六条第一款　以生产、销售、提供假药、劣药为目的,合成、精制、提取、储存、加工炮制药品原料,或者在将药品原料、辅料、包装材料制成成品过程中,进行配料、混合、制剂、储存、包装的,应当认定为刑法第一百四十一条、第一百四十二条规定的“生产”。

高检发释字〔2022〕1 号第九条　明知他人实施危害药品安全犯罪,而有下列情形之一的,以共同犯罪论处:

(一)提供资金、贷款、账号、发票、证明、许可证件的;

(二)提供生产、经营场所、设备或者运输、储存、保管、邮寄、销售渠道等便利条件的;

(三)提供生产技术或者原料、辅料、包装材料、标签、说明书的;

(四)提供虚假药物非临床研究报告、药物临床试验报告及相关材料的;

(五)提供广告宣传的;

(六)提供其他帮助的。

高检发释字〔2022〕1号第十条　办理生产、销售、提供假药、生产、销售、提供劣药、妨害药品管理等刑事案件，应当结合行为人的从业经历、认知能力、药品质量、进货渠道和价格、销售渠道和价格以及生产、销售方式等事实综合判断认定行为人的主观故意。具有下列情形之一的，可以认定行为人有实施相关犯罪的主观故意，但有证据证明确实不具有故意的除外：

(一)药品价格明显异于市场价格的；

(二)向不具有资质的生产者、销售者购买药品，且不能提供合法有效的来历证明的；

(三)逃避、抗拒监督检查的；

(四)转移、隐匿、销毁涉案药品、进销货记录的；

(五)曾因实施危害药品安全违法犯罪行为受过处罚，又实施同类行为的；

(六)其他足以认定行为人主观故意的情形。

141-3　1.《药品管理法》* 第九十八条第一款　禁止生产(包括配制，下同)、销售、使用假药、劣药。

第二款　有下列情形之一的，为假药：

(一)药品所含成份与国家药品标准规定的成份不符；

(二)以非药品冒充药品或者以他种药品冒充此种药品；

(三)变质的药品；

(四)药品所标明的适应症或者功能主治超出规定范围。

立法原意：现行法律对假药劣药范围的界定比较宽泛，既有根据药品质量界定的假药劣药，又有未经审批生产的药品等按假药劣药论处的情形，不便于精准惩治，建议主要按照药品功效重新界定假药劣药范围。

2. 高检发释字〔2022〕1号第十九条　刑法第一百四十一条、第一百四十二条规定的"假药""劣药"，依照《中华人民共和国药品管理法》的规定认定。

对于《中华人民共和国药品管理法》第九十八条第二款第二项、第四项及第三款第三项至第六项规定的假药、劣药，能够根据现场查获的原料、包装，结合犯罪嫌疑人、被告人供述等证据材料作出判断的，可以

---

* 《中华人民共和国药品管理法》于2019年8月26日由第十三届全国人民代表大会常务委员会第十二次会议第二次修订。

由地市级以上药品监督管理部门出具认定意见。对于依据《中华人民共和国药品管理法》第九十八条第二款、第三款的其他规定认定假药、劣药,或者是否属于第九十八条第二款第二项、第三款第六项规定的假药、劣药存在争议的,应当由省级以上药品监督管理部门设置或者确定的药品检验机构进行检验,出具质量检验结论。司法机关根据认定意见、检验结论,结合其他证据作出认定。

高检发释字〔2022〕1号第十八条　根据民间传统配方私自加工药品或者销售上述药品,数量不大,且未造成他人伤害后果或者延误诊治的,或者不以营利为目的实施带有自救、互助性质的生产、进口、销售药品的行为,不应当认定为犯罪。

对于是否属于民间传统配方难以确定的,根据地市级以上药品监督管理部门或者有关部门出具的认定意见,结合其他证据作出认定。

3.《最高人民检察院法律政策研究室对〈关于具有药品经营资质的企业通过非法渠道从私人手中购进药品后销售的如何适用法律问题的请示〉的答复》(高检研〔2015〕19号,2015年10月26日)　司法机关应当根据《中华人民共和国药品管理法》的有关规定,对具有药品经营资质的企业通过非法渠道从私人手中购销的药品的性质进行认定,区分不同情况,分别定性处理:一是对于经认定属于假药、劣药,且达到"两高"《关于办理危害药品安全刑事案件适用法律若干问题的解释》(以下称《药品解释》)规定的销售假药罪、销售劣药罪的定罪量刑标准的,应当以销售假药罪、销售劣药罪依法追究刑事责任。二是对于经认定属于劣药,但尚未达到《药品解释》规定的销售劣药罪的定罪量刑标准的,可以依据刑法第一百四十九条、第一百四十条的规定,以销售伪劣产品罪追究刑事责任。三是对于无法认定属于假药、劣药的,可以由药品监督管理部门依照《中华人民共和国药品管理法》的规定给予行政处罚,不宜以非法经营罪追究刑事责任。

141-4　高检发释字〔2022〕1号第十六条　对于犯生产、销售、提供假药罪、生产、销售、提供劣药罪、妨害药品管理罪的,应当依照刑法规定的条件,严格缓刑、免予刑事处罚的适用。对于被判处刑罚的,可以根据犯罪情况和预防再犯罪的需要,依法宣告职业禁止或者禁止令。《中华人民共和国药品管理法》等法律、行政法规另有规定的,从其规定。

对于被不起诉或者免予刑事处罚的行为人,需要给予行政处罚、政务处分或者其他处分的,依法移送有关主管机关处理。

141-5 高检发释字〔2022〕1号第十五条　对于犯生产、销售、提供假药罪、生产、销售、提供劣药罪、妨害药品管理罪的,应当结合被告人的犯罪数额、违法所得,综合考虑被告人缴纳罚金的能力,依法判处罚金。罚金一般应当在生产、销售、提供的药品金额二倍以上;共同犯罪的,对各共同犯罪人合计判处的罚金一般应当在生产、销售、提供的药品金额二倍以上。

高检发释字〔2022〕1号第十七条　单位犯生产、销售、提供假药罪、生产、销售、提供劣药罪、妨害药品管理罪的,对单位判处罚金,并对直接负责的主管人员和其他直接责任人员,依照本解释规定的自然人犯罪的定罪量刑标准处罚。

单位犯罪的,对被告单位及其直接负责的主管人员、其他直接责任人员合计判处的罚金一般应当在生产、销售、提供的药品金额二倍以上。

141-6 高检发释字〔2022〕1号第二条　生产、销售、提供假药,具有下列情形之一的,应当认定为刑法第一百四十一条规定的"对人体健康造成严重危害":

(一)造成轻伤或者重伤的;

(二)造成轻度残疾或者中度残疾的;

(三)造成器官组织损伤导致一般功能障碍或者严重功能障碍的;

(四)其他对人体健康造成严重危害的情形。

141-7 高检发释字〔2022〕1号第三条　生产、销售、提供假药,具有下列情形之一的,应当认定为刑法第一百四十一条规定的"其他严重情节":

(一)引发较大突发公共卫生事件的;

(二)生产、销售、提供假药的金额二十万元以上不满五十万元的;

(三)生产、销售、提供假药的金额十万元以上不满二十万元,并具有本解释第一条规定情形之一的;

(四)根据生产、销售、提供的时间、数量、假药种类、对人体健康危害程度等,应当认定为情节严重的。

高检发释字〔2022〕1号第一条　生产、销售、提供假药,具有下列情形之一的,应当酌情从重处罚:

(一)涉案药品以孕产妇、儿童或者危重病人为主要使用对象的;

(二)涉案药品属于麻醉药品、精神药品、医疗用毒性药品、放射性药品、生物制品,或者以药品类易制毒化学品冒充其他药品的;

(三)涉案药品属于注射剂药品、急救药品的；

(四)涉案药品系用于应对自然灾害、事故灾难、公共卫生事件、社会安全事件等突发事件的；

(五)药品使用单位及其工作人员生产、销售假药的；

(六)其他应当酌情从重处罚的情形。

高检发释字〔2022〕1号第二十条 对于生产、提供药品的金额,以药品的货值金额计算;销售药品的金额,以所得和可得的全部违法收入计算。

141-8 高检发释字〔2022〕1号第四条 生产、销售、提供假药,具有下列情形之一的,应当认定为刑法第一百四十一条规定的“其他特别严重情节”:

(一)致人重度残疾以上的；

(二)造成三人以上重伤、中度残疾或者器官组织损伤导致严重功能障碍的；

(三)造成五人以上轻度残疾或者器官组织损伤导致一般功能障碍的；

(四)造成十人以上轻伤的；

(五)引发重大、特别重大突发公共卫生事件的；

(六)生产、销售、提供假药的金额五十万元以上的；

(七)生产、销售、提供假药的金额二十万元以上不满五十万元,并具有本解释第一条规定情形之一的；

(八)根据生产、销售、提供的时间、数量、假药种类、对人体健康危害程度等,应当认定为情节特别严重的。

141-9 高检发释字〔2022〕1号第六条第二款 药品使用单位及其工作人员明知是假药、劣药而有偿提供给他人使用的,应当认定为刑法第一百四十一条、第一百四十二条规定的“销售”;无偿提供给他人使用的,应当认定为刑法第一百四十一条、第一百四十二条规定的“提供”。

第一百四十二条 (刑十一)【生产、销售、提供劣药罪】生产、销售劣药[1],对人体健康造成严重危害[2] 的,处三年以上十年以下有期徒刑,并处罚金;后果特别严重的,处十年以上有期徒刑或者无期徒刑,并处罚金或者没收财产。

药品使用单位的人员明知是劣药而提供给他人使用的,依照前款的规定处罚。

142-1 《药品管理法》第九十八条第三款　有下列情形之一的,为劣药:

(一)药品成份的含量不符合国家药品标准;

(二)被污染的药品;

(三)未标明或者更改有效期的药品;

(四)未注明或者更改产品批号的药品;

(五)超过有效期的药品;

(六)擅自添加防腐剂、辅料的药品;

(七)其他不符合药品标准的药品。

142-2 **1.**《立案标准(一)》第十八条第一款　生产(包括配制)、销售劣药,涉嫌下列情形之一的,应予立案追诉:

(一)造成人员轻伤、重伤或者死亡的;

(二)其他对人体健康造成严重危害的情形。

2. 高检发释字〔2022〕1号第五条　生产、销售、提供劣药,具有本解释第一条规定情形之一的,应当酌情从重处罚。

生产、销售、提供劣药,具有本解释第二条规定情形之一的,应当认定为刑法第一百四十二条规定的"对人体健康造成严重危害"。

生产、销售、提供劣药,致人死亡,或者具有本解释第四条第一项至第五项规定情形之一的,应当认定为刑法第一百四十二条规定的"后果特别严重"。

第一百四十二条之一　(刑十一)【妨害药品管理罪】 违反药品管理法规,有下列情形之一,足以严重危害人体健康[1]的,处三年以下有期徒刑或者拘役,并处或者单处罚金;对人体健康造成严重危害[2]或者有其他严重情节[3]的,处三年以上七年以下有期徒刑,并处罚金:

(一)生产、销售国务院药品监督管理部门禁止使用的药品的;

(二)未取得药品相关批准证明文件生产、进口药品或者明知是上述药品而销售的;

(三)药品申请注册中提供虚假的证明、数据、资料、样品或者采取其他欺骗手段的;

（四）编造生产、检验记录的。

有前款行为，同时又构成本法第一百四十一条、第一百四十二条规定之罪或者其他犯罪的，依照处罚较重的规定定罪处罚。

142A-1　高检发释字〔2022〕1号第七条　实施妨害药品管理的行为，具有下列情形之一的，应当认定为刑法第一百四十二条之一规定的“足以严重危害人体健康”：

（一）生产、销售国务院药品监督管理部门禁止使用的药品，综合生产、销售的时间、数量、禁止使用原因等情节，认为具有严重危害人体健康的现实危险的；

（二）未取得药品相关批准证明文件生产药品或者明知是上述药品而销售，涉案药品属于本解释第一条第一项至第三项规定情形的；

（三）未取得药品相关批准证明文件生产药品或者明知是上述药品而销售，涉案药品的适应症、功能主治或者成分不明的；

（四）未取得药品相关批准证明文件生产药品或者明知是上述药品而销售，涉案药品没有国家药品标准，且无核准的药品质量标准，但检出化学药成分的；

（五）未取得药品相关批准证明文件进口药品或者明知是上述药品而销售，涉案药品在境外也未合法上市的；

（六）在药物非临床研究或者药物临床试验过程中故意使用虚假试验用药品，或者瞒报与药物临床试验用药品相关的严重不良事件的；

（七）故意损毁原始药物非临床研究数据或者药物临床试验数据，或者编造受试动物信息、受试者信息、主要试验过程记录、研究数据、检测数据等药物非临床研究数据或者药物临床试验数据，影响药品的安全性、有效性和质量可控性的；

（八）编造生产、检验记录，影响药品的安全性、有效性和质量可控性的；

（九）其他足以严重危害人体健康的情形。

对于涉案药品是否在境外合法上市，应当根据境外药品监督管理部门或者权利人的证明等证据，结合犯罪嫌疑人、被告人及其辩护人提供的证据材料综合审查，依法作出认定。

对于“足以严重危害人体健康”难以确定的，根据地市级以上药品监督管理部门出具的认定意见，结合其他证据作出认定。

142A-2　高检发释字〔2022〕1号第八条第一款　实施妨害药品管

理的行为,具有本解释第二条规定情形之一的,应当认定为刑法第一百四十二条之一规定的“对人体健康造成严重危害”。

142A-3 高检发释字〔2022〕1号第八条第二款 实施妨害药品管理的行为,足以严重危害人体健康,并具有下列情形之一的,应当认定为刑法第一百四十二条之一规定的“有其他严重情节”:

(一)生产、销售国务院药品监督管理部门禁止使用的药品,生产、销售的金额五十万元以上的;

(二)未取得药品相关批准证明文件生产、进口药品或者明知是上述药品而销售,生产、销售的金额五十万元以上的;

(三)药品申请注册中提供虚假的证明、数据、资料、样品或者采取其他欺骗手段,造成严重后果的;

(四)编造生产、检验记录,造成严重后果的;

(五)造成恶劣社会影响或者具有其他严重情节的情形。

实施刑法第一百四十二条之一规定的行为,同时又构成生产、销售、提供假药罪、生产、销售、提供劣药罪或者其他犯罪的,依照处罚较重的规定定罪处罚。

第一百四十三条[1] **(刑八)**[*]**【生产、销售不符合安全标准的食品罪】**生产、销售[2]不符合食品[3]安全[4]标准[5]的食品,[**]足以造成严重食物中毒事故或者其他严重食源性疾病的,处三年以下有期徒刑[6]或者拘役,并处罚金[7];对人体健康造成严重危害[8]或者有其他严重情节[9]的,处三年以上七年以下有期徒刑,并处罚金;后果特别严重[10]的,处七年以上有期徒刑或者无期徒刑,并处罚金或者没收财产。

143-1 1.《最高人民法院、最高人民检察院关于办理危害食品安全刑事案件适用法律若干问题的解释》[***](法释〔2021〕24号,2022年1

---

* 《刑法修正案(八)》对本罪作了四点修改:一是根据《食品安全法》的有关规定,将“卫生标准”修改为“食品安全标准”,将“食源性疾患”改为“食源性疾病”;二是在第二档刑罚中,增加了“其他严重情节”的规定,以适应打击犯罪的需要;三是取消了单处罚金刑,加大了打击力度;四是为了解决实践中罚金数额难以确定及与行政罚款不协调的问题,取消了罚金数额的具体标准。

** 将“不符合卫生标准的食品”改为“不符合食品安全标准的食品”,从而与2009年《食品安全法》(已修改)相衔接。

*** 法释〔2021〕24号第二十六条 本解释自2022年1月1日起施行。本解释公布实施后,《最高人民法院、最高人民检察院关于办理危害食品安全刑事案件适用法律若干问题的解释》(法释〔2013〕12号)同时废止;之前发布的司法解释与本解释不一致的,以本解释为准。

月1日)；2.《食品安全法》(2009年2月28日通过，2015年4月24日修订，2018年12月29日、2021年4月29日修正)；3.《最高人民法院关于审理走私、非法经营、非法使用兴奋剂刑事案件适用法律若干问题的解释》(法释〔2019〕16号，2020年1月1日)。

法释〔2021〕24号第二十三条　单位实施本解释规定的犯罪的，对单位判处罚金，并对直接负责的主管人员和其他直接责任人员，依照本解释规定的定罪量刑标准处罚。

143-2　法释〔2021〕24号第十四条　明知他人生产、销售不符合食品安全标准的食品，有毒、有害食品，具有下列情形之一的，以生产、销售不符合安全标准的食品罪或者生产、销售有毒、有害食品罪的共犯论处：

(一)提供资金、贷款、账号、发票、证明、许可证件的；

(二)提供生产、经营场所或者运输、贮存、保管、邮寄、销售渠道等便利条件的；

(三)提供生产技术或者食品原料、食品添加剂、食品相关产品或者有毒、有害的非食品原料的；

(四)提供广告宣传的；

(五)提供其他帮助行为的。

143-3　**1.**《食品安全法》第一百五十条第一款　食品，指各种供人食用或者饮用的成品和原料以及按照传统既是食品又是中药材的物品，但是不包括以治疗为目的的物品。

2. 法释〔2019〕16号第五条　生产、销售含有兴奋剂目录所列物质的食品，符合刑法第一百四十三条、第一百四十四条规定的，以生产、销售不符合安全标准的食品罪、生产、销售有毒、有害食品罪定罪处罚。

法释〔2019〕16号第七条　实施本解释规定的行为，涉案物质属于毒品、制毒物品等，构成有关犯罪的，依照相应犯罪定罪处罚。

法释〔2019〕16号第八条　对于是否属于本解释规定的“兴奋剂”“兴奋剂目录所列物质”“体育运动”“国内、国际重大体育竞赛”等专门性问题，应当依据《中华人民共和国体育法》《反兴奋剂条例》等法律法规，结合国务院体育主管部门出具的认定意见等证据材料作出认定。

143-4　《食品安全法》第一百五十条第二款　食品安全，指食品无毒、无害，符合应当有的营养要求，对人体健康不造成任何急性、亚急性或者慢性危害。

143-5　《食品安全法》第二十五条　食品安全标准是强制执行的标准。除食品安全标准外，不得制定其他食品强制性标准。

《食品安全法》第二十六条　食品安全标准应当包括下列内容：

(一)食品、食品添加剂、食品相关产品中的致病性微生物，农药残留、兽药残留、生物毒素、重金属等污染物质以及其他危害人体健康物质的限量规定；

(二)食品添加剂的品种、使用范围、用量；

(三)专供婴幼儿和其他特定人群的主辅食品的营养成分要求；

(四)对与卫生、营养等食品安全要求有关的标签、标志、说明书的要求；

(五)食品生产经营过程的卫生要求；

(六)与食品安全有关的质量要求；

(七)与食品安全有关的食品检验方法与规程；

(八)其他需要制定为食品安全标准的内容。

143-6　法释〔2021〕24号第二十二条　对实施本解释规定之犯罪的犯罪分子，应当依照刑法规定的条件，严格适用缓刑、免予刑事处罚。对于依法适用缓刑的，可以根据犯罪情况，同时宣告禁止令。

对于被不起诉或者免予刑事处罚的行为人，需要给予行政处罚、政务处分或者其他处分的，依法移送有关主管机关处理。

143-7　法释〔2021〕24号第二十一条　犯生产、销售不符合安全标准的食品罪，生产、销售有毒、有害食品罪，一般应当依法判处生产、销售金额二倍以上的罚金。

共同犯罪的，对各共同犯罪人合计判处的罚金一般应当在生产、销售金额的二倍以上。

143-8　法释〔2021〕24号第二条　生产、销售不符合食品安全标准的食品，具有下列情形之一的，应当认定为刑法第一百四十三条规定的“对人体健康造成严重危害”：

(一)造成轻伤以上伤害的；

(二)造成轻度残疾或者中度残疾的；

(三)造成器官组织损伤导致一般功能障碍或者严重功能障碍的；

(四)造成十人以上严重食物中毒或者其他严重食源性疾病的；

(五)其他对人体健康造成严重危害的情形。

143-9　法释〔2021〕24号第三条　生产、销售不符合食品安全标准的食品，具有下列情形之一的，应当认定为刑法第一百四十三条规定的“其他严重情节”：

(一)生产、销售金额二十万元以上的；

（二）生产、销售金额十万元以上不满二十万元，不符合食品安全标准的食品数量较大或者生产、销售持续时间六个月以上的；

（三）生产、销售金额十万元以上不满二十万元，属于特殊医学用途配方食品、专供婴幼儿的主辅食品的；

（四）生产、销售金额十万元以上不满二十万元，且在中小学校园、托幼机构、养老机构及周边面向未成年人、老年人销售的；

（五）生产、销售金额十万元以上不满二十万元，曾因危害食品安全犯罪受过刑事处罚或者二年内因危害食品安全违法行为受过行政处罚的；

（六）其他情节严重的情形。

143-10　法释〔2021〕24号第四条　生产、销售不符合食品安全标准的食品，具有下列情形之一的，应当认定为刑法第一百四十三条规定的“后果特别严重”：

（一）致人死亡的；

（二）造成重度残疾以上的；

（三）造成三人以上重伤、中度残疾或者器官组织损伤导致严重功能障碍的；

（四）造成十人以上轻伤、五人以上轻度残疾或者器官组织损伤导致一般功能障碍的；

（五）造成三十人以上严重食物中毒或者其他严重食源性疾病的；

（六）其他特别严重的后果。

第一百四十四条　（刑八）【生产、销售有毒、有害食品罪】在生产、销售的食品中掺入[1]有毒、有害的非食品原料[2]的，或者销售明知[3]掺有有毒、有害的非食品原料的食品的，[4]处五年以下有期徒刑，并处罚金；对人体健康造成严重危害[5]或者有其他严重情节的，[6]处五年以上十年以下有期徒刑，并处罚金；致人死亡或者有其他特别严重情节[7]的，依照本法第一百四十一条（*生产、销售假药罪*）的规定处罚。

144-1　**1.** 法释〔2021〕24号第十一条　在食品生产、销售、运输、贮存等过程中，掺入有毒、有害的非食品原料，或者使用有毒、有害的非食品原料生产食品的，依照刑法第一百四十四条的规定以生产、销售有毒、有害食品罪定罪处罚。

在食用农产品种植、养殖、销售、运输、贮存等过程中，使用禁用农药、食品动物中禁止使用的药品及其他化合物等有毒、有害的非食品原料,适用前款的规定定罪处罚。

在保健食品或者其他食品中非法添加国家禁用药物等有毒、有害的非食品原料的,适用第一款的规定定罪处罚。

法释〔2021〕24 号第十二条　在食品生产、销售、运输、贮存等过程中,使用不符合食品安全标准的食品包装材料、容器、洗涤剂、消毒剂,或者用于食品生产经营的工具、设备等,造成食品被污染,符合刑法第一百四十三条、第一百四十四条规定的,以生产、销售不符合安全标准的食品罪或者生产、销售有毒、有害食品罪定罪处罚。

2. 徐孝伦等人生产、销售有害食品案(检例第 13 号)

要旨　在食品加工过程中,使用有毒、有害的非食品原料加工食品并出售的,应当认定为生产、销售有毒、有害食品罪;明知是他人使用有毒、有害的非食品原料加工出的食品仍然购买并出售的,应当认定为销售有毒、有害食品罪。

144-2　**1.** 法释〔2021〕24 号第九条　下列物质应当认定为刑法第一百四十四条规定的"有毒、有害的非食品原料":

(一)因危害人体健康,被法律、法规禁止在食品生产经营活动中添加、使用的物质;

(二)因危害人体健康,被国务院有关部门列入《食品中可能违法添加的非食用物质名单》《保健食品中可能非法添加的物质名单》和国务院有关部门公告的禁用农药、《食品动物中禁止使用的药品及其他化合物清单》等名单上的物质;

(三)其他有毒、有害的物质。

2.《最高人民法院关于审理走私、非法经营、非法使用兴奋剂刑事案件适用法律若干问题的解释》(法释〔2019〕16 号,2020 年 1 月 1 日)第五条　生产、销售含有兴奋剂目录所列物质的食品,符合刑法第一百四十三条、第一百四十四条规定的,以生产、销售不符合安全标准的食品罪、生产、销售有毒、有害食品罪定罪处罚。

法释〔2019〕16 号第七条　实施本解释规定的行为,涉案物质属于毒品、制毒物品等,构成有关犯罪的,依照相应犯罪定罪处罚。

法释〔2019〕16 号第八条　对于是否属于本解释规定的"兴奋剂""兴奋剂目录所列物质""体育运动""国内、国际重大体育竞赛"等专门性问题,应当依据《中华人民共和国体育法》《反兴奋剂条例》等法律法规,结合国务院体育主管部门出具的认定意见等证据材料作出认定。

3. 孙建亮等人生产、销售有毒、有害食品案(检例第14号)

要旨 明知盐酸克伦特罗(俗称“瘦肉精”)是国家禁止在饲料和动物饮用水中使用的药品,而用以养殖供人食用的动物并出售的,应当认定为生产、销售有毒、有害食品罪。明知盐酸克伦特罗是国家禁止在饲料和动物饮用水中使用的药品,而买卖和代买盐酸克伦特罗片,供他人用以养殖供人食用的动物的,应当认定为生产、销售有毒、有害食品罪的共犯。

4. 北京阳光一佰生物技术开发有限公司、习文有等生产、销售有毒、有害食品案(指导案例第70号)

裁判要点 行为人在食品生产经营中添加的虽然不是国务院有关部门公布的《食品中可能违法添加的非食用物质名单》和《保健食品中可能非法添加的物质名单》中的物质,但如果该物质与上述名单中所列物质具有同等属性,并且根据检验报告和专家意见等相关材料能够确定该物质对人体具有同等危害的,应当认定为《中华人民共和国刑法》第一百四十四条规定的“有毒、有害的非食品原料”。

5.《最高人民法院、最高人民检察院、公安部关于依法严惩“地沟油”犯罪活动的通知》(公通字〔2012〕1号,2012年1月9日)

一、依法严惩“地沟油”犯罪,切实维护人民群众食品安全

“地沟油”犯罪,是指用餐厨垃圾、废弃油脂、各类肉及肉制品加工废弃物等非食品原料,生产、加工“食用油”,以及明知是利用“地沟油”生产、加工的油脂而作为食用油销售的行为……

144-3 法释〔2021〕24号第十条 刑法第一百四十四条规定的“明知”,应当综合行为人的认知能力、食品质量、进货或者销售的渠道及价格等主、客观因素进行认定。

具有下列情形之一的,可以认定为刑法第一百四十四条规定的“明知”,但存在相反证据并经查证属实的除外:

(一)长期从事相关食品、食用农产品生产、种植、养殖、销售、运输、贮存行业,不依法履行保障食品安全义务的;

(二)没有合法有效的购货凭证,且不能提供或者拒不提供销售的相关食品来源的;

(三)以明显低于市场价格进货或者销售且无合理原因的;

(四)在有关部门发出禁令或者食品安全预警的情况下继续销售的;

(五)因实施危害食品安全行为受过行政处罚或者刑事处罚,又实施同种行为的;

(六)其他足以认定行为人明知的情形。

144-4　1. 法释〔2021〕24号第九条　下列物质应当认定为刑法第一百四十四条规定的"有毒、有害的非食品原料":

(一)因危害人体健康,被法律、法规禁止在食品生产经营活动中添加、使用的物质;

(二)因危害人体健康,被国务院有关部门列入《食品中可能违法添加的非食用物质名单》《保健食品中可能非法添加的物质名单》和国务院有关部门公告的禁用农药、《食品动物中禁止使用的药品及其他化合物清单》等名单上的物质;

(三)其他有毒、有害的物质。

法释〔2021〕24号第十三条　生产、销售不符合食品安全标准的食品,有毒、有害食品,符合刑法第一百四十三条、第一百四十四条规定的,以生产、销售不符合安全标准的食品罪或者生产、销售有毒、有害食品罪定罪处罚。同时构成其他犯罪的,依照处罚较重的规定定罪处罚。

生产、销售不符合食品安全标准的食品,无证据证明足以造成严重食物中毒事故或者其他严重食源性疾病,不构成生产、销售不符合安全标准的食品罪,但构成生产、销售伪劣产品罪,妨害动植物防疫、检疫罪等其他犯罪的,依照该其他犯罪定罪处罚。

2.《最高人民法院、最高人民检察院、公安部关于依法严惩"地沟油"犯罪活动的通知》(公通字〔2012〕1号,2012年1月9日)

二、准确理解法律规定,严格区分犯罪界限

(一)对于利用"地沟油"生产"食用油"的,依照刑法第144条生产有毒、有害食品罪的规定追究刑事责任。

(二)明知是利用"地沟油"生产的"食用油"而予以销售的,依照刑法第144条销售有毒、有害食品罪的规定追究刑事责任。认定是否"明知",应当结合犯罪嫌疑人、被告人的认知能力,犯罪嫌疑人、被告人及其同案人的供述和辩解,证人证言,产品质量,进货渠道及进货价格、销售渠道及销售价格等主、客观因素予以综合判断。

(三)对于利用"地沟油"生产的"食用油",已经销售出去没有实物,但是有证据证明系已被查实生产、销售有毒、有害食品犯罪事实的上线提供的,依照刑法第144条销售有毒、有害食品罪的规定追究刑事责任。

(四)虽无法查明"食用油"是否系利用"地沟油"生产、加工,但犯罪嫌疑人、被告人明知该"食用油"来源可疑而予以销售的,应分别情形处理：经鉴定，检出有毒、有害成分的，依照刑法第 144 条销售有毒、有害食品罪的规定追究刑事责任；属于不符合安全标准的食品的，依照刑法第 143 条销售不符合安全标准的食品罪追究刑事责任；属于以假充真、以次充好、以不合格产品冒充合格产品或者假冒注册商标，构成犯罪的，依照刑法第 140 条销售伪劣产品罪或者第 213 条假冒注册商标罪、第 214 条销售假冒注册商标的商品罪追究刑事责任。

（五）知道或应当知道他人实施以上第（一）、（二）、（三）款犯罪行为，而为其掏捞、加工、贩运"地沟油"，或者提供贷款、资金、账号、发票、证明、许可证件，或者提供技术、生产、经营场所、运输、仓储、保管等便利条件的，依照本条第（一）、（二）、（三）款犯罪的共犯论处。

（六）对违反有关规定，掏捞、加工、贩运"地沟油"，没有证据证明用于生产"食用油"的，交由行政部门处理。

（七）对于国家工作人员在食用油安全监管和查处"地沟油"违法犯罪活动中滥用职权、玩忽职守、徇私枉法，构成犯罪的，依照刑法有关规定追究刑事责任。

3. 柳立国等人生产、销售有毒、有害食品，生产、销售伪劣产品案（检例第 12 号）

要旨　明知对方是食用油经销者，仍将用餐厨废弃油（俗称"地沟油"）加工而成的劣质油脂销售给对方，导致劣质油脂流入食用油市场供人食用的，构成生产、销售有毒、有害食品罪；明知油脂经销者向饲料生产企业和药品生产企业等单位销售豆油等食用油，仍将用餐厨废弃油加工而成的劣质油脂销售给对方，导致劣质油脂流向饲料生产企业和药品生产企业等单位的，构成生产、销售伪劣产品罪。

144-5　法释〔2021〕24 号第六条　生产、销售有毒、有害食品，具有本解释第二条规定情形之一的，应当认定为刑法第一百四十四条规定的"对人体健康造成严重危害"。

144-6　法释〔2021〕24 号第七条　生产、销售有毒、有害食品，具有下列情形之一的，应当认定为刑法第一百四十四条规定的"其他严重情节"：

（一）生产、销售金额二十万元以上不满五十万元的；

（二）生产、销售金额十万元以上不满二十万元，有毒、有害食品数量较大或者生产、销售持续时间六个月以上的；

（三）生产、销售金额十万元以上不满二十万元，属于特殊医学用途配方食品、专供婴幼儿的主辅食品的；

(四)生产、销售金额十万元以上不满二十万元,且在中小学校园、托幼机构、养老机构及周边面向未成年人、老年人销售的;

(五)生产、销售金额十万元以上不满二十万元,曾因危害食品安全犯罪受过刑事处罚或者二年内因危害食品安全违法行为受过行政处罚的;

(六)有毒、有害的非食品原料毒害性强或者含量高的;

(七)其他情节严重的情形。

法释〔2021〕24号第二十五条　本解释所称“二年内”,以第一次违法行为受到行政处罚的生效之日与又实施相应行为之日的时间间隔计算确定。

144-7　法释〔2021〕24号第八条　生产、销售有毒、有害食品,生产、销售金额五十万元以上,或者具有本解释第四条第二项至第六项规定的情形之一的,应当认定为刑法第一百四十四条规定的“其他特别严重情节”。

第一百四十五条*　(刑四)[1]【生产、销售不符合标准的医用器材罪】生产不符合保障人体健康的国家标准、行业标准的医疗器械、医用卫生材料,或者销售[2]明知是不符合保障人体健康的国家标准、行业标准的医疗器械、医用卫生材料,足以严重危害人体健康的,[3]处三年以下有期徒刑或者拘役,并处销售金额百分之五十以上二倍以下罚金;对人体健康造成严重危害[4]的,处三年以上十年以下有期徒刑,并处销售金额百分之五十以上二倍以下罚金;后果特别严重的,处十年以上有期徒刑或者无期徒刑,并处销售金额百分之五十以上二倍以下罚金或者没收财产。

145-1　立法背景:将本罪由结果犯改为危险犯,可以防患于未然,避免发生难以挽回的损失,这是加强保护公民生命和身体健康的要求。

---

* 《刑法修正案(四)》之前条文为:生产不符合保障人体健康的国家标准、行业标准的医疗器械、医用卫生材料,或者销售明知是不符合保障人体健康的国家标准、行业标准的医疗器械、医用卫生材料,“对人体健康造成严重危害的”,处五年以下有期徒刑,并处销售金额百分之五十以上二倍以下罚金;后果特别严重的,处五年以上十年以下有期徒刑,并处销售金额百分之五十以上二倍以下罚金,其中情节特别恶劣的(*修改后无此情节*),处十年以上有期徒刑或者无期徒刑,并处销售金额百分之五十以上二倍以下罚金或者没收财产。

另外，由于有些病症有一定的潜伏期，发病时间与使用时间之间可能有一段较长的时间，证明起来有障碍，所以有必要将结果犯改为危险犯。依危险和结果来分别确定量刑幅度。这次修改没有将一般危险犯和一般结果犯规定为犯罪，而是留给行政机关处理。

145-2　法释〔2001〕10号第六条第四款　医疗机构或者个人，知道或者应当知道是不符合保障人体健康的国家标准、行业标准的医疗器械、医用卫生材料而购买、使用，对人体健康造成严重危害的，以销售不符合标准的医用器材罪定罪处罚。

145-3　《立案标准（一）》第二十一条　生产不符合保障人体健康的国家标准、行业标准的医疗器械、医用卫生材料，或者销售明知是不符合保障人体健康的国家标准、行业标准的医疗器械、医用卫生材料，涉嫌下列情形之一的，应予立案追诉：

（一）进入人体的医疗器械的材料中含有超过标准的有毒有害物质的；

（二）进入人体的医疗器械的有效性指标不符合标准要求，导致治疗、替代、调节、补偿功能部分或者全部丧失，可能造成贻误诊治或者人体严重损伤的；

（三）用于诊断、监护、治疗的有源医疗器械的安全指标不符合强制性标准要求，可能对人体构成伤害或者潜在危害的；

（四）用于诊断、监护、治疗的有源医疗器械的主要性能指标不合格，可能造成贻误诊治或者人体严重损伤的；

（五）未经批准，擅自增加功能或者适用范围，可能造成贻误诊治或者人体严重损伤的；

（六）其他足以严重危害人体健康或者对人体健康造成严重危害的情形。

医疗机构或者个人知道或者应当知道是不符合保障人体健康的国家标准、行业标准的医疗器械、医用卫生材料而购买并有偿使用的，视为本条规定的“销售”。

145-4　法释〔2001〕10号第六条第一款　生产、销售不符合标准的医疗器械、医用卫生材料，致人轻伤或者其他严重后果的，应认定为刑法第一百四十五条规定的“对人体健康造成严重危害”。

第一百四十六条　【生产、销售不符合安全标准的产品罪】生产不符合保障人身、财产安全的国家标准、行业标准的电器、压力容器、易燃易爆产品或者其他不符合保障人身、财产安全的国家标准、行业标准的产品[1],或者销售明知是以上不符合保障人身、财产安全的国家标准、行业标准的产品,造成严重后果的,[2] 处五年以下有期徒刑,并处销售金额百分之五十以上二倍以下罚金;后果特别严重的,处五年以上有期徒刑,并处销售金额百分之五十以上二倍以下罚金。

146-1 法释〔2015〕22号第十一条 生产不符合保障人身、财产安全的国家标准、行业标准的安全设备,或者明知安全设备不符合保障人身、财产安全的国家标准、行业标准而进行销售,致使发生安全事故,造成严重后果的,依照刑法第一百四十六条的规定,以生产、销售不符合安全标准的产品罪定罪处罚。

146-2 《立案标准(一)》第二十二条 生产不符合保障人身、财产安全的国家标准、行业标准的电器、压力容器、易燃易爆或者其他不符合保障人身、财产安全的国家标准、行业标准的产品,或者销售明知是以上不符合保障人身、财产安全的国家标准、行业标准的产品,涉嫌下列情形之一的,应予立案追诉:

(一)造成人员重伤或者死亡的;

(二)造成直接经济损失十万元以上的;

(三)其他造成严重后果的情形。

第一百四十七条 【生产、销售伪劣农药、兽药、化肥、种子罪】 生产假农药[1]、假兽药、假化肥,销售明知是假的或者失去使用效能的农药[2]、兽药、化肥、种子[3],或者生产者、销售者以不合格的农药、兽药、化肥、种子冒充合格的农药、兽药、化肥、种子,使生产遭受较大损失的,[4] 处三年以下有期徒刑或者拘役,并处或者单处销售金额百分之五十以上二倍以下罚金;使生产遭受重大损失的,处三年以上七年以下有期徒刑,并处销售金额百分之五十以上二倍以下罚金;使生产遭受特别重大损失的,处七年以上有期徒刑或者无期徒刑,并处销售金额百分之五十以上二倍以下罚金或者没收财产。

147-1 《农药管理条例》(国务院令第752号,2022年5月1日)第四十四条 有下列情形之一的,认定为假农药:

(一)以非农药冒充农药;

(二)以此种农药冒充他种农药;

(三)农药所含有效成分种类与农药的标签、说明书标注的有效成分不符。

禁用的农药,未依法取得农药登记证而生产、进口的农药,以及未附具标签的农药,按照假农药处理。

147-2 **1.**《农药管理条例》第四十五条 有下列情形之一的,认定为劣质农药:

(一)不符合农药产品质量标准;

(二)混有导致药害等有害成分。

超过农药质量保证期的农药,按照劣质农药处理。

2. 南京百分百公司等生产、销售伪劣农药案(检例第62号)

指导意义 (一)借用或通过非法转让获得他人"农药三证"生产农药,并经检验鉴定含有药害成分,使生产遭受较大损失的,应予追诉。农药生产企业将"农药三证"出借给未取得生产资质的企业或者个人,且明知借用方生产、销售伪劣农药的,构成生产、销售伪劣农药罪共同犯罪。

(二)生产损失认定方法。生产、销售伪劣农药罪为结果犯,需以"使生产遭受较大损失"为前提。办理此类案件,可以采用以下方法认定生产损失:一是运用田间试验确定涉案农药与生产损失的因果关系。可在公证部门见证下,依据农业生产专家指导,根据农户对受损作物实际使用的农药种类,合理确定试验方法和试验所需样本田块数量,综合认定农药使用与生产损失的因果关系。二是及时引导侦查机关收集、固定受损作物折损情况证据。检察机关应结合农业生产具有时令性的特点,引导侦查机关走访受损农户了解情况,实地考察受损农田,及时收集证据,防止作物收割、复播影响生产损失的认定。三是综合评估损害数额。农业生产和粮食作物价格具有一定的波动性,办案中对损害具体数额的评估,应以绝收折损面积为基准,综合考察受损地区前三年农作物平均亩产量和平均销售价格,计算损害后果。

147-3 王敏生产、销售伪劣种子案(检例第61号)

要旨 以同一科属的此品种种子冒充彼品种种子,属于刑法上的

"假种子"。行为人对假种子进行小包装分装销售,使农业生产遭受较大损失的,应当以生产、销售伪劣种子罪追究刑事责任。

指导意义 对伪劣种子造成的损失应予综合认定。伪劣种子造成的损失是涉假种子类案件办理时的疑难问题。实践中,可由专业人员根据现场勘查情况,对农业生产产量及其损失进行综合计算。具体可考察以下几方面:一是根据现场实地勘察,邀请农业、气象、土壤等方面专家,分析鉴定农作物生育期异常的原因,能否正常结实,是减产还是绝收等,分析减产或者绝收面积、产量。二是通过审定的农作物区试平均产量与根据现场调查的往年产量,结合当年可能影响产量的气候、土肥等因素,综合评估平均产量。三是根据农作物市场行情及平均单价等,确定直接经济损失。

147-4 《立案标准(一)》第二十三条 生产假农药、假兽药、假化肥,销售明知是假的或者失去使用效能的农药、兽药、化肥、种子,或者生产者、销售者以不合格的农药、兽药、化肥、种子冒充合格的农药、兽药、化肥、种子,涉嫌下列情形之一的,应予立案追诉:

(一)使生产遭受损失二万元以上的;

(二)其他使生产遭受较大损失的情形。

第一百四十八条 【生产、销售不符合卫生标准的化妆品罪】生产不符合卫生标准的化妆品,或者销售明知是不符合卫生标准的化妆品,造成严重后果的,[1] 处三年以下有期徒刑或者拘役,并处或者单处销售金额百分之五十以上二倍以下罚金。

148-1 《立案标准(一)》第二十四条 生产不符合卫生标准的化妆品,或者销售明知是不符合卫生标准的化妆品,涉嫌下列情形之一的,应予立案追诉:

(一)造成他人容貌毁损或者皮肤严重损伤的;

(二)造成他人器官组织损伤导致严重功能障碍的;

(三)致使他人精神失常或者自杀、自残造成重伤、死亡的;

(四)其他造成严重后果的情形。

第一百四十九条 【对生产、销售伪劣商品行为的法条适用原则】生产、销售本节第一百四十一条至第一百四十八条所列产品,不构成各该条规定的犯罪,但是销售金额在五万元以上的,依照本节

第一百四十条(*生产、销售伪劣产品罪*)的规定定罪处罚*。

生产、销售本节第一百四十一条至第一百四十八条所列产品，构成各该条规定的犯罪[1]，同时又构成本节第一百四十条(*生产、销售伪劣产品罪*)规定之罪的，依照处罚较重的规定定罪处罚。

149-1　法释〔2021〕24号第十五条　生产、销售不符合食品安全标准的食品添加剂，用于食品的包装材料、容器、洗涤剂、消毒剂，或者用于食品生产经营的工具、设备等，符合刑法第一百四十条规定的，以生产、销售伪劣产品罪定罪处罚。

生产、销售用超过保质期的食品原料、超过保质期的食品、回收食品作为原料的食品，或者以更改生产日期、保质期、改换包装等方式销售超过保质期的食品、回收食品，适用前款的规定定罪处罚。

实施前两款行为，同时构成生产、销售不符合安全标准的食品罪，生产、销售不符合安全标准的产品罪等其他犯罪的，依照处罚较重的规定定罪处罚。

第一百五十条　【单位犯本节规定之罪的处罚规定】单位犯本节第一百四十条至第一百四十八条规定之罪的，对单位判处罚金，并对其直接负责的主管人员和其他直接责任人员，依照各该条的规定处罚。

第二节　走　私　罪

S.2-1　1.《最高人民法院、最高人民检察院关于办理走私刑事案件适用法律若干问题的解释》**(法释〔2014〕10号，2014年9月10

---

* 不是按照特殊法优先于一般法的原则处理，而是按照重法优于轻法的原则处理。特别注意的是，生产、销售伪劣商品罪，只需要销售额达到5万元以上即可，而本节其他罪有的是结果犯，有的是危险犯，还有的是行为犯，在没有产生结果或危险时，如果销售数额达到5万元以上，即可按照生产、销售伪劣产品罪论处。

** 法释〔2014〕10号第二十五条　本解释发布实施后，《最高人民法院关于审理走私刑事案件具体应用法律若干问题的解释》(法释〔2000〕30号)、《最高人民法院关于审理走私刑事案件具体应用法律若干问题的解释(二)》(法释〔2006〕9号)同时废止。之前发布的司法解释与本解释不一致的，以本解释为准。

日);2.《最高人民法院、最高人民检察院、海关总署关于办理走私刑事案件适用法律若干问题的意见》(法〔2002〕139号,2002年7月8日)。

法〔2002〕139号 一、关于走私犯罪案件的管辖问题

根据刑事诉讼法的规定,走私犯罪案件由犯罪地的走私犯罪侦查机关立案侦查。走私犯罪案件复杂,环节多,其犯罪地可能涉及多个犯罪行为发生地,包括货物、物品的进口(境)地、出口(境)地、报关地、核销地等。如果发生刑法第一百五十四条、第一百五十五条规定的走私犯罪行为的,走私货物、物品的销售地、运输地、收购地和贩卖地均属于犯罪行为的发生地。对有多个走私犯罪行为发生地的,由最初受理的走私犯罪侦查机关或者由主要犯罪地的走私犯罪侦查机关管辖。对管辖有争议的,由共同的上级走私犯罪侦查机关指定管辖。

对发生在海(水)上的走私犯罪案件由该辖区的走私犯罪侦查机关管辖,但对走私船舶有跨辖区连续追缉情形的,由缉获走私船舶的走私犯罪侦查机关管辖。

人民检察院受理走私犯罪侦查机关提请批准逮捕、移送审查起诉的走私犯罪案件,人民法院审理人民检察院提起公诉的走私犯罪案件,按照《最高人民法院、最高人民检察院、公安部、司法部、海关总署关于走私犯罪侦查机关办理走私犯罪案件适用刑事诉讼程序若干问题的通知》(署侦〔1998〕742号)的有关规定执行。

二、关于电子数据证据的收集、保全问题

走私犯罪侦查机关对于能够证明走私犯罪案件真实情况的电子邮件、电子合同、电子账册、单位内部的电子信息资料等电子数据应当作为刑事证据予以收集、保全。

侦查人员应当对提取、复制电子数据的过程制作有关文字说明,记明案由、对象、内容,提取、复制的时间、地点,电子数据的规格、类别、文件格式等,并由提取、复制电子数据的制作人、电子数据的持有人和能够证明提取、复制过程的见证人签名或者盖章,附所提取、复制的电子数据一并随案移送。

电子数据的持有人不在案或者拒绝签字的,侦查人员应当记明情况;有条件的可将提取、复制有关电子数据的过程拍照或者录像。

……

四、关于走私犯罪嫌疑人的逮捕条件

对走私犯罪嫌疑人提请逮捕和审查批准逮捕,应当依照刑事诉讼法第六十条规定的逮捕条件来办理。一般按照下列标准掌握:

(一)有证据证明有走私犯罪事实

1. 有证据证明发生了走私犯罪事实

有证据证明发生了走私犯罪事实,须同时满足下列两项条件:

(1)有证据证明发生了违反国家法律、法规,逃避海关监管的行为;

(2)查扣的或者有证据证明的走私货物、物品的数量、价值或者偷逃税额达到刑法及相关司法解释规定的起刑点。

2. 有证据证明走私犯罪事实系犯罪嫌疑人实施的

有下列情形之一,可认为走私犯罪事实系犯罪嫌疑人实施的:

(1)现场查获犯罪嫌疑人实施走私犯罪的;

(2)视听资料显示犯罪嫌疑人实施走私犯罪的;

(3)犯罪嫌疑人供认的;

(4)有证人证言指证的;

(5)有同案的犯罪嫌疑人供述的;

(6)其他证据能够证明犯罪嫌疑人实施走私犯罪的。

3. 证明犯罪嫌疑人实施走私犯罪行为的证据已经查证属实的

符合下列证据规格要求之一,属于证明犯罪嫌疑人实施走私犯罪行为的证据已经查证属实的:

(1)现场查获犯罪嫌疑人实施犯罪,有现场勘查笔录、留置盘问记录、海关扣留查问笔录或者海关查验(检查)记录等证据证实的;

(2)犯罪嫌疑人的供述有其他证据能够印证的;

(3)证人证言能够相互印证的;

(4)证人证言或者同案犯供述能够与其他证据相互印证的;

(5)证明犯罪嫌疑人实施走私犯罪的其他证据已经查证属实的。

(二)可能判处有期徒刑以上的刑罚

是指根据刑法第一百五十一条、第一百五十二条、第一百五十三条、第三百四十七条、第三百五十条等规定和《最高人民法院关于审理走私刑事案件具体应用法律若干问题的解释》等有关司法解释的规定,结合已查明的走私犯罪事实,对走私犯罪嫌疑人可能判处有期徒刑以上的刑罚。

(三)采取取保候审、监视居住等方法,尚不足以防止发生社会危险性而有逮捕必要的

主要是指:走私犯罪嫌疑人可能逃跑、自杀、串供、干扰证人作证以及伪造、毁灭证据等妨碍刑事诉讼活动的正常进行的,或者存在行凶报复、继续作案可能的。

S.2-2 法〔2002〕139号 二十三、关于走私货物、物品、走私违法所得以及走私犯罪工具的处理问题

在办理走私犯罪案件过程中,对发现的走私货物、物品、走私违法所得以及属于走私犯罪分子所有的犯罪工具,走私犯罪侦查机关应当及时追缴,依法予以查扣、冻结。在移送审查起诉时应当将扣押物品文件清单、冻结存款证明文件等材料随案移送,对于扣押的危险品或者鲜活、易腐、易失效、易贬值等不宜长期保存的货物、物品,已经依法先行变卖、拍卖的,应当随案移送变卖、拍卖物品清单以及原物的照片或者录像资料;人民检察院在提起公诉时应当将上述扣押物品文件清单、冻结存款证明和变卖、拍卖物品清单一并移送;人民法院在判决走私罪案件时,应当对随案清单、证明文件中载明的款、物审查确认并依法判决予以追缴、没收;海关根据人民法院的判决和海关法的有关规定予以处理,上缴中央国库。

法〔2002〕139号 二十四、关于走私货物、物品无法扣押或者不便扣押情况下走私违法所得的追缴问题

在办理走私普通货物、物品犯罪案件中,对于走私货物、物品因流入国内市场或者投入使用,致使走私货物、物品无法扣押或者不便扣押的,应当按照走私货物、物品的进出口完税价格认定违法所得予以追缴;走私货物、物品实际销售价格高于进出口完税价格的,应当按照实际销售价格认定违法所得予以追缴。

第一百五十一条 (刑八、刑九)【走私武器、弹药罪;走私核材料罪;走私假币罪】走私武器、弹药、[1] 核材料[*]或者伪造的货币[2] 的,处七年以上有期徒刑,并处罚金或者没收财产;情节特别严重的[3],处无期徒刑[**],并处没收财产;情节较轻的[4],处三年以上七年以下有期徒刑,并处罚金。

(刑八)【走私文物罪;走私贵重金属罪;走私珍贵动物、珍贵动

---

* 核材料是指核燃料、核燃料产物、核聚变材料的统称。核材料不等于核武器。

** 《刑法修正案(八)》废除了本条第四款之规定,将有关死刑的规定移至第一款。《刑法修正案(九)》最终废除了本罪的死刑。

物制品罪】[*]走私国家禁止出口的文物[5**]、黄金、白银和其他贵重金属或者国家禁止进出口的珍贵动物[6] 及其制品的[7],处五年以上十年以下有期徒刑,并处罚金;情节特别严重的,[8] 处十年以上有期徒刑或者无期徒刑[***],并处没收财产;情节较轻的[9],处五年以下有期徒刑,并处罚金。

(刑七、刑八)【走私国家禁止进出口的货物、物品罪】[10****]走私珍稀植物[11]及其制品等国家禁止进出口的其他货物、物品[12]的,处五年以下有期徒刑或者拘役,并处或者单处罚金;情节严重的[13],处五年以上有期徒刑,并处罚金。

单位犯本条规定之罪的,对单位判处罚金,并对其直接负责的主管人员和其他直接责任人员,依照本条各款的规定处罚。

151-1 法释〔2014〕10 号第一条第二款 具有下列情形之一的,依照刑法第一百五十一条第一款的规定处七年以上有期徒刑,并处罚金或者没收财产:

(一)走私以火药为动力发射枪弹的枪支一支,或者以压缩气体等非火药为动力发射枪弹的枪支五支以上不满十支的;

(二)走私第一款第二项规定的弹药,数量在该项规定的最高数量以上不满最高数量五倍的;

(三)走私各种口径在六十毫米以下常规炮弹、手榴弹或者枪榴弹等分别或者合计达到五枚以上不满十枚,或者各种口径超过六十毫米以上常规炮弹合计不满五枚的;

(四)达到第一款第一、二、四项规定的数量标准,且属于犯罪集团的首要分子,使用特种车辆从事走私活动,或者走私的武器、弹药被用

---

* 原第二款为:“走私国家禁止出口的文物、黄金、白银和其他贵重金属或者国家禁止进出口的珍贵动物及其制品的,处五年以上有期徒刑,并处罚金;情节较轻的,处五年以下有期徒刑,并处罚金。”

** 如果走私的只是普通文物,并非国家禁止出口的文物,不构成走私文物罪,数额达到较大标准的,只构成走私普通货物罪。

*** 《刑法修正案(八)》废除了本条第四款之规定,废除了本罪的死刑规定,故增补了本段规定。

**** 原第三款为:“走私国家禁止进出口的珍稀植物及其制品的,处五年以下有期徒刑,并处或者单处罚金;情节严重的,处五年以上有期徒刑,并处罚金。”

于实施犯罪等情形的。

法释〔2014〕10号第二条 刑法第一百五十一条第一款规定的“武器、弹药”的种类,参照《中华人民共和国进口税则》及《中华人民共和国禁止进出境物品表》的有关规定确定。

法释〔2014〕10号第三条 走私枪支散件,构成犯罪的,依照刑法第一百五十一条第一款的规定,以走私武器罪定罪处罚。成套枪支散件以相应数量的枪支计,非成套枪支散件以每三十件为一套枪支散件计。

法释〔2014〕10号第四条 走私各种弹药的弹头、弹壳,构成犯罪的,依照刑法第一百五十一条第一款的规定,以走私弹药罪定罪处罚。具体的定罪量刑标准,按照本解释第一条规定的数量标准的五倍执行。

走私报废或者无法组装并使用的各种弹药的弹头、弹壳,构成犯罪的,依照刑法第一百五十三条的规定,以走私普通货物、物品罪定罪处罚;属于废物的,依照刑法第一百五十二条第二款的规定,以走私废物罪定罪处罚。

弹头、弹壳是否属于前款规定的“报废或者无法组装并使用”或者“废物”,由国家有关技术部门进行鉴定。

法释〔2014〕10号第五条 走私国家禁止或者限制进出口的仿真枪、管制刀具,构成犯罪的,依照刑法第一百五十一条第三款的规定,以走私国家禁止进出口的货物、物品罪定罪处罚。具体的定罪量刑标准,适用本解释第十一条第一款第六、七项和第二款的规定。

走私的仿真枪经鉴定为枪支,构成犯罪的,依照刑法第一百五十一条第一款的规定,以走私武器罪定罪处罚。不以牟利或者从事违法犯罪活动为目的,且无其他严重情节的,可以依法从轻处罚;情节轻微不需要判处刑罚的,可以免予刑事处罚。

理解与适用:关于枪支的划分。《最高人民法院、最高人民检察院关于办理走私刑事案件适用法律若干问题的解释》第一条将枪支划分为“军用”与“非军用”,并据此规定了不同的定罪量刑标准。

151-2 法释〔2014〕10号第六条第二款 具有下列情形之一的,依照刑法第一百五十一条第一款的规定处七年以上有期徒刑,并处罚金或者没收财产:

(一)走私数额在二万元以上不满二十万元,或者数量在二千张(枚)以上不满二万张(枚)的;

(二)走私数额或者数量达到第一款规定的标准,且具有走私的伪造货币流入市场等情节的。

法释〔2014〕10号第七条 刑法第一百五十一条第一款规定的“货币”,包括正在流通的人民币和境外货币。伪造的境外货币数额,折合成人民币计算。

151-3 **1.** 法释〔2014〕10号第一条第三款 具有下列情形之一的,应当认定为刑法第一百五十一条第一款规定的“情节特别严重”:

(一)走私第二款第一项规定的枪支,数量超过该项规定的数量标准的;

(二)走私第一款第二项规定的弹药,数量在该项规定的最高数量标准五倍以上的;

(三)走私第二款第三项规定的弹药,数量超过该项规定的数量标准,或者走私具有巨大杀伤力的非常规炮弹一枚以上的;

(四)达到第二款第一项至第三项规定的数量标准,且属于犯罪集团的首要分子,使用特种车辆从事走私活动,或者走私的武器、弹药被用于实施犯罪等情形的。

2. 法释〔2014〕10号第六条第三款 (*走私伪造的货币*)具有下列情形之一的,应当认定为刑法第一百五十一条第一款规定的“情节特别严重”:

(一)走私数额在二十万元以上,或者数量在二万张(枚)以上的;

(二)走私数额或者数量达到第二款第一项规定的标准,且属于犯罪集团的首要分子,使用特种车辆从事走私活动,或者走私的伪造货币流入市场等情形的。

151-4 **1.** 法释〔2014〕10号第一条第一款 走私武器、弹药,具有下列情形之一的,可以认定为刑法第一百五十一条第一款规定的“情节较轻”:

(一)走私以压缩气体等非火药为动力发射枪弹的枪支二支以上不满五支的;

(二)走私气枪铅弹五百发以上不满二千五百发,或者其他子弹十发以上不满五十发的;

(三)未达到上述数量标准,但属于犯罪集团的首要分子,使用特种车辆从事走私活动,或者走私的武器、弹药被用于实施犯罪等情形的;

(四)走私各种口径在六十毫米以下常规炮弹、手榴弹或者枪榴弹等分别或者合计不满五枚的。

理解与适用:上述解释第1条将《最高人民法院、最高人民检察院关于办理走私刑事案件适用法律若干问题的解释》中关于“军用子弹”和“非军用子弹”的分类调整为“气枪铅弹”和“其他子弹”之分。另外，从司法实践中查获的走私气枪铅弹进境的案件来看，行为人多是出于个人爱好等原因走私，所查获的气枪铅弹的杀伤力也远小于以火药为动力发射的子弹，且气枪铅弹体积较小，往往查获的数量较大。因此，相较于“其他子弹”，对走私气枪铅弹的处罚规定了较高的数量标准。

法释〔2014〕10号第一条第四款　走私其他武器、弹药，构成犯罪的，参照本条各款规定的标准处罚。

2.《立案标准(二)》第二条　走私伪造的货币，涉嫌下列情形之一的，应予立案追诉：

(一)总面额在二千元以上或者币量在二百张(枚)以上的；

(二)总面额在一千元以上或者币量在一百张(枚)以上，二年内因走私假币受过行政处罚，又走私假币的；

(三)其他走私假币应予追究刑事责任的情形。

151-5　法释〔2015〕23号第一条　刑法第一百五十一条规定的“国家禁止出口的文物”，依照《中华人民共和国文物保护法》规定的“国家禁止出境的文物”的范围认定。

走私国家禁止出口的二级文物的，应当依照刑法第一百五十一条第二款的规定，以走私文物罪处五年以上十年以下有期徒刑，并处罚金；走私国家禁止出口的一级文物的，应当认定为刑法第一百五十一条第二款规定的“情节特别严重”；走私国家禁止出口的三级文物的，应当认定为刑法第一百五十一条第二款规定的“情节较轻”。

走私国家禁止出口的文物，无法确定文物等级，或者按照文物等级定罪量刑明显过轻或者过重的，可以按照走私的文物价值定罪量刑。走私的文物价值在二十万元以上不满一百万元的，应当依照刑法第一百五十一条第二款的规定，以走私文物罪处五年以上十年以下有期徒刑，并处罚金……

理解与适用：本解释对走私文物罪的定罪量刑确立了新的规则，即以走私文物的等级作为主要标准、以走私文物的价值作为辅助标准。

151-6　《最高人民法院、最高人民检察院关于办理破坏野生动物资源刑事案件适用法律若干问题的解释》(法释〔2022〕12号，2022年4月9日)

第一条　具有下列情形之一的，应当认定为刑法第一百五十一条第二款规定的走私国家禁止进出口的珍贵动物及其制品：

(一)未经批准擅自进出口列入经国家濒危物种进出口管理机构公布的《濒危野生动植物种国际贸易公约》附录一、附录二的野生动物及其制品;

(二)未经批准擅自出口列入《国家重点保护野生动物名录》的野生动物及其制品。

第二条　走私国家禁止进出口的珍贵动物及其制品,价值二十万元以上不满二百万元的,应当依照刑法第一百五十一条第二款的规定,以走私珍贵动物、珍贵动物制品罪处五年以上十年以下有期徒刑,并处罚金;价值二百万元以上的,应当认定为"情节特别严重",处十年以上有期徒刑或者无期徒刑,并处没收财产;价值二万元以上不满二十万元的,应当认定为"情节较轻",处五年以下有期徒刑,并处罚金。

实施前款规定的行为,具有下列情形之一的,从重处罚:

(一)属于犯罪集团的首要分子的;

(二)为逃避监管,使用特种交通工具实施的;

(三)二年内曾因破坏野生动物资源受过行政处罚的。

实施第一款规定的行为,不具有第二款规定的情形,且未造成动物死亡或者动物、动物制品无法追回,行为人全部退赃退赔,确有悔罪表现的,按照下列规定处理:

(一)珍贵动物及其制品价值二百万元以上的,可以处五年以上十年以下有期徒刑,并处罚金;

(二)珍贵动物及其制品价值二十万元以上不满二百万元的,可以认定为"情节较轻",处五年以下有期徒刑,并处罚金;

(三)珍贵动物及其制品价值二万元以上不满二十万元的,可以认定为犯罪情节轻微,不起诉或者免予刑事处罚;情节显著轻微危害不大的,不作为犯罪处理。

151-7　法释〔2014〕10号第八条第二款　具有下列情形之一的,依照刑法第一百五十一条第二款的规定处五年以上十年以下有期徒刑,并处罚金:

(一)走私国家禁止出口的二级文物不满三件,或者三级文物三件以上不满九件的;

(二)走私国家禁止出口的三级文物不满三件,且具有造成文物严重毁损或者无法追回等情节的。

151-8　**1.** 法释〔2015〕23号第一条第二款　走私国家禁止出口的二级文物的……走私国家禁止出口的一级文物的,应当认定为刑法第一百五十一条第二款规定的“情节特别严重”;……

法释〔2015〕23号第一条第三款 ……文物价值在一百万元以上的,应当认定为刑法第一百五十一条第二款规定的“情节特别严重”;……

2. 法释〔2014〕10号第八条第三款 具有下列情形之一的,应当认定为刑法第一百五十一条第二款规定的“情节特别严重”:

(一)走私国家禁止出口的一级文物一件以上,或者二级文物三件以上,或者三级文物九件以上的;

(二)走私国家禁止出口的文物达到第二款第一项规定的数量标准,且属于犯罪集团的首要分子,使用特种车辆从事走私活动,或者造成文物严重毁损、无法追回等情形的。

151-9 **1.** 法释〔2015〕23号第一条第二款 ……走私国家禁止出口的三级文物的,应当认定为刑法第一百五十一条第二款规定的“情节较轻”。

法释〔2015〕23号第一条第三款 ……文物价值在五万元以上不满二十万元的,应当认定为刑法第一百五十一条第二款规定的“情节较轻”。

2. 法释〔2014〕10号第八条第一款 走私国家禁止出口的三级文物二件以下的,可以认定为刑法第一百五十一条第二款规定的“情节较轻”。

3. 法〔2002〕139号 七、关于走私珍贵动物制品行为的处罚问题

走私珍贵动物制品的,应当根据刑法第一百五十一条第二、四、五款和《最高人民法院关于审理走私刑事案件具体应用法律若干问题的解释》(以下简称《解释》)第四条的有关规定予以处罚,但同时具有下列情形,情节较轻的,一般不以犯罪论处:

(一)珍贵动物制品购买地允许交易;

(二)入境人员为留作纪念或者作为礼品而携带珍贵动物制品进境,不具有牟利目的的。

同时具有上述两种情形,达到《解释》第四条第三款规定的量刑标准的,一般处五年以下有期徒刑,并处罚金;达到《解释》第四条第四款规定的量刑标准的,一般处五年以上有期徒刑,并处罚金。

151-10 法释〔2014〕10号第二十一条 未经许可进出口国家限制进出口的货物、物品,构成犯罪的,应当依照刑法第一百五十一条、第一百五十二条的规定,以走私国家禁止进出口的货物、物品罪等罪名定罪处罚;偷逃应缴税额,同时又构成走私普通货物、物品罪的,依照处罚

较重的规定定罪处罚。

取得许可，但超过许可数量进出口国家限制进出口的货物、物品，构成犯罪的，依照刑法第一百五十三条的规定，以走私普通货物、物品罪定罪处罚。

租用、借用或者使用购买的他人许可证，进出口国家限制进出口的货物、物品的，适用本条第一款的规定定罪处罚。

理解与适用：走私国家限制进出口的货物、物品行为的定罪处罚

1. 未经许可进出口国家限制进出口的货物、物品行为的性质认定。起草过程中有意见提出，限制进出口的货物、物品不同于禁止进出口的货物、物品，未经许可走私国家限制进出口的货物、物品，如果限制进出口的货物、物品属于涉税货物、物品的，应以走私普通货物、物品罪定罪处罚；属于非涉税货物、物品的，可不作犯罪处理。《解释》未采纳该意见，主要考虑是：禁止进出口货物、物品包括绝对禁止和相对禁止两种，刑法规定的禁止进出口不限于绝对禁止的情形。例如，针对部分驯养繁殖的野生动植物及其制品在经国务院行政主管部门批准并取得证明书的情况下可以合法进出口的问题，全国人大常委会法工委刑法室在回复有关单位的意见中明确指出："刑法第一百五十一条规定的走私国家禁止进出口的珍贵动物、珍稀植物及其制品的行为，是指走私未经国家有关部门批准，并取得相应进出口证明的珍贵动物、珍稀植物及其制品的行为。"

2. 使用他人许可证进出口国家限制进出口的货物、物品行为的处理。实践中大量存在租用、借用或者使用购买的他人许可证进出口国家限制进出口的货物、物品的情形。经研究，此情形同样属于未经许可走私国家禁止进出口货物、物品的行为，应一并纳入走私国家禁止进出口的货物、物品犯罪处理。适用本规定时需要注意与取得许可证但超过许可数量进出口行为的区分，对于后者应依法以走私普通货物、物品罪处理。

3. 既逃证又逃税行为的处理。部分限制进出口的货物、物品的进出口除要求取得行政主管部门核发的许可文件之外，还需要向海关缴纳一定的税额，走私此类货物、物品还有可能同时构成走私普通货物、物品罪。按照竞合犯的一般处理原则，《解释》明确，未经许可进出口国家限制进出口的货物、物品，偷逃应缴税额，同时又构成走私普通货物、物品罪的，依照处罚较重的规定定罪处罚。

151-11　法释〔2014〕10号第十二条　刑法第一百五十一条第三

款规定的“珍稀植物”,包括列入《国家重点保护野生植物名录》《国家重点保护野生药材物种名录》《国家珍贵树种名录》中的国家一、二级保护野生植物、国家重点保护的野生药材、珍贵树木,《濒危野生动植物种国际贸易公约》附录Ⅰ、附录Ⅱ中的野生植物,以及人工培育的上述植物。

本解释规定的“古生物化石”,按照《古生物化石保护条例》的规定予以认定。走私具有科学价值的古脊椎动物化石、古人类化石,构成犯罪的,依照刑法第一百五十一条第二款的规定,以走私文物罪定罪处罚。

151-12 **1.** 法释〔2014〕10 号第五条　走私国家禁止或者限制进出口的仿真枪、管制刀具,构成犯罪的,依照刑法第一百五十一条第三款的规定,以走私国家禁止进出口的货物、物品罪定罪处罚。具体的定罪量刑标准,适用本解释第十一条第一款第六、七项和第二款的规定。

走私的仿真枪经鉴定为枪支,构成犯罪的,依照刑法第一百五十一条第一款的规定,以走私武器罪定罪处罚。不以牟利或者从事违法犯罪活动为目的,且无其他严重情节的,可以依法从轻处罚;情节轻微不需要判处刑罚的,可以免予刑事处罚。

理解与适用:关于走私仿真枪、管制刀具行为的定罪处罚

1. 走私仿真枪、管制刀具行为的性质认定。《最高人民法院、最高人民检察院关于办理走私刑事案件适用法律若干问题的解释》规定,走私管制刀具、仿真枪支构成犯罪的,以走私普通货物、物品罪定罪处罚。上述解释第五条明确,此类行为以走私国家禁止进出口的货物、物品罪定罪处罚。主要理由如下:(1)根据治安管理处罚法等法律以及《海关总署关于将仿真武器列为禁止进出境物品的通知》等规范性文件的规定,仿真枪、管制刀具属于禁止或限制进出口的货物、物品,并非普通货物、物品;(2)仿真枪、管制刀具属于非涉税货物、物品,而走私普通货物、物品罪属于数额犯,以偷逃一定数额的应缴税款为定罪条件,实践中不得已往往只好参照玩具或是厨具来核定仿真枪、管制刀具的偷逃税额;(3)《刑法修正案(七)》增设了走私国家禁止进出口的货物、物品罪,走私仿真枪、管制刀具的行为理当一并纳入该罪处理。

2. 走私鉴定为枪支的仿真枪行为的处罚。根据有关枪支性能鉴定标准及仿真枪管理的规定,仿真枪所发射弹丸的枪口比动能大于等于1.8 焦耳/平方厘米时,一律认定为枪支。据此,上述解释第五条第二款规定,走私的仿真枪经鉴定为枪支,构成犯罪的,应以走私武器罪定

罪处罚。同时,考虑到实践中查获的仿真枪多是刚达到前述枪支鉴定标准,行为人走私仿真枪多是出于个人爱好等原因,并非是出于违法犯罪活动的目的走私,对其处理应与其他走私枪支的行为有所区别。为此,上述解释第五条第二款规定,走私的仿真枪虽经鉴定为枪支并构成犯罪,但不是以牟利或者从事违法犯罪活动为目的走私,且无其他严重情节的,可以依法从宽处理。

法释〔2014〕10号第十一条第一款　走私国家禁止进出口的货物、物品,具有下列情形之一的,依照刑法第一百五十一条第三款的规定处五年以下有期徒刑或者拘役,并处或者单处罚金:

(一)走私国家一级保护野生植物五株以上不满二十五株,国家二级保护野生植物十株以上不满五十株,或者珍稀植物、珍稀植物制品数额在二十万元以上不满一百万元的;

(二)走私重点保护古生物化石或者未命名的古生物化石不满十件,或者一般保护古生物化石十件以上不满五十件的;

(三)走私禁止进出口的有毒物质一吨以上不满五吨,或者数额在二万元以上不满十万元的;

(四)走私来自境外疫区的动植物及其产品五吨以上不满二十五吨,或者数额在五万元以上不满二十五万元的;

(五)走私木炭、硅砂等妨害环境、资源保护的货物、物品十吨以上不满五十吨,或者数额在十万元以上不满五十万元的;

(六)走私旧机动车、切割车、旧机电产品或者其他禁止进出口的货物、物品二十吨以上不满一百吨,或者数额在二十万元以上不满一百万元的;

(七)数量或者数额未达到本款第一项至第六项规定的标准,但属于犯罪集团的首要分子,使用特种车辆从事走私活动,造成环境严重污染,或者引起甲类传染病传播、重大动植物疫情等情形的。

2.《最高人民法院关于审理走私、非法经营、非法使用兴奋剂刑事案件适用法律若干问题的解释》(法释〔2019〕16号,2020年1月1日)第一条　运动员、运动员辅助人员走私兴奋剂目录所列物质,或者其他人员以在体育竞赛中非法使用为目的走私兴奋剂目录所列物质,涉案物质属于国家禁止进出口的货物、物品,具有下列情形之一的,应当依照刑法第一百五十一条第三款的规定,以走私国家禁止进出口的货物、物品罪定罪处罚:

(一)一年内曾因走私被给予二次以上行政处罚后又走私的;

(二)用于或者准备用于未成年人运动员、残疾人运动员的;

(三)用于或者准备用于国内、国际重大体育竞赛的;

(四)其他造成严重恶劣社会影响的情形。

实施前款规定的行为,涉案物质不属于国家禁止进出口的货物、物品,但偷逃应缴税额一万元以上或者一年内曾因走私被给予二次以上行政处罚后又走私的,应当依照刑法第一百五十三条的规定,以走私普通货物、物品罪定罪处罚。

对于本条第一款、第二款规定以外的走私兴奋剂目录所列物质行为,适用《最高人民法院、最高人民检察院关于办理走私刑事案件适用法律若干问题的解释》(法释〔2014〕10号)规定的定罪量刑标准。

法释〔2019〕16号第七条　实施本解释规定的行为,涉案物质属于毒品、制毒物品等,构成有关犯罪的,依照相应犯罪定罪处罚。

法释〔2019〕16号第八条　对于是否属于本解释规定的"兴奋剂""兴奋剂目录所列物质""体育运动""国内、国际重大体育竞赛"等专门性问题,应当依据《中华人民共和国体育法》《反兴奋剂条例》等法律法规,结合国务院体育主管部门出具的认定意见等证据材料作出认定。

151-13　法释〔2014〕10号第十一条第二款　(*走私国家禁止进出口的货物、物品*)具有下列情形之一的,应当认定为刑法第一百五十一条第三款规定的"情节严重":

(一)走私数量或者数额超过前款第一项至第六项规定的标准的;

(二)达到前款第一项至第六项规定的标准,且属于犯罪集团的首要分子,使用特种车辆从事走私活动,造成环境严重污染,或者引起甲类传染病传播、重大动植物疫情等情形的。

第一百五十二条[*]　**【走私淫秽物品罪】**以牟利或者传播为目的[**],走私淫秽的影片、录像带、录音带、图片、书刊或者其他淫秽物品的[1],处三年以上十年以下有期徒刑,并处罚金;情节严重的[2],处十年以上有期徒刑或者无期徒刑,并处罚金或者没收财产;情节较轻的[3],处三年以下有期徒刑、拘役或者管制,并处罚金。

---

* 走私淫秽物品罪不涉及应纳税款,故不便于参照其他走私行为量刑,而必须单独予以规定。

** 虽然规定须具有牟利或者传播目的,但该目的是否实现并不影响本罪的成立。

(刑四)【走私废物罪】逃避海关监管将境外固体废物、液态废物和气态废物[4] 运输进境，情节严重[5] 的，处五年以下有期徒刑，并处或者单处罚金；情节特别严重[6] 的，处五年以上有期徒刑，并处罚金。

单位犯前两款罪的，对单位判处罚金，并对其直接负责的主管人员和其他直接责任人员，依照前两款的规定处罚。

152-1　法释〔2014〕10号第十三条第二款　走私淫秽物品在前款规定的最高数量以上不满最高数量五倍的，依照刑法第一百五十二条第一款的规定处三年以上十年以下有期徒刑，并处罚金。

152-2　法释〔2014〕10号第十三条第三款　走私淫秽物品在第一款规定的最高数量五倍以上，或者在第一款规定的最高数量以上不满五倍，但属于犯罪集团的首要分子，使用特种车辆从事走私活动等情形的，应当认定为刑法第一百五十二条第一款规定的"情节严重"。

152-3　法释〔2014〕10号第十三条第一款　以牟利或者传播为目的，走私淫秽物品，达到下列数量之一的，可以认定为刑法第一百五十二条第一款规定的"情节较轻"：

(一)走私淫秽录像带、影碟五十盘(张)以上不满一百盘(张)的；

(二)走私淫秽录音带、音碟一百盘(张)以上不满二百盘(张)的；

(三)走私淫秽扑克、书刊、画册一百副(册)以上不满二百副(册)的；

(四)走私淫秽照片、画片五百张以上不满一千张的；

(五)走私其他淫秽物品相当于上述数量的。

152-4　法释〔2014〕10号第十五条　国家限制进口的可用作原料的废物的具体种类，参照国家有关部门的规定确定。

152-5　法释〔2014〕10号第十四条第一款　走私国家禁止进口的废物或者国家限制进口的可用作原料的废物，具有下列情形之一的，应当认定为刑法第一百五十二条第二款规定的"情节严重"：

(一)走私国家禁止进口的危险性固体废物、液态废物分别或者合计达到一吨以上不满五吨的；

(二)走私国家禁止进口的非危险性固体废物、液态废物分别或者合计达到五吨以上不满二十五吨的；

(三)走私国家限制进口的可用作原料的固体废物、液态废物分别或者合计达到二十吨以上不满一百吨的；

(四)未达到上述数量标准，但属于犯罪集团的首要分子，使用特种车辆从事走私活动，或者造成环境严重污染等情形的。

152-6　法释〔2014〕10号第十四条第二款　(*走私国家禁止进口的废物或者国家限制进口的可用作原料的废物*)具有下列情形之一的,应当认定为刑法第一百五十二条第二款规定的"情节特别严重":

(一)走私数量超过前款规定的标准的;

(二)达到前款规定的标准,且属于犯罪集团的首要分子,使用特种车辆从事走私活动,或者造成环境严重污染等情形的;

(三)未达到前款规定的标准,但造成环境严重污染且后果特别严重的。

法释〔2014〕10号第十四条第三款　走私置于容器中的气态废物,构成犯罪的,参照前两款规定的标准处罚。

第一百五十三条[1]　**(刑八)【走私普通货物、物品罪】**走私[2]本法第一百五十一条、第一百五十二条、第三百四十七条规定以外的货物、物品的[3],根据情节轻重,分别依照下列规定处罚:

(一)走私货物、物品偷逃应缴税额[4]较大[5]或者一年内曾因走私被给予二次行政处罚后又走私的[6][*],处三年以下有期徒刑或者拘役,并处偷逃应缴税额一倍以上五倍以下罚金。

(二)走私货物、物品偷逃应缴税额巨大[7]或者有其他严重情节[8]的,处三年以上十年以下有期徒刑,并处偷逃应缴税额一倍以上五倍以下罚金。

(三)走私货物、物品偷逃应缴税额特别巨大[9]或者有其他特别严重情节[10]的,处十年以上有期徒刑或者无期徒刑,并处偷逃应缴税额一倍以上五倍以下罚金或者没收财产。

单位[11]犯前款罪的[12],对单位判处罚金,并对其直接负责的主管人员和其他直接责任人员[13],处三年以下有期徒刑或者拘役;情节严重[14]的,处三年以上十年以下有期徒刑;情节特别严重的[15],处十年以上有期徒刑。

对多次走私未经处理[16]的,按照累计走私货物、物品的偷逃应缴

---

* 《刑法修正案(八)》为加大对多次小额走私普通货物、物品行为的打击力度,而对上述行为追究刑事责任。该行为是独立于偷逃应纳税额之外的一个独立定罪情节。

税额处罚。

153-1　最高人民法院刑二庭《宽严相济在经济犯罪和职务犯罪案件审判中的具体贯彻》(2010年4月7日)　一、宽严相济刑事政策在经济犯罪案件审判中的具体贯彻……

(三)关于刑罚适用。……(2)根据《意见》第25条规定的宽严"相济"要求,应当区分犯罪行为的具体情形区别对待。以走私犯罪为例,对海上偷运走私、绕关走私等未向海关报关的走私与价格瞒骗走私,走私特殊物品与走私普通货物、物品在具体量刑时都应当有所区别;对进口走私象牙等珍贵动物制品犯罪在量刑时应当酌情考虑出口国家的法律规定以及行为人的主观认识因素。

153-2　**1.** 法释〔2014〕10号第二十三条　实施走私犯罪,具有下列情形之一的,应当认定为犯罪既遂:

(一)在海关监管现场被查获的;

(二)以虚假申报方式走私,申报行为实施完毕的;

(三)以保税货物或者特定减税、免税进口的货物、物品为对象走私,在境内销售的,或者申请核销行为实施完毕的。

理解与适用:走私犯罪既遂和未遂的认定

走私犯罪有无未遂以及未遂的认定标准,实践中长期存在意见分歧。一种意见认为,走私犯罪属于行为犯,不存在未遂形态;另一种意见认为,走私犯罪属于结果犯,只有成功逃避海关监管的才成立既遂。经研究,行为犯同样存在未遂形态,犯罪既未遂的认定标准,需要结合某一类犯罪的实际情况予以具体确定。

2. 法〔2002〕139号　五、关于走私犯罪嫌疑人、被告人主观故意的认定问题

行为人明知自己的行为违反国家法律法规,逃避海关监管,偷逃进出境货物、物品的应缴税额,或者逃避国家有关进出境的禁止性管理,并且希望或者放任危害结果发生的,应认定为具有走私的主观故意。

走私主观故意中的"明知"是指行为人知道或者应当知道所从事的行为是走私行为。具有下列情形之一的,可以认定为"明知",但有证据证明确属被蒙骗的除外:

(一)逃避海关监管,运输、携带、邮寄国家禁止进出境的货物、物品的;

(二)用特制的设备或者运输工具走私货物、物品的;

(三)未经海关同意,在非设关的码头、海(河)岸、陆路边境等地

点,运输(驳载)、收购或者贩卖非法进出境货物、物品的;

(四)提供虚假的合同、发票、证明等商业单证委托他人办理通关手续的;

(五)以明显低于货物正常进(出)口的应缴税额委托他人代理进(出)口业务的;

(六)曾因同一种走私行为受过刑事处罚或者行政处罚的;

(七)其他有证据证明的情形。

九、关于利用购买的加工贸易登记手册、特定减免税批文等涉税单证进口货物行为的定性处理问题

加工贸易登记手册、特定减免税批文等涉税单证是海关根据国家法律法规以及有关政策性规定,给予特定企业用于保税货物经营管理和减免税优惠待遇的凭证。利用购买的加工贸易登记手册、特定减免税批文等涉税单证进口货物,实质是将一般贸易货物伪报为加工贸易保税货物或者特定减免税货物进口,以达到偷逃应缴税款的目的,应当适用刑法第一百五十三条以走私普通货物、物品罪定罪处罚。如果行为人与走私分子通谋出售上述涉税单证,或者在出卖批文后又以提供印章、向海关伪报保税货物、特定减免税货物等方式帮助买方办理进口通关手续的,对卖方依照刑法第一百五十六条以走私罪共犯定罪处罚。买卖上述涉税单证情节严重尚未进口货物的,依照刑法第二百八十条的规定定罪处罚。

十、关于在加工贸易活动中骗取海关核销行为的认定问题

在加工贸易经营活动中,以假出口、假结转或者利用虚假单证等方式骗取海关核销,致使保税货物、物品脱离海关监管,造成国家税款流失,情节严重的,依照刑法第一百五十三条的规定,以走私普通货物、物品罪追究刑事责任。但有证据证明因不可抗力原因导致保税货物脱离海关监管,经营人无法办理正常手续而骗取海关核销的,不认定为走私犯罪。

十一、关于伪报价格走私犯罪案件中实际成交价格的认定问题

走私犯罪案件中的伪报价格行为,是指犯罪嫌疑人、被告人在进出口货物、物品时,向海关申报进口或者出口的货物、物品的价格低于或者高于进出口货物的实际成交价格。

对实际成交价格的认定,在无法提取真、伪两套合同、发票等单证的情况下,可以根据犯罪嫌疑人、被告人的付汇渠道、资金流向、会计账册、境内外收发货人的真实交易方式,以及其他能够证明进出口货物实

际成交价格的证据材料综合认定。

153-3　**1.** 法〔2002〕139号　八、关于走私旧汽车、切割车等货物、物品的行为的定罪问题

走私刑法第一百五十一条、第一百五十二条、第三百四十七条、第三百五十条规定的货物、物品以外的，已被国家明令禁止进出口的货物、物品，例如旧汽车、切割车、侵犯知识产权的货物、来自疫区的动植物及其产品等，应当依照刑法第一百五十三条的规定，以走私普通货物、物品罪追究刑事责任。

法〔2002〕139号　六、关于行为人对其走私的具体对象不明确的案件的处理问题

走私犯罪嫌疑人主观上具有走私犯罪故意，但对其走私的具体对象不明确的，不影响走私犯罪构成，应当根据实际的走私对象定罪处罚。但是，确有证据证明行为人因受蒙骗而对走私对象发生认识错误的，可以从轻处罚。

2. 法释〔2014〕10号第二十二条　在走私的货物、物品中藏匿刑法第一百五十一条、第一百五十二条、第三百四十七条、第三百五十条规定的货物、物品，构成犯罪的，以实际走私的货物、物品定罪处罚；构成数罪的，实行数罪并罚。

153-4　**1.** 法释〔2014〕10号第十八条第一款　刑法第一百五十三条规定的"应缴税额"，包括进出口货物、物品应当缴纳的进出口关税和进口环节海关代征税的税额。应缴税额以走私行为实施时的税则、税率、汇率和完税价格计算；多次走私的，以每次走私行为实施时的税则、税率、汇率和完税价格逐票计算；走私行为实施时间不能确定的，以案发时的税则、税率、汇率和完税价格计算。

2. 法〔2002〕139号　三、关于办理走私普通货物、物品刑事案件偷逃应缴税额的核定问题

在办理走私普通货物、物品刑事案件中，对走私行为人涉嫌偷逃应缴税额的核定，应当由走私犯罪案件管辖地的海关出具《涉嫌走私的货物、物品偷逃税款海关核定证明书》（以下简称《核定证明书》）。海关出具的《核定证明书》，经走私犯罪侦查机关、人民检察院、人民法院审查确认，可以作为办案的依据和定罪量刑的证据。

走私犯罪侦查机关、人民检察院和人民法院对《核定证明书》提出异议或者因核定偷逃税额的事实发生变化，认为需要补充核定或者重新核定的，可以要求原出具《核定证明书》的海关补充核定或者重新核定。

走私犯罪嫌疑人、被告人或者辩护人对《核定证明书》有异议,向走私犯罪侦查机关、人民检察院或者人民法院提出重新核定申请的,经走私犯罪侦查机关、人民检察院或者人民法院同意,可以重新核定。重新核定应当另行指派专人进行。

十二、关于出售走私货物已缴纳的增值税应否从走私偷逃应缴税额中扣除的问题

走私犯罪嫌疑人为出售走私货物而开具增值税专用发票并缴纳增值税,是其走私行为既遂后在流通领域获取违法所得的一种手段,属于非法开具增值税专用发票。对走私犯罪嫌疑人因出售走私货物而实际缴纳走私货物增值税的,在核定走私货物偷逃应缴税额时,不应当将其已缴纳的增值税额从其走私偷逃应缴税额中扣除。

153-5 理解与适用:《刑法修正案(八)》完善了本罪的定罪量刑标准,将单纯的计赃论罚式修改为数额与其他情节结合的方式,将具体的数额标准代之以数额较大、数额巨大、数额特别巨大的原则表述。但并没有采用逃税罪的"比例标准",因为企业向国税或地税机关缴纳税款按一个会计年度计算"比例标准",而进出口贸易环节,企业向海关缴纳关税不存在会计年度的计算方式。

法释〔2014〕10号第十六条第一款 走私普通货物、物品,偷逃应缴税额在十万元以上不满五十万元的,应当认定为刑法第一百五十三条第一款规定的"偷逃应缴税额较大";……

153-6 **1.** 法释〔2014〕10号第十七条 刑法第一百五十三条第一款规定的"一年内曾因走私被给予二次行政处罚后又走私"中的"一年内",以因走私第一次受到行政处罚的生效之日与"又走私"行为实施之日的时间间隔计算确定;"被给予二次行政处罚"的走私行为,包括走私普通货物、物品以及其他货物、物品;"又走私"行为仅指走私普通货物、物品。

2. 法〔2011〕163号 二、对于一年内曾因走私被给予二次行政处罚后又走私需要追究刑事责任的,具体的定罪量刑标准可由各地人民法院结合案件具体情况和本地实际确定。各地人民法院要依法审慎稳妥把握好案件的法律适用和政策适用,争取社会效果和法律效果的统一。

153-7 法释〔2014〕10号第十六条第一款 走私普通货物、物品……偷逃应缴税额在五十万元以上不满二百五十万元的,应当认定为"偷逃应缴税额巨大";……

153-8 法释〔2014〕10号第十六条第二款 走私普通货物、物品,

具有下列情形之一,偷逃应缴税额在三十万元以上不满五十万元的,应当认定为刑法第一百五十三条第一款规定的“其他严重情节”:

(一)犯罪集团的首要分子;

(二)使用特种车辆从事走私活动的;

(三)为实施走私犯罪,向国家机关工作人员行贿的;

(四)教唆、利用未成年人、孕妇等特殊人群走私的;

(五)聚众阻挠缉私的。

153-9　法释〔2014〕10号第十六条第一款　走私普通货物、物品,偷逃应缴税额在二百五十万元以上的,应当认定为“偷逃应缴税额特别巨大”。

153-10　法释〔2014〕10号第十六条第二款　走私普通货物、物品,具有下列情形之一,偷逃应缴税额在一百五十万元以上不满二百五十万元的,应当认定为“其他特别严重情节”:

(一)犯罪集团的首要分子;

(二)使用特种车辆从事走私活动的;

(三)为实施走私犯罪,向国家机关工作人员行贿的;

(四)教唆、利用未成年人、孕妇等特殊人群走私的;

(五)聚众阻挠缉私的。

153-11　法〔2002〕139号　十七、关于单位走私犯罪案件诉讼代表人的确定及其相关问题

单位走私犯罪案件的诉讼代表人,应当是单位的法定代表人或者主要负责人。单位的法定代表人或者主要负责人被依法追究刑事责任或者因其他原因无法参与刑事诉讼的,人民检察院应当另行确定被告单位的其他负责人作为诉讼代表人参加诉讼。

接到出庭通知的被告单位的诉讼代表人应当出庭应诉。拒不出庭的,人民法院在必要的时候,可以拘传到庭。

对直接负责的主管人员和其他直接责任人员均无法归案的单位走私犯罪案件,只要单位走私犯罪的事实清楚、证据确实充分,且能够确定诉讼代表人代表单位参与刑事诉讼活动的,可以先行追究该单位的刑事责任。

被告单位没有合适人选作为诉讼代表人出庭的,因不具备追究该单位刑事责任的诉讼条件,可按照单位犯罪的条款先行追究单位犯罪中直接负责的主管人员或者其他直接责任人员的刑事责任。人民法院在对单位犯罪中直接负责的主管人员或者直接责任人员进行判决时,

对于扣押、冻结的走私货物、物品、违法所得以及属于犯罪单位所有的走私犯罪工具,应当一并判决予以追缴、没收。

十八、关于单位走私犯罪及其直接负责的主管人员和直接责任人员的认定问题

具备下列特征的,可以认定为单位走私犯罪:(1)以单位的名义实施走私犯罪,即由单位集体研究决定,或者由单位的负责人或者被授权的其他人员决定、同意;(2)为单位谋取不正当利益或者违法所得大部分归单位所有。

依照《最高人民法院关于审理单位犯罪案件具体应用法律有关问题的解释》第二条的规定,个人为进行违法犯罪活动而设立的公司、企业、事业单位实施犯罪的,或者个人设立公司、企业、事业单位后,以实施犯罪为主要活动的,不以单位犯罪论处。单位是否以实施犯罪为主要活动,应根据单位实施走私行为的次数、频度、持续时间、单位进行合法经营的状况等因素综合考虑认定。

根据单位人员在单位走私犯罪活动中所发挥的不同作用,对其直接负责的主管人员和其他直接责任人员,可以确定为一人或者数人。对于受单位领导指派而积极参与实施走私犯罪行为的人员,如果其行为在走私犯罪的主要环节起重要作用的,可以认定为单位犯罪的直接责任人员。

十九、关于单位走私犯罪后发生分立、合并或者其他资产重组情形以及单位被依法注销、宣告破产等情况下,如何追究刑事责任的问题

单位走私犯罪后,单位发生分立、合并或者其他资产重组等情况的,只要承受该单位权利义务的单位存在,应当追究单位走私犯罪的刑事责任。走私单位发生分立、合并或者其他资产重组后,原单位名称发生更改的,仍以原单位(名称)作为被告单位。承受原单位权利义务的单位法定代表人或者负责人为诉讼代表人。

单位走私犯罪后,发生分立、合并或者其他资产重组情形,以及被依法注销、宣告破产等情况的,无论承受该单位权利义务的单位是否存在,均应追究原单位直接负责的主管人员和其他直接责任人员的刑事责任。

人民法院对原走私单位判处罚金的,应当将承受原单位权利义务的单位作为被执行人。罚金超出新单位所承受的财产的,可在执行中予以减除。

二十、关于单位与个人共同走私普通货物、物品案件的处理问题

单位和个人*（不包括单位直接负责的主管人员和其他直接责任人员）共同走私的，单位和个人均应对共同走私所偷逃应缴税额负责。

对单位和个人共同走私偷逃应缴税额为5万元以上不满25万元的，应当根据其在案件中所起的作用，区分不同情况作出处理。单位起主要作用的，对单位和个人均不追究刑事责任，由海关予以行政处理；个人起主要作用的，对个人依照刑法有关规定追究刑事责任，对单位由海关予以行政处理。无法认定单位或个人起主要作用的，对个人和单位分别按个人犯罪和单位犯罪的标准处理。

单位和个人共同走私偷逃应缴税额超过25万元且能区分主、从犯的，应当按照刑法关于主、从犯的有关规定，对从犯从轻、减轻处罚或者免除处罚。

153-12　法释〔2014〕10号第二十四条　单位犯刑法第一百五十一条、第一百五十二条规定之罪，依照本解释规定的标准定罪处罚。

单位犯走私普通货物、物品罪，偷逃应缴税额在二十万元以上不满一百万元的，应当依照刑法第一百五十三条第二款的规定，对单位判处罚金，并对其直接负责的主管人员和其他直接责任人员，处三年以下有期徒刑或者拘役……

理解与适用：单位走私犯罪的定罪量刑标准

1. 单位走私普通货物、物品罪的定罪量刑标准。《最高人民法院、最高人民检察院关于办理走私刑事案件适用法律若干问题的解释》规定单位走私普通货物、物品罪的定罪量刑标准按照自然人犯罪标准的5倍掌握。上述解释第24条将之下调为自然人犯罪标准的两倍，主要有以下几点考虑：第一，刑法第一百五十三条对于走私普通货物、物品罪区分单位犯罪和自然人犯罪配置了不同的法定刑，其中单位犯罪的刑罚明显要轻于自然人犯罪，这一点在确定单位犯罪的定罪量刑标准时也应有所体现；第二，随着公司设立门槛的不断降低，单位走私犯罪数量的急剧攀升，单位利益与个人利益更趋紧密，在预留出行政处罚必

---

* 在走私普通货物、物品案中，与单位成立共同走私犯罪的个人，不是走私单位的员工，而是该走私单位以外的其他个人。单位与个人共同走私的情形，常常发生在跨境电商平台上。例如，作为跨境电商消费者的个人，在跨境电商平台上下单购买商品，其向海关申报的完税价格本应是真实成交价格，但为了偷逃税款，就有意虚报低价。为了招揽客源或吸引流量，跨境电商平台在代为清关时，不认真审查相关单据，放任甚至帮助个人客户修改价格，以虚假的低价向海关申报，就与该跨境电商消费者成立共同走私犯罪。

要空间的基础上,单位犯罪的定罪量刑标准与自然人犯罪不宜拉开过大;第三,按照两倍标准把握,上述解释实际上将《最高人民法院、最高人民检察院关于办理走私刑事案件适用法律若干问题的解释》原确定的25万元、75万元、250万元三个量刑档次起点数额调整为20万元、100万元、500万元。两相比较,入罪门槛基本相当但不同量刑档次的数额标准明显拉大,既可以避免案件总体数量的大起大落,同时也为均衡量刑预留出了更大的裁量空间。

2. 单位走私特定对象犯罪的定罪处罚标准。上述解释第24条沿用了《最高人民法院、最高人民检察院关于办理走私刑事案件适用法律若干问题的解释》的做法,规定对单位走私特定对象犯罪适用与自然人犯罪相同的定罪处罚标准。其主要考虑有两点:一是刑法对于单位实施的走私特定对象犯罪与走私普通货物、物品罪在处罚规定上有所不同。单位犯前者罪与自然人犯罪同罪同罚,单位犯后者罪的处罚则轻于自然人犯罪,体现出了立法机关对于单位实施走私特定对象犯罪与自然人犯罪处罚上不作区分的倾向性立场。二是走私特定对象犯罪与走私普通货物、物品罪的危害性具体表现有所不同。走私普通货物、物品罪的危害性主要表现为偷逃税款及由此给国家造成的经济损失,而走私特定对象犯罪的危害性主要表现为对国家出于经济、社会、国防、环境安全等制定的管理制度的侵害,危害性质明显更为严重,依法应予更为严厉的否定评价。

153-13 法〔2002〕139号 二十一、关于单位走私犯罪案件自首的认定问题

在办理单位走私犯罪案件中,对单位集体决定自首的,或者单位直接负责的主管人员自首的,应当认定单位自首。认定单位自首后,如实交代主要犯罪事实的单位负责的其他主管人员和其他直接责任人员,可视为自首,但对拒不交代主要犯罪事实或逃避法律追究的人员,不以自首论。

153-14 法释〔2014〕10号第二十四条第二款 单位犯走私普通货物物品罪……偷逃应缴税额在一百万元以上不满五百万元的,应当认定为"情节严重"……

153-15 法释〔2014〕10号第二十四条第二款 单位……偷逃应缴税额在五百万元以上的,应当认定为"情节特别严重"。

153-16 法释〔2014〕10号第十八条第二款 刑法第一百五十三条第三款规定的"多次走私未经处理",包括未经行政处理和刑事处理。

第一百五十四条　【特殊形式的走私普通货物、物品罪】下列走私行为*,根据本节规定构成犯罪的,依照本法第一百五十三条的规定定罪处罚:

(一)未经海关许可并且未补缴应缴税额,擅自将批准进口的来料加工、来件装配、补偿贸易的原材料、零件、制成品、设备等保税货物[1],在境内销售牟利[2]的;

(二)未经海关许可并且未补缴应缴税额,擅自将特定减税、免税进口的货物、物品**,在境内销售牟利的。

154-1　1. 法释〔2014〕10号第十九条　刑法第一百五十四条规定的"保税货物",是指经海关批准,未办理纳税手续进境,在境内储存、加工、装配后应予复运出境的货物,包括通过加工贸易、补偿贸易等方式进口的货物,以及在保税仓库、保税工厂、保税区或者免税商店内等储存、加工、寄售的货物。

2.《最高人民检察院关于擅自销售进料加工保税货物的行为法律适用问题解释》(高检发释字〔2000〕3号,2000年10月16日)　保税货物是指经海关批准未办理纳税手续进境,在境内储存、加工、装配后复运出境的货物。经海关批准进口的进料加工的货物属于保税货物。未经海关许可并且未补缴应缴税额,擅自将批准进口的进料加工的原材料、零件、制成品、设备等保税货物,在境内销售牟利,偷逃应缴税额在五万元以上的,依照刑法第一百五十四条、第一百五十三条的规定,以走私普通货物、物品罪追究刑事责任。

154-2　法〔2002〕139号　十三、关于刑法第一百五十四条规定的"销售牟利"的理解问题　刑法第一百五十四条第(一)、(二)项规定的"销售牟利",是指行为人主观上为了牟取非法利益而擅自销售海

---

* 本条规定的是后续走私,是指行为人合法地进口了货物、物品,但行为人并不合法地开展经营(加工、装配、储存、运输、展示、寄售或者特定使用),而是未经海关许可并且未补缴税款,擅自将未脱离海关监管的保税货物、特定减免税货物、物品在境内销售的行为。后续走私的特点是违法犯罪活动不是发生在出入境的口岸或者通关现场,而是发生在通关后海关对保税货物、特定减免税货物的后续监管阶段,即在境内开展保税货物的经营活动中和某些享受特定减免税待遇的企业身上。

** 所谓特定减税、免税进口的货物、物品是指:(1)经济特区等特定地区进口的货物;(2)三资企业等特定企业进口的货物;(3)有特定用途的进口的货物、物品;(4)用于公益事业的境外捐赠物品。凡是特定减免税进口的货物、物品,只能用于特定地区或特定企业,不得转为他用。

关监管的保税货物、特定减免税货物。该种行为是否构成犯罪,应当根据偷逃的应缴税额是否达到刑法第一百五十三条及相关司法解释规定的数额标准予以认定。实际获利与否或者获利多少并不影响其定罪。

第一百五十五条*　(刑四)【间接走私行为以相应走私犯罪论处的规定】下列行为[1],以走私罪论处,依照本节的有关规定处罚:

(一)直接向走私人非法收购国家禁止进口物品的,或者直接向走私人非法收购走私进口的其他货物、物品,数额较大的;

(二)在内海[2]、领海、界河、界湖**运输、收购、贩卖[3]国家禁止进出口物品的,或者运输、收购、贩卖国家限制进出口货物、物品,数额较大,没有合法证明的。

155-1　法释〔2014〕10号第二十条第一款　直接向走私人非法收购走私进口的货物、物品,在内海、领海、界河、界湖运输、收购、贩卖国家禁止进出口的物品,或者没有合法证明,在内海、领海、界河、界湖运输、收购、贩卖国家限制进出口的货物、物品,构成犯罪的,应当按照走私货物、物品的种类,分别依照刑法第一百五十一条、第一百五十二条、第一百五十三条、第三百四十七条、第三百五十条的规定定罪处罚。

155-2　法释〔2014〕10号第二十条第二款　刑法第一百五十五条第二项规定的"内海",包括内河的入海口水域。

155-3　法〔2002〕139号　十四、关于海上走私犯罪案件如何追究运输人的刑事责任问题

对刑法第一百五十五条第(二)项规定的实施海上走私犯罪行为的运输人、收购人或者贩卖人应当追究刑事责任。对运输人,一般追究运输工具的负责人或者主要责任人的刑事责任,但对于事先通谋的、集

---

* 《刑法修正案(四)》之前条文:(二)在内海、领海运输、收购、贩卖国家禁止进出口物品的,或者运输、收购、贩卖国家限制进出口货物、物品,数额较大,没有合法证明的;(三)逃避海关监管将境外固体废物运输进境的。

** 将以走私罪论处的行为范围扩大到界河和界湖。2000年《海关法》第八十三条已作了修改,在内海、领海、界河、界湖、船舶及所载人员运输、收购、贩卖国家禁止或者限制进出境的货物、物品,或者运输、收购、贩卖依法应缴纳税款的货物,没有合法证明的,以走私行为论处,构成犯罪的,依法追究刑事责任。

资走私的、或者使用特殊的走私运输工具从事走私犯罪活动的，可以追究其他参与人员的刑事责任。

第一百五十六条 【走私共犯】与走私罪犯通谋[1]，为其提供贷款、资金、账号、发票、证明，或者为其提供运输、保管、邮寄或者其他方便[2]的，以走私罪的共犯[3]论处。

156-1 法〔2002〕139号 十五、关于刑法第一百五十六条规定的"与走私罪犯通谋"的理解问题

通谋是指犯罪行为人之间事先或者事中形成的共同的走私故意。下列情形可以认定为通谋：

（一）对明知他人从事走私活动而同意为其提供贷款、资金、账号、发票、证明、海关单证，提供运输、保管、邮寄或者其他方便的；

（二）多次为同一走私犯罪分子的走私行为提供前项帮助的。

156-2 法〔2002〕139号 十六、关于放纵走私罪的认定问题

依照刑法第四百一十一条的规定，负有特定监管义务的海关工作人员徇私舞弊，利用职权，放任、纵容走私犯罪行为，情节严重的，构成放纵走私罪。放纵走私行为，一般是消极的不作为。如果海关工作人员与走私分子通谋，在放纵走私过程中以积极的行为配合走私分子逃避海关监管或者在放纵走私之后分得赃款的，应以共同走私犯罪追究刑事责任。

海关工作人员收受贿赂又放纵走私的，应以受贿罪和放纵走私罪数罪并罚。

156-3 法〔2002〕139号 二十二、关于共同走私犯罪案件如何判处罚金刑问题

审理共同走私犯罪案件时，对各共同犯罪人判处罚金的总额应掌握在共同走私行为偷逃应缴税额的一倍以上五倍以下。

第一百五十七条* （刑八）【武装掩护走私、抗拒缉私的处罚规定】武装掩护走私的，依照本法第一百五十一条第一款（*走私武器、弹药罪*）的规定从重处罚。

---

* 《刑法修正案（八）》之前条文的第一款为："武装掩护走私的，依照本法第一百五十一条第一款、第四款的规定从重处罚。"废除第四款，其实就是废除了相应罪名的死刑规定。

以暴力、威胁方法抗拒缉私的,以走私罪和本法第二百七十七条(*妨害公务罪*)规定的阻碍国家机关工作人员依法执行职务罪,依照数罪并罚的规定处罚。

第三节 妨害对公司、企业的管理秩序罪

第一百五十八条 【虚报注册资本罪】申请公司[1]登记使用虚假证明文件或者采取其他欺诈手段虚报注册资本,欺骗公司登记主管部门,取得公司登记,虚报注册资本*数额巨大、后果严重或者有其他严重情节的[2],处三年以下有期徒刑或者拘役,并处或者单处虚报注册资本金额百分之一以上百分之五以下罚金。

单位犯前款罪的,对单位判处罚金,并对其直接负责的主管人员和其他直接责任人员,处三年以下有期徒刑或者拘役。

158-1 **1.**《全国人民代表大会常务委员会关于〈中华人民共和国刑法〉第一百五十八条、第一百五十九条的解释》(2014年4月24日第十二届全国人民代表大会常务委员会第八次会议通过) 全国人民代表大会常务委员会讨论了公司法修改后刑法第一百五十八条、第一百五十九条对实行注册资本实缴登记制、认缴登记制的公司的适用范围问题,解释如下:刑法第一百五十八条、第一百五十九条的规定,只适用于依法实行注册资本实缴登记制的公司。

2.《国务院关于印发注册资本登记制度改革方案的通知》(国发〔2014〕7号,2014年2月7日) 二、放松市场主体准入管制,切实优化营商环境

(一)……

现行法律、行政法规以及国务院决定明确规定实行注册资本实缴登记制的银行业金融机构、证券公司、期货公司、基金管理公司、保险公司、保险专业代理机构和保险经纪人、直销企业、对外劳务合作企业、融资性担保公司、募集设立的股份有限公司,以及劳务派遣企业、典当行、

---

* 虚报注册资本,是指公司股东的实际出资额低于申请公司登记的法定最低出资额而谎称已经达到了法定出资额的情形。这是规避强制性规定。

保险资产管理公司、小额贷款公司实行注册资本认缴登记制问题，另行研究决定。在法律、行政法规以及国务院决定未修改前，暂按现行规定执行。

已经实行申报（认缴）出资登记的个人独资企业、合伙企业、农民专业合作社仍按现行规定执行。

……

3.《最高人民检察院、公安部关于严格依法办理虚报注册资本和虚假出资抽逃出资刑事案件的通知》（公经〔2014〕247号，2014年5月20日）　2014年4月24日，第十二届全国人民代表大会常务委员会第八次会议通过了《全国人大常委会关于刑法第一百五十八条、第一百五十九条的解释》。为了正确执行新修改的公司法和全国人大常委会立法解释，现就严格依法办理虚报注册资本和虚假出资、抽逃出资刑事案件的有关要求通知如下：

一、充分认识公司法修改对案件办理工作的影响。新修改的公司法主要涉及三个方面：一是将注册资本实缴登记制改为认缴登记制，除对公司注册资本实缴有另行规定的以外，取消了公司法定出资期限的规定，采取公司股东（发起人）自主约定认缴出资额、出资方式、出资期限等并记载于公司章程的规定。二是放宽注册资本登记条件，除对公司注册资本最低限额有另行规定的以外，取消了公司最低注册资本限制、公司设立时股东（发起人）的首次出资比例以及货币出资比例限制。三是简化登记事项和登记文件，有限责任公司股东认缴出资额、公司实收资本不再作为登记事项，公司登记时不需要提交验资报告。全国人大常委会立法解释规定："刑法第一百五十八条、第一百五十九条的规定，只适用于依法实行注册资本实缴登记制的公司。"新修改的公司法和上述立法解释，必将对公安机关、检察机关办理虚报注册资本和虚假出资、抽逃出资刑事案件产生重大影响。各级公安机关、检察机关要充分认识新修改的公司法和全国人大常委会立法解释的重要意义，深刻领会其精神实质，力争在案件办理工作中准确适用，并及时了解掌握本地区虚报注册资本和虚假出资、抽逃出资案件新情况、新问题以及其他相关犯罪态势，进一步提高办理虚报注册资本和虚假出资、抽逃出资刑事案件的能力和水平。

二、严格把握罪与非罪的界限。根据新修改的公司法和全国人大常委会立法解释，自2014年3月1日起，除依法实行注册资本实缴登记制的公司［参见《国务院关于印发注册资本登记制度改革方案的通知》(国发〔2014〕7号)]以外,对申请公司登记的单位和个人不得以虚报注册资本罪追究刑事责任;对公司股东、发起人不得以虚假出资、抽逃出资罪追究刑事责任。对依法实行注册资本实缴登记制的公司涉嫌虚报注册资本和虚假出资、抽逃出资犯罪的,各级公安机关、检察机关依照刑法和《立案追诉标准(二)》的相关规定追究刑事责任时,应当认真研究行为性质和危害后果,确保执法办案的法律效果和社会效果。

三、依法妥善处理跨时限案件。各级公安机关、检察机关对发生在2014年3月1日以前尚未处理或者正在处理的虚报注册资本和虚假出资、抽逃出资刑事案件,应当按照刑法第十二条规定的精神处理:除依法实行注册资本实缴登记制的公司以外,依照新修改的公司法不再符合犯罪构成要件的案件,公安机关已经立案侦查的,应当撤销案件;检察机关已经批准逮捕的,应当撤销批准逮捕决定,并监督公安机关撤销案件;检察机关审查起诉的,应当作出不起诉决定;检察机关已经起诉的,应当撤回起诉并作出不起诉决定;检察机关已经抗诉的,应当撤回抗诉。

……

158-2 《立案标准(二)》第三条　申请公司登记使用虚假证明文件或者采取其他欺诈手段虚报注册资本,欺骗公司登记主管部门,取得公司登记,涉嫌下列情形之一的,应予立案追诉:

(一)法定注册资本最低限额在六百万元以下,虚报数额占其应缴出资数额百分之六十以上的;

(二)法定注册资本最低限额超过六百万元,虚报数额占其应缴出资数额百分之三十以上的;

(三)造成投资者或者其他债权人直接经济损失累计数额在五十万元以上的;

(四)虽未达到上述数额标准,但具有下列情形之一的:

1. 二年内因虚报注册资本受过二次以上行政处罚,又虚报注册资本的;

2. 向公司登记主管人员行贿的;

3. 为进行违法活动而注册的。

(五)其他后果严重或者有其他严重情节的情形。

本条只适用于依法实行注册资本实缴登记制的公司。

第一百五十九条　【虚假出资、抽逃出资罪】公司发起人、股东违反公司法的规定未交付货币、实物或者未转移财产权，虚假出资，或者在公司成立后又抽逃其出资，[1] 数额巨大、后果严重或者有其他严重情节的，[2] 处五年以下有期徒刑或者拘役，并处或者单处虚假出资金额或者抽逃出资金额百分之二以上百分之十以下罚金。

单位犯前款罪的，对单位判处罚金，并对其直接负责的主管人员和其他直接责任人员，处五年以下有期徒刑或者拘役。

159-1　《最高人民法院关于适用〈中华人民共和国公司法〉若干问题的规定（三）》（法释〔2020〕18 号，2021 年 1 月 1 日）第十二条　公司成立后，公司、股东或者公司债权人以相关股东的行为符合下列情形之一且损害公司权益为由，请求认定该股东抽逃出资的，人民法院应予支持：

（一）制作虚假财务会计报表虚增利润进行分配；

（二）通过虚构债权债务关系将其出资转出；

（三）利用关联交易将出资转出；

（四）其他未经法定程序将出资抽回的行为。

159-2　《立案标准（二）》第四条　公司发起人、股东违反公司法的规定未交付货币、实物或者未转移财产权，虚假出资，或者在公司成立后又抽逃其出资，涉嫌下列情形之一的，应予立案追诉：

（一）法定注册资本最低限额在六百万元以下，虚假出资、抽逃出资数额占其应缴出资数额百分之六十以上的；

（二）法定注册资本最低限额超过六百万元，虚假出资、抽逃出资数额占其应缴出资数额百分之三十以上的；

（三）造成公司、股东、债权人的直接经济损失累计数额在五十万元以上的；

（四）虽未达到上述数额标准，但具有下列情形之一的：

1. 致使公司资不抵债或者无法正常经营的；

2. 公司发起人、股东合谋虚假出资、抽逃出资的；

3. 二年内因虚假出资、抽逃出资受过二次以上行政处罚，又虚假出资、抽逃出资的；

4. 利用虚假出资、抽逃出资所得资金进行违法活动的。

（五）其他后果严重或者有其他严重情节的情形。

本条只适用于依法实行注册资本实缴登记制的公司。

第一百六十条 (刑十一)【欺诈发行证券罪】在招股说明书、认股书、公司、企业债券募集办法等发行文件中隐瞒重要事实或者编造重大虚假内容,发行股票或者公司、企业债券、存托凭证或者国务院依法认定的其他证券,数额巨大、后果严重或者有其他严重情节的,[1] 处五年以下有期徒刑或者拘役,并处或者单处罚金;数额特别巨大、后果特别严重或者有其他特别严重情节的,处五年以上有期徒刑,并处罚金。

控股股东、实际控制人组织、指使实施前款行为的,处五年以下有期徒刑或者拘役,并处或者单处非法募集资金金额百分之二十以上一倍以下罚金;数额特别巨大、后果特别严重或者有其他特别严重情节的,处五年以上有期徒刑,并处非法募集资金金额百分之二十以上一倍以下罚金。

单位犯前两款罪的,对单位判处非法募集资金金额百分之二十以上一倍以下罚金,并对其直接负责的主管人员和其他直接责任人员,依照第一款的规定处罚。

160-1 《立案标准(二)》第五条 在招股说明书、认股书、公司、企业债券募集办法等发行文件中隐瞒重要事实或者编造重大虚假内容,发行股票或者公司、企业债券、存托凭证或者国务院依法认定的其他证券,涉嫌下列情形之一的,应予立案追诉:

(一)非法募集资金金额在一千万元以上的;

(二)虚增或者虚减资产达到当期资产总额百分之三十以上的;

(三)虚增或者虚减营业收入达到当期营业收入总额百分之三十以上的;

(四)虚增或者虚减利润达到当期利润总额百分之三十以上的;

(五)隐瞒或者编造的重大诉讼、仲裁、担保、关联交易或者其他重大事项所涉及的数额或者连续十二个月的累计数额达到最近一期披露的净资产百分之五十以上的;

(六)造成投资者直接经济损失数额累计在一百万元以上的;

(七)为欺诈发行证券而伪造、变造国家机关公文、有效证明文件或者相关凭证、单据的；

（八）为欺诈发行证券向负有金融监督管理职责的单位或者人员行贿的；

（九）募集的资金全部或者主要用于违法犯罪活动的；

（十）其他后果严重或者有其他严重情节的情形。

第一百六十一条*　（刑六、刑十一）【违规披露、不披露重要信息罪】依法负有信息披露义务的公司、企业[1]向股东和社会公众提供虚假的或者隐瞒重要事实的财务会计报告，或者对依法应当披露的其他重要信息不按照规定披露，严重损害股东或者其他人利益，或者有其他严重情节的，[2]对其直接负责的主管人员和其他直接责任人员，处五年以下有期徒刑或者拘役，并处或者单处罚金；情节特别严重的，处五年以上十年以下有期徒刑，并处罚金。

前款规定的公司、企业的控股股东、实际控制人实施或者组织、指使实施前款行为的，或者隐瞒相关事项导致前款规定的情形发生的，依照前款的规定处罚。

犯前款罪的控股股东、实际控制人是单位的，对单位判处罚金，并对其直接负责的主管人员和其他直接责任人员，依照第一款的规定处罚。

161-1　博元投资股份有限公司、余蒂妮等人违规披露、不披露重要信息案（检例第66号）

指导意义　1.违规披露、不披露重要信息犯罪不追究单位的刑事责任。上市公司依法负有信息披露义务，违反相关义务的，刑法规定了相应的处罚。由于上市公司所涉利益群体的多元性，为避免中小股东利益遭受双重损害，刑法规定对违规披露、不披露重要信息罪只追究直接负责的主管人员和其他直接责任人员的刑事责任，不追究单位的刑事责任。刑法第一百六十二条妨害清算罪、第一百六十二条之二虚假破产罪、第一百八十五条之一违法运用资金罪等也属于此种情形。对

---

* 《刑法修正案（六）》之前条文：公司向股东和社会公众提供虚假的或者隐瞒重要事实的财务会计报告，严重损害股东或者其他人利益的，对其直接负责的主管人员和其他直接责任人员，处三年以下有期徒刑或者拘役，并处或者单处二万元以上二十万元以下罚金。

于此类犯罪案件,检察机关应当注意审查公安机关移送起诉的内容,区分刑事责任边界,准确把握追诉的对象和范围。

2. 刑法没有规定追究单位刑事责任的,应当对单位作出不起诉决定。对公安机关将单位一并移送起诉的案件,如果刑法没有规定对单位判处刑罚,检察机关应当对构成犯罪的直接负责的主管人员和其他直接责任人员依法提起公诉,对单位应当不起诉。鉴于刑事诉讼法没有规定与之对应的不起诉情形,检察机关可以根据刑事诉讼法规定的最相近的不起诉情形,对单位作出不起诉决定。

3. 对不追究刑事责任的单位,人民检察院应当依法提出检察意见督促有关机关追究行政责任。不追究单位的刑事责任并不表示单位不需要承担任何法律责任。检察机关不追究单位刑事责任,容易引起当事人、社会公众产生单位对违规披露、不披露重要信息没有任何法律责任的误解。由于违规披露、不披露重要信息行为,还可能产生上市公司强制退市等后果,这种误解还会进一步引起当事人、社会公众对证券监督管理部门、证券交易所采取措施的质疑,影响证券市场秩序。检察机关在审查起诉时,应当充分考虑办案效果,根据证券法等法律规定认真审查是否需要对单位给予行政处罚;需要给予行政处罚的,应当及时向证券监督管理部门提出检察意见,并进行充分的释法说理,消除当事人、社会公众因检察机关不追究可能产生的单位无任何责任的误解,避免对证券市场秩序造成负面影响。

161-2 《立案标准(二)》第六条　依法负有信息披露义务的公司、企业向股东和社会公众提供虚假的或者隐瞒重要事实的财务会计报告,或者对依法应当披露的其他重要信息不按照规定披露,涉嫌下列情形之一的,应予立案追诉:

(一)造成股东、债权人或者其他人直接经济损失数额累计在一百万元以上的;

(二)虚增或者虚减资产达到当期披露的资产总额百分之三十以上的;

(三)虚增或者虚减营业收入达到当期披露的营业收入总额百分之三十以上的;

(四)虚增或者虚减利润达到当期披露的利润总额百分之三十以上的;

(五)未按照规定披露的重大诉讼、仲裁、担保、关联交易或者其他重大事项所涉及的数额或者连续十二个月的累计数额达到最近一期披露的净资产百分之五十以上的；

（六）致使不符合发行条件的公司、企业骗取发行核准或者注册并且上市交易的；

（七）致使公司、企业发行的股票或者公司、企业债券、存托凭证或者国务院依法认定的其他证券被终止上市交易的；

（八）在公司财务会计报告中将亏损披露为盈利，或者将盈利披露为亏损的；

（九）多次提供虚假的或者隐瞒重要事实的财务会计报告，或者多次对依法应当披露的其他重要信息不按照规定披露的；

（十）其他严重损害股东、债权人或者其他人利益，或者有其他严重情节的情形。

第一百六十二条 【妨害清算罪】公司、企业进行清算时，隐匿财产，对资产负债表或者财产清单作虚伪记载或者在未清偿债务前分配公司、企业财产，严重损害债权人或者其他人利益的，[1] 对其直接负责的主管人员和其他直接责任人员，处五年以下有期徒刑或者拘役，并处或者单处二万元以上二十万元以下罚金。

162-1 《立案标准（二）》第七条 公司、企业进行清算时，隐匿财产，对资产负债表或者财产清单作虚伪记载或者在未清偿债务前分配公司、企业财产，涉嫌下列情形之一的，应予立案追诉：

（一）隐匿财产价值在五十万元以上的；

（二）对资产负债表或者财产清单作虚伪记载涉及金额在五十万元以上的；

（三）在未清偿债务前分配公司、企业财产价值在五十万元以上的；

（四）造成债权人或者其他人直接经济损失数额累计在十万元以上的；

（五）虽未达到上述数额标准，但应清偿的职工的工资、社会保险费用和法定补偿金得不到及时清偿，造成恶劣社会影响的；

（六）其他严重损害债权人或者其他人利益的情形。

第一百六十二条之一[1] （1999 年修正案）【隐匿、故意销毁会计凭证、会计账簿、财务会计报告罪】隐匿或者故意销毁依法应当保存的会计凭证、会计账簿、财务会计报告,情节严重的,[2] 处五年以下有期徒刑或者拘役,并处或者单处二万元以上二十万元以下罚金。

单位犯前款罪的,对单位判处罚金,并对其直接负责的主管人员和其他直接责任人员,依照前款的规定处罚。

162A-1 《全国人民代表大会常务委员会法制工作委员会关于对"隐匿、销毁会计凭证、会计账簿、财务会计报告构成犯罪的主体范围"问题的答复意见》(法工委复字〔2002〕3号,2002年1月14日)

根据全国人大常委会1999年12月25日刑法修正案第一条的规定,任何单位和个人在办理会计事务时对依法应当保存的会计凭证、会计账簿、财务会计报告,进行隐匿、销毁,情节严重的,构成犯罪,应当依法追究其刑事责任。

根据刑事诉讼法第十八条关于刑事案件侦查管辖的规定,除法律规定的特定案件由人民检察院立案侦查以外,其他刑事案件的侦查应由公安机关进行。隐匿、销毁会计凭证、会计账簿、财务会计报告,构成犯罪的,应当由公安机关立案侦查。

162A-2 **1.**《立案标准(二)》第八条　隐匿或者故意销毁依法应当保存的会计凭证、会计帐簿、财务会计报告,涉嫌下列情形之一的,应予立案追诉:

(一)隐匿、故意销毁的会计凭证、会计帐簿、财务会计报告涉及金额在五十万元以上的;

(二)依法应当向监察机关、司法机关、行政机关、有关主管部门等提供而隐匿、故意销毁或者拒不交出会计凭证、会计帐簿、财务会计报告的;

(三)其他情节严重的情形。

2. 林星、金敏隐匿会计凭证、会计账簿、财务会计报告案(《刑事审判参考》指导性案例第1206号)

裁判要点　隐匿会计凭证罪属于行政犯,故该罪中的"隐匿"行为宜参照有关行政法来理解。会计法第三十五条规定,为了逃避有关监督检查部门依法实施的监督检查而实施的隐匿,才可能构成会计法意义上的"隐匿"。因此,评价某一行为是否构成隐匿会计凭证罪,首先需要判断行为人所实施的隐匿行为是否为了逃避有关监督检查部门依法实施的监督检查,由于刑法是保障其他部门法实施的保障法,故只有当行为人拒不向有关监督检查部门提供会计凭证时,才构成本罪。

第一百六十二条之二*　（刑六）【虚假破产罪】公司、企业通过隐匿财产、承担虚构的债务或者以其他方法转移、处分财产，实施虚假破产，严重损害债权人或者其他人利益的，[1] 对其直接负责的主管人员和其他直接责任人员，处五年以下有期徒刑或者拘役，并处或者单处二万元以上二十万元以下罚金。

162B-1　《立案标准（二）》第九条　公司、企业通过隐匿财产、承担虚构的债务或者以其他方法转移、处分财产，实施虚假破产，涉嫌下列情形之一的，应予立案追诉：

（一）隐匿财产价值在五十万元以上的；

（二）承担虚构的债务涉及金额在五十万元以上的；

（三）以其他方法转移、处分财产价值在五十万元以上的；

（四）造成债权人或者其他人直接经济损失数额累计在十万元以上的；

（五）虽未达到上述数额标准，但应清偿的职工的工资、社会保险费用和法定补偿金得不到及时清偿，造成恶劣社会影响的；

（六）其他严重损害债权人或者其他人利益的情形。

第一百六十三条[1]　（刑六、刑十一）【非国家工作人员受贿罪】公司、企业或者其他单位[2] 的工作人员[3]，利用职务[4] 上的便利，索取他人财物或者非法收受他人财物[5]，为他人谋取利益**，数额较大的[6]，处三年以下有期徒刑或者拘役，并处罚金；数额巨大或者有其他严重情节的，处三年以上十年以下有期徒刑，并处罚金；数额特别巨大或者有其他特别严重情节的，处十年以上有期徒刑或者无期徒刑，并处罚金。

---

* 本罪属于结果犯，故以给债权人或者其他人直接遭受的财产损毁、减少的实际价值的总和计算。但只要实施本罪规定的行为，数额巨大的，就已经严重损害了债权人或者其他人的利益，也应追究其刑事责任，只是两者在数额上按1∶5来处理。

** 有人将本条与第三百八十五条作同一理解，即索贿不需要为他人谋取利益。但其认为，为他人谋取利益同时适用于索取他人财物与非法收受他人财物。为他人谋取利益，只是一种允诺行为，而不要求行为人实际上为他人谋取了利益。

公司、企业或者其他单位的工作人员在经济往来中,利用职务上的便利,违反国家规定,收受各种名义的回扣、[7] 手续费,归个人所有的,依照前款的规定处罚。

国有公司、企业或者其他国有单位中从事公务的人员和国有公司、企业或者其他国有单位委派到非国有公司、企业以及其他单位从事公务的人员有前两款行为的,依照本法第三百八十五条(*受贿罪*)、第三百八十六条(*对受贿罪的处罚规定*)的规定定罪处罚。

163-1 《最高人民法院、最高人民检察院关于办理商业贿赂刑事案件适用法律若干问题的意见》(法发〔2008〕33 号,2008 年 11 月 20 日) 一、商业贿赂犯罪*涉及刑法规定的以下八种罪名:(1)非国家工作人员受贿罪(刑法第一百六十三条);(2)对非国家工作人员行贿罪(刑法第一百六十四条);(3)受贿罪(刑法第三百八十五条);(4)单位受贿罪(刑法第三百八十七条);(5)行贿罪(刑法第三百八十九条);(6)对单位行贿罪(刑法第三百九十一条);(7)介绍贿赂罪(刑法第三百九十二条);(8)单位行贿罪(刑法第三百九十三条)。

163-2 **1.** 法发〔2008〕33 号 二、刑法第一百六十三条、第一百六十四条规定的"其他单位",既包括事业单位、社会团体、村民委员会、居民委员会、村民小组等常设性的组织,也包括为组织体育赛事、文艺演出或者其他正当活动而成立的组委会、筹委会、工程承包队等非常设性的组织。

2.《最高人民检察院依法严肃处理足球"黑哨"腐败问题的通知》(2002 年 2 月 25 日) 根据目前我国足球行业管理体制现状和体育法等有关规定,对于足球裁判的受贿行为,可以依照刑法第一百六十三条的规定,以公司、企业人员受贿罪依法批捕、提起公诉;对于国家工作人员涉嫌贿赂犯罪的案件,应当依法立案侦查、提起公诉,追究刑事责任;对于其他相关的犯罪行为,应根据案件的具体情况,确定适用刑法问题。

3.《最高人民检察院法律政策研究室关于在房屋拆迁过程中利用

---

* 商业贿赂犯罪并非刑法规定的独立罪名或类罪名,而是对与商业活动有关的贿赂犯罪的统称。商业活动既包括平等主体之间的商业交易活动,也包括行政管理人对相对人的商业管理活动。

职务便利索取贿赂如何定性的批复》(2003 年 5 月 14 日) 国有资本控股的上海杨房拆迁综合服务有限公司受建设单位委托对政府决策改造的地块进行拆迁,是依据法律规定进行市场运作的企业行为而非受政府委托的管理职能行为。犯罪嫌疑人沈×作为国有资本控股公司的一般工作人员,既不属于在国有公司中从事公务的人员,又不是受委派在非国有公司中从事公务的人员。其利用在房屋拆迁过程中的职务便利索取贿赂,应依法认定为公司、企业人员受贿罪。

163-3 法发〔2008〕33 号 三、刑法第一百六十三条、第一百六十四条规定的"公司、企业或者其他单位的工作人员",包括国有公司、企业以及其他国有单位中的非国家工作人员。

163-4 **1. 理解与适用:《刑法修正案(六)》新增构成要件要素。准确区分利用"职务"还是提供"劳务"或"技术服务",是正确把握罪与非罪的关键。认定思路可借鉴《全国法院审理经济犯罪案件工作座谈会纪要》(法〔2003〕167 号),该会议纪要指出:"从事公务,是指代表国家机关、国有公司、企业、事业单位、人民团体等履行组织、领导、监督、管理等职责。公务主要表现为与职权相联系的公共事务以及监督、管理国有财产的职务活动。如国家机关工作人员依法履行职责,国有公司的董事、经理、监事、会计、出纳人员等管理、监督国有财产等活动,属于从事公务。那些不具有职权内容的劳务活动、技术服务工作,如售货员、售票员等所从事的工作,一般不认为是公务。"**

2. 最高人民法院刑二庭《宽严相济在经济犯罪和职务犯罪案件审判中的具体贯彻》(2010 年 4 月 7 日) 二、宽严相济刑事政策在职务犯罪案件审判中的具体贯彻

(二)关于政策法律界限。(2)对于行业、领域内带有一定普遍性、涉案人员众多的案件,要注意区别对待,防止因打击面过宽导致不良的社会效果。特别是对于普通医生的商业贿赂犯罪问题,更要注意运用多种手段治理应对。对收受回扣数额大的;明知药品伪劣,但为收受回扣而要求医院予以采购的;为收受回扣而给病人大量开药或者使用不对症药品,造成严重后果的;收受回扣造成其他严重影响的等情形,应依法追究刑事责任。

3. 法发〔2008〕33 号* 四、医疗机构中的国家工作人员,在药品、医疗器械、医用卫生材料等医药产品采购活动中,利用职务上的便利,索

* 本司法解释规定了几种不易把握的"利用职务之便"的情形。

取销售方财物,或者非法收受销售方财物,为销售方谋取利益,构成犯罪的,依照刑法第三百八十五条的规定,以受贿罪定罪处罚。

医疗机构中的非国家工作人员,有前款行为,数额较大的,依照刑法第一百六十三条的规定,以非国家工作人员受贿罪定罪处罚。

医疗机构中的医务人员,利用开处方的职务便利,以各种名义非法收受药品、医疗器械、医用卫生材料等医药产品销售方财物,为医药产品销售方谋取利益,数额较大的,依照刑法第一百六十三条的规定,以非国家工作人员受贿罪定罪处罚。

理解与适用:医生的处方行为虽然是一种职务行为,但不具有从事公务的性质,因而不符合受贿罪的主体特征,应当按非国家工作人员受贿论处。但这里的处方行为,不包括在国有医院的科室主任等担任领导职务的人员在接受医药产品销售方请托向院里推荐或者建议采购该医药产品的行为,这种行为属于从事公务的行为。

五、学校及其他教育机构中的国家工作人员,在教材、教具、校服或者其他物品的采购等活动中,利用职务上的便利,索取销售方财物,或者非法收受销售方财物,为销售方谋取利益,构成犯罪的,依照刑法第三百八十五条的规定,以受贿罪定罪处罚。

学校及其他教育机构中的非国家工作人员,有前款行为,数额较大的,依照刑法第一百六十三条的规定,以非国家工作人员受贿罪定罪处罚。

学校及其他教育机构中的教师,利用教学活动的职务便利,以各种名义非法收受教材、教具、校服或者其他物品销售方财物,为教材、教具、校服或者其他物品销售方谋取利益,数额较大的,依照刑法第一百六十三条的规定,以非国家工作人员受贿罪定罪处罚。

六、依法组建的评标委员会、竞争性谈判采购中谈判小组、询价采购中询价小组的组成人员,在招标、政府采购等事项的评标或者采购活动中,索取他人财物或者非法收受他人财物,为他人谋取利益,数额较大的,依照刑法第一百六十三条的规定,以非国家工作人员受贿罪定罪处罚。

依法组建的评标委员会、竞争性谈判采购中谈判小组、询价采购中询价小组中国家机关或者其他国有单位的代表有前款行为的,依照刑法第三百八十五条的规定,以受贿罪定罪处罚。

理解与适用:评审专家均是根据法律的授权,以个人身份而非职权为采购人提供决策依据的,故统一按《刑法》第一百六十三条处理可以防止非代表国有单位的专家因身份不同而在定罪量刑中出现同罪不同罚的问题。

十一、非国家工作人员与国家工作人员通谋，共同收受他人财物，构成共同犯罪的，根据双方利用职务便利的具体情形分别定罪追究刑事责任：

(1)利用国家工作人员的职务便利为他人谋取利益的，以受贿罪追究刑事责任。

(2)利用非国家工作人员的职务便利为他人谋取利益的，以非国家工作人员受贿罪追究刑事责任。

(3)分别利用各自的职务便利为他人谋取利益的，按照主犯的犯罪性质追究刑事责任，不能分清主从犯的，可以受贿罪追究刑事责任。

理解与适用：理论上，主犯与从犯的区分，反映的是同一犯罪活动中各被告人的地位和作用，它解决量刑问题，而不解决犯罪的性质问题，不是定罪的根据，根据主犯行为定罪，无法反映全案犯罪的基本特征。并且在实践中，有些共同犯罪人的地位、作用难以区分，在分别构成犯罪且都是主犯的情况下，按哪个主犯的性质定罪将会陷入左右为难的境地。

163-5　**1. 理解与适用：**《联合国反腐败公约》规定的贿赂包括任何不正当好处，其字面含义明显宽于我国刑法规定，既包括财产性收益，也包括非财产性收益。我国有关法律也有类似规定：(1)《招标投标法》表述为“财物或者其他好处”；(2)《反不正当竞争法》表述为“财物或者其他手段”；(3)《政府采购法》表述为“贿赂或者获取其他不正当利益”。从反腐败角度考虑有必要从立法层面上扩大财物的范围，但刑事司法解释在坚持贿赂仅为财物的同时又有所突破，部分可以直接物化的财产性收益可视具体情况被认定为贿赂。至于非财产性收益一般仍不被视为贿赂。

2. 法发〔2008〕33号　七、商业贿赂中的财物，既包括金钱和实物，也包括可以用金钱计算数额的财产性利益，如提供房屋装修、含有金额的会员卡、代币卡(券)、旅游费用等。具体数额以实际支付的资费为准。

八、收受银行卡的，不论受贿人是否实际取出或者消费，卡内的存款数额一般应全额认定为受贿数额。使用银行卡透支的，如果由给予银行卡的一方承担还款责任，透支数额也应当认定为受贿数额。

十、办理商业贿赂犯罪案件，要注意区分贿赂与馈赠的界限。主要应当结合以下因素全面分析、综合判断：(1)发生财物往来的背景，如双方是否存在亲友关系及历史上交往的情形和程度；(2)往来财物的价值；(3)财物往来的缘由、时机和方式，提供财物方对于接受方有无职务上的请托；(4)接受方是否利用职务上的便利为提供方谋取利益。

163-6 《立案标准(二)》第十条 公司、企业或者其他单位的工作人员利用职务上的便利,索取他人财物或者非法收受他人财物,为他人谋取利益,或者在经济往来中,利用职务上的便利,违反国家规定,收受各种名义的回扣、手续费,归个人所有,数额在三万元以上的,应予立案追诉。

163-7 《国家工商行政管理局关于禁止商业贿赂行为的暂行规定》(国家工商行政管理局令第60号,1996年11月15日)第五条 ……本规定所称回扣,是指经营者销售商品时在账外暗中以现金、实物或者其他方式退给对方单位或者个人的一定比例的商品价款。

本规定所称账外暗中,是指未在依法设立的反映其生产经营活动或者行政事业经费收支的财务账上按照财务会计制度规定明确如实记载,包括不记入财务账、转入其他财务账或者做假账等。

第一百六十四条 (刑六、刑九)【对非国家工作人员行贿罪】为谋取不正当利益,[1*] 给予公司、企业或者其他单位[**]的工作人员以财物,数额较大的,[2] 处三年以下有期徒刑或者拘役,并处罚金;数额巨大的,处三年以上十年以下有期徒刑,并处罚金。

(刑八)【对外国公职人员、国际公共组织官员行贿罪】为谋取不正当商业利益,给予外国公职人员或者国际公共组织官员以财物的[3],依照前款的规定处罚。

单位犯前两款罪的,对单位判处罚金,并对其直接负责的主管人员和其他直接责任人员,依照第一款的规定处罚。

行贿人在被追诉前主动交待行贿行为的,可以减轻处罚或者免除处罚。

---

* 1. 与《最高人民法院、最高人民检察院关于在办理受贿犯罪大要案的同时要严肃查处严重行贿犯罪分子的通知》(高检发〔1999〕1号,1999年3月4日)相比,本解释扩大了违反的规定的范围,即加上了行业规范。另外,对于“国家政策和国务院各部门规章”一语修改为“规章、政策”,使其外延有所扩张,一些地方政策和地方规章也成为评价利益是否正当的依据。2. 对招标投标、政府采购这两类商业活动,则从程序上判断是否属于谋取不正当利益的标准。

** 《刑法修正案(六)》增加其他单位。原罪名为“对公司、企业人员行贿罪”。

164-1 **1.**《反不正当竞争法》* 第七条 经营者不得采用财物或者其他手段贿赂下列单位或者个人，以谋取交易机会或者竞争优势：

（一）交易相对方的工作人员；

（二）受交易相对方委托办理相关事务的单位或者个人；

（三）利用职权或者影响力影响交易的单位或者个人。

经营者在交易活动中，可以以明示方式向交易相对方支付折扣，或者向中间人支付佣金。经营者向交易相对方支付折扣、向中间人支付佣金的，应当如实入账。接受折扣、佣金的经营者也应当如实入账。

经营者的工作人员进行贿赂的，应当认定为经营者的行为；但是，经营者有证据证明该工作人员的行为与为经营者谋取交易机会或者竞争优势无关的除外。

2. 法发〔2008〕33号 九、在行贿犯罪中，“谋取不正当利益”，是指行贿人谋取违反法律、法规、规章或者政策规定的利益，或者要求对方违反法律、法规、规章、政策、行业规范的规定提供帮助或者方便条件。

在招标投标、政府采购等商业活动中，违背公平原则，给予相关人员财物以谋取竞争优势的，属于“谋取不正当利益”。

164-2 《立案标准（二）》第十一条 为谋取不正当利益，给予公司、企业或者其他单位的工作人员以财物，个人行贿数额在三万元以上的，单位行贿数额在二十万元以上的，应予立案追诉。

164-3 《立案标准（二）》第十二条 为谋取不正当商业利益，给予外国公职人员或者国际公共组织官员以财物，个人行贿数额在三万元以上的，单位行贿数额在二十万元以上的，应予立案追诉。

第一百六十五条** **（刑十二）【非法经营同类营业罪】**国有公司、企业的董事、监事、高级管理人员，利用职务便利，自己经营或者为他人经营与其所任职公司、企业同类的营业，获取非法利益，数额

---

* 《反不正当竞争法》于1993年9月2日通过，2017年11月4日修订，2019年4月23日修正。

** 《刑法修正案（十二）》修改前原条文：第一百六十五条 【非法经营同类营业罪】国有公司、企业的董事、经理利用职务便利，自己经营或者为他人经营与其所任职公司、企业同类的营业，获取非法利益，数额巨大的，处三年以下有期徒刑或者拘役，并处或者单处罚金；数额特别巨大的，处三年以上七年以下有期徒刑，并处罚金。

巨大的,处三年以下有期徒刑或者拘役,并处或者单处罚金;数额特别巨大的,处三年以上七年以下有期徒刑,并处罚金。

其他公司、企业的董事、监事、高级管理人员违反法律、行政法规规定,实施前款行为,致使公司、企业利益遭受重大损失的,依照前款的规定处罚。

第一百六十六条*　(刑十二)【为亲友非法牟利罪】国有公司、企业、事业单位的工作人员,利用职务便利,有下列情形之一,致使国家利益遭受重大损失的,处三年以下有期徒刑或者拘役,并处或者单处罚金;致使国家利益遭受特别重大损失的,处三年以上七年以下有期徒刑,并处罚金:

(一)将本单位的盈利业务交由自己的亲友进行经营的;

(二)以明显高于市场的价格从自己的亲友经营管理的单位采购商品、接受服务或者以明显低于市场的价格向自己的亲友经营管理的单位销售商品、提供服务的;

(三)从自己的亲友经营管理的单位采购、接受不合格商品、服务的。

其他公司、企业的工作人员违反法律、行政法规规定,实施前款行为,致使公司、企业利益遭受重大损失的,依照前款的规定处罚。

第一百六十七条　【签订、履行合同失职被骗罪】国有公司、企业、事业单位直接负责的主管人员,在签订、履行合同过程中,因严重不负责任被诈骗,致使国家利益遭受重大损失的,[1**] 处三年以下

---

* 《刑法修正案(十二)》修改前原条文:第一百六十六条　【为亲友非法牟利罪】国有公司、企业、事业单位的工作人员,利用职务便利,有下列情形之一,使国家利益遭受重大损失的,处三年以下有期徒刑或者拘役,并处或者单处罚金;致使国家利益遭受特别重大损失的,处三年以上七年以下有期徒刑,并处罚金:(一)将本单位的盈利业务交由自己的亲友进行经营的;(二)以明显高于市场的价格向自己的亲友经营管理的单位采购商品或者以明显低于市场的价格向自己的亲友经营管理的单位销售商品的;(三)向自己的亲友经营管理的单位采购不合格商品的。

** 本罪是结果犯。如果行为人与对方当事人恶意串通,合伙诈骗国有公司、企业、事业单位的财产,则是诈骗的共同犯罪而不再是本罪。

有期徒刑或者拘役；致使国家利益遭受特别重大损失的，处三年以上七年以下有期徒刑。

167-1 《全国人大常委会关于惩治骗购外汇、逃汇和非法买卖外汇犯罪的决定》（1998 年 12 月 29 日）　七、金融机构、从事对外贸易经营活动的公司、企业的工作人员严重不负责任，造成大量外汇被骗购或者逃汇，致使国家利益遭受重大损失的，依照刑法第一百六十七条的规定定罪处罚。

第一百六十八条*　（1999 年修正案）【国有公司、企业、事业单位人员失职罪；国有公司、企业、事业单位人员滥用职权罪】国有公司、企业的工作人员，[1] 由于严重不负责任或者滥用职权，造成国有公司、企业破产或者严重损失，[2] 致使国家利益遭受重大损失的，处三年以下有期徒刑或者拘役；致使国家利益遭受特别重大损失的，处三年以上七年以下有期徒刑。

国有事业单位的工作人员有前款行为，致使国家利益遭受重大损失的，依照前款的规定处罚。

国有公司、企业、事业单位的工作人员，徇私舞弊，犯前两款罪的，依照第一款的规定从重处罚。

168-1 **1.**《最高人民法院关于如何认定国有控股、参股股份有限公司中的国有公司、企业人员的解释》（法释〔2005〕10 号，2005 年 8 月 11 日）　为准确认定刑法分则第三章第三节中的国有公司、企业人员，现对国有控股、参股的股份有限公司中的国有公司、企业人员解释如下：国有公司、企业委派到国有控股、参股公司从事公务的人员，以国有公司、企业人员论。

理解与适用：受国有单位委派到国有控股、参股公司、企业从事公务的人员具有双重身份，负有双重职责。一方面，对任职公司的财产行使监管、管理职能，属于任职公司的工作人员。另一方面，受国有公司、企业委派代表国家对任职公司中的国有资产行使监督、管理权，也属于

* 原条文【徇私舞弊造成破产、亏损罪】（已取消）规定，国有公司、企业直接负责的主管人员，徇私舞弊，造成国有公司、企业破产或者严重亏损，致使国家利益遭受重大损失的，处三年以下有期徒刑或者拘役。

国有公司、企业的工作人员。上述人员在工作中严重失职或滥用职权,致使其任职公司、企业的利益遭受严重损失,事实上必然导致作为股东的国有公司、企业的利益也遭受严重损失,致使国家利益遭受严重损失。对上述人员认定为国有公司、企业的工作人员,对其渎职行为依法追究刑事责任,既符合刑法第三章国有公司、企业人员渎职犯罪的构成要件,也符合刑法对国有资产予以突出保护的立法意图。根据《全国法院审理经济犯罪案件工作座谈会纪要》,委派有多种形式,如任命、指派、提名、批准。另外,委派内容具有公务性。即行使组织、领导、监督和管理等职责,才具有受委派的实质内容。虽然表面上董事长之类的高管的任命可能是出于国有控股、参股股份有限公司股东大会或董事会的决议或依照公司章程选举,但只要实质上符合受委派从事公务的情形,就应认定为国有公司、企业工作人员。

2. 法释〔2000〕12号第六条　国有电信企业的工作人员,由于严重不负责任或者滥用职权,造成国有电信企业破产或者严重损失,致使国家利益遭受重大损失的,依照刑法第一百六十八条的规定定罪处罚。

168-2 《最高人民法院刑事审判第二庭关于国有公司人员滥用职权犯罪追诉期限等问题的答复》(2005年1月13日)　二、国有公司人员滥用职权或失职罪的追诉期限应从损失结果发生之日起计算。就本案而言,追诉期限应以法律意义上的损失发生为标准,即以人民法院民事终审判决之日起计算。

第一百六十九条*　(刑十二)【徇私舞弊低价折股、出售公司、企业资产罪】国有公司、企业或者其上级主管部门直接负责的主管人员,徇私舞弊,将国有资产低价折股或者低价出售,致使国家利益遭受重大损失的,处三年以下有期徒刑或者拘役;致使国家利益遭受特别重大损失的,处三年以上七年以下有期徒刑。

其他公司、企业直接负责的主管人员,徇私舞弊,将公司、企业资产低价折股或者低价出售,致使公司、企业利益遭受重大损失的,

---

* 《刑法修正案(十二)》修改前原条文:第一百六十九条　【徇私舞弊低价折股、出售国有资产罪】国有公司、企业或者其上级主管部门直接负责的主管人员,徇私舞弊,将国有资产低价折股或者低价出售,致使国家利益遭受重大损失的,处三年以下有期徒刑或者拘役;致使国家利益遭受特别重大损失的,处三年以上七年以下有期徒刑。

依照前款的规定处罚。

第一百六十九条之一 （刑六）**【背信损害上市公司利益罪】**上市公司的董事、监事、高级管理人员违背对公司的忠实义务，利用职务便利，操纵上市公司从事下列行为之一，致使上市公司利益遭受重大损失的，[1] 处三年以下有期徒刑或者拘役，并处或者单处罚金；致使上市公司利益遭受特别重大损失的，处三年以上七年以下有期徒刑，并处罚金：

（一）无偿向其他单位或者个人提供资金、商品、服务或者其他资产的；

（二）以明显不公正的条件，提供或者接受资金、商品、服务或者其他资产的；

（三）向明显不具有清偿能力的单位或者个人提供资金、商品、服务或者其他资产的；

（四）为明显不具有清偿能力的单位或者个人提供担保，或者无正当理由为其他单位或者个人提供担保的；

（五）无正当理由放弃债权、承担债务的；

（六）采用其他方式损害上市公司利益的。

上市公司的控股股东或者实际控制人，指使上市公司董事、监事、高级管理人实施前款行为的，依照前款的规定处罚。

犯前款罪的上市公司的控股股东或者实际控制人是单位的，对单位判处罚金，并对直接负责的主管人员和其他直接责任人员，依照第一款的规定处罚。

169A-1 《立案标准（二）》第十三条 上市公司的董事、监事、高级管理人员违背对公司的忠实义务，利用职务便利，操纵上市公司从事损害上市公司利益的行为，以及上市公司的控股股东或者实际控制人，指使上市公司董事、监事、高级管理人员实施损害上市公司利益的行为，涉嫌下列情形之一的，应予立案追诉：

（一）无偿向其他单位或者个人提供资金、商品、服务或者其他资产，致使上市公司直接经济损失数额在一百五十万元以上的；

(二)以明显不公平的条件,提供或者接受资金、商品、服务或者其他资产,致使上市公司直接经济损失数额在一百五十万元以上的;

(三)向明显不具有清偿能力的单位或者个人提供资金、商品、服务或者其他资产,致使上市公司直接经济损失数额在一百五十万元以上的;

(四)为明显不具有清偿能力的单位或者个人提供担保,或者无正当理由为其他单位或者个人提供担保,致使上市公司直接经济损失数额在一百五十万元以上的;

(五)无正当理由放弃债权、承担债务,致使上市公司直接经济损失数额在一百五十万元以上的;

(六)致使公司、企业发行的股票或者公司、企业债券、存托凭证或者国务院依法认定的其他证券被终止上市交易的;

(七)其他致使上市公司利益遭受重大损失的情形。

第四节　破坏金融管理秩序罪[1]

S.4-1　《全国法院审理金融犯罪案件工作座谈会纪要》(法〔2001〕8号,2001年1月21日)

第一百七十条[1]　(刑九)【伪造货币罪】伪造[2]货币[3]的,处三年以上十年以下有期徒刑,并处罚金;有下列情形之一的,处十年以上有期徒刑或者无期徒刑[4],并处罚金或者没收财产:

(一)伪造货币集团的首要分子;

(二)伪造货币数额特别巨大的;[5]

(三)有其他特别严重情节的。

170-1　1.《最高人民法院关于审理伪造货币等案件具体应用法律若干问题的解释》(法释〔2000〕26号,2000年9月14日)(对应第一百七十条至第一百七十三条);2.《中国人民银行货币鉴别及假币收缴、鉴定管理办法》(中国人民银行令〔2019〕第3号,2020年4月1日);3.《最高人民法院、最高人民检察院、公安部关于严厉打击假币犯罪活动的通知》(公通字〔2009〕45号,2009年9月15日);4.《最高人民法院关于审理伪造货币等案件具体应用法律若干问题的解释(二)》(法释〔2010〕14 号,2010 年 11 月 3 日);5.《全国法院审理金融犯罪案件工作座谈会纪要》(法〔2001〕8 号,2001 年 1 月 21 日) 二、(二)关于破坏金融管理秩序罪 2. 关于假币犯罪部分。

公通字〔2009〕45 号 二、……根据刑事诉讼法的有关规定,假币犯罪案件的地域管辖应当遵循以犯罪地管辖为主,犯罪嫌疑人居住地管辖为辅的原则。假币犯罪案件中的犯罪地,既包括犯罪预谋地、行为发生地,也包括运输假币的途经地。假币犯罪案件中的犯罪嫌疑人居住地,不仅包括犯罪嫌疑人经常居住地和户籍所在地,也包括其临时居住地。几个公安机关都有权管辖的假币犯罪案件,由最初立案地或者主要犯罪地公安机关管辖;对管辖有争议或者情况特殊的,由共同的上级公安机关指定管辖。如需人民检察院、人民法院指定管辖的,公安机关要及时提出相关建议。经审查需要指定的,人民检察院、人民法院要依法指定管辖。

法释〔2010〕14 号第三条 以正在流通的境外货币为对象的假币犯罪,依照刑法第一百七十条至第一百七十三条的规定定罪处罚。

假境外货币犯罪的数额,按照案发当日中国外汇交易中心或者中国人民银行授权机构公布的人民币对该货币的中间价折合成人民币计算。中国外汇交易中心或者中国人民银行授权机构未公布汇率中间价的境外货币,按照案发当日境内银行人民币对该货币的中间价折算成人民币,或者该货币在境内银行、国际外汇市场对美元汇率,与人民币对美元汇率中间价进行套算。

理解与适用:伪造货币和诈骗两者在最终目的,即非法占有他人财物上并无不同,在理论上,将伪造货币并使用的行为理解为一种特殊的诈骗行为并无不当,但以诈骗罪追究伪造货币并使用行为的刑事责任时务必应当严格控制。

170-2 **1.** 法释〔2010〕14 号第一条第一款 仿照真货币的图案、形状、色彩等特征非法制造假币,冒充真币的行为,应当认定为刑法第一百七十条规定的"伪造货币"。

理解与适用:1. 伪造货币应以"仿照真货币"为前提,如果仿照的货币根本不存在,则可能涉嫌诈骗犯罪。2. 本解释未对伪造货币的外观特征作出限定,因为能否成立伪造货币罪,关键在于是否仿照真币,只要在图案、形状、色彩等方面具备了真币的基本要素,即可成立伪造货币罪。至于实际伪造出来的假币的外观效果和逼真程度如何,不应成为伪造货币罪的定罪要件,既不能因为伪造货币尚未制成成品,也不能因为做工粗糙而否认行为人实施了或者正在实施伪造货币行为。3. 冒充真币要件,间接说明了伪造货币应以意图流通或者使用为目的,如仅为炫耀技术或者提供鉴赏、教学、科研而不进入流通领域的,不属于伪造货币行为。

2. 法释〔2010〕14 号第二条　同时采用伪造和变造手段,制造真伪拼凑货币的行为,依照刑法第一百七十条的规定,以伪造货币罪定罪处罚*。

3. 法〔2001〕8 号　二、(二)关于破坏金融管理秩序罪　2. 关于假币犯罪　假币犯罪的认定。假币犯罪是一种严重破坏金融管理秩序的犯罪。只要有证据证明行为人实施了出售、购买、运输、使用假币行为,且数额较大,就构成犯罪。伪造货币的,只要实施了伪造行为,不论是否完成全部印制工序,即构成伪造货币罪;对于尚未制造出成品,无法计算伪造、销售假币面额的,或者制造、销售用于伪造货币的版样的,不认定犯罪数额,依据犯罪情节决定刑罚。明知是伪造的货币而持有,数额较大,根据现有证据不能认定行为人是为了进行其他假币犯罪的,以持有假币罪定罪处罚;如果有证据证明其持有的假币已构成其他假币犯罪的,应当以其他假币犯罪定罪处罚。

假币犯罪罪名的确定。假币犯罪案件中犯罪分子实施数个相关行为的,在确定罪名时应把握以下原则:(1)对同一宗假币实施了法律规定为选择性罪名的行为,应根据行为人所实施的数个行为,按相关罪名刑法规定的排列顺序并列确定罪名,数额不累计计算,不实行数罪并罚。(2)对不同宗假币实施法律规定为选择性罪名的行为,并列确定罪名,数额按全部假币面额累计计算,不实行数罪并罚。(3)对同一宗假币实施了刑法没有规定为选择性罪名的数个犯罪行为,择一重罪从重处罚。如伪造货币或者购买假币后使用的,以伪造货币罪或购买假币罪定罪,从重处罚。(4)对不同宗假币实施了刑法没有规定为选择性罪名的数个犯罪行为,分别定罪,数罪并罚。

出售假币被查获部分的处理。在出售假币时被抓获的,除现场查获的假币应认定为出售假币的犯罪数额外,现场之外在行为人住所或者其他藏匿地查获的假币,亦应认定为出售假币的犯罪数额。但有证据证实后者是行为人有实施其他假币犯罪的除外。

制造或者出售伪造的台币行为的处理。对于伪造台币的,应当以伪

---

* 想象竞合犯择一重罪处罚。

造货币罪定罪处罚；出售伪造的台币的，应当以出售假币罪定罪处罚。

4. 法释〔2000〕26号第一条第三款　行为人制造货币版样或者与他人事前通谋，为他人伪造货币提供版样的，依照刑法第一百七十条的规定定罪处罚。

170-3　**1.**《立案标准（二）》第十四条　伪造货币，涉嫌下列情形之一的，应予立案追诉：

（一）总面额在二千元以上或者币量在二百张（枚）以上的；

（二）总面额在一千元以上或者币量在一百张（枚）以上，二年内因伪造货币受过行政处罚，又伪造货币的；

（三）制造货币版样或者为他人伪造货币提供版样的；

（四）其他伪造货币应予追究刑事责任的情形。

2. 法释〔2010〕14号第四条　以中国人民银行发行的普通纪念币和贵金属纪念币为对象的假币犯罪，依照刑法第一百七十条至第一百七十三条的规定定罪处罚。

假普通纪念币犯罪的数额，以面额计算；假贵金属纪念币犯罪的数额，以贵金属纪念币的初始发售价格计算。

法释〔2010〕14号第五条　以使用为目的，伪造停止流通的货币，或者使用伪造的停止流通的货币的，依照刑法第二百六十六条的规定，以诈骗罪定罪处罚。

170-4　公通字〔2009〕45号　三、……人民法院对于假币犯罪要依法从严惩处，对于假币犯罪累犯、惯犯、涉案假币数额巨大或者全部流入社会的犯罪分子，要坚决重判；对于伪造货币集团的首要分子、骨干分子，伪造货币数额特别巨大或有其他特别严重情节，罪行极其严重的犯罪分子，应当判处死刑的，要坚决依法判处死刑。* 上级法院要加强对下级法院审判工作的指导，保障依法及时正确审判假币犯罪案件。

170-5　法释〔2000〕26号第一条第二款　伪造货币的总面额在三万元以上的，属于“伪造货币数额特别巨大”。

第一百七十一条　【出售、购买、运输假币罪】出售、购买伪造的货币[1] 或者明知**是伪造的货币而运输，数额较大的，[2] 处三年以下有

---

* 《刑法修正案（九）》已经废除了伪造货币罪的死刑。

** 运输假币的行为自然应以明知系假币为前提，但刑法规定运输行为主观方面的认识因素，是为了强调，这是一种注意规定。

期徒刑或者拘役,并处二万元以上二十万元以下罚金;数额巨大的[3],处三年以上十年以下有期徒刑,并处五万元以上五十万元以下罚金;数额特别巨大的[4],处十年以上有期徒刑或者无期徒刑,并处五万元以上五十万元以下罚金或者没收财产。

【金融工作人员购买假币、以假币换取货币罪】银行或者其他金融机构的工作人员*购买伪造的货币或者利用职务上的便利,以伪造的货币换取货币的[5],处三年以上十年以下有期徒刑,并处二万元以上二十万元以下罚金;数额巨大或者有其他严重情节的[6],处十年以上有期徒刑或者无期徒刑,并处二万元以上二十万元以下罚金或者没收财产;情节较轻[7]的,处三年以下有期徒刑或者拘役,并处或者单处一万元以上十万元以下罚金。

伪造货币并出售或者运输伪造的货币的,依照本法第一百七十条(*伪造货币罪*)的规定定罪从重处罚。**

171-1 法释〔2000〕26号第二条 行为人购买假币后使用,构成犯罪的,依照刑法第一百七十一条的规定,以购买假币罪定罪,从重处罚。

行为人出售、运输假币构成犯罪,同时有使用假币行为的,依照刑法第一百七十一条(*出售假币罪*)、第一百七十二条(*使用假币罪*)的规定,实行数罪并罚。

171-2 《立案标准(二)》第十五条 出售、购买伪造的货币或者明知是伪造的货币而运输,涉嫌下列情形之一的,应予立案追诉:

(一)总面额在四千元以上或者币量在四百张(枚)以上的;

(二)总面额在二千元以上或者币量在二百张(枚)以上,二年内因出售、购买、运输假币受过行政处罚,又出售、购买、运输假币的;

(三)其他出售、购买、运输假币应予追究刑事责任的情形。

在出售假币时被抓获的,除现场查获的假币应认定为出售假币的数额外,现场之外在行为人住所或者其他藏匿地查获的假币,也应认定

---

* 虽然同为购买假币的行为,由于犯罪主体不同,则构成不同罪名。普通人员购买假币的行为成立购买假币罪,而金融工作人员购买假币则成立本罪。而且普通的购买假币罪有数额较大的要求,但金融工作人员购买假币没有数额要求。

** 吸收犯一般不从重处罚,但本款规定从重处罚。

为出售假币的数额。

171-3 法释〔2000〕26号第三条 出售、购买假币或者明知是假币而运输……总面额在五万元以上不满二十万元的，属于“数额巨大”；……

171-4 法释〔2000〕26号第三条 出售、购买假币或者明知是假币而运输……总面额在二十万元以上的，属于“数额特别巨大”，依照刑法第一百七十一条第一款的规定定罪处罚。

171-5 法释〔2000〕26号第四条 银行或者其他金融机构的工作人员购买假币或者利用职务上的便利，以假币换取货币，总面额在四千元以上不满五万元或者币量在四百张（枚）以上不足五千张（枚）的，处三年以上十年以下有期徒刑，并处二万元以上二十万元以下罚金……

171-6 法释〔2000〕26号第四条 银行或者其他金融机构的工作人员购买假币或者利用职务上的便利，以假币换取货币……总面额在五万元以上或者币量在五千张（枚）以上或者有其他严重情节的，处十年以上有期徒刑或者无期徒刑，并处二万元以上二十万元以下罚金或者没收财产……

171-7 **1.**《立案标准（二）》第十六条 银行或者其他金融机构的工作人员购买伪造的货币或者利用职务上的便利，以伪造的货币换取货币，总面额在二千元以上或者币量在二百张（枚）以上的，应予立案追诉。

2. 法释〔2000〕26号第四条 银行或者其他金融机构的工作人员购买假币或者利用职务上的便利，以假币换取货币……总面额不满人民币四千元或者币量不足四百张（枚）或者具有其他情节较轻情形的，处三年以下有期徒刑或者拘役，并处或者单处一万元以上十万元以下罚金。*

第一百七十二条 【持有、使用假币罪】明知是伪造的货币而持有、使用**，数额较大的，[1] 处三年以下有期徒刑或者拘役，并处或

* 《立案标准（二）》降低了本罪的入罪标准，故本条可能不再适用。

** 使用假币者，只是使用方明知假币，而接受方并不知道，但出售假币时，买卖双方都知道标的物是假币。使用假币可以用于合法用途，也可以用于非法用途。如果某人将假币作为证明自己资信的手段而向他人显示，是否为使用，张明楷教授认为，使用应是指将假币作为真正的货币用于流通的行为，故这种行为不是使用假币的行为，但可能成立持有假币罪。

者单处一万元以上十万元以下罚金;数额巨大的,[2] 处三年以上十年以下有期徒刑,并处二万元以上二十万元以下罚金;数额特别巨大的,[3] 处十年以上有期徒刑,并处五万元以上五十万元以下罚金或者没收财产。

172-1　《立案标准(二)》第十七条　明知是伪造的货币而持有、使用,涉嫌下列情形之一的,应予立案追诉:

(一)总面额在四千元以上或者币量在四百张(枚)以上的;

(二)总面额在二千元以上或者币量在二百张(枚)以上,二年内因持有、使用假币受过行政处罚,又持有、使用假币的;

(三)其他持有、使用假币应予追究刑事责任的情形。

172-2　法释〔2000〕26 号第五条　明知是假币而持有、使用……总面额在五万元以上不满二十万元的,属于"数额巨大";……

172-3　法释〔2000〕26 号第五条　明知是假币而持有、使用……总面额在二十万元以上的,属于"数额特别巨大";……

第一百七十三条　【变造货币罪】变造[1] 货币,数额较大的,[2] 处三年以下有期徒刑或者拘役,并处或者单处一万元以上十万元以下罚金;数额巨大的,[3] 处三年以上十年以下有期徒刑,并处二万元以上二十万元以下罚金。

173-1　1. 法释〔2010〕14 号第一条第二款　对真货币采用剪贴、挖补、揭层、涂改、移位、重印等方法加工处理,改变真币形态、价值的行为,应当认定为刑法第一百七十三条规定的"变造货币"。

理解与适用:将"升值"修改为"改变价值",变造货币的行为特征在于改变真币形态,其危害实质在于侵害货币的公共信用,多数变造货币行为的动机固然是为了非法获利,但不排除其他动机。

2.《最高人民法院研究室关于对外国残损、变形硬币进行加工修复是否属于"变造货币"问题的研究意见》(法研〔2012〕57 号,2012 年 12 月 31 日)*　有关部门就对外国残损、变形硬币进行加工修复是否属于"变造货币"问题征求最高人民法院研究室意见。我室经研究认为:

对从废旧金属、洋垃圾中分拣的外国残损、变形硬币进行加工修复

---

* 张军主编:《司法研究与指导》(2012 年第 2 辑),人民法院出版社 2012 年版,第 105～109 页。

的行为所涉情形较为复杂，应当区分情况处理：对其中内芯、外圈分离的硬币进行重新拼装的，加工修复的，可以认定为“变造货币”；对分拣出的外国硬币进行清洗、挑选，或者对扭曲外形的外国硬币进行敲打、压平，不应认定为“变造货币”。

3.《公安部关于对残损硬币进行加工修复是否属于“变造货币”问题的批复》(公经〔2012〕576号，2012年6月14日) 擅自对内芯和外圈分离的外圈残损硬币进行拼装组合、加工恢复的行为，可以认定为“变造货币”行为。

4.《公安部经济犯罪侦查局关于马党权变造货币案中变造货币数额认定问题的批复》(公经〔2003〕1329号，2003年11月12日)

犯罪嫌疑人以货币为基本材料，采用挖补、撕揭、拼凑等方法，改变货币的外在形态，变造货币的数额应以实际变造出的货币的票面数额计算，包括被因挖补、撕揭而改变了外在形态的货币，但已灭失的货币除外。

173-2 《立案标准(二)》第十八条 变造货币，涉嫌下列情形之一的，应予立案追诉：

(一)总面额在二千元以上或者币量在二百张(枚)以上的；

(二)总面额在一千元以上或者币量在一百张(枚)以上，二年内因变造货币受过行政处罚，又变造货币的；

(三)其他变造货币应予追究刑事责任的情形。

173-3 法释〔2000〕26号第六条 变造货币，总面额在三万元以上的，属于“数额巨大”，依照刑法第一百七十三条的规定定罪处罚。

第一百七十四条 (1999年修正案)【擅自设立金融机构罪】未经国家有关主管部门批准，擅自设立商业银行、证券交易所、期货交易所、证券公司、期货经纪公司、保险公司或者其他金融机构的，[1] 处三年以下有期徒刑或者拘役，并处或者单处二万元以上二十万元以下罚金；情节严重的，处三年以上十年以下有期徒刑，并处五万元以上五十万元以下罚金。

【伪造、变造、转让金融机构经营许可证、批准文件罪】伪造、变造、转让商业银行、证券交易所、期货交易所、证券公司、期货经纪公司、保险公司或者其他金融机构的经营许可证或者批准文件的，依照前款的规定处罚。

单位犯前两款罪的,对单位判处罚金,并对其直接负责的主管人员和其他直接责任人员,依照第一款的规定处罚。

174-1 **1.**《立案标准(二)》第十九条 未经国家有关主管部门批准,擅自设立金融机构,涉嫌下列情形之一的,应予立案追诉:

(一)擅自设立商业银行、证券交易所、期货交易所、证券公司、期货公司、保险公司或者其他金融机构的;

(二)擅自设立金融机构筹备组织的。

2.《全国法院审理金融犯罪案件工作座谈会纪要》(法〔2001〕8号,2001年1月21日)。 二、(二)关于破坏金融管理秩序罪 1.非金融机构非法从事金融活动案件的处理

1998年7月13日,国务院发布了《非法金融机构和非法金融业务活动取缔办法》*。1998年8月11日,国务院办公厅转发了中国人民银行整顿乱集资、乱批设金融机构和乱办金融业务实施方案,对整顿金融"三乱"工作的政策措施等问题作出了规定。各地根据整顿金融"三乱"工作实施方案的规定,对于未经中国人民银行批准,但是根据地方政府或有关部门文件设立并从事或变相从事金融业务的各类基金会、互助会、储金会等机构和组织,由各地人民政府和各有关部门限期进行清理整顿。超过实施方案规定期限继续从事非法金融业务活动的,依法予以取缔;情节严重、构成犯罪的,依法追究刑事责任。因此,上述非法从事金融活动的机构和组织只要在实施方案规定期限之前停止非法金融业务活动的,对有关单位和责任人员,不应以擅自设立金融机构罪处理;对其以前从事的非法金融活动,一般也不作犯罪处理;这些机构和组织的人员利用职务实施的个人犯罪,如贪污罪、职务侵占罪、挪用公款罪、挪用资金罪等,应当根据具体案情分别依法定罪处罚。

第一百七十五条 【高利转贷罪】以转贷牟利为目的,套取金融机构信贷资金高利转贷他人,违法所得数额较大的,[1] 处三年以下有期徒刑或者拘役,并处违法所得一倍以上五倍以下罚金;数额巨大的,处三年以上七年以下有期徒刑,并处违法所得一倍以上五倍以下罚金。

---

* 《非法金融机构和非法金融业务活动取缔办法》已失效。

单位犯前款罪的，对单位判处罚金，并对其直接负责的主管人员和其他直接责任人员，处三年以下有期徒刑或者拘役。

175-1　《立案标准（二）》第二十一条　以转贷牟利为目的，套取金融机构信贷资金高利转贷他人，违法所得数额在五十万元以上的，应予立案追诉。

第一百七十五条之一　（刑六、刑十一）【骗取贷款、票据承兑、金融票证罪】以欺骗手段取得银行或者其他金融机构贷款、票据承兑、信用证、保函等，给银行或者其他金融机构造成重大损失的，[1*] 处三年以下有期徒刑或者拘役，并处或者单处罚金；给银行或者其他金融机构造成特别重大损失或者有其他特别严重情节的，处三年以上七年以下有期徒刑，并处罚金。

单位犯前款罪的，对单位判处罚金，并对其直接负责的主管人员和其他直接责任人员，依照前款的规定处罚。

175A-1　《立案标准（二）》第二十二条　以欺骗手段取得银行或者其他金融机构贷款、票据承兑、信用证、保函等，给银行或者其他金融机构造成直接经济损失数额在五十万元以上的，应予立案追诉。

第一百七十六条[1**]　**（刑十一）【非法吸收公众存款罪】**非法[2***]吸收[3]公众[4]存款或者变相[5]吸收公众存款，扰乱金融秩序的，[6]处三年以下有期徒刑或者拘役，并处或者单处罚金[7]；数额巨大或者有其他严重情节的，[8]处三年以上十年以下有期徒刑，并处罚金；数额特别巨大或者有其他特别严重情节[9]的，处十年以上有期徒刑，并处罚金。

单位[10]犯前款罪的，对单位判处罚金，并对其直接负责的主管人员和其他直接责任人员，依照前款的规定处罚。

---

* 本罪区别于第一百九十三条贷款诈骗罪，由于本罪不具有非法占有之目的，故其量刑较贷款诈骗罪明显偏轻。

** 本罪与擅自发行股票、债券罪以及集资诈骗罪的区别在于，本罪是不具有金融职能的单位或者个人违法吸收公众存款，行为人不具备非法占有的目的，而只有非法牟利的目的，而擅自发行股票、债券罪不具有吸收公众存款的目的和行为，其侵犯的是国家对股票、债券的管理制度，而集资诈骗行为人主观上具有非法占有的目的。

*** 王新：《“非法性”是确定融资活动罪与非罪的界限》，载《检察日报》2019 年 4 月 4 日，第 3 版。

有前两款行为,在提起公诉前积极退赃退赔,减少损害结果发生[11]的,可以从轻或者减轻处罚。

176-1 **1.** 1.《防范和处置非法集资条例》(国务院令第 737 号,2021 年 5 月 1 日);2.《最高人民法院关于审理非法集资刑事案件具体应用法律若干问题的解释》(法释〔2022〕5 号,2022 年 3 月 1 日);3.《最高人民法院、最高人民检察院、公安部关于办理非法集资刑事案件适用法律若干问题的意见》(公通字〔2014〕16 号,2014 年 3 月 25 日);4.《最高人民检察院关于办理涉互联网金融犯罪案件有关问题座谈会纪要》(高检诉〔2017〕14 号,2017 年 6 月 2 日);5.《最高人民法院、最高人民检察院、公安部关于办理非法集资刑事案件若干问题的意见》(高检会〔2019〕2 号,2019 年 1 月 30 日)。

2. 高检会〔2019〕2 号 六、关于宽严相济刑事政策把握问题

办理非法集资刑事案件,应当贯彻宽严相济刑事政策,依法合理把握追究刑事责任的范围,综合运用刑事手段和行政手段处置和化解风险,做到惩处少数、教育挽救大多数。要根据行为人的客观行为、主观恶性、犯罪情节及其地位、作用、层级、职务等情况,综合判断行为人的责任轻重和刑事追究的必要性,按照区别对待原则分类处理涉案人员,做到罚当其罪、罪责刑相适应。

重点惩处非法集资犯罪活动的组织者、领导者和管理人员,包括单位犯罪中的上级单位(总公司、母公司)的核心层、管理层和骨干人员,下属单位(分公司、子公司)的管理层和骨干人员,以及其他发挥主要作用的人员。

对于涉案人员积极配合调查、主动退赃退赔、真诚认罪悔罪的,可以依法从轻处罚;其中情节轻微的,可以免除处罚;情节显著轻微、危害不大的,不作为犯罪处理。

七、关于管辖问题

跨区域非法集资刑事案件按照《国务院关于进一步做好防范和处置非法集资工作的意见》(国发〔2015〕59 号)确定的工作原则办理。如果合并侦查、诉讼更为适宜的,可以合并办理。

办理跨区域非法集资刑事案件,如果多个公安机关都有权立案侦查的,一般由主要犯罪地公安机关作为案件主办地,对主要犯罪嫌疑人立案侦查和移送审查起诉;由其他犯罪地公安机关作为案件分办地根据案件具体情况,对本地区犯罪嫌疑人立案侦查和移送审查起诉。

管辖不明或者有争议的，按照有利于查清犯罪事实、有利于诉讼的原则，由其共同的上级公安机关协调确定或者指定有关公安机关作为案件主办地立案侦查。需要提请批准逮捕、移送审查起诉、提起公诉的，由分别立案侦查的公安机关所在地的人民检察院、人民法院受理。

对于重大、疑难、复杂的跨区域非法集资刑事案件，公安机关应当在协调确定或者指定案件主办地立案侦查的同时，通报同级人民检察院、人民法院。人民检察院、人民法院参照前款规定，确定主要犯罪地作为案件主办地，其他犯罪地作为案件分办地，由所在地的人民检察院、人民法院负责起诉、审判。

本条规定的"主要犯罪地"，包括非法集资活动的主要组织、策划、实施地，集资行为人的注册地、主要营业地、主要办事机构所在地，集资参与人的主要所在地等。

八、关于办案工作机制问题

案件主办地和其他涉案地办案机关应当密切沟通协调，协同推进侦查、起诉、审判、资产处置工作，配合有关部门最大限度追赃挽损。

案件主办地办案机关应当统一负责主要犯罪嫌疑人、被告人涉嫌非法集资全部犯罪事实的立案侦查、起诉、审判，防止遗漏犯罪事实；并应就全案处理政策、追诉主要犯罪嫌疑人、被告人的证据要求及诉讼时限、追赃挽损、资产处置等工作要求，向其他涉案地办案机关进行通报。其他涉案地办案机关应当对本地区犯罪嫌疑人、被告人涉嫌非法集资的犯罪事实及时立案侦查、起诉、审判，积极协助主办地处置涉案资产。

案件主办地和其他涉案地办案机关应当建立和完善证据交换共享机制。对涉及主要犯罪嫌疑人、被告人的证据，一般由案件主办地办案机关负责收集，其他涉案地提供协助。案件主办地办案机关应当及时通报接收涉及主要犯罪嫌疑人、被告人的证据材料的程序及要求。其他涉案地办案机关需要案件主办地提供证据材料的，应当向案件主办地办案机关提出证据需求，由案件主办地收集并依法移送。无法移送证据原件的，应当在移送复制件的同时，按照相关规定作出说明。

九、关于涉案财物追缴处置问题

办理跨区域非法集资刑事案件，案件主办地办案机关应当及时归集涉案财物，为统一资产处置做好基础性工作。其他涉案地办案机关应当及时查明涉案财物,明确其来源、去向、用途、流转情况,依法办理查封、扣押、冻结手续,并制作详细清单,对扣押款项应当设立明细账,在扣押后立即存入办案机关唯一合规账户,并将有关情况提供案件主办地办案机关。

人民法院、人民检察院、公安机关应当严格依照刑事诉讼法和相关司法解释的规定,依法移送、审查、处理查封、扣押、冻结的涉案财物。对审判时尚未追缴到案或者尚未足额退赔的违法所得,人民法院应当判决继续追缴或者责令退赔,并由人民法院负责执行,处置非法集资职能部门、人民检察院、公安机关等应当予以配合。

人民法院对涉案财物依法作出判决后,有关地方和部门应当在处置非法集资职能部门统筹协调下,切实履行协作义务,综合运用多种手段,做好涉案财物清运、财产变现、资金归集、资金清退等工作,确保最大限度减少实际损失。

根据有关规定,查封、扣押、冻结的涉案财物,一般应在诉讼终结后返还集资参与人。涉案财物不足全部返还的,按照集资参与人的集资额比例返还。退赔集资参与人的损失一般优先于其他民事债务以及罚金、没收财产的执行。

十、关于集资参与人权利保障问题

集资参与人,是指向非法集资活动投入资金的单位和个人,为非法集资活动提供帮助并获取经济利益的单位和个人除外。

人民法院、人民检察院、公安机关应当通过及时公布案件进展、涉案资产处置情况等方式,依法保障集资参与人的合法权利。集资参与人可以推选代表人向人民法院提出相关意见和建议;推选不出代表人的,人民法院可以指定代表人。人民法院可以视案件情况决定集资参与人代表人参加或者旁听庭审,对集资参与人提起附带民事诉讼等请求不予受理。

十一、关于行政执法与刑事司法衔接问题

处置非法集资职能部门或者有关行政主管部门,在调查非法集资行为或者行政执法过程中,认为案情重大、疑难、复杂的,可以商请公安机关就追诉标准、证据固定等问题提出咨询或者参考意见;发现非法集资行为涉嫌犯罪的,应当按照《行政执法机关移送涉嫌犯罪案件的规定》等规定,履行相关手续,在规定的期限内将案件移送公安机关。

人民法院、人民检察院、公安机关在办理非法集资刑事案件过程中，可商请处置非法集资职能部门或者有关行政主管部门指派专业人员配合开展工作，协助查阅、复制有关专业资料，就案件涉及的专业问题出具认定意见。涉及需要行政处理的事项，应当及时移交处置非法集资职能部门或者有关行政主管部门依法处理。

十二、关于国家工作人员相关法律责任问题

国家工作人员具有下列行为之一，构成犯罪的，应当依法追究刑事责任：

（一）明知单位和个人所申请机构或者业务涉嫌非法集资，仍为其办理行政许可或者注册手续的；

（二）明知所主管、监管的单位有涉嫌非法集资行为，未依法及时处理或者移送处置非法集资职能部门的；

（三）查处非法集资过程中滥用职权、玩忽职守、徇私舞弊的；

（四）徇私舞弊不向司法机关移交非法集资刑事案件的；

（五）其他通过职务行为或者利用职务影响，支持、帮助、纵容非法集资的。

3. 高检诉〔2017〕14号　二、准确界定涉互联网金融行为法律性质

5. 互联网金融涉及P2P网络借贷、股权众筹、第三方支付、互联网保险以及通过互联网开展资产管理及跨界从事金融业务等多个金融领域，行为方式多样，所涉法律关系复杂。违法犯罪行为隐蔽性、迷惑性强，波及面广，社会影响大，要根据犯罪行为的实质特征和社会危害，准确界定行为的法律性质和刑法适用的罪名。

25. 在办理跨区域涉互联网金融犯罪案件时，在追诉标准、追诉范围以及量刑建议等方面应当注意统一平衡。对于同一单位在多个地区分别设立分支机构的，在同一省（自治区、直辖市）范围内应当保持基本一致。分支机构所涉犯罪嫌疑人与上级单位主要犯罪嫌疑人之间应当保持适度平衡，防止出现责任轻重“倒挂”的现象。

27. 最大限度减少投资人的实际损失是办理涉互联网金融犯罪案件特别是非法集资案件的重要工作。在决定是否起诉、提出量刑建议时，要重视对是否具有认罪认罚、主动退赃退赔等情节的考察。分支机构涉案人员积极配合调查、主动退还违法所得、真诚认罪悔罪的，应当依法提出从轻、减轻处罚的量刑建议。其中，对情节轻微、可以免予刑事处罚的，或者情节显著轻微、危害不大、不认为是犯罪的，应当依法作出不起诉决定。对被不起诉人需要给予行政处罚或者没收违法所得的，应当向行政主管部门提出检察意见。

4. 公通字〔2014〕16号　四、关于共同犯罪的处理问题

为他人向社会公众非法吸收资金提供帮助,从中收取代理费、好处费、返点费、佣金、提成等费用,构成非法集资共同犯罪的,应当依法追究刑事责任。能够及时退缴上述费用的,可依法从轻处罚;其中情节轻微的,可以免除处罚;情节显著轻微、危害不大的,不作为犯罪处理。

五、关于涉案财物的追缴和处置问题

向社会公众非法吸收的资金属于违法所得。以吸收的资金向集资参与人支付的利息、分红等回报,以及向帮助吸收资金人员支付的代理费、好处费、返点费、佣金、提成等费用,应当依法追缴。集资参与人本金尚未归还的,所支付的回报可予折抵本金。

将非法吸收的资金及其转换财物用于清偿债务或者转让给他人,有下列情形之一的,应当依法追缴:

(一)他人明知是上述资金及财物而收取的;

(二)他人无偿取得上述资金及财物的;

(三)他人以明显低于市场的价格取得上述资金及财物的;

(四)他人取得上述资金及财物系源于非法债务或者违法犯罪活动的;

(五)其他依法应当追缴的情形。

查封、扣押、冻结的易贬值及保管、养护成本较高的涉案财物,可以在诉讼终结前依照有关规定变卖、拍卖。所得价款由查封、扣押、冻结机关予以保管,待诉讼终结后一并处置。

查封、扣押、冻结的涉案财物,一般应在诉讼终结后,返还集资参与人。涉案财物不足全部返还的,按照集资参与人的集资额比例返还。

六、关于证据的收集问题

办理非法集资刑事案件中,确因客观条件的限制无法逐一收集集资参与人的言词证据的,可结合已收集的集资参与人的言词证据和依法收集并查证属实的书面合同、银行账户交易记录、会计凭证及会计账簿、资金收付凭证、审计报告、互联网电子数据等证据,综合认定非法集资对象人数和吸收资金数额等犯罪事实。

七、关于涉及民事案件的处理问题

对于公安机关、人民检察院、人民法院正在侦查、起诉、审理的非法集资刑事案件,有关单位或者个人就同一事实向人民法院提起民事诉讼或者申请执行涉案财物的,人民法院应当不予受理,并将有关材料移送公安机关或者检察机关。

人民法院在审理民事案件或者执行过程中，发现有非法集资犯罪嫌疑的，应当裁定驳回起诉或者中止执行，并及时将有关材料移送公安机关或者检察机关。

公安机关、人民检察院、人民法院在侦查、起诉、审理非法集资刑事案件中，发现与人民法院正在审理的民事案件属同一事实，或者被申请执行的财物属于涉案财物的，应当及时通报相关人民法院。人民法院经审查认为确属涉嫌犯罪的，依照前款规定处理。

八、关于跨区域案件的处理问题

跨区域非法集资刑事案件，在查清犯罪事实的基础上，可以由不同地区的公安机关、人民检察院、人民法院分别处理。

对于分别处理的跨区域非法集资刑事案件，应当按照统一制定的方案处置涉案财物。

国家机关工作人员违反规定处置涉案财物，构成渎职等犯罪的，应当依法追究刑事责任。

176-2　1.《防范和处置非法集资条例》第二条　本条例所称非法集资，是指未经国务院金融管理部门依法许可或者违反国家金融管理规定，以许诺还本付息或者给予其他投资回报等方式，向不特定对象吸收资金的行为。

非法集资的防范以及行政机关对非法集资的处置，适用本条例。法律、行政法规对非法从事银行、证券、保险、外汇等金融业务活动另有规定的，适用其规定。

本条例所称国务院金融管理部门，是指中国人民银行、国务院金融监督管理机构和国务院外汇管理部门。

2. 高检会〔2019〕2 号　一、关于非法集资的"非法性"认定依据问题

人民法院、人民检察院、公安机关认定非法集资的"非法性"，应当以国家金融管理法律法规作为依据。对于国家金融管理法律法规仅作原则性规定的，可以根据法律规定的精神并参考中国人民银行、中国银行保险监督管理委员会、中国证券监督管理委员会等行政主管部门依照国家金融管理法律法规制定的部门规章或者国家有关金融管理的规定、办法、实施细则等规范性文件的规定予以认定。

3. 公通字〔2014〕16 号　一、关于行政认定的问题

行政部门对于非法集资的性质认定，不是非法集资刑事案件进入刑事诉讼程序的必经程序。行政部门未对非法集资作出性质认定的，不影响非法集资刑事案件的侦查、起诉和审判。

公安机关、人民检察院、人民法院应当依法认定案件事实的性质,对于案情复杂、性质认定疑难的案件,可参考有关部门的认定意见,根据案件事实和法律规定作出性质认定。

4.《最高人民检察院关于办理涉互联网金融犯罪案件有关问题座谈会纪要》(高检诉〔2017〕14 号,2017 年 6 月 2 日)

6. 涉互联网金融活动在未经有关部门依法批准的情形下,公开宣传并向不特定公众吸收资金,承诺在一定期限内还本付息的,应当依法追究刑事责任。其中,应重点审查互联网金融活动相关主体是否存在归集资金、沉淀资金,致使投资人资金存在被挪用、侵占等重大风险等情形。

7. 互联网金融的本质是金融,判断其是否属于"未经有关部门依法批准",即行为是否具有非法性的主要法律依据是《商业银行法》、《非法金融机构和非法金融业务活动取缔办法》(国务院令第 247 号)*等现行有效的金融管理法律规定。

9. 在非法吸收公众存款罪中,原则上认定主观故意并不要求以明知法律的禁止性规定为要件。特别是具备一定涉金融活动相关从业经历、专业背景或在犯罪活动中担任一定管理职务的犯罪嫌疑人,应当知晓相关金融法律管理规定,如果有证据证明其实际从事的行为应当批准而未经批准,行为在客观上具有非法性,原则上就可以认定其具有非法吸收公众存款的主观故意。在证明犯罪嫌疑人的主观故意时,可以收集运用犯罪嫌疑人的任职情况、职业经历、专业背景、培训经历、此前任职单位或者其本人因从事同类行为受到处罚情况等证据,证明犯罪嫌疑人提出的"不知道相关行为被法律所禁止,故不具有非法吸收公众存款的主观故意"等辩解不能成立。除此之外,还可以收集运用以下证据进一步印证犯罪嫌疑人知道或应当知道其所从事行为具有非法性,比如犯罪嫌疑人故意规避法律以逃避监管的相关证据:自己或要求下属与投资人签订虚假的亲友关系确认书,频繁更换宣传用语逃避监管,实际推介内容与宣传用语、实际经营状况不一致,刻意向投资人夸大公司兑付能力,在培训课程中传授或接受规避法律的方法,等等。

10. 对于无相关职业经历、专业背景,且从业时间短暂,在单位犯

---

* 《防范和处置非法集资条例》第四十条:本条例自 2021 年 5 月 1 日起施行,1998 年 7 月 13 日国务院发布的《非法金融机构和非法金融业务活动取缔办法》同时废止。

罪中层级较低，纯属执行单位领导指令的犯罪嫌疑人提出辩解的，如确实无其他证据证明其具有主观故意的，可以不作为犯罪处理。另外，实践中还存在犯罪嫌疑人提出因信赖行政主管部门出具的相关意见而陷入错误认识的辩解。如果上述辩解确有证据证明，不应作为犯罪处理，但应当对行政主管部门出具的相关意见及其出具过程进行查证，如存在以下情形之一，仍应认定犯罪嫌疑人具有非法吸收公众存款的主观故意：

(1)行政主管部门出具意见所涉及的行为与犯罪嫌疑人实际从事的行为不一致的；

(2)行政主管部门出具的意见未对是否存在非法吸收公众存款问题进行合法性审查，仅对其他合法性问题进行审查的；

(3)犯罪嫌疑人在行政主管部门出具意见时故意隐瞒事实、弄虚作假的；

(4)犯罪嫌疑人与出具意见的行政主管部门的工作人员存在利益输送行为的；

(5)犯罪嫌疑人存在其他影响和干扰行政主管部门出具意见公正性的情形的。

对于犯罪嫌疑人提出因信赖专家学者、律师等专业人士、主流新闻媒体宣传或有关行政主管部门工作人员的个人意见而陷入错误认识的辩解，不能作为犯罪嫌疑人判断自身行为合法性的根据和排除主观故意的理由。

176-3　1. 法释〔2022〕5号第一条　违反国家金融管理法律规定，向社会公众(包括单位和个人)吸收资金的行为，同时具备下列四个条件的，除刑法另有规定的以外，应当认定为刑法第一百七十六条规定的“非法吸收公众存款或者变相吸收公众存款”：

(一)未经有关部门依法许可或者借用合法经营的形式吸收资金；

理解与适用：原来规定主体适格就不构成本罪，现已修改，故规定借用合法经营的形式吸收资金仍然构成本罪。如果将“非法”限定为未经有关部门依法批准，就意味着仅考虑程序上的非法性，而忽视了实体上的非法性。故非法集资，是指违反了法律、法规、规章有关集资的实体规定或程序规定，而不限于“未经有关部门依法批准”。

(二)通过网络、媒体、推介会、传单、手机信息等途径向社会公开宣传；

理解与适用：关于口口相传是否属于公开宣传，能否将口口相传的效果归责于集资人,需要根据主客观相一致的原则进行具体分析,对于这种行为,实践中可以结合“集资人”对此是否知情、对此态度如何、有无具体参与、是否设法加以阻止等主客观因素,认定是否符合公开性特征要件。

(三)承诺在一定期限内以货币、实物、股权等方式还本付息或者给付回报;

理解与适用:回报的方式,既包括固定回报,也包括非固定回报;回报的形式,除货币之外,还有实物、消费、股权等形式;具体给付回报的名义,除了较为常见的利息、分红之外,还有所谓的“工资”“奖金”“销售提成”等。

(四)向社会公众即社会不特定对象吸收资金。

理解与适用:未向社会公开宣传,在亲友或者单位内部针对特定对象吸收资金的,不属于非法吸收或者变相吸收公众存款。

未向社会公开宣传,在亲友或者单位内部针对特定对象吸收资金的,不属于非法吸收或者变相吸收公众存款。

法释〔2022〕5号第二条　实施下列行为之一,符合本解释第一条第一款规定的条件的,应当依照刑法第一百七十六条的规定,以非法吸收公众存款罪定罪处罚:

(一)不具有房产销售的真实内容或者不以房产销售为主要目的,以返本销售、售后包租、约定回购、销售房产份额等方式非法吸收资金的;

(二)以转让林权并代为管护等方式非法吸收资金的;

(三)以代种植(养殖)、租种植(养殖)、联合种植(养殖)等方式非法吸收资金的;

(四)不具有销售商品、提供服务的真实内容或者不以销售商品、提供服务为主要目的,以商品回购、寄存代售等方式非法吸收资金的;

(五)不具有发行股票、债券的真实内容,以虚假转让股权、发售虚构债券等方式非法吸收资金的;

(六)不具有募集基金的真实内容,以假借境外基金、发售虚构基金等方式非法吸收资金的;

(七)不具有销售保险的真实内容,以假冒保险公司、伪造保险单据等方式非法吸收资金的;

(八)以网络借贷、投资入股、虚拟币交易等方式非法吸收资金的;

(九)以委托理财、融资租赁等方式非法吸收资金的;

(十)以提供“养老服务”、投资“养老项目”、销售“老年产品”等方式非法吸收资金的；

（十一）利用民间"会""社"等组织非法吸收资金的；

（十二）其他非法吸收资金的行为。

法释〔2022〕5号第十三条　通过传销手段向社会公众非法吸收资金，构成非法吸收公众存款罪或者集资诈骗罪，同时又构成组织、领导传销活动罪的，依照处罚较重的规定定罪处罚。

2.《最高人民检察院关于办理涉互联网金融犯罪案件有关问题座谈会纪要》（高检诉〔2017〕14号，2017年6月2日）

8. 对以下网络借贷领域的非法吸收公众资金的行为，应当以非法吸收公众存款罪分别追究相关行为主体的刑事责任：

（1）中介机构以提供信息中介服务为名，实际从事直接或间接归集资金，甚至自融或变相自融等行为，应当依法追究中介机构的刑事责任。特别要注意识别变相自融行为，如中介机构通过拆分融资项目期限、实行债权转让等方式为自己吸收资金的，应当认定为非法吸收公众存款。

（2）中介机构与借款人存在以下情形之一的，应当依法追究刑事责任：①中介机构与借款人合谋或者明知借款人存在违规情形，仍为其非法吸收公众存款提供服务的；中介机构与借款人合谋，采取向出借人提供信用担保、通过电子渠道以外的物理场所开展借贷业务等违规方式向社会公众吸收资金的；②双方合谋通过拆分融资项目期限、实行债权转让等方式为借款人吸收资金的。在对中介机构、借款人进行追诉时，应根据各自在非法集资中的地位、作用确定其刑事责任。中介机构虽然没有直接吸收资金，但是通过大肆组织借款人开展非法集资并从中收取费用数额巨大、情节严重的，可以认定为主犯。

（3）借款人故意隐瞒事实，违反规定，以自己名义或借用他人名义利用多个网络借贷平台发布借款信息，借款总额超过规定的最高限额，或将吸收资金用于明确禁止的投资股票、场外配资、期货合约等高风险行业，造成重大损失和社会影响的，应当依法追究借款人的刑事责任。对于借款人将借款主要用于正常的生产经营活动，能够及时清退所吸收资金，不作为犯罪处理。

176-4　《最高人民法院、最高人民检察院、公安部关于办理非法集资刑事案件适用法律若干问题的意见》（公通字〔2014〕16号，2014年3月25日）

二、关于"向社会公开宣传"的认定问题

《最高人民法院关于审理非法集资刑事案件具体应用法律若干问

题的解释》(法释〔2022〕5号,2022年3月1日)第一条第一款第二项中的“向社会公开宣传”,包括以各种途径向社会公众传播吸收资金的信息,以及明知吸收资金的信息向社会公众扩散而予以放任等情形。

三、关于“社会公众”的认定问题

下列情形不属于《最高人民法院关于审理非法集资刑事案件具体应用法律若干问题的解释》第一条第二款规定的“针对特定对象吸收资金”的行为,应当认定为向社会公众吸收资金:

(一)在向亲友或者单位内部人员吸收资金的过程中,明知亲友或者单位内部人员向不特定对象吸收资金而予以放任的;

(二)以吸收资金为目的,将社会人员吸收为单位内部人员,并向其吸收资金的。

176-5 **1.**《最高人民法院刑事审判第二庭关于以投资林业为名向社会吸收资金行为定性的答复意见》(2004年9月8日) 在现有的刑事立法框架内,在刑事司法上将非法集资视同为变相吸存,以非法吸收公众存款罪定罪处罚,是必要的,也是可行的。国务院《非法金融机构和非法金融业务活动取缔办法》以及中国人民银行《关于取缔非法金融机构和非法金融业务活动中有关问题的通知》中,对非法吸存、变相吸存、非法集资的规定,除了具体手法有所不同,三者并无实质性分别。刑法未对非法集资专门规定罪名在以往的司法实践中,以非法占有为目的的非法吸存是以集资诈骗定罪处罚的。对于不具有非法占有目的的非法集资行为也有按非法吸收公众存款罪定罪处罚的先例。但是,对于此类以投资某些项目为名向社会公众非法吸收资金案件的违法性把握上应当慎重,除未经国家金融主管部门批准外,只有所涉及的项目及经营方式也违反了行政审批的有关规定,才作为犯罪论处。

2. 杨卫国等人非法吸收公众存款案(检例第64号)

要旨 单位或个人假借开展网络借贷信息中介业务之名,未经依法批准,归集不特定公众的资金设立资金池,控制、支配资金池中的资金,并承诺还本付息的,构成非法吸收公众存款罪。

指导意义 1.向不特定社会公众吸收存款是商业银行专属金融业务,任何单位和个人未经批准不得实施。根据《中华人民共和国商业银行法》第十一条第二款规定,未经国务院银行业监督管理机构批准,任何单位和个人不得从事吸收公众存款等商业银行业务,任何单位不得在名称中使用“银行”字样。这是判断吸收公众存款行为合法与非法的基本法律依据。任何单位或个人,包括非银行金融机构,未经国务院银行业监督管理机构批准，面向社会吸收公众存款或者变相吸收公众存款均属非法。国务院《非法金融机构和非法金融业务活动取缔办法》* 进一步明确规定，未经依法批准，非法吸收公众存款、变相吸收公众存款、以任何名义向社会不特定对象进行的非法集资都属于非法金融活动，必须予以取缔。为了解决传统金融机构覆盖不了、满足不好的社会资金需求，缓解个体经营者、小微企业经营当中的小额资金困难，国务院金融监管机构于2016年发布了《网络借贷信息中介机构业务活动管理暂行办法》等"一个办法、三个指引"，允许单位或个人在规定的借款余额范围内通过网络借贷信息中介机构进行小额借贷，并且对单一组织、单一个人在单一平台、多个平台的借款余额上限作了明确限定。检察机关在办案中要准确把握法律法规、金融管理规定确定的界限、标准和原则精神，准确区分融资借款活动的性质，对于违反规定达到追诉标准的，依法追究刑事责任。

2. 金融创新必须遵守金融管理法律规定，不得触犯刑法规定。金融是现代经济的核心和血脉，金融活动引发的风险具有较强的传导性、扩张性、潜在性和不确定性。为了发挥金融服务经济社会发展的作用，有效防控金融风险，国家制定了完善的法律法规，对商业银行、保险、证券等金融业务进行严格的规制和监管。金融也需要发展和创新，但金融创新必须有效地防控可能产生的风险，必须遵守金融管理法律法规，尤其是依法须经许可才能从事的金融业务，不允许未经许可而以创新的名义擅自开展。检察机关办理涉金融案件，要深入分析、清楚认识各类新金融现象，准确把握金融的本质，透过复杂多样的表现形式，准确区分是真的金融创新还是披着创新外衣的伪创新，是合法金融活动还是以金融创新为名实施金融违法犯罪活动，为防范化解金融风险提供及时、有力的司法保障。

3. 网络借贷中介机构非法控制、支配资金，构成非法吸收公众存款。网络借贷信息中介机构依法只能从事信息中介业务，为借款人与出借人实现直接借贷提供信息搜集、信息公布、资信评估、信息交互、借贷撮合等服务。信息中介机构不得提供增信服务，不得直接或间接归集资金，包括设立资金池控制、支配资金或者为自己控制的公司融资。网络借贷信息中介机构利用互联网发布信息归集资金，不仅超出了信息中介业务范围，同时也触犯了刑法第一百七十六条的规定。检察机

* 《非法金融机构和非法金融业务活动取缔办法》于2021年5月1日废止。

关在办案中要通过对网络借贷平台的股权结构、实际控制关系、资金来源、资金流向、中间环节和最终投向的分析,综合全流程信息,分析判断是规范的信息中介,还是假借信息中介名义从事信用中介活动,是否存在违法设立资金池、自融、变相自融等违法归集、控制、支配、使用资金的行为,准确认定行为性质。

176-6 **1.**《立案标准(二)》第二十三条 非法吸收公众存款或者变相吸收公众存款,扰乱金融秩序,涉嫌下列情形之一的,应予立案追诉:

(一)非法吸收或者变相吸收公众存款数额在一百万元以上的;

(二)非法吸收或者变相吸收公众存款对象一百五十人以上的;

(三)非法吸收或者变相吸收公众存款,给集资参与人造成直接经济损失数额在五十万元以上的;

非法吸收或者变相吸收公众存款数额在五十万元以上或者给集资参与人造成直接经济损失数额在二十五万元以上,同时涉嫌下列情形之一的,应予立案追诉:

(一)因非法集资受过刑事追究的;

(二)二年内因非法集资受过行政处罚的;

(三)造成恶劣社会影响或者其他严重后果的。

2. 高检会〔2019〕2 号 五、关于犯罪数额的认定问题

非法吸收或者变相吸收公众存款构成犯罪,具有下列情形之一的,向亲友或者单位内部人员吸收的资金应当与向不特定对象吸收的资金一并计入犯罪数额:

(一)在向亲友或者单位内部人员吸收资金的过程中,明知亲友或者单位内部人员向不特定对象吸收资金而予以放任的;

(二)以吸收资金为目的,将社会人员吸收为单位内部人员,并向其吸收资金的;

(三)向社会公开宣传,同时向不特定对象、亲友或者单位内部人员吸收资金的。

非法吸收或者变相吸收公众存款的数额,以行为人所吸收的资金全额计算。集资参与人收回本金或者获得回报后又重复投资的数额不予扣除,但可以作为量刑情节酌情考虑。

3. 高检诉〔2017〕14 号 11. 负责或从事吸收资金行为的犯罪嫌疑人非法吸收公众存款金额,根据其实际参与吸收的全部金额认定。但以下金额不应计入该犯罪嫌疑人的吸收金额:

(1)犯罪嫌疑人自身及其近亲属所投资的资金金额;

(2)记录在犯罪嫌疑人名下,但其未实际参与吸收且未从中收取任何形式好处的资金。

吸收金额经过司法会计鉴定的,可以将前述不计入部分直接扣除。但是,前述两项所涉金额仍应计入相对应的上一级负责人及所在单位的吸收金额。

12. 投资人在每期投资结束后,利用投资账户中的资金(包括每期投资结束后归还的本金、利息)进行反复投资的金额应当累计计算,但对反复投资的数额应当作出说明。对负责或从事行政管理、财务会计、技术服务等辅助工作的犯罪嫌疑人,应当按照其参与的犯罪事实,结合其在犯罪中的地位和作用,依法确定刑事责任范围。

13. 确定犯罪嫌疑人的吸收金额时,应当重点审查、运用以下证据:(1)涉案主体自身的服务器或第三方服务器上存储的交易记录等电子数据;(2)会计账簿和会计凭证;(3)银行账户交易记录、POS机支付记录;(4)资金收付凭证、书面合同等书证。仅凭投资人报案数据不能认定吸收金额。

4.《宽严相济在经济犯罪和职务犯罪案件审判中的具体贯彻》(2010年4月7日,最高人民法院刑二庭) 一、宽严相济刑事政策在经济犯罪案件审判中的具体贯彻

(二)关于政策法律界限。对于当前金融危机背景下的经济违法行为,应当根据《意见》第4条规定的"审时度势"原则、第5条规定的"两个效果相统一"原则以及第14条、第23条规定的从宽要求,审慎分析判断其社会危害性,从有利于保障经济增长、维护社会稳定的角度依法准确定罪量刑。以非法集资案件为例说明如下:一是要准确界定非法集资与民间借贷、商业交易的政策法律界限。未经社会公开宣传,在单位职工或者亲友内部针对特定对象筹集资金的,一般可以不作为非法集资。二是要准确把握非法集资罪与非罪的界限。资金主要用于生产经营及相关活动,行为人有还款意愿,能够及时清退集资款项,情节轻微,社会危害不大的,可以免予刑事处罚或者不作为犯罪处理。此外,对于"边缘案"、"踩线案"、罪与非罪界限一时难以划清的案件,要从有利于促进企业生存发展、有利于保障员工生计、有利于维护社会和谐稳定的高度,依法妥善处理,可定可不定的,原则上不按犯罪处理。特别对于涉及企业、公司法定代表人、技术人员因政策界限不明而实施的轻微违法犯罪,更要依法慎重处理。

5.《最高人民法院研究室关于认定非法吸收公众存款罪主体问题

的复函》(法研〔2001〕71号,2001年9月10日) 金融机构及其工作人员不能构成非法吸收公众存款罪的犯罪主体。对于银行或者其他金融机构工作人员以牟利为目的,采用吸收客户资金不入账并将基金用于非法拆借、发放贷款,构成犯罪,依照刑法有关规定定罪处罚。

176-7 法释〔2022〕5号第九条第一款 犯非法吸收公众存款罪,判处三年以下有期徒刑或者拘役,并处或者单处罚金的,处五万元以上一百万元以下罚金;判处三年以上十年以下有期徒刑的,并处十万元以上五百万元以下罚金;判处十年以上有期徒刑的,并处五十万元以上罚金。

176-8 法释〔2022〕5号第四条 非法吸收或者变相吸收公众存款,具有下列情形之一的,应当认定为刑法第一百七十六条规定的"数额巨大或者有其他严重情节":

(一)非法吸收或者变相吸收公众存款数额在500万元以上的;

(二)非法吸收或者变相吸收公众存款对象500人以上的;

(三)非法吸收或者变相吸收公众存款,给存款人造成直接经济损失数额在250万元以上的。

非法吸收或者变相吸收公众存款数额在250万元以上或者给存款人造成直接经济损失数额在150万元以上,同时具有本解释第三条第二款第三项情节的,应当认定为"其他严重情节"。

176-9 法释〔2022〕5号第五条 非法吸收或者变相吸收公众存款,具有下列情形之一的,应当认定为刑法第一百七十六条规定的"数额特别巨大或者有其他特别严重情节":

(一)非法吸收或者变相吸收公众存款数额在5000万元以上的;

(二)非法吸收或者变相吸收公众存款对象5000人以上的;

(三)非法吸收或者变相吸收公众存款,给存款人造成直接经济损失数额在2500万元以上的。

非法吸收或者变相吸收公众存款数额在2500万元以上或者给存款人造成直接经济损失数额在1500万元以上,同时具有本解释第三条第二款第三项情节的,应当认定为"其他特别严重情节"。

176-10 **1.** 法释〔2022〕5号第十四条 单位实施非法吸收公众存款、集资诈骗犯罪的,依照本解释规定的相应自然人犯罪的定罪量刑标准,对单位判处罚金,并对其直接负责的主管人员和其他直接责任人员定罪处罚。

2. 高检会〔2019〕2号 二、关于单位犯罪的认定问题

单位实施非法集资犯罪活动,全部或者大部分违法所得归单位所

有的,应当认定为单位犯罪。

个人为进行非法集资犯罪活动而设立的单位实施犯罪的,或者单位设立后,以实施非法集资犯罪活动为主要活动的,不以单位犯罪论处,对单位中组织、策划、实施非法集资犯罪活动的人员应当以自然人犯罪依法追究刑事责任。

判断单位是否以实施非法集资犯罪活动为主要活动,应当根据单位实施非法集资的次数、频度、持续时间、资金规模、资金流向、投入人力物力情况、单位进行正当经营的状况以及犯罪活动的影响、后果等因素综合考虑认定。

三、关于涉案下属单位的处理问题

办理非法集资刑事案件中,人民法院、人民检察院、公安机关应当全面查清涉案单位,包括上级单位(总公司、母公司)和下属单位(分公司、子公司)的主体资格、层级、关系、地位、作用、资金流向等,区分情况依法作出处理。

上级单位已被认定为单位犯罪,下属单位实施非法集资犯罪活动,且全部或者大部分违法所得归下属单位所有的,对该下属单位也应当认定为单位犯罪。上级单位和下属单位构成共同犯罪的,应当根据犯罪单位的地位、作用,确定犯罪单位的刑事责任。

上级单位已被认定为单位犯罪,下属单位实施非法集资犯罪活动,但全部或者大部分违法所得归上级单位所有的,对下属单位不单独认定为单位犯罪。下属单位中涉嫌犯罪的人员,可以作为上级单位的其他直接责任人员依法追究刑事责任。

上级单位未被认定为单位犯罪,下属单位被认定为单位犯罪的,对上级单位中组织、策划、实施非法集资犯罪的人员,一般可以与下属单位按照自然人与单位共同犯罪处理。

上级单位与下属单位均未被认定为单位犯罪的,一般以上级单位与下属单位中承担组织、领导、管理、协调职责的主管人员和发挥主要作用的人员作为主犯,以其他积极参加非法集资犯罪的人员作为从犯,按照自然人共同犯罪处理。

176-11　法释〔2022〕5号第六条　非法吸收或者变相吸收公众存款的数额,以行为人所吸收的资金全额计算。在提起公诉前积极退赃退赔,减少损害结果发生的,可以从轻或者减轻处罚;在提起公诉后退赃退赔的,可以作为量刑情节酌情考虑。

非法吸收或者变相吸收公众存款,主要用于正常的生产经营活动,能够在提起公诉前清退所吸收资金,可以免予刑事处罚;情节显著轻微危害不大的,不作为犯罪处理。

对依法不需要追究刑事责任或者免予刑事处罚的,应当依法将案件移送有关行政机关。

理解与适用:1."案发前后已归还的资金"是否在非法吸收存款的数额计算中扣除,经研究,非法吸收存款罪不属于占有型犯罪,也不属于结果犯,将已归还数额计入犯罪数额可以更为全面客观地反映非法吸收公众存款的资金规模,更准确地判断其社会危害性的程度。至于打击面的控制,可以通过本条第四款的规定来解决。2. 非法吸收公众存款罪的社会危害性主要体现在不能归还所吸收资金及由此引发的社会稳定问题,而不在于吸收公众资金的数额,故本解释对这一从宽情节不设定数额限制。

第一百七十七条[1] **【伪造、变造金融票证罪】**有下列情形之一,伪造、变造[2] 金融票证的,[3] 处五年以下有期徒刑或者拘役,并处或者单处二万元以上二十万元以下罚金;情节严重[4] 的,处五年以上十年以下有期徒刑,并处五万元以上五十万元以下罚金;情节特别严重[5] 的,处十年以上有期徒刑或者无期徒刑,并处五万元以上五十万元以下罚金[*]或者没收财产:

(一)伪造、变造汇票、本票、支票的;

(二)伪造、变造委托收款凭证、汇款凭证、银行存单等其他银行结算凭证的;

(三)伪造、变造信用证或者附随的单据、文件的;

(四)伪造[6] 信用卡的。

单位犯前款罪的,对单位判处罚金,并对其直接负责的主管人员和其他直接责任人员,依照前款的规定处罚。

177-1 《最高人民法院、最高人民检察院关于办理妨害信用卡管理刑事案件具体应用法律若干问题的解释》(法释〔2018〕19 号,2018 年 12 月 1 日)

177-2 **1.**《最高人民法院研究室关于对贩卖假金融票证行为如何

---

* 1997 年刑法基本沿用了 1995 年 6 月《全国人大常委会关于惩治破坏金融秩序犯罪的决定》的内容,但在本段"没收财产"之前增加规定了"五万元以上五十万元以下罚金"的附加财产刑和幅度,以便更好地体现罪刑相适应原则。

适用法律问题的复函》(法研〔2002〕21号,2002年2月1日)　明知是伪造、变造的金融票证而贩卖,或者明知他人实施金融诈骗行为而为其提供伪造、变造的金融票证的,以伪造、变造金融票证罪或者金融诈骗犯罪的共犯论处。

2.《最高人民检察院法律政策研究室关于对居间贩卖假金融票证行为如何认定问题的意见》(2001年12月27日)　对居间贩卖假金融票证的行为,首先应当考虑行为是否构成伪造、变造金融票证或者金融诈骗罪的共犯……

177-3　《立案标准(二)》第二十四条　伪造、变造金融票证,涉嫌下列情形之一的,应予立案追诉:

(一)伪造、变造汇票、本票、支票,或者伪造、变造委托收款凭证、汇款凭证、银行存单等其他银行结算凭证,或者伪造、变造信用证或者附随的单据、文件,总面额在一万元以上或者数量在十张以上的;

(二)伪造信用卡一张以上,或者伪造空白信用卡十张以上的。

177-4　法释〔2018〕19号第一条第三款　伪造信用卡,有下列情形之一的,应当认定为刑法第一百七十七条规定的"情节严重":

(一)伪造信用卡五张以上不满二十五张的;

(二)伪造的信用卡内存款余额、透支额度单独或者合计数额在二十万元以上不满一百万元的;

(三)伪造空白信用卡五十张以上不满二百五十张的;

(四)其他情节严重的情形。

法释〔2018〕19号第一条第五款　本条所称"信用卡内存款余额、透支额度",以信用卡被伪造后发卡行记录的最高存款余额、可透支额度计算。

理解与适用:由于被伪造信用卡的持卡人或持伪卡的人可能取现或者消费,卡内存款余额、透支额度处于变动之中,为了从严惩处此类犯罪,按最高存款余额、可透支额度计算信用卡内存款余额、透支额度。

177-5　法释〔2018〕19号第一条第四款　伪造信用卡,有下列情形之一的,应当认定为刑法第一百七十七条规定的"情节特别严重":

(一)伪造信用卡二十五张以上的;

(二)伪造的信用卡内存款余额、透支额度单独或者合计数额在一百万元以上的;

(三)伪造空白信用卡二百五十张以上的;

(四)其他情节特别严重的情形。

177-6 法释〔2018〕19号第一条 复制他人信用卡、将他人信用卡信息资料写入磁条介质、芯片或者以其他方法伪造信用卡一张以上的,应当认定为刑法第一百七十七条第一款第四项规定的"伪造信用卡",以伪造金融票证罪定罪处罚。

伪造空白信用卡十张以上的,应当认定为刑法第一百七十七条第一款第四项规定的"伪造信用卡",以伪造金融票证罪定罪处罚。

理解与适用:1. 伪造信用卡可以通过多次写卡而形成不同信用卡,伪造一张信用卡即具有严重的社会危害性。2. 由于本法第一百七十七条之一规定了明知是伪造的空白信用卡而持有、运输的行为构成犯罪,而本法第一百七十七条并未规定伪造空白的信用卡是否构成犯罪,故本解释将伪造空白的信用卡也规定为犯罪,以便与本法第一百七十七条之一的规定相协调,另伪造空白的信用卡是整个伪造信用卡过程中的重要一环,故将该行为规定为犯罪,但考虑到伪造空白信用卡行为的社会危害性略小于伪造信用卡行为,故规定了10张的数量标准。

第一百七十七条之一 **(刑五)【妨害信用卡管理罪】**有下列情形之一,妨害信用卡管理的,[1] 处三年以下有期徒刑或者拘役,并处或者单处一万元以上十万元以下罚金;数量巨大[2] 或者有其他严重情节的,处三年以上十年以下有期徒刑,并处二万元以上十万元以下罚金。

(一)明知是伪造的信用卡而持有、运输的,或者明知是伪造的空白信用卡而持有、运输,数量较大[3] 的;

(二)非法持有[4] 他人信用卡,数量较大[5] 的;

(三)使用虚假的身份证明[6] 骗领信用卡的;

(四)出售、购买、为他人提供伪造的信用卡或者以虚假的身份证明骗领信用卡的。

【窃取、收买、非法提供信用卡信息罪】窃取、收买或者非法提供他人信用卡信息资料[7] 的,依照前款规定处罚。

银行或者其他金融机构的工作人员利用职务上的便利,犯第二款罪的,从重处罚。

177A-1 《立案标准(二)》第二十五条　妨害信用卡管理,涉嫌下列情形之一的,应予立案追诉:

(一)明知是伪造的信用卡而持有、运输的;

(二)明知是伪造的空白信用卡而持有、运输,数量累计在十张以上的;

(三)非法持有他人信用卡,数量累计在五张以上的;

(四)使用虚假的身份证明骗领信用卡的;

(五)出售、购买、为他人提供伪造的信用卡或者以虚假的身份证明骗领的信用卡的。

违背他人意愿,使用其居民身份证、军官证、士兵证、港澳居民往来内地通行证、台湾居民来往大陆通行证、护照等身份证明申领信用卡的,或者使用伪造、变造的身份证明申领信用卡的,应当认定为"使用虚假的身份证明骗领信用卡"。

177A-2 《最高人民法院、最高人民检察院关于办理妨害信用卡管理刑事案件具体应用法律若干问题的解释》(法释〔2018〕19号,2018年12月1日)第二条第二款　有下列情形之一的,应当认定为刑法第一百七十七条之一第一款规定的"数量巨大":*

(一)明知是伪造的信用卡而持有、运输十张以上的;

(二)明知是伪造的空白信用卡而持有、运输一百张以上的;

(三)非法持有他人信用卡五十张以上的;

(四)使用虚假的身份证明骗领信用卡十张以上的;

(五)出售、购买、为他人提供伪造的信用卡或者以虚假的身份证明骗领的信用卡十张以上的。

177A-3 法释〔2018〕19号第二条第一款　明知是伪造的空白信用卡而持有、运输十张以上不满一百张的,应当认定为刑法第一百七十七条之一第一款第一项规定的"数量较大"……

177A-4 《最高人民法院、最高人民检察院、公安部关于办理电信网络诈骗等刑事案件适用法律若干问题的意见(二)》(法发〔2021〕22号,2021年6月17日)　四、无正当理由持有他人的单位结算卡的,属于刑法第一百七十七条之一第一款第(二)项规定的"非法持有他人信用卡"。

---

* 以起刑点的10倍为标准。

177A-5　法释〔2018〕19号第二条第一款　非法持有他人信用卡五张以上不满五十张的,应当认定为刑法第一百七十七条之一第一款第二项规定的“数量较大”。

177A-6　**1.** 法释〔2018〕19号第二条第三款　违背他人意愿,使用其居民身份证、军官证、士兵证、港澳居民往来内地通行证、台湾居民来往大陆通行证、护照等身份证明申领信用卡的,或者使用伪造、变造的身份证明申领信用卡的,应当认定为刑法第一百七十七条之一第一款第三项规定的“使用虚假的身份证明骗领信用卡”。

理解与适用:1. 申请信用卡通常需要提交身份证明和资信证明,本款针对的是身份证明,而非资信证明。2. 本款从实质角度强调了“违背他人意愿”,这样的限制性条件,既可以防止不合理地扩大打击面,又更符合实际情况,便于操作。

2.《公安部经济犯罪侦查局关于对以虚假的工作单位证明及收入证明骗领信用卡是否可以认定为妨害信用卡管理罪请示的批复》(公经金融〔2008〕107号,2008年7月1日)　经研究,并征求人民银行意见,以虚假的工作单位证明及收入证明骗领信用卡不能认定为妨害信用卡管理罪。

177A-7　法释〔2018〕19号第三条　窃取、收买、非法提供他人信用卡信息资料,足以伪造可进行交易的信用卡(*有磁交易*),或者足以使他人以信用卡持卡人名义进行交易(*无磁交易*),涉及信用卡一张以上不满五张的,依照刑法第一百七十七条之一第二款的规定,以窃取、收买、非法提供信用卡信息罪定罪处罚;涉及信用卡五张以上的,应当认定为刑法第一百七十七条之一第一款规定的“数量巨大”。

第一百七十八条　【伪造、变造国家有价证券罪】伪造、变造国库券或者国家发行的其他有价证券,数额较大的,[1] 处三年以下有期徒刑或者拘役,并处或者单处二万元以上二十万元以下罚金;数额巨大的,处三年以上十年以下有期徒刑,并处五万元以上五十万元以下罚金;数额特别巨大的,处十年以上有期徒刑或者无期徒刑,并处五万元以上五十万元以下罚金或者没收财产。

【伪造、变造股票、公司、企业债券罪】伪造、变造股票或者公司、企业债券,数额较大的,[2] 处三年以下有期徒刑或者拘役,并处或者单处一万元以上十万元以下罚金；数额巨大的，处三年以上十年以下有期徒刑，并处二万元以上二十万元以下罚金。

单位犯前两款罪的，对单位判处罚金，并对其直接负责的主管人员和其他直接责任人员，依照前两款的规定处罚。

178-1 《立案标准(二)》第二十七条　伪造、变造国库券或者国家发行的其他有价证券，总面额在二千元以上的，应予立案追诉。

178-2 《立案标准(二)》第二十八条　伪造、变造股票或者公司、企业债券，总面额在三万元以上的，应予立案追诉。

第一百七十九条　【擅自发行股票、公司、企业债券罪】未经国家有关主管部门批准，擅自发行股票或者公司、企业债券，数额巨大、后果严重或者有其他严重情节的，[1] 处五年以下有期徒刑或者拘役，并处或者单处非法募集资金金额百分之一以上百分之五以下罚金。

单位犯前款罪的，对单位判处罚金，并对其直接负责的主管人员和其他直接责任人员，处五年以下有期徒刑或者拘役。

179-1 《立案标准(二)》第二十九条　未经国家有关主管部门批准或者注册，擅自发行股票或者公司、企业债券，涉嫌下列情形之一的，应予立案追诉：

(一)非法募集资金金额在一百万元以上的；

(二)造成投资者直接经济损失数额累计在五十万元以上的；

(三)募集的资金全部或者主要用于违法犯罪活动的；

(四)其他后果严重或者有其他严重情节的情形。

本条规定的"擅自发行股票或者公司、企业债券"，是指向社会不特定对象发行、以转让股权等方式变相发行股票或者公司、企业债券，或者向特定对象发行、变相发行股票或者公司、企业债券累计超过二百人的行为。

第一百八十条[1]　(1999 年修正案、刑七)【内幕交易、泄露内幕信息罪】证券、期货交易内幕信息的知情人员或者非法获取[2] 证券、期货交易内幕信息的人员，在涉及证券的发行，证券、期货交易或者其他对证券、期货交易价格有重大影响的信息尚未公开[3] 前，买入或者卖出该证券,或者从事与该内幕信息有关的期货交易,或者泄露该信息,或者明示、暗示他人从事上述交易活动[4],*情节严重的[5],处五年以下有期徒刑或者拘役,并处或者单处违法所得[6]一倍以上五倍以下罚金;情节特别严重的[7],处五年以上十年以下有期徒刑,并处违法所得一倍以上五倍以下罚金。

单位[8]犯前款罪的,对单位判处罚金,并对其直接负责的主管人员和其他直接责任人员,处五年以下有期徒刑或者拘役。

内幕信息[9]、知情人员[10]**的范围,依照法律、行政法规的规定确定。

(刑七)【利用未公开信息交易罪】[11]证券交易所、期货交易所、证券公司、期货经纪公司、基金管理公司、商业银行、保险公司等金融机构的从业人员以及有关监管部门或者行业协会的工作人员,利用因职务便利获取的内幕信息以外的其他未公开的信息[12],违反规定[13],从事与该信息相关的证券、期货交易活动,或者明示、暗示他人从事相关交易活动[14],情节严重[15]的,依照第一款的规定[16]处罚。

180-1 1.《证券法》***第五十条 禁止证券交易内幕信息的知情人和非法获取内幕信息的人利用****内幕信息从事证券交易活动。

2.《最高人民法院、最高人民检察院关于办理内幕交易、泄露内幕信息刑事案件具体应用法律若干问题的解释》(法释〔2012〕6号,2012年6月1日)

3.《最高人民法院、最高人民检察院、公安部、中国证监会关于办理证券期货违法犯罪案件工作若干问题的意见》(证监发〔2011〕30号,2011年4月27日) 十、涉嫌证券期货犯罪的第一审案件,由中级人

---

* 《刑法修正案(七)》新增。

** 1.修正前内幕信息和知情人员分两款规定,现合为一款。2.发行人(上市公司)的控股股东、实际控制人控制的其他公司的董事、监事、高级管理人员不是法定的内幕信息的知情人员。

*** 《证券法》(1999年7月1日实施,2005年10月27日第一次修订,2019年12月28日第二次修订)。

**** 证券法规定的内幕交易行为明确规定了"利用"内幕信息这一要求,但刑法只是将"内幕信息敏感期"作为构成要件,而并未将内幕信息的"利用"行为明确规定为构成要件。

民法院管辖,同级人民检察院负责提起公诉,地(市)级以上公安机关负责立案侦查。

4.《最高人民法院关于审理证券行政处罚案件证据若干问题的座谈会纪要》(法〔2011〕225号,2011年7月13日)

180-2 法释〔2012〕6号第二条 具有下列行为的人员应当认定为刑法第一百八十条第一款规定的“非法获取证券、期货交易内幕信息的人员”:

(一)利用窃取、骗取、套取、窃听、利诱、刺探或者私下交易等手段获取内幕信息的;

(二)内幕信息知情人员的近亲属或者其他与内幕信息知情人员关系密切的人员,在内幕信息敏感期内,从事或者明示、暗示他人从事,或者泄露内幕信息导致他人从事与该内幕信息有关的证券、期货交易,相关交易行为明显异常,且无正当理由或者正当信息来源的;

(三)在内幕信息敏感期内,与内幕信息知情人员*联络、接触,从事或者明示、暗示他人从事,或者泄露内幕信息导致他人从事与该内幕信息有关的证券、期货交易,相关交易行为明显异常,且无正当理由或者正当信息来源的。

180-3 法释〔2012〕6号第五条 本解释所称“内幕信息敏感期”是指内幕信息自形成至公开的期间。

证券法第六十七条第二款所列“重大事件”的发生时间,第七十五条规定的“计划”、“方案”以及期货交易管理条例第八十五条第十一项规定的“政策”、“决定”等的形成时间,应当认定为内幕信息的形成之时。

影响内幕信息形成的动议、筹划、决策或者执行人员,其动议、筹划、决策或者执行初始时间,应当认定为内幕信息的形成之时。

内幕信息的公开,是指内幕信息在国务院证券、期货监督管理机构指定的报刊、网站等媒体披露。

理解与适用:内幕信息敏感期的第一种情形是一般情形,而第二种情形是特殊情况,从而将内幕信息的形成时间提前,避免放纵犯罪。

---

* 证券法中的内幕交易行为的主体范围只包括合法的内幕信息知情人员,不包括非法获取内幕信息的知情人员。

180-4 **1.** 法释〔2012〕6号第三条 本解释第二条第二项、第三项规定的“相关交易行为明显异常”,要综合以下情形,从时间吻合程度、交易背离程度和利益关联程度等方面予以认定:

(一)开户、销户、激活资金账户或者指定交易(托管)、撤销指定交易(转托管)的时间与该内幕信息形成、变化、公开时间基本一致的;

(二)资金变化与该内幕信息形成、变化、公开时间基本一致的;

(三)买入或者卖出与内幕信息有关的证券、期货合约时间与内幕信息的形成、变化和公开时间基本一致的;

(四)买入或者卖出与内幕信息有关的证券、期货合约时间与获悉内幕信息的时间基本一致的;

(五)买入或者卖出证券、期货合约行为明显与平时交易习惯不同的;

(六)买入或者卖出证券、期货合约行为,或者集中持有证券、期货合约行为与该证券、期货公开信息反映的基本面明显背离的;

(七)账户交易资金进出与该内幕信息知情人员或者非法获取人员有关联或者利害关系的;

(八)其他交易行为明显异常情形。

法释〔2012〕6号第四条 具有下列情形之一的,不属于刑法第一百八十条第一款规定的从事与内幕信息有关的证券、期货交易:

(一)持有或者通过协议、其他安排与他人共同持有上市公司百分之五以上股份的自然人、法人或者其他组织收购该上市公司股份的;

(二)按照事先订立的书面合同、指令、计划从事相关证券、期货交易的;

(三)依据已被他人披露的信息而交易的;

(四)交易具有其他正当理由或者正当信息来源的。

2.《最高人民法院关于审理证券行政处罚案件证据若干问题的座谈会纪要》(法〔2011〕225号,2011年7月13日) 五、关于内幕交易行为的认定问题

会议认为,监管机构提供的证据能够证明以下情形之一,且被处罚人不能作出合理说明或者提供证据排除其存在利用内幕信息从事相关证券交易活动的,人民法院可以确认被诉处罚决定认定的内幕交易行为成立:(一)证券法第五十一条规定的证券交易内幕信息知情人,进行了与该内幕信息有关的证券交易活动;(二)证券法第五十一条规定的内幕信息知情人的配偶、父母、子女以及其他有密切关系

的人,其证券交易活动与该内幕信息基本吻合;(三)因履行工作职责知悉上述内幕信息并进行了与该信息有关的证券交易活动;(四)非法获取内幕信息,并进行了与该内幕信息有关的证券交易活动;(五)内幕信息公开前与内幕信息知情人或知晓该内幕信息的人联络、接触,其证券交易活动与内幕信息高度吻合。

180-5　《立案标准(二)》第三十条　证券、期货交易内幕信息的知情人员、单位或者非法获取证券、期货交易内幕信息的人员、单位,在涉及证券的发行,证券、期货交易或者其他对证券、期货交易价格有重大影响的信息尚未公开前,买入或者卖出该证券,或者从事与该内幕信息有关的期货交易,或者泄露该信息,或者明示、暗示他人从事上述交易活动,涉嫌下列情形之一的,应予立案追诉:

(一)获利或者避免损失数额在五十万元以上的;

(二)证券交易成交额在二百万元以上的;

(三)期货交易占用保证金数额在一百万元以上的;

(四)二年内三次以上实施内幕交易、泄露内幕信息行为的;

(五)明示、暗示三人以上从事与内幕信息相关的证券、期货交易活动的;

(六)具有其他严重情节的。

内幕交易获利或者避免损失数额在二十五万元以上,或者证券交易成交额在一百万元以上,或者期货交易占用保证金数额在五十万元以上,同时涉嫌下列情形之一的,应予立案追诉:

(一)证券法规定的证券交易内幕信息的知情人实施或者与他人共同实施内幕交易行为的;

(二)以出售或者变相出售内幕信息等方式,明示、暗示他人从事与该内幕信息相关的交易活动的;

(三)因证券、期货犯罪行为受过刑事追究的;

(四)二年内因证券、期货违法行为受过行政处罚的;

(五)造成其他严重后果的。

180-6　法释〔2012〕6号第九条　同一案件中,成交额、占用保证金额、获利或者避免损失额分别构成情节严重、情节特别严重的,按照处罚较重的数额定罪处罚。

构成共同犯罪的,按照共同犯罪行为人的成交总额、占用保证金总额、获利或者避免损失总额定罪处罚,但判处各被告人罚金的总额应掌握在获利或者避免损失总额的一倍以上五倍以下。

法释〔2012〕6号第十条 刑法第一百八十条第一款规定的"违法所得",是指通过内幕交易行为所获利益或者避免的损失。

内幕信息的泄露人员或者内幕交易的明示、暗示人员未实际从事内幕交易的,其罚金数额按照因泄露而获悉内幕信息人员或者被明示、暗示人员从事内幕交易的违法所得计算。

理解与适用:"违法所得"是指因直接从事内幕交易的所得,还是指向他人故意泄露内幕信息而获取的报酬,该问题亟须明确。该可能是立法者的疏漏,但也可以理解为一种立法技术。向关系密切的人故意泄露内幕信息,很可能并不需要报酬。故将"违法所得"理解为泄露内幕信息行为,明示、暗示行为的报酬,与立法原意不符。

180-7 法释〔2012〕6号第七条 在内幕信息敏感期内从事或者明示、暗示他人从事或者泄露内幕信息导致他人从事与该内幕信息有关的证券、期货交易,具有下列情形之一的,应当认定为刑法第一百八十条第一款规定的"情节特别严重":

(一)证券交易成交额在二百五十万元以上的;

(二)期货交易占用保证金数额在一百五十万元以上的;

(三)获利或者避免损失数额在七十五万元以上的;

(四)具有其他特别严重情节的。

180-8 法释〔2012〕6号第十一条 单位实施刑法第一百八十条第一款规定的行为,具有本解释第六条规定情形之一的,按照刑法第一百八十条第二款的规定定罪处罚。

180-9 《证券法》第五十二条 证券交易活动中,涉及发行人的经营、财务或者对该发行人证券的市场价格有重大影响的尚未公开的信息,为内幕信息。

本法第八十条第二款、第八十一条第二款所列重大事件属于内幕信息。

《证券法》第八十条 发生可能对上市公司、股票在国务院批准的其他全国性证券交易场所交易的公司的股票交易价格产生较大影响的重大事件,投资者尚未得知时,公司应当立即将有关该重大事件的情况向国务院证券监督管理机构和证券交易场所报送临时报告,并予公告,说明事件的起因、目前的状态和可能产生的法律后果。

前款所称重大事件包括:

(一)公司的经营方针和经营范围的重大变化;

(二)公司的重大投资行为,公司在一年内购买、出售重大资产超过公司资产总额百分之三十，或者公司营业用主要资产的抵押、质押、出售或者报废一次超过该资产的百分之三十；

（三）公司订立重要合同、提供重大担保或者从事关联交易，可能对公司的资产、负债、权益和经营成果产生重要影响；

（四）公司发生重大债务和未能清偿到期重大债务的违约情况；

（五）公司发生重大亏损或者重大损失；

（六）公司生产经营的外部条件发生的重大变化；

（七）公司的董事、三分之一以上监事或者经理发生变动，董事长或者经理无法履行职责；

（八）持有公司百分之五以上股份的股东或者实际控制人持有股份或者控制公司的情况发生较大变化，公司的实际控制人及其控制的其他企业从事与公司相同或者相似业务的情况发生较大变化；

（九）公司分配股利、增资的计划，公司股权结构的重要变化，公司减资、合并、分立、解散及申请破产的决定，或者依法进入破产程序、被责令关闭；

（十）涉及公司的重大诉讼、仲裁，股东大会、董事会决议被依法撤销或者宣告无效；

（十一）公司涉嫌犯罪被依法立案调查，公司的控股股东、实际控制人、董事、监事、高级管理人员涉嫌犯罪被依法采取强制措施；

（十二）国务院证券监督管理机构规定的其他事项。

公司的控股股东或者实际控制人对重大事件的发生、进展产生较大影响的，应当及时将其知悉的有关情况书面告知公司，并配合公司履行信息披露义务。

《证券法》第八十一条　发生可能对上市交易公司债券的交易价格产生较大影响的重大事件，投资者尚未得知时，公司应当立即将有关该重大事件的情况向国务院证券监督管理机构和证券交易场所报送临时报告，并予公告，说明事件的起因、目前的状态和可能产生的法律后果。

前款所称重大事件包括：

（一）公司股权结构或者生产经营状况发生重大变化；

（二）公司债券信用评级发生变化；

（三）公司重大资产抵押、质押、出售、转让、报废；

（四）公司发生未能清偿到期债务的情况；

（五）公司新增借款或者对外提供担保超过上年末净资产的百分

之二十;

(六)公司放弃债权或者财产超过上年末净资产的百分之十;

(七)公司发生超过上年末净资产百分之十的重大损失;

(八)公司分配股利,作出减资、合并、分立、解散及申请破产的决定,或者依法进入破产程序、被责令关闭;

(九)涉及公司的重大诉讼、仲裁;

(十)公司涉嫌犯罪被依法立案调查,公司的控股股东、实际控制人、董事、监事、高级管理人员涉嫌犯罪被依法采取强制措施;

(十一)国务院证券监督管理机构规定的其他事项。

180-10 **1.** 法释〔2012〕6号第一条 下列人员应当认定为刑法第一百八十条第一款规定的"证券、期货交易内幕信息的知情人员":

(一)证券法第七十四条*规定的人员;

(二)期货交易管理条例第八十五条第十二项规定的人员。

2.《证券法》第五十一条 证券交易内幕信息的知情人包括:

(一)发行人及其董事、监事、高级管理人员;

(二)持有公司百分之五以上股份的股东及其董事、监事、高级管理人员,公司的实际控制人及其董事、监事、高级管理人员;

(三)发行人控股或者实际控制的公司及其董事、监事、高级管理人员;

(四)由于所任公司职务或者因与公司业务往来可以获取公司有关内幕信息的人员;

(五)上市公司收购人或者重大资产交易方及其控股股东、实际控制人、董事、监事和高级管理人员;

(六)因职务、工作可以获取内幕信息的证券交易场所、证券公司、证券登记结算机构、证券服务机构的有关人员;

(七)因职责、工作可以获取内幕信息的证券监督管理机构工作人员;

(八)因法定职责对证券的发行、交易或者对上市公司及其收购、重大资产交易进行管理可以获取内幕信息的有关主管部门、监管机构的工作人员;

(九)国务院证券监督管理机构规定的可以获取内幕信息的其他

---

* 现为《证券法》第五十一条。

人员。

3.《期货交易管理条例》第八十一条第十二项　内幕信息的知情人员，是指由于其管理地位、监督地位或者职业地位，或者作为雇员、专业顾问履行职务，能够接触或者获得内幕信息的人员，包括：期货交易所的管理人员以及其他由于任职可获取内幕信息的从业人员，国务院期货监督管理机构和其他有关部门的工作人员以及国务院期货监督管理机构规定的其他人员。

180-11　《最高人民法院、最高人民检察院关于办理利用未公开信息交易刑事案件适用法律若干问题的解释》(法释〔2019〕10号，2019年7月1日)

180-12　法释〔2019〕10号第一条　刑法第一百八十条第四款规定的"内幕信息以外的其他未公开的信息"，包括下列信息：

(一)证券、期货的投资决策、交易执行信息；

(二)证券持仓数量及变化、资金数量及变化、交易动向信息；

(三)其他可能影响证券、期货交易活动的信息。

法释〔2019〕10号第二条　内幕信息以外的其他未公开的信息难以认定的，司法机关可以在有关行政主(监)管部门的认定意见的基础上，根据案件事实和法律规定作出认定。

180-13　法释〔2019〕10号第三条　刑法第一百八十条第四款规定的"违反规定"，是指违反法律、行政法规、部门规章、全国性行业规范有关证券、期货未公开信息保护的规定，以及行为人所在的金融机构有关信息保密、禁止交易、禁止利益输送等规定。

180-14　**1.** 法释〔2019〕10号第四条　刑法第一百八十条第四款规定的行为人"明示、暗示他人从事相关交易活动"，应当综合以下方面进行认定：

(一)行为人具有获取未公开信息的职务便利；

(二)行为人获取未公开信息的初始时间与他人从事相关交易活动的初始时间具有关联性；

(三)行为人与他人之间具有亲友关系、利益关联、交易终端关联等关联关系；

(四)他人从事相关交易的证券、期货品种、交易时间与未公开信息所涉证券、期货品种、交易时间等方面基本一致；

(五)他人从事的相关交易活动明显不具有符合交易习惯、专业判断等正当理由；

(六)行为人对明示、暗示他人从事相关交易活动没有合理解释。

2. 王鹏等人利用未公开信息交易案(检例第65号)

要旨 具有获取未公开信息职务便利条件的金融机构从业人员及其近亲属从事相关证券交易行为明显异常,且与未公开信息相关交易高度趋同,即使其拒不供述未公开信息传递过程等犯罪事实,但其他证据之间相互印证,能够形成证明利用未公开信息犯罪的完整证明体系,足以排除其他可能的,可以依法认定犯罪事实。

180-15 《立案标准(二)》第三十一条 证券交易所、期货交易所、证券公司、期货公司、基金管理公司、商业银行、保险公司等金融机构的从业人员以及有关监管部门或者行业协会的工作人员,利用因职务便利获取的内幕信息以外的其他未公开的信息,违反规定,从事与该信息相关的证券、期货交易活动,或者明示、暗示他人从事相关交易活动,涉嫌下列情形之一的,应予立案追诉:

(一)获利或者避免损失数额在一百万元以上的;

(二)二年内三次以上利用未公开信息交易的;

(三)明示、暗示三人以上从事相关交易活动的;

(四)具有其他严重情节的。

利用未公开信息交易,获利或者避免损失数额在五十万元以上,或者证券交易成交额在五百万元以上,或者期货交易占用保证金数额在一百万元以上,同时涉嫌下列情形之一的,应予立案追诉:

(一)以出售或者变相出售未公开信息等方式,明示、暗示他人从事相关交易活动的;

(二)因证券、期货犯罪行为受过刑事追究的;

(三)二年内因证券、期货违法行为受过行政处罚的;

(四)造成其他严重后果的。

180-16 **1.** 法释〔2019〕10号第七条 刑法第一百八十条第四款规定的“依照第一款的规定处罚”,包括该条第一款关于“情节特别严重”的规定。

利用未公开信息交易,违法所得数额在一千万元以上的,应当认定为“情节特别严重”。

违法所得数额在五百万元以上,或者证券交易成交额在五千万元以上,或者期货交易占用保证金数额在一千万元以上,具有本解释第六条规定的四种情形之一的,应当认定为“情节特别严重”。

2. 马乐利用未公开信息交易案(指导性案例61号)

裁判理由　法院生效裁判认为:本案争议的焦点在于如何正确理解刑法第一百八十条第四款对于第一款的援引以及如何把握利用未公开信息交易罪"情节特别严重"的认定标准。

一、对刑法第一百八十条第四款援引第一款量刑情节的理解和把握

对于刑法第一百八十条第四款中"情节严重的,依照第一款的规定处罚"应如何理解,在司法实践中存在不同的认识。一种观点认为,第四款中只规定了"情节严重"的情形,而未规定"情节特别严重"的情形,因此,这里的"情节严重的,依照第一款的规定处罚"只能是依照第一款中"情节严重"的量刑档次予以处罚;另一种观点认为,第四款中的"情节严重"只是入罪条款,即达到了情节严重以上的情形,依据第一款的规定处罚。至于具体处罚,应看符合第一款中的"情节严重"还是"情节特别严重"的情形,分别情况依法判处。情节严重的,"处五年以下有期徒刑",情节特别严重的,"处五年以上十年以下有期徒刑"。

最高人民法院认为,刑法第一百八十条第四款援引法定刑的情形,应当是对第一款全部法定刑的引用,即利用未公开信息交易罪应有"情节严重""情节特别严重"两种情形和两个量刑档次。这样理解的具体理由如下:

(一)符合刑法的立法目的。由于我国基金、证券、期货等领域中,利用未公开信息交易行为比较多发,行为人利用公众投入的巨额资金作后盾,以提前买入或者提前卖出的手段获得巨额非法利益,将风险与损失转嫁到其他投资者,不仅对其任职单位的财产利益造成损害,而且严重破坏了公开、公正、公平的证券市场原则,严重损害客户投资者或处于信息弱势的散户利益,严重损害金融行业信誉,影响投资者对金融机构的信任,进而对资产管理和基金、证券、期货市场的健康发展产生严重影响。为此,《中华人民共和国刑法修正案(七)》新增利用未公开信息交易罪,并将该罪与内幕交易、泄露内幕信息罪规定在同一法条中,说明两罪的违法与责任程度相当。利用未公开信息交易罪也应当适用"情节特别严重"。

(二)符合法条的文意。首先,刑法第一百八十条第四款中的"情节严重"是入罪条款。《最高人民检察院、公安部关于公安机关管辖的

刑事案件立案追诉标准的规定(二)》,对利用未公开信息交易罪规定了追诉的情节标准,说明该罪需达到“情节严重”才能被追诉。利用未公开信息交易罪属情节犯,立法要明确其情节犯属性,就必须借助“情节严重”的表述,以避免“情节不严重”的行为入罪。其次,该款中“情节严重”并不兼具量刑条款的性质。刑法条文中大量存在“情节严重”兼具定罪条款及量刑条款性质的情形,但无一例外均在其后列明了具体的法定刑。刑法第一百八十条第四款中“情节严重”之后,并未列明具体的法定刑,而是参照内幕交易、泄露内幕信息罪的法定刑。因此,本款中的“情节严重”仅具有定罪条款的性质,而不具有量刑条款的性质。

(三)符合援引法定刑立法技术的理解。援引法定刑是指对某一犯罪并不规定独立的法定刑,而是援引其他犯罪的法定刑作为该犯罪的法定刑。刑法第一百八十条第四款援引法定刑的目的是避免法条文字表述重复,并不属于法律规定不明确的情形。

综上,刑法第一百八十条第四款虽然没有明确表述“情节特别严重”,但是根据本条款设立的立法目的、法条文意及立法技术,应当包含“情节特别严重”的情形和量刑档次。

第一百八十一条　(1999年修正案)【编造并传播证券、期货交易虚假信息罪】编造并且传播影响证券、期货交易的虚假信息,扰乱证券、期货交易市场,造成严重后果的,[1] 处五年以下有期徒刑或者拘役,并处或者单处一万元以上十万元以下罚金。

【诱骗投资者买卖证券、期货合约罪】证券交易所、期货交易所、证券公司、期货经纪公司的从业人员,证券业协会、期货业协会或者证券期货监督管理部门的工作人员,故意提供虚假信息或者伪造、变造、销毁交易记录,诱骗投资者买卖证券、期货合约,造成严重后果的,[2] 处五年以下有期徒刑或者拘役,并处或者单处一万元以上十万元以下罚金;情节特别恶劣的,处五年以上十年以下有期徒刑,并处二万元以上二十万元以下罚金。

单位犯前两款罪的,对单位判处罚金,并对其直接负责的主管人员和其他直接责任人员,处五年以下有期徒刑或者拘役。

181-1　**1.**《证券法》第五十六条　禁止任何单位和个人编造、传播虚假信息或者误导性信息，扰乱证券市场。

禁止证券交易场所、证券公司、证券登记结算机构、证券服务机构及其从业人员，证券业协会、证券监督管理机构及其工作人员，在证券交易活动中作出虚假陈述或者信息误导。

各种传播媒介传播证券市场信息必须真实、客观，禁止误导。传播媒介及其从事证券市场信息报道的工作人员不得从事与其工作职责发生利益冲突的证券买卖。

编造、传播虚假信息或者误导性信息，扰乱证券市场，给投资者造成损失的，应当依法承担赔偿责任。

2.《立案标准(二)》第三十二条　编造并且传播影响证券、期货交易的虚假信息，扰乱证券、期货交易市场，涉嫌下列情形之一的，应予立案追诉：

(一)获利或者避免损失数额在五万元以上的；

(二)造成投资者直接经济损失数额在五十万元以上的；

(三)虽未达到上述数额标准，但多次编造并且传播影响证券、期货交易的虚假信息的；

(四)致使交易价格或者交易量异常波动的；

(五)造成其他严重后果的。

181-2　《立案标准(二)》第三十三条　证券交易所、期货交易所、证券公司、期货公司的从业人员，证券业协会、期货业协会或者证券期货监督管理部门的工作人员，故意提供虚假信息或者伪造、变造、销毁交易记录，诱骗投资者买卖证券、期货合约，涉嫌下列情形之一的，应予立案追诉：

(一)获利或者避免损失数额在五万元以上的；

(二)造成投资者直接经济损失数额在五十万元以上的；

(三)虽未达到上述数额标准，但多次诱骗投资者买卖证券、期货合约的；

(四)致使交易价格或者交易量异常波动的；

(五)造成其他严重后果的。

第一百八十二条[1]　**(1999年修正案、刑六、刑十一)【操纵证券、期货市场罪】**有下列情形之一，操纵证券、期货市场，影响证券、期货交易价格或者证券、期货交易量*,情节严重[2]的,处五年以下有期徒刑或者拘役,并处或者单处罚金;情节特别严重[3]的,处五年以上十年以下有期徒刑,并处罚金:

(一)单独或者合谋,集中资金优势、持股或者持仓优势或者利用信息优势联合或者连续买卖的;

(二)与他人串通,以事先约定的时间、价格和方式相互进行证券、期货交易的;

(三)在自己实际控制的帐户[4]之间进行证券交易,或者以自己为交易对象,自买自卖期货合约的;

(四)不以成交为目的,频繁或者大量申报买入、卖出证券、期货合约并撤销申报的;

(五)利用虚假或者不确定的重大信息,诱导投资者进行证券、期货交易的;

(六)对证券、证券发行人、期货交易标的公开作出评价、预测或者投资建议,同时进行反向证券交易或者相关期货交易的;

(七)以其他[5]方法操纵证券、期货市场的。

单位[6]犯前款罪的,对单位判处罚金,并对其直接负责的主管人员和其他直接责任人员,依照前款的规定处罚。

182-1　《最高人民法院、最高人民检察院关于办理操纵证券、期货市场刑事案件适用法律若干问题的解释》(法释〔2019〕9号,2019年7月1日)

182-2　**1.**《立案标准(二)》第三十四条　操纵证券、期货市场,影响证券、期货交易价格或者证券、期货交易量,涉嫌下列情形之一的,应予立案追诉:

(一)持有或者实际控制证券的流通股份数量达到该证券的实际流通股份总量百分之十以上,实施刑法第一百八十二条第一款第一项

---

* 本罪经历过三次修改,其中1999年刑法修正案将"操纵期货市场行为"予以犯罪化;《刑法修正案(六)》删除了本罪关于"获取不正当利益或者转嫁风险"的规定;《刑法修正案(十一)》增加了"影响证券、期货交易价格或者证券、期货交易量"的规定。第一次修改属于法律概念外延的修改,而第二次修改和第三次修改则属于法律概念内涵的修改,值得重视。

操纵证券市场行为,连续十个交易日的累计成交量达到同期该证券总成交量百分之二十以上的;*

(二)实施刑法第一百八十二条第一款第二项、第三项操纵证券市场行为,连续十个交易日的累计成交量达到同期该证券总成交量百分之二十以上的;**

(三)利用虚假或者不确定的重大信息,诱导投资者进行证券交易,行为人进行相关证券交易的成交额在一千万元以上的;

(四)对证券、证券发行人公开作出评价、预测或者投资建议,同时进行反向证券交易,证券交易成交额在一千万元以上的;

(五)通过策划、实施资产收购或者重组、投资新业务、股权转让、上市公司收购等虚假重大事项,误导投资者作出投资决策,并进行相关交易或者谋取相关利益,证券交易成交额在一千万元以上的;

(六)通过控制发行人、上市公司信息的生成或者控制信息披露的内容、时点、节奏,误导投资者作出投资决策,并进行相关交易或者谋取相关利益,证券交易成交额在一千万元以上的;

(七)实施刑法第一百八十二条第一款第一项操纵期货市场行为,实际控制的帐户合并持仓连续十个交易日的最高值超过期货交易所限仓标准的二倍,累计成交量达到同期该期货合约总成交量百分之二十以上,且期货交易占用保证金数额在五百万元以上的;

(八)通过囤积现货,影响特定期货品种市场行情,并进行相关期货交易,实际控制的帐户合并持仓连续十个交易日的最高值超过

---

* 《最高人民检察院、公安部关于公安机关管辖的刑事案件立案追诉标准的规定(二)》(公通字〔2010〕23号,2010年5月7日)(已废止)第三十九条 [操纵证券、期货市场案(刑法第一百八十二条)]操纵证券、期货市场,涉嫌下列情形之一的,应予立案追诉:(一)单独或者合谋,持有或者实际控制证券的流通股份数达到该证券的实际流通股份总量百分之三十以上,且在该证券连续二十个交易日内联合或者连续买卖股份数累计达到该证券同期总成交量百分之三十以上的。

** 《最高人民检察院、公安部关于公安机关管辖的刑事案件立案追诉标准的规定(二)》(公通字〔2010〕23号,2010年5月7日)(已废止)第三十九条 [操纵证券、期货市场案(刑法第一百八十二条)]操纵证券、期货市场,涉嫌下列情形之一的,应予立案追诉:……(三)与他人串通,以事先约定的时间、价格和方式相互进行证券或者期货合约交易,且在该证券或者期货合约连续二十个交易日内成交量累计达到该证券或者期货合约同期总成交量百分之二十以上的;(四)在自己实际控制的账户之间进行证券交易,或者以自己为交易对象,自买自卖期货合约,且在该证券或者期货合约连续二十个交易日内成交量累计达到该证券或者期货合约同期总成交量百分之二十以上的。

期货交易所限仓标准的二倍,累计成交量达到同期该期货合约总成交量百分之二十以上,且期货交易占用保证金数额在五百万元以上的;

(九)实施刑法第一百八十二条第一款第二项、第三项操纵期货市场行为,实际控制的帐户连续十个交易日的累计成交量达到同期该期货合约总成交量百分之二十以上,且期货交易占用保证金数额在五百万元以上的;

(十)利用虚假或者不确定的重大信息,诱导投资者进行期货交易,行为人进行相关期货交易,实际控制的帐户连续十个交易日的累计成交量达到同期该期货合约总成交量百分之二十以上,且期货交易占用保证金数额在五百万元以上的;

(十一)对期货交易标的公开作出评价、预测或者投资建议,同时进行相关期货交易,实际控制的帐户连续十个交易日的累计成交量达到同期该期货合约总成交量的百分之二十以上,且期货交易占用保证金数额在五百万元以上的;

(十二)不以成交为目的,频繁或者大量申报买入、卖出证券、期货合约并撤销申报,当日累计撤回申报量达到同期该证券、期货合约总申报量百分之五十以上,且证券撤回申报额在一千万元以上、撤回申报的期货合约占用保证金数额在五百万元以上的;

(十三)实施操纵证券、期货市场行为,获利或者避免损失数额在一百万元以上的。

操纵证券、期货市场,影响证券、期货交易价格或者证券、期货交易量,获利或者避免损失数额在五十万元以上,同时涉嫌下列情形之一的,应予立案追诉:

(一)发行人、上市公司及其董事、监事、高级管理人员、控股股东或者实际控制人实施操纵证券、期货市场行为的;

(二)收购人、重大资产重组的交易对方及其董事、监事、高级管理人员、控股股东或者实际控制人实施操纵证券、期货市场行为的;

(三)行为人明知操纵证券、期货市场行为被有关部门调查,仍继续实施的;

(四)因操纵证券、期货市场行为受过刑事追究的;

(五)二年内因操纵证券、期货市场行为受过行政处罚的;

(六)在市场出现重大异常波动等特定时段操纵证券、期货市场的;

(七)造成其他严重后果的。

对于在全国中小企业股份转让系统中实施操纵证券市场行为，社会危害性大，严重破坏公平公正的市场秩序的，比照本条的规定执行，但本条第一款第一项和第二项除外。

2. 法释〔2019〕9号第六条　二次以上实施操纵证券、期货市场行为，依法应予行政处理或者刑事处理而未经处理的，相关交易数额或者违法所得数额累计计算。

法释〔2019〕9号第七条　符合本解释第二条、第三条规定的标准，行为人如实供述犯罪事实，认罪悔罪，并积极配合调查，退缴违法所得的，可以从轻处罚；其中犯罪情节轻微的，可以依法不起诉或者免予刑事处罚。

符合刑事诉讼法规定的认罪认罚从宽适用范围和条件的，依照刑事诉讼法的规定处理。

法释〔2019〕9号第九条　本解释所称"违法所得"，是指通过操纵证券、期货市场所获利益或者避免的损失。

本解释所称"连续十个交易日"，是指证券、期货市场开市交易的连续十个交易日，并非指行为人连续交易的十个交易日。

182-3　法释〔2019〕9号第四条　具有下列情形之一的，应当认定为刑法第一百八十二条第一款规定的"情节特别严重"：

（一）持有或者实际控制证券的流通股份数量达到该证券的实际流通股份总量百分之十以上，实施刑法第一百八十二条第一款第一项操纵证券市场行为，连续十个交易日的累计成交量达到同期该证券总成交量百分之五十以上的；

（二）实施刑法第一百八十二条第一款第二项、第三项操纵证券市场行为，连续十个交易日的累计成交量达到同期该证券总成交量百分之五十以上的；

（三）实施本解释第一条第一项至第四项操纵证券市场行为，证券交易成交额在五千万元以上的；

（四）实施刑法第一百八十二条第一款第一项及本解释第一条第六项操纵期货市场行为，实际控制的账户合并持仓连续十个交易日的最高值超过期货交易所限仓标准的五倍，累计成交量达到同期该期货合约总成交量百分之五十以上，且期货交易占用保证金数额在二千五百万元以上的；

（五）实施刑法第一百八十二条第一款第二项、第三项及本解释第一条第一项、第二项操纵期货市场行为，实际控制的账户连续十个交易

日的累计成交量达到同期该期货合约总成交量百分之五十以上,且期货交易占用保证金数额在二千五百万元以上的;

(六)实施操纵证券、期货市场行为,违法所得数额在一千万元以上的。

实施操纵证券、期货市场行为,违法所得数额在五百万元以上,并具有本解释第三条规定的七种情形之一的,应当认定为"情节特别严重"。

182-4 法释〔2019〕9号第五条 下列账户应当认定为刑法第一百八十二条中规定的"自己实际控制的账户":

(一)行为人以自己名义开户并使用的实名账户;

(二)行为人向账户转入或者从账户转出资金,并承担实际损益的他人账户;

(三)行为人通过第一项、第二项以外的方式管理、支配或者使用的他人账户;

(四)行为人通过投资关系、协议等方式对账户内资产行使交易决策权的他人账户;

(五)其他有证据证明行为人具有交易决策权的账户。

有证据证明行为人对前款第一项至第三项账户内资产没有交易决策权的除外。

182-5 **1.** 法释〔2019〕9号第一条 行为人具有下列情形之一的,可以认定为刑法第一百八十二条第一款第四项规定的"以其他方法操纵证券、期货市场":

(一)利用虚假或者不确定的重大信息,诱导投资者作出投资决策,影响证券、期货交易价格或者证券、期货交易量,并进行相关交易或者谋取相关利益的;*

(二)通过对证券及其发行人、上市公司、期货交易标的公开作出评价、预测或投资建议,误导投资者作出投资决策,影响证券、期货交易价格或者证券、期货交易量,并进行与其评价、预测、投资建议方向相反的证券交易或者相关期货交易的;

理解与适用:该项是"抢帽子交易操纵",即利用"黑嘴"荐股操纵。需要注意的是,《立案标准(二)》中均将该类型操纵限定为特殊主体,即行为人必须是"证券公司、证券投资咨询机构、专业中介机构或者从业人员"。

---

* 该项是"蛊惑交易操纵"。

本解释将其修改为一般主体，主要考虑是：随着互联网和自媒体的发展，很多网络大V、影视明星、公众人物借助各类媒体参与评价、推荐股票，他们甚至具有明显优于特殊主体的信息发布优势和影响力优势，原有规定限定为特殊主体不具有合理性，也不能满足当前司法实践的需要。

（三）通过策划、实施资产收购或者重组、投资新业务、股权转让、上市公司收购等虚假重大事项，误导投资者作出投资决策，影响证券交易价格或者证券交易量，并进行相关交易或者谋取相关利益的；*

（四）通过控制发行人、上市公司信息的生成或者控制信息披露的内容、时点、节奏，误导投资者作出投资决策，影响证券交易价格或者证券交易量，并进行相关交易或者谋取相关利益的；

理解与适用：该项是“利用信息优势操纵”。需要注意的是，《立案标准（二）》中将该类型操纵限定为特殊主体，即行为人必须是“上市公司及其董事、监事、高级管理人员、控股股东、实际控制人或其他关联人员”。本解释将其修改为一般主体，主要考虑是：从近年来查办的案件来看，大量出现的是其他人员与上述人员内外勾结，共同通过控制发行人、上市公司信息的生成与发布，误导投资者，进行市场操纵，参与的主体身份越来越广泛，限定为特殊主体不具有合理性。

（五）不以成交为目的，频繁申报、撤单或者大额申报、撤单，误导投资者作出投资决策，影响证券、期货交易价格或者证券、期货交易量，并进行与申报相反的交易或者谋取相关利益的；**

（六）通过囤积现货，影响特定期货品种市场行情，并进行相关期货交易的；***

（七）以其他方法操纵证券、期货市场的。

2. 朱炜明操纵证券市场案（检例第39号）

要旨　证券公司、证券咨询机构、专业中介机构及其工作人员违背从业禁止规定，买卖或者持有证券，并在对相关证券作出公开评价、预测或者投资建议后，通过预期的市场波动反向操作，谋取利益，情节严重的，以操纵证券市场罪追究其刑事责任。

182-6　法释〔2019〕9号第八条　单位实施刑法第一百八十二条第一款行为的，依照本解释规定的定罪量刑标准，对其直接负责的主管

---

* 该项是“重大事件操纵”，即“编故事、画大饼”型操纵行为。

** 该项是“虚假申报操作”（“幌骗交易操作”）。

*** 该项是“跨期、现货市场操纵”。

人员和其他直接责任人员定罪处罚,并对单位判处罚金。

第一百八十三条　【职务侵占罪】保险公司的工作人员利用职务上的便利,故意编造未曾发生的保险事故进行虚假理赔,骗取保险金归自己所有的,依照本法第二百七十一条(*职务侵占罪*)的规定定罪处罚。

国有保险公司工作人员和国有保险公司委派到非国有保险公司从事公务的人员有前款行为的,依照本法第三百八十二条(*贪污罪的定罪*)、第三百八十三条(*贪污罪的量刑*)的规定定罪处罚。

第一百八十四条　【非国家工作人员受贿罪】银行或者其他金融机构的工作人员在金融业务活动中索取他人财物或者非法收受他人财物,为他人谋取利益的,或者违反国家规定,收受各种名义的回扣、手续费,归个人所有的,依照本法第一百六十三条(*非国家工作人员受贿罪*)的规定定罪处罚。

国有金融机构工作人员和国有金融机构委派到非国有金融机构从事公务的人员有前款行为的,依照本法第三百八十五条(*受贿罪的定罪*)、第三百八十六条(*对受贿罪的处罚*)的规定定罪处罚。

第一百八十五条　(1999 年修正案)【挪用资金罪】商业银行、证券交易所、期货交易所、证券公司、期货经纪公司、保险公司或者其他金融机构的工作人员利用职务上的便利,挪用本单位或者客户资金的,依照本法第二百七十二条(*挪用资金罪*)的规定定罪处罚。

国有商业银行、证券交易所、期货交易所、证券公司、期货经纪公司、保险公司或者其他国有金融机构的工作人员和国有商业银行、证券交易所、期货交易所、证券公司、期货经纪公司、保险公司或者其他国有金融机构委派到前款规定中的非国有机构从事公务的人员有前款行为的,依照本法第三百八十四条(*挪用公款罪*)的规定定罪处罚。

第一百八十五条之一　(刑六)【背信运用受托财产罪】商业银

行、证券交易所、期货交易所、证券公司、期货经纪公司*、保险公司或者其他金融机构，违背受托义务，[1] 擅自运用客户资金或者其他委托、信托的财产，情节严重的，[2] 对单位判处罚金，并对其直接负责的主管人员和其他直接责任人员，处三年以下有期徒刑或者拘役，并处三万元以上三十万元以下罚金；情节特别严重的，处三年以上十年以下有期徒刑，并处五万元以上五十万元以下罚金。

【违法运用资金罪】社会保障基金管理机构、住房公积金管理等公众资金管理机构，以及保险公司、保险资产管理公司、证券投资基金管理公司，违反国家规定运用资金的，[3]** 对其直接负责的主管人员和其他直接责任人员，依照前款的规定处罚。

185A-1　理解与适用：本罪所规定的"委托义务"不能简单地限定为约定义务，行为人首先违反的是法定义务。委托与信托是两种不同的法律关系，受托人首先应当遵守法律、行政法规、规章规定的法定义务，其次应遵守与委托人约定的具体义务，这才是受托义务的完整内容。

185A-2　《立案标准(二)》第三十五条　商业银行、证券交易所、期货交易所、证券公司、期货公司、保险公司或者其他金融机构，违背受托义务，擅自运用客户资金或者其他委托、信托的财产，涉嫌下列情形之一的，应予立案追诉：

(一)擅自运用客户资金或者其他委托、信托的财产数额在三十万元以上的；

(二)虽未达到上述数额标准，但多次擅自运用客户资金或者其他委托、信托的财产，或者擅自运用多个客户资金或者其他委托、信托的财产的；

(三)其他情节严重的情形。

185A-3　《立案标准(二)》第三十六条　社会保障基金管理机构、住房公积金管理机构等公众资金管理机构，以及保险公司、保险资产管

---

* 《期货交易管理条例》于 2007 年 4 月 15 日实施(2017 年 3 月 1 日第四次修订)。原《期货交易管理暂行条例》(1999 年 9 月 1 日)于 2007 年 4 月 15 日废止；将"期货经纪公司"改称"期货公司"。

** 注意本罪与挪用资金罪的区别。

理公司、证券投资基金管理公司，违反国家规定运用资金，涉嫌下列情形之一的，应予立案追诉：

(一)违反国家规定运用资金数额在三十万元以上的；

(二)虽未达到上述数额标准，但多次违反国家规定运用资金的；

(三)其他情节严重的情形。

第一百八十六条 (刑六)*【违法发放贷款罪】银行或者其他金融机构的工作人员违反国家规定[1]发放贷款，数额巨大或者造成重大损失的[2]，处五年以下有期徒刑或者拘役，并处一万元以上十万元以下罚金；数额特别巨大或者造成特别重大损失的，处五年以上有期徒刑，并处二万元以上二十万元以下罚金。

银行或者其他金融机构的工作人员违反国家规定，向关系人发放贷款[3]，依照前款的规定从重处罚。

单位[4]犯前两款罪的，对单位判处罚金，并对其直接负责的主管人员和其他直接责任人员，依照前两款的规定处罚。

关系人[5]的范围，依照《中华人民共和国商业银行法》和有关金融法规确定。

186-1 《最高人民检察院侦查监督厅关于对郭××涉嫌违法发放贷款犯罪性质认定的回复意见》(〔2010〕高检侦监函32号，2010年9

---

* 1. 本罪最初源自《全国人民代表大会常务委员会关于惩治破坏金融秩序犯罪的决定》(1995年6月30日)第9条[违法发放贷款罪]的规定，银行或者其他金融机构的工作人员违反法律、行政法规规定，向关系人以外的其他人发放贷款，造成重大损失的，处五年以下有期徒刑或者拘役，并处一万元以上十万元以下罚金；造成特别重大损失的，处五年以上有期徒刑，并处二万元以上二十万元以下罚金。

2. 1997年刑法对此全面吸收，但删去了第二款中"玩忽职守或者滥用职权"这一要件，增加了有关关系人范围的规定。1997年刑法原条文：[违法向关系人发放贷款罪]银行或者其他金融机构的工作人员违反法律、行政法规规定，向关系人发放信用贷款或者发放担保贷款的条件优于其他借款人同类贷款的条件，造成较大损失的，处五年以下有期徒刑或者拘役，并处一万元以上十万元以下罚金；造成重大损失的，处五年以上有期徒刑，并处二万元以上二十万元以下罚金。原罪名为违法向关系人发放贷款罪。

3.《刑法修正案(六)》对上述两罪作了如下修订：1. 将"违反法律、行政法规规定"修改为"违反国家规定"；2. 对犯罪构成作了修改，将违反国家规定发放贷款，"造成较大损失"修改为"数额巨大或者造成重大损失"。

月9日）　银监会制定的《流动资金贷款管理暂行办法》和《个人贷款管理暂行办法》是对《中华人民共和国商业银行法》有关规定的细化，可以作为认定案件性质的依据。

186-2　**1.**《立案标准（二）》第三十七条　银行或者其他金融机构及其工作人员违反国家规定发放贷款，涉嫌下列情形之一的，应予立案追诉：

（一）违法发放贷款，数额在二百万元以上的；

（二）违法发放贷款，造成直接经济损失数额在五十万元以上的。

2.《公安部经济犯罪侦查局关于对违法发放贷款案件中损失认定问题的批复》（公经〔2007〕1458号，2007年7月27日）　在案件侦办过程中，如有证据证明犯罪嫌疑人实施了违法、违规发放贷款的行为，只要发生贷款已无法收回的情况且达到追诉标准的，就应视为《刑法》第一百八十六条所规定的造成损失。案中提及的未到期贷款及其利息，如确定不能追回，应视为犯罪损失。

186-3　**1.** 法〔2001〕8号　二、（二）关于破坏金融管理秩序罪　4. 破坏金融管理秩序相关犯罪数额和情节的认定　……关于违法向关系人发放贷款罪。银行或者其他金融机构工作人员违反法律、行政法规规定，向关系人发放信用贷款或者发放担保贷款的条件优于其他借款人同类贷款条件，造成10万～30万元以上损失的，可以认定为"造成较大损失"；造成50万～100万元以上损失的，可以认定为"造成重大损失"。

……

2. 法〔2001〕8号　二、（二）关于破坏金融管理秩序罪　4. 破坏金融管理秩序相关犯罪数额和情节的认定　……关于违法发放贷款罪。银行或者其他金融机构工作人员违反法律、行政法规规定，向关系人以外的其他人发放贷款，造成50万～100万元以上损失的，可以认定为"造成重大损失"；造成300万～500万元以上损失的，可以认定为"造成特别重大损失"。

……

186-4　法〔2001〕8号　二、（二）关于破坏金融管理秩序罪　4. 破坏金融管理秩序相关犯罪数额和情节的认定　……对于单位实施违法发放贷款和用账外客户资金非法拆借、发放贷款造成损失构成犯罪的数额标准，可按个人实施上述犯罪的数额标准二至四倍掌握。

由于各地经济发展不平衡，各省、自治区、直辖市高级人民法院可参照上述数额标准或幅度,根据本地的具体情况,确定在本地区掌握的具体标准。

186-5 《商业银行法》(2015 年 10 月 1 日)第四十条 商业银行不得向关系人发放信用贷款;向关系人发放担保贷款的条件不得优于其他借款人同类贷款的条件。

前款所称关系人是指:

(一)商业银行的董事、监事、管理人员、信贷业务人员及其近亲属;

(二)前项所列人员投资或者担任高级管理职务的公司、企业和其他经济组织。

第一百八十七条 (刑六)[1*]【吸收客户资金不入账罪】银行或者其他金融机构的工作人员吸收客户资金不入账,[2] 数额巨大或者造成重大损失[3] 的,处五年以下有期徒刑或者拘役,并处二万元以上二十万元以下罚金;数额特别巨大或者造成特别重大损失[4] 的,处五年以上有期徒刑,并处五万元以上五十万元以下罚金。

单位犯前款罪的,对单位判处罚金,并对其直接负责的主管人员和其他直接责任人员,依照前款的规定处罚。

187-1 《全国法院审理金融犯罪案件工作座谈会纪要》(法〔2001〕8 号,2001 年 1 月 21 日) 二、(二)关于破坏金融管理秩序罪 3. 用账外客户资金非法拆借、发放贷款行为的认定和处罚 银行或者其他金融机构及其工作人员以牟利为目的,采取吸收客户资金不入账的方式,将客户资金用于非法拆借、发放贷款,造成重大损失的,构成用账外客户资金非法拆借、发放贷款罪。以牟利为目的,是指金融机构及其工作人员为本单位或者个人牟利,不具有这种目的,不构成该罪。这里的"牟利",一般是指谋取用账外客户资金非法拆借、发放贷款所产生的非法收益,如利息、差价等。对于用款人为取得贷款而支付的

---

* 1997 年刑法原条文:银行或者其他金融机构的工作人员以牟利为目的,采取吸收客户资金不入账的方式,将资金用于非法拆借、发放贷款,造成重大损失的,处五年以下有期徒刑或者拘役,并处二万元以上二十万元以下罚金;造成特别重大损失的,处五年以上有期徒刑,并处五万元以上五十万元以下罚金。原罪名为用账外客户资金非法拆借、发放贷款罪。构成本罪,有两个要求:一是以牟利为目的,二是要造成严重后果。本罪与违法发放贷款罪的区别在于,本罪使用的是账外客户资金,而后者使用的是账内资金,本罪以牟利为目的,而违法发放贷款罪则不以牟利为目的。

回扣、手续费等,应根据具体情况分别处理:银行或者其他金融机构用账外客户资金非法拆借、发放贷款,收取的回扣、手续费等,应认定为"牟利";银行或者其他金融机构的工作人员利用职务上的便利,用账外客户资金非法拆借、发放贷款,收取回扣、手续费等,数额较小的,以"牟利"论处;银行或者其他金融机构的工作人员将用款人支付给单位的回扣、手续费秘密占为已有,数额较大的,以贪污罪定罪处罚;银行或者其他金融机构的工作人员利用职务便利,用账外客户资金非法拆借、发放贷款,索取用款人的财物,或者非法收受其他财物,或者收取回扣、手续费等,数额较大的,以受贿罪定罪处罚……

审理银行或者其他金融机构及其工作人员用账外客户资金非法拆借、发放贷款案件,要注意将用账外客户资金非法拆借、发放贷款的行为与挪用公款罪和挪用资金罪区别开来。对于利用职务上的便利,挪用已经记入金融机构法定存款账户的客户资金归个人使用的,或者吸收客户资金不入账,却给客户开具银行存单,客户也认为将款已存入银行,该款却被行为人以个人名义借贷给他人的,均应认定为挪用公款罪或者挪用资金罪。

187-2　法〔2001〕8号　二、(二)关于破坏金融管理秩序罪　3.用账外客户资金非法拆借、发放贷款行为的认定和处罚　……吸收客户资金不入账,是指不记入金融机构的法定存款账目,以逃避国家金融监管。至于是否记入法定账目之外设立的账目,不影响该罪成立。

187-3　《立案标准(二)》第三十八条　银行或者其他金融机构及其工作人员吸收客户资金不入帐,涉嫌下列情形之一的,应予立案追诉:

(一)吸收客户资金不入帐,数额在二百万元以上的;

(二)吸收客户资金不入帐,造成直接经济损失数额在五十万元以上的。

187-4　法〔2001〕8号　二、(二)关于破坏金融管理秩序罪　4.破坏金融管理秩序相关犯罪数额和情节的认定　关于用账外客户资金非法拆借、发放贷款罪。对于银行或者其他金融机构工作人员以牟利为目的,采取吸收客户资金不入账的方式,将资金用于非法拆借、发放贷款,造成50万~100万元以上损失的,可以认定为"造成重大损失";造成300万~500万元以上损失的,可以认定为"造成特别重大损失"。

第一百八十八条 (刑六)【违规出具金融票证罪】银行或者其他金融机构的工作人员违反规定,为他人出具信用证或者其他保函[1]、票据、存单、资信证明,情节严重的,[2*] 处五年以下有期徒刑或者拘役;情节特别严重的,处五年以上有期徒刑。

单位犯前款罪的,对单位判处罚金,并对其直接负责的主管人员和其他直接责任人员,依照前款的规定处罚。

188-1 《最高人民检察院审查批捕厅对公安部经济犯罪侦查局〈关于对银行非法出具金融票证和造成损失征求意见的函〉的复函》(1999年10月10日) 同意你局关于"承诺书"具体担保性质应视为"保函"的意见。

188-2 《立案标准(二)》第三十九条 银行或者其他金融机构及其工作人员违反规定,为他人出具信用证或者其他保函、票据、存单、资信证明,涉嫌下列情形之一的,应予立案追诉:

(一)违反规定为他人出具信用证或者其他保函、票据、存单、资信证明,数额在二百万元以上的;

(二)违反规定为他人出具信用证或者其他保函、票据、存单、资信证明,造成直接经济损失数额在五十万元以上的;

(三)多次违规出具信用证或者其他保函、票据、存单、资信证明的;

(四)接受贿赂违规出具信用证或者其他保函、票据、存单、资信证明的;

(五)其他情节严重的情形。

第一百八十九条 【对违法票据承兑、付款、保证罪】银行或者其他金融机构的工作人员在票据业务中,对违反票据法规定的票据予以承兑、付款或者保证,造成重大损失的,[1] 处五年以下有期徒刑或者拘役;造成特别重大损失的,处五年以上有期徒刑。

单位犯前款罪的,对单位判处罚金,并对其直接负责的主管人员和其他直接责任人员,依照前款的规定处罚。

---

* 《刑法修正案(六)》将"造成重大损失"修改为"情节严重"。

189-1 《立案标准(二)》第四十条　银行或者其他金融机构及其工作人员在票据业务中,对违反票据法规定的票据予以承兑、付款或者保证,造成直接经济损失数额在五十万元以上的,应予立案追诉。

第一百九十条[*]　**【逃汇罪】**公司、企业或者其他单位,违反国家规定,擅自将外汇存放境外,或者将境内的外汇非法转移到境外,数额较大的,对单位判处逃汇数额百分之五以上百分之三十以下罚金,并对其直接负责的主管人员和其他直接责任人员处五年以下有期徒刑或者拘役;数额巨大或者有其他严重情节的,对单位判处逃汇数额百分之五以上百分之三十以下罚金,并对其直接负责的主管人员和其他直接责任人员处五年以上有期徒刑。

第一百九十一条[**1]　**(刑三、刑六、刑十一)【洗钱罪】**为掩饰、隐瞒毒品犯罪、黑社会性质的组织犯罪、恐怖活动犯罪、走私犯罪、贪污贿赂犯罪、破坏金融管理秩序犯罪、金融诈骗犯罪的所得及其产生的收益的来源和性质,有下列行为之一的,[2] 没收实施以上犯罪的所得及其产生的收益,处五年以下有期徒刑或者拘役,并处或者单处罚金;情节严重的,处五年以上十年以下有期徒刑,并处罚金:

(一)提供资金帐户的;

(二)将财产转换为现金、金融票据、有价证券的;

(三)通过转帐或者其他支付结算方式转移资金的;

(四)跨境转移资产的;

---

* 《全国人民代表大会常务委员会关于惩治骗购外汇、逃汇和非法买卖外汇犯罪的决定》(1998年12月29日)第三条修订本条,对本罪的犯罪主体取消了“国有的”这一限制,从而扩大了本罪犯罪主体的外延。本罪只能由单位构成,系纯正的单位犯罪。

** 本罪历经三次修改,其中《刑法修正案(三)》和《刑法修正案(六)》扩大了本罪的外延,即将“恐怖活动犯罪、贪污贿赂犯罪、破坏金融管理秩序犯罪、金融诈骗犯罪”规定为本罪的上游犯罪。而《刑法修正案(十一)》则修改了本罪的内涵,将“明知”和“协助”两词删除,其目的是将“自洗钱”纳入处罚范围,但这并不意味着“过失”可以构成本罪。就“自洗钱”而言,当然是明知的;而“协助”他人洗钱,仍需判断行为人是否具有故意,是否明知属于法定的几类犯罪的所得及其产生的收益。

(五)以其他方法掩饰、隐瞒犯罪所得及其收益的来源和性质的。

单位犯前款罪的,对单位判处罚金,并对其直接负责的主管人员和其他直接责任人员,依照前款的规定处罚。

191-1 **1.**《最高人民法院关于审理洗钱等刑事案件具体应用法律若干问题的解释》(法释〔2009〕15号,2009年11月11日)

2. 法释〔2009〕15号第一条　刑法第一百九十一条、第三百一十二条规定的"明知",应当结合被告人的认知能力,接触他人犯罪所得及其收益的情况,犯罪所得及其收益的种类、数额,犯罪所得及其收益的转换、转移方式以及被告人的供述等主、客观因素进行认定。

具有下列情形之一的,可以认定被告人明知系犯罪所得及其收益,但有证据证明确实不知道的除外:

(一)知道他人从事犯罪活动,协助转换或者转移财物的;

(二)没有正当理由,通过非法途径协助转换或者转移财物的;

(三)没有正当理由,以明显低于市场的价格收购财物的;

(四)没有正当理由,协助转换或者转移财物,收取明显高于市场的"手续费"的;

(五)没有正当理由,协助他人将巨额现金散存于多个银行账户或者在不同银行账户之间频繁划转的;

(六)协助近亲属或者其他关系密切的人转换或者转移与其职业或者财产状况明显不符的财物的;

(七)其他可以认定行为人明知的情形。

被告人将刑法第一百九十一条规定的某一上游犯罪的犯罪所得及其收益误认为刑法第一百九十一条规定的上游犯罪范围内的其他犯罪所得及其收益的,不影响刑法第一百九十一条规定的"明知"的认定。

法释〔2009〕15号第四条　刑法第一百九十一条、第三百一十二条、第三百四十九条规定的犯罪,应当以上游犯罪事实成立为认定前提。上游犯罪尚未依法裁判,但查证属实的,不影响刑法第一百九十一条、第三百一十二条、第三百四十九条规定的犯罪的审判。

上游犯罪事实可以确认,因行为人死亡等原因依法不予追究刑事责任的,不影响刑法第一百九十一条、第三百一十二条、第三百四十九条规定的犯罪的认定。

上游犯罪事实可以确认,依法以其他罪名定罪处罚的,不影响刑法

第一百九十一条、第三百一十二条、第三百四十九条规定的犯罪的认定。

本条所称“上游犯罪”，是指产生刑法第一百九十一条、第三百一十二条、第三百四十九条规定的犯罪所得及其收益的各种犯罪行为。

191-2　法释〔2009〕15号第二条　具有下列情形之一的，可以认定为刑法第一百九十一条第一款第(五)项规定的“以其他方法掩饰、隐瞒犯罪所得及其收益的来源和性质”：

(一)通过典当、租赁、买卖、投资等方式，协助转移、转换犯罪所得及其收益的；

(二)通过与商场、饭店、娱乐场所等现金密集型场所的经营收入相混合的方式，协助转移、转换犯罪所得及其收益的；

(三)通过虚构交易、虚设债权债务、虚假担保、虚报收入等方式，协助将犯罪所得及其收益转换为“合法”财物的；

(四)通过买卖彩票、奖券等方式，协助转换犯罪所得及其收益的；

(五)通过赌博方式，协助将犯罪所得及其收益转换为赌博收益的；

(六)协助将犯罪所得及其收益携带、运输或者邮寄出入境的；

(七)通过前述规定以外的方式协助转移、转换犯罪所得及其收益的。

第五节　金融诈骗罪[1]

S. 5-1　1.《全国法院审理金融犯罪案件工作座谈会纪要》(法〔2001〕8号，2001年1月21日)；2.《最高人民法院关于审理非法集资刑事案件具体应用法律若干问题的解释》(法释〔2022〕5号，2022年3月1日)。

法〔2001〕8号　二、(五)财产刑的适用

金融犯罪是图利型犯罪，惩罚和预防此类犯罪，应当注重同时从经济上制裁犯罪分子。刑法对金融犯罪都规定了财产刑，人民法院应当严格依法判处。罚金的数额，应当根据被告人的犯罪情节，在法律规定的数额幅度内确定。对于具有从轻、减轻或者免除处罚情节的被告人，对于本应并处的罚金刑原则上也应当从轻、减轻或者免除。

单位金融犯罪中直接负责的主管人员和其他直接责任人员，是否

适用罚金刑,应当根据刑法的具体规定。刑法分则条文规定有罚金刑,并规定对单位犯罪中直接负责的主管人员和其他直接责任人员依照自然人犯罪条款处罚的,应当判处罚金刑,但是对直接负责的主管人员和其他直接责任人员判处罚金的数额,应当低于对单位判处罚金的数额;刑法分则条文明确规定对单位犯罪中直接负责的主管人员和其他直接责任人员只判处自由刑的,不能附加判处罚金刑。

第一百九十二条[1] **(刑十一)【集资诈骗罪】**以非法占有为目的[2],使用诈骗方法[3]非法集资,数额较大[4]的,处三年以上七年以下有期徒刑,并处罚金[5];数额巨大或者有其他严重情节的,处七年以上有期徒刑或者无期徒刑,并处罚金或者没收财产。

单位犯前款罪的,对单位判处罚金,并对其直接负责的主管人员和其他直接责任人员,依照前款的规定处罚。

192-1 **1.**《最高人民法院关于非法集资刑事案件性质认定问题的通知》(法〔2011〕262 号,2011 年 8 月 18 日) 为依法、准确、及时审理非法集资刑事案件,现就非法集资性质认定的有关问题通知如下:

一、行政部门对于非法集资的性质认定,不是非法集资案件进入刑事程序的必经程序。行政部门未对非法集资作出性质认定的,不影响非法集资刑事案件的审判。

二、人民法院应当依照刑法和《最高人民法院关于审理非法集资刑事案件具体应用法律若干问题的解释》等有关规定认定案件事实的性质,并认定相关行为是否构成犯罪。

三、对于案情复杂、性质认定疑难的案件,人民法院可以在有关部门关于是否符合行业技术标准的行政认定意见的基础上,根据案件事实和法律规定作出性质认定。

四、非法集资刑事案件的审判工作涉及领域广、专业性强,人民法院在审理此类案件当中要注意加强与有关行政主(监)管部门以及公安机关、人民检察院的配合。审判工作中遇到重大问题难以解决的,请及时报告最高人民法院。

2.《最高人民法院、最高人民检察院、公安部关于办理非法集资刑事案件若干问题的意见》(高检会〔2019〕2 号,2019 年 1 月 30 日)

192-2 **1.**《最高人民法院关于审理非法集资刑事案件具体应用法律若干问题的解释》(法释〔2022〕5 号,2022 年 3 月 1 日)第七条 以非法占有为目的,使用诈骗方法实施本解释第二条规定所列行为的,应当依照刑法第一百九十二条的规定,以集资诈骗罪定罪处罚。

使用诈骗方法非法集资,具有下列情形之一的,可以认定为“以非法占有为目的”:

(一)集资后不用于生产经营活动或者用于生产经营活动与筹集资金规模明显不成比例,致使集资款不能返还的;

(二)肆意挥霍集资款,致使集资款不能返还的;

(三)携带集资款逃匿的;

(四)将集资款用于违法犯罪活动的;

(五)抽逃、转移资金、隐匿财产,逃避返还资金的;

(六)隐匿、销毁账目,或者搞假破产、假倒闭,逃避返还资金的;

(七)拒不交代资金去向,逃避返还资金的;

(八)其他可以认定非法占有目的的情形。

集资诈骗罪中的非法占有目的,应当区分情形进行具体认定。行为人部分非法集资行为具有非法占有目的的,对该部分非法集资行为所涉集资款以集资诈骗罪定罪处罚;非法集资共同犯罪中部分行为人具有非法占有目的,其他行为人没有非法占有集资款的共同故意和行为的,对具有非法占有目的的行为人以集资诈骗罪定罪处罚。

理解与适用:1. 行为人是就事实进行欺骗,还是就价值进行欺骗,均不影响欺骗行为的性质。对集资诈骗行为的“诈骗方法”只能进行实质的限定,而不可能穷尽其具体表现,故不能人为地将集资诈骗的欺骗行为局限为上文几种特定的手段。2. 由于故意、非法占有目的都是与行为同时存在的主观要素,故按照行为后的事实所证明或推定的结论,是可能被相反证据推翻的。行为人不能返还非法集资款,只是一种结果,这种结果本身并不能证明行为人具有集资诈骗的故意与非法占有的目的,不能证明募集资金的行为属于集资诈骗,正如死亡结果不能证明行为人有杀人故意一样,故需仔细考察行为人不能返还的具体原因。3. 本解释既坚持了主客观相一致原则,又体现了部分犯罪共同说的理论成果。

2.《最高人民检察院关于办理涉互联网金融犯罪案件有关问题座谈会纪要》(高检诉〔2017〕14 号,2017 年 6 月 2 日)

二、准确界定涉互联网金融行为法律性质 (二)集资诈骗行为的认定 14. 以非法占有为目的,使用诈骗方法非法集资,是集资诈骗罪的本质特征。是否具有非法占有目的,是区分非法吸收公众存款罪和集资诈骗罪的关键要件,对此要重点围绕融资项目真实性、资金去向、归还能力等事实进行综合判断。犯罪嫌疑人存在以下情形之一的,原则上可以认定具有非法占有目的:

(1)大部分资金未用于生产经营活动,或名义上投入生产经营但又通过各种方式抽逃转移资金的;

(2)资金使用成本过高,生产经营活动的盈利能力不具有支付全部本息的现实可能性的;

(3)对资金使用的决策极度不负责任或肆意挥霍造成资金缺口较大的;

(4)归还本息主要通过借新还旧来实现的;

(5)其他依照有关司法解释可以认定为非法占有目的的情形。

15. 对于共同犯罪或单位犯罪案件中,不同层级的犯罪嫌疑人之间存在犯罪目的发生转化或者犯罪目的明显不同的,应当根据犯罪嫌疑人的犯罪目的分别认定。

(1)注意区分犯罪目的发生转变的时间节点。犯罪嫌疑人在初始阶段仅具有非法吸收公众存款的故意,不具有非法占有目的,但在发生经营失败、资金链断裂等问题后,明知没有归还能力仍然继续吸收公众存款的,这一时间节点之后的行为应当认定为集资诈骗罪,此前的行为应当认定为非法吸收公众存款罪。

(2)注意区分犯罪嫌疑人的犯罪目的的差异。在共同犯罪或单位犯罪中,犯罪嫌疑人由于层级、职责分工、获取收益方式、对全部犯罪事实的知情程度等不同,其犯罪目的也存在不同。在非法集资犯罪中,有的犯罪嫌疑人具有非法占有的目的,有的则不具有非法占有目的,对此,应当分别认定为集资诈骗罪和非法吸收公众存款罪。

16. 证明主观上是否具有非法占有目的,可以重点收集、运用以下客观证据:

(1)与实施集资诈骗整体行为模式相关的证据:投资合同、宣传资料、培训内容等;

(2)与资金使用相关的证据:资金往来记录、会计账簿和会计凭证、资金使用成本(包括利息和佣金等)、资金决策使用过程、资金主要用途、财产转移情况等;

(3)与归还能力相关的证据:吸收资金所投资项目内容、投资实际经营情况、盈利能力、归还本息资金的主要来源、负债情况、是否存在虚构业绩等虚假宣传行为等；

(4)其他涉及欺诈等方面的证据：虚构融资项目进行宣传、隐瞒资金实际用途、隐匿销毁账簿；等等。司法会计鉴定机构对相关数据进行鉴定时，办案部门可以根据查证犯罪事实的需要提出重点鉴定的项目，保证司法会计鉴定意见与待证的构成要件事实之间的关联性。

3.《最高人民法院、最高人民检察院、公安部关于办理非法集资刑事案件若干问题的意见》(高检会〔2019〕2号，2019年1月30日)
四、关于主观故意的认定问题

认定犯罪嫌疑人、被告人是否具有非法吸收公众存款的犯罪故意，应当依据犯罪嫌疑人、被告人的任职情况、职业经历、专业背景、培训经历、本人因同类行为受到行政处罚或者刑事追究情况以及吸收资金方式、宣传推广、合同资料、业务流程等证据，结合其供述，进行综合分析判断。

犯罪嫌疑人、被告人使用诈骗方法非法集资，符合《最高人民法院关于审理非法集资刑事案件具体应用法律若干问题的解释》第四条规定的，可以认定为集资诈骗罪中"以非法占有为目的"。

办案机关在办理非法集资刑事案件中，应当根据案件具体情况注意收集运用涉及犯罪嫌疑人、被告人的以下证据：是否使用虚假身份信息对外开展业务；是否虚假订立合同、协议；是否虚假宣传，明显超出经营范围或者夸大经营、投资、服务项目及盈利能力；是否吸收资金后隐匿、销毁合同、协议、账目；是否传授或者接受规避法律、逃避监管的方法，等等。

4. 周辉集资诈骗案(检例第40号)

要旨　网络借贷信息中介机构或其控制人，利用网络借贷平台发布虚假信息，非法建立资金池募集资金，所得资金大部分未用于生产经营活动，主要用于借新还旧和个人挥霍，无法归还所募资金数额巨大，应认定为具有非法占有目的，以集资诈骗罪追究刑事责任。

192-3　**1.**《立案标准(二)》第四十四条　以非法占有为目的，使用诈骗方法非法集资，数额在十万元以上的，应予立案追诉。

2.《最高人民法院、最高人民检察院关于常见犯罪的量刑指导意见(试行)》(法发〔2021〕21号，2021年7月1日)　四、常见犯罪的量刑　(四)集资诈骗罪

1. 构成集资诈骗罪的，根据下列情形在相应的幅度内确定量刑起点：

(1)达到数额较大起点的，在三年至四年有期徒刑幅度内确定量

刑起点。

(2)达到数额巨大起点或者有其他严重情节的,在七年至九年有期徒刑幅度内确定量刑起点。依法应当判处无期徒刑的除外。

2. 在量刑起点的基础上,根据集资诈骗数额等其他影响犯罪构成的犯罪事实增加刑罚量,确定基准刑。

3. 构成集资诈骗罪的,根据犯罪数额、危害后果等犯罪情节,综合考虑被告人缴纳罚金的能力,决定罚金数额。

4. 构成集资诈骗罪的,综合考虑犯罪数额、诈骗对象、危害后果、退赃退赔等犯罪事实、量刑情节,以及被告人主观恶性、人身危险性、认罪悔罪表现等因素,决定缓刑的适用。

3. 高检诉〔2017〕14 号　17. 集资诈骗的数额,应当以犯罪嫌疑人实际骗取的金额计算。犯罪嫌疑人为吸收公众资金制造还本付息的假象,在诈骗的同时对部分投资人还本付息的,集资诈骗的金额以案发时实际未兑付的金额计算。案发后,犯罪嫌疑人主动退还集资款项的,不能从集资诈骗的金额中扣除,但可以作为量刑情节考虑。

4. 法发〔2001〕8 号　二、(三)关于金融诈骗罪　4. 金融诈骗犯罪定罪量刑的数额标准和犯罪数额的计算。金融诈骗的数额不仅是定罪的重要标准,也是量刑的主要依据。在没有新的司法解释之前,可参照 1996 年《最高人民法院关于审理诈骗案件具体应用法律的若干问题的解释》* 的规定执行。在具体认定金融诈骗犯罪的数额时,应当以行为人实际骗取的数额计算。对于行为人为实施金融诈骗活动而支付的中介费、手续费、回扣等,或者用于行贿、赠与等费用,均应计入金融诈骗的犯罪数额。但应当将案发前已归还的数额扣除。

192-4　法释〔2022〕5 号第八条　集资诈骗数额在 10 万元以上的,应当认定为“数额较大”;数额在 100 万元以上的,应当认定为“数额巨大”。

集资诈骗数额在 50 万元以上,同时具有本解释第三条第二款第三项情节的,应当认定为刑法第一百九十二条规定的“其他严重情节”。

集资诈骗的数额以行为人实际骗取的数额计算,在案发前已归还的数额应予扣除。行为人为实施集资诈骗活动而支付的广告费、中介

---

* 《最高人民法院、最高人民检察院关于办理诈骗刑事案件具体应用法律若干问题的解释》(法释〔2011〕7 号,2011 年 4 月 8 日)第十一条规定,以前发布的司法解释与本解释不一致的,以本解释为准。

费、手续费、回扣,或者用于行贿、赠与等费用,不予扣除。行为人为实施集资诈骗活动而支付的利息,除本金未归还可予折抵本金以外,应当计入诈骗数额。

192-5　法释〔2022〕5号第九条第二款　犯集资诈骗罪,判处三年以上七年以下有期徒刑的,并处十万元以上五百万元以下罚金;判处七年以上有期徒刑或者无期徒刑的,并处五十万元以上罚金或者没收财产。

第一百九十三条[1]　**【贷款诈骗罪】**有下列情形之一,以非法占有为目的,诈骗银行或者其他金融机构的贷款,数额较大的,[2]处五年以下有期徒刑或者拘役,并处二万元以上二十万元以下罚金;数额巨大或者有其他严重情节的,处五年以上十年以下有期徒刑,并处五万元以上五十万元以下罚金;数额特别巨大或者有其他特别严重情节的,处十年以上有期徒刑或者无期徒刑,并处五万元以上五十万元以下罚金或者没收财产:

(一)编造引进资金、项目等虚假理由的;

(二)使用虚假的经济合同的;

(三)使用虚假的证明文件的;

(四)使用虚假的产权证明作担保或者超出抵押物价值重复担保的;

(五)以其他方法诈骗贷款的。

193-1　《全国法院审理金融犯罪案件工作座谈会纪要》(法〔2001〕8号,2001年1月21日)　二、(三)关于金融诈骗罪　2.贷款诈骗罪的认定和处理　贷款诈骗犯罪是目前案发较多的金融诈骗犯罪之一。审理贷款诈骗犯罪案件,应当注意以下两个问题:

一是单位不能构成贷款诈骗罪。根据刑法第三十条和第一百九十三条的规定,单位不构成贷款诈骗罪。对于单位实施的贷款诈骗行为,不能以贷款诈骗罪定罪处罚,也不能以贷款诈骗罪追究直接负责的主管人员和其他直接责任人员的刑事责任。但是,在司法实践中,对于单位十分明显地以非法占有为目的,利用签订、履行借款合同诈骗银行或其他金融机构贷款,符合刑法第二百二十四条规定的合同诈骗罪构成要件的,应当以合同诈骗罪定罪处罚。

二是要严格区分贷款诈骗与贷款纠纷的界限。对于合法取得贷款后,没有按规定的用途使用贷款,到期没有归还贷款的,不能以贷款诈骗罪定罪处罚;对于确有证据证明行为人不具有非法占有的目的,因不具备贷款的条件而采取了欺骗手段获取贷款,案发时有能力履行还贷义务,或者案发时不能归还贷款是因为意志以外的原因,如因经营不善、被骗、市场风险等,不应以贷款诈骗罪定罪处罚。

193-2 《立案标准(二)》第四十五条　以非法占有为目的,诈骗银行或者其他金融机构的贷款,数额在五万元以上的,应予立案追诉。

第一百九十四条　【票据诈骗罪】有下列情形之一,进行金融票据诈骗活动,数额较大的,[1] 处五年以下有期徒刑或者拘役,并处二万元以上二十万元以下罚金;数额巨大或者有其他严重情节的,处五年以上十年以下有期徒刑,并处五万元以上五十万元以下罚金;数额特别巨大或者有其他特别严重情节的,处十年以上有期徒刑或者无期徒刑,并处五万元以上五十万元以下罚金或者没收财产:

(一)明知是伪造、变造的汇票、本票、支票而使用的;

(二)明知是作废的汇票、本票、支票而使用的;

(三)冒用他人的汇票、本票、支票的;

(四)签发空头支票或者与其预留印鉴不符的支票,骗取财物的;

(五)汇票、本票的出票人签发无资金保证的汇票、本票或者在出票时作虚假记载,骗取财物的。

【金融凭证诈骗罪】使用伪造、变造的委托收款凭证、汇款凭证、银行存单等其他银行结算凭证[2] 的,[3] 依照前款的规定处罚。

194-1 《立案标准(二)》第四十六条　进行金融票据诈骗活动,数额在五万元以上的,应予立案追诉。

194-2 《公安部经济犯罪侦查局关于银行进账单、支票存根联、支付系统专用凭证、转账贷方传票是否属于银行结算凭证的批复》(公经金融〔2008〕116 号,2008 年 7 月 22 日)　经研究,并征求人民银行意见,银行进账单、支付系统专用凭证、转账贷方传票属于银行结算凭证,而支票存根联是出票人自行留存、用于核对账务的内部凭证,不属于银行结算凭证。

194-3 《立案标准(二)》第四十七条　使用伪造、变造的委托收款凭证、汇款凭证、银行存单等其他银行结算凭证进行诈骗活动,数额在五万元以上的,应予立案追诉。

第一百九十五条　【信用证诈骗罪】有下列情形之一,进行信用证诈骗活动的,处五年以下有期徒刑或者拘役,并处二万元以上二十万元以下罚金;数额巨大或者有其他严重情节的,处五年以上十年以下有期徒刑,并处五万元以上五十万元以下罚金;数额特别巨大或者有其他特别严重情节的,处十年以上有期徒刑或者无期徒刑,并处五万元以上五十万元以下罚金或者没收财产:

(一)使用伪造、变造的信用证或者附随的单据、文件的;

(二)使用作废的信用证的;

(三)骗取信用证的;

(四)以其他方法进行信用证诈骗活动的。

第一百九十六条[1]　(刑五)【信用卡诈骗罪】有下列情形之一,进行信用卡[2]诈骗活动,数额较大[3]的,处五年以下有期徒刑或者拘役,并处二万元以上二十万元以下罚金;数额巨大[4]或者有其他严重情节的,处五年以上十年以下有期徒刑,并处五万元以上五十万元以下罚金;数额特别巨大[5]或者有其他特别严重情节的,处十年以上有期徒刑或者无期徒刑,并处五万元以上五十万元以下罚金或者没收财产:

(一)使用伪造的信用卡的;或者使用以虚假的身份证明骗领信用卡的*;

(二)使用作废的信用卡的;

(三)冒用[6]他人信用卡的;

(四)恶意透支的。

---

* 本项后一部分是《刑法修正案(五)》所增加的。同一修正案的内容之一就是将以虚假的身份证明骗领信用卡的数量较大的行为,认定为犯罪。

前款所称恶意透支,是指持卡人以非法占有为目的[7],超过规定限额或者规定期限[8]透支,并且经发卡银行催收[9]后仍不归还的行为。

盗窃信用卡*并使用的,依照本法第二百六十四条(*盗窃罪*)的规定定罪处罚。

196-1 **1.**《最高人民法院、最高人民检察院关于办理妨害信用卡管理刑事案件具体应用法律若干问题的解释》(法释〔2018〕19号,2018年12月1日**)

2.《最高人民法院、最高人民检察院、公安部关于信用卡诈骗犯罪管辖有关问题的通知》(公通字〔2011〕29号,2011年8月8日) 对以窃取、收买等手段非法获取他人信用卡信息资料后在异地使用的信用卡诈骗犯罪案件,持卡人信用卡申领地的公安机关、人民检察院、人民法院可以依法立案侦查、起诉、审判。

196-2 《全国人民代表大会常务委员会关于〈中华人民共和国刑法〉有关信用卡规定的解释》(第十届全国人民代表大会常务委员会第十三次会议于2004年12月29日通过) 刑法规定的"信用卡",是指由商业银行或者其他金融机构发行的具有消费支付、信用贷款、转账结算、存取现金等全部功能或者部分功能的电子支付卡。

196-3 **1.**《立案标准(二)》第四十九条 进行信用卡诈骗活动,涉嫌下列情形之一的,应予立案追诉:

(一)使用伪造的信用卡、以虚假的身份证明骗领的信用卡、作废的信用卡或者冒用他人信用卡,进行诈骗活动,数额在五千元以上的;

(二)恶意透支,数额在五万元以上的。

本条规定的"恶意透支",是指持卡人以非法占有为目的,超过规定限额或者规定期限透支,经发卡银行两次有效催收后超过三个月仍不归还的。

---

* 这一种情况中的信用卡应该是真实有效的信用卡,如果盗窃伪造或作废的信用卡并使用的,应认定为信用卡诈骗。其盗窃数额应当根据行为人盗窃信用卡使用的数额认定。如果定盗窃罪,则被害人为信用卡的主人,而不是银行。信用卡的主人就为自己的保管不善负责。

** 《最高人民法院、最高人民检察院关于办理妨害信用卡管理刑事案件具体应用法律若干问题的解释》(法释〔2009〕19号,2009年12月16日)。

恶意透支的数额,是指公安机关刑事立案时尚未归还的实际透支的本金数额,不包括利息、复利、滞纳金、手续费等发卡银行收取的费用。归还或者支付的数额,应当认定为归还实际透支的本金。

恶意透支,数额在五万元以上不满五十万元的,在提起公诉前全部归还或者具有其他情节轻微情形的,可以不起诉。但是,因信用卡诈骗受过二次以上处罚的除外。

2. 法释〔2018〕19 号第十三条　单位实施本解释规定的行为,适用本解释规定的相应自然人犯罪的定罪量刑标准。

3.《最高人民法院、最高人民检察院关于常见犯罪的量刑指导意见(试行)》(法发〔2021〕21 号,2021 年 7 月 1 日)　四、常见犯罪的量刑　(五)信用卡诈骗罪

1. 构成信用卡诈骗罪的,根据下列情形在相应的幅度内确定量刑起点:

(1)达到数额较大起点的,在二年以下有期徒刑、拘役幅度内确定量刑起点。

(2)达到数额巨大起点或者有其他严重情节的,在五年至六年有期徒刑幅度内确定量刑起点。

(3)达到数额特别巨大起点或者有其他特别严重情节的,在十年至十二年有期徒刑幅度内确定量刑起点。依法应当判处无期徒刑的除外。

2. 在量刑起点的基础上,根据信用卡诈骗数额等其他影响犯罪构成的犯罪事实增加刑罚量,确定基准刑。

3. 构成信用卡诈骗罪的,根据诈骗手段、犯罪数额、危害后果等犯罪情节,综合考虑被告人缴纳罚金的能力,决定罚金数额。

4. 构成信用卡诈骗罪的,综合考虑诈骗手段、犯罪数额、危害后果、退赃退赔等犯罪事实、量刑情节,以及被告人主观恶性、人身危险性、认罪悔罪表现等因素,决定缓刑的适用。

196-4　法释〔2018〕19 号第五条第一款　使用伪造的信用卡、以虚假的身份证明骗领的信用卡、作废的信用卡或者冒用他人信用卡,进行信用卡诈骗活动,……数额在五万元以上不满五十万元的,应当认定为刑法第一百九十六条规定的“数额巨大”;……

196-5　法释〔2018〕19 号第五条第一款　使用伪造的信用卡、以虚假的身份证明骗领的信用卡、作废的信用卡或者冒用他人信用卡,进行信用卡诈骗活动,……数额在五十万元以上的,应当认定为刑法第一百九十六条规定的“数额特别巨大”。

196-6 法释〔2018〕19号第五条第二款 刑法第一百九十六条第一款第(三)项所称"冒用他人信用卡",包括以下情形:

(一)拾得他人信用卡并使用的;

(二)骗取他人信用卡并使用的;

(三)窃取、收买、骗取或者以其他非法方式获取他人信用卡信息资料,并通过互联网、通讯终端等使用的;

(四)其他冒用他人信用卡的情形。

196-7 法释〔2018〕19号第六条第二款 对于是否以非法占有为目的,应当综合持卡人信用记录、还款能力和意愿、申领和透支信用卡的状况、透支资金的用途、透支后的表现、未按规定还款的原因等情节作出判断。不得单纯依据持卡人未按规定还款的事实认定非法占有目的。

第三款 具有以下情形之一的,应当认定为刑法第一百九十六条第二款规定的"以非法占有为目的",但有证据证明持卡人确实不具有非法占有目的的除外:

(一)明知没有还款能力而大量透支,无法归还的;

(二)使用虚假资信证明申领信用卡后透支,无法归还的;

(三)透支后通过逃匿、改变联系方式等手段,逃避银行催收的;

(四)抽逃、转移资金,隐匿财产,逃避还款的;

(五)使用透支的资金进行犯罪活动的;

(六)其他非法占有资金,拒不归还的情形。

法释〔2018〕19号第十二条 违反国家规定,使用销售点终端机具(POS机)等方法,以虚构交易、虚开价格、现金退货等方式向信用卡持卡人直接支付现金,情节严重的,应当依据刑法第二百二十五条的规定,以非法经营罪定罪处罚。

实施前款行为,数额在一百万元以上的,或者造成金融机构资金二十万元以上逾期未还的,或者造成金融机构经济损失十万元以上的,应当认定为刑法第二百二十五条规定的"情节严重";数额在五百万元以上的,或者造成金融机构资金一百万元以上逾期未还的,或者造成金融机构经济损失五十万元以上的,应当认定为刑法第二百二十五条规定的"情节特别严重"。

持卡人以非法占有为目的,采用上述方式恶意透支,应当追究刑事责任的,依照刑法第一百九十六条的规定,以信用卡诈骗罪定罪处罚。

196-8 法释〔2018〕19号第六条第一款 持卡人以非法占有为目

的，超过规定限额或者规定期限透支，经发卡银行两次有效催收后超过三个月仍不归还的，应当认定为刑法第一百九十六条规定的“恶意透支”。

法释〔2018〕19号第八条　恶意透支，数额在五万元以上不满五十万元的，应当认定为刑法第一百九十六条规定的“数额较大”；数额在五十万元以上不满五百万元的，应当认定为刑法第一百九十六条规定的“数额巨大”；数额在五百万元以上的，应当认定为刑法第一百九十六条规定的“数额特别巨大”。

法释〔2018〕19号第九条　恶意透支的数额，是指公安机关刑事立案时尚未归还的实际透支的本金数额，不包括利息、复利、滞纳金、手续费等发卡银行收取的费用。归还或者支付的数额，应当认定为归还实际透支的本金。

检察机关在审查起诉、提起公诉时，应当根据发卡银行提供的交易明细、分类账单（透支账单、还款账单）等证据材料，结合犯罪嫌疑人、被告人及其辩护人所提辩解、辩护意见及相关证据材料，审查认定恶意透支的数额；恶意透支的数额难以确定的，应当依据司法会计、审计报告，结合其他证据材料审查认定。人民法院在审判过程中，应当在对上述证据材料查证属实的基础上，对恶意透支的数额作出认定。

发卡银行提供的相关证据材料，应当有银行工作人员签名和银行公章。

理解与适用：1. 为了从严掌握恶意透支的定罪量刑标准，故将其标准按普通信用卡诈骗的2倍计算。2. 由于复利、滞纳金、手续费等发卡银行收取的费用，具有民事违约金的性质，并且不同银行对其规定的数额不同，作为恶意透支数额予以认定不尽合理，故上述解释作了排除性规定，客观上明确了构成犯罪的数额认定标准。

法释〔2018〕19号第十一条　发卡银行违规以信用卡透支形式变相发放贷款，持卡人未按规定归还的，不适用刑法第一百九十六条“恶意透支”的规定。构成其他犯罪的，以其他犯罪论处。

196-9　法释〔2018〕19号第七条　催收同时符合下列条件的，应当认定为本解释第六条规定的“有效催收”：

（一）在透支超过规定限额或者规定期限后进行；

（二）催收应当采用能够确认持卡人收悉的方式，但持卡人故意逃避催收的除外；

（三）两次催收至少间隔三十日；

(四)符合催收的有关规定或者约定。

对于是否属于有效催收,应当根据发卡银行提供的电话录音、信息送达记录、信函送达回执、电子邮件送达记录、持卡人或者其家属签字以及其他催收原始证据材料作出判断。

发卡银行提供的相关证据材料,应当有银行工作人员签名和银行公章。

第一百九十七条　【有价证券诈骗罪】使用伪造、变造的国库券或者国家发行的其他有价证券,进行诈骗活动,数额较大的,[1] 处五年以下有期徒刑或者拘役,并处二万元以上二十万元以下罚金;数额巨大或者有其他严重情节的,处五年以上十年以下有期徒刑,并处五万元以上五十万元以下罚金;数额特别巨大或者有其他特别严重情节的,处十年以上有期徒刑或者无期徒刑,并处五万元以上五十万元以下罚金或者没收财产。

197-1　《立案标准(二)》第五十条　使用伪造、变造的国库券或者国家发行的其他有价证券进行诈骗活动,数额在五万元以上的,应予立案追诉。

第一百九十八条　【保险诈骗罪】有下列情形之一,进行保险诈骗活动,[1] 数额较大的,[2] 处五年以下有期徒刑或者拘役,并处一万元以上十万元以下罚金;数额巨大或者有其他严重情节的,处五年以上十年以下有期徒刑,并处二万元以上二十万元以下罚金;数额特别巨大或者有其他特别严重情节的,处十年以上有期徒刑,并处二万元以上二十万元以下罚金或者没收财产:

(一)投保人故意虚构保险标的,骗取保险金的;

(二)投保人、被保险人或者受益人对发生的保险事故编造虚假的原因或者夸大损失的程度,骗取保险金的;

(三)投保人、被保险人或者受益人编造未曾发生的保险事故,骗取保险金的;

(四)投保人、被保险人故意造成财产损失的保险事故,骗取保险金的;

（五）投保人、受益人故意造成被保险人死亡、伤残或者疾病，骗取保险金的。

有前款第四项、第五项所列行为，同时构成其他犯罪的，依照数罪并罚的规定处罚。

单位犯第一款罪的，对单位判处罚金，并对其直接负责的主管人员和其他直接责任人员，处五年以下有期徒刑或者拘役；数额巨大或者有其他严重情节的，处五年以上十年以下有期徒刑；数额特别巨大或者有其他特别严重情节的，处十年以上有期徒刑。

保险事故的鉴定人、证明人、财产评估人故意提供虚假的证明文件，为他人诈骗提供条件的，以保险诈骗的共犯论处。

198-1 《最高人民检察院法律政策研究室关于保险诈骗未遂能否按犯罪处理问题的答复》（高检研发〔1998〕20号，1998年11月27日）

行为人已经着手实施保险诈骗行为，但由于其意志以外的原因未能获得保险赔偿的，是诈骗未遂，情节严重的，应依法追究刑事责任。

198-2 《立案标准（二）》第五十一条　进行保险诈骗活动，数额在五万元以上的，应予立案追诉。

第一百九十九条*　**（刑八、刑九）【部分金融诈骗罪的死刑规定】**犯本节第一百九十二条（集资诈骗罪）规定之罪，数额特别巨大并且给国家和人民利益造成特别重大损失的，处无期徒刑或者死刑，并处没收财产。

第二百条　（刑八、刑十一）【单位犯金融诈骗罪的处罚规定】单位犯本节第一百九十四条、第一百九十五条规定之罪的，对单位判处罚金，并对其直接负责的主管人员和其他直接责任人员，处五年以下有期徒刑或者拘役，可以并处罚金；数额巨大或者有其他严重情节的，

---

* 《刑法修正案（八）》废除了票据诈骗罪、金融凭证诈骗罪和信用证诈骗罪的死刑。鉴于集资诈骗罪作为典型的涉众型犯罪，涉案金额大，受害人数多，作案周期长，案发后大部分集资款已被挥霍、转移、隐匿，资金返还率低，集资群众损失惨重，频频引发聚众上访等大规模群体性事件和受害群众自杀自残等恶性事件，其严重危害远非其他金融诈骗罪可比，故对该罪仍保留了死刑。后《刑法修正案（九）》最终废除了本罪死刑。

处五年以上十年以下有期徒刑,并处罚金;数额特别巨大或者有其他特别严重情节的,处十年以上有期徒刑或者无期徒刑,并处罚金*。

第六节　危害税收征管罪[1]

S.6-1 《公安机关办理危害税收征管刑事案件管辖若干问题的规定》(公通字〔2004〕12号,2004年2月19日)

一、偷税案、逃避追缴欠税案(《刑法》第201条、第203条)

纳税人未根据法律、行政法规规定应当向税务机关办理税务登记的,由税务登记机关所在地县级以上公安机关管辖。如果由纳税义务发生地公安机关管辖更为适宜的,可以由纳税义务发生地县级以上公安机关管辖;纳税人未根据法律、行政法规规定不需要向税务机关办理税务登记的,由纳税义务发生地或其他法定纳税地县级以上公安机关管辖。

扣缴义务人偷税案适用前款规定。

二、抗税案(《刑法》第202条)

由抗税行为发生地县级以上公安机关管辖。

三、骗取出口退税案(《刑法》第204条第1款)

由骗取出口退税地县级以上公安机关管辖,其他涉案地公安机关予以配合。

四、虚开增值税专用发票、用于骗取出口退税、抵扣税款发票案(《刑法》第205条)

为他人虚开案件,由开票企业税务登记机关所在地县级以上公安机关管辖;为自己虚开案件、让他人为自己虚开案件,由受票企业税务登记机关所在地县级以上公安机关管辖;介绍他人虚开案件,可以与为他人虚开案件、让他人为自己虚开案件并案处理。

对于自然人实施的前款规定的虚开案件,由虚开地县级以上公安机关管辖。如果几个公安机关都有权管辖的,由最初受理的公安机关管辖;必要时,可以由主要犯罪地县级以上公安机关管辖。

对为他人虚开、为自己虚开、让他人为自己虚开、介绍他人虚开等

---

* 《刑法修正案(八)》增加了“并处罚金”。

几种情况交织在一起，且几个公安机关都有权管辖的，由最初受理的公安机关管辖；必要时，由票源集中地或虚开行为集中企业的税务登记机关所在地县级以上公安机关管辖。

五、伪造增值税专用发票案、非法制造用于骗取出口退税、抵扣税款发票案、非法制造发票案（《刑法》第206条，第209条第1款、第2款）

由伪造地、非法制造地县级以上公安机关管辖。

六、出售伪造的增值税专用发票案、购买伪造的增值税专用发票案、出售非法制造的用于骗取出口退税、抵扣税款发票案、出售非法制造的发票案（《刑法》第206条，第208条第1款，第209条第1款、第2款）

由出售地、购买地县级以上公安机关管辖；在办理本条规定的案件过程中，发现伪造地、非法制造地的，由最初受理的公安机关管辖，伪造地、非法制造地公安机关予以配合；如果由伪造地、非法制造地公安机关管辖更为适宜的，可以将案件移交伪造地、非法制造地县级以上公安机关管辖。

七、非法出售增值税专用发票案、非法购买增值税专用发票案、非法出售用于骗取出口退税、抵扣税款发票案、非法出售发票案（《刑法》第207条，第208条第1款，第209条第3款、第4款）

由出售地、购买地县级以上公安机关管辖。如果由最初受理的公安机关管辖更为适宜的，由最初受理的公安机关管辖；必要时，可以将案件移交票源集中地县级以上公安机关管辖。

八、对于本规定第一条至第七条规定的案件，如果由犯罪嫌疑人居住地公安机关管辖更为适宜的，由犯罪嫌疑人居住地县级以上公安机关管辖。

九、对于本规定第一条至第七条规定的案件，凡是属予重大涉外犯罪、重大集团犯罪和下级公安机关侦破有困难的严重刑事案件，由地（市）级以上公安机关管辖。

十、对管辖不明确或者几个公安机关都有权管辖的案件，可以由有关公安机关协商确定管辖。对管辖有争议或者情况特殊的案件，可以由共同的上级公安机关指定管辖。

十一、上级公安机关可以指定下级公安机关立案侦查管辖不明确或者需要改变管辖的案件。下级公安机关认为案情重大、复杂，需要由上级公安机关侦查的案件，可以请求移送上级公安机关侦查。

第二百零一条[1] **(刑七)【逃税罪】**纳税人[2]采取欺骗、隐瞒手段[3]* 进行虚假纳税申报或者不申报,逃避缴纳税款数额较大并且占应纳税额[4]百分之十以上的,[5]处三年以下有期徒刑或者拘役,并处罚金;数额巨大并且占应纳税额百分之三十以上的,处三年以上七年以下有期徒刑,并处罚金。

扣缴义务人[6]采取前款所列手段,不缴或者少缴已扣、已收税款,数额较大的,依照前款的规定处罚。

对多次实施前两款行为,未经处理[7]的,按照累计数额计算。

(刑七)有第一款行为,经税务机关依法下达追缴通知[8]后,补缴应纳税款,缴纳滞纳金,已受行政处罚的,不予追究刑事责任;**但是,五年内因逃避缴纳税款受过刑事处罚或者被税务机关给予二次以上行政处罚的除外。

201-1 《最高人民法院关于审理偷税抗税刑事案件具体应用法律若干问题的解释》(法释〔2002〕33 号,2002 年 11 月 7 日)

201-2 **1.**《税收征收管理法》第四条第一款 法律、行政法规规定负有纳税义务的单位和个人为纳税人。

第三款 纳税人、扣缴义务人必须依照法律、行政法规的规定缴纳税款、代扣代缴、代收代缴税款。

2.《公安部关于对未依法办理税务登记的纳税人能否成为偷税犯罪主体问题的批复》(公复字〔2007〕3 号,2007 年 5 月 23 日) 根据《中华人民共和国税收管理法》第四条、第三十七条的规定,未按照规定办理税务登记的从事生产、经营的纳税人以及临时从事经营的纳税人,可以构成偷税罪的犯罪主体。其行为触犯《中华人民共和国刑法》第二百零一条规定的,公安机关应当以偷税罪立案侦查,依法追究刑事

---

* 《刑法修正案(七)》之前的条文表述为“采取伪造、变造、擅自销毁账簿、记账凭证、在账簿上多列支出或者不列、少列收入”,修改后为“采取欺骗、隐瞒手段”,不再具体说明行为,而是抽象地概括其本质特征。

** 《刑法修正案(七)》增加本款,仅适用于逃税罪的初犯,开创了刑事立法上入罪与出罪相结合的先例,在行为已构成犯罪的情况下,只要行为人满足了法定条件,即不予追究其刑事责任,这契合了当前构建和谐社会的大背景,从立法上体现了宽严相济的刑事政策,既有利于税款征收,又极大地节约了司法资源。

责任。

2002年1月23日《公安部关于无证经营的行为人能否成为偷税主体问题的批复》(公复字〔2002〕1号)不再适用。

201-3　《公安部经济犯罪侦查局关于对两种涉税违法行为适用法律问题的批复》(公经〔2003〕1449号,2003年12月5日)　1.行为人没有实施其他违法犯罪行为,仅仅持有非法制造的发票的行为,不宜按照犯罪处理。

2.行为人使用非法制造的发票的行为,应视具体情况而定:如果行为人不知道是非法制造的发票,主观上也没有偷逃税款的目的,即使客观上使用了该发票,也不宜按照犯罪处理;如果行为人明知是非法制造的发票而使用,且偷逃税款达到了法定数额、比例要求,根据刑法第二百零一条和最高人民法院《关于审理偷税抗税刑事案件具体应用法律若干问题的解释》第二条的规定,应当以偷税罪追究刑事责任。

201-4　《公安部关于如何理解〈刑法〉第201条规定的"应纳税额"问题的批复》(公复字〔1999〕4号,1999年11月23日)　《刑法》第二百零一条规定的"应纳税额",是指某一法定纳税期限或者税务机关依法核定的纳税期间内应纳税额的总和。逃税行为涉及两个以上税种的,只要其中一个税种的偷税数额、比例达到法定标准的,即构成偷税罪,其他税种的偷税数额应累计计算。

201-5　《立案标准(二)》第五十二条　逃避缴纳税款,涉嫌下列情形之一的,应予立案追诉:

(一)纳税人采取欺骗、隐瞒手段进行虚假纳税申报或者不申报,逃避缴纳税款,数额在十万元以上并且占各税种应纳税总额百分之十以上,经税务机关依法下达追缴通知后,不补缴应纳税款、不缴纳滞纳金或者不接受行政处罚的;

(二)纳税人五年内因逃避缴纳税款受过刑事处罚或者被税务机关给予二次以上行政处罚,又逃避缴纳税款,数额在十万元以上并且占各税种应纳税总额百分之十以上的;

(三)扣缴义务人采取欺骗、隐瞒手段,不缴或者少缴已扣、已收税款,数额在十万元以上的。

纳税人在公安机关立案后再补缴应纳税款、缴纳滞纳金或者接受行政处罚的,不影响刑事责任的追究。

201-6　《税收征收管理法》第四条第二款　法律、行政法规规定负有代扣代缴、代收代缴税款义务的单位和个人为扣缴义务人。

201-7 法释〔2002〕33号第二条第四款 刑法第二百零一条第三款规定的“未经处理”,是指纳税人或者扣缴义务人在五年内多次实施偷税行为,但每次偷税数额均未达到刑法第二百零一条规定的构成犯罪的数额标准,且未受行政处罚的情形。

第五款 纳税人、扣缴义务人因同一偷税犯罪行为受到行政处罚,又被移送起诉的,人民法院应当依法受理。依法定罪并判处罚金的,行政罚款折抵罚金。

201-8 法释〔2002〕33号第二条第二款 具有下列情形之一的,应当认定为刑法第二百零一条第一款规定的“经税务机关通知申报”:

(一)纳税人、扣缴义务人已经依法办理税务登记或者扣缴税款登记的;

(二)依法不需要办理税务登记的纳税人,经税务机关依法书面通知其申报的;

(三)尚未依法办理税务登记、扣缴税款登记的纳税人、扣缴义务人,经税务机关依法书面通知其申报的。

第二百零二条[*] **【抗税罪】**以暴力、威胁方法拒不缴纳税款的,[1] 处三年以下有期徒刑或者拘役,并处拒缴税款一倍以上五倍以下罚金;情节严重的,[2] 处三年以上七年以下有期徒刑,并处拒缴税款一倍以上五倍以下罚金。

202-1 《立案标准(二)》第五十三条 以暴力、威胁方法拒不缴纳税款,涉嫌下列情形之一的,应予立案追诉:

(一)造成税务工作人员轻微伤以上的;

(二)以给税务工作人员及其亲友的生命、健康、财产等造成损害为威胁,抗拒缴纳税款的;

(三)聚众抗拒缴纳税款的;

(四)以其他暴力、威胁方法拒不缴纳税款的。

202-2 法释〔2002〕33号第五条 实施抗税行为具有下列情形之一的,属于刑法第二百零二条规定的“情节严重”:

(一)聚众抗税的首要分子;

---

* 妨害公务罪只有一个量刑幅度,而抗税罪根据情节严重而多规定了一个量刑档,同包庇罪与包庇涉毒犯罪分子一样。抗税罪只能由自然人构成。

(二)抗税数额在十万元以上的;

(三)多次抗税的;

(四)故意伤害致人轻伤的;

(五)具有其他严重情节。

法释〔2002〕33号第六条　实施抗税行为致人重伤、死亡,构成故意伤害罪、故意杀人罪的,分别依照刑法第二百三十四条第二款、第二百三十二条的规定定罪处罚。

与纳税人或者扣缴义务人共同实施抗税行为的,以抗税罪的共犯依法处罚。

第二百零三条　【逃避追缴欠税罪】纳税人欠缴应纳税款,采取转移或者隐匿财产的手段,致使税务机关无法追缴欠缴的税款,数额在一万元以上不满十万元的,处三年以下有期徒刑或者拘役,并处或者单处欠缴税款一倍以上五倍以下罚金;数额在十万元以上的,处三年以上七年以下有期徒刑,并处欠缴税款一倍以上五倍以下罚金。

第二百零四条[1]　**【骗取出口退税罪】**以假报出口[2]或者其他[3]欺骗手段,骗取国家出口退税款,数额较大的,[4]处五年以下有期徒刑或者拘役,并处骗取税款一倍以上五倍以下罚金;数额巨大[5]或者有其他严重情节的,[6]处五年以上十年以下有期徒刑,并处骗取税款一倍以上五倍以下罚金;数额特别巨大[7]或者有其他特别严重情节的,[8]处十年以上有期徒刑或者无期徒刑,并处骗取税款一倍以上五倍以下罚金或者没收财产。

纳税人缴纳税款后,采取前款规定的欺骗方法,骗取所缴纳的税款的,依照本法第二百零一条(*逃税罪*)的规定定罪处罚;骗取税款超过所缴纳的税款部分,依照前款的规定处罚。[*]

204-1　《最高人民法院关于审理骗取出口退税刑事案件具体应用法律若干问题的解释》(法释〔2002〕30号,2002年9月23日)第七条

---

* 本款似乎是对特殊的想象竞合犯以数罪论处。行为人的一个行为触犯了两个罪名,但刑法规定实行了并罚,即以偷税罪和骗取出口退税罪,实行数罪并罚,而不是以一罪论处。

实施骗取国家出口退税行为,没有实际取得出口退税款的,可以比照既遂犯从轻或者减轻处罚。

法释〔2002〕30号第八条　国家工作人员参与实施骗取出口退税犯罪活动的,依照刑法第二百零四条第一款的规定从重处罚。

204-2　法释〔2002〕30号第一条　刑法第二百零四条规定的“假报出口”,是指以虚构已税货物出口事实为目的,具有下列情形之一的行为:

(一)伪造或者签订虚假的买卖合同;

(二)以伪造、变造或者其他非法手段取得出口货物报关单、出口收汇核销单、出口货物专用缴款书等有关出口退税单据、凭证;

(三)虚开、伪造、非法购买增值税专用发票或者其他可以用于出口退税的发票;

(四)其他虚构已税货物出口事实的行为。

法释〔2002〕30号第九条　实施骗取出口退税犯罪,同时构成虚开增值税专用发票罪等其他犯罪的,依照刑法处罚较重的规定定罪处罚。

204-3　法释〔2002〕30号第二条　具有下列情形之一的,应当认定为刑法第二百零四条规定的“其他欺骗手段”:

(一)骗取出口货物退税资格的;

(二)将未纳税或者免税货物作为已税货物出口的;

(三)虽有货物出口,但虚构该出口货物的品名、数量、单价等要素,骗取未实际纳税部分出口退税款的;

(四)以其他手段骗取出口退税款的。

法释〔2002〕30号第六条　有进出口经营权的公司、企业,明知他人意欲骗取国家出口退税款,仍违反国家有关进出口经营的规定,允许他人自带客户、自带货源、自带汇票并自行报关,骗取国家出口退税款的,依照刑法第二百零四条第一款、第二百一十一条(单位犯罪)的规定定罪处罚。

204-4　《立案标准(二)》第五十五条　以假报出口或者其他欺骗手段,骗取国家出口退税款,数额在十万元以上的,应予立案追诉。

204-5　法释〔2002〕30号第三条　骗取国家出口退税款50万元以上的,为刑法第二百零四条规定的“数额巨大”;……

204-6　法释〔2002〕30号第四条　具有下列情形之一的,属于刑法第二百零四条规定的“其他严重情节”:

(一)造成国家税款损失30万元以上并且在第一审判决宣告前无

法追回的；

（二）因骗取国家出口退税行为受过行政处罚，两年内又骗取国家出口退税款数额在30万元以上的；

（三）情节严重的其他情形。

204-7　法释〔2002〕30号第三条　……骗取国家出口退税款250万元以上的，为刑法第二百零四条规定的“数额特别巨大”。

204-8　法释〔2002〕30号第五条　具有下列情形之一的，属于刑法第二百零四条规定的“其他特别严重情节”：

（一）造成国家税款损失150万元以上并且在第一审判决宣告前无法追回的；

（二）因骗取国家出口退税行为受过行政处罚，两年内又骗取国家出口退税款数额在150万元以上的；

（三）情节特别严重的其他情形。

第二百零五条[*]　**（刑八）【虚开增值税专用发票、用于骗取出口退税、抵扣税款发票罪】**虚开增值税专用发票或者虚开用于骗取出口退税、抵扣税款的其他发票[1]的，处三年以下有期徒刑或者拘役，并处二万元以上二十万元以下罚金；虚开的税款数额较大或者有其他严重情节[2]的，处三年以上十年以下有期徒刑，并处五万元以上五十万元以下罚金；虚开的税款数额巨大或者有其他特别严重情节的，处十年以上有期徒刑或者无期徒刑，并处五万元以上五十万元以下罚金或者没收财产。

单位犯本条规定之罪的，对单位判处罚金，并对其直接负责的主管人员和其他直接责任人员，处三年以下有期徒刑或者拘役；虚开的税款数额较大或者有其他严重情节的，处三年以上十年以下有期徒刑；虚开的税款数额巨大或者有其他特别严重情节的，处十年以上有期徒刑或者无期徒刑。

虚开[3]增值税专用发票或者虚开用于骗取出口退税、抵扣税款的其他发票，是指有为他人虚开、为自己虚开、让他人为自己虚开、

* 《刑法修正案（八）》仅废除了本罪的死刑，但并未修改本罪的犯罪构成。

介绍他人虚开行为之一的。

205-1 **1.**《全国人民代表大会常务委员会关于〈中华人民共和国刑法〉有关出口退税、抵扣税款的其他发票的规定的解释》(2005年12月29日) 全国人民代表大会常务委员会根据司法实践中遇到的情况,讨论了刑法规定的“出口退税、抵扣税款的其他发票”的含义问题,解释如下:刑法规定的“出口退税、抵扣税款的其他发票”,是指除增值税专用发票以外的,具有出口退税、抵扣税款功能的收付款凭证或者完税凭证。

2.《最高人民法院关于适用〈全国人民代表大会常务委员会关于惩治虚开、伪造和非法出售增值税专用发票犯罪的决定〉的若干问题的解释》(法发〔1996〕30号,1996年10月17日) 五、根据《决定》第五条规定,虚开用于骗取出口退税、抵扣税款的其他发票的,构成虚开专用发票罪,依照《决定》第一条的规定处罚。

“用于骗取出口退税、抵扣税款的其他发票”是指可以用于申请出口退税、抵扣税款的非增值税专用发票,如运输发票、废旧物品收购发票、农业产品收购发票等。

3.《最高人民法院研究室关于对三种涉税行为法律适用问题意见的复函》(法研〔2003〕175号,2003年11月20日) 行为人购买非法制造的用于抵扣税款的其他发票又虚开的行为,根据刑法第二百零五条的规定,构成犯罪的,以虚开用于抵扣税款发票罪追究刑事责任。

……

4.《立案标准(二)》第五十六条 虚开增值税专用发票或者虚开用于骗取出口退税、抵扣税款的其他发票,虚开的税款数额在十万元以上或者造成国家税款损失数额在五万元以上的,应予立案追诉。

205-2 《最高人民法院关于虚开增值税专用发票定罪量刑标准有关问题的通知》(法〔2018〕226号,2018年8月22日)

一、自本通知下发之日起,人民法院在审判工作中不再参照执行《最高人民法院关于适用〈全国人民代表大会常务委员会关于惩治虚开、伪造和非法出售增值税专用发票犯罪的决定〉的若干问题的解释》(法发〔1996〕30号)第一条规定的虚开增值税专用发票罪的定罪量刑标准。

二、在新的司法解释颁行前,对虚开增值税专用发票刑事案件定罪量刑的数额标准,可以参照《最高人民法院关于审理骗取出口退税刑事案件具体应用法律若干问题的解释》(法释〔2002〕30号)第三条的规定执行,即虚开的税款数额在五万元以上的,以虚开增值税专用发票罪处三年以下有期徒刑或者拘役,并处二万元以上二十万元以下罚金;虚开的税款数额在五十万元以上的,认定为刑法第二百零五条规定的"数额较大";虚开的税款数额在二百五十万元以上的,认定为刑法第二百零五条规定的"数额巨大"。

205-3　**1.**《公安部经济犯罪侦查局关于对购买非法制造的用于抵扣税款的其他发票又虚开的行为适用法律问题的批复》(公经〔2003〕1448号,2003年12月5日)　行为人购买非法制造的用于抵扣税款的其他发票又虚开的行为,根据刑法第二百零五条的规定,构成犯罪的,以虚开用于抵扣税款发票罪追究刑事责任。因此,犯罪嫌疑人彭大达购买非法制造的运输业发票后又虚开的行为,已经构成犯罪,应以虚开用于抵扣税款发票罪追究其刑事责任。

2.《最高人民检察院法律政策研究室关于税务机关工作人员通过企业以"高开低征"的方法代开增值税专用发票的行为如何适用法律问题的答复》(高检研发〔2004〕6号,2004年3月17日)　税务机关及其工作人员将不具备条件的小规模纳税人虚报为一般纳税人,并让其采用"高开低征"的方法为他人代开增值税专用发票的行为,属于虚开增值税专用发票。对于造成国家税款损失,构成犯罪的,应当依照刑法第二百零五条的规定追究刑事责任。

3.《最高人民检察院公诉厅〈关于征求对国税函〔2002〕893号文件适用暨××公司案定性问题意见的函〉的回复函》(2008年11月7日)　废旧物资回收经营行业符合国税函〔2002〕893号文件规定经营方式的应按该文处理,但不符合该文的情形是否认定为虚开,不可一概而论,应根据具体情况依法处理。如果××公司确系"开票公司",××公司为甲钢厂的开票行为倾向认定为虚开。

4.《最高人民法院关于湖北汽车商场虚开增值税专用发票一案的批复》(刑他字〔2001〕36号,2002年4月16日)　本案被告单位和被告人虽然实施了虚开增值税专用发票的行为,但主观上不具有偷骗税款的目的,客观上亦未实际造成国家税收损失,其行为不符合刑法规定的虚开增值税专用发票罪的犯罪构成,不构成犯罪。

5.《最高人民法院关于对〈审计署关于咨询虚开增值税专用发票罪问题的函〉的复函》(法函〔2001〕66号,2001年10月17日)　地方税务机关实施"高开低征"或者"开大征小"等违规开具增值税专用发票的行为,不属于刑法第二百零五条规定的虚开增值税专用发票的犯罪行为,造成国家税款重大损失的,对有关主管部门的国家机关工作人员,应当根据刑法有关渎职罪的规定追究刑事责任。

6.《最高人民法院研究室〈关于如何认定以"挂靠"有关公司名义实施经营活动并让有关公司为自己虚开增值税专用发票行为的性质〉征求意见的复函》(法研〔2015〕58 号,2015 年 6 月 11 日)　二、行为人利用他人的名义从事经营活动,并以他人名义开具增值税专用发票的,即便行为人与该他人之间不存在挂靠关系,但如行为人进行了实际的经营活动,主观上并无骗取抵扣税款的故意,客观上也未造成国家增值税款损失的,不宜认定为刑法第二百零五条规定的"虚开增值税专用发票";符合逃税罪等其他犯罪构成条件的,可以其他犯罪论处。

7.《最高人民法院刑事审判第二庭对〈关于征求对国税函〔2002〕893 号文件适用暨××公司案定性问题意见的函〉的复函》(〔2008〕刑二函字第 92 号,2008 年 10 月 17 日)　符合国税函〔2002〕893 号文件的行为不宜以虚开犯罪处理。该案能否适用国税函〔2002〕893 号文件,关键在于××公司是否属于实际从事废旧物资经营的单位。如果能够证实××公司确系没有实际经营业务的开票公司,则其不符合国税函〔2002〕893 号文件规定的实质主体要件,不适应国税函〔2002〕893 号文件,其行为构成犯罪的,依照刑法及相关司法解释的有关规定处理。

第二百零五条之一　(刑八)【虚开发票罪】虚开本法第二百零五条规定以外的其他发票,情节严重的[1],处二年以下有期徒刑、拘役或者管制,并处罚金;情节特别严重的,处二年以上七年以下有期徒刑,并处罚金。

单位犯前款罪的,对单位判处罚金,并对其直接负责的主管人员和其他直接责任人员,依照前款的规定处罚。

205A-1　《立案标准(二)》第五十七条　虚开刑法第二百零五条规定以外的其他发票,涉嫌下列情形之一的,应予立案追诉:

(一)虚开发票金额累计在五十万元以上的;

(二)虚开发票一百份以上且票面金额在三十万元以上的;

(三)五年内因虚开发票受过刑事处罚或者二次以上行政处罚,又虚开发票，数额达到第一、二项标准百分之六十以上的。

第二百零六条　（刑八）*【伪造、出售伪造的增值税专用发票罪】伪造或者出售伪造的增值税专用发票的，[1] 处三年以下有期徒刑、拘役或者管制，并处二万元以上二十万元以下罚金；数量较大或者有其他严重情节[2] 的，处三年以上十年以下有期徒刑，并处五万元以上五十万元以下罚金；数量巨大或者有其他特别严重情节[3] 的，处十年以上有期徒刑或者无期徒刑，并处五万元以上五十万元以下罚金或者没收财产。

单位犯本条规定之罪的，对单位判处罚金，并对其直接负责的主管人员和其他直接责任人员，处三年以下有期徒刑、拘役或者管制；数量较大或者有其他严重情节的，处三年以上十年以下有期徒刑；数量巨大或者有其他特别严重情节的，处十年以上有期徒刑或者无期徒刑。

206-1　**1.**《立案标准（二）》第五十八条　伪造或者出售伪造的增值税专用发票，涉嫌下列情形之一的，应予立案追诉：

（一）票面税额累计在十万元以上的；

（二）伪造或者出售伪造的增值税专用发票十份以上且票面税额在六万元以上的；

（三）非法获利数额在一万元以上的。

2.《最高人民法院关于适用〈全国人民代表大会常务委员会关于惩治虚开、伪造和非法出售增值税专用发票犯罪的决定〉的若干问题的解释》（法发〔1996〕30 号，1996 年 10 月 17 日）　二、根据《决定》第二条规定，伪造或者出售伪造的增值税专用发票的，构成伪造、出售伪造的增值税专用发票罪。

伪造或者出售伪造的增值税专用发票 25 份以上或者票面额（千元版以每份 1000 元，万元版以每份 1 万元计算，以此类推。下同）累计 10 万元以上的应当依法定罪处罚。

……

206-2　《最高人民法院关于适用〈全国人民代表大会常务委员会

---

* 《刑法修正案（八）》只是废除了本罪的死刑，但并未修改本罪的犯罪构成。

关于惩治虚开、伪造和非法出售增值税专用发票犯罪的决定〉的若干问题的解释》(法发〔1996〕30号,1996年10月17日) 二、……伪造或者出售伪造的增值税专用发票100份以上或者票面额累计50万元以上的,属于"数量较大"。具有下列情形之一的,属于"有其他严重情节":(1)违法所得数额在1万元以上的;(2)伪造并出售伪造的增值税专用发票60份以上或者票面额累计30万元以上的;(3)造成严重后果或者具有其他严重情节的。

……

206-3 《最高人民法院关于适用〈全国人民代表大会常务委员会关于惩治虚开、伪造和非法出售增值税专用发票犯罪的决定〉的若干问题的解释》(法发〔1996〕30号,1996年10月17日) 二、……伪造或者出售伪造的增值税专用发票500份以上或者票面额累计250万元以上的,属于"数量巨大"。具有下列情形之一的,属于"有其他特别严重情节":(1)违法所得数额在5万元以上的;(2)伪造并出售伪造的增值税专用发票300份以上或者票面额累计200万元以上的;(3)伪造或者出售伪造的增值税专用发票接近"数量巨大"并有其他严重情节的;(4)造成特别严重后果或者具有其他特别严重情节的。

……

第二百零七条 【非法出售增值税专用发票罪】非法出售增值税专用发票[1]的,处三年以下有期徒刑、拘役或者管制,并处二万元以上二十万元以下罚金;数量较大的,处三年以上十年以下有期徒刑,并处五万元以上五十万元以下罚金;数量巨大的,处十年以上有期徒刑或者无期徒刑,并处五万元以上五十万元以下罚金或者没收财产。

207-1 《立案标准(二)》第五十九条 非法出售增值税专用发票,涉嫌下列情形之一的,应予立案追诉:

(一)票面税额累计在十万元以上的;

(二)非法出售增值税专用发票十份以上且票面税额在六万元以上的;

(三)非法获利数额在一万元以上的。

第二百零八条 【非法购买增值税专用发票、购买伪造的增值

税专用发票罪】非法购买增值税专用发票或者购买伪造的增值税专用发票的，[1] 处五年以下有期徒刑或者拘役，并处或者单处二万元以上二十万元以下罚金。

非法购买增值税专用发票或者购买伪造的增值税专用发票又虚开或者出售的，分别依照本法第二百零五条（*虚开增值税专用发票罪*）、第二百零六条（*出售伪造的专用发票罪*）、第二百零七条（*非法出售增值税专用发票罪*）的规定定罪处罚。

208-1 **1.**《立案标准（二）》第六十条 非法购买增值税专用发票或者购买伪造的增值税专用发票，涉嫌下列情形之一的，应予立案追诉：

（一）非法购买增值税专用发票或者购买伪造的增值税专用发票二十份以上且票面税额在十万元以上的；

（二）票面税额累计在二十万元以上的。

2.《最高人民法院关于适用〈全国人民代表大会常务委员会关于惩治虚开、伪造和非法出售增值税专用发票犯罪的决定〉的若干问题的解释》（法发〔1996〕30号，1996年10月17日） 四、根据《决定》第四条规定，非法购买增值税专用发票或者购买伪造的增值税专用发票的，构成非法购买增值税专用发票、伪造的增值税专用发票罪。

……

非法购买真、伪两种增值税专用发票的，数量累计计算，不实行数罪并罚。

第二百零九条 【非法制造、出售非法制造的用于骗取出口退税、抵扣税款发票罪】伪造、擅自制造或者出售伪造、擅自制造的可以用于骗取出口退税、抵扣税款的其他发票的，[1] 处三年以下有期徒刑、拘役或者管制，并处二万元以上二十万元以下罚金；数量巨大的[2]，处三年以上七年以下有期徒刑，并处五万元以上五十万元以下罚金；数量特别巨大的[3]，处七年以上有期徒刑，并处五万元以上五十万元以下罚金或者没收财产。

【非法制造、出售非法制造的发票罪】伪造[4]、擅自制造或者出售伪造、擅自制造的前款规定以外的其他发票[5] 的，[6] 处二年以下有期徒刑、拘役或者管制,并处或者单处一万元以上五万元以下罚金;情节严重的,处二年以上七年以下有期徒刑,并处五万元以上五十万元以下罚金。

【非法出售用于骗取出口退税、抵扣税款发票罪】非法出售可以用于骗取出口退税、抵扣税款的其他发票的,[7]依照第一款的规定处罚。

【非法出售发票罪】非法出售第三款规定以外的其他发票的[8],依照第二款的规定处罚。

209-1 《立案标准(二)》第六十一条 伪造、擅自制造或者出售伪造、擅自制造的用于骗取出口退税、抵扣税款的其他发票,涉嫌下列情形之一的,应予立案追诉:

(一)票面可以退税、抵扣税额累计在十万元以上的;

(二)伪造、擅自制造或者出售伪造、擅自制造的发票十份以上且票面可以退税、抵扣税额在六万元以上的;

(三)非法获利数额在一万元以上的。

209-2 《最高人民法院关于适用〈全国人民代表大会常务委员会关于惩治虚开、伪造和非法出售增值税专用发票犯罪的决定〉的若干问题的解释》(法发〔1996〕30号,1996年10月17日) 六、……伪造、擅自制造或者出售伪造、擅自制造的可以用于骗取出口退税、抵扣税款的其他发票200份以上的,属于"数量巨大"……

209-3 《最高人民法院关于适用〈全国人民代表大会常务委员会关于惩治虚开、伪造和非法出售增值税专用发票犯罪的决定〉的若干问题的解释》(法发〔1996〕30号,1996年10月17日) 六、……伪造、擅自制造或者出售伪造、擅自制造的可以用于骗取出口退税、抵扣税款的其他发票1000份以上的,属于"数量特别巨大"。

209-4 《全国人民代表大会常务委员会法制工作委员会刑法室关于对变造、出售变造普通发票行为的定性问题的意见》(刑发〔2005〕1号,2005年1月17日) 刑法第二百零九条第二款规定的"伪造、擅自制造,或者出售伪造、擅自制造的前款规定以外的其他发票"的行为,包括变造、出售变造的普通发票的行为。

209-5 《最高人民法院刑事审判第二庭关于航空运输代理机构虚开、销售虚假航空行程单的行为如何定性问题的复函》(〔2010〕刑二函字第82号,2010年6月21日)　航空票务代理机构购买非法印制的空白航空行程单并出售的,或者购买非法印刷的空白航空行程单后,为他人虚开并收取手续费的,其行为符合刑法第二百零九条第二款的规定,构成犯罪的,可按照出售非法制造的发票罪追究相关机构和人员的刑事责任。

……

209-6　《立案标准(二)》第六十二条　伪造、擅自制造或者出售伪造、擅自制造的不具有骗取出口退税、抵扣税款功能的其他发票,涉嫌下列情形之一的,应予立案追诉:

(一)伪造、擅自制造或者出售伪造、擅自制造的不具有骗取出口退税、抵扣税款功能的其他发票一百份以上且票面金额累计在三十万元以上的;

(二)票面金额累计在五十万元以上的;

(三)非法获利数额在一万元以上的。

209-7　《立案标准(二)》第六十三条　非法出售可以用于骗取出口退税、抵扣税款的其他发票,涉嫌下列情形之一的,应予立案追诉:

(一)票面可以退税、抵扣税额累计在十万元以上的;

(二)非法出售用于骗取出口退税、抵扣税款的其他发票十份以上且票面可以退税、抵扣税额在六万元以上的;

(三)非法获利数额在一万元以上的。

209-8　《立案标准(二)》第六十四条　非法出售增值税专用发票、用于骗取出口退税、抵扣税款的其他发票以外的发票,涉嫌下列情形之一的,应予立案追诉:

(一)非法出售增值税专用发票、用于骗取出口退税、抵扣税款的其他发票以外的发票一百份以上且票面金额累计在三十万元以上的;

(二)票面金额累计在五十万元以上的;

(三)非法获利数额在一万元以上的。

第二百一十条　【盗窃罪】盗窃增值税专用发票或者可以用于骗取出口退税、抵扣税款的其他发票的[1],依照本法第二百六十四条(*盗窃罪*)的规定定罪处罚。

【诈骗罪】使用欺骗手段骗取增值税专用发票或者可以用于骗取出口退税、抵扣税款的其他发票的,依照本法第二百六十六条的规定定罪处罚。

210-1 《最高人民法院关于适用〈全国人民代表大会常务委员会关于惩治虚开、伪造和非法出售增值税专用发票犯罪的决定〉的若干问题的解释》(法发〔1996〕30号,1996年10月17日) 七、盗窃增值税专用发票或者可以用于骗取出口退税、抵扣税款的其他发票25份以上,或者其他发票50份以上的;诈骗增值税专用发票或者可以用于骗取出口退税、抵扣税款的其他发票50份以上,或者其他发票100份以上的,依照刑法第一百五十一条的规定处罚。

盗窃增值税专用发票或者可以用于骗取出口退税、抵扣税款的其他发票250份以上,或者其他发票500份以上的;诈骗增值税专用发票或者可以用于骗取出口退税、抵扣税款的其他发票500份以上,或者其他发票1000份以上的,依照刑法第一百五十二条的规定处罚。

盗窃增值税专用发票或者其他发票情节特别严重的,依照《全国人民代表大会常务委员会关于严惩严重破坏经济的罪犯的决定》第一条第(一)项的规定处罚。

盗窃、诈骗增值税专用发票或者其他发票后,又实施《决定》规定的虚开、出售等犯罪的,按照其中的重罪定罪处罚,不实行数罪并罚。

第二百一十条之一 (刑八)【持有伪造的发票罪】明知是伪造的发票而持有,数量较大的,[1] 处二年以下有期徒刑、拘役或者管制,并处罚金;数量巨大的,处二年以上七年以下有期徒刑,并处罚金。

单位犯前款罪的,对单位判处罚金,并对其直接负责的主管人员和其他直接责任人员,依照前款的规定处罚。

210A-1 《立案标准(二)》第六十五条 明知是伪造的发票而持有,涉嫌下列情形之一的,应予立案追诉:

(一)持有伪造的增值税专用发票或者可以用于骗取出口退税、抵扣税款的其他发票五十份以上且票面税额累计在二十五万元以上的;

(二)持有伪造的增值税专用发票或者可以用于骗取出口退税、抵扣税款的其他发票票面税额累计在五十万元以上的;

(三)持有伪造的第一项规定以外的其他发票一百份以上且票面金额在五十万元以上的;

（四）持有伪造的第一项规定以外的其他发票票面金额累计在一百万元以上的。

第二百一十一条　【单位犯危害税收征管罪的处罚规定】单位犯本节第二百零一条（*逃税罪*）、第二百零三条（*逃避追缴欠税罪*）、第二百零四条（*骗取出口退税罪*）、第二百零七条（*非法出售增值税专用发票罪*）、第二百零八条（*非法购买增值税专用发票罪、购买伪造的增值税专用发票罪*）、第二百零九条（*非法制造、出售非法制造的用于骗取出口退税、抵扣税款发票罪*）规定之罪的，对单位判处罚金，并对其直接负责的主管人员和其他直接责任人员，依照各该条的规定处罚。

第二百一十二条　【税务机关征缴优先原则】犯本节第二百零一条至第二百零五条规定之罪，被判处罚金、没收财产的，在执行前，应当先由税务机关追缴税款和所骗取的出口退税款。

第七节　侵犯知识产权罪*[1]

S.7-1　1.《最高人民法院、最高人民检察院关于办理侵犯知识产权刑事案件具体应用法律若干问题的解释》（法释〔2004〕19 号，2004 年 12 月 22 日）；2.《最高人民法院、最高人民检察院关于办理侵犯知识产权刑事案件具体应用法律若干问题的解释（二）》（法释〔2007〕6 号，2007 年 4 月 5 日）；3.《最高人民法院、最高人民检察院关于办理侵犯知识产权刑事案件具体应用法律若干问题的解释（三）》（法释〔2020〕10 号，2020 年 9 月 14 日）；4.《最高人民法院、最高人民检察院、公安部关于办理侵犯知识产权刑事案件适用法律若干问题的意见》（法发〔2011〕3 号，2011 年 1 月 10 日）；5.《最高人民法院关于审理侵犯商业秘密民事案件适用法律若干问题的规定》（法释〔2020〕7 号，2020 年 9

* 侵犯知识产权罪，虽然也侵犯了财产权，但其并不属于侵犯财产罪，而属于破坏社会主义市场经济秩序罪，这说明其保护的法益更主要的是市场秩序。在知识产权法律体系中，反不正当竞争法是一般法，而专利法、著作权法和商标法则属于特别法。

月12日)。

1.《最高人民法院、最高人民检察院、公安部关于办理侵犯知识产权刑事案件适用法律若干问题的意见》(法发〔2011〕3号,2011年1月10日) 一、关于侵犯知识产权犯罪案件的管辖问题

侵犯知识产权犯罪案件由犯罪地公安机关立案侦查。必要时,可以由犯罪嫌疑人居住地公安机关立案侦查。侵犯知识产权犯罪案件的犯罪地,包括侵权产品制造地、储存地、运输地、销售地,传播侵权作品、销售侵权产品的网站服务器所在地、网络接入地、网站建立者或者管理者所在地,侵权作品上传者所在地,权利人受到实际侵害的犯罪结果发生地。对有多个侵犯知识产权犯罪地的,由最初受理的公安机关或者主要犯罪地公安机关管辖。多个侵犯知识产权犯罪地的公安机关对管辖有争议的,由共同的上级公安机关指定管辖,需要提请批准逮捕、移送审查起诉、提起公诉的,由该公安机关所在地的同级人民检察院、人民法院受理。

对于不同犯罪嫌疑人、犯罪团伙跨地区实施的涉及同一批侵权产品的制造、储存、运输、销售等侵犯知识产权犯罪行为,符合并案处理要求的,有关公安机关可以一并立案侦查,需要提请批准逮捕、移送审查起诉、提起公诉的,由该公安机关所在地的同级人民检察院、人民法院受理。

2. 法释〔2020〕10号第七条 除特殊情况外,假冒注册商标的商品、非法制造的注册商标标识、侵犯著作权的复制品、主要用于制造假冒注册商标的商品、注册商标标识或者侵权复制品的材料和工具,应当依法予以没收和销毁。

上述物品需要作为民事、行政案件的证据使用的,经权利人申请,可以在民事、行政案件终结后或者采取取样、拍照等方式对证据固定后予以销毁。

法释〔2020〕10号第八条 具有下列情形之一的,可以酌情从重处罚,一般不适用缓刑:

(一)主要以侵犯知识产权为业的;

(二)因侵犯知识产权被行政处罚后再次侵犯知识产权构成犯罪的;

(三)在重大自然灾害、事故灾难、公共卫生事件期间,假冒抢险救灾、防疫物资等商品的注册商标的;

(四)拒不交出违法所得的。

法释〔2020〕10号第九条　具有下列情形之一的，可以酌情从轻处罚：

（一）认罪认罚的；

（二）取得权利人谅解的；

（三）具有悔罪表现的；

（四）以不正当手段获取权利人的商业秘密后尚未披露、使用或者允许他人使用的。

法释〔2020〕10号第十条　对于侵犯知识产权犯罪的，应当综合考虑犯罪违法所得数额、非法经营数额、给权利人造成的损失数额、侵权假冒物品数量及社会危害性等情节，依法判处罚金。

罚金数额一般在违法所得数额的一倍以上五倍以下确定。违法所得数额无法查清的，罚金数额一般按照非法经营数额的百分之五十以上一倍以下确定。违法所得数额和非法经营数额均无法查清，判处三年以下有期徒刑、拘役、管制或者单处罚金的，一般在三万元以上一百万元以下确定罚金数额；判处三年以上有期徒刑的，一般在十五万元以上五百万元以下确定罚金数额。

第二百一十三条　（刑十一）【假冒注册商标罪】未经注册商标所有人许可，在同一种商品[1]、服务上使用[2]与其注册商标相同的商标[3]，情节严重的[4]，处三年以下有期徒刑，并处或者单处罚金；情节特别严重的[5]，处三年以上十年以下有期徒刑，并处罚金。

213-1　1. 法发〔2011〕3号　五、关于《刑法》第二百一十三条规定的“同一种商品”的认定问题

名称相同的商品以及名称不同但指同一事物的商品，可以认定为“同一种商品”。“名称”是指国家工商行政管理总局商标局在商标注册工作中对商品使用的名称，通常即《商标注册用商品和服务国际分类》中规定的商品名称。“名称不同但指同一事物的商品”是指在功能、用途、主要原料、消费对象、销售渠道等方面相同或者基本相同，相关公众一般认为是同一种事物的商品。

认定“同一种商品”，应当在权利人注册商标核定使用的商品和行为人实际生产销售的商品之间进行比较。

2.《最高人民法院、最高人民检察院关于办理非法生产、销售烟草专卖品等刑事案件具体应用法律若干问题的解释》（法释〔2010〕7号，

2010年3月26日)第一条第二款　未经卷烟、雪茄烟等烟草专卖品注册商标所有人许可,在卷烟、雪茄烟等烟草专卖品上使用与其注册商标相同的商标,情节严重的,依照《刑法》第二百一十三条的规定,以假冒注册商标罪定罪处罚。

213-2　法释〔2004〕19号第八条第二款　《刑法》第二百一十三条规定的"使用",是指将注册商标或者假冒的注册商标用于商品、商品包装或者容器以及产品说明书、商品交易文书,或者将注册商标或者假冒的注册商标用于广告宣传、展览以及其他商业活动等行为。

213-3　**1.** 法释〔2020〕10号第一条　具有下列情形之一的,可以认定为刑法第二百一十三条规定的"与其注册商标相同的商标":

(一)改变注册商标的字体、字母大小写或者文字横竖排列,与注册商标之间基本无差别的;

(二)改变注册商标的文字、字母、数字等之间的间距,与注册商标之间基本无差别的;

(三)改变注册商标颜色,不影响体现注册商标显著特征的;

(四)在注册商标上仅增加商品通用名称、型号等缺乏显著特征要素,不影响体现注册商标显著特征的;

(五)与立体注册商标的三维标志及平面要素基本无差别的;

(六)其他与注册商标基本无差别、足以对公众产生误导的商标。

2. 法释〔2004〕19号第八条第一款　《刑法》第二百一十三条规定的"相同的商标",是指与被假冒的注册商标完全相同,或者与被假冒的注册商标在视觉上基本无差别、足以对公众产生误导的商标。

3.《最高人民法院刑事审判第二庭关于集体商标是否属于我国刑法的保护范围问题的复函》(〔2009〕刑二函字第28号,2009年4月10日)　一、我国《商标法》第三条规定:"经商标局核准注册的商标为注册商标,包括商品商标、服务商标和集体商标、证明商标;商标注册人享有商标专用权,受法律保护。"因此,刑法第二百一十三条至二百一十五条所规定的"注册商标"应当涵盖"集体商标"。

二、商标标识中注明了自己的注册商标的同时,又使用了他人注册为集体商标的地理名称,可以认定为刑法规定的"相同的商标"。根据贵局提供的材料,山西省清徐县溢美源醋业有限公司在其生产的食用醋的商标上用大号字体在显著位置上清晰地标明"镇江香(陈)醋",说明其已经使用了与江苏省镇江市醋业协会所注册的"镇江香(陈)醋"集体商标相同的商标。而且,山西省清徐县溢美源醋业有限公司还在其商标标识上注明了江苏省镇江市丹阳市某香醋厂的厂名厂址和QS标志，也说明其实施假冒注册“镇江香(陈)醋”集体商标的行为。

综上，山西省清徐县溢美源醋业有限公司的行为涉嫌触犯《刑法》第二百一十三条至二百一十五条的规定。

213-4 **1.** 法释〔2004〕19号第一条第一款 未经注册商标所有人许可，在同一种商品上使用与其注册商标相同的商标，具有下列情形之一的，属于刑法第二百一十三条规定的“情节严重”，应当以假冒注册商标罪判处三年以下有期徒刑或者拘役，并处或者单处罚金：

(一)非法经营数额在五万元以上或者违法所得数额在三万元以上的；

(二)假冒两种以上注册商标，非法经营数额在三万元以上或者违法所得数额在二万元以上的；

(三)其他情节严重的情形。

法释〔2004〕19号第十二条 本解释所称“非法经营数额”，是指行为人在实施侵犯知识产权行为过程中，制造、储存、运输、销售侵权产品的价值。已销售的侵权产品的价值，按照实际销售的价格计算。制造、储存、运输和未销售的侵权产品的价值，按照标价或者已经查清的侵权产品的实际销售平均价格计算。侵权产品没有标价或者无法查清其实际销售价格的，按照被侵权产品的市场中间价格计算。

多次实施侵犯知识产权行为，未经行政处理或者刑事处罚的，非法经营数额、违法所得数额或者销售金额累计计算。

本解释第三条所规定的“件”，是指标有完整商标图样的一份标识。

2. 郭明升、郭明锋、孙淑标假冒注册商标案(指导性案例第87号)

裁判要点 假冒注册商标犯罪的非法经营数额、违法所得数额，应当综合被告人供述、证人证言、被害人陈述、网络销售电子数据、被告人银行账户往来记录、送货单、快递公司电脑系统记录、被告人等所作记账等证据认定。被告人辩解称网络销售记录存在刷信誉的不真实交易，但无证据证实的，对其辩解不予采纳。

213-5 法释〔2004〕19号第一条第二款 (*未经注册商标所有人许可，在同一种商品上使用与其注册商标相同的商标*)具有下列情形之一的，属于刑法第二百一十三条规定的“情节特别严重”，应当以假冒注册商标罪判处三年以上七年以下有期徒刑，并处罚金：

(一)非法经营数额在二十五万元以上或者违法所得数额在十五万元以上的;

(二)假冒两种以上注册商标,非法经营数额在十五万元以上或者违法所得数额在十万元以上的;

(三)其他情节特别严重的情形。

第二百一十四条　(刑十一)【销售假冒注册商标的商品罪】销售*明知[1]是假冒注册商标的商品[2],违法所得数额较大或者有其他严重情节的[3],处三年以下有期徒刑,并处或者单处罚金;违法所得数额巨大[4]或者有其他特别严重情节的,处三年以上十年以下有期徒刑,并处罚金。

214-1　法释〔2004〕19号第二条第一款　销售明知是假冒注册商标的商品,销售金额在五万元以上的,属于刑法第二百一十四条规定的"数额较大",应当以销售假冒注册商标的商品罪判处三年以下有期徒刑或者拘役,并处或者单处罚金。

法释〔2004〕19号第九条第二款　具有下列情形之一,应当认定为属于刑法第二百一十四条规定的"明知":

(一)知道自己销售的商品上的注册商标被涂改、调换或者覆盖的;

(二)因销售假冒注册商标的商品受到过行政处罚或者承担过民事责任,又销售同一种假冒注册商标的商品的;

(三)伪造、涂改商标注册人授权文件或者知道该文件被伪造、涂改的;

(四)其他知道或者应当知道是假冒注册商标的商品的情形。

214-2　《最高人民法院、最高人民检察院关于办理非法生产、销售烟草专卖品等刑事案件具体应用法律若干问题的解释》(法释〔2010〕7号,2010年3月26日)第一条第三款　销售明知是假冒他人注册商标的卷烟、雪茄烟等烟草专卖品,销售金额较大的,依照刑法第二百一十四条的规定,以销售假冒注册商标的商品罪定罪处罚。

214-3　法发〔2011〕3号　八、关于销售假冒注册商标的商品犯罪

---

* 假冒注册商标的犯罪人销售自己假冒注册商标的商品的,属于吸收犯,只成立假冒注册商标罪,不成立本罪。但如果行为人在此商品上假冒他人注册商标,同时销售他人假冒注册商标的商品,则成立假冒注册商标罪和销售假冒注册商标的商品罪,实行数罪并罚。因此,销售假冒注册商标的商品罪的主体,只能是本犯以外的自然人或单位。

案件中尚未销售或者部分销售情形的定罪量刑问题

销售明知是假冒注册商标的商品,具有下列情形之一的,依照刑法第二百一十四条的规定,以销售假冒注册商标的商品罪(未遂)定罪处罚:

(一)假冒注册商标的商品尚未销售,货值金额在十五万元以上的;

(二)假冒注册商标的商品部分销售,已销售金额不满五万元,但与尚未销售的假冒注册商标的商品的货值金额合计在十五万元以上的。

假冒注册商标的商品尚未销售,货值金额分别达到十五万元以上不满二十五万元、二十五万元以上的,分别依照刑法第二百一十四条规定的各法定刑幅度定罪处罚。

销售金额和未销售货值金额分别达到不同的法定刑幅度或者均达到同一法定刑幅度的,在处罚较重的法定刑或者同一法定刑幅度内酌情从重处罚。

214-4　法释〔2004〕19号第二条第二款　销售金额在二十五万元以上的,属于刑法第二百一十四条规定的“数额巨大”,应当以销售假冒注册商标的商品罪判处三年以上七年以下有期徒刑,并处罚金。

第二百一十五条　(刑十一)【非法制造、销售非法制造的注册商标标识罪】伪造、擅自制造他人注册商标标识[1]或者销售伪造、擅自制造的注册商标标识,情节严重的,[2]处三年以下有期徒刑,并处或者单处罚金;情节特别严重[3]的,处三年以上十年以下有期徒刑,并处罚金。

215-1　《最高人民法院、最高人民检察院关于办理非法生产、销售烟草专卖品等刑事案件具体应用法律若干问题的解释》(法释〔2010〕7号,2010年3月26日)第一条第四款　伪造、擅自制造他人卷烟、雪茄烟注册商标标识或者销售伪造、擅自制造的卷烟、雪茄烟注册商标标识,情节严重的,依照刑法第二百一十五条的规定,以非法制造、销售非法制造的注册商标标识罪定罪处罚。

215-2　1. 法释〔2004〕19号第三条第一款　伪造、擅自制造他人注册商标标识或者销售伪造、擅自制造的注册商标标识,具有下列情形之一的,属于刑法第二百一十五条规定的“情节严重”,应当以非法制造、销售非法制造的注册商标标识罪判处三年以下有期徒刑、拘役或者管制,并处或者单处罚金:

(一)伪造、擅自制造或者销售伪造、擅自制造的注册商标标识数量在二万件以上,或者非法经营数额在五万元以上,或者违法所得数额在三万元以上的;

(二)伪造、擅自制造或者销售伪造、擅自制造两种以上注册商标标识数量在一万件以上,或者非法经营数额在三万元以上,或者违法所得数额在二万元以上的;

(三)其他情节严重的情形。

2. 法发〔2011〕3号　九、关于销售他人非法制造的注册商标标识犯罪案件中尚未销售或者部分销售情形的定罪问题

销售他人伪造、擅自制造的注册商标标识,具有下列情形之一的,依照刑法第二百一十五条的规定,以销售非法制造的注册商标标识罪(未遂)定罪处罚:

(一)尚未销售他人伪造、擅自制造的注册商标标识数量在六万件以上的;

(二)尚未销售他人伪造、擅自制造的两种以上注册商标标识数量在三万件以上的;

(三)部分销售他人伪造、擅自制造的注册商标标识,已销售标识数量不满二万件,但与尚未销售标识数量合计在六万件以上的;

(四)部分销售他人伪造、擅自制造的两种以上注册商标标识,已销售标识数量不满一万件,但与尚未销售标识数量合计在三万件以上的。

215-3　法释〔2004〕19号第三条第二款　具有下列情形之一的,属于刑法第二百一十五条规定的“情节特别严重”,应当以非法制造、销售非法制造的注册商标标识罪判处三年以上七年以下有期徒刑,并处罚金:

(一)伪造、擅自制造或者销售伪造、擅自制造的注册商标标识数量在十万件以上,或者非法经营数额在二十五万元以上,或者违法所得数额在十五万元以上的;

(二)伪造、擅自制造或者销售伪造、擅自制造两种以上注册商标标识数量在五万件以上,或者非法经营数额在十五万元以上,或者违法所得数额在十万元以上的;

(三)其他情节特别严重的情形。

第二百一十六条 【假冒专利罪】假冒他人专利*,[1] 情节严重的,[2] 处三年以下有期徒刑或者拘役,并处或者单处罚金。

216-1 1.《专利法》(2020 年 10 月 17 日第四次修订)第二条 本法所称的发明创造是指发明、实用新型和外观设计。

发明,是指对产品、方法或者其改进所提出的新的技术方案。

实用新型,是指对产品的形状、构造或者其结合所提出的适于实用的新的技术方案。

外观设计,是指对产品的整体或者局部的形状、图案或者其结合以及色彩与形状、图案的结合所作出的富有美感并适于工业应用的新设计。

2. 法释〔2004〕19 号第十条 实施下列行为之一的,属于《刑法》第二百一十六条规定的"假冒他人专利"的行为:

(一)未经许可,在其制造或者销售的产品、产品的包装上标注他人专利号的;

(二)未经许可,在广告或者其他宣传材料中使用他人的专利号,使公众将所涉及的技术误认为是他人专利技术的;

(三)未经许可,在合同中使用他人的专利号,使公众将合同涉及的技术误认为是他人的专利技术;

(四)伪造或者变造他人的专利证书、专利文件或者专利申请文件的。

216-2 法释〔2004〕19 号第四条 假冒他人专利,具有下列情形之一的,属于刑法第二百一十六条规定的"情节严重",应当以假冒专利罪判处三年以下有期徒刑或者拘役,并处或者单处罚金:

(一)非法经营数额在二十万元以上或者违法所得数额在十万元以上的;

(二)给专利权人造成直接经济损失五十万元以上的;

(三)假冒两项以上他人专利,非法经营数额在十万元以上或者违

---

* 旧的《专利法实施细则》第八十四条和第八十五条将假冒他人专利和以非专利产品或方法冒充专利产品或方法分别加以规定。但《专利法实施细则》(2010 年 1 月 9 日第二次修订)第八十四条将两者合并于同一法条中。虽然如此,但后者目前依然不构成犯罪。《专利法》将"假冒他人专利"修改为"假冒专利"。

法所得数额在五万元以上的;

(四)其他情节严重的情形。

第二百一十七条 (刑十一)【侵犯著作权罪】以营利为目的[1],有下列侵犯著作权或者与著作权有关的权利的情形之一,违法所得数额较大[2]或者有其他严重情节[3]的,处三年以下有期徒刑,并处或者单处罚金;违法所得数额巨大[4]或者有其他特别严重情节[5]的,处三年以上十年以下有期徒刑,并处罚金:

(一)未经著作权人许可[6],复制发行[7]、通过信息网络向公众传播其文字作品、音乐、美术、视听作品、计算机软件及法律、行政法规规定的其他作品的;

(二)出版他人享有专有出版权的图书的;

(三)未经录音录像制作者许可,复制发行[8]、通过信息网络向公众传播其制作的录音录像的;

(四)未经表演者许可,复制发行录有其表演的录音录像制品,或者通过信息网络向公众传播其表演的;

(五)制作、出售假冒他人署名的美术作品的;*

(六)未经著作权人或者与著作权有关的权利人许可,故意避开或者破坏权利人为其作品、录音录像制品等采取的保护著作权或者与著作权有关的权利的技术措施的。

217-1 1. 法释〔2004〕19号第十一条第一款 以刊登收费广告等方式直接或者间接收取费用的情形,属于刑法第二百一十七条规定的"以营利为目的"。

2. 法发〔2011〕3号 十、关于侵犯著作权犯罪案件"以营利为目的"的认定问题。

除销售外,具有下列情形之一的,可以认定为"以营利为目的":

(一)以在他人作品中刊登收费广告、捆绑第三方作品等方式直接或者间接收取费用的;

(二)通过信息网络传播他人作品,或者利用他人上传的侵权作

---

* 属于邻接权。此行为具有欺骗性,但不以诈骗罪论处。

品，在网站或者网页上提供刊登收费广告服务，直接或者间接收取费用的；

（三）以会员制方式通过信息网络传播他人作品，收取会员注册费或者其他费用的；

（四）其他利用他人作品牟利的情形。

217-2　1. 法释〔2004〕19号第五条第一款　以营利为目的，实施刑法第二百一十七条所列侵犯著作权行为之一，违法所得数额在三万元以上的，属于"违法所得数额较大"；具有下列情形之一的，属于"有其他严重情节"，应当以侵犯著作权罪判处三年以下有期徒刑或者拘役，并处或者单处罚金：

（一）非法经营数额在五万元以上的；

（二）未经著作权人许可，复制发行其文字作品、音乐、电影、电视、录像作品、计算机软件及其他作品，复制品数量合计在一千张（份）以上的；

（三）其他严重情节的情形。

2. 法释〔2007〕6号第一条　以营利为目的，未经著作权人许可，复制发行其文字作品、音乐、电影、电视、录像作品、计算机软件及其他作品，复制品数量合计在五百张（份）以上的，属于刑法第二百一十七条规定的"有其他严重情节"；复制品数量在二千五百张（份）以上的，属于刑法第二百一十七条规定的"有其他特别严重情节"。

217-3　1.《最高人民法院关于审理非法出版物刑事案件具体应用法律若干问题的解释》（法释〔1998〕30号，1998年12月23日）第二条第一款　以营利为目的，实施刑法第二百一十七条所列侵犯著作权行为之一，个人违法所得数额在五万元以上，单位违法所得数额在二十万元以上的，属于违法所得数额较大；具有下列情形之一的，属于"有其他严重情节"：

（一）因侵犯著作权曾经两次以上被追究行政责任或者民事责任，两年内又实施刑法第二百一十七条所列侵犯著作权行为之一的；

（二）个人非法经营数额在二十万元以上*，单位非法经营数额在一百万元以上的**；

（三）造成其他严重后果的。***

---

* 已改为5万元。

** 已改为15万元。

*** 作为情节犯，没有既遂和未遂的区别，只有构成与不构成的区别。

2. 法释〔2007〕6号第一条　以营利为目的,未经著作权人许可,复制发行其文字作品、音乐、电影、电视、录像作品、计算机软件及其他作品,复制品数量合计在五百张(份)以上的,属于刑法第二百一十七条规定的“有其他严重情节”。*

3. 法发〔2011〕3号　十三、关于通过信息网络传播侵权作品行为的定罪处罚标准问题

以营利为目的,未经著作权人许可,通过信息网络向公众传播他人文字作品、音乐、电影、电视、美术、摄影、录像作品、录音录像制品、计算机软件及其他作品,具有下列情形之一的,属于刑法第二百一十七条规定的“其他严重情节”:

(一)非法经营数额在五万元以上的;

(二)传播他人作品的数量合计在五百件(部)以上的;

(三)传播他人作品的实际被点击数达到五万次以上的;

(四)以会员制方式传播他人作品,注册会员达到一千人以上的;

(五)数额或者数量虽未达到第(一)项至第(四)项规定标准,但分别达到其中两项以上标准一半以上的;

(六)其他严重情节的情形。

……

217-4　法释〔2004〕19号第五条第二款　以营利为目的,实施刑法第二百一十七条所列侵犯著作权行为之一,违法所得数额在十五万元以上的,属于“违法所得数额巨大”……

217-5　法释〔2004〕19号第五条第二款　以营利为目的,实施刑法第二百一十七条所列侵犯著作权行为之一……具有下列情形之一的,属于“有其他特别严重情节”,应当以侵犯著作权罪判处三年以上七年以下有期徒刑,并处罚金:

(一)非法经营数额在二十五万元以上的;

(二)未经著作权人许可,复制发行其文字作品、音乐、电影、电视、录像作品、计算机软件及其他作品,复制品数量合计在五千张(份)以上的;

---

* 《最高人民法院、最高人民检察院关于办理侵犯知识产权刑事案件具体应用法律若干问题的解释》规定的“有其他严重情节”和“有其他特别严重情节”的标准分别为一千张(份),五千张(份)。《最高人民法院、最高人民检察院关于办理侵犯知识产权刑事案件具体应用法律若干问题的解释(二)》将上述标准分别下调一半,大幅提高了立案标准。

(三)其他特别严重情节的情形。

法释〔2007〕6号第一条 ……复制品数量在二千五百张(份)以上的,属于刑法第二百一十七条规定的“有其他特别严重情节”。

法发〔2011〕3号 十三、关于通过信息网络传播侵权作品行为的定罪处罚标准问题 实施前款规定的行为,数额或者数量达到前款第(一)项至第(五)项规定标准五倍以上的,属于刑法第二百一十七条规定的“其他特别严重情节”。

217-6 **1.** 法释〔2004〕19号第十一条第二款 刑法第二百一十七条规定的“未经著作权人许可”,是指没有得到著作权人授权或者伪造、涂改著作权人授权许可文件或者超出授权许可范围的情形。

2. 法释〔2020〕10号第二条 在刑法第二百一十七条规定的作品、录音制品上以通常方式署名的自然人、法人或者非法人组织,应当推定为著作权人或者录音制作者,且该作品、录音制品上存在着相应权利,但有相反证明的除外。

在涉案作品、录音制品种类众多且权利人分散的案件中,有证据证明涉案复制品系非法出版、复制发行,且出版者、复制发行者不能提供获得著作权人、录音制作者许可的相关证据材料的,可以认定为刑法第二百一十七条规定的“未经著作权人许可”“未经录音制作者许可”。但是,有证据证明权利人放弃权利、涉案作品的著作权或者录音制品的有关权利不受我国著作权法保护、权利保护期限已经届满的除外。

3. 法发〔2011〕3号 十一、关于侵犯著作权犯罪案件“未经著作权人许可”的认定问题

“未经著作权人许可”一般应当依据著作权人或者其授权的代理人、著作权集体管理组织、国家著作权行政管理部门指定的著作权认证机构出具的涉案作品版权认证文书,或者证明出版者、复制发行者伪造、涂改授权许可文件或者超出授权许可范围的证据,结合其他证据综合予以认定。

……

217-7 **1.**《著作权法》第十条第一款 ……(五)复制权,即以印刷、复印、拓印、录音、录像、翻录、翻拍、数字化等方式将作品制作一份或者多份的权利;(六)发行权,即以出售或者赠与方式向公众提供作品的原件或者复制件的权利……

2. 法释〔1998〕30号第三条 刑法第二百一十七条第(一)项中规定的“复制发行”,是指行为人以营利为目的,未经著作权人许可而实

施的复制、发行或者既复制又发行其文字作品、音乐、电影、电视、录像作品、计算机软件及其他作品的行为。

3. 法释〔2004〕19 号第十一条第三款　通过信息网络向公众传播他人文字作品、音乐、电影、电视、录像作品、计算机软件及其他作品的行为,应当视为刑法第二百一十七条规定的“复制发行”。*

4. 法释〔2007〕6 号第二条　刑法第二百一十七条侵犯著作权罪中的“复制发行”,包括复制、发行或者既复制又发行的行为。

侵权产品的持有人通过广告、征订等方式推销侵权产品的,属于刑法第二百一十七条规定的“发行”。

非法出版、复制、发行他人作品,侵犯著作权构成犯罪的,按照侵犯著作权罪定罪处罚。

理解与适用:1. 本条在于确定行为人持有侵权产品,同时又通过广告、征订等方式推销侵权产品,在两方面的证据都存在的情形下,行为人侵犯知识产权的行为比较明显。2. 复制权和发行权都是法律规定属于著作权人的权利,未经著作权人许可,不论是实施复制行为,还是发行行为,或者是既有复制行为又有发行行为,均侵犯了著作权人的著作权。故从保护著作权人的角度,作上述解释。3. 统一了罪名的适用。侵犯著作权罪与非法经营罪属于特殊法和一般法的关系,按照侵犯著作权罪定罪处罚,更加符合这种犯罪行为侵犯著作权的性质,也避免非法经营罪成为“口袋罪”。不过,依照《著作权法》(2010 年 2 月 26 日)第四条,对于不受保护的作品的复制发行行为,仍然按非法经营罪定罪处罚。

5. 法发〔2011〕3 号　十二、关于刑法第二百一十七条规定的“发行”的认定及相关问题

“发行”,包括总发行、批发、零售、通过信息网络传播以及出租、展销等活动。

非法出版、复制、发行他人作品,侵犯著作权构成犯罪的,按照侵犯著作权罪定罪处罚,不认定为非法经营罪等其他犯罪。

217-8　《最高人民法院、最高人民检察院关于办理侵犯著作权刑

---

* 《著作权法》2001 年 10 月 27 日第一次修订时新增了信息网络传播权的概念,其第十条规定了信息网络传播权,即以有线或者无线方式向公众提供作品,使公众可以在其个人选定的时间和地点获得作品的权利;同时,《著作权法》(2021 年 6 月 1 日)第五十三条第(四)项规定,未经录音录像制作者许可,复制、发行、通过信息网络向公众传播其制作的录音录像制品的行为,系在线盗版,属于侵权行为,构成犯罪的,依法追究刑事责任。

事案件中涉及录音录像制品有关问题的批复》(法释〔2005〕12号,2005年10月18日)　以营利为目的,未经录音录像制作者许可,复制发行其制作的录音录像制品的行为,复制品的数量标准分别适用《最高人民法院、最高人民检察院关于办理侵犯知识产权刑事案件具体应用法律若干问题的解释》第五条第一款第(二)项、第二款第(二)项的规定。

未经录音录像制作者许可,通过信息网络传播其制作的录音录像制品的行为,应当视为刑法第二百一十七条第三项规定的"复制发行"。

第二百一十八条[1]　**(刑十一)【销售侵权复制品罪】**以营利为目的,销售明知是本法第二百一十七条规定的侵权复制品,违法所得数额巨大[2]或者有其他严重情节的,处五年以下有期徒刑,并处或者单处罚金。

218-1　法释〔2004〕19号第十四条　实施刑法第二百一十七条规定的侵犯著作权犯罪,又销售该侵权复制品,构成犯罪的,应当依照刑法第二百一十七条的规定,以侵犯著作权罪定罪处罚。

实施刑法第二百一十七条规定的侵犯著作权犯罪,又销售明知是他人的侵权复制品,构成犯罪的,应当实行数罪并罚。

218-2　法释〔2004〕19号第六条　以营利为目的,实施刑法第二百一十八条规定的行为,违法所得数额在十万元以上的,属于"违法所得数额巨大",应当以销售侵权复制品罪判处三年以下有期徒刑或者拘役,并处或者单处罚金。

第二百一十九条[1]　**(刑十一)【侵犯商业秘密罪】**有下列侵犯商业秘密[2]行为之一,情节严重[3]的,处三年以下有期徒刑,并处或者单处罚金[4];情节特别严重[5]的,处三年以上十年以下有期徒刑,并处罚金:

(一)以盗窃[6]、贿赂、欺诈、胁迫、电子侵入或者其他不正当手段[7]获取[8]权利人的商业秘密的;

(二)披露、使用[9]或者允许他人使用以前项手段获取的权利人的商业秘密的;

(三)违反保密义务[10]或者违反权利人有关保守商业秘密的要求,披露、使用或者允许他人使用其所掌握的商业秘密的。

明知前款所列行为,获取、披露、使用或者允许他人使用该商业秘密的,以侵犯商业秘密论。

本条所称权利人*,是指商业秘密的所有人和经商业秘密所有人许可的商业秘密使用人。

219-1 **1.** 1.《反不正当竞争法》(2019 年 4 月 23 日修正);2.《最高人民法院、最高人民检察院关于办理侵犯知识产权刑事案件具体应用法律若干问题的解释(三)》(法释〔2020〕10 号,2020 年 9 月 14 日);3.《最高人民法院关于审理侵犯商业秘密民事案件适用法律若干问题的规定》(法释〔2020〕7 号,2020 年 9 月 12 日)。

2. 法释〔2020〕10 号第六条　在刑事诉讼程序中,当事人、辩护人、诉讼代理人或者案外人书面申请对有关商业秘密或者其他需要保密的商业信息的证据、材料采取保密措施的,应当根据案件情况采取组织诉讼参与人签署保密承诺书等必要的保密措施。

违反前款有关保密措施的要求或者法律法规规定的保密义务的,依法承担相应责任。擅自披露、使用或者允许他人使用在刑事诉讼程序中接触、获取的商业秘密,符合刑法第二百一十九条规定的,依法追究刑事责任。

法释〔2020〕7 号第二十一条　对于涉及当事人或者案外人的商业秘密的证据、材料,当事人或者案外人书面申请人民法院采取保密措施的,人民法院应当在保全、证据交换、质证、委托鉴定、询问、庭审等诉讼活动中采取必要的保密措施。

违反前款所称的保密措施的要求,擅自披露商业秘密或者在诉讼活动之外使用或者允许他人使用在诉讼中接触、获取的商业秘密的,应当依法承担民事责任。构成民事诉讼法第一百一十一条规定情形的,人民法院可以依法采取强制措施。构成犯罪的,依法追究刑事责任。

法释〔2020〕7 号第二十二条　人民法院审理侵犯商业秘密民事案件时,对在侵犯商业秘密犯罪刑事诉讼程序中形成的证据,应当按照法定程序,全面、客观地审查。

由公安机关、检察机关或者人民法院保存的与被诉侵权行为具有关联性的证据,侵犯商业秘密民事案件的当事人及其诉讼代理人因客

---

* 无权利则无商业秘密,权利是商业秘密的前提。只有商业秘密的权利人才有权确定商业秘密。

观原因不能自行收集，申请调查收集的，人民法院应当准许，但可能影响正在进行的刑事诉讼程序的除外。

法释〔2020〕7号第二十三条 当事人主张依据生效刑事裁判认定的实际损失或者违法所得确定涉及同一侵犯商业秘密行为的民事案件赔偿数额的，人民法院应予支持。

法释〔2020〕7号第二十五条 当事人以涉及同一被诉侵犯商业秘密行为的刑事案件尚未审结为由，请求中止审理侵犯商业秘密民事案件，人民法院在听取当事人意见后认为必须以该刑事案件的审理结果为依据的，应予支持。

219-2 1.《反不正当竞争法》第九条第四款 本法所称的商业秘密，是指不为公众所知悉、具有商业价值并经权利人采取相应保密措施的技术信息、经营信息等商业信息。

2. 法释〔2020〕7号第一条 与技术有关的结构、原料、组分、配方、材料、样品、样式、植物新品种繁殖材料、工艺、方法或其步骤、算法、数据、计算机程序及其有关文档等信息，人民法院可以认定构成反不正当竞争法第九条第四款所称的技术信息。

与经营活动有关的创意、管理、销售、财务、计划、样本、招投标材料、客户信息、数据等信息，人民法院可以认定构成反不正当竞争法第九条第四款所称的经营信息。

前款所称的客户信息，包括客户的名称、地址、联系方式以及交易习惯、意向、内容等信息。

法释〔2020〕7号第二条 当事人仅以与特定客户保持长期稳定交易关系为由，主张该特定客户属于商业秘密的，人民法院不予支持。

客户基于对员工个人的信赖而与该员工所在单位进行交易，该员工离职后，能够证明客户自愿选择与该员工或者该员工所在的新单位进行交易的，人民法院应当认定该员工没有采用不正当手段获取权利人的商业秘密。

法释〔2020〕7号第三条 权利人请求保护的信息在被诉侵权行为发生时不为所属领域的相关人员普遍知悉和容易获得的，人民法院应当认定为反不正当竞争法第九条第四款所称的不为公众所知悉。

法释〔2020〕7号第四条 具有下列情形之一的，人民法院可以认定有关信息为公众所知悉：

（一）该信息在所属领域属于一般常识或者行业惯例的；

（二）该信息仅涉及产品的尺寸、结构、材料、部件的简单组合等内

容,所属领域的相关人员通过观察上市产品即可直接获得的;

(三)该信息已经在公开出版物或者其他媒体上公开披露的;

(四)该信息已通过公开的报告会、展览等方式公开的;

(五)所属领域的相关人员从其他公开渠道可以获得该信息的。

将为公众所知悉的信息进行整理、改进、加工后形成的新信息,符合本规定第三条规定的,应当认定该新信息不为公众所知悉。

法释〔2020〕7号第五条　权利人为防止商业秘密泄露,在被诉侵权行为发生以前所采取的合理保密措施,人民法院应当认定为反不正当竞争法第九条第四款所称的相应保密措施。

人民法院应当根据商业秘密及其载体的性质、商业秘密的商业价值、保密措施的可识别程度、保密措施与商业秘密的对应程度以及权利人的保密意愿等因素,认定权利人是否采取了相应保密措施。

法释〔2020〕7号第六条　具有下列情形之一,在正常情况下足以防止商业秘密泄露的,人民法院应当认定权利人采取了相应保密措施:

(一)签订保密协议或者在合同中约定保密义务的;

(二)通过章程、培训、规章制度、书面告知等方式,对能够接触、获取商业秘密的员工、前员工、供应商、客户、来访者等提出保密要求的;

(三)对涉密的厂房、车间等生产经营场所限制来访者或者进行区分管理的;

(四)以标记、分类、隔离、加密、封存、限制能够接触或者获取的人员范围等方式,对商业秘密及其载体进行区分和管理的;

(五)对能够接触、获取商业秘密的计算机设备、电子设备、网络设备、存储设备、软件等,采取禁止或者限制使用、访问、存储、复制等措施的;

(六)要求离职员工登记、返还、清除、销毁其接触或者获取的商业秘密及其载体,继续承担保密义务的;

(七)采取其他合理保密措施的。

法释〔2020〕7号第七条　权利人请求保护的信息因不为公众所知悉而具有现实的或者潜在的商业价值的,人民法院经审查可以认定为反不正当竞争法第九条第四款所称的具有商业价值。

生产经营活动中形成的阶段性成果符合前款规定的,人民法院经审查可以认定该成果具有商业价值。

法释〔2020〕7号第十三条　被诉侵权信息与商业秘密不存在实质性区别的,人民法院可以认定被诉侵权信息与商业秘密构成反不正当竞争法第三十二条第二款所称的实质上相同。

人民法院认定是否构成前款所称的实质上相同,可以考虑下列因素:

(一)被诉侵权信息与商业秘密的异同程度;

(二)所属领域的相关人员在被诉侵权行为发生时是否容易想到被诉侵权信息与商业秘密的区别;

(三)被诉侵权信息与商业秘密的用途、使用方式、目的、效果等是否具有实质性差异;

(四)公有领域中与商业秘密相关信息的情况;

(五)需要考虑的其他因素。

219-3　法释〔2020〕10号第四条第一款　实施刑法第二百一十九条规定的行为,具有下列情形之一的,应当认定为"给商业秘密的权利人造成重大损失":

(一)给商业秘密的权利人造成损失数额或者因侵犯商业秘密违法所得数额在三十万元以上的;

(二)直接导致商业秘密的权利人因重大经营困难而破产、倒闭的;

(三)造成商业秘密的权利人其他重大损失的。

法释〔2020〕10号第五条　实施刑法第二百一十九条规定的行为造成的损失数额或者违法所得数额,可以按照下列方式认定:

(一)以不正当手段获取权利人的商业秘密,尚未披露、使用或者允许他人使用的,损失数额可以根据该项商业秘密的合理许可使用费确定;

(二)以不正当手段获取权利人的商业秘密后,披露、使用或者允许他人使用的,损失数额可以根据权利人因被侵权造成销售利润的损失确定,但该损失数额低于商业秘密合理许可使用费的,根据合理许可使用费确定;

(三)违反约定、权利人有关保守商业秘密的要求,披露、使用或者允许他人使用其所掌握的商业秘密的,损失数额可以根据权利人因被侵权造成销售利润的损失确定;

(四)明知商业秘密是不正当手段获取或者是违反约定、权利人有关保守商业秘密的要求披露、使用、允许使用,仍获取、使用或者披露的,损失数额可以根据权利人因被侵权造成销售利润的损失确定;

(五)因侵犯商业秘密行为导致商业秘密已为公众所知悉或者灭失的,损失数额可以根据该项商业秘密的商业价值确定。商业秘密的商业价值,可以根据该项商业秘密的研究开发成本、实施该项商业秘密

的收益综合确定;

(六)因披露或者允许他人使用商业秘密而获得的财物或者其他财产性利益,应当认定为违法所得。

前款第二项、第三项、第四项规定的权利人因被侵权造成销售利润的损失,可以根据权利人因被侵权造成销售量减少的总数乘以权利人每件产品的合理利润确定;销售量减少的总数无法确定的,可以根据侵权产品销售量乘以权利人每件产品的合理利润确定;权利人因被侵权造成销售量减少的总数和每件产品的合理利润均无法确定的,可以根据侵权产品销售量乘以每件侵权产品的合理利润确定。商业秘密系用于服务等其他经营活动的,损失数额可以根据权利人因被侵权而减少的合理利润确定。

商业秘密的权利人为减轻对商业运营、商业计划的损失或者重新恢复计算机信息系统安全、其他系统安全而支出的补救费用,应当计入给商业秘密的权利人造成的损失。

219-4 法释〔2020〕10号第十条 对于侵犯知识产权犯罪的,应当综合考虑犯罪违法所得数额、非法经营数额、给权利人造成的损失数额、侵权假冒物品数量及社会危害性等情节,依法判处罚金。

罚金数额一般在违法所得数额的一倍以上五倍以下确定。违法所得数额无法查清的,罚金数额一般按照非法经营数额的百分之五十以上一倍以下确定。违法所得数额和非法经营数额均无法查清,判处三年以下有期徒刑、拘役、管制或者单处罚金的,一般在三万元以上一百万元以下确定罚金数额;判处三年以上有期徒刑的,一般在十五万元以上五百万元以下确定罚金数额。

219-5 法释〔2020〕10号第四条第二款 给商业秘密的权利人造成损失数额或者因侵犯商业秘密违法所得数额在二百五十万元以上的,应当认定为刑法第二百一十九条规定的“造成特别严重后果”。

219-6 法释〔2020〕10号第三条第一款 采取非法复制、未经授权或者超越授权使用计算机信息系统等方式窃取商业秘密的,应当认定为刑法第二百一十九条第一款第一项规定的“盗窃”。

219-7 **1.** 法释〔2020〕10号第三条第二款 以贿赂、欺诈、电子侵入等方式获取权利人的商业秘密的,应当认定为刑法第二百一十九条第一款第一项规定的“其他不正当手段”。

2. 法释〔2020〕7号第八条 被诉侵权人以违反法律规定或者公认的商业道德的方式获取权利人的商业秘密的,人民法院应当认定属于反不正当竞争法第九条第一款所称的以其他不正当手段获取权利人的商业秘密。

法释〔2020〕7号第十四条　通过自行开发研制或者反向工程获得被诉侵权信息的，人民法院应当认定不属于反不正当竞争法第九条规定的侵犯商业秘密行为。

前款所称的反向工程，是指通过技术手段对从公开渠道取得的产品进行拆卸、测绘、分析等而获得该产品的有关技术信息。

被诉侵权人以不正当手段获取权利人的商业秘密后，又以反向工程为由主张未侵犯商业秘密的，人民法院不予支持。

219-8　法释〔2020〕7号第十一条　法人、非法人组织的经营、管理人员以及具有劳动关系的其他人员，人民法院可以认定为反不正当竞争法第九条第三款所称的员工、前员工。

法释〔2020〕7号第十二条　人民法院认定员工、前员工是否有渠道或者机会获取权利人的商业秘密，可以考虑与其有关的下列因素：

（一）职务、职责、权限；

（二）承担的本职工作或者单位分配的任务；

（三）参与和商业秘密有关的生产经营活动的具体情形；

（四）是否保管、使用、存储、复制、控制或者以其他方式接触、获取商业秘密及其载体；

（五）需要考虑的其他因素。

219-9　法释〔2020〕7号第九条　被诉侵权人在生产经营活动中直接使用商业秘密，或者对商业秘密进行修改、改进后使用，或者根据商业秘密调整、优化、改进有关生产经营活动的，人民法院应当认定属于反不正当竞争法第九条所称的使用*商业秘密。

219-10　法释〔2020〕7号第十条　当事人根据法律规定或者合同约定所承担的保密义务，人民法院应当认定属于反不正当竞争法第九条第一款所称的保密义务。

当事人未在合同中约定保密义务，但根据诚信原则以及合同的性

---

* “使用”商业秘密的方式，主要就是利用商业秘密制造产品，故司法实务中证明“使用”的方式，主要是通过技术鉴定来确定侵权人的产品和被侵犯人的产品是否相同或实质相同，而技术鉴定的依据应优先考虑实物，只有在无法取得实物的情况下才可以根据图纸来认定，在这种情况下，对鉴定意见的审查宜更为审慎。在甲乙双方共同拥有商业秘密的情况下，甲擅自使用该商业秘密的，不成立本罪，但其违反约定，披露、允许他人使用该商业秘密，导致乙遭受重大损失的，则构成本罪。

质、目的、缔约过程、交易习惯等,被诉侵权人知道或者应当知道其获取的信息属于权利人的商业秘密的,人民法院应当认定被诉侵权人对其获取的商业秘密承担保密义务。

第二百一十九条之一 (刑十一)【为境外窃取、刺探、收买、非法提供商业秘密罪】为境外的机构、组织、人员窃取、刺探、收买、非法提供商业秘密的,处五年以下有期徒刑,并处或者单处罚金;情节严重的,处五年以上有期徒刑,并处罚金。

第二百二十条 (刑十一)【单位犯侵犯知识产权罪的处罚规定】单位犯本节第二百一十三条至第二百一十九条之一规定之罪的,对单位判处罚金,并对其直接负责的主管人员和其他直接责任人员,依照本节各该条的规定处罚[1]。

220-1 《最高人民法院、最高人民检察院关于办理侵犯知识产权刑事案件具体应用法律若干问题的解释(二)》(法释〔2007〕6号)第六条 单位实施刑法第二百一十三条至第二百一十九条规定的行为,按照《最高人民法院、最高人民检察院关于办理侵犯知识产权刑事案件具体应用法律若干问题的解释》和本解释规定的相应个人犯罪的定罪量刑标准定罪处罚。

第八节 扰乱市场秩序罪

第二百二十一条 【损害商业信誉、商品声誉罪】捏造并散布虚伪事实,损害他人的商业信誉、商品声誉,给他人造成重大损失或者有其他严重情节的,[1] 处二年以下有期徒刑或者拘役,并处或者单处罚金。

221-1 《立案标准(二)》第六十六条 捏造并散布虚伪事实,损害他人的商业信誉、商品声誉,涉嫌下列情形之一的,应予立案追诉:

(一)给他人造成直接经济损失数额在五十万元以上的;

(二)虽未达到上述数额标准,但造成公司、企业等单位停业、停产六个月以上,或者破产的;

(三)其他给他人造成重大损失或者有其他严重情节的情形。

第二百二十二条　【虚假广告罪】广告主[1]、广告经营者[2]、广告发布者[3] 违反国家规定，利用广告[4] 对商品或者服务作虚假宣传[5]，情节严重[6] 的，处二年以下有期徒刑或者拘役，并处或者单处罚金。

222-1　《广告法》*第二条第二款　本法所称广告主，是指为推销商品或者服务，自行或者委托他人设计、制作、发布广告的自然人、法人或者其他组织。

222-2　《广告法》第二条第三款　本法所称广告经营者，是指接受委托提供广告设计、制作、代理服务的自然人、法人或者其他组织。

222-3　《广告法》第二条第四款　本法所称广告发布者，是指为广告主或者广告主委托的广告经营者发布广告的自然人、法人或者其他组织。

《广告法》第二条第五款　本法所称广告代言人，是指广告主以外的，在广告中以自己的名义或者形象对商品、服务作推荐、证明的自然人、法人或者其他组织。

222-4　1.《广告法》第二条第一款　在中华人民共和国境内，商品经营者或者服务提供者通过一定媒介和形式直接或者间接地介绍自己所推销的商品或者服务的商业广告活动，适用本法。

第十四条　广告应当具有可识别性，能够使消费者辨明其为广告。

大众传播媒介不得以新闻报道形式变相发布广告。通过大众传播媒介发布的广告应当显著标明“广告”，与其他非广告信息相区别，不得使消费者产生误解。

广播电台、电视台发布广告，应当遵守国务院有关部门关于时长、方式的规定，并应当对广告时长作出明显提示。

2.《互联网广告管理办法》(2023 年 5 月 1 日)第二条　在中华人民共和国境内，利用网站、网页、互联网应用程序等互联网媒介，以文字、图片、音频、视频或者其他形式，直接或者间接地推销商品或者服务的商业广告活动，适用广告法和本办法的规定。

法律、行政法规、部门规章、强制性国家标准以及国家其他有关规

---

* 《广告法》1994 年 10 月 27 日第八届全国人民代表大会常务委员会第十次会议通过　2015 年 4 月 24 日第十二届全国人民代表大会常务委员会第十四次会议修订　根据 2018 年 10 月 26 日第十三届全国人民代表大会常务委员会第六次会议《关于修改〈中华人民共和国野生动物保护法〉等十五部法律的决定》第一次修正　根据 2021 年 4 月 29 日第十三届全国人民代表大会常务委员会第二十八次会议《关于修改〈中华人民共和国道路交通安全法〉等八部法律的决定》第二次修正。

定要求应当展示、标示、告知的信息,依照其规定。

第八条　禁止以介绍健康、养生知识等形式,变相发布医疗、药品、医疗器械、保健食品、特殊医学用途配方食品广告。

介绍健康、养生知识的,不得在同一页面或者同时出现相关医疗、药品、医疗器械、保健食品、特殊医学用途配方食品的商品经营者或者服务提供者地址、联系方式、购物链接等内容。

第九条　互联网广告应当具有可识别性,能够使消费者辨明其为广告。

对于竞价排名的商品或者服务,广告发布者应当显著标明"广告",与自然搜索结果明显区分。

除法律、行政法规禁止发布或者变相发布广告的情形外,通过知识介绍、体验分享、消费测评等形式推销商品或者服务,并附加购物链接等购买方式的,广告发布者应当显著标明"广告"。

222-5　1.《消费者权益保护法》(2014 年 3 月 15 日)第二十条*第一款　经营者向消费者提供有关商品或者服务的质量、性能、用途、有效期限等信息,应当真实、全面,不得作虚假或者引人误解的宣传。

2.《广告法》第二十八条　广告以虚假或者引人误解的内容欺骗、误导消费者的,构成虚假广告。

广告有下列情形之一的,为虚假广告:

(一)商品或者服务不存在的;

(二)商品的性能、功能、产地、用途、质量、规格、成分、价格、生产者、有效期限、销售状况、曾获荣誉等信息,或者服务的内容、提供者、形式、质量、价格、销售状况、曾获荣誉等信息,以及与商品或者服务有关的允诺等信息与实际情况不符,对购买行为有实质性影响的;

---

* 原条文:第十九条　经营者应当向消费者提供有关商品或者服务的真实信息,不得作引人误解的虚假宣传。《消费者权益保护法》重新界定了虚假宣传的内涵,特别是厘清了"虚假"和"引人误解"之间的逻辑关系。1. 信息全面义务是本次修订新增加的内容。本次修改增加了经营者提供信息应当全面,主要考虑到实践中有的经营者向消费者提供的信息虽然是真实的,但存在故意隐瞒一些可能影响消费者选择权的重要信息的情况,因此在提供信息真实的义务外又规定提供信息必须全面。2. 原条文规定"经营者不得作引人误解的虚假宣传"。在实践中,有的宣传虽然表面上并不"虚假",但是引人误解。虚假宣传和引人误解的宣传存在区别。虚假宣传是指宣传内容与商品或者服务的客观事实不符,如明明商品中不包含某种物质,宣传时宣称商品包含某种物质。引人误解的宣传是指可能使消费者对宣传或者服务的真实信息产生不正确的认识,误导消费者,如将商品包装成类似某知名品牌特有包装而让消费者误以为是某知名品牌的商品而购买。

（三）使用虚构、伪造或者无法验证的科研成果、统计资料、调查结果、文摘、引用语等信息作证明材料的；

（四）虚构使用商品或者接受服务的效果的；

（五）以虚假或者引人误解的内容欺骗、误导消费者的其他情形。

3.《最高人民法院关于审理非法集资刑事案件具体应用法律若干问题的解释》（法释〔2022〕5号，2022年3月1日）第十二条　广告经营者、广告发布者违反国家规定，利用广告为非法集资活动相关的商品或者服务作虚假宣传，具有下列情形之一的，依照刑法第二百二十二条的规定，以虚假广告罪定罪处罚：

（一）违法所得数额在10万元以上的；

（二）造成严重危害后果或者恶劣社会影响的；

（三）二年内利用广告作虚假宣传，受过行政处罚二次以上的；

（四）其他情节严重的情形。

明知他人从事欺诈发行证券，非法吸收公众存款，擅自发行股票、公司、企业债券，集资诈骗或者组织、领导传销活动等集资犯罪活动，为其提供广告等宣传的，以相关犯罪的共犯论处。

4.《最高人民法院、最高人民检察院关于办理危害食品安全刑事案件适用法律若干问题的解释》（法释〔2021〕24号，2022年1月1日）第十四条　明知他人生产、销售不符合食品安全标准的食品，有毒、有害食品，具有下列情形之一的，以生产、销售不符合安全标准的食品罪或者生产、销售有毒、有害食品罪的共犯论处……（四）提供广告宣传的……

第十九条　违反国家规定，利用广告对保健食品或者其他食品作虚假宣传，符合刑法第二百二十二条规定的，以虚假广告罪定罪处罚；以非法占有为目的，利用销售保健食品或者其他食品诈骗财物，符合刑法第二百六十六条规定的，以诈骗罪定罪处罚。同时构成生产、销售伪劣产品罪等其他犯罪的，依照处罚较重的规定定罪处罚。

5.《最高人民法院、最高人民检察院关于办理危害药品安全刑事案件适用法律若干问题的解释》（高检发释字〔2022〕1号，2022年3月6日）第九条　明知他人实施危害药品安全犯罪，而有下列情形之一的，以共同犯罪论处……（五）提供广告宣传的……

222-6　《立案标准（二）》第六十七条　广告主、广告经营者、广告发布者违反国家规定，利用广告对商品或者服务作虚假宣传，涉嫌下列情形之一的，应予立案追诉：

(一)违法所得数额在十万元以上的;

(二)假借预防、控制突发事件、传染病防治的名义,利用广告作虚假宣传,致使多人上当受骗,违法所得数额在三万元以上的;

(三)利用广告对食品、药品作虚假宣传,违法所得数额在三万元以上的;

(四)虽未达到上述数额标准,但二年内因利用广告作虚假宣传受过二次以上行政处罚,又利用广告作虚假宣传的;

(五)造成严重危害后果或者恶劣社会影响的;

(六)其他情节严重的情形。

第二百二十三条 【串通投标罪】投标人相互串通投标[1]报价,损害招标人或者其他投标人利益,情节严重[2]的,处三年以下有期徒刑或者拘役,并处或者单处罚金。

投标人与招标人串通投标,损害国家、集体、公民的合法利益的,依照前款的规定处罚。

223-1 1.《招标投标法实施条例》(2019 年 3 月 2 日)第四十条

有下列情形之一的,视为投标人相互串通投标:

(一)不同投标人的投标文件由同一单位或者个人编制;

(二)不同投标人委托同一单位或者个人办理投标事宜;

(三)不同投标人的投标文件载明的项目管理成员为同一人;

(四)不同投标人的投标文件异常一致或者投标报价呈规律性差异;

(五)不同投标人的投标文件相互混装;

(六)不同投标人的投标保证金从同一单位或者个人的账户转出。

2. 许某某、包某某串通投标立案监督案(检例第 90 号)

监督意见 投标与拍卖行为性质不同,分别受招标投标法和拍卖法规范,对于串通投标行为,法律规定了刑事责任,而对于串通拍卖行为,法律仅规定了行政责任和民事赔偿责任,串通拍卖行为不能类推为串通投标行为。并且本案的串通拍卖行为,目的在于防止项目流拍,该行为实际上盘活了国有不良资产,消除了长期存在的重大安全隐患,不具有刑法规定的社会危害性。

指导意义 (一)检察机关发现公安机关对串通拍卖行为以涉嫌串通投标罪刑事立案的,应当依法监督撤销案件。严格遵循罪刑法定原则,法律没有明文规定为犯罪行为的,不得予以追诉。拍卖与投标虽然都是竞争性的交易方式,形式上具有一定的相似性,但二者行为性质不同,分别受不同法律规范调整。刑法第二百二十三条规定,投标人相互串通投标报价,损害招标人或者其他投标人利益,情节严重的,或者投标人与招标人串通投标,损害国家、集体、公民的合法利益的,以串通投标罪追究刑事责任。刑法未规定串通拍卖行为构成犯罪,拍卖法亦未规定串通拍卖行为可以追究刑事责任。公安机关将串通拍卖行为类推为串通投标行为予以刑事立案的,检察机关应当通过立案监督,通知公安机关撤销案件。

(二)准确把握法律政策界限,依法保护企业合法权益和正常经济活动。坚持法治思维,贯彻"谦抑、审慎"理念,严格区分案件性质及应承担的责任类型。对企业的经济行为,法律政策界限不明,罪与非罪不清的,应充分考虑其行为动机和对于社会有无危害及其危害程度,加强研究分析,慎重妥善处理,不能轻易进行刑事追诉。对于民营企业参与国有资产处置过程中的串通拍卖行为,不应以串通投标罪论处。如果在串通拍卖过程中有其他犯罪行为或者一般违法违规行为的,依照刑法、拍卖法等法律法规追究相应责任。

223-2 《立案标准(二)》第六十八条　投标人相互串通投标报价,或者投标人与招标人串通投标,涉嫌下列情形之一的,应予立案追诉:

(一)损害招标人、投标人或者国家、集体、公民的合法利益,造成直接经济损失数额在五十万元以上的;

(二)违法所得数额在二十万元以上的;

(三)中标项目金额在四百万元以上的;

(四)采取威胁、欺骗或者贿赂等非法手段的;

(五)虽未达到上述数额标准,但二年内因串通投标受过二次以上行政处罚,又串通投标的;

(六)其他情节严重的情形。

第二百二十四条*　【合同诈骗罪】有下列情形之一,以非法占有为目的,在签订、履行合同过程中,骗取对方当事人财物,数额较

---

* 张明楷:《合同诈骗罪行为类型的边缘问题》,载《东方法学》2020 年第 1 期;陈兴良:《民事欺诈和刑事欺诈的界分》,载《法治现代化研究》2019 年第 5 期。

大的,[1] 处三年以下有期徒刑或者拘役,并处或者单处罚金;数额巨大或者有其他严重情节的,处三年以上十年以下有期徒刑,并处罚金;数额特别巨大或者有其他特别严重情节的,处十年以上有期徒刑或者无期徒刑,并处罚金或者没收财产:

(一)以虚构的单位或者冒用*他人名义签订合同的;

(二)以伪造、变造、作废的票据或者其他虚假的产权证明作担保的;

(三)没有实际履行能力,以先履行小额合同或者部分履行合同的方法,诱骗对方当事人继续签订和履行合同的;

(四)收受对方当事人给付的货物、货款、预付款或者担保财产[2]后逃匿的;

(五)以其他方法骗取对方当事人财物的。

224-1 **1.**《立案标准(二)》第六十九条 以非法占有为目的,在签订、履行合同过程中,骗取对方当事人财物,数额在二万元以上的,应予立案追诉。

2.《最高人民法院、最高人民检察院关于常见犯罪的量刑指导意见(试行)》(法发〔2021〕21 号,2021 年 7 月 1 日) 四、常见犯罪的量刑 (六)合同诈骗罪

1. 构成合同诈骗罪的,根据下列情形在相应的幅度内确定量刑起点:

(1)达到数额较大起点的,在一年以下有期徒刑、拘役幅度内确定量刑起点。

(2)达到数额巨大起点或者有其他严重情节的,在三年至四年有期徒刑幅度内确定量刑起点。

(3)达到数额特别巨大起点或者有其他特别严重情节的,在十年至十二年有期徒刑幅度内确定量刑起点。依法应当判处无期徒刑的除外。

2. 在量刑起点的基础上,根据合同诈骗数额等其他影响犯罪构成的犯罪事实增加刑罚量,确定基准刑。

---

* 应注意区分"冒用"和"借用"的区别。借用产生民法上的连带责任。

3. 构成合同诈骗罪的，根据诈骗手段、犯罪数额、损失数额、危害后果等犯罪情节，综合考虑被告人缴纳罚金的能力，决定罚金数额。

4. 构成合同诈骗罪的，综合考虑诈骗手段、犯罪数额、危害后果、退赃退赔等犯罪事实、量刑情节，以及被告人主观恶性、人身危险性、认罪悔罪表现等因素，决定缓刑的适用。

224-2　温某某合同诈骗立案监督案（检例第91号）

要旨　检察机关办理涉企业合同诈骗犯罪案件，应当严格区分合同诈骗与民事违约行为的界限。要注意审查涉案企业在签订、履行合同过程中是否具有非法占有目的和虚构事实、隐瞒真相的行为，准确认定是否具有诈骗故意。发现公安机关对企业之间的合同纠纷以合同诈骗进行刑事立案的，应当依法监督撤销案件。对于立案后久侦不结的“挂案”，检察机关应当向公安机关提出纠正意见。

指导意义　（二）严格区分合同诈骗与民事违约行为的界限。注意审查涉案企业在签订、履行合同过程中是否具有虚构事实、隐瞒真相的行为，是否有刑法第二百二十四条规定的五种情形之一。注重从合同项目真实性、标的物用途、有无实际履约行为、是否有逃匿和转移资产的行为、资金去向、违约原因等方面，综合认定是否具有诈骗的故意，避免片面关注行为结果而忽略主观上是否具有非法占有的目的。对于签订合同时具有部分履约能力，其后完善履约能力并积极履约的，不能以合同诈骗罪追究刑事责任。

第二百二十四条之一[1]*　**（刑七）【组织、领导传销活动罪】**组织、领导[2]以推销商品、提供服务等经营活动为名，要求参加者以缴纳费用或者购买商品、服务等方式获得加入资格，并按照一定顺序组成层级[3]，直接或者间接以发展人员的数量作为计酬或者返利依据[4]，引诱、胁迫参加者继续发展他人参加，骗取财物[5]，扰乱经济社会

---

* 《刑法》第二百二十四条之一规定的传销概念的外延窄于国务院《禁止传销条例》所界定的传销概念的外延：1. 突出地表现在刑法第二百二十四条之一要求传销活动“骗取财物”，而《禁止传销条例》所禁止的并不限于骗取财物类型的传销活动。2. 国务院《禁止传销条例》第二条在规定传销概念时使用了“等方式”的表述，而《刑法》第二百二十四条之一并未使用“等方式”的规定。3.《禁止传销条例》规定的“团队计酬”的依据有两种：一是发展人员的数量，二是所发展人员的经营业绩，而刑法规定的组织、领导传销活动罪仅将“发展人员的数量”作为计酬或者返利依据这一种情况作为犯罪构成要素加以明文规定。

秩序的传销活动的,处五年以下有期徒刑或者拘役,并处罚金;情节严重[6]的,处五年以上有期徒刑,并处罚金。

224A-1 《国务院关于禁止传销经营活动的通知》(国发〔1998〕10号,1998年4月18日)

224A-2 《立案标准(二)》第七十条 组织、领导以推销商品、提供服务等经营活动为名,要求参加者以缴纳费用或者购买商品、服务等方式获得加入资格,并按照一定顺序组成层级,直接或者间接以发展人员的数量作为计酬或者返利依据,引诱、胁迫参加者继续发展他人参加,骗取财物,扰乱经济社会秩序的传销活动,涉嫌组织、领导的传销活动人员在三十人以上且层级在三级以上的,对组织者、领导者,应予立案追诉。

下列人员可以认定为传销活动的组织者、领导者:

(一)在传销活动中起发起、策划、操纵作用的人员;

(二)在传销活动中承担管理、协调等职责的人员;

(三)在传销活动中承担宣传、培训等职责的人员;

(四)因组织、领导传销活动受过刑事追究,或者一年内因组织、领导传销活动受过行政处罚,又直接或者间接发展参与传销活动人员在十五人以上且层级在三级以上的人员;

(五)其他对传销活动的实施、传销组织的建立、扩大等起关键作用的人员。

224A-3 《最高人民法院、最高人民检察院、公安部关于办理组织领导传销活动刑事案件适用法律若干问题的意见》(公通字〔2013〕37号,2013年11月14日) 一、关于传销组织层级及人数的认定问题

以推销商品、提供服务等经营活动为名,要求参加者以缴纳费用或者购买商品、服务等方式获得加入资格,并按照一定顺序组成层级,直接或者间接以发展人员的数量作为计酬或者返利依据,引诱、胁迫参加者继续发展他人参加,骗取财物,扰乱经济社会秩序的传销组织,其组织内部参与传销活动人员在三十人以上且层级在三级以上的,应当对组织者、领导者追究刑事责任。

组织、领导多个传销组织,单个或者多个组织中的层级已达三级以上的,可将在各个组织中发展的人数合并计算。

组织者、领导者形式上脱离原传销组织后,继续从原传销组织获取报酬或者返利的,原传销组织在其脱离后发展人员的层级数和人数,应

当计算为其发展的层级数和人数。

办理组织、领导传销活动刑事案件中，确因客观条件的限制无法逐一收集参与传销活动人员的言词证据的，可以结合依法收集并查证属实的缴纳、支付费用及计酬、返利记录，视听资料，传销人员关系图，银行账户交易记录，互联网电子数据，鉴定意见等证据，综合认定参与传销的人数、层级数等犯罪事实。

七、其他问题

本意见所称"以上"、"以内"，包括本数。

本意见所称"层级"和"级"，系指组织者、领导者与参与传销活动人员之间的上下线关系层次，而非组织者、领导者在传销组织中的身份等级。

对传销组织内部人数和层级数的计算，以及对组织者、领导者直接或者间接发展参与传销活动人员人数和层级数的计算，包括组织者、领导者本人及其本层级在内。

224A-4　1. 立法理由：当前以"拉人头"、收取"入门费"等方式组织传销的违法犯罪活动，严重扰乱社会秩序，影响社会稳定，危害严重。目前在司法实践中，对这类案件主要是根据实施传销行为的不同情况，分别按照非法经营罪、诈骗罪、集资诈骗罪等犯罪追究刑事责任的。为更有利于打击组织传销的犯罪，应当在刑法中对组织、领导传销组织的犯罪作出专门规定。

2.《禁止传销条例》（国务院令第444号，2005年11月1日）第七条　下列行为，属于传销行为：

（一）组织者或者经营者通过发展人员，要求被发展人员发展其他人员加入，对发展的人员以其直接或者间接滚动发展的人员数量为依据计算和给付报酬（包括物质奖励和其他经济利益，下同），牟取非法利益的；

（二）组织者或者经营者通过发展人员，要求被发展人员交纳费用或者以认购商品等方式变相交纳费用，取得加入或者发展其他人员加入的资格，牟取非法利益的；

（三）组织者或者经营者通过发展人员，要求被发展人员发展其他人员加入，形成上下线关系，并以下线的销售业绩为依据计算和给付上线报酬，牟取非法利益的。

3. 公通字〔2013〕37号　五、关于"团队计酬"行为的处理问题

传销活动的组织者或者领导者通过发展人员，要求传销活动的被发展人员发展其他人员加入，形成上下线关系，并以下线的销售业绩为依

据计算和给付上线报酬,牟取非法利益的,是“团队计酬”式传销活动。

以销售商品为目的、以销售业绩为计酬依据的单纯的“团队计酬”式传销活动,不作为犯罪处理。形式上采取“团队计酬”方式,但实质上属于“以发展人员的数量作为计酬或者返利依据”的传销活动,应当依照刑法第二百二十四条之一的规定,以组织、领导传销活动罪定罪处罚。

4. 叶经生等组织、领导传销活动案(检例第41号)

要旨 组织者或者经营者利用网络发展会员,要求被发展人员以缴纳或者变相缴纳“入门费”为条件,获得提成和发展下线的资格,通过发展人员组成层级关系,并以直接或者间接发展的人员数量作为计酬或者返利的依据,引诱被发展人员继续发展他人参加,骗取财物,扰乱经济社会秩序的,以组织、领导传销活动罪追究刑事责任。

指导意义 随着互联网技术的广泛应用,微信、语音视频聊天室等社交平台作为新的营销方式被广泛运用。传销组织在手段上借助互联网不断翻新,打着“金融创新”的旗号,以“资本运作”“消费投资”“网络理财”“众筹”“慈善互助”等为名从事传销活动。常见的表现形式有:组织者、经营者注册成立电子商务企业,以此名义建立电子商务网站。以网络营销、网络直销等名义,变相收取入门费,设置各种返利机制,激励会员发展下线,上线从直接或者间接发展的下线的销售业绩中计酬,或以直接或者间接发展的人员数量为依据计酬或者返利。这类行为,不管其手段如何翻新,只要符合传销组织骗取财物、扰乱市场经济秩序本质特征的,应以组织、领导传销活动罪论处。

224A-5 公通字〔2013〕37号 三、关于“骗取财物”的认定问题

传销活动的组织者、领导者采取编造、歪曲国家政策,虚构、夸大经营、投资、服务项目及盈利前景,掩饰计酬、返利真实来源或者其他欺诈手段,实施刑法第二百二十四条之一规定的行为,从参与传销活动人员缴纳的费用或者购买商品、服务的费用中非法获利的,应当认定为骗取财物。参与传销活动人员是否认为被骗,不影响骗取财物的认定。

六、关于罪名的适用问题

以非法占有为目的,组织、领导传销活动,同时构成组织、领导传销活动罪和集资诈骗罪的,依照处罚较重的规定定罪处罚。

犯组织、领导传销活动罪,并实施故意伤害、非法拘禁、敲诈勒索、妨害公务、聚众扰乱社会秩序、聚众冲击国家机关、聚众扰乱公共场所秩序、交通秩序等行为,构成犯罪的,依照数罪并罚的规定处罚。

224A-6　公通字〔2013〕37号　四、关于"情节严重"的认定问题

对符合本意见第一条第一款规定的传销组织的组织者、领导者，具有下列情形之一的，应当认定为刑法第二百二十四条之一规定的"情节严重"：

（一）组织、领导的参与传销活动人员累计达一百二十人以上的；

（二）直接或者间接收取参与传销活动人员缴纳的传销资金数额累计达二百五十万元以上的；

（三）曾因组织、领导传销活动受过刑事处罚，或者一年以内因组织、领导传销活动受过行政处罚，又直接或者间接发展参与传销活动人员累计达六十人以上的；

（四）造成参与传销活动人员精神失常、自杀等严重后果的；

（五）造成其他严重后果或者恶劣社会影响的。

第二百二十五条　【非法经营罪】违反国家规定[1]，有下列非法经营行为之一，扰乱市场秩序，情节严重的，处五年以下有期徒刑或者拘役，并处或者单处违法所得一倍以上五倍以下罚金；情节特别严重的，处五年以上有期徒刑，并处违法所得一倍以上五倍以下罚金或者没收财产：

（一）未经许可经营法律、行政法规规定的专营、专卖物品[2]或者其他限制买卖的物品的；

（二）买卖进出口许可证、进出口原产地证明以及其他法律、行政法规规定的经营许可证或者批准文件的；

（三）未经国家有关主管部门批准非法经营证券、期货或者保险业务[3]的，或者非法从事资金支付结算业务[4]的；**（1999年修正案）（刑七）**

（四）其他[5]严重扰乱市场秩序的非法经营行为。

225-1　《最高人民法院关于准确理解和适用刑法中"国家规定"的有关问题的通知》（法发〔2011〕155号，2011年4月8日）　日前，国务院法制办就国务院办公厅文件的有关规定是否可以认定为刑法中的"国家规定"予以统一、规范。为切实做好相关刑事案件审判工作，准确把握刑法有关条文规定的"违反国家规定"的认定标准，依法惩治犯罪，统一法律适用，现就有关问题通知如下：

一、根据刑法第九十六条的规定，刑法中的"国家规定"是指，全国

人民代表大会及其常务委员会制定的法律和决定,国务院制定的行政法规、规定的行政措施、发布的决定和命令。其中,“国务院规定的行政措施”应当由国务院决定,通常以行政法规或者国务院制发文件的形式加以规定。以国务院办公厅名义制发的文件,符合以下条件的,亦应视为刑法中的“国家规定”:(1)有明确的法律依据或者同相关行政法规不相抵触;(2)经国务院常务会议讨论通过或者经国务院批准;(3)在国务院公报上公开发布。

二、各级人民法院在刑事审判工作中,对有关案件所涉及的“违反国家规定”的认定,要依照相关法律、行政法规及司法解释的规定准确把握。对于规定不明确的,要按照本通知的要求审慎认定。对于违反地方性法规、部门规章的行为,不得认定为“违反国家规定”。对被告人的行为是否“违反国家规定”存在争议的,应当作为法律适用问题,逐级向最高人民法院请示。

三、各级人民法院审理非法经营犯罪案件,要依法严格把握刑法第二百二十五条第(四)项的适用范围。对被告人的行为是否属于刑法第二百二十五条第(四)项规定的“其他严重扰乱市场秩序的非法经营行为”,有关司法解释未作明确规定的,应当作为法律适用问题,逐级向最高人民法院请示。

225-2 **1.**《最高人民检察院关于废止〈最高人民检察院关于办理非法经营食盐刑事案件具体应用法律若干问题的解释〉的决定》* (2020年4月1日)决定废止《最高人民检察院关于办理非法经营食盐刑事案件具体应用法律若干问题的解释》(高检发释字〔2002〕6号)。该解释废止后,对以非碘盐充当碘盐或者以工业用盐等非食盐充当食盐等危害食盐安全的行为,人民检察院可以依据《最高人民法院、最高人民检察院关于办理生产、销售伪劣商品刑事案件具体应用法律若干问题的解释》(法释〔2001〕10号)、《最高人民法院、最高人民检察院关于办理危害食品安全刑事案件适用法律若干问题的解释》(法释〔2021〕24号,2022年1月1日)的规定,分别不同情况,以生产、销售伪劣产品罪,或者生产、销售不符合安全标准的食品罪,或者生产、销售有毒、有害食品罪追究刑事责任。

---

* 《食盐专营许可证管理办法》(该办法已于2014年4月12日被国家发改委2014年第10号令废除)的废除,只意味着食盐专营的管理主体由中央政府下放至地方各级政府,国务院颁布的《食盐专营办法》仍然有效,故我国食盐国家专营制度依然存在。

2.《最高人民法院、最高人民检察院关于办理非法生产、销售烟草专卖品等刑事案件具体应用法律若干问题的解释》(法释〔2010〕7号，2010年3月2日)第三条 非法经营烟草专卖品，具有下列情形之一的，应当认定为刑法第二百二十五条规定的“情节严重”：

(一)非法经营数额在五万元以上的，或者违法所得数额在二万元以上的；

(二)非法经营卷烟二十万支以上的；

(三)曾因非法经营烟草专卖品三年内受过二次以上行政处罚，又非法经营烟草专卖品且数额在三万元以上的。

具有下列情形之一的，应当认定为刑法第二百二十五条规定的“情节特别严重”：

(一)非法经营数额在二十五万元以上，或者违法所得数额在十万元以上的；

(二)非法经营卷烟一百万支以上的。

法释〔2010〕7号第四条 非法经营烟草专卖品，能够查清销售或者购买价格的，按照其销售或者购买的价格计算非法经营数额。无法查清销售或者购买价格的，按照下列方法计算非法经营数额：

(一)查获的卷烟、雪茄烟的价格，有品牌的，按照该品牌卷烟、雪茄烟的查获地省级烟草专卖行政主管部门出具的零售价格计算；无品牌的，按照查获地省级烟草专卖行政主管部门出具的上年度卷烟平均零售价格计算；

(二)查获的复烤烟叶、烟叶的价格按照查获地省级烟草专卖行政主管部门出具的上年度烤烟调拨平均基准价格计算；

(三)烟丝的价格按照第(二)项规定价格计算标准的一点五倍计算；

(四)卷烟辅料的价格，有品牌的，按照该品牌辅料的查获地省级烟草专卖行政主管部门出具的价格计算；无品牌的，按照查获地省级烟草专卖行政主管部门出具的上年度烟草行业生产卷烟所需该类卷烟辅料的平均价格计算；

(五)非法生产、销售、购买烟草专用机械的价格按照国务院烟草专卖行政主管部门下发的全国烟草专用机械产品指导价格目录进行计算；目录中没有该烟草专用机械的，按照省级以上烟草专卖行政主管部门出具的目录中同类烟草专用机械的平均价格计算。

法释〔2010〕7号第五条 行为人实施非法生产、销售烟草专卖品犯罪,同时构成生产、销售伪劣产品罪、侵犯知识产权犯罪、非法经营罪的,依照处罚较重的规定定罪处罚。

法释〔2010〕7号第九条　本解释所称"烟草专卖品",是指卷烟、雪茄烟、烟丝、复烤烟叶、烟叶、卷烟纸、滤嘴棒、烟用丝束、烟草专用机械。

本解释所称"卷烟辅料",是指卷烟纸、滤嘴棒、烟用丝束。

本解释所称"烟草专用机械",是指由国务院烟草专卖行政主管部门烟草专用机械名录所公布的,在卷烟、雪茄烟、烟丝、复烤烟叶、烟叶、卷烟纸、滤嘴棒、烟用丝束的生产加工过程中,能够完成一项或者多项特定加工工序,可以独立操作的机械设备。

本解释所称"同类烟草专用机械",是指在卷烟、雪茄烟、烟丝、复烤烟叶、烟叶、卷烟纸、滤嘴棒、烟用丝束的生产加工过程中,能够完成相同加工工序的机械设备。

3.《最高人民法院关于审理走私、非法经营、非法使用兴奋剂刑事案件适用法律若干问题的解释》(法释〔2019〕16号,2020年1月1日)第二条　违反国家规定,未经许可经营兴奋剂目录所列物质,涉案物质属于法律、行政法规规定的限制买卖的物品,扰乱市场秩序,情节严重的,应当依照刑法第二百二十五条的规定,以非法经营罪定罪处罚。

法释〔2019〕16号第七条　实施本解释规定的行为,涉案物质属于毒品、制毒物品等,构成有关犯罪的,依照相应犯罪定罪处罚。

法释〔2019〕16号第八条　对于是否属于本解释规定的"兴奋剂""兴奋剂目录所列物质""体育运动""国内、国际重大体育竞赛"等专门性问题,应当依据《中华人民共和国体育法》《反兴奋剂条例》等法律法规,结合国务院体育主管部门出具的认定意见等证据材料作出认定。

4. 周长兵非法经营宣告无罪案(参考案例第1337号)未经许可从事保安服务业务经营的行为是否构成非法经营罪。

在办理非法经营刑事案件过程中,"情节严重"的认定是一种个案认定,多是参照规范性文件的量化标准,而行为是否属于严重扰乱市场秩序的认定是一种类案认定,对两者应作为不同层面的问题进行分析。对于涉案行为是否属于严重扰乱市场秩序的非法经营行为,应当单独评价,而不应以"情节严重"与否代替。行为人虽然没有获取保安服务许可证,但无实质上违法犯罪行为、未造成严重后果的,不应认定为严重扰乱市场秩序的非法经营行为。

225-3　**1.**《立案标准(二)》第七十一条　违反国家规定,进行非法经营活动,扰乱市场秩序,涉嫌下列情形之一的,应予立案追诉:

……

（二）未经国家有关主管部门批准，非法经营证券、期货、保险业务，或者非法从事资金支付结算业务，具有下列情形之一的：

1. 非法经营证券、期货、保险业务，数额在一百万元以上，或者违法所得数额在十万元以上的……

2.《最高人民法院关于审理非法集资刑事案件具体应用法律若干问题的解释》（法释〔2022〕5号，2022年3月1日）第十一条　违反国家规定，未经依法核准擅自发行基金份额募集基金，情节严重的，依照刑法第二百二十五条的规定，以非法经营罪定罪处罚。

225-4　**1.**《最高人民检察院关于办理涉互联网金融犯罪案件有关问题座谈会纪要》（高检诉〔2017〕14号，2017年6月2日）　二、准确界定涉互联网金融行为法律性质　（三）非法经营资金支付结算行为的认定

18. 支付结算业务（也称支付业务）是商业银行或者支付机构在收付款人之间提供的货币资金转移服务。非银行机构从事支付结算业务，应当经中国人民银行批准取得《支付业务许可证》，成为支付机构。未取得支付业务许可从事该业务的行为，违反《非法金融机构和非法金融业务活动取缔办法》第四条第一款第（三）、（四）项的规定，破坏了支付结算业务许可制度，危害支付市场秩序和安全，情节严重的，适用刑法第二百二十五条第（三）项，以非法经营罪追究刑事责任。具体情形：

（1）未取得支付业务许可经营基于客户支付账户的网络支付业务。无证网络支付机构为客户非法开立支付账户，客户先把资金支付到该支付账户，再由无证机构根据订单信息从支付账户平台将资金结算到收款人银行账户。

（2）未取得支付业务许可经营多用途预付卡业务。无证发卡机构非法发行可跨地区、跨行业、跨法人使用的多用途预付卡，聚集大量的预付卡销售资金，并根据客户订单信息向商户划转结算资金。

19. 在具体办案时，要深入剖析相关行为是否具备资金支付结算的实质特征，准确区分支付工具的正常商业流转与提供支付结算服务、区分单用途预付卡与多用途预付卡业务，充分考虑具体行为与“地下钱庄”等同类犯罪在社会危害方面的相当性以及刑事处罚的必要性，严格把握入罪和出罪标准。

2.《最高人民法院、最高人民检察院关于办理非法从事资金支付结算业务、非法买卖外汇刑事案件适用法律若干问题的解释》（法释

〔2019〕1 号,2019 年 2 月 1 日)* 第一条　违反国家规定,具有下列情形之一的,属于刑法第二百二十五条第三项规定的"非法从事资金支付结算业务":

(一)使用受理终端或者网络支付接口等方法,以虚构交易、虚开价格、交易退款等非法方式向指定付款方支付货币资金的;

(二)非法为他人提供单位银行结算账户套现或者单位银行结算账户转个人账户服务的;

(三)非法为他人提供支票套现服务的;

(四)其他非法从事资金支付结算业务的情形。

法释〔2019〕1 号第三条　非法从事资金支付结算业务或者非法买卖外汇,具有下列情形之一的,应当认定为非法经营行为"情节严重":

(一)非法经营数额在五百万元以上的;

(二)违法所得数额在十万元以上的。

非法经营数额在二百五十万元以上,或者违法所得数额在五万元以上,且具有下列情形之一的,可以认定为非法经营行为"情节严重":

(一)曾因非法从事资金支付结算业务或者非法买卖外汇犯罪行为受过刑事追究的;

(二)二年内因非法从事资金支付结算业务或者非法买卖外汇违法行为受过行政处罚的;

(三)拒不交代涉案资金去向或者拒不配合追缴工作,致使赃款无法追缴的;

(四)造成其他严重后果的。

法释〔2019〕1 号第四条　非法从事资金支付结算业务或者非法买卖外汇,具有下列情形之一的,应当认定为非法经营行为"情节特别严重":

(一)非法经营数额在二千五百万元以上的;

(二)违法所得数额在五十万元以上的。

非法经营数额在一千二百五十万元以上,或者违法所得数额在二十五万元以上,且具有本解释第三条第二款规定的四种情形之一的,可以认定为非法经营行为"情节特别严重"。

法释〔2019〕1 号第五条　非法从事资金支付结算业务或者非法买卖外汇,构成非法经营罪,同时又构成刑法第一百二十条之一规定的帮

---

* 法释〔2019〕1 号第十二条　《最高人民法院关于审理骗购外汇、非法买卖外汇刑事案件具体应用法律若干问题的解释》(法释〔1998〕20 号)与本解释不一致的,以本解释为准。

助恐怖活动罪或者第一百九十一条规定的洗钱罪的，依照处罚较重的规定定罪处罚。

法释〔2019〕1号第六条　二次以上非法从事资金支付结算业务或者非法买卖外汇，依法应予行政处理或者刑事处理而未经处理的，非法经营数额或者违法所得数额累计计算。

同一案件中，非法经营数额、违法所得数额分别构成情节严重、情节特别严重的，按照处罚较重的数额定罪处罚。

法释〔2019〕1号第七条　非法从事资金支付结算业务或者非法买卖外汇违法所得数额难以确定的，按非法经营数额的千分之一认定违法所得数额，依法并处或者单处违法所得一倍以上五倍以下罚金。

法释〔2019〕1号第八条　符合本解释第三条规定的标准，行为人如实供述犯罪事实，认罪悔罪，并积极配合调查，退缴违法所得的，可以从轻处罚；其中犯罪情节轻微的，可以依法不起诉或者免予刑事处罚。

符合刑事诉讼法规定的认罪认罚从宽适用范围和条件的，依照刑事诉讼法的规定处理。

法释〔2019〕1号第九条　单位实施本解释第一条、第二条规定的非法从事资金支付结算业务、非法买卖外汇行为，依照本解释规定的定罪量刑标准，对单位判处罚金，并对其直接负责的主管人员和其他直接责任人员定罪处罚。

法释〔2019〕1号第十条　非法从事资金支付结算业务、非法买卖外汇刑事案件中的犯罪地，包括犯罪嫌疑人、被告人用于犯罪活动的账户开立地、资金接收地、资金过渡账户开立地、资金账户操作地，以及资金交易对手资金交付和汇出地等。

法释〔2019〕1号第十一条　涉及外汇的犯罪数额，按照案发当日中国外汇交易中心或者中国人民银行授权机构公布的人民币对该货币的中间价折合成人民币计算。中国外汇交易中心或者中国人民银行授权机构未公布汇率中间价的境外货币，按照案发当日境内银行人民币对该货币的中间价折算成人民币，或者该货币在境内银行、国际外汇市场对美元汇率，与人民币对美元汇率中间价进行套算。

3.《公安部经济犯罪侦查局关于对倒卖银行承兑汇票行为性质认定意见的批复》（公经金融〔2009〕253号，2009年9月18日）　此类与他人串通注册成立空壳公司，伪造贸易合同，虚构贸易背景，从银行开出多份银行承兑汇票转手倒卖，及从他人手中购买银行承兑汇票进行倒卖，从中获利的行为，数额巨大，严重扰乱正常的票据管理秩序，可以认定为刑法修正案(七)第五条规定的"非法从事资金支付结算业务"的活动。

4.《最高人民法院、最高人民检察院关于办理妨害信用卡管理刑事案件具体应用法律若干问题的解释》(法释〔2018〕19号,2018年12月1日)第十二条 违反国家规定,使用销售点终端机具(POS机)等方法,以虚构交易、虚开价格、现金退货等方式向信用卡持卡人直接支付现金,情节严重的,应当依据刑法第二百二十五条的规定,以非法经营罪定罪处罚。

实施前款行为,数额在一百万元以上的,或者造成金融机构资金二十万元以上逾期未还的,或者造成金融机构经济损失十万元以上的,应当认定为刑法第二百二十五条规定的"情节严重";数额在五百万元以上的,或者造成金融机构资金一百万元以上逾期未还的,或者造成金融机构经济损失五十万元以上的,应当认定为刑法第二百二十五条规定的"情节特别严重"。

……

225-5　1.《立案标准(二)》第七十一条 (十二)从事其他非法经营活动,具有下列情形之一的:

1. 个人非法经营数额在五万元以上,或者违法所得数额在一万元以上的;

2. 单位非法经营数额在五十万元以上,或者违法所得数额在十万元以上的;

3. 虽未达到上述数额标准,但二年内因非法经营行为受过二次以上行政处罚,又从事同种非法经营行为的;

4. 其他情节严重的情形。

法律、司法解释对非法经营罪的立案追诉标准另有规定的,依照其规定。

2.《最高人民法院关于被告人何伟光、张勇泉等非法经营案的批复》(〔2012〕刑他字第136号,2012年2月26日) 我院经研究认为,被告人何伟光、张勇泉等人发放高利贷的行为具有一定的社会危害性,但此类行为是否属于刑法第二百二十五条规定的"其他严重扰乱市场秩序的非法经营行为",相关立法解释和司法解释尚无明确规定,故对何伟光、张勇泉等人的行为不宜以非法经营罪定罪处罚。

3.《立案标准(二)》第七十一条 (十一)未经监管部门批准,或者超越经营范围,以营利为目的,以超过百分之三十六的实际年利率经常性地向社会不特定对象发放贷款,具有下列情形之一的:

1. 个人非法放贷数额累计在二百万元以上的,单位非法放贷数额累计在一千万元以上的;

2. 个人违法所得数额累计在八十万元以上的,单位违法所得数额累计在四百万元以上的;

3. 个人非法放贷对象累计在五十人以上的,单位非法放贷对象累计在一百五十人以上的;

4. 造成借款人或者其近亲属自杀、死亡或者精神失常等严重后果的。

5. 虽未达到上述数额标准,但具有下列情形之一的:

(1)二年内因实施非法放贷行为受过二次以上行政处罚的;

(2)以超过百分之七十二的实际年利率实施非法放贷行为十次以上的。

黑恶势力非法放贷的,按照第1、2、3项规定的相应数额、数量标准的百分之五十确定。同时具有第5项规定情形的,按照相应数额、数量标准的百分之四十确定。

4.《最高人民法院、最高人民检察院、公安部、司法部关于办理非法放贷刑事案件若干问题的意见》(法发〔2019〕24号,2019年10月21日)　八、本意见自2019年10月21日起施行。对于本意见施行前发生的非法放贷行为,依照最高人民法院《关于准确理解和适用刑法中"国家规定"的有关问题的通知》(法发〔2011〕155号)的规定办理。

理解与适用:一是为贯彻罪刑法定原则,办案机关应当准确理解和把握本意见的时间效力问题,对于本意见施行前发生的非法放贷行为,在实体处理上要注意与《最高人民法院关于被告人何伟光、张勇泉等非法经营案的批复》精神保持一致。二是行为人非法发放贷款在本意见施行前,收回本息在本意见施行后的,应当认定为"本意见施行前发生的非法放贷行为"。三是行为人在本意见施行之前、之后均有非法放贷行为的,只能对施行后的行为适用本意见相关规定定罪处罚。

一、违反国家规定,未经监管部门批准,或者超越经营范围,以营利为目的,经常性地向社会不特定对象发放贷款,扰乱金融市场秩序,情节严重的,依照刑法第二百二十五条第(四)项的规定,以非法经营罪定罪处罚。

前款规定中的"经常性地向社会不特定对象发放贷款",是指2年内向不特定多人(包括单位和个人)以借款或其他名义出借资金10次以上。

贷款到期后延长还款期限的,发放贷款次数按照1次计算。

理解与适用:在延长还款期限后仅改变约定利率或者利息计算方式,但出借的本金金额未实际增加的,发放贷款次数仍按照1次计算;如果在延长还款期限后追加出借资金,或者将借款人已偿还贷款重新借出的,放贷次数另行计算。

四、仅向亲友、单位内部人员等特定对象出借资金,不得适用本意见第一条的规定定罪处罚。但具有下列情形之一的,定罪量刑时应当与向不特定对象非法放贷的行为一并处理:

(一)通过亲友、单位内部人员等特定对象向不特定对象发放贷款的;

(二)以发放贷款为目的,将社会人员吸收为单位内部人员,并向其发放贷款的;

(三)向社会公开宣传,同时向不特定多人和亲友、单位内部人员等特定对象发放贷款的。

二、以超过36%的实际年利率实施符合本意见第一条规定的非法放贷行为,具有下列情形之一的,属于刑法第二百二十五条规定的"情节严重",但单次非法放贷行为实际年利率未超过36%的,定罪量刑时不得计入:

(一)个人非法放贷数额累计在200万元以上的,单位非法放贷数额累计在1000万元以上的;

(二)个人违法所得数额累计在80万元以上的,单位违法所得数额累计在400万元以上的;

(三)个人非法放贷对象累计在50人以上的,单位非法放贷对象累计在150人以上的;

(四)造成借款人或者其近亲属自杀、死亡或者精神失常等严重后果的。

具有下列情形之一的,属于刑法第二百二十五条规定的"情节特别严重":

(一)个人非法放贷数额累计在1000万元以上的,单位非法放贷数额累计在5000万元以上的;

(二)个人违法所得数额累计在400万元以上的,单位违法所得数额累计在2000万元以上的;

(三)个人非法放贷对象累计在250人以上的,单位非法放贷对象累计在750人以上的；

（四）造成多名借款人或者其近亲属自杀、死亡或者精神失常等特别严重后果的。

理解与适用：本意见将运用刑法手段打击的目标锁定为非法高利放贷，明确“以超过36%的实际年利率实施符合本意见第一条规定的非法放贷行为”是认定非法放贷“情节严重”和“情节特别严重”的前提条件，从而有效防止扩大打击面，并为民事司法和行政执法留出必要空间。

需要重点把握：行为人2年内共向不特定多人以借款名义出借资金10次，但其中只有9次实际年利率超过36%，还有1次未超过，则其行为不符合“以超过36%的实际年利率实施符合本意见第一条规定的非法放贷行为”的标准，不能以非法经营罪定罪处罚。又如，行为人（个人）2年内共向不特定多人以借款名义出借资金15次，其中单次放贷行为实际年利率超过36%的有11次，非法放贷数额共计210万元；未超过36%的有4次，非法放贷数额共计900万元。按照本意见规定，只能根据其中11次高利放贷行为及其相应的非法放贷数额210万元定罪量刑，该行为人非法放贷构成非法经营罪，但属于“情节严重”，而非“情节特别严重”，应在五年以下有期徒刑或者拘役，并处或者单处违法所得一倍以上五倍以下罚金的法定刑幅度内量刑。

三、非法放贷数额、违法所得数额、非法放贷对象数量接近本意见第二条规定的“情节严重”“情节特别严重”的数额、数量起点标准，并具有下列情形之一的，可以分别认定为“情节严重”“情节特别严重”：

（一）2年内因实施非法放贷行为受过行政处罚2次以上的；

（二）以超过72%的实际年利率实施非法放贷行为10次以上的。

前款规定中的“接近”，一般应当掌握在相应数额、数量标准的80%以上。

五、非法放贷数额应当以实际出借给借款人的本金金额认定。非法放贷行为人以介绍费、咨询费、管理费、逾期利息、违约金等名义和以从本金中预先扣除等方式收取利息的，相关数额在计算实际年利率时均应计入。

非法放贷行为人实际收取的除本金之外的全部财物，均应计入违法所得。

非法放贷行为未经处理的，非法放贷次数和数额、违法所得数额、非法放贷对象数量等应当累计计算。

理解与适用:本意见第五条第一款结合民事法律和司法解释有关本金金额认定的规定,明确非法放贷数额应当以实际出借给借款人的本金金额,即按照借款人实际能够完全支配和使用的借款金额作出认定。该条款结合民事法律和司法解释中对逾期利息、违约金、其他费用并存时,总计超过利率上限部分不予保护的规定精神,以从严管理角度出发,明确以各种名义收取的费用均应认定为利息。

六、为从事非法放贷活动,实施擅自设立金融机构、套取金融机构资金高利转贷、骗取贷款、非法吸收公众存款等行为,构成犯罪的,应当择一重罪处罚。

为强行索要因非法放贷而产生的债务,实施故意杀人、故意伤害、非法拘禁、故意毁坏财物、寻衅滋事等行为,构成犯罪的,应当数罪并罚。

纠集、指使、雇佣他人采用滋扰、纠缠、哄闹、聚众造势等手段强行索要债务,尚不单独构成犯罪,但实施非法放贷行为已构成非法经营罪的,应当按照非法经营罪的规定酌情从重处罚。

以上规定的情形,刑法、司法解释另有规定的除外。

七、有组织地非法放贷,同时又有其他违法犯罪活动,符合黑社会性质组织或者恶势力、恶势力犯罪集团认定标准的,应当分别按照黑社会性质组织或者恶势力、恶势力犯罪集团侦查、起诉、审判。

黑恶势力非法放贷的,据以认定"情节严重""情节特别严重"的非法放贷数额、违法所得数额、非法放贷对象数量起点标准,可以分别按照本意见第二条规定中相应数额、数量标准的50%确定;同时具有本意见第三条第一款规定情形的,可以分别按照相应数额、数量标准的40%确定。

5.《全国人大常委会关于惩治骗购外汇、逃汇和非法买卖外汇犯罪的决定》(1998年12月29日)* 四、在国家规定的交易场所以外非法买卖外汇,扰乱市场秩序,情节严重的,依照刑法第二百二十五条的规定定罪处罚。

单位犯前款罪的,依照刑法第二百三十一条的规定处罚。

6.《立案标准(二)》第七十一条 (三)实施倒买倒卖外汇或者变相买卖外汇等非法买卖外汇行为,扰乱金融市场秩序,具有下列情形之一的:

---

* 1998年8月28日最高人民法院曾作出司法解释,将非法买卖外汇情节严重的行为规定可按非法经营罪处罚。《决定》第四条以立法形式予以明确。

1. 非法经营数额在五百万元以上的,或者违法所得数额在十万元以上的;

2. 非法经营数额在二百五十万元以上,或者违法所得数额在五万元以上,且具有下列情形之一的:

(1)因非法买卖外汇犯罪行为受过刑事追究的;

(2)二年内因非法买卖外汇违法行为受过行政处罚的;

(3)拒不交代涉案资金去向或者拒不配合追缴工作,致使赃款无法追缴的;

(4)造成其他严重后果的。

3. 公司、企业或者其他单位违反有关外贸代理业务的规定,采用非法手段,或者明知是伪造、变造的凭证、商业单据,为他人向外汇指定银行骗购外汇,数额在五百万美元以上或者违法所得数额在五十万元以上的;

4. 居间介绍骗购外汇,数额在一百万美元以上或者违法所得数额在十万元以上的。

7.《最高人民法院关于审理骗购外汇、非法买卖外汇刑事案件具体应用法律若干问题的解释》(法释〔1998〕20 号,1998 年 9 月 1 日)第八条　骗购、非法买卖不同币种的外汇的,以案发时国家外汇管理机关制定的统一折算率折合后依照本解释处罚。

8.《最高人民法院、最高人民检察院、公安部办理骗汇、逃汇犯罪案件联席会议纪要》(公通字〔1999〕39 号,1999 年 6 月 7 日)

二、……上述所称"采用非法手段",是指有国家批准的进出口经营权的外贸代理企业在经营代理进口业务时,不按国家经济主管部门有关规定履行职责,放任被代理方自带客户、自带货源、自带汇票、自行报关,在不见进口产品、不见供货货主、不见外商的情况下代理进口业务,或者采取法律、行政法规和部门规章禁止的其他手段代理进口业务。

认定《解释》第四条所称的"明知",要结合案件的具体情节予以综合考虑,不能仅仅因为行为人不供述就不予认定。报关行为先于签订外贸代理协议的,或者委托方提供的购汇凭证明显与真实凭证、商业单据不符的,应当认定为明知。

《解释》第四条所称"居间介绍骗购外汇",是指收取他人人民币、以虚假购汇凭证委托外贸公司、企业骗购外汇,获取非法收益的行为。

9.《立案标准(二)》第七十一条　(四)出版、印刷、复制、发行严重危害社会秩序和扰乱市场秩序的非法出版物,具有下列情形之一的:

1. 个人非法经营数额在五万元以上的,单位非法经营数额在十五万元以上的;

2. 个人违法所得数额在二万元以上的,单位违法所得数额在五万元以上的;

3. 个人非法经营报纸五千份或者期刊五千本或者图书二千册或者音像制品、电子出版物五百张(盒)以上的,单位非法经营报纸一万五千份或者期刊一万五千本或者图书五千册或者音像制品、电子出版物一千五百张(盒)以上的;

4. 虽未达到上述数额标准,但具有下列情形之一的:

(1)二年内因出版、印刷、复制、发行非法出版物受过二次以上行政处罚,又出版、印刷、复制、发行非法出版物的;

(2)因出版、印刷、复制、发行非法出版物造成恶劣社会影响或者其他严重后果的。

(五)非法从事出版物的出版、印刷、复制、发行业务,严重扰乱市场秩序,具有下列情形之一的:

1. 个人非法经营数额在十五万元以上的,单位非法经营数额在五十万元以上的;

2. 个人违法所得数额在五万元以上的,单位违法所得数额在十五万元以上的;

3. 个人非法经营报纸一万五千份或者期刊一万五千本或者图书五千册或者音像制品、电子出版物一千五百张(盒)以上的,单位非法经营报纸五万份或者期刊五万本或者图书一万五千册或者音像制品、电子出版物五千张(盒)以上的;

4. 虽未达到上述数额标准,二年内因非法从事出版物的出版、印刷、复制、发行业务受过二次以上行政处罚,又非法从事出版物的出版、印刷、复制、发行业务的。

10.《最高人民法院关于审理非法出版物刑事案件具体应用法律若干问题的解释》(法释〔1998〕30号,1998年12月23日)第十二条
个人实施本解释第十一条规定的行为,具有下列情形之一的,属于非法经营行为"情节严重":

(一)经营数额在五万元至十万元以上的;

(二)违法所得数额在二万元至三万元以上的;

(三)经营报纸五千份或者期刊五千本或者图书二千册或者音像制品、电子出版物五百张(盒)以上的。

具有下列情形之一的,属于非法经营行为“情节特别严重”:

(一)经营数额在十五万元至三十万元以上的;

(二)违法所得数额在五万元至十万元以上的;

(三)经营报纸一万五千份或者期刊一万五千本或者图书五千册或者音像制品、电子出版物一千五百张(盒)以上的。

法释〔1998〕30号第十三条　单位实施本解释第十一条规定的行为,具有下列情形之一的,属于非法经营行为“情节严重”:

(一)经营数额在十五万元至三十万元以上的;

(二)违法所得数额在五万元至十万元以上的;

(三)经营报纸一万五千份或者期刊一万五千本或者图书五千册或者音像制品、电子出版物一千五百张(盒)以上的。

具有下列情形之一的,属于非法经营行为“情节特别严重”:

(一)经营数额在五十万元至一百万元以上的;

(二)违法所得数额在十五万元至三十万元以上的;

(三)经营报纸五万份或者期刊五万本或者图书一万五千册或者音像制品、电子出版物五千张(盒)以上的。

法释〔1998〕30号第十四条　实施本解释第十一条规定的行为,经营数额、违法所得数额或者经营数量接近非法经营行为“情节严重”、“情节特别严重”的数额、数量起点标准,并具有下列情形之一的,可以认定为非法经营行为“情节严重”、“情节特别严重”:

(一)两年内因出版、印刷、复制、发行非法出版物受过行政处罚两次以上的;

(二)因出版、印刷、复制、发行非法出版物造成恶劣社会影响或者其他严重后果的。

法释〔1998〕30号第十五条　非法从事出版物的出版、印刷、复制、发行业务,严重扰乱市场秩序,情节特别严重,构成犯罪的,可以依照刑法第二百二十五条第(三)项*,以非法经营罪定罪处罚。

11.《立案标准(二)》第七十一条　(六)采取租用国际专线、私设转接设备或者其他方法,擅自经营国际电信业务或者涉港澳台电信业务进行营利活动,扰乱电信市场管理秩序,具有下列情形之一的:

1. 经营去话业务数额在一百万元以上的;

---

* 已改为第(四)项的规定。

2. 经营来话业务造成电信资费损失数额在一百万元以上的;

3. 虽未达到上述数额标准,但具有下列情形之一的:

(1)二年内因非法经营国际电信业务或者涉港澳台电信业务行为受过二次以上行政处罚,又非法经营国际电信业务或者涉港澳台电信业务的;

(2)因非法经营国际电信业务或者涉港澳台电信业务行为造成其他严重后果的。

12.《最高人民法院关于审理扰乱电信市场管理秩序案件具体应用法律若干问题的解释》(法释〔2000〕12 号,2000 年 5 月 24 日)第二条第二款　具有下列情形之一的,属于非法经营行为"情节特别严重":

(一)经营去话业务数额在五百万元以上的;

(二)经营来话业务造成电信资费损失数额在五百万元以上的。

法释〔2000〕12 号第十条　本解释所称"经营去话业务数额",是指以行为人非法经营国际电信业务或者涉港澳台电信业务的总时长(分钟数)乘以行为人每分钟收取的用户使用费所得的数额。

本解释所称"电信资费损失数额",是指以行为人非法经营国际电信业务或者涉港澳台电信业务的总时长(分钟数)乘以在合法电信业务中我国应当得到的每分钟国际结算价格所得的数额。

13.《最高人民法院、最高人民检察院关于办理赌博刑事案件具体应用法律若干问题的解释》(法释〔2005〕3 号,2005 年 5 月 13 日)第六条　未经国家批准擅自发行、销售彩票*,构成犯罪的,依照刑法第二百二十五条第(四)项之规定,以非法经营罪定罪处罚。

14.《最高人民法院、最高人民检察院、公安部关于办理利用赌博机开设赌场案件适用法律若干问题的意见》(公通字〔2014〕17 号,2014 年 3 月 26 日)

四、关于生产、销售赌博机的定罪量刑标准

以提供给他人开设赌场为目的,违反国家规定,非法生产、销售具有退币、退分、退钢珠等赌博功能的电子游戏设施设备或者其专用软件,情节严重的,依照刑法第二百二十五条的规定,以非法经营罪定罪处罚。

实施前款规定的行为,具有下列情形之一的,属于非法经营行为"情节严重":

---

* 有的地方对这一类行为以赌博罪论处,但该罪只能判处三年以下有期徒刑,不足以充分体现罪刑相适应原则。另外,由于彩票是国家专营的,擅自发行彩票本身就是非法经营行为。

（一）个人非法经营数额在五万元以上，或者违法所得数额在一万元以上的；

（二）单位非法经营数额在五十万元以上，或者违法所得数额在十万元以上的；

（三）虽未达到上述数额标准，但两年内因非法生产、销售赌博机行为受过二次以上行政处罚，又进行同种非法经营行为的；

（四）其他情节严重的情形。

具有下列情形之一的，属于非法经营行为"情节特别严重"：

（一）个人非法经营数额在二十五万元以上，或者违法所得数额在五万元以上的；

（二）单位非法经营数额在二百五十万元以上，或者违法所得数额在五十万元以上的。

15.《立案标准（二）》第七十一条 （十）实施下列危害食品安全行为，非法经营数额在十万元以上，或者违法所得数额在五万元以上的：

1. 以提供给他人生产、销售食品为目的，违反国家规定，生产、销售国家禁止用于食品生产、销售的非食品原料的；

2. 以提供给他人生产、销售食用农产品为目的，违反国家规定，生产、销售国家禁用农药、食品动物中禁止使用的药品及其他化合物等有毒、有害的非食品原料，或者生产、销售添加上述有毒、有害的非食品原料的农药、兽药、饲料、饲料添加剂、饲料原料的；

3. 违反国家规定，私设生猪屠宰厂（场），从事生猪屠宰、销售等经营活动的。

16.《最高人民法院、最高人民检察院关于办理危害食品安全刑事案件适用法律若干问题的解释》（法释〔2021〕24 号，2022 年 1 月 1 日）第十七条第二款 在畜禽屠宰相关环节，对畜禽使用食品动物中禁止使用的药品及其他化合物等有毒、有害的非食品原料，依照刑法第一百四十四条的规定以生产、销售有毒、有害食品罪定罪处罚；对畜禽注水或者注入其他物质，足以造成严重食物中毒事故或者其他严重食源性疾病的，依照刑法第一百四十三条的规定以生产、销售不符合安全标准的食品罪定罪处罚；虽不足以造成严重食物中毒事故或者其他严重食源性疾病，但符合刑法第一百四十条规定的，以生产、销售伪劣产品罪定罪处罚。

17.《最高人民法院、最高人民检察院关于办理利用信息网络实施诽谤等刑事案件适用法律若干问题的解释》（法释〔2013〕21 号，2013

年9月10日)第七条　违反国家规定,以营利为目的,通过信息网络有偿提供删除信息服务,或者明知是虚假信息,通过信息网络有偿提供发布信息等服务,扰乱市场秩序,具有下列情形之一的,属于非法经营行为"情节严重",依照刑法第二百二十五条第(四)项的规定,以非法经营罪定罪处罚:

(一)个人非法经营数额在五万元以上,或者违法所得数额在二万元以上的;

(二)单位非法经营数额在十五万元以上,或者违法所得数额在五万元以上的。

实施前款规定的行为,数额达到前款规定的数额五倍以上的,应当认定为刑法第二百二十五条规定的"情节特别严重"。

理解与适用:1."违反国家规定"的理解:上述解释第七条规定的认定行为人"违反国家规定"的依据,主要是指违反《全国人民代表大会常务委员会关于维护互联网安全的决定》和国务院《互联网信息服务管理办法》的相关规定。依照《互联网信息服务管理办法》,国家对经营性互联网信息服务实行许可制度,对非经营性互联网信息服务实行备案制度,未取得国家有关部门的许可,不得从事互联网有偿信息服务。当前,一些"网络公关公司"以营利为目的提供非法删帖服务,或者明知是虚假信息而提供发布信息等服务,扰乱了信息网络服务市场管理秩序,属于未经国家许可,"通过互联网向上网用户有偿提供信息或者网页制作等服务活动"中"等服务活动"的情形。

2."以营利为目的"的认定:当前,一些"网络公关公司""营销公司"通过在信息网络上进行有偿信息炒作、发布不实信息等方式,吸引公众关注,进而牟取非法利益。对于个别网民并非专门从事经营活动,只是偶尔一两次帮助他人发帖,并收取一定费用的,即使数额达到了上述解释规定的标准,一般也不宜认定为"以营利为目的"。

3.利用信息网络实施非法经营犯罪的行为方式:一是通过信息网络有偿提供删除信息服务;二是明知是虚假信息,通过信息网络有偿提供发布信息等服务。对于通过信息网络向他人有偿提供删除信息服务的,不要求行为人明知所删除的信息为虚假信息。对于通过信息网络向他人有偿提供发布信息等服务的,必须以行为人明知所发布的信息是虚假信息为前提。如果行为人通过信息网络有偿提供发布信息服务,但发布的信息是真实的,即使收取了一定数额的费用,也不应认定为非法经营罪。

18.《最高人民法院、最高人民检察院关于办理扰乱无线电通讯管理秩序等刑事案件适用法律若干问题的解释》(法释〔2017〕11号,2017年7月1日)第四条　非法生产、销售"黑广播""伪基站"、无线电干扰器等无线电设备,具有下列情形之一的,应当认定为刑法第二百二十五条规定的"情节严重":

(一)非法生产、销售无线电设备三套以上的;

(二)非法经营数额五万元以上的;

(三)其他情节严重的情形*。

实施前款规定的行为,数量或者数额达到前款第一项、第二项规定标准五倍以上,或者具有其他情节特别严重的情形的,应当认定为刑法第二百二十五条规定的"情节特别严重"。

在非法生产、销售无线电设备窝点查扣的零件,以组装完成的套数以及能够组装的套数认定;无法组装为成套设备的,每三套广播信号调制器(激励器)认定为一套"黑广播"设备,每三块主板认定为一套"伪基站"设备。

法释〔2017〕11号第五条　单位犯本解释规定之罪的,对单位判处罚金,并对直接负责的主管人员和其他直接责任人员,依照本解释规定的自然人犯罪的定罪量刑标准定罪处罚。

19. 王力军非法经营再审改判无罪案(指导性案例第97号)

裁判要点　1. 对于刑法第二百二十五条第四项规定的"其他严重扰乱市场秩序的非法经营行为"的适用,应当根据相关行为是否具有与刑法第二百二十五条前三项规定的非法经营行为相当的社会危害性、刑事违法性和刑事处罚必要性进行判断。

2. 判断违反行政管理有关规定的经营行为是否构成非法经营罪,应当考虑该经营行为是否属于严重扰乱市场秩序。对于虽然违反行政管理有关规定,但尚未严重扰乱市场秩序的经营行为,不应当认定为非法经营罪。

裁判理由　再审法院认为,原判决认定的原审被告人王力军没有办理粮食收购许可证及工商营业执照买卖玉米的事实清楚,其行为虽然违反了当时的国家粮食流通管理有关规定,但尚未达到严重扰乱市场秩序的危害程度,不具备与刑法第二百二十五条规定的非法经营罪相当的社会危害性、刑事违法性和刑事处罚必要性,不构成非法经营罪。

---

* 《立案标准(二)》第七十一条第八款　(八)……虽未达到上述数额标准,但二年内因非法生产、销售无线电设备受过二次以上行政处罚,又非法生产、销售无线电设备的。

第二百二十六条 (刑八)【强迫交易[1]罪】以暴力、威胁[2]手段，实施下列行为之一，情节严重的，处三年以下有期徒刑或者拘役，并处或者单处罚金；情节特别严重的，处三年以上七年以下有期徒刑，并处罚金：

(一)强买强卖商品的；

(二)强迫他人提供或者接受服务[3]的；*

(三)强迫他人参与或者退出投标、拍卖的；

(四)强迫他人转让或者收购公司、企业的股份、债券或者其他资产的；

(五)强迫他人参与或者退出特定的经营活动的。

226-1 《最高人民法院关于审理抢劫、抢夺刑事案件适用法律若干问题的意见》(法发〔2005〕8号,2005年6月8日) 九、关于抢劫罪与相似犯罪的界限

2. 以暴力、胁迫手段索取超出正常交易价钱、费用的钱财的行为定性**。

从事正常商品买卖、交易或者劳动服务的人,以暴力、胁迫手段迫使他人交出与合理价钱、费用相差不大钱物,情节严重的,以强迫交易罪定罪处罚;以非法占有为目的,以买卖、交易、服务为幌子采用暴力、胁迫手段迫使他人交出与合理价钱、费用相差悬殊的钱物的,以抢劫罪定罪处刑。在具体认定时,既要考虑超出合理价钱、费用的绝对数额,还要考虑超出合理价钱、费用的比例,加以综合判断。

226-2 **1.**《最高人民法院、最高人民检察院、公安部、司法部关于办理实施"软暴力"的刑事案件若干问题的意见》(2019年4月9日) 五、采用"软暴力"手段,使他人产生心理恐惧或者形成心理强制,分别属于《刑法》第二百二十六条规定的"威胁"、《刑法》第二百九十三条第

---

* 原条文为:"以暴力、威胁手段强买强卖商品、强迫他人提供服务或者强迫他人接受服务,情节严重的,处三年以下有期徒刑或者拘役,并处或者单处罚金。"新条文采用了省略的修辞方法,表述更简洁,简乃文章之尽境,越简洁,越能看出事物本来的面貌。

** 这种观点试图通过价格、费用是否悬殊来区分本罪与抢劫罪。其实本罪与抢劫罪、敲诈勒索罪之间不是对立关系,符合本罪的犯罪构成时,并不当然排除抢劫罪、敲诈勒索罪的成立。也不能因为刑法规定了强迫交易罪,就认定凡是有交易的行为都不成立抢劫罪或敲诈勒索罪,换言之,强迫交易罪完全可能同时触犯抢劫罪、敲诈勒索罪,因而属于想象竞合犯,应从一重罪论处。

一款第(二)项规定的“恐吓”,同时符合其他犯罪构成要件的,应当分别以强迫交易罪、寻衅滋事罪定罪处罚。

……

2.《立案标准(一)的补充规定》第五条　以暴力、威胁手段强买强卖商品,强迫他人提供服务或者接受服务,涉嫌下列情形之一的,应予立案追诉:

(一)造成被害人轻微伤的;

(二)造成直接经济损失2千元以上的;

(三)强迫交易三次以上或者强迫3人以上交易的;

(四)强迫交易数额一万元以上,或者违法所得数额2千元以上的;

(五)强迫他人购买伪劣商品数额五千元以上,或者违法所得数额一千元以上的;

(六)其他情节严重的情形。

以暴力、威胁手段强迫他人参与或者退出投标、拍卖,强迫他人转让或者收购公司、企业的股份、债券或者其他资产,强迫他人参与或者退出特定的经营活动,具有多次实施、手段恶劣、造成严重后果或者恶劣社会影响等情形之一的,应予立案追诉。

226-3　《最高人民检察院关于强迫借贷行为适用法律问题的批复》(高检发释字〔2014〕1号,2014年4月17日)　广东省人民检察院:你院《关于强迫借贷案件法律适用的请示》(粤检发研字〔2014〕9号)收悉。经研究,批复如下:以暴力、胁迫手段强迫他人借贷,属于刑法第二百二十六条第二项规定的“强迫他人提供或者接受服务”,情节严重的,以强迫交易罪追究刑事责任;同时构成故意伤害罪等其他犯罪的,依照处罚较重的规定定罪处罚。以非法占有为目的,以借贷为名采用暴力、胁迫手段获取他人财物,符合刑法第二百六十三条或者第二百七十四条规定的,以抢劫罪或者敲诈勒索罪追究刑事责任。

第二百二十七条　【伪造、倒卖伪造的有价票证罪】伪造[1*]或者倒卖伪造的车票、船票、邮票或者其他有价票证,[2]数额较大的,[3]处二年以下有期徒刑、拘役或者管制,并处或者单处票证价额一倍以上五倍以下罚金;数额巨大的,处二年以上七年以下有期徒刑,并处

---

* 伪造和变造是两种性质不同的行为,《刑法》通常将两者并列明确规定,如有伪造货币罪和变造货币罪。但本罪中的伪造,是指广义的伪造,除通常的伪造行为外,还包括变造行为。

票证价额一倍以上五倍以下罚金。

【倒卖车票、船票罪】倒卖车票、船票,情节严重的,[4]* 处三年以下有期徒刑、拘役或者管制,并处或者单处票证价额一倍以上五倍以下罚金。

227-1 《最高人民法院关于对变造、倒卖变造邮票行为如何适用法律问题的解释》(法释〔2000〕41号,2000年12月9日) 对变造或者倒卖变造的邮票数额较大的,应当依照刑法第二百二十七条第一款的规定定罪处罚**。

227-2 《最高人民检察院关于非法制作、出售、使用IC电话卡行为如何适用法律问题的答复》(高检研发〔2003〕10号,2003年4月2日) 非法制作或者出售非法制作的IC电话卡,数额较大的,应当以刑法第二百二十七条第一款之规定,以伪造、倒卖伪造的有价票证罪追究刑事责任,犯罪数额可以根据销售数额认定……

227-3 《立案标准(一)》第二十九条 伪造或者倒卖伪造的车票、船票、邮票或者其他有价票证,涉嫌下列情形之一的,应予立案追诉:

(一)车票、船票票面数额累计二千元以上,或者数量累计五十张以上的;

(二)邮票票面数额累计五千元以上,或者数量累计一千枚以上的;

(三)其他有价票证价额累计五千元以上,或者数量累计一百张以上的;

(四)非法获利累计一千元以上的;

(五)其他数额较大的情形。

227-4 **1.**《立案标准(一)》第三十条 倒卖车票、船票或者倒卖车票坐席、卧铺签字号以及订购车票、船票凭证,涉嫌下列情形之一的,应予立案追诉:

(一)票面数额累计五千元以上的;

(二)非法获利累计二千元以上的;

---

* 2013年春运引发了代买火车票而收取5元劳务费是否构成本罪的讨论,值得关注和深思,法律关乎人情。

本罪不以车票是否已经售出而认定为既遂,但对于既遂和未遂,在量刑上应当有所区别。为了出卖而买的行为已经属于倒卖行为,成立犯罪既遂。

** 如果将变造或者倒卖变造的邮票的行为认定为诈骗罪,对行为人最高可判处无期徒刑,而如果按照本罪处罚,最高刑为7年。且诈骗罪是结果犯,还要求造成实际损失。综上,该司法解释将变造邮票的行为以伪造、倒卖伪造的有价票证罪论处,而不是诈骗罪论处。

(三)其他情节严重的情形。

2.《最高人民法院关于审理倒卖车票刑事案件有关问题的解释》(法释〔1999〕17号,1999年9月14日)第一条 高价、变价、变相加价倒卖车票或者倒卖坐席、卧铺签字号及订购车票凭证,票面数额在5000元以上,或者非法获利数额在2000元以上的,构成刑法第二百二十七条第二款规定的"倒卖车票情节严重"。

第二条 对于铁路职工倒卖车票或者与其他人员勾结倒卖车票;组织倒卖车票的首要分子;曾因倒卖车票受过治安处罚两次以上或者被劳动教养一次以上,两年内又倒卖车票,构成倒卖车票罪的,依法从重处罚。

第二百二十八条*　【非法转让、倒卖土地使用权罪】以牟利为目的,违反土地管理法规,**[1] 非法转让、倒卖土地使用权,情节严重的,[2] 处三年以下有期徒刑或者拘役,并处或者单处非法转让、倒卖土地使用权价额百分之五以上百分之二十以下罚金;情节特别严重的,[3] 处三年以上七年以下有期徒刑,并处非法转让、倒卖土地使用权价额百分之五以上百分之二十以下罚金。

228-1 《全国人民代表大会常务委员会关于〈中华人民共和国刑法〉第二百二十八条、第三百四十二条、第四百一十条的解释》(2009年8月27日中华人民共和国主席令第十八号第十一届全国人民代表大会常务委员会第十次会议《关于修改部分法律的决定》修正) 刑法第二百二十八条、第三百四十三条、第四百一十条规定的"违反土地管理法规",是指违反土地管理法、森林法、草原法等法律以及有关行政法规中关于土地管理的规定。

228-2 《立案标准(二)》第七十二条 以牟利为目的,违反土地

---

* 参见周光权:《非法倒卖转让土地使用权罪研究》,载《法学论坛》2014年第5期。

** "以股权转让的方式转让土地使用权"的情形,能否认定为"以股权转让为名,变相违规转让土地使用权",从而对行为人以"非法倒卖土地使用权罪"论处,这个问题在司法实践中存在较大争议。最高人民法院(2013)民一终字第138号判决针对一方当事人提出的"合同相对方以股权转让的形式掩盖非法转让土地使用权目的"的说法,明确予以回应:"公司股权转让与作为公司资产的土地使用权转让为两个独立的法律关系,现行法律并无效力性强制性规定禁止房地产项目公司以股权转让形式实现土地使用权或房地产项目转让的目的。"周光权教授指出:"基于法秩序统一性原理,在刑事司法上就不能无视民法立场和公司法律制度,对于以股权转让方式转让土地使用权的行为,不能认定为非法转让倒卖土地使用权罪。"

管理法规,非法转让、倒卖土地使用权,涉嫌下列情形之一的,应予立案追诉:

(一)非法转让、倒卖永久基本农田五亩以上的;

(二)非法转让、倒卖永久基本农田以外的耕地十亩以上的;

(三)非法转让、倒卖其他土地二十亩以上的;

(四)违法所得数额在五十万元以上的;

(五)虽未达到上述数额标准,但因非法转让、倒卖土地使用权受过行政处罚,又非法转让、倒卖土地的;

(六)其他情节严重的情形。

228-3 《最高人民法院关于审理破坏土地资源刑事案件具体应用法律若干问题的解释》(法释〔2000〕14号,2000年6月22日)第二条

实施第一条规定的行为,具有下列情形之一的,属于非法转让、倒卖土地使用权"情节特别严重":

(一)非法转让、倒卖基本农田十亩以上的;

(二)非法转让、倒卖基本农田以外的耕地二十亩以上的;

(三)非法转让、倒卖其他土地四十亩以上的;

(四)非法获利一百万元以上的;

(五)非法转让、倒卖土地接近上述数量标准并具有其他恶劣情节,如造成严重后果等。

第二百二十九条　(刑十一)【提供虚假证明文件罪】承担资产评估、验资、验证、会计、审计、法律服务、保荐、安全评价、环境影响评价、环境监测等职责的中介组织的人员[1]故意提供虚假证明文件[2],情节严重的[3],处五年以下有期徒刑或者拘役,并处罚金;有下列情形之一的,处五年以上十年以下有期徒刑,并处罚金:

(一)提供与证券发行相关的虚假的资产评估、会计、审计、法律服务、保荐等证明文件,情节特别严重的;

(二)提供与重大资产交易相关的虚假的资产评估、会计、审计等证明文件,情节特别严重的;

(三)在涉及公共安全的重大工程、项目中提供虚假的安全评价、环境影响评价等证明文件,致使公共财产、国家和人民利益遭受特别重大损失的。

有前款行为,同时索取他人财物或者非法收受他人财物构成犯罪的,依照处罚较重的规定定罪处罚。

【出具证明文件重大失实罪】第一款规定的人员[4],严重不负责任,出具的证明文件有重大失实,造成严重后果的,[5] 处三年以下有期徒刑或者拘役,并处或者单处罚金。

229-1　1.《最高人民法院、最高人民检察院关于办理妨害信用卡管理刑事案件具体应用法律若干问题的解释》(法释〔2018〕19 号,2018 年 12 月 1 日)第四条第二款　承担资产评估、验资、验证、会计、审计、法律服务等职责的中介组织或其人员,为信用卡申请人提供虚假的财产状况、收入、职务等资信证明材料,应当追究刑事责任的,依照刑法第二百二十九条的规定,分别以提供虚假证明文件罪和出具证明文件重大失实罪定罪处罚。

2.《最高人民法院、最高人民检察院关于办理危害生产安全刑事案件适用法律若干问题的解释(二)》(法释〔2022〕19 号,2022 年 12 月 19 日)第九条　承担安全评价职责的中介组织犯刑法第二百二十九条规定之罪的,对该中介组织判处罚金,并对其直接负责的主管人员和其他直接责任人员,依照本解释第七条、第八条的规定处罚。

229-2　法释〔2022〕19 号第六条　承担安全评价职责的中介组织的人员提供的证明文件有下列情形之一的,属于刑法第二百二十九条第一款规定的"虚假证明文件":

(一)故意伪造的;

(二)在周边环境、主要建(构)筑物、工艺、装置、设备设施等重要内容上弄虚作假,导致与评价期间实际情况不符,影响评价结论的;

(三)隐瞒生产经营单位重大事故隐患及整改落实情况、主要灾害等级等情况,影响评价结论的;

(四)伪造、篡改生产经营单位相关信息、数据、技术报告或者结论等内容,影响评价结论的;

(五)故意采用存疑的第三方证明材料、监测检验报告,影响评价结论的;

(六)有其他弄虚作假行为,影响评价结论的情形。

生产经营单位提供虚假材料、影响评价结论,承担安全评价职责的中介组织的人员对评价结论与实际情况不符无主观故意的,不属于刑法第二百二十九条第一款规定的"故意提供虚假证明文件"。

有本条第二款情形,承担安全评价职责的中介组织的人员严重不负责任,导致出具的证明文件有重大失实,造成严重后果的,依照刑法第二百二十九条第三款的规定追究刑事责任。

229-3　1.《立案标准(二)》第七十三条　承担资产评估、验资、验证、会计、审计、法律服务、保荐、安全评价、环境影响评价、环境监测等职责的中介组织的人员故意提供虚假证明文件,涉嫌下列情形之一的,应予立案追诉:

(一)给国家、公众或者其他投资者造成直接经济损失数额在五十万元以上的;

(二)违法所得数额在十万元以上的;

(三)虚假证明文件虚构数额在一百万元以上且占实际数额百分之三十以上的;

(四)虽未达到上述数额标准,但二年内因提供虚假证明文件受过二次以上行政处罚,又提供虚假证明文件的;

(五)其他情节严重的情形。

2.《最高人民法院、最高人民检察院关于办理环境污染刑事案件适用法律若干问题的解释》(法释〔2023〕7号,2023年8月15日)第十条　承担环境影响评价、环境监测、温室气体排放检验检测、排放报告编制或者核查等职责的中介组织的人员故意提供虚假证明文件,具有下列情形之一的,应当认定为刑法第二百二十九条第一款规定的"情节严重":

(一)违法所得三十万元以上的;

(二)二年内曾因提供虚假证明文件受过二次以上行政处罚,又提供虚假证明文件的;

(三)其他情节严重的情形。

……

理解与适用:由于目前环境影响登记表审批改为备案,只有环境影响报告书和报告表需要审批,故此处的环境影响评价文件通常是指环境影响报告书、报告表。

229-4　《最高人民检察院关于公证员出具公证书有重大失实行为如何适用法律问题的批复》(高检发释字〔2009〕1号,2009年1月15日)　《中华人民共和国公证法》施行以后,公证员在履行公证职责过程中,严重不负责任,出具的公证书有重大失实,造成严重后果的,依照刑法第二百二十九条第三款的规定,以出具证明文件重大失实罪追究刑事责任。

229-5 《立案标准(二)》第七十四条 承担资产评估、验资、验证、会计、审计、法律服务、保荐、安全评价、环境影响评价、环境监测等职责的中介组织的人员严重不负责任,出具的证明文件有重大失实,涉嫌下列情形之一的,应予立案追诉:

(一)给国家、公众或者其他投资者造成直接经济损失数额在一百万元以上的;

(二)其他造成严重后果的情形。

第二百三十条 【逃避商检罪】违反进出口商品检验法的规定,逃避商品检验,将必须经商检机构检验的进口商品未报经检验而擅自销售、使用,或者将必须经商检机构检验的出口商品未报经检验合格而擅自出口,情节严重的,[1] 处三年以下有期徒刑或者拘役,并处或者单处罚金。

230-1 《立案标准(二)》第七十五条 违反进出口商品检验法的规定,逃避商品检验,将必须经商检机构检验的进口商品未报经检验而擅自销售、使用,或者将必须经商检机构检验的出口商品未报经检验合格而擅自出口,涉嫌下列情形之一的,应予立案追诉:

(一)给国家、单位或者个人造成直接经济损失数额在五十万元以上的;

(二)逃避商检的进出口货物货值金额在三百万元以上的;

(三)导致病疫流行、灾害事故的;

(四)多次逃避商检的;

(五)引起国际经济贸易纠纷,严重影响国家对外贸易关系,或者严重损害国家声誉的;

(六)其他情节严重的情形。

第二百三十一条 【单位犯扰乱市场秩序罪的处罚规定】单位犯本节第二百二十一条至第二百三十条规定之罪的,对单位判处罚金,并对其直接负责的主管人员和其他直接责任人员,依照本节各该条的规定处罚。

第四章　侵犯公民人身权利、民主权利罪*

C.4-1　《最高人民法院关于适用〈中华人民共和国刑事诉讼法〉的解释》(法释〔2021〕1号,2021年3月1日)第一百七十五条　被害人因人身权利受到犯罪侵犯或者财物被犯罪分子毁坏而遭受物质损失的,有权在刑事诉讼过程中提起附带民事诉讼;被害人死亡或者丧失行为能力的,其法定代理人、近亲属有权提起附带民事诉讼。

因受到犯罪侵犯,提起附带民事诉讼或者单独提起民事诉讼要求赔偿精神损失的,人民法院一般不予受理。

C.4-2　**1.**《刑事诉讼法》第二百八十八条　【适用范围】下列公诉案件,犯罪嫌疑人、被告人真诚悔罪,通过向被害人赔偿损失、赔礼道歉等方式获得被害人谅解,被害人自愿和解的,双方当事人可以和解:

(一)因民间纠纷引起,涉嫌刑法分则第四章、第五章规定的犯罪案件,可能判处三年有期徒刑以下刑罚的;

(二)除渎职犯罪以外的可能判处七年有期徒刑以下刑罚的过失犯罪案件。

犯罪嫌疑人、被告人在五年以内曾经故意犯罪的,不适用本章规定的程序。

2.《民间纠纷处理办法》(司法部令第8号,1990年4月19日)第三条　基层人民政府处理民间纠纷的范围,为《人民调解委员会组织条例》规定的民间纠纷,即公民之间有关人身、财产权益和其他日常生活中发生的纠纷。

3.《公安机关办理刑事案件程序规定》(公安部令第159号,2020

---

* 本章犯罪中,对被告人可能判处三年有期徒刑以下刑罚的其他轻微刑事案件,属于由人民法院直接受理的"被害人有证据证明的轻微刑事案件"。1979年刑法中的妨害婚姻、家庭罪全部转移至侵犯公民人身权利、民主权利罪这一类罪。

年9月1日)第三百三十四条　有下列情形之一的,不属于因民间纠纷引起的犯罪案件:

(一)雇凶伤害他人的;

(二)涉及黑社会性质组织犯罪的;

(三)涉及寻衅滋事的;

(四)涉及聚众斗殴的;

(五)多次故意伤害他人身体的;

(六)其他不宜和解的。

第二百三十二条[1]　**【故意杀人罪】**故意杀人的,处死刑[2]、无期徒刑或者十年以上有期徒刑;情节较轻[3]的,处三年以上十年以下有期徒刑。

232-1　1.《在审理故意杀人、伤害及黑社会性质组织犯罪案件中切实贯彻宽严相济刑事政策》(最高人民法院刑三庭,2010年4月14日)

2010年2月8日印发的《最高人民法院关于贯彻宽严相济刑事政策的若干意见》(以下简称《意见》),对于有效打击犯罪,增强人民群众安全感,减少社会对立面,促进社会和谐稳定,维护国家长治久安具有重要意义,是人民法院刑事审判工作的重要指南。现结合审判实践,就故意杀人、伤害及黑社会性质组织犯罪案件审判中如何贯彻《意见》的精神作简要阐释。

一、在三类案件中贯彻宽严相济刑事政策的总体要求

在故意杀人、伤害及黑社会性质组织犯罪案件的审判中贯彻宽严相济刑事政策,要落实《意见》第1条规定:根据犯罪的具体情况,实行区别对待,做到该宽则宽,当严则严,宽严相济,罚当其罪。落实这个总体要求,要注意把握以下几点:

1. 正确把握宽与严的对象。故意杀人和故意伤害犯罪的发案率高,社会危害大,是各级法院刑事审判工作的重点。黑社会性质组织犯罪在我国自20世纪80年代末出现以来,长时间保持快速发展势头,严厉打击黑社会性质组织犯罪,是法院刑事审判在当前乃至今后相当长一段时期内的重要任务。因此,对这三类犯罪总体上应坚持从严惩处的方针。但是在具体案件的处理上,也要分别案件的性质、情节和行为人的主观恶性、人身危险性等情况,把握宽严的范围。在确定从宽与从严的对象时,还应当注意审时度势,对经济社会的发展和治安形势的变

化作出准确判断,为构建社会主义和谐社会的目标服务。

2. 坚持严格依法办案。三类案件的审判中,无论是从宽还是从严,都必须严格依照法律规定进行,做到宽严有据,罚当其罪,不能为追求打击效果,突破法律界限。比如在黑社会性质组织犯罪的审理中,黑社会性质组织的认定必须符合法律和立法解释规定的标准,既不能降格处理,也不能拔高认定。

3. 注重法律效果与社会效果的统一。严格依法办案,确保良好法律效果的同时,还应当充分考虑案件的处理是否有利于赢得人民群众的支持和社会稳定,是否有利于瓦解犯罪,化解矛盾,是否有利于罪犯的教育改造和回归社会,是否有利于减少社会对抗,促进社会和谐,争取更好的社会效果。比如在刑罚执行过程中,对于故意杀人、伤害犯罪及黑社会性质组织犯罪的领导者、组织者和骨干成员就应当从严掌握减刑、假释的适用,其他主观恶性不深、人身危险性不大的罪犯则可以从宽把握。

二、故意杀人、伤害案件审判中宽严相济的把握

1. 注意区分两类不同性质的案件。故意杀人、故意伤害侵犯的是人的生命和身体健康,社会危害大,直接影响到人民群众的安全感,《意见》第 7 条将故意杀人、故意伤害致人死亡犯罪作为严惩的重点是十分必要的。但是,实践中的故意杀人、伤害案件复杂多样,处理时要注意分别案件的不同性质,做到区别对待。

实践中,故意杀人、伤害案件从性质上通常可分为两类:一类是严重危害社会治安、严重影响人民群众安全感的案件,如极端仇视国家和社会,以不特定人为行凶对象的;一类是因婚姻家庭、邻里纠纷等民间矛盾激化引发的案件。对于前者应当作为严惩的重点,依法判处被告人重刑直至判处死刑。对于后者处理时应注意体现从严的精神,在判处重刑尤其是适用死刑时应特别慎重,除犯罪情节特别恶劣、犯罪后果特别严重、人身危险性极大的被告人外,一般不应当判处死刑。对于被害人在起因上存在过错,或者是被告人案发后积极赔偿,真诚悔罪,取得被害人或其家属谅解的,应依法从宽处罚,对同时有法定从轻、减轻处罚情节的,应考虑在无期徒刑以下裁量刑罚。同时应重视此类案件中的附带民事调解工作,努力化解双方矛盾,实现积极的“案结事了”,增进社会和谐,达成法律效果与社会效果的有机统一。《意见》第 23 条是对此审判经验的总结。

此外,实践中一些致人死亡的犯罪是故意杀人还是故意伤害往往

难以区分,在认定时除从作案工具、打击的部位、力度等方面进行判断外,也要注意考虑犯罪的起因等因素。对于民间纠纷引发的案件,如果难以区分是故意杀人还是故意伤害时,一般可考虑定故意伤害罪。

2. 充分考虑各种犯罪情节。犯罪情节包括犯罪的动机、手段、对象、场所及造成的后果等,不同的犯罪情节反映不同的社会危害性。犯罪情节多属酌定量刑情节,法律往往未作明确的规定,但犯罪情节是适用刑罚的基础,是具体案件决定从严或从宽处罚的基本依据,需要在案件审理中进行仔细甄别,以准确判断犯罪的社会危害性。有的案件犯罪动机特别卑劣,比如为了铲除政治对手而雇凶杀人的,也有一些人犯罪是出于义愤,甚至是“大义灭亲”、“为民除害”的动机杀人。有的案件犯罪手段特别残忍,比如采取放火、泼硫酸等方法把人活活烧死的故意杀人行为。犯罪后果也可以分为一般、严重和特别严重几档。在实际中一般认为故意杀人、故意伤害一人死亡的为后果严重,致二人以上死亡的为犯罪后果特别严重。特定的犯罪对象和场所也反映社会危害性的不同,如针对妇女、儿童等弱势群体或在公共场所实施的杀人、伤害,就具有较大的社会危害性。以上犯罪动机卑劣,或者犯罪手段残忍,或者犯罪后果严重,或者针对妇女、儿童等弱势群体作案等情节恶劣的,又无其他法定或酌定从轻情节应当依法从重判处。如果犯罪情节一般,被告人真诚悔罪,或有立功、自首等法定从轻情节的,一般应考虑从宽处罚。

实践中,故意杀人、伤害案件的被告人既有法定或酌定的从宽情节,又有法定或酌定从严情节的情形比较常见,此时,就应当根据《意见》第 28 条,在全面考察犯罪的事实、性质、情节和对社会危害程度的基础上,结合被告人的主观恶性、人身危险性、社会治安状况等因素,综合作出分析判断。

3. 充分考虑主观恶性和人身危险性。《意见》第 10 条、第 16 条明确了被告人的主观恶性和人身危险性是从严和从宽的重要依据,在适用刑罚时必须充分考虑。主观恶性是被告人对自己行为及社会危害性所抱的心理态度,在一定程度上反映了被告人的改造可能性。一般来说,经过精心策划的、有长时间计划的杀人、伤害,显示被告人的主观恶性深;激情犯罪,临时起意的犯罪,因被害人的过错行为引发的犯罪,显示的主观恶性较小。对主观恶性深的被告人要从严惩处,主观恶性较小的被告人则可考虑适用较轻的刑罚。

人身危险性即再犯可能性,可从被告人有无前科、平时表现及悔罪情况等方面综合判断。人身危险性大的被告人,要依法从重处罚。如累犯中前罪系暴力犯罪,或者曾因暴力犯罪被判重刑后又犯故意杀人、故意伤害致人死亡的;平时横行乡里,寻衅滋事杀人、伤害致人死亡的,应依法从重判处。人身危险性小的被告人,应依法体现从宽精神。如被告人平时表现较好,激情犯罪,系初犯、偶犯的;被告人杀人或伤人后有抢救被害人行为的,在量刑时应该酌情予以从宽处罚。

未成年人及老年人的故意杀人、伤害犯罪与一般人犯罪相比,主观恶性和人身危险性等方面有一定特殊性,在处理时应当依据《意见》的第20条、第21条考虑从宽。对犯故意杀人、伤害罪的未成年人,要坚持"教育为主,惩罚为辅"的原则和"教育、感化、挽救"的方针进行处罚。对于情节较轻、后果不重的伤害案件,可以依法适用缓刑、或者判处管制、单处罚金等非监禁刑。对于情节严重的未成年人,也应当从轻或减轻处罚。对于已满十四周岁不满十六周岁的未成年人,一般不判处无期徒刑。对于七十周岁以上的老年人犯故意杀人、伤害罪的,由于其已没有再犯罪的可能,在综合考虑其犯罪情节和主观恶性、人身危险性的基础上,一般也应酌情从宽处罚。

4. 严格控制和慎重适用死刑。故意杀人和故意伤害犯罪在判处死刑的案件中所占比例最高,审判中要按照《意见》第29条的规定,准确理解和严格执行"保留死刑,严格控制和慎重适用死刑"的刑事政策,坚持统一的死刑适用标准,确保死刑只适用于极少数罪行极其严重的犯罪分子;坚持严格的证据标准,确保把每一起判处死刑的案件都办成铁案。对于罪行极其严重,但只要有法定、酌定从轻情节,依法可不立即执行的,就不应当判处死刑立即执行。

对于自首的故意杀人、故意伤害致人死亡的被告人,除犯罪情节特别恶劣,犯罪后果特别严重的,一般不应考虑判处死刑立即执行。对亲属送被告人归案或协助抓获被告人的,也应视为自首,原则上应当从宽处罚。对具有立功表现的故意杀人、故意伤害致死的被告人,一般也应当体现从宽,可考虑不判处死刑立即执行。但如果犯罪情节特别恶劣,犯罪后果特别严重的,即使有立功情节,也可以不予从轻处罚。

共同犯罪中,多名被告人共同致死一名被害人的,原则上只判处一人死刑。处理时,根据案件的事实和证据能分清主从犯的,都应当认定主从犯;有多名主犯的,应当在主犯中进一步区分出罪行最为严重者和较为严重者,不能以分不清主次为由,简单地一律判处死刑。

2.《最高人民法院、最高人民检察院关于办理妨害预防、控制突发传染病疫情等灾害的刑事案件具体应用法律若干问题的解释》(法释〔2003〕8号,2003年5月15日)第九条　在预防、控制突发传染病疫情等灾害期间,聚众"打砸抢",致人伤残、死亡的,依照刑法第二百八十九条、第二百三十四条、第二百三十二条的规定,以故意伤害罪或者故意杀人罪定罪,依法从重处罚。对毁坏或者抢走公私财物的首要分子,依照刑法第二百八十九条、第二百六十三条的规定,以抢劫罪定罪,依法从重处罚。

3.《最高人民法院、最高人民检察院关于办理危害生产安全刑事案件适用法律若干问题的解释》(法释〔2015〕22号,2015年12月16日)第十条　在安全事故发生后,直接负责的主管人员和其他直接责任人员故意阻挠开展抢救,导致人员死亡或者重伤,或者为了逃避法律追究,对被害人进行隐藏、遗弃,致使被害人因无法得到救助而死亡或者重度残疾的,分别依照刑法第二百三十二条、第二百三十四条的规定,以故意杀人罪或者故意伤害罪定罪处罚。

4.《最高人民法院、最高人民检察院关于办理组织、利用邪教组织破坏法律实施等刑事案件适用法律若干问题的解释》(法释〔2017〕3号,2017年2月1日)第十一条　组织、利用邪教组织,制造、散布迷信邪说,组织、策划、煽动、胁迫、教唆、帮助其成员或者他人实施自杀、自伤的,依照刑法第二百三十二条、第二百三十四条的规定,以故意杀人罪或者故意伤害罪定罪处罚。

232-2　**1.**《最高人民法院关于审理故意杀人、故意伤害案件正确适用死刑问题的指导意见》(2009年8月3日)*

一、关于故意杀人、故意伤害犯罪死刑适用的基本要求

故意杀人、故意伤害(指致人死亡或者以特别残忍的手段致人重伤造成严重残疾的)犯罪是非法剥夺他人生命和健康权利的严重犯罪。对罪行极其严重的故意杀人、故意伤害犯罪分子依法适用死刑,是贯彻执行"保留死刑,严格控制和慎重适用死刑"刑事政策的重要方面。

"保留死刑,严格控制和慎重适用死刑"是我国一贯的刑事政策,必须保证这一重要刑事政策适用的连续性和稳定性;要以最严格的标准和最审慎的态度,确保死刑只适用于极少数罪行极其严重的犯罪分

---

* 高贵君主编:《〈人民法院量刑指导意见〉与〈关于规范量刑程序若干问题的意见〉理解与适用》,中国法制出版社2011年版,第120～126页。

子,保证更有力、更准确地依法惩治严重刑事犯罪。

要更加注重贯彻宽严相济的基本刑事政策。注意区分案件的不同情况,区别对待,做到当严则严,该宽则宽,宽严相济,罚当其罪。对于犯罪动机特别卑劣、犯罪情节特别恶劣、犯罪后果特别严重等严重危害社会治安和影响人民群众安全感的故意杀人、故意伤害案件,要依法从严惩处。对因婚姻家庭、邻里纠纷等民间矛盾引发的案件,要慎重适用死刑。

要严格依法量刑,注重办案效果。对故意杀人、故意伤害犯罪案件是否适用死刑,要严格依照法律规定,坚持罪刑法定、罪刑相适应等刑法基本原则,综合考虑案件的性质,犯罪的起因、动机、目的、手段等情节,犯罪的后果,被告人的主观恶性和人身危险性等因素,全面分析影响量刑的轻、重情节,根据被告人的罪责,并考虑涉案当地的社会治安状况和犯罪行为对人民群众安全感的影响,严格依法适用,确保死刑裁判法律效果和社会效果的有机统一。

二、关于故意杀人罪的死刑适用

对于故意杀人犯罪案件是否适用死刑,要综合分析,区别对待,依法慎重决定。

一是要注意区分案件性质。对下列严重危害社会治安和严重影响人民群众安全感的犯罪,应当体现从严惩处的原则,依法判处被告人重刑直至死刑立即执行。如:暴力恐怖犯罪、黑社会性质组织犯罪、恶势力犯罪以及其他严重暴力犯罪中故意杀人的首要分子;雇凶杀人的;冒充军警、执法人员杀人的,等等。但是,对于其中具有法定从轻处罚情节的,也要注意依法从宽处罚。

对于因婚姻家庭、邻里纠纷以及山林、水流、田地纠纷等民间矛盾激化引发的故意杀人案件,在适用死刑时要特别慎重。如:被害人一方有明显过错或者对矛盾激化负有直接责任的;被告人有法定从轻处罚情节的;被告人积极赔偿被害人经济损失、真诚悔罪的;被害方谅解的,等等,除犯罪情节特别恶劣、犯罪后果特别严重、人身危险性极大的被告人外,一般可考虑不判处死刑立即执行。

二是要注重区分犯罪情节。对于犯罪情节特别恶劣,又无从轻处罚情节的被告人,可以依法判处死刑立即执行。如:暴力抗法而杀害执法人员的;以特别残忍的手段杀人的;持枪杀人的;实施其他犯罪后杀人灭口的;杀人后为掩盖罪行或者出于其他卑劣动机分尸、碎尸、焚尸灭迹的,等等。

三是要注重区分犯罪后果。故意杀人罪的直接后果主要是致人死亡，但也要考虑对社会治安的影响等其他后果。对于被害人有明显过错，或者有其他从轻情节可以对被告人从宽处罚的，即使造成了死亡的后果，一般也可不判处死刑立即执行。故意杀人未遂的，一般不判处被告人死刑。对于防卫过当致人死亡的，应当减轻或者免除处罚。虽不构成防卫过当，但带有防卫性质的故意杀人，即使造成了被害人死亡的结果，也不判处被告人死刑。

四是注重区分被告人的主观恶性及人身危险性。要从被告人的犯罪动机、犯罪预谋、犯罪过程中的具体情节以及被害人的过错等方面综合判断被告人的主观恶性。在直接故意杀人与间接故意杀人案件中，被告人的主观恶性程度是不同的，在处刑上也应有所区别。

对于犯罪动机卑劣而预谋杀人的，或者性情残暴动辄肆意杀人的被告人，可以依法判处死刑立即执行。对于坦白主要犯罪事实并对定案证据的收集有重要作用的；犯罪后自动归案但尚不构成自首的；被告人亲属协助司法机关抓获被告人后，被告人对自己的罪行供认不讳的；被告人及其亲属积极赔偿被害方经济损失并取得被害方谅解的；刚满18周岁或已满70周岁以上的人犯罪且情节不是特别恶劣的，等等，一般可不判处死刑立即执行。

要从被告人有无前科及平时表现、犯罪后的悔罪情况等方面综合判断被告人的人身危险性。对于累犯中前罪系暴力犯罪，或者曾因暴力犯罪被判重刑后又犯故意杀人罪的；杀人后毫无悔罪表现的，等等，如果没有法定从轻处罚情节，一般可依法判处死刑立即执行。对于犯罪后积极抢救被害人、减轻危害后果或者防止危害后果扩大的；虽具有累犯等法定从重处罚情节，但前罪较轻，或者同时具有自首等法定、酌定从轻情节，经综合考虑不是必须判处死刑立即执行的，等等，一般可不判处被告人死刑立即执行。

……

四、关于故意杀人、故意伤害共同犯罪的死刑适用

对于故意杀人、故意伤害共同犯罪案件的死刑适用，要充分考虑各被告人在共同犯罪中的地位和作用、犯罪后果、被告人的主观恶性和人身危险性等情况，正确认定各被告人的罪责并适用刑罚。一案中有多名主犯的，要在主犯中区分出罪责最为严重者和较为严重者。

对于共同致一人死亡，依法应当判处被告人死刑立即执行的，原则上只判处一名被告人死刑立即执行。罪行极其严重的主犯因有立功、

自首等法定从轻处罚情节而依法不判处死刑立即执行的,也不能对罪行相对较轻的主犯判处死刑立即执行。

对于被告人地位、作用相当,罪责相对分散,或者罪责确实难以分清的,一般不判处被告人死刑立即执行。确需判处被告人死刑立即执行的,要充分考虑被告人在主观恶性和人身危险性等方面的不同,审慎决定。

对于家庭成员共同犯罪案件,适用死刑要特别慎重,应尽量避免判处同一家庭两名以上成员死刑立即执行。

对于有同案犯在逃的案件,要分清罪责,慎重决定对在案的被告人判处死刑立即执行。

……

对于雇凶杀人、伤害只致一人死亡的案件,一般不宜同时判处雇凶者与受雇者死刑立即执行。对于案情特别重大,后果特别严重,确需判处两名以上被告人死刑立即执行的,要严格区分多名受雇者的地位、作用,根据其罪责和犯罪情节,一般可对雇凶者和其中罪行最严重的受雇者判处死刑立即执行。

五、关于被告人有自首、立功情节的死刑适用

……

对于具有犯罪后果特别严重、犯罪动机特别卑劣或者被告人为规避法律而自首等情形的,对被告人是否从轻处罚,要从严掌握。

对于罪该判处死刑的被告人具有立功表现的,是否从轻处罚,应当以该立功是否足以抵罪为标准。被告人确有重大立功表现的,一般应当考虑从轻处罚;被告人有一般立功表现,经综合考虑足以从轻的,也可以考虑对被告人从轻处罚;被告人亲属为使被告人得到从轻处罚,检举、揭发他人犯罪或者协助司法机关抓捕其他犯罪嫌疑人的,虽不能视为被告人立功,也可以作为酌定从宽情节考虑。对于黑社会性质组织犯罪的首要分子、犯罪集团的首要分子等,犯罪主体的特殊性决定了其有可能掌握他人较多的犯罪线索,即使其检举揭发与其犯罪有关联的人或事构成重大立功的,从轻处罚也要从严掌握。如果被告人罪行极其严重,只有一般立功表现,经综合考虑不足以从轻的,可不予从轻处罚。

六、正确把握民事赔偿与死刑适用的关系

对于因婚姻家庭、邻里纠纷等民间矛盾激化引发、侵害对象特定的故意杀人、故意伤害案件,如果被告人积极履行赔偿义务,获得被害方

的谅解或者没有强烈社会反响的，可以依法从宽判处。对于那些严重危害社会治安的故意杀人、故意伤害案件，被告人积极赔偿，得到被害方谅解的，依法从宽判处应当特别慎重。

……

2.《全国法院维护农村稳定刑事审判工作座谈会纪要》（法〔1999〕217号，1999年10月27日） 二、（一）关于故意杀人、故意伤害案件
要准确把握故意杀人犯罪适用死刑的标准。对故意杀人犯罪是否判处死刑，不仅要看是否造成了被害人死亡结果，还要综合考虑案件的全部情况。对于因婚姻家庭、邻里纠纷等民间矛盾激化引发的故意杀人犯罪，适用死刑一定要十分慎重，应当与发生在社会上的严重危害社会治安的其他故意杀人犯罪案件有所区别。对于被害人一方有明显过错或对矛盾激化负有直接责任，或者被告人有法定从轻处罚情节的，一般不应判处死刑立即执行。

要注意严格区分故意杀人罪与故意伤害罪的界限。在直接故意杀人与间接故意杀人案件中，犯罪人的主观恶性程度是不同的，在处刑上也应有所区别。间接故意杀人与故意伤害致人死亡，虽然都造成了死亡后果，但行为人故意的性质和内容是截然不同的。不注意区分犯罪的性质和故意的内容，只要有死亡后果就判处死刑的做法是错误的，这在今后的工作中，应当予以纠正。对于故意伤害致人死亡，手段特别残忍，情节特别恶劣的，才可以判处死刑。

……

3. 最高人民法院刑三庭《在审理故意杀人、伤害及黑社会性质组织犯罪案件中切实贯彻宽严相济刑事政策》（2010年4月14日）
二、故意杀人、伤害案件审判中宽严相济的把握

4. 严格控制和慎重适用死刑。故意杀人和故意伤害犯罪在判处死刑的案件中所占比例最高，审判中要按照《意见》第29条的规定，准确理解和严格执行“保留死刑，严格控制和慎重适用死刑”的死刑政策，坚持统一的死刑适用标准，确保死刑只适用于极少数罪行极其严重的犯罪分子；坚持严格的证据标准，确保把每一起判处死刑的案件都办成铁案。对于罪行极其严重，但只要有法定、酌定从轻情节，依法可不立即执行的，就不应当判处死刑立即执行。

对于自首的故意杀人、故意伤害致人死亡的被告人，除犯罪情节特别恶劣，犯罪后果特别严重的，一般不应考虑判处死刑立即执行。对亲属送被告人归案或协助抓获被告人的，也应视为自首，原则上应当从宽

处罚。对具有立功表现的故意杀人、故意伤害致死的被告人,一般也应当体现从宽,可考虑不判处死刑立即执行。但如果犯罪情节特别恶劣,犯罪后果特别严重的,即使有立功情节,也可以不予从轻处罚。

共同犯罪中,多名被告人共同致死一名被害人的,原则上只判处一人死刑。处理时,根据案件的事实和证据能分清主从犯的,都应当认定主从犯;有多名主犯的,应当在主犯中进一步区分出罪行最为严重者和较为严重者,不能以分不清主次为由,简单地一律判处死刑。

4. 王志才故意杀人案(指导性案例第4号)

裁判要点 因恋爱、婚姻矛盾激化引发的故意杀人案件,被告人犯罪手段残忍,论罪应当判处死刑,但被告人具有坦白悔罪、积极赔偿等从轻处罚情节,同时被害人亲属要求严惩的,人民法院根据案件性质、犯罪情节、危害后果和被告人的主观恶性及人身危险性,可以依法判处被告人死刑,缓期二年执行,同时决定限制减刑,以有效化解社会矛盾,促进社会和谐。

5. 李飞故意杀人案(指导性案例第12号)

裁判要点 对于因民间矛盾引发的故意杀人案件,被告人犯罪手段残忍,且系累犯,论罪应当判处死刑,但被告人亲属主动协助公安机关将其抓捕归案,并积极赔偿的,人民法院根据案件具体情节,从尽量化解社会矛盾角度考虑,可以依法判处被告人死刑,缓期二年执行,同时决定限制减刑。

232-3 **1.**《最高人民法院关于为构建社会主义和谐社会提供司法保障的若干意见》(法发〔2007〕2号,2007年1月15日) 18、……因被害方的过错行为引发的案件,案发后真诚悔罪并积极赔偿被害人损失的案件,应慎用死刑立即执行。

2.《最高人民法院、最高人民检察院、公安部、司法部关于依法办理家庭暴力犯罪案件的意见》(法发〔2015〕4号,2015年3月2日)

三、定罪处罚

20. 充分考虑案件中的防卫因素和过错责任

对于长期遭受家庭暴力后,在激愤、恐惧状态下为了防止再次遭受家庭暴力,或者为了摆脱家庭暴力而故意杀害、伤害施暴人,被告人的行为具有防卫因素,施暴人在案件起因上具有明显过错或者直接责任的,可以酌情从宽处罚。对于因遭受严重家庭暴力,身体、精神受到重大损害而故意杀害施暴人;或者因不堪忍受长期家庭暴力而故意杀害施暴人,犯罪情节不是特别恶劣,手段不是特别残忍的,可以认定为刑法第二百三十二条规定的故意杀人“情节较轻”。在服刑期间确有悔改表现的,可以根据其家庭情况,依法放宽减刑的幅度,缩短减刑的起始时间与间隔时间;符合假释条件的,应当假释。被杀害施暴人的近亲属表示谅解的,在量刑、减刑、假释时应当予以充分考虑。

3. 刘宝利故意杀人案——如何认定被害人过错*

主要问题　被害人因盗窃分赃不均,数次带人纠缠被告人索要赃款,实施暴力威胁并拿走钱物的行为,能否认定为过错行为?

裁判要点　被害人过错需要具备的条件主要有:(1)过错方系被害人;(2)被害人必须出于故意;(3)被害人须实施了较为严重的违背社会伦理或违反法律的行为;(4)被害人的过错行为须侵犯了被告人的合法权利或者正当利益;(5)被害人的过错行为须引起被告人实施了犯罪行为或者激化了加害行为的危害程度。

确认被害人过错时,不仅要分析是否具备以上五点,还应当全面考察案件的来龙去脉、发案背景,具体情况具体分析。如果刑事犯罪的被害人故意侵犯被告人的生命权、健康权等权利,该行为引发了犯罪或加重犯罪侵害程度的,通常应将被害人过错作为酌定量刑情节。如果被害人的上述行为由于被告人的先行侵犯行为所引起,被害人的行为属于“以不法制不法”的,就不能简单认定为过错行为。

本案被害人虽曾对被告人的人身和财产实施侵犯,但前因是二人曾共同盗窃分赃不均,属于共同犯罪人为分赃引起的内讧。被害人为索要盗窃赃款而威胁、强拿财物的行为,缘于被告人占有二人共同盗窃的赃款,不能认定为被害人过错,被告人也不具有任何法定或者酌定从轻情节,又系累犯,应依法从重处罚,对其故意杀害被害人的行为适用死刑是正确的。

4. 姚国英故意杀人案(刑事审判案例总第647号)

裁判要点　因长期遭受虐待和家庭暴力而杀夫应当认定为刑法第二百三十二条规定的“情节较轻”。

如何理解“情节较轻”,法律和司法解释尚无具体、明确的规定。理论界和实务界通常将以下情形视为“情节较轻”:(1)防卫过当的故意杀人;(2)义愤杀人;(3)激情杀人;(4)受嘱托帮助他人自杀;(5)生父母溺婴。上述五类情节又以前三种较为常见和值得探讨,这三类情

---

* 本案一审法院系西安市中级人民法院。

节有一个共通点,即被害人在案发起因上有严重过错。具体而言,是指被害人出于主观上的故意或过失,侵犯他人合法权益,对诱发被告人的犯意,激发被告人实施犯罪具有直接或间接作用。将“被害人严重过错”作为故意杀人罪的“情节较轻”情节的法理依据在于,刑事法律负有平衡被告人和被害人之间利益的任务。

第二百三十三条 【过失致人死亡罪】过失致人死亡的,处三年以上七年以下有期徒刑;情节较轻的,处三年以下有期徒刑。本法另有规定的,依照规定*。

第二百三十四条 【故意伤害罪】故意伤害他人[1]** 身体的,[2] 处三年以下有期徒刑、拘役或者管制。

犯前款罪,致人重伤的,处三年以上十年以下有期徒刑;致人死亡***或者以特别残忍手段致人重伤造成严重残疾[3] 的,处十年以上有期徒刑、无期徒刑或者死刑。本法另有规定的,依照规定。

234-1 《最高人民法院关于适用〈中华人民共和国刑事诉讼法〉的解释》(法释〔2021〕1 号,2021 年 3 月 1 日)第二百七十六条 法庭审理过程中,对与量刑有关的事实、证据,应当进行调查。人民法院除应当审查被告人是否具有法定量刑情节外,还应当根据案件情况审查以下影响量刑的情节:

(一)案件起因;

(二)被害人有无过错及过错程度,是否对矛盾激化负有责任及责

---

* 失火罪、交通肇事罪。需要注意的是,过失致人死亡罪的最低刑期为 3 年以上有期徒刑,而同为过失致人死亡的交通肇事罪的最高刑期为 3 年以下有期徒刑。1997 年刑法在一定程度上解决了这个问题,将因逃逸致人死亡的刑期提高到 7 年以上有期徒刑。

** 《人民法院量刑指导意见(试行)》(2009 年 4 月修订,现已废止)三、常见量刑情节的适用 11. 对于被害人有过错或者对矛盾激化负有责任的,应当综合考虑案发的原因、被害人过错的程度或者责任的大小等情况确定从宽的幅度。

(1)被害人有严重过错或者对矛盾激化负有直接责任的,可以减少基准刑的 20% ~30%;

(2)被害人有一般过错或者对矛盾激化负有一定责任的,可以减少基准刑的 20% 以下。

但《最高人民法院关于常见犯罪的量刑指导意见》(法发〔2013〕14 号,2014 年 1 月 1 日)(已失效)不再将被害人过错作为减轻被告人基准刑的依据。

*** 1. 刑法对故意伤害致人死亡的法定刑,是以故意伤害行为系被害人死亡的直接原因,甚至是唯一原因作为标准配置的。2. 只能对致人死亡的结果持过失心态,否则就直接定故意杀人罪,而不是故意伤害致人死亡。

任大小；

（三）被告人的近亲属是否协助抓获被告人；

（四）被告人平时表现，有无悔罪态度；

（五）退赃、退赔及赔偿情况；

（六）被告人是否取得被害人或者其近亲属谅解；

（七）影响量刑的其他情节。

234-2　《最高人民法院、最高人民检察院关于常见犯罪的量刑指导意见（试行）》（法发〔2021〕21号，2021年7月1日）　四、常见犯罪的量刑　（七）故意伤害罪

1. 构成故意伤害罪的，根据下列情形在相应的幅度内确定量刑起点：

（1）故意伤害致一人轻伤的，在二年以下有期徒刑、拘役幅度内确定量刑起点。

（2）故意伤害致一人重伤的，在三年至五年有期徒刑幅度内确定量刑起点。

（3）以特别残忍手段故意伤害致一人重伤，造成六级严重残疾的，在十年至十三年有期徒刑幅度内确定量刑起点。依法应当判处无期徒刑以上刑罚的除外。

2. 在量刑起点的基础上，根据伤害后果、伤残等级、手段残忍程度等其他影响犯罪构成的犯罪事实增加刑罚量，确定基准刑。

故意伤害致人轻伤的，伤残程度可以在确定量刑起点时考虑，或者作为调节基准刑的量刑情节。

3. 构成故意伤害罪的，综合考虑故意伤害的起因、手段、危害后果、赔偿谅解等犯罪事实、量刑情节，以及被告人的主观恶性、人身危险性、认罪悔罪表现等因素，决定缓刑的适用。

234-3　《全国法院维护农村稳定刑事审判工作座谈会纪要》（法〔1999〕217号，1999年10月27日）　二、（一）关于故意杀人、故意伤害案件　要准确把握故意伤害致人重伤造成“严重残疾”的标准。参照1996年国家技术监督局颁布的《职工工伤与职业病致残程度鉴定标准》（以下简称“工伤标准”），刑法第二百三十四条第二款规定的“严重残疾”是指下列情形之一：被害人身体器官大部缺损、器官明显畸形、身体器官有中等功能障碍、造成严重并发症等。残疾程序可以分为一般残疾（十至七级）、严重残疾（六至三级）、特别严重残疾（二至一级），六级以上视为“严重残疾”。在有关司法解释出台前，可统一参照“工伤标准”确定残疾等级。实践中，并不是只要达到“严重残疾”就判处死刑，

还要根据伤害致人“严重残疾”的具体情况,综合考虑犯罪情节和危害后果来决定刑罚。故意伤害致重伤造成严重残疾,只有犯罪手段特别残忍,后果特别严重的,才能考虑适用死刑(包括死刑,缓期二年执行)。

第二百三十四条之一　(刑八)【组织出卖人体器官罪】组织他人出卖人体器官的,处五年以下有期徒刑,并处罚金;情节严重的,处五年以上有期徒刑,并处罚金或者没收财产。

未经本人同意摘取其器官,或者摘取不满十八周岁的人的器官,或者强迫、欺骗他人捐献器官的,依照本法第二百三十四条(*故意伤害罪*)、第二百三十二条(*故意杀人罪*)的规定定罪处罚。

违背本人生前意愿摘取其尸体器官,或者本人生前未表示同意,违反国家规定,违背其近亲属意愿摘取其尸体器官的,依照本法第三百零二条(*盗窃、侮辱、故意毁坏尸体、尸骨、骨灰罪*)的规定定罪处罚。

第二百三十五条　【过失致人重伤罪】过失伤害他人致人重伤的,处三年以下有期徒刑或者拘役。本法另有规定的[*],依照规定。

第二百三十六条[1]　(刑十一)【强奸罪】以暴力、胁迫或者其他手段强奸妇女的[2],处三年以上十年以下有期徒刑。

奸淫不满十四周岁的幼女[3]的,以强奸论,从重[4]处罚。

强奸妇女、奸淫幼女,有下列情形之一的,处十年以上有期徒刑、无期徒刑或者死刑:

(一)强奸妇女、奸淫幼女情节恶劣[5]的;

(二)强奸妇女、奸淫幼女多人的;

(三)在公共场所当众[6]强奸妇女、奸淫幼女的;

(四)二人以上轮奸的;

(五)奸淫不满十周岁的幼女或者造成幼女伤害[7]的;

(六)致使被害人重伤[8]、死亡或者造成其他严重后果的。

---

* 例如,过失爆炸罪和危险物品肇事罪。

236-1　1.《最高人民法院、最高人民检察院关于办理强奸、猥亵未成年人刑事案件适用法律若干问题的解释》(法释〔2023〕3号,2023年6月1日)。2.《最高人民法院、最高人民检察院、公安部、司法部关于办理性侵害未成年人刑事案件的意见》*(高检发〔2023〕4号,2023年6月1日)

236-2　《最高人民法院、最高人民检察院关于常见犯罪的量刑指导意见(试行)》(法发〔2021〕21号,2021年7月1日)　四、常见犯罪的量刑　(八)强奸罪

1. 构成强奸罪的,根据下列情形在相应的幅度内确定量刑起点:

(1)强奸妇女一人的,在三年至六年有期徒刑幅度内确定量刑起点。

奸淫幼女一人的,在四年至七年有期徒刑幅度内确定量刑起点。

(2)有下列情形之一的,在十年至十三年有期徒刑幅度内确定量刑起点:强奸妇女、奸淫幼女情节恶劣的;强奸妇女、奸淫幼女三人的;在公共场所当众强奸妇女、奸淫幼女的;二人以上轮奸妇女的;奸淫不满十周岁的幼女或者造成幼女伤害的;强奸致被害人重伤或者造成其他严重后果的。依法应当判处无期徒刑以上刑罚的除外。

2. 在量刑起点的基础上,根据强奸妇女、奸淫幼女情节恶劣程度、强奸人数、致人伤害后果等其他影响犯罪构成的犯罪事实增加刑罚量,确定基准刑。

强奸多人多次的,以强奸人数作为增加刑罚量的事实,强奸次数作为调节基准刑的量刑情节。

3. 构成强奸罪的,综合考虑强奸的手段、危害后果等犯罪事实、量刑情节,以及被告人的主观恶性、人身危险性、认罪悔罪表现等因素,从严把握缓刑的适用。

236-3　**1.**《最高人民法院、最高人民检察院、公安部、司法部关于办理性侵害未成年人刑事案件的意见》(高检发〔2023〕4号,2023年6月1日)

一、总　　则

第一条　本意见所称性侵害未成年人犯罪,包括《中华人民共和

---

* 高检发〔2023〕4号第四十条　本意见自2023年6月1日起施行。本意见施行后,《最高人民法院、最高人民检察院、公安部、司法部关于依法惩治性侵害未成年人犯罪的意见》(法发〔2013〕12号)同时废止。

国刑法》第二百三十六条、第二百三十六条之一、第二百三十七条、第三百五十八条、第三百五十九条规定的针对未成年人实施的强奸罪,负有照护职责人员性侵罪,强制猥亵、侮辱罪,猥亵儿童罪,组织卖淫罪,强迫卖淫罪,协助组织卖淫罪,引诱、容留、介绍卖淫罪,引诱幼女卖淫罪等。

第二条　办理性侵害未成年人刑事案件,应当坚持以下原则:

(一)依法从严惩处性侵害未成年人犯罪;

(二)坚持最有利于未成年人原则,充分考虑未成年人身心发育尚未成熟、易受伤害等特点,切实保障未成年人的合法权益;

(三)坚持双向保护原则,对于未成年人实施性侵害未成年人犯罪的,在依法保护未成年被害人的合法权益时,也要依法保护未成年犯罪嫌疑人、未成年被告人的合法权益。

第三条　人民法院、人民检察院、公安机关应当确定专门机构或者指定熟悉未成年人身心特点的专门人员,负责办理性侵害未成年人刑事案件。未成年被害人系女性的,应当有女性工作人员参与。

法律援助机构应当指派熟悉未成年人身心特点的律师为未成年人提供法律援助。

第四条　人民法院、人民检察院在办理性侵害未成年人刑事案件中发现社会治理漏洞的,依法提出司法建议、检察建议。

人民检察院依法对涉及性侵害未成年人的诉讼活动等进行监督,发现违法情形的,应当及时提出监督意见。发现未成年人合法权益受到侵犯,涉及公共利益的,应当依法提起公益诉讼。

二、案件办理

第五条　公安机关接到未成年人被性侵害的报案、控告、举报,应当及时受理,迅速审查。符合刑事立案条件的,应当立即立案侦查,重大、疑难、复杂案件立案审查期限原则上不超过七日。具有下列情形之一,公安机关应当在受理后直接立案侦查:

(一)精神发育明显迟滞的未成年人或者不满十四周岁的未成年人怀孕、妊娠终止或者分娩的;

(二)未成年人的生殖器官或者隐私部位遭受明显非正常损伤的;

(三)未成年人被组织、强迫、引诱、容留、介绍卖淫的;

(四)其他有证据证明性侵害未成年人犯罪发生的。

第六条　公安机关发现可能有未成年人被性侵害或者接报相关线

索的，无论案件是否属于本单位管辖，都应当及时采取制止侵害行为、保护被害人、保护现场等紧急措施。必要时，应当通报有关部门对被害人予以临时安置、救助。

第七条　公安机关受理案件后，经过审查，认为有犯罪事实需要追究刑事责任，但因犯罪地、犯罪嫌疑人无法确定，管辖权不明的，受理案件的公安机关应当先立案侦查，经过侦查明确管辖后，及时将案件及证据材料移送有管辖权的公安机关。

第八条　人民检察院、公安机关办理性侵害未成年人刑事案件，应当坚持分工负责、互相配合、互相制约，加强侦查监督与协作配合，健全完善信息双向共享机制，形成合力。在侦查过程中，公安机关可以商请人民检察院就案件定性、证据收集、法律适用、未成年人保护要求等提出意见建议。

第九条　人民检察院认为公安机关应当立案侦查而不立案侦查的，或者被害人及其法定代理人、对未成年人负有特殊职责的人员据此向人民检察院提出异议，经审查其诉求合理的，人民检察院应当要求公安机关说明不立案的理由。人民检察院认为不立案理由不成立的，应当通知公安机关立案，公安机关接到通知后应当立案。

第十条　对性侵害未成年人的成年犯罪嫌疑人、被告人，应当依法从严把握适用非羁押强制措施，依法追诉，从严惩处。

第十一条　公安机关办理性侵害未成年人刑事案件，在提请批准逮捕、移送起诉时，案卷材料中应当包含证明案件来源与案发过程的有关材料和犯罪嫌疑人归案（抓获）情况的说明等。

第十二条　人民法院、人民检察院办理性侵害未成年人案件，应当及时告知未成年被害人及其法定代理人或者近亲属有权委托诉讼代理人，并告知其有权依法申请法律援助。

第十三条　人民法院、人民检察院、公安机关办理性侵害未成年人刑事案件，除有碍案件办理的情形外，应当将案件进展情况、案件处理结果及时告知未成年被害人及其法定代理人，并对有关情况予以说明。

第十四条　人民法院确定性侵害未成年人刑事案件开庭日期后，应当将开庭的时间、地点通知未成年被害人及其法定代理人。

第十五条　人民法院开庭审理性侵害未成年人刑事案件，未成年被害人、证人一般不出庭作证。确有必要出庭的，应当根据案件情况采取不暴露外貌、真实声音等保护措施，或者采取视频等方式播放询问未成年人的录音录像,播放视频亦应当采取技术处理等保护措施。

被告人及其辩护人当庭发问的方式或者内容不当,可能对未成年被害人、证人造成身心伤害的,审判长应当及时制止。未成年被害人、证人在庭审中出现恐慌、紧张、激动、抗拒等影响庭审正常进行的情形的,审判长应当宣布休庭,并采取相应的情绪安抚疏导措施,评估未成年被害人、证人继续出庭作证的必要性。

第十六条　办理性侵害未成年人刑事案件,对于涉及未成年人的身份信息及可能推断出身份信息的资料和涉及性侵害的细节等内容,审判人员、检察人员、侦查人员、律师及参与诉讼、知晓案情的相关人员应当保密。

对外公开的诉讼文书,不得披露未成年人身份信息及可能推断出身份信息的其他资料,对性侵害的事实必须以适当方式叙述。

办案人员到未成年人及其亲属所在学校、单位、住所调查取证的,应当避免驾驶警车、穿着制服或者采取其他可能暴露未成年人身份、影响未成年人名誉、隐私的方式。

第十七条　知道或者应当知道对方是不满十四周岁的幼女,而实施奸淫等性侵害行为的,应当认定行为人"明知"对方是幼女。

对不满十二周岁的被害人实施奸淫等性侵害行为的,应当认定行为人"明知"对方是幼女。

对已满十二周岁不满十四周岁的被害人,从其身体发育状况、言谈举止、衣着特征、生活作息规律等观察可能是幼女,而实施奸淫等性侵害行为的,应当认定行为人"明知"对方是幼女。

第十八条　在校园、游泳馆、儿童游乐场、学生集体宿舍等公共场所对未成年人实施强奸、猥亵犯罪,只要有其他多人在场,不论在场人员是否实际看到,均可以依照刑法第二百三十六条第三款、第二百三十七条的规定,认定为在公共场所"当众"强奸、猥亵。

第十九条　外国人在中华人民共和国领域内实施强奸、猥亵未成年人等犯罪的,在依法判处刑罚时,可以附加适用驱逐出境。对于尚不构成犯罪但构成违反治安管理行为的,或者有性侵害未成年人犯罪记录不适宜在境内继续停留居留的,公安机关可以依法适用限期出境或者驱逐出境。

第二十条　对性侵害未成年人的成年犯罪分子严格把握减刑、假释、暂予监外执行的适用条件。纳入社区矫正的,应当严管严控。

三、证据收集与审查判断

第二十一条　公安机关办理性侵害未成年人刑事案件，应当依照法定程序，及时、全面收集固定证据。对与犯罪有关的场所、物品、人身等及时进行勘验、检查，提取与案件有关的痕迹、物证、生物样本；及时调取与案件有关的住宿、通行、银行交易记录等书证，现场监控录像等视听资料，手机短信、即时通讯记录、社交软件记录、手机支付记录、音视频、网盘资料等电子数据。视听资料、电子数据等证据因保管不善灭失的，应当向原始数据存储单位重新调取，或者提交专业机构进行技术性恢复、修复。

第二十二条　未成年被害人陈述、未成年证人证言中提到其他犯罪线索，属于公安机关管辖的，公安机关应当及时调查核实；属于其他机关管辖的，应当移送有管辖权的机关。

具有密切接触未成年人便利条件的人员涉嫌性侵害未成年人犯罪的，公安机关应当注意摸排犯罪嫌疑人可能接触到的其他未成年人，以便全面查清犯罪事实。

对于发生在犯罪嫌疑人住所周边或者相同、类似场所且犯罪手法雷同的性侵害案件，符合并案条件的，应当及时并案侦查，防止遗漏犯罪事实。

第二十三条　询问未成年被害人，应当选择"一站式"取证场所、未成年人住所或者其他让未成年人心理上感到安全的场所进行，并通知法定代理人到场。法定代理人不能到场或者不宜到场的，应当通知其他合适成年人到场，并将相关情况记录在案。

询问未成年被害人，应当采取和缓的方式，以未成年人能够理解和接受的语言进行。坚持一次询问原则，尽可能避免多次反复询问，造成次生伤害。确有必要再次询问的，应当针对确有疑问需要核实的内容进行。

询问女性未成年被害人应当由女性工作人员进行。

第二十四条　询问未成年被害人应当进行同步录音录像。录音录像应当全程不间断进行，不得选择性录制，不得剪接、删改。录音录像声音、图像应当清晰稳定，被询问人面部应当清楚可辨，能够真实反映未成年被害人回答询问的状态。录音录像应当随案移送。

第二十五条　询问未成年被害人应当问明与性侵害犯罪有关的事实及情节，包括被害人的年龄等身份信息、与犯罪嫌疑人、被告人交往情况、侵害方式、时间、地点、次数、后果等。

询问尽量让被害人自由陈述，不得诱导，并将提问和未成年被害人的回答记录清楚。记录应当保持未成年人的语言特点,不得随意加工或者归纳。

第二十六条　未成年被害人陈述和犯罪嫌疑人、被告人供述中具有特殊性、非亲历不可知的细节,包括身体特征、行为特征和环境特征等,办案机关应当及时通过人身检查、现场勘查等调查取证方法固定证据。

第二十七条　能够证实未成年被害人和犯罪嫌疑人、被告人相识交往、矛盾纠纷及其异常表现、特殊癖好等情况,对完善证据链条、查清全部案情具有证明作用的证据,应当全面收集。

第二十八条　能够证实未成年人被性侵害后心理状况或者行为表现的证据,应当全面收集。未成年被害人出现心理创伤、精神抑郁或者自杀、自残等伤害后果的,应当及时检查、鉴定。

第二十九条　认定性侵害未成年人犯罪,应当坚持事实清楚,证据确实、充分,排除合理怀疑的证明标准。对案件事实的认定要立足证据,结合经验常识,考虑性侵害案件的特殊性和未成年人的身心特点,准确理解和把握证明标准。

第三十条　对未成年被害人陈述,应当着重审查陈述形成的时间、背景,被害人年龄、认知、记忆和表达能力,生理和精神状态是否影响陈述的自愿性、完整性,陈述与其他证据之间能否相互印证,有无矛盾。

低龄未成年人对被侵害细节前后陈述存在不一致的,应当考虑其身心特点,综合判断其陈述的主要事实是否客观、真实。

未成年被害人陈述了与犯罪嫌疑人、被告人或者性侵害事实相关的非亲历不可知的细节,并且可以排除指证、诱证、诬告、陷害可能的,一般应当采信。

未成年被害人询问笔录记载的内容与询问同步录音录像记载的内容不一致的,应当结合同步录音录像记载准确客观认定。

对未成年证人证言的审查判断,依照本条前四款规定进行。

第三十一条　对十四周岁以上未成年被害人真实意志的判断,不以其明确表示反对或者同意为唯一证据,应当结合未成年被害人的年龄、身体状况、被侵害前后表现以及双方关系、案发环境、案发过程等进行综合判断。

四、未成年被害人保护与救助

第三十二条　人民法院、人民检察院、公安机关办理性侵害未成年人刑事案件,应当根据未成年被害人的实际需要及当地情况,协调有关部门为未成年被害人提供心理疏导、临时照料、医疗救治、转学安置、经济帮扶等救助保护措施。

第三十三条　犯罪嫌疑人到案后，办案人员应当第一时间了解其有无艾滋病，发现犯罪嫌疑人患有艾滋病的，在征得未成年被害人监护人同意后，应当及时配合或者会同有关部门对未成年被害人采取阻断治疗等保护措施。

第三十四条　人民法院、人民检察院、公安机关办理性侵害未成年人刑事案件，发现未成年人的父母或者其他监护人不依法履行监护职责或者侵犯未成年人合法权益的，应当予以训诫，并书面督促其依法履行监护职责。必要时，可以责令未成年人父母或者其他监护人接受家庭教育指导。

第三十五条　未成年人受到监护人性侵害，其他具有监护资格的人员、民政部门等有关单位和组织向人民法院提出申请，要求撤销监护人资格，另行指定监护人的，人民法院依法予以支持。

有关个人和组织未及时向人民法院申请撤销监护人资格的，人民检察院可以依法督促、支持其提起诉讼。

第三十六条　对未成年人因被性侵害而造成人身损害，不能及时获得有效赔偿，生活困难的，人民法院、人民检察院、公安机关可会同有关部门，优先考虑予以救助。

五、其　　他

第三十七条　人民法院、人民检察院、公安机关、司法行政机关应当积极推动侵害未成年人案件强制报告制度落实。未履行报告义务造成严重后果的，应当依照《中华人民共和国未成年人保护法》等法律法规追究责任。

第三十八条　人民法院、人民检察院、公安机关、司法行政机关应当推动密切接触未成年人相关行业依法建立完善准入查询性侵害违法犯罪信息制度，建立性侵害违法犯罪人员信息库，协助密切接触未成年人单位开展信息查询工作。

第三十九条　办案机关应当建立完善性侵害未成年人案件“一站式”办案救助机制，通过设立专门场所、配置专用设备、完善工作流程和引入专业社会力量等方式，尽可能一次性完成询问、人身检查、生物样本采集、侦查辨认等取证工作，同步开展救助保护工作。

2. 法释〔2023〕3号第十一条　强奸、猥亵未成年人的成年被告人认罪认罚的，是否从宽处罚及从宽幅度应当从严把握。

法释〔2023〕3号第十二条　对强奸未成年人的成年被告人判处刑罚时，一般不适用缓刑。

对于判处刑罚同时宣告缓刑的,可以根据犯罪情况,同时宣告禁止令,禁止犯罪分子在缓刑考验期限内从事与未成年人有关的工作、活动,禁止其进入中小学校、幼儿园及其他未成年人集中的场所。确因本人就学、居住等原因,经执行机关批准的除外。

法释〔2023〕3号第十三条　对于利用职业便利实施强奸、猥亵未成年人等犯罪的,人民法院应当依法适用从业禁止。

法释〔2023〕3号第十四条　对未成年人实施强奸、猥亵等犯罪造成人身损害的,应当赔偿医疗费、护理费、交通费、营养费、住院伙食补助费等为治疗和康复支付的合理费用,以及因误工减少的收入。

根据鉴定意见、医疗诊断书等证明需要对未成年人进行精神心理治疗和康复,所需的相关费用,应当认定为前款规定的合理费用。

236-4　法释〔2023〕3号第一条　奸淫幼女的,依照刑法第二百三十六条第二款的规定从重处罚。具有下列情形之一的,应当适用较重的从重处罚幅度:

(一)负有特殊职责的人员实施奸淫的;

(二)采用暴力、胁迫等手段实施奸淫的;

(三)侵入住宅或者学生集体宿舍实施奸淫的;

(四)对农村留守女童、严重残疾或者精神发育迟滞的被害人实施奸淫的;

(五)利用其他未成年人诱骗、介绍、胁迫被害人的;

(六)曾因强奸、猥亵犯罪被判处刑罚的。

强奸已满十四周岁的未成年女性,具有前款第一项、第三项至第六项规定的情形之一,或者致使被害人轻伤、患梅毒、淋病等严重性病的,依照刑法第二百三十六条第一款的规定定罪,从重处罚。

法释〔2023〕3号第十五条　本解释规定的"负有特殊职责的人员",是指对未成年人负有监护、收养、看护、教育、医疗等职责的人员,包括与未成年人具有共同生活关系且事实上负有照顾、保护等职责的人员。

236-5　**1.** 法释〔2023〕3号第二条　强奸已满十四周岁的未成年女性或者奸淫幼女,具有下列情形之一的,应当认定为刑法第二百三十六条第三款第一项规定的"强奸妇女、奸淫幼女情节恶劣":

(一)负有特殊职责的人员多次实施强奸、奸淫的;

(二)有严重摧残、凌辱行为的;

(三)非法拘禁或者利用毒品诱骗、控制被害人的;

(四)多次利用其他未成年人诱骗、介绍、胁迫被害人的;

(五)长期实施强奸、奸淫的;

（六）奸淫精神发育迟滞的被害人致使怀孕的；

（七）对强奸、奸淫过程或者被害人身体隐私部位制作视频、照片等影像资料，以此胁迫对被害人实施强奸、奸淫，或者致使影像资料向多人传播，暴露被害人身份的；

（八）其他情节恶劣的情形。

2. 阻断性侵犯罪未成年被害人感染艾滋病风险综合司法保护案（检例第172号）

要旨　1.检察机关办理性侵害未成年人案件，在受邀介入侦查时，应当及时协同做好取证和未成年被害人保护救助工作。

2.对于遭受艾滋病病人或感染者性侵的未成年被害人，应当立即开展艾滋病暴露后预防并进行心理干预、司法救助，最大限度降低犯罪给其造成的危害后果和长期影响。

3.行为人明知自己系艾滋病病人或感染者，奸淫幼女，造成艾滋病传播重大现实风险的，应当认定为奸淫幼女"情节恶劣"。

4.对于犯罪情节恶劣，社会危害严重，主观恶性大的成年人性侵害未成年人案件，即使认罪认罚也不足以从宽处罚的，依法不予从宽。

5.发现类案风险和社会治理漏洞，应当积极推动风险防控和相关领域制度完善。

236-6　高检发〔2023〕4号第十八条　在校园、游泳馆、儿童游乐场、学生集体宿舍等公共场所对未成年人实施强奸、猥亵犯罪，只要有其他多人在场，不论在场人员是否实际看到，均可以依照刑法第二百三十六条第三款、第二百三十七条的规定，认定为在公共场所"当众"强奸、猥亵。

236-7　法释〔2023〕3号第三条　奸淫幼女，具有下列情形之一的，应当认定为刑法第二百三十六条第三款第五项规定的"造成幼女伤害"：

（一）致使幼女轻伤的；

（二）致使幼女患梅毒、淋病等严重性病的；

（三）对幼女身心健康造成其他伤害的情形。

236-8　法释〔2023〕3号第四条　强奸已满十四周岁的未成年女性或者奸淫幼女，致使其感染艾滋病病毒的，应当认定为刑法第二百三十六第三款第六项规定的"致使被害人重伤"。

第二百三十六条之一　（刑十一）【负有照护职责人员性侵罪】
对已满十四周岁不满十六周岁的未成年女性负有监护、收养、看护、教育、医疗等特殊职责的人员[1],与该未成年女性发生性关系[2]的,处三年以下有期徒刑;情节恶劣[3]的,处三年以上十年以下有期徒刑。

有前款行为,同时又构成本法第二百三十六条规定之罪的,依照处罚较重的规定定罪处罚。

236A-1　法释〔2023〕3号第十三条　对于利用职业便利实施强奸、猥亵未成年人等犯罪的,人民法院应当依法适用从业禁止。

法释〔2023〕3号第十五条　本解释规定的"负有特殊职责的人员",是指对未成年人负有监护、收养、看护、教育、医疗等职责的人员,包括与未成年人具有共同生活关系且事实上负有照顾、保护等职责的人员。

236A-2　法释〔2023〕3号第六条　对已满十四周岁的未成年女性负有特殊职责的人员,利用优势地位或者被害人孤立无援的境地,迫使被害人与其发生性关系的,依照刑法第二百三十六条的规定,以强奸罪定罪处罚。

236A-3　法释〔2023〕3号第五条　对已满十四周岁不满十六周岁的未成年女性负有特殊职责的人员,与该未成年女性发生性关系,具有下列情形之一的,应当认定为刑法第二百三十六条之一规定的"情节恶劣":

(一)长期发生性关系的;

(二)与多名被害人发生性关系的;

(三)致使被害人感染艾滋病病毒或者患梅毒、淋病等严重性病的;

(四)对发生性关系的过程或者被害人身体隐私部位制作视频、照片等影像资料,致使影像资料向多人传播,暴露被害人身份的;

(五)其他情节恶劣的情形。

第二百三十七条*　(刑九)【强制猥亵、侮辱罪】以暴力、胁迫或者其他方法强制猥亵[1]他人或者侮辱妇女的,处五年以下有期徒

---

* 修改前1997年刑法的原条文　第二百三十七条　以暴力、胁迫或者其他方法强制猥亵妇女或者侮辱妇女的,处五年以下有期徒刑或者拘役。

聚众或者在公共场所当众犯前款罪的,处五年以上有期徒刑。

猥亵儿童的,依照前两款的规定从重处罚。

刑或者拘役。

聚众或者在公共场所当众犯前款罪的，或者有其他恶劣情节的，处五年以上有期徒刑。

（刑十一）【猥亵儿童罪】猥亵[2]儿童的，处五年以下有期徒刑；有下列情形之一的，处五年以上有期徒刑：

（一）猥亵儿童多人或者多次的；

（二）聚众猥亵儿童的，或者在公共场所当众猥亵儿童，情节恶劣的；

（三）造成儿童伤害或者其他严重后果[3]的；

（四）猥亵手段恶劣或者有其他恶劣情节[4]的。

237-1　法释〔2023〕3号第九条　胁迫、诱骗未成年人通过网络视频聊天或者发送视频、照片等方式*，暴露身体隐私部位或者实施淫秽行为，符合刑法第二百三十七条规定的，以强制猥亵罪或者猥亵儿童罪定罪处罚。

胁迫、诱骗未成年人通过网络直播方式实施前款行为，同时符合刑法第二百三十七条、第三百六十五条的规定，构成强制猥亵罪、猥亵儿童罪、组织淫秽表演罪的，依照处罚较重的规定定罪处罚。

法释〔2023〕3号第十条　实施猥亵未成年人犯罪，造成被害人轻伤以上后果，同时符合刑法第二百三十四条或者第二百三十二条的规定，构成故意伤害罪、故意杀人罪的，依照处罚较重的规定定罪处罚。

237-2　骆某猥亵儿童案（检例第43号）

要旨　行为人以满足性刺激为目的，以诱骗、强迫或者其他方法要求儿童拍摄裸体、敏感部位照片、视频等供其观看，严重侵害儿童人格尊严和心理健康的，构成猥亵儿童罪。

指导意义　实践中，只要行为人主观上以满足性刺激为目的，客观上实施了猥亵儿童的行为，侵害了特定儿童人格尊严和身心健康的，应

---

* 构成猥亵儿童罪，既包括行为人主动对儿童实施猥亵，也包括迫使或诱骗儿童做出淫秽动作；既包括在同一物理空间内直接接触被害人身体进行猥亵，也包括通过网络在虚拟空间内对被害人实施猥亵。网络性侵害儿童犯罪是近几年出现的新型犯罪，与传统猥亵行为相比，犯罪分子利用信息不对称，以及被害人年幼、心智不成熟、缺少自我防范意识等条件，对儿童施以诱惑甚至威胁，更易达到犯罪目的；被害目标具有随机性，涉及人数多；犯罪分子所获取的淫秽视频、图片等一旦通过网络传播，危害后果具有扩散性，增加了儿童遭受二次伤害的风险。

当认定构成猥亵儿童罪。

网络环境下,以满足性刺激为目的,虽未直接与被害儿童进行身体接触,但是通过QQ、微信等网络软件,以诱骗、强迫或者其他方法要求儿童拍摄、传送暴露身体的不雅照片、视频,行为人通过画面看到被害儿童裸体、敏感部位的,是对儿童人格尊严和心理健康的严重侵害,与实际接触儿童身体的猥亵行为具有相同的社会危害性,应当认定构成猥亵儿童罪。

237-3 法释〔2023〕3号第七条 猥亵儿童,具有下列情形之一的,应当认定为刑法第二百三十七条第三款第三项规定的"造成儿童伤害或者其他严重后果":

(一)致使儿童轻伤以上的;

(二)致使儿童自残、自杀的;

(三)对儿童身心健康造成其他伤害或者严重后果的情形。

237-4 法释〔2023〕3号第八条 猥亵儿童,具有下列情形之一的,应当认定为刑法第二百三十七条第三款第四项规定的"猥亵手段恶劣或者有其他恶劣情节":

(一)以生殖器侵入肛门、口腔或者以生殖器以外的身体部位、物品侵入被害人生殖器、肛门等方式实施猥亵的;

(二)有严重摧残、凌辱行为的;

(三)对猥亵过程或者被害人身体隐私部位制作视频、照片等影像资料,以此胁迫对被害人实施猥亵,或者致使影像资料向多人传播,暴露被害人身份的;

(四)采取其他恶劣手段实施猥亵或者有其他恶劣情节的情形。

第二百三十八条 【非法拘禁罪】非法拘禁[1]他人或者以其他方法[2]非法剥夺他人人身自由的[3],处三年以下有期徒刑、拘役、管制或者剥夺政治权利。具有殴打、[*]侮辱情节的,从重处罚。

犯前款罪,致人重伤的,处三年以上十年以下有期徒刑;致人死亡的,处十年以上有期徒刑。使用暴力致人伤残、死亡的,依照本法

---

* 非法拘禁中的殴打,应当以故意致人轻伤为限。如果行为人的非法拘禁行为过失造成被害人重伤、死亡的,属于非法拘禁罪的结果加重犯,应当以非法拘禁罪定罪处罚。如果在非法拘禁过程中,行为人故意造成被害人重伤或者故意杀害被害人的,其行为超出了非法拘禁罪的犯罪构成要件范畴,应当以故意伤害罪或者故意杀人罪处罚。

第二百三十四条(*故意伤害罪*)、第二百三十二条(*故意杀人罪*)的规定定罪处罚。

为索取债务[4]非法扣押、拘禁他人的,依照前两款的规定处罚。

国家机关工作人员利用职权[5]犯前三款罪的,依照前三款的规定从重处罚。

238-1　于欢故意伤害案(指导性案例第93号)

裁判要点　1. 对正在进行的非法限制他人人身自由的行为,应当认定为刑法第二十条第一款规定的"不法侵害",可以进行正当防卫。

2. 对非法限制他人人身自由并伴有侮辱、轻微殴打的行为,不应当认定为刑法第二十条第三款规定的"严重危及人身安全的暴力犯罪"。

238-2　《最高人民法院、最高人民检察院、公安部、司法部关于办理实施"软暴力"的刑事案件若干问题的意见》(2019年4月9日)
六、有组织地多次短时间非法拘禁他人的,应当认定为《刑法》第二百三十八条规定的"以其他方法非法剥夺他人人身自由"。非法拘禁他人三次以上、每次持续时间在四小时以上,或者非法拘禁他人累计时间在十二小时以上的,应当以非法拘禁罪定罪处罚。

238-3　《最高人民法院、最高人民检察院关于常见犯罪的量刑指导意见(试行)》(法发〔2021〕21号,2021年7月1日)　四、常见犯罪的量刑

(九)非法拘禁罪

1. 构成非法拘禁罪的,根据下列情形在相应的幅度内确定量刑起点:

(1)犯罪情节一般的,在一年以下有期徒刑、拘役幅度内确定量刑起点。

(2)致一人重伤的,在三年至五年有期徒刑幅度内确定量刑起点。

(3)致一人死亡的,在十年至十三年有期徒刑幅度内确定量刑起点。

2. 在量刑起点的基础上,根据非法拘禁人数、拘禁时间、致人伤亡后果等其他影响犯罪构成的犯罪事实增加刑罚量,确定基准刑。

非法拘禁多人多次的,以非法拘禁人数作为增加刑罚量的事实,非法拘禁次数作为调节基准刑的量刑情节。

3. 有下列情节之一的,增加基准刑的10%～20%:

(1)具有殴打、侮辱情节的；

(2)国家机关工作人员利用职权非法扣押、拘禁他人的。

4. 构成非法拘禁罪的，综合考虑非法拘禁的起因、时间、危害后果等犯罪事实、量刑情节，以及被告人的主观恶性、人身危险性、认罪悔罪表现等因素，决定缓刑的适用。

238-4 **1.**《最高人民法院关于对为索取法律不予保护的债务非法拘禁他人行为如何定罪问题的解释》(法释〔2000〕19 号，2000 年 7 月 19 日) 行为人为索取高利贷、赌债等法律不予保护的债务，非法扣押、拘禁他人的，依照刑法第二百三十八条的规定定罪处罚。

2.《最高人民法院、最高人民检察院、公安部、司法部关于办理实施“软暴力”的刑事案件若干问题的意见》(2019 年 4 月 9 日) 十一、……为强索不受法律保护的债务或者因其他非法目的，雇佣、指使他人采用“软暴力”手段非法剥夺他人人身自由构成非法拘禁罪，或者非法侵入他人住宅、寻衅滋事，构成非法侵入住宅罪、寻衅滋事罪的，对雇佣者、指使者，一般应当以共同犯罪中的主犯论处；因本人及近亲属合法债务、婚恋、家庭、邻里纠纷等民间矛盾而雇佣、指使，没有造成严重后果的，一般不作为犯罪处理，但经有关部门批评制止或者处理处罚后仍继续实施的除外。

238-5 《最高人民检察院关于渎职侵权犯罪案件立案标准的规定》(高检发释字〔2006〕2 号，2006 年 7 月 26 日) 二、国家机关工作人员利用职权实施的侵犯公民人身权利、民主权利犯罪案件

(一)国家机关工作人员利用职权实施的非法拘禁案(第二百三十八条) 非法拘禁罪是指以拘禁或者其他方法非法剥夺他人人身自由的行为。国家机关工作人员利用职权非法拘禁，涉嫌下列情形之一的，应予立案：

1. 非法剥夺他人人身自由 24 小时以上的；

2. 非法剥夺他人人身自由，并使用械具或者捆绑等恶劣手段，或者实施殴打、侮辱、虐待行为的；

3. 非法拘禁，造成被拘禁人轻伤、重伤、死亡的；

4. 非法拘禁，情节严重，导致被拘禁人自杀、自残造成重伤、死亡，或者精神失常的；

5. 非法拘禁 3 人次以上的；

6. 司法工作人员对明知是没有违法犯罪事实的人而非法拘禁的；

7. 其他非法拘禁应予追究刑事责任的情形。

第二百三十九条[1] **(刑七)【绑架罪】**以勒索财物为目的绑架他人的,或者绑架他人作为人质的,处十年以上有期徒刑或者无期徒刑,并处罚金或者没收财产;情节较轻[2] 的,处五年以上十年以下有期徒刑,并处罚金。

(刑九) *犯前款罪,杀害被绑架人的[3],或者故意伤害被绑架人,致人重伤、死亡的,处无期徒刑或者死刑,并处没收财产。

以勒索财物为目的偷盗婴幼儿的,依照前两款的规定处罚。

239-1 《最高人民法院关于审理抢劫、抢夺刑事案件适用法律若干问题的意见》(法发〔2005〕8 号,2005 年 6 月 8 日) 九、关于抢劫罪与相似犯罪的界限

3. 抢劫罪与绑架罪的界限** 绑架罪是侵害他人人身自由权利的犯罪,其与抢劫罪的区别在于:第一,主观方面不尽相同。抢劫罪中,行为人一般出于非法占有他人财物的故意实施抢劫行为,绑架罪中,行为人既可能为勒索他人财物而实施绑架行为,也可能出于其它非经济目的实施绑架行为;第二,行为手段不尽相同。抢劫罪表现为行为人劫取财物一般应在同一时间、同一地点,具有"当场性";绑架罪表现为行为人以杀害、伤害等方式向被绑架人的亲属或其他人或单位发出威胁,索取赎金或提出其他非法要求,劫取财物一般不具有"当场性"。

绑架过程中又当场劫取被害人随身携带财物的,同时触犯绑架罪和抢劫罪两罪名,应择一重罪定罪处罚。

239-2 立法背景:2006 年《刑法》第二百三十九条规定,以勒索财物为目的绑架他人的,或者绑架他人作为人质的,处十年以上有期徒刑或者无期徒刑,并处罚金或者没收财产;致使被绑架人死亡或者杀害被绑架人的,处死刑,并处没收财产。最高人民法院和公安部提出,从实

---

* 原条文表述为"致使被绑架人死亡或者杀害被绑架人的,处死刑"。

** 绑架罪与抢劫罪都在客观上使用暴力,绑架行为和抢劫行为都可能导致被害人重伤、死亡,主观上具有取财的目的,但两罪分属不同类罪,这说明两罪有着本质区别。两罪的本质区别在于,绑架罪对人身自由和生命健康的侵犯重于抢劫罪,所以不以取财为既遂的标准,而抢劫罪虽然使用了暴力,但这种暴力一般不具有持续性,多为一次性的、短暂的。而绑架行为则直接将被害人置于自己的控制之下,其生命任由行为人处置,因此其罪质更重。正因为这一区别,所以才将两罪分列不同类罪,并且规定了不同的既遂标准。

践中来看,刑法对该罪设定的刑罚层次偏少,不能完全适应处理这类情况复杂的案件的需要,建议对绑架罪法定刑的设置作适当调整。有些全国人大代表建议,对绑架他人后主动放人的,从轻处罚。经同最高人民法院、最高人民检察院、公安部研究认为,绑架罪严重危及公民人身安全,应予严惩;同时,考虑到实际发生的这类案件的具体情况比较复杂,在刑罚设置上适当增加档次,有利于按照罪刑相适应的原则惩治犯罪。另外,将本罪的最低刑确定为五年有期徒刑,避免了对绑架罪这种重罪适用缓刑。

239-3　立法背景:实践中,杀害被绑架人未遂,是否一律判处死刑,素有争论。其一,以故意伤害罪为例,以特别残忍手段致人重伤造成严重残疾的,处十年以上有期徒刑、无期徒刑或者死刑。这说明,虽未造成死亡结果,仍可能适用死刑。而绑架罪较之故意伤害罪危害更为严重,法定刑的设置自然比故意伤害罪重。其二,从罪过形式来看,致使被绑架人死亡,可能包括行为人过失致人死亡,而杀害被绑架人,则指对被绑架人实施故意杀害的行为,其主观恶性明显高于前者,自然也应适用死刑。其三,从文义解释来看,杀害并不等同于杀死。

第二百四十条[1]　**【拐卖妇女、儿童罪】**拐卖妇女[2]、儿童[3]的,处五年以上十年以下有期徒刑,并处罚金;有下列情形之一的,处十年以上有期徒刑或者无期徒刑,并处罚金或者没收财产;情节特别严重的,处死刑,并处没收财产:

(一)拐卖妇女、儿童集团的首要分子;

(二)拐卖妇女、儿童三人以上的;

(三)奸淫被拐卖的妇女的;

(四)诱骗、强迫被拐卖的妇女卖淫或者将被拐卖的妇女卖给他人迫使其卖淫的;

(五)以出卖为目的,使用暴力、胁迫或者麻醉方法绑架妇女、儿童的;

(六)以出卖为目的,偷盗婴幼儿的[4];

(七)造成被拐卖的妇女、儿童或者其亲属重伤、死亡或者其他严重后果的；

（八）将妇女、儿童卖往境外的。

拐卖[5]妇女、儿童是指以出卖为目的，有拐骗、绑架、收买[6]、贩卖、接送、中转妇女、儿童的行为之一的。

240-1　1.《最高人民法院关于审理拐卖妇女儿童犯罪案件具体应用法律若干问题的解释》（法释〔2016〕28号，2017年1月1日）；2.《最高人民法院关于审理拐卖妇女案件适用法律有关问题的解释》（法释〔2000〕1号，2000年1月25日）；3.《最高人民法院、最高人民检察院、公安部、司法部关于依法惩治拐卖妇女儿童犯罪的意见》（法发〔2010〕7号，2010年3月15日）。

1. 法释〔2000〕1号第二条　外国人或者无国籍人拐卖外国妇女到我国境内被查获的，应当根据刑法第六条的规定，适用我国刑法*定罪处罚。

法释〔2000〕1号第三条　对于外国籍被告人身份无法查明或者其国籍国拒绝提供有关身份证明，人民检察院根据刑事诉讼法第一百二十八条第二款**的规定起诉的案件，人民法院应当依法受理。

2.《最高人民法院、最高人民检察院、公安部、司法部关于依法惩治拐卖妇女儿童犯罪的意见》（法发〔2010〕7号，2010年3月15日）

六、共同犯罪

21. 明知他人拐卖妇女、儿童，仍然向其提供被拐卖妇女、儿童的健康证明、出生证明或者其他帮助的，以拐卖妇女、儿童罪的共犯论处。

明知他人收买被拐卖的妇女、儿童，仍然向其提供被收买妇女、儿童的户籍证明、出生证明或者其他帮助的，以收买被拐卖的妇女、儿童罪的共犯论处，但是，收买人未被追究刑事责任的除外。

认定是否"明知"，应当根据证人证言、犯罪嫌疑人、被告人及其同案人供述和辩解，结合提供帮助的人次，以及是否明显违反相关规章制度、工作流程等，予以综合判断。

22. 明知他人系拐卖儿童的"人贩子"，仍然利用从事诊疗、福利救

---

* 地域管辖。

** 2018年《刑事诉讼法》第一百六十条第二款。

助等工作的便利或者了解被拐卖方情况的条件,居间介绍的,以拐卖儿童罪的共犯论处。

23. 对于拐卖妇女、儿童犯罪的共犯,应当根据各被告人在共同犯罪中的分工、地位、作用,参与拐卖的人数、次数,以及分赃数额等,准确区分主从犯。

对于组织、领导、指挥拐卖妇女、儿童的某一个或者某几个犯罪环节,或者积极参与实施拐骗、绑架、收买、贩卖、接送、中转妇女、儿童等犯罪行为,起主要作用的,应当认定为主犯。

对于仅提供被拐卖妇女、儿童信息或者相关证明文件,或者进行居间介绍,起辅助或者次要作用,没有获利或者获利较少的,一般可认定为从犯。

对于各被告人在共同犯罪中的地位、作用区别不明显的,可以不区分主从犯。

七、一罪与数罪

24. 拐卖妇女、儿童,又奸淫被拐卖的妇女、儿童,或者诱骗、强迫被拐卖的妇女、儿童卖淫的,以拐卖妇女、儿童罪处罚。

25. 拐卖妇女、儿童,又对被拐卖的妇女、儿童实施故意杀害、伤害、猥亵、侮辱等行为,构成其他犯罪的,依照数罪并罚的规定处罚。

26. 拐卖妇女、儿童或者收买被拐卖的妇女、儿童,又组织、教唆被拐卖、收买的妇女、儿童进行犯罪的,以拐卖妇女、儿童罪或者收买被拐卖的妇女、儿童罪与其所组织、教唆的罪数罪并罚。

27. 拐卖妇女、儿童或者收买被拐卖的妇女、儿童,又组织、教唆被拐卖、收买的未成年妇女、儿童进行盗窃、诈骗、抢夺、敲诈勒索等违反治安管理活动的,以拐卖妇女、儿童罪或者收买被拐卖的妇女、儿童罪与组织未成年人进行违反治安管理活动罪数罪并罚。

八、刑罚适用

28. 对于拐卖妇女、儿童犯罪集团的首要分子,情节严重的主犯,累犯,偷盗婴幼儿、强抢儿童情节严重,将妇女、儿童卖往境外情节严重,拐卖妇女、儿童多人多次、造成伤亡后果,或者具有其他严重情节的,依法从重处罚;情节特别严重的,依法判处死刑。

拐卖妇女、儿童,并对被拐卖的妇女、儿童实施故意杀害、伤害、猥亵、侮辱等行为,数罪并罚决定执行的刑罚应当依法体现从严。

29. 对于拐卖妇女、儿童的犯罪分子,应当注重依法适用财产刑,并切实加大执行力度，以强化刑罚的特殊预防与一般预防效果。

30. 犯收买被拐卖的妇女、儿童罪，对被收买妇女、儿童实施违法犯罪活动或者将其作为牟利工具的，处罚时应当依法体现从严。

收买被拐卖的妇女、儿童，对被收买妇女、儿童没有实施摧残、虐待行为或者与其已形成稳定的婚姻家庭关系，但仍应依法追究刑事责任的，一般应当从轻处罚；符合缓刑条件的，可以依法适用缓刑。

收买被拐卖的妇女、儿童，犯罪情节轻微的，可以依法免予刑事处罚。

31. 多名家庭成员或者亲友共同参与出卖亲生子女，或者"买人为妻""买人为子"构成收买被拐卖的妇女、儿童罪的，一般应当在综合考察犯意提起、各行为人在犯罪中所起作用等情节的基础上，依法追究其中罪责较重者的刑事责任。对于其他情节显著轻微危害不大，不认为是犯罪的，依法不追究刑事责任；必要时可以由公安机关予以行政处罚。

32. 具有从犯、自首、立功等法定从宽处罚情节的，依法从轻、减轻或者免除处罚。

对被拐卖的妇女、儿童没有实施摧残、虐待等违法犯罪行为，或者能够协助解救被拐卖的妇女、儿童，或者具有其他酌定从宽处罚情节的，可以依法酌情从轻处罚。

33. 同时具有从严和从宽处罚情节的，要在综合考察拐卖妇女、儿童的手段、拐卖妇女、儿童或者收买被拐卖妇女、儿童的人次、危害后果以及被告人主观恶性、人身危险性等因素的基础上，结合当地此类犯罪发案情况和社会治安状况，决定对被告人总体从严或者从宽处罚。

240-2　法释〔2000〕1号第一条　刑法第二百四十条规定的拐卖妇女罪中的"妇女"，既包括具有中国国籍的妇女，也包括具有外国国籍和无国籍的妇女。被拐卖的外国妇女没有身份证明的，不影响对犯罪分子的定罪处罚。

240-3　法释〔2016〕28号第九条　刑法第二百四十条、第二百四十一条规定的儿童，是指不满十四周岁的人。其中，不满一周岁的为婴儿，一周岁以上不满六周岁的为幼儿。

240-4　法释〔2016〕28号第一条　对婴幼儿采取欺骗、利诱等手段使其脱离监护人或者看护人的，视为刑法第二百四十条第一款第（六）项规定的"偷盗婴幼儿"。

240-5　**1.**《最高人民法院、最高人民检察院、公安部、司法部关于依

法惩治拐卖妇女儿童犯罪的意见》(法发〔2010〕7号,2010年3月15日)

五、定性

14. 犯罪嫌疑人、被告人参与拐卖妇女、儿童犯罪活动的多个环节,只有部分环节的犯罪事实查证清楚、证据确实、充分的,可以对该环节的犯罪事实依法予以认定。

15. 以出卖为目的强抢儿童,或者捡拾儿童后予以出卖,符合刑法第二百四十条第二款规定的,应当以拐卖儿童罪论处。

以抚养为目的偷盗婴幼儿或者拐骗儿童,之后予以出卖的,以拐卖儿童罪论处。

16. 以非法获利为目的,出卖亲生子女的,应当以拐卖妇女、儿童罪论处。

17. 要严格区分借送养之名出卖亲生子女与民间送养行为的界限。区分的关键在于行为人是否具有非法获利的目的。应当通过审查将子女"送"人的背景和原因、有无收取钱财及收取钱财的多少、对方是否具有抚养目的及有无抚养能力等事实,综合判断行为人是否具有非法获利的目的。

具有下列情形之一的,可以认定属于出卖亲生子女,应当以拐卖妇女、儿童罪论处:

(1)将生育作为非法获利手段,生育后即出卖子女的;

(2)明知对方不具有抚养目的,或者根本不考虑对方是否具有抚养目的,为收取钱财将子女"送"给他人的;

(3)为收取明显不属于"营养费"、"感谢费"的巨额钱财将子女"送"给他人的;

(4)其他足以反映行为人具有非法获利目的的"送养"行为的。

不是出于非法获利目的,而是迫于生活困难,或者受重男轻女思想影响,私自将没有独立生活能力的子女送给他人抚养,包括收取少量"营养费""感谢费"的,属于民间送养行为,不能以拐卖妇女、儿童罪论处。对私自送养导致子女身心健康受到严重损害,或者具有其他恶劣情节,符合遗弃罪特征的,可以遗弃罪论处;情节显著轻微危害不大的,可由公安机关依法予以行政处罚。

18. 将妇女拐卖给有关场所,致使被拐卖的妇女被迫卖淫或者从事其他色情服务的,以拐卖妇女罪论处。

有关场所的经营管理人员事前与拐卖妇女的犯罪人通谋的,对该经营管理人员以拐卖妇女罪的共犯论处;同时构成拐卖妇女罪和组织卖淫罪的，择一重罪论处。

19. 医疗机构、社会福利机构等单位的工作人员以非法获利为目的，将所诊疗、护理、抚养的儿童贩卖给他人的，以拐卖儿童罪论处。

2. 法释〔2016〕28号第二条　医疗机构、社会福利机构等单位的工作人员以非法获利为目的，将所诊疗、护理、抚养的儿童出卖给他人的，以拐卖儿童罪论处。

法释〔2016〕28号第三条　以介绍婚姻为名，采取非法扣押身份证件、限制人身自由等方式，或者利用妇女人地生疏、语言不通、孤立无援等境况，违背妇女意志，将其出卖给他人的，应当以拐卖妇女罪追究刑事责任。

以介绍婚姻为名，与被介绍妇女串通骗取他人钱财，数额较大的，应当以诈骗罪追究刑事责任。

240-6《最高人民检察院法律政策研究室关于以出卖为目的的倒卖外国妇女的行为是否构成拐卖妇女罪的答复》(〔1998〕高检研发第21号，1998年12月24日)　刑法第二百四十条明确规定："拐卖妇女、儿童是以出卖为目的，有拐骗、绑架、收买、贩卖、接送、中转妇女、儿童的行为之一的。"其中作为"收买"对象的妇女、儿童并不要求必须是"被拐骗、绑架的妇女、儿童"。因此，以出卖为目的，收买、贩卖外国妇女，从中牟取非法利益的，应以拐卖妇女罪追究刑事责任。但确属为他人介绍婚姻收取介绍费，而非以出卖为目的的，不能追究刑事责任。

第二百四十一条[1]* **【收买被拐卖的妇女、儿童罪】**收买被拐卖的妇女、儿童的，处三年以下有期徒刑、拘役或者管制。

收买被拐卖的妇女，强行与其发生性关系的，依照本法第二百三十六条(*强奸罪*)的规定定罪处罚。

收买被拐卖的妇女、儿童，非法剥夺、限制其人身自由或者有伤害、侮辱等犯罪行为的，依照本法的有关规定定罪处罚。

收买被拐卖的妇女、儿童，并有第二款、第三款规定的犯罪行为的，依照数罪并罚[2] 的规定处罚。

收买被拐卖的妇女、儿童又出卖的，依照本法第二百四十条(*拐*

---

* 本罪并未要求"不以出卖为目的"，但刑法通说均将该目的解释在内，属于不成文的构成要件要素。

卖妇女、儿童罪)的规定定罪处罚。

(刑九)收买被拐卖的妇女、儿童,对被买儿童没有虐待行为,不阻碍[3] 对其进行解救的,可以从轻处罚;按照被买妇女的意愿,不阻碍[4] 其返回原居住地的,可以从轻或者减轻处罚。

241-1 《最高人民法院关于审理拐卖妇女儿童犯罪案件具体应用法律若干问题的解释》(法释〔2016〕28号,2017年1月1日)

法释〔2016〕28号第八条　出于结婚目的收买被拐卖的妇女,或者出于抚养目的收买被拐卖的儿童,涉及多名家庭成员、亲友参与的,对其中起主要作用的人员应当依法追究刑事责任。

241-2 **1.**《最高人民法院、最高人民检察院、公安部、司法部关于依法惩治拐卖妇女儿童犯罪的意见》(法发〔2010〕7号,2010年3月15日)

五、定性

20. 明知是被拐卖的妇女、儿童而收买,具有下列情形之一的,以收买被拐卖的妇女、儿童罪论处;同时构成其他犯罪的,依照数罪并罚的规定处罚:

(1)收买被拐卖的妇女后,违背被收买妇女的意愿,阻碍其返回原居住地的;

(2)阻碍对被收买妇女、儿童进行解救的;

(3)非法剥夺、限制被收买妇女、儿童的人身自由,情节严重,或者对被收买妇女、儿童有强奸、伤害、侮辱、虐待等行为的;

(4)所收买的妇女、儿童被解救后又再次收买,或者收买多名被拐卖的妇女、儿童的;

(5)组织、诱骗、强迫被收买的妇女、儿童从事乞讨、苦役,或者盗窃、传销、卖淫等违法犯罪活动的;

(6)造成被收买妇女、儿童或者其亲属重伤、死亡以及其他严重后果的;

(7)具有其他严重情节的。

被追诉前主动向公安机关报案或者向有关单位反映,愿意让被收买妇女返回原居住地,或者将被收买儿童送回其家庭,或者将被收买妇女、儿童交给公安、民政、妇联等机关、组织,没有其他严重情节的,可以不追究刑事责任。

2. 法释〔2016〕28号第六条　收买被拐卖的妇女、儿童后又组织、强迫卖淫或者组织乞讨、进行违反治安管理活动等构成其他犯罪的,依照数罪并罚的规定处罚。

241-3　法释〔2016〕28号第四条　在国家机关工作人员排查来历不明儿童或者进行解救时，将所收买的儿童藏匿、转移或者实施其他妨碍解救行为，经说服教育仍不配合的，属于刑法第二百四十一条第六款规定的“阻碍对其进行解救”。

241-4　法释〔2016〕28号第五条　收买被拐卖的妇女，业已形成稳定的婚姻家庭关系，解救时被买妇女自愿继续留在当地共同生活的，可以视为“按照被买妇女的意愿，不阻碍其返回原居住地”。

第二百四十二条[1]　**【妨害公务罪】**以暴力、威胁方法阻碍国家机关工作人员解救被收买的妇女、儿童的，依照本法第二百七十七条(*妨害公务罪*)的规定定罪处罚。

【聚众阻碍解救被收买的妇女、儿童罪】聚众阻碍国家机关工作人员解救被收买的妇女、儿童的首要分子，处五年以下有期徒刑或者拘役；其他参与者使用暴力、威胁方法的，依照前款的规定处罚。

242-1　法释〔2016〕28号第七条　收买被拐卖的妇女、儿童，又以暴力、威胁方法阻碍国家机关工作人员解救被收买的妇女、儿童，或者聚众阻碍国家机关工作人员解救被收买的妇女、儿童，构成妨害公务罪、聚众阻碍解救被收买的妇女、儿童罪的，依照数罪并罚的规定处罚。

第二百四十三条　**【诬告陷害罪】**捏造事实诬告陷害他人，意图使他人受刑事追究，情节严重的，处三年以下有期徒刑、拘役或者管制；造成严重后果的，处三年以上十年以下有期徒刑。

国家机关工作人员犯前款罪的，从重处罚。

不是有意诬陷，而是错告，或者检举失实的，不适用前两款的规定。

第二百四十四条　**(刑八)【强迫劳动罪】**以暴力、威胁或者限制人身自由的方法强迫他人劳动的，[1]处三年以下有期徒刑或者拘役，并处罚金；情节严重的，处三年以上十年以下有期徒刑，并处罚金。

明知他人实施前款行为,为其招募、运送人员或者有其他协助强迫他人劳动行为的,依照前款的规定处罚。

单位犯前两款罪的,对单位判处罚金,并对其直接负责的主管人员和其他直接责任人员,依照第一款的规定处罚。

244-1 《立案标准(一)的补充规定》 六、将《立案追诉标准(一)》第31条修改为:[强迫劳动案(刑法第244条)] 以暴力、威胁或者限制人身自由的方法强迫他人劳动的,应予立案追诉。

明知他人以暴力、威胁或者限制人身自由的方法强迫他人劳动,为其招募、运送人员或者有其他协助强迫他人劳动行为的,应予立案追诉。

第二百四十四条之一 (刑四)【雇用童工从事危重劳动罪】违反劳动管理法规,雇用[1]未满十六周岁的未成年人从事超强度体力劳动的,或者从事高空、井下作业的,或者在爆炸性、易燃性、放射性、毒害性等危险环境下从事劳动,情节严重的,[2]对直接责任人员,处三年以下有期徒刑或者拘役,并处罚金;情节特别严重的,处三年以上七年以下有期徒刑,并处罚金。

有前款行为,造成事故,又构成其他犯罪的,依照数罪并罚的规定处罚。

244A-1 理解与适用:这里用“雇用”,而非“使用”一词,其意在强调,雇用者与受雇的未成年人之间要形成比较固定的劳动关系。这与学生在假期进行勤工俭学,参加一些有偿劳动,或者由于家庭经济比较困难,缺乏劳动力,出于养家糊口的需要,以及出于本人或者家长的自愿或者请求,未成年人利用节假日到一些用人单位参加劳动获取报酬,甚至要求用人单位正式招用,用人单位与被雇用者所形成的劳动关系的目的是完全不同的。

244A-2 《立案标准(一)》第三十二条 违反劳动管理法规,雇用未满十六周岁的未成年人从事国家规定的第四级体力劳动强度的劳动,或者从事高空、井下劳动,或者在爆炸性、易燃性、放射性、毒害性等危险环境下从事劳动,涉嫌下列情形之一的,应予立案追诉:

(一)造成未满十六周岁的未成年人伤亡或者对其身体健康造成严重危害的;

（二）雇用未满十六周岁的未成年人三人以上的；

（三）以强迫、欺骗等手段雇用未满十六周岁的未成年人从事危重劳动的；

（四）其他情节严重的情形。

第二百四十五条　【非法搜查罪；非法侵入住宅罪】非法搜查他人身体、住宅，或者非法侵入[1]* 他人住宅的，处三年以下有期徒刑或者拘役。

司法工作人员滥用职权[2]，犯前款罪的，从重处罚。

245-1　《最高人民法院、最高人民检察院、公安部、司法部关于办理实施"软暴力"的刑事案件若干问题的意见》（2019年4月9日）

七、以"软暴力"手段非法进入或者滞留他人住宅的，应当认定为《刑法》第二百四十五条规定的"非法侵入他人住宅"，同时符合其他犯罪构成要件的，应当以非法侵入住宅罪定罪处罚。

245-2　《最高人民检察院关于渎职侵权犯罪案件立案标准的规定》（高检发释字〔2006〕2号，2006年7月26日）　二、国家机关工作人员利用职权实施的侵犯公民人身权利、民主权利犯罪案件　（二）国家机关工作人员利用职权实施的非法搜查案（第二百四十五条）非法搜查罪是指非法搜查他人身体、住宅的行为。国家机关工作人员利用职权非法搜查，涉嫌下列情形之一的，应予立案：

1. 非法搜查他人身体、住宅，并实施殴打、侮辱等行为的；

2. 非法搜查，情节严重，导致被搜查人或者其近亲属自杀、自残造成重伤、死亡，或者精神失常的；

3. 非法搜查，造成财物严重损坏的；

4. 非法搜查3人（户）次以上的；

5. 司法工作人员对明知是与涉嫌犯罪无关的人身、住宅非法搜

---

* 虽然从《刑法》第245条的表述看，成立非法侵入住宅罪并不要求情节严重或者造成严重后果，但从罪刑相适应的角度出发，只有对那些严重妨碍了他人的居住与生活安宁的非法侵入行为才有必要动用刑罚手段进行惩治。我们认为，一般情况下，具有下列情形之一的，可以以非法侵入住宅罪追究刑事责任：（1）携带凶器入户或者入户后准备凶器的；（2）对户内财物进行破坏并造成较为严重后果的；（3）对户内人员造成严重精神损害的；（4）数额接近较大标准或两次入户盗窃的；（5）其他严重影响他人正常生活和居住安宁的。参见刘德权、黄祥青主编：《最高人民法院司法观点集成——刑事卷②》（第2版），人民法院出版社2014年版，第944～945页。

查的；

6. 其他非法搜查应予追究刑事责任的情形。

第二百四十六条[1] **【侮辱罪；诽谤罪】**以暴力或者其他方法[2] 公然侮辱他人或者捏造事实诽谤他人[3]，情节严重[4] 的，处三年以下有期徒刑、拘役、管制或者剥夺政治权利。

前款罪，告诉的才处理，但是严重危害社会秩序和国家利益[5] 的除外。

(刑九)通过信息网络[6] 实施第一款规定的行为，被害人向人民法院告诉，但提供证据确有困难的，人民法院[7] 可以要求公安机关提供协助。

246-1 《最高人民法院、最高人民检察院关于办理利用信息网络实施诽谤等刑事案件适用法律若干问题的解释》(法释〔2013〕21号，2013年9月10日) 为保护公民、法人和其他组织的合法权益，维护社会秩序，根据《中华人民共和国刑法》《全国人民代表大会常务委员会关于维护互联网安全的决定》等规定，对办理利用信息网络实施诽谤、寻衅滋事、敲诈勒索、非法经营等刑事案件适用法律的若干问题解释如下……

法释〔2013〕21号第八条 明知他人利用信息网络实施诽谤、寻衅滋事、敲诈勒索、非法经营等犯罪，为其提供资金、场所、技术支持等帮助的，以共同犯罪论处。

法释〔2013〕21号第九条 利用信息网络实施诽谤、寻衅滋事、敲诈勒索、非法经营犯罪，同时又构成刑法第二百二十一条规定的损害商业信誉、商品声誉罪，第二百七十八条规定的煽动暴力抗拒法律实施罪，第二百九十一条之一规定的编造、故意传播虚假恐怖信息罪等犯罪的，依照处罚较重的规定定罪处罚。

246-2 法释〔1998〕30号第六条 在出版物中公然侮辱他人或者捏造事实诽谤他人，情节严重的，依照刑法第二百四十六条的规定，分别以侮辱罪或者诽谤罪定罪处罚。

246-3 法释〔2013〕21号第一条第一款 具有下列情形之一的，应当认定为刑法第二百四十六条第一款规定的“捏造事实诽谤他人”：

(一)捏造损害他人名誉的事实，在信息网络上散布，或者组织、指使人员在信息网络上散布的；

（二）将信息网络上涉及他人的原始信息内容篡改为损害他人名誉的事实，在信息网络上散布，或者组织、指使人员在信息网络上散布的。

理解与适用："篡改"是指"用作伪的手段改动或曲解"，也就是"实质性修改"，即故意改变事实。如网络上出现一个原始帖子，称"某被害人在某酒店与异性友人共进晚餐"。原帖内容可能是真实的，或者即使失真，也达不到"损害名誉"的程度。行为人为达到诽谤他人的目的，借题发挥，恶意地将原帖内容歪曲修改为"某被害人与其情妇在某酒店开房过夜"。这就是典型的"篡改"，且"篡改"后的内容已经损害了他人的名誉。实践中除"歪曲捏造"外，还存在故意放大、渲染等情形。对此除非达到"实质性修改"的程度，否则一般不应认定为"篡改"。明知是捏造的损害他人名誉的事实，在信息网络上散布，情节恶劣的，以"捏造事实诽谤他人"论。

246-4　法释〔2013〕21号第二条　利用信息网络诽谤他人，具有下列情形之一的，应当认定为刑法第二百四十六条第一款规定的"情节严重"：

（一）同一诽谤信息实际被点击、浏览次数达到五千次以上，或者被转发次数达到五百次以上的；

（二）造成被害人或者其近亲属精神失常、自残、自杀等严重后果的；

（三）二年内曾因诽谤受过行政处罚，又诽谤他人的；

（四）其他情节严重的情形。

理解与适用：上述解释规定的上述数量标准，是指同一诽谤信息"实际"被点击、浏览或者被转发次数。这就意味着，在计算具体数量时，应当扣除被害人自己点击、浏览或者转发的次数，也应当扣除网站管理人员为维护网站而点击等的次数。此外，还应扣除其他故意虚增而点击的次数等导致统计失真的次数。

法释〔2013〕21号第四条　一年内多次实施利用信息网络诽谤他人行为未经处理，诽谤信息实际被点击、浏览、转发次数累计计算构成犯罪的，应当依法定罪处罚。

246-5　法释〔2013〕21号第三条　利用信息网络诽谤他人，具有下列情形之一的，应当认定为刑法第二百四十六条第二款规定的"严重危害社会秩序和国家利益"：

（一）引发群体性事件的；

(二)引发公共秩序混乱的;

(三)引发民族、宗教冲突的;

(四)诽谤多人,造成恶劣社会影响的;

(五)损害国家形象,严重危害国家利益的;

(六)造成恶劣国际影响的;

(七)其他严重危害社会秩序和国家利益的情形。

246-6 法释〔2013〕21号第十条 本解释所称信息网络,包括以计算机、电视机、固定电话机、移动电话机等电子设备为终端的计算机互联网、广播电视网、固定通信网、移动通信网等信息网络,以及向公众开放的局域网络。

246-7 《最高人民法院关于〈中华人民共和国刑法修正案(九)〉时间效力问题的解释》(法释〔2015〕19号,2015年11月1日)第四条 对于2015年10月31日以前通过信息网络实施的刑法第二百四十六条第一款规定的侮辱、诽谤行为,被害人向人民法院告诉,但提供证据确有困难的,适用修正后刑法第二百四十六条第三款的规定。

第二百四十七条 【刑讯逼供罪;暴力取证罪】司法工作人员对犯罪嫌疑人、被告人实行刑讯逼供[1]或者使用暴力逼取证人[2]证言的,处三年以下有期徒刑或者拘役。致人伤残、死亡的,依照本法第二百三十四条(*故意伤害罪*)、第二百三十二条(*故意杀人罪*)的规定定罪从重处罚。

247-1 **1.**《联合国禁止酷刑和其他残忍、不人道或有辱人格的待遇或处罚公约》(第七届全国人民代表大会常务委员会第三次会议批准,1988年9月5日)第一条 1.为本公约的目的,"酷刑"是指为了向某人或第三者取得情报或供状,为了他或第三者所作或涉嫌的行为对他加以处罚,或为了恐吓或威胁他或第三者,或为了基于任何一种歧视的任何理由,蓄意使某人在肉体或精神上遭受剧烈疼痛或痛苦的任何行为,而这种疼痛或痛苦是由公职人员或以官方身份行使职权的其他人所造成或在其唆使、同意或默许下造成的。纯因法律制裁而引起或法律制裁所固有或附带的疼痛或痛苦则不包括在内。

2.本条规定并不妨碍载有或可能载有适用范围较广的规定的任何国际文书或国家法律。

《联合国禁止酷刑和其他残忍、不人道或有辱人格的待遇或处罚公约》第二条 1.每一缔约国应采取有效的立法、行政、司法或其他措施,防止在其管辖的任何领土内出现酷刑的行为。

2.任何特殊情况,不论为战争状态、战争威胁、国内政局动荡或任何其他社会紧急状态,均不得援引为施行酷刑的理由。

3.上级官员或政府当局的命令不得援引为施行酷刑的理由。

2.《最高人民法院、最高人民检察院、公安部、国家安全部、司法部关于办理刑事案件严格排除非法证据若干问题的规定》(法发〔2017〕15号,2017年6月27日)第一条 严禁刑讯逼供和以威胁、引诱、欺骗以及其他非法方法收集证据,不得强迫任何人证实自己有罪。对一切案件的判处都要重证据,重调查研究,不轻信口供。

法发〔2017〕15号第二条 采取殴打、违法使用戒具等暴力方法或者变相肉刑的恶劣手段,使犯罪嫌疑人、被告人遭受难以忍受的痛苦而违背意愿作出的供述,应当予以排除。

法发〔2017〕15号第三条 采用以暴力或者严重损害本人及其近亲属合法权益等进行威胁的方法,使犯罪嫌疑人、被告人遭受难以忍受的痛苦而违背意愿作出的供述,应当予以排除。

法发〔2017〕15号第四条 采用非法拘禁等非法限制人身自由的方法收集的犯罪嫌疑人、被告人供述,应当予以排除。

3.《最高人民检察院关于渎职侵权犯罪案件立案标准的规定》(高检发释字〔2006〕2号,2006年7月26日) 二、国家机关工作人员利用职权实施的侵犯公民人身权利、民主权利犯罪案件 (三)刑讯逼供案(第二百四十七条)刑讯逼供罪是指司法工作人员对犯罪嫌疑人、被告人使用肉刑或者变相肉刑逼取口供的行为。

涉嫌下列情形之一的,应予立案:

1.以殴打、捆绑、违法使用械具等恶劣手段逼取口供的;

2.以较长时间冻、饿、晒、烤等手段逼取口供,严重损害犯罪嫌疑人、被告人身体健康的;

3.刑讯逼供造成犯罪嫌疑人、被告人轻伤、重伤、死亡的;

4.刑讯逼供,情节严重,导致犯罪嫌疑人、被告人自杀、自残造成重伤、死亡,或者精神失常的;

5.刑讯逼供,造成错案的;

6.刑讯逼供3人次以上的;

7.纵容、授意、指使、强迫他人刑讯逼供,具有上述情形之一的;

8.其他刑讯逼供应予追究刑事责任的情形。

247-2 **1.**《最高人民法院、最高人民检察院、公安部、国家安全部、司法部关于办理刑事案件严格排除非法证据若干问题的规定》(法发〔2017〕15 号)第六条 采用暴力、威胁以及非法限制人身自由等非法方法收集的证人证言、被害人陈述,应当予以排除。

2.《最高人民检察院关于渎职侵权犯罪案件立案标准的规定》(高检发释字〔2006〕2 号,2006 年 7 月 26 日) 二、国家机关工作人员利用职权实施的侵犯公民人身权利、民主权利犯罪案件

(四)暴力取证案(第二百四十七条)

暴力取证罪是指司法工作人员以暴力逼取证人证言*的行为。

涉嫌下列情形之一的,应予立案:

1. 以殴打、捆绑、违法使用械具等恶劣手段逼取证人证言的;

2. 暴力取证造成证人轻伤、重伤、死亡的;

3. 暴力取证,情节严重,导致证人自杀、自残造成重伤、死亡,或者精神失常的;

4. 暴力取证,造成错案的;

5. 暴力取证 3 人次以上的;

6. 纵容、授意、指使、强迫他人暴力取证,具有上述情形之一的;

7. 其他暴力取证应予追究刑事责任的情形。

第二百四十八条** **【虐待被监管人员罪】**监狱、拘留所、看守所等监管机构的监管人员对被监管人进行殴打或者体罚虐待,情节严重的[1],处三年以下有期徒刑或者拘役;情节特别严重的,处三年以上十年以下有期徒刑。致人伤残、死亡的,依照本法第二百三十四条(*故意伤害罪*)、第二百三十二条(*故意杀人罪*)的规定定罪从重处罚。

监管人员指使被监管人殴打或者体罚虐待其他被监管人的,依照前款的规定处罚。

---

* 《最高人民检察院关于人民检察院直接受理立案侦查案件立案标准的规定(试行)》(高检发释字〔1999〕2 号)规定,本罪的对象不仅包括证人证言,还包括被害人陈述的行为。

** 本罪由人民检察院管辖。虐待被监管人罪,是指监狱、拘留所、看守所、拘役所等监管机构的监管人员对被监管人进行殴打或者体罚虐待,情节严重的行为。行为对象由行为人的身份决定。

248-1　《最高人民检察院关于渎职侵权犯罪案件立案标准的规定》(高检发释字〔2006〕2号,2006年7月26日)　二、国家机关工作人员利用职权实施的侵犯公民人身权利、民主权利犯罪案件　(五)虐待被监管人案(第二百四十八条)　虐待被监管人罪是指监狱、拘留所、看守所、拘役所、劳教所等监管机构的监管人员对被监管人进行殴打或者体罚虐待,情节严重的行为。

涉嫌下列情形之一的,应予立案:

1. 以殴打、捆绑、违法使用械具等恶劣手段虐待被监管人的;

2. 以较长时间冻、饿、晒、烤等手段虐待被监管人,严重损害其身体健康的;

3. 虐待造成被监管人轻伤、重伤、死亡的;

4. 虐待被监管人,情节严重,导致被监管人自杀、自残造成重伤、死亡,或者精神失常的;

5. 殴打或者体罚虐待3人次以上的;

6. 指使被监管人殴打、体罚虐待其他被监管人,具有上述情形之一的;

7. 其他情节严重的情形。

第二百四十九条　【煽动民族仇恨、民族歧视罪】煽动民族仇恨、民族歧视,情节严重的,处三年以下有期徒刑、拘役、管制或者剥夺政治权利;情节特别严重的,处三年以上十年以下有期徒刑。

第二百五十条　【出版歧视、侮辱少数民族作品罪】在出版物中刊载歧视、侮辱少数民族的内容,情节恶劣,造成严重后果的,对直接责任人员,处三年以下有期徒刑、拘役或者管制。

第二百五十一条*　【非法剥夺公民宗教信仰自由罪;侵犯少数民族风俗习惯罪】国家机关工作人员非法剥夺公民的宗教信仰自由和侵犯少数民族风俗习惯,情节严重的,处二年以下有期徒刑或者拘役。

---

* 本罪虽然必属于国家机关工作人员利用职权实施的侵犯公民人身权利、民主权利罪这一类罪,但不由检察院管辖,而由公安机关管辖。

第二百五十二条[*] **【侵犯通信自由罪】**隐匿、毁弃或者非法开拆他人信件,侵犯公民通信自由权利,情节严重的,处一年以下有期徒刑或者拘役。

第二百五十三条 **【私自开拆、隐匿、毁弃邮件、电报罪】**邮政工作人员私自开拆或者隐匿、毁弃邮件、电报的,处二年以下有期徒刑或者拘役。

犯前款罪而窃取财物的,依照本法第二百六十四条(*盗窃罪*)的规定定罪从重处罚。

第二百五十三条之一[1] **(刑七、刑九)【侵犯公民个人信息罪】**违反国家有关规定[2],向他人出售或者提供[3] 公民个人信息[4],情节严重的[5],处三年以下有期徒刑或者拘役,并处或者单处罚金[6];情节特别严重的[7],处三年以上七年以下有期徒刑,并处罚金。

违反国家有关规定,将在履行职责或者提供服务过程中获得的公民个人信息,出售或者提供给他人[**]的,依照前款的规定从重处罚。

窃取或者以其他方法非法获取[8] 公民个人信息的,依照第一款的规定处罚。

单位[9] 犯前三款罪的,对单位判处罚金,并对其直接负责的主管人员和其他直接责任人员,依照各该款的规定处罚。

253A-1 《最高人民法院、最高人民检察院关于办理侵犯公民个人信息刑事案件适用法律若干问题的解释》(法释〔2017〕10 号,2017 年 6 月 1 日)

253A-2 **1.**《民法典》第一百一十一条 自然人的个人信息受法律保护。任何组织或者个人需要获取他人个人信息的,应当依法取得

---

* 目前国内首例盗窃 QQ 号的案件,被定性为侵犯通信自由罪,以前 QQ 号未被视为财产,所以无法对其加以保护。根据 2000 年 12 月 28 日通过的《全国人民代表大会常务委员会关于维护互联网安全的决定》第四条第(二)项之规定,非法截获、篡改、删除他人电子邮件或者其他数据资料,侵犯公民通信自由和通信秘密的,依照刑法有关规定追究刑事责任。

** 包括单位和个人。

并确保信息安全，不得非法收集、使用、加工、传输他人个人信息，不得非法买卖、提供或者公开他人个人信息。

2.《网络安全法》第四十一条第一款　网络运营者收集、使用个人信息，应当遵循合法、正当、必要的原则，公开收集、使用规则，明示收集、使用信息的目的、方式和范围，并经被收集者同意。

法释〔2017〕10号第二条　违反法律、行政法规、部门规章有关公民个人信息保护的规定的，应当认定为刑法第二百五十三条之一规定的“违反国家有关规定”。

253A-3　1.《网络安全法》第四十二条第一款　网络运营者不得泄露、篡改、毁损其收集的个人信息；未经被收集者同意，不得向他人提供个人信息。但是，经过处理无法识别特定个人且不能复原的除外。

2. 法释〔2017〕10号第三条　向特定人提供公民个人信息，以及通过信息网络或者其他途径发布公民个人信息的，应当认定为刑法第二百五十三条之一规定的“提供公民个人信息”。

未经被收集者同意，将合法收集的公民个人信息向他人提供的，属于刑法第二百五十三条之一规定的“提供公民个人信息”，但是经过处理无法识别特定个人且不能复原的除外。

253A-4　1. 法释〔2017〕10号第一条　刑法第二百五十三条之一规定的“公民个人信息”，是指以电子或者其他方式记录的能够单独或者与其他信息结合识别特定自然人身份或者反映特定自然人活动情况的各种信息，包括姓名、身份证件号码、通信通讯联系方式、住址、账号密码、财产状况、行踪轨迹等。

理解与适用：公民个人信息，包括姓名、职业、职务、年龄、婚姻状况、学历、专业资格、工作经历、家庭住址、电话号码、信用卡号码、指纹、网上登录账号和密码等能够识别公民个人身份的信息。这些信息是单位在履行职责或者提供服务过程中获得的信息，即利用“公权力”或者提供公共服务过程中依法获得的信息。

2.《最高人民法院、最高人民检察院、公安部关于办理电信网络诈骗等刑事案件适用法律若干问题的意见（二）》（法发〔2021〕22号，2021年6月17日）　五、非法获取、出售、提供具有信息发布、即时通讯、支付结算等功能的互联网账号密码、个人生物识别信息，符合刑法第二百五十三条之一规定的，以侵犯公民个人信息罪追究刑事责任。

对批量前述互联网账号密码、个人生物识别信息的条数,根据查获的数量直接认定,但有证据证明信息不真实或者重复的除外。

253A-5 法释〔2017〕10号第五条第一款 非法获取、出售或者提供公民个人信息,具有下列情形之一的,应当认定为刑法第二百五十三条之一规定的“情节严重”:

(一)出售或者提供行踪轨迹信息,被他人用于犯罪的;

(二)知道或者应当知道他人利用公民个人信息实施犯罪,向其出售或者提供的;

(三)非法获取、出售或者提供行踪轨迹信息、通信内容、征信信息、财产信息五十条以上的;

(四)非法获取、出售或者提供住宿信息、通信记录、健康生理信息、交易信息等其他可能影响人身、财产安全的公民个人信息五百条以上的;

(五)非法获取、出售或者提供第三项、第四项规定以外的公民个人信息五千条以上的;

(六)数量未达到第三项至第五项规定标准,但是按相应比例合计达到有关数量标准的;

(七)违法所得五千元以上的;

(八)将在履行职责或者提供服务过程中获得的公民个人信息出售或者提供给他人,数量或者数额达到第三项至第七项规定标准一半以上的;

(九)曾因侵犯公民个人信息受过刑事处罚或者二年内受过行政处罚,又非法获取、出售或者提供公民个人信息的;

(十)其他情节严重的情形。

法释〔2017〕10号第六条 为合法经营活动而非法购买、收受本解释第五条第一款第三项、第四项规定以外的公民个人信息,具有下列情形之一的,应当认定为刑法第二百五十三条之一规定的“情节严重”:

(一)利用非法购买、收受的公民个人信息获利五万元以上的;

(二)曾因侵犯公民个人信息受过刑事处罚或者二年内受过行政处罚,又非法购买、收受公民个人信息的;

(三)其他情节严重的情形。

实施前款规定的行为,将购买、收受的公民个人信息非法出售或者提供的,定罪量刑标准适用本解释第五条的规定。

法释〔2017〕10号第十一条　非法获取公民个人信息后又出售或者提供的,公民个人信息的条数不重复计算。

向不同单位或者个人分别出售、提供同一公民个人信息的,公民个人信息的条数累计计算。

对批量公民个人信息的条数,根据查获的数量直接认定,但是有证据证明信息不真实或者重复的除外。

253A-6　法释〔2017〕10号第十二条　对于侵犯公民个人信息犯罪,应当综合考虑犯罪的危害程度、犯罪的违法所得数额以及被告人的前科情况、认罪悔罪态度等,依法判处罚金。罚金数额一般在违法所得的一倍以上五倍以下。

253A-7　法释〔2017〕10号第五条第二款　实施前款规定的行为,具有下列情形之一的,应当认定为刑法第二百五十三条之一第一款规定的"情节特别严重":

(一)造成被害人死亡、重伤、精神失常或者被绑架等严重后果的;

(二)造成重大经济损失或者恶劣社会影响的;

(三)数量或者数额达到前款第三项至第八项规定标准十倍以上的;

(四)其他情节特别严重的情形。

法释〔2017〕10号第十条　实施侵犯公民个人信息犯罪,不属于"情节特别严重",行为人系初犯,全部退赃,并确有悔罪表现的,可以认定为情节轻微,不起诉或者免予刑事处罚;确有必要判处刑罚的,应当从宽处罚。

253A-8　法释〔2017〕10号第四条　违反国家有关规定,通过购买、收受、交换等方式获取公民个人信息,或者在履行职责、提供服务过程中收集公民个人信息的,属于刑法第二百五十三条之一第三款规定的"以其他方法非法获取公民个人信息"。

253A-9　法释〔2017〕10号第七条　单位犯刑法第二百五十三条之一规定之罪的,依照本解释规定的相应自然人犯罪的定罪量刑标准,对直接负责的主管人员和其他直接责任人员定罪处罚,并对单位判处罚金。

第二百五十四条　【报复陷害罪】国家机关工作人员滥用职权、假公济私,对控告人、申诉人、批评人、举报人实行报复陷害的,[1] 处二年以下有期徒刑或者拘役;情节严重的,处二年以上七年以下有期徒刑。

254-1 《最高人民检察院关于渎职侵权犯罪案件立案标准的规定》(高检发释字〔2006〕2 号,2006 年 7 月 26 日) 二、国家机关工作人员利用职权实施的侵犯公民人身权利、民主权利犯罪案件 (六)报复陷害案(第二百五十四条)

报复陷害罪是指国家机关工作人员滥用职权、假公济私,对控告人、申诉人、批评人、举报人实行报复陷害的行为。

涉嫌下列情形之一的,应予立案:

1. 报复陷害,情节严重,导致控告人、申诉人、批评人、举报人或者其近亲属自杀、自残造成重伤、死亡,或者精神失常的;

2. 致使控告人、申诉人、批评人、举报人或者其近亲属的其他合法权利受到严重损害的;

3. 其他报复陷害应予追究刑事责任的情形。

第二百五十五条* **【打击报复会计、统计人员罪】**公司、企业、事业单位、机关、团体的领导人,对依法履行职责、抵制违反会计法、统计法行为的会计、统计人员实行打击报复,情节恶劣的,处三年以下有期徒刑或者拘役。

第二百五十六条** **【破坏选举罪】**在选举各级人民代表大会代表和***国家机关领导人员时,以暴力、威胁、欺骗、贿赂、伪造选举文件、虚报选举票数等手段破坏选举或者妨害选民和代表自由行使选举权和被选举权,情节严重的,[1] 处三年以下有期徒刑、拘役或者剥夺政治权利。

256-1 《最高人民检察院关于渎职侵权犯罪案件立案标准的规定》(高检发释字〔2006〕2 号) 二、国家机关工作人员利用职权实施的侵犯公民人身权利、民主权利犯罪案件 (七)国家机关工作人员利用职权实施的破坏选举案(第二百五十六条) 破坏选举罪是指在选

---

* 如果是国家机关领导人利用职权打击报复会计、统计人员的,不由检察院管辖,而由公安机关管辖。

** 如果是国家机关工作人员利用职权实施本行为的,本罪则由检察院管辖。

*** 并非并列关系,而是选择关系。

举各级人民代表大会代表和国家机关领导人员时，以暴力、威胁、欺骗、贿赂、伪造选举文件、虚报选举票数或者编造选举结果等手段破坏选举或者妨害选民和代表自由行使选举权和被选举权，情节严重的行为。

国家机关工作人员利用职权破坏选举，涉嫌下列情形之一的，应予立案：

1. 以暴力、威胁、欺骗、贿赂等手段，妨害选民、各级人民代表大会代表自由行使选举权和被选举权，致使选举无法正常进行，或者选举无效，或者选举结果不真实的；

2. 以暴力破坏选举场所或者选举设备，致使选举无法正常进行的；

3. 伪造选民证、选票等选举文件，虚报选举票数，产生不真实的选举结果或者强行宣布合法选举无效、非法选举有效的；

4. 聚众冲击选举场所或者故意扰乱选举场所秩序，使选举工作无法进行的；

5. 其他情节严重的情形。

第二百五十七条　【暴力干涉婚姻自由罪】以暴力干涉他人婚姻自由的，处二年以下有期徒刑或者拘役。

犯前款罪，致使被害人死亡的，处二年以上七年以下有期徒刑。

第一款罪，告诉的才处理。

第二百五十八条[*]　【重婚罪】有配偶而重婚的，或者明知他人有配偶而与之结婚的，处二年以下有期徒刑或者拘役。

第二百五十九条　【破坏军婚罪】明知是现役军人的配偶而与之同居或者结婚的，处三年以下有期徒刑或者拘役。

利用职权、从属关系，以胁迫手段奸淫现役军人的妻子的，依照本法第二百三十六条的规定定罪处罚。

第二百六十条　【虐待罪】虐待家庭成员，情节恶劣[1]的，处二年以下有期徒刑、拘役或者管制。

---

* 本罪属于由人民法院直接受理的“被害人有证据证明的轻微刑事案件”。重婚罪所侵害的前一个婚姻必须是合法的婚姻，而不是事实婚，而侵犯行为可以是事实婚，也可以是“合法”婚姻。虽然事实婚在民法领域不予保护，但在刑事法领域还是给予保护的。

犯前款罪,致使被害人重伤、死亡[2]的,处二年以上七年以下有期徒刑。

(刑九)第一款罪,告诉的才处理,但被害人没有能力告诉[3],或者因受到强制、威吓无法告诉的除外。

260-1 《最高人民法院、最高人民检察院、公安部、司法部关于依法办理家庭暴力犯罪案件的意见》(法发〔2015〕4号,2015年3月2日) 三、定罪处罚 17.依法惩处虐待犯罪。采取殴打、冻饿、强迫过度劳动、限制人身自由、恐吓、侮辱、谩骂等手段,对家庭成员的身体和精神进行摧残、折磨,是实践中较为多发的虐待性质的家庭暴力。根据司法实践,具有虐待持续时间较长、次数较多;虐待手段残忍;虐待造成被害人轻微伤或者患较严重疾病;对未成年人、老年人、残疾人、孕妇、哺乳期妇女、重病患者实施较为严重的虐待行为等情形,属于刑法第二百六十条第一款规定的虐待"情节恶劣",应当依法以虐待罪定罪处罚。

18.切实贯彻宽严相济刑事政策。对于实施家庭暴力构成犯罪的,应当根据罪刑法定、罪刑相适应原则,兼顾维护家庭稳定、尊重被害人意愿等因素综合考虑,宽严并用,区别对待。根据司法实践,对于实施家庭暴力手段残忍或者造成严重后果;出于恶意侵占财产等卑劣动机实施家庭暴力;因酗酒、吸毒、赌博等恶习而长期或者多次实施家庭暴力;曾因实施家庭暴力受到刑事处罚、行政处罚;或者具有其他恶劣情形的,可以酌情从重处罚。对于实施家庭暴力犯罪情节较轻,或者被告人真诚悔罪,获得被害人谅解,从轻处罚有利于被扶养人的,可以酌情从轻处罚;对于情节轻微不需要判处刑罚的,人民检察院可以不起诉,人民法院可以判处免予刑事处罚。

对于实施家庭暴力情节显著轻微危害不大不构成犯罪的,应当撤销案件、不起诉,或者宣告无罪。

人民法院、人民检察院、公安机关应当充分运用训诫,责令施暴人保证不再实施家庭暴力,或者向被害人赔礼道歉、赔偿损失等非刑罚处罚措施,加强对施暴人的教育与惩戒。

260-2 法发〔2015〕4号 三、定罪处罚 17.准确区分虐待犯罪致人重伤、死亡与故意伤害、故意杀人犯罪致人重伤、死亡的界限,要根据被告人的主观故意、所实施的暴力手段与方式、是否立即或者直接造成被害人伤亡后果等进行综合判断。对于被告人主观上不具有侵害被害人健康或者剥夺被害人生命的故意，而是出于追求被害人肉体和精神上的痛苦，长期或者多次实施虐待行为，逐渐造成被害人身体损害，过失导致被害人重伤或者死亡的；或者因虐待致使被害人不堪忍受而自残、自杀，导致重伤或者死亡的，属于刑法第二百六十条第二款规定的虐待“致使被害人重伤、死亡”，应当以虐待罪定罪处罚。对于被告人虽然实施家庭暴力呈现出经常性、持续性、反复性的特点，但其主观上具有希望或者放任被害人重伤或者死亡的故意，持凶器实施暴力，暴力手段残忍，暴力程度较强，直接或者立即造成被害人重伤或者死亡的，应当以故意伤害罪或者故意杀人罪定罪处罚。

260-3　**1.**《最高人民法院关于〈中华人民共和国刑法修正案(九)〉时间效力问题的解释》(法释〔2015〕19 号，2015 年 11 月 1 日)第五条　对于 2015 年 10 月 31 日以前实施的刑法第二百六十条第一款规定的虐待行为，被害人没有能力告诉，或者因受到强制、威吓无法告诉的，适用修正后刑法第二百六十条第三款的规定。

2. 于某虐待案(检例第 44 号)

要旨　被虐待的未成年人，因年幼无法行使告诉权利的，属于刑法第二百六十条第三款规定的“被害人没有能力告诉”的情形，应当按照公诉案件处理，由检察机关提起公诉，并可以依法提出适用禁止令的建议。

抚养人对未成年人未尽抚养义务，实施虐待或者其他严重侵害未成年人合法权益的行为，不适宜继续担任抚养人的，检察机关可以支持未成年人或者其他监护人向人民法院提起变更抚养权诉讼。

第二百六十条之一　(刑九)【虐待被监护、看护人罪】对未成年人、老年人、患病的人、残疾人等负有监护、看护职责的人虐待[1] 被监护、看护的人，情节恶劣的，处三年以下有期徒刑或者拘役。

单位犯前款罪的，对单位判处罚金，并对其直接负责的主管人员和其他直接责任人员，依照前款的规定处罚。

有第一款行为，同时构成其他犯罪的，依照处罚较重的规定定罪处罚。

260A-1　《最高人民法院关于审理走私、非法经营、非法使用兴奋剂刑事案件适用法律若干问题的解释》(法释〔2019〕16 号，2020 年 1 月 1 日)第三条　对未成年人、残疾人负有监护、看护职责的人组织未成年人、残疾人在体育运动中非法使用兴奋剂，具有下列情形之一的，

应当认定为刑法第二百六十条之一规定的“情节恶劣”,以虐待被监护、看护人罪定罪处罚:

(一)强迫未成年人、残疾人使用的;

(二)引诱、欺骗未成年人、残疾人长期使用的;

(三)其他严重损害未成年人、残疾人身心健康的情形。

法释〔2019〕16号第七条　实施本解释规定的行为,涉案物质属于毒品、制毒物品等,构成有关犯罪的,依照相应犯罪定罪处罚。

法释〔2019〕16号第八条　对于是否属于本解释规定的“兴奋剂”“兴奋剂目录所列物质”“体育运动”“国内、国际重大体育竞赛”等专门性问题,应当依据《中华人民共和国体育法》《反兴奋剂条例》等法律法规,结合国务院体育主管部门出具的认定意见等证据材料作出认定。

第二百六十一条　【遗弃罪】对于年老、年幼、患病或者*其他没有独立生活能力的人,负有扶养义务而拒绝扶养,情节恶劣[1]的,处五年以下有期徒刑、拘役或者管制。

261-1　《最高人民法院、最高人民检察院、公安部、司法部关于依法办理家庭暴力犯罪案件的意见》(法发〔2015〕4号,2015年3月2日)　三、定罪处罚　17.依法惩处遗弃犯罪。负有扶养义务且有扶养能力的人,拒绝扶养年幼、年老、患病或者其他没有独立生活能力的家庭成员,是危害严重的遗弃性质的家庭暴力。根据司法实践,具有对被害人长期不予照顾、不提供生活来源;驱赶、逼迫被害人离家,致使被害人流离失所或者生存困难;遗弃患严重疾病或者生活不能自理的被害人;遗弃致使被害人身体严重损害或者造成其他严重后果等情形,属于刑法第二百六十一条规定的遗弃“情节恶劣”,应当依法以遗弃罪定罪处罚。

准确区分遗弃罪与故意杀人罪的界限,要根据被告人的主观故意、所实施行为的时间与地点、是否立即造成被害人死亡,以及被害人对被告人的依赖程度等进行综合判断。对于只是为了逃避扶养义务,并不希望或者放任被害人死亡,将生活不能自理的被害人弃置在福利院、医院、派出所等单位或者广场、车站等行人较多的场所,希望被害人得到

---

* 此处“或者”一语,笔者认为宜用“以及”。一般来讲,连接词在连接同位语成分时候,联合性的用“以及”,选择性的用“或者”。本处的“或者”所连接的前后两个部分在意义上相交织,“年老”“患病”的人未必没有独立生活能力,就其表述的本意应是不相交叠的,又一同修饰“人”,因而连接词应为“以及”,而非“或者”。

他人救助的，一般以遗弃罪定罪处罚。对于希望或者放任被害人死亡，不履行必要的扶养义务，致使被害人因缺乏生活照料而死亡，或者将生活不能自理的被害人带至荒山野岭等人迹罕至的场所扔弃，使被害人难以得到他人救助的，应当以故意杀人罪定罪处罚。

第二百六十二条　【拐骗儿童罪】拐骗不满十四周岁的未成年人，脱离家庭或者监护人的，处五年以下有期徒刑或者拘役。

第二百六十二条之一　（刑六）【组织残疾人、儿童乞讨罪】以暴力、胁迫手段组织残疾人或者不满十四周岁的未成年人乞讨的，处三年以下有期徒刑或者拘役，并处罚金；情节严重的，处三年以上七年以下有期徒刑，并处罚金。

第二百六十二条之二　（刑七）【组织未成年人进行违反治安管理活动罪】组织未成年人进行盗窃、诈骗、抢夺、敲诈勒索等违反治安管理活动的，处三年以下有期徒刑或者拘役，并处罚金；情节严重的，处三年以上七年以下有期徒刑，并处罚金。

第五章　侵犯财产[1]罪[*]

C.5-1　《民法典》第一百一十五条　物包括不动产和动产。法律规定权利作为物权客体的,依照其规定。

《民法典》第一百二十七条　法律对数据、网络虚拟财产的保护有规定的,依照其规定。

第二百六十三条[1]　**【抢劫罪】**以暴力、胁迫或者其他方法[2]抢劫公私财物[3]的,[4]处三年以上十年以下有期徒刑,[5]并处罚金;有下列情形之一的[6],处十年以上有期徒刑、无期徒刑或者死刑,并处罚金或者没收财产:

(一)入户抢劫的;[7]

(二)在公共交通工具上抢劫的;[8]

(三)抢劫银行或者其他金融机构的;[9]

(四)多次抢劫[10]或者抢劫数额巨大的;[11]

(五)抢劫致人重伤、死亡的;[12]

(六)冒充军警人员抢劫的;[13]

(七)持枪抢劫的;[14]

(八)抢劫军用物资或者抢险、救灾、救济物资的。

263-1　**1.** 1.《最高人民法院关于审理抢劫案件具体应用法律若干问题的解释》(法释〔2000〕35号,2000年11月28日);2.《最高人民法院关于抢劫过程中故意杀人案件如何定罪问题的批复》(法释〔2001〕16号,2001年5月26日);3.《最高人民法院关于审理抢劫、抢夺刑事

---

* 本章犯罪中对被告人可能判处三年有期徒刑以下刑罚的案件,属于由人民法院直接受理的"被害人有证据证明的轻微刑事案件"。

案件适用法律若干问题的意见》(法发〔2005〕8号,2001年6月8日);4.《最高人民法院关于审理抢劫刑事案件适用法律若干问题的指导意见》(法发〔2016〕2号,2016年1月6日)。

2.《最高人民法院关于审理抢劫刑事案件适用法律若干问题的指导意见》(法发〔2016〕2号,2016年1月6日)

一、关于审理抢劫刑事案件的基本要求

坚持贯彻宽严相济刑事政策。对于多次结伙抢劫,针对农村留守妇女、儿童及老人等弱势群体实施抢劫,在抢劫中实施强奸等暴力犯罪的,要在法律规定的量刑幅度内从重判处。

对于罪行严重或者具有累犯情节的抢劫犯罪分子,减刑、假释时应当从严掌握,严格控制减刑的幅度和频度。对因家庭成员就医等特定原因初次实施抢劫,主观恶性和犯罪情节相对较轻的,要与多次抢劫以及为了挥霍、赌博、吸毒等实施抢劫的案件在量刑上有所区分。对于犯罪情节较轻,或者具有法定、酌定从轻、减轻处罚情节的,坚持依法从宽处理。

确保案件审判质量。审理抢劫刑事案件,要严格遵守证据裁判原则,确保事实清楚,证据确实、充分。特别是对因抢劫可能判处死刑的案件,更要切实贯彻执行刑事诉讼法及相关司法解释、司法文件,严格依法审查判断和运用证据,坚决防止冤错案件的发生。

对抢劫刑事案件适用死刑,应当坚持"保留死刑,严格控制和慎重适用死刑"的刑事政策,以最严格的标准和最审慎的态度,确保死刑只适用于极少数罪行极其严重的犯罪分子。对被判处死刑缓期二年执行的抢劫犯罪分子,根据犯罪情节等情况,可以同时决定对其限制减刑。

五、抢劫共同犯罪的刑罚适用

1. 审理抢劫共同犯罪案件,应当充分考虑共同犯罪的情节及后果、共同犯罪人在抢劫中的作用以及被告人的主观恶性、人身危险性等情节,做到准确认定主从犯,分清罪责,以责定刑,罚当其罪。一案中有两名以上主犯的,要从犯罪提意、预谋、准备、行为实施、赃物处理等方面区分出罪责最大者和较大者;有两名以上从犯的,要在从犯中区分出罪责相对更轻者和较轻者。对从犯的处罚,要根据案件的具体事实、从犯的罪责,确定从轻还是减轻处罚。对具有自首、立功或者未成年人且初次抢劫等情节的从犯,可以依法免除处罚。

2. 对于共同抢劫致一人死亡的案件,依法应当判处死刑的,除犯罪手段特别残忍、情节及后果特别严重、社会影响特别恶劣、严重危害社会治安的外,一般只对共同抢劫犯罪中作用最突出、罪行最严重的那名主犯判处死刑立即执行。罪行最严重的主犯如因系未成年人而不适用死刑,或者因具有自首、立功等法定从宽处罚情节而不判处死刑立即执行的,不能不加区别地对其他主犯判处死刑立即执行。

3. 在抢劫共同犯罪案件中,有同案犯在逃的,应当根据现有证据尽量分清在押犯与在逃犯的罪责,对在押犯应按其罪责处刑。罪责确实难以分清,或者不排除在押犯的罪责可能轻于在逃犯的,对在押犯适用刑罚应当留有余地,判处死刑立即执行要格外慎重。

六、累犯等情节的适用

根据刑法第六十五条第一款的规定,对累犯应当从重处罚。抢劫犯罪被告人具有累犯情节的,适用刑罚时要综合考虑犯罪的情节和后果,所犯前后罪的性质、间隔时间及判刑轻重等情况,决定从重处罚的力度。对于前罪系抢劫等严重暴力犯罪的累犯,应当依法加大从重处罚的力度。对于虽不构成累犯,但具有抢劫犯罪前科的,一般不适用减轻处罚和缓刑。对于可能判处死刑的罪犯具有累犯情节的也应慎重,不能只要是累犯就一律判处死刑立即执行;被告人同时具有累犯和法定从宽处罚情节的,判处死刑立即执行应当综合考虑,从严掌握。

七、关于抢劫案件附带民事赔偿的处理原则

要妥善处理抢劫案件附带民事赔偿工作。审理抢劫刑事案件,一般情况下人民法院不主动开展附带民事调解工作。但是,对于犯罪情节不是特别恶劣或者被害方生活、医疗陷入困境,被告人与被害方自行达成民事赔偿和解协议的,民事赔偿情况可作为评价被告人悔罪态度的依据之一,在量刑上酌情予以考虑。

法发〔2005〕8号　十、抢劫罪的既遂、未遂的认定　抢劫罪侵犯的是复杂客体,既侵犯财产权利又侵犯人身权利,具备劫取财物或者造成他人轻伤以上后果两者之一的,均属抢劫既遂;既未劫取财物,又未造成他人人身伤害后果的,属抢劫未遂。据此,刑法第二百六十三条规定的八种处罚情节中除“抢劫致人重伤、死亡的”这一结果加重情节之外,其余七种处罚情节同样存在既遂、未遂问题,其中属抢劫未遂的,应当根据刑法关于加重情节的法定刑规定,结合未遂犯的处理原则量刑。

263-2　法释〔2013〕25号第六条　驾驶机动车、非机动车夺取他人财物,具有下列情形之一的,应当以抢劫罪定罪处罚:

(一)夺取他人财物时因被害人不放手而强行夺取的;

(二)驾驶车辆逼挤、撞击或者强行逼倒他人夺取财物的;

（三）明知会致人伤亡仍然强行夺取并放任造成财物持有人轻伤以上后果的。

263-3　法发〔2005〕8号　六、关于抢劫犯罪数额的计算

抢劫信用卡后使用、消费的，其实际使用、消费的数额为抢劫数额；抢劫信用卡后未实际使用、消费的，不计数额，根据情节轻重量刑。所抢信用卡数额巨大，但未实际使用、消费或者实际使用、消费的数额未达到巨大标准的，不适用“抢劫数额巨大”的法定刑。

为抢劫其他财物，劫取机动车辆当作犯罪工具或者逃跑工具使用的，被劫取机动车辆的价值计入抢劫数额；为实施抢劫以外的其他犯罪劫取机动车辆的，以抢劫罪和实施的其他犯罪实行数罪并罚。

抢劫存折、机动车辆的数额计算，参照执行《关于审理盗窃案件具体应用法律若干问题的解释》的相关规定。

七、关于抢劫特定财物的定性

以毒品、假币、淫秽物品等违禁品为对象，实施抢劫的，以抢劫罪定罪；抢劫的违禁品数量作为量刑情节予以考虑。抢劫违禁品后又以违禁品实施其他犯罪的，应以抢劫罪与具体实施的其他犯罪实行数罪并罚。

抢劫赌资、犯罪所得的赃款财物的，以抢劫罪定罪，但行为人仅以其所输赌资或所赢赌债为抢劫对象，一般不以抢劫罪定罪处罚。构成其他犯罪的，依照刑法的相关规定处罚。

理解与适用：所有权的权属变更必须依法进行，在这种既有状态未改变之前，任何个人在没有法律依据的情况下无权擅自改变。赌资或赌债虽应由国家没收，但对于仅以自己所赢或所输的财物为对象，毕竟不如抢劫罪以他人财物的性质认识那么清晰明确。

为个人使用，以暴力、胁迫等手段取得家庭成员或近亲属财产的，一般不以抢劫罪定罪处罚，构成其他犯罪的，依照刑法的相关规定处理；教唆或者伙同他人采取暴力、胁迫等手段劫取家庭成员或近亲属财产的，可以抢劫罪定罪处罚。

263-4　《最高人民法院关于审理未成年人刑事案件具体应用法律若干问题的解释》（法释〔2006〕1号，2006年1月23日）第七条　已满十四周岁不满十六周岁的人使用轻微暴力或者威胁，强行索要其他未成年人随身携带的生活、学习用品或者钱财数量不大，且未造成被害人轻微伤以上或者不敢正常到校学习、生活等危害后果的，不认为是犯罪。

已满十六周岁不满十八周岁的人具有前款规定情形的,一般也不认为是犯罪。

263-5 《最高人民法院、最高人民检察院关于常见犯罪的量刑指导意见(试行)》(法发〔2021〕21 号,2021 年 7 月 1 日) 四、常见犯罪的量刑 (十)抢劫罪

1. 构成抢劫罪的,根据下列情形在相应的幅度内确定量刑起点:

(1)抢劫一次的,在三年至六年有期徒刑幅度内确定量刑起点。

(2)有下列情形之一的,在十年至十三年有期徒刑幅度内确定量刑起点:入户抢劫的;在公共交通工具上抢劫的;抢劫银行或者其他金融机构的;抢劫三次或者抢劫数额达到数额巨大起点的;抢劫致一人重伤的;冒充军警人员抢劫的;持枪抢劫的;抢劫军用物资或者抢险、救灾、救济物资的。依法应当判处无期徒刑以上刑罚的除外。

2. 在量刑起点的基础上,根据抢劫情节严重程度、抢劫数额、次数、致人伤害后果等其他影响犯罪构成的犯罪事实增加刑罚量,确定基准刑。

3. 构成抢劫罪的,根据抢劫的数额、次数、手段、危害后果等犯罪情节,综合考虑被告人缴纳罚金的能力,决定罚金数额。

4. 构成抢劫罪的,综合考虑抢劫的起因、手段、危害后果等犯罪事实、量刑情节,以及被告人的主观恶性、人身危险性、认罪悔罪表现等因素,从严把握缓刑的适用。

263-6 法发〔2016〕2 号 四、具有法定八种加重处罚情节的刑罚适用

1. 根据刑法第二百六十三条的规定,具有"抢劫致人重伤、死亡"等八种法定加重处罚情节的,处十年以上有期徒刑、无期徒刑或者死刑,并处罚金或者没收财产。应当根据抢劫的次数及数额、抢劫对人身的损害、对社会治安的危害等情况,结合被告人的主观恶性及人身危险程度,并根据量刑规范化的有关规定,确定具体的刑罚。判处无期徒刑以上刑罚的,一般应并处没收财产。

2. 具有下列情形之一的,可以判处无期徒刑以上刑罚:

(1)抢劫致三人以上重伤,或者致人重伤造成严重残疾的;

(2)在抢劫过程中故意杀害他人,或者故意伤害他人,致人死亡的;

(3)具有除"抢劫致人重伤、死亡"外的两种以上加重处罚情节,或者抢劫次数特别多、抢劫数额特别巨大的。

3. 为劫取财物而预谋故意杀人,或者在劫取财物过程中为制服被害人反抗、抗拒抓捕而杀害被害人,且被告人无法定从宽处罚情节的,

可依法判处死刑立即执行。对具有自首、立功等法定从轻处罚情节的，判处死刑立即执行应当慎重。对于采取故意杀人以外的其他手段实施抢劫并致人死亡的案件，要从犯罪的动机、预谋、实行行为等方面分析被告人主观恶性的大小，并从有无前科及平时表现、认罪悔罪情况等方面判断被告人的人身危险程度，不能不加区别，仅以出现被害人死亡的后果，一律判处死刑立即执行。

4. 抢劫致人重伤案件适用死刑，应当更加慎重、更加严格，除非具有采取极其残忍的手段造成被害人严重残疾等特别恶劣的情节或者造成特别严重后果的，一般不判处死刑立即执行。

5. 具有刑法第二百六十三条规定的"抢劫致人重伤、死亡"以外其他七种加重处罚情节，且犯罪情节特别恶劣、危害后果特别严重的，可依法判处死刑立即执行。认定"情节特别恶劣、危害后果特别严重"，应当从严掌握，适用死刑必须非常慎重、非常严格。

263-7　1. 法释〔2000〕35 号第一条　"入户抢劫"，是指为实施抢劫行为而进入他人生活的与外界相对隔离的住所，包括封闭的院落、牧民的帐篷、渔民作为家庭生活场所的渔船、为生活租用的房屋等进行抢劫的行为。

对于入户盗窃，因被发现而当场使用暴力或者以暴力相威胁的行为，应当认定为入户抢劫。

理解与适用：刑法将"入户抢劫"规定为抢劫罪的加重情节，其目的在于维护"家庭"这一社会生活中最为重要的法益。因为"户"是保障公民生活自由和安宁的重要场所。对于商住两用的场所，应根据行为人实施抢劫时该场所所处的状态来定，如处于营业状态，则不定；如已关门歇业，成为生活和休息的场所，则属于"户"。此时，行为人以购物为名骗开房门，入室抢劫，属于"入户抢劫"。

2. 法发〔2005〕8 号　一、关于"入户抢劫"的认定

根据《抢劫解释》第一条规定，认定"入户抢劫"时，应当注意以下三个问题：

一是"户"的范围。"户"在这里是指住所，其特征表现为供他人家庭生活和与外界相对隔离两个方面，前者为功能特征，后者为场所特征。一般情况下，集体宿舍、旅店宾馆、临时搭建工棚等不应认定为"户"，但在特定情况下，如果确实具有上述两个特征的，也可以认定为"户"。二是"入户"目的的非法性。进入他人住所须以实施抢劫等犯罪为目的。抢劫行为虽然发生在户内，但行为人不以实施抢劫

等犯罪*为目的进入他人住所,而是在户内临时起意实施抢劫的,不属于"入户抢劫"。三是暴力或者暴力胁迫行为必须发生在户内。入户实施盗窃被发现,行为人为窝藏赃物、抗拒抓捕或者毁灭罪证而当场使用暴力或者以暴力相威胁的,如果暴力或者暴力胁迫行为发生在户内,可以认定为"入户抢劫"**;如果发生在户外,不能认定为"入户抢劫"。

3. 法发〔2016〕2号　二、关于抢劫犯罪部分加重处罚情节的认定

1. 认定"入户抢劫",要注重审查行为人"入户"的目的,将"入户抢劫"与"在户内抢劫"区别开来。以侵害户内人员的人身、财产为目的,入户后实施抢劫,包括入户实施盗窃、诈骗等犯罪而转化为抢劫的,应当认定为"入户抢劫"。因访友办事等原因经户内人员允许入户后,临时起意实施抢劫,或者临时起意实施盗窃、诈骗等犯罪而转化为抢劫的,不应认定为"入户抢劫"。

对于部分时间从事经营、部分时间用于生活起居的场所,行为人在非营业时间强行入内抢劫或者以购物等为名骗开房门入内抢劫的,应认定为"入户抢劫"。对于部分用于经营、部分用于生活且之间有明确隔离的场所,行为人进入生活场所实施抢劫的,应认定为"入户抢劫";如场所之间没有明确隔离,行为人在营业时间入内实施抢劫的,不认定为"入户抢劫",但在非营业时间入内实施抢劫的,应认定为"入户抢劫"。

263-8　1. 法释〔2000〕35号第二条　刑法第二百六十三条第(二)项规定的"在公共交通工具上抢劫",既包括在从事旅客运输的各种公共汽车,大、中型出租车,火车,船只,飞机等正在运营中的机动公共交通工具上对旅客、司售、乘务人员实施的抢劫,也包括对运行途中的机动公共交通工具加以拦截后,对公共交通工具上的人员实施的抢劫。

---

* 将事后抢劫(准抢劫)包括在内。

** 如果劫财行为在户外发生,又延续到户内完成,应以入户抢劫论处。[黄祥青:《抢劫罪情节加重犯的认定思路与方法》,载最高人民法院刑事审判第一庭、第二庭编:《刑事审判参考》(总第42集),法律出版社2005年版,第179~180页]抢劫罪的情节加重,在于对于双重客体的严重侵害。将"入户抢劫"作为情节加重犯,其正当性在于,抢劫行为还涉及非法侵犯住宅罪。有必要从三个方面限定"入户抢劫"的适用:一是严格限定"户"的范围;二是入户行为的非法侵入性;三是暴力发生在户内。其他情况,不必根据致人重伤、死亡来定,而不必适用"入户抢劫"这一情节。准确认定抢劫罪情节加重犯的实质和重点,是在尚未造成严重实害的抢劫罪(一般危害程度的抢劫罪)与十年有期徒刑以上的重刑之间寻找可靠的连接。

2. 法发〔2005〕8 号　二、关于“在公共交通工具上抢劫”的认定　公共交通工具承载的旅客具有不特定多数人的特点。在未运营中的大、中型公共交通工具上针对司售、乘务人员抢劫的，或者在小型出租车上抢劫的，不属于“在公共交通工具上抢劫”。

理解与适用：强调正在运营，因为公共交通工具承载的旅客具有不特定多数的特点，只有在其运营时才具备公共交通的功能，未运营时不具备这种功能。另外，虽在公共交通工具上抢劫，但不具备“公然性”，仍然要定，因为只要在公共交通工具上实施了抢劫行为，就会在客观上造成极大的心理恐惧。设定这一加重情节的正当性在于，在侵害不特定公民的人身和财产权利的同时，还危害了公共交通运输安全。参见《德国刑法》第 316A 条。

3. 法发〔2016〕2 号　二、关于抢劫犯罪部分加重处罚情节的认定

2.“公共交通工具”，包括从事旅客运输的各种公共汽车，大、中型出租车，火车，地铁，轻轨，轮船，飞机等，不含小型出租车。对于虽不具有商业营运执照，但实际从事旅客运输的大、中型交通工具，可认定为“公共交通工具”。接送职工的单位班车、接送师生的校车等大、中型交通工具，视为“公共交通工具”。

“在公共交通工具上抢劫”，既包括在处于运营状态的公共交通工具上对旅客及司售、乘务人员实施抢劫，也包括拦截运营途中的公共交通工具对旅客及司售、乘务人员实施抢劫，但不包括在未运营的公共交通工具上针对司售、乘务人员实施抢劫。以暴力、胁迫或者麻醉等手段对公共交通工具上的特定人员实施抢劫的，一般应认定为“在公共交通工具上抢劫”。

263-9　法释〔2000〕35 号第三条　刑法第二百六十三条第(三)项规定的“抢劫银行或者其他金融机构”，是指抢劫银行或者其他金融机构的经营资金、有价证券和客户的资金等。抢劫正在使用中的银行或者其他金融机构的运钞车的，视为“抢劫银行或者其他金融机构”。

263-10　法发〔2005〕8 号　三、关于“多次抢劫”的认定　刑法第二百六十三条第(四)项中的“多次抢劫”是指抢劫三次以上。

对于“多次”的认定，应以行为人实施的每一次抢劫行为均已构成犯罪为前提，综合考虑犯罪故意的产生、犯罪行为实施的时间、地点等因素，客观分析、认定。对于行为人基于一个犯意实施犯罪的，如在同一地点同时对在场的多人实施抢劫的；或基于同一犯意在同一地点实施连续抢劫犯罪的，如在同一地点连续地对途经此地的多人进行抢劫

的;或在一次犯罪中对一栋居民楼房中的几户居民连续实施入户抢劫的,一般应认定为一次犯罪。

263-11　**1.** 法释〔2000〕35 号第四条　刑法第二百六十三条第(四)项规定的"抢劫数额巨大"的认定标准,参照各地确定的盗窃罪数额巨大的认定标准执行。

2. 法发〔2016〕2 号　二、关于抢劫犯罪部分加重处罚情节的认定

3. 认定"抢劫数额巨大",参照各地认定盗窃罪数额巨大的标准执行。抢劫数额以实际抢劫到的财物数额为依据。对以数额巨大的财物为明确目标,由于意志以外的原因,未能抢到财物或实际抢得的财物数额不大的,应同时认定"抢劫数额巨大"和犯罪未遂的情节,根据刑法有关规定,结合未遂犯的处理原则量刑。

根据《两抢意见》第六条第一款规定,抢劫信用卡后使用、消费的,以行为人实际使用、消费的数额为抢劫数额。由于行为人意志以外的原因无法实际使用、消费的部分,虽不计入抢劫数额,但应作为量刑情节考虑。通过银行转账或者电子支付、手机银行等支付平台获取抢劫财物的,以行为人实际获取的财物为抢劫数额。

263-12　《最高人民法院关于抢劫过程中故意杀人案件如何定罪问题的批复》(法释〔2001〕16 号,2001 年 5 月 26 日)　行为人为劫取财物而预谋故意杀人,或者在劫取财物过程中,为制服被害人反抗而故意杀人的,以抢劫罪定罪处罚。

行为人实施抢劫后,为灭口而故意杀人的,以抢劫罪和故意杀人罪定罪,实行数罪并罚。

263-13　法发〔2016〕2 号　二、关于抢劫犯罪部分加重处罚情节的认定

4. 认定"冒充军警人员抢劫",要注重对行为人是否穿着军警制服、携带枪支、是否出示军警证件等情节进行综合审查,判断是否足以使他人误以为是军警人员。对于行为人仅穿着类似军警的服装或仅以言语宣称系军警人员但未携带枪支、也未出示军警证件而实施抢劫的,要结合抢劫地点、时间、暴力或威胁的具体情形,依照常人判断标准,确定是否认定为"冒充军警人员抢劫"。

军警人员利用自身的真实身份实施抢劫的,不认定为"冒充军警人员抢劫",应依法从重处罚。

263-14　法释〔2000〕35 号第五条　刑法第二百六十三条第(七)项规定的"持枪抢劫",是指行为人使用枪支或者向被害人显示持有、

佩带的枪支进行抢劫的行为。“枪支”*的概念和范围，适用《中华人民共和国枪支管理法》的规定。

第二百六十四条[1]　**（刑八）【盗窃罪】**盗窃[2]公私[3]财物，[4]数额[5]较大的[6]，或者多次盗窃、[7]入户盗窃、[8]携带凶器盗窃、[9]扒窃[10]的[11]，处三年以下有期徒刑、拘役或者管制，并处或者单处罚金；[12]数额巨大[13]或者有其他严重情节的，处三年以上十年以下有期徒刑，并处罚金；数额特别巨大[14]或者有其他特别严重情节的，处十年以上有期徒刑或者无期徒刑，并处罚金或者没收财产。

264-1　《最高人民法院、最高人民检察院关于办理盗窃刑事案件适用法律若干问题的解释》**（法释〔2013〕8号，2013年4月4日）第一条第二款　各省、自治区、直辖市高级人民法院、人民检察院可以根据本地区经济发展状况，并考虑社会治安状况，在前款规定的数额幅度内，确定本地区执行的具体数额标准，报最高人民法院、最高人民检察院批准***。

法释〔2013〕8号第一条第三款　在跨地区运行的公共交通工具上盗窃，盗窃地点无法查证的，盗窃数额是否达到“数额较大”、“数额巨大”、“数额特别巨大”，应当根据受理案件所在地省、自治区、直辖市高级人民法院、人民检察院确定的有关数额标准认定。

法释〔2013〕8号第十三条　单位组织、指使盗窃，符合刑法第二百六十四条及本解释有关规定的，以盗窃罪追究组织者、指使者、直接实施者的刑事责任。

264-2　臧进泉等盗窃、诈骗案（指导性案例第27号）

裁判要点　行为人利用信息网络，诱骗他人点击虚假链接而实际通过预先植入的计算机程序窃取财物构成犯罪的，以盗窃罪定罪处罚；虚构可供交易的商品或者服务，欺骗他人点击付款链接而骗取财物构成犯罪的，以诈骗罪定罪处罚。

---

*　行为人使用假枪实施抢劫，虽然对被害人起到了精神威胁和恐吓，但在客观上不可能借助枪支的功能给被害人施加任何伤害。

**　法释〔2013〕8号第十五条　本解释发布实施后，《最高人民法院关于审理盗窃案件具体应用法律若干问题的解释》（法释〔1998〕4号）同时废止；之前发布的司法解释和规范性文件与本解释不一致的，以本解释为准。

***　原为备案，现改为批准，解决了具体数额标准的合法性问题。

裁判理由　法院生效裁判认为,盗窃是指以非法占有为目的,秘密窃取公私财物的行为;诈骗是指以非法占有为目的,采用虚构事实或者隐瞒真相的方法,骗取公私财物的行为。对既采取秘密窃取手段又采取欺骗手段非法占有财物行为的定性,应从行为人采取主要手段和被害人有无处分财物意识方面区分盗窃与诈骗。如果行为人获取财物时起决定性作用的手段是秘密窃取,诈骗行为只是为盗窃创造条件或作掩护,被害人也没有"自愿"交付财物的,就应当认定为盗窃;如果行为人获取财物时起决定性作用的手段是诈骗,被害人基于错误认识而"自愿"交付财物,盗窃行为只是辅助手段的,就应当认定为诈骗。在信息网络情形下,行为人利用信息网络,诱骗他人点击虚假链接而实际上通过预先植入的计算机程序窃取他人财物构成犯罪的,应当以盗窃罪定罪处罚;行为人虚构可供交易的商品或者服务,欺骗他人为支付货款点击付款链接而获取财物构成犯罪的,应当以诈骗罪定罪处罚。本案中,被告人臧进泉、郑必玲使用预设计算机程序并植入的方法,秘密窃取他人网上银行账户内巨额钱款,其行为均已构成盗窃罪。

264-3　**1.** 法释〔2013〕8号第八条　偷拿家庭成员或者近亲属的财物,获得谅解的,一般可不认为是犯罪;追究刑事责任的,应当酌情从宽。

2.《最高人民法院关于审理未成年人刑事案件具体应用法律若干问题的解释》(法释〔2006〕1号,2006年1月23日)第九条　已满十六周岁不满十八周岁的人实施盗窃行为未超过三次,盗窃数额虽已达到"数额较大"标准,但案发后能如实供述全部盗窃事实并积极退赃,且具有下列情形之一的,可以认定为"情节显著轻微危害不大",不认为是犯罪:

(一)系又聋又哑的人或者盲人;

(二)在共同盗窃中起次要或者辅助作用,或者被胁迫;

(三)具有其他轻微情节的。

已满十六周岁不满十八周岁的人盗窃未遂或者中止的,可不认为是犯罪。

已满十六周岁不满十八周岁的人盗窃自己家庭或者近亲属财物,或者盗窃其他亲属财物但其他亲属要求不予追究的,可不按犯罪处理。

264-4　**1.** 法释〔2013〕8号第一条第四款　盗窃毒品等违禁品,应当按照盗窃罪处理的,根据情节轻重量刑。

2.《最高人民法院、最高人民检察院关于办理妨害文物管理等刑事案件适用法律若干问题的解释》(法释〔2015〕23号,2016年1月1日)第二条 盗窃一般文物、三级文物、二级以上文物的,应当分别认定为刑法第二百六十四条规定的“数额较大”、“数额巨大”、“数额特别巨大”。

盗窃文物,无法确定文物等级,或者按照文物等级定罪量刑明显过轻或者过重的,按照盗窃的文物价值定罪量刑。

法释〔2015〕23号第八条第三款 采用破坏性手段盗窃古文化遗址、古墓葬以外的古建筑、石窟寺、石刻、壁画、近代现代重要史迹和代表性建筑等其他不可移动文物的,依照刑法第二百六十四条的规定,以盗窃罪追究刑事责任。

3.《最高人民法院关于审理破坏森林资源刑事案件适用法律若干问题的解释》(法释〔2023〕8号,2023年8月15日)第十一条 下列行为,符合刑法第二百六十四条规定的,以盗窃罪定罪处罚:

(一)盗窃国家、集体或者他人所有并已经伐倒的树木的;

(二)偷砍他人在自留地或者房前屋后种植的零星树木的。

非法实施采种、采脂、掘根、剥树皮等行为,符合刑法第二百六十四条规定的,以盗窃罪论处。在决定应否追究刑事责任和裁量刑罚时,应当综合考虑对涉案林木资源的损害程度以及行为人获利数额、行为动机、前科情况等情节;认为情节显著轻微危害不大的,不作为犯罪处理。

4.《最高人民检察院关于非法制作、出售、使用IC电话卡行为如何适用法律问题的答复》(〔2003〕高检研发第10号,2003年4月2日)

非法制作或者出售非法制作的IC电话卡,数额较大的,应当依照刑法第二百二十七条第一款的规定,以伪造、倒卖伪造的有价票证罪追究刑事责任,犯罪数额可以根据销售数额认定;明知是非法制作的IC电话卡而使用或者购买并使用,造成电信资费损失数额较大的,应当依照刑法第二百六十四条的规定,以盗窃罪追究刑事责任。

5. 张四毛盗窃案(检例第37号)

要旨 网络域名具备法律意义上的财产属性,盗窃网络域名可以认定为盗窃行为。

指导意义 网络域名是网络用户进入门户网站的一种便捷途径,是吸引网络用户进入其网站的窗口。网络域名注册人注册了某域名后,该域名将不能再被其他人申请注册并使用,因此网络域名具有专属性和唯一性。网络域名属稀缺资源,所有人可以对域名行使出售、变更、注销、抛弃等处分权利。网络域名具有市场交换价值,所有人可以以货币形式进行交易。通过合法途径获得的网络域名,其注册人利益受法律承认和保护。

264-5 法释〔2013〕8号第四条 盗窃的数额,按照下列方法认定:

(一)被盗财物有有效价格证明的,根据有效价格证明认定;无有效价格证明,或者根据价格证明认定盗窃数额明显不合理的,应当按照有关规定委托估价机构估价;

(二)盗窃外币的,按照盗窃时中国外汇交易中心或者中国人民银行授权机构公布的人民币对该货币的中间价折合成人民币计算;中国外汇交易中心或者中国人民银行授权机构未公布汇率中间价的外币,按照盗窃时境内银行人民币对该货币的中间价折算成人民币,或者该货币在境内银行、国际外汇市场对美元汇率,与人民币对美元汇率中间价进行套算;

(三)盗窃电力、燃气、自来水等财物,盗窃数量能够查实的,按照查实的数量计算盗窃数额;盗窃数量无法查实的,以盗窃前六个月月均正常用量减去盗窃后计量仪表显示的月均用量推算盗窃数额;盗窃前正常使用不足六个月的,按照正常使用期间的月均用量减去盗窃后计量仪表显示的月均用量推算盗窃数额;

(四)明知是盗接他人通信线路、复制他人电信码号的电信设备、设施而使用的,按照合法用户为其支付的费用认定盗窃数额;无法直接确认的,以合法用户的电信设备、设施被盗接、复制后的月缴费额减去被盗接、复制前六个月的月均电话费推算盗窃数额;合法用户使用电信设备、设施不足六个月的,按照实际使用的月均电话费推算盗窃数额;

(五)盗接他人通信线路、复制他人电信码号出售的,按照销赃数额认定盗窃数额。盗窃行为给失主造成的损失大于盗窃数额的,损失数额可以作为量刑情节考虑。

法释〔2013〕8号第五条 盗窃有价支付凭证、有价证券、有价票证的,按照下列方法认定盗窃数额:

(一)盗窃不记名、不挂失的有价支付凭证、有价证券、有价票证的,应当按票面数额和盗窃时应得的孳息、奖金或者奖品等可得收益一并计算盗窃数额;

(二)盗窃记名的有价支付凭证、有价证券、有价票证,已经兑现的,按照兑现部分的财物价值计算盗窃数额;没有兑现,但失主无法通过挂失、补领、补办手续等方式避免损失的,按照给失主造成的实际损失计算盗窃数额。

264-6　法释〔2013〕8号第一条　盗窃公私财物价值一千元至三千元以上的，应当认定为刑法第二百六十四条规定的“数额较大”。

法释〔2013〕8号第二条　盗窃公私财物，具有下列情形之一的，“数额较大”的标准可以按照前条规定标准的百分之五十确定：

（一）曾因盗窃受过刑事处罚的；

（二）一年内曾因盗窃受过行政处罚的；

（三）组织、控制未成年人盗窃的；

（四）自然灾害、事故灾害、社会安全事件等突发事件期间，在事件发生地盗窃的；

（五）盗窃残疾人、孤寡老人、丧失劳动能力人的财物的；

（六）在医院盗窃病人或者其亲友财物的；

（七）盗窃救灾、抢险、防汛、优抚、扶贫、移民、救济款物的；

（八）因盗窃造成严重后果的。

法释〔2013〕8号第六条　盗窃公私财物，具有本解释第二条第三项至第八项规定情形之一，或者入户盗窃、携带凶器盗窃，数额达到本解释第一条规定的“数额巨大”、“数额特别巨大”百分之五十的，可以分别认定为刑法第二百六十四条规定的“其他严重情节”或者“其他特别严重情节”。

法释〔2013〕8号第七条　盗窃公私财物数额较大，行为人认罪、悔罪，退赃、退赔，且具有下列情形之一，情节轻微的，可以不起诉或者免予刑事处罚；必要时，由有关部门予以行政处罚：

（一）具有法定从宽处罚情节的；

（二）没有参与分赃或者获赃较少且不是主犯的；

（三）被害人谅解的；

（四）其他情节轻微、危害不大的。

法释〔2013〕8号第十条　偷开他人机动车的，按照下列规定处理：

（一）偷开机动车，导致车辆丢失的，以盗窃罪定罪处罚；

（二）为盗窃其他财物，偷开机动车作为犯罪工具使用后非法占有车辆，或者将车辆遗弃导致丢失的，被盗车辆的价值计入盗窃数额；

（三）为实施其他犯罪，偷开机动车作为犯罪工具使用后非法占有车辆，或者将车辆遗弃导致丢失的，以盗窃罪和其他犯罪数罪并罚；将车辆送回未造成丢失的，按照其所实施的其他犯罪从重处罚。

法释〔2013〕8号第十一条　盗窃公私财物并造成财物损毁的，按照下列规定处理：

(一)采用破坏性手段盗窃公私财物,造成其他财物损毁的,以盗窃罪从重处罚;同时构成盗窃罪和其他犯罪的,择一重罪从重处罚;

(二)实施盗窃犯罪后,为掩盖罪行或者报复等,故意毁坏其他财物构成犯罪的,以盗窃罪和构成的其他犯罪数罪并罚;

(三)盗窃行为未构成犯罪,但损毁财物构成其他犯罪的,以其他犯罪定罪处罚。

法释〔2013〕8 号第十二条　盗窃未遂,具有下列情形之一的,应当依法追究刑事责任:

(一)以数额巨大的财物为盗窃目标的;

(二)以珍贵文物为盗窃目标的;

(三)其他情节严重的情形。

盗窃既有既遂,又有未遂,分别达到不同量刑幅度的,依照处罚较重的规定处罚;达到同一量刑幅度的,以盗窃罪既遂处罚。

264-7　**1.**《最高人民检察院法律政策研究室关于〈关于多次盗窃中的"次"如何认定的法律适用请示〉的答复意见》(2016 年 3 月 18 日)　多次盗窃中"次"的判断,可以参照 2005 年最高人民法院《关于审理抢劫、抢夺刑事案件适用法律若干问题的意见》中多次抢劫的规定认定。但多次盗窃与多次抢劫必定有所不同,实践中应结合具体案件的具体情况,从主观方面考量行为人是基于一个盗窃的故意,还是多个盗窃的故意;同时,更需要结合客观方面的行为方式,实施行为的条件,以及行为所造成的后果等来综合判断。

2. 法释〔2013〕8 号第三条第一款　二年内盗窃三次以上的,应当认定为"多次盗窃"。

264-8　法释〔2013〕8 号第三条第二款　非法进入供他人家庭生活,与外界相对隔离的住所盗窃的,应当认定为"入户盗窃"。

264-9　法释〔2013〕8 号第三条第三款　携带枪支、爆炸物、管制刀具等国家禁止个人携带的器械盗窃,或者为了实施违法犯罪携带其他足以危害他人人身安全的器械盗窃的,应当认定为"携带凶器盗窃"。

264-10　法释〔2013〕8 号第三条第四款　在公共场所或者公共交通工具上盗窃他人随身携带的财物的,应当认定为"扒窃"。

264-11　《最高人民法院、最高人民检察院关于常见犯罪的量刑指导意见(试行)》(法发〔2021〕21 号,2021 年 7 月 1 日)　四、常见犯罪的量刑　(十一)盗窃罪

1. 构成盗窃罪的,根据下列情形在相应的幅度内确定量刑起点:

(1)达到数额较大起点的,二年内三次盗窃的,入户盗窃的,携带凶器盗窃的,或者扒窃的,在一年以下有期徒刑、拘役幅度内确定量刑起点。

(2)达到数额巨大起点或者有其他严重情节的,在三年至四年有期徒刑幅度内确定量刑起点。

(3)达到数额特别巨大起点或者有其他特别严重情节的,在十年至十二年有期徒刑幅度内确定量刑起点。依法应当判处无期徒刑的除外。

2. 在量刑起点的基础上,根据盗窃数额、次数、手段等其他影响犯罪构成的犯罪事实增加刑罚量,确定基准刑。

多次盗窃,数额达到较大以上的,以盗窃数额确定量刑起点,盗窃次数可以作为调节基准刑的量刑情节;数额未达到较大的,以盗窃次数确定量刑起点,超过三次的次数作为增加刑罚量的事实。

3. 构成盗窃罪的,根据盗窃的数额、次数、手段、危害后果等犯罪情节,综合考虑被告人缴纳罚金的能力,在一千元以上盗窃数额二倍以下决定罚金数额;没有盗窃数额或者盗窃数额无法计算的,在一千元以上十万元以下判处罚金。

4. 构成盗窃罪的,综合考虑盗窃的起因、数额、次数、手段、退赃退赔等犯罪事实、量刑情节,以及被告人的主观恶性、人身危险性、认罪悔罪表现等因素,决定缓刑的适用。

264-12 法释〔2013〕8 号第十四条 因犯盗窃罪,依法判处罚金刑的,应当在一千元以上盗窃数额的二倍以下判处罚金;没有盗窃数额或者盗窃数额无法计算的,应当在一千元以上十万元以下判处罚金。

264-13 法释〔2013〕8 号第一条 盗窃公私财物价值……三万元至十万元以上……应当……认定为刑法第二百六十四条规定的……“数额巨大”……

264-14 法释〔2013〕8 号第一条 盗窃公私财物价值……三十万元至五十万元以上的,应当……认定为刑法第二百六十四条规定的……“数额特别巨大”。

第二百六十五条 【盗窃罪】以牟利为目的,盗接他人通信线路、复制他人电信码号或者明知是盗接、复制的电信设备、设施而使用的,依照本法第二百六十四条(*盗窃罪*)的规定定罪处罚。

第二百六十六条[1] 【诈骗罪】诈骗[2] 公私[3] 财物[4],数额较大[5] 的,

处三年以下有期徒刑、拘役或者管制,并处或者单处罚金;数额巨大或者有其他严重情节[6]的,处三年以上十年以下有期徒刑,并处罚金;数额特别巨大或者有其他特别严重情节[7]的,处十年以上有期徒刑或者无期徒刑,并处罚金或者没收财产。本法另有规定的,依照规定。

266-1 **1.** 1.《最高人民法院、最高人民检察院关于办理诈骗刑事案件具体应用法律若干问题的解释》(法释〔2011〕7号,2011年4月8日);2.《最高人民法院、最高人民检察院、公安部、司法部关于办理"套路贷"刑事案件若干问题的意见》*(法发〔2019〕11号,2019年4月9日);3.《反电信网络诈骗法》(2022年12月1日);4.《最高人民法院、最高人民检察院、公安部关于办理电信网络诈骗等刑事案件适用法律若干问题的意见》(法发〔2016〕32号,2016年12月20日);5.《最高人民法院、最高人民检察院、公安部关于办理电信网络诈骗等刑事案件适用法律若干问题的意见(二)》(法发〔2021〕22号,2021年6月17日)。

2. 法发〔2019〕11号 二、依法严惩"套路贷"犯罪

4. 实施"套路贷"过程中,未采用明显的暴力或者威胁手段,其行为特征从整体上表现为以非法占有为目的,通过虚构事实、隐瞒真相骗取被害人财物的,一般以诈骗罪定罪处罚;对于在实施"套路贷"过程中多种手段并用,构成诈骗、敲诈勒索、非法拘禁、虚假诉讼、寻衅滋事、强迫交易、抢劫、绑架等多种犯罪的,应当根据具体案件事实,区分不同情况,依照刑法及有关司法解释的规定数罪并罚或者择一重处。

5. 多人共同实施"套路贷"犯罪,犯罪嫌疑人、被告人在所参与的犯罪中起主要作用的,应当认定为主犯,对其参与或组织、指挥的全部犯罪承担刑事责任;起次要或辅助作用的,应当认定为从犯。

明知他人实施"套路贷"犯罪,具有以下情形之一的,以相关犯罪的共犯论处,但刑法和司法解释等另有规定的除外:

(1)组织发送"贷款"信息、广告,吸引、介绍被害人"借款"的;

(2)提供资金、场所、银行卡、账号、交通工具等帮助的;

(3)出售、提供、帮助获取公民个人信息的;

(4)协助制造走账记录等虚假给付事实的;

---

* 《最高人民法院关于依法妥善审理民间借贷案件的通知》(法〔2018〕215号,2018年8月1日)。

(5)协助办理公证的；

(6)协助以虚假事实提起诉讼或者仲裁的；

(7)协助套现、取现、办理动产或不动产过户等，转移犯罪所得及其产生的收益的；

(8)其他符合共同犯罪规定的情形。

上述规定中的"明知他人实施'套路贷'犯罪"，应当结合行为人的认知能力、既往经历、行为次数和手段、与同案人、被害人的关系、获利情况、是否曾因"套路贷"受过处罚、是否故意规避查处等主客观因素综合分析认定。

理解与适用：本解释意见稿一度采用"与'套路贷'犯罪分子事先通谋"才能以共犯论处的观点。后将"通谋"改为"明知"，主要考虑"通谋"一般会被理解为二名以上行为人通过交流沟通形成共同犯罪故意的过程，而反映这一过程的证据难以获取，只能严重依赖口供，容易出现只要一方否认就难以形成闭合证据链的情况。当前"套路贷"犯罪链条化，"套路贷"共同犯罪人之间分工明确、配合默契，往往通过心照不宣的方式即可形成犯意联络，不再依赖明示沟通，如以"通谋"作为入罪条件，会不当提高定罪标准，导致放纵犯罪。将"通谋"改为"明知"，并不意味着摒弃共同犯意这一共同犯罪成立的主观要件，仍有必要审查行为人之间有无意思联络。

7. 犯罪嫌疑人、被告人实施"套路贷"违法所得的一切财物，应当予以追缴或者责令退赔；对被害人的合法财产，应当及时返还。有证据证明是犯罪嫌疑人、被告人为实施"套路贷"而交付给被害人的本金，赔偿被害人损失后如有剩余，应依法予以没收。

犯罪嫌疑人、被告人已将违法所得的财物用于清偿债务、转让或者设置其他权利负担，具有下列情形之一的，应当依法追缴：

(1)第三人明知是违法所得财物而接受的；

(2)第三人无偿取得或者以明显低于市场的价格取得违法所得财物的；

(3)第三人通过非法债务清偿或者违法犯罪活动取得违法所得财物的；

(4)其他应当依法追缴的情形。

8. 以老年人、未成年人、在校学生、丧失劳动能力的人为对象实施"套路贷"，或者因实施"套路贷"造成被害人或其特定关系人自杀、死亡、精神失常、为偿还"债务"而实施犯罪活动的，除刑法、司法解释另有规定的外,应当酌情从重处罚。

在坚持依法从严惩处的同时,对于认罪认罚、积极退赃、真诚悔罪或者具有其他法定、酌定从轻处罚情节的被告人,可以依法从宽处罚。

9. 对于“套路贷”犯罪分子,应当根据其所触犯的具体罪名,依法加大财产刑适用力度。符合刑法第三十七条之一规定的,可以依法禁止从事相关职业。

10. 三人以上为实施“套路贷”而组成的较为固定的犯罪组织,应当认定为犯罪集团。对首要分子应按照集团所犯全部罪行处罚。

符合黑恶势力认定标准的,应当按照黑社会性质组织、恶势力或者恶势力犯罪集团侦查、起诉、审判。

理解与适用:“套路贷”犯罪并不必然就是黑恶势力犯罪,不能因为二者存在关联,就简单地将“套路贷”犯罪与黑恶势力犯罪画上等号。首先,从犯罪主体上看,实施“套路贷”犯罪的行为人只有同时具备黑恶势力特征的,才能认定为黑恶势力。反之,即使有的团伙、人员实施了“套路贷”犯罪,只要黑恶势力特征不齐备,就不应认定为黑恶势力。其次,从犯罪目的上看,黑恶势力犯罪意图多元化,既包括聚敛财富,也包括形成非法秩序、非法影响力。而一般“套路贷”犯罪的目的只是侵财,虽然在实现该犯罪目的的过程中会伴随其他违法犯罪活动,但是这些活动具有附属性。

三、依法确定“套路贷”刑事案件管辖

11.“套路贷”犯罪案件一般由犯罪地公安机关侦查,如果由犯罪嫌疑人居住地公安机关立案侦查更为适宜的,可以由犯罪嫌疑人居住地公安机关立案侦查。犯罪地包括犯罪行为发生地和犯罪结果发生地。

“犯罪行为发生地”包括为实施“套路贷”所设立的公司所在地、“借贷”协议或相关协议签订地、非法讨债行为实施地、为实施“套路贷”而进行诉讼、仲裁、公证的受案法院、仲裁委员会、公证机构所在地,以及“套路贷”行为的预备地、开始地、途经地、结束地等。

“犯罪结果发生地”包括违法所得财物的支付地、实际取得地、藏匿地、转移地、使用地、销售地等。

除犯罪地、犯罪嫌疑人居住地外,其他地方公安机关对于公民扭送、报案、控告、举报或者犯罪嫌疑人自首的“套路贷”犯罪案件,都应当立即受理,经审查认为有犯罪事实的,移送有管辖权的公安机关处理。

黑恶势力实施的“套路贷”犯罪案件,由侦办黑社会性质组织、恶势力或者恶势力犯罪集团案件的公安机关进行侦查。

12. 具有下列情形之一的，有关公安机关可以在其职责范围内并案侦查：

(1)一人犯数罪的；

(2)共同犯罪的；

(3)共同犯罪的犯罪嫌疑人还实施其他犯罪的；

(4)多个犯罪嫌疑人实施的犯罪存在直接关联，并案处理有利于查明案件事实的。

3.《最高人民法院、最高人民检察院关于办理诈骗刑事案件具体应用法律若干问题的解释》*(法释〔2011〕7 号，2011 年 4 月 8 日)

法释〔2011〕7 号第六条　诈骗既有既遂，又有未遂，分别达到不同量刑幅度的，依照处罚较重的规定处罚；达到同一量刑幅度的，以诈骗罪既遂处罚。

266-2　1. 法发〔2019〕11 号　一、准确把握"套路贷"与民间借贷的区别

1. "套路贷"，是对以非法占有为目的，假借民间借贷之名，诱使或迫使被害人签订"借贷"或变相"借贷""抵押""担保"等相关协议，通过虚增借贷金额、恶意制造违约、肆意认定违约、毁匿还款证据等方式形成虚假债权债务，并借助诉讼、仲裁、公证或者采用暴力、威胁以及其他手段非法占有被害人财物的相关违法犯罪活动的概括性称谓。

2. "套路贷"与平等主体之间基于意思自治而形成的民事借贷关系存在本质区别，民间借贷的出借人是为了到期按照协议约定的内容收回本金并获取利息，不具有非法占有他人财物的目的，也不会在签订、履行借贷协议过程中实施虚增借贷金额、制造虚假给付痕迹、恶意制造违约、肆意认定违约、毁匿还款证据等行为。

司法实践中，应当注意非法讨债引发的案件与"套路贷"案件的区别，犯罪嫌疑人、被告人不具有非法占有目的，也未使用"套路"与借款人形成虚假债权债务，不应视为"套路贷"。因使用暴力、威胁以及其他手段强行索债构成犯罪的，应当根据具体案件事实定罪处罚。

理解与适用：民间借贷的目的是获取利息收益，借贷双方对实际借得的本金和将产生的利息均有清醒认识，出借人通常希望借款人能按时还本付息。虽然民间借贷常会出现出借人从借款本金中预扣利息、

* 法释〔2011〕7 号第十一条　以前发布的司法解释与本解释不一致的，以本解释为准。

收“砍头费”的现象，但预扣的利息、收取的费用是基于借贷双方的约定，借款人对于扣除利息、收取费用的金额也心知肚明，出借人后续亦不会实施故意制造违约、恶意垒高借款等行为。

对于犯罪嫌疑人、被告人不具有非法占有目的，也未使用“套路”与借款人形成虚假债权债务，因使用暴力、威胁以及其他手段强行索债构成犯罪的，不视为“套路贷”，应当根据具体案件事实定罪处罚。

3. 实践中，“套路贷”的常见犯罪手法和步骤包括但不限于以下情形：

(1)制造民间借贷假象。犯罪嫌疑人、被告人往往以“小额贷款公司”“投资公司”“咨询公司”“担保公司”“网络借贷平台”等名义对外宣传，以低息、无抵押、无担保、快速放款等为诱饵吸引被害人借款，继而以“保证金”“行规”等虚假理由诱使被害人基于错误认识签订金额虚高的“借贷”协议或相关协议。有的犯罪嫌疑人、被告人还会以被害人先前借贷违约等理由，迫使对方签订金额虚高的“借贷”协议或相关协议。

(2)制造资金走账流水等虚假给付事实。犯罪嫌疑人、被告人按照虚高的“借贷”协议金额将资金转入被害人账户，制造已将全部借款交付被害人的银行流水痕迹，随后便采取各种手段将其中全部或者部分资金收回，被害人实际上并未取得或者完全取得“借贷”协议、银行流水上显示的钱款。

(3)故意制造违约或者肆意认定违约。犯罪嫌疑人、被告人往往会以设置违约陷阱、制造还款障碍等方式，故意造成被害人违约，或者通过肆意认定违约，强行要求被害人偿还虚假债务。

(4)恶意垒高借款金额。当被害人无力偿还时，有的犯罪嫌疑人、被告人会安排其所属公司或者指定的关联公司、关联人员为被害人偿还“借款”，继而与被害人签订金额更大的虚高“借贷”协议或相关协议，通过这种“转单平账”“以贷还贷”的方式不断垒高“债务”。

(5)软硬兼施“索债”。在被害人未偿还虚高“借款”的情况下，犯罪嫌疑人、被告人借助诉讼、仲裁、公证或者采用暴力、威胁以及其他手段向被害人或者被害人的特定关系人索取“债务”。

2.《反电信网络诈骗法》第二条　本法所称电信网络诈骗，是指以非法占有为目的，利用电信网络技术手段，通过远程、非接触等方式，诈骗公私财物的行为。

《反电信网络诈骗法》第三条　打击治理在中华人民共和国境内

实施的电信网络诈骗活动或者中华人民共和国公民在境外实施的电信网络诈骗活动,适用本法。

境外的组织、个人针对中华人民共和国境内实施电信网络诈骗活动的,或者为他人针对境内实施电信网络诈骗活动提供产品、服务等帮助的,依照本法有关规定处理和追究责任。

3.《最高人民法院、最高人民检察院、公安部关于办理电信网络诈骗等刑事案件适用法律若干问题的意见》(法发〔2016〕32号,2016年12月20日) 三、全面惩处关联犯罪

(一)在实施电信网络诈骗活动中,非法使用"伪基站""黑广播",干扰无线电通讯秩序,符合刑法第二百八十八条规定的,以扰乱无线电通讯管理秩序罪追究刑事责任。同时构成诈骗罪的,依照处罚较重的规定定罪处罚。

(二)违反国家有关规定,向他人出售或者提供公民个人信息,窃取或者以其他方法非法获取公民个人信息,符合刑法第二百五十三条之一规定的,以侵犯公民个人信息罪追究刑事责任。

使用非法获取的公民个人信息,实施电信网络诈骗犯罪行为,构成数罪的,应当依法予以并罚。

(三)冒充国家机关工作人员实施电信网络诈骗犯罪,同时构成诈骗罪和招摇撞骗罪的,依照处罚较重的规定定罪处罚。

(四)非法持有他人信用卡,没有证据证明从事电信网络诈骗犯罪活动,符合刑法第一百七十七条之一第一款第(二)项规定的,以妨害信用卡管理罪追究刑事责任。

(五)明知是电信网络诈骗犯罪所得及其产生的收益,以下列方式之一予以转账、套现、取现的,依照刑法第三百一十二条第一款的规定,以掩饰、隐瞒犯罪所得、犯罪所得收益罪追究刑事责任。但有证据证明确实不知道的除外:

1. 通过使用销售点终端机具(POS机)刷卡套现等非法途径,协助转换或者转移财物的;

2. 帮助他人将巨额现金散存于多个银行账户,或在不同银行账户之间频繁划转的;

3. 多次使用或者使用多个非本人身份证明开设的信用卡、资金支付结算账户或者多次采用遮蔽摄像头、伪装等异常手段,帮助他人转账、套现、取现的;

4. 为他人提供非本人身份证明开设的信用卡、资金支付结算账户

后,又帮助他人转账、套现、取现的;

5. 以明显异于市场的价格,通过手机充值、交易游戏点卡等方式套现的。

实施上述行为,事前通谋的,以共同犯罪论处。

实施上述行为,电信网络诈骗犯罪嫌疑人尚未到案或案件尚未依法裁判,但现有证据足以证明该犯罪行为确实存在的,不影响掩饰、隐瞒犯罪所得、犯罪所得收益罪的认定。

实施上述行为,同时构成其他犯罪的,依照处罚较重的规定定罪处罚。法律和司法解释另有规定的除外。

(六)网络服务提供者不履行法律、行政法规规定的信息网络安全管理义务,经监管部门责令采取改正措施而拒不改正,致使诈骗信息大量传播,或者用户信息泄露造成严重后果的,依照刑法第二百八十六条之一的规定,以拒不履行信息网络安全管理义务罪追究刑事责任。同时构成诈骗罪的,依照处罚较重的规定定罪处罚。

(七)实施刑法第二百八十七条之一、第二百八十七条之二规定之行为,构成非法利用信息网络罪、帮助信息网络犯罪活动罪,同时构成诈骗罪的,依照处罚较重的规定定罪处罚。

(八)金融机构、网络服务提供者、电信业务经营者等在经营活动中,违反国家有关规定,被电信网络诈骗犯罪分子利用,使他人遭受财产损失的,依法承担相应责任。构成犯罪的,依法追究刑事责任。

4.《最高人民法院、最高人民检察院、公安部关于办理电信网络诈骗等刑事案件适用法律若干问题的意见(二)》(法发〔2021〕22号,2021年6月17日)

三、有证据证实行为人参加境外诈骗犯罪集团或犯罪团伙,在境外针对境内居民实施电信网络诈骗犯罪行为,诈骗数额难以查证,但一年内出境赴境外诈骗犯罪窝点累计时间30日以上或多次出境赴境外诈骗犯罪窝点的,应当认定为刑法第二百六十六条规定的“其他严重情节”,以诈骗罪依法追究刑事责任。有证据证明其出境从事正当活动的除外。

四、无正当理由持有他人的单位结算卡的,属于刑法第一百七十七条之一第一款第(二)项规定的“非法持有他人信用卡”。

五、非法获取、出售、提供具有信息发布、即时通讯、支付结算等功能的互联网账号密码、个人生物识别信息,符合刑法第二百五十三条之一规定的,以侵犯公民个人信息罪追究刑事责任。

对批量前述互联网账号密码、个人生物识别信息的条数,根据查获的数量直接认定,但有证据证明信息不真实或者重复的除外。

六、在网上注册办理手机卡、信用卡、银行账户、非银行支付账户时,为通过网上认证,使用他人身份证件信息并替换他人身份证件相片,属于伪造身份证件行为,符合刑法第二百八十条第三款规定的,以伪造身份证件罪追究刑事责任。

使用伪造、变造的身份证件或者盗用他人身份证件办理手机卡、信用卡、银行账户、非银行支付账户,符合刑法第二百八十条之一第一款规定的,以使用虚假身份证件、盗用身份证件罪追究刑事责任。

实施上述两款行为,同时构成其他犯罪的,依照处罚较重的规定定罪处罚。法律和司法解释另有规定的除外。

七、为他人利用信息网络实施犯罪而实施下列行为,可以认定为刑法第二百八十七条之二规定的“帮助”行为:

(一)收购、出售、出租信用卡、银行账户、非银行支付账户、具有支付结算功能的互联网账号密码、网络支付接口、网上银行数字证书的;

(二)收购、出售、出租他人手机卡、流量卡、物联网卡的。

八、认定刑法第二百八十七条之二规定的行为人明知他人利用信息网络实施犯罪,应当根据行为人收购、出售、出租前述第七条规定的信用卡、银行账户、非银行支付账户、具有支付结算功能的互联网账号密码、网络支付接口、网上银行数字证书,或者他人手机卡、流量卡、物联网卡等的次数、张数、个数,并结合行为人的认知能力、既往经历、交易对象、与实施信息网络犯罪的行为人的关系、提供技术支持或者帮助的时间和方式、获利情况以及行为人的供述等主客观因素,予以综合认定。

收购、出售、出租单位银行结算账户、非银行支付机构单位支付账户,或者电信、银行、网络支付等行业从业人员利用履行职责或提供服务便利,非法开办并出售、出租他人手机卡、信用卡、银行账户、非银行支付账户等的,可以认定为《最高人民法院、最高人民检察院关于办理非法利用信息网络、帮助信息网络犯罪活动等刑事案件适用法律若干问题的解释》第十一条第(七)项规定的“其他足以认定行为人明知的情形”。但有相反证据的除外。

九、明知他人利用信息网络实施犯罪,为其犯罪提供下列帮助之一的,可以认定为《最高人民法院、最高人民检察院关于办理非法利用信息网络、帮助信息网络犯罪活动等刑事案件适用法律若干问题的解释》第十二条第一款第(七)项规定的“其他情节严重的情形”:

(一)收购、出售、出租信用卡、银行账户、非银行支付账户、具有支付结算功能的互联网账号密码、网络支付接口、网上银行数字证书5张(个)以上的;

(二)收购、出售、出租他人手机卡、流量卡、物联网卡20张以上的。

十、电商平台预付卡、虚拟货币、手机充值卡、游戏点卡、游戏装备等经销商,在公安机关调查案件过程中,被明确告知其交易对象涉嫌电信网络诈骗犯罪,仍与其继续交易,符合刑法第二百八十七条之二规定的,以帮助信息网络犯罪活动罪追究刑事责任。同时构成其他犯罪的,依照处罚较重的规定定罪处罚。

十一、明知是电信网络诈骗犯罪所得及其产生的收益,以下列方式之一予以转账、套现、取现,符合刑法第三百一十二条第一款规定的,以掩饰、隐瞒犯罪所得、犯罪所得收益罪追究刑事责任。但有证据证明确实不知道的除外。

(一)多次使用或者使用多个非本人身份证明开设的收款码、网络支付接口等,帮助他人转账、套现、取现的;

(二)以明显异于市场的价格,通过电商平台预付卡、虚拟货币、手机充值卡、游戏点卡、游戏装备等转换财物、套现的;

(三)协助转换或者转移财物,收取明显高于市场的"手续费"的。

实施上述行为,事前通谋的,以共同犯罪论处;同时构成其他犯罪的,依照处罚较重的规定定罪处罚。法律和司法解释另有规定的除外。

十二、为他人实施电信网络诈骗犯罪提供技术支持、广告推广、支付结算等帮助,或者窝藏、转移、收购、代为销售及以其他方法掩饰、隐瞒电信网络诈骗犯罪所得及其产生的收益,诈骗犯罪行为可以确认,但实施诈骗的行为人尚未到案,可以依法先行追究已到案的上述犯罪嫌疑人、被告人的刑事责任。

十三、办案地公安机关可以通过公安机关信息化系统调取异地公安机关依法制作、收集的刑事案件受案登记表、立案决定书、被害人陈述等证据材料。调取时不得少于两名侦查人员,并应记载调取的时间、使用的信息化系统名称等相关信息,调取人签名并加盖办案地公安机关印章。经审核证明真实的,可以作为证据使用。

十四、通过国(区)际警务合作收集或者境外警方移交的境外证据材料,确因客观条件限制,境外警方未提供相关证据的发现、收集、保管、移交情况等材料的,公安机关应当对上述证据材料的来源、移交过程以及种类、数量、特征等作出书面说明，由两名以上侦查人员签名并加盖公安机关印章。经审核能够证明案件事实的，可以作为证据使用。

十五、对境外司法机关抓获并羁押的电信网络诈骗犯罪嫌疑人，在境内接受审判的，境外的羁押期限可以折抵刑期。

十六、办理电信网络诈骗犯罪案件，应当充分贯彻宽严相济刑事政策。在侦查、审查起诉、审判过程中，应当全面收集证据、准确甄别犯罪嫌疑人、被告人在共同犯罪中的层级地位及作用大小，结合其认罪态度和悔罪表现，区别对待，宽严并用，科学量刑，确保罚当其罪。

对于电信网络诈骗犯罪集团、犯罪团伙的组织者、策划者、指挥者和骨干分子，以及利用未成年人、在校学生、老年人、残疾人实施电信网络诈骗的，依法从严惩处。

对于电信网络诈骗犯罪集团、犯罪团伙中的从犯，特别是其中参与时间相对较短、诈骗数额相对较低或者从事辅助性工作并领取少量报酬，以及初犯、偶犯、未成年人、在校学生等，应当综合考虑其在共同犯罪中的地位作用、社会危害程度、主观恶性、人身危险性、认罪悔罪表现等情节，可以依法从轻、减轻处罚。犯罪情节轻微的，可以依法不起诉或者免予刑事处罚；情节显著轻微危害不大的，不以犯罪论处。

十七、查扣的涉案账户内资金，应当优先返还被害人，如不足以全额返还的，应当按照比例返还。

5.《检察机关办理电信网络诈骗案件指引》（高检发侦监字〔2018〕12 号，2018 年 11 月 9 日）

二、需要特别注意的问题

在电信网络诈骗案件审查逮捕、审查起诉中，要根据相关法律、司法解释等规定，结合在案证据，重点注意以下问题：

（一）电信网络诈骗犯罪的界定

1. 此罪彼罪

在一些案件中，尤其是利用网络钓鱼、木马链接实施犯罪的案件中，既存在虚构事实、隐瞒真相的诈骗行为，又可能存在秘密窃取的行为，关键要审查犯罪嫌疑人取得财物是否基于被害人对财物的主动处分意识。如果行为人通过秘密窃取的行为获取他人财物，则应认定构成盗窃罪；如果窃取或者骗取的是他人信用卡资料，并通过互联网、通讯终端等使用的，根据《最高人民法院、最高人民检察院关于办理妨害信用卡管理刑事案件具体应用法律若干问题的解释》（法释〔2009〕19 号），则可能构成信用卡诈骗罪；如果通过电信网络技术向不特定多数人发送诈骗信息后又转入接触式诈骗,或者为实现诈骗目的,线上线下并行同时进行接触式和非接触式诈骗,应当按照诈骗取财行为的本质定性,虽然使用电信网络技术但被害人基于接触被骗的,应当认定普通诈骗;如果出现电信网络诈骗和合同诈骗、保险诈骗等特殊诈骗罪名的竞合,应依据刑法有关规定定罪量刑。

2. 追诉标准低于普通诈骗犯罪且无地域差别

追诉标准直接决定了法律适用问题甚至罪与非罪的认定。《意见》规定,利用电信网络技术手段实施诈骗,诈骗公私财物价值三千元以上的,认定为刑法第二百六十六条规定的"数额较大"。而《解释》规定,诈骗公私财物价值三千元至一万元以上的,认定为刑法第二百六十六条规定的"数额较大"。因此,电信网络诈骗的追诉标准要低于普通诈骗的追诉标准,且全国统一无地域差别,即犯罪数额达到三千元以上、三万元以上、五十万元以上的,应当分别认定为刑法第二百六十六条规定的"数额较大"、"数额巨大"、"数额特别巨大"。

(二)犯罪形态的审查

1. 可以查证诈骗数额的未遂

电信网络诈骗应以被害人失去对被骗钱款的实际控制为既遂认定标准。一般情形下,诈骗款项转出后即时到账构成既遂。但随着银行自助设备、第三方支付平台陆续推出"延时到账""撤销转账"等功能,被害人通过自助设备、第三方支付平台向犯罪嫌疑人指定账户转账,可在规定时间内撤销转账,资金并未实时转出。此种情形下被害人并未对被骗款项完全失去控制,而犯罪嫌疑人亦未取得实际控制,应当认定为未遂。

2. 无法查证诈骗数额的未遂

根据《意见》规定,对于诈骗数额难以查证的,犯罪嫌疑人发送诈骗信息五千条以上,或者拨打诈骗电话五百人次以上,或者在互联网上发布诈骗信息的页面浏览量累计五千次以上,可以认定为诈骗罪中"其他严重情节",以诈骗罪(未遂)定罪处罚。具有上述情形,数量达到相应标准十倍以上的,应当认定为刑法第二百六十六条规定的"其他特别严重情节",以诈骗罪(未遂)定罪处罚。

(三)诈骗数额及发送信息、拨打电话次数的认定

1. 诈骗数额的认定

(1)根据犯罪集团诈骗账目登记表、犯罪嫌疑人提成表等书证,结合证人证言、犯罪嫌疑人供述和辩解等言词证据,认定犯罪嫌疑人的诈

骗数额。

(2)根据经查证属实的银行账户交易记录、第三方支付结算账户交易记录、通话记录、电子数据等证据,结合已收集的被害人陈述,认定被害人人数及诈骗资金数额。

(3)对于确因客观原因无法查实全部被害人,尽管有证据证明该账户系用于电信网络诈骗犯罪,且犯罪嫌疑人无法说明款项合法来源的,也不能简单将账户内的款项全部推定为"犯罪数额"。要根据在案其他证据,认定犯罪集团是否有其他收入来源,"违法所得"有无其他可能性。如果证据足以证实"违法所得"的排他性,则可以将"违法所得"均认定为犯罪数额。

(4)犯罪嫌疑人为实施犯罪购买作案工具、伪装道具、租用场地、交通工具甚至雇佣他人等诈骗成本不能从诈骗数额中扣除。对通过向被害人交付一定货币,进而骗取其信任并实施诈骗的,由于货币具有流通性和经济价值,该部分货币可以从诈骗数额中扣除。

2. 发送信息、拨打电话次数的认定

(1)拨打电话包括拨出诈骗电话和接听被害人回拨电话。反复拨打、接听同一电话号码,以及反复向同一被害人发送诈骗信息的,拨打、接听电话次数、发送信息条数累计计算。

(2)被害人是否接听、接收到诈骗电话、信息不影响次数、条数计算。

(3)通过语音包发送的诈骗录音或通过网络等工具辅助拨出的电话,应当认定为拨打电话。

(4)发送信息条数、拨打电话次数的证据难以收集的,可以根据经查证属实的日发送信息条数、日拨打人次数,结合犯罪嫌疑人实施犯罪的时间、犯罪嫌疑人的供述等相关证据予以认定。

(5)发送信息条数和拨打电话次数在法律及司法解释未明确的情况下不宜换算累加。

(四)共同犯罪及主从犯责任的认定

1. 对于三人以上为实施电信网络诈骗而组成的较为固定的犯罪组织,应当依法认定为犯罪集团。对于犯罪集团的首要分子,按照集团所犯全部犯罪处罚,并且对犯罪集团中组织、指挥、策划者和骨干分子依法从严惩处。

2. 对于其余主犯,按照其所参与或者组织、指挥的全部犯罪处罚。多人共同实施电信网络诈骗,犯罪嫌疑人、被告人应对其参与期间该诈骗团伙实施的全部诈骗行为承担责任。

3. 对于部分被招募发送信息、拨打电话的犯罪嫌疑人,应当对其参与期间整个诈骗团伙的诈骗行为承担刑事责任,但可以考虑参与时间较短、诈骗数额较低、发送信息、拨打电话较少,认定为从犯,从宽处理。

4. 对于专门取款人,由于其可在短时间内将被骗款项异地转移,对诈骗既遂起到了至关重要的作用,也大大增加了侦查和追赃难度,因此应按其在共同犯罪中的具体作用进行认定,不宜一律认定为从犯。

(五)关联犯罪事前通谋的审查

根据《意见》规定,明知是电信网络诈骗犯罪所得及其产生的收益,通过使用销售点终端机具(POS 机)刷卡套现等非法途径,协助转换或者转移财物等五种方式转账、套现、取现的,需要与直接实施电信网络诈骗犯罪嫌疑人事前通谋的才以共同犯罪论处。因此,应当重点审查帮助转换或者转移财物行为人是否在诈骗犯罪既遂之前与实施诈骗犯罪嫌疑人共谋或者虽无共谋但明知他人实施犯罪而提供帮助。对于帮助者明知的内容和程度,并不要求其明知被帮助者实施诈骗行为的具体细节,其只要认识到对方实施诈骗犯罪行为即可。审查时,要根据犯罪嫌疑人的认知能力、既往经历、行为次数和手段、与他人关系、获利情况、是否曾因电信网络诈骗受过处罚以及是否故意规避调查等主客观因素分析认定。

6. 公刑〔2002〕1046 号　三、对使用伪造的学生证购买半价火车票,数额较大的,应当依照《中华人民共和国刑法》第 266 条的规定,以诈骗罪立案侦查;尚不够刑事处罚的,应当依照《中华人民共和国治安管理处罚条例》第 23 条第(一)项的规定以诈骗定性处罚。

7. 公法〔2000〕83 号　行为人采用欺骗方法使发行彩票的工作人员回收已被识别为不中奖的彩票,数额较大的,应当依照刑法第二百六十六条的规定,以诈骗罪追究刑事责任;行为人与发行彩票的工作人员共谋,发行彩票的工作人员明知是已被识别为不中奖的彩票而回收并向社会公众出售,且数额较大的,对行为人和发行彩票的工作人员,应当以共同犯罪依照刑法第二百六十六条的规定追究刑事责任;尚不构成犯罪的,依照《治安管理处罚条例》第二十三条的有关规定予以处罚。

8. 法释〔2011〕7 号第七条　明知他人实施诈骗犯罪,为其提供信用卡、手机卡、通讯工具、通讯传输通道、网络技术支持、费用结算等帮助的,以共同犯罪论处。

法释〔2011〕7号第八条　冒充国家机关工作人员进行诈骗，同时构成诈骗罪和招摇撞骗罪的，依照处罚较重的规定定罪处罚。

9. 董亮等四人诈骗案（检例第38号）

要旨　以非法占有为目的，采用自我交易方式，虚构提供服务事实，骗取互联网公司垫付费用及订单补贴，数额较大的行为，应认定为诈骗罪。

指导意义　当前，网络约车、网络订餐等互联网经济新形态发展迅速。一些互联网公司为抢占市场，以提供订单补贴的形式吸引客户参与。某些不法分子采取违法手段，骗取互联网公司给予的补贴，数额较大的，可以构成诈骗罪。

在网络约车中，行为人以非法占有为目的，通过网约车平台与网约车公司进行交流，发出虚构的用车需求，使网约车公司误认为是符合公司补贴规则的订单，基于错误认识，给予行为人垫付车费及订单补贴，该行为符合诈骗罪的本质特征，是一种新型诈骗罪的表现形式。

266-3　法释〔2011〕7号第四条　诈骗近亲属的财物，近亲属谅解的，一般可不按犯罪处理。

诈骗近亲属的财物，确有追究刑事责任必要的，具体处理也应酌情从宽。

266-4　**1.**《全国人民代表大会常务委员会关于〈中华人民共和国刑法〉第二百六十六条的解释》（2014年4月24日第十二届全国人民代表大会常务委员会第八次会议通过）　全国人民代表大会常务委员会根据司法实践中遇到的情况，讨论了刑法第二百六十六条的含义及骗取养老、医疗、工伤、失业、生育等社会保险金或者其他社会保障待遇的行为如何适用刑法有关规定的问题，解释如下：以欺诈、伪造证明材料或者其他手段骗取养老、医疗、工伤、失业、生育等社会保险金或者其他社会保障待遇的，属于刑法第二百六十六条规定的诈骗公私财物的行为。

2. 法释〔2000〕12号第九条　以虚假、冒用的身份证件办理入网手续并使用移动电话，造成电信资费损失数额较大的，依照刑法第二百六十六条的规定，以诈骗罪定罪处罚。

3. 法释〔2011〕7号第九条　案发后查封、扣押、冻结在案的诈骗财物及其孳息，权属明确的，应当发还被害人；权属不明确的，可按被骗款物占查封、扣押、冻结在案的财物及其孳息总额的比例发还被害人，但已获退赔的应予扣除。

法释〔2011〕7号第十条 行为人已将诈骗财物用于清偿债务或者转让给他人,具有下列情形之一的,应当依法追缴:

(一)对方明知是诈骗财物而收取的;

(二)对方无偿取得诈骗财物的;

(三)对方以明显低于市场的价格取得诈骗财物的;

(四)对方取得诈骗财物系源于非法债务或者违法犯罪活动的。

他人善意取得诈骗财物的,不予追缴。

4.《最高人民法院关于审理扰乱电信市场管理秩序案件具体应用法律若干问题的解释》(法释〔2000〕12号,2000年5月24日)第九条 以虚假、冒用的身份证件办理入网手续并使用移动电话,造成电信资费损失数额较大的,依照刑法第二百六十六条的规定,以诈骗罪定罪处罚。

266-5 1. 法释〔2011〕7号第一条第一款 诈骗公私财物价值三千元至一万元以上、三万元至十万元以上、五十万元以上的,应当分别认定为刑法第二百六十六条规定的"数额较大"、"数额巨大"、"数额特别巨大"。

法释〔2011〕7号第三条 诈骗公私财物虽已达到本解释第一条规定的"数额较大"的标准,但具有下列情形之一,且行为人认罪、悔罪的,可以根据刑法第三十七条、刑事诉讼法第一百四十二条的规定不起诉或者免予刑事处罚:

(一)具有法定从宽处罚情节的;

(二)一审宣判前全部退赃、退赔的;

(三)没有参与分赃或者获赃较少且不是主犯的;

(四)被害人谅解的;

(五)其他情节轻微、危害不大的。

2.《最高人民法院研究室关于申付强诈骗案如何认定诈骗数额问题的电话答复》(1991年4月23日) ……即在具体认定诈骗犯罪数额时,应把案发前已被追回的被骗款额扣除,按最后实际诈骗所得数额计算。但在处罚时,对于这种情况应当做为从重情节予以考虑。

3. 法发〔2016〕32号 二、依法严惩电信网络诈骗犯罪

(一)根据《最高人民法院、最高人民检察院关于办理诈骗刑事案件具体应用法律若干问题的解释》第一条的规定,利用电信网络技术手段实施诈骗,诈骗公私财物价值三千元以上、三万元以上、五十万元

以上的,应当分别认定为刑法第二百六十六条规定的“数额较大”、“数额巨大”、“数额特别巨大”。

二年内多次实施电信网络诈骗未经处理,诈骗数额累计计算构成犯罪的,应当依法定罪处罚。

4. 法发〔2019〕11号　6. 在认定“套路贷”犯罪数额时,应当与民间借贷相区别,从整体上予以否定性评价,“虚高债务”和以“利息”“保证金”“中介费”“服务费”“违约金”等名目被犯罪嫌疑人、被告人非法占有的财物,均应计入犯罪数额。

犯罪嫌疑人、被告人实际给付被害人的本金数额,不计入犯罪数额。

已经着手实施“套路贷”,但因意志以外原因未得逞的,可以根据相关罪名所涉及的刑法、司法解释规定,按照已着手非法占有的财物数额认定犯罪未遂。既有既遂,又有未遂,犯罪既遂部分与未遂部分分别对应不同法定刑幅度的,应当先决定对未遂部分是否减轻处罚,确定未遂部分对应的法定刑幅度,再与既遂部分对应的法定刑幅度进行比较,选择处罚较重的法定刑幅度,并酌情从重处罚;二者在同一量刑幅度的,以犯罪既遂酌情从重处罚。

5.《最高人民法院、最高人民检察院关于常见犯罪的量刑指导意见(试行)》(法发〔2021〕21号,2021年7月1日)　四、常见犯罪的量刑　(十二)诈骗罪

1. 构成诈骗罪的,根据下列情形在相应的幅度内确定量刑起点:

(1)达到数额较大起点的,在一年以下有期徒刑、拘役幅度内确定量刑起点。

(2)达到数额巨大起点或者有其他严重情节的,在三年至四年有期徒刑幅度内确定量刑起点。

(3)达到数额特别巨大起点或者有其他特别严重情节的,在十年至十二年有期徒刑幅度内确定量刑起点。依法应当判处无期徒刑的除外。

2. 在量刑起点的基础上,根据诈骗数额等其他影响犯罪构成的犯罪事实增加刑罚量,确定基准刑。

3. 构成诈骗罪的,根据诈骗的数额、手段、危害后果等犯罪情节,综合考虑被告人缴纳罚金的能力,决定罚金数额。

4. 构成诈骗罪的,综合考虑诈骗的起因、手段、数额、危害后果、退赃退赔等犯罪事实、量刑情节,以及被告人的主观恶性、人身危险性、认

罪悔罪表现等因素,决定缓刑的适用。对实施电信网络诈骗的,从严把握缓刑的适用。

266-6 **1.** 法释〔2011〕7号第二条 诈骗公私财物达到本解释第一条规定的数额标准,具有下列情形之一的,可以依照刑法第二百六十六条的规定酌情从严惩处:

(一)通过发送短信、拨打电话或者利用互联网、广播电视、报刊杂志等发布虚假信息,对不特定多数人实施诈骗的;

(二)诈骗救灾、抢险、防汛、优抚、扶贫、移民、救济、医疗款物的;

(三)以赈灾募捐名义实施诈骗的;

(四)诈骗残疾人、老年人或者丧失劳动能力人的财物的;

(五)造成被害人自杀、精神失常或者其他严重后果的。

诈骗数额接近本解释第一条规定的"数额巨大"、"数额特别巨大"的标准,并具有前款规定的情形之一或者属于诈骗集团首要分子的,应当分别认定为刑法第二百六十六条规定的"其他严重情节"、"其他特别严重情节"。

法释〔2011〕7号第五条第一款 诈骗未遂,以数额巨大的财物为诈骗目标的,或者具有其他严重情节的,应当定罪处罚。

利用发送短信、拨打电话、互联网等电信技术手段对不特定多数人实施诈骗,诈骗数额难以查证,但具有下列情形之一的,应当认定为刑法第二百六十六条规定的"其他严重情节",以诈骗罪(未遂)定罪处罚:

(一)发送诈骗信息五千条以上的;

(二)拨打诈骗电话五百人次以上的;

(三)诈骗手段恶劣、危害严重的。

2. 法发〔2016〕32号 二、依法严惩电信网络诈骗犯罪

(二)实施电信网络诈骗犯罪,达到相应数额标准,具有下列情形之一的,酌情从重处罚:

1. 造成被害人或其近亲属自杀、死亡或者精神失常等严重后果的;

2. 冒充司法机关等国家机关工作人员实施诈骗的;

3. 组织、指挥电信网络诈骗犯罪团伙的;

4. 在境外实施电信网络诈骗的;

5. 曾因电信网络诈骗犯罪受过刑事处罚或者二年内曾因电信网络诈骗受过行政处罚的;

6. 诈骗残疾人、老年人、未成年人、在校学生、丧失劳动能力人的财物，或者诈骗重病患者及其亲属财物的；

7. 诈骗救灾、抢险、防汛、优抚、扶贫、移民、救济、医疗等款物的；

8. 以赈灾、募捐等社会公益、慈善名义实施诈骗的；

9. 利用电话追呼系统等技术手段严重干扰公安机关等部门工作的；

10. 利用“钓鱼网站”链接、“木马”程序链接、网络渗透等隐蔽技术手段实施诈骗的。

（三）实施电信网络诈骗犯罪，诈骗数额接近“数额巨大”、“数额特别巨大”的标准，具有前述第（二）项规定的情形之一的，应当分别认定为刑法第二百六十六条规定的“其他严重情节”、“其他特别严重情节”。

上述规定的“接近”，一般应掌握在相应数额标准的百分之八十以上。

（四）实施电信网络诈骗犯罪，犯罪嫌疑人、被告人实际骗得财物的，以诈骗罪（既遂）定罪处罚。诈骗数额难以查证，但具有下列情形之一的，应当认定为刑法第二百六十六条规定的“其他严重情节”，以诈骗罪（未遂）定罪处罚：

1. 发送诈骗信息五千条以上的，或者拨打诈骗电话五百人次以上的；

2. 在互联网上发布诈骗信息，页面浏览量累计五千次以上的。

具有上述情形，数量达到相应标准十倍以上的，应当认定为刑法第二百六十六条规定的“其他特别严重情节”，以诈骗罪（未遂）定罪处罚。

上述“拨打诈骗电话”，包括拨出诈骗电话和接听被害人回拨电话。反复拨打、接听同一电话号码，以及反复向同一被害人发送诈骗信息的，拨打、接听电话次数、发送信息条数累计计算。

因犯罪嫌疑人、被告人故意隐匿、毁灭证据等原因，致拨打电话次数、发送信息条数的证据难以收集的，可以根据经查证属实的日拨打人次数、日发送信息条数，结合犯罪嫌疑人、被告人实施犯罪的时间、犯罪嫌疑人、被告人的供述等相关证据，综合予以认定。

3.《最高人民法院、最高人民检察院、公安部关于办理电信网络诈骗等刑事案件适用法律若干问题的意见（二）》（法发〔2021〕22号，2021年6月17日）　三、有证据证实行为人参加境外诈骗犯罪集团或犯罪团伙，在境外针对境内居民实施电信网络诈骗犯罪行为，诈骗数额难以查证,但一年内出境赴境外诈骗犯罪窝点累计时间30日以上或多次出境赴境外诈骗犯罪窝点的,应当认定为刑法第二百六十六条规定的“其他严重情节”,以诈骗罪依法追究刑事责任。有证据证明其出境从事正当活动的除外。

266-7　法释〔2011〕7号第五条第三款　实施前款规定行为,数量达到前款第(一)、(二)项规定标准十倍以上的,或者诈骗手段特别恶劣、危害特别严重的,应当认定为刑法第二百六十六条规定的“其他特别严重情节”,以诈骗罪(未遂)定罪处罚。

第二百六十七条[1]　**(刑九)【抢夺罪】**抢夺公私财物,数额较大的,[2] 或者多次抢夺的,处三年以下有期徒刑、拘役或者管制,并处或者单处罚金;数额巨大[3] 或者有其他严重情节[4] 的,处三年以上十年以下有期徒刑,并处罚金;数额特别巨大[5] 或者有其他特别严重情节[6] 的,处十年以上有期徒刑或者无期徒刑,并处罚金或者没收财产。

携带凶器抢夺[7] 的,依照本法第二百六十三条(*抢劫罪*)的规定定罪处罚。

267-1　《最高人民法院、最高人民检察院关于办理抢夺刑事案件适用法律若干问题的解释》(法释〔2013〕25号,2013年11月18日)

267-2　**1.** 法释〔2013〕25号第一条第一款　抢夺公私财物价值人民币一千元至三千元以上的,应当认定为刑法第二百六十六条规定的“数额较大”。

法释〔2013〕25号第二条　抢夺公私财物,具有下列情形之一的,“数额较大”的标准按照前条规定标准的百分之五十确定:

(一)曾因抢劫、抢夺或者聚众哄抢受过刑事处罚的;

(二)一年内曾因抢夺或者哄抢受过行政处罚的;

(三)一年内抢夺三次以上的;

(四)驾驶机动车、非机动车抢夺的;

(五)组织、控制未成年人抢夺的;

(六)抢夺老年人、未成年人、孕妇、携带婴幼儿的人、残疾人、丧失劳动能力人的财物的;

(七)在医院抢夺病人或者其亲友财物的;

（八）抢夺救灾、抢险、防汛、优抚、扶贫、移民、救济款物的；

（九）自然灾害、事故灾害、社会安全事件等突发事件期间，在事件发生地抢夺的；

（十）导致他人轻伤或者精神失常等严重后果的。

法释〔2013〕25号第五条　抢夺公私财物数额较大，但未造成他人轻伤以上伤害，行为人系初犯，认罪、悔罪，退赃、退赔，且具有下列情形之一的，可以认定为犯罪情节轻微，不起诉或者免予刑事处罚；必要时，由有关部门依法予以行政处罚：

（一）具有法定从宽处罚情节的；

（二）没有参与分赃或者获赃较少，且不是主犯的；

（三）被害人谅解的；

（四）其他情节轻微、危害不大的。

2.《最高人民法院、最高人民检察院关于常见犯罪的量刑指导意见（试行）》（法发〔2021〕21号，2021年7月1日）　四、常见犯罪的量刑　（十三）抢夺罪

1. 构成抢夺罪的，根据下列情形在相应的幅度内确定量刑起点：

（1）达到数额较大起点或者二年内三次抢夺的，在一年以下有期徒刑、拘役幅度内确定量刑起点。

（2）达到数额巨大起点或者有其他严重情节的，在三年至五年有期徒刑幅度内确定量刑起点。

（3）达到数额特别巨大起点或者有其他特别严重情节的，在十年至十二年有期徒刑幅度内确定量刑起点。依法应当判处无期徒刑的除外。

2. 在量刑起点的基础上，根据抢夺数额、次数等其他影响犯罪构成的犯罪事实增加刑罚量，确定基准刑。

多次抢夺，数额达到较大以上的，以抢夺数额确定量刑起点，抢夺次数可以作为调节基准刑的量刑情节；数额未达到较大的，以抢夺次数确定量刑起点，超过三次的次数作为增加刑罚量的事实。

3. 构成抢夺罪的，根据抢夺的数额、次数、手段、危害后果等犯罪情节，综合考虑被告人缴纳罚金的能力，决定罚金数额。

4. 构成抢夺罪的，综合考虑抢夺的起因、数额、手段、次数、危害后果、退赃退赔等犯罪事实、量刑情节，以及被告人的主观恶性、人身危险性、认罪悔罪表现等因素，决定缓刑的适用。

267-3 法释〔2013〕25号第一条 抢夺公私财物价值人民币三万元至八万元以上的,应当认定为刑法第二百六十七条规定的“数额巨大”。

267-4 法释〔2013〕25号第三条 抢夺公私财物,具有下列情形之一的,应当认定为刑法第二百六十七条规定的“其他严重情节”:

(一)导致他人重伤的;

(二)导致他人自杀的;

(三)具有本解释第二条第三项至第十项规定的情形之一,数额达到本解释第一条规定的“数额巨大”百分之五十的。

267-5 法释〔2013〕25号第一条 抢夺公私财物价值人民币二十万元至四十万元以上的,为“数额特别巨大”。

267-6 法释〔2013〕25号第四条 抢夺公私财物,具有下列情形之一的,应当认定为刑法第二百六十七条规定的“其他特别严重情节”:

(一)导致他人死亡的;

(二)具有本解释第二条第三项至第十项规定的情形之一,数额达到本解释第一条规定的“数额特别巨大”百分之五十的。

267-7 **1.**《最高人民法院关于审理抢劫案件具体应用法律若干问题的解释》(法释〔2000〕35号,2000年11月28日)第六条 刑法第二百六十七条第二款规定的“携带凶器抢夺”,是指行为人随身携带枪支、爆炸物、管制刀具等国家禁止个人携带的器械进行抢夺或者为了实施犯罪而携带其他器械进行抢夺的行为。

2.《最高人民法院关于审理抢劫、抢夺刑事案件适用法律若干问题的意见》(法发〔2005〕8号,2005年6月8日) 四、关于“携带凶器抢夺”的认定 行为人随身携带国家禁止个人携带的器械以外的其他器械抢夺,但有证据证明该器械确实不是为了实施犯罪准备的,不以抢劫罪定罪;行为人将随身携带凶器有意加以显示、能为被害人察觉到的,直接适用*刑法第二百六十三条(*抢劫罪*)的规定定罪处罚;行为人携带凶器抢夺后,在逃跑过程中为窝藏赃物、抗拒抓捕或者毁灭罪证而当场使用暴力或者以暴力相威胁的,适用刑法第二百六十七条第二款(*携带凶器抢夺*)的规定定罪处罚。

---

* 此处不是转化型抢劫。是否故意显示凶器,是区别抢劫罪和携带凶器抢夺的关键。

第二百六十八条　【聚众哄抢罪】聚众哄抢公私财物,数额较大或者有其他严重情节的,对首要分子和积极参加的,处三年以下有期徒刑、拘役或者管制,并处罚金;数额巨大或者有其他特别严重情节的,处三年以上十年以下有期徒刑,并处罚金。

第二百六十九条　【抢劫罪】犯盗窃、诈骗、抢夺罪,为*窝藏赃物、抗拒抓捕或者毁灭罪证而当场[1]使用暴力或者以暴力相威胁的,[2]依照本法第二百六十三条(*抢劫罪*)的规定定罪处罚。

269-1　《最高人民法院关于审理抢劫刑事案件适用法律若干问题的指导意见》(法发〔2016〕2号,2016年1月6日)

三、关于转化型抢劫犯罪的认定

根据刑法第二百六十九条的规定,"犯盗窃、诈骗、抢夺罪,为窝藏赃物、抗拒抓捕或者毁灭罪证而当场使用暴力或者以暴力相威胁的",依照抢劫罪定罪处罚。"犯盗窃、诈骗、抢夺罪",主要是指行为人已经着手实施盗窃、诈骗、抢夺行为,一般不考察盗窃、诈骗、抢夺行为是否既遂。但是所涉财物数额明显低于"数额较大"的标准,又不具有《两抢意见》第五条所列五种情节之一的,不构成抢劫罪。"当场"是指在盗窃、诈骗、抢夺的现场以及行为人刚离开现场即被他人发现并抓捕的情形。

对于以摆脱的方式逃脱抓捕,暴力强度较小,未造成轻伤以上后果的,可不认定为"使用暴力",不以抢劫罪论处。

入户或者在公共交通工具上盗窃、诈骗、抢夺后,为了窝藏赃物、抗拒抓捕或者毁灭罪证,在户内或者公共交通工具上当场使用暴力或者以暴力相威胁的,构成"入户抢劫"或者"在公共交通工具上抢劫"。

两人以上共同实施盗窃、诈骗、抢夺犯罪,其中部分行为人为窝藏赃物、抗拒抓捕或者毁灭罪证而当场使用暴力或者以暴力相威胁的,对于其余行为人是否以抢劫罪共犯论处,主要看其对实施暴力或者以暴力相威胁的行为人是否形成共同犯意、提供帮助。基于一定意思联络,对实施暴力或者以暴力相威胁的行为人提供帮助或实际成为帮凶的,

---

* 此处不用"因"而是用"为"。

可以抢劫共犯论处。

269-2 《最高人民法院关于审理抢劫、抢夺刑事案件适用法律若干问题的意见》(法发〔2005〕8号,2005年6月8日)

五、关于转化抢劫的认定

行为人实施盗窃、诈骗、抢夺行为,未达到"数额较大",为窝藏赃物、抗拒抓捕或者毁灭罪证当场使用暴力或者以暴力相威胁,情节较轻、危害不大的,一般不以犯罪论处;但具有下列情节之一的,可依照刑法第二百六十九条的规定,以抢劫罪定罪处罚;

(1)盗窃、诈骗、抢夺接近"数额较大"标准的;

(2)入户或在公共交通工具上盗窃、诈骗、抢夺后在户外或交通工具外实施上述行为的;

(3)使用暴力致人轻微伤以上后果的;

(4)使用凶器或以凶器相威胁的;

(5)具有其他严重情节的。

第二百七十条 **【侵占罪】**将代为保管的他人财物非法占为己有,数额较大,拒不退还的,处二年以下有期徒刑、拘役或者罚金;数额巨大或者有其他严重情节的,处二年以上五年以下有期徒刑,并处罚金。

将他人的遗忘物或者埋藏物非法占为己有,数额较大,拒不交出的,依照前款的规定处罚。

本条罪,告诉的才处理。*

第二百七十一条 **(刑十一)【职务侵占罪】**公司、企业或者其他单位[1] 的工作人员,利用职务上的便利,将本单位财物[2] 非法占为己有,数额较大的,[3]** 处三年以下有期徒刑或者拘役,并处罚金;数额巨大的,处三年以上十年以下有期徒刑,并处罚金;数额特别巨大的,处十年以上有期徒刑或者无期徒刑,并处罚金。

国有公司、企业或者其他国有单位中从事公务的人员和国有公

---

* 在亲告罪中只有侵占罪是没有例外的,是绝对的亲告罪。

** 职务侵占罪中的数额较大,相当于盗窃罪和抢夺罪中的数额巨大。

司、企业或者其他国有单位委派到非国有公司、企业以及其他单位从事公务的人员有前款行为的，依照本法第三百八十二条（*贪污罪*）、第三百八十三条（*贪污罪的处罚*）的规定定罪处罚。

271-1 1.《最高人民法院关于村民小组组长利用职务便利非法占有公共财物行为如何定性问题的批复》（法释〔1999〕12号，1999年7月3日） 对村民小组组长利用职务上的便利，将村民小组集体财产非法占为己有，数额较大的行为，应当依照刑法第二百七十一条第一款的规定，以职务侵占罪定罪处罚。

2.《公安部经济犯罪侦查局关于宗教活动场所工作人员能否构成职务侵占或挪用资金犯罪主体的批复》（公经〔2004〕643号，2004年4月30日） 根据《宗教活动场所管理条例》（国务院令第145号令）等有关规定，宗教活动场所属于刑法第271条和第272条所规定的“其他单位”的范围。宗教活动场所的财产属于公共财产或信教公民共有财产，受法律保护，任何组织和个人不得侵占、哄抢、私分和非法处分宗教团体、宗教活动场所的合法财产。宗教活动场所的管理人员利用职务之便，侵占或挪用宗教活动场所公共财产的，可以构成职务侵占罪或挪用资金罪。

3.《最高人民法院关于在国有资本控股、参股的股份有限公司中从事管理工作的人员利用职务便利非法占有本公司财物如何定罪问题的批复》（法释〔2001〕17号，2001年5月26日） 在国有资本控股、参股的股份有限公司中从事管理工作的人员，除受国家机关、国有企业、公司、事业单位委派从事公务的以外，不属于国家工作人员。对其利用职务上的便利，将本单位财物非法占为己有，数额较大的，应当依照刑法第二百七十一条第一款的规定，以职务侵占罪定罪处罚。

理解与适用：在股份公司中从事管理工作的人员，按照其是否由国有单位委派从事公务决定其行为的性质，从事公务的人所侵占的财产虽然不是公共财产，单纯依照刑法第三百八十二条则不构成贪污罪，但该条仅仅是贪污罪的一般规定，而本条则属于贪污罪的特别规定。

4.《最高人民法院研究室关于对通过虚假验资骗取工商营业执照的“三无”企业能否成为职务侵占罪客体问题征求意见的复函》（法研〔2008〕79号，2008年6月17日） 根据1999年7月3日施行的《最高人民法院关于审理单位犯罪案件具体应用法律若干问题的解释》第一条的规定,私营、独资等公司、企业、事业单位占有具有法人资格才属于我国刑法中所指单位,其财产权才能成为职务侵占罪的客体。也就是说,是否具有法人资格是私营、独资等公司、企业、事业单位成为我国刑法中"单位"的关键。行为人通过虚假验资骗取工商营业执照成立的企业,即便为"三无"企业,只要具有法人资格,并且不是为进行违法犯罪活动而设立的公司、企业、事业单位,或公司、企业、事业单位设立后,不是以实施犯罪为主要活动的,能够成为《刑法》第 271 条第 1 款规定的"公司、企业或者其他单位"。这些单位中的人员,利用职务上的便利,将单位财物非法占为己有,数额较大的,构成职务侵占罪。

5.《最高人民法院研究室关于个人独资企业员工能否成为职务侵占罪主体问题的复函》(法研〔2011〕20 号,2011 年 2 月 15 日)　刑法第二百七十一条第一款规定中的"单位",包括"个人独资"。主要理由是:刑法第三十条规定的单位犯罪的"单位"与刑法第二百七十一条职务侵占罪的单位概念不尽一致,前者是指作为犯罪主体应当追究刑事责任的"单位",后者是指财产被侵害需要刑法保护的"单位",责任追究针对的是该"单位"中的个人。有关司法解释之所以规定,不具有法人资格的独资企业不能成为单位犯罪的主体,主要是考虑此类企业因无独立财产、个人与企业行为的界限难以区分;不具备独立承担刑事责任的能力。刑法第二百七十一条第一款立法的目的基于保护单位财产,惩处单位内工作人员利用职务便利,侵占单位财产的行为,因此该款规定的"单位"应当也包括独资企业。

6.《最高人民法院关于如何认定国有控股、参股股份有限公司中的国有公司、企业人员的解释》(法释〔2005〕10 号,2005 年 8 月 11 日)*

7.《最高人民法院关于审理贪污、职务侵占案件如何认定共同犯罪几个问题的解释》(法释〔2000〕15 号,2000 年 7 月 8 日)第二条　行为人与公司、企业或者其他单位的人员勾结,利用公司、企业或者其他单位人员的职务便利,共同将该单位财物非法占为已有,数额较大的,以职务侵占罪共犯论处。

法释〔2000〕15 号第三条　公司、企业或者其他单位中,不具有

---

* 参见本法第一百六十八条有关脚注。

国家工作人员身份的人与国家工作人员勾结，分别利用各自的职务便利，共同将本单位财物非法占为己有的，按照主犯的犯罪性质定罪。

271-2　《公安部经侦局关于对非法占有他人股权是否构成职务侵占罪问题的工作意见》（2005年6月24日）　对于公司股东之间或者被委托人利用职务便利，非法占有公司股东股权的行为，如果能够认定行为人主观上具有非法占有他人财物的目的，则可对其利用职务便利，非法占有公司管理中的股东股权的行为以职务侵占罪论处。

271-3　**1.**《立案标准（二）》第七十六条　公司、企业或者其他单位的人员，利用职务上的便利，将本单位财物非法占为己有，数额在三万元以上的，应予立案追诉。

2.《最高人民法院、最高人民检察院关于常见犯罪的量刑指导意见（试行）》（法发〔2021〕21号，2021年7月1日）　四、常见犯罪的量刑　（十四）职务侵占罪

1. 构成职务侵占罪的，根据下列情形在相应的幅度内确定量刑起点：

（1）达到数额较大起点的，在一年以下有期徒刑、拘役幅度内确定量刑起点。

（2）达到数额巨大起点的，在三年至四年有期徒刑幅度内确定量刑起点。

（3）达到数额特别巨大起点的，在十年至十一年有期徒刑幅度内确定量刑起点。依法应当判处无期徒刑的除外。

2. 在量刑起点的基础上，根据职务侵占数额等其他影响犯罪构成的犯罪事实增加刑罚量，确定基准刑。

3. 构成职务侵占罪的，根据职务侵占的数额、危害后果等犯罪情节，综合考虑被告人缴纳罚金的能力，决定罚金数额。

4. 构成职务侵占罪的，综合考虑职务侵占的数额、手段、危害后果、退赃退赔等犯罪事实、量刑情节，以及被告人的主观恶性、人身危险性、认罪悔罪表现等因素，决定缓刑的适用。

第二百七十二条　【挪用资金罪】公司、企业或者其他单位[1]的工作人员[2]，利用职务上的便利，挪用本单位资金[3]归个人使用或者借贷给他人[4]，数额较大、超过三个月未还的，或者虽未超过三个月，但数额较大、进行营利活动的，或者进行非法活动的[5]，处三年以下有

期徒刑或者拘役;挪用本单位资金数额巨大的*,处三年以上七年以下有期徒刑;数额特别巨大的,处七年以上有期徒刑。

国有公司、企业或者其他国有单位中从事公务的人员和国有公司、企业或者其他国有单位委派到非国有公司、企业以及其他单位从事公务的人员有前款行为的,依照本法第三百八十四条的规定定罪处罚。

(刑十一)有第一款行为,在提起公诉前将挪用的资金退还的,可以从轻或者减轻处罚。其中,犯罪较轻的,可以减轻或者免除处罚。

272-1 **1.**《公安部关于村民小组组长以本组资金为他人担保贷款如何定性处理问题的批复》(公法〔2001〕83号,2001年4月26日) 村民小组组长利用职务上的便利,擅自将村民小组的集体财产为他人担保贷款,并以集体财产承担担保责任的,属于挪用本单位资金归个人使用的行为。构成犯罪的,应当依照刑法第二百七十二条第一款的规定,以挪用资金罪追究行为人的刑事责任。

2.《最高人民检察院关于挪用尚未注册成立公司资金的行为适用法律问题的批复》(高检发研字〔2000〕19号,2000年10月9日) 筹建公司的工作人员在公司登记注册前,利用职务上的便利,挪用准备设立的公司在银行开设的临时账户上的资金,归个人使用或者借贷给他人,数额较大、超过三个月未还的,或者虽未超过三个月,但数额较大、进行营利活动的,或者进行非法活动的,应当根据刑法第二百七十二条的规定,追究刑事责任。

272-2 《最高人民法院关于对受委托管理、经营国有财产人员挪用国有资金行为如何定罪问题的批复》(法释〔2000〕5号,2000年2月24日) 对于受国家机关、国有公司、企业、事业单位、人民团体委托,管理、经营国有财产的非国家工作人员,利用职务上的便利,挪用国有资金归个人使用构成犯罪的,应当依照刑法第二百七十二条第一款的规定定罪处罚。

理解与适用:有观点认为,从严厉打击的角度出发,并参照贪污罪

---

* 第三百八十三条相关规定的表述:挪用公款数额巨大不退还的,处十年以上有期徒刑或者无期徒刑。

的犯罪主体的有关规定，认为此类人员应认定为国家工作人员。否则同一个人既有贪污公款的行为又有挪用资金的行为，最终依不同的身份分别认定为贪污罪和挪用资金罪，则明显不合适。但贪污罪侵犯的是公共财产的所有权，而挪用类犯罪侵犯的只是公共财产的使用权，社会危害性的程度不同。如果挪用公款罪的犯罪主体参照贪污罪而得以扩大，那么受贿罪的主体是否也要相应扩大？最终根据罪刑法定原则，将此类受托管理、经营国有财产的人员不予认定为国家工作人员。从逻辑上看，《刑法》第三百八十二条贪污罪的第一款和第二款是并列关系，这也说明受委托人员不应包含在国家工作人员之中。

272-3　《公安部经济犯罪侦查局关于对挪用资金罪有关问题请示的答复》（公经〔2002〕1604号，2002年12月24日）　对于在经济往来中所涉及的暂收、预收、暂存其他单位或个人的款项、物品，或者对方支付的货款、交付的货物等，如接收人已以单位名义履行接收手续的，所接收的财、物应视为该单位资产。

272-4　**1.**《全国人民代表大会常务委员会法制工作委员会刑法室关于挪用资金罪有关问题的答复》（法工委刑发〔2004〕第28号，2004年9月8日）　刑法第二百七十二条规定的挪用资金罪中的“归个人使用”与刑法第三百八十四条规定的挪用公款罪中的“归个人使用”的含义基本相同。1997年修改刑法时，针对当时挪用资金中比较突出的情况，在规定“归个人使用时”的同时，进一步明确了“借贷给他人”属于挪用资金罪的一种表现形式。

2.《最高人民法院关于如何理解刑法第二百七十二条规定的“挪用本单位资金归个人使用或者借贷给他人”问题的批复》（法释〔2000〕22号，2000年7月22日）　公司、企业或者其他单位的非国家工作人员，利用职务上的便利，挪用本单位资金归本人或者其他自然人使用，或者挪用人以个人名义将所挪用的资金借给其他自然人和单位，构成犯罪的，应当依照刑法第二百七十二条第一款的规定定罪处罚。

理解与适用：1. 挪用本单位资金归个人使用，包括归本人使用或给其他自然人使用两种情况。至于挪用资金给私有公司、企业使用的，是否也应认定为“归个人使用”，考虑到《最高人民法院关于审理单位犯罪案件具体应用法律有关问题的解释》已明确将具有法人资格的私有公司、企业规定为刑法中的单位，故这一类公司不属于本条中的“个人”。2. 借贷给他人，可解释为借给其他自然人或单位。关于他人是否包括单位，以及如何确定单位的范围，有不同意见。经研究认为，对于符合挪用资金罪构成要件的行为,就应当以挪用资金罪追究刑事责任,不宜根据受害单位或者使用资金的单位的所有权性质,确定是否追究刑事责任。一个国有单位资金挪用给另一国有单位使用,行为人的挪用资金行为侵犯了本单位的资金使用权,给所在单位造成的危害和损失,并不因资金使用单位是国有单位而避免或有所减轻。挪用非国有单位资金给国有单位使用不构成挪用资金罪的观点,不符合对市场经济主体平等保护的宪法原则,从长远来看,不利于我国市场经济的进一步发展,故批复中规定的单位,既包括国有单位,也包括非国有单位。

272-5 《立案标准(二)》第七十七条　公司、企业或者其他单位的工作人员,利用职务上的便利,挪用本单位资金归个人使用或者借贷给他人,涉嫌下列情形之一的,应予立案追诉:

(一)挪用本单位资金数额在五万元以上,超过三个月未还的;

(二)挪用本单位资金数额在五万元以上,进行营利活动的;

(三)挪用本单位资金数额在三万元以上,进行非法活动的。

具有下列情形之一的,属于本条规定的"归个人使用":

(一)将本单位资金供本人、亲友或者其他自然人使用的;

(二)以个人名义将本单位资金供其他单位使用的;

(三)个人决定以单位名义将本单位资金供其他单位使用,谋取个人利益的。

第二百七十三条　【挪用特定款物罪】挪用*用于救灾、抢险、防汛、优抚、扶贫、移民、救济款物[1],情节严重,致使国家和人民群众利益遭受重大损害的,对直接责任人员,处三年以下有期徒刑或者拘役;情节特别严重的,处三年以上七年以下有期徒刑。

273-1 《最高人民法院研究室关于挪用民族贸易和民族用品生产贷款利息补贴行为如何定性问题的复函》(法研〔2003〕16号,2003年2月24日)　中国人民银行给予中国农业银行发放民族贸易和民族用品生产贷款的利息补贴,不属于刑法第二百七十三条规定的特定款物。

---

* 本罪的犯罪主体是特殊主体,即主管、经营、经手人员,并不要求具有国家工作人员身份。并非挪归个人使用,而是挪作他用。

第二百七十四条[1]* **（刑八）【敲诈勒索罪】**敲诈勒索[2]公私[3]财物，数额较大[4]或者多次敲诈勒索的，[5]处三年以下有期徒刑、拘役或者管制，并处或者单处罚金[6]；数额巨大[7]或者有其他严重情节的，处三年以上十年以下有期徒刑，并处罚金；数额特别巨大或者有其他特别严重情节的，处十年以上有期徒刑，并处罚金。

274-1　《最高人民法院、最高人民检察院关于办理敲诈勒索刑事案件适用法律若干问题的解释》**（法释〔2013〕10号，2013年4月27日）

274-2　**1.**《最高人民法院、最高人民检察院关于办理利用信息网络实施诽谤等刑事案件适用法律若干问题的解释》（法释〔2013〕21号，2013年9月10日）第六条　以在信息网络上发布、删除等方式处理网络信息为由，威胁、要挟他人，索取公私财物，数额较大，或者多次实施上述行为的，依照刑法第二百七十四条的规定，以敲诈勒索罪定罪处罚。

理解与适用：1.利用信息网络实施敲诈勒索犯罪的行为方式。实践中，主要表现为"发帖型"敲诈勒索和"删帖型"敲诈勒索两种方式。"发帖型"敲诈勒索，是指行为人通过各种途径收集到被害人的负面信息，然后主动联系被害人，以在信息网络上发布相关负面信息为由，威胁、要挟被害人，进而索取财物。而"删帖型"敲诈勒索，是指行为人通过各种途径收集到被害人的负面信息后，先在信息网络上发布，然后主动联系被害人，以删除上述负面信息为条件威胁、要挟被害人，进而索取财物。

---

* 1.1979年《刑法》第一百五十四条规定：敲诈勒索公私财物的，处三年以下有期徒刑或者拘役；情节严重的，处三年以上七年以下有期徒刑。2.1997年《刑法》将"数额较大"作为本罪的成立条件，并规定"数额巨大"或者有其他严重情节，加重处罚，并将刑期延长为十年以下。3.1997年《刑法》第二百七十四条原为："敲诈勒索公私财物，数额较大的，处三年以下有期徒刑、拘役或者管制；数额巨大或者有其他严重情节的，处三年以上十年以下有期徒刑。"4.关于债权人为了实现自己的债权，而对债务人实施了胁迫行为，如何认定。张明楷教授认为，一般而言，只要没有超过债权，且其手段行为本身不构成其他犯罪，不宜认定为犯罪。但如果债务人一方具有期限的利益、清算的利益等值得保护的利益，或者债权的内容未确定，债务人在民事诉讼中存在请求的正当利益，对方使用胁迫手段取得财物的，具有成立敲诈勒索罪的可能性。与绑架罪的区别，在于是否现实地绑架了他人。本罪既遂与未遂的界限：如果受害人与警方配合而约定交付财物地点，并实际交付财物，应认定为未遂。

** 法释〔2013〕10号第九条　本解释公布施行后，《最高人民法院关于敲诈勒索罪数额认定标准问题的规定》（法释〔2000〕11号）同时废止；此前发布的司法解释与本解释不一致的，以本解释为准。

2. 利用信息网络实施敲诈勒索犯罪的罪与非罪的界限。上述解释第六条采用了“索取”的表述,意味着认定敲诈勒索罪,要求行为人必须有主动向被害人实施威胁、要挟并索要财物的行为。尤其是对于“删帖型”敲诈勒索,如果行为人没有主动与被害人联系删帖事宜,未实施威胁、要挟,而是在被害人主动上门联系请求删帖的情况下,以“广告费”“赞助费”“服务费”等名义收取被害人费用,则不应认定为敲诈勒索罪。如果被害人主动上门联系请求删帖,但并不同意支付费用,而行为人以不支付费用,或者不支付指定数额的费用就不删帖甚至将对负面信息进一步炒作为由,威胁、要挟被害人,进而索取费用的,可以认定为敲诈勒索罪。此外,上述解释第六条采用的是“信息”而非“虚假信息”的表述。行为人威胁将要在信息网络上发布、删除的涉及被害人的负面信息即使是真实的,但只要其出于非法占有的目的,以发布、删除该负面信息为由索取公私财物,仍构成敲诈勒索罪。

法释〔2013〕10 号第七条　明知他人实施敲诈勒索犯罪,为其提供信用卡、手机卡、通讯工具、通讯传输通道、网络技术支持等帮助的,以共同犯罪论处。

2.《最高人民法院、最高人民检察院、公安部、司法部关于办理黑恶势力犯罪案件若干问题的指导意见》(法发〔2018〕1 号,2018 年 1 月 16 日)　四、依法惩处利用“软暴力”实施的犯罪

17. 黑恶势力为谋取不法利益或形成非法影响,有组织地采用滋扰、纠缠、哄闹、聚众造势等手段侵犯人身权利、财产权利,破坏经济秩序、社会秩序,构成犯罪的,应当分别依照《刑法》相关规定处理:……(2)以非法占有为目的强行索取公私财物,有组织地采用滋扰,纠缠、哄闹、聚众造势等手段扰乱正常的工作、生活秩序,同时符合《刑法》第二百七十四条规定的其他犯罪构成条件的,应当以敲诈勒索罪定罪处罚,同时由多人实施或者以统一着装、显露纹身、特殊标识以及其他明示或者暗示方式,足以使对方感知相关行为的有组织性的,应当认定为《关于办理敲诈勒索刑事案件适用法律若干问题的解释》第二条第(五)项规定的“以黑恶势力名义敲诈勒索”。

采用上述手段,同时又构成其他犯罪的,应当依法按照处罚较重的规定定罪处罚。

雇佣、指使他人有组织地采用上述手段强迫交易、敲诈勒索构成强迫交易罪、敲诈勒索罪的,对雇佣者、指使者,一般应当以共同犯罪中的主犯论处。为强索不受法律保护的债务或者因其他非法目的,雇佣、指

使他人有组织地采用上述手段寻衅滋事，构成寻衅滋事罪的，对雇佣者、指使者，一般应当以共同犯罪中的主犯论处；为追讨合法债务或者因婚恋、家庭、邻里纠纷等民间矛盾而雇佣、指使，没有造成严重后果的，一般不作为犯罪处理，但经有关部门批评制止或者处理处罚后仍继续实施的除外。

3.《最高人民法院、最高人民检察院、公安部、司法部关于办理实施"软暴力"的刑事案件若干问题的意见》(2019 年 4 月 9 日)　八、以非法占有为目的，采用"软暴力"手段强行索取公私财物，同时符合《刑法》第二百七十四条规定的其他犯罪构成要件的，应当以敲诈勒索罪定罪处罚。

274-3　法释〔2013〕10 号第六条　敲诈勒索近亲属的财物，获得谅解的，一般不认为是犯罪；认定为犯罪的，应当酌情从宽处理。被害人对敲诈勒索的发生存在过错的，根据被害人过错程度和案件其他情况，可以对行为人酌情从宽处理；情节显著轻微危害不大的，不认为是犯罪。

274-4　**1.** 法释〔2013〕10 号第一条第一款　敲诈勒索公私财物价值二千元至五千元以上、三万元至十万元以上、三十万元至五十万元以上的，应当分别认定为刑法第二百七十四条规定的"数额较大"、"数额巨大"、"数额特别巨大"。

理解与适用：本罪的犯罪数额的制定所考虑的因素：实施敲诈勒索犯罪往往有一个较长过程，被害人可以报案，便于司法机关及时破获案件，而且不少被害人有一定过错，因此敲诈勒索罪的数额标准应略高于盗窃犯罪；同时，敲诈勒索犯罪还具备对被害人实施精神上威胁、强制的特征，故敲诈勒索犯罪的数额宜略低于诈骗犯罪。

法释〔2013〕10 号第二条　敲诈勒索公私财物，具有下列情形之一的，"数额较大"的标准可以按照本解释第一条规定标准的百分之五十确定：

（一）曾因敲诈勒索受过刑事处罚的；

（二）一年内曾因敲诈勒索受过行政处罚的；

（三）对未成年人、残疾人、老年人或者丧失劳动能力人敲诈勒索的；

（四）以将要实施放火、爆炸等危害公共安全犯罪或者故意杀人、绑架等严重侵犯公民人身权利犯罪相威胁敲诈勒索的；

（五）以黑恶势力名义敲诈勒索的；

（六）利用或者冒充国家机关工作人员、军人、新闻工作者等特殊

身份敲诈勒索的;

(七)造成其他严重后果的。

法释〔2013〕10号第五条 敲诈勒索数额较大,行为人认罪、悔罪,退赃、退赔,并具有下列情形之一的,可以认定为犯罪情节轻微,不起诉或者免予刑事处罚,由有关部门依法予以行政处罚:

(一)具有法定从宽处罚情节的;

(二)没有参与分赃或者获赃较少且不是主犯的;

(三)被害人谅解的;

(四)其他情节轻微、危害不大的。

2.《最高人民法院、最高人民检察院关于常见犯罪的量刑指导意见(试行)》(法发〔2021〕21号,2021年7月1日) 四、常见犯罪的量刑 (十五)敲诈勒索罪

1. 构成敲诈勒索罪的,根据下列情形在相应的幅度内确定量刑起点:

(1)达到数额较大起点的,或者二年内三次敲诈勒索的,在一年以下有期徒刑、拘役幅度内确定量刑起点。

(2)达到数额巨大起点或者有其他严重情节的,在三年至五年有期徒刑幅度内确定量刑起点。

(3)达到数额特别巨大起点或者有其他特别严重情节的,在十年至十二年有期徒刑幅度内确定量刑起点。

2. 在量刑起点的基础上,根据敲诈勒索数额、次数、犯罪情节严重程度等其他影响犯罪构成的犯罪事实增加刑罚量,确定基准刑。

多次敲诈勒索,数额达到较大以上的,以敲诈勒索数额确定量刑起点,敲诈勒索次数可以作为调节基准刑的量刑情节;数额未达到较大的,以敲诈勒索次数确定量刑起点,超过三次的次数作为增加刑罚量的事实。

3. 构成敲诈勒索罪的,根据敲诈勒索的数额、手段、次数、危害后果等犯罪情节,综合考虑被告人缴纳罚金的能力,在二千元以上敲诈勒索数额的二倍以下决定罚金数额;被告人没有获得财物的,在二千元以上十万元以下判处罚金。

4. 构成敲诈勒索罪的,综合考虑敲诈勒索的手段、数额、次数、危害后果、退赃退赔等犯罪事实、量刑情节,以及被告人的主观恶性、人身危险性、认罪悔罪表现等因素,决定缓刑的适用。

274-5 **1.** 法释〔2013〕10号第三条 二年内敲诈勒索三次以上的,应当认定为刑法第二百七十四条规定的"多次敲诈勒索"。

2.《最高人民法院、最高人民检察院、公安部、司法部关于办理实施“软暴力”的刑事案件若干问题的意见》(2019年4月9日)　八、第二款　《关于办理敲诈勒索刑事案件适用法律若干问题的解释》第三条中“二年内敲诈勒索三次以上”,包括已受行政处罚的行为。

274-6　**1.** 法释〔2013〕10号第八条　对犯敲诈勒索罪的被告人,应当在二千元以上、敲诈勒索数额的二倍以下判处罚金;被告人没有获得财物的,应当在二千元以上十万元以下判处罚金。

2.《最高人民法院、最高人民检察院、公安部、司法部关于办理实施“软暴力”的刑事案件若干问题的意见》(2019年4月9日)　十、根据本意见第五条、第八条规定,对已受行政处罚的行为追究刑事责任的,行为人先前所受的行政拘留处罚应当折抵刑期,罚款应当抵扣罚金。

274-7　法释〔2013〕10号第四条　敲诈勒索公私财物,具有本解释第二条第三项至第七项规定的情形之一,数额达到本解释第一条规定的“数额巨大”、“数额特别巨大”百分之八十的,可以分别认定为刑法第二百七十四条规定的“其他严重情节”、“其他特别严重情节”。

第二百七十五条　【故意毁坏财物罪】故意毁坏公私财物,[1] 数额较大或者有其他严重情节的,[2] 处三年以下有期徒刑、拘役或者罚金;数额巨大或者有其他特别严重情节的,处三年以上七年以下有期徒刑。

275-1　**1.**《最高人民法院关于审理破坏公用电信设施刑事案件具体应用法律若干问题的解释》(法释〔2004〕21号,2005年1月11日)第三条　故意破坏正在使用的公用电信设施尚未危害公共安全,或者故意毁坏尚未投入使用的公用电信设施,造成财物损失,构成犯罪的,依照刑法第二百七十五条规定,以故意毁坏财物罪定罪处罚。

2. 法释〔2011〕13号第六条　破坏正在使用的广播电视设施未危及公共安全,或者故意毁坏尚未投入使用的广播电视设施,造成财物损失数额较大或者有其他严重情节的,以故意毁坏财物罪定罪处罚。

275-2　《立案标准(一)》第三十三条　故意毁坏公私财物,涉嫌下列情形之一的,应予立案追诉:

(一)造成公私财物损失五千元以上的;

(二)毁坏公私财物三次以上的;

(三)纠集三人以上公然毁坏公私财物的;

(四)其他情节严重的情形。

第二百七十六条* **【破坏生产经营罪】**由于泄愤报复或者其他个人目的**,毁坏机器设备、残害耕畜或者以其他方法破坏生产经营的,[1] 处三年以下有期徒刑、拘役或者管制;情节严重的,处三年以上七年以下有期徒刑。

276-1 《立案标准(一)》第三十四条 由于泄愤报复或者其他个人目的,毁坏机器设备、残害耕畜或者以其他方法破坏生产经营,涉嫌下列情形之一的,应予立案追诉:

(一)造成公私财物损失五千元以上的;

(二)破坏生产经营三次以上的;

(三)纠集三人以上公然破坏生产经营的;

(四)其他破坏生产经营应予追究刑事责任的情形。

第二百七十六条之一[1] **(刑八)【拒不支付劳动报酬罪】**以转移财产、逃匿等方法[2] 逃避支付劳动者的劳动报酬[3] 或者有能力支付而不支付劳动者的劳动报酬,数额较大[4],经政府有关部门责令支付仍不支付[5] 的,处三年以下有期徒刑或者拘役,并处或者单处罚金;造成严重后果[6] 的,处三年以上七年以下有期徒刑,并处罚金。

单位[7] 犯前款罪的,对单位判处罚金,并对其直接负责的主管人员和其他直接责任人员,依照前款的规定处罚。

有前两款行为,尚未造成严重后果,在提起公诉前支付劳动者的劳动报酬,并依法承担相应赔偿责任的,[8] 可以减轻或者免除处罚。

276A-1 1.《最高人民法院关于审理拒不支付劳动报酬刑事案

---

* 本罪原为破坏社会主义经济秩序罪,1997 年《刑法》将其归入侵犯财产罪,重点着眼于其手段行为。

** 刑法中有许多关于“其他”的兜底条款,这是一个解释难题。就本罪而言,对“其他个人目的”和“其他方法”的理解,不能忽视条文明确列举的目的和方法的导向意义而任意确定,否则就有扩大解释之嫌,违背罪刑法定原则。为中大奖而窃取摇奖专用彩球并改变其重量的行为,被定为破坏生产经营罪。[最高人民法院民事审判第一庭、第二庭编:《刑事审判参考》(总第 37 集),法律出版社 2004 年版,第 59 页。]

件适用法律若干问题的解释》(法释〔2013〕3号,2013年1月23日);2.《最高人民法院、最高人民检察院、人力资源和社会保障部、公安部关于加强对拒不支付劳动报酬案件查处工作的通知》(人社部发〔2012〕3号,2012年1月14日);3.《最高人民法院、最高人民检察院、人力资源和社会保障部、公安部关于加强涉嫌拒不支付劳动报酬犯罪案件查处衔接工作的通知》(人社部发〔2014〕100号,2014年12月23日)。

276A-2　**1.** 法释〔2013〕3号第二条　以逃避支付劳动者的劳动报酬为目的,具有下列情形之一的,应当认定为刑法第二百七十六条之一第一款规定的“以转移财产、逃匿等方法逃避支付劳动者的劳动报酬”:

(一)隐匿财产、恶意清偿、虚构债务、虚假破产、虚假倒闭或者以其他方法转移、处分财产的;

(二)逃跑、藏匿的;

(三)隐匿、销毁或者篡改账目、职工名册、工资支付记录、考勤记录等与劳动报酬相关的材料的;

(四)以其他方法逃避支付劳动报酬的。

2. 人社部发〔2014〕100号　一、切实加强涉嫌拒不支付劳动报酬违法犯罪案件查处工作　(二)行为人拖欠劳动者劳动报酬后,人力资源社会保障部门通过书面、电话、短信等能够确认其收悉的方式,通知其在指定的时间内到指定的地点配合解决问题,但其在指定的时间内未到指定的地点配合解决问题或明确表示拒不支付劳动报酬的,视为刑法第二百七十六条之一第一款规定的“以逃匿方法逃避支付劳动者的劳动报酬”。但是,行为人有证据证明因自然灾害、突发重大疾病等非人力所能抗拒的原因造成其无法在指定的时间内到指定的地点配合解决问题的除外。

276A-3　法释〔2013〕3号第一条　劳动者依照《中华人民共和国劳动法》和《中华人民共和国劳动合同法》等法律的规定应得的劳动报酬,包括工资、奖金、津贴、补贴、延长工作时间的工资报酬及特殊情况下支付的工资等,应当认定为刑法第二百七十六条之一第一款规定的“劳动者的劳动报酬”。

276A-4　**1.**《最高人民检察院、公安部关于公安机关管辖的刑事案件立案追诉标准的规定(一)的补充规定》(公通字〔2017〕12号)第三十四条之一:[拒不支付劳动报酬案(刑法第276条之一)]以转移财产、逃匿等方法逃避支付劳动者的劳动报酬或者有能力支付而不支付劳动者的劳动报酬,经政府有关部门责令支付仍不支付,涉嫌下列情形之一的,应予立案追诉:

(一)拒不支付1名劳动者3个月以上的劳动报酬且数额在5千元至2万元以上的;

(二)拒不支付10名以上劳动者的劳动报酬且数额累计在3万元至10万元以上的。

不支付劳动者的劳动报酬,尚未造成严重后果,在刑事立案前支付劳动者的劳动报酬,并依法承担相应赔偿责任的,可以不予立案追诉。

2. 法释〔2013〕3号第三条　具有下列情形之一的,应当认定为刑法第二百七十六条之一第一款规定的"数额较大":

(一)拒不支付一名劳动者三个月以上的劳动报酬且数额在五千元至二万元以上的;

(二)拒不支付十名以上劳动者的劳动报酬且数额累计在三万元至十万元以上的。

各省、自治区、直辖市高级人民法院可以根据本地区经济社会发展状况,在前款规定的数额幅度内,研究确定本地区执行的具体数额标准,报最高人民法院备案。

276A-5　1. 法释〔2013〕3号第四条　经人力资源社会保障部门或者政府其他有关部门依法以限期整改指令书、行政处理决定书等文书责令支付劳动者的劳动报酬后,在指定的期限内仍不支付的,应当认定为刑法第二百七十六条之一第一款规定的"经政府有关部门责令支付仍不支付",但有证据证明行为人有正当理由未知悉责令支付或者未及时支付劳动报酬的除外。

行为人逃匿,无法将责令支付文书送交其本人、同住成年家属或者所在单位负责收件的人的,如果有关部门已通过在行为人的住所地、生产经营场所等地张贴责令支付文书等方式责令支付,并采用拍照、录像等方式记录的,应当视为"经政府有关部门责令支付"。

2.《劳动保障监察条例》(2004年12月1日)第二十条　违反劳动保障法律、法规或者规章的行为在2年内未被劳动保障行政部门发现,也未被举报、投诉的,劳动保障行政部门不再查处。

前款规定的期限,自违反劳动保障法律、法规或者规章的行为发生之日起计算;违反劳动保障法律、法规或者规章的行为有连续或者继续状态的,自行为终了之日起计算。

276A-6　法释〔2013〕3号第五条　拒不支付劳动者的劳动报酬，符合本解释第三条的规定，并具有下列情形之一的，应当认定为刑法第二百七十六条之一第一款规定的“造成严重后果”：

（一）造成劳动者或者其被赡养人、被扶养人、被抚养人的基本生活受到严重影响、重大疾病无法及时医治或者失学的；

（二）对要求支付劳动报酬的劳动者使用暴力或者进行暴力威胁的；

（三）造成其他严重后果的。

276A-7　**1.** 法释〔2013〕3号第七条　不具备用工主体资格的单位或者个人，违法用工且拒不支付劳动者的劳动报酬，数额较大，经政府有关部门责令支付仍不支付的，应当依照刑法第二百七十六条之一的规定，以拒不支付劳动报酬罪追究刑事责任。

法释〔2013〕3号第八条　用人单位的实际控制人实施拒不支付劳动报酬行为，构成犯罪的，应当依照刑法第二百七十六条之一的规定追究刑事责任。

法释〔2013〕3号第九条　单位拒不支付劳动报酬，构成犯罪的，依照本解释规定的相应个人犯罪的定罪量刑标准，对直接负责的主管人员和其他直接责任人员定罪处罚，并对单位判处罚金。

2. 胡克金拒不支付劳动报酬案（指导性案例28号）

裁判要点　1. 不具备用工主体资格的单位或者个人（包工头），违法用工且拒不支付劳动者报酬，数额较大，经政府有关部门责令支付仍不支付的，应当以拒不支付劳动报酬罪追究刑事责任。2. 不具备用工主体资格的单位或者个人（包工头）拒不支付劳动报酬，即使其他单位或者个人在刑事立案前为其垫付了劳动报酬的，也不影响追究该用工单位或者个人（包工头）拒不支付劳动报酬罪的刑事责任。

276A-8　法释〔2013〕3号第六条　拒不支付劳动者的劳动报酬，尚未造成严重后果，在刑事立案前支付劳动者的劳动报酬，并依法承担相应赔偿责任的，可以认定为情节显著轻微危害不大，不认为是犯罪；在提起公诉前支付劳动者的劳动报酬，并依法承担相应赔偿责任的，可以减轻或者免除刑事处罚；在一审宣判前支付劳动者的劳动报酬，并依法承担相应赔偿责任的，可以从轻处罚。

对于免除刑事处罚的，可以根据案件的不同情况，予以训诫、责令具结悔过或者赔礼道歉。

拒不支付劳动者的劳动报酬，造成严重后果，但在宣判前支付劳动者的劳动报酬，并依法承担相应赔偿责任的，可以酌情从宽处罚。

第六章　妨害社会管理秩序罪*

第一节　扰乱公共秩序罪

第二百七十七条　【妨害公务罪】以暴力、威胁方法阻碍国家机关工作人员[1]依法执行职务的,[2]** 处三年以下有期徒刑、拘役、管制或者罚金。

以暴力、威胁方法阻碍全国人民代表大会和地方各级人民代表大会代表依法执行代表职务的,依照前款的规定处罚***。

在自然灾害和突发事件中,以暴力、威胁方法阻碍红十字会工作人员依法履行职责的,依照第一款的规定处罚。

故意阻碍国家安全机关、公安机关依法执行国家安全工作任务,未使用暴力、威胁方法,造成严重后果的,依照第一款的规定处罚。

(刑九、刑十一)【袭警罪】暴力[3]袭击正在依法执行职务[4]的人民警察的,处三年以下有期徒刑、拘役或者管制;使用枪支、管制刀具,或者以驾驶机动车撞击等手段,严重危及其人身安全的,处三年

---

* 人类社会需要秩序。秩序的形成与维护需要规范。一定的社会秩序总是与一定的行为准则相联系;秩序的形成与维护也需要管理,一定的社会秩序总是依赖于一定的管理活动。本章个罪大多以违反秩序管理法规为前提。同时,既有传统型的自然犯,也有现代型的法定犯。本罪中的国家机关工作人员的外延应当与渎职罪的犯罪主体保持一致。

** "依法"执行职务,是指职务的执行必须具有合法性,合法意味着既包括实体法,又包括程序法。换言之,不仅实质合法,而且形式合法。判断合法的标准,应坚持客观标准,且以行为时的具体状况为基础进行客观判断,而不能在事后进行纯客观的判断。

*** 从语言解释的"明示其一规则"来审视本款,颇为费解。所谓明示其一规则,是指如果在某一法规中明示某一特定种类的一种或多种成分,便认为默示地排除其余成分。国家机关工作人员既然包括国家各级权力机关,那就不必专门规定权力机关的人员。既然专门规定,又未形成特别条款,犯罪构成和处罚上都相同,就没有必要了。

以上七年以下有期徒刑。

277-1 《最高人民检察院关于以暴力威胁方法阻碍事业编制人员依法执行行政执法职务是否可对侵害人以妨害公务罪论处的批复》(高检发释字〔2000〕2号,2000年4月24日) 对于以暴力、威胁方法阻碍国有事业单位人员依照法律、行政法规的规定执行行政执法职务的,或者以暴力、威胁方法阻碍国家机关中受委托从事行政执法活动的事业编制人员执行行政执法职务的,可以对侵害人以妨害公务罪追究刑事责任。

277-2 **1.**《最高人民法院、最高人民检察院、公安部关于依法惩治妨害公共交通工具安全驾驶违法犯罪行为的指导意见》(2019年1月8日) 一、准确认定行为性质,依法从严惩处妨害安全驾驶犯罪

(六)以暴力、威胁方法阻碍国家机关工作人员依法处置妨害安全驾驶违法犯罪行为、维护公共交通秩序的,依照刑法第二百七十七条的规定,以妨害公务罪定罪处罚;暴力袭击正在依法执行职务的人民警察的,从重处罚。

2.《最高人民法院、最高人民检察院、公安部关于依法严肃查处拒不执行判决、裁定和暴力抗拒法院执行犯罪行为有关问题的通知》(法发〔2007〕29号,2007年8月30日) 二、对下列暴力抗拒执行的行为,依照刑法第二百七十七条的规定,以妨害公务罪论处。

(一)聚众哄闹、冲击执行现场,围困、扣押、殴打执行人员,致使执行工作无法进行的;

(二)毁损、抢夺执行案件材料、执行公务车辆和其他执行器械、执行人员服装以及执行公务证件,造成严重后果的;

(三)其他以暴力、威胁方法妨害或者抗拒执行,致使执行工作无法进行的。

3.《最高人民法院、最高人民检察院关于常见犯罪的量刑指导意见(试行)》(法发〔2021〕21号,2021年7月1日) 四、常见犯罪的量刑

(十六)妨害公务罪

1. 构成妨害公务罪的,在二年以下有期徒刑、拘役幅度内确定量刑起点。

2. 在量刑起点的基础上,根据妨害公务造成的后果、犯罪情节严重程度等其他影响犯罪构成的犯罪事实增加刑罚量,确定基准刑。

3. 构成妨害公务罪,依法单处罚金的,根据妨害公务的手段、危害后果、造成的人身伤害以及财物毁损情况等犯罪情节,综合考虑被告人

缴纳罚金的能力,决定罚金数额。

4. 构成妨害公务罪的,综合考虑妨害公务的手段、造成的人身伤害、财物的毁损及社会影响等犯罪事实、量刑情节,以及被告人的主观恶性、人身危险性、认罪悔罪表现等因素,决定缓刑的适用。

277-3 《最高人民法院、最高人民检察院、公安部关于依法惩治袭警违法犯罪行为的指导意见》(2020年1月10日) 一、对正在依法执行职务的民警实施下列行为的,属于刑法第二百七十七条第五款规定的"暴力袭击正在依法执行职务的人民警察",应当以妨害公务罪定罪从重处罚:

1. 实施撕咬、踢打、抱摔、投掷等,对民警人身进行攻击的;

2. 实施打砸、毁坏、抢夺民警正在使用的警用车辆、警械等警用装备,对民警人身进行攻击的;

对正在依法执行职务的民警虽未实施暴力袭击,但以实施暴力相威胁,符合刑法第二百七十七条第一款规定的,以妨害公务罪定罪处罚。

醉酒的人实施袭警犯罪行为,应当负刑事责任。

教唆、煽动他人实施袭警犯罪行为或者为他人实施袭警犯罪行为提供工具、帮助的,以共同犯罪论处。

对袭警情节轻微或者辱骂民警,尚不构成犯罪,但构成违反治安管理行为的,应当依法从重给予治安管理处罚。

三、驾车冲撞、碾轧、拖拽、剐蹭民警,或者挤别、碰撞正在执行职务的警用车辆,危害公共安全或者民警生命、健康安全,符合刑法第一百一十四条、第一百一十五条、第二百三十二条、第二百三十四条规定的,应当以以危险方法危害公共安全罪、故意杀人罪或者故意伤害罪定罪,酌情从重处罚。

暴力袭警,致使民警重伤、死亡,符合刑法第二百三十四条、第二百三十二条规定的,应当以故意伤害罪、故意杀人罪定罪,酌情从重处罚。

四、抢劫、抢夺民警枪支,符合刑法第一百二十七条第二款规定的,应当以抢劫枪支罪、抢夺枪支罪定罪。

277-4 《最高人民法院、最高人民检察院、公安部关于依法惩治袭警违法犯罪行为的指导意见》(2020年1月10日) 五、民警在非工作时间,依照《中华人民共和国人民警察法》等法律履行职责的,应当视为执行职务。

第二百七十八条 【煽动暴力抗拒法律实施罪】煽动群众暴力

抗拒国家法律、行政法规实施的，处三年以下有期徒刑、拘役、管制或者剥夺政治权利；造成严重后果的，处三年以上七年以下有期徒刑。

第二百七十九条　【招摇撞骗罪】冒充国家机关工作人员招摇撞骗的[*]，处三年以下有期徒刑、拘役、管制或者剥夺政治权利；情节严重的，处三年以上十年以下有期徒刑。

冒充人民警察招摇撞骗的，依照前款的规定从重处罚。

第二百八十条　（刑九）【伪造、变造、买卖国家机关公文、证件、印章罪；盗窃、抢夺、毁灭国家机关公文、证件、印章罪】伪造、变造、买卖或者盗窃、抢夺、毁灭国家机关[1]的公文[2]、证件[3]、印章[4]的，处三年以下有期徒刑、拘役、管制或者剥夺政治权利，并处罚金；情节严重的，处三年以上十年以下有期徒刑，并处罚金。

【伪造公司、企业、事业单位、人民团体印章罪】伪造公司、企业、事业单位[5]、人民团体的印章的，处三年以下有期徒刑、拘役、管制或者剥夺政治权利，并处罚金。

（刑九）【伪造、变造、买卖身份证件罪】伪造、变造、买卖居民身份证[6]、护照[7]、社会保障卡、驾驶证等依法可以用于证明身份的证件的，处三年以下有期徒刑、拘役、管制或者剥夺政治权利，并处罚金；情节严重的，处三年以上七年以下有期徒刑，并处罚金。

280-1　《最高人民检察院法律政策研究室关于伪造、变造、买卖政府设立的临时性机构的公文、证件、印章行为如何适用法律问题的答复》（高检研发〔2003〕第17号，2003年6月3日）　伪造、变造、买卖各级人民政府设立的行使行政管理权的临时性机构的公文、证件、印章行为，构成犯罪的，应当依照刑法第二百八十条第一款的规定，以伪造、变造、买卖国家机关公文、证件、印章罪追究刑事责任。

280-2　**1.**《最高人民法院关于审理骗购外汇、非法买卖外汇刑事案件具体应用法律若干问题的解释》（法释〔1998〕20号，1998年9月1

* 本罪主观方面只能是故意，明知自己不具有特定国家机关工作人员身份，却故意假冒，以谋取非法利益，原则上不包括骗取财物，即使认为可以包括骗取财物，也不包括骗取数额巨大财物的情况。

日)第二条　伪造、变造、买卖海关签发的报关单、进口证明、外汇管理机关的核准件等凭证或者购买伪造、变造的上述凭证的,按照刑法第二百八十条第一款的规定定罪处罚。

2.《全国人民代表大会常务委员会关于惩治骗购外汇、逃汇和非法买卖外汇犯罪的决定》(1998年12月29日)　二、买卖伪造、变造的海关签发的报关单、进口证明、外汇管理部门核准件等凭证和单据或者国家机关的其他公文、证件、印章的,依照刑法第二百八十条的规定定罪处罚。

3.《最高人民法院关于审理破坏森林资源刑事案件适用法律若干问题的解释》(法释〔2023〕8号,2023年8月15日)第十条　伪造、变造、买卖采伐许可证,森林、林地、林木权属证书以及占用或者征用林地审核同意书等国家机关批准的林业证件、文件构成犯罪的,依照刑法第二百八十条第一款的规定,以伪造、变造、买卖国家机关公文、证件罪定罪处罚。

买卖允许进出口证明书等经营许可证明,同时构成刑法第二百二十五条、第二百八十条规定之罪的,依照处罚较重的规定定罪处罚。

4.《最高人民法院、最高人民检察院关于办理与盗窃、抢劫、诈骗、抢夺机动车相关刑事案件具体应用法律若干问题的解释》(法释〔2007〕11号,2007年5月11日)第二条　伪造、变造、买卖机动车行驶证、登记证书,累计三本以上的,依照刑法第二百八十条第一款的规定,以伪造、变造、买卖国家机关证件罪定罪,处三年以下有期徒刑、拘役、管制或者剥夺政治权利。

伪造、变造、买卖机动车行驶证、登记证书,累计达到第一款规定数量标准五倍以上的,属于刑法第二百八十条第一款规定中的"情节严重",处三年以上十年以下有期徒刑。

5.《最高人民法院、最高人民检察院关于办理妨害信用卡管理刑事案件具体应用法律若干问题的解释》(法释〔2018〕19号,2018年12月1日修正)第四条第一款　为信用卡申请人制作、提供虚假的财产状况、收入、职务等资信证明材料,涉及伪造、变造、买卖国家机关公文、证件、印章,或者涉及伪造公司、企业、事业单位、人民团体印章,应当追究刑事责任的,依照刑法第二百八十条的规定,分别以伪造、变造、买卖国家机关公文、证件、印章罪和伪造公司、企业、事业单位、人民团体印章罪定罪处罚。

280-3　《最高人民检察院法律政策研究室关于买卖伪造的国家机

关证件行为是否构成犯罪问题的答复》(〔1999〕高检研发第5号,1999年6月21日)　对于买卖伪造的国家机关证件的行为,依法应当追究刑事责任的,可适用刑法第二百八十条第一款的规定以买卖国家机关证件罪追究刑事责任。

280-4　《最高人民法院研究室关于税收通用完税证和车辆购置税完税证是否属于发票问题的回函》(法研〔2010〕140号,2010年8月17日)　……对伪造税务机关征税专用章,非法制造税收通用完税证和车辆购置税完税证对外出售的,视情可以伪造国家机关印章罪论处;……

280-5　《最高人民法院、最高人民检察院关于办理伪造、贩卖伪造的高等院校学历、学位证明刑事案件如何适用法律问题的解释》(法释〔2001〕22号,2001年7月5日)　对于伪造高等院校印章制作学历、学位证明的行为,应当依照刑法第二百八十条第二款的规定,以伪造事业单位印章罪定罪处罚。

明知是伪造高等院校印章制作的学历、学位证明而贩卖的,以伪造事业单位印章罪的共犯论处。

280-6　上海市静安区人民检察院诉张美华伪造居民身份证案(《最高人民法院公报》2004年第12期)　被告人在未能补办遗失居民身份证的情况下,雇佣他人以本人的真实身份资料伪造居民身份证,供自己在日常生活中使用的行为,虽然违反身份证管理的法律规定,但情节显著轻微,危害不大,根据《中华人民共和国刑法》第十三条的规定,应认定不构成犯罪。

280-7　《公安部关于盗窃空白因私护照有关问题的批复》(公境出〔2000〕881号,2000年5月16日)　一、……护照不同于一般的身份证件,它是公民国际旅行的身份证件和国籍证明。在我国,公民因私护照的设计、研制、印刷统一由公安部出入境管理局负责。护照上设计了多项防伪措施,每本护照(包括空白护照)都有一个统一编号,空白护照是签发护照的重要构成因素,对空白护照的发放、使用有严格的管理程序。空白护照丢失,与已签发的护照一样,也由公安部出入境管理局宣布作废,空白护照是作为出入境证件加以管理的。因此,空白护照既是国家机关的证件,也是出入境证件。

第二百八十条之一　(刑九)【使用虚假身份证件、盗用身份证件罪】在依照国家规定应当提供身份证明的活动中,使用伪造、变造的或者盗用他人的居民身份证、护照、社会保障卡、驾驶证等依法可以用于证明身份的证件,情节严重的,处拘役或者管制,并处或者单处罚金。

有前款行为,同时构成其他犯罪的,依照处罚较重的规定定罪处罚。

第二百八十条之二 **(刑十一)【冒名顶替罪】**盗用、冒用他人身份,顶替他人取得的高等学历教育入学资格、公务员录用资格、就业安置待遇的,处三年以下有期徒刑、拘役或者管制,并处罚金。

组织、指使他人实施前款行为的,依照前款的规定从重处罚。

国家工作人员有前两款行为,又构成其他犯罪的,依照数罪并罚的规定处罚。

第二百八十一条 **【非法生产、买卖警用装备罪】**非法生产、买卖人民警察制式服装、车辆号牌等专用标志、警械,情节严重的,[1] 处三年以下有期徒刑、拘役或者管制,并处或者单处罚金。

单位犯前款罪的,对单位判处罚金,并对其直接负责的主管人员和其他直接责任人员,依照前款的规定处罚。

281-1 《立案标准(一)》第三十五条 非法生产、买卖人民警察制式服装、车辆号牌等专用标志、警械,涉嫌下列情形之一的,应予立案追诉:

(一)成套制式服装三十套以上,或者非成套制式服装一百件以上的;

(二)手铐、脚镣、警用抓捕网、警用催泪喷射器、警灯、警报器单种或者合计十件以上的;

(三)警棍五十根以上的;

(四)警衔、警号、胸章、臂章、帽徽等警用标志单种或者合计一百件以上的;

(五)警用号牌、省级以上公安机关专段民用车辆号牌一副以上,或者其他公安机关专段民用车辆号牌三副以上的;

(六)非法经营数额五千元以上,或者非法获利一千元以上的;

(七)被他人利用进行违法犯罪活动的;

(八)其他情节严重的情形。

第二百八十二条　【非法获取国家秘密罪】以窃取、刺探、收买[*]方法，非法获取国家秘密的，处三年以下有期徒刑、拘役、管制或者剥夺政治权利；情节严重的，处三年以上七年以下有期徒刑。

【非法持有国家绝密、机密文件、资料、物品罪】非法持有属于国家绝密、机密的文件、资料或者其他物品[1]，拒不说明来源与用途的，处三年以下有期徒刑、拘役或者管制。

282-1　《反间谍法实施细则》（国务院令第692号，2017年11月22日）第十七条　《反间谍法》第二十四条所称“非法持有属于国家秘密的文件、资料和其他物品”是指：

（一）不应知悉某项国家秘密的人员携带、存放属于该项国家秘密的文件、资料和其他物品的；

（二）可以知悉某项国家秘密的人员，未经办理手续，私自携带、留存属于该项国家秘密的文件、资料和其他物品的。

第二百八十三条　（刑九）【非法生产、销售专用间谍器材、窃听、窃照专用器材罪】非法生产、销售专用间谍器材[1]或者窃听[2]、窃照[3]专用器材的，处三年以下有期徒刑、拘役或者管制，并处或者单处罚金；情节严重的，处三年以上七年以下有期徒刑，并处罚金。

单位犯前款罪的，对单位判处罚金，并对其直接负责的主管人员和其他直接责任人员，依照前款的规定处罚。

283-1　**1.**《反间谍法》（2023年4月26日修订，2023年7月1日）第十五条　任何个人和组织都不得非法生产、销售、持有、使用间谍活动特殊需要的专用间谍器材。专用间谍器材由国务院国家安全主管部门依照国家有关规定确认。

2.《反间谍法实施细则》（国务院令第692号，2017年11月22日）第十八条　《反间谍法》第二十五条所称“专用间谍器材”，是指进行间谍活动特殊需要的下列器材：

（一）暗藏式窃听、窃照器材；

（二）突发式收发报机、一次性密码本、密写工具；

（三）用于获取情报的电子监听、截收器材；

---

* 在司法实践中，网购涉密书籍通常会被认定为收买行为。

(四)其他专用间谍器材。

专用间谍器材的确认,由国务院国家安全主管部门负责。

283-2 《禁止非法生产销售使用窃听窃照专用器材和“伪基站”设备的规定》(国家工商行政管理总局、公安部、国家质量监督检验检疫总局令第72号,2015年1月23日)第三条 本规定所称窃听专用器材,是指以伪装或者隐蔽方式使用,经公安机关依法进行技术检测后作出认定性结论,有以下情形之一的:

(一)具有无线发射、接收语音信号功能的发射、接收器材;

(二)微型语音信号拾取或者录制设备;

(三)能够获取无线通信信息的电子接收器材;

(四)利用搭接、感应等方式获取通讯线路信息的器材;

(五)利用固体传声、光纤、微波、激光、红外线等技术获取语音信息的器材;

(六)可遥控语音接收器件或者电子设备中的语音接收功能,获取相关语音信息,且无明显提示的器材(含软件);

(七)其他具有窃听功能的器材。

283-3 《禁止非法生产销售使用窃听窃照专用器材和“伪基站”设备的规定》第四条 本规定所称窃照专用器材,是指以伪装或者隐蔽方式使用,经公安机关依法进行技术检测后作出认定性结论,有以下情形之一的:

(一)具有无线发射功能的照相、摄像器材;

(二)微型针孔式摄像装置以及使用微型针孔式摄像装置的照相、摄像器材;

(三)取消正常取景器和回放显示器的微小相机和摄像机;

(四)利用搭接、感应等方式获取图像信息的器材;

(五)可遥控照相、摄像器件或者电子设备中的照相、摄像功能,获取相关图像信息,且无明显提示的器材(含软件);

(六)其他具有窃照功能的器材。

第二百八十四条 【非法使用窃听、窃照专用器材罪】非法使用窃听、窃照专用器材,造成严重后果的,处二年以下有期徒刑、拘役或者管制。

第二百八十四条之一[1] **(刑九)【组织考试作弊罪】**在法律规定

的国家考试[2]中,组织作弊[3]的,处三年以下有期徒刑或者拘役,并处[4]或者单处罚金[5];情节严重[6]的,处三年以上七年以下有期徒刑,并处罚金。

为他人实施前款犯罪提供作弊器材[7]或者其他帮助的,依照前款的规定处罚。

【非法出售、提供试题、答案罪】为实施考试作弊行为,向他人非法出售或者提供第一款规定的考试的试题、答案[8]的,依照第一款的规定处罚。

【代替考试罪】代替[9]他人或者让他人代替自己参加第一款规定的考试的,处拘役或者管制,并处或者单处罚金。

284A-1　《最高人民法院、最高人民检察院关于办理组织考试作弊等刑事案件适用法律若干问题的解释》(法释〔2019〕13号,2019年9月4日)

法释〔2019〕13号第八条　单位实施组织考试作弊、非法出售、提供试题、答案等行为的,依照本解释规定的相应定罪量刑标准,追究组织者、策划者、实施者的刑事责任。

法释〔2019〕13号第九条　以窃取、刺探、收买方法非法获取法律规定的国家考试的试题、答案,又组织考试作弊或者非法出售、提供试题、答案,分别符合刑法第二百八十二条和刑法第二百八十四条之一规定的,以非法获取国家秘密罪和组织考试作弊罪或者非法出售、提供试题、答案罪数罪并罚。

法释〔2019〕13号第十一条　设立用于实施考试作弊的网站、通讯群组或者发布有关考试作弊的信息,情节严重的,应当依照刑法第二百八十七条之一的规定,以非法利用信息网络罪定罪处罚;同时构成组织考试作弊罪、非法出售、提供试题、答案罪、非法获取国家秘密罪等其他犯罪的,依照处罚较重的规定定罪处罚。

284A-2　法释〔2019〕13号第一条　刑法第二百八十四条之一规定的"法律规定的国家考试",仅限于全国人民代表大会及其常务委员会制定的法律所规定的考试。

根据有关法律规定,下列考试属于"法律规定的国家考试":

(一)普通高等学校招生考试、研究生招生考试、高等教育自学考试、成人高等学校招生考试等国家教育考试;

(二)中央和地方公务员录用考试;

(三)国家统一法律职业资格考试、国家教师资格考试、注册会计师全国统一考试、会计专业技术资格考试、资产评估师资格考试、医师资格考试、执业药师职业资格考试、注册建筑师考试、建造师执业资格考试等专业技术资格考试;

(四)其他依照法律由中央或者地方主管部门以及行业组织的国家考试。

前款规定的考试涉及的特殊类型招生、特殊技能测试、面试等考试,属于"法律规定的国家考试"。

法释〔2019〕13号第十条　在法律规定的国家考试以外的其他考试中,组织作弊,为他人组织作弊提供作弊器材或者其他帮助,或者非法出售、提供试题、答案,符合非法获取国家秘密罪、非法生产、销售窃听、窃照专用器材罪、非法使用窃听、窃照专用器材罪、非法利用信息网络罪、扰乱无线电通讯管理秩序罪等犯罪构成要件的,依法追究刑事责任。

284A-3　**1.**《最高人民法院关于〈中华人民共和国刑法修正案(九)〉时间效力问题的解释》(法释〔2015〕19号,2015年11月1日)第六条　对于2015年10月31日以前组织考试作弊,为他人组织考试作弊提供作弊器材或者其他帮助,以及非法向他人出售或者提供考试试题、答案,根据修正前刑法应当以非法获取国家秘密罪、非法生产、销售间谍专用器材罪或者故意泄露国家秘密罪等追究刑事责任的,适用修正前刑法的有关规定。但是,根据修正后刑法第二百八十四条之一的规定处刑较轻的,适用修正后刑法的有关规定。

2.法释〔2019〕13号第四条　组织考试作弊,在考试开始之前被查获,但已经非法获取考试试题、答案或者具有其他严重扰乱考试秩序情形的,应当认定为组织考试作弊罪既遂。

3.《最高人民法院关于审理走私、非法经营、非法使用兴奋剂刑事案件适用法律若干问题的解释》(法释〔2019〕16号,2020年1月1日)第四条　在普通高等学校招生、公务员录用等法律规定的国家考试涉及的体育、体能测试等体育运动中,组织考生非法使用兴奋剂的,应当依照刑法第二百八十四条之一的规定,以组织考试作弊罪定罪处罚。

明知他人实施前款犯罪而为其提供兴奋剂的,依照前款的规定定罪处罚。

法释〔2019〕16号第七条　实施本解释规定的行为,涉案物质属于毒品、制毒物品等,构成有关犯罪的,依照相应犯罪定罪处罚。

法释〔2019〕16号第八条　对于是否属于本解释规定的“兴奋剂”“兴奋剂目录所列物质”“体育运动”“国内、国际重大体育竞赛”等专门性问题，应当依据《中华人民共和国体育法》《反兴奋剂条例》等法律法规，结合国务院体育主管部门出具的认定意见等证据材料作出认定。

284A-4　法释〔2019〕13号第十二条　对于实施本解释规定的犯罪被判处刑罚的，可以根据犯罪情况和预防再犯罪的需要，依法宣告职业禁止；被判处管制、宣告缓刑的，可以根据犯罪情况，依法宣告禁止令。

284A-5　法释〔2019〕13号第十三条　对于实施本解释规定的行为构成犯罪的，应当综合考虑犯罪的危害程度、违法所得数额以及被告人的前科情况、认罪悔罪态度等，依法判处罚金。

284A-6　法释〔2019〕13号第二条　在法律规定的国家考试中，组织作弊，具有下列情形之一的，应当认定为刑法第二百八十四条之一第一款规定的“情节严重”：

（一）在普通高等学校招生考试、研究生招生考试、公务员录用考试中组织考试作弊的；

（二）导致考试推迟、取消或者启用备用试题的；

（三）考试工作人员组织考试作弊的；

（四）组织考生跨省、自治区、直辖市作弊的；

（五）多次组织考试作弊的；

（六）组织三十人次以上作弊的；

（七）提供作弊器材五十件以上的；

（八）违法所得三十万元以上的；

（九）其他情节严重的情形。

284A-7　法释〔2019〕13号第三条　具有避开或者突破考场防范作弊的安全管理措施，获取、记录、传递、接收、存储考试试题、答案等功能的程序、工具，以及专门设计用于作弊的程序、工具，应当认定为刑法第二百八十四条之一第二款规定的“作弊器材”。

对于是否属于刑法第二百八十四条之一第二款规定的“作弊器材”难以确定的，依据省级以上公安机关或者考试主管部门出具的报告，结合其他证据作出认定；涉及专用间谍器材、窃听、窃照专用器材、“伪基站”等器材的，依照相关规定作出认定。

284A-8　法释〔2019〕13号第五条　为实施考试作弊行为，非法出售或者提供法律规定的国家考试的试题、答案，具有下列情形之一的，

应当认定为刑法第二百八十四条之一第三款规定的"情节严重":

(一)非法出售或者提供普通高等学校招生考试、研究生招生考试、公务员录用考试的试题、答案的;

(二)导致考试推迟、取消或者启用备用试题的;

(三)考试工作人员非法出售或者提供试题、答案的;

(四)多次非法出售或者提供试题、答案的;

(五)向三十人次以上非法出售或者提供试题、答案的;

(六)违法所得三十万元以上的;

(七)其他情节严重的情形。

法释〔2019〕13号第六条　为实施考试作弊行为,向他人非法出售或者提供法律规定的国家考试的试题、答案,试题不完整或者答案与标准答案不完全一致的,不影响非法出售、提供试题、答案罪的认定。

284A-9　法释〔2019〕13号第七条　代替他人或者让他人代替自己参加法律规定的国家考试的,应当依照刑法第二百八十四条之一第四款的规定,以代替考试罪定罪处罚。

对于行为人犯罪情节较轻,确有悔罪表现,综合考虑行为人替考情况以及考试类型等因素,认为符合缓刑适用条件的,可以宣告缓刑;犯罪情节轻微的,可以不起诉或者免予刑事处罚;情节显著轻微危害不大的,不以犯罪论处。

第二百八十五条　【非法侵入计算机信息系统罪】违反国家规定[1],侵入国家事务、国防建设、尖端科学技术领域的计算机信息系统[2]的,处三年以下有期徒刑或者拘役。

(刑七)【非法获取计算机信息系统数据、非法控制计算机信息系统罪】违反国家规定,侵入[3]前款规定以外的计算机信息系统或者采用其他技术手段,获取该计算机信息系统中存储、处理或者传输的数据,或者对该计算机信息系统实施非法控制,情节严重的,[4]处三年以下有期徒刑或者拘役,并处或者单处罚金;情节特别严重的,[5]处三年以上七年以下有期徒刑,并处罚金。

(刑七)【提供侵入、非法控制计算机信息系统程序、工具罪】提供专门用于侵入、非法控制计算机信息系统的程序、工具,[6]或者明知他人实施侵入、非法控制计算机信息系统的违法犯罪行为而为其提供程序、工具，情节严重的，[7] 依照前款的规定处罚。

(刑九) 单位[8] 犯前三款罪的，对单位判处罚金，并对其直接负责的主管人员和其他直接责任人员，依照各该款的规定处罚。

285-1　《计算机信息网络国际联网安全保护管理办法》（国务院令第588号，2011年1月8日）第六条　任何单位和个人不得从事下列危害计算机信息网络安全的活动：

（一）未经允许，进入计算机信息网络或者使用计算机信息网络资源的；

（二）未经允许，对计算机信息网络功能进行删除、修改或者增加的；

（三）未经允许，对计算机信息网络中存储、处理或者传输的数据和应用程序进行删除、修改或者增加的；

（四）故意制作、传播计算机病毒等破坏性程序的；

（五）其他危害计算机信息网络安全的。

285-2　《最高人民法院、最高人民检察院关于办理危害计算机信息系统安全刑事案件应用法律若干问题的解释》（法释〔2011〕19号，2011年8月1日）第十一条　本解释所称“计算机信息系统”和“计算机系统”，是指具备自动处理数据功能的系统，包括计算机、网络设备、通信设备、自动化控制设备等。

本解释所称“身份认证信息”，是指用于确认用户在计算机信息系统上操作权限的数据，包括账号、口令、密码、数字证书等。

本解释所称“经济损失”，包括危害计算机信息系统犯罪行为给用户直接造成的经济损失，以及用户为恢复数据、功能而支出的必要费用。

285-3　卫梦龙、龚旭、薛东东非法获取计算机信息系统数据案（检例36号）

要旨　超出授权范围使用账号、密码登录计算机信息系统，属于侵入计算机信息系统的行为；侵入计算机信息系统后下载其储存的数据，可以认定为非法获取计算机信息系统数据。

285-4　法释〔2011〕19号第一条第一款　非法获取计算机信息系统数据或者非法控制计算机信息系统，具有下列情形之一的，应当认定为刑法第二百八十五条第二款规定的“情节严重”：

（一）获取支付结算、证券交易、期货交易等网络金融服务的身份认证信息十组以上的；

（二）获取第（一）项以外的身份认证信息五百组以上的；

(三)非法控制计算机信息系统二十台以上的;

(四)违法所得五千元以上或者造成经济损失一万元以上的;

(五)其他情节严重的情形。

法释〔2011〕19号第九条　明知他人实施刑法第二百八十五条、第二百八十六条规定的行为,具有下列情形之一的,应当认定为共同犯罪,依照刑法第二百八十五条、第二百八十六条的规定处罚:

(一)为其提供用于破坏计算机信息系统功能、数据或者应用程序的程序、工具,违法所得五千元以上或者提供十人次以上的;

(二)为其提供互联网接入、服务器托管、网络存储空间、通讯传输通道、费用结算、交易服务、广告服务、技术培训、技术支持等帮助,违法所得五千元以上的;

(三)通过委托推广软件、投放广告等方式向其提供资金五千元以上的。

实施前款规定行为,数量或者数额达到前款规定标准五倍以上的,应当认定为刑法第二百八十五条、第二百八十六条规定的"情节特别严重"或者"后果特别严重"。

285-5　法释〔2011〕19号第一条第二款　实施前款规定行为,具有下列情形之一的,应当认定为刑法第二百八十五条第二款规定的"情节特别严重":

(一)数量或者数额达到前款第(一)项至第(四)项规定标准五倍以上的;

(二)其他情节特别严重的情形。明知是他人非法控制的计算机信息系统,而对该计算机信息系统的控制权加以利用的,依照前两款的规定定罪处罚。

285-6　**1.** 法释〔2011〕19号第二条　具有下列情形之一的程序、工具,应当认定为刑法第二百八十五条第三款规定的"专门用于侵入、非法控制计算机信息系统的程序、工具":

(一)具有避开或者突破计算机信息系统安全保护措施,未经授权或者超越授权获取计算机信息系统数据的功能的;

(二)具有避开或者突破计算机信息系统安全保护措施,未经授权或者超越授权对计算机信息系统实施控制的功能的;

(三)其他专门设计用于侵入、非法控制计算机信息系统、非法获取计算机信息系统数据的程序、工具。

法释〔2011〕19号第十条　对于是否属于刑法第二百八十五条、第二百八十六条规定的“国家事务、国防建设、尖端科学技术领域的计算机信息系统”、“专门用于侵入、非法控制计算机信息系统的程序、工具”、“计算机病毒等破坏性程序”难以确定的，应当委托省级以上负责计算机信息系统安全保护管理工作的部门检验。司法机关根据检验结论，并结合案件具体情况认定。

2. 叶源星、张剑秋提供侵入计算机信息系统程序、谭房妹非法获取计算机信息系统数据案(检例第68号)

要旨　对有证据证明用途单一，只能用于侵入计算机信息系统的程序，司法机关可依法认定为“专门用于侵入计算机信息系统的程序”；难以确定的，应当委托专门部门或司法鉴定机构作出检验或鉴定。

285-7　法释〔2011〕19号第三条　提供侵入、非法控制计算机信息系统的程序、工具，具有下列情形之一的，应当认定为刑法第二百八十五条第三款规定的“情节严重”：

(一)提供能够用于非法获取支付结算、证券交易、期货交易等网络金融服务身份认证信息的专门性程序、工具五人次以上的；

(二)提供第(一)项以外的专门用于侵入、非法控制计算机信息系统的程序、工具二十人次以上的；

(三)明知他人实施非法获取支付结算、证券交易、期货交易等网络金融服务身份认证信息的违法犯罪行为而为其提供程序、工具五人次以上的；

(四)明知他人实施第(三)项以外的侵入、非法控制计算机信息系统的违法犯罪行为而为其提供程序、工具二十人次以上的；

(五)违法所得五千元以上或者造成经济损失一万元以上的；

(六)其他情节严重的情形。

法释〔2011〕19号第三条第二款　实施前款规定行为，具有下列情形之一的，应当认定为提供侵入、非法控制计算机信息系统的程序、工具“情节特别严重”：

(一)数量或者数额达到前款第(一)项至第(五)项规定标准五倍以上的；

(二)其他情节特别严重的情形。

285-8　法释〔2011〕19号第八条　以单位名义或者单位形式实施危害计算机信息系统安全犯罪，达到本解释规定的定罪量刑标准的，应当依照刑法第二百八十五条、第二百八十六条的规定追究直接负责的主管人员和其他直接责任人员的刑事责任。

第二百八十六条* **【破坏计算机信息系统罪】**违反国家规定[1],对计算机信息系统功能进行删除、修改、增加、干扰[2],造成计算机信息系统不能正常运行,后果严重的,[3] 处五年以下有期徒刑或者拘役;后果特别严重的,[4] 处五年以上有期徒刑。

违反国家规定,对计算机信息系统中存储、处理或者传输的数据和应用程序进行删除、修改、增加的操作,后果严重的,依照前款的规定处罚。

故意制作、传播计算机病毒等破坏性程序,[5] 影响计算机系统正常运行,后果严重的,[6] 依照第一款的规定处罚。

(刑九)单位犯前三款罪的,对单位判处罚金,并对其直接负责的主管人员和其他直接责任人员,依照第一款的规定处罚。

286-1 《公安部关于对破坏未联网的微型计算机信息系统是否适用〈刑法〉第286条的请示的批复》(公复字〔1998〕7号,1998年11月25日) 《刑法》第286条中的“违反国家规定”是指包括《中华人民共和国计算机信息系统安全保护条例》(以下简称《条例》)在内的有关行政法规、部门规章的规定。《条例》第5条第2款规定的“未联网的微型计算机的安全保护办法,另行规定”,主要是考虑到未联入网络的单台微型计算机系统所处环境和使用情况比较复杂,且基本无安全功能,需针对这些特点另外制定相应的安全管理措施。然而,未联网的计算机信息系统也属计算机信息系统,《条例》第2、3、7条的安全保护原则、规定,对未联网的微型计算机系统完全适用。因此破坏未联网的微型计算机信息系统适用《刑法》第286条。

286-2 **1.** 李丙龙破坏计算机信息系统案(检例第33号)

要旨 以修改域名解析服务器指向的方式劫持域名,造成计算机信息系统不能正常运行,是破坏计算机信息系统的行为。

2. 付宣豪、黄子超破坏计算机信息系统案(指导性案例第102号)

裁判要点 1.通过修改路由器、浏览器设置、锁定主页或者弹出

---

* 司法实践中,此类案件往往需要专门机构就被告人行为是否属于“破坏”计算机信息系统作出鉴定意见。

新窗口等技术手段,强制网络用户访问指定网站的“DNS劫持”行为,属于破坏计算机信息系统,后果严重的,构成破坏计算机信息系统罪。

2. 对于“DNS劫持”,应当根据造成不能正常运行的计算机信息系统数量、相关计算机信息系统不能正常运行的时间,以及所造成的损失或者影响等,认定其是“后果严重”还是“后果特别严重”。

3. 徐强破坏计算机信息系统案(指导性案例第103号)

裁判要点　企业的机械远程监控系统属于计算机信息系统。违反国家规定,对企业的机械远程监控系统功能进行破坏,造成计算机信息系统不能正常运行,后果严重的,构成破坏计算机信息系统罪。

4. 李骏杰等破坏计算机信息系统案(检例第34号)

要旨　冒用购物网站买家身份进入网站内部评价系统删改购物评价,属于对计算机信息系统内存储数据进行修改操作,应当认定为破坏计算机信息系统的行为。

5. 曾兴亮、王玉生破坏计算机信息系统案(检例第35号)

要旨　智能手机终端,应当认定为刑法保护的计算机信息系统。锁定智能手机导致不能使用的行为,可认定为破坏计算机信息系统。

6.《最高人民法院、最高人民检察院关于办理环境污染刑事案件适用法律若干问题的解释》(法释〔2023〕7号,2023年8月15日)第十一条　违反国家规定,针对环境质量监测系统实施下列行为,或者强令、指使、授意他人实施下列行为,后果严重的,应当依照刑法第二百八十六条的规定,以破坏计算机信息系统罪定罪处罚:

(一)修改系统参数或者系统中存储、处理、传输的监测数据的;

(二)干扰系统采样,致使监测数据因系统不能正常运行而严重失真的;

(三)其他破坏环境质量监测系统的行为。

重点排污单位、实行排污许可重点管理的单位篡改、伪造自动监测数据或者干扰自动监测设施,排放化学需氧量、氨氮、二氧化硫、氮氧化物等污染物,同时构成污染环境罪和破坏计算机信息系统罪的,依照处罚较重的规定定罪处罚。

从事环境监测设施维护、运营的人员实施或者参与实施篡改、伪造自动监测数据、干扰自动监测设施、破坏环境质量监测系统等行为的,依法从重处罚。

7. 李森、何利民、张锋勃等人破坏计算机信息系统案(指导性案例第104号)

裁判要点 环境质量监测系统属于计算机信息系统。用棉纱等物品堵塞环境质量监测采样设备,干扰采样,致使监测数据严重失真的,构成破坏计算机信息系统罪。

286-3 **1.** 法释〔2011〕19号第四条第一款 破坏计算机信息系统功能、数据或者应用程序,具有下列情形之一的,应当认定为刑法第二百八十六条第一款和第二款规定的"后果严重":

(一)造成十台以上计算机信息系统的主要软件或者硬件不能正常运行的;

(二)对二十台以上计算机信息系统中存储、处理或者传输的数据进行删除、修改、增加操作的;

(三)违法所得五千元以上或者造成经济损失一万元以上的;

(四)造成为一百台以上计算机信息系统提供域名解析、身份认证、计费等基础服务或者为一万以上用户提供服务的计算机信息系统不能正常运行累计一小时以上的;

(五)造成其他严重后果的。

2. 姚晓杰等11人破坏计算机信息系统案(检例第69号)

要旨 为有效打击网络攻击犯罪,检察机关应加强与公安机关的配合,及时介入侦查引导取证,结合案件特点提出明确具体的补充侦查意见。对被害互联网企业提供的证据和技术支持意见,应当结合其他证据进行审查认定,客观全面准确认定破坏计算机信息系统罪的危害后果。

286-4 法释〔2011〕19号第四条第二款 实施前款规定行为,具有下列情形之一的,应当认定为破坏计算机信息系统"后果特别严重":

(一)数量或者数额达到前款第(一)项至第(三)项规定标准五倍以上的;

(二)造成为五百台以上计算机信息系统提供域名解析、身份认证、计费等基础服务或者为五万以上用户提供服务的计算机信息系统不能正常运行累计一小时以上的;

(三)破坏国家机关或者金融、电信、交通、教育、医疗、能源等领域提供公共服务的计算机信息系统的功能、数据或者应用程序,致使生产、生活受到严重影响或者造成恶劣社会影响的;

(四)造成其他特别严重后果的。

286-5 法释〔2011〕19号第五条 具有下列情形之一的程序,应当认定为刑法第二百八十六条第三款规定的"计算机病毒等破坏性程序":

(一)能够通过网络、存储介质、文件等媒介,将自身的部分、全部或者变种进行复制、传播,并破坏计算机系统功能、数据或者应用程序的;

(二)能够在预先设定条件下自动触发,并破坏计算机系统功能、数据或者应用程序的;

(三)其他专门设计用于破坏计算机系统功能、数据或者应用程序的程序。

286-6 法释〔2011〕19号第六条 故意制作、传播计算机病毒等破坏性程序,影响计算机系统正常运行,具有下列情形之一的,应当认定为刑法第二百八十六条第三款规定的"后果严重":

(一)制作、提供、传输第五条第(一)项规定的程序,导致该程序通过网络、存储介质、文件等媒介传播的;

(二)造成二十台以上计算机系统被植入第五条第(二)、(三)项规定的程序的;

(三)提供计算机病毒等破坏性程序十人次以上的;

(四)违法所得五千元以上或者造成经济损失一万元以上的;

(五)造成其他严重后果的。

实施前款规定行为,具有下列情形之一的,应当认定为破坏计算机信息系统"后果特别严重":

(一)制作、提供、传输第五条第(一)项规定的程序,导致该程序通过网络、存储介质、文件等媒介传播,致使生产、生活受到严重影响或者造成恶劣社会影响的;

(二)数量或者数额达到前款第(二)项至第(四)项规定标准五倍以上的;

(三)造成其他特别严重后果的。

第二百八十六条之一[1] (刑九)【拒不履行信息网络安全管理义务罪】网络服务提供者[2]不履行法律、行政法规规定的信息网络安全管理义务,经监管部门责令采取改正措施[3]而拒不改正[*4],有下列

* 最初的表述是"仍不改正",后改为"拒不改正"。

情形之一的,处三年以下有期徒刑、拘役或者管制,并处[5]或者单处罚金[6]:

(一)致使违法信息大量传播[7]的;

(二)致使用户信息泄露,造成严重后果[8]的;

(三)致使刑事案件证据灭失,情节严重[9]的;

(四)有其他严重情节[10]的。

单位犯前款罪的,对单位判处罚金[11],并对其直接负责的主管人员和其他直接责任人员,依照前款的规定处罚。

有前两款行为,同时构成其他犯罪的,依照处罚较重的规定定罪处罚。

286A-1　**1.** 1.《最高人民法院、最高人民检察院关于办理非法利用信息网络、帮助信息网络犯罪活动等刑事案件适用法律若干问题的解释》(法释〔2019〕15号,2019年11月1日);2.《最高人民法院、最高人民检察院关于办理侵犯公民个人信息刑事案件适用法律若干问题的解释》(法释〔2017〕10号,2017年6月1日)。

2. 法释〔2019〕15号第十五条　综合考虑社会危害程度、认罪悔罪态度等情节,认为犯罪情节轻微的,可以不起诉或者免予刑事处罚;情节显著轻微危害不大的,不以犯罪论处。

3. 法释〔2019〕15号第十六条　多次拒不履行信息网络安全管理义务、非法利用信息网络、帮助信息网络犯罪活动构成犯罪,依法应当追诉的,或者二年内多次实施前述行为未经处理的,数量或者数额累计计算。

286A-2　法释〔2019〕15号第一条　提供下列服务的单位和个人,应当认定为刑法第二百八十六条之一第一款规定的"网络服务提供者":

(一)网络接入、域名注册解析等信息网络接入、计算、存储、传输服务;

(二)信息发布、搜索引擎、即时通讯、网络支付、网络预约、网络购物、网络游戏、网络直播、网站建设、安全防护、广告推广、应用商店等信息网络应用服务;

(三)利用信息网络提供的电子政务、通信、能源、交通、水利、金融、教育、医疗等公共服务。

286A-3　法释〔2019〕15号第二条　刑法第二百八十六条之一第一款规定的“监管部门责令采取改正措施”，是指网信、电信、公安等依照法律、行政法规的规定承担信息网络安全监管职责的部门，以责令整改通知书或者其他文书形式，责令网络服务提供者采取改正措施。

286A-4　法释〔2019〕15号第二条第二款　认定“经监管部门责令采取改正措施而拒不改正”，应当综合考虑监管部门责令改正是否具有法律、行政法规依据，改正措施及期限要求是否明确、合理，网络服务提供者是否具有按照要求采取改正措施的能力等因素进行判断。

286A-5　法释〔2019〕15号第十七条　对于实施本解释规定的犯罪被判处刑罚的，可以根据犯罪情况和预防再犯罪的需要，依法宣告职业禁止；被判处管制、宣告缓刑的，可以根据犯罪情况，依法宣告禁止令。

286A-6　法释〔2019〕15号第十八条　对于实施本解释规定的犯罪的，应当综合考虑犯罪的危害程度、违法所得数额以及被告人的前科情况、认罪悔罪态度等，依法判处罚金。

286A-7　法释〔2019〕15号第三条　拒不履行信息网络安全管理义务，具有下列情形之一的，应当认定为刑法第二百八十六条之一第一款第一项规定的“致使违法信息大量传播”：

（一）致使传播违法视频文件二百个以上的；

（二）致使传播违法视频文件以外的其他违法信息二千个以上的；

（三）致使传播违法信息，数量虽未达到第一项、第二项规定标准，但是按相应比例折算合计达到有关数量标准的；

（四）致使向二千个以上用户账号传播违法信息的；

（五）致使利用群组成员账号数累计三千以上的通讯群组或者关注人员账号数累计三万以上的社交网络传播违法信息的；

（六）致使违法信息实际被点击数达到五万以上的；

（七）其他致使违法信息大量传播的情形。

286A-8　**1.** 法释〔2019〕15号第四条　拒不履行信息网络安全管理义务，致使用户信息泄露，具有下列情形之一的，应当认定为刑法第二百八十六条之一第一款第二项规定的“造成严重后果”：

（一）致使泄露行踪轨迹信息、通信内容、征信信息、财产信息五百条以上的；

（二）致使泄露住宿信息、通信记录、健康生理信息、交易信息等其他可能影响人身、财产安全的用户信息五千条以上的；

(三)致使泄露第一项、第二项规定以外的用户信息五万条以上的;

(四)数量虽未达到第一项至第三项规定标准,但是按相应比例折算合计达到有关数量标准的;

(五)造成他人死亡、重伤、精神失常或者被绑架等严重后果的;

(六)造成重大经济损失的;

(七)严重扰乱社会秩序的;

(八)造成其他严重后果的。

2.《最高人民法院、最高人民检察院关于办理侵犯公民个人信息刑事案件适用法律若干问题的解释》(法释〔2017〕10号,2017年6月1日)第九条 网络服务提供者拒不履行法律、行政法规规定的信息网络安全管理义务,经监管部门责令采取改正措施而拒不改正,致使用户的公民个人信息泄露,造成严重后果的,应当依照刑法第二百八十六条之一的规定,以拒不履行信息网络安全管理义务罪定罪处罚。

286A-9 法释〔2019〕15号第五条 拒不履行信息网络安全管理义务,致使影响定罪量刑的刑事案件证据灭失,具有下列情形之一的,应当认定为刑法第二百八十六条之一第一款第三项规定的"情节严重":

(一)造成危害国家安全犯罪、恐怖活动犯罪、黑社会性质组织犯罪、贪污贿赂犯罪案件的证据灭失的;

(二)造成可能判处五年有期徒刑以上刑罚犯罪案件的证据灭失的;

(三)多次造成刑事案件证据灭失的;

(四)致使刑事诉讼程序受到严重影响的;

(五)其他情节严重的情形。

286A-10 法释〔2019〕15号第六条 拒不履行信息网络安全管理义务,具有下列情形之一的,应当认定为刑法第二百八十六条之一第一款第四项规定的"有其他严重情节":

(一)对绝大多数用户日志未留存或者未落实真实身份信息认证义务的;

(二)二年内经多次责令改正拒不改正的;

(三)致使信息网络服务被主要用于违法犯罪的;

(四)致使信息网络服务、网络设施被用于实施网络攻击,严重影响生产、生活的;

(五)致使信息网络服务被用于实施危害国家安全犯罪、恐怖活动犯罪、黑社会性质组织犯罪、贪污贿赂犯罪或者其他重大犯罪的；

（六）致使国家机关或者通信、能源、交通、水利、金融、教育、医疗等领域提供公共服务的信息网络受到破坏，严重影响生产、生活的；

（七）其他严重违反信息网络安全管理义务的情形。

286A-11　法释〔2019〕15号第十四条　单位实施本解释规定的犯罪的，依照本解释规定的相应自然人犯罪的定罪量刑标准，对直接负责的主管人员和其他直接责任人员定罪处罚，并对单位判处罚金。

第二百八十七条　【利用计算机实施犯罪的提示性规定】利用计算机实施金融诈骗、盗窃、贪污、挪用公款、窃取国家秘密或者其他犯罪的，依照本法有关规定定罪处罚。

第二百八十七条之一[1]　**（刑九）【非法利用信息网络罪】**利用信息网络实施下列行为之一，情节严重[2]的，处三年以下有期徒刑或者拘役，并处或者单处罚金：

（一）设立用于实施诈骗、传授犯罪方法、制作或者销售违禁物品、管制物品等违法犯罪[3]活动的网站、通讯群组[4]的；

（二）发布[5]有关制作或者销售毒品、枪支、淫秽物品等违禁物品、管制物品或者其他违法犯罪信息的；

（三）为实施诈骗等违法犯罪活动发布信息的。

单位犯前款罪的，对单位判处罚金，并对其直接负责的主管人员和其他直接责任人员，依照第一款的规定处罚。

有前两款行为，同时构成其他犯罪的，依照处罚较重的规定定罪处罚。

287A-1　1.《最高人民法院、最高人民检察院关于办理非法利用信息网络、帮助信息网络犯罪活动等刑事案件适用法律若干问题的解释》（法释〔2019〕15号，2019年11月1日）；2.《最高人民法院、最高人民检察院关于办理侵犯公民个人信息刑事案件适用法律若干问题的解释》（法释〔2017〕10号，2017年6月1日）。

287A-2　法释〔2019〕15号第十条　非法利用信息网络，具有下列情形之一的，应当认定为刑法第二百八十七条之一第一款规定的“情节严重”：

(一)假冒国家机关、金融机构名义,设立用于实施违法犯罪活动的网站的;

(二)设立用于实施违法犯罪活动的网站,数量达到三个以上或者注册账号数累计达到二千以上的;

(三)设立用于实施违法犯罪活动的通讯群组,数量达到五个以上或者群组成员账号数累计达到一千以上的;

(四)发布有关违法犯罪的信息或者为实施违法犯罪活动发布信息,具有下列情形之一的:

1. 在网站上发布有关信息一百条以上的;

2. 向二千个以上用户账号发送有关信息的;

3. 向群组成员数累计达到三千以上的通讯群组发送有关信息的;

4. 利用关注人员账号数累计达到三万以上的社交网络传播有关信息的;

(五)违法所得一万元以上的;

(六)二年内曾因非法利用信息网络、帮助信息网络犯罪活动、危害计算机信息系统安全受过行政处罚,又非法利用信息网络的;

(七)其他情节严重的情形。

287A-3 **1.** 法释〔2019〕15号第七条 刑法第二百八十七条之一规定的"违法犯罪",包括犯罪行为和属于刑法分则规定的行为类型但尚未构成犯罪的违法行为。

2. 法释〔2017〕10号第八条 设立用于实施非法获取、出售或者提供公民个人信息违法犯罪活动的网站、通讯群组,情节严重的,应当依照刑法第二百八十七条之一的规定,以非法利用信息网络罪定罪处罚;同时构成侵犯公民个人信息罪的,依照侵犯公民个人信息罪定罪处罚。

287A-4 法释〔2019〕15号第八条 以实施违法犯罪活动为目的而设立或者设立后主要用于实施违法犯罪活动的网站、通讯群组,应当认定为刑法第二百八十七条之一第一款第一项规定的"用于实施诈骗、传授犯罪方法、制作或者销售违禁物品、管制物品等违法犯罪活动的网站、通讯群组"。

287A-5 **1.** 法释〔2019〕15号第九条 利用信息网络提供信息的链接、截屏、二维码、访问账号密码及其他指引访问服务的,应当认定为刑法第二百八十七条之一第一款第二项、第三项规定的"发布信息"。

2.《最高人民法院关于审理毒品犯罪案件适用法律若干问题的解释》(法释〔2016〕8号,2016年4月11日)

第十四条　利用信息网络,设立用于实施传授制造毒品、非法生产制毒物品的方法,贩卖毒品,非法买卖制毒物品或者组织他人吸食、注射毒品等违法犯罪活动的网站、通讯群组,或者发布实施前述违法犯罪活动的信息,情节严重的,应当依照刑法第二百八十七条之一的规定,以非法利用信息网络罪定罪处罚。

实施刑法第二百八十七条之一、第二百八十七条之二规定的行为,同时构成贩卖毒品罪、非法买卖制毒物品罪、传授犯罪方法罪等犯罪的,依照处罚较重的规定定罪处罚。

第二百八十七条之二[1]　**(刑九)【帮助信息网络犯罪活动罪】**明知[2]他人利用信息网络实施犯罪,为其犯罪提供互联网接入、服务器托管、网络存储、通讯传输等技术支持,或者提供广告推广、支付结算等帮助[3],情节严重[4]的,处三年以下有期徒刑或者拘役,并处或者单处罚金。

单位犯前款罪的,对单位判处罚金,并对其直接负责的主管人员和其他直接责任人员,依照第一款的规定处罚。

有前两款行为,同时构成其他犯罪的,依照处罚较重的规定定罪处罚。

287B-1　《最高人民法院、最高人民检察院、公安部关于办理电信网络诈骗等刑事案件适用法律若干问题的意见(二)》(法发〔2021〕22号,2021年6月17日)

287B-2　**1.** 法释〔2019〕15号第十一条　为他人实施犯罪提供技术支持或者帮助,具有下列情形之一的,可以认定行为人明知他人利用信息网络实施犯罪,但是有相反证据的除外:

(一)经监管部门告知后仍然实施有关行为的;

(二)接到举报后不履行法定管理职责的;

(三)交易价格或者方式明显异常的;

(四)提供专门用于违法犯罪的程序、工具或者其他技术支持、帮助的;

(五)频繁采用隐蔽上网、加密通信、销毁数据等措施或者使用虚

假身份,逃避监管或者规避调查的;

(六)为他人逃避监管或者规避调查提供技术支持、帮助的;

(七)其他足以认定行为人明知的情形。

2. 法发〔2021〕22号 八、认定刑法第二百八十七条之二规定的行为人明知他人利用信息网络实施犯罪,应当根据行为人收购、出售、出租前述第七条规定的信用卡、银行账户、非银行支付账户、具有支付结算功能的互联网账号密码、网络支付接口、网上银行数字证书,或者他人手机卡、流量卡、物联网卡等的次数、张数、个数,并结合行为人的认知能力、既往经历、交易对象、与实施信息网络犯罪的行为人的关系、提供技术支持或者帮助的时间和方式、获利情况以及行为人的供述等主客观因素,予以综合认定。

收购、出售、出租单位银行结算账户、非银行支付机构单位支付账户,或者电信、银行、网络支付等行业从业人员利用履行职责或提供服务便利,非法开办并出售、出租他人手机卡、信用卡、银行账户、非银行支付账户等的,可以认定为《最高人民法院、最高人民检察院关于办理非法利用信息网络、帮助信息网络犯罪活动等刑事案件适用法律若干问题的解释》第十一条第(七)项规定的"其他足以认定行为人明知的情形"。但有相反证据的除外。

十、电商平台预付卡、虚拟货币、手机充值卡、游戏点卡、游戏装备等经销商,在公安机关调查案件过程中,被明确告知其交易对象涉嫌电信网络诈骗犯罪,仍与其继续交易,符合刑法第二百八十七条之二规定的,以帮助信息网络犯罪活动罪追究刑事责任。同时构成其他犯罪的,依照处罚较重的规定定罪处罚。

287B-3 法发〔2021〕22号 七、为他人利用信息网络实施犯罪而实施下列行为,可以认定为刑法第二百八十七条之二规定的"帮助"行为:

(一)收购、出售、出租信用卡、银行账户、非银行支付账户、具有支付结算功能的互联网账号密码、网络支付接口、网上银行数字证书的;

(二)收购、出售、出租他人手机卡、流量卡、物联网卡的。

287B-4 **1.** 法释〔2019〕15号第十二条 明知他人利用信息网络实施犯罪,为其犯罪提供帮助,具有下列情形之一的,应当认定为刑法第二百八十七条之二第一款规定的"情节严重":

(一)为三个以上对象提供帮助的;

(二)支付结算金额二十万元以上的;

（三）以投放广告等方式提供资金五万元以上的；

（四）违法所得一万元以上的；

（五）二年内曾因非法利用信息网络、帮助信息网络犯罪活动、危害计算机信息系统安全受过行政处罚，又帮助信息网络犯罪活动的；

（六）被帮助对象实施的犯罪造成严重后果的；

（七）其他情节严重的情形。

实施前款规定的行为，确因客观条件限制无法查证被帮助对象是否达到犯罪的程度，但相关数额总计达到前款第二项至第四项规定标准五倍以上，或者造成特别严重后果的，应当以帮助信息网络犯罪活动罪追究行为人的刑事责任。

2. 法发〔2021〕22号　九、明知他人利用信息网络实施犯罪，为其犯罪提供下列帮助之一的，可以认定为《最高人民法院、最高人民检察院关于办理非法利用信息网络、帮助信息网络犯罪活动等刑事案件适用法律若干问题的解释》第十二条第一款第（七）项规定的"其他情节严重的情形"：

（一）收购、出售、出租信用卡、银行账户、非银行支付账户、具有支付结算功能的互联网账号密码、网络支付接口、网上银行数字证书5张（个）以上的；

（二）收购、出售、出租他人手机卡、流量卡、物联网卡20张以上的。

3.《最高人民法院、最高人民检察院关于办理利用互联网、移动通讯终端、声讯台制作、复制、出版、贩卖、传播淫秽电子信息刑事案件具体应用法律若干问题的解释》（法释〔2004〕11号，2004年9月6日）第七条　明知他人实施制作、复制、出版、贩卖、传播淫秽电子信息犯罪，为其提供互联网接入、服务器托管、网络存储空间、通讯传输通道、费用结算等帮助的，对直接负责的主管人员和其他直接责任人员，以共同犯罪论处。

第二百八十八条[1]　**（刑九）【扰乱无线电通讯管理秩序罪】**违反国家规定，擅自设置、使用无线电台（站），或者擅自使用无线电频率[2]，干扰无线电通讯秩序，情节严重的[3]，处三年以下有期徒刑、拘役或者管制，并处或者单处罚金；情节特别严重的[4]，处三年以上七年以下有期徒刑，并处罚金。

单位犯前款罪的,对单位判处罚金,并对其直接负责的主管人员和其他直接责任人员,依照前款的规定处罚[5]。

288-1 《最高人民法院关于审理扰乱电信市场管理秩序案件具体应用法律若干问题的解释》(法释〔2000〕12号,2000年5月24日)第五条 违反国家规定,擅自设置、使用无线电台(站),或者擅自占用频率,非法经营国际电信业务或者涉港澳台电信业务进行营利活动,同时构成非法经营罪和刑法第二百八十八条规定的扰乱无线电通讯管理秩序罪的,依照处罚较重的规定定罪处罚。

288-2 《最高人民法院、最高人民检察院关于办理扰乱无线电通讯管理秩序等刑事案件适用法律若干问题的解释》(法释〔2017〕11号,2017年7月1日)第一条 具有下列情形之一的,应当认定为刑法第二百八十八条第一款规定的"擅自设置、使用无线电台(站),或者擅自使用无线电频率,干扰无线电通讯秩序":

(一)未经批准设置无线电广播电台(以下简称"黑广播"),非法使用广播电视专用频段的频率的;

(二)未经批准设置通信基站(以下简称"伪基站"),强行向不特定用户发送信息,非法使用公众移动通信频率的;

(三)未经批准使用卫星无线电频率的;

(四)非法设置、使用无线电干扰器的;

(五)其他擅自设置、使用无线电台(站),或者擅自使用无线电频率,干扰无线电通讯秩序的情形。

法释〔2017〕11号第九条 对案件所涉的有关专门性问题难以确定的,依据司法鉴定机构出具的鉴定意见,或者下列机构出具的报告,结合其他证据作出认定:

(一)省级以上无线电管理机构、省级无线电管理机构依法设立的派出机构、地市级以上广播电视主管部门就是否系"伪基站""黑广播"出具的报告;

(二)省级以上广播电视主管部门及其指定的检测机构就"黑广播"功率、覆盖范围出具的报告;

(三)省级以上航空、铁路、船舶等主管部门就是否干扰导航、通信等出具的报告。

对移动终端用户受影响的情况,可以依据相关通信运营商出具的证明,结合被告人供述、终端用户证言等证据作出认定。

288-3　法释〔2017〕11号第二条　违反国家规定，擅自设置、使用无线电台（站），或者擅自使用无线电频率，干扰无线电通讯秩序，具有下列情形之一的，应当认定为刑法第二百八十八条第一款规定的"情节严重"：

（一）影响航天器、航空器、铁路机车、船舶专用无线电导航、遇险救助和安全通信等涉及公共安全的无线电频率正常使用的；

（二）自然灾害、事故灾难、公共卫生事件、社会安全事件等突发事件期间，在事件发生地使用"黑广播""伪基站"的；

（三）举办国家或者省级重大活动期间，在活动场所及周边使用"黑广播""伪基站"的；

（四）同时使用三个以上"黑广播""伪基站"的；

（五）"黑广播"的实测发射功率五百瓦以上，或者覆盖范围十公里以上的；

（六）使用"伪基站"发送诈骗、赌博、招嫖、木马病毒、钓鱼网站链接等违法犯罪信息，数量在五千条以上，或者销毁发送数量等记录的；

（七）雇佣、指使未成年人、残疾人等特定人员使用"伪基站"的；

（八）违法所得三万元以上的；

（九）曾因扰乱无线电通讯管理秩序受过刑事处罚，或者二年内曾因扰乱无线电通讯管理秩序受过行政处罚，又实施刑法第二百八十八条规定的行为的；

（十）其他情节严重的情形。

法释〔2017〕11号第六条　擅自设置、使用无线电台（站），或者擅自使用无线电频率，同时构成其他犯罪的，按照处罚较重的规定定罪处罚。

明知他人实施诈骗等犯罪，使用"黑广播""伪基站"等无线电设备为其发送信息或者提供其他帮助，同时构成其他犯罪的，按照处罚较重的规定定罪处罚。

法释〔2017〕11号第八条　为合法经营活动，使用"黑广播""伪基站"或者实施其他扰乱无线电通讯管理秩序的行为，构成扰乱无线电通讯管理秩序罪，但不属于"情节特别严重"，行为人系初犯，并确有悔罪表现的，可以认定为情节轻微，不起诉或者免予刑事处罚；确有必要判处刑罚的，应当从宽处罚。

288-4　法释〔2017〕11号第三条　违反国家规定，擅自设置、使用无线电台（站），或者擅自使用无线电频率，干扰无线电通讯秩序，具有

下列情形之一的,应当认定为刑法第二百八十八条第一款规定的“情节特别严重”:

(一)影响航天器、航空器、铁路机车、船舶专用无线电导航、遇险救助和安全通信等涉及公共安全的无线电频率正常使用,危及公共安全的;

(二)造成公共秩序混乱等严重后果的;

(三)自然灾害、事故灾难、公共卫生事件和社会安全事件等突发事件期间,在事件发生地使用“黑广播”“伪基站”,造成严重影响的;

(四)对国家或者省级重大活动造成严重影响的;

(五)同时使用十个以上“黑广播”“伪基站”的;

(六)“黑广播”的实测发射功率三千瓦以上,或者覆盖范围二十公里以上的;

(七)违法所得十五万元以上的;

(八)其他情节特别严重的情形。

288-5 法释〔2017〕11号第五条 单位犯本解释规定之罪的,对单位判处罚金,并对直接负责的主管人员和其他直接责任人员,依照本解释规定的自然人犯罪的定罪量刑标准定罪处罚。

第二百八十九条 【故意伤害罪;故意杀人罪;抢劫罪】聚众“打砸抢”,致人伤残、死亡的,依照本法第二百三十四条(*故意伤害罪*)、第二百三十二条(*故意杀人罪*)的规定定罪处罚。毁坏或者抢走公私财物的,除判令退赔外,对首要分子,依照本法第二百六十三条(*抢劫罪*)的规定定罪处罚。

第二百九十条[1] **(刑九)【聚众扰乱社会秩序罪】**聚众扰乱社会秩序,情节严重,致使工作、生产、营业和教学、科研、医疗无法进行,造成严重损失的[2],对首要分子,处三年以上七年以下有期徒刑;对其他积极参加的,处三年以下有期徒刑、拘役、管制或者剥夺政治权利。

【聚众冲击国家机关罪】聚众冲击国家机关,致使国家机关工作无法进行,造成严重损失的[3],对首要分子,处五年以上十年以下有期徒刑;对其他积极参加的,处五年以下有期徒刑、拘役、管制或者剥夺政治权利。

（刑九）【扰乱国家机关工作秩序罪】多次扰乱国家机关工作秩序，经行政处罚后仍不改正，造成严重后果的[4]，处三年以下有期徒刑、拘役或者管制。

（刑九）【组织、资助非法聚集罪】多次组织、资助他人非法聚集，扰乱社会秩序，情节严重的[5]，依照前款的规定处罚。

290-1　《最高人民法院、高人民检察院、公安部关于依法处理信访活动中违法犯罪行为的指导意见》（公通字〔2019〕7号，2019年2月28日）

290-2　**1.** 公通字〔2019〕7号　一、依法打击违法犯罪行为，明确法律底线

（一）扰乱公共秩序。在信访活动中或者以信访为名，实施下列行为的，依照刑法有关规定定罪处罚：

1. 在各级党委、人大、政协、行政、监察、审判、检察、军事机关，厂矿、商场等企业单位，学校、医院、报社、电视台、科研院所等事业单位，工会、妇联等社会团体单位，机场、车站、码头等重要交通场站，或者在上述场所周边的其他公共场所，聚众实施统一着装、佩戴统一标识、静坐滞留、张贴散发材料、喊口号、打横幅、穿状衣等行为，或者实施跳楼、服毒等自杀、自伤行为以及扬言实施自杀、自伤行为，情节严重，致使工作、生产、营业和教学、科研、医疗活动无法进行，造成严重损失的，依照刑法第二百九十条第一款的规定，对首要分子和其他积极参加者，以聚众扰乱社会秩序罪（刑九）定罪处罚。

2.《公安部关于公安机关处置信访活动中违法犯罪行为适用法律的指导意见》（公通字〔2013〕25号，2013年7月19日）　一、对扰乱信访工作秩序违法犯罪行为的处理

6. 聚众扰乱信访工作秩序，情节严重，符合《刑法》第二百九十条第一款规定的，对首要分子和其他积极参加者以聚众扰乱社会秩序罪追究刑事责任。

290-3　公通字〔2019〕7号　一、依法打击违法犯罪行为，明确法律底线

（一）扰乱公共秩序。在信访活动中或者以信访为名，实施下列行为的，依照刑法有关规定定罪处罚：

2. 在各级党委、人大、政协、行政、监察、审判、检察、军事机关，聚众实施强行冲闯、围堵大门通道，围攻、辱骂工作人员，强占办公场所，投

掷石块杂物等冲击国家机关行为,致使国家机关工作无法进行,造成严重损失的,依照刑法第二百九十条第二款的规定,对首要分子和其他积极参加者,以聚众冲击国家机关罪定罪处罚。

290-4 公通字〔2019〕7 号 一、依法打击违法犯罪行为,明确法律底线 4. 个人多次扰乱国家机关的工作秩序,经行政处罚后仍不改正,造成严重后果的,依照刑法第二百九十条第三款的规定,以扰乱国家机关工作秩序罪(刑九)定罪处罚。

290-5 公通字〔2019〕7 号 一、依法打击违法犯罪行为,明确法律底线

(二)组织、资助非法聚集。多次组织、资助他人到各级党委、人大、政协、行政、监察、审判、检察、军事机关,厂矿、商场等企业单位,学校、医院、报社、电视台、科研院所等事业单位,工会、妇联等社会团体单位,机场、车站、码头等重要交通场站,或者到上述场所周边的其他公共场所,非法聚集,扰乱社会秩序,情节严重的,依照刑法第二百九十条第四款的规定,以组织、资助非法聚集罪(刑九)定罪处罚。

第二百九十一条 【聚众扰乱公共场所秩序、交通秩序罪】聚众扰乱车站、码头、民用航空站、商场、公园、影剧院、展览会、运动场或者其他公共场所秩序,聚众堵塞交通或者破坏交通秩序,抗拒、阻碍国家治安管理工作人员依法执行职务,情节严重的[1],对首要分子,处五年以下有期徒刑、拘役或者管制。

291-1 公通字〔2019〕7 号 一、依法打击违法犯罪行为,明确法律底线

(一)扰乱公共秩序。在信访活动中或者以信访为名,实施下列行为的,依照刑法有关规定定罪处罚:

3. 聚众扰乱车站、码头、民用航空站、商场、公园、影剧院、展览会、运动场及周边公共场所或者其他公共场所秩序,聚众堵塞交通或者破坏交通秩序,抗拒、阻碍国家治安管理工作人员依法执行职务,情节严重的,依照刑法第二百九十一条的规定,对首要分子,以聚众扰乱公共场所秩序、交通秩序罪定罪处罚。

第二百九十一条之一 (刑三)[1]【投放虚假危险物质罪;编造、故意传播虚假恐怖信息罪】投放虚假的爆炸性、毒害性、放射性、传

染病病原体等物质,或者编造[2]爆炸威胁、生化威胁、放射威胁等恐怖信息,或者明知是编造的恐怖信息[3]而故意传播,严重扰乱社会秩序[4]的,处五年以下有期徒刑、拘役或者管制;造成严重后果[5]的,处五年以上有期徒刑。

(刑九)【编造、故意传播虚假信息罪】编造虚假的险情、疫情、灾情、警情,在信息网络或者其他媒体上传播,或者明知是上述虚假信息,故意在信息网络或者其他媒体上传播,严重扰乱社会秩序的,处三年以下有期徒刑、拘役或者管制;造成严重后果的,处三年以上七年以下有期徒刑。

291A-1　《最高人民法院关于审理编造、故意传播虚假恐怖信息刑事案件适用法律若干问题的解释》(法释〔2013〕24号,2013年9月30日)第一条　编造恐怖信息,传播或者放任传播,严重扰乱社会秩序的,依照刑法第二百九十一条之一的规定,应认定为编造虚假恐怖信息罪。

明知是他人编造的恐怖信息而故意传播,严重扰乱社会秩序的,依照刑法第二百九十一条之一的规定,应认定为故意传播虚假恐怖信息罪。

法释〔2013〕24号第五条　编造、故意传播虚假恐怖信息,严重扰乱社会秩序,同时又构成其他犯罪的,择一重罪处罚。

理解与适用:刑法草案中有观点建议将本罪纳入危害公共安全罪一章中,但考虑到本罪的犯罪手段一般不可能对生命安全和财产造成实际危害,而行为人更多地想借此在社会上制造恐怖气氛,引起社会秩序的混乱,故属于妨害社会管理秩序罪这一类罪中。

291A-2　李泽强编造、故意传播虚假恐怖信息案(检例第9号)

要旨　编造、故意传播虚假恐怖信息罪是选择性罪名。编造恐怖信息以后向特定对象散布,严重扰乱社会秩序的,构成编造虚假恐怖信息罪。编造恐怖信息以后向不特定对象散布,严重扰乱社会秩序的,构成编造、故意传播虚假恐怖信息罪。对于实施数个编造、故意传播虚假恐怖信息行为的,不实行数罪并罚,但应当将其作为量刑情节予以考虑。

291A-3　法释〔2013〕24号第六条　本解释所称的"虚假恐怖信息",是指以发生爆炸威胁、生化威胁、放射威胁、劫持航空器威胁、重大灾情、重大疫情等严重威胁公共安全的事件为内容,可能引起社会恐慌或者公共安全危机的不真实信息。

291A-4　**1.** 法释〔2013〕24号第二条　编造、故意传播虚假恐怖信

息,具有下列情形之一的,应当认定为刑法第二百九十一条之一的“严重扰乱社会秩序”:

(一)致使机场、车站、码头、商场、影剧院、运动场馆等人员密集场所秩序混乱,或者采取紧急疏散措施的;

(二)影响航空器、列车、船舶等大型客运交通工具正常运行的;

(三)致使国家机关、学校、医院、厂矿企业等单位的工作、生产、经营、教学、科研等活动中断的;

(四)造成行政村或者社区居民生活秩序严重混乱的;

(五)致使公安、武警、消防、卫生检疫等职能部门采取紧急应对措施的;

(六)其他严重扰乱社会秩序的。

法释〔2013〕24号第三条　编造、故意传播虚假恐怖信息,严重扰乱社会秩序,具有下列情形之一的,应当依照刑法第二百九十一条之一的规定,在五年以下有期徒刑范围内酌情从重处罚:

(一)致使航班备降或返航;或者致使列车、船舶等大型客运交通工具中断运行的;

(二)多次编造、故意传播虚假恐怖信息的;

(三)造成直接经济损失二十万元以上的;

(四)造成乡镇、街道区域范围居民生活秩序严重混乱的;

(五)具有其他酌情从重处罚情节的。

2.《最高人民检察院关于依法严厉打击编造、故意传播虚假恐怖信息威胁民航飞行安全犯罪活动的通知》(高检发侦监字〔2013〕5号,2013年5月31日)　二、……根据刑法第291条之一的有关规定,编造虚假恐怖信息并向特定对象散布,严重扰乱社会秩序的,即构成编造虚假恐怖信息罪。编造虚假恐怖信息以后向不特定对象散布,严重扰乱社会秩序的,构成编造、故意传播虚假恐怖信息罪。对于编造、故意传播虚假恐怖信息,引起公众恐慌,或者致使航班无法正常起降,破坏民航正常运输秩序的,应当认定为“严重扰乱社会秩序”……

3. 卫学臣编造虚假恐怖信息案(检例第10号)

要旨　关于编造虚假恐怖信息造成“严重扰乱社会秩序”的认定,应当结合行为对正常的工作、生产、生活、经营、教学、科研等秩序的影响程度,对公众造成的恐慌程度以及处置情况等因素进行综合分析判断。对于编造、故意传播虚假恐怖信息威胁民航安全,引起公众恐慌,或者致使航班无法正常起降的,应当认定为“严重扰乱社会秩序”。

291A-5 **1.** 法释〔2013〕24号第四条 编造、故意传播虚假恐怖信息，严重扰乱社会秩序，具有下列情形之一的，应当认定为刑法第二百九十一条之一的“造成严重后果”，处五年以上有期徒刑：

（一）造成三人以上轻伤或者一人以上重伤的；

（二）造成直接经济损失五十万元以上的；

（三）造成县级以上区域范围居民生活秩序严重混乱的；

（四）妨碍国家重大活动进行的；

（五）造成其他严重后果的。

2. 袁才彦编造虚假恐怖信息案（检例第11号）

要旨 对于编造虚假恐怖信息造成有关部门实施人员疏散，引起公众极度恐慌的，或者致使相关单位无法正常营业，造成重大经济损失的，应当认定为“造成严重后果”。以编造虚假恐怖信息的方式，实施敲诈勒索等其他犯罪的，应当根据案件事实和证据情况，择一重罪处断。

第二百九十一条之二[1] **（刑十一）【高空抛物罪】**从建筑物或者其他高空抛掷物品，情节严重的，处一年以下有期徒刑、拘役或者管制，并处或者单处罚金。

有前款行为，同时构成其他犯罪的，依照处罚较重的规定定罪处罚。

291B-1 《最高人民法院关于依法妥善审理高空抛物、坠物案件的意见》（法发〔2019〕25号，2019年10月21日）

第二百九十二条 **【聚众斗殴罪】**聚众斗殴的，[1] 对首要分子和其他积极参加的，[2] 处三年以下有期徒刑、拘役或者管制；有下列情形之一的，对首要分子和其他积极参加的，处三年以上十年以下有期徒刑：

（一）多次聚众斗殴的；

（二）聚众斗殴人数多，规模大，社会影响恶劣的；

（三）在公共场所或者交通要道聚众斗殴，造成社会秩序严重混乱的；

（四）持械聚众斗殴的。

聚众斗殴，致人重伤、死亡的，[3] 依照本法第二百三十四条（*故意*

伤害罪)、第二百三十二条(*故意杀人罪*)的规定定罪处罚*。

292-1 施某某等17人聚众斗殴案(检例第1号)

要旨 检察机关办理群体性事件引发的犯罪案件,要从促进社会矛盾化解的角度,深入了解案件背后的各种复杂因素,依法慎重处理,积极参与调处矛盾纠纷,以促进社会和谐,实现法律效果与社会效果的有机统一。福建省石狮市人民检察院认为:施某某等17人的行为均已触犯了《中华人民共和国刑法》第二百九十二条第一款、第二十五条第一款之规定,涉嫌构成聚众斗殴罪,依法应当追究刑事责任。鉴于施某某等17人参与聚众斗殴并非为了私仇或争霸一方,且造成的财产损失及人员伤害均属轻微,并未造成严重后果;两村村委会达成了和解协议,施某某等17人也出具了承诺书,从惩罚与教育相结合的原则出发以及有利于促进社会和谐的角度考虑,2010年4月28日,石狮市人民检察院根据《中华人民共和国刑事诉讼法》第一百四十二条第二款之规定,对施某某等17人作出不起诉的决定。

292-2 **1.**《立案标准(一)》第三十六条 组织、策划、指挥或者积极参加聚众斗殴的,应予立案追诉。

理解与适用:聚众斗殴的首要分子是指聚众斗殴的组织者、策划者、纠集者、指挥者;积极参加者是指在聚众斗殴中发挥主要作用或者在斗殴中直接致死、致伤他人者。在幕后起组织、策划,指挥作用或者在聚众及准备斗殴中行为积极并起重要作用的,无论其是否直接实施斗殴行为,应认定为首要分子或者积极参加者。关于聚众斗殴中,首要分子对不是由其纠集而自愿、主动参与斗殴并造成严重后果的积极参加者的责任承担问题。聚众斗殴过程中,参加者不是首要分子纠集,而系参加者自愿、主动参与斗殴并造成严重后果的,如首要分子明知又未阻止的,首要分子应当对此积极参加者的行为所造成的后果承担罪责。

2.《最高人民法院、最高人民检察院关于常见犯罪的量刑指导意见(试行)》(法发〔2021〕21号,2021年7月1日) 四、常见犯罪的量刑
(十七)聚众斗殴罪

1. 构成聚众斗殴罪的,根据下列情形在相应的幅度内确定量刑起点:

---

* 本款属于法律拟制,行为人在斗殴过程中并没有杀人的故意,但客观上致人重伤或死亡的,应认定为故意伤害罪或故意杀人罪。

(1)犯罪情节一般的,在二年以下有期徒刑、拘役幅度内确定量刑起点。

(2)有下列情形之一的,在三年至五年有期徒刑幅度内确定量刑起点:聚众斗殴三次的;聚众斗殴人数多,规模大,社会影响恶劣的;在公共场所或者交通要道聚众斗殴,造成社会秩序严重混乱的;持械聚众斗殴的。

2. 在量刑起点的基础上,根据聚众斗殴人数、次数、手段严重程度等其他影响犯罪构成的犯罪事实增加刑罚量,确定基准刑。

3. 构成聚众斗殴罪的,综合考虑聚众斗殴的手段、危害后果等犯罪事实、量刑情节,以及被告人的主观恶性、人身危险性、认罪悔罪表现等因素,决定缓刑的适用。

292-3　《最高人民法院研究室关于对参加聚众斗殴受重伤或者死亡的人及其家属提出的民事赔偿请求能否予以支持问题的答复》(法研〔2004〕179号,2004年11月11日)　根据《刑法》第二百九十二条第一款的规定,聚众斗殴的参加者,无论是否首要分子,均明知自己的行为有可能产生伤害他人以及自己被他人的行为伤害的后果,其仍然参加聚众斗殴的,应当自行承担相应的刑事和民事责任。根据《刑法》第二百九十二条第二款的规定,对于参加聚众斗殴,造成他人重伤或者死亡的,行为性质发生变化,应认定为故意伤害罪或者故意杀人罪。聚众斗殴中受重伤或者死亡的人,既是故意伤害罪或者故意杀人罪的受害人,又是聚众斗殴犯罪的行为人。对于参加聚众斗殴受重伤或者死亡的人或其家属提出的民事赔偿请求,依法应予支持,并适用混合过错责任原则。

理解与适用:1. 关于聚众斗殴中其他积极参加者致人重伤、死亡,首要分子在组织、指挥犯罪过程中重伤、杀人故意不明显,对首要分子的定罪问题。聚众斗殴中其他积极参加者致人重伤、死亡,首要分子在组织、指挥犯罪过程中虽然重伤、杀人故意不明显,其也要对其他积极参加者致人重伤、死亡的后果承担责任,对首要分子应当适用《刑法》第二百三十四条或第二百三十二条转化定罪。聚众斗殴中,部分积极参加者转化定罪,部分积极参加者没有转化定罪的,对首要分子按照重罪吸收轻罪的原则定罪处罚,不实行数罪并罚。对于首要分子在组织、指挥犯罪过程中明确要求其他积极参加者不能造成他人伤亡的,对首要分子可不以其他积极参加者致人重伤、死亡的后果进行转化定罪,而以聚众斗殴罪从重处罚。2. 关于聚众斗殴中部分积极参加者致人重伤、死亡,对其他积极参加者的定罪问题。聚众斗殴中部分积极参加者致人重伤、死亡,其他积极参加者对被害人有共同加害行为的,应当认定为共同犯罪中相互配合、支持的行为,对其他积极参加者也一并适用《刑法》第二百三十四条或第二百三十二条转化定罪;其他积极参加者的行为与重伤、死亡的结果之间无关联的,不能转化定罪。

第二百九十三条[1] **(刑八)【寻衅滋事罪】**有下列寻衅滋事行为[2]之一,破坏社会秩序的,[3]处五年以下有期徒刑、拘役或者管制:

(一)随意[*]殴打他人[**],情节恶劣[4]的;

(二)追逐、拦截、辱骂、恐吓[5][***]他人,情节恶劣[6]的;

(三)强拿硬要[7]或者任意损毁、占用公私财物,情节严重[8]的;

(四)在公共场所起哄闹事,造成公共场所秩序严重混乱[9]的。

(刑八)纠集他人多次实施前款行为,严重破坏社会秩序的,处五年以上十年以下有期徒刑,可以并处罚金。

293-1 《最高人民法院、最高人民检察院关于办理寻衅滋事刑事案件适用法律若干问题的解释》(法释〔2013〕18号,2013年7月22日)

293-2 **1.** 法释〔2013〕18号第一条　行为人为寻求刺激、发泄情绪、逞强耍横等,无事生非,实施刑法第二百九十三条规定的行为的,应当认定为“寻衅滋事”。

行为人因日常生活中的偶发矛盾纠纷,借故生非,实施刑法第二百九十三条规定的行为的,应当认定为“寻衅滋事”,但矛盾系由被害人

---

* 张明楷:《妥善对待维权行为　避免助长违法犯罪》,载《中国刑事法杂志》2020年第5期。

随意,一般意味着殴打的理由、对象、方式等明显异常。换言之,当一般人从犯罪人的角度思考也不能接受犯罪人的殴打行为时,该殴打行为即为随意的。就行为人角度而言,随意,意味着行为人殴打他人没有任何自我控制。刑事理论与司法实践常常喜欢用是否“事出有因”来判断是否随意,亦即如果事出有因,就不是随意;如果事出无因,就是随意。但任何故意犯罪行为都不可能是无缘无故的。换言之,任何故意犯罪行为都有其产生的主观原因或动机。事实上,殴打行为是否随意,并不是一种纯主观的判断,而是基于客观事实作出的判断。殴打行为是否随意,不是单纯根据行为人的动机来判断,而是必然同时考虑到其他相关因素。

** 他人应指社会一般交往中的个人的身体安全,或者说是与公共秩序相关联的个人的身体安全。行为人随意殴打家庭成员,或基于特殊原因在私人场所殴打特定个人的,不成立本罪。

*** 《刑法修正案(八)》在本项增加了“恐吓”这一行为。

故意引发或者被害人对矛盾激化负有主要责任的除外。

行为人因婚恋、家庭、邻里、债务等纠纷，实施殴打、辱骂、恐吓他人或者损毁、占用他人财物等行为的，一般不认定为“寻衅滋事”，但经有关部门批评制止或者处理处罚后，继续实施前列行为，破坏社会秩序的除外。

法释〔2013〕18号第七条　实施寻衅滋事行为，同时符合寻衅滋事罪和故意杀人罪、故意伤害罪、故意毁坏财物罪、敲诈勒索罪、抢夺罪、抢劫罪等罪的构成要件的*，依照处罚较重的犯罪定罪处罚。

法释〔2013〕18号第八条　行为人认罪、悔罪，积极赔偿被害人损失或者取得被害人谅解的，可以从轻处罚；犯罪情节轻微的，可以不起诉或者免予刑事处罚。

2.《最高人民法院关于审理未成年人刑事案件具体应用法律若干问题的解释》（法释〔2006〕1号，2006年1月23日）第八条　已满十六周岁不满十八周岁的人出于以大欺小、以强凌弱或者寻求精神刺激，随意殴打其他未成年人、多次对其他未成年人强拿硬要或者任意损毁公私财物，扰乱学校及其他公共场所秩序，情节严重的，以寻衅滋事罪定罪处罚。

293-3　《最高人民法院、最高人民检察院关于常见犯罪的量刑指导意见（试行）》（法发〔2021〕21号，2021年7月1日）　四、常见犯罪的量刑　（十八）寻衅滋事罪

1. 构成寻衅滋事罪的，根据下列情形在相应的幅度内确定量刑起点：

（1）寻衅滋事一次的，在三年以下有期徒刑、拘役幅度内确定量刑起点。

（2）纠集他人三次寻衅滋事（每次都构成犯罪），严重破坏社会秩序的，在五年至七年有期徒刑幅度内确定量刑起点。

2. 在量刑起点的基础上，根据寻衅滋事次数、伤害后果、强拿硬要

---

* 刑法规定寻衅滋事罪，旨在保护公共秩序或社会秩序，故将该罪规定在“妨害社会管理秩序罪”的第一节扰乱公共秩序罪之中，还在该罪的罪状中明确了“破坏社会秩序”一语。寻衅滋事罪与故意伤害、敲诈勒索、故意毁坏财物、抢劫等罪之间的相互关系，一直以来是困扰司法机关的难题，其原因在于上述犯罪之间很难划定一个明确的区分标准。不如改变思路，注意此罪与彼罪的想象竞合，并按照想象竞合犯的处罚原则，从一重罪处罚。例如，故意殴打他人的行为，既符合故意伤害罪的犯罪构成，也符合寻衅滋事罪的犯罪构成。强拿硬要数额较大财物的行为，完全可能既符合敲诈勒索罪的犯罪构成，也符合寻衅滋事罪的犯罪构成。寻衅滋事罪与抢劫罪也不是对立关系，一个行为完全可能同时触犯这两个犯罪。

他人财物或任意损毁、占用公私财物数额等其他影响犯罪构成的犯罪事实增加刑罚量,确定基准刑。

3. 构成寻衅滋事罪,判处五年以上十年以下有期徒刑,并处罚金的,根据寻衅滋事的次数、危害后果、对社会秩序的破坏程度等犯罪情节,综合考虑被告人缴纳罚金的能力,决定罚金数额。

4. 构成寻衅滋事罪的,综合考虑寻衅滋事的具体行为、危害后果、对社会秩序的破坏程度等犯罪事实、量刑情节,以及被告人的主观恶性、人身危险性、认罪悔罪表现等因素,决定缓刑的适用。

293-4　1. 法释〔2013〕18号第二条　随意殴打他人,破坏社会秩序,具有下列情形之一的*,应当认定为刑法第二百九十三条第一款第一项规定的"情节恶劣":

(一)致一人以上轻伤或者二人以上轻微伤的;

(二)引起他人精神失常、自杀等严重后果的;

(三)多次随意殴打他人的;

(四)持凶器随意殴打他人的;

(五)随意殴打精神病人、残疾人、流浪乞讨人员、老年人、孕妇、未成年人,造成恶劣社会影响的;

(六)在公共场所随意殴打他人,造成公共场所秩序严重混乱的;

(七)其他情节恶劣的情形。

理解与适用:不应将殴打他人的随意性本身评价为情节恶劣,只有当殴打行为同时具备随意性与恶劣性时,才能以寻衅滋事罪论处。

2.《最高人民法院、最高人民检察院、公安部、司法部关于办理实施"软暴力"的刑事案件若干问题的意见》(2019年4月9日)　五、第二款　《关于办理寻衅滋事刑事案件适用法律若干问题的解释》第二条至第四条中的"多次"一般应当理解为二年内实施寻衅滋事行为三次以上。三次以上寻衅滋事行为既包括同一类别的行为,也包括不同类别的行为;既包括未受行政处罚的行为,也包括已受行政处罚的行为。

293-5　1. 法发〔2018〕1号　四、依法惩处利用"软暴力"实施的犯罪

17. 黑恶势力为谋取不法利益或形成非法影响,有组织地采用滋扰、纠缠、哄闹、聚众造势等手段侵犯人身权利、财产权利,破坏经济秩

* 《立案标准(一)的补充规定》第八条规定的对《立案标准(一)》第三十七条的修改与本条内容一致,故从略。

序、社会秩序,构成犯罪的,应当分别依照《刑法》相关规定处理:

(1)有组织地采用滋扰,纠缠,哄闹、聚众造势等手段扰乱正常的工作、生活秩序,使他人产生心理恐惧或者形成心理强制,分别属于《刑法》第二百九十三条第一款第(二)项规定的“恐吓”、《刑法》第二百二十六规定的“威胁”,同时符合其他犯罪构成条件的应分别以寻衅滋事罪、强迫交易罪定罪处罚。

……

2.《最高人民法院、最高人民检察院、公安部、司法部关于办理实施“软暴力”的刑事案件若干问题的意见》(2019年4月9日)

五、第一款　采用“软暴力”手段,使他人产生心理恐惧或者形成心理强制,分别属于《刑法》第二百二十六条规定的“威胁”、《刑法》第二百九十三条第一款第(二)项规定的“恐吓”,同时符合其他犯罪构成要件的,应当分别以强迫交易罪、寻衅滋事罪定罪处罚。

293-6　法释〔2013〕18号第三条　追逐、拦截、辱骂、恐吓他人,破坏社会秩序,具有下列情形之一的,应当认定为刑法第二百九十三条第一款第二项规定的“情节恶劣”:

(一)多次追逐、拦截、辱骂、恐吓他人,造成恶劣社会影响的;

(二)持凶器追逐、拦截、辱骂、恐吓他人的;

(三)追逐、拦截、辱骂、恐吓精神病人、残疾人、流浪乞讨人员、老年人、孕妇、未成年人,造成恶劣社会影响的;

(四)引起他人精神失常、自杀等严重后果的;

(五)严重影响他人的工作、生活、生产、经营的;

(六)其他情节恶劣的情形。

法释〔2013〕21号第五条第一款　利用信息网络辱骂、恐吓他人,情节恶劣,破坏社会秩序的,依照刑法第二百九十三条第一款第(二)项的规定,以寻衅滋事罪定罪处罚。

理解与适用:该款规定反映出信息网络的工具性特征。实践中需要把握以下两点:一是如果利用信息网络辱骂特定的个人,则可能存在寻衅滋事罪与侮辱罪的竞合。如果辱骂他人情节恶劣,破坏社会秩序的,应按照上述解释第九条的规定,依照处罚较重的罪即寻衅滋事罪定罪处罚。二是要严格入罪标准。辱骂、恐吓行为必须达到“情节恶劣”的程度,同时对社会秩序造成了现实的破坏。对于一些网民在网络上发泄不满,辱骂他人的,要重在教育,强化管理,一般不要轻易适用本款规定按犯罪处理。

293-7　1.《最高人民法院关于审理抢劫、抢夺刑事案件适用法律若干问题的意见》（法发〔2005〕8号，2005年6月8日）

九、关于抢劫罪与相似犯罪的界限

4.抢劫罪与寻衅滋事罪的界限

寻衅滋事罪是严重扰乱社会秩序的犯罪，行为人实施寻衅滋事的行为时，客观上也可能表现为强拿硬要公私财物的特征。这种强拿硬要的行为与抢劫罪的区别在于：前者行为人主观上还具有逞强好胜和通过强拿硬要来填补其精神空虚等目的，后者行为人一般只具有非法占有他人财物的目的；前者行为人客观上一般不以严重侵犯他人人身权利的方法强拿硬要财物，而后者行为人则以暴力、胁迫等方式作为劫取他人财物的手段。司法实践中，对于未成年人使用或威胁使用轻微暴力强抢少量财物的行为，一般不宜以抢劫罪定罪处罚。其行为符合寻衅滋事罪特征的，可以寻衅滋事罪定罪处罚。

2.法发〔2018〕1号　四、依法惩处利用"软暴力"实施的犯罪

17.（2）为强索不受法律保护的债务或者因其他非法目的，雇佣、指使他人有组织地采用上述手段寻衅滋事，构成寻衅滋事罪的，对雇佣者、指使者，一般应当以共同犯罪中的主犯论处；为追讨合法债务或者因婚恋、家庭、邻里纠纷等民间矛盾而雇佣、指使，没有造成严重后果的，一般不作为犯罪处理，但经有关部门批评制止或者处理处罚后仍继续实施的除外。

293-8　1.法释〔2013〕18号第四条　强拿硬要或者任意损毁、占用公私财物，破坏社会秩序，具有下列情形之一的，应当认定为刑法第二百九十三条第一款第三项规定的"情节严重"：

（一）强拿硬要公私财物价值一千元以上，或者任意损毁、占用公私财物价值二千元以上的；

（二）多次强拿硬要或者任意损毁、占用公私财物，造成恶劣社会影响的；

（三）强拿硬要或者任意损毁、占用精神病人、残疾人、流浪乞讨人员、老年人、孕妇、未成年人的财物，造成恶劣社会影响的；

（四）引起他人精神失常、自杀等严重后果的；

（五）严重影响他人的工作、生活、生产、经营的；

（六）其他情节严重的情形。

2.法释〔2003〕8号第十一条　在预防、控制突发传染病疫情等灾害期间，强拿硬要或者任意损毁、占用公私财物情节严重，或者在公共

场所起哄闹事,造成公共场所秩序严重混乱的,依照刑法第二百九十三条的规定,以寻衅滋事罪定罪,依法从重处罚。

293-9　**1.** 法释〔2013〕18号第五条　在车站、码头、机场、医院、商场、公园、影剧院、展览会、运动场或者其他公共场所起哄闹事,应当根据公共场所的性质、公共活动的重要程度、公共场所的人数、起哄闹事的时间、公共场所受影响的范围与程度等因素,综合判断是否"造成公共场所秩序严重混乱"。

法释〔2013〕21号第五条第二款　编造虚假信息,或者明知是编造的虚假信息,在信息网络上散布,或者组织、指使人员在信息网络上散布,起哄闹事,造成公共秩序严重混乱的,依照刑法第二百九十三条第一款第(四)项的规定,以寻衅滋事罪定罪处罚。

理解与适用:实践中需要把握以下两点:一是该款规定的"虚假信息",不是针对特定的自然人而捏造的虚假事实,而是针对不特定的自然人或者单位、公共事件而编造的虚假信息。如果针对特定的自然人,捏造损害其名誉的虚假事实,并在网络上散布的,应当适用上述解释第一条的规定处理。根据法释〔2013〕21号,对于非直接编造而只是转发虚假信息的,有一个前提条件是"明知是虚假"*。如果明知是虚假的信息仍转发,就有可能构成犯罪。二是"造成公共秩序严重混乱",主要是指导致现实社会公共秩序严重混乱。网络空间是现实社会的组成部分,行为人在信息网络上散布虚假信息,起哄闹事,在导致网络秩序混乱的同时,往往会导致现实社会公共秩序的混乱,甚至引发群体性事件等。对此以寻衅滋事罪定罪处罚,于法有据。

2.《信访工作条例》**(2022年5月1日)第二十六条　信访人在信访过程中应当遵守法律、法规,不得损害国家、社会、集体的利益和其他公民的合法权利,自觉维护社会公共秩序和信访秩序,不得有下列行为:

(一)在机关、单位办公场所周围、公共场所非法聚集,围堵、冲击机关、单位,拦截公务车辆,或者堵塞、阻断交通;

(二)携带危险物品、管制器具;

(三)侮辱、殴打、威胁机关、单位工作人员,非法限制他人人身自

---

* 秦志晖(秦火火案)的转发行为被认定为犯罪,是因为有足够的证据证明他主观上"明知"。第一,在秦志晖涉案事件中,相关真实信息是存在的;第二,秦志晖拥有在网上核实信息真伪的能力和基本技能;第三,秦志晖无主观意愿去核实信息。

** 《信访条例》(2005年1月5日)不再适用。

由,或者毁坏财物;

(四)在信访接待场所滞留、滋事,或者将生活不能自理的人弃留在信访接待场所;

(五)煽动、串联、胁迫、以财物诱使、幕后操纵他人信访,或者以信访为名借机敛财;

(六)其他扰乱公共秩序、妨害国家和公共安全的行为。

3.《最高人民法院、最高人民检察院、公安部关于依法处理信访活动中违法犯罪行为的指导意见》(公通字〔2019〕7号,2019年2月28日) 一、依法打击违法犯罪行为,明确法律底线

(三)寻衅滋事。在信访活动中或者以信访为名,为制造影响或者发泄不满,实施下列行为之一的,依照刑法第二百九十三条的规定,以寻衅滋事罪定罪处罚:

1. 在各级党委、人大、政协、行政、监察、审判、检察、军事机关,厂矿、商场等企业单位,学校、医院、报社、电视台、科研院所等事业单位,工会、妇联等社会团体单位,机场、车站、码头等重要交通场站,或者在上述场所周边的其他公共场所,实施自杀、自伤、打横幅、撒传单、拦车辆、统一着装、佩戴统一标识等行为,起哄闹事,造成公共场所秩序严重混乱的;

2. 追逐、拦截、辱骂、恐吓、随意殴打他人,情节恶劣的,或者强拿硬要、任意损毁、占用公私财物,情节严重的;

3. 编造虚假信息,或者明知是编造的虚假信息,在信息网络上散布,或者组织、指使人员在信息网络上散布,起哄闹事,造成公共秩序严重混乱的。

实施寻衅滋事行为,同时符合寻衅滋事罪、故意杀人罪、故意伤害罪、故意毁坏财物罪、敲诈勒索罪、抢夺罪、抢劫罪等犯罪的构成要件的,依照处罚较重的犯罪定罪处罚。

(四)阻碍执行职务。在信访活动中或者以信访为名,以暴力、威胁方法阻碍国家机关工作人员依法执行职务的,依照刑法第二百七十七条的规定,以妨害公务罪定罪处罚;暴力袭击正在依法执行职务的人民警察的,依法从重处罚。

(五)非法携带枪支、弹药、管制刀具、危险物品。非法携带枪支、弹药、管制刀具或者爆炸性、易燃性、放射性、毒害性、腐蚀性物品进入公共场所或者公共交通工具,危及公共安全,情节严重的,依照刑法第一百三十条的规定,以非法携带枪支、弹药、管制刀具、危险物品危及公共安全罪定罪处罚。

（六）信息网络有关行为。设立网站、通讯群组，用于在信访活动中或者以信访为名实施违法犯罪活动，情节严重的，依照刑法第二百八十七条之一的规定，以非法利用信息网络罪定罪处罚；明知他人利用信息网络在信访活动中或者以信访为名实施犯罪行为，为其提供技术支持或者其他帮助，情节严重的，依照刑法第二百八十七条之二的规定，以帮助信息网络犯罪活动罪定罪处罚；网络服务提供者不履行法律、行政法规规定的信息网络安全管理义务，经监管部门责令采取改正措施而拒不改正，情节严重的，依照刑法第二百八十六条之一的规定，以拒不履行信息网络安全管理义务罪定罪处罚。

（七）共同违法犯罪。在信访活动中或者以信访为名，煽动、教唆、组织、策划、指挥他人实施违法犯罪行为的，应当按照其在共同违法犯罪中所起的作用以及违法犯罪情节予以处罚。

（八）在特定场所实施犯罪行为。对在天安门广场、中南海地区、党和国家领导人住地、国家重大活动举办场馆、中央国家机关所在地、中央军委大楼、中央主要新闻单位办公场所、外国驻华使领馆、国宾下榻处等非信访场所实施本条第一项至第五项规定的行为，在认定“造成严重损失”“情节严重”“造成严重后果”“造成公共场所秩序严重混乱”“情节恶劣”等入罪情节时，要将上述场所作为重要考虑因素；构成相关犯罪的，从重处罚。

（九）治安管理处罚或者其他行政处罚。实施本条第一项至第六项规定的行为，不构成犯罪、依法不起诉或者免予刑事处罚的，依法予以治安管理处罚或者其他行政处罚；在本条第八项所列场所实施违反治安管理行为的，从重处罚，依法可以行政拘留的，依法予以行政拘留。

二、坚持宽严相济，教育帮助绝大多数

办理此类案件，应当坚持宽严相济，惩治与教育相结合，依法打击极少数，教育帮助绝大多数。对煽动、教唆、组织、策划、指挥实施和积极参与非法聚集，与其他利益诉求群体串联“抱团”实施相关违法犯罪行为，实施殴打国家机关工作人员、打砸公私财物等暴力犯罪行为，利用信息网络制造、传播、主动向境外提供相关虚假信息、企图以外压内，多次到本指导意见第一条第八项所列场所表达诉求，以及专门利用国家重大活动和全国“两会”“七一”“十一”等重要时间节点进京在非信访场所表达诉求、滋事扰序，向地方政府施压的人员，要作为打击重点。

对有正当信访事由且初次实施违法行为、情节轻微，或者被引诱、胁迫参与，经劝阻、训诫或者制止，立即停止实施的，可以依法不予处罚。

对一般参与、情节较轻,行为人认识到违法犯罪行为危害性,确有悔过表现,明确表示依法信访,或者具有自首、立功表现的,可以依法从轻、减轻或者免予处罚。

对自愿如实供述自己的罪行,承认指控的犯罪事实,愿意接受处罚的,可以依法从宽处理。

对实施违法犯罪行为而依法不予行政处罚、不负刑事责任的精神病人,应当及时通报居住地公安机关,责令其家属或者监护人严加看管和送医治疗,必要时依法强制医疗。

第二百九十三条之一　(刑十一)【催收非法债务罪】有下列情形之一,催收高利放贷等产生的非法债务,情节严重的,处三年以下有期徒刑、拘役或者管制,并处或者单处罚金:

(一)使用暴力、胁迫方法的;

(二)限制他人人身自由或者侵入他人住宅的;

(三)恐吓、跟踪、骚扰他人的。[1]

293A-1　立法说明[*]:(三)完善破坏金融秩序犯罪规定

为进一步防范化解金融风险,保障金融改革,维护金融秩序,保护人民群众利益,拟进一步完善刑法有关规定:

三是,严厉惩处非法讨债行为。总结"扫黑除恶"专项斗争实践经验,将采取暴力、"软暴力"等手段催收高利放贷产生的债务以及其他法律不予保护的债务,并以此为业的行为规定为犯罪。

第二百九十四条[**1]　**(刑八)【组织、领导、参加黑社会性质组织罪】**组织、领导[2] 黑社会性质[3] 的组织的,处七年以上有期徒刑,并处[4]没收财产[***];积极参加[5] 的,处三年以上七年以下有期徒刑,可以并处罚金或者没收财产;其他参加[6] 的,处三年以下有期徒刑、拘役、管制或者剥夺政治权利,可以并处罚金。

---

* 关于《中华人民共和国刑法修正案(十一)(草案)》的说明——2020 年 6 月 28 日在第十三届全国人民代表大会常务委员会第二十次会议上。

** 办理涉黑案件可参阅以下两本书:最高人民法院刑事审判第一、二、三、四、五庭编:《刑事审判参考》(总第 123 辑)(办理涉黑恶犯罪专辑),法律出版社 2020 年版;最高人民检察院扫黑除恶专项斗争领导小组办公室编:《扫黑除恶典型案例与实务指引》,中国检察出版社 2019 年版。

*** 《刑法修正案(八)》对本罪普遍增加没收财产这一严厉的财产刑。

【入境发展黑社会组织罪】境外的黑社会组织的人员到中华人民共和国境内发展[7] 组织成员的，处三年以上十年以下有期徒刑。

【包庇、纵容黑社会性质组织罪】国家机关工作人员包庇[8] 黑社会性质的组织，或者纵容[9] 黑社会性质的组织进行违法犯罪活动的，处五年以下有期徒刑；情节严重[10]的，处五年以上有期徒刑。

犯前三款罪又有其他犯罪行为的，依照数罪并罚*的规定处罚。

黑社会性质的组织应当同时[11]具备以下特征：

（一）形成较稳定的犯罪组织[12]，人数较多[13]，有明确的组织者、领导者，骨干成员[14]基本固定；

（二）有组织地通过违法犯罪活动或者其他手段[15]获取经济利益，具有一定的经济实力[16]，以支持该组织的活动；

（三）以暴力、威胁或者其他手段[17]，有组织地多次进行违法犯罪活动[18]，为非作恶，欺压、残害群众；

（四）通过实施违法犯罪活动，或者利用国家工作人员的包庇或者纵容，称霸一方，在一定区域[19]或者行业[20]内，形成非法控制或者重大影响[21]，严重破坏经济、社会生活秩序。

294-1　1.《最高人民法院、最高人民检察院、公安部、司法部关于办理黑恶势力犯罪案件若干问题的指导意见》**（法发〔2018〕1 号，2018 年 1 月 16 日）；2.《最高人民法院、最高人民检察院、公安部、司法部关于办理恶势力刑事案件若干问题的意见》（法发〔2019〕10 号，2019 年 4 月 9 日）；3.《最高人民法院、最高人民检察院、公安部、司法部关于办理实施"软暴力"的刑事案件若干问题的意见》（2019 年 4 月 9 日）；4.《最高人民法院、最高人民检察院、公安部、司法部关于办理"套路贷"刑事案件若干问题的意见》***（法发〔2019〕11 号，2019 年 4 月 9

---

* 如果一个组织没有实施任何违法犯罪活动，司法机关不可能将其认定为黑社会性质的组织。从此意义上讲，本罪具有重复评价的性质，从立法论上讲，其合理性值得研究。更何况本罪的量刑已相当严重。

** 法发〔2018〕1 号　36. 本意见颁布实施后，最高人民法院、最高人民检察院、公安部、司法部联合发布或者单独制定的其他相关规范性文件，内容如与本意见中有关规定不一致的，应当按照本意见执行。

*** 本司法解释内容详见《刑法》第二百六十六条诈骗罪部分，本处不再赘述。

日);5.《最高人民法院、最高人民检察院、公安部、司法部关于办理黑恶势力刑事案件中财产处置若干问题的意见》(2019年4月9日);6.《国家监察委员会、最高人民法院、最高人民检察院、公安部、司法部关于在扫黑除恶专项斗争中分工负责、互相配合、互相制约严惩公职人员涉黑涉恶违法犯罪问题的通知》(2019年10月20日);7.《最高人民法院关于审理黑社会性质组织犯罪的案件具体应用法律若干问题的解释》(法释〔2000〕42号,2000年12月10日);8.《最高人民法院、最高人民检察院、公安部办理黑社会性质组织犯罪案件座谈会纪要》(法〔2009〕382号,2009年12月15日);9. 2010年4月最高人民法院刑三庭《在审理故意杀人、伤害及黑社会性质组织犯罪中切实贯彻宽严相济刑事政策》;10.《最高人民法院、最高人民检察院、公安部、司法部关于办理黑社会性质组织犯罪案件若干问题的规定》(公通字〔2012〕45号,2012年9月11日);11.《最高人民法院关于全国部分法院审理黑社会性质组织犯罪案件工作座谈会纪要》(法〔2015〕291号,2015年10月13日)。

1. 法发〔2018〕1号　一、总体要求

1. 各级人民法院、人民检察院、公安机关和司法行政机关应充分发挥职能作用,密切配合,相互支持,相互制约,形成打击合力,加强预防惩治黑恶势力犯罪长效机制建设。正确运用法律规定加大对黑恶势力违法犯罪以及“保护伞”惩处力度,在侦查、起诉、审判、执行各阶段体现依法从严惩处精神,严格掌握取保候审,严格掌握不起诉,严格掌握缓刑、减刑、假释,严格掌握保外就医适用条件,充分运用《刑法》总则关于共同犯罪和犯罪集团的规定加大惩处力度,充分利用资格刑、财产刑降低再犯可能性。对黑恶势力犯罪,注意串并研判、深挖彻查,防止就案办案,依法加快办理。坚持依法办案,坚持法定标准、坚持以审判为中心,加强法律监督,强化程序意识和证据意识,正确把握“打早打小”与“打准打实”的关系,贯彻落实宽严相济刑事政策,切实做到宽严有据,罚当其罪,实现政治效果、法律效果和社会效果的统一。

2. 各级人民法院、人民检察院、公安机关和司法行政机关应聚焦黑恶势力犯罪突出的重点地区、重点行业和重点领域,重点打击威胁政治安全特别是政权安全、制度安全以及向政治领域渗透的黑恶势力;把持基层政权、操纵破坏基层换届选举、垄断农村资源、侵吞集体资产的黑恶势力;利用家族、宗族势力横行乡里、称霸一方、欺压残害百姓的“村霸”等黑恶势力;在征地、租地、拆迁、工程项目建设等过程中煽动闹事

的黑恶势力;在建筑工程、交通运输、矿产资源、渔业捕捞等行业、领域,强揽工程、恶意竞标、非法占地、滥开滥采的黑恶势力;在商贸集市、批发市场、车站码头、旅游景区等场所欺行霸市、强买强卖、收保护费的市霸、行霸等黑恶势力;操纵、经营“黄赌毒”等违法犯罪活动的黑恶势力;非法高利放贷、暴力讨债的黑恶势力;插手民间纠纷,充当“地下执法队”的黑恶势力;组织或雇佣网络“水军”在网上威胁、恐吓、侮辱、诽谤、滋扰的黑恶势力;境外黑社会入境发展渗透以及跨国跨境的黑恶势力。同时,坚决深挖黑恶势力“保护伞”。

二、依法认定和惩处黑社会性质组织犯罪

12. 对于组织者、领导者和因犯参加黑社会性质组织罪被判处五年以上有期徒刑的积极参加者,可以根据《刑法》第五十六条第一款的规定适用附加剥夺政治权利。对于符合《刑法》第三十七条之一规定的组织成员,应当依法禁止其从事相关职业。符合《刑法》第六十六条规定的组织成员,应当认定为累犯,依法从重处罚。

对于因有组织的暴力性犯罪被判处死刑缓期执行的黑社会性质组织犯罪分子,可以根据《刑法》第五十条第二款的规定同时决定对其限制减刑。对于因有组织的暴力性犯罪被判处十年以上有期徒刑、无期徒刑的黑社会性质组织犯罪分子,应当根据《刑法》第八十一条第二款规定,不得假释。

八、其他

32. 司法行政机关应当加强对律师办理黑社会性质组织犯罪案件辩护代理工作的指导监督,指导律师事务所建立健全律师办理黑社会性质组织犯罪案件的请示报告、集体研究和检查督导制度。办案机关应当依法保障律师各项诉讼权利,为律师履行辩护代理职责提供便利,防止因妨碍辩护律师依法履行职责,对案件办理带来影响。

对黑恶势力犯罪案件开庭审理时,人民法院应当通知对辩护律师所属事务所具有监督管理权限的司法行政机关派员旁听。

对于律师违反会见规定的;以串联组团,联署签名、发表公开信,组织网上聚集、声援等方式或者借个案研讨之名,制造舆论压力,攻击、诋毁司法机关和司法制度,干扰诉讼活动正常进行的;煽动、教唆和组织当事人或者其他人员到司法机关或者其他国家机关静坐、举牌、打横幅、喊口号等,扰乱公共秩序、危害公共安全的;违反规定披露、散布不公开审理案件的信息、材料,或者本人、其他律师在办案过程中获悉的有关案件重要信息、证据材料的,司法行政机关应当依照有关规定予以处罚,构成犯罪的,依法追究刑事责任。对于律师辩护、代理活动中的违法违规行为,相关办案机关要注意收集固定证据,提出司法建议。

33. 监狱应当从严管理组织、领导、参加黑社会性质组织的罪犯,严格罪犯会见、减刑、假释、暂予监外执行等执法活动。对于判处十年以上有期徒刑、无期徒刑,判处死刑缓期二年执行减为有期徒刑、无期徒刑的黑社会性质组织的组织者、领导者,实行跨省、自治区、直辖市异地关押。积极开展黑恶势力犯罪线索排查,教育引导服刑人员检举揭发。社区矫正机构对拟适用社区矫正的黑恶势力犯罪案件的犯罪嫌疑人、被告人,应当认真开展调查评估,为准确适用非监禁刑提供参考,社区矫正机构对组织、领导、参加黑社会性质组织的社区服刑人员要严格监管教育。公安机关、人民检察院、人民法院、司法行政机关要加强协调联动,完善应急处置工作机制,妥善处理社区服刑人员脱管漏管和重新违法犯罪等情形。

34. 办理黑恶势力犯罪案件,要依法建立完善重大疑难案件会商、案件通报等工作机制,进一步加强政法机关之间的配合,形成打击合力;对群众关注度高、社会影响力大的黑恶势力犯罪案件,依法采取挂牌督办、上提一级、异地管辖、指定管辖以及现场联合督导等措施,确保案件质量。根据办理黑恶势力犯罪案件的实际情况,及时汇总问题,归纳经验,适时出台有关证据标准,切实保障有力打击。

35. 公安机关、人民检察院、人民法院办理黑社会性质组织犯罪案件,应当按照《刑事诉讼法》《关于办理黑社会性质组织犯罪案件若干问题的规定》《公安机关办理刑事案件证人保护工作规定》的有关规定,对证人、报案人、控告人、举报人、鉴定人、被害人采取保护措施。

犯罪嫌疑人、被告人,积极配合侦查、起诉、审判工作,在查明黑社会性质组织的组织结构和组织者、领导者的地位作用,组织实施的重大犯罪事实,追缴、没收赃款赃物,打击"保护伞"等方面提供重要线索和证据,经查证属实的,可以根据案件具体情况,依法从轻、减轻或者免除处罚,并对其参照证人保护的有关规定采取保护措施。前述规定,对于确属组织者、领导者的犯罪嫌疑人、被告人应当严格掌握。

对于确有重大立功或者对于认定重大犯罪事实或追缴、没收涉黑财产具有重要作用的组织成员,确有必要通过分案审理予保护的,公安机关可以与人民检察院、人民法院在充分沟通的基础上作出另案处理的决定。

对于办理黑社会性质组织犯罪案件的政法干警及其近亲属，需要采取保护措施的，可以参照《刑事诉讼法》等关于证人保护的有关规定，采取禁止特定的人员接触、对人身和住宅予以专门性保护等必要的措施，以确保办理案件的司法工作人员及其近亲属的人身安全。

2. 法发〔2019〕10 号　一、办理恶势力刑事案件的总体要求

1. 人民法院、人民检察院、公安机关和司法行政机关要深刻认识恶势力违法犯罪的严重社会危害，毫不动摇地坚持依法严惩方针，在侦查、起诉、审判、执行各阶段，运用多种法律手段全面体现依法从严惩处精神，有力震慑恶势力违法犯罪分子，有效打击和预防恶势力违法犯罪。

2. 人民法院、人民检察院、公安机关和司法行政机关要严格坚持依法办案，确保在案件事实清楚，证据确实、充分的基础上，准确认定恶势力和恶势力犯罪集团，坚决防止人为拔高或者降低认定标准。要坚持贯彻落实宽严相济刑事政策，根据犯罪嫌疑人、被告人的主观恶性、人身危险性、在恶势力、恶势力犯罪集团中的地位、作用以及在具体犯罪中的罪责，切实做到宽严有据，罚当其罪，实现政治效果、法律效果和社会效果的统一。

3. 人民法院、人民检察院、公安机关和司法行政机关要充分发挥各自职能，分工负责，互相配合，互相制约，坚持以审判为中心的刑事诉讼制度改革要求，严格执行“三项规程”，不断强化程序意识和证据意识，有效加强法律监督，确保严格执法、公正司法，充分保障当事人、诉讼参与人的各项诉讼权利。

3. 法〔2015〕291 号　一、准确把握形势、任务，坚定不移地在法治轨道上深入推进打黑除恶专项斗争

（三）正确把握“打早打小”与“打准打实”的关系

“打早打小”，是指各级政法机关必须依照法律规定对有可能发展成为黑社会性质组织的犯罪集团、“恶势力”团伙及早打击，绝不能允许其坐大成势，而不应被理解为对尚处于低级形态的犯罪组织可以不加区分地一律按照黑社会性质组织处理。“打准打实”，就是要求审判时应当本着实事求是的态度，在准确查明事实的基础上，构成什么罪，就按什么罪判处刑罚。对于不符合黑社会性质组织认定标准的，应当根据案件事实依照刑法中的相关条款处理，从而把法律规定落到实处。由于黑社会性质组织的形成、发展一般都会经历一个从小到大、由“恶”到“黑”的渐进过程，因此，“打早打小”不仅是政法机关依法惩治黑恶势力犯罪的一贯方针，而且是将黑社会性质组织及时消灭于雏形

或萌芽状态,防止其社会危害进一步扩大的有效手段。而“打准打实”既是刑事审判维护公平正义的必然要求,也是确保打黑除恶工作实现预期目标的基本前提。只有打得准,才能有效摧毁黑社会性质组织;只有打得实,才能最大限度地体现惩治力度。“打早打小”和“打准打实”是分别从惩治策略、审判原则的角度对打黑除恶工作提出的要求,各级人民法院对于二者关系的理解不能简单化、片面化,要严格坚持依法办案原则,准确认定黑社会性质组织,既不能“降格”,也不能“拔高”,切实防止以“打早打小”替代“打准打实”。

三、关于刑事责任和刑罚适用

(二)量刑情节的运用问题

黑社会性质组织的成员虽不具有自首情节,但到案后能够如实供述自己罪行,并具有以下情形之一的,一般应当适用《刑法》第六十七条第三款的规定予以从轻处罚:1. 如实交代大部分尚未被掌握的同种犯罪事实;2. 如实交代尚未被掌握的较重的同种犯罪事实;3. 如实交代犯罪事实,并对收集定案证据、查明案件事实有重要作用的。

审理黑社会性质组织犯罪案件,应当通过判处和执行民事赔偿以及积极开展司法救助来最大限度地弥补被害人及其亲属的损失。被害人及其亲属确有特殊困难,需要接受被认定为黑社会性质组织成员的被告人赔偿并因此表示谅解的,量刑时应当特别慎重。不仅应当查明谅解是否确属真实意思表示以及赔偿款项与黑社会性质组织违法所得有无关联,而且在决定是否从宽处罚、如何从宽处罚时,也应当从严掌握。可能导致全案量刑明显失衡的,不予从宽处罚。

四、关于审判程序和证据审查

(一)分案审理问题

为便宜诉讼,提高审判效率,防止因法庭审理过于拖延而损害当事人的合法权益,对于被告人人数众多,合并审理难以保证庭审质量和庭审效率的黑社会性质组织犯罪案件,可分案进行审理。分案应当遵循有利于案件顺利审判、有利于查明案件事实、有利于公正定罪量刑的基本原则,确保有效质证、事实统一、准确定罪、均衡量刑。对于被作为组织者、领导者、积极参加者起诉的被告人,以及黑社会性质组织重大犯罪的共同作案人,分案审理影响庭审调查的,一般不宜分案审理。

(四)对出庭证人、鉴定人、被害人的保护问题

人民法院受理黑社会性质组织犯罪案件后,应当及时了解在侦查、审查起诉阶段有无对证人、鉴定人、被害人采取保护措施的情况,确保

相关保护措施在审判阶段能够紧密衔接。开庭审理时,证人、鉴定人、被害人因出庭作证,本人或其近亲属的人身安全面临危险的,应当采取不暴露外貌、真实声音等出庭作证措施。必要时,可以进行物理隔离,以音频、视频传送的方式作证,并对声音、图像进行技术处理。有必要禁止特定人员接触证人、鉴定人、被害人及其近亲属的,以及需要对证人、鉴定人、被害人及其近亲属的人身和住宅采取专门性保护措施的,应当及时与检察机关、公安机关协调,确保保护措施及时执行到位。依法决定不公开证人、鉴定人、被害人真实姓名、住址和工作单位等个人信息的,应当在开庭前核实其身份。证人、鉴定人签署的如实作证保证书应当列入审判副卷,不得对外公开。

五、关于黑社会性质组织犯罪案件审判工作相关问题

(二)发挥庭审功能问题

黑社会性质组织犯罪案件开庭前,应当按照重大案件的审判要求做好从物质保障到人员配备等各方面的庭审准备,并制定详细的庭审预案和庭审提纲。同时,还要充分发挥庭前会议了解情况、听取意见的应有作用,提前了解控辩双方的主要意见,及时解决可能影响庭审顺利进行的程序性问题。对于庭前会议中出示的证据材料,控辩双方无异议的,庭审举证、质证时可以简化。庭审过程中,合议庭应当针对争议焦点和关键的事实、证据问题,有效引导控辩双方进行法庭调查与法庭辩论。庭审时,还应当全程录音录像,相关音视频资料应当存卷备查。

294-2　**1.** 法发〔2018〕1 号　4. 发起、创建黑社会性质组织,或者对黑社会性质组织进行合并、分立、重组的行为,应当认定为“组织黑社会性质组织”;实际对整个组织的发展、运行、活动进行决策、指挥、协调、管理的行为,应当认定为“领导黑社会性质组织”。黑社会性质组织的组织者、领导者,既包括通过一定形式产生的有明确职务、称谓的组织者、领导者,也包括在黑社会性质组织中被公认的事实上的组织者、领导者。

2. 法〔2009〕382 号　二、(二)关于办理黑社会性质组织犯罪案件的其他问题　2. 关于黑社会性质组织成员的刑事责任。对黑社会性质组织的组织者、领导者,应根据法律规定和本纪要中关于“黑社会性质组织实施的违法犯罪活动”的规定,按照该组织所犯的全部罪行承担刑事责任。组织者、领导者对于具体犯罪所承担的刑事责任,应当根据其在该起犯罪中的具体地位、作用来确定。对黑社会性质组织中的积极参加者和其他参加者,应按照其所参与的犯罪,根据其在具体犯罪中

的地位和作用,依照罪责刑相适应的原则,确定应承担的刑事责任。

理解与适用:法〔2009〕382 号文件明确了组织者、领导者的刑事责任范围。但值得强调的是,组织者、领导者对组织所犯的全部罪行承担刑事责任,但并不等于其在每一起犯罪中均应承担最重的责任。组织者、领导者的刑事责任,应当根据其在犯罪中的具体地位、作用来确定。如犯罪的起意、预谋、准备、实施等环节均由其他组织成员完成,组织者、领导者虽予认可或默许,但并未具体参与,则组织者、领导者的刑事责任一般应小于造意犯、实行犯,量刑时应有所区别。

3. 刘汉等人组织、领导、参加黑社会性质组织案(《刑事审判参考》指导性案例第 1158 号)

要旨 组织者、领导者应对黑社会性质组织所犯的全部罪行承担刑事责任,即组织者、领导者与犯罪行为的组织者、策划者、指挥者、实施者构成共犯,应根据其在共同犯罪中的地位和作用对具体犯罪承担刑事责任。

4. 法〔2015〕291 号 二、关于黑社会性质组织的认定

(三)认定行为特征的问题 第三款 属于 2009 年《座谈会纪要》规定的五种情形之一的,一般应当认定为黑社会性质组织实施的违法犯罪活动,但确与维护和扩大组织势力、实力、影响、经济基础无任何关联,亦不是按照组织惯例、纪律、活动规约而实施,则应作为组织成员个人的违法犯罪活动处理。

组织者、领导者明知组织成员曾多次实施起因、性质类似的违法犯罪活动,但并未明确予以禁止的,如果该类行为对扩大组织影响起到一定作用,可以视为是按照组织惯例实施的违法犯罪活动。

三、关于刑事责任和刑罚适用

(一)已退出或者新接任的组织者、领导者的刑事责任问题

对于在黑社会性质组织形成、发展过程中已经退出的组织者、领导者,或者在加入黑社会性质组织之后逐步发展成为组织者、领导者的犯罪分子,应对其本人参与及其实际担任组织者、领导者期间该组织所犯的全部罪行承担刑事责任。

(二)量刑情节的运用问题

……组织者、领导者、骨干成员以及“保护伞”协助抓获同案中其他重要的组织成员,或者骨干成员能够检举揭发其他犯罪案件中罪行同样严重的犯罪分子,原则上依法应予从轻或者减轻处罚。组织者、领导者检举揭发与该黑社会性质组织及其违法犯罪活动有关联的其他犯

罪线索,如果在是否认定立功的问题上存在事实、证据或法律适用方面的争议,应当严格把握。依法应认定为立功或者重大立功的,在决定是否从宽处罚、如何从宽处罚时,应当根据罪责刑相一致原则从严掌握。可能导致全案量刑明显失衡的,不予从宽处罚。

294-3 **1. 立法理由:**《关于〈中华人民共和国刑法(修订草案)〉的说明》 关于黑社会犯罪。在我国,明显的、典型的黑社会犯罪还没有出现,但带有黑社会性质的犯罪集团已经出现,横行乡里、称霸一方,为非作歹,欺压、残害群众的有组织犯罪时有出现。另外也发现有境外黑社会组织成员入境进行违法活动的,可能会对社会造成严重危害。对于黑社会性质的犯罪,必须坚决打击,一定要消灭在萌芽状态,防止其蔓延。只要组织、参加黑社会性质的犯罪组织,不管是否有其他具体犯罪行为都要判刑。因此,草案增加了相应的规定,并对境外的黑社会组织的人员到中华人民共和国境内发展组织成员的,规定了刑罚。

2. 法发〔2019〕10 号 二、恶势力、恶势力犯罪集团的认定标准*

4. 恶势力,是指经常纠集在一起,以暴力、威胁或者其他手段,在一定区域或者行业内多次实施违法犯罪活动,为非作恶,欺压百姓,扰乱经济、社会生活秩序,造成较为恶劣的社会影响,但尚未形成黑社会性质组织的违法犯罪组织。

理解与适用:**就恶势力"形成非法影响、谋求强势地位"的意图而言,其表征于外的便是实施违法犯罪活动必然带有"为非作恶,欺压百姓"的特征。因此,"为非作恶,欺压百姓"这一特征便成了区分恶势力和普通共同犯罪团伙的关键标志。

首先,"为非作恶",不仅指行为性质具有不法性,同时也要求行为的动机、目的、起因带有不法性,因婚恋纠纷、家庭纠纷、邻里纠纷、劳动纠纷、合法债务纠纷而引发以及其他确属事出有因的违法犯罪活动,就不宜归入"为非作恶"之列。其次,"欺压百姓",要求"为非作恶"的方式、手段带有欺凌、强制、压迫的性质,也就是要利用物理强制或心理强制手段侵害群众权益。因此,暴力、威胁应是恶势力较常采用的违法犯罪活动手段。此外,"欺压百姓"既包括直接以普通群众为对象实施违

---

* 法发〔2018〕1 号文件的相关内容,与法发〔2019〕10 号关于认定恶势力、恶势力犯罪集团的内容基本一致,故从略。

** 朱和庆、周川、李梦龙:《〈关于办理恶势力刑事案件若干问题的意见〉的理解与适用》,载《人民法院报》2019 年 6 月 13 日,第 5 版。

法犯罪活动的情形,也包括因逞强争霸、好勇斗狠、树立恶名、抢夺地盘等不法动机实施违法犯罪活动,直接或间接破坏人民群众安全感的情形。这是因为,恶势力处于不断发展过程中,违法犯罪活动对象并不特定,即便在个案中未直接侵害普通群众权益,但其发展壮大后必然会对人民群众的人身权利、财产权利、民主权利形成威胁或造成损害,故对"欺压百姓"不应作狭义理解。

5. 单纯为牟取不法经济利益而实施的"黄、赌、毒、盗、抢、骗"等违法犯罪活动,不具有为非作恶、欺压百姓特征的,或者因本人及近亲属的婚恋纠纷、家庭纠纷、邻里纠纷、劳动纠纷、合法债务纠纷而引发以及其他确属事出有因的违法犯罪活动,不应作为恶势力案件处理。

6. 恶势力一般为3人以上,纠集者相对固定。纠集者,是指在恶势力实施的违法犯罪活动中起组织、策划、指挥作用的违法犯罪分子。成员较为固定且符合恶势力其他认定条件,但多次实施违法犯罪活动是由不同的成员组织、策划、指挥,也可以认定为恶势力,有前述行为的成员均可以认定为纠集者。

恶势力的其他成员,是指知道或应当知道与他人经常纠集在一起是为了共同实施违法犯罪,仍按照纠集者的组织、策划、指挥参与违法犯罪活动的违法犯罪分子,包括已有充分证据证明但尚未归案的人员,以及因法定情形不予追究法律责任,或者因参与实施恶势力违法犯罪活动已受到行政或刑事处罚的人员。仅因临时雇佣或被雇佣、利用或被利用以及受蒙蔽参与少量恶势力违法犯罪活动的,一般不应认定为恶势力成员。

7. "经常纠集在一起,以暴力、威胁或者其他手段,在一定区域或者行业内多次实施违法犯罪活动",是指犯罪嫌疑人、被告人于2年之内,以暴力、威胁或者其他手段,在一定区域或者行业内多次实施违法犯罪活动,且包括纠集者在内,至少应有2名相同的成员多次参与实施违法犯罪活动。对于"纠集在一起"时间明显较短,实施违法犯罪活动刚刚达到"多次"标准,且尚不足以造成较为恶劣影响的,一般不应认定为恶势力。

8. 恶势力实施的违法犯罪活动,主要为强迫交易、故意伤害、非法拘禁、敲诈勒索、故意毁坏财物、聚众斗殴、寻衅滋事,但也包括具有为非作恶、欺压百姓特征,主要以暴力、威胁为手段的其他违法犯罪活动。

恶势力还可能伴随实施开设赌场、组织卖淫、强迫卖淫、贩卖毒品、运输毒品、制造毒品、抢劫、抢夺、聚众扰乱社会秩序、聚众扰乱公共场所秩序、交通秩序以及聚众"打砸抢"等违法犯罪活动,但仅有前述伴随实施的违法犯罪活动,且不能认定具有为非作恶、欺压百姓特征的,一般不应认定为恶势力。

9. 办理恶势力刑事案件,"多次实施违法犯罪活动"至少应包括1次犯罪活动。对于反复实施强迫交易、非法拘禁、敲诈勒索、寻衅滋事等单一性质的违法行为,单次情节、数额尚不构成犯罪,但按照刑法或者有关司法解释、规范性文件的规定累加后应作为犯罪处理的,在认定是否属于"多次实施违法犯罪活动"时,可将已用于累加的违法行为计为1次犯罪活动,其他违法行为单独计算违法活动的次数。

已被处理或者已作为民间纠纷调处,后经查证确属恶势力违法犯罪活动的,均可以作为认定恶势力的事实依据,但不符合法定情形的,不得重新追究法律责任。

10. 认定"扰乱经济、社会生活秩序,造成较为恶劣的社会影响",应当结合侵害对象及其数量、违法犯罪次数、手段、规模、人身损害后果、经济损失数额、违法所得数额、引起社会秩序混乱的程度以及对人民群众安全感的影响程度等因素综合把握。

11. 恶势力犯罪集团,是指符合恶势力全部认定条件,同时又符合犯罪集团法定条件的犯罪组织。

恶势力犯罪集团的首要分子,是指在恶势力犯罪集团中起组织、策划、指挥作用的犯罪分子。恶势力犯罪集团的其他成员,是指知道或者应当知道是为共同实施犯罪而组成的较为固定的犯罪组织,仍接受首要分子领导、管理、指挥,并参与该组织犯罪活动的犯罪分子。

恶势力犯罪集团应当有组织地实施多次犯罪活动,同时还可能伴随实施违法活动。恶势力犯罪集团所实施的违法犯罪活动,参照《指导意见》第十条第二款的规定认定。

12. 全部成员或者首要分子、纠集者以及其他重要成员均为未成年人、老年人、残疾人的,认定恶势力、恶势力犯罪集团时应当特别慎重。

3. 唐均伟、李逢情等14人恶势力犯罪案(《检察机关开展扫黑除恶专项斗争典型案例(第三辑)》)

要旨　对尚未形成较稳定的犯罪组织,首要分子对成员的控制力、约束力较弱,为组织利益、以组织名义实施的违法犯罪活动较少,未在一定区域形成非法控制和重大影响的,即使实施了较为严重的暴力犯罪,也不能认定为黑社会性质组织犯罪或恶势力犯罪集团。

指导意义　一是围绕黑社会性质组织犯罪构成,准确判定涉黑涉恶。黑社会性质组织犯罪中,组织特征、经济特征、行为特征、危害性特征是一个有机整体,缺一不可。在围绕"四个特征"审查时,要认真审查、分析“四个特征”之间的内在关系,特别要注重审查危害性特征,危害性特征是本质特征。对于组织成员、违法犯罪事实相对较多,但是组织特征较弱,为组织利益实施的违法犯罪活动较少,非法控制特征不明显的犯罪案件,即使组织成员实施了较为严重的暴力犯罪,也不能认定为黑社会性质组织犯罪。

二是围绕犯罪集团的认定标准,准确认定是恶势力犯罪集团还是恶势力。对未形成固定重要成员,成员之间关系相对松散,未多次实施有组织有预谋犯罪的,不宜认定为恶势力犯罪集团。在司法实践中,要依法区分恶势力犯罪集团和恶势力,同时充分运用《刑法》总则中关于共同犯罪的规定,准确区分主从犯,依法惩处。

三是准确理解把握“打早打小”和“打准打实”的实质内涵。在办理涉案人员、涉案事实众多的涉黑恶案件中,要坚持法治标准,防止因降低认定标准而“拔高”认定为涉黑犯罪或者涉恶集团犯罪。

4. 杨昊等 25 人恶势力犯罪集团案(《检察机关开展扫黑除恶专项斗争典型案例(第三辑)》)

要旨 对犯罪组织不够固定,临时雇佣特征明显,未在一定区域形成非法控制或造成重大影响的,依法不予认定为黑社会性质组织。涉黑涉恶案件被告人自愿如实供述自己的罪行,承认指控的犯罪事实,愿意接受处罚的,检察机关可以依法适用认罪认罚从宽制度。

指导意义 要准确把握恶势力犯罪集团与恶势力、普通刑事犯罪的界限,对有明显首要分子,重要成员较为固定,组织成员经常纠集在一起,共同故意实施多次恶势力惯常事实的犯罪活动或其他犯罪活动的,依法认定为恶势力犯罪集团。

294-4 **1.**《最高人民法院、最高人民检察院、公安部、司法部关于办理黑恶势力刑事案件中财产处置若干问题的意见》(2019 年 4 月 9 日) 一、总体工作要求

4. 要彻底摧毁黑社会性质组织的经济基础,防止其死灰复燃。对于组织者、领导者一般应当* 并处没收个人全部财产。对于确属骨干

---

* 法〔2015〕291 号 (四)财产刑的适用问题

对于黑社会性质组织的组织者、领导者,依法应当并处没收财产。黑社会性质组织敛财数额特别巨大,但因犯罪分子转移、隐匿、毁灭证据或者拒不交代涉案财产来源、性质,导致违法所得以及其他应当追缴的财产难以准确查清和追缴的,对于组织者、领导者以及为该组织转移、隐匿资产的积极参加者可以并处没收个人全部财产。

成员或者为该组织转移、隐匿资产的积极参加者，可以并处没收个人全部财产。对于其他组织成员，应当根据所参与实施违法犯罪活动的次数、性质、地位、作用、违法所得数额以及造成损失的数额等情节，依法决定财产刑的适用。

二、依法采取措施全面收集证据

6. 公安机关侦查期间，要根据《公安机关办理刑事案件适用查封、冻结措施相关规定》（公通字〔2013〕30号）等有关规定，会同有关部门全面调查黑恶势力及其成员的财产状况，并可以根据诉讼需要，先行依法对下列财产采取查询、查封、扣押、冻结等措施：

（1）黑恶势力组织的财产；

（2）犯罪嫌疑人个人所有的财产；

（3）犯罪嫌疑人实际控制的财产；

（4）犯罪嫌疑人出资购买的财产；

（5）犯罪嫌疑人转移至他人名下的财产；

（6）犯罪嫌疑人涉嫌洗钱以及掩饰、隐瞒犯罪所得、犯罪所得收益等犯罪涉及的财产；

（7）其他与黑恶势力组织及其违法犯罪活动有关的财产。

8. 公安机关对于采取措施的涉案财产，应当全面收集证明其来源、性质、用途、权属及价值的有关证据，审查判断是否应当依法追缴、没收。

证明涉案财产来源、性质、用途、权属及价值的有关证据一般包括：

（1）犯罪嫌疑人、被告人关于财产来源、性质、用途、权属、价值的供述；

（2）被害人、证人关于财产来源、性质、用途、权属、价值的陈述、证言；

（3）财产购买凭证、银行往来凭据、资金注入凭据、权属证明等书证；

（4）财产价格鉴定、评估意见；

（5）可以证明财产来源、性质、用途、权属、价值的其他证据。

9. 公安机关对应当依法追缴、没收的财产中黑恶势力组织及其成员聚敛的财产及其孳息、收益的数额，可以委托专门机构评估；确实无法准确计算的，可以根据有关法律规定及查明的事实、证据合理估算。

人民检察院、人民法院对于公安机关委托评估、估算的数额有不同意见的，可以重新委托评估、估算。

10. 人民检察院、人民法院根据案件诉讼的需要,可以依法采取上述相关措施。

三、准确处置涉案财产

11. 公安机关、人民检察院应当加强对在案财产审查甄别。在移送审查起诉、提起公诉时,一般应当对采取措施的涉案财产提出处理意见建议,并将采取措施的涉案财产及其清单随案移送。

人民检察院经审查,除对随案移送的涉案财产提出处理意见外,还需要对继续追缴的尚未被足额查封、扣押的其他违法所得提出处理意见建议。

涉案财产不宜随案移送的,应当按照相关法律、司法解释的规定,提供相应的清单、照片、录像、封存手续、存放地点说明、鉴定、评估意见、变价处理凭证等材料。

12. 对于不宜查封、扣押、冻结的经营性财产,公安机关、人民检察院、人民法院可以申请当地政府指定有关部门或者委托有关机构代管或者托管。

对易损毁、灭失、变质等不宜长期保存的物品,易贬值的汽车、船艇等物品,或者市场价格波动大的债券、股票、基金等财产,有效期即将届满的汇票、本票、支票等,经权利人同意或者申请,并经县级以上公安机关、人民检察院或者人民法院主要负责人批准,可以依法出售、变现或者先行变卖、拍卖,所得价款由扣押、冻结机关保管,并及时告知当事人或者其近亲属。

13. 人民检察院在法庭审理时应当对证明黑恶势力犯罪涉案财产情况进行举证质证,对于既能证明具体个罪又能证明经济特征的涉案财产情况相关证据在具体个罪中出示后,在经济特征中可以简要说明,不再重复出示。

14. 人民法院作出的判决,除应当对随案移送的涉案财产作出处理外,还应当在判决书中写明需要继续追缴尚未被足额查封、扣押的其他违法所得;对随案移送财产进行处理时,应当列明相关财产的具体名称、数量、金额、处置情况等。涉案财产或者有关当事人人数较多,不宜在判决书正文中详细列明的,可以概括叙述并另附清单。

15. 涉案财产符合下列情形之一的,应当依法追缴、没收:

(1)黑恶势力组织及其成员通过违法犯罪活动或者其他不正当手段聚敛的财产及其孳息、收益;

(2)黑恶势力组织成员通过个人实施违法犯罪活动聚敛的财产及

其孳息、收益；

(3)其他单位、组织、个人为支持该黑恶势力组织活动资助或者主动提供的财产；

(4)黑恶势力组织及其成员通过合法的生产、经营活动获取的财产或者组织成员个人、家庭合法财产中，实际用于支持该组织活动的部分；

(5)黑恶势力组织成员非法持有的违禁品以及供犯罪所用的本人财物；

(6)其他单位、组织、个人利用黑恶势力组织及其成员违法犯罪活动获取的财产及其孳息、收益；

(7)其他应当追缴、没收的财产。

16. 应当追缴、没收的的财产已用于清偿债务或者转让、或者设置其他权利负担，具有下列情形之一的，应当依法追缴：

(1)第三人明知是违法犯罪所得而接受的；

(2)第三人无偿或者以明显低于市场的价格取得涉案财物的；

(3)第三人通过非法债务清偿或者违法犯罪活动取得涉案财物的；

(4)第三人通过其他方式恶意取得涉案财物的。

17. 涉案财产符合下列情形之一的，应当依法返还：

(1)有证据证明确属被害人合法财产；

(2)有证据证明确与黑恶势力及其违法犯罪活动无关。

18. 有关违法犯罪事实查证属实后，对于有证据证明权属明确且无争议的被害人、善意第三人或者其他人员合法财产及其孳息，凡返还不损害其他利害关系人的利益，不影响案件正常办理的，应当在登记、拍照或者录像后，依法及时返还。

四、依法追缴、没收其他等值财产

19. 有证据证明依法应当追缴、没收的涉案财产无法找到、被他人善意取得、价值灭失或者与其他合法财产混合且不可分割的，可以追缴、没收其他等值财产。

对于证明前款各种情形的证据，公安机关或者人民检察院应当及时调取。

20. 本意见第19条所称“财产无法找到”，是指有证据证明存在依法应当追缴、没收的财产，但无法查证财产去向、下落的。被告人有不同意见的，应当出示相关证据。

21. 追缴、没收的其他等值财产的数额，应当与无法直接追缴、没收的具体财产的数额相对应。

2. 法发〔2018〕1号　七、依法处置涉案财产

30. 黑社会性质组织犯罪嫌疑人、被告人逃匿,在通缉一年后不能到案,或者犯罪嫌疑人、被告人死亡的,应当依照法定程序没收其违法所得。

294-5　**1.** 法发〔2018〕1号　5. ……参加黑社会性质组织并具有以下情形之一的,一般应当认定为"积极参加黑社会性质组织":多次积极参与黑社会性质组织的违法犯罪活动,或者积极参与较严重的黑社会性质组织的犯罪活动且作用突出,以及其他在组织中起重要作用的情形,如具体主管黑社会性质组织的财务、人员管理等事项。

理解与适用:实践中,一些具体主管黑社会性质组织人、财、物等事项的组织成员虽然很少参与,甚至从不参与违法犯罪活动,但这些成员往往与组织头目有着某种特殊关系。这些成员由于直接掌控着犯罪组织的"生命线",对于组织的维系、运行、发展实际上起着非常重要的作用,理应认定为积极参加者。需要强调的是,不能把凡是参与前述事务的组织成员均认定为积极参加者。

2. 法〔2015〕291号　一、准确把握形势、任务,坚定不移地在法治轨道上深入推进打黑除恶专项斗争

(二)认真贯彻落实宽严相济刑事政策

审理黑社会性质组织犯罪案件应当认真贯彻落实宽严相济刑事政策。要依照法律规定,根据具体的犯罪事实、情节以及人身危险性、主观恶性、认罪悔罪态度等因素充分体现刑罚的个别化。同时要防止片面强调从宽或者从严,切实做到区别对待,宽严有据,罚当其罪。对于黑社会性质组织的组织者、领导者、骨干成员及其"保护伞",要依法从严惩处。根据所犯具体罪行的严重程度,依法应当判处重刑的要坚决判处重刑。确属罪行极其严重,依法应当判处死刑的,也必须坚决判处。对于不属于骨干成员的积极参加者以及一般参加者,确有自首、立功等法定情节的,要依法从轻、减轻或免除处罚;具有初犯、偶犯等酌定情节的,要依法酌情从宽处理。对于一般参加者,虽然参与实施了少量的违法犯罪活动,但系未成年人或是只起次要、辅助作用的,应当依法从宽处理。符合缓刑条件的,可以适用缓刑。

三、关于刑事责任和刑罚适用

(二)量刑情节的运用问题

积极参加者、一般参加者配合司法机关查办案件,有提供线索、帮助收集证据或者其他协助行为,并在侦破黑社会性质组织犯罪案件、认

定黑社会性质组织及其主要成员、追缴黑社会性质组织违法所得、查处"保护伞"等方面起到较大作用的，即使依法不能认定立功，一般也应酌情对其从轻处罚。

294-6　1. 法发〔2018〕1号　5. 知道或者应当知道是以实施违法犯罪为基本活动内容的组织，仍加入并接受其领导和管理的行为，应当认定为"参加黑社会性质组织"。没有加入黑社会性质组织的意愿，受雇到黑社会性质组织开办的公司、企业、社团工作，未参与黑社会性质组织违法犯罪活动的，不应认定为"参加黑社会性质组织"。……

2. 法〔2009〕382号　二、(一)关于黑社会性质组织的认定

1. 关于组织特征

其他参加者，是指除上述组织成员之外，其他接受黑社会性质组织的领导和管理的犯罪分子。根据法释〔2000〕42号第三条第二款的规定，对于参加黑社会性质的组织，没有实施其他违法犯罪活动的，或者受蒙蔽、胁迫参加黑社会性质的组织，情节轻微的，可以不作为犯罪处理。

294-7　法释〔2000〕42号第二条　刑法第二百九十四条第二款规定的"发展组织成员"，是指将境内、外人员吸收为该黑社会组织成员的行为。对黑社会组织成员进行内部调整等行为，可视为"发展组织成员"。

港、澳、台黑社会组织到内地发展组织成员的，适用刑法第二百九十四条第二款的规定定罪处罚。

294-8　1. 法发〔2018〕1号　22.《刑法》第二百九十四条第三款中规定的"包庇"行为，不要求相关国家机关工作人员利用职务便利。利用职务便利包庇黑社会性质组织的，酌情从重处罚。包庇、纵容黑社会性质组织，事先有通谋的，以具体犯罪的共犯论处。

23. 公安机关、人民检察院、人民法院对办理黑恶势力犯罪案件中发现的涉嫌包庇、纵容黑社会性质组织犯罪、收受贿赂、渎职侵权等违法违纪线索，应当及时移送有关主管部门和其他相关部门，坚决依法严惩充当黑恶势力"保护伞"的职务犯罪。

24. 依法严惩农村"两委"等人员在涉农惠农补贴申领与发放、农村基础设施建设、征地拆迁补偿、救灾扶贫优抚、生态环境保护等过程中，利用职权恃强凌弱、吃拿卡要、侵吞挪用国家专项资金的犯罪，以及放纵、包庇"村霸"和宗族恶势力，致使其坐大成患，或者收受贿赂、徇私舞弊，为"村霸"和宗族恶势力充当"保护伞"的犯罪。

2. 法释〔2000〕42号第五条第一款　刑法第二百九十四条第四款规定的"包庇"，是指国家机关工作人员为使黑社会性质组织及其成员

逃避查禁,而通风报信,隐匿、毁灭、伪造证据,阻止他人作证、检举揭发,指使他人作伪证,帮助逃匿,或者阻挠其他国家机关工作人员依法查禁等行为。

3.《国家监察委员会、最高人民法院、最高人民检察院、公安部、司法部关于在扫黑除恶专项斗争中分工负责、互相配合、互相制约严惩公职人员涉黑涉恶违法犯罪问题的通知》(2019年10月20日)

二、严格查办公职人员涉黑涉恶违法犯罪案件

4. 各级监察机关、人民法院、人民检察院、公安机关应聚焦黑恶势力违法犯罪案件及坐大成势的过程,严格查办公职人员涉黑涉恶违法犯罪案件。重点查办以下案件:公职人员直接组织、领导、参与黑恶势力违法犯罪活动的案件;公职人员包庇、纵容、支持黑恶势力犯罪及其他严重刑事犯罪的案件;公职人员收受贿赂、滥用职权,帮助黑恶势力人员获取公职或政治荣誉,侵占国家和集体资金、资源、资产,破坏公平竞争秩序,或为黑恶势力提供政策、项目、资金、金融信贷等支持帮助的案件;负有查禁监管职责的国家机关工作人员滥用职权、玩忽职守帮助犯罪分子逃避处罚的案件;司法工作人员徇私枉法、民事枉法裁判、执行判决裁定失职或滥用职权、私放在押人员以及徇私舞弊减刑、假释、暂予监外执行的案件;在扫黑除恶专项斗争中发生的公职人员滥用职权,徇私舞弊,包庇、阻碍查处黑恶势力犯罪的案件,以及泄露国家秘密、商业秘密、工作秘密,为犯罪分子通风报信的案件;公职人员利用职权打击报复办案人员的案件。

公职人员的范围,根据《中华人民共和国监察法》第十五条的规定认定。

5. 以上情形,由有关机关依规依纪依法调查处置,涉嫌犯罪的,依法追究刑事责任。

三、准确适用法律

6. 国家机关工作人员包庇黑社会性质的组织,或者纵容黑社会性质的组织进行违法犯罪活动的,以包庇、纵容黑社会性质组织罪定罪处罚。

国家机关工作人员既组织、领导、参加黑社会性质组织,又对该组织进行包庇、纵容的,应当以组织、领导、参加黑社会性质组织罪从重处罚。

国家机关工作人员包庇、纵容黑社会性质组织,该包庇、纵容行为同时还构成包庇罪、伪证罪、妨害作证罪、徇私枉法罪、滥用职权罪、帮

助犯罪分子逃避处罚罪、徇私舞弊不移交刑事案件罪，以及徇私舞弊减刑、假释、暂予监外执行罪等其他犯罪的，应当择一重罪处罚。

7. 非国家机关工作人员与国家机关工作人员共同包庇、纵容黑社会性质组织，且不属于该组织成员的，以包庇、纵容黑社会性质组织罪的共犯论处。非国家机关工作人员的行为同时还构成其他犯罪，应当择一重罪处罚。

8. 公职人员利用职权或职务便利实施包庇、纵容黑恶势力、伪证、妨害作证，帮助毁灭、伪造证据，以及窝藏、包庇等犯罪行为的，应酌情从重处罚。事先有通谋而实施支持帮助、包庇纵容等保护行为的，以具体犯罪的共犯论处。

294-9　法释〔2000〕42号第五条第二款　刑法第二百九十四条第四款规定的“纵容”，是指国家机关工作人员不依法履行职责，放纵黑社会性质组织进行违法犯罪活动的行为。

294-10　法释〔2000〕42号第六条　国家机关工作人员包庇、纵容黑社会性质的组织，有下列情形之一的，属于刑法第二百九十四条第四款规定的“情节严重”：

（一）包庇、纵容黑社会性质组织跨境实施违法犯罪活动的；

（二）包庇、纵容境外黑社会组织在境内实施违法犯罪活动的；

（三）多次实施包庇、纵容行为的；

（四）致使某一区域或者行业的经济、社会生活秩序遭受黑社会性质组织特别严重破坏的；

（五）致使黑社会性质组织的组织者、领导者逃匿，或者致使对黑社会性质组织的查禁工作严重受阻的；

（六）具有其他严重情节的。

294-11　**1.** 法发〔2018〕1号　3. 黑社会性质组织应同时具备《刑法》第二百九十四条第五款中规定的“组织特征”“经济特征”“行为特征”和“危害性特征”。由于实践中许多黑社会性质组织并非这“四个特征”都很明显，在具体认定时，应根据立法本意，认真审查、分析黑社会性质组织“四个特征”相互间的内在联系，准确评价涉案犯罪组织所造成的社会危害，做到不枉不纵。

2.《最高人民法院关于审理黑社会性质组织犯罪的案件具体应用法律若干问题的解释》（法释〔2000〕42号，2000年12月10日）

3. 立法背景：2001年11月，最高人民检察院向全国人大常委会递交报告,对上述司法解释提出异议*。全国人大常委会遂就此作出立法解释。《刑法》第二百九十四条第一款的解释(2002 年 4 月 28 日通过)。这是自 1997 年《刑法》实施以来,“两高”因有关法律问题认识不一致而第一次提请全国人大常委会专门作出立法解释。

294-12 **1.** 法发〔2018〕1 号 6. 组织形成后,在一定时期内持续存在,应当认定为“形成较稳定的犯罪组织”。

黑社会性质组织一般在短时间内难以形成,而且成员人数较多,但鉴于“恶势力”团伙和犯罪集团向黑社会性质组织发展是个渐进的过程,没有明显的性质转变的节点,故对黑社会性质组织存在时间、成员人数问题不宜作出“一刀切”的规定。

黑社会性质组织未举行成立仪式或者进行类似活动的,成立时间可以按照足以反映其初步形成非法影响的标志性事件的发生时间认定。没有明显标志性事件的,可以按照本意见中关于黑社会性质组织违法犯罪活动认定范围的规定,将组织者、领导者与其他组织成员首次共同实施该组织犯罪活动的时间认定为该组织的形成时间。该组织者、领导者因未到案或者因死亡等法定情形未被起诉的,不影响认定。

黑社会性质组织成员既包括已有充分证据证明但尚未归案的组织成员,也包括虽有参加黑社会性质组织的行为但因尚未达到刑事责任年龄或因其他法定情形而未被起诉,或者根据具体情节不作为犯罪处理的组织成员。

2. 法〔2015〕291 号 二、关于黑社会性质组织的认定

(一)认定组织特征的问题

黑社会性质组织存续时间的起点,可以根据涉案犯罪组织举行成立仪式或者进行类似活动的时间来认定。没有前述活动的,可以根据足以反映其初步形成核心利益或强势地位的重大事件发生时间进行审查判断。没有明显标志性事件的,也可以根据涉案犯罪组织为维护、扩大组织势力、实力、影响、经济基础或按照组织惯例、纪律、活动规约而首次实施有组织的犯罪活动的时间进行审查判断。存在、发展时间明显过短、犯罪活动尚不突出的,一般不应认定为黑社会性质组织。

……

黑社会性质组织应有明确的组织者、领导者,骨干成员基本固定,

---

* 最高人民检察院认为不应将“保护伞”作为认定黑社会性质组织的本质特征之一,而立法解释认同这一理解,从而修改了黑社会性质组织的内涵。

并有比较明确的层级和职责分工，一般有三种类型的组织成员，即组织者、领导者与积极参加者、一般参加者（“其他参加者”）。

对于黑社会性质组织的组织纪律、活动规约，应当结合制定、形成相关纪律、规约的目的与意图来进行审查判断。凡是为了增强实施违法犯罪活动的组织性、隐蔽性而制定或者自发形成，并用以明确组织内部人员管理、职责分工、行为规范、利益分配、行动准则等事项的成文或不成文的规定、约定，均可认定为黑社会性质组织的组织纪律、活动规约。

对于参加黑社会性质组织，没有实施其他违法犯罪活动，或者受蒙蔽、威胁参加黑社会性质组织，情节轻微的，可以不作为犯罪处理。对于参加黑社会性质组织后仅参与少量情节轻微的违法活动的，也可以不作为犯罪处理。

以下人员不属于黑社会性质组织的成员：1. 主观上没有加入社会性质组织的意愿，受雇到黑社会性质组织开办的公司、企业、社团工作，未参与或者仅参与少量黑社会性质组织的违法犯罪活动的人员；2. 因临时被纠集、雇佣或受蒙蔽为黑社会性质组织实施违法犯罪活动或者提供帮助、支持、服务的人员；3. 为维护或扩大自身利益而临时雇佣、收买、利用黑社会性质组织实施违法犯罪活动的人员。上述人员构成其他犯罪的，按照具体犯罪处理。

对于被起诉的组织成员主要为未成年人的案件，定性时应当结合“四个特征”审慎把握。

294-13　1. 立法背景：本项内容草案的最初表述为“形成稳定的犯罪组织，有明确的组织者、领导者，骨干成员基本固定，人数较多”。2002 年 4 月 28 日，全国人大常委会将“人数较多”置于“形成较稳定的犯罪组织”之后。这是由表及里，从最为明显、可视的特征入手来界定黑社会性质组织的组织特征，以便与“犯罪集团”概念有明确区分，又保留了一定理解空间。而“稳定性、严密性、固定性”这些更为深层次的本质属性则置于“人数较多”之后。

2. 法〔2015〕291 号　二、关于黑社会性质组织的认定　（一）认定组织特征的问题

……黑社会性质组织应当具有一定规模，人数较多，组织成员一般在 10 人以上。其中，既包括已有充分证据证明但尚未归案的组织成员，也包括虽有参加黑社会性质组织的行为但因尚未达到刑事责任年龄或因其他法定情形而未被起诉，或者根据具体情节不作为犯罪处理的组织成员。……

294-14 法〔2015〕291 号 二、关于黑社会性质组织的认定

(一)认定组织特征的问题

骨干成员,是指直接听命于组织者、领导者,并多次指挥或积极参与实施有组织的违法犯罪活动或者其他长时间在犯罪组织中起重要作用的犯罪分子,属于积极参加者的一部分。

294-15 **1.** 法发〔2018〕1 号 7. 在组织的形成、发展过程中通过以下方式获取经济利益的,应当认定为“有组织地通过违法犯罪活动或者其他手段获取经济利益”:

(1)有组织地通过违法犯罪活动或其他不正当手段聚敛;

(2)有组织地以投资、控股、参股、合伙等方式通过合法的生产、经营活动获取;

(3)由组织成员提供或通过其他单位、组织、个人资助取得。

19. 在民间借贷活动中,如有擅自设立金融机构、非法吸收公众存款、骗取贷款、套取金融机构资金发放高利贷以及为强索债务而实施故意杀人、故意伤害、非法拘禁、故意毁坏财物等行为的,应当按照具体犯罪侦查、起诉、审判。依法符合数罪并罚条件的,应当并罚。

21. 对采用讨债公司、“地下执法队”等各种形式有组织地进行上述活动,符合黑社会性质组织、犯罪集团认定标准的,应当按照组织、领导、参加黑社会性质组织罪或者犯罪集团侦查、起诉、审判。

2. 法〔2009〕382 号 2. 关于经济特征

黑社会性质组织的敛财方式也具有多样性。实践中,黑社会性质组织不仅会通过实施赌博、敲诈、贩毒等违法犯罪活动攫取经济利益,而且还往往会通过开办公司、企业等方式“以商养黑”、“以黑护商”。因此,无论其财产是通过非法手段聚敛,还是通过合法的方式获取,只要将其中部分或全部用于违法犯罪活动或者维系犯罪组织的生存、发展即可认定。

“用于违法犯罪活动或者维系犯罪组织的生存、发展”,一般是指购买作案工具、提供作案经费,为受伤、死亡的组织成员提供医疗费、丧葬费,为组织成员及其家属提供工资、奖励、福利、生活费用,为组织寻求非法保护以及其他与实施有组织的违法犯罪活动有关的费用支出等。

理解与适用:这是黑社会性质的组织的经济实力特征。“一定的经济实力”表现为具有一定的,通过有组织的犯罪活动或者其他手段获取的经济利益。黑社会性质的组织的经济实力可能是违法犯罪活动获得的,也可能是通过一些正常的经营活动获取。不论黑社会性质组织是通过违法犯罪活动还是通过正常经营活动获取经济利益,不论其

经济实力是较为雄厚还是较为薄弱，只要将其获得的经济利益用以支持该组织的活动，就可以认定该特征。本纪要根据各方意见，对黑社会性质组织的敛财方式、获利数额作了较为原则和宽松的规定，而把认定重点放在了获利之后的用途上。

294-16　**1.** 法发〔2018〕1号　8.通过上述方式获得一定数量的经济利益，应当认定为“具有一定的经济实力”，同时也包括调动一定规模的经济资源用以支持该组织活动的能力。通过上述方式获取的经济利益，即使是由部分组织成员个人掌控，也应计入黑社会性质组织的“经济实力”。组织成员主动将个人或者家庭资产中的一部分用于支持该组织活动，其个人或者家庭资产可全部计入“一定的经济实力”，但数额明显较小或者仅提供动产、不动产使用权的除外。

由于不同地区的经济发展水平、不同行业的利润空间均存在很大差异，加之黑社会性质组织存在、发展的时间也各有不同，在办案时不能一般性地要求黑社会性质组织所具有的经济实力必须达到特定规模或特定数额。

2. 法〔2015〕291号　二、关于黑社会性质组织的认定　（二）认定经济特征的问题

……各高级人民法院可以根据本地区的实际情况，对黑社会性质组织所应具有的“经济实力”在20万～50万元幅度内，自行划定一般掌握的最低数额标准。

是否将所获经济利益全部或部分用于违法犯罪活动或者维系犯罪组织的生存、发展，是认定经济特征的重要依据。无论获利后的分配与使用形式如何变化，只要在客观上能够起到豢养组织成员、维护组织稳定、壮大组织势力的作用即可认定。

294-17　**1.**《最高人民法院、最高人民检察院、公安部、司法部关于办理实施“软暴力”的刑事案件若干问题的意见》（2019年4月9日）

一、“软暴力”是指行为人为谋取不法利益或形成非法影响，对他人或者在有关场所进行滋扰、纠缠、哄闹、聚众造势等，足以使他人产生恐惧、恐慌进而形成心理强制，或者足以影响、限制人身自由、危及人身财产安全，影响正常生活、工作、生产、经营的违法犯罪手段。

二、“软暴力”违法犯罪手段通常的表现形式有：

（一）侵犯人身权利、民主权利、财产权利的手段，包括但不限于跟踪贴靠、扬言传播疾病、揭发隐私、恶意举报、诬告陷害、破坏、霸占财物等；

（二）扰乱正常生活、工作、生产、经营秩序的手段，包括但不限于

非法侵入他人住宅、破坏生活设施、设置生活障碍、贴报喷字、拉挂横幅、燃放鞭炮、播放哀乐、摆放花圈、泼洒污物、断水断电、堵门阻工,以及通过驱赶从业人员、派驻人员据守等方式直接或间接地控制厂房、办公区、经营场所等;

(三)扰乱社会秩序的手段,包括但不限于摆场架势示威、聚众哄闹滋扰、拦路闹事等;

(四)其他符合本意见第一条规定的"软暴力"手段。

通过信息网络或者通讯工具实施,符合本意见第一条规定的违法犯罪手段,应当认定为"软暴力"。

三、行为人实施"软暴力",具有下列情形之一,可以认定为足以使他人产生恐惧、恐慌进而形成心理强制或者足以影响、限制人身自由、危及人身财产安全或者影响正常生活、工作、生产、经营:

(一)黑恶势力实施的;

(二)以黑恶势力名义实施的;

(三)曾因组织、领导、参加黑社会性质组织、恶势力犯罪集团、恶势力以及因强迫交易、非法拘禁、敲诈勒索、聚众斗殴、寻衅滋事等犯罪受过刑事处罚后又实施的;

(四)携带凶器实施的;

(五)有组织地实施的或者足以使他人认为暴力、威胁具有现实可能性的;

(六)其他足以使他人产生恐惧、恐慌进而形成心理强制或者足以影响、限制人身自由、危及人身财产安全或者影响正常生活、工作、生产、经营的情形。

由多人实施的,编造或明示暴力违法犯罪经历进行恐吓的,或者以自报组织、头目名号、统一着装、显露纹身、特殊标识以及其他明示、暗示方式,足以使他人感知相关行为的有组织性的,应当认定为"以黑恶势力名义实施"。

由多人实施的,只要有部分行为人符合本条第一款第(一)项至第(四)项所列情形的,该项即成立。

虽然具体实施"软暴力"的行为人不符合本条第一款第(一)项、第(三)项所列情形,但雇佣者、指使者或者纠集者符合的,该项成立。

四、"软暴力"手段属于《刑法》第二百九十四条第五款第(三)项"黑社会性质组织行为特征"以及《指导意见》第14条"恶势力"概念中的"其他手段"。

2. 法〔2015〕291 号　二、关于黑社会性质组织的认定　（三）认定行为特征的问题

涉案犯罪组织仅触犯少量具体罪名的，是否应认定为黑社会性质组织要结合组织特征、经济特征和非法控制特征（危害性特征）综合判断，严格把握。

黑社会性质组织实施的违法犯罪活动包括非暴力性的违法犯罪活动，但暴力或以暴力相威胁始终是黑社会性质组织实施违法犯罪活动的基本手段，并随时可能付诸实施。因此，在黑社会性质组织所实施的违法犯罪活动中，一般应有一部分能够较明显地体现出暴力或以暴力相威胁的基本特征。否则，定性时应当特别慎重。

……

294-18　**1.** 法发〔2018〕1 号　10. 为确立、维护、扩大组织的势力、影响、利益或者按照纪律规约、组织惯例多次实施违法犯罪活动，侵犯不特定多人的人身权利、民主权利、财产权利，破坏经济秩序、社会秩序，应当认定为"有组织地多次进行违法犯罪活动，为非作恶，欺压、残害群众"。

符合以下情形之一的，应当认定为是黑社会性质组织实施的违法犯罪活动：

（1）为该组织争夺势力范围打击竞争对手、形成强势地位、谋取经济利益、树立非法权威、扩大非法影响、寻求非法保护、增强犯罪能力等实施的；

（2）按照该组织的纪律规约、组织惯例实施的；

（3）组织者、领导者直接组织、策划、指挥、参与实施的；

（4）由组织成员以组织名义实施，并得到组织者、领导者认可或者默许的；

（5）多名组织成员为逞强争霸、插手纠纷、报复他人、替人行凶、非法敛财而共同实施，并得到组织者、领导者认可或者默许的；

（6）其他应当认定为黑社会性质组织实施的。

2.《最高人民法院关于依法妥善审理民间借贷案件的通知》（法〔2018〕215 号，2018 年 8 月 1 日）

3. 法〔2009〕382 号　3. 关于行为特征

……"多次进行违法犯罪活动"只是认定黑社会性质组织的必要条件之一，最终能否被认定为黑社会性质的组织，还要结合非法控制特征来加以判断。即使有些案件中的违法犯罪活动已符合"多次"的标准，但根据其性质和严重程度，尚不足以形成非法控制或者重大影响

的,也不能认定为黑社会性质组织。

294-19 **1.** 法发〔2018〕1号 11.鉴于黑社会性质组织非法控制和影响的“一定区域”的大小具有相对性,不能简单地要求“一定区域”必须达到某一特定的空间范围,而应当根据具体案情,并结合黑社会性质组织对经济社会生活秩序的危害程度加以综合分析判断。……

2. 法〔2015〕291号 二、关于黑社会性质组织的认定 (四)认定非法控制特征(危害性特征)的问题

黑社会性质组织所控制和影响的“一定区域”,应当具备一定空间范围,并承载一定的社会功能。既包括一定数量的自然人共同居住、生活的区域,如乡镇、街道、较大的村庄等,也包括承载一定生产、经营或社会公共服务功能的区域,如矿山、工地、市场、车站、码头等。对此,应当结合一定地域范围内的人口数量、流量、经济规模等因素综合评判。如果涉案犯罪组织的控制和影响仅存在于一座酒店、一处娱乐会所等空间范围有限的场所或者人口数量、流量、经济规模较小的其他区域,则一般不能视为是对“一定区域”的控制和影响。……

294-20 **1.** 法〔2009〕382号 4.关于危害性特征

对于“一定行业”的理解和把握。黑社会性质组织所控制和影响的行业,既包括合法行业,也包括黄、赌、毒等非法行业。这些行业一般涉及生产、流通、交换、消费等一个或多个市场环节。……

2. 法〔2015〕291号 二、关于黑社会性质组织的认定

(四)认定非法控制特征(危害性特征)的问题

……黑社会性质组织所控制和影响的“一定行业”,是指在一定区域内存在的同类生产、经营活动。黑社会性质组织通过多次有组织地实施违法犯罪活动,对黄、赌、毒等非法行业形成非法控制或重大影响的,同样符合非法控制特征(危害性特征)的要求。……

294-21 **1.** 法发〔2018〕1号 11.……通过实施违法犯罪活动,或者利用国家工作人员的包庇或者不依法履行职责,放纵黑社会性质组织进行违法犯罪活动的行为,称霸一方,并具有以下情形之一的,可认定为“在一定区域或者行业内,形成非法控制或者重大影响*,严重破坏经济、社会生活秩序”:

(1)致使在一定区域内生活或者在一定行业内从事生产、经营的

---

* 形成非法控制,是指将其处于非法操纵、左右、支配之下。重大影响是指具有相当程度的左右、决定的作用。在认定逻辑上,应先认定是否存在控制,再认定该控制是否具有非法性。

多名群众,合法利益遭受犯罪或严重违法活动侵害后,不敢通过正当途径举报、控告的;

(2)对一定行业的生产、经营形成垄断,或者对涉及一定行业的准入、经营、竞争等经济活动形成重要影响的;

(3)插手民间纠纷、经济纠纷,在相关区域或者行业内造成严重影响的;

(4)干扰、破坏他人正常生产、经营、生活,并在相关区域或者行业内造成严重影响的;

(5)干扰、破坏公司、企业、事业单位及社会团体的正常生产、经营、工作秩序,在相关区域、行业内造成严重影响,或者致使其不能正常生产、经营、工作的;

(6)多次干扰、破坏党和国家机关、行业管理部门以及村委会居委会等基层群众自治组织的工作秩序,或者致使上述单位、组织的职能不能正常行使的;

(7)利用组织的势力、影响,帮助组织成员或他人获取政治地位,或者在党政机关、基层群众自治组织中担任一定职务的;

(8)其他形成非法控制或者重大影响,严重破坏经济、社会生活秩序的情形。

2. 法[2015]291 号　二、关于黑社会性质组织的认定

(四)认定非法控制特征(危害性特征)的问题

……2009 年《座谈会纪要》明确了可以认定为"在一定区域或者行业内,形成非法控制或者重大影响,严重破坏经济、社会生活秩序"的八种情形,适用时应当注意以下问题:第 1 种情形中的"致使合法利益受损的群众不敢举报、控告的",是指致使多名合法利益遭受犯罪或者严重违法活动侵害的群众不敢通过正当途径维护权益;第 2 种情形中的"形成垄断",是指可以操控、左右、决定与一定行业相关的准入、退出、经营、竞争等经济活动。"形成重要影响",是指对与一定行业相关的准入、退出、经营、竞争等经济活动具有较大的干预和影响能力,或者具有在该行业内占有较大市场份额、通过违法犯罪活动或以其他不正当手段在该行业内敛财数额巨大(最低数额标准由各高院根据本地情况在 20 万～50 万元的幅度内自行划定)、给该行业内从事生产、经营活动的其他单位、组织、个人造成直接经济损失 100 万元以上等情节之一;第 3、4、5 种情形中的"造成严重影响",是指具有致人重伤或致多人轻伤、通过违法犯罪活动或以其他不正当手段敛财数额巨大(数额标准同上)、造

成直接经济损失100万元以上、多次引发群体性事件或引发大规模群体性事件等情节之一;第6种情形中的"多次干扰、破坏国家机关、行业管理部门以及村委会、居委会等基层群众自治组织的工作秩序",包括以拉拢、收买、威胁等手段多次得到国家机关工作人员包庇或纵容,或者多次对前述单位、组织中正常履行职务的工作人员进行打击、报复的情形;第7种情形中的"获取政治地位",是指当选各级人大代表、政协委员。"担任一定职务",是指在各级党政机关及其职能部门、基层群众自治组织中担任具有组织、领导、监督、管理职权的职务。

根据实践经验,在黑社会性质组织犯罪案件中,2009年《座谈会纪要》规定的八种情形一般不会单独存在,往往是两种以上的情形同时并存、相互交织,从而严重破坏经济、社会生活秩序。审判时,应当充分认识这一特点,准确认定该特征。

"四个特征"中其他构成要素均已具备,仅在成员人数、经济实力规模方面未达到本纪要提出的一般性要求,但已较为接近,且在非法控制特征(危害性特征)方面同时具有2009年《座谈会纪要》相关规定中的多种情形,其中至少有一种情形已明显超出认定标准的,也可以认定为黑社会性质组织。

第二百九十五条　(刑八)[*]　【传授犯罪方法罪】传授犯罪方法的,处五年以下有期徒刑、拘役或者管制;情节严重的,处五年以上十年以下有期徒刑;情节特别严重的,处十年以上有期徒刑或者无期徒刑。

第二百九十六条　【非法集会、游行、示威罪】举行集会、游行、示威,未依照法律规定[**]申请或者申请未获许可,或者未按照主管机关许可的起止时间、地点、路线进行,又拒不服从解散命令,严重破坏社会秩序的,对集会、游行、示威的负责人和直接责任人员,处五年以下有期徒刑、拘役、管制或者剥夺政治权利。

第二百九十七条　【非法携带武器、管制刀具、爆炸物参加集

---

* 《刑法修正案(八)》废除了本罪的死刑。

** 《集会游行示威法》(1989年10月31日通过并施行,2009年8月27日修订);《集会游行示威法实施条例》(1992年6月16日发布施行,2011年1月8日修订)。

会、游行、示威罪】违反法律规定，携带武器、管制刀具或者爆炸物参加集会、游行、示威的，处三年以下有期徒刑、拘役、管制或者剥夺政治权利。

第二百九十八条　【破坏集会、游行、示威罪】扰乱、冲击或者以其他方法破坏依法举行的集会、游行、示威，造成公共秩序混乱的，处五年以下有期徒刑、拘役、管制或者剥夺政治权利。

第二百九十九条　【侮辱国旗、国徽、国歌罪】在公共场合，故意以焚烧、毁损、涂划、玷污、践踏等方式侮辱中华人民共和国国旗、国徽的，处三年以下有期徒刑、拘役、管制或者剥夺政治权利。

（刑十）在公共场合，故意篡改中华人民共和国国歌歌词、曲谱，以歪曲、贬损方式奏唱国歌，或者以其他方式侮辱国歌，情节严重的，依照前款的规定处罚。

第二百九十九条之一[1]　（刑十一）【侵害英雄烈士名誉、荣誉罪】侮辱、诽谤或者以其他方式侵害英雄烈士[2]的名誉、荣誉，损害社会公共利益，情节严重[3]的，处三年以下有期徒刑、拘役、管制或者剥夺政治权利。

299A-1　《最高人民法院、最高人民检察院、公安部关于依法惩治侵害英雄烈士名誉、荣誉违法犯罪的意见》（公通字〔2022〕5号，2022年1月11日）

299A-2　公通字〔2022〕5号　一、关于英雄烈士的概念和范围

根据英雄烈士保护法*第二条的规定，刑法第二百九十九条之一规定的“英雄烈士”，主要是指近代以来，为了争取民族独立和人民解放，实现国家富强和人民幸福，促进世界和平和人类进步而毕生奋斗、英勇献身的英雄烈士。

司法适用中，对英雄烈士的认定，应当重点注意把握以下几点：

（一）英雄烈士的时代范围主要为“近代以来”，重点是中国共产

---

* 《英雄烈士保护法》第十三届全国人大常委会第二次会议于2018年4月27日通过，自2018年5月1日起施行。

党、人民军队和中华人民共和国历史上的英雄烈士。英雄烈士既包括个人,也包括群体;既包括有名英雄烈士,也包括无名英雄烈士。

(二)对经依法评定为烈士的,应当认定为刑法第二百九十九条之一规定的"英雄烈士";已牺牲、去世,尚未评定为烈士,但其事迹和精神为我国社会普遍公认的英雄模范人物或者群体,可以认定为"英雄烈士"。

(三)英雄烈士是指已经牺牲、去世的英雄烈士。对侮辱、诽谤或者以其他方式侵害健在的英雄模范人物或者群体名誉、荣誉,构成犯罪的,适用刑法有关侮辱、诽谤罪等规定追究刑事责任,符合适用公诉程序条件的,由公安机关依法立案侦查,人民检察院依法提起公诉。但是,被侵害英雄烈士群体中既有已经牺牲的烈士,也有健在的英雄模范人物的,可以统一适用侵害英雄烈士名誉、荣誉罪。

299A-3 公通字〔2022〕5号 二、关于侵害英雄烈士名誉、荣誉罪入罪标准

根据刑法第二百九十九条之一的规定,侮辱、诽谤或者以其他方式侵害英雄烈士的名誉、荣誉,损害社会公共利益,情节严重的,构成侵害英雄烈士名誉、荣誉罪。

司法实践中,对侵害英雄烈士名誉、荣誉的行为是否达到"情节严重",应当结合行为方式,涉及英雄烈士的人数,相关信息的数量、传播方式、传播范围、传播持续时间,相关信息实际被点击、浏览、转发次数,引发的社会影响、危害后果以及行为人前科情况等综合判断。根据案件具体情况,必要时,可以参照适用《最高人民法院、最高人民检察院关于办理利用信息网络实施诽谤等刑事案件适用法律若干问题的解释》(法释〔2013〕21号)的规定。

侵害英雄烈士名誉、荣誉,达到入罪标准,但行为人认罪悔罪,综合考虑案件具体情节,认为犯罪情节轻微的,可以不起诉或者免予刑事处罚;情节显著轻微危害不大的,不以犯罪论处;构成违反治安管理行为的,由公安机关依法给予治安管理处罚。

公通字〔2022〕5号 三、关于办案工作要求

(一)坚决依法惩治。英雄烈士的事迹和精神是中华民族共同的历史记忆和宝贵的精神财富,英雄不容亵渎、先烈不容诋毁、历史不容歪曲。各级公安机关、人民检察院、人民法院要切实增强责任感和使命感,依法惩治侵害英雄烈士名誉、荣誉的违法犯罪活动,坚决维护中国特色社会主义制度,坚决维护社会公共利益。

（二）坚持宽严相济。对侵害英雄烈士名誉、荣誉的，要区分案件具体情况，落实宽严相济刑事政策，突出惩治重点，重在教育挽救，避免打击扩大化、简单化，确保实现政治效果、法律效果和社会效果的有机统一。对利用抹黑英雄烈士恶意攻击我国基本社会制度、损害社会公共利益，特别是与境外势力勾连实施恶意攻击，以及长期、多次实施侵害行为的，要依法予以严惩。对没有主观恶意，仅因模糊认识、好奇等原因而发帖、评论的，或者行为人系在校学生、未成年人的，要以教育转化为主，切实做到教育大多数、打击极少数。

第三百条[1]　**（刑九）【组织、利用会道门、邪教组织、利用迷信破坏法律实施罪】**组织、利用会道门、邪教组织[2]或者利用迷信破坏国家法律、行政法规实施的[3]，处三年以上七年以下有期徒刑，并处罚金；情节特别严重的[4]，处七年以上有期徒刑或者无期徒刑，并处罚金或者没收财产；情节较轻的[5]，处三年以下有期徒刑、拘役、管制或者剥夺政治权利，并处或者单处罚金。

【组织、利用会道门、邪教组织、利用迷信致人重伤、死亡罪】组织、利用会道门、邪教组织或者利用迷信蒙骗他人，致人重伤、死亡的[6]，依照前款的规定处罚。

犯第一款罪又有奸淫妇女、诈骗财物等犯罪行为的[7]，依照数罪并罚的规定处罚。

300-1　《最高人民法院、最高人民检察院关于办理组织、利用邪教组织破坏法律实施等刑事案件适用法律若干问题的解释》*（法释〔2017〕3 号，2017 年 2 月 1 日）

法释〔2017〕3 号第五条　为了传播而持有、携带，或者传播过程中被当场查获，邪教宣传品数量达到本解释第二条至第四条规定的有关标准的，按照下列情形分别处理：

（一）邪教宣传品是行为人制作的，以犯罪既遂处理；

---

* 法释〔2017〕3 号第十六条　本解释自 2017 年 2 月 1 日起施行。《最高人民法院、最高人民检察院关于办理组织和利用邪教组织犯罪案件具体应用法律若干问题的解释》（法释〔1999〕18 号），《最高人民法院、最高人民检察院关于办理组织和利用邪教组织犯罪案件具体应用法律若干问题的解释（二）》（法释〔2001〕19 号），以及《最高人民法院、最高人民检察院关于办理组织和利用邪教组织犯罪案件具体应用法律若干问题的解答》（法发〔2002〕7 号）同时废止。

(二)邪教宣传品不是行为人制作,尚未传播的,以犯罪预备处理;

(三)邪教宣传品不是行为人制作,传播过程中被查获的,以犯罪未遂处理;

(四)邪教宣传品不是行为人制作,部分已经传播出去的,以犯罪既遂处理,对于没有传播的部分,可以在量刑时酌情考虑。

法释〔2017〕3号第十三条　明知他人组织、利用邪教组织实施犯罪,而为其提供经费、场地、技术、工具、食宿、接送等便利条件或者帮助的,以共同犯罪论处。

300-2　法释〔2017〕3号第一条　冒用宗教、气功或者以其他名义建立,神化、鼓吹首要分子,利用制造、散布迷信邪说等手段蛊惑、蒙骗他人,发展、控制成员,危害社会的非法组织,应当认定为刑法第三百条规定的"邪教组织"。

300-3　法释〔2017〕3号第二条　组织、利用邪教组织,破坏国家法律、行政法规实施,具有下列情形之一的,应当依照刑法第三百条第一款的规定,处三年以上七年以下有期徒刑,并处罚金:

(一)建立邪教组织,或者邪教组织被取缔后又恢复、另行建立邪教组织的;

(二)聚众包围、冲击、强占、哄闹国家机关、企业事业单位或者公共场所、宗教活动场所,扰乱社会秩序的;

(三)非法举行集会、游行、示威,扰乱社会秩序的;

(四)使用暴力、胁迫或者以其他方法强迫他人加入或者阻止他人退出邪教组织的;

(五)组织、煽动、蒙骗成员或者他人不履行法定义务的;

(六)使用"伪基站""黑广播"等无线电台(站)或者无线电频率宣扬邪教的;

(七)曾因从事邪教活动被追究刑事责任或者二年内受过行政处罚,又从事邪教活动的;

(八)发展邪教组织成员五十人以上的;

(九)敛取钱财或者造成经济损失一百万元以上的;

(十)以货币为载体宣扬邪教,数量在五百张(枚)以上的;

(十一)制作、传播邪教宣传品,达到下列数量标准之一的:

1.传单、喷图、图片、标语、报纸一千份(张)以上的;

2.书籍、刊物二百五十册以上的;

3.录音带、录像带等音像制品二百五十盒(张)以上的;

4. 标识、标志物二百五十件以上的；

5. 光盘、U盘、储存卡、移动硬盘等移动存储介质一百个以上的；

6. 横幅、条幅五十条(个)以上的。

(十二)利用通讯信息网络宣扬邪教,具有下列情形之一的:

1. 制作、传播宣扬邪教的电子图片、文章二百张(篇)以上,电子书籍、刊物、音视频五十册(个)以上,或者电子文档五百万字符以上、电子音视频二百五十分钟以上的；

2. 编发信息、拨打电话一千条(次)以上的；

3. 利用在线人数累计达到一千以上的聊天室,或者利用群组成员、关注人员等账号数累计一千以上的通讯群组、微信、微博等社交网络宣扬邪教的；

4. 邪教信息实际被点击、浏览数达到五千次以上的。

(十三)其他情节严重的情形。

法释〔2017〕3号第六条　多次制作、传播邪教宣传品或者利用通讯信息网络宣扬邪教,未经处理的,数量或者数额累计计算。

制作、传播邪教宣传品,或者利用通讯信息网络宣扬邪教,涉及不同种类或者形式的,可以根据本解释规定的不同数量标准的相应比例折算后累计计算。

法释〔2017〕3号第十五条　对涉案物品是否属于邪教宣传品难以确定的,可以委托地市级以上公安机关出具认定意见。

300-4　法释〔2017〕3号第三条　组织、利用邪教组织,破坏国家法律、行政法规实施,具有下列情形之一的,应当认定为刑法第三百条第一款规定的“情节特别严重”,处七年以上有期徒刑或者无期徒刑,并处罚金或者没收财产:

(一)实施本解释第二条第一项至第七项规定的行为,社会危害特别严重的；

(二)实施本解释第二条第八项至第十二项规定的行为,数量或者数额达到第二条规定相应标准五倍以上的；

(三)其他情节特别严重的情形。

300-5　法释〔2017〕3号第四条　组织、利用邪教组织,破坏国家法律、行政法规实施,具有下列情形之一的,应当认定为刑法第三百条第一款规定的“情节较轻”,处三年以下有期徒刑、拘役、管制或者剥夺政治权利,并处或者单处罚金:

(一)实施本解释第二条第一项至第七项规定的行为,社会危害较

轻的;

(二)实施本解释第二条第八项至第十二项规定的行为,数量或者数额达到相应标准五分之一以上的;

(三)其他情节较轻的情形。

法释〔2017〕3号第九条　组织、利用邪教组织破坏国家法律、行政法规实施,符合本解释第四条规定情形,但行为人能够真诚悔罪,明确表示退出邪教组织、不再从事邪教活动的,可以不起诉或者免予刑事处罚。其中,行为人系受蒙蔽、胁迫参加邪教组织的,可以不作为犯罪处理。

组织、利用邪教组织破坏国家法律、行政法规实施,行为人在一审判决前能够真诚悔罪,明确表示退出邪教组织、不再从事邪教活动的,分别依照下列规定处理:

(一)符合本解释第二条规定情形的,可以认定为刑法第三百条第一款规定的"情节较轻";

(二)符合本解释第三条规定情形的,可以不认定为刑法第三百条第一款规定的"情节特别严重",处三年以上七年以下有期徒刑,并处罚金。

300-6　法释〔2017〕3号第七条　组织、利用邪教组织,制造、散布迷信邪说,蒙骗成员或者他人绝食、自虐等,或者蒙骗病人不接受正常治疗,致人重伤、死亡的,应当认定为刑法第三百条第二款规定的组织、利用邪教组织"蒙骗他人,致人重伤、死亡"。

组织、利用邪教组织蒙骗他人,致一人以上死亡或者三人以上重伤的,处三年以上七年以下有期徒刑,并处罚金。

组织、利用邪教组织蒙骗他人,具有下列情形之一的,处七年以上有期徒刑或者无期徒刑,并处罚金或者没收财产:

(一)造成三人以上死亡的;

(二)造成九人以上重伤的;

(三)其他情节特别严重的情形。

组织、利用邪教组织蒙骗他人,致人重伤的,处三年以下有期徒刑、拘役、管制或者剥夺政治权利,并处或者单处罚金。

法释〔2017〕3号第八条　实施本解释第二条至第五条规定的行为,具有下列情形之一的,从重处罚:

(一)与境外机构、组织、人员勾结,从事邪教活动的;

(二)跨省、自治区、直辖市建立邪教组织机构、发展成员或者组织邪教活动的;

（三）在重要公共场所、监管场所或者国家重大节日、重大活动期间聚集滋事，公开进行邪教活动的；

（四）邪教组织被取缔后，或者被认定为邪教组织后，仍然聚集滋事，公开进行邪教活动的；

（五）国家工作人员从事邪教活动的；

（六）向未成年人宣扬邪教的；

（七）在学校或者其他教育培训机构宣扬邪教的。

法释〔2017〕3号第十一条　组织、利用邪教组织，制造、散布迷信邪说，组织、策划、煽动、胁迫、教唆、帮助其成员或者他人实施自杀、自伤的，依照刑法第二百三十二条、第二百三十四条的规定，以故意杀人罪或者故意伤害罪定罪处罚。

法释〔2017〕3号第十四条　对于犯组织、利用邪教组织破坏法律实施罪、组织、利用邪教组织致人重伤、死亡罪，严重破坏社会秩序的犯罪分子，根据刑法第五十六条的规定，可以附加剥夺政治权利。

300-7　法释〔2017〕3号第十条　组织、利用邪教组织破坏国家法律、行政法规实施过程中，又有煽动分裂国家、煽动颠覆国家政权或者侮辱、诽谤他人等犯罪行为的，依照数罪并罚的规定定罪处罚。

法释〔2017〕3号第十二条　邪教组织人员以自焚、自爆或者其他危险方法危害公共安全的，依照刑法第一百一十四条、第一百一十五条的规定，以放火罪、爆炸罪、以危险方法危害公共安全罪等定罪处罚。

第三百零一条　【聚众淫乱罪】聚众进行淫乱活动的，对首要分子或者多次参加的，[1] 处五年以下有期徒刑、拘役或者管制。

【引诱未成年人聚众淫乱罪】引诱未成年人参加聚众淫乱活动的，依照前款的规定从重处罚。

301-1　《立案标准（一）》第四十一条　组织、策划、指挥三人以上进行淫乱活动或者参加聚众淫乱活动三次以上的，应予立案追诉。

第三百零二条　（刑九）【盗窃、侮辱、故意毁坏尸体、尸骨、骨灰罪】盗窃、侮辱、故意毁坏尸体、尸骨、骨灰的，处三年以下有期徒刑、拘役或者管制。

第三百零三条[1]* **【赌博罪】**以营利为目的,[2] 聚众赌博[3] 或者以赌博为业的,处三年以下有期徒刑、拘役或者管制,并处罚金。

(刑六、刑十一)【开设赌场罪】开设赌场[4] 的,处五年以下有期徒刑、拘役或者管制,并处罚金;情节严重的,[5] 处五年以上十年以下有期徒刑,并处罚金。

(刑十一)【组织参与国(境)外赌博罪】组织中华人民共和国公民参与国(境)外赌博,数额巨大或者有其他严重情节的,依照前款的规定处罚。

303-1 1.《最高人民法院、最高人民检察院关于办理赌博刑事案件具体应用法律若干问题的解释》(法释〔2005〕3号,2005年5月13日);2.《最高人民法院、最高人民检察院、公安部关于开展打击赌博违法犯罪活动专项行为有关工作的通知》(2005年1月10日);3.《最高人民法院、最高人民检察院、公安部关于办理网络赌博犯罪案件适用法律若干问题的意见》(公通字〔2010〕40号,2010年8月31日);4.《最高人民法院、最高人民检察院、公安部关于办理利用赌博机开设赌场案件适用法律若干问题的意见》(公通字〔2014〕17号,2014年3月26日)。

1. 公通字〔2010〕40号 四、关于网络赌博犯罪案件的管辖

网络赌博犯罪案件的地域管辖,应当坚持以犯罪地管辖为主、被告人居住地管辖为辅的原则。

"犯罪地"包括赌博网站服务器所在地、网络接入地,赌博网站建立者、管理者所在地,以及赌博网站代理人、参赌人实施网络赌博行为地等。

公安机关对侦办跨区域网络赌博犯罪案件的管辖权有争议的,应本着有利于查清犯罪事实、有利于诉讼的原则,认真协商解决。经协商无法达成一致的,报共同的上级公安机关指定管辖。对即将侦查终结的跨省(自治区、直辖市)重大网络赌博案件,必要时可由公安部商最高人民法院和最高人民检察院指定管辖。

为保证及时结案,避免超期羁押,人民检察院对于公安机关提请审

---

* 1997年《刑法》原条文:以营利为目的(目的犯),聚众赌博、开设赌场或者以赌博为业的,处三年以下有期徒刑、拘役或者管制,并处罚金。

查逮捕、移送审查起诉的案件，人民法院对于已进入审判程序的案件，犯罪嫌疑人、被告人及其辩护人提出管辖异议或者办案单位发现没有管辖权的，受案人民检察院、人民法院经审查可以依法报请上级人民检察院、人民法院指定管辖，不再自行移送有管辖权的人民检察院、人民法院。

五、关于电子证据的收集与保全

侦查机关对于能够证明赌博犯罪案件真实情况的网站页面、上网记录、电子邮件、电子合同、电子交易记录、电子账册等电子数据，应当作为刑事证据予以提取、复制、固定。

侦查人员应当对提取、复制、固定电子数据的过程制作相关文字说明，记录案由、对象、内容以及提取、复制、固定的时间、地点、方法，电子数据的规格、类别、文件格式等，并由提取、复制、固定电子数据的制作人、电子数据的持有人签名或者盖章，附所提取、复制、固定的电子数据一并随案移送。

对于电子数据存储在境外的计算机上的，或者侦查机关从赌博网站提取电子数据时犯罪嫌疑人未到案的，或者电子数据的持有人无法签字或者拒绝签字的，应当由能够证明提取、复制、固定过程的见证人签名或者盖章，记明有关情况。必要时，可对提取、复制、固定有关电子数据的过程拍照或者录像。

2.《最高人民法院关于对设置圈套诱骗他人参赌又向索还钱财的受骗者施以暴力或暴力威胁的行为应如何定罪问题的批复》（法复〔1995〕8 号，1995 年 11 月 6 日）　行为人设置圈套诱骗他人参赌获取钱财，属赌博行为，构成犯罪的，应当以赌博罪定罪处罚。参赌者识破骗局要求退还所输钱财，设赌者又使用暴力或者以暴力相威胁，拒绝退还的，应以赌博罪从重处罚；致参赌者伤害或者死亡的，应以赌博罪和故意伤害罪或者故意杀人罪，依法实行数罪并罚。

3. 法释〔2005〕3 号第三条　中华人民共和国公民在我国领域外周边地区聚众赌博、开设赌场，以吸引中华人民共和国公民为主要客源，构成赌博罪的，可以依照刑法规定追究刑事责任。

法释〔2005〕3 号第七条　通过赌博*或者为国家工作人员赌博提供资金**的形式实施行贿、受贿行为，构成犯罪的，依照刑法关于贿赂

* 行贿和受贿双方都直接参与赌博。

** 行贿人不直接参与赌博。

犯罪的规定定罪处罚。

法释〔2005〕3号第八条 赌博犯罪中用作赌注的款物、换取筹码的款物和通过赌博赢取的款物属于赌资。通过计算机网络实施赌博犯罪的,赌资数额可以按照在计算机网络上投注或者赢取的点数乘以每一点实际代表的金额认定。赌资应当依法予以追缴;赌博用具、赌博违法所得以及赌博犯罪分子所有的专门用于赌博的资金、交通工具、通讯工具等,应当依法予以没收。

303-2 法释〔2005〕3号第九条 不以营利为目的,进行带有少量财物输赢的娱乐活动,以及提供棋牌室等娱乐场所只收取正常的场所和服务费用的经营行为等,不以赌博论处。

303-3 法释〔2005〕3号第一条 以营利为目的,有下列情形之一的,属于刑法第三百零三条规定的"聚众赌博":

(一)组织*3人以上赌博,抽头渔利**数额累计达到5000元以上的;

(二)组织3人以上赌博,赌资数额累计达到5万元以上的;

(三)组织3人以上赌博,参赌人数***累计达到20人以上的;

(四)组织中华人民共和国公民10人以上赴境外赌博,从中收取回扣、介绍费的。

法释〔2005〕3号第五条 实施赌博犯罪,有下列情形之一的,依照刑法第三百零三条的规定从重处罚:

(一)具有国家工作人员身份的;

(二)组织国家工作人员赴境外赌博的;

(三)组织未成年人参与赌博,或者开设赌场吸引未成年人参与赌博的。

303-4 **1.** 公通字〔2010〕40号 一、关于网上开设赌场犯罪的定罪量刑标准

利用互联网、移动通讯终端等传输赌博视频、数据,组织赌博活动,具有下列情形之一的,属于刑法第三百零三条第二款规定的"开设赌

---

* 《刑法》对"组织行为"和"引诱行为"作了严格区分。本罪定罪是否正确,就取决于如何理解"组织行为"。

** 这是一种聚众赌博构成犯罪的行为,将营利为目的的要件客观化为"抽头渔利",并规定了具体的数额5000元。

*** 这种情形既不要求"抽头渔利"及其数额,也不要求赌资的数额,20人是参赌的人数,不是参赌人次。

场”行为：

（一）建立赌博网站并接受投注的；

（二）建立赌博网站并提供给他人组织赌博的；

（三）为赌博网站担任代理并接受投注的；

（四）参与赌博网站利润分成的。

二、关于网上开设赌场共同犯罪的认定和处罚

明知是赌博网站，而为其提供下列服务或者帮助的，属于开设赌场罪的共同犯罪，依照刑法第三百零三条第二款的规定处罚：

（一）为赌博网站提供互联网接入、服务器托管、网络存储空间、通讯传输通道、投放广告、发展会员、软件开发、技术支持等服务，收取服务费数额在2万元以上的；

（二）为赌博网站提供资金支付结算服务，收取服务费数额在1万元以上或者帮助收取赌资20万元以上的；

（三）为10个以上赌博网站投放与网址、赔率等信息有关的广告或者为赌博网站投放广告累计100条以上的。

实施前款规定的行为，数量或者数额达到前款规定标准5倍以上的，应当认定为刑法第三百零三条第二款规定的“情节严重”。

实施本条第一款规定的行为，具有下列情形之一的，应当认定行为人“明知”，但是有证据证明确实不知道的除外：

（一）收到行政主管机关书面等方式的告知后，仍然实施上述行为的；

（二）为赌博网站提供互联网接入、服务器托管、网络存储空间、通讯传输通道、投放广告、软件开发、技术支持、资金支付结算等服务，收取服务费明显异常的；

（三）在执法人员调查时，通过销毁、修改数据、账本等方式故意规避调查或者向犯罪嫌疑人通风报信的；

（四）其他有证据证明行为人明知的。

如果有开设赌场的犯罪嫌疑人尚未到案，但是不影响对已到案共同犯罪嫌疑人、被告人的犯罪事实认定的，可以依法对已到案者定罪处罚。

三、关于网络赌博犯罪的参赌人数、赌资数额和网站代理的认定

赌博网站的会员账号数可以认定为参赌人数，如果查实一个账号多人使用或者多个账号一人使用的，应当按照实际使用的人数计算参赌人数。

赌资数额可以按照在网络上投注或者赢取的点数乘以每一点实际代表的金额认定。

对于将资金直接或间接兑换为虚拟货币、游戏道具等虚拟物品，并

用其作为筹码投注的,赌资数额按照购买该虚拟物品所需资金数额或者实际支付资金数额认定。

对于开设赌场犯罪中用于接收、流转赌资的银行账户内的资金,犯罪嫌疑人、被告人不能说明合法来源的,可以认定为赌资。向该银行账户转入、转出资金的银行账户数量可以认定为参赌人数。如果查实一个账户多人使用或多个账户一人使用的,应当按照实际使用的人数计算参赌人数。

有证据证明犯罪嫌疑人在赌博网站上的账号设置有下级账号的,应当认定其为赌博网站的代理。

2.《最高人民法院、最高人民检察院、公安部关于办理利用赌博机开设赌场案件适用法律若干问题的意见》(公通字〔2014〕17号,2014年3月26日) 一、关于利用赌博机组织赌博的性质认定

设置具有退币、退分、退钢珠等赌博功能的电子游戏设施设备,并以现金、有价证券等贵重款物作为奖品,或者以回购奖品方式给予他人现金、有价证券等贵重款物(以下简称设置赌博机)组织赌博活动的,应当认定为刑法第三百零三条第二款规定的"开设赌场"行为。

二、关于利用赌博机开设赌场的定罪处罚标准

设置赌博机组织赌博活动,具有下列情形之一的,应当按照刑法第三百零三条第二款规定的开设赌场罪定罪处罚:

(一)设置赌博机10台以上的;

(二)设置赌博机2台以上,容留未成年人赌博的;

(三)在中小学校附近设置赌博机2台以上的;

(四)违法所得累计达到5000元以上的;

(五)赌资数额累计达到5万元以上的;

(六)参赌人数累计达到20人以上的;

(七)因设置赌博机被行政处罚后,两年内再设置赌博机5台以上的;

(八)因赌博、开设赌场犯罪被刑事处罚后,五年内再设置赌博机5台以上的;

(九)其他应当追究刑事责任的情形。

可同时供多人使用的赌博机,台数按照能够独立供一人进行赌博活动的操作基本单元的数量认定。

在两个以上地点设置赌博机,赌博机的数量、违法所得、赌资数额、参赌人数等均合并计算。

三、关于共犯的认定

明知他人利用赌博机开设赌场,具有下列情形之一的,以开设赌场

罪的共犯论处：

（一）提供赌博机、资金、场地、技术支持、资金结算服务的；

（二）受雇参与赌场经营管理并分成的；

（三）为开设赌场者组织客源，收取回扣、手续费的；

（四）参与赌场管理并领取高额固定工资的；

（五）提供其他直接帮助的。

五、关于赌资的认定

本意见所称赌资包括：（一）当场查获的用于赌博的款物；（二）代币、有价证券、赌博积分等实际代表的金额；（三）在赌博机上投注或赢取的点数实际代表的金额。

六、关于赌博机的认定

对于涉案的赌博机，公安机关应当采取拍照、摄像等方式及时固定证据，并予以认定。对于是否属于赌博机难以确定的，司法机关可以委托地市级以上公安机关出具检验报告。司法机关根据检验报告，并结合案件具体情况作出认定。必要时，人民法院可以依法通知检验人员出庭作出说明。

七、关于宽严相济刑事政策的把握

办理利用赌博机开设赌场的案件，应当贯彻宽严相济刑事政策，重点打击赌场的出资者、经营者。对受雇佣为赌场从事接送参赌人员、望风看场、发牌坐庄、兑换筹码等活动的人员，除参与赌场利润分成或者领取高额固定工资的以外，一般不追究刑事责任，可由公安机关依法给予治安管理处罚。对设置游戏机，单次换取少量奖品的娱乐活动，不以违法犯罪论处。

八、关于国家机关工作人员渎职犯罪的处理

国家机关工作人员参与利用赌博机开设赌场犯罪的，从重处罚。

3. 法释〔2005〕3号第四条　明知他人实施赌博犯罪活动，而为其提供资金、计算机网络、通讯、费用结算等直接帮助的*，以赌博罪的共犯论处。

4. 洪小强、洪礼沃、洪清泉、李志荣开设赌场案（指导性案例第105号）

裁判要点　以营利为目的，通过邀请人员加入微信群的方式招揽

---

* 所谓直接帮助，是指对于赌博犯罪的发生和发展来说，有直接的促进作用，而不是可有可无的。本处指的是片面共犯。

赌客,根据竞猜游戏网站的开奖结果等方式进行赌博,设定赌博规则,利用微信群进行控制管理,在一段时间内持续组织网络赌博活动的,属于刑法第三百零三条第二款规定的“开设赌场”。

5. 谢检军、高垒、高尔樵、杨泽彬开设赌场案(指导性案例第106号)

裁判要点 以营利为目的,通过邀请人员加入微信群,利用微信群进行控制管理,以抢红包方式进行赌博,在一段时间内持续组织赌博活动的行为,属于刑法第三百零三条第二款规定的“开设赌场”。

303-5 **1.** 公通字〔2010〕40号 一、关于网上开设赌场犯罪的定罪量刑标准

实施前款规定的行为,具有下列情形之一的,应当认定为刑法第三百零三条第二款规定的“情节严重”:

(一)抽头渔利数额累计达到3万元以上的;

(二)赌资数额累计达到30万元以上的;

(三)参赌人数累计达到120人以上的;

(四)建立赌博网站后通过提供给他人组织赌博,违法所得数额在3万元以上的;

(五)参与赌博网站利润分成,违法所得数额在3万元以上的;

(六)为赌博网站招募下级代理,由下级代理接受投注的;

(七)招揽未成年人参与网络赌博的;

(八)其他情节严重的情形。

2.《最高人民法院、最高人民检察院、公安部关于办理利用赌博机开设赌场案件适用法律若干问题的意见》(公通字〔2014〕17号,2014年3月26日) 二、关于利用赌博机开设赌场的定罪处罚标准

设置赌博机组织赌博活动,具有下列情形之一的,应当认定为刑法第三百零三条第二款规定的“情节严重”:

(一)数量或者数额达到第二条第一款第一项至第六项规定标准六倍以上的;

(二)因设置赌博机被行政处罚后,两年内再设置赌博机30台以上的;

(三)因赌博、开设赌场犯罪被刑事处罚后,五年内再设置赌博机30台以上的;

(四)其他情节严重的情形。

第三百零四条　【故意延误投递邮件罪】邮政工作人员严重不负责任,故意延误投递邮件,致使公共财产、国家和人民利益遭受重大损失的,[1] 处二年以下有期徒刑或者拘役。

304-1　《立案标准(一)》第四十五条　邮政工作人员严重不负责任,故意延误投递邮件,涉嫌下列情形之一的,应予立案追诉:

(一)造成直接经济损失二万元以上的;

(二)延误高校录取通知书或者其他重要邮件投递,致使他人失去高校录取资格或者造成其他无法挽回的重大损失的;

(三)严重损害国家声誉或者造成其他恶劣社会影响的;

(四)其他致使公共财产、国家和人民利益遭受重大损失的情形。

第二节　妨害司法罪

第三百零五条*　【伪证罪】在刑事诉讼中,证人、鉴定人、记录人、翻译人对与案件有重要关系的情节,故意作虚假证明、鉴定、记录、翻译,意图陷害他人或者隐匿罪证的,处三年以下有期徒刑或者拘役;情节严重的,处三年以上七年以下有期徒刑。

第三百零六条[1]　【辩护人、诉讼代理人毁灭证据、伪造证据、妨害作证罪】在刑事诉讼中,辩护人、[2] 诉讼代理人毁灭、伪造证据,帮助当事人毁灭、伪造证据,威胁、引诱证人违背事实改变证言或者作伪证的,处三年以下有期徒刑或者拘役;情节严重的,处三年以上七年以下有期徒刑。

辩护人、诉讼代理人提供、出示、引用的证人证言或者其他证据失实,不是有意伪造的,不属于伪造证据。

306-1　**1.**《刑事诉讼法》第四十四条　辩护人或者其他任何人,不得帮助犯罪嫌疑人、被告人隐匿、毁灭、伪造证据或者串供,不得威胁、引诱证人作伪证以及进行其他干扰司法机关诉讼活动的行为。

---

* 本罪由公安机关立案侦查。如果是犯罪嫌疑人或者被告人作伪证,不构成本罪,因为法律不能强迫他们自证其罪。

违反前款规定的,应当依法追究法律责任,辩护人涉嫌犯罪的,应当由办理辩护人所承办案件的侦查机关以外的侦查机关办理。辩护人是律师的,应当及时通知其所在的律师事务所或者所属的律师协会。

2.《最高人民法院、最高人民检察院、公安部、国家安全部、司法部、全国人大常委会法制工作委员会关于实施刑事诉讼法若干问题的规定》(2013 年 1 月 1 日)　二、辩护与代理　9. 刑事诉讼法第四十二条第二款中规定:“违反前款规定的,应当依法追究法律责任,辩护人涉嫌犯罪的,应当由办理辩护人所承办案件的侦查机关以外的侦查机关办理。”根据上述规定,公安机关、人民检察院发现辩护人涉嫌犯罪,或者接受报案、控告、举报、有关机关的移送,依照侦查管辖分工进行审查后认为符合立案条件的,应当按照规定报请办理辩护人所承办案件的侦查机关的上一级侦查机关指定其他侦查机关立案侦查,或者由上一级侦查机关立案侦查。不得指定办理辩护人所承办案件的侦查机关的下级侦查机关立案侦查。

306-2　《刑事诉讼法》第三十九条第四款　辩护律师会见在押的犯罪嫌疑人、被告人,可以了解案件有关情况,提供法律咨询等;自案件移送审查起诉之日起,可以向犯罪嫌疑人、被告人核实有关证据。辩护律师会见犯罪嫌疑人、被告人时不被监听*。

第五款　辩护律师同被监视居住的犯罪嫌疑人、被告人会见、通信,适用第一款、第三款、第四款的规定。

第三百零七条　【妨害作证罪】以暴力、威胁、贿买等方法阻止证人作证或者指使他人作伪证的,处三年以下有期徒刑或者拘役;情节严重的,处三年以上七年以下有期徒刑。

【帮助毁灭、伪造证据罪】帮助当事人毁灭、伪造证据,情节严重的,处三年以下有期徒刑或者拘役。

司法工作人员犯前两款罪的,从重处罚。

第三百零七条之一[1]　**(刑九)【虚假诉讼罪】**以捏造的事实[2] 提

---

* 不被监听,意味着辩护律师与其在押的当事人之间的沟通内容只要不传递到第三人,这种沟通就不应受到伪证罪之类的刑事追诉。

起[3]民事诉讼[4]，妨害司法秩序或者严重侵害他人合法权益[5]的，处三年以下有期徒刑、拘役或者管制，并处或者单处罚金；情节严重[6]的，处三年以上七年以下有期徒刑，并处罚金。

单位[7]犯前款罪的，对单位判处罚金，并对其直接负责的主管人员和其他直接责任人员，依照前款的规定处罚。

有第一款行为，非法占有他人财产或者逃避合法债务，又构成其他犯罪的[8]，依照处罚较重的规定定罪从重处罚。

司法工作人员利用职权，与他人共同实施前三款行为的，从重处罚；同时构成其他犯罪的[9]，依照处罚较重的规定定罪从重处罚。

307A-1　1.《最高人民法院、最高人民检察院、公安部、司法部关于进一步加强虚假诉讼犯罪惩治工作的意见》(法发〔2021〕10号，2021年3月10日)第二条　本意见所称虚假诉讼犯罪，是指行为人单独或者与他人恶意串通，采取伪造证据、虚假陈述等手段，捏造民事案件基本事实，虚构民事纠纷，向人民法院提起民事诉讼，妨害司法秩序或者严重侵害他人合法权益，依照法律应当受刑罚处罚的行为。

《最高人民法院关于防范和制裁虚假诉讼的指导意见》(法发〔2016〕13号，2016年6月20日)，《最高人民法院关于深入开展虚假诉讼整治工作的意见》(法〔2021〕281号，2021年11月10日)。

2.《最高人民法院、最高人民检察院关于办理虚假诉讼刑事案件适用法律若干问题的解释》(法释〔2018〕17号，2018年10月1日)

法释〔2018〕17号第六条　诉讼代理人、证人、鉴定人等诉讼参与人与他人通谋，代理提起虚假民事诉讼、故意作虚假证言或者出具虚假鉴定意见，共同实施刑法第三百零七条之一前三款行为的，依照共同犯罪的规定定罪处罚；同时构成妨害作证罪，帮助毁灭、伪造证据罪等犯罪的，依照处罚较重的规定定罪从重处罚。

法释〔2018〕17号第十条　虚假诉讼刑事案件由虚假民事诉讼案件的受理法院所在地或者执行法院所在地人民法院管辖。有刑法第三百零七条之一第四款情形的，上级人民法院可以指定下级人民法院将案件移送其他人民法院审判。

307A-2　1. 法释〔2018〕17号第一条第一款　采取伪造证据、虚假陈述等手段，实施下列行为之一，捏造民事法律关系，虚构民事纠纷，向

人民法院提起民事诉讼的,应当认定为刑法第三百零七条之一第一款规定的“以捏造的事实提起民事诉讼”:

(一)与夫妻一方恶意串通,捏造夫妻共同债务的;

(二)与他人恶意串通,捏造债权债务关系和以物抵债协议的;

(三)与公司、企业的法定代表人、董事、监事、经理或者其他管理人员恶意串通,捏造公司、企业债务或者担保义务的;

(四)捏造知识产权侵权关系或者不正当竞争关系的;

(五)在破产案件审理过程中申报捏造的债权的;

(六)与被执行人恶意串通,捏造债权或者对查封、扣押、冻结财产的优先权、担保物权的;

(七)单方或者与他人恶意串通,捏造身份、合同、侵权、继承等民事法律关系的其他行为。

隐瞒债务已经全部清偿的事实,向人民法院提起民事诉讼,要求他人履行债务的,以“以捏造的事实提起民事诉讼”论。

法释〔2018〕17 号第七条　采取伪造证据等手段篡改案件事实,骗取人民法院裁判文书,构成犯罪的,依照刑法第二百八十条、第三百零七条等规定追究刑事责任。

2. 法发〔2021〕10 号第六条　民事诉讼当事人有下列情形之一的,人民法院、人民检察院在履行职责过程中应当依法严格审查,及时甄别和发现虚假诉讼犯罪:

(一)原告起诉依据的事实、理由不符合常理,存在伪造证据、虚假陈述可能的;

(二)原告诉请司法保护的诉讼标的额与其自身经济状况严重不符的;

(三)在可能影响案外人利益的案件中,当事人之间存在近亲属关系或者关联企业等共同利益关系的;

(四)当事人之间不存在实质性民事权益争议和实质性诉辩对抗的;

(五)一方当事人对于另一方当事人提出的对其不利的事实明确表示承认,且不符合常理的;

(六)认定案件事实的证据不足,但双方当事人主动迅速达成调解协议,请求人民法院制作调解书的;

(七)当事人自愿以价格明显不对等的财产抵付债务的;

(八)民事诉讼过程中存在其他异常情况的。

法发〔2021〕10号第七条　民事诉讼代理人、证人、鉴定人等诉讼参与人有下列情形之一的，人民法院、人民检察院在履行职责过程中应当依法严格审查，及时甄别和发现虚假诉讼犯罪：

（一）诉讼代理人违规接受对方当事人或者案外人给付的财物或者其他利益，与对方当事人或者案外人恶意串通，侵害委托人合法权益的；

（二）故意提供虚假证据，指使、引诱他人伪造、变造证据、提供虚假证据或者隐匿、毁灭证据的；

（三）采取其他不正当手段干扰民事诉讼活动正常进行的。

3. 法发〔2016〕13号　1. 虚假诉讼一般包含以下要素：（1）以规避法律、法规或国家政策谋取非法利益为目的；（2）双方当事人存在恶意串通；（3）虚构事实；（4）借用合法的民事程序；（5）侵害国家利益、社会公共利益或者案外人的合法权益。

2. 实践中，要特别注意以下情形：（1）当事人为夫妻、朋友等亲近关系或者关联企业等共同利益关系；（2）原告诉请司法保护的标的额与其自身经济状况严重不符；（3）原告起诉所依据的事实和理由明显不符合常理；（4）当事人双方无实质性民事权益争议；（5）案件证据不足，但双方仍然主动迅速达成调解协议，并请求人民法院出具调解书。

307A-3　1. 理解与适用：虚假诉讼罪的规制重点原则上是导致案件首次进入诉讼程序的起诉和申请立案执行等行为。故一审宣判后提出上诉、启动二审程序的，一般不属于虚假诉讼罪中的“提起”民事诉讼。但案件获得人民法院受理立案、进行诉讼程序后，当事人提出新的独立的诉讼请求的，实质上属于诉的合并，也可以认定为“提起”民事诉讼。*

2.《最高人民法院关于〈中华人民共和国刑法修正案（九）〉时间效力问题的解释》（法释〔2015〕19号，2015年11月1日）第七条　对于2015年10月31日以前以捏造的事实提起民事诉讼，妨害司法秩序或者严重侵害他人合法权益，根据修正前刑法应当以伪造公司、企业、事业单位、人民团体印章罪或者妨害作证罪等追究刑事责任的，适用修正前刑法的有关规定。但是，根据修正后刑法第三百零七条之一的规定处刑较轻的，适用修正后刑法的有关规定。

---

* 周峰、汪斌、李加玺：《〈关于办理虚假诉讼刑事案件适用法律若干问题的解释〉的理解与适用》，载《人民司法》2019年第4期。

实施第一款行为,非法占有他人财产或者逃避合法债务,根据修正前刑法应当以诈骗罪、职务侵占罪或者贪污罪等追究刑事责任的,适用修正前刑法的有关规定。

307A-4　**1.** 法释〔2018〕17 号第十一条　本解释所称裁判文书,是指人民法院依照民事诉讼法、企业破产法等民事法律作出的判决、裁定、调解书、支付令等文书。

2. 法发〔2021〕10 号第四条　实施《最高人民法院、最高人民检察院关于办理虚假诉讼刑事案件适用法律若干问题的解释》第一条第一款、第二款规定的捏造事实行为,并有下列情形之一的,应当认定为刑法第三百零七条之一第一款规定的"以捏造的事实提起民事诉讼":

(一)提出民事起诉的;

(二)向人民法院申请宣告失踪、宣告死亡,申请认定公民无民事行为能力、限制民事行为能力,申请认定财产无主,申请确认调解协议,申请实现担保物权,申请支付令,申请公示催告的;

(三)在民事诉讼过程中增加独立的诉讼请求、提出反诉,有独立请求权的第三人提出与本案有关的诉讼请求的;

(四)在破产案件审理过程中申报债权的;

(五)案外人申请民事再审的;

(六)向人民法院申请执行仲裁裁决、公证债权文书的;

(七)案外人在民事执行过程中对执行标的提出异议,债权人在民事执行过程中申请参与执行财产分配的;

(八)以其他手段捏造民事案件基本事实,虚构民事纠纷,提起民事诉讼的。

法发〔2021〕10 号第五条　对于下列虚假诉讼犯罪易发的民事案件类型,人民法院、人民检察院在履行职责过程中应当予以重点关注:

(一)民间借贷纠纷案件;

(二)涉及房屋限购、机动车配置指标调控的以物抵债案件;

(三)以离婚诉讼一方当事人为被告的财产纠纷案件;

(四)以已经资不抵债或者已经被作为被执行人的自然人、法人和非法人组织为被告的财产纠纷案件;

(五)以拆迁区划范围内的自然人为当事人的离婚、分家析产、继承、房屋买卖合同纠纷案件;

(六)公司分立、合并和企业破产纠纷案件;

(七)劳动争议案件;

（八）涉及驰名商标认定的案件；

（九）其他需要重点关注的民事案件。

307A-5 《立案标准（二）》第七十八条　单独或者与他人恶意串通，以捏造的事实提起民事诉讼，涉嫌下列情形之一的，应予立案追诉：

（一）致使人民法院基于捏造的事实采取财产保全或者行为保全措施的；

（二）致使人民法院开庭审理，干扰正常司法活动的；

（三）致使人民法院基于捏造的事实作出裁判文书、制作财产分配方案，或者立案执行基于捏造的事实作出的仲裁裁决、公证债权文书的；

（四）多次以捏造的事实提起民事诉讼的；

（五）因以捏造的事实提起民事诉讼被采取民事诉讼强制措施或者受过刑事追究的；

（六）其他妨害司法秩序或者严重侵害他人合法权益的情形。

法释〔2018〕17号第九条　实施刑法第三百零七条之一第一款行为，未达到情节严重的标准，行为人系初犯，在民事诉讼过程中自愿具结悔过，接受人民法院处理决定，积极退赃、退赔的，可以认定为犯罪情节轻微，不起诉或者免予刑事处罚；确有必要判处刑罚的，可以从宽处罚。

司法工作人员利用职权，与他人共同实施刑法第三百零七条之一第一款行为的，对司法工作人员不适用本条第一款规定。

307A-6 法释〔2018〕17号第三条　以捏造的事实提起民事诉讼，有下列情形之一的，应当认定为刑法第三百零七条之一第一款规定的“情节严重”：

（一）有本解释第二条第一项情形，造成他人经济损失一百万元以上的；

（二）有本解释第二条第二项至第四项情形之一，严重干扰正常司法活动或者严重损害司法公信力的；

（三）致使义务人自动履行生效裁判文书确定的财产给付义务或者人民法院强制执行财产权益，数额达到一百万元以上的；

（四）致使他人债权无法实现，数额达到一百万元以上的；

（五）非法占有他人财产，数额达到十万元以上的；

（六）致使他人因为不执行人民法院基于捏造的事实作出的判决、裁定，被采取刑事拘留、逮捕措施或者受到刑事追究的；

（七）其他情节严重的情形。

307A-7 法释〔2018〕17号第八条 单位实施刑法第三百零七条之一第一款行为的,依照本解释规定的定罪量刑标准,对其直接负责的主管人员和其他直接责任人员定罪处罚,并对单位判处罚金。

307A-8 法释〔2018〕17号第四条 实施刑法第三百零七条之一第一款行为,非法占有他人财产或者逃避合法债务,又构成诈骗罪,职务侵占罪,拒不执行判决、裁定罪,贪污罪等犯罪的,依照处罚较重的规定定罪从重处罚。

307A-9 法释〔2018〕17号第五条 司法工作人员利用职权,与他人共同实施刑法第三百零七条之一前三款行为的,从重处罚;同时构成滥用职权罪,民事枉法裁判罪,执行判决、裁定滥用职权罪等犯罪的,依照处罚较重的规定定罪从重处罚。

第三百零八条 【打击报复证人罪】对证人进行打击报复的,处三年以下有期徒刑或者拘役;情节严重的,处三年以上七年以下有期徒刑。

第三百零八条之一 (刑九)【泄露不应公开的案件信息罪】司法工作人员、辩护人、诉讼代理人或者其他诉讼参与人,泄露依法不公开审理的案件中不应当公开的信息,造成信息公开传播或者其他严重后果的,处三年以下有期徒刑、拘役或者管制,并处或者单处罚金。

有前款行为,泄露国家秘密的,依照本法第三百九十八条的规定定罪处罚。

【披露、报道不应公开的案件信息罪】公开披露、报道第一款规定的案件信息,情节严重的,依照第一款的规定处罚。

单位犯前款罪的,对单位判处罚金,并对其直接负责的主管人员和其他直接责任人员,依照第一款的规定处罚。

第三百零九条[1] **(刑九)【扰乱法庭秩序罪】**有下列扰乱法庭秩序情形之一的,处三年以下有期徒刑、拘役、管制或者罚金:

(一)聚众哄闹、冲击法庭的;

(二)殴打司法工作人员或者诉讼参与人的;

(三)侮辱、诽谤、威胁司法工作人员或者诉讼参与人,不听法庭

制止,严重扰乱法庭秩序的;

(四)有毁坏法庭设施,抢夺、损毁诉讼文书、证据等扰乱法庭秩序行为,情节严重的。

309-1　《人民法院法庭规则》(法释〔2016〕7号,2016年5月1日)

第三百一十条[1]　**【窝藏、包庇罪】**明知[2]是犯罪[3]的人而为其提供隐藏处所、财物,帮助其逃匿[4]或者作假证明[5]包庇的,处三年以下有期徒刑、拘役或者管制;情节严重[6]的,处三年以上十年以下有期徒刑。

犯前款罪,事前通谋的,以共同犯罪论处。

310-1　《最高人民法院、最高人民检察院关于办理窝藏、包庇刑事案件适用法律若干问题的解释》(法释〔2021〕16号,2021年8月11日)

法释〔2021〕16号第七条　为帮助同一个犯罪的人逃避刑事处罚,实施窝藏、包庇行为,又实施洗钱行为,或者掩饰、隐瞒犯罪所得及其收益行为,或者帮助毁灭证据行为,或者伪证行为的,依照处罚较重的犯罪定罪,并从重处罚,不实行数罪并罚。

法释〔2021〕16号第八条　共同犯罪人之间互相实施的窝藏、包庇行为,不以窝藏、包庇罪定罪处罚,但对共同犯罪以外的犯罪人实施窝藏、包庇行为的,以所犯共同犯罪和窝藏、包庇罪并罚。

310-2　法释〔2021〕16号第五条　认定刑法第三百一十条第一款规定的"明知",应当根据案件的客观事实,结合行为人的认知能力,接触被窝藏、包庇的犯罪人的情况,以及行为人和犯罪人的供述等主、客观因素进行认定。

行为人将犯罪的人所犯之罪误认为其他犯罪的,不影响刑法第三百一十条第一款规定的"明知"的认定。

行为人虽然实施了提供隐藏处所、财物等行为,但现有证据不能证明行为人知道犯罪的人实施了犯罪行为的,不能认定为刑法第三百一十条第一款规定的"明知"。

310-3　法释〔2021〕16号第六条　认定窝藏、包庇罪,以被窝藏、包庇的人的行为构成犯罪为前提。

被窝藏、包庇的人实施的犯罪事实清楚,证据确实、充分,但尚未到案、尚未依法裁判或者因不具有刑事责任能力依法未予追究刑事责任的,不影响窝藏、包庇罪的认定。但是,被窝藏、包庇的人归案后被宣告无罪的,应当依照法定程序宣告窝藏、包庇行为人无罪。

310-4 法释〔2021〕16号第一条 明知是犯罪的人,为帮助其逃匿,实施下列行为之一的,应当依照刑法第三百一十条第一款的规定,以窝藏罪定罪处罚:

(一)为犯罪的人提供房屋或者其他可以用于隐藏的处所的;

(二)为犯罪的人提供车辆、船只、航空器等交通工具,或者提供手机等通讯工具的;

(三)为犯罪的人提供金钱的;

(四)其他为犯罪的人提供隐藏处所、财物,帮助其逃匿的情形。

保证人在犯罪的人取保候审期间,协助其逃匿,或者明知犯罪的人的藏匿地点、联系方式,但拒绝向司法机关提供的,应当依照刑法第三百一十条第一款的规定,对保证人以窝藏罪定罪处罚。

虽然为犯罪的人提供隐藏处所、财物,但不是出于帮助犯罪的人逃匿的目的,不以窝藏罪定罪处罚;对未履行法定报告义务的行为人,依法移送有关主管机关给予行政处罚。

310-5 法释〔2021〕16号第二条 明知是犯罪的人,为帮助其逃避刑事追究,或者帮助其获得从宽处罚,实施下列行为之一的,应当依照刑法第三百一十条第一款的规定,以包庇罪定罪处罚:

(一)故意顶替犯罪的人欺骗司法机关的;

(二)故意向司法机关作虚假陈述或者提供虚假证明,以证明犯罪的人没有实施犯罪行为,或者犯罪的人所实施行为不构成犯罪的;

(三)故意向司法机关提供虚假证明,以证明犯罪的人具有法定从轻、减轻、免除处罚情节的;

(四)其他作假证明包庇的行为。

法释〔2021〕16号第三条 明知他人有间谍犯罪或者恐怖主义、极端主义犯罪行为,在司法机关向其调查有关情况、收集有关证据时,拒绝提供,情节严重的,依照刑法第三百一十一条的规定,以拒绝提供间谍犯罪、恐怖主义犯罪、极端主义犯罪证据罪定罪处罚;作假证明包庇的,依照刑法第三百一十条的规定,以包庇罪从重处罚。

310-6 法释〔2021〕16号第四条 窝藏、包庇犯罪的人,具有下列情形之一的,应当认定为刑法第三百一十条第一款规定的“情节严重”:

(一)被窝藏、包庇的人可能被判处无期徒刑以上刑罚的;

(二)被窝藏、包庇的人犯危害国家安全犯罪、恐怖主义或者极端主义犯罪，或者系黑社会性质组织犯罪的组织者、领导者，且可能被判处十年有期徒刑以上刑罚的；

（三）被窝藏、包庇的人系犯罪集团的首要分子，且可能被判处十年有期徒刑以上刑罚的；

（四）被窝藏、包庇的人在被窝藏、包庇期间再次实施故意犯罪，且新罪可能被判处五年有期徒刑以上刑罚的；

（五）多次窝藏、包庇犯罪的人，或者窝藏、包庇多名犯罪的人的；

（六）其他情节严重的情形。

前款所称"可能被判处"刑罚，是指根据被窝藏、包庇的人所犯罪行，在不考虑自首、立功、认罪认罚等从宽处罚情节时应当依法判处的刑罚。

第三百一十一条　（刑九）【拒绝提供间谍犯罪、恐怖主义犯罪、极端主义犯罪证据罪】明知他人有间谍犯罪或者恐怖主义、极端主义犯罪行为，在司法机关向其调查有关情况、收集有关证据时，拒绝提供，情节严重的，处三年以下有期徒刑、拘役或者管制。

第三百一十二条[1]　（刑六）【掩饰、隐瞒犯罪所得、犯罪所得收益罪】明知[2]是犯罪所得[3]及其产生的收益[4]而予以窝藏、转移、收购、代为销售或者以其他方法[5]掩饰、隐瞒的[6]，处三年以下有期徒刑、拘役或者管制，并处或者单处罚金；情节严重的[7]，处三年以上七年以下有期徒刑，并处罚金。

（刑七）单位[8]犯前款罪的，对单位判处罚金，并对其直接负责的主管人员和其他直接责任人员，依照前款的规定处罚。

312-1　《最高人民法院关于审理掩饰、隐瞒犯罪所得、犯罪所得收益刑事案件适用法律若干问题的解释》（法释〔2021〕8号，2021年4月15日）

法释〔2021〕8号第五条　事前与盗窃、抢劫、诈骗、抢夺等犯罪分子通谋，掩饰、隐瞒犯罪所得及其产生的收益的，以盗窃、抢劫、诈骗、抢夺等犯罪的共犯论处。

法释〔2021〕8号第六条　对犯罪所得及其产生的收益实施盗窃、抢劫、诈骗、抢夺等行为，构成犯罪的，分别以盗窃罪、抢劫罪、诈骗罪、抢夺罪等定罪处罚。

法释〔2021〕8号第七条　明知是犯罪所得及其产生的收益而予以掩饰、隐瞒,构成刑法第三百一十二条规定的犯罪,同时构成其他犯罪的,依照处罚较重的规定定罪处罚。

法释〔2021〕8号第十一条　掩饰、隐瞒犯罪所得、犯罪所得收益罪是选择性罪名,审理此类案件,应当根据具体犯罪行为及其指向的对象,确定适用的罪名。

312-2　1. 法释〔2009〕15号第一条　刑法第一百九十一条、第三百一十二条规定的"明知",应当结合被告人的认知能力,接触他人犯罪所得及其收益的情况,犯罪所得及其收益的种类、数额,犯罪所得及其收益的转换、转移方式以及被告人的供述等主、客观因素进行认定。具有下列情形之一的,可以认定被告人明知系犯罪所得及其收益,但有证据证明确实不知道的除外:

(一)知道他人从事犯罪活动,协助转换或者转移财物的;

(二)没有正当理由,通过非法途径协助转换或者转移财物的;

(三)没有正当理由,以明显低于市场的价格收购财物的;

(四)没有正当理由,协助转换或者转移财物,收取明显高于市场的"手续费"的;

(五)没有正当理由,协助他人将巨额现金散存于多个银行账户或者在不同银行账户之间频繁划转的;

(六)协助近亲属或者其他关系密切的人转换或者转移与其职业或者财产状况明显不符的财物的;

(七)其他可以认定行为人明知的情形。

被告人将刑法第一百九十一条规定的某一上游犯罪的犯罪所得及其收益误认为刑法第一百九十一条规定的上游犯罪范围内的其他犯罪所得及其收益的,不影响刑法第一百九十一条规定的"明知"的认定。

2.《最高人民法院、最高人民检察院、公安部、国家工商行政管理局关于依法查处盗窃、抢劫机动车案件的规定》(公通字〔1998〕31号,1998年5月8日)　十七、本规定所称的"明知",是指知道或者应当知道。有下列情形之一的,可视为应当知道,但有证据证明确属被蒙骗的除外:

(一)在非法的机动车交易场所和销售单位购买的;

(二)机动车证件手续不全或者明显违反规定的;

(三)机动车发动机号或者车架号有更改痕迹,没有合法证明的;

（四）以明显低于市场价格购买机动车的。

3.《最高人民法院、最高人民检察院关于办理与盗窃、抢夺机动车相关刑事案件具体应用法律若干问题的解释》（法释〔2007〕11 号，2007 年 5 月 11 日）第六条　行为人实施本解释第一条、第三条第三款规定的行为，涉及的机动车有下列情形之一的，应当认定行为人主观上属于上述条款所称“明知”：

（一）没有合法有效的来历凭证；

（二）发动机号、车辆识别代号有明显更改痕迹，没有合法证明的。

4.《全国人民代表大会常务委员会关于〈中华人民共和国刑法〉第三百四十一条、第三百一十二条的解释》（2014 年 4 月 24 日）　知道或者应当知道是刑法第三百四十一条第二款规定的非法狩猎的野生动物而购买的，属于刑法第三百一十二条第一款规定的明知是犯罪所得而收购的行为。*

312-3　1. 法释〔2021〕8 号第十条第一款　通过犯罪直接得到的赃款、赃物，应当认定为刑法第三百一十二条规定的“犯罪所得”……

法释〔2021〕8 号第八条　认定掩饰、隐瞒犯罪所得、犯罪所得收益罪，以上游犯罪事实成立为前提。上游犯罪尚未依法裁判，但查证属实的，不影响掩饰、隐瞒犯罪所得、犯罪所得收益罪的认定。

上游犯罪事实经查证属实，但因行为人未达到刑事责任年龄等原因依法不予追究刑事责任的，不影响掩饰、隐瞒犯罪所得、犯罪所得收益罪的认定。

2.《最高人民法院、最高人民检察院关于办理危害计算机信息系统安全刑事案件应用法律若干问题的解释》（法释〔2011〕19 号，2001 年 9 月 1 日）第七条第一款　明知是非法获取计算机信息系统数据犯罪所获取的数据、非法控制计算机信息系统犯罪所获取的计算机信息系统控制权，而予以转移、收购、代为销售或者以其他方法掩饰、隐瞒，违法所得五千元以上的，应当依照刑法第三百一十二条第一款的规定，以掩饰、隐瞒犯罪所得罪定罪处罚。

3.《最高人民法院、最高人民检察院关于办理妨害文物管理等刑

---

* 张明楷教授在《如何理解和认定窝赃、销赃罪中的“明知”》（载《法学评论》1997 年第 2 期）一文中指出，在我国刑法中，“应当知道”一般本是用来表述疏忽大意过失的认识内容的，因此将其解释为属于故意犯罪中“明知”的一种类型，不尽妥当。对于“明知”更为严谨的解释应为“确切地知道或者知道有可能”。

事案件适用法律若干问题的解释》(法释〔2015〕23号,2016年1月1日)第九条　明知是盗窃文物、盗掘古文化遗址、古墓葬等犯罪所获取的三级以上文物,而予以窝藏、转移、收购、加工、代为销售或者以其他方法掩饰、隐瞒的,依照刑法第三百一十二条的规定,以掩饰、隐瞒犯罪所得罪追究刑事责任。

实施前款规定的行为,事先通谋的,以共同犯罪论处。

312-4　法释〔2021〕8号第十条第一款　……上游犯罪的行为人对犯罪所得进行处理后得到的孳息、租金等,应当认定为刑法第三百一十二条规定的"犯罪所得产生的收益"。

312-5　**1.** 法释〔2021〕8号第十条第二款　明知是犯罪所得及其产生的收益而采取窝藏、转移、收购、代为销售以外的方法,如居间介绍买卖,收受,持有,使用,加工,提供资金账户,协助将财物转换为现金、金融票据、有价证券,协助将资金转移、汇往境外等,应当认定为刑法第三百一十二条规定的"其他方法"。

2. 法释〔2007〕11号第一条第一款　明知是盗窃、抢劫、诈骗、抢夺的机动车,实施下列行为之一的,依照刑法第三百一十二条的规定,以掩饰、隐瞒犯罪所得、犯罪所得收益罪定罪,处三年以下有期徒刑、拘役或者管制,并处或者单处罚金:

(一)买卖、介绍买卖、典当、拍卖、抵押或者用其抵债的;

(二)拆解、拼装或者组装的;

(三)修改发动机号、车辆识别代号的;

(四)更改车身颜色或者车辆外形的;

(五)提供或者出售机动车来历凭证、整车合格证、号牌以及有关机动车的其他证明和凭证的;

(六)提供或者出售伪造、变造的机动车来历凭证、整车合格证、号牌以及有关机动车的其他证明和凭证的。

3.《最高人民法院、最高人民检察院、公安部关于办理电信网络诈骗等刑事案件适用法律若干问题的意见》(法发〔2016〕32号,2016年12月20日)　三、全面惩处关联犯罪

(五)明知是电信网络诈骗犯罪所得及其产生的收益,以下列方式之一予以转账、套现、取现的,依照刑法第三百一十二条第一款的规定,以掩饰、隐瞒犯罪所得、犯罪所得收益罪追究刑事责任。但有证据证明确实不知道的除外:

1. 通过使用销售点终端机具(POS机)刷卡套现等非法途径,协助

转换或者转移财物的；

2. 帮助他人将巨额现金散存于多个银行账户，或在不同银行账户之间频繁划转的；

3. 多次使用或者使用多个非本人身份证明开设的信用卡、资金支付结算账户或者多次采用遮蔽摄像头、伪装等异常手段，帮助他人转账、套现、取现的；

4. 为他人提供非本人身份证明开设的信用卡、资金支付结算账户后，又帮助他人转账、套现、取现的；

5. 以明显异于市场的价格，通过手机充值、交易游戏点卡等方式套现的。

实施上述行为，事前通谋的，以共同犯罪论处。

实施上述行为，电信网络诈骗犯罪嫌疑人尚未到案或案件尚未依法裁判，但现有证据足以证明该犯罪行为确实存在的，不影响掩饰、隐瞒犯罪所得、犯罪所得收益罪的认定。

实施上述行为，同时构成其他犯罪的，依照处罚较重的规定定罪处罚。法律和司法解释另有规定的除外。

312-6　1. 法释〔2021〕8 号第一条　明知是犯罪所得及其产生的收益而予以窝藏、转移、收购、代为销售或者以其他方法掩饰、隐瞒，具有下列情形之一的，应当依照刑法第三百一十二条第一款的规定，以掩饰、隐瞒犯罪所得、犯罪所得收益罪定罪处罚：

（一）掩饰、隐瞒犯罪所得及其产生的收益价值三千元至一万元以上的；

（二）一年内曾因掩饰、隐瞒犯罪所得及其产生的收益行为受过行政处罚，又实施掩饰、隐瞒犯罪所得及其产生的收益行为的；

（三）掩饰、隐瞒的犯罪所得系电力设备、交通设施、广播电视设施、公用电信设施、军事设施或者救灾、抢险、防汛、优抚、扶贫、移民、救济款物的；

（四）掩饰、隐瞒行为致使上游犯罪无法及时查处，并造成公私财物损失无法挽回的；

（五）实施其他掩饰、隐瞒犯罪所得及其产生的收益行为，妨害司法机关对上游犯罪进行追究的。

各省、自治区、直辖市高级人民法院可以根据本地区经济社会发展状况，并考虑社会治安状况，在本条第一款第（一）项规定的数额幅度内，确定本地执行的具体数额标准，报最高人民法院备案。

司法解释对掩饰、隐瞒涉及计算机信息系统数据、计算机信息系统控制权的犯罪所得及其产生的收益行为构成犯罪已有规定的,审理此类案件依照该规定。

依照全国人民代表大会常务委员会《关于〈中华人民共和国刑法〉第三百四十一条、第三百一十二条的解释》,明知是非法狩猎的野生动物而收购,数量达到五十只以上的,以掩饰、隐瞒犯罪所得罪定罪处罚。

法释〔2021〕8号第二条　掩饰、隐瞒犯罪所得及其产生的收益行为符合本解释第一条的规定,认罪、悔罪并退赃、退赔,且具有下列情形之一的,可以认定为犯罪情节轻微,免予刑事处罚:

(一)具有法定从宽处罚情节的;

(二)为近亲属掩饰、隐瞒犯罪所得及其产生的收益,且系初犯、偶犯的;

(三)有其他情节轻微情形的。

行为人为自用而掩饰、隐瞒犯罪所得,财物价值刚达到本解释第一条第一款第(一)项规定的标准,认罪、悔罪并退赃、退赔的,一般可不认为是犯罪;依法追究刑事责任的,应当酌情从宽。

法释〔2021〕8号第四条　掩饰、隐瞒犯罪所得及其产生的收益的数额,应当以实施掩饰、隐瞒行为时为准。收购或者代为销售财物的价格高于其实际价值的,以收购或者代为销售的价格计算。

多次实施掩饰、隐瞒犯罪所得及其产生的收益行为,未经行政处罚,依法应当追诉的,犯罪所得、犯罪所得收益的数额应当累计计算。

2.《最高人民法院、最高人民检察院关于常见犯罪的量刑指导意见(试行)》(法发〔2021〕21号,2021年7月1日)　四、常见犯罪的量刑　(十九)掩饰、隐瞒犯罪所得、犯罪所得收益罪

1. 构成掩饰、隐瞒犯罪所得、犯罪所得收益罪的,根据下列情形在相应的幅度内确定量刑起点:

(1)犯罪情节一般的,在一年以下有期徒刑、拘役幅度内确定量刑起点。

(2)情节严重的,在三年至四年有期徒刑幅度内确定量刑起点。

2. 在量刑起点的基础上,根据犯罪数额等其他影响犯罪构成的犯罪事实增加刑罚量,确定基准刑。

3. 构成掩饰、隐瞒犯罪所得、犯罪所得收益罪的,根据掩饰、隐瞒犯罪所得及其收益的数额、犯罪对象、危害后果等犯罪情节,综合考虑被

告人缴纳罚金的能力，决定罚金数额。

4. 构成掩饰、隐瞒犯罪所得、犯罪所得收益罪的，综合考虑掩饰、隐瞒犯罪所得及其收益的数额、危害后果、上游犯罪的危害程度等犯罪事实、量刑情节，以及被告人的主观恶性、人身危险性、认罪悔罪表现等因素，决定缓刑的适用。

312-7　**1.** 法释〔2021〕8 号第三条　掩饰、隐瞒犯罪所得及其产生的收益，具有下列情形之一的，应当认定为刑法第三百一十二条第一款规定的“情节严重”：

（一）掩饰、隐瞒犯罪所得及其产生的收益价值总额达到十万元以上的；

（二）掩饰、隐瞒犯罪所得及其产生的收益十次以上，或者三次以上且价值总额达到五万元以上的；

（三）掩饰、隐瞒的犯罪所得系电力设备、交通设施、广播电视设施、公用电信设施、军事设施或者救灾、抢险、防汛、优抚、扶贫、移民、救济款物，价值总额达到五万元以上的；

（四）掩饰、隐瞒行为致使上游犯罪无法及时查处，并造成公私财物重大损失无法挽回或其他严重后果的；

（五）实施其他掩饰、隐瞒犯罪所得及其产生的收益行为，严重妨害司法机关对上游犯罪予以追究的。

司法解释对掩饰、隐瞒涉及机动车、计算机信息系统数据、计算机信息系统控制权的犯罪所得及其产生的收益行为认定“情节严重”已有规定的，审理此类案件依照该规定。

2. 法释〔2007〕11 号第一条第二款　实施第一款规定的行为涉及盗窃、抢劫、诈骗、抢夺的机动车五辆以上或者价值总额达到五十万元以上的，属于刑法第三百一十二条规定的“情节严重”，处三年以上七年以下有期徒刑，并处罚金。

3. 法释〔2011〕19 号第七条第二款　实施前款规定行为，违法所得五万元以上的，应当认定为刑法第三百一十二条第一款规定的“情节严重”。

法释〔2011〕19 号第七条第三款　单位实施第一款规定行为的，定罪量刑标准依照第一款、第二款的规定执行。

312-8　法释〔2021〕8 号第九条　盗用单位名义实施掩饰、隐瞒犯罪所得及其产生的收益行为，违法所得由行为人私分的，依照刑法和司法解释有关自然人犯罪的规定定罪处罚。

第三百一十三条[1] **(刑九)【拒不执行判决、裁定罪】**对人民法院的判决、裁定[2]有能力执行而拒不执行[3],情节严重的,处三年以下有期徒刑、拘役或者罚金;情节特别严重的,处三年以上七年以下有期徒刑,并处罚金。

单位犯前款罪的,对单位判处罚金,并对其直接负责的主管人员和其他直接责任人员,依照前款的规定处罚。

313-1 1.《最高人民法院关于审理拒不执行判决、裁定刑事案件适用法律若干问题的解释》(法释〔2020〕21号,2021年1月1日)*;2.《最高人民法院关于限制被执行人高消费及有关消费的若干规定》(法释〔2015〕17号,2015年7月22日);3.《最高人民法院、最高人民检察院、公安部关于依法严肃查处拒不执行判决、裁定和暴力抗拒法院执行犯罪行为有关问题的通知》(法发〔2007〕29号,2007年8月30日);4.《最高人民法院关于拒不执行判决、裁定罪自诉案件受理工作有关问题的通知》(法〔2018〕147号,2018年5月30日)。

1. 法释〔2020〕21号第三条　申请执行人有证据证明同时具有下列情形,人民法院认为符合刑事诉讼法第二百一十条第三项规定的,以自诉案件立案审理:

(一)负有执行义务的人拒不执行判决、裁定,侵犯了申请执行人的人身、财产权利,应当依法追究刑事责任的;

(二)申请执行人曾经提出控告,而公安机关或者人民检察院对负有执行义务的人不予追究刑事责任的。

法释〔2020〕21号第四条　本解释第三条规定的自诉案件,依照刑事诉讼法第二百一十二条的规定,自诉人在宣告判决前,可以同被告人自行和解或者撤回自诉。

法释〔2020〕21号第五条　拒不执行判决、裁定刑事案件,一般由执行法院所在地人民法院管辖。

法释〔2020〕21号第六条　拒不执行判决、裁定的被告人在一审宣告判决前,履行全部或部分执行义务的,可以酌情从宽处罚。

法释〔2020〕21号第七条　拒不执行支付赡养费、扶养费、抚育费、

---

* 法释〔2020〕21号第八条　本解释自发布之日起施行。此前发布的司法解释和规范性文件与本解释不一致的,以本解释为准。

抚恤金、医疗费用、劳动报酬等判决、裁定的，可以酌情从重处罚。

2. 法发〔2007〕29号　三、负有执行人民法院判决、裁定义务的单位直接负责的主管人员和其他直接责任人员，为了本单位的利益实施本《通知》第一条、第二条所列行为之一的，对该主管人员和其他直接责任人员，依照刑法第三百一十三条和第二百七十七条的规定，分别以拒不执行判决、裁定罪和妨害公务罪论处。

法发〔2007〕29号　四、国家机关工作人员有本《通知》第一条第四项行为的，以拒不执行判决、裁定罪的共犯追究刑事责任。

国家机关工作人员收受贿赂或者滥用职权，有本《通知》第一条第四项行为的，同时又构成刑法第三百八十五条、第三百九十七条规定罪的，依照处罚较重的规定定罪处罚。

法发〔2007〕29号　五、拒不执行判决、裁定案件由犯罪行为发生地的公安机关、人民检察院、人民法院管辖。如果由犯罪嫌疑人、被告人居住地的人民法院管辖更为适宜的，可以由犯罪嫌疑人、被告人居住地的公安机关、人民检察院、人民法院管辖。

法发〔2007〕29号　六、以暴力、威胁方法妨害或者抗拒执行的，公安机关接到报警后，应当立即出警，依法处置。

法发〔2007〕29号　七、人民法院在执行判决、裁定过程中，对拒不执行判决、裁定情节严重的人，可以先行司法拘留；拒不执行判决、裁定的行为人涉嫌犯罪的，应当将案件依法移送有管辖权的公安机关立案侦查。

法发〔2007〕29号　八、人民法院、人民检察院和公安机关在办理拒不执行判决、裁定和妨害公务案件过程中，应当密切配合、加强协作。对于人民法院移送的涉嫌拒不执行判决、裁定罪和妨害公务罪的案件，公安机关应当及时立案侦查，检察机关应当及时提起公诉，人民法院应当及时审判。

在办理拒不执行判决、裁定和妨害公务案件过程中，应当根据案件的具体情况，正确区分罪与非罪的界限，认真贯彻“宽严相济”的刑事政策。

法发〔2007〕29号　九、人民法院认为公安机关应当立案侦查而不立案侦查的，可提请人民检察院予以监督。人民检察院认为需要立案侦查的，应当要求公安机关说明不立案的理由。人民检察院认为公安机关不立案理由不能成立的，应当通知公安机关立案，公安机关接到通知后应当立案。

法发〔2007〕29号　十、公安机关侦查终结后移送人民检察院审查起诉的拒不执行判决、裁定和妨害公务案件,人民检察院决定不起诉,公安机关认为不起诉决定有错误的,可以要求复议;如果意见不被接受,可以向上一级人民检察院提请复核。

法发〔2007〕29号　十一、公安司法人员在办理拒不执行判决、裁定和妨害公务案件中,消极履行法定职责,造成严重后果的,应当依法依纪追究直接责任人责任直至追究刑事责任。

313-2　**1.**《全国人民代表大会常务委员会关于〈中华人民共和国刑法〉第三百一十三条的解释》(2002年8月29日)　刑法第三百一十三条规定的"人民法院的判决、裁定",是指人民法院依法作出的具有执行内容并已发生法律效力的判决、裁定。人民法院为依法执行支付令、生效的调解书、仲裁裁决、公证债权文书等所作的裁定属于该条规定的裁定。

……

2.《最高人民法院研究室关于拒不执行人民法院调解书的行为是否构成拒不执行判决书、裁定罪的答复》(法研〔2000〕117号,2000年12月14日)　刑法第三百一十三条规定的"判决、裁定",不包括人民法院的调解书。对于行为人拒不执行人民法院调解书的行为,不能依照刑法第三百一十三条的规定定罪处罚。

3. 毛建文拒不执行判决、裁定案(指导性案例第71号)

裁判要点　有能力执行而拒不执行判决、裁定的时间从判决、裁定发生法律效力时起算。具有执行内容的判决、裁定发生法律效力后,负有执行义务的人有隐藏、转移、故意毁损财产等拒不执行行为,致使判决、裁定无法执行,情节严重的,应当以拒不执行判决、裁定罪定罪处罚。

313-3　**1.**《全国人民代表大会常务委员会关于〈中华人民共和国刑法〉第三百一十三条的解释》(2002年8月29日)　……下列情形属于刑法第三百一十三条规定的"有能力执行而拒不执行,情节严重"的情形:

(一)被执行人隐藏、转移、故意毁损财产或者无偿转让财产、以明显不合理的低价转让财产,致使判决、裁定无法执行的;

(二)担保人或者被执行人隐藏、转移、故意毁损或者转让已向人民法院提供担保的财产，致使判决、裁定无法执行的；

（三）协助执行义务人接到人民法院协助执行通知书后，拒不协助执行，致使判决、裁定无法执行的；

（四）被执行人、担保人、协助执行义务人与国家机关工作人员通谋，利用国家机关工作人员的职权妨害执行，致使判决、裁定无法执行的；

（五）其他有能力执行而拒不执行，情节严重的情形。

国家机关工作人员有上述第四项行为的，以拒不执行判决、裁定罪的共犯追究刑事责任。国家机关工作人员收受贿赂或者滥用职权，有上述第四项行为的，同时又构成刑法第三百八十五条、第三百九十七条规定之罪的，依照处罚较重的规定定罪处罚。

理解与适用：虽然人民法院的判决、裁定包括民事、刑事、行政的判决、裁定，但立法解释所列举的四项具体情形仅是为了解决欠债不还，针对财产方面拒不执行人民法院判决、裁定的情形作出的解释，因而主要与执行民事判决、裁定有关，未涉及拒不执行刑事和行政判决、裁定的具体情形。因此，该立法解释所列举的情形并不是拒不执行法院判决、裁定的全部情形。所以，立法解释说“下列情形属于刑法第三百一十三条所规定的‘有能力执行而拒不执行，情节严重’的情形”，而没有说“刑法第三百一十三条规定的‘有能力执行而拒不执行，情节严重’，是指下列情形”。

2. 法释〔2020〕21号第一条　被执行人、协助执行义务人、担保人等负有执行义务的人对人民法院的判决、裁定有能力执行而拒不执行，情节严重的，应当依照刑法第三百一十三条的规定，以拒不执行判决、裁定罪处罚。

法释〔2020〕21号第二条　负有执行义务的人有能力执行而实施下列行为之一的，应当认定为全国人民代表大会常务委员会关于刑法第三百一十三条的解释中规定的“其他有能力执行而拒不执行，情节严重的情形”：

（一）具有拒绝报告或者虚假报告财产情况、违反人民法院限制高消费及有关消费令等拒不执行行为，经采取罚款或者拘留等强制措施后仍拒不执行的；

（二）伪造、毁灭有关被执行人履行能力的重要证据，以暴力、威胁、贿买方法阻止他人作证或者指使、贿买、胁迫他人作伪证，妨碍人民法院查明被执行人财产情况，致使判决、裁定无法执行的；

(三)拒不交付法律文书指定交付的财物、票证或者拒不迁出房屋、退出土地,致使判决、裁定无法执行的;

(四)与他人串通,通过虚假诉讼、虚假仲裁、虚假和解等方式妨害执行,致使判决、裁定无法执行的;

(五)以暴力、威胁方法阻碍执行人员进入执行现场或者聚众哄闹、冲击执行现场,致使执行工作无法进行的;

(六)对执行人员进行侮辱、围攻、扣押、殴打,致使执行工作无法进行的;

(七)毁损、抢夺执行案件材料、执行公务车辆和其他执行器械、执行人员服装以及执行公务证件,致使执行工作无法进行的;

(八)拒不执行法院判决、裁定,致使债权人遭受重大损失的。

3. 上海甲建筑装饰有限公司、吕某拒不执行判决立案监督案(检例第92号)

要旨 负有执行义务的单位和个人以更换企业名称、隐瞒到期收入等方式妨害执行,致使已经发生法律效力的判决、裁定无法执行,情节严重的,应当以拒不执行判决、裁定罪予以追诉。

第三百一十四条 【非法处置查封、扣押、冻结的财产罪】隐藏、转移、变卖、故意毁损已被司法机关查封、扣押、冻结的财产,情节严重的,处三年以下有期徒刑、拘役或者罚金。

第三百一十五条 【破坏监管秩序罪】依法被关押的罪犯,有下列破坏监管秩序行为之一,情节严重的,处三年以下有期徒刑:

(一)殴打监管人员的;

(二)组织其他被监管人破坏监管秩序的;

(三)聚众闹事,扰乱正常监管秩序的;

(四)殴打、体罚或者指使他人殴打、体罚其他被监管人的[*]。

第三百一十六条 【脱逃罪】依法[1]被关押的罪犯、被告人、犯罪嫌疑人脱逃的,处五年以下有期徒刑或者拘役。

---

* 如被监管人受监管人指使而体罚、虐待其他被监管人,依照本法第二百四十八条虐待被监管人罪有关规定论处。

【劫夺被押解人员罪】劫夺押解途中的罪犯、被告人、犯罪嫌疑人的,处三年以上七年以下有期徒刑;情节严重的,处七年以上有期徒刑。

316-1 《最高人民法院研究室关于因错判在服刑期"脱逃"后确有犯罪其错判服刑期限可否与后判刑期折抵问题的电话答复》(1983年8月31日)　对被错判徒刑的在服刑期间"脱逃"的行为,可不以脱逃论罪判刑;但在脱逃期间犯罪的,应依法定罪判刑;对被错判已服刑的日期与后来犯罪所判处的刑期不宜折抵,可在量刑时酌情考虑从轻或减轻处罚。

第三百一十七条　【组织越狱罪】组织越狱的首要分子和积极参加的,处五年以上有期徒刑;其他参加的,处五年以下有期徒刑或者拘役。

【暴动越狱罪;聚众持械劫狱罪】*暴动越狱或者聚众持械劫狱的首要分子和积极参加的,处十年以上有期徒刑或者无期徒刑;情节特别严重的,处死刑;其他参加的,处三年以上十年以下有期徒刑。

第三节　妨害国(边)境管理罪[1]

S. 3-1 《最高人民法院、最高人民检察院、公安部、国家移民管理局关于依法惩治妨害国(边)境管理违法犯罪的意见》(法发〔2022〕18号,2022年6月29日)　四、关于证据的收集与审查

16. 对于妨害国(边)境管理案件所涉主观明知的认定,应当结合行为实施的过程、方式、被查获时的情形和环境,行为人的认知能力、既往经历、与同案人的关系、非法获利等,审查相关辩解是否明显违背常理,综合分析判断。

在组织他人偷越国(边)境、运送他人偷越国(边)境等案件中,具有下列情形之一的,可以认定行为人主观明知,但行为人作出合理解释

* 在暴动越狱过程中致人重伤或死亡的,仍以本罪一罪论处。

或者有相反证据证明的除外:

(1)使用遮蔽、伪装、改装等隐蔽方式接送、容留偷越国(边)境人员的;

(2)与其他妨害国(边)境管理行为人使用同一通讯群组、暗语等进行联络的;

(3)采取绕关避卡等方式躲避边境检查,或者出境前、入境后途经边境地区的时间、路线等明显违反常理的;

(4)接受执法检查时故意提供虚假的身份、事由、地点、联系方式等信息的;

(5)支付、收取或者约定的报酬明显不合理的;

(6)遇到执法检查时企图逃跑,阻碍、抗拒执法检查,或者毁灭证据的;

(7)其他足以认定行为人明知的情形。

五、关于宽严相济刑事政策的把握

21. 办理妨害国(边)境管理刑事案件,应当综合考虑行为人的犯罪动机、行为方式、目的以及造成的危害后果等因素,全面把握犯罪事实和量刑情节,依法惩治。做好行政执法与刑事司法的衔接,对涉嫌妨害国(边)境管理犯罪的案件,要及时移送立案侦查,不得以行政处罚代替刑事追究。

对于实施相关行为被不起诉或者免予刑事处罚的行为人,依法应当给予行政处罚、政务处分或者其他处分的,依法移送有关主管机关处理。

22. 突出妨害国(边)境管理刑事案件的打击重点,从严惩处组织他人偷越国(边)境犯罪,坚持全链条、全环节、全流程对妨害国(边)境管理的产业链进行刑事惩治。对于为组织他人偷越国(边)境实施骗取出入境证件,提供伪造、变造的出入境证件,出售出入境证件,或者运送偷越国(边)境等行为,形成利益链条的,要坚决依法惩治,深挖犯罪源头,斩断利益链条,不断挤压此类犯罪滋生蔓延空间。

对于运送他人偷越国(边)境犯罪,要综合考虑运送人数、违法所得、前科情况等依法定罪处罚,重点惩治以此为业、屡罚屡犯、获利巨大和其他具有重大社会危害的情形。

对于偷越国(边)境犯罪,要综合考虑偷越动机、行为手段、前科情况等依法定罪处罚,重点惩治越境实施犯罪、屡罚屡犯和其他具有重大社会危害的情形。

23. 对于妨害国(边)境管理犯罪团伙、犯罪集团,应当重点惩治首要分子、主犯和积极参加者。对受雇佣或者被利用从事信息登记、材料递交等辅助性工作人员,未直接实施妨害国(边)境管理行为的,一般不追究刑事责任,可以由公安机关、移民管理机构依法作出行政处罚或者其他处理。

24. 对于妨害国(边)境管理犯罪所涉及的在偷越国(边)境之后的相关行为,要区分情况作出处理。对于组织、运送他人偷越国(边)境,进而在他人偷越国(边)境之后组织实施犯罪的,要作为惩治重点,符合数罪并罚规定的,应当数罪并罚。

对于为非法用工而组织、运送他人偷越国(边)境,或者明知是偷越国(边)境的犯罪分子而招募用工的,在决定是否追究刑事责任以及如何裁量刑罚时,应当综合考虑越境人数、违法所得、前科情况、造成影响或者后果等情节,恰当评估社会危害性,依法妥当处理。其中,单位实施上述行为,对组织者、策划者、实施者依法追究刑事责任的,定罪量刑应作综合考量,适当体现区别,确保罪责刑相适应。

25. 对以牟利为目的实施妨害国(边)境管理犯罪,要注重适用财产刑和追缴犯罪所得、没收作案工具等处置手段,加大财产刑的执行力度,最大限度剥夺其重新犯罪的能力和条件。

26. 犯罪嫌疑人、被告人提供重要证据或者重大线索,对侦破、查明重大妨害国(边)境管理刑事案件起关键作用,经查证属实的,可以依法从宽处理。

第三百一十八条　【组织他人偷越国(边)境罪】组织[1] 他人偷越[2] 国(边)境的,处二年以上七年以下有期徒刑,并处罚金;有下列情形之一的,处七年以上有期徒刑或者无期徒刑,并处罚金或者没收财产:

(一)组织他人偷越国(边)境集团的首要分子;

(二)多次[3] 组织他人偷越国(边)境或者组织他人偷越国(边)境人数众多[4] 的;

(三)造成被组织人重伤、死亡的;

(四)剥夺或者限制被组织人人身自由的;*

(五)以暴力、威胁方法抗拒检查的;

(六)违法所得数额巨大[5]的;

(七)有其他特别严重情节的。

犯前款罪,对被组织人有杀害、伤害、强奸、拐卖等犯罪行为,或者对检查人员有杀害、伤害等犯罪行为的,依照数罪并罚的规定处罚。

318-1 **1.** 法释〔2012〕17号第一条第一款 领导、策划、指挥他人偷越国(边)境或者在首要分子指挥下,实施拉拢、引诱、介绍他人偷越国(边)境等行为的,应当认定为刑法第三百一十八条规定的"组织他人偷越国(边)境"。

法释〔2012〕17号第一条第三款 以组织他人偷越国(边)境为目的,招募、拉拢、引诱、介绍、培训偷越国(边)境人员,策划、安排偷越国(边)境行为,在他人偷越国(边)境之前或者偷越国(边)境过程中被查获的,应当以组织他人偷越国(边)境罪(未遂)论处;具有刑法第三百一十八条第一款规定的情形之一的,应当在相应的法定刑幅度基础上,结合未遂犯的处罚原则量刑。

2. 法发〔2022〕18号 2.具有下列情形之一的,应当认定为刑法第三百一十八条规定的"组织他人偷越国(边)境"行为:

(1)组织他人通过虚构事实、隐瞒真相等方式掩盖非法出入境目的,骗取出入境边防检查机关核准出入境的;

(2)组织依法限定在我国边境地区停留、活动的人员,违反国(边)境管理法规,非法进入我国非边境地区的。

对于前述行为,在决定是否追究刑事责任以及如何裁量刑罚时,应当综合考虑组织者前科情况、行为手段、组织人数和次数、违法所得数额及被组织人员偷越国(边)境的目的等情节,依法妥当处理。

法发〔2022〕18号 3.事前与组织、运送他人偷越国(边)境的犯罪分子通谋,在偷越国(边)境人员出境前或者入境后,提供接驳、容留、藏匿等帮助的,以组织他人偷越国(边)境罪或者运送他人偷越国(边)境罪的共同犯罪论处。

---

* 运送他人偷越国(边)境罪和组织他人偷越国(边)境罪之间的一个重要区别,在于后者有非法拘禁的情况。

法发〔2022〕18号　7.事前与组织他人偷越国(边)境的犯罪分子通谋,为其提供虚假证明、邀请函件以及面签培训等帮助,骗取入境签证等入境证件,为组织他人偷越国(边)境使用的,以组织他人偷越国(边)境罪的共同犯罪论处。

法发〔2022〕18号　9.偷越国(边)境人员相互配合,共同偷越国(边)境的,属于《解释》第五条第二项规定的"结伙"。偷越国(边)境人员在组织者、运送者安排下偶然同行的,不属于"结伙"。

在认定偷越国(边)境"结伙"的人数时,不满十六周岁的人不计算在内。

法发〔2022〕18号　11.徒步带领他人通过隐蔽路线逃避边防检查偷越国(边)境的,属于运送他人偷越国(边)境。

徒步带领偷越国(边)境的人数较少,行为人系初犯,确有悔罪表现,综合考虑行为动机、一贯表现、违法所得、实际作用等情节,认为对国(边)境管理秩序妨害程度明显较轻的,可以认定为犯罪情节轻微,依法不起诉或者免予刑事处罚;情节显著轻微危害不大的,不作为犯罪处理。

318-2　法释〔2012〕17号第六条　具有下列情形之一的,应当认定为刑法第六章第三节规定的"偷越国(边)境"行为:

(一)没有出入境证件出入国(边)境或者逃避接受边防检查的;

(二)使用伪造、变造、无效的出入境证件出入国(边)境的;

(三)使用他人出入境证件出入国(边)境的;

(四)使用以虚假的出入境事由、隐瞒真实身份、冒用他人身份证件等方式骗取的出入境证件出入国(边)境的;

(五)采用其他方式非法出入国(边)境的。

318-3　法发〔2022〕18号　8.对于偷越国(边)境的次数,按照非法出境、入境的次数分别计算。但是,对于非法越境后及时返回,或者非法出境后又入境投案自首的,一般应当计算为一次。

318-4　**1.** 法发〔2022〕18号　5.《解释》第一条第二款、第四条规定的"人数",以实际组织、运送的人数计算;未到案人员经查证属实的,应当计算在内。

2. 法释〔2012〕17号第一条第二款　组织他人偷越国(边)境人数在十人以上的,应当认定为刑法第三百一十八条第一款第(二)项规定的"人数众多"……

318-5　法释〔2012〕17号第一条第二款　……违法所得数额在二十万元以上的,应当认定为刑法第三百一十八条第一款第(六)项规定的"违法所得数额巨大"。

第三百一十九条　【骗取出境证件罪】以劳务输出、经贸往来或者其他名义,弄虚作假[1],骗取护照、签证等出境证件,[2] 为组织他人[*]偷越国(边)境使用的,处三年以下有期徒刑,并处罚金;情节严重[3]的,处三年以上十年以下有期徒刑,并处罚金。

单位犯前款罪的,对单位判处罚金,并对其直接负责的主管人员和其他直接责任人员,依照前款的规定处罚。

319-1　1. 法释〔2012〕17号第二条第一款　为组织他人偷越国(边)境,编造出境事由、身份信息或者相关的境外关系证明的,应当认定为刑法第三百一十九条第一款规定的"弄虚作假"。

2. 法发〔2022〕18号　6. 明知他人实施骗取出境证件犯罪,提供虚假证明、邀请函件以及面签培训等帮助的,以骗取出境证件罪的共同犯罪论处;符合刑法第三百一十八条规定的,以组织他人偷越国(边)境罪定罪处罚。

法发〔2022〕18号　7. 事前与组织他人偷越国(边)境的犯罪分子通谋,为其提供虚假证明、邀请函件以及面签培训等帮助,骗取入境签证等入境证件,为组织他人偷越国(边)境使用的,以组织他人偷越国(边)境罪的共同犯罪论处。

319-2　法释〔2012〕17号第二条第二款　刑法第三百一十九条第一款规定的"出境证件",包括护照或者代替护照使用的国际旅行证件,中华人民共和国海员证,中华人民共和国出入境通行证,中华人民共和国旅行证,中国公民往来香港、澳门、台湾地区证件,边境地区出入境通行证,签证、签注,出国(境)证明、名单,以及其他出境时需要查验的资料。

319-3　法释〔2012〕17号第二条第三款　具有下列情形之一的,应当认定为刑法第三百一十九条第一款规定的"情节严重":

(一)骗取出境证件五份以上的;

(二)非法收取费用三十万元以上的;

(三)明知是国家规定的不准出境的人员而为其骗取出境证件的;

(四)其他情节严重的情形。

---

[*] 本罪实际上是组织他人偷越国(边)境罪的预备行为,却不作为预备犯处理,而是单独成立本罪。如果是为自己骗取出境证件,则定为偷越国(边)境罪。

第三百二十条　【提供伪造、变造的出入境证件罪;出售出入境证件罪】为他人提供伪造、变造的护照[1]、签证等出入境证件[2],或者出售护照、签证等出入境证件的,处五年以下有期徒刑,并处罚金;情节严重[3]的,处五年以上有期徒刑,并处罚金。

320-1　《公安部关于盗窃空白因私护照有关问题的批复》(公境出〔2000〕881号,2000年5月16日)　一、李博日韦、万明亮等人所盗取的空白护照属于出入境证件。护照不同于一般的身份证件,它是公民国际旅行的身份证件和国籍证明。在我国,公民因私护照的设计、研制、印刷统一由公安部出入境管理局负责。护照上设计了多项防伪措施,每本护照(包括空白护照)都有一个统一编号,空白护照是签发护照的重要构成因素,对空白护照的发放、使用有严格的管理程序。空白护照丢失,与已签发的护照一样,也由公安部出入境管理局宣布作废,空白护照是作为出入境证件加以管理的。因此,空白护照既是国家机关的证件,也是出入境证件。

三、李博日韦、万明亮等人将盗窃的护照出售,其出售护照的行为也妨害国(边)境管理秩序,触犯刑法第320条,涉嫌构成出售出入境证件罪。

320-2　法释〔2012〕17号第三条第一款　刑法第三百二十条规定的"出入境证件",包括本解释第二条第二款所列的证件以及其他入境时需要查验的资料。

320-3　法释〔2012〕17号第三条第二款　具有下列情形之一的,应当认定为刑法第三百二十条规定的"情节严重":

(一)为他人提供伪造、变造的出入境证件或者出售出入境证件五份以上的;

(二)非法收取费用三十万元以上的;

(三)明知是国家规定的不准出入境的人员而为其提供伪造、变造的出入境证件或者向其出售出入境证件的;

(四)其他情节严重的情形。

第三百二十一条　【运送他人偷越国(边)境罪】运送[1]他人偷越国(边)境的,处五年以下有期徒刑、拘役或者管制,并处罚金;有下列情形之一的,处五年以上十年以下有期徒刑,并处罚金:

(一)多次实施运送行为或者运送人数众多[2]的;

(二)所使用的船只、车辆等交通工具不具备必要的安全条件,足以造成严重后果的;

(三)违法所得数额巨大[3]的;

(四)有其他特别严重情节的。

在运送他人偷越国(边)境中造成被运送人重伤、死亡,或者以暴力、威胁方法抗拒检查的,处七年以上有期徒刑,并处罚金。

犯前两款罪,对被运送人有杀害、伤害、强奸、拐卖等犯罪行为,或者对检查人员有杀害、伤害等犯罪行为的,依照数罪并罚的规定处罚。

321-1 法发〔2022〕18号 4. 明知是偷越国(边)境人员,分段运送其前往国(边)境的,应当认定为刑法第三百二十一条规定的"运送他人偷越国(边)境",以运送他人偷越国(边)境罪定罪处罚。但是,在决定是否追究刑事责任以及如何裁量刑罚时,应当充分考虑行为人在运送他人偷越国(边)境过程中所起作用等情节,依法妥当处理。

321-2 **1.** 法释〔2012〕17号第四条 运送他人偷越国(边)境人数在十人以上的,应当认定为刑法第三百二十一条第一款第(一)项规定的"人数众多"……

2. 法发〔2022〕18号 12. 对于刑法第三百二十一条第一款规定的"多次实施运送行为",累计运送人数一般应当接近十人。

321-3 法释〔2012〕17号第四条 ……违法所得数额在二十万元以上的,应当认定为刑法第三百二十一条第一款第(三)项规定的"违法所得数额巨大"。

第三百二十二条[1] (刑九)【偷越国(边)境罪】违反国(边)境管理法规,偷越国(边)境,情节严重[2]的,处一年以下有期徒刑、拘役或者管制,并处罚金;为参加恐怖活动组织、接受恐怖活动培训或者实施恐怖活动,偷越国(边)境的,处一年以上三年以下有期徒刑,并处罚金。

322-1 1.《最高人民法院、最高人民检察院关于办理妨害国(边)境管理刑事案件应用法律若干问题的解释》(法释〔2012〕17号,2012年12月12日);2.《最高人民法院关于审理发生在我国管辖海域相关案件若干问题的规定(一)》(法释〔2016〕16号,2016年8月2日);3.《最高人民法院关于审理发生在我国管辖海域相关案件若干问题的规定(二)》(法释〔2016〕17号,2016年8月2日)第一条　本规定所称我国管辖海域,是指中华人民共和国内水、领海、毗连区、专属经济区、大陆架,以及中华人民共和国管辖的其他海域。

322-2　**1.** 法释〔2012〕17号第五条　偷越国(边)境,具有下列情形之一的,应当认定为刑法第三百二十二条规定的"情节严重":

(一)在境外实施损害国家利益行为的;

(二)偷越国(边)境三次以上或者三人以上结伙偷越国(边)境的;

(三)拉拢、引诱他人一起偷越国(边)境的;

(四)勾结境外组织、人员偷越国(边)境的;

(五)因偷越国(边)境被行政处罚后一年内又偷越国(边)境的;

(六)其他情节严重的情形。

2. 法发〔2022〕18号　10. 偷越国(边)境,具有下列情形之一的,属于《解释》第五条第六项规定的"其他情节严重的情形":

(1)犯罪后为逃避刑事追究偷越国(边)境的;

(2)破坏边境物理隔离设施后,偷越国(边)境的;

(3)以实施电信网络诈骗、开设赌场等犯罪为目的,偷越国(边)境的;

(4)曾因妨害国(边)境管理犯罪被判处刑罚,刑罚执行完毕后二年内又偷越国(边)境的。

实施偷越国(边)境犯罪,又实施妨害公务、袭警、妨害传染病防治等行为,并符合有关犯罪构成的,应当数罪并罚。

3. 法释〔2016〕17号第三条　违反我国国(边)境管理法规,非法进入我国领海,具有下列情形之一的,应当认定为刑法第三百二十二条规定的"情节严重":

(一)经驱赶拒不离开的;

(二)被驱离后又非法进入我国领海的;

(三)因非法进入我国领海被行政处罚或者被刑事处罚后,一年内又非法进入我国领海的;

(四)非法进入我国领海从事捕捞水产品等活动,尚不构成非法捕捞水产品等犯罪的;

(五)其他情节严重的情形。

理解与适用:适用本条要注意区别"无害通过"与"非法进入"。

《联合国海洋法公约》第17条规定:“在本公约的限制下,所有国家,不论为沿海国或内陆国,其船舶均享有无害通过领海的权利。”外国船舶正常无害通过不受本条的影响,但无害通过有其严格的定义,捕鱼、进行研究或测量活动都是该公约明确排除在无害通过制度之外的行为。违反我国领海及毗连区法相关规定,非法进入我国领海,是适用本条的前提条件。

第三百二十三条 【破坏界碑、界桩罪;破坏永久性测量标志罪】故意破坏国家边境的界碑、界桩或者永久性测量标志的,处三年以下有期徒刑或者拘役。

第四节 妨害文物管理罪[1]

S.4-1 1.《文物保护法》(2017年11月5日第五次修正)第二条 在中华人民共和国境内,下列文物受国家保护:

(一)具有历史、艺术、科学价值的古文化遗址、古墓葬、古建筑、石窟寺和石刻、壁画;

(二)与重大历史事件、革命运动或者著名人物有关的以及具有重要纪念意义、教育意义或者史料价值的近代现代重要史迹、实物、代表性建筑;

(三)历史上各时代珍贵的艺术品、工艺美术品;

(四)历史上各时代重要的文献资料以及具有历史、艺术、科学价值的手稿和图书资料等;

(五)反映历史上各时代、各民族社会制度、社会生产、社会生活的代表性实物。

文物认定的标准和办法由国务院文物行政部门*制定,并报国务院批准。

具有科学价值的古脊椎动物化石和古人类化石同文物一样受国家保护。

---

* 国务院文物行政部门原指文化部。2018年3月,第十三届全国人民代表大会第一次会议审议通过《国务院机构改革方案》,撤销文化部,由新组建的文化和旅游部代替其原有职能。故国务院文物行政部门现指文化和旅游部。

2.《最高人民法院、最高人民检察院关于办理妨害文物管理等刑事案件适用法律若干问题的解释》*(法释〔2015〕23 号,2016 年 1 月 1 日)

法释〔2015〕23 号第十一条 单位实施走私文物、倒卖文物等行为,构成犯罪的,依照本解释规定的相应自然人犯罪的定罪量刑标准,对直接负责的主管人员和其他直接责任人员定罪处罚,并对单位判处罚金。

公司、企业、事业单位、机关、团体等单位实施盗窃文物,故意损毁文物、名胜古迹,过失损毁文物,盗掘古文化遗址、古墓葬等行为的,依照本解释规定的相应定罪量刑标准,追究组织者、策划者、实施者的刑事责任。

法释〔2015〕23 号第十二条 针对不可移动文物整体实施走私、盗窃、倒卖等行为的,根据所属不可移动文物的等级,依照本解释第一条、第二条、第六条的规定定罪量刑:

(一)尚未被确定为文物保护单位的不可移动文物,适用一般文物的定罪量刑标准;

(二)市、县级文物保护单位,适用三级文物的定罪量刑标准;

(三)全国重点文物保护单位、省级文物保护单位,适用二级以上文物的定罪量刑标准。

针对不可移动文物中的建筑构件、壁画、雕塑、石刻等实施走私、盗窃、倒卖等行为的,根据建筑构件、壁画、雕塑、石刻等文物本身的等级或者价值,依照本解释第一条、第二条、第六条的规定定罪量刑。建筑构件、壁画、雕塑、石刻等所属不可移动文物的等级,应当作为量刑情节予以考虑。

理解与适用:为了全面加强对文物的保护,上述解释将国有文物与非国有文物、可移动文物与不可移动文物、文物与化石均纳入保护范围。

法释〔2015〕23 号第十三条 案件涉及不同等级的文物的,按照高级别文物的量刑幅度量刑;有多件同级文物的,五件同级文物视为一件高一级文物,但是价值明显不相当的除外。

---

* 法释〔2015〕23 号第十八条 本解释自 2016 年 1 月 1 日起施行。本解释公布施行后,《最高人民法院、最高人民检察院关于办理盗窃、盗掘、非法经营和走私文物的案件具体应用法律的若干问题的解释》(法(研)发〔1987〕32 号)同时废止;之前发布的司法解释与本解释不一致的,以本解释为准。

法释〔2015〕23号第十四条　依照文物价值定罪量刑的,根据涉案文物的有效价格证明认定文物价值;无有效价格证明,或者根据价格证明认定明显不合理的,根据销赃数额认定,或者结合本解释第十五条规定的鉴定意见、报告认定。

法释〔2015〕23号第十五条　在行为人实施有关行为前,文物行政部门已对涉案文物及其等级作出认定的,可以直接对有关案件事实作出认定。

对案件涉及的有关文物鉴定、价值认定等专门性问题难以确定的,由司法鉴定机构出具鉴定意见,或者由国务院文物行政部门指定的机构出具报告。其中,对于文物价值,也可以由有关价格认证机构作出价格认证并出具报告。

法释〔2015〕23号第十六条　实施本解释第一条、第二条、第六条至第九条规定的行为,虽已达到应当追究刑事责任的标准,但行为人系初犯,积极退回或者协助追回文物,未造成文物损毁,并确有悔罪表现的,可以认定为犯罪情节轻微,不起诉或者免予刑事处罚。

实施本解释第三条至第五条规定的行为,虽已达到应当追究刑事责任的标准,但行为人系初犯,积极赔偿损失,并确有悔罪表现的,可以认定为犯罪情节轻微,不起诉或者免予刑事处罚。

法释〔2015〕23号第十七条　走私、盗窃、损毁、倒卖、盗掘或者非法转让具有科学价值的古脊椎动物化石、古人类化石的,依照刑法和本解释的有关规定定罪量刑。

3.《最高人民法院、最高人民检察院、公安部、国家文物局关于办理妨害文物管理等刑事案件若干问题的意见》(公通字〔2022〕18号,2022年8月16日)

第三百二十四条　【故意损毁文物罪】故意损毁国家保护的珍贵文物或者被确定为全国重点文物保护单位、省级文物保护单位的文物[1]的,处三年以下有期徒刑或者拘役,并处或者单处罚金;情节严重[2]的,处三年以上十年以下有期徒刑,并处罚金。

【故意损毁名胜古迹罪】故意损毁国家保护的名胜古迹[3],情节严重[4]的,处五年以下有期徒刑或者拘役,并处或者单处罚金。

【过失损毁文物罪】过失损毁国家保护的珍贵文物或者被确定为全国重点文物保护单位、省级文物保护单位的文物,造成严重后果[5]的,处三年以下有期徒刑或者拘役。

324-1　法释〔2015〕23号第三条第一款　全国重点文物保护单位、省级文物保护单位的本体,应当认定为刑法第三百二十四条第一款规定的“被确定为全国重点文物保护单位、省级文物保护单位的文物”。

324-2　法释〔2015〕23号第三条第二款　故意损毁国家保护的珍贵文物或者被确定为全国重点文物保护单位、省级文物保护单位的文物,具有下列情形之一的,应当认定为刑法第三百二十四条第一款规定的“情节严重”:

(一)造成五件以上三级文物损毁的;

(二)造成二级以上文物损毁的;

(三)致使全国重点文物保护单位、省级文物保护单位的本体严重损毁或者灭失的;

(四)多次损毁或者损毁多处全国重点文物保护单位、省级文物保护单位的本体的;

(五)其他情节严重的情形。

实施前款规定的行为,拒不执行国家行政主管部门作出的停止侵害文物的行政决定或者命令的,酌情从重处罚。

324-3　法释〔2015〕23号第四条第一款　风景名胜区的核心景区以及未被确定为全国重点文物保护单位、省级文物保护单位的古文化遗址、古墓葬、古建筑、石窟寺、石刻、壁画、近代现代重要史迹和代表性建筑等不可移动文物的本体,应当认定为刑法第三百二十四条第二款规定的“国家保护的名胜古迹”。

324-4　法释〔2015〕23号第四条第二款　故意损毁国家保护的名胜古迹,具有下列情形之一的,应当认定为刑法第三百二十四条第二款规定的“情节严重”:

(一)致使名胜古迹严重损毁或者灭失的;

(二)多次损毁或者损毁多处名胜古迹的;

(三)其他情节严重的情形。

实施前款规定的行为,拒不执行国家行政主管部门作出的停止侵害文物的行政决定或者命令的,酌情从重处罚。

故意损毁风景名胜区内被确定为全国重点文物保护单位、省级文物保护单位的文物的,依照刑法第三百二十四条第一款和本解释第三条的规定定罪量刑。

324-5　法释〔2015〕23号第五条　过失损毁国家保护的珍贵文物

或者被确定为全国重点文物保护单位、省级文物保护单位的文物,具有本解释第三条第二款第一项至第三项规定情形之一的,应当认定为刑法第三百二十四条第三款规定的“造成严重后果”。

第三百二十五条 【非法向外国人出售、赠送珍贵文物罪】违反文物保护法规,将收藏的国家禁止出口的珍贵文物私自出售或者私自赠送给外国人的,处五年以下有期徒刑或者拘役,可以并处罚金。

单位犯前款罪的,对单位判处罚金,并对其直接负责的主管人员和其他直接责任人员,依照前款的规定处罚。

第三百二十六条 【倒卖文物罪】以牟利为目的[1],倒卖国家禁止经营的文物[2]*,情节严重[3]的,处五年以下有期徒刑或者拘役,并处罚金;情节特别严重[4]的,处五年以上十年以下有期徒刑,并处罚金。

单位犯前款罪的,对单位判处罚金,并对其直接负责的主管人员和其他直接责任人员,依照前款的规定处罚。

326-1 公通字〔2022〕18号 二、依法惩处文物犯罪 (三)准确认定掩饰、隐瞒与倒卖行为 2.出售或者为出售而收购、运输、储存《中华人民共和国文物保护法》第五十一条规定的“国家禁止买卖的文物”,可以结合行为人的从业经历、认知能力、违法犯罪记录、供述情况,交易的价格、次数、件数、场所,文物的来源、外观形态等综合审查判断,认定其行为系刑法第三百二十六条规定的“以牟利为目的”,但文物来源符合《中华人民共和国文物保护法》第五十条规定的除外。

326-2 法释〔2015〕23号第六条第一款 出售或者为出售而收购、运输、储存《中华人民共和国文物保护法》规定的“国家禁止买卖的文物”的,应当认定为刑法第三百二十六条规定的“倒卖国家禁止经营的文物”。

326-3 法释〔2015〕23号第六条第二款 倒卖国家禁止经营的文物,具有下列情形之一的,应当认定为刑法第三百二十六条规定的“情节严重”:

(一)倒卖三级文物的;

---

* 既包括珍贵文物,也包括一般文物,只要是国家禁止经营的一切文物,都构成本罪。而其他罪则是特定的文物。

（二）交易数额在五万元以上的；

（三）其他情节严重的情形。

326-4　法释〔2015〕23号第六条第三款　实施前款规定的行为，具有下列情形之一的，应当认定为刑法第三百二十六条规定的"情节特别严重"：

（一）倒卖二级以上文物的；

（二）倒卖三级文物五件以上的；

（三）交易数额在二十五万元以上的；

（四）其他情节特别严重的情形。

第三百二十七条　【非法出售、私赠文物藏品罪】违反文物保护法规，国有博物馆、图书馆等单位将国家保护的文物藏品出售或者私自送给非国有单位或者个人的[1]，对单位判处罚金，并对其直接负责的主管人员和其他直接责任人员，处三年以下有期徒刑或者拘役。

327-1　法释〔2015〕23号第七条　国有博物馆、图书馆以及其他国有单位，违反文物保护法规，将收藏或者管理的国家保护的文物藏品出售或者私自送给非国有单位或者个人的，依照刑法第三百二十七条的规定，以非法出售、私赠文物藏品罪追究刑事责任。

第三百二十八条　（刑八）*【盗掘古文化遗址、古墓葬罪】盗掘[1]具有历史、艺术、科学价值的古文化遗址、古墓葬[2]的，处三年以上十年以下有期徒刑，并处罚金；情节较轻的，处三年以下有期徒刑、拘役或者管制，并处罚金；有下列情形之一的，处十年以上有期徒刑或者无期徒刑，并处罚金或者没收财产：

（一）盗掘确定为全国重点文物保护单位和省级文物保护单位的古文化遗址、古墓葬的；

（二）盗掘古文化遗址、古墓葬集团的首要分子；

（三）多次[3]盗掘古文化遗址、古墓葬的；

（四）盗掘古文化遗址、古墓葬，并盗窃珍贵文物或者造成珍贵

---

* 《刑法修正案（八）》废除了本罪死刑。

文物严重破坏的*。

【盗掘古人类化石、古脊椎动物化石罪】盗掘国家保护的具有科学价值的古人类化石和古脊椎动物化石[4]的,依照前款的规定处罚。

328-1 公通字〔2022〕18号 二、依法惩处文物犯罪 (一)准确认定盗掘行为

1. 针对古建筑、石窟寺等不可移动文物中包含的古文化遗址、古墓葬部分实施盗掘,符合刑法第三百二十八条规定的,以盗掘古文化遗址、古墓葬罪追究刑事责任。

盗掘对象是否属于古文化遗址、古墓葬,应当按照《文物犯罪解释》第八条、第十五条的规定作出认定。

2. 以盗掘为目的,在古文化遗址、古墓葬表层进行钻探、爆破、挖掘等作业,因意志以外的原因,尚未损害古文化遗址、古墓葬的历史、艺术、科学价值的,属于盗掘古文化遗址、古墓葬未遂,应当区分情况分别处理:

(1)以被确定为全国重点文物保护单位、省级文物保护单位的古文化遗址、古墓葬为盗掘目标的,应当追究刑事责任;

(2)以被确定为市、县级文物保护单位的古文化遗址、古墓葬为盗掘目标的,对盗掘团伙的纠集者、积极参加者,应当追究刑事责任;

(3)以其他古文化遗址、古墓葬为盗掘目标的,对情节严重者,依法追究刑事责任。

实施前款规定的行为,同时构成刑法第三百二十四条第一款、第二款规定的故意损毁文物罪、故意损毁名胜古迹罪的,依照处罚较重的规定定罪处罚。

(二)准确认定盗窃行为

采用破坏性手段盗窃古建筑、石窟寺、石刻、壁画、近现代重要史迹和代表性建筑等不可移动文物未遂,具有下列情形之一的,应当依法追究刑事责任:

1. 针对全国重点文物保护单位、省级文物保护单位中的建筑构件、壁画、雕塑、石刻等实施盗窃,损害文物本体历史、艺术、科学价值,情节严重的;

2. 以被确定为市、县级以上文物保护单位整体为盗窃目标的;

3. 造成市、县级以上文物保护单位的不可移动文物本体损毁的;

4. 针对不可移动文物中的建筑构件、壁画、雕塑、石刻等实施盗窃,所涉部分具有等同于三级以上文物历史、艺术、科学价值的;

---

* 行为人盗掘古文化遗址、古墓葬后,将其中的文物非法据为己有的,仍以本罪论处。

5. 其他情节严重的情形。

实施前款规定的行为，同时构成刑法第三百二十四条第一款、第二款规定的故意损毁文物罪、故意损毁名胜古迹罪的，依照处罚较重的规定定罪处罚。

（三）准确认定掩饰、隐瞒与倒卖行为

1. 明知是盗窃文物、盗掘古文化遗址、古墓葬等犯罪所获取的文物，而予以窝藏、转移、收购、加工、代为销售或者以其他方法掩饰、隐瞒的，符合《文物犯罪解释》第九条规定的，以刑法第三百一十二条规定的掩饰、隐瞒犯罪所得罪追究刑事责任。

对是否"明知"，应当结合行为人的认知能力、既往经历、行为次数和手段，与实施盗掘、盗窃、倒卖文物等犯罪行为人的关系，获利情况，是否故意规避调查，涉案文物外观形态、价格等主、客观因素进行综合审查判断。具有下列情形之一，行为人不能做出合理解释的，可以认定其"明知"，但有相反证据的除外：

(1)采用黑话、暗语等方式进行联络交易的；

(2)通过伪装、隐匿文物等方式逃避检查，或者以暴力等方式抗拒检查的；

(3)曾因实施盗掘、盗窃、走私、倒卖文物等犯罪被追究刑事责任，或者二年内受过行政处罚的；

(4)有其他证据足以证明行为人应当知道的情形。

三、涉案文物的认定和鉴定评估

对案件涉及的文物等级、类别、价值等专门性问题，如是否属于古文化遗址、古墓葬、古建筑、石窟寺、石刻、壁画、近代现代重要史迹和代表性建筑等不可移动文物，是否具有历史、艺术、科学价值，是否属于各级文物保护单位，是否属于珍贵文物，以及有关行为对文物造成的损毁程度和对文物价值造成的影响等，案发前文物行政部门已作认定的，可以直接对有关案件事实作出认定；案发前未作认定的，可以结合国务院文物行政部门指定的机构出具的《涉案文物鉴定评估报告》作出认定，必要时，办案机关可以依法提请文物行政部门对有关问题作出说明。《涉案文物鉴定评估报告》应当依照《涉案文物鉴定评估管理办法》（文物博发〔2018〕4 号）规定的程序和格式文本出具。

328-2　法释〔2015〕23 号第八条　刑法第三百二十八条第一款规定的"古文化遗址、古墓葬"包括水下古文化遗址、古墓葬。"古文化遗址、古墓葬"不以公布为不可移动文物的古文化遗址、古墓葬为限。

实施盗掘行为,已损害古文化遗址、古墓葬的历史、艺术、科学价值的,应当认定为盗掘古文化遗址、古墓葬罪既遂。

328-3 公通字〔2022〕18号 二、依法惩处文物犯罪 (一)准确认定盗掘行为 3.刑法第三百二十八条第一款第三项规定的“多次盗掘”是指盗掘三次以上。对于行为人基于同一或者概括犯意,在同一古文化遗址、古墓葬本体周边一定范围内实施连续盗掘,已损害古文化遗址、古墓葬的历史、艺术、科学价值的,一般应认定为一次盗掘。

328-4 《全国人民代表大会常务委员会关于〈中华人民共和国刑法〉有关文物的规定适用于具有科学价值的古脊椎动物化石、古人类化石的解释》(2005年12月29日) 刑法有关文物的规定,适用于具有科学价值的古脊椎动物化石、古人类化石。

第三百二十九条 【抢夺、窃取国有档案罪】抢夺、窃取国家所有的档案的,处五年以下有期徒刑或者拘役。

【擅自出卖、转让国有档案罪】违反档案法的规定,擅自出卖、转让国家所有的档案,情节严重的,处三年以下有期徒刑或者拘役。

有前两款行为,同时又构成本法规定的其他犯罪的,依照处罚较重的规定定罪处罚。

第五节 危害公共卫生罪

第三百三十条[1] **(刑十一)【妨害传染病防治罪】**违反传染病防治法的规定,有下列情形之一,引起甲类*传染病以及依法确定采取

* 根据《传染病防治法》(2004年8月28日修订,2013年6月29日修正)第三条之规定,甲类传染病指鼠疫和霍乱。2003年非典疫情期间,原卫生部只是将传染性非典型肺炎列入法定传染病进行管理,但并未明确其为甲类传染病或采取甲类传染病的防控措施。因而违反《传染病防治法》拒绝执行有关防控措施,引起“非典”传播或者有传播严重危险的行为,不能按照妨害传染病防治罪定罪处罚,因为该罪要求必须引起甲类传染病的传播或者有传播严重危险的。“两高”随后出台了《关于办理妨害预防、控制突发传染病疫情等灾害的刑事案件具体应用法律若干问题的解释》,规定以危险方法危害公共安全罪或过失以危险方法危害公共安全罪对上述行为定罪处罚,从而解决了这一难题。

2020年年初因新冠疫情暴发,经国务院批准,国家卫健委将新冠肺炎纳入乙类传染病,并采取甲类传染病的防控措施,从此激活了妨害传染病防治罪这个罪名。

甲类传染病预防、控制措施的传染病传播或者有传播严重危险的，[2]处三年以下有期徒刑或者拘役；后果特别严重的，处三年以上七年以下有期徒刑：

（一）供水单位供应的饮用水不符合国家规定的卫生标准的；

（二）拒绝按照疾病预防控制机构提出的卫生要求，对传染病病原体污染的污水、污物、场所和物品进行消毒处理的；

（三）准许或者纵容传染病病人、病原携带者和疑似传染病病人从事国务院卫生行政部门规定禁止从事的易使该传染病扩散的工作的；

（四）出售、运输疫区中被传染病病原体污染或者可能被传染病病原体污染的物品，未进行消毒处理的；

（五）拒绝执行县级以上人民政府、疾病预防控制机构依照传染病防治法提出的预防、控制措施的。

单位犯前款罪的，对单位判处罚金，并对其直接负责的主管人员和其他直接责任人员，依照前款的规定处罚。

甲类传染病的范围，依照《中华人民共和国传染病防治法》和国务院有关规定确定。

330-1　《最高人民法院、最高人民检察院、公安部、司法部关于依法惩治妨害新型冠状病毒感染肺炎疫情防控违法犯罪的意见》（法发〔2020〕7号，2020年2月6日）

330-2　《立案标准（一）》第四十九条第一款　违反传染病防治法的规定，引起甲类或者按照甲类管理的传染病传播或者有传播严重危险，涉嫌上述情形之一的，应予立案追诉：……

第二款　……“按甲类管理的传染病”，是指乙类传染病中传染性非典型肺炎、炭疽中的肺炭疽、人感染高致病性禽流感以及国务院卫生行政部门根据需要报经国务院批准公布实施的其他需要按甲类管理的乙类传染病和突发原因不明的传染病。

第三百三十一条　【传染病菌种、毒种扩散罪】从事实验、保藏、携带、运输传染病菌种、毒种的人员，违反国务院卫生行政部门的有关规定，造成传染病菌种、毒种扩散，后果严重的，[1]处三年以下有期徒刑或者拘役;后果特别严重的,处三年以上七年以下有期徒刑。

331-1 《立案标准(一)》第五十条 涉嫌下列情形之一的,应予立案追诉:

(一)导致甲类和按甲类管理的传染病传播的;

(二)导致乙类、丙类传染病流行、暴发的;

(三)造成人员重伤或者死亡的;

(四)严重影响正常的生产、生活秩序的;

(五)其他造成严重后果的情形。

第三百三十二条 【妨害国境卫生检疫罪】违反国境卫生检疫规定,引起检疫传染病*传播或者有传播严重危险的,处三年以下有期徒刑或者拘役,并处或者单处罚金。

单位犯前款罪的,对单位判处罚金,并对其直接负责的主管人员和其他直接责任人员,依照前款的规定处罚。

第三百三十三条 【非法组织卖血罪;强迫卖血罪】非法组织他人出卖血液的,[1] 处五年以下有期徒刑,并处罚金;以暴力、威胁方法强迫他人出卖血液的,处五年以上十年以下有期徒刑,并处罚金。

有前款行为,对他人造成伤害的,依照本法第二百三十四条(*故意伤害罪*)的规定定罪处罚。

333-1 《立案标准(一)》第五十二条 非法组织他人出卖血液,涉嫌下列情形之一的,应予立案追诉:

(一)组织卖血三人次以上的;

(二)组织卖血非法获利二千元以上的;

(三)组织未成年人卖血的;

(四)被组织卖血的人的血液含有艾滋病病毒、乙型肝炎病毒、丙型肝炎病毒、梅毒螺旋体等病原微生物的;

(五)其他非法组织卖血应予追究刑事责任的情形。

第三百三十四条[1] 【非法采集、供应血液、制作、供应血液制品罪】非法[2] 采集、供应血液[3] 或者制作、供应血液制品,不符合国家规

---

* 指鼠疫、霍乱、黄热病以及国务院确定和公布的其他传染病。

定的标准,足以危害人体健康[4]的,处五年以下有期徒刑或者拘役,并处罚金;对人体健康造成严重危害[5]的,处五年以上十年以下有期徒刑,并处罚金;造成特别严重后果[6]的,处十年以上有期徒刑或者无期徒刑,并处罚金或者没收财产。

【采集、供应血液、制作、供应血液制品事故罪】[*]经国家主管部门批准采集、供应血液或者制作、供应血液制品的部门,不依照规定进行检测或者违背其他操作规定,造成危害他人身体健康后果的[7],对单位判处罚金,并对其直接负责的主管人员和其他直接责任人员,处五年以下有期徒刑或者拘役。

334-1　《最高人民法院、最高人民检察院关于办理非法采供血液等刑事案件具体应用法律若干问题的解释》(法释〔2008〕12号,2008年9月23日)

334-2　法释〔2008〕12号第一条　对未经国家主管部门批准或者超过批准的业务范围,采集、供应血液或者制作、供应血液制品的,应认定为刑法第三百三十四条第一款规定的"非法采集、供应血液、制作、供应血液制品"。

334-3　法释〔2008〕12号第八条第一款　本解释所称"血液",是指全血、成分血和特殊血液成分。

334-4　《立案标准(一)》第五十四条　非法采集、供应血液或者制作、供应血液制品,涉嫌下列情形之一的,应予立案追诉:

(一)采集、供应的血液含有艾滋病病毒、乙型肝炎病毒、丙型肝炎病毒、梅毒螺旋体等病原微生物的;

(二)制作、供应的血液制品含有艾滋病病毒、乙型肝炎病毒、丙型肝炎病毒、梅毒螺旋体等病原微生物,或者将含有上述病原微生物的血液用于制作血液制品的;

(三)使用不符合国家规定的药品、诊断试剂、卫生器材,或者重复使用一次性采血器材采集血液,造成传染病传播危险的;

(四)违反规定对献血者、供血浆者超量、频繁采集血液、血浆,足以危害人体健康的;

(五)其他不符合国家有关采集、供应血液或者制作、供应血液制

---

* 本罪属于单位过失犯罪。

品的规定,足以危害人体健康或者对人体健康造成严重危害的情形。

334-5 法释〔2008〕12号第三条 对非法采集、供应血液或者制作、供应血液制品,具有下列情形之一的,应认定为刑法第三百三十四条第一款规定的“对人体健康造成严重危害”,处五年以上十年以下有期徒刑,并处罚金:

(一)造成献血者、供血浆者、受血者感染乙型肝炎病毒、丙型肝炎病毒、梅毒螺旋体或者其他经血液传播的病原微生物的;

(二)造成献血者、供血浆者、受血者重度贫血、造血功能障碍或者其他器官组织损伤导致功能障碍等身体严重危害的;

(三)对人体健康造成其他严重危害的。

334-6 法释〔2008〕12号第四条 对非法采集、供应血液或者制作、供应血液制品,具有下列情形之一的,应认定为刑法第三百三十四条第一款规定的“造成特别严重后果”,处十年以上有期徒刑或者无期徒刑,并处罚金或者没收财产:

(一)因血液传播疾病导致人员死亡或者感染艾滋病病毒的;

(二)造成五人以上感染乙型肝炎病毒、丙型肝炎病毒、梅毒螺旋体或者其他经血液传播的病原微生物的;

(三)造成五人以上重度贫血、造血功能障碍或者其他器官组织损伤导致功能障碍等身体严重危害的;

(四)造成其他特别严重后果的。

理解与适用:1.本罪第三个量刑档规定的是结果加重犯,故其内容主要是从结果或者后果方面考虑。2.由于感染艾滋病死亡率较高,故将此种情况列为“造成特别严重后果”,而不属于“造成严重后果”的范围。

334-7 《立案标准(一)》第五十五条 经国家主管部门批准采集、供应血液或者制作、供应血液制品的部门,不依照规定进行检测或者违背其他操作规定,涉嫌下列情形之一的,应予立案追诉:

(一)造成献血者、供血浆者、受血者感染艾滋病病毒、乙型肝炎病毒、丙型肝炎病毒、梅毒螺旋体或者其他经血液传播的病原微生物的;

(二)造成献血者、供血浆者、受血者重度贫血、造血功能障碍或者其他器官组织损伤导致功能障碍等身体严重危害的;

(三)其他造成危害他人身体健康后果的情形。

经国家主管部门批准的采供血机构和血液制品生产经营单位,属于本条规定的“经国家主管部门批准采集、供应血液或者制作、供应血液制品的部门”。采供血机构包括血液中心、中心血站、脐带血造血干细胞库和国家卫生行政主管部门根据医学发展需要批准、设置的其他类型血库、单采血浆站。

具有下列情形之一的,属于本条规定的“不依照规定进行检测或者违背其他操作规定”:

(一)血站未用两个企业生产的试剂对艾滋病病毒抗体、乙型肝炎病毒表面抗原、丙型肝炎病毒抗体、梅毒抗体进行两次检测的;

(二)单采血浆站不依照规定对艾滋病病毒抗体、乙型肝炎病毒表面抗原、丙型肝炎病毒抗体、梅毒抗体进行检测的;

(三)血液制品生产企业在投料生产前未用主管部门批准和检定合格的试剂进行复检的;

(四)血站、单采血浆站和血液制品生产企业使用的诊断试剂没有生产单位名称、生产批准文号或者经检定不合格的;

(五)采供血机构在采集检验样本、采集血液和成分血分离时,使用没有生产单位名称、生产批准文号或者超过有效期的一次性注射器等采血器材的;

(六)不依照国家规定的标准和要求包装、储存、运输血液、原料血浆的;

(七)对国家规定检测项目结果呈阳性的血液未及时按照规定予以清除的;

(八)不具备相应资格的医务人员进行采血、检验操作的;

(九)对献血者、供血浆者超量、频繁采集血液、血浆的;

(十)采供血机构采集血液、血浆前,未对献血者或者供血浆者进行身份识别,采集冒名顶替者、健康检查不合格者血液、血浆的;

(十一)血站擅自采集原料血浆,单采血浆站擅自采集临床用血或者向医疗机构供应原料血浆的;

(十二)重复使用一次性采血器材的;

(十三)其他不依照规定进行检测或者违背操作规定的。

第三百三十四条之一　(刑十一)【非法采集人类遗传资源、走私人类遗传资源材料罪】违反国家有关规定,非法采集我国人类遗传资源或者非法运送、邮寄、携带我国人类遗传资源材料出境,危害公众健康或者社会公共利益,情节严重的,处三年以下有期徒刑、拘役或者管制,并处或者单处罚金;情节特别严重的,处三年以上七年以下有期徒刑,并处罚金。

第三百三十五条 【医疗事故[1]罪】医务人员由于严重不负责任[2],造成就诊人死亡或者严重损害就诊人身体健康[3]的,处三年以下有期徒刑或者拘役。

335-1 《医疗事故处理条例》(2002年9月1日)第二条 本条例所称医疗事故,是指医疗机构及其医务人员在医疗活动中,违反医疗卫生管理法律、行政法规、部门规章和诊疗护理规范、常规,过失造成患者人身损害的事故。

335-2 《立案标准(一)》第五十六条第二款 具有下列情形之一的,属于本条规定的"严重不负责任":

(一)擅离职守的;

(二)无正当理由拒绝对危急就诊人实行必要的医疗救治的;

(三)未经批准擅自开展试验性医疗的;

(四)严重违反查对、复核制度的;

(五)使用未经批准使用的药品、消毒药剂、医疗器械的;

(六)严重违反国家法律法规及有明确规定的诊疗技术规范、常规的;

(七)其他严重不负责任的情形。

335-3 《立案标准(一)》第五十六条第三款 本条规定的"严重损害就诊人身体健康",是指造成就诊人严重残疾、重伤、感染艾滋病、病毒性肝炎等难以治愈的疾病或者其他严重损害就诊人身体健康的后果。

第三百三十六条[1]* 【非法行医罪】未取得医生执业资格的人非法行医[2],情节严重[3]的,处三年以下有期徒刑、拘役或者管制,并处或者单处罚金;严重损害就诊人身体健康[4]的,处三年以上十年以下有期徒刑,并处罚金;造成就诊人死亡[5]的,处十年以上有期徒刑,并处罚金。

【非法进行节育手术罪】未取得医生执业资格的人擅自为他人

---

* 本罪为情节犯,被害人的承诺并不阻却本罪的成立。

进行节育复通手术、假节育手术、终止妊娠手术或者摘取宫内节育器,情节严重的,[6*] 处三年以下有期徒刑、拘役或者管制,并处或者单处罚金;严重损害就诊人身体健康的,处三年以上十年以下有期徒刑,并处罚金;造成就诊人死亡的,处十年以上有期徒刑,并处罚金。

336-1　《最高人民法院关于审理非法行医刑事案件具体应用法律若干问题的解释》[**](法释〔2016〕27 号,2016 年 12 月 20 日)第五条　实施非法行医犯罪,同时构成生产、销售假药罪,生产、销售劣药罪,诈骗罪等其他犯罪的,依照刑法处罚较重的规定定罪处罚。

336-2　法释〔2016〕27 号第一条　具有下列情形之一的,应认定为刑法第三百三十六条第一款规定的“未取得医生执业资格的人非法行医”:

(一)未取得或者以非法手段取得医师资格从事医疗活动的;

(二)被依法吊销医师执业证书期间从事医疗活动的;

(三)未取得乡村医生执业证书,从事乡村医疗活动的;

(四)家庭接生员实施家庭接生以外的医疗行为的。

理解与适用:1. 对于取得医师资格但尚未进行医师注册取得执业证书的人从事诊疗活动,予以行政处罚,不作为犯罪处理。2. 单位不能成为非法行医罪的犯罪主体,只有个人才能成为本罪的犯罪主体。3. 综合考虑《刑法》《执业医师法》《医疗机构管理条例》《乡村医生从业管理条例》《母婴保健法》的规定,确定本条司法解释。4. “个人未取得《医疗机构执业许可证》开办医疗机构的”[***],指的是即使有个人医师执业证也应办理《医疗机构执业许可证》才可以营业,否则也构成非法行医罪;同时“非法行医被卫生行政部门行政处罚两次以后,再次非法行医的”也应引起注意,从行政处罚过渡到刑事处罚,这也符合刑罚设置的目的和程序。

法释〔2016〕27 号第六条第一款　本解释所称“医疗活动”“医疗

---

* 法释〔2008〕5 号第二条与《立案标准(一)》相关内容一致,故从略。

** 《最高人民法院关于审理非法行医刑事案件具体应用法律若干问题的解释》(法释〔2008〕5 号,2008 年 4 月 29 日)(已被修改)。

*** 法释〔2008〕5 号第一条第二项规定,个人未取得《医疗机构执业许可证》开办医疗机构的应认定为刑法第三百三十六条第一款规定的“未取得医生执业资格的人非法行医”。该规定已被法释〔2016〕27 号废止。

行为",参照《医疗机构管理条例实施细则》中的"诊疗活动""医疗美容"认定。

336-3 法释〔2016〕27号第二条 具有下列情形之一的,应认定为刑法第三百三十六条第一款规定的"情节严重":

(一)造成就诊人轻度残疾、器官组织损伤导致一般功能障碍的;

(二)造成甲类传染病传播、流行或者有传播、流行危险的;

(三)使用假药、劣药或不符合国家规定标准的卫生材料、医疗器械,足以严重危害人体健康的;

(四)非法行医被卫生行政部门行政处罚两次以后,再次非法行医的;

(五)其他情节严重的情形。

法释〔2016〕27号第六条第二款 本解释所称"轻度残疾、器官组织损伤导致一般功能障碍""中度以上残疾、器官组织损伤导致严重功能障碍",参照《医疗事故分级标准(试行)》认定。

336-4 法释〔2016〕27号第三条 具有下列情形之一的,应认定为刑法第三百三十六条第一款规定的"严重损害就诊人身体健康":

(一)造成就诊人中度以上残疾、器官组织损伤导致严重功能障碍的;

(二)造成三名以上就诊人轻度残疾、器官组织损伤导致一般功能障碍的。

336-5 法释〔2016〕27号第四条 非法行医行为系造成就诊人死亡的直接、主要原因的,应认定为刑法第三百三十六条第一款规定的"造成就诊人死亡"。

非法行医行为并非造成就诊人死亡的直接、主要原因的,可不认定为刑法第三百三十六条第一款规定的"造成就诊人死亡"。但是,根据案件情况,可以认定为刑法第三百三十六条第一款规定的"情节严重"。

336-6 《立案标准(一)》第五十八条 未取得医生执行资格擅自为他人进行节育复通手术、假节育手术、终止妊娠手术或摘取宫内节育器,涉嫌下列情形之一的,应予立案追诉:

(一)造成就诊人轻伤、重伤、死亡或者感染艾滋病、病毒性肝炎等难以治愈的疾病的;

(二)非法进行节育复通手术、假节育手术、终止妊娠手术或者摘取宫内节育器五人次以上的;

（三）致使他人超计划生育的；

（四）非法进行选择性别的终止妊娠手术的；

（五）非法获利累计五千元以上的；

（六）其他情节严重的情形。

第三百三十六条之一　（刑十一）【非法植入基因编辑、克隆胚胎罪】将基因编辑、克隆的人类胚胎植入人体或者动物体内，或者将基因编辑、克隆的动物胚胎植入人体内，情节严重的，处三年以下有期徒刑或者拘役，并处罚金；情节特别严重的，处三年以上七年以下有期徒刑，并处罚金。

第三百三十七条　（刑七）*【妨害动植物防疫、检疫罪】违反有关动植物防疫、检疫的国家规定，引起重大动植物疫情[1] 的，或者有引起重大动植物疫情危险，情节严重的，[2] 处三年以下有期徒刑或者拘役，并处或者单处罚金。

单位犯前款罪的，对单位判处罚金，并对其直接负责的主管人员和其他直接责任人员，依照前款的规定处罚。

337-1　《动物防疫法》（2021 年 1 月 22 日第二次修订）第三十二条第二款　本法所称重大动物疫情，是指一、二、三类动物疫病突然发生，迅速传播，给养殖业生产安全造成严重威胁、危害，以及可能对公众身体健康与生命安全造成危害的情形。

337-2　《立案标准（一）的补充规定》（公通字〔2017〕12 号，2017 年 4 月 27 日）第九条　违反有关动植物防疫、检疫的国家规定，引起重大动植物疫情的，应予立案追诉。

违反有关动植物防疫、检疫的国家规定，有引起重大动植物疫情危险，涉嫌下列情形之一的，应予立案追诉：

（一）非法处置疫区内易感动物或者其产品，货值金额五万元以上的；

（二）非法处置因动植物防疫、检疫需要被依法处理的动植物或者其产品，货值金额二万元以上的；

（三）非法调运、生产、经营感染重大植物检疫性有害生物的林木

---

* 原第一款为："违反进出境动植物检疫法的规定，逃避动植物检疫，引起重大动植物疫情的，处三年以下有期徒刑或者拘役，并处或者单处罚金。"

种子、苗木等繁殖材料或者森林植物产品的;

(四)输入《中华人民共和国进出境动植物检疫法》规定的禁止进境物逃避检疫,或者对特许进境的禁止进境物未有效控制与处置,导致其逃逸、扩散的;

(五)进境动植物及其产品检出有引起重大动植物疫情危险的动物疫病或者植物有害生物后,非法处置导致进境动植物及其产品流失的;

(六)一年内携带或者寄递《中华人民共和国禁止携带、邮寄进境的动植物及其产品名录》所列物品进境逃避检疫两次以上,或者窃取、抢夺、损毁、抛洒动植物检疫机关截留的《中华人民共和国禁止携带、邮寄进境的动植物及其产品名录》所列物品的;

(七)其他情节严重的情形。

第六节 破坏环境资源保护罪

第三百三十八条[1] **(刑八、刑十一)【污染环境罪】**违反国家规定[2],排放、倾倒或者处置有放射性的废物、含传染病病原体的废物、有毒物质[3]或者其他有害物质,严重污染环境[4]的,处三年以下有期徒刑或者拘役,并处或者单处罚金;情节严重[5]的,处三年以上七年以下有期徒刑,并处罚金;有下列情形之一[6]的,处七年以上有期徒刑,并处罚金:

(一)在饮用水水源保护区、自然保护地核心保护区等依法确定的重点保护区域排放、倾倒、处置有放射性的废物、含传染病病原体的废物、有毒物质,情节特别严重的;

(二)向国家确定的重要江河、湖泊水域排放、倾倒、处置有放射性的废物、含传染病病原体的废物、有毒物质,情节特别严重的;

(三)致使大量永久基本农田基本功能丧失或者遭受永久性破坏的;

(四)致使多人重伤、严重疾病,或者致人严重残疾、死亡的。

有前款行为,同时构成其他犯罪的,依照处罚较重的规定定罪处罚。

338-1　《最高人民法院、最高人民检察院关于办理环境污染刑事案件适用法律若干问题的解释》*（法释〔2023〕7号，2023年8月15日）

法释〔2023〕7号第五条　实施刑法第三百三十八条、第三百三十九条规定的犯罪行为，具有下列情形之一的，应当从重处罚：

（一）阻挠环境监督检查或者突发环境事件调查，尚不构成妨害公务等犯罪的；

（二）在医院、学校、居民区等人口集中地区及其附近，违反国家规定排放、倾倒、处置有放射性的废物、含传染病病原体的废物、有毒物质或者其他有害物质的；

（三）在突发环境事件处置期间或者被责令限期整改期间，违反国家规定排放、倾倒、处置有放射性的废物、含传染病病原体的废物、有毒物质或者其他有害物质的；

（四）具有危险废物经营许可证的企业违反国家规定排放、倾倒、处置有放射性的废物、含传染病病原体的废物、有毒物质或者其他有害物质的；

（五）实行排污许可重点管理的企业事业单位和其他生产经营者未依法取得排污许可证，排放、倾倒、处置有放射性的废物、含传染病病原体的废物、有毒物质或者其他有害物质的。

法释〔2023〕7号第六条　实施刑法第三百三十八条规定的行为，行为人认罪认罚，积极修复生态环境，有效合规整改的，可以从宽处罚；犯罪情节轻微的，可以不起诉或者免予刑事处罚；情节显著轻微危害不大的，不作为犯罪处理。

法释〔2023〕7号第七条　无危险废物经营许可证从事收集、贮存、利用、处置危险废物经营活动，严重污染环境的，按照污染环境罪定罪处罚；同时构成非法经营罪的，依照处罚较重的规定定罪处罚。

实施前款规定的行为，不具有超标排放污染物、非法倾倒污染物或者其他违法造成环境污染的情形的，可以认定为非法经营情节显著轻微危害不大，不认为是犯罪；构成生产、销售伪劣产品等其他犯罪的，以其他犯罪论处。

---

* 法释〔2023〕7号第二十条　本解释自2023年8月15日起施行。本解释施行后，《最高人民法院、最高人民检察院关于办理环境污染刑事案件适用法律若干问题的解释》（法释〔2016〕29号）同时废止；之前发布的司法解释与本解释不一致的，以本解释为准。

法释〔2023〕7号第八条　明知他人无危险废物经营许可证,向其提供或者委托其收集、贮存、利用、处置危险废物,严重污染环境的,以共同犯罪论处。

法释〔2023〕7号第九条　违反国家规定,排放、倾倒、处置含有毒害性、放射性、传染病病原体等物质的污染物,同时构成污染环境罪、非法处置进口的固体废物罪、投放危险物质罪等犯罪的,依照处罚较重的规定定罪处罚。

法释〔2023〕7号第十三条　单位实施本解释规定的犯罪的,依照本解释规定的定罪量刑标准,对直接负责的主管人员和其他直接责任人员定罪处罚,并对单位判处罚金。

法释〔2023〕7号第十四条　环境保护主管部门及其所属监测机构在行政执法过程中收集的监测数据,在刑事诉讼中可以作为证据使用。

公安机关单独或者会同环境保护主管部门,提取污染物样品进行检测获取的数据,在刑事诉讼中可以作为证据使用。

法释〔2023〕7号第十六条　对案件所涉的环境污染专门性问题难以确定的,依据鉴定机构出具的鉴定意见,或者国务院环境保护主管部门、公安部门指定的机构出具的报告,结合其他证据作出认定。

338-2　《环境保护法》(1989年12月26日通过,2014年4月24日修订,自2015年1月1日起施行,被称为"史上最严环保法")

338-3　法释〔2023〕7号第十七条　下列物质应当认定为刑法第三百三十八条规定的"有毒物质":

(一)危险废物,是指列入国家危险废物名录,或者根据国家规定的危险废物鉴别标准和鉴别方法认定的,具有危险特性的固体废物;

(二)《关于持久性有机污染物的斯德哥尔摩公约》附件所列物质;

(三)重金属含量超过国家或者地方污染物排放标准的污染物;

(四)其他具有毒性,可能污染环境的物质。

法释〔2023〕7号第十五条　对国家危险废物名录所列的废物,可以依据涉案物质的来源、产生过程、被告人供述、证人证言以及经批准或者备案的环境影响评价文件、排污许可证、排污登记表等证据,结合环境保护主管部门、公安机关等出具的书面意见作出认定。

对于危险废物的数量,依据案件事实,综合被告人供述,涉案企业的生产工艺、物耗、能耗情况,以及经批准或者备案的环境影响评价文件等证据作出认定。

338-4　法释〔2023〕7号第一条　实施刑法第三百三十八条规定

的行为，具有下列情形之一的，应当认定为“严重污染环境”：

（一）在饮用水水源保护区、自然保护地核心保护区等依法确定的重点保护区域排放、倾倒、处置有放射性的废物、含传染病病原体的废物、有毒物质的；

理解与适用：根据《国家危险废物名录》（2021 年版）的规定，废弃危险化学品（包括剧毒化学品、重点环境管理危险化学品）均属于危险废物，可以直接认定为有毒物质。

（二）非法排放、倾倒、处置危险废物三吨以上的；

（三）排放、倾倒、处置含铅、汞、镉、铬、砷、铊、锑的污染物，超过国家或者地方污染物排放标准三倍以上的；

理解与适用：超标 3 倍是指污染物排放标准 ×3 以上的浓度，如标准为 1 的，超过 3 即为超标。但是，对于处于临界点的案件宜慎重处理。其中，对于情节显著轻微社会危害不大的，可以适用《刑法》第十三条但书的规定出罪。

（四）排放、倾倒、处置含镍、铜、锌、银、钒、锰、钴的污染物，超过国家或者地方污染物排放标准十倍以上的；

（五）通过暗管、渗井、渗坑、裂隙、溶洞、灌注、非紧急情况下开启大气应急排放通道等逃避监管的方式排放、倾倒、处置有放射性的废物、含传染病病原体的废物、有毒物质的；

（六）二年内曾因在重污染天气预警期间，违反国家规定，超标排放二氧化硫、氮氧化物等实行排放总量控制的大气污染物受过二次以上行政处罚，又实施此类行为的；

（七）重点排污单位、实行排污许可重点管理的单位篡改、伪造自动监测数据或者干扰自动监测设施，排放化学需氧量、氨氮、二氧化硫、氮氧化物等污染物的；

理解与适用：该项只是要求“篡改、伪造自动监测数据或者干扰自动监测设施”的同时“排放化学需氧量、氨氮、二氧化硫、氮氧化物等污染物”，即行为人篡改、伪造自动监测数据或者干扰自动监测设施的同时还在排放上述污染物即可，并未要求超标排放。

（八）二年内曾因违反国家规定，排放、倾倒、处置有放射性的废物、含传染病病原体的废物、有毒物质受过二次以上行政处罚，又实施此类行为的；

（九）违法所得或者致使公私财产损失三十万元以上的；

（十）致使乡镇集中式饮用水水源取水中断十二小时以上的；

(十一)其他严重污染环境的情形。

法释〔2023〕7号第十九条　本解释所称"二年内",以第一次违法行为受到行政处罚的生效之日与又实施相应行为之日的时间间隔计算确定。

本解释所称"重点排污单位",是指设区的市级以上人民政府环境保护主管部门依法确定的应当安装、使用污染物排放自动监测设备的重点监控企业及其他单位。

本解释所称"违法所得",是指实施刑法第二百二十九条、第三百三十八条、第三百三十九条规定的行为所得和可得的全部违法收入。

本解释所称"公私财产损失",包括实施刑法第三百三十八条、第三百三十九条规定的行为直接造成财产损毁、减少的实际价值,为防止污染扩大、消除污染而采取必要合理措施所产生的费用,以及处置突发环境事件的应急监测费用。

本解释所称"无危险废物经营许可证",是指未取得危险废物经营许可证,或者超出危险废物经营许可证的经营范围。

338-5　法释〔2023〕7号第二条　实施刑法第三百三十八条规定的行为,具有下列情形之一的,应当认定为"情节严重":

(一)在饮用水水源保护区、自然保护地核心保护区等依法确定的重点保护区域排放、倾倒、处置有放射性的废物、含传染病病原体的废物、有毒物质,造成相关区域的生态功能退化或者野生生物资源严重破坏的;

(二)向国家确定的重要江河、湖泊水域排放、倾倒、处置有放射性的废物、含传染病病原体的废物、有毒物质,造成相关水域的生态功能退化或者水生生物资源严重破坏的;

(三)非法排放、倾倒、处置危险废物一百吨以上的;

(四)违法所得或者致使公私财产损失一百万元以上的;

(五)致使县级城区集中式饮用水水源取水中断十二小时以上的;

(六)致使永久基本农田、公益林地十亩以上,其他农用地二十亩以上,其他土地五十亩以上基本功能丧失或者遭受永久性破坏的;

(七)致使森林或者其他林木死亡五十立方米以上,或者幼树死亡二千五百株以上的;

(八)致使疏散、转移群众五千人以上的;

(九)致使三十人以上中毒的;

(十)致使一人以上重伤、严重疾病或者三人以上轻伤的;

（十一）其他情节严重的情形。

338-6　法释〔2023〕7号第三条　实施刑法第三百三十八条规定的行为，具有下列情形之一的，应当处七年以上有期徒刑，并处罚金：

（一）在饮用水水源保护区、自然保护地核心保护区等依法确定的重点保护区域排放、倾倒、处置有放射性的废物、含传染病病原体的废物、有毒物质，具有下列情形之一的：

1. 致使设区的市级城区集中式饮用水水源取水中断十二小时以上的；

2. 造成自然保护地主要保护的生态系统严重退化，或者主要保护的自然景观损毁的；

3. 造成国家重点保护的野生动植物资源或者国家重点保护物种栖息地、生长环境严重破坏的；

4. 其他情节特别严重的情形。

（二）向国家确定的重要江河、湖泊水域排放、倾倒、处置有放射性的废物、含传染病病原体的废物、有毒物质，具有下列情形之一的：

1. 造成国家确定的重要江河、湖泊水域生态系统严重退化的；

2. 造成国家重点保护的野生动植物资源严重破坏的；

3. 其他情节特别严重的情形。

（三）致使永久基本农田五十亩以上基本功能丧失或者遭受永久性破坏的；

（四）致使三人以上重伤、严重疾病，或者一人以上严重残疾、死亡的。

第三百三十九条[1]　**【非法处置进口的固体废物罪】**违反国家规定[2]，将境外的固体废物[3]进境倾倒、堆放、处置[4]的，处五年以下有期徒刑或者拘役，并处罚金；造成重大环境污染事故，致使公私财产遭受重大损失或者严重危害人体健康的，[5]处五年以上十年以下有期徒刑，并处罚金；后果特别严重的，处十年以上有期徒刑，并处罚金。

【擅自进口固体废物罪】未经国务院有关主管部门许可[*]，擅自

---

* 《刑法》第339条第2款规定的擅自进口固体废物罪，目前司法实践中已无适用空间。生态环境部、商务部、发展改革委、海关总署联合发布《关于全面禁止进口固体废物有关事项的公告》（公告2020年第53号）规定："禁止以任何方式进口固体废物，生态环境部停止受理和审批限制进口类可用作原料的固体废物进口许可证的申请。"今后相关固体废物在我国已不存在合法进口的问题。对于进口固体废物的行为，将以最高法定刑更重的走私废物罪论处。

进口固体废物用作原料,造成重大环境污染事故,致使公私财产遭受重大损失或者严重危害人体健康[6]的,处五年以下有期徒刑或者拘役,并处罚金;后果特别严重的,处五年以上十年以下有期徒刑,并处罚金。

(刑四)【走私废物罪】[*] 以原料利用[7]为名,进口不能用作原料的固体废物、液态废物和气态废物的,依照本法第一百五十二条第二款、第三款的规定定罪处罚。

339-1 《固体废物污染环境防治法》(2020年4月29日第二次修订,2020年9月1日实施)第二条 固体废物污染环境的防治适用本法。

固体废物污染海洋环境的防治和放射性固体废物污染环境的防治不适用本法。

《固体废物污染环境防治法》第一百二十五条 液态废物的污染防治,适用本法;但是,排入水体的废水的污染防治适用有关法律,不适用本法。

339-2 《固体废物污染环境防治法》第一百二十三条 违反本法规定,构成违反治安管理行为的,由公安机关依法给予治安管理处罚;构成犯罪的,依法追究刑事责任;造成人身、财产损害的,依法承担民事责任。

339-3 《固体废物污染环境防治法》第一百二十四条 本法下列用语的含义:

(一)固体废物,是指在生产、生活和其他活动中产生的丧失原有利用价值或者虽未丧失利用价值但被抛弃或者放弃的固态、半固态和置于容器中的气态的物品、物质以及法律、行政法规规定纳入固体废物管理的物品、物质。经无害化加工处理,并且符合强制性国家产品质量标准,不会危害公众健康和生态安全,或者根据固体废物鉴别标准和鉴别程序认定为不属于固体废物的除外。

339-4 《固体废物污染环境防治法》第一百二十四条 本法下列用语的含义:

---

* 原条文为:以原料利用为名,进口不能用作原料的固体废物的,依照本法第一百五十五条的规定定罪处罚。

（九）处置，是指将固体废物焚烧和用其他改变固体废物的物理、化学、生物特性的方法，达到减少已产生的固体废物数量、缩小固体废物体积、减少或者消除其危险成分的活动，或者将固体废物最终置于符合环境保护规定要求的填埋场的活动。

339-5　法释〔2023〕7号第四条　实施刑法第三百三十九条第一款规定的行为，具有下列情形之一的，应当认定为“致使公私财产遭受重大损失或者严重危害人体健康”：

（一）致使公私财产损失一百万元以上的；

（二）具有本解释第二条第五项至第十项规定情形之一的；

（三）其他致使公私财产遭受重大损失或者严重危害人体健康的情形。

339-6　《立案标准（一）》第六十二条　未经国务院有关主管部门许可，擅自进口固体废物作原料，造成重大环境污染事故，涉嫌下列情形之一的，应予立案追诉：

（一）致使公私财产损失三十万元以上的；

（二）致使基本农田、防护林地、特种用途林地五亩以上，其他农用地十亩以上，其他土地二十亩以上基本功能丧失或者遭受永久性破坏的；

（三）致使森林或者其他林木死亡五十立方米以上，或者幼树死亡二千五百株以上的；

（四）致使一人以上死亡、三人以上重伤、十人以上轻伤，或者一人以上重伤并且五人以上轻伤的；

（五）致使传染病发生、流行或者人员中毒达到《国家突发公共卫生事件应急预案》中突发公共卫生事件分级Ⅲ级以上情形，严重危害人体健康的；

（六）其他致使公私财产遭受重大损失或者严重危害人体健康的情形。

《立案标准（一）》第六十条第二款　本条和本规定第六十二条规定的“公私财产损失”，包括污染环境直接造成的财产损毁、减少的实际价值，为防止污染扩散以及消除污染而采取的必要的、合理的措施而发生的费用。

339-7　《固体废物污染环境防治法》第一百二十四条　本法下列用语的含义：

（八）利用，是指从固体废物中提取物质作为原材料或者燃料的活动。

第三百四十条 【非法捕捞水产品罪】违反保护水产资源法规,在禁渔区、禁渔期或者使用禁用的工具、方法捕捞水产品,情节严重[1]的,处三年以下有期徒刑、拘役、管制或者罚金。

340-1 《最高人民法院、最高人民检察院关于办理破坏野生动物资源刑事案件适用法律若干问题的解释》(法释〔2022〕12号,2022年4月9日)

法释〔2022〕12号第三条 在内陆水域,违反保护水产资源法规,在禁渔区、禁渔期或者使用禁用的工具、方法捕捞水产品,具有下列情形之一的,应当认定为刑法第三百四十条规定的"情节严重",以非法捕捞水产品罪定罪处罚:

(一)非法捕捞水产品五百公斤以上或者价值一万元以上的;

(二)非法捕捞有重要经济价值的水生动物苗种、怀卵亲体或者在水产种质资源保护区内捕捞水产品五十公斤以上或者价值一千元以上的;

(三)在禁渔区使用电鱼、毒鱼、炸鱼等严重破坏渔业资源的禁用方法或者禁用工具捕捞的;

(四)在禁渔期使用电鱼、毒鱼、炸鱼等严重破坏渔业资源的禁用方法或者禁用工具捕捞的;

(五)其他情节严重的情形。

实施前款规定的行为,具有下列情形之一的,从重处罚:

(一)暴力抗拒、阻碍国家机关工作人员依法履行职务,尚未构成妨害公务罪、袭警罪的;

(二)二年内曾因破坏野生动物资源受过行政处罚的;

(三)对水生生物资源或者水域生态造成严重损害的;

(四)纠集多条船只非法捕捞的;

(五)以非法捕捞为业的。

实施第一款规定的行为,根据渔获物的数量、价值和捕捞方法、工具等,认为对水生生物资源危害明显较轻的,综合考虑行为人自愿接受行政处罚、积极修复生态环境等情节,可以认定为犯罪情节轻微,不起诉或者免予刑事处罚;情节显著轻微危害不大的,不作为犯罪处理。

第三百四十一条[1] 【危害珍贵、濒危野生动物罪】非法猎捕、杀害国家重点保护的珍贵、濒危野生动物[2]的,或者非法收购、运输、出售[3]国家重点保护的珍贵、濒危野生动物及其制品的,处五年以下有期徒刑或者拘役，并处罚金；情节严重[4]的，处五年以上十年以下有期徒刑，并处罚金；情节特别严重的，处十年以上有期徒刑，并处罚金或者没收财产。

【非法狩猎罪】违反狩猎法规，在禁猎区、禁猎期或者使用禁用的工具、方法进行狩猎，破坏野生动物资源，情节严重[5]的，处三年以下有期徒刑、拘役、管制或者罚金。

（刑十一）【非法猎捕、收购、运输、出售陆生野生动物罪】违反野生动物保护管理法规，以食用为目的[6]非法猎捕、收购、运输、出售第一款规定以外的在野外环境自然生长繁殖的陆生野生动物，情节严重[7]的，依照前款的规定处罚。

341-1　《最高人民法院、最高人民检察院关于办理破坏野生动物资源刑事案件适用法律若干问题的解释》（法释〔2022〕12 号，2022 年 4 月 9 日）*

法释〔2022〕12 号第十条　负有野生动物保护和进出口监督管理职责的国家机关工作人员，滥用职权或者玩忽职守，致使公共财产、国家和人民利益遭受重大损失的，应当依照刑法第三百九十七条的规定，以滥用职权罪或者玩忽职守罪追究刑事责任。

负有查禁破坏野生动物资源犯罪活动职责的国家机关工作人员，向犯罪分子通风报信、提供便利，帮助犯罪分子逃避处罚的，应当依照刑法第四百一十七条的规定，以帮助犯罪分子逃避处罚罪追究刑事责任。

法释〔2022〕12 号第十二条　二次以上实施本解释规定的行为构成犯罪，依法应当追诉的，或者二年内实施本解释规定的行为未经处理的，数量、数额累计计算。

法释〔2022〕12 号第十八条　餐饮公司、渔业公司等单位实施破坏野生动物资源犯罪的，依照本解释规定的相应自然人犯罪的定罪量刑标准，对直接负责的主管人员和其他直接责任人员定罪处罚，并对单位判处罚金。

法释〔2022〕12 号第十九条　在海洋水域，非法捕捞水产品，非法采捕珊瑚、砗磲或者其他珍贵、濒危水生野生动物，或者非法收购、运

---

* 法释〔2022〕12 号第二十条　本解释自 2022 年 4 月 9 日起施行。本解释公布施行后，《最高人民法院关于审理破坏野生动物资源刑事案件具体应用法律若干问题的解释》（法释〔2000〕37 号）同时废止；之前发布的司法解释与本解释不一致的，以本解释为准。

输、出售珊瑚、砗磲或者其他珍贵、濒危水生野生动物及其制品的,定罪量刑标准适用《最高人民法院关于审理发生在我国管辖海域相关案件若干问题的规定(二)》(法释〔2016〕17 号)的相关规定。

341-2 1.《野生动物保护法》(2022 年 12 月 30 日第二次修订,2023 年 5 月 1 日实施)第一条　为了保护野生动物,拯救珍贵、濒危野生动物,维护生物多样性和生态平衡,推进生态文明建设,促进人与自然和谐共生,制定本法。

第二条　在中华人民共和国领域及管辖的其他海域,从事野生动物保护及相关活动,适用本法。

本法规定保护的野生动物,是指珍贵、濒危的陆生、水生野生动物和有重要生态、科学、社会价值的陆生野生动物。

本法规定的野生动物及其制品,是指野生动物的整体(含卵、蛋)、部分及衍生物。

珍贵、濒危的水生野生动物以外的其他水生野生动物的保护,适用《中华人民共和国渔业法》等有关法律的规定。

第十条　国家对野生动物实行分类分级保护。

国家对珍贵、濒危的野生动物实行重点保护。国家重点保护的野生动物分为一级保护野生动物和二级保护野生动物。国家重点保护野生动物名录,由国务院野生动物保护主管部门组织科学论证评估后,报国务院批准公布。

有重要生态、科学、社会价值的陆生野生动物名录,由国务院野生动物保护主管部门征求国务院农业农村、自然资源、科学技术、生态环境、卫生健康等部门意见,组织科学论证评估后制定并公布。

地方重点保护野生动物,是指国家重点保护野生动物以外,由省、自治区、直辖市重点保护的野生动物。地方重点保护野生动物名录,由省、自治区、直辖市人民政府组织科学论证评估,征求国务院野生动物保护主管部门意见后制定、公布。

对本条规定的名录,应当每五年组织科学论证评估,根据论证评估情况进行调整,也可以根据野生动物保护的实际需要及时进行调整。

2. 法释〔2022〕12 号第四条　刑法第三百四十一条第一款规定的"国家重点保护的珍贵、濒危野生动物"包括:

(一)列入《国家重点保护野生动物名录》的野生动物;

(二)经国务院野生动物保护主管部门核准按照国家重点保护的野生动物管理的野生动物。

法释〔2022〕12号第十七条　对于涉案动物的种属类别、是否系人工繁育，非法捕捞、狩猎的工具、方法，以及对野生动物资源的损害程度等专门性问题，可以由野生动物保护主管部门、侦查机关依据现场勘验、检查笔录等出具认定意见；难以确定的，依据司法鉴定机构出具的鉴定意见、本解释第十六条所列机构出具的报告，被告人及其辩护人提供的证据材料，结合其他证据材料综合审查，依法作出认定。

法释〔2022〕12号第十三条　实施本解释规定的相关行为，在认定是否构成犯罪以及裁量刑罚时，应当考虑涉案动物是否系人工繁育、物种的濒危程度、野外存活状况、人工繁育情况、是否列入人工繁育国家重点保护野生动物名录，行为手段、对野生动物资源的损害程度，以及对野生动物及其制品的认知程度等情节，综合评估社会危害性，准确认定是否构成犯罪，妥当裁量刑罚，确保罪责刑相适应；根据本解释的规定定罪量刑明显过重的，可以根据案件的事实、情节和社会危害程度，依法作出妥当处理。

涉案动物系人工繁育，具有下列情形之一的，对所涉案件一般不作为犯罪处理；需要追究刑事责任的，应当依法从宽处理：

（一）列入人工繁育国家重点保护野生动物名录的；

（二）人工繁育技术成熟、已成规模，作为宠物买卖、运输的。

341-3　法释〔2022〕12号第五条　刑法第三百四十一条第一款规定的"收购"包括以营利、自用等为目的的购买行为；"运输"包括采用携带、邮寄、利用他人、使用交通工具等方法进行运送的行为；"出售"包括出卖和以营利为目的的加工利用行为。

刑法第三百四十一条第三款规定的"收购""运输""出售"，是指以食用为目的，实施前款规定的相应行为。

341-4　法释〔2022〕12号第六条　非法猎捕、杀害国家重点保护的珍贵、濒危野生动物，或者非法收购、运输、出售国家重点保护的珍贵、濒危野生动物及其制品，价值二万元以上不满二十万元的，应当依照刑法第三百四十一条第一款的规定，以危害珍贵、濒危野生动物罪处五年以下有期徒刑或者拘役，并处罚金；价值二十万元以上不满二百万元的，应当认定为"情节严重"，处五年以上十年以下有期徒刑，并处罚金；价值二百万元以上的，应当认定为"情节特别严重"，处十年以上有期徒刑，并处罚金或者没收财产。

实施前款规定的行为，具有下列情形之一的，从重处罚：

（一）属于犯罪集团的首要分子的；

(二)为逃避监管,使用特种交通工具实施的;

(三)严重影响野生动物科研工作的;

(四)二年内曾因破坏野生动物资源受过行政处罚的。

实施第一款规定的行为,不具有第二款规定的情形,且未造成动物死亡或者动物、动物制品无法追回,行为人全部退赃退赔,确有悔罪表现的,按照下列规定处理*:

(一)珍贵、濒危野生动物及其制品价值二百万元以上的,可以认定为"情节严重",处五年以上十年以下有期徒刑,并处罚金;

(二)珍贵、濒危野生动物及其制品价值二十万元以上不满二百万元的,可以处五年以下有期徒刑或者拘役,并处罚金;

(三)珍贵、濒危野生动物及其制品价值二万元以上不满二十万元的,可以认定为犯罪情节轻微,不起诉或者免予刑事处罚;情节显著轻微危害不大的,不作为犯罪处理。

法释〔2022〕12号第十四条　对于实施本解释规定的相关行为被不起诉或者免予刑事处罚的行为人,依法应当给予行政处罚、政务处分或者其他处分的,依法移送有关主管机关处理。

法释〔2022〕12号第十五条　对于涉案动物及其制品的价值,应当根据下列方法确定:

(一)对于国家禁止进出口的珍贵动物及其制品、国家重点保护的珍贵、濒危野生动物及其制品的价值,根据国务院野生动物保护主管部门制定的评估标准和方法核算;

(二)对于有重要生态、科学、社会价值的陆生野生动物、地方重点保护野生动物、其他野生动物及其制品的价值,根据销赃数额认定;无销赃数额、销赃数额难以查证或者根据销赃数额认定明显偏低的,根据市场价格核算,必要时,也可以参照相关评估标准和方法核算。

法释〔2022〕12号第十六条　根据本解释第十五条规定难以确定涉案动物及其制品价值的,依据司法鉴定机构出具的鉴定意见,或者下列机构出具的报告,结合其他证据作出认定:

(一)价格认证机构出具的报告;

(二)国务院野生动物保护主管部门、国家濒危物种进出口管理机构或者海关总署等指定的机构出具的报告;

---

* 本款是对本罪三个量刑档的减轻处罚的统一规定。

（三）地、市级以上人民政府野生动物保护主管部门、国家濒危物种进出口管理机构的派出机构或者直属海关等出具的报告。

341-5　法释〔2022〕12号第七条　违反狩猎法规，在禁猎区、禁猎期或者使用禁用的工具、方法进行狩猎，破坏野生动物资源，具有下列情形之一的，应当认定为刑法第三百四十一条第二款规定的“情节严重”，以非法狩猎罪定罪处罚：

（一）非法猎捕野生动物价值一万元以上的；

（二）在禁猎区使用禁用的工具或者方法狩猎的；

（三）在禁猎期使用禁用的工具或者方法狩猎的；

（四）其他情节严重的情形。

实施前款规定的行为，具有下列情形之一的，从重处罚：

（一）暴力抗拒、阻碍国家机关工作人员依法履行职务，尚未构成妨害公务罪、袭警罪的；

（二）对野生动物资源或者栖息地生态造成严重损害的；

（三）二年内曾因破坏野生动物资源受过行政处罚的。

实施第一款规定的行为，根据猎获物的数量、价值和狩猎方法、工具等，认为对野生动物资源危害明显较轻的，综合考虑猎捕的动机、目的、行为人自愿接受行政处罚、积极修复生态环境等情节，可以认定为犯罪情节轻微，不起诉或者免予刑事处罚；情节显著轻微危害不大的，不作为犯罪处理。

341-6　法释〔2022〕12号第十一条　对于“以食用为目的”，应当综合涉案动物及其制品的特征，被查获的地点，加工、包装情况，以及可以证明来源、用途的标识、证明等证据作出认定。

实施本解释规定的相关行为，具有下列情形之一的，可以认定为“以食用为目的”：

（一）将相关野生动物及其制品在餐饮单位、饮食摊点、超市等场所作为食品销售或者运往上述场所的；

（二）通过包装、说明书、广告等介绍相关野生动物及其制品的食用价值或者方法的；

（三）其他足以认定以食用为目的的情形。

341-7　法释〔2022〕12号第八条　违反野生动物保护管理法规，以食用为目的，非法猎捕、收购、运输、出售刑法第三百四十一条第一款规定以外的在野外环境自然生长繁殖的陆生野生动物，具有下列情形之一的，应当认定为刑法第三百四十一条第三款规定的“情节严重”，

以非法猎捕、收购、运输、出售陆生野生动物罪定罪处罚:

(一)非法猎捕、收购、运输、出售有重要生态、科学、社会价值的陆生野生动物或者地方重点保护陆生野生动物价值一万元以上的;

(二)非法猎捕、收购、运输、出售第一项规定以外的其他陆生野生动物价值五万元以上的;

(三)其他情节严重的情形。

实施前款规定的行为,同时构成非法狩猎罪的,应当依照刑法第三百四十一条第三款的规定,以非法猎捕陆生野生动物罪定罪处罚。

第三百四十二条[1]* **(刑二)【非法占用农用地罪】**违反土地管理法规[2],非法占用耕地、林地等农用地[3],改变被占用土地用途[4],数量较大[5],造成耕地、林地等农用地大量毁坏[6]的,处五年以下有期徒刑或者拘役,并处或者单处罚金。

342-1 《最高人民法院关于审理破坏森林资源刑事案件适用法律若干问题的解释》**(法释〔2023〕8号,2023年8月15日)第十三条 单位犯刑法第三百四十二条、第三百四十四条、第三百四十五条规定之罪的,依照本解释规定的相应自然人犯罪的定罪量刑标准,对直接负责的主管人员和其他直接责任人员定罪处罚,并对单位判处罚金。

342-2 《全国人民代表大会常务委员会关于〈中华人民共和国刑法〉第二百二十八条、第三百四十二条、第四百一十条的解释》(2009年8月27日) 刑法第二百二十八条、第三百四十二条、第四百一十条规定的"违反土地管理法规",是指违反土地管理法、森林法、草原法等法律以及有关行政法规中关于土地管理的规定。

342-3 《最高人民法院关于审理破坏草原资源刑事案件应用法律若干问题的解释》(法释〔2012〕15号,2012年11月22日)第七条 本

---

* 原条文为:违反土地管理法规,非法占用耕地改作他用,数量较大,造成耕地大量毁坏的,处五年以下有期徒刑或者拘役,并处或者单处罚金。

** 法释〔2023〕8号第二十条 本解释自2023年8月15日起施行。本解释施行后,《最高人民法院关于滥伐自己所有权的林木其林木应如何处理的问题的批复》(法复〔1993〕5号)、《最高人民法院关于审理破坏森林资源刑事案件具体应用法律若干问题的解释》(法释〔2000〕36号)、《最高人民法院关于在林木采伐许可证规定的地点以外采伐本单位或者本人所有的森林或者其他林木的行为如何适用法律问题的批复》(法释〔2004〕3号)、《最高人民法院关于审理破坏林地资源刑事案件具体应用法律若干问题的解释》(法释〔2005〕15号)同时废止;之前发布的司法解释与本解释不一致的,以本解释为准。

解释所称“草原”,是指天然草原和人工草地,天然草原包括草地、草山和草坡,人工草地包括改良草地和退耕还草地,不包括城镇草地。

342-4　刘强非法占用农用地案(检例第60号)

要旨　行为人违反土地管理法规,在耕地上建设“大棚房”“生态园”“休闲农庄”等,非法占用耕地数量较大,造成耕地等农用地大量毁坏的,应当以非法占用农用地罪追究实际建设者、经营者的刑事责任。

342-5　**1.**《立案标准(一)》第六十七条第一款　违反土地管理法规,非法占用耕地、林地等农用地,改变被占用土地用途,造成耕地、林地等农用地大量毁坏,涉嫌下列情形之一的,应予立案追诉:

(一)非法占用基本农田五亩以上或者基本农田以外的耕地十亩以上的;

(二)非法占用防护林地或者特种用途林地数量单种或者合计五亩以上的;

(三)非法占用其他林地十亩以上的;

(四)非法占用本款第(二)项、第(三)项规定的林地,其中一项数量达到相应规定的数量标准的百分之五十以上,且两项数量合计达到该项规定的数量标准的;

(五)非法占用其他农用地数量较大的情形。

2. 法释〔2023〕8号第一条第二款　实施前款规定的行为,具有下列情形之一的,应当认定为刑法第三百四十二条规定的“数量较大,造成耕地、林地等农用地大量毁坏”:

(一)非法占用并毁坏公益林地五亩以上的;

(二)非法占用并毁坏商品林地十亩以上的;

(三)非法占用并毁坏的公益林地、商品林地数量虽未分别达到第一项、第二项规定标准,但按相应比例折算合计达到有关标准的;

(四)二年内曾因非法占用农用地受过二次以上行政处罚,又非法占用林地,数量达到第一项至第三项规定标准一半以上的。

法释〔2023〕8号第九条　多次实施本解释规定的行为,未经处理,且依法应当追诉的,数量、数额累计计算。

3. 法释〔2012〕15号第二条第一款　非法占用草原,改变被占用草原用途,数量在二十亩以上的,或者曾因非法占用草原受过行政处罚,在三年内又非法占用草原,改变被占用草原用途,数量在十亩以上的,应当认定为刑法第三百四十二条规定的“数量较大”。

342-6　**1.** 法释〔2023〕8号第一条第一款　违反土地管理法规,非

法占用林地,改变被占用林地用途,具有下列情形之一的,应当认定为刑法第三百四十二条规定的造成林地"毁坏":

(一)在林地上实施建窑、建坟、建房、修路、硬化等工程建设的;

(二)在林地上实施采石、采砂、采土、采矿等活动的;

(三)在林地上排放污染物、堆放废弃物或者进行非林业生产、建设,造成林地被严重污染或者原有植被、林业生产条件被严重破坏的。

2.《立案标准(一)》第六十七条第二款　违反土地管理法规,非法占用耕地建窑、建坟、建房、挖沙、采石、采矿、取土、堆放固体废弃物或者进行其他非农业建设,造成耕地种植条件严重毁坏或者严重污染,被毁坏耕地数量达到以上规定的,属于本条规定的"造成耕地大量毁坏"。

3. 法释〔2012〕15号第一条　违反草原法等土地管理法规,非法占用草原,改变被占用草原用途,数量较大,造成草原大量毁坏的,依照刑法第三百四十二条的规定,以非法占用农用地罪定罪处罚。

法释〔2012〕15号第二条第二款　非法占用草原,改变被占用草原用途,数量较大,具有下列情形之一的,应当认定为刑法第三百四十二条规定的"造成耕地、林地等农用地大量毁坏":

(一)开垦草原种植粮食作物、经济作物、林木的;

(二)在草原上建窑、建房、修路、挖砂、采石、采矿、取土、剥取草皮的;

(三)在草原上堆放或者排放废弃物,造成草原的原有植被严重毁坏或者严重污染的;

(四)违反草原保护、建设、利用规划种植牧草和饲料作物,造成草原沙化或者水土严重流失的;

(五)其他造成草原严重毁坏的情形。

第三百四十二条之一　(刑十一)【破坏自然保护地罪】违反自然保护地管理法规,在国家公园、国家级自然保护区进行开垦、开发活动或者修建建筑物,造成严重后果或者有其他恶劣情节的,处五年以下有期徒刑或者拘役,并处或者单处罚金。

有前款行为,同时构成其他犯罪的,依照处罚较重的规定定罪处罚。

第三百四十三条[1]　(刑八)【非法采矿罪】违反矿产资源法的规

定[2],未取得采矿许可证[3]擅自采矿,擅自进入国家规划矿区、对国民经济具有重要价值的矿区和他人矿区范围采矿,或者擅自开采国家规定实行保护性开采的特定矿种[4],情节严重[5]的,处三年以下有期徒刑、拘役或者管制,并处或者单处罚金[6];情节特别严重的[7],处三年以上七年以下有期徒刑,并处罚金。

【破坏性采矿罪】违反矿产资源法的规定,采取破坏性的开采方法开采矿产资源,造成矿产资源严重破坏的[8],处五年以下有期徒刑或者拘役,并处罚金。

343-1 1.《最高人民法院、最高人民检察院关于办理非法采矿、破坏性采矿刑事案件适用法律若干问题的解释》*(法释〔2016〕25号,2016年12月1日)

法释〔2016〕25号第七条 明知是犯罪所得的矿产品及其产生的收益,而予以窝藏、转移、收购、代为销售或者以其他方法掩饰、隐瞒的,依照刑法第三百一十二条的规定,以掩饰、隐瞒犯罪所得、犯罪所得收益罪定罪处罚。

实施前款规定的犯罪行为,事前通谋的,以共同犯罪论处。

法释〔2016〕25号第九条 单位犯刑法第三百四十三条规定之罪的,依照本解释规定的相应自然人犯罪的定罪量刑标准,对直接负责的主管人员和其他直接责任人员定罪处罚,并对单位判处罚金。

法释〔2016〕25号第十二条 对非法采矿、破坏性采矿犯罪的违法所得及其收益,应当依法追缴或者责令退赔。

对用于非法采矿、破坏性采矿犯罪的专门工具和供犯罪所用的本人财物,应当依法没收。

法释〔2016〕25号第十四条 对案件所涉的有关专门性问题难以确定的,依据下列机构出具的鉴定意见或者报告,结合其他证据作出认定:

(一)司法鉴定机构就生态环境损害出具的鉴定意见;

(二)省级以上人民政府国土资源主管部门就造成矿产资源破坏的价值、是否属于破坏性开采方法出具的报告;

---

* 法释〔2016〕25号第十六条 本解释自2016年12月1日起施行。本解释施行后,《最高人民法院关于审理非法采矿、破坏性采矿刑事案件具体应用法律若干问题的解释》(法释〔2003〕9号)同时废止。

(三)省级以上人民政府水行政主管部门或者国务院水行政主管部门在国家确定的重要江河、湖泊设立的流域管理机构就是否危害防洪安全出具的报告;

(四)省级以上人民政府海洋主管部门就是否造成海岸线严重破坏出具的报告。

法释〔2016〕25号第十五条 各省、自治区、直辖市高级人民法院、人民检察院,可以根据本地区实际情况,在本解释第三条、第六条规定的数额幅度内,确定本地区执行的具体数额标准,报最高人民法院、最高人民检察院备案。

2.《最高人民法院关于充分发挥环境资源审判职能作用依法惩处盗采矿产资源犯罪的意见》(法发〔2022〕19号,2022年7月1日) 二、正确适用法律,充分发挥依法惩处盗采矿产资源犯罪的职能作用 12.准确理解和把握法律关于共同犯罪的规定,对明知他人盗采矿产资源,而为其提供重要资金、工具、技术、单据、证明、手续等便利条件或者居间联络,结合全案证据可以认定为形成通谋的,以共同犯罪论处。

13.正确理解和适用《解释》第十二条规定,加强涉案财物处置力度。对盗采矿产资源犯罪的违法所得及其收益,用于盗采矿产资源犯罪的专门工具和供犯罪所用的本人财物,坚决依法追缴、责令退赔或者没收。对在盗采、运输、销赃等环节使用的机械设备、车辆、船舶等大型工具,要综合考虑案件的具体事实、情节及工具的属性、权属等因素,依法妥善认定是否用于盗采矿产资源犯罪的专门工具。

343-2 法释〔2016〕25号第一条 违反《中华人民共和国矿产资源法》《中华人民共和国水法》等法律、行政法规有关矿产资源开发、利用、保护和管理的规定的,应当认定为刑法第三百四十三条规定的“违反矿产资源法的规定”。

343-3 **1.**法释〔2016〕25号第二条 具有下列情形之一的,应当认定为刑法第三百四十三条第一款规定的“未取得采矿许可证”:

(一)无许可证的;

(二)许可证被注销、吊销、撤销的;

(三)超越许可证规定的矿区范围或者开采范围的;

(四)超出许可证规定的矿种的(共生、伴生矿种除外);

(五)其他未取得许可证的情形。

法释〔2016〕25号第四条 在河道管理范围内采砂,具有下列情形之一,符合刑法第三百四十三条第一款和本解释第二条、第三条规定的，以非法采矿罪定罪处罚：

（一）依据相关规定应当办理河道采砂许可证，未取得河道采砂许可证的；

（二）依据相关规定应当办理河道采砂许可证和采矿许可证，既未取得河道采砂许可证，又未取得采矿许可证的。

实施前款规定行为，虽不具有本解释第三条第一款规定的情形，但严重影响河势稳定，危害防洪安全的，应当认定为刑法第三百四十三条第一款规定的“情节严重”。

法释〔2016〕25号第五条　未取得海砂开采海域使用权证，且未取得采矿许可证，采挖海砂，符合刑法第三百四十三条第一款和本解释第二条、第三条规定的，以非法采矿罪定罪处罚。

实施前款规定行为，虽不具有本解释第三条第一款规定的情形，但造成海岸线严重破坏的，应当认定为刑法第三百四十三条第一款规定的“情节严重”。

2. 法发〔2022〕19号　二、正确适用法律，充分发挥依法惩处盗采矿产资源犯罪的职能作用　6. 正确理解和适用《解释》第二条、第四条第一款、第五条第一款规定，准确把握盗采矿产资源行为入罪的前提条件。对是否构成“未取得采矿许可证”情形，要在综合考量案件具体事实、情节的基础上依法认定。

343-4　理解与适用：根据《矿产资源法》第17条的规定，国家对国家规划矿区、对国民经济具有重要价值的矿区和国家规定实行保护性开采的特定矿种，实行有计划的开采；未经国务院有关主管部门批准，任何单位和个人不得开采。根据《矿产资源法实施细则》第6条的规定，对“两矿区一矿种”的范围应作如下把握：(1)国家规划矿区，是指国家根据建设规划和矿产资源规划，为建设大、中型矿山划定的矿产资源分布区域。(2)对国民经济具有重要价值的矿区，是指国家根据国民经济发展需要划定的，尚未列入国家建设规划的，储量大、质量好、具有开发前景的矿产资源保护区域。(3)国家规定实行保护性开采的特定矿种，是指国务院根据国民经济建设和高科技发展的需要，以及资源稀缺、贵重程度确定的，由国务院有关主管部门按照国家计划批准开采的矿种。根据有关规定，具体包括黄金、钨、锡、锑、离子型稀土。

343-5　1. 法释〔2016〕25号第三条第一款　实施非法采矿行为，

具有下列情形之一的*,应当认定为刑法第三百四十三条第一款规定的“情节严重”:

(一)开采的矿产品价值或者造成矿产资源破坏的价值在十万元至三十万元以上的;

(二)在国家规划矿区、对国民经济具有重要价值的矿区采矿,开采国家规定实行保护性开采的特定矿种,或者在禁采区、禁采期内采矿,开采的矿产品价值或者造成矿产资源破坏的价值在五万元至十五万元以上的;

(三)二年内曾因非法采矿受过两次以上行政处罚,又实施非法采矿行为的;

(四)造成生态环境严重损害的;

(五)其他情节严重的情形。

法释〔2016〕25号第八条　多次非法采矿、破坏性采矿构成犯罪,依法应当追诉的,或者二年内多次非法采矿、破坏性采矿未经处理的,价值数额累计计算。

理解与适用:对于矿产资源犯罪的价值数额累计应当区分情况处理:(1)二年内多次非法采矿或者破坏性采矿未经处理的,价值数额累计计算。对于实施非法采矿、破坏性采矿违法行为,每次均未达到定罪量刑标准,如果未经处理的,应当以二年为限进行累计计算,如果累计数额构成犯罪的,则应当依法定罪处罚。(2)多次非法采矿或者破坏性采矿构成犯罪,依法应当追诉的,价值数额累计计算。也就是说,此种情形的数额累计不受二年的限制,而应当适用犯罪追诉期限的规定。

法释〔2016〕25号第十条　实施非法采矿犯罪,不属于“情节特别严重”,或者实施破坏性采矿犯罪,行为人系初犯,全部退赃退赔,积极修复环境,并确有悔改表现的,可以认定为犯罪情节轻微,不起诉或者免予刑事处罚。

法释〔2016〕25号第十一条　对受雇佣为非法采矿、破坏性采矿犯罪提供劳务的人员,除参与利润分成或者领取高额固定工资的以外,一般不以犯罪论处,但曾因非法采矿、破坏性采矿受过处罚的除外。

法释〔2016〕25号第十三条　非法开采的矿产品价值,根据销赃数额认定;无销赃数额,销赃数额难以查证,或者根据销赃数额认定明显

---

* 《立案标准(一)的补充规定》第十一条规定的对《立案标准(一)》第六十八条的修改与本条内容一致,故从略。

不合理的,根据矿产品价格和数量认定。

矿产品价值难以确定的,依据下列机构出具的报告,结合其他证据作出认定:

(一)价格认证机构出具的报告;

(二)省级以上人民政府国土资源、水行政、海洋等主管部门出具的报告;

(三)国务院水行政主管部门在国家确定的重要江河、湖泊设立的流域管理机构出具的报告。

2. 法发〔2022〕19号　二、正确适用法律,充分发挥依法惩处盗采矿产资源犯罪的职能作用　8. 充分关注和考虑实施盗采矿产资源行为对生态环境的影响,加强生态环境保护力度。对具有破坏生态环境情节但非依据生态环境损害严重程度确定法定刑幅度的,要酌情从重处罚。盗采行为人积极修复生态环境、赔偿损失的,可以依法从轻或者减轻处罚;符合《解释》第十条规定的,可以免予刑事处罚。

9. 正确理解和适用《解释》第十三条规定,准确把握矿产品价值认定规则。为获取非法利益而对矿产品进行加工、保管、运输的,其成本支出一般不从销赃数额中扣除。销赃数额与评估、鉴定的矿产品价值不一致的,要结合案件的具体事实、情节作出合理认定。

11. 准确理解和把握刑法第七十二条规定,依法正确适用缓刑。对盗采矿产资源犯罪分子具有"涉黑""涉恶"或者属于"沙霸""矿霸",曾因非法采矿或者破坏性采矿受过刑事处罚,与国家工作人员相互勾结实施犯罪或者以行贿等非法手段逃避监管,毁灭、伪造、隐藏证据或者转移财产逃避责任,或者数罪并罚等情形的,要从严把握缓刑适用。依法宣告缓刑的,可以根据犯罪情况,同时禁止犯罪分子在缓刑考验期限内从事与开采矿产资源有关的特定活动。

343-6　法发〔2022〕19号　二、正确适用法律,充分发挥依法惩处盗采矿产资源犯罪的职能作用　10. 依法用足用好罚金刑,提高盗采矿产资源犯罪成本,要综合考虑矿产品价值或者造成矿产资源破坏的价值、生态环境损害程度、社会影响等情节决定罚金数额。法律、行政法规对同类盗采矿产资源行为行政罚款标准有规定的,决定罚金数额时可以参照行政罚款标准。盗采行为人就同一事实已经支付了生态环境损害赔偿金、修复费用的,决定罚金数额时可予酌情考虑,但不能直接抵扣。

343-7　法释〔2016〕25号第三条第二款　实施非法采矿行为,具

有下列情形之一的,应当认定为刑法第三百四十三条第一款规定的“情节特别严重”:

(一)数额达到前款第一项、第二项规定标准五倍以上的;

(二)造成生态环境特别严重损害的;

(三)其他情节特别严重的情形。

343-8 法释〔2016〕25号第六条 造成矿产资源破坏的价值在五十万元至一百万元以上,或者造成国家规划矿区、对国民经济具有重要价值的矿区和国家规定实行保护性开采的特定矿种资源破坏的价值在二十五万元至五十万元以上的,应当认定为刑法第三百四十三条第二款规定的“造成矿产资源严重破坏”。

第三百四十四条* **(刑四)【危害国家重点保护植物罪】**违反国家规定,非法采伐、毁坏珍贵树木[1]或者国家重点保护的其他植物[2]的,**或者非法收购、运输、加工、出售珍贵树木或者国家重点保护的其他植物及其制品的,处三年以下有期徒刑、拘役或者管制,并处罚金;情节严重[3]的,处三年以上七年以下有期徒刑,并处罚金。

344-1 《最高人民法院关于审理破坏森林资源刑事案件适用法律若干问题的解释》(法释〔2023〕8号,2023年8月15日)第二条第三款 违反国家规定,非法采伐、毁坏古树名木,或者非法收购、运输、加工、出售明知是非法采伐、毁坏的古树名木及其制品,涉案树木未列入《国家重点保护野生植物名录》的,根据涉案树木的树种、树龄以及历史、文化价值等因素,综合评估社会危害性,依法定罪处罚。

344-2 **1.**《最高人民法院、最高人民检察院关于适用〈中华人民共和国刑法〉第三百四十四条有关问题的批复》(法释〔2020〕2号,2020年3月21日)

一、古树名木以及列入《国家重点保护野生植物名录》的野生植物,属于刑法第三百四十四条规定的“珍贵树木或者国家重点保护的

---

* 《刑法修正案(四)》颁布之前的表述:违反森林法的规定,非法采伐、毁坏珍贵树木的,处三年以下有期徒刑、拘役或者管制,并处罚金;情节严重的,处三年以上七年以下有期徒刑,并处罚金。

** 这一修正,将保护的范围扩大到国家重点保护的草本植物及其制品,因为这些植物的价值并不低于珍贵树木。此外,将犯罪行为扩大到非法收购、运输、加工、出售。因为正是这些行为直接刺激了采伐和毁坏,如果不对这些行为加大打击力度,就无法遏制非法采伐和毁坏行为。

其他植物”。

二、根据《中华人民共和国野生植物保护条例》的规定，野生植物限于原生地天然生长的植物。人工培育的植物，除古树名木外，不属于刑法第三百四十四条规定的“珍贵树木或者国家重点保护的其他植物”。非法采伐、毁坏或者非法收购、运输人工培育的植物（古树名木除外），构成盗伐林木罪、滥伐林木罪、非法收购、运输盗伐、滥伐的林木罪等犯罪的，依照相关规定追究刑事责任。

三、对于非法移栽珍贵树木或者国家重点保护的其他植物，依法应当追究刑事责任的，依照刑法第三百四十四条的规定，以非法采伐国家重点保护植物罪定罪处罚。

鉴于移栽在社会危害程度上与砍伐存在一定差异，对非法移栽珍贵树木或者国家重点保护的其他植物的行为，在认定是否构成犯罪以及裁量刑罚时，应当考虑植物的珍贵程度、移栽目的、移栽手段、移栽数量、对生态环境的损害程度等情节，综合评估社会危害性，确保罪责刑相适应。

四、本批复自2020年3月21日起施行，之前发布的司法解释与本批复不一致的，以本批复为准。

2. 法释〔2023〕8号第二条第一款　违反国家规定，非法采伐、毁坏列入《国家重点保护野生植物名录》的野生植物，或者非法收购、运输、加工、出售明知是非法采伐、毁坏的上述植物及其制品，具有下列情形之一的，应当依照刑法第三百四十四条的规定，以危害国家重点保护植物罪定罪处罚：

（一）危害国家一级保护野生植物一株以上或者立木蓄积一立方米以上的；

（二）危害国家二级保护野生植物二株以上或者立木蓄积二立方米以上的；

（三）危害国家重点保护野生植物，数量虽未分别达到第一项、第二项规定标准，但按相应比例折算合计达到有关标准的；

（四）涉案国家重点保护野生植物及其制品价值二万元以上的。

344-3　法释〔2023〕8号第二条第二款　实施前款规定的行为，具有下列情形之一的，应当认定为刑法第三百四十四条规定的“情节严重”：

（一）危害国家一级保护野生植物五株以上或者立木蓄积五立方米以上的；

（二）危害国家二级保护野生植物十株以上或者立木蓄积十立方

米以上的;

(三)危害国家重点保护野生植物,数量虽未分别达到第一项、第二项规定标准,但按相应比例折算合计达到有关标准的;

(四)涉案国家重点保护野生植物及其制品价值二十万元以上的;

(五)其他情节严重的情形。

第三百四十四条之一 (刑十一)【非法引进、释放、丢弃外来入侵物种罪】违反国家规定,非法引进、释放或者丢弃外来入侵物种,情节严重的,处三年以下有期徒刑或者拘役,并处或者单处罚金。

第三百四十五条[*] (刑四)【盗伐林木罪】[1] 盗伐[2] 森林或者其他林木[3],数量较大[4] 的,处三年以下有期徒刑、拘役或者管制,并处或者单处罚金;数量巨大[5] 的,处三年以上七年以下有期徒刑,并处罚金;数量特别巨大[6] 的,处七年以上有期徒刑,并处罚金。

【滥伐林木罪】违反森林法的规定,滥伐[7] 森林或者其他林木[8],数量较大[9] 的,处三年以下有期徒刑、拘役或者管制,并处或者单处罚金;数量巨大[10]的,处三年以上七年以下有期徒刑,并处罚金。

【非法收购、运输盗伐、滥伐的林木罪】非法收购、运输明知[11][**]是盗伐、滥伐的林木,情节严重[12]的,处三年以下有期徒刑、拘役或者管制,并处或者单处罚金;情节特别严重[13]的,处三年以上七年以下有期徒刑,并处罚金。

盗伐、滥伐国家级自然保护区内的森林或者其他林木的,从重

---

* 《刑法修正案(四)》颁布之前的表述:盗伐森林或者其他林木,数量较大的,处三年以下有期徒刑、拘役或者管制,并处或者单处罚金;数量巨大的,处三年以上七年以下有期徒刑,并处罚金;数量特别巨大的,处七年以上有期徒刑,并处罚金。

违反森林法的规定,滥伐森林或者其他林木,数量较大的,处三年以下有期徒刑、拘役或者管制,并处或者单处罚金;数量巨大的,处三年以上七年以下有期徒刑,并处罚金。

以牟利为目的,在林区非法收购明知是盗伐、滥伐的林木,情节严重的,处三年以下有期徒刑、拘役或者管制,并处或者单处罚金;情节特别严重的,处三年以上七年以下有期徒刑,并处罚金。

盗伐、滥伐国家级自然保护区内的森林或者其他林木的,从重处罚。

** 本条修改取消"以牟利为目的,在林区"的规定,而增加了非法收购、运输明知是盗伐、滥伐这一要件。

处罚。

345-1 《最高人民法院关于审理破坏森林资源刑事案件适用法律若干问题的解释》(法释〔2023〕8号,2023年8月15日)第十条　伪造、变造、买卖采伐许可证,森林、林地、林木权属证书以及占用或者征用林地审核同意书等国家机关批准的林业证件、文件构成犯罪的,依照刑法第二百八十条第一款的规定,以伪造、变造、买卖国家机关公文、证件罪定罪处罚。

买卖允许进出口证明书等经营许可证明,同时构成刑法第二百二十五条、第二百八十条规定之罪的,依照处罚较重的规定定罪处罚。

法释〔2023〕8号第十一条　下列行为,符合刑法第二百六十四条规定的,以盗窃罪定罪处罚:

(一)盗窃国家、集体或者他人所有并已经伐倒的树木的;

(二)偷砍他人在自留地或者房前屋后种植的零星树木的。

非法实施采种、采脂、掘根、剥树皮等行为,符合刑法第二百六十四条规定的,以盗窃罪论处。在决定应否追究刑事责任和裁量刑罚时,应当综合考虑对涉案林木资源的损害程度以及行为人获利数额、行为动机、前科情况等情节;认为情节显著轻微危害不大的,不作为犯罪处理。

法释〔2023〕8号第十二条　实施破坏森林资源犯罪,具有下列情形之一的,从重处罚:

(一)造成林地或者其他农用地基本功能丧失或者遭受永久性破坏的;

(二)非法占用自然保护地核心保护区内的林地或者其他农用地的;

(三)非法采伐国家公园、国家级自然保护区内的林木的;

(四)暴力抗拒、阻碍国家机关工作人员依法执行职务,尚不构成妨害公务罪、袭警罪的;

(五)经行政主管部门责令停止违法行为后,继续实施相关行为的。

实施本解释规定的破坏森林资源行为,行为人系初犯,认罪认罚,积极通过补种树木、恢复植被和林业生产条件等方式修复生态环境,综合考虑涉案林地的类型、数量、生态区位或者涉案植物的种类、数量、价值,以及行为人获利数额、行为手段等因素,认为犯罪情节轻微的,可以免予刑事处罚;认为情节显著轻微危害不大的,不作为犯罪处理。

法释〔2023〕8号第十四条　针对国家、集体或者他人所有的国家重点保护植物和其他林木实施犯罪的违法所得及其收益,应当依法追缴或者责令退赔。

法释〔2023〕8号第十五条　组织他人实施本解释规定的破坏森林资源犯罪的,应当按照其组织实施的全部罪行处罚。

对于受雇佣为破坏森林资源犯罪提供劳务的人员,除参与利润分成或者领取高额固定工资的以外,一般不以犯罪论处,但曾因破坏森林资源受过处罚的除外。

法释〔2023〕8号第十七条　涉案国家重点保护植物或者其他林木的价值,可以根据销赃数额认定;无销赃数额,销赃数额难以查证,或者根据销赃数额认定明显不合理的,根据市场价格认定。

345-2　法释〔2023〕8号第三条　以非法占有为目的,具有下列情形之一的,应当认定为刑法第三百四十五条第一款规定的"盗伐森林或者其他林木":

(一)未取得采伐许可证,擅自采伐国家、集体或者他人所有的林木的;

(二)违反森林法第五十六条第三款的规定,擅自采伐国家、集体或者他人所有的林木的;

(三)在采伐许可证规定的地点以外采伐国家、集体或者他人所有的林木的。

不以非法占有为目的,违反森林法的规定,进行开垦、采石、采砂、采土或者其他活动,造成国家、集体或者他人所有的林木毁坏,符合刑法第二百七十五条规定的,以故意毁坏财物罪定罪处罚。

345-3　法释〔2023〕8号第四条第三款　实施盗伐林木的行为,所涉林木系风倒、火烧、水毁或者林业有害生物等自然原因死亡或者严重毁损的,在决定应否追究刑事责任和裁量刑罚时,应当从严把握;情节显著轻微危害不大的,不作为犯罪处理。

345-4　法释〔2023〕8号第四条第一款　盗伐森林或者其他林木,涉案林木具有下列情形之一的,应当认定为刑法第三百四十五条第一款规定的"数量较大":

(一)立木蓄积五立方米以上的;

(二)幼树二百株以上的;

(三)数量虽未分别达到第一项、第二项规定标准,但按相应比例折算合计达到有关标准的;

(四)价值二万元以上的。

345-5　法释〔2023〕8号第四条第二款　实施前款规定的行为,达到第一项至第四项规定标准十倍以上的,应当认定为刑法第三百四十五条第一款规定的"数量巨大"。

345-6　法释〔2023〕8号第四条第二款　实施前款规定的行为，达到第一项至第四项规定标准五十倍以上的，应当认定为刑法第三百四十五条第一款规定的“数量特别巨大”。

345-7　法释〔2023〕8号第五条　具有下列情形之一的，应当认定为刑法第三百四十五条第二款规定的“滥伐森林或者其他林木”：

（一）未取得采伐许可证，或者违反采伐许可证规定的时间、地点、数量、树种、方式，任意采伐本单位或者本人所有的林木的；

（二）违反森林法第五十六条第三款的规定，任意采伐本单位或者本人所有的林木的；

（三）在采伐许可证规定的地点，超过规定的数量采伐国家、集体或者他人所有的林木的。

林木权属存在争议，一方未取得采伐许可证擅自砍伐的，以滥伐林木论处。

345-8　法释〔2023〕8号第六条第三款　实施滥伐林木的行为，所涉林木系风倒、火烧、水毁或者林业有害生物等自然原因死亡或者严重毁损的，一般不以犯罪论处；确有必要追究刑事责任的，应当从宽处理。

345-9　法释〔2023〕8号第六条第一款　滥伐森林或者其他林木，涉案林木具有下列情形之一的，应当认定为刑法第三百四十五条第二款规定的“数量较大”：

（一）立木蓄积二十立方米以上的；

（二）幼树一千株以上的；

（三）数量虽未分别达到第一项、第二项规定标准，但按相应比例折算合计达到有关标准的；

（四）价值五万元以上的。

345-10　法释〔2023〕8号第六条第二款　实施前款规定的行为，达到第一项至第四项规定标准五倍以上的，应当认定为刑法第三百四十五条第二款规定的“数量巨大”。

345-11　法释〔2023〕8号第七条第一款　认定刑法第三百四十五条第三款规定的“明知是盗伐、滥伐的林木”，应当根据涉案林木的销售价格、来源以及收购、运输行为违反有关规定等情节，结合行为人的职业要求、经历经验、前科情况等作出综合判断。

第七条第二款　具有下列情形之一的，可以认定行为人明知是盗伐、滥伐的林木，但有相反证据或者能够作出合理解释的除外：

（一）收购明显低于市场价格出售的林木的；

(二)木材经营加工企业伪造、涂改产品或者原料出入库台账的;

(三)交易方式明显不符合正常习惯的;

(四)逃避、抗拒执法检查的;

(五)其他足以认定行为人明知的情形。

345-12 法释〔2023〕8号第八条第一款 非法收购、运输明知是盗伐、滥伐的林木,具有下列情形之一的,应当认定为刑法第三百四十五条第三款规定的"情节严重":

(一)涉案林木立木蓄积二十立方米以上的;

(二)涉案幼树一千株以上的;

(三)涉案林木数量虽未分别达到第一项、第二项规定标准,但按相应比例折算合计达到有关标准的;

(四)涉案林木价值五万元以上的;

(五)其他情节严重的情形。

345-13 法释〔2023〕8号第八条第二款 实施前款规定的行为,达到第一项至第四项规定标准五倍以上或者具有其他特别严重情节的,应当认定为刑法第三百四十五条第三款规定的"情节特别严重"。

第三百四十六条 【单位犯破坏环境资源保护罪的处罚规定】 单位犯本节第三百三十八条至第三百四十五条规定之罪的,对单位判处罚金,并对其直接负责的主管人员和其他直接责任人员,依照本节各该条的规定处罚。

第七节 走私、贩卖、运输、制造毒品罪[1]

S.7-1 1.《中华人民共和国禁毒法》(2008年6月1日);2.《最高人民法院关于审理毒品犯罪案件适用法律若干问题的解释》*(法释〔2016〕8号,2016年4月11日);3.《最高人民法院、最高人民检察院、公安部办理毒品犯罪案件适用法律若干问题的意见》(公通字〔2007〕84号,2007年12月18日);4.《全国部分法院审理毒品犯罪案件工作

---

* 法释〔2016〕8号第十五条 本解释自2016年4月11日起施行。《最高人民法院关于审理毒品案件定罪量刑标准有关问题的解释》(法释〔2000〕13号)同时废止;之前发布的司法解释和规范性文件与本解释不一致的,以本解释为准。

座谈会纪要》（法〔2008〕324 号，2008 年 12 月 1 日）；5.《最高人民法院、最高人民检察院、公安部关于办理制毒物品犯罪案件适用法律若干问题的意见》（公通字〔2009〕33 号，2009 年 6 月 23 日）；6.《立案标准（三）》；7.《最高人民法院、最高人民检察院、公安部关于办理走私、非法买卖麻黄碱类复方制剂等刑事案件适用法律若干问题的意见》（法发〔2012〕12 号，2012 年 6 月 18 日）；8.《最高人民法院、最高人民检察院、公安部关于规范毒品名称表述若干问题的意见》（法〔2014〕224 号，2014 年 8 月 20 日）；9.《全国法院毒品犯罪审判工作座谈会纪要》（法〔2015〕129 号，2015 年 5 月 18 日）。

1. 法〔2008〕324 号　十一、毒品案件的管辖问题

毒品犯罪的地域管辖，应当依照刑事诉讼法的有关规定，实行以犯罪地管辖为主、被告人居住地管辖为辅的原则。考虑到毒品犯罪的特殊性和毒品犯罪侦查体制，“犯罪地”不仅可以包括犯罪预谋地、毒资筹集地、交易进行地、运输途经地以及毒品生产地，也包括毒资、毒赃和毒品藏匿地、转移地、走私或者贩运毒品目的地等。“被告人居住地”，不仅包括被告人常住地和户籍所在地，也包括其临时居住地。

对于已进入审判程序的案件，被告人及其辩护人提出管辖异议，经审查异议成立的，或者受案法院发现没有管辖权，而案件由本院管辖更适宜的，受案法院应当报请与有管辖权的法院共同的上级法院依法指定本院管辖。

2. 法〔2015〕129 号　二、关于毒品犯罪法律适用的若干具体问题

（五）缓刑、财产刑适用及减刑、假释问题

对于毒品犯罪应当从严掌握缓刑适用条件。对于毒品再犯，一般不得适用缓刑。对于不能排除多次贩毒嫌疑的零包贩毒被告人，因认定构成贩卖毒品等犯罪的证据不足而认定为非法持有毒品罪的被告人，实施引诱、教唆、欺骗、强迫他人吸毒犯罪及制毒物品犯罪的被告人，应当严格限制缓刑适用。

办理毒品犯罪案件，应当依法追缴犯罪分子的违法所得，充分发挥财产刑的作用，切实加大对犯罪分子的经济制裁力度。对查封、扣押、冻结的涉案财物及其孳息，经查确属违法所得或者依法应当追缴的其他涉案财物的，如购毒款、供犯罪所用的本人财物、毒品犯罪所得的财物及其收益等，应当判决没收，但法律另有规定的除外。判处罚金刑时，应当结合毒品犯罪的性质、情节、危害后果及被告人的获利情况、经济状况等因素合理确定罚金数额。对于决定并处没收财产的毒品犯

罪,判处被告人有期徒刑的,应当按照上述确定罚金数额的原则确定没收个人部分财产的数额;判处无期徒刑的,可以并处没收个人全部财产;判处死缓或者死刑的,应当并处没收个人全部财产。

对于具有毒枭、职业毒犯、累犯、毒品再犯等情节的毒品罪犯,应当从严掌握减刑条件,适当延长减刑起始时间、间隔时间,严格控制减刑幅度,延长实际执行刑期。对于刑法未禁止假释的前述毒品罪犯,应当严格掌握假释条件。

第三百四十七条　【走私、贩卖、运输、制造毒品罪】走私[1]、贩卖[2]、运输[3]、制造[4]毒品[5],无论数量多少[6],都应当追究刑事责任,予以刑事处罚[7]。

走私、贩卖、运输、制造毒品,有下列情形之一的,处十五年有期徒刑、无期徒刑或者死刑[8],并处没收财产*:

(一)走私、贩卖、运输、制造鸦片一千克**以上、海洛因或者甲基苯丙胺五十克以上或者其他毒品[9]数量大的;

(二)走私、贩卖、运输、制造毒品集团的首要分子;

(三)武装掩护走私、贩卖、运输、制造毒品的[10];

(四)以暴力抗拒检查、拘留、逮捕,情节严重的[11];

(五)参与有组织的国际贩毒活动的。

走私、贩卖、运输、制造鸦片二百克以上不满一千克、海洛因或者甲基苯丙胺十克以上不满五十克或者其他毒品[12]数量较大的,[13]处七年以上有期徒刑,并处罚金。

走私、贩卖、运输、制造鸦片不满二百克、海洛因或者甲基苯丙胺不满十克或者其他少量毒品的,[14]处三年以下有期徒刑、拘役或者管制,并处罚金;情节严重的[15],***处三年以上七年以下有期徒刑,并

---

* 1979年《刑法》只规定了可以判处财产刑,而1990年《全国人民代表大会常务委员会关于禁毒的决定》(已失效)规定为并处没收财产,以便从经济上加大打击力度。

** 1979年《刑法》此处用的是"大量"一词,而该词语意模糊,不利于统一执法标准。

*** 毒品数量是认定毒品案件情节严重的重要标准之一,而本条第三款和第四款之间缺乏一档数量标准的衔接,三年以上七年以下有期徒刑的量刑档次只有"情节严重"的限制,并无数量标准的规定,故有必要将毒品数量规定为本条第四款情节严重的一个情节。

处罚金。

单位犯第二款、第三款、第四款罪的，[16]对单位判处罚金，并对其直接负责的主管人员和其他直接责任人员，依照各该款的规定处罚。

利用、教唆未成年人走私、贩卖、运输、制造毒品，或者向未成年人出售毒品的，从重处罚。

对多次走私、贩卖、运输、制造毒品，未经处理的，毒品数量累计计算。

347-1 《立案标准（三）》第一条第二款　本条规定的"走私"是指明知是毒品而非法将其运输、携带、寄递进出国（边）境的行为……

走私、贩卖、运输毒品主观故意中的"明知"，是指行为人知道或者应当知道所实施的是走私、贩卖、运输毒品行为。具有下列情形*之一，结合行为人的供述和其他证据综合审查判断，可以认定其"应当知道"，但有证据证明确属被蒙骗的除外：

（一）执法人员在口岸、机场、车站、港口、邮局和其他检查站点检查时，要求行为人申报携带、运输、寄递的物品和其他疑似毒品物，并告知其法律责任，而行为人未如实申报，在其携带、运输、寄递的物品中查获毒品的；

（二）以伪报、藏匿、伪装等蒙蔽手段逃避海关、边防等检查，在其携带、运输、寄递的物品中查获毒品的；

（三）执法人员检查时，有逃跑、丢弃携带物品或者逃避、抗拒检查等行为，在其携带、藏匿或者丢弃的物品中查获毒品的；

（四）体内或者贴身隐秘处藏匿毒品的；

（五）为获取不同寻常的高额或者不等值的报酬为他人携带、运输、寄递、收取物品，从中查获毒品的；

（六）采用高度隐蔽的方式携带、运输物品，从中查获毒品的；

（七）采用高度隐蔽的方式交接物品，明显违背合法物品惯常交接方式，从中查获毒品的；

（八）行程路线故意绕开检查站点，在其携带、运输的物品中查获毒品的；

---

* 《立案标准（三）》进一步完善了公通字〔2007〕84 号司法解释中关于"明知"的规定，故后者从略。

(九)以虚假身份、地址或者其他虚假方式办理托运、寄递手续,在托运、寄递的物品中查获毒品的;

(十)有其他证据足以证明行为人应当知道的。

……

走私、贩卖、运输、制造毒品罪是选择性罪名,对同一宗毒品实施了两种以上犯罪行为,并有相应确凿证据的,应当按照所实施的犯罪行为的性质并列适用罪名,毒品数量不重复计算。对同一宗毒品可能实施了两种以上犯罪行为,但相应证据只能认定其中一种或者几种行为,认定其他行为的证据不够确实充分的,只按照依法能够认定的行为的性质适用罪名。对不同宗毒品分别实施了不同种犯罪行为的,应对不同行为并列适用罪名,累计计算毒品数量。

347-2 **1.**《立案标准(三)》第一条第三款　本条规定的“贩卖”是指明知是毒品而非法销售或者以贩卖为目的而非法收买的行为。

第四款　有证据证明行为人以牟利为目的,为他人代购仅用于吸食、注射的毒品,对代购者以贩卖毒品罪立案追诉。不以牟利为目的,为他人代购仅用于吸食、注射的毒品,毒品数量达到本规定第二条规定的数量标准的,对托购者和代购者以非法持有毒品罪立案追诉。明知他人实施毒品犯罪而为其居间介绍、代购代卖的,无论是否牟利,都应以相关毒品犯罪的共犯立案追诉。

……

2. 法〔2015〕129号　二、关于毒品犯罪法律适用的若干具体问题(一)罪名认定问题

……行为人为他人代购仅用于吸食的毒品,在交通、食宿等必要开销之外收取“介绍费”“劳务费”,或者以贩卖为目的收取部分毒品作为酬劳的,应视为从中牟利,属于变相加价贩卖毒品,以贩卖毒品罪定罪处罚。

(二)共同犯罪认定问题

办理贩卖毒品案件,应当准确认定居间介绍买卖毒品行为,并与居中倒卖毒品行为相区别。居间介绍者在毒品交易中处于中间人地位,发挥介绍联络作用,通常与交易一方构成共同犯罪,但不以牟利为要件;居中倒卖者属于毒品交易主体,与前后环节的交易对象是上下家关系,直接参与毒品交易并从中获利。居间介绍者受贩毒者委托,为其介绍联络购毒者的,与贩毒者构成贩卖毒品罪的共同犯罪;明知购毒者以贩卖为目的购买毒品,受委托为其介绍联络贩毒者的,与购毒者构成贩卖毒品罪的共同犯罪;受以吸食为目的的购毒者委托,为其介绍联络贩

毒者,毒品数量达到刑法第三百四十八条规定的最低数量标准的,一般与购毒者构成非法持有毒品罪的共同犯罪;同时与贩毒者、购毒者共谋,联络促成双方交易的,通常认定与贩毒者构成贩卖毒品罪的共同犯罪。居间介绍者实施为毒品交易主体提供交易信息、介绍交易对象等帮助行为,对促成交易起次要、辅助作用的,应当认定为从犯;对于以居间介绍者的身份介入毒品交易,但在交易中超出居间介绍者的地位,对交易的发起和达成起重要作用的被告人,可以认定为主犯。

347-3　**1.**《立案标准(三)》第一条第五款　本条规定的"运输"是指明知是毒品而采用携带、寄递、托运、利用他人或者使用交通工具等方法非法运送毒品的行为。

2. 法〔2015〕129 号　二、关于毒品犯罪法律适用的若干具体问题

(一)罪名认定问题

……

吸毒者在购买、存储毒品过程中被查获,没有证据证明其是为了实施贩卖毒品等其他犯罪,毒品数量达到刑法第三百四十八条规定的最低数量标准的,以非法持有毒品罪定罪处罚。吸毒者在运输毒品过程中被查获,没有证据证明其是为了实施贩卖毒品等其他犯罪,毒品数量达到较大以上的,以运输毒品罪定罪处罚*。

行为人为吸毒者代购毒品,在运输过程中被查获,没有证据证明托购者、代购者是为了实施贩卖毒品等其他犯罪,毒品数量达到较大以上的,对托购者、代购者以运输毒品罪的共犯论处。

理解与适用:吸毒者实施毒品犯罪的性质认定前后变化较大:

1.《全国法院审理毒品犯罪案件工作座谈会纪要》(法〔2000〕42 号,即《南宁会议纪要》)规定,吸毒者在购买、运输、存储毒品过程中被抓获,如没有证据证明其实施了其他毒品犯罪行为,查获的毒品数量大的,应当以非法持有毒品罪定罪。

2.《全国部分法院审理毒品犯罪案件工作座谈会纪要》(法〔2008〕324 号,即《大连会议纪要》)对此作了不同规定,吸毒者在购买、运输、存储毒品过程中被查获,如没有证据证明其是为了实施贩卖等其他毒品犯罪行为,查获的毒品数量达到较大以上的,应以其实际实施的毒品

---

* 1. 运输只限于在国内运输,境内外运输定走私毒品罪。2. 为了自己吸食、注射而将毒品从此地运往彼地,不应认定为运输毒品罪,只有与走私、贩卖、制造具有关联性的运输行为,才宜认定为运输毒品罪。

犯罪行为定罪处罚。

3.《全国法院毒品犯罪审判工作座谈会纪要》(《武汉会议纪要》)(法〔2015〕129号,2015年5月18日)进一步细化和完善了《大连会议纪要》的规定:一是明确规定了吸毒者运输毒品行为的定性;二是降低了将该行为认定为运输毒品罪的入罪门槛,即对吸毒者购买、运输、存储毒品的行为,直接以数量较大作为罪与非罪的标准,其中不再扣除吸毒者的合理吸食量。据此,吸毒者在购买、运输、存储毒品过程中被查获,毒品未达到数量较大标准的,不作为犯罪处理;毒品数量达到较大以上的,则根据其具体的行为状态而定罪——如处于购买、存储状态,认定为非法持有毒品罪;如处于运输状态,则认定为运输毒品罪。

(二)共同犯罪认定问题

……

两人以上同行运输毒品的,应当从是否明知他人带有毒品,有无共同运输毒品的意思联络,有无实施配合、掩护他人运输毒品的行为等方面综合审查认定是否构成共同犯罪。受雇于同一雇主同行运输毒品,但受雇者之间没有共同犯罪故意,或者虽然明知他人受雇运输毒品,但各自的运输行为相对独立,既没有实施配合、掩护他人运输毒品的行为,又分别按照各自运输的毒品数量领取报酬的,不应认定为共同犯罪。受雇于同一雇主分段运输同一宗毒品,但受雇者之间没有犯罪共谋的,也不应认定为共同犯罪。雇用他人运输毒品的雇主,及其他对受雇者起到一定组织、指挥作用的人员,与各受雇者分别构成运输毒品罪的共同犯罪,对运输的全部毒品数量承担刑事责任。

3. 法〔2008〕324号　三、运输毒品罪的刑罚适用问题

对于运输毒品犯罪,要注意重点打击指使、雇佣他人运输毒品的犯罪分子和接应、接货的毒品所有者、买家或者卖家。对于运输毒品犯罪集团首要分子,组织、指使、雇用他人运输毒品的主犯或者毒枭、职业毒犯、毒品再犯,以及具有武装掩护、暴力抗拒检查、拘留或者逮捕、参与有组织的国际毒品犯罪、以运输毒品为业、多次运输毒品或者其他严重情节的,应当按照刑法、有关司法解释和司法实践实际掌握的数量标准,从严惩处,依法应判处死刑的必须坚决判处死刑。

毒品犯罪中,单纯的运输毒品行为具有从属性、辅助性特点,且情况复杂多样。部分涉案人员系受指使、雇佣的贫民、边民或者无业人员,只是为了赚取少量运费而为他人运输毒品,他们不是毒品的所有

者、买家或者卖家,与幕后的组织、指使、雇佣者相比,在整个毒品犯罪环节中处于从属、辅助和被支配地位,所起作用和主观恶性相对较小,社会危害性也相对较小。因此,对于运输毒品犯罪中的这部分人员,在量刑标准的把握上,应当与走私、贩卖、制造毒品和前述具有严重情节的运输毒品犯罪分子有所区别,不应单纯以涉案毒品数量的大小决定刑罚适用的轻重。

对有证据证明被告人确属受人指使、雇佣参与运输毒品犯罪,又系初犯、偶犯的,可以从轻处罚,即使毒品数量超过实际掌握的死刑数量标准,也可以不判处死刑立即执行。

毒品数量超过实际掌握的死刑数量标准,不能证明被告人系受人指使、雇佣参与运输毒品犯罪的,可以依法判处重刑直至死刑。

涉嫌为贩卖而自行运输毒品,由于认定贩卖毒品的证据不足,因而认定为运输毒品罪的,不同于单纯的受指使为他人运输毒品行为,其量刑标准应当与单纯的运输毒品行为有所区别。

347-4　1.《立案标准(三)》第一条第六款　本条规定的"制造"是指非法利用毒品原植物直接提炼或者用化学方法加工、配制毒品,或者以改变毒品成分和效用为目的,用混合等物理方法加工、配制毒品的行为。为了便于隐蔽运输、销售、使用、欺骗购买者,或者为了增重,对毒品掺杂使假,添加或者去除其他非毒品物质,不属于制造毒品的行为。

第七款　为了制造毒品而采用生产、加工、提炼等方法非法制造易制毒化学品的,以制造毒品罪(预备)立案追诉。购进制造毒品的设备和原材料,开始着手制造毒品,尚未制造出毒品或者半成品的,以制造毒品罪(未遂)立案追诉。明知他人制造毒品而为其生产、加工、提炼、提供醋酸酐、乙醚、三氯甲烷等制毒物品的,以制造毒品罪的共犯立案追诉。

……

第九款　制造毒品主观故意中的"明知",是指行为人知道或者应当知道所实施的是制造毒品行为。有下列情形之一,结合行为人的供述和其他证据综合审查判断,可以认定其"应当知道",但有证据证明确属被蒙骗的除外:

(一)购置了专门用于制造毒品的设备、工具、制毒物品或者配制方案的;

(二)为获取不同寻常的高额或者不等值的报酬为他人制造物品,经检验是毒品的;

(三)在偏远、隐蔽场所制造,或者采取对制造设备进行伪装等方式制造物品,经检验是毒品的;

(四)制造人员在执法人员检查时,有逃跑、抗拒检查等行为,在现场查获制造出的物品,经检验是毒品的;

(五)有其他证据足以证明行为人应当知道的。

2. 法〔2008〕324 号 四、制造毒品的认定与处罚问题

鉴于毒品犯罪分子制造毒品的手段复杂多样、不断翻新,采用物理方法加工、配制毒品的情况大量出现,有必要进一步准确界定制造毒品的行为、方法。制造毒品不仅包括非法用毒品原植物直接提炼和用化学方法加工、配制毒品的行为,也包括以改变毒品成分和效用为目的,用混合等物理方法加工、配制毒品的行为,如将甲基苯丙胺或者其他苯丙胺类毒品与其他毒品混合成麻古或者摇头丸。为便于隐蔽运输、销售、使用、欺骗购买者,或者为了增重,对毒品掺杂使假,添加或者去除其他非毒品物质,不属于制造毒品的行为。

已经制成毒品,达到实际掌握的死刑数量标准的,可以判处死刑;数量特别巨大的,应当判处死刑。已经制造出粗制毒品或者半成品的,以制造毒品罪的既遂论处。购进制造毒品的设备和原材料,开始着手制造毒品,但尚未制造出粗制毒品或者半成品的,以制造毒品罪的未遂论处。

347-5 《最高人民法院研究室关于贩卖、运输经过取汁的罂粟壳废渣是否构成贩卖、运输毒品罪的答复》(法研〔2010〕168 号,2010 年 9 月 27 日) 最高人民法院研究室认为,根据你院提供的情况,对本案被告人不宜以贩卖、运输毒品罪论处。主要考虑:(1)被告人贩卖、运输的是经过取汁的罂粟壳废渣,吗啡含量只有 0.01%,含量极低,从技术和成本看,基本不可能用于提取吗啡;(2)国家对经过取汁的罂粟壳并无明文规定予以管制,实践中有关药厂也未按照管制药品对其进行相应处理;(3)无证据证明被告人购买、加工经过取汁的罂粟壳废渣是为了将其当作毒品出售,具有贩卖、运输毒品的故意。如果查明行为人有将罂粟壳废渣作为制售毒品原料予以利用的故意,可建议由公安机关予以治安处罚。

347-6 《立案标准(三)》第一条第一款 走私、贩卖、运输、制造毒品,无论数量多少,都应予立案追诉。

第四款 有证据证明行为人以牟利为目的,为他人代购仅用于吸食、注射的毒品,对代购者以贩卖毒品罪立案追诉。不以牟利为目的,为他人代购仅用于吸食、注射的毒品,毒品数量达到本规定第二条规定的数量标准的,对托购者和代购者以非法持有毒品罪立案追诉。明知他人实施毒品犯罪而为其居间介绍、代购代卖的,无论是否牟利,都应以相关毒品犯罪的共犯立案追诉。

347-7 《最高人民法院、最高人民检察院关于常见犯罪的量刑指

导意见(试行)》(法发〔2021〕21号,2021年7月1日) 四、常见犯罪的量刑 (二十)走私、贩卖、运输、制造毒品罪

1. 构成走私、贩卖、运输、制造毒品罪的,根据下列情形在相应的幅度内确定量刑起点:

(1)走私、贩卖、运输、制造鸦片一千克,海洛因、甲基苯丙胺五十克或者其它毒品数量达到数量大起点的,量刑起点为十五年有期徒刑。依法应当判处无期徒刑以上刑罚的除外。

(2)走私、贩卖、运输、制造鸦片二百克,海洛因、甲基苯丙胺十克或者其它毒品数量达到数量较大起点的,在七年至八年有期徒刑幅度内确定量刑起点。

(3)走私、贩卖、运输、制造鸦片不满二百克,海洛因、甲基苯丙胺不满十克或者其他少量毒品的,可以在三年以下有期徒刑、拘役幅度内确定量刑起点;情节严重的,在三年至四年有期徒刑幅度内确定量刑起点。

2. 在量刑起点的基础上,根据毒品犯罪次数、人次、毒品数量等其他影响犯罪构成的犯罪事实增加刑罚量,确定基准刑。

3. 有下列情节之一的,增加基准刑的10%~30%:

(1)利用、教唆未成年人走私、贩卖、运输、制造毒品的;

(2)向未成年人出售毒品的;

(3)毒品再犯。

4. 有下列情节之一的,可以减少基准刑的30%以下:

(1)受雇运输毒品的;

(2)毒品含量明显偏低的;

(3)存在数量引诱情形的。

5. 构成走私、贩卖、运输、制造毒品罪的,根据走私、贩卖、运输、制造毒品的种类、数量、危害后果等犯罪情节,综合考虑被告人缴纳罚金的能力,决定罚金数额。

6. 构成走私、贩卖、运输、制造毒品罪的,综合考虑走私、贩卖、运输、制造毒品的种类、数量、危害后果等犯罪事实、量刑情节,以及被告人的主观恶性、人身危险性、认罪悔罪表现等因素,从严把握缓刑的适用。

347-8 **1.** 法〔2008〕324号 二、毒品犯罪的死刑适用问题

审理毒品犯罪案件,应当切实贯彻宽严相济的刑事政策,突出毒品犯罪的打击重点。必须依法严惩毒枭、职业毒犯、再犯、累犯、惯犯、主犯等主观恶性深、人身危险性大、危害严重的毒品犯罪分子,以及具有将毒品走私入境,多次、大量或者向多人贩卖,诱使多人吸毒,武装掩护、暴力抗拒检查、拘留或者逮捕,或者参与有组织的国际贩毒活动等

情节的毒品犯罪分子。对其中罪行极其严重依法应当判处死刑的,必须坚决依法判处死刑。

毒品数量是毒品犯罪案件量刑的重要情节,但不是唯一情节。对被告人量刑时,特别是在考虑是否适用死刑时,应当综合考虑毒品数量、犯罪情节、危害后果、被告人的主观恶性、人身危险性以及当地禁毒形势等各种因素,做到区别对待。近期,审理毒品犯罪案件掌握的死刑数量标准,应当结合本地毒品犯罪的实际情况和依法惩治、预防毒品犯罪的需要,并参照最高人民法院复核的毒品死刑案件的典型案例,恰当把握。量刑既不能只片面考虑毒品数量,不考虑犯罪的其他情节,也不能只片面考虑其他情节,而忽视毒品数量。

对虽然已达到实际掌握的判处死刑的毒品数量标准,但是具有法定、酌定从宽处罚情节的被告人,可以不判处死刑;反之,对毒品数量接近实际掌握的判处死刑的数量标准,但具有从重处罚情节的被告人,也可以判处死刑。毒品数量达到实际掌握的死刑数量标准,既有从重处罚情节,又有从宽处罚情节的,应当综合考虑各方面因素决定刑罚,判处死刑立即执行应当慎重。

具有下列情形之一的,可以判处被告人死刑:(1)具有毒品犯罪集团首要分子、武装掩护毒品犯罪、暴力抗拒检查、拘留或者逮捕、参与有组织的国际贩毒活动等严重情节的;(2)毒品数量达到实际掌握的死刑数量标准,并具有毒品再犯、累犯,利用、教唆未成年人走私、贩卖、运输、制造毒品,或者向未成年人出售毒品等法定从重处罚情节的;(3)毒品数量达到实际掌握的死刑数量标准,并具有多次走私、贩卖、运输、制造毒品,向多人贩毒,在毒品犯罪中诱使、容留多人吸毒,在戒毒监管场所贩毒,国家工作人员利用职务便利实施毒品犯罪,或者职业犯、惯犯、主犯等情节的;(4)毒品数量达到实际掌握的死刑数量标准,并具有其他从重处罚情节的;(5)毒品数量超过实际掌握的死刑数量标准,且没有法定、酌定从轻处罚情节的。

毒品数量达到实际掌握的死刑数量标准,具有下列情形之一的,可以不判处被告人死刑立即执行:(1)具有自首、立功等法定从宽处罚情节的;(2)已查获的毒品数量未达到实际掌握的死刑数量标准,到案后坦白尚未被司法机关掌握的其他毒品犯罪,累计数量超过实际掌握的死刑数量标准的;(3)经鉴定毒品含量极低,掺假之后的数量才达到实际掌握的死刑数量标准的,或者有证据表明可能大量掺假但因故不能鉴定的;(4)因特情引诱毒品数量才达到实际掌握的死刑数量标准的;(5)以贩养吸的被告人,被查获的毒品数量刚达到实际掌握的死刑数量标准的;

(6)毒品数量刚达到实际掌握的死刑数量标准,确属初次犯罪即被查获,未造成严重危害后果的;(7)共同犯罪毒品数量刚达到实际掌握的死刑数量标准,但各共同犯罪人作用相当,或者责任大小难以区分的;(8)家庭成员共同实施毒品犯罪,其中起主要作用的被告人已被判处死刑立即执行,其他被告人罪行相对较轻的;(9)其他不是必须判处死刑立即执行的。

有些毒品犯罪案件,往往由于毒品、毒资等证据已不存在,导致审查证据和认定事实困难。在处理这类案件时,只有被告人的口供与同案其他被告人供述吻合,并且完全排除诱供、逼供、串供等情形,被告人的口供与同案被告人的供述才可以作为定案的证据。仅有被告人口供与同案被告人供述作为定案证据的,对被告人判处死刑立即执行要特别慎重。

五、毒品含量鉴定和混合型、新类型毒品案件处理问题

鉴于大量掺假毒品和成分复杂的新类型毒品不断出现,为做到罪刑相当、罚当其罪,保证毒品案件的审判质量,并考虑目前毒品鉴定的条件和现状,对可能判处被告人死刑的毒品犯罪案件,应当根据最高人民法院、最高人民检察院、公安部2007年12月颁布的《办理毒品犯罪案件适用法律若干问题的意见》,作出毒品含量鉴定;对涉案毒品可能大量掺假或者系成分复杂的新类型毒品的,亦应当作出毒品含量鉴定。

对于含有两种以上毒品成分的毒品混合物,应进一步作成分鉴定,确定所含的不同毒品成分及比例。对于毒品中含有海洛因、甲基苯丙胺的,应以海洛因、甲基苯丙胺分别确定其毒品种类;不含海洛因、甲基苯丙胺的,应以其中毒性较大的毒品成分确定其毒品种类;如果毒性相当或者难以确定毒性大小的,以其中比例较大的毒品成分确定其毒品种类,并在量刑时综合考虑其他毒品成分、含量和全案所涉毒品数量。对于刑法、司法解释等已规定了量刑数量标准的毒品,按照刑法、司法解释等规定适用刑罚;对于刑法、司法解释等没有规定量刑数量标准的毒品,有条件折算为海洛因的,参照国家食品药品监督管理局制定的《非法药物折算表》,折算成海洛因的数量后适用刑罚。

对于国家管制的精神药品和麻醉药品,刑法、司法解释等尚未明确规定量刑数量标准,也不具备折算条件的,应由有关专业部门确定涉案毒品毒效的大小、有毒成分的多少、吸毒者对该毒品的依赖程度,综合考虑其致瘾癖性、戒断性、社会危害性等依法量刑。因条件限制不能确定的,可以参考涉案毒品非法交易的价格因素等,决定对被告人适用的刑罚,但一般不宜判处死刑立即执行。

六、特情介入案件的处理问题

运用特情侦破毒品案件,是依法打击毒品犯罪的有效手段。对特

情介入侦破的毒品案件,要区别不同情形予以分别处理。

对已持有毒品待售或者有证据证明已准备实施大宗毒品犯罪者,采取特情贴靠、接洽而破获的案件,不存在犯罪引诱,应当依法处理。

行为人本没有实施毒品犯罪的主观意图,而是在特情诱惑和促成下形成犯意,进而实施毒品犯罪的,属于"犯意引诱"。对因"犯意引诱"实施毒品犯罪的被告人,根据罪刑相适应原则,应当依法从轻处罚,无论涉案毒品数量多大,都不应判处死刑立即执行。行为人在特情既为其安排上线,又提供下线的双重引诱,即"双套引诱"下实施毒品犯罪的,处刑时可予以更大幅度的从宽处罚或者依法免予刑事处罚。

行为人本来只有实施数量较小的毒品犯罪的故意,在特情引诱下实施了数量较大甚至达到实际掌握的死刑数量标准的毒品犯罪的,属于"数量引诱"。对因"数量引诱"实施毒品犯罪的被告人,应当依法从轻处罚,即使毒品数量超过实际掌握的死刑数量标准,一般也不判处死刑立即执行。

对不能排除"犯意引诱"和"数量引诱"的案件,在考虑是否对被告人判处死刑立即执行时,要留有余地。

对被告人受特情间接引诱实施毒品犯罪的,参照上述原则依法处理。

2. 法〔2015〕129 号　二、关于毒品犯罪法律适用的若干具体问题

(四)死刑适用问题

当前,我国毒品犯罪形势严峻,审判工作中应当继续坚持依法从严惩处毒品犯罪的指导思想,充分发挥死刑对于预防和惩治毒品犯罪的重要作用。要继续按照《大连会议纪要》的要求,突出打击重点,对罪行极其严重、依法应当判处死刑的被告人,坚决依法判处。同时,应当全面、准确贯彻宽严相济刑事政策,体现区别对待,做到罚当其罪,量刑时综合考虑毒品数量、犯罪性质、情节、危害后果、被告人的主观恶性、人身危险性及当地的禁毒形势等因素,严格审慎地决定死刑适用,确保死刑只适用于极少数罪行极其严重的犯罪分子。

1. 运输毒品犯罪的死刑适用

对于运输毒品犯罪,应当继续按照《大连会议纪要》的有关精神,重点打击运输毒品犯罪集团首要分子,组织、指使、雇用他人运输毒品的主犯或者毒枭、职业毒犯、毒品再犯,以及具有武装掩护运输毒品、以运输毒品为业、多次运输毒品等严重情节的被告人,对其中依法应当判处死刑的,坚决依法判处。

对于受人指使、雇用参与运输毒品的被告人,应当综合考虑毒品数

量、犯罪次数、犯罪的主动性和独立性、在共同犯罪中的地位作用、获利程度和方式及其主观恶性、人身危险性等因素，予以区别对待，慎重适用死刑。对于有证据证明确属受人指使、雇用运输毒品，又系初犯、偶犯的被告人，即使毒品数量超过实际掌握的死刑数量标准，也可以不判处死刑；尤其对于其中被动参与犯罪，从属性、辅助性较强，获利程度较低的被告人，一般不应当判处死刑。对于不能排除受人指使、雇用初次运输毒品的被告人，毒品数量超过实际掌握的死刑数量标准，但尚不属数量巨大的，一般也可以不判处死刑。

一案中有多人受雇运输毒品的，在决定死刑适用时，除各被告人运输毒品的数量外，还应结合其具体犯罪情节、参与犯罪程度、与雇用者关系的紧密性及其主观恶性、人身危险性等因素综合考虑，同时判处二人以上死刑要特别慎重。

2. 毒品共同犯罪、上下家犯罪的死刑适用

毒品共同犯罪案件的死刑适用应当与该案的毒品数量、社会危害及被告人的犯罪情节、主观恶性、人身危险性相适应。涉案毒品数量刚超过实际掌握的死刑数量标准，依法应当适用死刑的，要尽量区分主犯间的罪责大小，一般只对其中罪责最大的一名主犯判处死刑；各共同犯罪人地位作用相当，或者罪责大小难以区分的，可以不判处被告人死刑；二名主犯的罪责均很突出，且均具有法定从重处罚情节的，也要尽可能比较其主观恶性、人身危险性方面的差异，判处二人死刑要特别慎重。涉案毒品数量达到巨大以上，二名以上主犯的罪责均很突出，或者罪责稍次的主犯具有法定、重大酌定从重处罚情节，判处二人以上死刑符合罪刑相适应原则，并有利于全案量刑平衡的，可以依法判处。

对于部分共同犯罪人未到案的案件，在案被告人与未到案共同犯罪人均属罪行极其严重，即使共同犯罪人到案也不影响对在案被告人适用死刑的，可以依法判处在案被告人死刑；在案被告人的罪行不足以判处死刑，或者共同犯罪人归案后全案只宜判处其一人死刑的，不能因为共同犯罪人未到案而对在案被告人适用死刑；在案被告人与未到案共同犯罪人的罪责大小难以准确认定，进而影响准确适用死刑的，不应对在案被告人判处死刑。

对于贩卖毒品案件中的上下家，要结合其贩毒数量、次数及对象范围，犯罪的主动性，对促成交易所发挥的作用，犯罪行为的危害后果等因素，综合考虑其主观恶性和人身危险性，慎重、稳妥地决定死刑适用。对于买卖同宗毒品的上下家，涉案毒品数量刚超过实际掌握的死刑数量标

准的,一般不能同时判处死刑;上家主动联络销售毒品,积极促成毒品交易的,通常可以判处上家死刑;下家积极筹资,主动向上家约购毒品,对促成毒品交易起更大作用的,可以考虑判处下家死刑。涉案毒品数量达到巨大以上的,也要综合上述因素决定死刑适用,同时判处上下家死刑符合罪刑相适应原则,并有利于全案量刑平衡的,可以依法判处。

一案中有多名共同犯罪人、上下家针对同宗毒品实施犯罪的,可以综合运用上述毒品共同犯罪、上下家犯罪的死刑适用原则予以处理。

办理毒品犯罪案件,应当尽量将共同犯罪案件或者密切关联的上下游案件进行并案审理;因客观原因造成分案处理的,办案时应当及时了解关联案件的审理进展和处理结果,注重量刑平衡。

3. 新类型、混合型毒品犯罪的死刑适用

甲基苯丙胺片剂(俗称"麻古"等)是以甲基苯丙胺为主要毒品成分的混合型毒品,其甲基苯丙胺含量相对较低,危害性亦有所不同。为体现罚当其罪,甲基苯丙胺片剂的死刑数量标准一般可以按照甲基苯丙胺(冰毒)的2倍左右掌握,具体可以根据当地的毒品犯罪形势和涉案毒品含量等因素确定。

涉案毒品为氯胺酮(俗称"K粉")的,结合毒品数量、犯罪性质、情节及危害后果等因素,对符合死刑适用条件的被告人可以依法判处死刑。综合考虑氯胺酮的致瘾癖性、滥用范围和危害性等因素,其死刑数量标准一般可以按照海洛因的10倍掌握。

涉案毒品为其他滥用范围和危害性相对较小的新类型、混合型毒品的,一般不宜判处被告人死刑。但对于司法解释、规范性文件明确规定了定罪量刑数量标准,且涉案毒品数量特别巨大,社会危害大,不判处死刑难以体现罚当其罪的,必要时可以判处被告人死刑。

347-9　**1.** 法释〔2016〕8号第一条　走私、贩卖、运输、制造、非法持有下列毒品,应当认定为刑法第三百四十七条第二款第一项、第三百四十八条规定的"其他毒品数量大":

(一)可卡因五十克以上;

(二)3,4-亚甲二氧基甲基苯丙胺(MDMA)等苯丙胺类毒品(甲基苯丙胺除外)、吗啡一百克以上;

(三)芬太尼一百二十五克以上;

(四)甲卡西酮二百克以上;

(五)二氢埃托啡十毫克以上;

(六)哌替啶(度冷丁)二百五十克以上;

(七)氯胺酮五百克以上;

(八)美沙酮一千克以上;

(九)曲马多、γ-羟丁酸二千克以上;

(十)大麻油五千克、大麻脂十千克、大麻叶及大麻烟一百五十千克以上;

(十一)可待因、丁丙诺啡五千克以上;

(十二)三唑仑、安眠酮五十千克以上;

(十三)阿普唑仑、恰特草一百千克以上;

(十四)咖啡因、罂粟壳二百千克以上;

(十五)巴比妥、苯巴比妥、安钠咖、尼美西泮二百五十千克以上;

(十六)氯氮卓、艾司唑仑、地西泮、溴西泮五百千克以上;

(十七)上述毒品以外的其他毒品数量大的。

国家定点生产企业按照标准规格生产的麻醉药品或者精神药品被用于毒品犯罪的,根据药品中毒品成分的含量认定涉案毒品数量。

2. 公通字〔2007〕84号　三、关于办理氯胺酮等毒品案件定罪量刑标准问题　(一)走私、贩卖、运输、制造、非法持有下列毒品,应当认定为刑法第三百四十七条第二款第(一)项、第三百四十八条规定的“其他毒品数量大”:1. 二亚甲基双氧安非他明(MDMA)等苯丙胺类毒品(甲基苯丙胺除外)100克以上;2. 氯胺酮、美沙酮1千克以上;3. 三唑仑、安眠酮50千克以上;4. 氯氮卓、艾司唑仑、地西泮、溴西泮500千克以上;5. 上述毒品以外的其他毒品数量大的。

347-10　法释〔2016〕8号第三条第一款　在实施走私、贩卖、运输、制造毒品犯罪的过程中,携带枪支、弹药或者爆炸物用于掩护的,应当认定为刑法第三百四十七条第二款第三项规定的“武装掩护走私、贩卖、运输、制造毒品”。枪支、弹药、爆炸物种类的认定,依照相关司法解释的规定执行。

347-11　法释〔2016〕8号第三条第二款　在实施走私、贩卖、运输、制造毒品犯罪的过程中,以暴力抗拒检查、拘留、逮捕,造成执法人员死亡、重伤、多人轻伤或者具有其他严重情节的,应当认定为刑法第三百四十七条第二款第四项规定的“以暴力抗拒检查、拘留、逮捕,情节严重”。

347-12　法释〔2016〕8号第二条　走私、贩卖、运输、制造、非法持有下列毒品,应当认定为刑法第三百四十七条第三款、第三百四十八条规定的“其他毒品数量较大”:

(一)可卡因十克以上不满五十克;

(二)3,4-亚甲二氧基甲基苯丙胺(MDMA)等苯丙胺类毒品(甲基苯丙胺除外)、吗啡二十克以上不满一百克;

(三)芬太尼二十五克以上不满一百二十五克;

(四)甲卡西酮四十克以上不满二百克;

(五)二氢埃托啡二毫克以上不满十毫克;

(六)哌替啶(度冷丁)五十克以上不满二百五十克;

(七)氯胺酮一百克以上不满五百克;

(八)美沙酮二百克以上不满一千克;

(九)曲马多、γ-羟丁酸四百克以上不满二千克;

(十)大麻油一千克以上不满五千克、大麻脂二千克以上不满十千克、大麻叶及大麻烟三十千克以上不满一百五十千克;

(十一)可待因、丁丙诺啡一千克以上不满五千克;

(十二)三唑仑、安眠酮十千克以上不满五十千克;

(十三)阿普唑仑、恰特草二十千克以上不满一百千克;

(十四)咖啡因、罂粟壳四十千克以上不满二百千克;

(十五)巴比妥、苯巴比妥、安钠咖、尼美西泮五十千克以上不满二百五十千克;

(十六)氯氮卓、艾司唑仑、地西泮、溴西泮一百千克以上不满五百千克;

(十七)上述毒品以外的其他毒品数量较大的。

347-13 公通字〔2007〕84号 三、关于办理氯胺酮等毒品案件定罪量型标准问题 (二)走私、贩卖、运输、制造、非法持有下列毒品,应当认定为刑法第三百四十七条第三款、第三百四十八条规定的“其他毒品数量较大”:1.二亚甲基双氧安非他明(MDMA)等苯丙胺类毒品(甲基苯丙胺除外)20克以上不满100克的;2.氯胺酮、美沙酮200克以上不满1千克的;3.三唑仑、安眠酮10千克以上不满50千克的;4.氯氮卓、艾司唑仑、地西泮、溴西泮100千克以上不满500千克的;5.上述毒品以外的其他毒品数量较大的。

347-14 公通字〔2007〕84号 三、关于办理氯胺酮等毒品案件定罪量刑标准问题 (三)走私、贩卖、运输、制造下列毒品,应当认定为刑法第三百四十七条第四款规定的“其他少量毒品”:1.二亚甲基双氧安非他明(MDMA)等苯丙胺类毒品(甲基苯丙胺除外)不满20克的;2.氯胺酮、美沙酮不满200克的;3.三唑仑、安眠酮不满10千克的;4.氯氮卓、艾司唑仑、地西泮、溴西泮不满100千克的;5.上述毒品以外的其他少量毒品的。

347-15　法释〔2016〕8号第四条　走私、贩卖、运输、制造毒品，具有下列情形之一的，应当认定为刑法第三百四十七条第四款规定的“情节严重”：

(一)向多人贩卖毒品或者多次走私、贩卖、运输、制造毒品的；

(二)在戒毒场所、监管场所贩卖毒品的；

(三)向在校学生贩卖毒品的；

(四)组织、利用残疾人、严重疾病患者、怀孕或者正在哺乳自己婴儿的妇女走私、贩卖、运输、制造毒品的；

(五)国家工作人员走私、贩卖、运输、制造毒品的；

(六)其他情节严重的情形。

347-16　《立案标准(三)》第十五条　本规定中的立案追诉标准，除法律、司法解释另有规定的以外，适用于相关的单位犯罪。

第三百四十八条　【非法持有毒品罪】非法持有[1]* 鸦片一千克以上、海洛因或者甲基苯丙胺五十克以上或者其他毒品数量大的，处七年以上有期徒刑或者无期徒刑，并处罚金；非法持有鸦片二百克以上不满一千克、海洛因或者甲基苯丙胺十克以上不满五十克或者其他毒品数量较大的[2]，处三年以下有期徒刑、拘役或者管制，并处罚金；情节严重的[3]，处三年以上七年以下有期徒刑，并处罚金。

348-1　**1.**《立案标准(三)》第二条第三款　本条规定的“非法持有”，是指违反国家法律和国家主管部门的规定，占有、携带、藏有或者以其他方式持有毒品。

非法持有毒品主观故意中的“明知”，依照本规定第一条第八款的有关规定予以认定。

---

* 持有毒品，是行为人对毒品事实上的支配。第一，持有具体表现为直接占有、携带、藏有或者以其他方法支配毒品。第二，持有不要求物理上的持握，不要求行为人时刻将毒品握在手中，放在身上和装在口袋里，只要行为人认识到它的存在，能够对之进行管理或者支配，就是持有。第三，持有时并不要求行为人是毒品的“所有者”“占有者”，即使属于他人“所有”“占有”的毒品，但事实上置于行为人支配之下时，行为人即持有毒品，行为人是否知道“所有者”“占有者”，不影响持有的成立。如行为人委托他人持有毒品，则为间接持有毒品。持续时间长短不影响本罪的成立，但如果持有时间过短，不足以说明行为人事实上支配着毒品时，则不能认为是持有。刑法规定持有型犯罪，其目的在于禁止人们持有违禁品，而不是命令人们将违禁品上交，因此行为人在正当获得违禁品后直接毁弃，不构成非法持有违禁品罪。

2. 法〔2015〕129号　二、关于毒品犯罪法律适用的若干具体问题

(一)罪名认定问题

……

购毒者接收贩毒者通过物流寄递方式交付的毒品,没有证据证明其是为了实施贩卖毒品等其他犯罪,毒品数量达到刑法第三百四十八条规定的最低数量标准的,一般以非法持有毒品罪定罪处罚。代收者明知是物流寄递的毒品而代购毒者接收,没有证据证明其与购毒者有实施贩卖、运输毒品等犯罪的共同故意,毒品数量达到刑法第三百四十八条规定的最低数量标准的,对代收者以非法持有毒品罪定罪处罚。

……

348-2　**1.**《立案标准(三)》第二条　明知是毒品而非法持有,涉嫌下列情形之一的,应予立案追诉:

(一)鸦片二百克以上、海洛因、可卡因或者甲基苯丙胺十克以上;

(二)二亚甲基双氧安非他明(MDMA)等苯丙胺类毒品(甲基苯丙胺除外)、吗啡二十克以上;

(三)度冷丁(杜冷丁)五十克以上(针剂100mg/支规格的五百支以上,50mg/支规格的一千支以上;片剂25mg/片规格的二千片以上,50mg/片规格的一千片以上);

(四)盐酸二氢埃托啡二毫克以上(针剂或者片剂20mg/支、片规格的一百支、片以上);

(五)氯胺酮、美沙酮二百克以上;

(六)三唑仑、安眠酮十千克以上;

(七)咖啡因五十千克以上;

(八)氯氮卓、艾司唑仑、地西泮、溴西泮一百千克以上;

(九)大麻油一千克以上,大麻脂二千克以上,大麻叶及大麻烟三十千克以上;

(十)罂粟壳五十千克以上;

(十一)上述毒品以外的其他毒品数量较大的。

非法持有两种以上毒品,每种毒品均没有达到本条第一款规定的数量标准,但按前款规定的立案追诉数量比例折算成海洛因后累计相加达到十克以上的,应予立案追诉。

……

2.《最高人民法院、最高人民检察院关于常见犯罪的量刑指导意见(试行)》(法发〔2021〕21号,2021年7月1日)　四、常见犯罪的量刑(二十一)非法持有毒品罪

1. 构成非法持有毒品罪的,根据下列情形在相应的幅度内确定量刑起点:

(1)非法持有鸦片一千克以上、海洛因或者甲基苯丙胺五十克以上或者其他毒品数量大的,在七年至九年有期徒刑幅度内确定量刑起点。依法应当判处无期徒刑的除外。

(2)非法持有毒品情节严重的,在三年至四年有期徒刑幅度内确定量刑起点。

(3)非法持有鸦片二百克、海洛因或者甲基苯丙胺十克或者其他毒品数量较大的,在一年以下有期徒刑、拘役幅度内确定量刑起点。

2. 在量刑起点的基础上,根据毒品数量等其他影响犯罪构成的犯罪事实增加刑罚量,确定基准刑。

3. 构成非法持有毒品罪的,根据非法持有毒品的种类、数量等犯罪情节,综合考虑被告人缴纳罚金的能力,决定罚金数额。

4. 构成非法持有毒品罪的,综合考虑非法持有毒品的种类、数量等犯罪事实、量刑情节,以及被告人主观恶性、人身危险性、认罪悔罪表现等因素,从严把握缓刑的适用。

348-3　法释〔2016〕8号第五条　非法持有毒品达到刑法第三百四十八条或者本解释第二条规定的"数量较大"标准,且具有下列情形之一的,应当认定为刑法第三百四十八条规定的"情节严重":

(一)在戒毒场所、监管场所非法持有毒品的;

(二)利用、教唆未成年人非法持有毒品的;

(三)国家工作人员非法持有毒品的;

(四)其他情节严重的情形。

第三百四十九条　【包庇毒品犯罪分子罪;窝藏、转移、隐瞒毒品、毒赃罪】包庇[1] 走私、贩卖、运输、制造毒品的犯罪分子的,为犯罪分子窝藏、转移、隐瞒毒品或者犯罪所得的财物的,处三年以下有期徒刑、拘役或者管制;情节严重[2] 的,处三年以上十年以下有期徒刑[*]。

---

* 普通包庇犯只有一个量刑幅度。普通包庇罪与本罪的量刑是相同的。

缉毒人员或者其他国家机关工作人员掩护、包庇走私、贩卖、运输、制造毒品的犯罪分子的,依照前款的规定从重处罚。

犯前两款罪,事先通谋的,以走私、贩卖、运输、制造毒品罪的共犯论处。

349-1 《立案标准(三)》第三条 包庇走私、贩卖、运输、制造毒品的犯罪分子,涉嫌下列情形之一的,应予立案追诉:

(一)作虚假证明,帮助掩盖罪行的;

(二)帮助隐藏、转移或者毁灭证据的;

(三)帮助取得虚假身份或者身份证件的;

(四)以其他方式包庇犯罪分子的。

实施前款规定的行为,事先通谋的,以走私、贩卖、运输、制造毒品罪的共犯立案追诉。

349-2 法释〔2016〕8号第六条 包庇走私、贩卖、运输、制造毒品的犯罪分子,具有下列情形之一的,应当认定为刑法第三百四十九条第一款规定的“情节严重”:

(一)被包庇的犯罪分子依法应当判处十五年有期徒刑以上刑罚的;

(二)包庇多名或者多次包庇走私、贩卖、运输、制造毒品的犯罪分子的;

(三)严重妨害司法机关对被包庇的犯罪分子实施的毒品犯罪进行追究的;

(四)其他情节严重的情形。

为走私、贩卖、运输、制造毒品的犯罪分子窝藏、转移、隐瞒毒品或者毒品犯罪所得的财物,具有下列情形之一的,应当认定为刑法第三百四十九条第一款规定的“情节严重”:

(一)为犯罪分子窝藏、转移、隐瞒毒品达到刑法第三百四十七条第二款第一项或者本解释第一条第一款规定的“数量大”标准的;

(二)为犯罪分子窝藏、转移、隐瞒毒品犯罪所得的财物价值达到五万元以上的;

(三)为多人或者多次为他人窝藏、转移、隐瞒毒品或者毒品犯罪所得的财物的;

(四)严重妨害司法机关对该犯罪分子实施的毒品犯罪进行追究的;

(五)其他情节严重的情形。

包庇走私、贩卖、运输、制造毒品的近亲属,或者为其窝藏、转移、隐瞒毒品或者毒品犯罪所得的财物,不具有本条前两款规定的“情节严重”情形，归案后认罪、悔罪、积极退赃，且系初犯、偶犯，犯罪情节轻微不需要判处刑罚的，可以免予刑事处罚。

第三百五十条[1]　**（刑九）【非法生产、买卖、运输制毒物品、走私制毒物品罪】**违反国家规定*，非法生产、买卖[2]、运输醋酸酐、乙醚、三氯甲烷或者其他用于制造毒品的原料、配剂[3]，或者携带上述物品进出境，[4]情节较重[5]的，处三年以下有期徒刑、拘役或者管制，并处罚金；情节严重[6]的，处三年以上七年以下有期徒刑，并处罚金；情节特别严重[7]的，处七年以上有期徒刑，并处罚金或者没收财产。

明知[8]他人制造毒品而为其生产、买卖、运输前款规定的物品的**，以制造毒品罪的共犯论处。

单位犯前两款罪的，对单位判处罚金，并对其直接负责的主管人员和其他直接责任人员，依照前两款的规定处罚。

350-1　**1.**《立案标准（三）》第六条第四款　为了非法买卖制毒物品而采用生产、加工、提炼等方法非法制造易制毒化学品的，以非法买卖制毒物品罪（预备）立案追诉。

2.《最高人民法院、最高人民检察院、公安部关于办理制毒物品犯罪案件适用法律若干问题的意见》（公通字〔2009〕33号，2009年6月23日）　为了制造毒品或者走私、非法买卖制毒物品犯罪而采用生产、加工、提炼等方法非法制造易制毒化学品的，根据刑法第二十二条的规定，按照其制造易制毒化学品的不同目的，分别以制造毒品、走私制毒物品、非法买卖制毒物品的预备行为论处。

350-2　《立案标准（三）》第六条***　违反国家规定，在……内非法买卖制毒物品，数量达到本规定第五条第一款规定情形之一……应予立案

---

* 违反国家规定，主要是指违反《禁毒法》和《易制毒化学品管理条……法律、行政法规的有关规定。

** 刑法本条只明确规定了走私制毒物品罪和非法买卖制毒物……非法制造制毒物品行为入罪。但实践中有的犯罪分子将犯罪手段前移，转向非法制……化学品，先获得易制毒化学品，再利用易制毒化学品或者将易制毒化学品非法卖出……有证据证明这些人有非法制造易制毒化学品的证据，但由于其尚未实施走私或者……为，或者无法收集到上述行为的证据，影响打击力度。故根据案件情形，将非法制……为走私或非法买卖行为的预备犯，从而对其定罪量刑。

*** 同走私制毒物品案的追诉标准。

追诉。

非法买卖两种以上制毒物品,每种制毒物品均没有达到本条第一款规定的数量标准,但按前款规定的立案追诉数量比例折算成一种制毒物品后累计相加达到上述数量标准的,应予立案追诉。违反国家规定,实施下列行为之一的,认定为本条规定的非法买卖制毒物品行为:

(一)未经许可或者备案,擅自购买、销售易制毒化学品的;

(二)超出许可证明或者备案证明的品种、数量范围购买、销售易制毒化学品的;

(三)使用他人的或者伪造、变造、失效的许可证明或者备案证明购买、销售易制毒化学品的;

(四)经营单位违反规定,向无购买许可证明、备案证明的单位、个人销售易制毒化学品的,或者明知购买者使用他人的或者伪造、变造、失效的许可证明或者备案证明,向其销售易制毒化学品的;

(五)以其他方式非法买卖易制毒化学品的。易制毒化学品生产、经营、使用单位或者个人未办理许可证明或者备案证明,购买、销售易制毒化学品,如果有证据证明确实用于合法生产、生活需要,依法能够办理只是未及时办理许可证明或者备案证明,且未造成严重社会危害的,可不以非法买卖制毒物品罪立案追诉。

……

350-3　公通字〔2009〕33号　一、关于制毒物品犯罪的认定(一)本意见中的"制毒物品",是指刑法第三百五十条第一款规定的醋酸酐、乙醚、三氯甲烷或者其他用于制造毒品的原料或者配剂,具体品种范围按照国家关于易制毒化学品管理的规定确定。

350-4　《立案标准(三)》第五条　违反国家规定,非法运输、携带制毒物品进出国(边)境,涉嫌下列情形之一的,应予立案追诉:

(一)1－苯基－2－丙酮五千克以上;

(二)麻黄碱、伪麻黄碱及其盐类和单方制剂五千克以上,麻黄浸膏、麻黄浸膏粉一百千克以上;

(三)[illegible]－亚甲基二氧苯基－2－丙酮、去甲麻黄素(去甲麻黄碱)、甲[illegible]素(甲基麻黄碱)、羟亚胺及其盐类十千克以上;

(四)[illegible]黄樟素、黄樟油、异黄樟素、麦角酸、麦角胺、麦角新碱、苯乙酸[illegible]克以上;

(五)N[illegible]邻氨基苯酸、邻氨基苯甲酸、哌啶一百五十千克以上;

重”情形，归案后认罪、悔罪、积极退赃，且系初犯、偶犯，犯罪情节轻微不需要判处刑罚的，可以免予刑事处罚。

第三百五十条[1]　**（刑九）【非法生产、买卖、运输制毒物品、走私制毒物品罪】**违反国家规定*，非法生产、买卖[2]、运输醋酸酐、乙醚、三氯甲烷或者其他用于制造毒品的原料、配剂[3]，或者携带上述物品进出境，[4] 情节较重[5] 的，处三年以下有期徒刑、拘役或者管制，并处罚金；情节严重[6] 的，处三年以上七年以下有期徒刑，并处罚金；情节特别严重[7] 的，处七年以上有期徒刑，并处罚金或者没收财产。

明知[8] 他人制造毒品而为其生产、买卖、运输前款规定的物品的**，以制造毒品罪的共犯论处。

单位犯前两款罪的，对单位判处罚金，并对其直接负责的主管人员和其他直接责任人员，依照前两款的规定处罚。

350-1　**1.**《立案标准（三）》第六条第四款　为了非法买卖制毒物品而采用生产、加工、提炼等方法非法制造易制毒化学品的，以非法买卖制毒物品罪（预备）立案追诉。

2.《最高人民法院、最高人民检察院、公安部关于办理制毒物品犯罪案件适用法律若干问题的意见》（公通字〔2009〕33号，2009年6月23日）　为了制造毒品或者走私、非法买卖制毒物品犯罪而采用生产、加工、提炼等方法非法制造易制毒化学品的，根据刑法第二十二条的规定，按照其制造易制毒化学品的不同目的，分别以制造毒品、走私制毒物品、非法买卖制毒物品的预备行为论处。

350-2　《立案标准（三）》第六条***　违反国家规定，在境内非法买卖制毒物品，数量达到本规定第五条第一款规定情形之一的，应予立案

---

* 违反国家规定，主要是指违反《禁毒法》和《易制毒化学品管理条例》等法律、行政法规的有关规定。

** 刑法本条只明确规定了走私制毒物品罪和非法买卖制毒物品罪，未将非法制造制毒物品行为入罪。但实践中有的犯罪分子将犯罪手段前移，转向非法制造易制毒化学品，先获得易制毒化学品，再利用易制毒化学品或者将易制毒化学品非法卖出牟利。虽然有证据证明这些人有非法制造易制毒化学品的证据，但由于其尚未实施走私或者非法买卖行为，或者无法收集到上述行为的证据，影响打击力度。故根据案件情形，将非法制造行为认定为走私或非法买卖行为的预备犯，从而对其定罪量刑。

*** 同走私制毒物品案的追诉标准。

追诉。

非法买卖两种以上制毒物品,每种制毒物品均没有达到本条第一款规定的数量标准,但按前款规定的立案追诉数量比例折算成一种制毒物品后累计相加达到上述数量标准的,应予立案追诉。违反国家规定,实施下列行为之一的,认定为本条规定的非法买卖制毒物品行为:

(一)未经许可或者备案,擅自购买、销售易制毒化学品的;

(二)超出许可证明或者备案证明的品种、数量范围购买、销售易制毒化学品的;

(三)使用他人的或者伪造、变造、失效的许可证明或者备案证明购买、销售易制毒化学品的;

(四)经营单位违反规定,向无购买许可证明、备案证明的单位、个人销售易制毒化学品的,或者明知购买者使用他人的或者伪造、变造、失效的许可证明或者备案证明,向其销售易制毒化学品的;

(五)以其他方式非法买卖易制毒化学品的。易制毒化学品生产、经营、使用单位或者个人未办理许可证明或者备案证明,购买、销售易制毒化学品,如果有证据证明确实用于合法生产、生活需要,依法能够办理只是未及时办理许可证明或者备案证明,且未造成严重社会危害的,可不以非法买卖制毒物品罪立案追诉。

……

350-3　公通字〔2009〕33号　一、关于制毒物品犯罪的认定(一)本意见中的"制毒物品",是指刑法第三百五十条第一款规定的醋酸酐、乙醚、三氯甲烷或者其他用于制造毒品的原料或者配剂,具体品种范围按照国家关于易制毒化学品管理的规定确定。

350-4　《立案标准(三)》第五条　违反国家规定,非法运输、携带制毒物品进出国(边)境,涉嫌下列情形之一的,应予立案追诉:

(一)1-苯基-2-丙酮五千克以上;

(二)麻黄碱、伪麻黄碱及其盐类和单方制剂五千克以上,麻黄浸膏、麻黄浸膏粉一百千克以上;

(三)3,4-亚甲基二氧苯基-2-丙酮、去甲麻黄素(去甲麻黄碱)、甲基麻黄素(甲基麻黄碱)、羟亚胺及其盐类十千克以上;

(四)胡椒醛、黄樟素、黄樟油、异黄樟素、麦角酸、麦角胺、麦角新碱、苯乙酸二十千克以上;

(五)N-乙酰邻氨基苯酸、邻氨基苯甲酸、哌啶一百五十千克以上;

（六）醋酸酐、三氯甲烷二百千克以上；

（七）乙醚、甲苯、丙酮、甲基乙基酮、高锰酸钾、硫酸、盐酸四百千克以上；

（八）其他用于制造毒品的原料或者配剂相当数量的。

非法运输、携带两种以上制毒物品进出国（边）境，每种制毒物品均没有达到本条第一款规定的数量标准，但按前款规定的立案追诉数量比例折算成一种制毒物品后累计相加达到上述数量标准的，应予立案追诉。为了走私制毒物品而采用生产、加工、提炼等方法非法制造易制毒化学品的，以走私制毒物品罪（预备）立案追诉。

实施走私制毒物品行为，有下列情形之一，且查获了易制毒化学品，结合行为人的供述和其他证据综合审查判断，可以认定其"明知"是制毒物品而走私或者非法买卖，但有证据证明确属被蒙骗的除外：

（一）改变产品形状、包装或者使用虚假标签、商标等产品标志的；

（二）以藏匿、夹带、伪装或者其他隐蔽方式运输、携带易制毒化学品逃避检查的；

（三）抗拒检查或者在检查时丢弃货物逃跑的；

（四）以伪报、藏匿、伪装等蒙蔽手段逃避海关、边防等检查的；

（五）选择不设海关或者边防检查站的路段绕行出入境的；

（六）以虚假身份、地址或者其他虚假方式办理托运、寄递手续的；

（七）以其他方法隐瞒真相，逃避对易制毒化学品依法监管的。

明知他人实施走私制毒物品犯罪，而为其运输、储存、代理进出口或者以其他方式提供便利的，以走私制毒物品罪的共犯立案追诉。

350-5　法释〔2016〕8号第七条　违反国家规定，非法生产、买卖、运输制毒物品、走私制毒物品，达到下列数量标准的，应当认定为刑法第三百五十条第一款规定的"情节较重"：

（一）麻黄碱（麻黄素）、伪麻黄碱（伪麻黄素）、消旋麻黄碱（消旋麻黄素）一千克以上不满五千克；

（二）1－苯基－2－丙酮、1－苯基－2－溴－1－丙酮、3，4－亚甲基二氧苯基－2－丙酮、羟亚胺二千克以上不满十千克；

（三）3－氧－2－苯基丁腈、邻氯苯基环戊酮、去甲麻黄碱（去甲麻黄素）、甲基麻黄碱（甲基麻黄素）四千克以上不满二十千克；

（四）醋酸酐十千克以上不满五十千克；

（五）麻黄浸膏、麻黄浸膏粉、胡椒醛、黄樟素、黄樟油、异黄樟素、麦角酸、麦角胺、麦角新碱、苯乙酸二十千克以上不满一百千克；

(六)N－乙酰邻氨基苯酸、邻氨基苯甲酸、三氯甲烷、乙醚、哌啶五十千克以上不满二百五十千克；

(七)甲苯、丙酮、甲基乙基酮、高锰酸钾、硫酸、盐酸一百千克以上不满五百千克；

(八)其他制毒物品数量相当的。

违反国家规定，非法生产、买卖、运输制毒物品、走私制毒物品，达到前款规定的数量标准最低值的百分之五十，且具有下列情形之一的，应当认定为刑法第三百五十条第一款规定的“情节较重”：

(一)曾因非法生产、买卖、运输制毒物品、走私制毒物品受过刑事处罚的；

(二)二年内曾因非法生产、买卖、运输制毒物品、走私制毒物品受过行政处罚的；

(三)一次组织五人以上或者多次非法生产、买卖、运输制毒物品、走私制毒物品，或者在多个地点非法生产制毒物品的；

(四)利用、教唆未成年人非法生产、买卖、运输制毒物品、走私制毒物品的；

(五)国家工作人员非法生产、买卖、运输制毒物品、走私制毒物品的；

(六)严重影响群众正常生产、生活秩序的；

(七)其他情节较重的情形。

易制毒化学品生产、经营、购买、运输单位或者个人未办理许可证明或者备案证明，生产、销售、购买、运输易制毒化学品，确实用于合法生产、生活需要的，不以制毒物品犯罪论处。

350-6 **1.** 法释〔2016〕8号第八条第一款　违反国家规定，非法生产、买卖、运输制毒物品、走私制毒物品，具有下列情形之一的，应当认定为刑法第三百五十条第一款规定的“情节严重”：

(一)制毒物品数量在本解释第七条第一款规定的最高数量标准以上，不满最高数量标准五倍的；

(二)达到本解释第七条第一款规定的数量标准，且具有本解释第七条第二款第三项至第六项规定的情形之一的；

(三)其他情节严重的情形。

……

2. 公通字〔2009〕33号　三、关于制毒物品犯罪定罪量刑的数量标准　(二)违反国家规定，非法买卖或者走私制毒物品，达到或者超过前款所列最高数量标准的，认定为刑法第三百五十条第一款规定的“数量大的”，处三年以上十年以下有期徒刑，并处罚金。

350-7　法释〔2016〕8号第八条第二款　违反国家规定，非法生产、买卖、运输制毒物品、走私制毒物品，具有下列情形之一的，应当认定为刑法第三百五十条第一款规定的“情节特别严重”：

（一）制毒物品数量在本解释第七条第一款规定的最高数量标准五倍以上的；

（二）达到前款第一项规定的数量标准，且具有本解释第七条第二款第三项至第六项规定的情形之一的；

（三）其他情节特别严重的情形。

350-8　《立案标准（三）》第六条第五款　非法买卖制毒物品主观故意中的“明知”，依照本规定第五条第四款的有关规定予以认定。

明知他人实施非法买卖制毒物品犯罪，而为其运输、储存、代理进出口或者以其他方式提供便利的，以非法买卖制毒物品罪的共犯立案追诉。

第三百五十一条　【非法种植毒品原植物罪】非法种植[1]罂粟、大麻等毒品原植物的，一律强制铲除。有下列情形之一的，处五年以下有期徒刑、拘役或者管制，并处罚金：

（一）种植罂粟五百株以上不满三千株或者其他毒品原植物数量较大的；[2]

（二）经公安机关处理后又种植的；

（三）抗拒铲除的。

非法种植罂粟三千株以上或者其他毒品原植物数量大的[3]，处五年以上有期徒刑，并处罚金或者没收财产。

非法种植罂粟或者其他毒品原植物，在收获前自动铲除的，可以免除处罚。[*]

351-1　《立案标准（三）》第七条第二款　本条所规定的“种植”，是指播种、育苗、移栽、插苗、施肥、灌溉、割取津液或者收取种子等行为。非法种植毒品原植物的株数一般应以实际查获的数量为准。因种植面积较大，难以逐株清点数目的，可以抽样测算每平方米平均株数后按实际种植面积测算出种植总株数。

---

* 非法种植毒品原植物罪与制造毒品罪相比较，有三个区别：（1）前者种植的是毒品的原植物，而后者制造的是毒品；（2）前者是种植行为，而后者是制造行为；（3）前者有数量与情节限制，而后者没有数量与情节限制。

非法种植罂粟或者其他毒品原植物,在收获前自动铲除的,可以不予立案追诉。

351-2　法释〔2016〕8号第九条第一款　非法种植毒品原植物,具有下列情形之一的,应当认定为刑法第三百五十一条第一款第一项规定的“数量较大”:

(一)非法种植大麻五千株以上不满三万株的;

(二)非法种植罂粟二百平方米以上不满一千二百平方米、大麻二千平方米以上不满一万二千平方米,尚未出苗的;

(三)非法种植其他毒品原植物数量较大的。

351-3　法释〔2016〕8号第九条第二款　非法种植毒品原植物,达到前款规定的最高数量标准的,应当认定为刑法第三百五十一条第二款规定的“数量大”。

第三百五十二条　【非法买卖、运输、携带、持有毒品原植物种子、幼苗罪】非法买卖、运输、携带、持有未经灭活的罂粟等毒品原植物种子或者幼苗,数量较大的[1],处三年以下有期徒刑、拘役或者管制,并处或者单处罚金。

352-1　法释〔2016〕8号第十条　非法买卖、运输、携带、持有未经灭活的毒品原植物种子或者幼苗,具有下列情形之一的,应当认定为刑法第三百五十二条规定的“数量较大”:

(一)罂粟种子五十克以上、罂粟幼苗五千株以上的;

(二)大麻种子五十千克以上、大麻幼苗五万株以上的;

(三)其他毒品原植物种子或者幼苗数量较大的。

第三百五十三条　【引诱、教唆、欺骗他人吸毒罪】引诱、教唆、欺骗他人吸食、注射毒品的,处三年以下有期徒刑、拘役或者管制,并处罚金;情节严重[1]的,处三年以上七年以下有期徒刑,并处罚金。

【强迫他人吸毒罪】强迫他人吸食、注射毒品的,[2]处三年以上十年以下有期徒刑,并处罚金。

引诱、教唆、欺骗或者强迫未成年人吸食、注射毒品的,从重处罚。

353-1　法释〔2016〕8号第十一条　引诱、教唆、欺骗他人吸食、注射毒品,具有下列情形之一的,应当认定为刑法第三百五十三条第一款规定的“情节严重”:

（一）引诱、教唆、欺骗多人或者多次引诱、教唆、欺骗他人吸食、注射毒品的；

（二）对他人身体健康造成严重危害的；

（三）导致他人实施故意杀人、故意伤害、交通肇事等犯罪行为的；

（四）国家工作人员引诱、教唆、欺骗他人吸食、注射毒品的；

（五）其他情节严重的情形。

353-2　《立案标准（三）》第十条　违背他人意志，以暴力、胁迫或者其他强制手段，迫使他人吸食、注射毒品的，应予立案追诉。

第三百五十四条　【容留他人吸毒罪】容留他人[1]吸食、注射毒品的，[2]处三年以下有期徒刑、拘役或者管制，并处罚金。

354-1　法释〔2016〕8号第十二条第二款　向他人贩卖毒品后又容留其吸食、注射毒品，或者容留他人吸食、注射毒品并向其贩卖毒品，符合前款规定的容留他人吸毒罪的定罪条件的，以贩卖毒品罪和容留他人吸毒罪数罪并罚。

容留近亲属吸食、注射毒品，情节显著轻微危害不大的，不作为犯罪处理；需要追究刑事责任的，可以酌情从宽处罚。

354-2　**1.** 法释〔2016〕8号第十二条　容留他人吸食、注射毒品，具有下列情形之一的，应当依照刑法第三百五十四条的规定，以容留他人吸毒罪定罪处罚：

（一）一次容留多人吸食、注射毒品的；

（二）二年内多次容留他人吸食、注射毒品的；

（三）二年内曾因容留他人吸食、注射毒品受过行政处罚的；

（四）容留未成年人吸食、注射毒品的；

（五）以牟利为目的容留他人吸食、注射毒品的；

（六）容留他人吸食、注射毒品造成严重后果的；

（七）其他应当追究刑事责任的情形。

2.《最高人民法院、最高人民检察院关于常见犯罪的量刑指导意见（试行）》（法发〔2021〕21号，2021年7月1日）　四、常见犯罪的量刑（二十二）容留他人吸毒罪

1. 构成容留他人吸毒罪的，在一年以下有期徒刑、拘役幅度内确定量刑起点。

2. 在量刑起点的基础上，根据容留他人吸毒的人数、次数等其他影响犯罪构成的犯罪事实增加刑罚量，确定基准刑。

3. 构成容留他人吸毒罪的,根据容留他人吸毒的人数、次数、违法所得数额、危害后果等犯罪情节,综合考虑被告人缴纳罚金的能力,决定罚金数额。

4. 构成容留他人吸毒罪的,综合考虑容留他人吸毒的人数、次数、危害后果等犯罪事实、量刑情节,以及被告人主观恶性、人身危险性、认罪悔罪表现等因素,决定缓刑的适用。

第三百五十五条 【非法提供麻醉药品、精神药品罪】依法从事生产、运输、管理、使用国家管制的麻醉药品、精神药品的人员,违反国家规定,向吸食、注射毒品的人提供国家规定管制的能够使人形成瘾癖的麻醉药品、精神药品的[1],处三年以下有期徒刑或者拘役,并处罚金;情节严重的[2],处三年以上七年以下有期徒刑,并处罚金。向走私、贩卖毒品的犯罪分子或者以牟利为目的,向吸食、注射毒品的人提供国家规定管制的能够使人形成瘾癖的麻醉药品、精神药品的[3],依照本法第三百四十七条的规定定罪处罚。

单位犯前款罪的,对单位判处罚金,并对其直接负责的主管人员和其他直接责任人员,依照前款的规定处罚。

355-1 **1.** 法释〔2016〕8号第十三条第一款 依法从事生产、运输、管理、使用国家管制的麻醉药品、精神药品的人员,违反国家规定,向吸食、注射毒品的人提供国家规定管制的能够使人形成瘾癖的麻醉药品、精神药品,具有下列情形之一的,应当依照刑法第三百五十五条第一款的规定,以非法提供麻醉药品、精神药品罪定罪处罚:

(一)非法提供麻醉药品、精神药品达到刑法第三百四十七条第三款或者本解释第二条规定的"数量较大"标准最低值的百分之五十,不满"数量较大"标准的;

(二)二年内曾因非法提供麻醉药品、精神药品受过行政处罚的;

(三)向多人或者多次非法提供麻醉药品、精神药品的;

(四)向吸食、注射毒品的未成年人非法提供麻醉药品、精神药品的;

(五)非法提供麻醉药品、精神药品造成严重后果的;

(六)其他应当追究刑事责任的情形。

2.《立案标准(三)》第十二条 依法从事生产、运输、管理、使用国家管制的麻醉药品、精神药品的个人或者单位,违反国家规定,向吸食、注射毒品的人员提供国家规定管制的能够使人形成瘾癖的麻醉药品、精神药品，涉嫌下列情形之一的，应予立案追诉：

（一）非法提供鸦片二十克以上、吗啡二克以上、度冷丁（杜冷丁）五克以上（针剂100mg/支规格的五十支以上，50mg/支规格的一百支以上；片剂25mg/片规格的二百片以上，50mg/片规格的一百片以上）、盐酸二氢埃托啡零点二毫克以上（针剂或者片剂20mg/支、片规格的十支、片以上）、氯胺酮、美沙酮二十克以上、三唑仑、安眠酮一千克以上、咖啡因五千克以上、氯氮卓、艾司唑仑、地西泮、溴西泮十千克以上，以及其他麻醉药品和精神药品数量较大的；

（二）虽未达到上述数量标准，但非法提供麻醉药品、精神药品两次以上，数量累计达到前项规定的数量标准百分之八十以上的；

（三）因非法提供麻醉药品、精神药品被行政处罚，又非法提供麻醉药品、精神药品的；

（四）向吸食、注射毒品的未成年人提供麻醉药品、精神药品的；

（五）造成严重后果或者其他情节严重的。

依法从事生产、运输、管理、使用国家管制的麻醉药品、精神药品的人员或者单位，违反国家规定，向走私、贩卖毒品的犯罪分子提供国家规定管制的能够使人形成瘾癖的麻醉药品、精神药品的，或者以牟利为目的，向吸食、注射毒品的人提供国家规定管制的能够使人形成瘾癖的麻醉药品、精神药品的，以走私、贩卖毒品罪立案追诉。

355-2　法释〔2016〕8号第十三条第二款　具有下列情形之一的，应当认定为刑法第三百五十五条第一款规定的“情节严重”：

（一）非法提供麻醉药品、精神药品达到刑法第三百四十七条第三款或者本解释第二条规定的“数量较大”标准的；

（二）非法提供麻醉药品、精神药品达到前款第一项规定的数量标准，且具有前款第三项至第五项规定的情形之一的；

（三）其他情节严重的情形。

355-3　《全国法院毒品犯罪审判工作座谈会纪要》（法〔2015〕129号，2015年5月18日）　二、关于毒品犯罪法律适用的若干具体问题

（七）非法贩卖麻醉药品、精神药品行为的定性问题

行为人向走私、贩卖毒品的犯罪分子或者吸食、注射毒品的人员贩卖国家规定管制的能够使人形成瘾癖的麻醉药品或者精神药品的，以贩卖毒品罪定罪处罚。

行为人出于医疗目的，违反有关药品管理的国家规定，非法贩卖上

述麻醉药品或者精神药品,扰乱市场秩序,情节严重的,以非法经营罪定罪处罚。

第三百五十五条之一* **(刑十一)【妨害兴奋剂管理罪】**引诱、教唆、欺骗运动员使用兴奋剂参加国内、国际重大体育竞赛,或者明知运动员参加上述竞赛而向其提供兴奋剂,情节严重的,处三年以下有期徒刑或者拘役,并处罚金。

组织、强迫运动员使用兴奋剂参加国内、国际重大体育竞赛的,依照前款的规定从重处罚。

第三百五十六条 **【毒品犯罪的再犯】**因走私、贩卖、运输、制造、非法持有毒品罪被判过刑,又犯本节规定之罪的,从重处罚。[1]

356-1 **1.**《全国法院毒品犯罪审判工作座谈会纪要》(法〔2015〕129号,2015年5月18日) 二、关于毒品犯罪法律适用的若干具体问题 (六)累犯、毒品再犯问题

累犯、毒品再犯是法定从重处罚情节,即使本次毒品犯罪情节较轻,也要体现从严惩处的精神。尤其对于曾因实施严重暴力犯罪被判刑的累犯、刑满释放后短期内又实施毒品犯罪的再犯,以及在缓刑、假释、暂予监外执行期间又实施毒品犯罪的再犯,应当严格体现从重处罚。

对于因同一毒品犯罪前科同时构成累犯和毒品再犯的被告人,在裁判文书中应当同时引用刑法关于累犯和毒品再犯的条款,但在量刑时不得重复予以从重处罚。对于因不同犯罪前科同时构成累犯和毒品再犯的被告人,量刑时的从重处罚幅度一般应大于前述情形。

2.《最高人民法院、最高人民检察院关于常见犯罪的量刑指导意见(试行)》(法发〔2021〕21号,2021年7月1日) 三、常见量刑情节的适用

(十五)对于累犯,综合考虑前后罪的性质、刑罚执行完毕或赦免以后至再犯罪时间的长短以及前后罪罪行轻重等情况,应当增加基准刑的10%~40%,一般不少于3个月。

---

* 《最高人民法院关于审理走私、非法经营、非法使用兴奋剂刑事案件适用法律若干问题的解释》(法释〔2019〕16号,2020年1月1日)。

四、常见犯罪的量刑　(二十)走私、贩卖、运输、制造毒品罪

3. 有下列情节之一的,增加基准刑的10% ~30%:……(3)毒品再犯。

第三百五十七条　【毒品的范围及数量的计算原则】本法所称的毒品,[1] 是指鸦片、海洛因、甲基苯丙胺(冰毒)、吗啡、大麻、可卡因以及国家* 规定管制的其他能够使人形成瘾癖的麻醉药品和精神药品[2]。

毒品的数量[3] 以查证属实的走私、贩卖、运输、制造、非法持有毒品的数量计算,不以纯度折算。

357-1　1.《最高人民法院、最高人民检察院、公安部印发〈关于规范毒品名称表述若干问题的意见〉的通知》(法〔2014〕224号,2014年8月20日)

为进一步规范毒品犯罪案件办理工作,现对毒品犯罪案件起诉意见书、起诉书、刑事判决书、刑事裁定书中的毒品名称表述问题提出如下规范意见。

一、规范毒品名称表述的基本原则

(一)毒品名称表述应当以毒品的化学名称为依据,并与刑法、司法解释及相关规范性文件中的毒品名称保持一致。刑法、司法解释等没有规定的,可以参照《麻醉药品品种目录》《精神药品品种目录》中的毒品名称进行表述。

(二)对于含有二种以上毒品成分的混合型毒品,应当根据其主要毒品成分和具体形态认定毒品种类、确定名称。混合型毒品中含有海洛因、甲基苯丙胺的,一般应当以海洛因、甲基苯丙胺确定其毒品种类;不含海洛因、甲基苯丙胺,或者海洛因、甲基苯丙胺的含量极低的,可以根据其中定罪量刑数量标准较低且所占比例较大的毒品成分确定其毒品种类。混合型毒品成分复杂的,可以用括号注明其中所含的一至二种其他毒品成分。

(三)为体现与犯罪嫌疑人、被告人供述的对应性,对于犯罪嫌疑人、被告人供述的毒品常见俗称,可以在文书中第一次表述该类毒品时用括号注明。

---

* 1990年《全国人民代表大会常务委员会关于禁毒的决定》(已失效)规定为"国务院",1997年《刑法》改为"国家"。

二、几类毒品的名称表述

(一)含甲基苯丙胺成分的毒品

1. 对于含甲基苯丙胺成分的晶体状毒品,应当统一表述为甲基苯丙胺(冰毒),在下文中再次出现时可以直接表述为甲基苯丙胺。

2. 对于以甲基苯丙胺为主要毒品成分的片剂状毒品,应当统一表述为甲基苯丙胺片剂。如果犯罪嫌疑人、被告人供述为“麻古”“麻果”或者其他俗称的,可以在文书中第一次表述该类毒品时用括号注明,如表述为甲基苯丙胺片剂(俗称“麻古”)等。

3. 对于含甲基苯丙胺成分的液体、固液混合物、粉末等,应当根据其毒品成分和具体形态进行表述,如表述为含甲基苯丙胺成分的液体、含甲基苯丙胺成分的粉末等。

(二)含氯胺酮成分的毒品

1. 对于含氯胺酮成分的粉末状毒品,应当统一表述为氯胺酮。如果犯罪嫌疑人、被告人供述为“K粉”等俗称的,可以在文书中第一次表述该类毒品时用括号注明,如表述为氯胺酮(俗称“K粉”)等。

2. 对于以氯胺酮为主要毒品成分的片剂状毒品,应当统一表述为氯胺酮片剂。

3. 对于含氯胺酮成分的液体、固液混合物等,应当根据其毒品成分和具体形态进行表述,如表述为含氯胺酮成分的液体、含氯胺酮成分的固液混合物等。

(三)含MDMA等成分的毒品

对于以MDMA、MDA、MDEA等致幻性苯丙胺类兴奋剂为主要毒品成分的丸状、片剂状毒品,应当根据其主要毒品成分的中文化学名称和具体形态进行表述,并在文书中第一次表述该类毒品时用括号注明下文中使用的英文缩写简称,如表述为3,4-亚甲二氧基甲基苯丙胺片剂(以下简称MDMA片剂)、3,4-亚甲二氧基苯丙胺片剂(以下简称MDA片剂)、3,4-亚甲二氧基乙基苯丙胺片剂(以下简称MDEA片剂)等。如果犯罪嫌疑人、被告人供述为“摇头丸”等俗称的,可以在文书中第一次表述该类毒品时用括号注明,如表述为3,4-亚甲二氧基甲基苯丙胺片剂(以下简称MDMA片剂,俗称“摇头丸”)等。

(四)“神仙水”类毒品

对于俗称“神仙水”的液体状毒品,应当根据其主要毒品成分和具体形态进行表述。毒品成分复杂的,可以用括号注明其中所含的一至二种其他毒品成分,如表述为含氯胺酮(咖啡因、地西泮等)成分的液体等。如果犯罪嫌疑人、被告人供述为“神仙水”等俗称的，可以在文书中第一次表述该类毒品时用括号注明，如表述为含氯胺酮（咖啡因、地西泮等）成分的液体（俗称“神仙水”）等。

（五）大麻类毒品

对于含四氢大麻酚、大麻二酚、大麻酚等天然大麻素类成分的毒品，应当根据其外形特征分别表述为大麻叶、大麻脂、大麻油或者大麻烟等。

2.《立案标准（三）》第十三条　本规定中的毒品是指鸦片、海洛因、甲基苯丙胺（冰毒）、吗啡、大麻、可卡因以及国家规定管制的其他能够使人形成瘾癖的麻醉药品和精神药品。具体品种以国家食品药品监督管理局、公安部、卫生部发布的《麻醉药品品种目录》《精神药品品种目录》为依据。

《立案标准（三）》第十四条　本规定中未明确立案追诉标准的毒品，有条件折算为海洛因的，参照有关麻醉药品和精神药品折算标准进行折算。

《立案标准（三）》第十五条　本规定中的“以上”，包括本数。

357-2　**1.**《最高人民检察院关于〈非药用类麻醉药品和精神药品管制品种增补目录〉能否作为认定毒品依据的批复》（高检发释字〔2019〕2号，2019年4月30日）　根据《中华人民共和国刑法》第三百五十七条和《中华人民共和国禁毒法》第二条的规定，毒品是指鸦片、海洛因、甲基苯丙胺（冰毒）、吗啡、大麻、可卡因以及国家规定管制的其他能够使人形成瘾癖的麻醉药品和精神药品。

2015年10月1日起施行的公安部、国家食品药品监督管理总局、国家卫生和计划生育委员会、国家禁毒委员会办公室《非药用类麻醉药品和精神药品列管办法》及其附表《非药用类麻醉药品和精神药品管制品种增补目录》，是根据国务院《麻醉药品和精神药品管理条例》第三条第二款授权制定的，《非药用类麻醉药品和精神药品管制品种增补目录》可以作为认定毒品的依据。

2.《最高人民检察院法律政策研究室关于安定注射液是否属于刑法第三百五十五条规定的精神药品问题的答复》（〔2002〕高检研发第23号，2002年10月24日）　根据《精神药品管理办法》* 等国家有关

* 《麻醉药品管理办法》和《精神药品管理办法》均已被废止。现行有效的是《麻醉药品和精神药品管理条例》（2005年11月1日，2013年12月7日第一次修订，2016年2月6日第二次修订）。

规定,“能够使人形成瘾癖”的精神药品,是指使用后能使人的中枢神经系统兴奋或者抑制,连续使用能使入产生依赖性的药品。安定注射液属于刑法第三百五十五条第一款规定的“国家规定管制的能够使人形成瘾癖的”精神药品。鉴于安定注射液属于《精神药品管理办法》规定的第二类精神药品,医疗实践中使用较多,在处理此类案件时,应当慎重掌握罪与非罪的界限。对于明知他人是吸毒人员而多次向其出售安定注射液,或者贩卖安定注射液数量较大的,可以依法追究行为人的刑事责任。

357-3　**1.**《全国法院毒品犯罪审判工作座谈会纪要》(法〔2015〕129号,2015年5月18日)　二、关于毒品犯罪法律适用的若干具体问题　(三)毒品数量认定问题

走私、贩卖、运输、制造、非法持有两种以上毒品的,可以将不同种类的毒品分别折算为海洛因的数量,以折算后累加的毒品总量作为量刑的根据。对于刑法、司法解释或者其他规范性文件明确规定了定罪量刑数量标准的毒品,应当按照该毒品与海洛因定罪量刑数量标准的比例进行折算后累加。对于刑法、司法解释及其他规范性文件没有规定定罪量刑数量标准,但《非法药物折算表》规定了与海洛因的折算比例的毒品,可以按照《非法药物折算表》折算为海洛因后进行累加。对于既未规定定罪量刑数量标准,又不具备折算条件的毒品,综合考虑其致瘾癖性、社会危害性、数量、纯度等因素依法量刑。在裁判文书中,应当客观表述涉案毒品的种类和数量,并综合认定为数量大、数量较大或者少量毒品等,不明确表述将不同种类毒品进行折算后累加的毒品总量。

对于未查获实物的甲基苯丙胺片剂(俗称“麻古”等)、MDMA片剂(俗称“摇头丸”)等混合型毒品,可以根据在案证据证明的毒品粒数,参考本案或者本地区查获的同类毒品的平均重量计算出毒品数量。在裁判文书中,应当客观表述根据在案证据认定的毒品粒数。

对于有吸毒情节的贩毒人员,一般应当按照其购买的毒品数量认定其贩卖毒品的数量,量刑时酌情考虑其吸食毒品的情节;购买的毒品数量无法查明的,按照能够证明的贩卖数量及查获的毒品数量认定其贩毒数量;确有证据证明其购买的部分毒品并非用于贩卖的,不应计入其贩毒数量。

办理毒品犯罪案件,无论毒品纯度高低,一般均应将查证属实的毒品数量认定为毒品犯罪的数量,并据此确定适用的法定刑幅度,但

司法解释另有规定或者为了隐蔽运输而临时改变毒品常规形态的除外。涉案毒品纯度明显低于同类毒品的正常纯度的，量刑时可以酌情考虑。

制造毒品案件中，毒品成品、半成品的数量应当全部认定为制造毒品的数量，对于无法再加工出成品、半成品的废液、废料则不应计入制造毒品的数量。对于废液、废料的认定，可以根据其毒品成分的含量、外观形态，结合被告人对制毒过程的供述等证据进行分析判断，必要时可以听取鉴定机构的意见。

2.《办理毒品犯罪案件毒品提取、扣押、称量、取样和送检程序若干问题的规定》(公禁毒〔2016〕511号，2016年7月1日)第三十三条　具有下列情形之一的，公安机关应当委托鉴定机构对查获的毒品进行含量鉴定：

(一)犯罪嫌疑人、被告人可能被判处死刑的；

(二)查获的毒品系液态、固液混合物或者系毒品半成品的；

(三)查获的毒品可能大量掺假的；

(四)查获的毒品系成分复杂的新类型毒品，且犯罪嫌疑人、被告人可能被判处七年以上有期徒刑的；

(五)人民检察院、人民法院认为含量鉴定对定罪量刑有重大影响而书面要求进行含量鉴定的。

进行含量鉴定的检材应当与进行成分鉴定的检材来源一致，且一一对应。

第八节　组织、强迫、引诱、容留、介绍卖淫罪[1]

S.8-1　《最高人民法院、最高人民检察院关于办理组织、强迫、引诱、容留、介绍卖淫刑事案件适用法律若干问题的解释》(法释〔2017〕13号，2017年7月25日)第十条　组织、强迫、引诱、容留、介绍他人卖淫的次数，作为酌定情节在量刑时考虑。

第三百五十八条　(刑九)【组织卖淫罪；强迫卖淫罪】组织[1]、强迫他人*卖淫的，处五年以上十年以下有期徒刑，并处罚金[2]；情节

---

* 主要是指女人，也包括男人。

严重[3] 的[*],处十年以上有期徒刑或者无期徒刑[4],并处罚金或者没收财产。

组织、强迫未成年人卖淫的,依照前款的规定从重处罚。

犯前两款罪,并有[5] 杀害、伤害、强奸、绑架等犯罪行为的,依照数罪并罚的规定处罚。

(刑八)【协助组织卖淫罪】[**]为组织卖淫的人招募、运送人员或者有其他协助[6] 组织他人卖淫行为的,处五年以下有期徒刑,并处罚金;情节严重[7] 的,处五年以上十年以下有期徒刑,并处罚金。

358-1 法释〔2017〕13 号第一条 以招募、雇佣、纠集等手段,管理或者控制他人卖淫,卖淫人员在三人以上的,应当认定为刑法第三百五十八条规定的"组织他人卖淫"。

组织卖淫者是否设置固定的卖淫场所、组织卖淫者人数多少、规模大小,不影响组织卖淫行为的认定。

法释〔2017〕13 号第三条 在组织卖淫犯罪活动中,对被组织卖淫的人有引诱、容留、介绍卖淫行为的,依照处罚较重的规定定罪处罚。但是,对被组织卖淫的人以外的其他人有引诱、容留、介绍卖淫行为的,应当分别定罪,实行数罪并罚。

358-2 法释〔2017〕13 号第十三条第一款 犯组织、强迫、引诱、

---

* 湖南永州唐慧女儿被强迫卖淫案的被告人最终未被核准死刑。最高人民法院认为,根据《刑法》第三百五十八条规定,强迫他人卖淫只有情节特别严重的,如大规模强迫卖淫犯罪集团的首要分子,强迫多名幼女卖淫的,多次在公共场所劫持他人拘禁后强迫卖淫的,或者强迫卖淫手段特别残忍、造成被害人严重残疾或者死亡等情形,才可考虑判处死刑。但根据被害人陈述及证人的证言,证实被害人可与其他证人结伴外出、经常到附近网吧上网,未被完全限制人身自由,除有一次因不服从卖淫安排,被打脸部外,未发现被害人受到二被告人的其他暴力侵害。鉴于周军辉、秦星强迫卖淫的暴力、胁迫程度,犯罪情节的恶劣程度尚未达到情节特别严重,第一审判决、第二审裁定对二被告人以强迫卖淫罪判处死刑立即执行量刑不当。此外,本案复核期间又出现新的证据,可能影响对秦星是否构成立功的认定,依法应予查明。据此,最高人民法院于 2014 年 6 月 10 日依法裁定不核准二被告人死刑,将案件发回湖南省高级人民法院重新审判。2014 年 9 月 5 日,湖南省高级人民法院在对该案重新审判后作出终审判决,对二被告人改判为无期徒刑。本罪的死刑已经被《刑法修正案(九)》废除。

** 原条文表述为"协助组织他人卖淫的,处五年以下有期徒刑,并处罚金;情节严重的,处五年以上十年以下有期徒刑,并处罚金"。将协助组织卖淫的行为单独规定为一个独立的罪名,而不是作为组织卖淫罪的从犯来处理,可以避免量刑畸轻,以加大打击力度。这是刑法的一个特别情况,值得高度重视。

容留、介绍卖淫罪的，应当依法判处犯罪所得二倍以上的罚金。共同犯罪的，对各共同犯罪人合计判处的罚金应当在犯罪所得的二倍以上。

358-3　法释〔2017〕13 号第二条　组织他人卖淫，具有下列情形之一的，应当认定为刑法第三百五十八条第一款规定的“情节严重”：

（一）卖淫人员累计达十人以上的；

（二）卖淫人员中未成年人、孕妇、智障人员、患有严重性病的人累计达五人以上的；

（三）组织境外人员在境内卖淫或者组织境内人员出境卖淫的；

（四）非法获利人民币一百万元以上的；

（五）造成被组织卖淫的人自残、自杀或者其他严重后果的；

（六）其他情节严重的情形。

法释〔2017〕13 号第六条　强迫他人卖淫，具有下列情形之一的，应当认定为刑法第三百五十八条第一款规定的“情节严重”：

（一）卖淫人员累计达五人以上的；

（二）卖淫人员中未成年人、孕妇、智障人员、患有严重性病的人累计达三人以上的；

（三）强迫不满十四周岁的幼女卖淫的；

（四）造成被强迫卖淫的人自残、自杀或者其他严重后果的；

（五）其他情节严重的情形。

行为人既有组织卖淫犯罪行为，又有强迫卖淫犯罪行为，且具有下列情形之一的，以组织、强迫卖淫“情节严重”论处：

（一）组织卖淫、强迫卖淫行为中具有本解释第二条、本条前款规定的“情节严重”情形之一的；

（二）卖淫人员累计达到本解释第二条第一、二项规定的组织卖淫“情节严重”人数标准的；

（三）非法获利数额相加达到本解释第二条第四项规定的组织卖淫“情节严重”数额标准的。

358-4　法释〔2017〕13 号第十三条第二款　对犯组织、强迫卖淫罪被判处无期徒刑的，应当并处没收财产。

358-5　法释〔2017〕13 号第七条第一款　根据刑法第三百五十八条第三款的规定，犯组织、强迫卖淫罪，并有杀害、伤害、强奸、绑架等犯罪行为的，依照数罪并罚的规定处罚。协助组织卖淫行为人参与实施上述行为的，以共同犯罪论处。

358-6 **1.**《立案标准(一)的补充规定》(公通字〔2017〕12号,2017年4月27日)第七十七条　在组织卖淫的犯罪活动中,帮助招募、运送、培训人员三人以上,或者充当保镖、打手、管账人等,起帮助作用的,应予立案追诉。

2. 法释〔2017〕13号第四条　明知他人实施组织卖淫犯罪活动而为其招募、运送人员或者充当保镖、打手、管账人等的,依照刑法第三百五十八条第四款的规定,以协助组织卖淫罪定罪处罚,不以组织卖淫罪的从犯论处。

在具有营业执照的会所、洗浴中心等经营场所担任保洁员、收银员、保安员等,从事一般服务性、劳务性工作,仅领取正常薪酬,且无前款所列协助组织卖淫行为的,不认定为协助组织卖淫罪。

理解与适用:如何区分协助组织卖淫行为性质是否明显?一是从其工作场所来区分。如果是在隐蔽场所、非合法经营场所,则不存在协助组织行为性质不明显的问题。这是前提条件。行为人明知是非法场所,仍然实施协助组织行为,就能够认定其协助组织性质明显。因此,在会所、洗浴中心等合法经营场所,是认定协助组织行为性质不明显的首要条件。二是以从事的工作性质来区分。充当保镖、打手、管账等工作的,其能够在日常工作中意识到组织卖淫犯罪活动的存在。而从事一般的服务性、劳务性工作,如保洁员、收银员、保安员等,其主观上就不一定具有协助组织卖淫的故意。三是从所获取的利益来区分。这是认定行为人与组织卖淫者关系密切程度的重要方法之一。仅领取正常的一般性薪酬且无本解释第4条第1款所列协助行为的,与领取高额工资者,有明显区别。上述三个方面应综合考虑,来确定协助组织行为性质是否明显,不能仅从某一方面来判断。

358-7　法释〔2017〕13号第五条　协助组织他人卖淫,具有下列情形之一的,应当认定为刑法第三百五十八条第四款规定的"情节严重":

(一)招募、运送卖淫人员累计达十人以上的;

(二)招募、运送的卖淫人员中未成年人、孕妇、智障人员、患有严重性病的人累计达五人以上的;

(三)协助组织境外人员在境内卖淫或者协助组织境内人员出境卖淫的;

(四)非法获利人民币五十万元以上的;

（五）造成被招募、运送或者被组织卖淫的人自残、自杀或者其他严重后果的；

（六）其他情节严重的情形。

第三百五十九条　【引诱、容留、介绍卖淫罪】引诱、容留、介绍他人卖淫[1]的，处五年以下有期徒刑、拘役或者管制，并处罚金；情节严重[2]的，处五年以上有期徒刑，并处罚金。

【引诱幼女卖淫罪】引诱不满十四周岁的幼女卖淫的，处五年以上有期徒刑，并处罚金。

359-1　1. 法释〔2017〕13号第八条　引诱、容留、介绍他人卖淫，具有下列情形之一的，应当依照刑法第三百五十九条第一款的规定定罪处罚：

（一）引诱他人卖淫的；

理解与适用：虽然刑法将引诱、容留、介绍卖淫行为规定在同一个定罪量刑条款之中，但从罪质看，引诱他人卖淫，是让本无卖淫意愿的人走上了卖淫的道路，而容留、介绍卖淫的对象，是曾经卖淫，至少是已具有卖淫意愿的人。因此，本解释对引诱他人卖淫的成立条件，不作任何人数限定，即使引诱一人卖淫，也构成本罪。

（二）容留、介绍二人以上卖淫的；

（三）容留、介绍未成年人、孕妇、智障人员、患有严重性病的人卖淫的；

（四）一年内曾因引诱、容留、介绍卖淫行为被行政处罚，又实施容留、介绍卖淫行为的；

（五）非法获利人民币一万元以上的。

利用信息网络发布招嫖违法信息，情节严重的，依照刑法第二百八十七条之一的规定，以非法利用信息网络罪定罪处罚。同时构成介绍卖淫罪的，依照处罚较重的规定定罪处罚。

引诱、容留、介绍他人卖淫是否以营利为目的，不影响犯罪的成立。

引诱不满十四周岁的幼女卖淫的，依照刑法第三百五十九条第二款的规定，以引诱幼女卖淫罪定罪处罚。

被引诱卖淫的人员中既有不满十四周岁的幼女，又有其他人员的，分别以引诱幼女卖淫罪和引诱卖淫罪定罪，实行并罚。

理解与适用：关于是否“以营利为目的”构成本罪的问题。1979年

《刑法》将"以营利为目的"作为引诱、容留卖淫的犯罪构成要件予以规定。1997 年《刑法》取消了"以营利为目的"的要件规定。刑法条文中,有的犯罪没有规定"以营利为目的",但实践中还是将获利作为构成要件。但本罪不然,之所以取消"以营利为目的",主要是考虑到实践中存在不是"以营利为目的",而是出于奸淫或者其他目的而引诱、容留、介绍卖淫的情况,如果明文规定必须"以营利为目的",就难以追究此类人的刑事责任。为澄清这一模糊认识,本解释强调"引诱、容留、介绍他人卖淫是否以营利为目的,不影响本罪的成立"。

2.《最高人民法院、最高人民检察院关于常见犯罪的量刑指导意见(试行)》(法发〔2021〕21 号,2021 年 7 月 1 日)　四、常见犯罪的量刑
(二十三)引诱、容留、介绍卖淫罪

1. 构成引诱、容留、介绍卖淫罪的,根据下列情形在相应的幅度内确定量刑起点:

(1)情节一般的,在二年以下有期徒刑、拘役幅度内确定量刑起点。

(2)情节严重的,在五年至七年有期徒刑幅度内确定量刑起点。

2. 在量刑起点的基础上,根据引诱、容留、介绍卖淫的人数等其他影响犯罪构成的犯罪事实增加刑罚量,确定基准刑。

3. 旅馆业、饮食服务业、文化娱乐业、出租汽车业等单位的主要负责人,利用本单位的条件,引诱、容留、介绍他人卖淫的,增加基准刑的 10% ~20% 。

4. 构成引诱、容留、介绍卖淫罪的,根据引诱、容留、介绍卖淫的人数、次数、违法所得数额、危害后果等犯罪情节,综合考虑被告人缴纳罚金的能力,决定罚金数额。

5. 构成引诱、容留、介绍卖淫罪的,综合考虑引诱、容留、介绍卖淫的人数、次数、危害后果等犯罪事实、量刑情节,以及被告人主观恶性、人身危险性、认罪悔罪表现等因素,决定缓刑的适用。

359-2　法释〔2017〕13 号第九条　引诱、容留、介绍他人卖淫,具有下列情形之一的,应当认定为刑法第三百五十九条第一款规定的"情节严重":

(一)引诱五人以上或者引诱、容留、介绍十人以上卖淫的;

(二)引诱三人以上的未成年人、孕妇、智障人员、患有严重性病的人卖淫,或者引诱、容留、介绍五人以上该类人员卖淫的;

(三)非法获利人民币五万元以上的;

（四）其他情节严重的情形。

第三百六十条　【传播性病罪】明知[1]自己患有梅毒、淋病等严重性病[2]卖淫、嫖娼的[3]，处五年以下有期徒刑、拘役或者管制，并处罚金。

（刑九）【嫖宿幼女罪】[*]嫖宿[4]不满十四周岁的幼女的，处五年以上有期徒刑，并处罚金。

360-1　法释〔2017〕13号第十一条第一款　具有下列情形之一的，应当认定为刑法第三百六十条规定的"明知"：

（一）有证据证明曾到医院或者其他医疗机构就医或者检查，被诊断为患有严重性病的；

（二）根据本人的知识和经验，能够知道自己患有严重性病的；

（三）通过其他方法能够证明行为人是"明知"的。

360-2　法释〔2017〕13号第十一条第三款　刑法第三百六十条规定所称的"严重性病"，包括梅毒、淋病等。其他性病是否认定为"严重性病"，应当根据《中华人民共和国传染病防治法》《性病防治管理办法》的规定，在国家卫生与计划生育委员会规定实行性病监测的性病范围内，依照其危害、特点与梅毒、淋病相当的原则，从严掌握。

360-3　**1.** 法释〔2017〕13号第十二条　明知自己患有艾滋病或者感染艾滋病病毒而卖淫、嫖娼的，依照刑法第三百六十条的规定，以传播性病罪定罪，从重处罚。

具有下列情形之一，致使他人感染艾滋病病毒的，认定为刑法第九十五条第三项"其他对于人身健康有重大伤害"所指的"重伤"，依照刑法第二百三十四条第二款的规定，以故意伤害罪定罪处罚：

（一）明知自己感染艾滋病病毒而卖淫、嫖娼的；

（二）明知自己感染艾滋病病毒，故意不采取防范措施而与他人发生性关系的。

理解与适用：卖淫、嫖娼以外的性行为，以"故意不采取防范措施"为前提。这主要是考虑到艾滋病患者的生活、交友等方面不应受到歧视，只要采取了防范措施，其正当的性权利就应当得到尊重。但由于艾滋病病毒的易传染性，这类人与他人发生性关系时，应当切实采取有效防范措施，确保不会将艾滋病病毒传染给其性伙伴。

2. 法释〔2017〕13号第十一条第二款　传播性病行为是否实际造

---

* 《刑法修正案（九）》已将此罪废除。

成他人患上严重性病的后果,不影响本罪的成立。

理解与适用:传播性病罪是抽象的危险犯,而不是侵害犯。行为人明知自己患有严重性病而卖淫、嫖娼后,被害人是否实际染上严重性病,取决于多方面的原因,同时,性病的发作也有一个过程,有的个体潜伏期甚至达数年。因此,本解释规定,传播性病行为是否实际造成他人染上性病的后果,不影响本罪的成立。有的行为人虽然明知自己患有严重性病而卖淫、嫖娼,但注意采取了防护措施,又确实没有致他人染上严重性病的,一般不以传播性病罪处理。

360-4 《最高人民检察院关于构成嫖宿幼女罪主观上是否需要具备明知要件的解释》(高检发释字〔2001〕3 号,2001 年 6 月 11 日) 行为人知道被害人是或者可能*是不满十四周岁幼女而嫖宿的,适用刑法第三百六十条第二款的规定,以嫖宿幼女罪追究刑事责任。

第三百六十一条 【特定单位的人员组织、强迫、引诱、容留、介绍卖淫的处理规定】旅馆业、饮食服务业、文化娱乐业、出租汽车业等单位的人员,利用本单位的条件,组织、强迫、引诱、容留、介绍他人卖淫的,依照本法第三百五十八条、第三百五十九条的规定定罪处罚。

前款所列单位的主要负责人,犯前款罪的,从重处罚。

第三百六十二条 【包庇罪】旅馆业、饮食服务业、文化娱乐业、出租汽车业等单位的人员,在公安机关查处卖淫、嫖娼活动时,为违法犯罪分子通风报信,情节严重[1] 的,依照本法第三百一十条(*包庇罪*)的规定定罪处罚**。

362-1 法释〔2017〕13 号第十四条 根据刑法第三百六十二条、第三百一十条的规定,旅馆业、饮食服务业、文化娱乐业、出租汽车业等单位的人员,在公安机关查处卖淫、嫖娼活动时,为违法犯罪分子通风报信,情节严重的,以包庇罪定罪处罚。事前与犯罪分子通谋的,以共

---

* 根据上述司法解释,"明知"包括"知道是幼女"和"知道可能是幼女"两种情况,而排除"不知道是幼女"和"知道不可能是幼女",即排除对幼女事实一无所知的情况。应当正确理解嫖宿幼女罪中的"明知",特别是其中的"可能知道"。一切皆有可能,多种"可能性"之中应当有程度之分,只有程度较高的"可能性"才能作为认定嫖宿幼女罪行为人的"明知"的依据,否则就违背了罪刑法定原则。

** 包庇罪本身并没有规定情节严重。

同犯罪论处。

具有下列情形之一的，应当认定为刑法第三百六十二条规定的“情节严重”：

（一）向组织、强迫卖淫犯罪集团通风报信的；

（二）二年内通风报信三次以上的；

（三）一年内因通风报信被行政处罚，又实施通风报信行为的；

（四）致使犯罪集团的首要分子或者其他共同犯罪的主犯未能及时归案的；

（五）造成卖淫嫖娼人员逃跑，致使公安机关查处犯罪行为因取证困难而撤销刑事案件的；

（六）非法获利人民币一万元以上的；

（七）其他情节严重的情形。

第九节　制作、贩卖、传播淫秽物品罪[1]

S. 9-1　1.《最高人民法院、最高人民检察院关于办理利用互联网、移动通讯终端、声讯台制作、复制、出版、贩卖、传播淫秽电子信息刑事案件具体应用法律若干问题的解释》（法释〔2004〕11 号，2004 年 9 月 6 日）；2.《最高人民法院、最高人民检察院关于办理利用互联网、移动通讯终端、声讯台制作、复制、出版、贩卖、传播淫秽电子信息刑事案件具体应用法律若干问题的解释（二）》*（法释〔2010〕3 号，2010 年 2 月 4 日）；3.《最高人民法院、最高人民检察院关于利用网络云盘制作、复制、贩卖、传播淫秽电子信息牟利行为定罪量刑问题的批复》（法释〔2017〕19 号，2017 年 12 月 1 日）。

第三百六十三条[1]　**【制作、复制、出版、贩卖、传播淫秽物品牟利罪】**以牟利为目的**，制作、复制、出版、贩卖、传播[2] 淫秽物品的，[3]

---

* 法释〔2010〕3 号第十三条　以前发布的司法解释与本解释不一致的，以本解释为准。

** 吴铭等制作、复制、出版、贩卖、传播淫秽物品牟利罪案（快播案）[（2015）海刑初字第 512 号]中，法院认定“以牟利为目的”，包括牟取间接利益，即通过广告、流量、用户数量等获得间接收入的目的。淫秽视频被搜索、点播、下载的数量越多，淫秽视频的网络传播者所获取间接利益可能就越大。快播公司以获取广告费等间接利益为目的，为吸引网民、增加网站网页访问量、提高用户数量而在互联网上发布、陈列、播放淫秽视频的行为，符合“以牟利为目的”。

处三年以下有期徒刑、拘役或者管制，并处罚金[4]；情节严重[5]的，处三年以上十年以下有期徒刑，并处罚金；情节特别严重[6]的，处十年以上有期徒刑或者无期徒刑，并处罚金或者没收财产。

【为他人提供书号出版淫秽书刊罪】为他人提供书号*，出版淫秽书刊的，处三年以下有期徒刑、拘役或者管制，并处或者单处罚金；明知他人用于出版淫秽书刊而提供书号的，依照前款的规定处罚。

363-1　法释〔2017〕19号　一、对于以牟利为目的，利用网络云盘制作、复制、贩卖、传播淫秽电子信息的行为，是否应当追究刑事责任，适用刑法和《最高人民法院、最高人民检察院关于办理利用互联网、移动通讯终端、声讯台制作、复制、出版、贩卖、传播淫秽电子信息刑事案件具体应用法律若干问题的解释》（法释〔2004〕11号）、《最高人民法院、最高人民检察院关于办理利用互联网、移动通讯终端、声讯台制作、复制、出版、贩卖、传播淫秽电子信息刑事案件具体应用法律若干问题的解释（二）》（法释〔2010〕3号）的有关规定。

二、对于以牟利为目的，利用网络云盘制作、复制、贩卖、传播淫秽电子信息的行为，在追究刑事责任时，鉴于网络云盘的特点，不应单纯考虑制作、复制、贩卖、传播淫秽电子信息的数量，还应充分考虑传播范围、违法所得、行为人一贯表现以及淫秽电子信息、传播对象是否涉及未成年人等情节，综合评估社会危害性，恰当裁量刑罚，确保罪责刑相适应。

363-2　**1.** 法释〔2004〕11号第四条　明知是淫秽电子信息而在自己所有、管理或者使用的网站或者网页上提供直接链接的，其数量标准根据所链接的淫秽电子信息的种类计算。

法释〔2004〕11号第五条　以牟利为目的，通过声讯台传播淫秽语音信息，具有下列情形之一的**，依照刑法第三百六十三条第一款的规定，对直接负责的主管人员和其他直接责任人员以传播淫秽物品牟利罪定罪处罚：

（一）向一百人次以上传播的；

---

* 作扩大性解释，还可包括刊号、版号。

** 《立案标准（一）》第八十二条第四款与本条内容重复，故从略。

（二）违法所得一万元以上的；

（三）造成严重后果的。

实施前款规定行为，数量或者数额达到前款第（一）项至第（二）项规定标准五倍以上的，应当认定为刑法第三百六十三条第一款规定的“情节严重”；达到规定标准二十五倍以上的，应当认定为“情节特别严重”。

法释〔2004〕11号第七条　明知*他人实施制作、复制、出版、贩卖、传播淫秽电子信息犯罪，为其提供互联网接入、服务器托管、网络存储空间、通讯传输通道、费用结算等帮助的，对直接负责的主管人员和其他直接责任人员，以共同犯罪论处**。

法释〔2004〕11号第八条　利用互联网、移动通讯终端、声讯台贩卖、传播淫秽书刊、影片、录像带、录音带等以实物为载体的淫秽物品的，依照《最高人民法院关于审理非法出版物刑事案件具体应用法律若干问题的解释》的有关规定定罪处罚。

2. 法释〔2010〕3号第四条　以牟利为目的，网站建立者、直接负责的管理者明知他人制作、复制、出版、贩卖、传播的是淫秽电子信息，允许或者放任他人在自己所有、管理的网站或者网页上发布，具有下列情形之一的，依照刑法第三百六十三条第一款的规定，以传播淫秽物品牟利罪定罪处罚：

（一）数量或者数额达到第一条第二款第（一）项至第（六）项规定标准五倍以上的；

（二）数量或者数额分别达到第一条第二款第（一）项至第（六）项两项以上标准二倍以上的；

（三）造成严重后果的。

实施前款规定的行为，数量或者数额达到第一条第二款第（一）项至第（七）项规定标准二十五倍以上的，应当认定为刑法第三百六十三条第一款规定的“情节严重”；达到规定标准一百倍以上的，应当认定

---

* 吴铭等制作、复制、出版、贩卖、传播淫秽物品牟利罪案（快播案）[（2016）京01刑终592号]中，吴铭被认定为具有主观上的“明知”，不要求其对快播网络传播淫秽物品的具体方法、技术等完全知晓，只要求有足够证据证明其对快播公司传播淫秽视频这一基本事实具有“明知”。第一，吴铭在得知快播涉黄后，要求下属找王欣做决策；第二，在网监对快播涉黄的检查中，吴铭要求下属应付检查，对不利信息保持沉默；第三，吴铭清楚得知快播公司因涉淫秽视频被行政处罚，并不时得到下属对淫秽视频屏蔽情况的汇报。

** 《刑法》第一百五十二条规定的走私淫秽物品罪，将牟利和传播并列规定为目的，而在本条中，传播是一种客观行为，而不是一种主观目的。

为“情节特别严重”。

理解与适用:《最高人民法院、最高人民检察院关于办理利用互联网、移动通讯终端、声讯台制作、复制、出版、贩卖、传播淫秽电子信息刑事案件具体应用法律若干问题的解释(二)》所规定的传播淫秽物品牟利罪或者传播淫秽物品罪中的“传播”,是指通过互联网、移动通讯终端等方式使淫秽电子信息在公开场合、社会公众中流传的行为,具有公开性、扩散性等特点,结果是使不特定的多数人获取淫秽电子信息,亲属之间、朋友之间通过手机发送一些段子一般不符合传播的特点,也谈不上按犯罪处理。

网站建立者、直接负责的管理者允许或者放任他人在自己所有、管理的网站或者网页上发布淫秽电子信息的行为,应当认定为传播淫秽物品行为,理由如下:一是按照《全国人民代表大会常务委员会关于维护互联网安全的决定》及有关规定,网站建立者、管理者对其所有、管理的网站或者网页负有安全监管职责,其不履行法定阻止义务,致使淫秽电子信息在其所有、管理的网站或者网页上传播,在行为性质上属于一种特殊的传播淫秽物品的行为,情节严重的,应当依法追究刑事责任。二是上述行为不宜按照共同犯罪处理。共同犯罪需要犯意的联络,而网站建立者和管理者的行为属于放任或者允许,与淫秽电子信息的直接传播者之间缺乏犯意联络,应单独认定为犯罪为宜。同时,考虑到上述行为主要是通过不作为方式实施的,与直接传播淫秽物品的行为存在一定区别,并且网站或网页的信息容量较大,因此将犯罪主体限制为网站建立者和直接负责的管理者,在定罪量刑标准上较之淫秽信息的直接制作、传播者适当提高。

法释〔2010〕3号第六条　电信业务经营者、互联网信息服务提供者明知是淫秽网站,为其提供互联网接入、服务器托管、网络存储空间、通讯传输通道、代收费等服务,并收取服务费,具有下列情形之一的,对直接负责的主管人员和其他直接责任人员,依照刑法第三百六十三条第一款的规定,以传播淫秽物品牟利罪定罪处罚:

(一)为五个以上淫秽网站提供上述服务的;

(二)为淫秽网站提供互联网接入、服务器托管、网络存储空间、通讯传输通道等服务,收取服务费数额在二万元以上的;

(三)为淫秽网站提供代收费服务,收取服务费数额在五万元以上的;

(四)造成严重后果的。

实施前款规定的行为，数量或者数额达到前款第（一）项至第（三）项规定标准五倍以上的，应当认定为刑法第三百六十三条第一款规定的"情节严重"；达到规定标准二十五倍以上的，应当认定为"情节特别严重"。

法释〔2010〕3号第七条 明知是淫秽网站，以牟利为目的，通过投放广告等方式向其直接或者间接提供资金，或者提供费用结算服务，具有下列情形之一的，对直接负责的主管人员和其他直接责任人员，依照刑法第三百六十三条第一款的规定，以制作、复制、出版、贩卖、传播淫秽物品牟利罪的共同犯罪处罚：

（一）向十个以上淫秽网站投放广告或者以其他方式提供资金的；

（二）向淫秽网站投放广告二十条以上的；

（三）向十个以上淫秽网站提供费用结算服务的；

（四）以投放广告或者其他方式向淫秽网站提供资金数额在五万元以上的；

（五）为淫秽网站提供费用结算服务，收取服务费数额在二万元以上的；

（六）造成严重后果的。

实施前款规定的行为，数量或者数额达到前款第（一）项至第（五）项规定标准五倍以上的，应当认定为刑法第三百六十三条第一款规定的"情节严重"；达到规定标准二十五倍以上的，应当认定为"情节特别严重"。

法释〔2010〕3号第八条 实施第四条至第七条规定的行为，具有下列情形之一的，应当认定行为人"明知"，但是有证据证明确实不知道的除外：

（一）行政主管机关书面告知后仍然实施上述行为的；

（二）接到举报后不履行法定管理职责的；

（三）为淫秽网站提供互联网接入、服务器托管、网络存储空间、通讯传输通道、代收费、费用结算等服务，收取服务费明显高于市场价格的；

（四）向淫秽网站投放广告，广告点击率明显异常的；

（五）其他能够认定行为人明知的情形。

3.《公安部关于携带、藏匿淫秽VCD是否属于传播淫秽物品问题的批复》（公复字〔1998〕6号，1998年11月9日） 对于携带、藏匿淫秽VCD的行为，不能简单地视为"传播"，而应注意广泛搜集证据，根据主客观相统一的原则，来判断是否构成"传播"行为。如果行为人主观上没有“传播”故意,只是为了自己观看,不能认定为“传播淫秽物品”,但应当没收淫秽VCD,并对当事人进行必要的法制教育。

363-3 **1.** 法释〔2004〕11号第一条 以牟利为目的,利用互联网、移动通讯终端制作、复制、出版、贩卖、传播淫秽电子信息,具有下列情形之一的*,依照刑法第三百六十三条第一款的规定,以制作、复制、出版、贩卖、传播淫秽物品牟利罪定罪处罚:

(一)制作、复制、出版、贩卖、传播淫秽电影、表演、动画等视频文件二十个以上的;

(二)制作、复制、出版、贩卖、传播淫秽音频文件一百个以上的;

(三)制作、复制、出版、贩卖、传播淫秽电子刊物、图片、文章、短信息等二百件以上的;

(四)制作、复制、出版、贩卖、传播的淫秽电子信息,实际被点击数达到一万次以上的;

(五)以会员制方式出版、贩卖、传播淫秽电子信息,注册会员达二百人以上的;

(六)利用淫秽电子信息收取广告费、会员注册费或者其他费用,违法所得一万元以上的;

(七)数量或者数额虽未达到第(一)项至第(六)项规定标准,但分别达到其中两项以上标准一半以上的;

(八)造成严重后果的。

利用聊天室、论坛、即时通信软件、电子邮件等方式,实施第一款规定行为的,依照刑法第三百六十三条第一款的规定,以制作、复制、出版、贩卖、传播淫秽物品牟利罪定罪处罚。

法释〔2004〕11号第六条 实施本解释前五条规定的犯罪,具有下列情形之一的,依照刑法第三百六十三条第一款、第三百六十四条第一款的规定从重处罚:

(一)制作、复制、出版、贩卖、传播具体描绘不满十八周岁未成年人性行为的淫秽电子信息的;

(二)明知是具体描绘不满十八周岁的未成年人性行为的淫秽电子信息而在自己所有、管理或者使用的网站或者网页上提供直接链接的;

(三)向不满十八周岁的未成年人贩卖、传播淫秽电子信息和语音

---

* 《立案标准(一)》第八十二条第二款和第三款与本条内容重复,故从略。

信息的；

（四）通过使用破坏性程序、恶意代码修改用户计算机设置等方法，强制用户访问、下载淫秽电子信息的。

2. 法释〔2010〕3号第一条　以牟利为目的，利用互联网、移动通讯终端制作、复制、出版、贩卖、传播淫秽电子信息的，依照《最高人民法院、最高人民检察院关于办理利用互联网、移动通讯终端、声讯台制作、复制、出版、贩卖、传播淫秽电子信息刑事案件具体应用法律若干问题的解释》第一条、第二条的规定定罪处罚。

以牟利为目的，利用互联网、移动通讯终端制作、复制、出版、贩卖、传播内容含有不满十四周岁未成年人的淫秽电子信息，具有下列情形之一的，依照刑法第三百六十三条第一款的规定，以制作、复制、出版、贩卖、传播淫秽物品牟利罪定罪处罚：

（一）制作、复制、出版、贩卖、传播淫秽电影、表演、动画等视频文件十个以上的；

（二）制作、复制、出版、贩卖、传播淫秽音频文件五十个以上的；

（三）制作、复制、出版、贩卖、传播淫秽电子刊物、图片、文章等一百件以上的；

（四）制作、复制、出版、贩卖、传播的淫秽电子信息，实际被点击数达到五千次以上的；

（五）以会员制方式出版、贩卖、传播淫秽电子信息，注册会员达一百人以上的；

（六）利用淫秽电子信息收取广告费、会员注册费或者其他费用，违法所得五千元以上的；

（七）数量或者数额虽未达到第（一）项至第（六）项规定标准，但分别达到其中两项以上标准一半以上的；

（八）造成严重后果的。

实施第二款规定的行为，数量或者数额达到第二款第（一）项至第（七）项规定标准五倍以上的，应当认定为刑法第三百六十三条第一款规定的"情节严重"；达到规定标准二十五倍以上的，应当认定为"情节特别严重"。

理解与适用：《最高人民法院、最高人民检察院关于办理利用互联网、移动通讯终端、声讯台制作、复制、出版、贩卖、传播淫秽电子信息刑事案件具体应用法律若干问题的解释（二）》第一条和第二条采用"内容含有不满十四周岁的未成年人的淫秽电子信息”的表述,而非“具体描述不满十四周岁未成年人性行为的淫秽电子信息”。主要考虑是现在的表述更为周延,不仅涵盖了具体描述不满十四周岁未成年人性行为的淫秽电子信息,还包括虽未具体描述性行为,但暴露不满十四周岁未成年人的性器官等露骨宣扬色情的诲淫性的淫秽电子信息,这种做法有利于严厉打击传播此类淫秽信息的行为。

法释〔2010〕3号第九条　一年内多次实施制作、复制、出版、贩卖、传播淫秽电子信息行为未经处理,数量或者数额累计计算构成犯罪的,应当依法定罪处罚。

法释〔2010〕3号第十二条　《最高人民法院、最高人民检察院关于办理利用互联网、移动通讯终端、声讯台制作、复制、出版、贩卖、传播淫秽电子信息刑事案件具体应用法律若干问题的解释》和本解释所称网站,是指可以通过互联网域名、IP地址等方式访问的内容提供站点。

以制作、复制、出版、贩卖、传播淫秽电子信息为目的建立或者建立后主要从事制作、复制、出版、贩卖、传播淫秽电子信息活动的网站,为淫秽网站。

3.《立案标准(一)》第八十二条第一款　以牟利为目的,制作、复制、出版、贩卖、传播淫秽物品,涉嫌下列情形之一的,应予立案追诉:

(一)制作、复制、出版淫秽影碟、软件、录像带五十至一百张(盒)以上,淫秽音碟、录音带一百至二百张(盒)以上,淫秽扑克、书刊、画册一百至二百副(册)以上,淫秽照片、画片五百至一千张以上的;

(二)贩卖淫秽影碟、软件、录像带一百至二百张(盒)以上,淫秽音碟、录音带二百至四百张(盒)以上,淫秽扑克、书刊、画册二百至四百副(册)以上,淫秽照片、画片一千至二千张以上的;

(三)向他人传播淫秽物品达二百至五百人次以上,或者组织播放淫秽影像达十至二十场次以上的;

(四)制作、复制、出版、贩卖、传播淫秽物品,获利五千至一万元以上的。

363-4　法释〔2010〕3号第十一条　对于以牟利为目的,实施制作、复制、出版、贩卖、传播淫秽电子信息犯罪的,人民法院应当综合考虑犯罪的违法所得、社会危害性等情节,依法判处罚金或者没收财产。罚金数额一般在违法所得的一倍以上五倍以下。

363-5　**1.** 法释〔2004〕11号第二条　实施第一条规定的行为,数量或者数额达到第一条第一款第(一)项至第(六)项规定标准五倍以上的,应当认定为刑法第三百六十三条第一款规定的“情节严重”;达到规定标准二十五倍以上的,应当认定为“情节特别严重”。

2.《最高人民法院关于审理非法出版物刑事案件具体应用法律若干问题的解释》(法释〔1998〕30号,1998年12月23日)第八条第二款 以牟利为目的,实施刑法第三百六十三条第一款规定的行为,具有下列情形之一的,应当认定为制作、复制、出版、贩卖、传播淫秽物品牟利罪“情节严重”:

(一)制作、复制、出版淫秽影碟、软件、录像带二百五十至五百张(盒)以上,淫秽音碟、录音带五百至一千张(盒)以上,淫秽扑克、书刊、画册五百至一千副(册)以上,淫秽照片、画片二千五百至五千张以上的;

(二)贩卖淫秽影碟、软件、录像带五百至一千张(盒)以上,淫秽音碟、录音带一千至二千张(盒)以上,淫秽扑克、书刊、画册一千至二千副(册)以上,淫秽照片、画片五千至一万张以上的;

(三)向他人传播淫秽物品达一千至二千人次以上,或者组织播放淫秽影、像达五十至一百场次以上的;

(四)制作、复制、出版、贩卖、传播淫秽物品,获利三万至五万元以上的。

363-6 法释〔1998〕30号第八条第三款 以牟利为目的,实施刑法第三百六十三条第一款规定的行为,其数量(数额)达到前款规定的数量(数额)五倍以上的,应当认定为制作、复制、出版、贩卖、传播淫秽物品牟利罪“情节特别严重”。

第三百六十四条* **【传播淫秽物品罪】**传播淫秽的书刊、影片、音像、图片或者其他淫秽物品,情节严重的,[1] 处二年以下有期徒刑、拘役或者管制。

【组织播放淫秽音像制品罪】组织播放淫秽的电影、录像等音像制品的,[2] 处三年以下有期徒刑、拘役或者管制,并处罚金;情节严重的,处三年以上十年以下有期徒刑,并处罚金。

---

* 本条各款均不包括牟利目的,否则成立量刑更重的传播淫秽物品牟利罪。本罪第三款的制作、复制行为和组织播放行为也不包括牟利目的。

制作、复制淫秽的电影、录像等音像制品组织播放的,依照第二款的规定从重处罚。

向不满十八周岁的未成年人传播淫秽物品的,从重处罚。

364-1　**1.** 法释〔2004〕11号第三条　不以牟利为目的,利用互联网或者移动通讯终端传播淫秽电子信息,具有下列情形之一的*,依照刑法第三百六十四条第一款的规定,以传播淫秽物品罪定罪处罚:

(一)数量达到第一条第一款第(一)项至第(五)项规定标准二倍以上的;

(二)数量分别达到第一条第一款第(一)项至第(五)项两项以上标准的;

(三)造成严重后果的。

利用聊天室、论坛、即时通信软件、电子邮件等方式,实施第一款规定行为的,依照刑法第三百六十四条第一款的规定,以传播淫秽物品罪定罪处罚。

2. 法释〔2010〕3号第二条　利用互联网、移动通讯终端传播淫秽电子信息的,依照《最高人民法院、最高人民检察院关于办理利用互联网、移动通讯终端、声讯台制作、复制、出版、贩卖、传播淫秽电子信息刑事案件具体应用法律若干问题的解释》第三条的规定定罪处罚。

利用互联网、移动通讯终端传播内容含有不满十四周岁未成年人的淫秽电子信息,具有下列情形之一的,依照刑法第三百六十四条第一款的规定,以传播淫秽物品罪定罪处罚:

(一)数量达到第一条第二款第(一)项至第(五)项规定标准二倍以上的;

(二)数量分别达到第一条第二款第(一)项至第(五)项两项以上标准的;

(三)造成严重后果的。

法释〔2010〕3号第三条　利用互联网建立主要用于传播淫秽电子信息的群组,成员达三十人以上或者造成严重后果的,对建立者、管理者和主要传播者,依照刑法第三百六十四条第一款的规定,以传播淫秽物品罪定罪处罚。

法释〔2010〕3号第五条　网站建立者、直接负责的管理者明知他

---

* 《立案标准(一)》第八十四条第二款与本条内容重复,故从略。

人制作、复制、出版、贩卖、传播的是淫秽电子信息,允许或者放任他人在自己所有、管理的网站或者网页上发布,具有下列情形之一的,依照刑法第三百六十四条第一款的规定,以传播淫秽物品罪定罪处罚:

(一)数量达到第一条第二款第(一)项至第(五)项规定标准十倍以上的;

(二)数量分别达到第一条第二款第(一)项至第(五)项两项以上标准五倍以上的;

(三)造成严重后果的。

3.《立案标准(一)》第八十四条第一款　传播淫秽的书刊、影片、音像、图片或者其他淫秽物品,涉嫌下列情形之一的,应予立案追诉:

(一)向他人传播三百至六百人次以上的;

(二)造成恶劣社会影响的。

……

364-2　《立案标准(一)》第八十五条　组织播放淫秽的电影、录像等音像制品,涉嫌下列情形之一的,应予立案追诉:

(一)组织播放十五至三十场次以上的;

(二)造成恶劣社会影响的。

第三百六十五条　【组织淫秽表演罪】组织进行淫秽表演的,[1]处三年以下有期徒刑、拘役或者管制,并处罚金;情节严重的,处三年以上十年以下有期徒刑,并处罚金。

365-1　《立案标准(一)》第八十六条　以策划、招募、强迫、雇用、引诱、提供场地、提供资金等手段,组织进行淫秽表演,涉嫌下列情形之一的,应予立案追诉:

(一)组织表演者进行裸体表演的;

(二)组织表演者利用性器官进行诲淫性表演的;

(三)组织表演者半裸体或者变相裸体表演并通过语言、动作具体描绘性行为的;

(四)其他组织进行淫秽表演应予追究刑事责任的情形。

第三百六十六条　【单位犯本节规定之罪的处罚】单位[1]犯本节第三百六十三条、第三百六十四条、第三百六十五条规定之罪的,对单位判处罚金,并对其直接负责的主管人员和其他直接责任人员,依照各该条的规定处罚。

366-1 法释〔2010〕3号第十条 单位实施制作、复制、出版、贩卖、传播淫秽电子信息犯罪的,依照《中华人民共和国刑法》《最高人民法院、最高人民检察院关于办理利用互联网、移动通讯终端、声讯台制作、复制、出版、贩卖、传播淫秽电子信息刑事案件具体应用法律若干问题的解释》和本解释规定的相应个人犯罪的定罪量刑标准,对直接负责的主管人员和其他直接责任人员定罪处罚,并对单位判处罚金。

第三百六十七条 【淫秽物品的范围】本法所称淫秽物品,是指具体描绘性行为或者露骨宣扬色情的诲淫性的书刊、影片、录像带、录音带、图片及其他淫秽物品[1]。

有关人体生理、医学知识的科学著作不是淫秽物品。

包含有色情内容的有艺术价值的文学、艺术作品不视为淫秽物品。

367-1 法释〔2004〕11号第九条 刑法第三百六十七条第一款规定的"其他淫秽物品",包括具体描绘性行为或者露骨宣扬色情的诲淫性的视频文件、音频文件、电子刊物、图片、文章、短信息等互联网、移动通讯终端电子信息和声讯台语音信息。

有关人体生理、医学知识的电子信息和声讯台语音信息不是淫秽物品。包含色情内容的有艺术价值的电子文学、艺术作品不视为淫秽物品。

第七章　危害国防利益罪*

第三百六十八条　【阻碍军人执行职务罪】以暴力、威胁方法阻碍军人依法执行职务的，处三年以下有期徒刑、拘役、管制或者罚金。

【阻碍军事行动罪】故意阻碍武装部队军事行动，造成严重后果的，处五年以下有期徒刑或者拘役。

第三百六十九条[1]　【破坏武器装备、军事设施、军事通信罪】破坏[2] 武器装备、军事设施、军事通信[3] 的，处三年以下有期徒刑、拘役或者管制；破坏重要军事装备、军事设施、军事通信的，处三年以上十年以下有期徒刑；情节特别严重的，[4] 处十年以上有期徒刑、无期徒刑或者死刑。

（刑五）【过失损坏***武器装备、军事设施、军用通信罪】**过失犯前款罪，造成严重后果[5] 的，处三年以下有期徒刑或者拘役；造成特别严重后果[6] 的，处三年以上七年以下有期徒刑。

战时犯前两款罪的，从重处罚。

369-1　《最高人民法院关于审理危害军事通信刑事案件具体应用法律若干问题的解释》（法释〔2007〕13 号，2007 年 6 月 29 日）

369-2　法释〔2007〕13 号第一条　故意实施损毁军事通信线路、设备，破坏军事通信计算机信息系统，干扰、侵占军事通信电磁频谱等

* 危害国防利益罪，系 1997 年《刑法》新增章节，指故意或过失危害国防利益的犯罪。其犯罪主体是一般主体，但也有一些特殊主体，主要是指一些供货单位。另外，在接送不合格兵员罪中，也包括军人，但本罪的犯罪主体多系非军人。

** 《刑法修正案（五）》增加过失犯罪的规定。

*** 原罪名使用“破坏”一词，不能准确反映该行为的过失特点，故改为“损坏”。

行为的,依照刑法第三百六十九条第一款的规定,以破坏军事通信罪定罪,处三年以下有期徒刑、拘役或者管制;破坏重要军事通信的,处三年以上十年以下有期徒刑。

法释〔2007〕13 号第五条第一款　建设、施工单位直接负责的主管人员、施工管理人员,明知是军事通信线路、设备而指使、强令、纵容他人予以损毁的,或者不听管护人员劝阻,指使、强令、纵容他人违章作业,造成军事通信线路、设备损毁的,以破坏军事通信罪定罪处罚。

369-3　法释〔2007〕13 号第七条　本解释所称"重要军事通信",是指军事首脑机关及重要指挥中心的通信,部队作战中的通信,等级战备通信,飞行航行训练、抢险救灾、军事演习或者处置突发性事件中的通信,以及执行试飞试航、武器装备科研试验或者远洋航行等重要军事任务中的通信。

本解释所称军事通信的具体范围、通信中断和严重障碍的标准,参照中国人民解放军通信主管部门(*总参通信部制订的部门规章*)的有关规定确定。

369-4　法释〔2007〕13 号第二条　实施破坏军事通信行为,具有下列情形之一的*,属于刑法第三百六十九条第一款规定的"情节特别严重",以破坏军事通信罪定罪,处十年以上有期徒刑、无期徒刑或者死刑:

(一)造成重要军事通信中断或者严重障碍,严重影响部队完成作战任务或者致使部队在作战中遭受损失的;

(二)造成部队执行抢险救灾、军事演习或者处置突发性事件等任务的通信中断或者严重障碍,并因此贻误部队行动,致使死亡 3 人以上、重伤 10 人以上或者财产损失 100 万元以上的;

(三)破坏重要军事通信三次以上的;

(四)其他情节特别严重的情形。

369-5　法释〔2007〕13 号第三条　过失损坏军事通信,造成重要军事通信中断或者严重障碍的,属于刑法第三百六十九条第二款规定的"造成严重后果",以过失损坏军事通信罪定罪,处三年以下有期徒

---

* 本条罪名与放火罪、爆炸罪、故意毁坏财物罪等有相似之处,关键区别在于对象不同,因而所侵犯的法益不同。由于刑法对本罪的破坏行为没有任何限定,只是限定了破坏的对象,且法定最高刑为死刑,故无论使用什么方法,只要是破坏武器装备、军事设施、军事通信的,就应以本罪论处。

刑或者拘役。

法释〔2007〕13号第五条第二款　建设、施工单位直接负责的主管人员、施工管理人员，忽视军事通信线路、设备保护标志，指使、纵容他人违章作业，致使军事通信线路、设备损毁，构成犯罪的，以过失损坏军事通信罪定罪处罚。

369-6　法释〔2007〕13号第四条　过失损坏军事通信，具有下列情形之一的，属于刑法第三百六十九条第二款规定的“造成特别严重后果”，以过失损坏军事通信罪定罪，处三年以上七年以下有期徒刑：

（一）造成重要军事通信中断或者严重障碍，严重影响部队完成作战任务或者致使部队在作战中遭受损失的；

（二）造成部队执行抢险救灾、军事演习或者处置突发性事件等任务的通信中断或者严重障碍，并因此贻误部队行动，致使死亡3人以上、重伤10人以上或者财产损失100万元以上的；

（三）其他后果特别严重的情形。

第三百七十条　【故意提供不合格武器装备、军事设施罪】明知是不合格的武器装备、军事设施而提供给武装部队的，[1] 处五年以下有期徒刑或者拘役；情节严重的，处五年以上十年以下有期徒刑；情节特别严重的，处十年以上有期徒刑、无期徒刑或者死刑。

【过失提供不合格武器装备、军事设施罪】过失犯前款罪，造成严重后果的，[2] 处三年以下有期徒刑或者拘役；造成特别严重后果的，处三年以上七年以下有期徒刑。

单位犯第一款罪的*，对单位判处罚金，并对其直接负责的主管人员和其他直接责任人员，依照第一款的规定处罚。

370-1　《立案标准（一）》第八十七条　明知是不合格的武器装备、军事设施而提供给武装部队，涉嫌下列情形之一的，应予立案追诉：

（一）造成人员轻伤以上的；

（二）造成直接经济损失十万元以上的；

（三）提供不合格的枪支三支以上、子弹一百发以上、雷管五百枚以上、炸药五千克以上或者其他重要武器装备、军事设施的；

---

* 单位不构成过失提供不合格武器装备、军事设施罪。

(四)影响作战、演习、抢险救灾等重大任务完成的;

(五)发生在战时的;

(六)其他故意提供不合格武器装备、军事设施应予追究刑事责任的情形。

370-2 《立案标准(一)》第八十八条 过失提供不合格武器装备、军事设施给武装部队,涉嫌下列情形之一的,应予立案追诉:

(一)造成死亡一人或者重伤三人以上的;

(二)造成直接经济损失三十万元以上的;

(三)严重影响作战、演习、抢险救灾等重大任务完成的;

(四)其他造成严重后果的情形。

第三百七十一条 【聚众冲击军事禁区罪】聚众冲击军事禁区[1],严重扰乱军事禁区秩序的,对首要分子,处五年以上十年以下有期徒刑;对其他积极参加的,[2] 处五年以下有期徒刑、拘役、管制或者剥夺政治权利。

【聚众扰乱军事管理区秩序罪】聚众扰乱军事管理区[3] 秩序,情节严重,致使军事管理区工作无法进行,造成严重损失的,对首要分子,处三年以上七年以下有期徒刑;对其他积极参加的,[4] 处三年以下有期徒刑、拘役、管制或者剥夺政治权利。

371-1 《军事设施保护法》(2021 年 6 月 10 日第三次修订)第九条第二款 本法所称军事禁区,是指设有重要军事设施或者军事设施安全保密要求高、具有重大危险因素,需要国家采取特殊措施加以重点保护,依照法定程序和标准划定的军事区域。

371-2 《立案标准(一)》第八十九条 组织、策划、指挥聚众冲击军事禁区或者积极参加聚众冲击军事禁区,严重扰乱军事禁区秩序,涉嫌下列情形之一的,应予立案追诉:

(一)冲击三次以上或者一次冲击持续时间较长的;

(二)持械或者采取暴力手段冲击的;

(三)冲击重要军事禁区的;

(四)发生在战时的;

(五)其他严重扰乱军事禁区秩序应予追究刑事责任的情形。

371-3 《军事设施保护法》(2021 年 6 月 10 日第三次修订)第九条第三款 本法所称军事管理区,是指设有较重要军事设施或者军事设施安全保密要求较高、具有较大危险因素，需要国家采取特殊措施加以保护，依照法定程序和标准划定的军事区域。

371-4　《立案标准（一）》第九十条　组织、策划、指挥聚众扰乱军事管理区秩序或者积极参加聚众扰乱军事管理区秩序，致使军事管理区工作无法进行，造成严重损失，涉嫌下列情形之一的，应予立案追诉：

（一）造成人员轻伤以上的；

（二）扰乱三次以上或者一次扰乱持续时间较长的；

（三）造成直接经济损失五万元以上的；

（四）持械或者采取暴力手段的；

（五）扰乱重要军事管理区秩序的；

（六）发生在战时的；

（七）其他聚众扰乱军事管理区秩序应予追究刑事责任的情形。

第三百七十二条　【冒充军人招摇撞骗罪】冒充军人招摇撞骗的，处三年以下有期徒刑、拘役、管制或者剥夺政治权利；情节严重的，处三年以上十年以下有期徒刑*。

第三百七十三条　【煽动军人逃离部队罪；雇用逃离部队军人罪】煽动**军人逃离部队[1]或者明知是逃离部队的军人而雇用，[2]情节严重的，处三年以下有期徒刑、拘役或者管制。

373-1　《立案标准（一）》第九十一条　煽动军人逃离部队，涉嫌下列情形之一的，应予立案追诉：

（一）煽动三人以上逃离部队的；

（二）煽动指挥人员、值班执勤人员或者其他负有重要职责人员逃离部队的；

（三）影响重要军事任务完成的；

（四）发生在战时的；

（五）其他情节严重的情形。

373-2　《立案标准（一）》第九十二条　明知是逃离部队的军人而

---

* 量刑与招摇撞骗罪相同。

** 煽动，是指以造谣、引诱、劝说、怂恿等方法使军人逃离部队。煽动行为必须情节严重才构成本罪。煽动与教唆不是等同概念，其关键区别在于对象是否特定，从整体上说，煽动是比教唆更为缓和的概念。

雇用,涉嫌下列情形之一的,应予立案追诉:

(一)雇用一人六个月以上的;

(二)雇用三人以上的;

(三)明知是逃离部队的指挥人员、值班执勤人员或者其他负有重要职责人员而雇用的;

(四)阻碍部队将被雇用军人带回的;

(五)其他情节严重的情形。

第三百七十四条　【接送不合格兵员罪】在征兵工作中徇私舞弊,接送不合格兵员,情节严重的,[1] 处三年以下有期徒刑或者拘役;造成特别严重后果的,处三年以上七年以下有期徒刑。

374-1 《立案标准(一)》第九十三条　在征兵工作中徇私舞弊,接送不合格兵员,涉嫌下列情形之一的,应予立案追诉:

(一)接送不合格特种条件兵员一名以上或者普通兵员三名以上的;

(二)发生在战时的;

(三)造成严重后果的;

(四)其他情节严重的情形。

第三百七十五条[1]　(刑七)【伪造、变造、买卖武装部队公文、证件、印章罪;盗窃、抢夺武装部队公文、证件、印章罪】伪造、变造、买卖或者盗窃、抢夺[2] 武装部队公文、证件、印章的,[3] 处三年以下有期徒刑、拘役、管制或者剥夺政治权利;情节严重的,处三年以上十年以下有期徒刑*。

【非法生产、买卖武装部队制式服装罪】**非法生产、买卖武装部队制式服装,情节严重的,[4] 处三年以下有期徒刑、拘役或者管制,并处或者单处罚金。

---

* 量刑与伪造、变造、买卖国家机关公文、证件、印章罪,盗窃、抢夺国家机关公文、证件、印章罪相同。

** 《刑法修正案(七)》对第二款进行了修改,增加了第三款将军用标志与制式服装分开,且规定了不同的法定刑。原第二款为:"非法生产、买卖武装部队制式服装、车辆号牌等专用标志,情节严重的,处三年以下有期徒刑、拘役或者管制,并处或者单处罚金。"

【伪造、盗窃、买卖、非法提供、非法使用武装部队专用标志罪】伪造、盗窃、买卖或者非法提供、使用武装部队车辆号牌等专用标志，情节严重的，[5] 处三年以下有期徒刑、拘役或者管制，并处或者单处罚金；情节特别严重的，[6] 处三年以上七年以下有期徒刑，并处罚金。

单位[7] 犯第二款、第三款罪的，对单位判处罚金，并对其直接负责的主管人员和其他直接责任人员，依照各该款的规定处罚。

375-1　《最高人民法院、最高人民检察院关于办理妨害武装部队制式服装、车辆号牌管理秩序等刑事案件具体应用法律若干问题的解释》（法释〔2011〕16号，2011年8月1日）第四条　买卖、盗窃、抢夺伪造、变造的武装部队公文、证件、印章的，买卖仿制的现行装备的武装部队制式服装情节严重的，盗窃、买卖、提供、使用伪造、变造的武装部队车辆号牌等专用标志情节严重的，应当追究刑事责任。定罪量刑标准适用本解释第一至第三条的规定。

法释〔2011〕16号第六条　实施刑法第三百七十五条规定的犯罪行为，同时又构成逃税、诈骗、冒充军人招摇撞骗等犯罪的，依照处罚较重的规定定罪处罚。

375-2　法释〔2011〕16号第五条　明知他人实施刑法第三百七十五条规定的犯罪行为，而为其生产、提供专用材料或者提供资金、账号、技术、生产经营场所等帮助的，以共犯论处。

375-3　法释〔2011〕16号第一条　伪造、变造、买卖或者盗窃、抢夺武装部队公文、证件、印章，具有下列情形之一的，应当依照刑法第三百七十五条第一款的规定，以伪造、变造、买卖武装部队公文、证件、印章罪或者盗窃、抢夺武装部队公文、证件、印章罪定罪处罚：

（一）伪造、变造、买卖或者盗窃、抢夺武装部队公文一件以上的；

（二）伪造、变造、买卖或者盗窃、抢夺武装部队军官证、士兵证、车辆行驶证、车辆驾驶证或者其他证件二本以上的；

（三）伪造、变造、买卖或者盗窃、抢夺武装部队机关印章、车辆牌证印章或者其他印章一枚以上的。

实施前款规定的行为，数量达到第（一）至（三）项规定标准五倍以上或者造成严重后果的，应当认定为刑法第三百七十五条第一款规定的“情节严重”。

375-4 《立案标准(一)的补充规定》第十四条　非法生产、买卖武装部队制式服装,涉嫌下列情形之一的,应予立案追诉:

(一)非法生产、买卖成套制式服装三十套以上,或者非成套制式服装一百件以上的;

(二)非法生产、买卖帽徽、领花、臂章等标志服饰合计一百件(副)以上的;

(三)非法经营数额二万元以上的;

(四)违法所得数额五千元以上的;

(五)其他情节严重的情形。

买卖仿制的现行装备的武装部队制式服装,情节严重的,应予立案追诉。

375-5 法释〔2011〕16号第三条第一款　伪造、盗窃、买卖或者非法提供、使用武装部队车辆号牌等专用标志,具有下列情形之一的*,应当认定为刑法第三百七十五条第三款规定的“情节严重”,以伪造、盗窃、买卖、非法提供、非法使用武装部队专用标志罪定罪处罚:

(一)伪造、盗窃、买卖或者非法提供、使用武装部队军以上领导机关车辆号牌一副以上或者其他车辆号牌三副以上的;

(二)非法提供、使用军以上领导机关车辆号牌之外的其他车辆号牌累计六个月以上的;

(三)伪造、盗窃、买卖或者非法提供、使用军徽、军旗、军种符号或者其他军用标志合计一百件(副)以上的;

(四)造成严重后果或者恶劣影响的。

375-6 法释〔2011〕16号第三条第二款　实施前款规定的行为,具有下列情形之一的,应当认定为刑法第三百七十五条第三款规定的“情节特别严重”:

(一)数量达到前款第(一)、(三)项规定标准五倍以上的;

(二)非法提供、使用军以上领导机关车辆号牌累计六个月以上或者其他车辆号牌累计一年以上的;

(三)造成特别严重后果或者特别恶劣影响的。

375-7 法释〔2011〕16号第七条　单位实施刑法第三百七十五条第二款、第三款规定的犯罪行为,对单位判处罚金,并对其直接负责的

---

* 《立案标准(一)的补充规定》第十五条在《立案标准(一)》第九十四条之后增加的第九十四条之一与本条内容一致,故从略。

主管人员和其他直接责任人员，分别依照本解释的有关规定处罚。

第三百七十六条　【战时拒绝、逃避征召、军事训练罪】预备役人员战时拒绝、逃避征召或者军事训练，情节严重的，[1] 处三年以下有期徒刑或者拘役。

【战时拒绝、逃避服役罪】公民战时拒绝、逃避服役，情节严重的，[2] 处二年以下有期徒刑或者拘役。

376-1　《立案标准（一）》第九十五条　预备役人员战时拒绝、逃避征召或者军事训练，涉嫌下列情形之一的，应予立案追诉：

（一）无正当理由经教育仍拒绝、逃避征召或者军事训练的；

（二）以暴力、威胁、欺骗等手段，或者采取自伤、自残等方式拒绝、逃避征召或者军事训练的；

（三）联络、煽动他人共同拒绝、逃避征召或者军事训练的；

（四）其他情节严重的情形。

376-2　《立案标准（一）》第九十六条　公民战时拒绝、逃避服役，涉嫌下列情形之一的，应予立案追诉：

（一）无正当理由经教育仍拒绝、逃避服役的；

（二）以暴力、威胁、欺骗等手段，或者采取自伤、自残等方式拒绝、逃避服役的；

（三）联络、煽动他人共同拒绝、逃避服役的；

（四）其他情节严重的情形。

第三百七十七条　【战时故意提供虚假敌情罪】战时故意向武装部队提供虚假敌情，造成严重后果的，处三年以上十年以下有期徒刑；造成特别严重后果的，处十年以上有期徒刑或者无期徒刑。

第三百七十八条　【战时造谣扰乱军心罪】战时造谣惑众，扰乱军心的，处三年以下有期徒刑、拘役或者管制；情节严重的，处三年以上十年以下有期徒刑。

第三百七十九条　【战时窝藏逃离部队军人罪】战时明知是逃离部队的军人而为其提供隐蔽处所、财物，情节严重的，[1] 处三年以下有期徒刑或者拘役。*

379-1 《立案标准(一)》第九十七条 战时明知是逃离部队的军人而为其提供隐蔽处所、财物,涉嫌下列情形之一的,应予立案追诉:

(一)窝藏三人次以上的;

(二)明知是指挥人员、值班执勤人员或者其他负有重要职责人员而窝藏的;

(三)有关部门查找时拒不交出的;

(四)其他情节严重的情形。

第三百八十条 【战时拒绝、故意延误军事订货罪】战时拒绝或者故意延误军事订货,情节严重的,[1] 对单位判处罚金,并对其直接负责的主管人员和其他直接责任人员,处五年以下有期徒刑或者拘役;造成严重后果的,处五年以上有期徒刑。

380-1 《立案标准(一)》第九十八条 战时拒绝或者故意延误军事订货,涉嫌下列情形之一的,应予立案追诉:

(一)拒绝或者故意延误军事订货三次以上的;

(二)联络、煽动他人共同拒绝或者故意延误军事订货的;

(三)拒绝或者故意延误重要军事订货,影响重要军事任务完成的;

(四)其他情节严重的情形。

第三百八十一条 【战时拒绝军事征收、征用罪】战时拒绝军事征收、征用**,情节严重的,[1] 处三年以下有期徒刑或者拘役。

381-1 《立案标准(一)的补充规定》第十六条 战时拒绝军事征收、征用,涉嫌下列情形之一的,应予立案追诉:

(一)无正当理由拒绝军事征收、征用二次以上的;

(二)采取暴力、威胁、欺骗等手段拒绝军事征收、征用的;

(三)联络、煽动他人共同拒绝军事征收、征用的;

(四)拒绝重要军事征收、征用,影响重要军事任务完成的;

(五)其他情节严重的情形。

---

* 与普通窝藏罪相比,本罪少了一项管制刑,但普通窝藏罪规定了两个量刑档次,情节严重的,处三年以上十年以下有期徒刑。

** 根据 2009 年 6 月 27 日《全国人民代表大会常务委员会关于修改部分法律的决定》修改。

第八章　贪污贿赂罪[1]

C. 8-1　1.《最高人民法院、最高人民检察院关于办理贪污贿赂刑事案件适用法律若干问题的解释》*（法释〔2016〕9号，2016年4月18日）；2.《最高人民检察院关于人民检察院直接受理立案侦查案件立案标准的规定（试行）》（高检发释字〔1999〕2号，1999年9月16日）；3.《全国法院审理经济犯罪案件工作座谈会纪要》**（法〔2003〕167号，2003年11月13日）；4.《最高人民法院、最高人民检察院关于办理职务犯罪案件认定自首、立功等量刑情节若干问题的意见》（法发〔2009〕13号，2009年3月12日）；5.《最高人民法院、最高人民检察院关于办理国家出资企业中职务犯罪案件具体应用法律若干问题的意见》（法发〔2010〕49号，2010年10月2日）；6.《最高人民法院、最高人民检察院关于办理受贿刑事案件适用法律若干问题的意见》（法发〔2007〕22号，2007年7月8日）；7.《最高人民法院、最高人民检察院关于办理商业贿赂刑事案件适用法律若干问题的意见》***（法发〔2008〕33号，2008年11月20日）；8.《最高人民法院、最高人民检察院关于办理行贿刑事案件具体应用法律若干问题的解释》（法释〔2012〕22号，2013年1月1日）。

1.《监察法》第二十二条　被调查人涉嫌贪污贿赂、失职渎职等严重职务违法或者职务犯罪，监察机关已经掌握其部分违法犯罪事实及证据，仍有重要问题需要进一步调查，并有下列情形之一的，经监察机关依法审批，可以将其留置在特定场所：

（一）涉及案情重大、复杂的；

（二）可能逃跑、自杀的；

---

* 法释〔2016〕9号第二十条　本解释自2016年4月18日起施行。最高人民法院、最高人民检察院此前发布的司法解释与本解释不一致的，以本解释为准。

** 本会议纪要重点讨论了贪污贿赂和渎职犯罪案件中遇到的有关适用法律的若干问题。

*** 本意见除涉及非国家工作人员的商业贿赂犯罪，也涉及国家工作人员的贿赂犯罪。

(三)可能串供或者伪造、隐匿、毁灭证据的;

(四)可能有其他妨碍调查行为的。

对涉嫌行贿犯罪或者共同职务犯罪的涉案人员,监察机关可以依照前款规定采取留置措施。

留置场所的设置、管理和监督依照国家有关规定执行。

《监察法》第四十三条　监察机关采取留置措施,应当由监察机关领导人员集体研究决定。设区的市级以下监察机关采取留置措施,应当报上一级监察机关批准。省级监察机关采取留置措施,应当报国家监察委员会备案。

留置时间不得超过三个月。在特殊情况下,可以延长一次,延长时间不得超过三个月。省级以下监察机关采取留置措施的,延长留置时间应当报上一级监察机关批准。监察机关发现采取留置措施不当的,应当及时解除。

监察机关采取留置措施,可以根据工作需要提请公安机关配合。公安机关应当依法予以协助。

《监察法》第四十四条　对被调查人采取留置措施后,应当在二十四小时以内,通知被留置人员所在单位和家属,但有可能毁灭、伪造证据,干扰证人作证或者串供等有碍调查情形的除外。有碍调查的情形消失后,应当立即通知被留置人员所在单位和家属。

监察机关应当保障被留置人员的饮食、休息和安全,提供医疗服务。讯问被留置人员应当合理安排讯问时间和时长,讯问笔录由被讯问人阅看后签名。

被留置人员涉嫌犯罪移送司法机关后,被依法判处管制、拘役和有期徒刑的,留置一日折抵管制二日,折抵拘役、有期徒刑一日。

2.《最高人民法院关于适用〈中华人民共和国刑事诉讼法〉的解释》(法释〔2021〕1号,2021年3月1日)第九十六条　审查被告人供述和辩解,应当结合控辩双方提供的所有证据以及被告人的全部供述和辩解进行。

被告人庭审中翻供,但不能合理说明翻供原因或者其辩解与全案证据矛盾,而其庭前供述与其他证据相互印证的,可以采信其庭前供述。

被告人庭前供述和辩解存在反复,但庭审中供认,且与其他证据相互印证的,可以采信其庭审供述;被告人庭前供述和辩解存在反复,庭审中不供认,且无其他证据与庭前供述印证的,不得采信其庭前供述。

3. 法释〔2016〕9号第十六条 国家工作人员出于贪污、受贿的故意，非法占有公共财物、收受他人财物之后，将赃款赃物用于单位公务支出或者社会捐赠的，不影响贪污罪、受贿罪的认定，但量刑时可以酌情考虑。

特定关系人索取、收受他人财物，国家工作人员知道后未退还或者上交的，应当认定国家工作人员具有受贿故意。

……

理解与适用：适用本规定时需要注意以下四点：一是此情形以国家工作人员接受特定关系人转请托为前提，特定关系人未将转请托事项告知国家工作人员的，不适用本规定。二是不同于刑法在影响力贿赂犯罪中规定的关系密切的人，对于特定关系人的认定范围，要依照《最高人民法院、最高人民检察院关于办理受贿刑事案件适用法律若干问题的意见》的相关规定从严掌握，即特定关系人仅指“与国家工作人员有近亲属、情妇(夫)以及其他共同利益关系的人”。三是知道后未退还或者上交强调的是主观故意的判断，因赃款赃物被特定关系人挥霍等，知道时确实已经不具备退还或者上交的客观条件的，则应当有所区别，慎重适用。四是影响力贿赂犯罪以国家工作人员不构成受贿罪为前提，在认定国家工作人员构成受贿罪的情况下，相关行受贿犯罪的罪名适用应当保持协调一致，对特定关系人不得另以利用影响力受贿罪处理，对行贿人也不得以对有影响力的人行贿罪处理。

法释〔2016〕9号第十九条第二款 对刑法规定并处罚金的其他贪污贿赂犯罪，应当在十万元以上犯罪数额二倍以下判处罚金。

理解与适用：一是本款规定中的“其他贪污贿赂犯罪”，应当理解为除贪污罪、受贿罪之外规定在刑法分则第八章中的其他贪污贿赂犯罪，而不包括非国家工作人员职务犯罪。二是贪污贿赂犯罪的罚金刑最低判罚标准为十万元，除适用刑法第三十七条的规定免予刑事处罚之外，不得减至十万元以下判处罚金。

4. 最高人民法院刑二庭《宽严相济在经济犯罪和职务犯罪案件审判中的具体贯彻》(2010年4月7日)

二、宽严相济刑事政策在职务犯罪案件审判中的具体贯彻

(一)关于从严惩处的案件范围。保持惩治腐败的高压态势，依法从严惩治腐败，是我国惩治和预防腐败工作的一项长期政策。根据《意见》第8条第1款之规定，当前要特别注意严肃惩处以下职务犯罪：发生在领导机关和领导干部中滥用职权、贪污贿赂、腐化堕落、失职

渎职等职务犯罪;工程建设、土地出让、产权交易、医药购销、政府采购、资源开发和经销、金融等多发易发领域的商业贿赂犯罪;在扩内需、保增长,灾后恢复重建等专项工作中发生的贪污贿赂、挪用公款、渎职等职务犯罪;黑恶势力犯罪、重大安全生产事故、重大食品安全等群体性事件背后的行贿受贿、徇私舞弊、滥用职权、玩忽职守等职务犯罪;贪污、挪用、侵占农业投资专项资金等职务犯罪。

(四)关于缓刑等非监禁刑的适用。在依照《意见》第 14 条、第 15 条、第 16 条规定适用缓刑等非监禁刑时,应当充分考虑到当前职务犯罪案件缓刑等非监禁刑适用比例偏高的实际情况,以及职务犯罪案件适用非监禁刑所需要的社会民意基础和过多适用非监禁刑可能带来的社会负面影响。贪污、受贿犯罪分子具有下列情形之一的,一般不得适用缓刑:致使国家、集体和人民利益遭受重大损失或者影响恶劣的;不退赃或者退赃不积极,无悔罪表现的;犯罪动机、手段等情节恶劣,或者将赃款用于非法经营、走私、赌博、行贿等违法犯罪活动的;属于共同犯罪中情节严重的主犯,或者犯有数罪的;曾因职务、经济违法犯罪行为受过行政处分或者刑事处罚的;犯罪涉及的财物属于救灾、抢险、防汛、防疫、优抚、扶贫、移民、救济、捐助、社会保险、教育、征地、拆迁等专项款项和物资的。

5.《最高人民法院、最高人民检察院关于办理贪污贿赂刑事案件适用法律若干问题的解释》(法释〔2016〕9 号,2016 年 4 月 18 日)第十七条　国家工作人员利用职务上的便利,收受他人财物,为他人谋取利益,同时构成受贿罪和刑法分则第三章第三节、第九章规定的渎职犯罪的,除刑法另有规定外,以受贿罪和渎职犯罪数罪并罚。

第三百八十二条　【贪污罪】国家工作人员[1]利用职务上的便利,[2]侵吞、窃取、骗取或者以其他手段[3]非法占有公共财物的,是贪污罪。

受国家机关、国有公司、企业、事业单位、人民团体委托[4]管理、经营国有财产的人员,利用职务上的便利,侵吞、窃取、骗取或者以其他手段非法占有国有财物的,以贪污论。

与前两款所列人员勾结,伙同[5]贪污的,以共犯论处。

382-1　《最高人民检察院关于充分发挥检察职能依法保障和促进科技创新的意见》(高检发〔2016〕9 号,2016 年 7 月 7 日)　三、7. ……办案中要正确区分罪与非罪界限:对于身兼行政职务的科研人员特别是学术带头人,要区分其科研人员与公务人员的身份,特别是要区分科技创新活动与公务管理,正确把握科研人员以自身专业知识提供咨询等合法兼职获利的行为,与利用审批、管理等行政权力索贿受贿的界限;要区分科研人员合法的股权分红、知识产权收益、科技成果转化收益分配与贪污、受贿之间的界限;要区分科技创新探索失败、合理损耗与骗取科研立项、虚增科研经费投入的界限;要区分突破现有规章制度,按照科技创新需求使用科研经费与贪污、挪用、私分科研经费的界限;要区分风险投资、创业等造成的正常亏损与失职渎职的界限。坚持罪刑法定原则和刑法谦抑性原则,禁止以刑事手段插手民事经济纠纷。对于法律和司法解释规定不明确、法律政策界限不明、罪与非罪界限不清的,不作为犯罪处理;对于认定罪与非罪争议较大的案件,及时向上级检察机关请示报告。

382-2　**1.** 高检发释字〔1999〕2 号　一、贪污贿赂犯罪案件　(一)贪污案"利用职务上的便利"是指利用职务上主管、管理、经手公共财物的权力及方便条件。

2. 杨延虎等贪污案(指导性案例 11 号)

裁判要点　1. 贪污罪中的"利用职务上的便利",是指利用职务上主管、管理、经手公共财物的权力及方便条件,既包括利用本人职务上主管、管理公共财物的职务便利,也包括利用职务上有隶属关系的其他国家工作人员的职务便利。2. 土地使用权具有财产性利益,属于刑法第三百八十二条第一款规定中的"公共财物",可以成为贪污的对象。

382-3　**1.** 法〔2003〕167 号　二、关于贪污罪　(一)贪污罪既遂与未遂的认定:贪污罪是一种以非法占有为目的的财产性职务犯罪,与盗窃、诈骗、抢夺等侵犯财产罪一样,应当以行为人是否实际控制财物作为区分贪污罪既遂与未遂的标准。对于行为人利用职务上的便利,实施了虚假平账等贪污行为,但公共财物尚未实际转移,或者尚未被行为人控制就被查获的,应当认定为贪污未遂。行为人控制公共财物后,是否将财物据为己有,不影响贪污既遂的认定。

2. 法发〔2010〕49 号　一、关于国家出资企业工作人员在改制过程中隐匿公司、企业财产归个人持股的改制后公司、企业所有的行为的处理

国家工作人员或者受国家机关、国有公司、企业、事业单位、人民团

体委托管理、经营国有财产的人员利用职务上的便利,在国家出资企业改制过程中故意通过低估资产、隐瞒债权、虚设债务、虚构产权交易等方式隐匿公司、企业财产,转为本人持有股份的改制后公司、企业所有,应当依法追究刑事责任的,依照刑法第三百八十二条、第三百八十三条的规定,以贪污罪定罪处罚。贪污数额一般应当以所隐匿财产全额计算;改制后公司、企业仍有国有股份的*,按股份比例扣除归于国有的部分。所隐匿财产在改制过程中已为行为人实际控制,或者国家出资企业改制已经完成的,以犯罪既遂处理。

四、关于国家工作人员在企业改制过程中的渎职行为的处理

国家出资企业中的国家工作人员在公司、企业改制或者国有资产处置过程中徇私舞弊,将国有资产低价折股或者低价出售给特定关系人持有股份或者本人实际控制的公司、企业,致使国家利益遭受重大损失的,依照刑法第三百八十二条、第三百八十三条的规定,以贪污罪定罪处罚。贪污数额以国有资产的损失数额计算。国家出资企业中的国家工作人员因实施第一款、第二款行为收受贿赂,同时又构成刑法第三百八十五条规定之罪的,依照处罚较重的规定定罪处罚。

五、关于改制前后主体身份发生变化的犯罪的处理

国家工作人员在国家出资企业改制前利用职务上的便利实施犯罪,在其不再具有国家工作人员身份后又实施同种行为,依法构成不同犯罪的,应当分别定罪,实行数罪并罚。国家工作人员利用职务上的便利,在国家出资企业改制过程中隐匿公司、企业财产,在其不再具有国家工作人员身份后才将所隐匿财产据为己有的,依照刑法第三百八十二条、第三百八十三条的规定,以贪污罪定罪处罚。

382-4 **1.** 高检发释字〔1999〕2号 一、贪污贿赂犯罪案件 (一)贪污案“受委托管理、经营国有财产”是指因承包、租赁、聘用等而管理、经营国有财产。国有保险公司的工作人员和国有保险公司委派到非国有保险公司从事公务的人员利用职务上的便利,故意编造未曾发生的保险事故进行虚假理赔,骗取保险金归自己所有的,以贪污罪追究刑事

---

* 《最高人民法院、最高人民检察院关于常见犯罪的量刑指导意见(试行)》(法发〔2021〕21号)在“二、量刑的基本方法”部分明确规定:“量刑时,应以定性分析为主,定量分析为辅,依次确定量刑起点、基准刑和宣告刑。”这一规定说明,罪轻辩护与定性分析有直接关系。罪轻辩护表面上是运用了定量分析方法,而究其实质,仍是定性分析方法。在办理涉及混合所有制企业的贪污案件时,应当注意区分国有股与非国有股,在计算贪污数额时,应当依法扣减国有股所占比例对应的贪污数额。

责任。国有公司、企业或者其他国有单位中从事公务的人员和国有公司、企业或者其他国有单位委派到非国有公司、企业以及其他非国有单位从事公务的人员，利用职务上的便利，将本单位财物非法占为已有的，以贪污罪追究刑事责任。国家工作人员在国内公务活动或者对外交往中接受礼物，依照国家规定应当交公而不交公，数额较大的，以贪污罪追究刑事责任。

2. 法〔2003〕167 号　二、关于贪污罪　（二）“受委托管理、经营国有财产”的认定：刑法第三百八十二条第二款规定的“受委托管理、经营国有财产”，是指因承包、租赁、临时聘用等管理、经营国有财产。

理解与适用：承包、租赁、临时聘用是“受委托”的主要方式，不同之处在于本纪要对聘用的范围限制在临时聘用。长期受聘用的人员直接可视为国家工作人员，而临时聘用人员未与国有单位形成固定的劳动关系，难以认定其为国家工作人员。无论是承包、租赁还是临时聘用，其共同特征是委托双方属于平等的民事主体关系，而委派的实质是任命，具有一定的行政性，被委派者在委派事项及是否接受委派方面，与委派方不是处于平等地位而是具有行政隶属性质。

382-5　1.《关于审理贪污、职务侵占案件如何认定共同犯罪几个问题的解释》（法释〔2000〕15 号，2000 年 7 月 8 日）第一条　行为人与国家工作人员勾结，利用国家工作人员的职务便利，共同侵吞、窃取、骗取或者以其他手段非法占有公共财物的，以贪污罪共犯论处。

法释〔2000〕15 号第二条　行为人与公司、企业或者其他单位的人员勾结，利用公司、企业或者其他单位人员的职务便利，共同将该单位财物非法占为已有，数额较大的，以职务侵占罪共犯论处。

法释〔2000〕15 号第三条　公司、企业或者其他单位中，不具有国家工作人员身份的人与国家工作人员勾结，分别利用各自的职务便利，共同将本单位财物非法占为已有的，按照主犯的犯罪性质定罪。

2. 法〔2003〕167 号　二、关于贪污罪　（三）国家工作人员与非国家工作人员勾结共同非法占有单位财物行为的认定

对于国家工作人员与他人勾结，共同非法占有单位财物的行为，应当按照《最高人民法院关于审理贪污、职务侵占案件如何认定共同犯罪几个问题的解释》的规定定罪处罚。对于在公司、企业或者其他单位中，非国家工作人员与国家工作人员勾结，分别利用各自的职务便利，共同将本单位财物非法占有的，应当尽量区分主从犯，按照主犯的犯罪性质定罪。司法实践中，如果根据案件的实际情况，各共同犯罪人

在共同犯罪中的地位、作用相当,难以区分主从犯的,可以贪污罪定罪处罚。

第三百八十三条 (刑九)【对犯贪污罪的处罚规定】对犯贪污罪的,根据情节轻重,分别依照下列规定处罚:

(一)贪污数额[1]较大[2]或者有其他较重情节的[3],处三年以下有期徒刑或者拘役,并处罚金[4]。

(二)贪污数额巨大[5]或者有其他严重情节的[6],处三年以上十年以下有期徒刑,并处罚金或者没收财产[7]。

(三)贪污数额特别巨大[8]或者有其他特别严重情节的[9],处十年以上有期徒刑或者无期徒刑,并处罚金或者没收财产[10];数额特别巨大,并使国家和人民利益遭受特别重大损失的,处无期徒刑或者死刑[11],并处没收财产。

对多次贪污未经处理的[12],按照累计贪污数额处罚。

犯第一款罪,在提起公诉前如实供述自己罪行、真诚悔罪、积极退赃,避免、减少损害结果的发生,有第一项规定情形的,可以从轻、减轻或者免除处罚;有第二项、第三项规定情形的,可以从轻处罚。

犯第一款罪,有第三项规定情形被判处死刑缓期执行的,人民法院根据犯罪情节等情况可以同时决定在其死刑缓期执行二年期满依法减为无期徒刑后,终身监禁,不得减刑、假释[13]。

383-1 法〔2003〕167号 二、关于贪污罪 (四)共同贪污犯罪中"个人贪污数额"的认定:刑法第三百八十三条第一款规定的"个人贪污数额",在共同贪污犯罪案件中应理解为个人所参与或者组织、指挥共同贪污的数额,不能只按个人实际分得的赃款数额来认定。对共同贪污犯罪中的从犯,应当按照其所参与的共同贪污的数额确定量刑幅度,并依照刑法第二十七条第二款的规定,从轻、减轻处罚或者免除处罚。

383-2 法释〔2016〕9号第一条第一款 贪污或者受贿数额在三万元以上不满二十万元的,应当认定为刑法第三百八十三条第一款规定的"数额较大",依法判处三年以下有期徒刑或者拘役,并处罚金。

383-3　1. 法释〔2016〕9 号第一条第二款　贪污数额在一万元以上不满三万元,具有下列情形之一的,应当认定为刑法第三百八十三条第一款规定的“其他较重情节”,依法判处三年以下有期徒刑或者拘役,并处罚金:

(一)贪污救灾、抢险、防汛、优抚、扶贫、移民、救济、防疫、社会捐助等特定款物的;

(二)曾因贪污、受贿、挪用公款受过党纪、行政处分的;

(三)曾因故意犯罪受过刑事追究的;

(四)赃款赃物用于非法活动的;

(五)拒不交待赃款赃物去向或者拒不配合追缴工作,致使无法追缴的;

(六)造成恶劣影响或者其他严重后果的。

受贿数额在一万元以上不满三万元,具有前款第二项至第六项规定的情形之一,或者具有下列情形之一的,应当认定为刑法第三百八十三条第一款规定的“其他较重情节”,依法判处三年以下有期徒刑或者拘役,并处罚金:

(一)多次索贿的;

(二)为他人谋取不正当利益,致使公共财产、国家和人民利益遭受损失的;

(三)为他人谋取职务提拔、调整的。

2.《最高人民检察院关于贪污养老、医疗等社会保险基金能否适用〈最高人民法院、最高人民检察院关于办理贪污贿赂刑事案件适用法律若干问题的解释〉第一条第二款第一项规定的批复》(高检发释字〔2017〕1 号,2017 年 8 月 7 日)　养老、医疗、工伤、失业、生育等社会保险基金可以认定为《最高人民法院、最高人民检察院关于办理贪污贿赂刑事案件适用法律若干问题的解释》第一条第二款第一项规定的“特定款物”。

根据刑法和有关司法解释规定,贪污罪和挪用公款罪中的“特定款物”的范围有所不同,实践中应注意区分,依法适用。

383-4　法释〔2016〕9 号第十九条　对贪污罪、受贿罪判处三年以下有期徒刑或者拘役的,应当并处十万元以上五十万元以下的罚金;……

383-5　法释〔2016〕9 号第二条第一款　贪污或者受贿数额在二十万元以上不满三百万元的,应当认定为刑法第三百八十三条第一款规定的“数额巨大”,依法判处三年以上十年以下有期徒刑,并处罚金或者没收财产。

383-6 法释〔2016〕9号第二条第二款 贪污数额在十万元以上不满二十万元,具有本解释第一条第二款规定的情形之一的,应当认定为刑法第三百八十三条第一款规定的“其他严重情节”,依法判处三年以上十年以下有期徒刑,并处罚金或者没收财产。

受贿数额在十万元以上不满二十万元,具有本解释第一条第三款规定的情形之一的,应当认定为刑法第三百八十三条第一款规定的“其他严重情节”,依法判处三年以上十年以下有期徒刑,并处罚金或者没收财产。

383-7 法释〔2016〕9号第十九条 ……判处三年以上十年以下有期徒刑的,应当并处二十万元以上犯罪数额二倍以下的罚金或者没收财产……

383-8 法释〔2016〕9号第三条第一款 贪污或者受贿数额在三百万元以上的,应当认定为刑法第三百八十三条第一款规定的“数额特别巨大”,依法判处十年以上有期徒刑、无期徒刑或者死刑,并处罚金或者没收财产。

383-9 法释〔2016〕9号第三条第二款 贪污数额在一百五十万元以上不满三百万元,具有本解释第一条第二款规定的情形之一的,应当认定为刑法第三百八十三条第一款规定的“其他特别严重情节”,依法判处十年以上有期徒刑、无期徒刑或者死刑,并处罚金或者没收财产。

受贿数额在一百五十万元以上不满三百万元,具有本解释第一条第三款规定的情形之一的,应当认定为刑法第三百八十三条第一款规定的“其他特别严重情节”,依法判处十年以上有期徒刑、无期徒刑或者死刑,并处罚金或者没收财产。

383-10 法释〔2016〕9号第十九条 判处十年以上有期徒刑或者无期徒刑的,应当并处五十万元以上犯罪数额二倍以下的罚金或者没收财产。

383-11 法释〔2016〕9号第四条 贪污、受贿数额特别巨大,犯罪情节特别严重、社会影响特别恶劣、给国家和人民利益造成特别重大损失的,可以判处死刑。

符合前款规定的情形,但具有自首,立功,如实供述自己罪行、真诚悔罪、积极退赃,或者避免、减少损害结果的发生等情节,不是必须立即执行的，可以判处死刑缓期二年执行。

383-12　法释〔2016〕9号第十五条　对多次受贿未经处理的，累计计算受贿数额。

国家工作人员利用职务上的便利为请托人*谋取利益前后多次收受请托人财物，受请托之前收受的财物数额在一万元以上的，应当一并计入受贿数额。

383-13　法释〔2016〕9号第四条第三款　符合第一款规定情形的，根据犯罪情节等情况可以判处死刑缓期二年执行，同时裁判决定在其死刑缓期执行二年期满依法减为无期徒刑后，终身监禁，不得减刑、假释。

第三百八十四条[1]　**【挪用公款罪】****国家工作人员利用职务上的便利，挪用公款[2]归个人使用，[3]进行非法活动的，[4]或者挪用公款数额[5]较大、进行营利活动的，[6]或者挪用公款数额较大、超过三个月未还的，[7]***是挪用公款罪，处五年以下有期徒刑或者拘役；情节严重的，[8]处五年以上有期徒刑。挪用公款数额巨大[9]不退还的，[10]处十年以上有期徒刑或者无期徒刑。

挪用用于救灾、抢险、防汛、优抚、扶贫、移民、救济款物归个人使用的，****从重处罚[11]。

384-1　1.《全国人民代表大会常务委员会关于〈中华人民共和国刑法〉第三百八十四条第一款的解释》（2002年4月28日）；2.《最高人民法院关于审理挪用公款案件具体应用法律若干问题的解释》（法

---

*　受贿罪的本质是权钱交易，而权钱交易必然发生在受贿人与特定行贿人之间，因此，再多的受贿事实，仍是一对一关系。关于受贿数额的累计计算问题，既然司法解释并未明文规定“不限于”受贿人与特定行贿人之间，那就应当理解为“限于”受贿人与特定行贿人之间。司法解释规定了受贿罪的入罪数额标准，就意味着一定范围内的“人情往来”可以不作为犯罪处理，这既是刑法谦抑性的具体体现，也是对人性的适度关照。如果将受贿人与不同行贿人之间的受贿数额累计计算，既不符合受贿罪的本质，也违背了罪刑法定原则。

**　本罪最早出现于1988年《全国人民代表大会常务委员会关于惩治贪污罪贿赂罪的补充规定》（已失效）。关于贪污罪与挪用公款罪的区别，前者是非法占有，而后者是非法占用；前者不仅包括公款，还包括公物，但后者只包括公款，不包括非特定公物。

***　刑法只规定挪用公款进行营利活动或者非法活动没有时间限制，至于挪用公款归个人使用，无论数额较大或数额巨大，均须满足超过三个月未还这一要件。

****　如果不是“归个人使用”，而是挪作他用，则定为《刑法》第二百七十三条规定的挪用特定款物罪（侵犯财产罪之一）。

释〔1998〕9 号,1998 年 5 月 9 日);3.《最高人民检察院关于国家工作人员挪用非特定公物能否定罪的请示的批复》(高检发释字〔2000〕1 号,2000 年 3 月 15 日);4.《最高人民法院关于挪用公款犯罪如何计算追诉期限问题的批复》(法释〔2003〕16 号,2003 年 10 月 10 日)。

1. 法释〔1998〕9 号第八条　挪用公款给他人使用,使用人与挪用人共谋,指使或者参与策划取得挪用款的,以挪用公款罪的共犯定罪处罚。

法释〔1998〕9 号第四条　多次挪用公款不还,挪用公款数额累计计算;多次挪用公款,并以后次挪用的公款归还前次挪用的公款,挪用公款数额以案发时未还的实际数额认定。

法释〔1998〕9 号第六条　携带挪用的公款潜逃的*,依照刑法第三百八十二条、第三百八十三条的规定定罪处罚。

2. 法〔2003〕167 号　四、关于挪用公款罪　(八)挪用公款转化为贪污的认定　挪用公款罪与贪污罪的主要区别在于行为人主观上是否具有非法占有公款的目的;挪用公款是否转化为贪污,应当按照主客观相一致的原则,具体判断和认定行为人主观上是否具有非法占有公款的目的——在司法实践中,具有以下情形之一的可以认定行为人具有非法占有公款的目的:

1. 根据《最高人民法院关于审理挪用公款案件具体应用法律若干问题的解释》第六条的规定,行为人"携带挪用的公款潜逃的",对其携带挪用的公款部分,以贪污罪定罪处罚。

2. 行为人挪用公款后采取虚假发票平帐、销毁有关帐目等手段,使所挪用的公款已难以在单位财务帐目上反映出来,且没有归还行为的,应当以贪污罪定罪处罚。

3. 行为人截取单位收入不入帐,非法占有,使所占有的公款难以在单位财务帐目上反映出来,且没有归还行为的,应当以贪污罪定罪处罚。

4. 有证据证明行为人有能力归还所挪用的公款而拒不归还,并隐瞒挪用的公款去向的,应当以贪污罪定罪处罚。

384-2　**1.**《最高人民检察院关于国家工作人员挪用非特定公物能否定罪的请示的批复》(高检发释字〔2000〕1 号,2000 年 3 月 15 日)　刑法第三百八十四条规定的挪用公款罪中未包括挪用非特定公物归个人使用的行为,对该行为不以挪用公款罪论处。如构成其他犯罪的,依

---

* 如果只是畏罪潜逃但并未携带公款,仍然定挪用公款罪。

照刑法的相关规定定罪处罚。

理解与适用:对挪用公款罪的犯罪对象不宜作扩大解释,应严格坚持罪刑法定原则,将非特定公物排除在犯罪对象之外。不过,对于挪用非特定公物的行为并非一律不作为犯罪处理,如国家工作人员利用职务之便实施的该行为致使国家利益遭受重大损失的,可依照刑法的相关规定定罪处罚,还可以追究党纪政纪处分。挪用公物的行为人,追求的是被挪用公物的使用价值。正因为如此,被挪用的公物一般不会进入流通领域,不会实现其价值,案发时往往还在行为人的实际控制之下,社会危害性相对较轻,故一般由主管部门按政纪处理。挪用公物变现,所得款项归个人使用,应当以挪用公款罪论处。

2.《最高人民检察院关于挪用失业保险基金和下岗职工基本生活保障资金的行为适用法律问题的批复》(高检发释字〔2003〕1号,2003年1月30日)　挪用失业保险基金和下岗职工基本生活保障资金属于挪用救济款物。挪用失业保险基金和下岗职工基本生活保障资金,情节严重,致使国家和人民群众利益遭受重大损害的,对直接责任人员,应当依照刑法第二百七十三条的规定,以挪用特定款物罪追究刑事责任;国家工作人员利用职务上的便利,挪用失业保险基金和下岗职工基本生活保障资金归个人使用,构成犯罪的,应当依照刑法第三百八十四条的规定,以挪用公款罪追究刑事责任。

理解与适用:1. 根据《失业保险条例》和《城镇居民最低生活保险条例》的规定,失业保险基金和下岗职工基本生活保障基金均具有救济金的性质。缴纳失业保险金是国家对企业和职工规定的义务,享受失业保险待遇则是国家对失业职工提供的一种救济方式。2. 挪用对象同一,但挪用主体不同,则罪质有所不同。

384-3　1.《全国人民代表大会常务委员会关于〈中华人民共和国刑法〉第三百八十四条第一款的解释》(2002年4月28日)　有下列情形之一的,属于挪用公款"归个人使用":

(一)将公款供本人、亲友或者其他自然人使用的;

(二)以个人名义将公款供其他单位使用的;

(三)个人决定以单位名义将公款供其他单位使用,谋取个人利益*的。

* 原表述为"私利",现修改为"个人利益"。

2.《全国法院审理经济犯罪案件工作座谈会纪要》(法〔2003〕167号,2003年11月13日) 四、关于挪用公款罪 (二)挪用公款供其他单位使用行为的认定

根据全国人大常委会《关于〈中华人民共和国刑法〉第三百八十四条第一款的解释》的规定,“以个人名义将公款供其他单位使用的”、“个人决定以单位名义将公款供其他单位使用,谋取个人利益的”,属于挪用公款“归个人使用”。在司法实践中,对于将公款供其他单位使用的,认定是否属于“以个人名义”,不能只看形式,要从实质上把握。对于行为人逃避财务监管,或者与使用人约定以个人名义进行,或者借款、还款都以个人名义进行,将公款给其他单位使用的,应认定为“以个人名义”。“个人决定”既包括行为人在职权范围内决定,也包括超越职权范围决定。“谋取个人利益”,既包括行为人与使用人事先约定谋取个人利益实际尚未获取的情况,也包括虽未事先约定但实际已获取了个人利益的情况。其中的“个人利益”,既包括不正当利益,也包括正当利益;既包括财产性利益,也包括非财产性利益,但这种非财产性利益应当是具体的实际利益,如升学、就业等。

3. 法释〔1998〕9号第一条 刑法第三百八十四条规定的“挪用公款归个人使用”,包括挪用者本人使用或者给他人使用。

挪用公款给私有公司、私有企业使用的,属于挪用公款归个人使用。

理解与适用:本条第二款已被废除。原规定意味着挪用公款给国有公司、企业、国有事业单位、国家机关不属于挪用公款归个人使用,只是违反财经纪律的违法行为,不构成挪用公款罪。其实,挪用公款的本质是利用职务之便改变公款的正确使用形式。行为人以个人名义挪用公款,无论给个人使用还是给单位使用,也无论是给国企使用还是私企使用,其行为性质均不受影响。由于当年将私企的性质还被当作个人,而国企则不视为个人。1999年修宪,明确非公有制经济也是社会主义市场经济的重要组成部分。这是宪法对私企的重新定位。故将具有法人资格的私营公司、企业解释为《刑法》第三十条所规定的公司、企业等单位形式的一种,以体现具有法人资格的私营公司、企业与国有公司、企业平等的法律地位。《刑法》第三百八十四条并无“以个人名义”一词,司法解释加上该限定词,是否为扩大解释?挪用公款罪并非单位犯罪,而是自然人犯罪。如果单位负责人在单位授权范围内或者经过批准等程序,借款给其他自然人或者单位使用,不能构成挪用公款罪。

法释〔1998〕9号第二条第二款 挪用公款给他人使用,不知道使用人用公款进行营利活动,或者用于非法活动,数额较大、超过三个月

未还的,构成挪用公款罪;明知使用人用于营利活动或者非法活动的,应当认定为挪用人挪用公款进行营利活动或者非法活动。

4.《最高人民法院关于挪用公款犯罪如何计算追诉期限问题的批复》(法释〔2003〕16 号,2003 年 10 月 10 日)　根据刑法第八十九条、第三百八十四条的规定,挪用公款归个人使用,进行非法活动的,或者挪用公款数额较大、进行营利活动的,犯罪的追诉期限从挪用行为实施完毕之日起计算;挪用公款数额较大、超过三个月未还的,犯罪的追诉期限从挪用公款罪成立之日起计算。挪用公款行为有连续状态的,犯罪的追诉期限应当从最后一次挪用行为实施完毕之日或者犯罪成立之日起计算。

理解与适用:追诉期限的确定和计算是与刑法分则所规定的每一种犯罪属于何种状态是紧密联系的。本批复从理论上讲认为挪用公款罪属于行为犯。挪用公款罪是对公款的使用权的侵害,与贪污罪的以将公共财物非法占为己有的目的是不同的。因而,挪用公款,其中"挪"是行为,而"用"是目的,只是表明了行为人擅自挪用公款的目的不是占为己有,而是非法使用,将公款挪用并使之处于被非法使用的状态中,侵害的是公款的使用权。一般而言,这种对公款使用权的非法侵害,在实施非法将公款挪出行为终了之时即已完成。而公款的不归还,只是侵害公款使用权这种行为的危害结果的持续,而不是挪用行为本身的持续。如果对挪用公款行为本身以持续状态来确定,并以归还被挪用公款之日作为追诉期限的起算时间,则对于一直不归还公款的挪用犯罪而言,就实际等于没有了追诉期限。

384-4　1.《最高人民检察院关于人民检察院直接受理立案侦查案件立案标准的规定(试行)》(高检发释字〔1999〕2 号,1999 年 9 月 16 日)　四、附则　(四)本规定中有关挪用公款罪案中的"非法活动",既包括犯罪活动,也包括其他违法活动。

2. 法释〔1998〕9 号第二条第(三)项　挪用公款归个人使用,进行赌博、走私等非法活动的,构成挪用公款罪,不受"数额较大"和挪用时间的限制。

法释〔1998〕9 号第七条　因挪用公款索取、收受贿赂构成犯罪的,依照数罪并罚的规定处罚。挪用公款进行非法活动构成其他犯罪的,依照数罪并罚的规定处罚。

理解与适用:因挪用公款而构成其他犯罪,理论上属于牵连犯,但本司法解释规定为数罪并罚。使用人与挪用人构成挪用公款罪是成立的,但其为了挪用公款,而行贿挪用人也应数罪并罚。因为行贿罪和受

贿罪是对合犯,既然挪用人应数罪并罚,那么使用人也应适用这一原则。

3. 法释〔2016〕9号第五条　挪用公款归个人使用,进行非法活动,数额在三万元以上的,应当依照刑法第三百八十四条的规定以挪用公款罪追究刑事责任……

384-5 《最高人民法院、最高人民检察院关于办理国家出资企业中职务犯罪案件具体应用法律若干问题的意见》(法发〔2010〕49号,2010年11月26日)

三、关于国家出资企业工作人员使用改制公司、企业的资金担保个人贷款,用于购买改制公司、企业股份的行为的处理

国家出资企业的工作人员在公司、企业改制过程中为购买公司、企业股份,利用职务上的便利,将公司、企业的资金或者金融凭证、有价证券等用于个人贷款担保的,依照刑法第二百七十二条或者第三百八十四条的规定,以挪用资金罪或者挪用公款罪定罪处罚。

行为人在改制前的国家出资企业持有股份的,不影响挪用数额的认定,但量刑时应当酌情考虑。

经有关主管部门批准或者按照有关政策规定,国家出资企业的工作人员为购买改制公司、企业股份实施前款行为的,可以视具体情况不作为犯罪处理。

384-6 **1.** 法释〔1998〕9号第二条　对挪用公款罪,应区分三种不同情况予以认定:……(二)挪用公款数额较大,归个人进行营利活动的,构成挪用公款罪,不受挪用时间和是否归还的限制。在案发前部分或者全部归还本息的,可以从轻处罚;情节轻微的,可以免除处罚。

挪用公款存入银行、用于集资、购买股票、国债等,属于挪用公款进行营利活动。所获取的利息、收益等违法所得,应当追缴,但不计入挪用公款的数额。

2. 法〔2003〕167号　四、关于挪用公款罪

(四)挪用有价证券、金融凭证用于质押行为性质的认定

挪用金融凭证、有价证券用于质押,使公款处于风险之中,与挪用公款为他人提供担保没有实质的区别,符合刑法关于挪用公款罪规定的,以挪用公款罪定罪处罚,挪用公款数额以实际或者可能承担的风险数额认定。

(五)挪用公款归还个人欠款行为性质的认定

挪用公款归还个人欠款的,应当根据产生欠款的原因,分别认定属于挪用公款的何种情形。归还个人进行非法活动或者进行营利活动产生的欠款,应当认定为挪用公款进行非法活动或者进行营利活动。

（六）挪用公款用于注册公司、企业行为性质的认定

申报注册资本是为进行生产经营活动作准备，属于成立公司、企业进行营利活动的组成部分。因此，挪用公款归个人用于公司、企业注册资本验资证明的，应当认定为挪用公款进行营利活动。

3. 法释〔2016〕9号第六条　挪用公款归个人使用，进行营利活动或者超过三个月未还，数额在五万元以上的，应当认定为刑法第三百八十四条第一款规定的“数额较大”；……

384-7　法释〔1998〕9号第二条　挪用正在生息或者需要支付利息的公款归个人使用，数额较大，超过三个月但在案发前全部归还本金的，可以从轻处罚或者免除处罚*。给国家、集体造成的利息损失应予追缴。挪用公款数额巨大，超过三个月，案发前全部归还的，可以酌情从轻处罚。

384-8　法释〔2016〕9号第五条　挪用公款归个人使用，进行非法活动，具有下列情形之一的，应当认定为刑法第三百八十四条第一款规定的“情节严重”：

（一）挪用公款数额在一百万元以上的；

（二）挪用救灾、抢险、防汛、优抚、扶贫、移民、救济特定款物，数额在五十万元以上不满一百万元的；

（三）挪用公款不退还，数额在五十万元以上不满一百万元的；

（四）其他严重的情节。

法释〔2016〕9号第六条　挪用公款归个人使用，进行营利活动或者超过三个月未还，具有下列情形之一的，应当认定为刑法第三百八十四条第一款规定的“情节严重”：

（一）挪用公款数额在二百万元以上的；

（二）挪用救灾、抢险、防汛、优抚、扶贫、移民、救济特定款物，数额在一百万元以上不满二百万元的；

（三）挪用公款不退还，数额在一百万元以上不满二百万元的；

（四）其他严重的情节。

384-9　法释〔2016〕9号第五条　挪用公款归个人使用，进行非法活动，数额在三百万元以上的，应当认定为刑法第三百八十四条第一款规定的“数额巨大”。

法释〔2016〕9号第六条　挪用公款归个人使用，进行营利活动或者超过三个月未还，数额在五百万元以上的，应当认定为刑法第三百八

---

* 不包括减轻处罚。

十四条第一款规定的“数额巨大”。

384-10 法释〔1998〕9号第五条 “挪用公款数额巨大不退还的”,是指挪用公款数额巨大,因客观原因在一审宣判前不能退还的。

理解与适用:1.这种情形原按贪污罪论处,并可能判处死刑。1997年《刑法》修订时,最高人民法院建议作为挪用公款罪论处,避免了客观归罪的弊端,同时体现了减少死刑的刑事政策。2.由于旧刑法将这种情形规定为贪污罪,故时间限定在侦查终结前,以免起诉和审判的罪名发生变化,导致起诉质量不高。现行刑法将这种情形规定为挪用公款罪,不涉及变更罪名,故限定在一审宣判前。3.挪用公款数额巨大不仅指挪用之时的数额巨大,同时包括不能归还的公款数额巨大。4.挪用公款数额巨大的标准也要根据挪用公款的用途不同来确定。如果行为人挪用公款进行非法活动,那么最终不能归还的数额巨大的标准为5万~10万元以上,这样可与挪用公款罪其他情节衔接起来。

384-11 法释〔1998〕9号第三条第四款 挪用救灾、抢险、防汛、优抚、扶贫、移民、救济款物归个人使用的数额标准,参照挪用公款归个人使用进行非法活动的数额标准。

第三百八十五条[1] **【受贿罪】**国家工作人员[2] 利用职务上的便利,[3] 索取[4] 他人财物[5] 的,或者非法收受他人财物,为[6] 他人谋取利益[7] 的,是受贿罪。

国家工作人员在经济往来中,违反国家规定,收受各种名义的回扣、手续费,归个人所有的,[8] 以受贿论处。

385-1 **1.**《最高人民法院、最高人民检察院关于办理受贿刑事案件适用法律若干问题的意见》(法发〔2007〕22号,2007年7月8日)

2.《最高人民法院、最高人民检察院关于办理商业贿赂刑事案件适用法律若干问题的意见》(法发〔2008〕33号,2008年11月20日)一、商业贿赂犯罪涉及刑法规定的以下八种罪名:(1)非国家工作人员受贿罪(刑法第一百六十三条);(2)对非国家工作人员行贿罪(刑法第一百六十四条);(3)受贿罪(刑法第三百八十五条);(4)单位受贿罪(刑法第三百八十七条);(5)行贿罪(刑法第三百八十九条);(6)对单位行贿罪(刑法第三百九十一条);(7)介绍贿赂罪(刑法第三百九十二条);(8)单位行贿罪(刑法第三百九十三条)。

3.《最高人民法院、最高人民检察院关于办理渎职刑事案件适用法律若干问题的解释(一)》(法释〔2012〕18号,2013年1月9日)

第三条　国家机关工作人员实施渎职犯罪并收受贿赂，同时构成受贿罪的，除刑法另有规定外，以渎职犯罪和受贿罪数罪并罚。

385-2　**1.** 法〔2003〕167 号　三、关于受贿罪

（五）共同受贿犯罪的认定

根据刑法关于共同犯罪的规定，非国家工作人员与国家工作人员勾结伙同受贿的，应当以受贿罪的共犯追究刑事责任。非国家工作人员是否构成受贿罪共犯，取决于双方有无共同受贿的故意和行为，国家工作人员的近亲属向国家工作人员代为转达请托事项，收受请托人财物并告知该国家工作人员，或者国家工作人员明知其近亲属收受了他人财物，仍按照近亲属的要求利用职权为他人谋取利益的，对该国家工作人员应认定为受贿罪，其近亲属以受贿罪共犯论处。近亲属以外的其他人与国家工作人员通谋，由国家工作人员利用职务上的便利为请托人谋取利益，收受请托人财物后双方共同占有的，构成受贿罪共犯。国家工作人员利用职务上的便利为他人谋取利益，并指定他人将财物送给其他人，构成犯罪的，应以受贿罪定罪处罚。

2. 法发〔2007〕22 号　七、关于由特定关系人收受贿赂问题

国家工作人员利用职务上的便利为请托人谋取利益，授意请托人以本意见所列形式，将有关财物给予特定关系人的，以受贿论处。

特定关系人与国家工作人员通谋，共同实施前款行为的，对特定关系人以受贿罪的共犯论处。特定关系人以外的其他人与国家工作人员通谋，由国家工作人员利用职务上的便利为请托人谋取利益，收受请托人财物后双方共同占有的，以受贿罪的共犯论处。

385-3　**1.**《最高人民检察院关于人民检察院直接受理立案侦查案件立案标准的规定（试行）》（高检发释字〔1999〕2 号，1999 年 9 月 16 日）一、贪污贿赂犯罪案件　（三）受贿案（第 385 条、第 386 条、第 388 条、第 163 条第 3 款、第 184 条第 2 款）　受贿罪是指国家工作人员利用职务上的便利，索取他人财物的，或者非法收受他人财物，为他人谋取利益的行为。“利用职务上的便利”，是指利用本人职务范围内的权力，即自己职务上主管、负责或者承办某项公共事务的职权及其所形成的便利条件。

2.《全国法院审理经济犯罪案件工作座谈会纪要》（法〔2003〕167 号，2003 年 11 月 13 日）　三、关于受贿罪

（一）关于“利用职务上的便利”的认定

刑法第三百八十五条第一款规定的“利用职务上的便利”，既包括利用本人职务上主管、负责、承办某项公共事务的职权，也包括利用职务

上有隶属、制约关系的其他国家工作人员的职权。担任单位领导职务的国家工作人员通过不属于自己主管的下级部门的国家工作人员的职务为他人谋取利益的,应当认定为"利用职务上的便利"为他人谋取利益。

(四)离职国家工作人员收受财物行为的处理

参照《最高人民法院关于国家工作人员利用职务上的便利为他人谋取利益离退休后收受财物行为如何处理问题的批复》规定的精神,国家工作人员利用职务上的便利为请托人谋取利益,并与请托人事先约定,在其离职后收受请托人财物,构成犯罪的,以受贿罪定罪处罚。

理解与适用:国家工作人员利用职务上的便利为请托人谋取利益时,并未与请托人事先约定收受财物,而是在离退休以后向请托人索取财物的,由于其事先并未约定,而其在离退休后索要财物的行为,并未利用职务便利,一般不宜以受贿罪论处。

385-4 **1.** 高检发释字〔1999〕2号 (三)受贿案 索取他人财物的,不论是否"为他人谋取利益",均可构成受贿罪。

2. 法发〔2012〕17号 二、具有下列情形之一的职务犯罪分子之一,一般不适用缓刑或者免予刑事处罚:(七)受贿犯罪中具有索贿情节的;……

385-5 **1.** 法释〔2016〕9号第十二条 贿赂犯罪中的"财物",包括货币、物品和财产性利益。财产性利益包括可以折算为货币的物质利益如房屋装修、债务免除等,以及需要支付货币的其他利益如会员服务、旅游等。后者的犯罪数额,以实际支付或者应当支付的数额计算。

2.《最高人民法院、最高人民检察院关于办理受贿刑事案件适用法律若干问题的意见》(法发〔2007〕22号,2007年7月8日)

为依法惩治受贿犯罪活动,根据刑法有关规定,现就办理受贿刑事案件具体适用法律若干问题,提出以下意见:

一、关于以交易形式收受贿赂问题

国家工作人员利用职务上的便利为请托人谋取利益,以下列交易形式收受请托人财物的,以受贿论处:

(1)以明显低于市场的价格向请托人购买房屋、汽车等物品的;

(2)以明显高于市场的价格向请托人出售房屋、汽车等物品的;

(3)以其他交易形式非法收受请托人财物的。

受贿数额按照交易时当地市场价格与实际支付价格的差额计算。

前款所列市场价格包括商品经营者事先设定的不针对特定人的最低优惠价格。根据商品经营者事先设定的各种优惠交易条件,以优惠价格购买商品的,不属于受贿。

二、关于收受干股问题

干股是指未出资而获得的股份。国家工作人员利用职务上的便利为请托人谋取利益,收受请托人提供的干股的,以受贿论处。进行了股权转让登记,或者相关证据证明股份发生了实际转让*的,受贿数额按转让行为时股份价值计算,所分红利按受贿孳息处理。股份未实际转让,以股份分红名义获取利益的,实际获利数额应当认定为受贿数额。

三、关于以开办公司等合作投资名义收受贿赂问题

国家工作人员利用职务上的便利为请托人谋取利益,由请托人出资,"合作"开办公司或者进行其他"合作"投资的,以受贿论处。受贿数额为请托人给国家工作人员的出资额。

国家工作人员利用职务上的便利为请托人谋取利益,以合作开办公司或者其他合作投资的名义获取"利润",没有实际出资和参与管理、经营的,以受贿论处。

四、关于以委托请托人投资证券、期货或者其他委托理财的名义收受贿赂问题

国家工作人员利用职务上的便利为请托人谋取利益,以委托请托人投资证券、期货或者其他委托理财的名义,未实际出资而获取"收益",或者虽然实际出资,但获取"收益"明显高于出资应得收益的,以受贿论处。受贿数额,前一情形,以"收益"额计算;后一情形,以"收益"额与出资应得收益额的差额计算。

五、关于以赌博形式收受贿赂的认定问题

根据《最高人民法院、最高人民检察院关于办理赌博刑事案件具体应用法律若干问题的解释》第七条规定,国家工作人员利用职务上的便利为请托人谋取利益,通过赌博方式收受请托人财物的,构成受贿。

实践中应注意区分贿赂与赌博活动、娱乐活动的界限。具体认定时,主要应当结合以下因素进行判断:(1)赌博的背景、场合、时间、次数;(2)赌资来源;(3)其他赌博参与者有无事先通谋;(4)输赢钱物的具体情况和金额大小。

六、关于特定关系人"挂名"领取薪酬问题

国家工作人员利用职务上的便利为请托人谋取利益,要求或者接

---

* 正确适用该司法解释,应注意"转让"一词在不同语境的重大区别。民法语境上"转让",泛指任意两个不同主体之间的股权转让,而刑法语境上"转让",应当仅限于行贿人与受贿人之间,而不应包括受贿人收受干股后再转让给他人。受贿人向他人转让其干股,就必然意味着其已实际控制了干股,也就意味着受贿人与行贿人之间的股权转让已经完成。

受请托人以给特定关系人安排工作为名,使特定关系人不实际工作却获取所谓薪酬的,以受贿论处。

八、关于收受贿赂物品未办理权属变更问题

国家工作人员利用职务上的便利为请托人谋取利益,收受请托人房屋、汽车等物品,未变更权属登记或者借用他人名义办理权属变更登记的,不影响受贿的认定。

认定以房屋、汽车等物品为对象的受贿,应注意与借用的区分。具体认定时,除双方交代或者书面协议之外,主要应当结合以下因素进行判断:(1)有无借用的合理事由;(2)是否实际使用;(3)借用时间的长短;(4)有无归还的条件;(5)有无归还的意思表示及行为。

十一、关于"特定关系人"的范围

本意见所称"特定关系人",是指与国家工作人员有近亲属、情妇(夫)以及其他共同利益关系的人。

十二、关于正确贯彻宽严相济刑事政策的问题

依照本意见办理受贿刑事案件,要根据刑法关于受贿罪的有关规定和受贿罪权钱交易的本质特征,准确区分罪与非罪、此罪与彼罪的界限,惩处少数,教育多数。在从严惩处受贿犯罪的同时,对于具有自首、立功等情节的,依法从轻、减轻或者免除处罚。

3.《最高人民法院、最高人民检察院关于办理商业贿赂刑事案件适用法律若干问题的意见》(法发〔2008〕33号,2008年11月20日)

七、商业贿赂中的财物,既包括金钱和实物,也包括可以用金钱计算数额的财产性利益,如提供房屋装修、含有金额的会员卡、代币卡(券)、旅游费用等。具体数额以实际支付的资费为准。

八、收受银行卡的,不论受贿人是否实际取出或者消费,卡内的存款数额一般应全额认定为受贿数额。使用银行卡透支的,如果由给予银行卡的一方承担还款责任,透支数额也应当认定为受贿数额。

十、办理商业贿赂犯罪案件,要注意区分贿赂与馈赠的界限。主要应当结合以下因素全面分析、综合判断:(1)发生财物往来的背景,如双方是否存在亲友关系及历史上交往的情形和程度;(2)往来财物的价值;(3)财物往来的缘由、时机和方式,提供财物方对于接受方有无职务上的请托;(4)接受方是否利用职务上的便利为提供方谋取利益。

4. 法〔2003〕167号　三、关于受贿罪

(六)以借款为名索取或者非法收受财物行为的认定

国家工作人员利用职务上的便利,以借为名向他人索取财物,或者非法收受财物为他人谋取利益的,应当认定为受贿。具体认定时,不能

仅仅看是否有书面借款手续,应当根据以下因素综合判定:(1)有无正当、合理的借款事由;(2)款项的去向;(3)双方平时关系如何、有无经济往来;(4)出借方是否要求国家工作人员利用职务上的便利为其谋取利益;(5)借款后是否有归还的意思表示及行为;(6)是否有归还的能力;(7)未归还的原因;等等。

(七)涉及股票受贿案件的认定

在办理涉及股票的受贿案件时,应当注意:(1)国家工作人员利用职务上的便利,索取或非法收受股票,没有支付股本金,为他人谋取利益,构成受贿罪的,其受贿数额按照收受股票时的实际价格计算。(2)行为人支付股本金而购买较有可能升值的股票,由于不是无偿收受请托人财物,不以受贿罪论处。(3)股票已上市且已升值,行为人仅支付股本金,其"购买"股票时的实际价格与股本金的差价部分应认定为受贿。

385-6　1. 法释〔2016〕9号第十三条　具有下列情形之一的,应当认定为"为他人谋取利益",构成犯罪的,应当依照刑法关于受贿犯罪的规定定罪处罚:

(一)实际或者承诺*为他人谋取利益的;

(二)明知他人有具体请托事项的;

(三)履职时未被请托,但事后基于该履职事由收受他人财物的。

国家工作人员索取、收受具有上下级关系的下属或者具有行政管理关系的被管理人员的财物价值三万元以上,可能影响职权行使的,视为承诺为他人谋取利益。

法释〔2016〕9号第十六条第二款　特定关系人索取、收受他人财物,国家工作人员知道后未退还或者上交的,应当认定国家工作人员具有受贿故意。

2. 法〔2003〕167号　三、关于受贿罪　(二)"为他人谋取利益"的认定,为他人谋取利益包括承诺、实施和实现三个阶段的行为。只要具有其中一个阶段的行为,如国家工作人员收受他人财物时,根据他人提出的具体请托事项,承诺为他人谋取利益的,就具备了为他人谋取利益

---

* 受贿人"为"他人谋取利益的具体表现,有三种情形,即承诺、实施和实现。实施和实现这两种情形,意味着受贿人"为"帮助他人谋取利益而实施了积极行为,这种外在表现有较多的相关事实予以佐证。而承诺为他人谋取利益的意图,只停留于受贿人的内心,其权钱交易的主观意愿尚未真正付诸实施。因此,证明承诺为他人谋取利益的证据,则只能根据受贿人本人的供述予以证实。

的要件。明知他人有具体请托事项而收受其财物的,视为承诺为他人谋取利益。

3.《最高人民法院、最高人民检察院关于办理受贿刑事案件适用法律若干问题的意见》(法发〔2007〕22 号,2007 年 7 月 8 日)

九、关于收受财物后退还或者上交问题

国家工作人员收受请托人财物后及时退还或者上交的,不是受贿。

国家工作人员受贿后,因自身或者与其受贿有关联的人、事被查处,为掩饰犯罪而退还或者上交的,不影响认定受贿罪。

4. 最高人民法院刑二庭《宽严相济在经济犯罪和职务犯罪案件审判中的具体贯彻》(2010 年 4 月 7 日)　二、宽严相济刑事政策在职务犯罪案件审判中的具体贯彻　(二)关于政策法律界限。(1)对于收受财物后于案发前退还或上交所收财物的,应当区分情况作出不同处理:收受请托人财物后及时退还或者上交的,因其受贿故意不能确定,同时为了感化、教育潜在受贿犯罪分子,故不宜以受贿处理;受贿后因自身或者与其受贿有关联的人、事被查处,为掩饰犯罪而退还或者上交的,因受贿行为既已完毕,且无主动悔罪之意思,故不影响受贿罪的认定。

5.《最高人民法院关于国家工作人员利用职务上的便利为他人谋取利益离退休后收受财物行为如何处理问题的批复》(法释〔2000〕21 号,2000 年 7 月 21 日)　国家工作人员利用职务上的便利为请托人谋取利益,并与请托人事先约定*,在其离退休后收受请托人财物,构成犯罪的,以受贿罪定罪处罚。

6.《最高人民法院、最高人民检察院关于办理受贿刑事案件适用法律若干问题的意见》(法发〔2007〕22 号,2007 年 7 月 8 日)

十、关于在职时为请托人谋利,离职后收受财物问题

国家工作人员利用职务上的便利为请托人谋取利益之前或者之后,约定在其离职后收受请托人财物,并在离职后收受的,以受贿论处。

国家工作人员利用职务上的便利为请托人谋取利益,离职前后连续收受请托人财物的,离职前后收受部分均应计入受贿数额。

7. 潘玉梅、陈宁受贿案(指导性案例第 3 号)

裁判要点　国家工作人员利用职务上的便利为请托人谋取利益,并与请托人以"合办"公司的名义获取"利润",没有实际出资和参与经营管理的,以受贿论处。国家工作人员明知他人有请托事项而收受其财物,视为承诺"为他人谋取利益",是否已实际为他人谋取利益或谋

* 本司法解释的内容比较费解、拗口,其实规定的就是"事先约定的事后受贿"情形。

取到利益,不影响受贿的认定。国家工作人员利用职务上的便利为请托人谋取利益,以明显低于市场的价格向请托人购买房屋等物品的,以受贿论处,受贿数额按照交易时当地市场价格与实际支付价格的差额计算。国家工作人员收受财物后,因与其受贿有关联的人、事被查处,为掩饰犯罪而退还的,不影响认定受贿罪。

385-7　1. 高检发释字〔1999〕2 号　一、贪污贿赂犯罪案件　(三)受贿案(第 385 条、第 386 条、第 388 条、第 163 条第 3 款、第 184 条第 2 款)

非法收受他人财物的,必须同时具备"为他人谋取利益"的条件,才能构成受贿罪。但是为他人谋取的利益是否正当,为他人谋取的利益是否实现,不影响受贿罪的认定。

2. 法释〔2016〕9 号第一条第三款　受贿数额在一万元以上不满三万元,具有前款第二项至第六项规定的情形之一,或者具有下列情形之一的,应当认定为刑法第三百八十三条第一款规定的"其他较重情节",依法判处三年以下有期徒刑或者拘役,并处罚金:

(一)多次索贿的;

(二)为他人谋取不正当利益,致使公共财产、国家和人民利益遭受损失的;

(三)为他人谋取职务提拔、调整的。

3. 张某受贿,郭某行贿、职务侵占、诈骗案(检例第 76 号)

基本案情　被告人张某,男,北京市东城区某街道办事处环卫所原副所长。

被告人郭某,女,北京某物业公司原客服部经理。

2014 年 11 月,甲小区和乙小区被北京市东城区某街道办事处确定为环卫项目示范推广单位。按照规定,两小区应选聘 19 名指导员从事宣传、指导、监督、服务等工作,政府部门按每名指导员每月 600 元标准予以补贴。上述两小区由北京某物业公司负责物业管理,两小区 19 名指导员补贴款由该物业公司负责领取发放。2014 年 11 月至 2017 年 3 月,郭某在担任该物业公司客服部经理期间,将代表物业公司领取的指导员补贴款共计人民币 33.06 万元据为己有。郭某从物业公司离职后,仍以物业公司客服部经理名义,于 2017 年 6 月、9 月,冒领指导员补贴款共计人民币 6.84 万元并据为己有。2014 年 11 月至 2017 年 9 月,张某接受郭某请托,利用担任某街道办事处环卫所职员、副所长的职务便利,不严格监督检查上述补贴款发放,非法收受郭某给予的人民币 8.85 万元。2018 年 1 月,张某担心事情败露,与郭某共同筹集人民币 35 万元退还给物业公司。2018 年 2 月 28 日,张某、郭某自行到北京市东城区监察委员会接受调查,并如实供述全部犯罪事实。

检察工作情况 (一)调查阶段,东城区监委对张某、郭某构成贪污罪共犯还是行受贿犯罪存在意见分歧,书面商请东城区人民检察院提前介入。主张认定二人构成贪污罪共犯的主要理由:一是犯罪对象上,郭某侵占并送给张某的资金性质为国家财政拨款,系公款;二是主观认识上,二人对截留的补贴款系公款的性质明知,并对截留补贴款达成一定共识;三是客观行为上,二人系共同截留补贴款进行分配。

检察机关分析在案证据后认为,应认定二人构成行受贿犯罪,主要理由:一是主观上没有共同贪污故意。二人从未就补贴款的处理使用有过明确沟通,郭某给张某送钱,就是为了让张某放松监管,张某怠于履行监管职责,就是因为收受了郭某所送贿赂,而非自己要占有补贴款。二是客观上没有共同贪污行为。张某收受郭某给予的钱款后怠于履行监管职责,正是利用职务之便为郭某谋取利益的行为,但对于郭某侵占补贴款,在案证据不能证实张某主观上有明确认识,郭某也从未想过与张某共同瓜分补贴款。三是款项性质对受贿罪认定没有影响。由于二人缺乏共同贪占补贴款的故意和行为,不应构成贪污罪共犯,而应分别构成行贿罪和受贿罪,并应针对主客观方面再补强相关证据。检察机关将法律适用和补充完善证据的意见书面反馈给东城区监委。东城区监委采纳了检察机关的提前介入意见,补充证据后,以张某涉嫌受贿罪、郭某涉嫌行贿罪,于2018年11月12日将两案移送起诉。

(二)案件移送起诉后,检察机关全面严格审查在案证据,认为郭某领取和侵吞补贴款的行为分为两个阶段:第一阶段,郭某作为上述物业公司客服部经理,利用领取补贴款的职务便利,领取并将补贴款非法占为已有,其行为构成职务侵占罪;第二阶段,郭某从物业公司客服部经理岗位离职后,仍冒用客服部经理的身份领取补贴款并非法占为已有,其行为构成诈骗罪。

2018年12月28日,北京市东城区人民检察院对张某以受贿罪提起公诉;对郭某以行贿罪、职务侵占罪、诈骗罪提起公诉。

指导意义 根据主客观相统一原则,准确区分受贿罪和贪污罪。对于国家工作人员收受贿赂后故意不履行监管职责,使非国家工作人员非法占有财物的,如该财物又涉及公款,应根据主客观相统一原则,准确认定案件性质。一要看主观上是否对侵吞公款进行过共谋;二要看客观上是否共同实施侵吞公款行为。如果具有共同侵占公款故意,且共同实施了侵占公款行为,应认定为贪污罪共犯;如果国家工作人员主观上没有侵占公款故意,只是收受贿赂后放弃职守,客观上使非国家工作人员任意处理其经手的钱款成为可能,应认定为为他人谋取利益,国家工作人员构成受贿罪,非国家工作人员构成行贿罪。如果国家工作人员行为同时构成玩忽职守罪的,以受贿罪和玩忽职守罪数罪并罚。

385-8 高检发释字〔1999〕2 号 一、贪污贿赂犯罪案件 (三)受贿案(第 385 条、第 386 条、第 388 条、第 163 条第 3 款、第 184 条第 2 款) 国家工作人员在经济往来中,违反国家规定,收受各种名义的回扣、手续费,归个人所有的,以受贿罪追究刑事责任。

国有公司、企业中从事公务的人员和国有公司、企业委派到非国有公司、企业从事公务的人员利用职务上的便利,索取他人财物或者非法收受他人财物,为他人谋取利益,或者在经济往来中,违反国家规定,收受各种名义的回扣、手续费,归个人所有的,以受贿罪追究刑事责任。国有金融机构工作人员和国有金融机构委派到非国有金融机构从事公务的人员在金融业务活动中索取他人财物或者非法收受他人财物,为他人谋取利益的,或者违反国家规定,收受各种名义的回扣、手续费归个人所有的,以受贿罪追究刑事责任。

第三百八十六条 【受贿罪的处罚】对犯受贿罪的,根据受贿所得数额及情节,依照本法第三百八十三条(*贪污罪*)的规定处罚。索贿的从重处罚。

第三百八十七条* (刑十二)【单位受贿罪】国家机关、国有公司、企业、事业单位[1]、人民团体,索取、非法收受他人财物,为他人谋取利益,情节严重的,对单位判处罚金,并对其直接负责的主管人员和其他直接责任人员,处三年以下有期徒刑或者拘役;情节特别严重的,处三年以上十年以下有期徒刑。

前款所列单位,在经济往来中,在帐外暗中收受各种名义的回扣、手续费的,以受贿论,依照前款的规定处罚。

387-1 《最高人民检察院研究室关于国有单位的内设机构能否构成单位受贿罪主体问题的答复》(〔2006〕高检研发 8 号,2006 年 9 月 12

---

* 《刑法修正案(十二)》修改前原条文:第三百八十七条 【单位受贿罪】国家机关、国有公司、企业、事业单位、人民团体,索取、非法收受他人财物,为他人谋取利益,情节严重的,对单位判处罚金,并对其直接负责的主管人员和其他直接责任人员,处五年以下有期徒刑或者拘役。

日) 国有单位的内设机构利用其行使职权的便利,索取、非法收受他人财物并归该内设机构所有或者支配,为他人谋取利益,情节严重的,依照刑法第三百八十七条的规定以单位受贿罪追究刑事责任。

上述内设机构在经济往来中,在账外暗中收受各种名义的回扣、手续费的,以受贿论。

第三百八十八条 【斡旋受贿罪】国家工作人员利用本人职权或者地位形成的便利条件,[1] 通过其他国家工作人员职务上的行为,为请托人谋取不正当利益*,索取请托人财物或者收受请托人财物的,以受贿论处。

388-1 法〔2003〕167 号 三、关于受贿罪 (三)“利用职权或地位形成的便利条件的”认定 刑法第三百八十八条规定的“利用本人职权或者地位形成的便利条件”,是指行为人与被其利用的国家工作人员之间在职务上虽然没有隶属、制约关系,但是行为人利用了本人职权或者地位产生的影响和一定的工作联系,如单位内不同部门的国家工作人员之间、上下级单位没有职务上隶属、制约关系的国家工作人员之间、有工作联系的不同单位的国家工作人员之间等。

第三百八十八条之一[1] (刑七)【利用影响力受贿罪】国家工作人员的近亲属或者其他与该国家工作人员关系密切的人,[2] 通过该国家工作人员职务上的行为,或者利用该国家工作人员职权或者地位形成的便利条件,通过其他国家工作人员职务上的行为,为请托人谋取不正当利益,索取请托人财物或者收受请托人财物,数额较大或者有其他较重情节的,处三年以下有期徒刑或者拘役,并处罚金;数额巨大或者有其他严重情节的,处三年以上七年以下有期徒刑,并处罚金;数额特别巨大或者有其他特别严重情节的,处七年以上有期徒刑,并处罚金或者没收财产。

离职的国家工作人员或者其近亲属以及其他与其关系密切的人,利用该离职的国家工作人员原职权或者地位形成的便利条件实

---

* 在各种受贿行为中,只有斡旋受贿罪需要满足“不正当利益”这一要件,其他受贿罪只要求“为他人谋取利益”即可。

施前款行为的，依照前款的规定定罪处罚。

388A-1　法释〔2016〕9号第十条第一款　刑法第三百八十八条之一规定的利用影响力受贿罪的定罪量刑适用标准，参照本解释关于受贿罪的规定执行。

388A-2　法发〔2007〕22号　十一、关于"特定关系人"的范围：本意见所称"特定关系人"，是指与国家工作人员有近亲属、情妇（夫）以及其他共同利益关系的人。

第三百八十九条[1]　**【行贿罪】**为谋取不正当利益，[2]* 给予国家工作人员以财物的，是行贿罪。

在经济往来中，违反国家规定，给予国家工作人员以财物，数额较大的，或者违反国家规定，给予国家工作人员以各种名义的回扣、手续费的，以行贿论处。

因被勒索给予国家工作人员以财物，[3] 没有获得不正当利益的，不是行贿。

389-1　《最高人民法院、最高人民检察院关于办理行贿刑事案件具体应用法律若干问题的解释》（法释〔2012〕22号，2013年1月1日）

389-2　**1.** 法释〔2012〕22号第十二条　行贿犯罪中的"谋取不正当利益"，是指行贿人谋取的利益违反法律、法规、规章、政策规定，或者要求国家工作人员违反法律、法规、规章、政策、行业规范的规定，为自己提供帮助或者方便条件。

违背公平、公正原则，在经济、组织人事管理等活动中，谋取竞争优势的，应当认定为"谋取不正当利益"。

2.《最高人民法院、最高人民检察院关于办理商业贿赂刑事案件适用法律若干问题的意见》（法发〔2008〕33号）　九、在行贿犯罪中，"谋取不正当利益"，是指行贿人谋取违反法律、法规、规章或者政策规定的利益，或者要求对方违反法律、法规、规章、政策、行业规范的规定提供帮助或者方便条件。

在招标投标、政府采购等商业活动中，违背公平原则，给予相关人

* 车浩：《行贿罪之"谋取不正当利益"的法理内涵》，载《法学研究》2017年第2期。

员财物以谋取竞争优势的,属于"谋取不正当利益"。

3. 法释〔2012〕22号第十一条　行贿犯罪取得的不正当财产性利益应当依照刑法第六十四条的规定予以追缴、责令退赔或者返还被害人。

因行贿犯罪取得财产性利益以外的经营资格、资质或者职务晋升等其他不正当利益,建议有关部门依照相关规定予以处理。

389-3　理解与适用:行贿罪发生在公权领域内,而掌握公权的人往往是垄断者,行贿人常常别无选择而不得不行贿,对于这种行贿行为,可以有条件地予以除罪。而对公司、企业人员行贿罪则没有规定这一除罪条款,而只有自首的特别条款。也许是因为对公司、企业人员行贿罪发生在私权领域,行为人原本有更多选择,却偏偏选择了行贿,故没有为该罪规定特定的除罪条件。

第三百九十条[*]　(刑九、刑十二)【行贿罪的处罚】对犯行贿罪的,[1] 处三年以下有期徒刑或者拘役,并处罚金;因行贿谋取不正当利益,情节严重[2] 的,或者使国家利益遭受重大损失[3] 的,处三年以上十年以下有期徒刑,并处罚金;情节特别严重[4] 的,或者使国家利益遭受特别重大损失[5] 的,处十年以上有期徒刑或者无期徒刑,并处罚金或者没收财产。

有下列情形之一的,从重处罚:

(一)多次行贿或者向多人行贿的;

(二)国家工作人员行贿的;

(三)在国家重点工程、重大项目中行贿的;

---

* 《刑法修正案(十二)》修改前原条文:第三百九十条　(刑九)【行贿罪的处罚】对犯行贿罪的,处五年以下有期徒刑或者拘役,并处罚金;因行贿谋取不正当利益,情节严重的,或者使国家利益遭受重大损失的,处五年以上十年以下有期徒刑,并处罚金;情节特别严重的,或者使国家利益遭受特别重大损失的,处十年以上有期徒刑或者无期徒刑,并处罚金或者没收财产。

行贿人在被追诉前主动交待行贿行为的,可以从轻或者减轻处罚。其中,犯罪较轻的,对侦破重大案件起关键作用的,或者有重大立功表现的,可以减轻或者免除处罚。

1997年《刑法》中,原条文为:"对犯行贿罪的,处五年以下有期徒刑或者拘役;因行贿谋取不正当利益,情节严重的,或者使国家利益遭受重大损失的,处五年以上十年以下有期徒刑;情节特别严重的,处十年以上有期徒刑或者无期徒刑,可以并处没收财产。行贿人在被追诉前主动交待行贿行为的,可以减轻处罚或者免除处罚。"

（四）为谋取职务、职级晋升、调整行贿的；

（五）对监察、行政执法、司法工作人员行贿的；

（六）在生态环境、财政金融、安全生产、食品药品、防灾救灾、社会保障、教育、医疗等领域行贿，实施违法犯罪活动的；

（七）将违法所得用于行贿的。

行贿人在被追诉前[6]主动交待[7]*行贿行为的，可以从轻或者减轻处罚。其中，犯罪较轻[8]的，对调查突破、侦破重大案件[9]起关键作用的[10]，或者有重大立功表现的，可以减轻或者免除处罚。

390-1　1. 法释〔2016〕9号第七条　为谋取不正当利益，向国家工作人员行贿，数额在三万元以上的，应当依照刑法第三百九十条的规定以行贿罪追究刑事责任。

行贿数额在一万元以上不满三万元，具有下列情形之一的，应当依照刑法第三百九十条的规定以行贿罪追究刑事责任：

（一）向三人以上行贿的；

（二）将违法所得用于行贿的；

（三）通过行贿谋取职务提拔、调整的；

（四）向负有食品、药品、安全生产、环境保护等监督管理职责的国家工作人员行贿，实施非法活动的；

（五）向司法工作人员行贿，影响司法公正的；

（六）造成经济损失数额在五十万元以上不满一百万元的。

2. 法释〔2012〕22号第五条　多次行贿未经处理的，按照累计行贿数额处罚。

法释〔2012〕22号第十条　实施行贿犯罪，具有下列情形之一的，一般不适用缓刑和免予刑事处罚：

（一）向三人以上行贿的；

（二）因行贿受过行政处罚或者刑事处罚的；

（三）为实施违法犯罪活动而行贿的；

（四）造成严重危害后果的；

---

* 对公司、企业人员行贿罪也有相同的规定。“主动交待”比本法第六十七条规定的“如实陈述”要求更高，因此“可以减轻或者免除处罚”，也较一般自首“可以从轻或者减轻处罚”从宽幅度大；“主动交待”的时间，必须在被追诉前，即被检察机关立案之前，这一时间条件只有与“主动交待”的悔悟条件同时具备才符合特别自首的条件。

(五)其他不适用缓刑和免予刑事处罚的情形。

具有刑法第三百九十条第二款规定的情形的,不受前款规定的限制。

390-2 法释〔2016〕9号第八条第一款 犯行贿罪,具有下列情形之一的,应当认定为刑法第三百九十条第一款规定的"情节严重":

(一)行贿数额在一百万元以上不满五百万元的;

(二)行贿数额在五十万元以上不满一百万元,并具有本解释第七条第二款第一项至第五项规定的情形之一的;

(三)其他严重的情节。

390-3 法释〔2016〕9号第八条第二款 为谋取不正当利益,向国家工作人员行贿,造成经济损失数额在一百万元以上不满五百万元的,应当认定为刑法第三百九十条第一款规定的"使国家利益遭受重大损失"。

390-4 法释〔2016〕9号第九条第一款 犯行贿罪,具有下列情形之一的,应当认定为刑法第三百九十条第一款规定的"情节特别严重":

(一)行贿数额在五百万元以上的;

(二)行贿数额在二百五十万元以上不满五百万元,并具有本解释第七条第二款第一项至第五项规定的情形之一的;

(三)其他特别严重的情节。

390-5 法释〔2016〕9号第九条第二款 为谋取不正当利益,向国家工作人员行贿,造成经济损失数额在五百万元以上的,应当认定为刑法第三百九十条第一款规定的"使国家利益遭受特别重大损失"。

390-6 法释〔2012〕22号第十三条 刑法第三百九十条第二款规定的"被追诉前",是指检察机关对行贿人的行贿行为刑事立案前。

390-7 法释〔2012〕22号第七条 因行贿人在被追诉前主动交待行贿行为而破获相关受贿案件的,对行贿人不适用刑法第六十八条关于立功的规定,依照刑法第三百九十条第二款的规定,可以减轻或者免除处罚。

法释〔2012〕22号第八条 行贿人被追诉后如实供述自己罪行的,依照刑法第六十七条第三款的规定,可以从轻处罚;因其如实供述自己罪行,避免特别严重后果发生的,可以减轻处罚。

法释〔2012〕22号第九条 行贿人揭发受贿人与其行贿无关的其他犯罪行为,查证属实的,依照刑法第六十八条关于立功的规定,可以从轻、减轻或者免除处罚。

390-8　法释〔2016〕9号第十四条第一款　根据行贿犯罪的事实、情节，可能被判处三年有期徒刑以下刑罚的，可以认定为刑法第三百九十条第二款规定的“犯罪较轻”。

390-9　法释〔2016〕9号第十四条第二款　根据犯罪的事实、情节，已经或者可能被判处十年有期徒刑以上刑罚的，或者案件在本省、自治区、直辖市或者全国范围内有较大影响的，可以认定为刑法第三百九十条第二款规定的“重大案件”。

390-10　法释〔2016〕9号第十四条第三款　具有下列情形之一的，可以认定为刑法第三百九十条第二款规定的“对侦破重大案件起关键作用”：

（一）主动交待办案机关未掌握的重大案件线索的；

（二）主动交待的犯罪线索不属于重大案件的线索，但该线索对于重大案件侦破有重要作用的；

（三）主动交待行贿事实，对于重大案件的证据收集有重要作用的；

（四）主动交待行贿事实，对于重大案件的追逃、追赃有重要作用的。

第三百九十条之一[1]　**（刑九）【对有影响力的人行贿罪】**为谋取不正当利益，向国家工作人员的近亲属或者其他与该国家工作人员关系密切的人，或者向离职的国家工作人员或者其近亲属以及其他与其关系密切的人行贿的，处三年以下有期徒刑或者拘役，并处罚金；情节严重的，或者使国家利益遭受重大损失的，处三年以上七年以下有期徒刑，并处罚金；情节特别严重的，或者使国家利益遭受特别重大损失的，处七年以上十年以下有期徒刑，并处罚金。

单位[2]犯前款罪的，对单位判处罚金，并对其直接负责的主管人员和其他直接责任人员，处三年以下有期徒刑或者拘役，并处罚金。

390A-1　法释〔2016〕9号第十条第二款　刑法第三百九十条之一规定的对有影响力的人行贿罪的定罪量刑适用标准，参照本解释关于行贿罪的规定执行。

390A-2　法释〔2016〕9号第十条第三款　单位对有影响力的人行贿数额在二十万元以上的,应当依照刑法第三百九十条之一的规定以对有影响力的人行贿罪追究刑事责任。

第三百九十一条[*]　**(刑九、刑十二)【对单位行贿罪】**为谋取不正当利益,给予国家机关、国有公司、企业、事业单位、人民团体以财物的,或者在经济往来中,违反国家规定,给予各种名义的回扣、手续费的,处三年以下有期徒刑或者拘役,并处罚金;情节严重的,处三年以上七年以下有期徒刑,并处罚金。

单位犯前款罪的,对单位判处罚金,并对其直接负责的主管人员和其他直接责任人员,依照前款的规定处罚。

第三百九十二条　**(刑九)【介绍贿赂罪】**向国家工作人员介绍贿赂,[1] 情节严重的,[2] 处三年以下有期徒刑或者拘役,并处罚金。

介绍贿赂人在被追诉前主动交待介绍贿赂行为的,可以减轻处罚或者免除处罚。

392-1　高检发释字〔1999〕2号　一、贪污贿赂犯罪案件　(七)介绍贿赂案(第392条)

"介绍贿赂"是指在行贿人与受贿人之间沟通关系、撮合条件,使贿赂行为得以实现的行为。

392-2　高检发释字〔1999〕2号　一、贪污贿赂犯罪案件　(七)介绍贿赂案(第392条)

介绍贿赂罪是指向国家工作人员介绍贿赂,情节严重的行为。

涉嫌下列情形之一的,应予立案:

1. 介绍个人向国家工作人员行贿,数额在2万元以上的;介绍单位向国家工作人员行贿,数额在20万元以上的;

2. 介绍贿赂数额不满上述标准,但具有下列情形之一的:

(1)为使行贿人获取非法利益而介绍贿赂的;

(2)3次以上或者为3人以上介绍贿赂的;

---

* 《刑法修正案(十二)》修改前原条文:第三百九十一条　(刑九)【对单位行贿罪】为谋取不正当利益,给予国家机关、国有公司、企业、事业单位、人民团体以财物的,或者在经济往来中,违反国家规定,给予各种名义的回扣、手续费的,处三年以下有期徒刑或者拘役,并处罚金。

(3)向党政领导、司法工作人员、行政执法人员介绍贿赂的;

(4)致使国家或者社会利益遭受重大损失的。

第三百九十三条[*]　**(刑九、刑十二)【单位行贿罪】**单位为谋取不正当利益而行贿,或者违反国家规定,给予国家工作人员以回扣、手续费,情节严重的[1],对单位判处罚金,并对其直接负责的主管人员和其他直接责任人员[2],处三年以下有期徒刑或者拘役,并处罚金;情节特别严重的,处三年以上十年以下有期徒刑,[3]并处罚金。因行贿取得的违法所得归个人所有的[**],依照本法第三百八十九条(*行贿罪的定罪*)、第三百九十条(*行贿罪的处罚*)的规定定罪处罚。

393-1　高检发释字〔1999〕2号　一、贪污贿赂犯罪案件　(八)单位行贿案(第393条)

单位行贿罪是指公司、企业、事业单位、机关、团体为谋取不正当利益而行贿,或者违反国家规定,给予国家工作人员以回扣、手续费,情节严重的行为。

涉嫌下列情形之一的,应予立案:

1. 单位行贿数额在20万元以上的;

2. 单位为谋取不正当利益而行贿,数额在10万元以上不满20万元,但具有下列情形之一的:

(1)为谋取非法利益而行贿的;

(2)向3人以上行贿的;

(3)向党政领导、司法工作人员、行政执法人员行贿的;

(4)致使国家或者社会利益遭受重大损失的。

因行贿取得的违法所得归个人所有的,依照本规定关于个人行贿的规定立案,追究其刑事责任。

---

* 《刑法修正案(十二)》修改前原条文:第三百九十三条　(刑九)【单位行贿罪;行贿罪】单位为谋取不正当利益而行贿,或者违反国家规定,给予国家工作人员以回扣、手续费,情节严重的,对单位判处罚金,并对其直接负责的主管人员和其他直接责任人员,处五年以下有期徒刑或者拘役,并处罚金。因行贿取得的违法所得归个人所有的,依照本法第三百八十九条(*行贿罪的定罪*)、第三百九十条(*对行贿罪的处罚*)的规定定罪处罚。

** 按照《最高人民法院关于审理单位犯罪案件具体应用法律有关问题的解释》第三条有类似规定,盗用单位的名义,违法所得归个人所有或者个人私分的,也是按照个人犯罪处理。

393-2 法释〔2012〕22号第七条第二款 单位行贿的,在被追诉前,单位集体决定或者单位负责人决定主动交待单位行贿行为的,依照刑法第三百九十条第二款的规定,对单位及相关责任人员可以减轻处罚或者免除处罚;受委托直接办理单位行贿事项的直接责任人员在被追诉前主动交待自己知道的单位行贿行为的,对该直接责任人员可以依照刑法第三百九十条第二款的规定减轻处罚或者免除处罚。

393-3 **立法说明**[*]:(一)加大对行贿犯罪的惩治力度

三是,调整、提高刑法第三百九十三条单位行贿罪的刑罚。实践中单位行贿案件较多,与个人行贿相比法定刑相差悬殊。一些行贿人以单位名义行贿,规避处罚,导致案件处理不平衡,惩处力度不足。草案将单位行贿罪刑罚由原来最高判处五年有期徒刑的一档刑罚,修改为"三年以下有期徒刑或者拘役,并处罚金"和"三年以上十年以下有期徒刑,并处罚金"两档刑罚。

第三百九十四条 **【贪污罪】**国家工作人员在国内公务活动或者对外交往中接受礼物,依照国家规定应当交公而不交公[**],数额较大的,依照本法第三百八十二条(*贪污罪的定罪*)、第三百八十三条(*对贪污罪的处罚*)的规定定罪处罚。

第三百九十五条[***] **(刑七)【巨额财产来源不明罪】**国家工作人员的财产、支出明显超过合法收入,差额巨大的[1],可以责令该国家工作人员说明来源,不能说明来源的,[2] 差额部分以非法所得[3] 论,处五年以下有期徒刑或者拘役;差额特别巨大的,处五年以上十年以下有期徒刑。财产的差额部分予以追缴。

【隐瞒境外存款罪】国家工作人员在境外的存款,应当依照国家规定申报。数额较大[4]、隐瞒不报的,处二年以下有期徒刑或者

---

[*] 关于《中华人民共和国刑法修正案(十二)(草案)》的说明——2023年7月25日在第十四届全国人民代表大会常务委员会第四次会议上。

[**] 这种行为属于贪污罪中的侵吞公共财物的行为。

[***] 原第一款表述为:"国家工作人员的财产或者支出明显超过合法收入,差额巨大的,可以责令说明来源。本人不能说明其来源是合法的,差额部分以非法所得论,处五年以下有期徒刑或者拘役,财产的差额部分予以追缴。"

拘役;情节较轻的,由其所在单位或者上级主管机关酌情给予行政处分。

395-1 高检发释字〔1999〕2号 一、贪污贿赂犯罪案件 (九)巨额财产来源不明案(第395条第1款)

涉嫌巨额财产来源不明,数额在30万元以上的,应予立案。

395-2 法〔2003〕167号 五、关于巨额财产来源不明罪 (一)行为人不能说明巨额财产来源合法的认定

刑法第三百九十五条第一款规定的"不能说明"包括以下情况:(1)行为人拒不说明财产来源;(2)行为人无法说明财产的具体来源;(3)行为人所说的财产来源经司法机关查证并不属实;(4)行为人所说的财产来源因线索不具体等原因,司法机关无法查实,但能排除存在来源合法的可能性和合理性的。

395-3 法〔2003〕167号 五、关于巨额财产来源不明罪 (二)"非法所得"的数额计算

刑法第三百九十五条规定的"非法所得",一般是指行为人的全部财产与能够认定的所有支出的总和减去能够证实的有真实来源的所得。在具体计算时,应注意以下问题:(1)应把国家工作人员个人财产和与其共同生活的家庭成员的财产、支出等一并计算,而且一并减去他们所有的合法收入以及确属与其共同生活的家庭成员个人的非法收入。(2)行为人所有的财产包括房产、家具、生活用品、学习用品及股票、债券、存款等动产和不动产;行为人的支出包括合法支出和不合法的支出,包括日常生活、工作、学习费用、罚款及向他人行贿的财物等;行为人的合法收入包括工资、奖金、稿酬、继承等法律和政策允许的各种收入。(3)为了便于计算犯罪数额,对于行为人的财产和合法收入,一般可以从行为人有比较确定的收入和财产时开始计算。

395-4 高检发释字〔1999〕2号 一、贪污贿赂犯罪案件 (十)隐瞒境外存款案(第395条第2款)

涉嫌隐瞒境外存款,折合人民币数额在30万元以上的,应予立案。

第三百九十六条* **【私分国有资产罪】**国家机关、国有公司、企业、事业单位、人民团体,违反国家规定,以单位名义将国有资产[1**]集体私分给个人[***],数额较大的,[2] 对其直接负责的主管人员和其他直接责任人员,处三年以下有期徒刑或者拘役,并处或者单处罚金;数额巨大的,处三年以上七年以下有期徒刑,并处罚金。

【私分罚没财物罪】司法机关、行政执法机关违反国家规定,将应当上缴国家的罚没财物[3],以单位名义集体私分给个人的,依照前款的规定处罚。

396-1 **1.**《人民检察院直接受理立案侦查案件立案标准的规定(试行)》(高检发释字〔1999〕2 号,1999 年 9 月 16 日) 四、附则

(六)本规定中有关私分国有资产罪案中的"国有资产",是指国家依法取得和认定的,或者国家以各种形式对企业投资和投资收益、国家向行政事业单位拨款等形成的资产。

2.《事业单位国有资产管理暂行办法》(财政部令第 100 号,2019 年 3 月 29 日第二次修订)第三条 本办法所称的事业单位国有资产,是指事业单位占有、使用的,依法确认为国家所有,能以货币计量的各种经济资源的总称,即事业单位的国有(公共)财产。

---

* 本罪虽然是单位犯罪,但不实行双罚制,因为这两种犯罪并不是为单位谋取利益的犯罪。这两个罪要求将财物分给本单位全体成员,如果是分给部分成员,那么应该定共同贪污罪,而不是本罪。

** 本罪需要界定国有资产的范围。如果国有企业、公司在依法交税后将其盈利提高标准,分配给本单位人员,可能属于财经违规行为。如果单位将自己无权处理、分配的资金通过巧立名目、违规做账的方式发放,则属于私分国有资产的行为。被私分的国有资产的数额较大,而不是指个人分得的财物数额较大。

*** 以单位名义集体私分给个人,是指经集体研究决定将国有资产或罚没财物分配给单位的所有成员,或者按照相对公平的规则分配给单位的部分成员。

例如,下列情形应当认定为私分国有资产罪:(1)将国有资产相对公平地分配给单位全体成员的。至于单位成员的多少,则不影响犯罪的认定。换言之,不能因为单位人数少,就认定为贪污罪。(2)按加班时间或者加班工作量等将国有资产分配给所有加班人员,而没有分配给未加班人员的,应认定为私分国有资产罪。(3)在单位额外承担了某项工作任务的情况下,将国有资产相对公平地分配给承担该项工作的人员,而没有分配给其他人员的,应认定为私分国有资产罪。(4)由于单位的某一部门作出了突出贡献,将国有资产私分给该部门的工作人员的。概言之,在私分给单位全体成员的情况下,应当认定为私分国有资产;在仅分配给单位部分成员的情况下,如果分配根据具有相对合理性,就应当认定为私分国有资产。

事业单位国有资产包括国家拨给事业单位的资产，事业单位按照国家规定运用国有资产组织收入形成的资产，以及接受捐赠和其他经法律确认为国家所有的资产，其表现形式为流动资产、固定资产、无形资产和对外投资等。

396-2　1. 高检发释字〔1999〕2号　一、贪污贿赂犯罪案件（十一）私分国有资产案（第396条第1款）

涉嫌私分国有资产，累计数额在10万元以上的，应予立案。

2.《最高人民法院、最高人民检察院关于办理国家出资企业中职务犯罪案件具体应用法律若干问题的意见》（法发〔2010〕49号，2010年11月6日）　二、关于国有公司、企业在改制过程中隐匿公司、企业财产归职工集体持股的改制后公司、企业所有的行为的处理

国有公司、企业违反国家规定，在改制过程中隐匿公司、企业财产，转为职工集体持股的改制后公司、企业所有的，对其直接负责的主管人员和其他直接责任人员，依照刑法第三百九十六条第一款的规定，以私分国有资产罪定罪处罚。

改制后的公司、企业中只有改制前公司、企业的管理人员或者少数职工持股，改制前公司、企业的多数职工未持股的，依照本意见第一条的规定，以贪污罪定罪处罚。

396-3　高检发释字〔1999〕2号　一、贪污贿赂犯罪案件　（十二）私分罚没财物案（第396条第2款）

涉嫌私分罚没财物，累计数额在10万元以上，应予立案。

第九章　渎　职　罪[1]

C.9-1　1.《人民检察院直接受理立案侦查的渎职侵权重特大案件标准(试行)》(高检发〔2001〕13号,2002年1月1日);2.《最高人民检察院关于渎职侵权犯罪案件立案标准的规定》(高检发释字〔2006〕2号,2006年7月26日);3.《最高人民法院、最高人民检察院关于办理渎职刑事案件适用法律若干问题的解释(一)》(法释〔2012〕18号,2013年1月9日)。

法释〔2012〕18号第二条　国家机关工作人员实施滥用职权或者玩忽职守犯罪行为,触犯刑法分则第九章第三百九十八条至第四百一十九条规定的,依照该规定定罪处罚。

国家机关工作人员滥用职权或者玩忽职守,因不具备徇私舞弊等情形,不符合刑法分则第九章第三百九十八条至第四百一十九条的规定,但依法构成第三百九十七条规定的犯罪的,以滥用职权罪或者玩忽职守罪定罪处罚。

法释〔2012〕18号第三条　国家机关工作人员实施渎职犯罪并收受贿赂,同时构成受贿罪的,除刑法另有规定外,以渎职犯罪和受贿罪数罪并罚。

法释〔2016〕9号第十七条　国家工作人员利用职务上的便利,收受他人财物,为他人谋取利益,同时构成受贿罪和刑法分则第三章第三节、第九章规定的渎职犯罪的,除刑法另有规定外,以受贿罪和渎职犯罪数罪并罚。

法释〔2012〕18号第四条　国家机关工作人员实施渎职行为,放纵他人犯罪或者帮助他人逃避刑事处罚,构成犯罪的,依照渎职罪的规定定罪处罚。

国家机关工作人员与他人共谋,利用其职务行为帮助他人实施其他犯罪行为,同时构成渎职犯罪和共谋实施的其他犯罪共犯的,依照处罚较重的规定定罪处罚。

国家机关工作人员与他人共谋,既利用其职务行为帮助他人实施其他犯罪,又以非职务行为与他人共同实施该其他犯罪行为,同时构成渎职犯罪和其他犯罪的共犯的,依照数罪并罚的规定定罪处罚。

法释〔2012〕18号第五条　国家机关负责人员违法决定,或者指使、授意、强令其他国家机关工作人员违法履行职务或者不履行职务,构成刑法分则第九章规定的渎职犯罪的,应当依法追究刑事责任。

以"集体研究"形式实施的渎职犯罪,应当依照刑法分则第九章的规定追究国家机关负有责任的人员的刑事责任。对于具体执行人员,应当在综合认定其行为性质、是否提出反对意见、危害结果大小等情节的基础上决定是否追究刑事责任和应当判处的刑罚。

法释〔2012〕18号第六条　以危害结果为条件的渎职犯罪的追诉期限,从危害结果发生之日起计算;有数个危害结果的,从最后一个危害结果发生之日起计算。

法释〔2012〕18号第九条　负有监督管理职责的国家机关工作人员滥用职权或者玩忽职守,致使不符合安全标准的食品、有毒有害食品、假药、劣药等流入社会,对人民群众生命、健康造成严重危害后果的,依照渎职罪的规定从严惩处。

法释〔2012〕18号第十条　最高人民法院、最高人民检察院此前发布的司法解释与本解释不一致的,以本解释为准。

第三百九十七条　【滥用职权罪;玩忽职守罪】国家机关工作人员[1] 滥用职权[2] 或者玩忽职守[3],致使公共财产、国家和人民利益遭受重大损失的[4],处三年以下有期徒刑或者拘役;情节特别严重的[5],处三年以上七年以下有期徒刑。本法另有规定的,依照规定。

国家机关工作人员徇私[6] 舞弊[7],犯前款罪的,处五年以下有期徒刑或者拘役;情节特别严重的,处五年以上十年以下有期徒刑。本法另有规定的,依照规定。

397-1　1.《全国人民代表大会常务委员会关于〈中华人民共和国刑法〉第九章渎职罪主体适用问题的解释》(2002年12月28日)　在依照法律、法规规定行使国家行政管理职权的组织中从事公务的人员*,或者在受国家机关委托代表国家机关行使职权的组织中从事公

---

* 《行政处罚法》(2021年1月22日第三次修订)第十九条　法律、法规授权的具有管理公共事务职能的组织可以在法定授权范围内实施行政处罚。

务的人员*,或者虽未列入国家机关人员编制但在国家机关中从事公务的人员**,在代表国家机关行使职权时,有渎职行为,构成犯罪的,依照刑法关于渎职罪的规定追究刑事责任。

2. 高检发释字〔2006〕2号　三、附则　(三)本规定中的"国家机关工作人员",是指在国家机关中从事公务的人员,包括在各级国家权力机关、行政机关、司法机关和军事机关中从事公务的人员。在依照法律、法规规定行使国家行政管理职权的组织中从事公务的人员,或者在受国家机关委托代表国家行使职权的组织中从事公务的人员,或者虽未列入国家机关人员编制但在国家机关中从事公务的人员,在代表国家机关行使职权时,视为国家机关工作人员。在乡(镇)以上中国共产党机关、人民政协机关中从事公务的人员,视为国家机关工作人员。

3. 法释〔2012〕18号第七条　依法或者受委托行使国家行政管理职权的公司、企业、事业单位的工作人员,在行使行政管理职权时滥用职权或者玩忽职守,构成犯罪的,应当依照《全国人民代表大会常务委员会关于〈中华人民共和国刑法〉第九章渎职罪主体适用问题的解释》的规定,适用渎职罪的规定追究刑事责任。

4.《最高人民法院、最高人民检察院关于办理危害生产安全刑事案件适用法律若干问题的解释》(法释〔2015〕22号,2015年12月16日)第十五条　国家机关工作人员在履行安全监督管理职责时滥用职权、玩忽职守,致使公共财产、国家和人民利益遭受重大损失的,或者徇私舞弊,对发现的刑事案件依法应当移交司法机关追究刑事责任而不

---

* 行政处罚法(2021年1月22日第三次修订)第二十条　行政机关依照法律、法规、规章的规定,可以在其法定权限内书面委托符合本法第二十一条规定条件的组织实施行政处罚。行政机关不得委托其他组织或者个人实施行政处罚。

委托书应当载明委托的具体事项、权限、期限等内容。委托行政机关和受委托组织应当将委托书向社会公布。

委托行政机关对受委托组织实施行政处罚的行为应当负责监督,并对该行为的后果承担法律责任。

受委托组织在委托范围内,以委托行政机关名义实施行政处罚;不得再委托其他组织或者个人实施行政处罚。

** 这一立法解释不解决这三类人的血统问题、身份问题,只解决其渎职问题。如果这些人不是在从事公务,而是其他事务,则不属于代表国家机关行使职权。关于立法解释的效力和溯及力问题:立法解释对法律条文的效力没有影响,法律条文规定的含义应当是在法律生效时就存在的。

移交,情节严重的,分别依照刑法第三百九十七条、第四百零二条的规定,以滥用职权罪、玩忽职守罪或者徇私舞弊不移交刑事案件罪定罪处罚。

公司、企业、事业单位的工作人员在依法或者受委托行使安全监督管理职责时滥用职权或者玩忽职守,构成犯罪的,应当依照《全国人民代表大会常务委员会关于〈中华人民共和国刑法〉第九章渎职罪主体适用问题的解释》的规定,适用渎职罪的规定追究刑事责任。

5.《最高人民检察院关于合同制民警能否成为玩忽职守罪主体问题的批复》(高检发研字〔2000〕20 号,2000 年 10 月 9 日) 根据刑法第 93 条第 2 款的规定,合同制民警在依法执行公务期间,属其他依照法律从事公务的人员,应以国家机关工作人员论。对合同制民警在依法执行公务活动中的玩忽职守行为,符合刑法第 397 条规定的玩忽职守罪构成要件的,依法以玩忽职守罪追究刑事责任。

6. 崔某环境监管失职案(检例第 4 号)

要旨 实践中,一些国有公司、企业和事业单位经合法授权从事具体的管理市场经济和社会生活的工作,拥有一定管理公共事务和社会事务的职权,这些实际行使国家行政管理职权的公司、企业和事业单位工作人员,符合渎职罪的主体要求;对其实施渎职行为构成犯罪的,应当依照刑法关于渎职罪的规定追究刑事责任。

7. 陈某、林某、李甲滥用职权案(检例第 5 号)

要旨 随着我国城镇建设和社会主义新农村建设逐步深入推进,村民委员会、居民委员会等基层组织协助人民政府管理社会发挥越来越重要的作用。实践中,对村民委员会、居民委员会等基层组织人员协助人民政府从事行政管理工作时,滥用职权、玩忽职守构成犯罪的,应当依照刑法关于渎职罪的规定追究刑事责任。

397-2 **1.** 高检发释字〔2006〕2 号 一、渎职犯罪案件

(一)滥用职权案(第三百九十七条) 滥用职权罪是指国家机关工作人员超越职权,违法决定、处理其无权决定、处理的事项,或者违反规定处理公务,致使公共财产、国家和人民利益遭受重大损失的行为。

……

国家机关工作人员滥用职权,符合刑法第九章所规定的特殊渎职罪构成要件的,按照该特殊规定追究刑事责任;主体不符合刑法第九章所规定的特殊渎职罪的主体要件,但滥用职权涉嫌前款第 1 项至第 9 项规定情形之一的,按照刑法第三百九十七条的规定以滥用职权罪追

究刑事责任。

2.《最高人民检察院研究室关于买卖尚未加盖印章的空白〈边境证〉行为如何适用法律问题的答复》(〔2002〕高检研发第19号,2002年9月25日)　对买卖尚未加盖发证机关的行政印章或者通行专用章印鉴的空白《中华人民共和国边境管理区通行证》的行为,不宜以买卖国家机关证件罪追究刑事责任。国家机关工作人员实施上述行为,构成犯罪的,可以按滥用职权等相关犯罪依法追究刑事责任。

3.《最高人民法院、最高人民检察院、公安部关于严格执行刑事诉讼法,切实纠防超期羁押的通知》(法〔2003〕163号,2003年11月12日)　五、严格执行超期羁押责任追究制度。超期羁押侵犯犯罪嫌疑人、被告人的合法权益,损害司法公正,对此必须严肃查处,绝不姑息。本通知发布以后,凡违反刑事诉讼法和本通知的规定,造成犯罪嫌疑人、被告人超期羁押的,对于直接负责的主管人员和其他直接责任人员,由其所在单位或者上级主管机关依照有关规定予以行政或者纪律处分;造成犯罪嫌疑人、被告人超期羁押,情节严重的,对于直接负责的主管人员和其他直接责任人员,依照刑法第三百九十七条的规定,以玩忽职守罪或者滥用职权罪追究刑事责任。

4.《最高人民法院、最高人民检察院关于办理与盗窃、抢劫、诈骗、抢夺机动车相关刑事案件具体应用法律若干问题的解释》(法释〔2007〕11号,2007年5月11日)第三条　国家机关工作人员滥用职权,有下列情形之一,致使盗窃、抢劫、诈骗、抢夺的机动车被办理登记手续,数量达到三辆以上或者价值总额达到三十万元以上的,依照刑法第三百九十七条第一款的规定,以滥用职权罪定罪,处三年以下有期徒刑或者拘役:

(一)明知是登记手续不全或者不符合规定的机动车而办理登记手续的;

(二)指使他人为明知是登记手续不全或者不符合规定的机动车办理登记手续的;

(三)违规或者指使他人违规更改、调换车辆档案的;

(四)其他滥用职权的行为。

……

国家机关工作人员实施前两款规定的行为,致使盗窃、抢劫、诈骗、抢夺的机动车被办理登记手续,分别达到前两款规定数量、数额标准五倍以上的,或者明知是盗窃、抢劫、诈骗、抢夺的机动车而办理登记手续的，属于刑法第三百九十七条第一款规定的“情节特别严重”，处三年以上七年以下有期徒刑。

国家机关工作人员徇私舞弊，实施上述行为，构成犯罪的，依照刑法第三百九十七条第二款的规定定罪处罚。

397-3 **1.** 高检发释字〔2006〕2号 一、渎职犯罪案件

（二）玩忽职守案（第三百九十七条） 玩忽职守罪是指国家机关工作人员严重不负责任，不履行或者不认真履行职责，致使公共财产、国家和人民利益遭受重大损失的行为。

……

国家机关工作人员玩忽职守，符合刑法第九章所规定的特殊渎职罪构成要件的，按照该特殊规定追究刑事责任；主体不符合刑法第九章所规定的特殊渎职罪的主体要件，但玩忽职守涉嫌前款第1项至第9项规定情形之一的，按照刑法第三百九十七条的规定以玩忽职守罪追究刑事责任。

2.《全国人民代表大会常务委员会关于惩治骗购外汇、逃汇和非法买卖外汇犯罪的决定》（主席令第14号，1998年12月29日） 六、海关、外汇管理部门的工作人员严重不负责任，造成大量外汇被骗购或者逃汇，致使国家利益遭受重大损失的，依照刑法第三百九十七条的规定定罪处罚。

3.《全国法院审理经济犯罪案件工作座谈会纪要》（法〔2003〕167号，2003年11月13日） 六、关于渎职罪 （二）玩忽职守罪的追诉时效

玩忽职守行为造成的重大损失当时没有发生，而是玩忽职守行为之后一定时间发生的，应从危害结果发生之日起计算玩忽职守罪的追诉期限。

4.《最高人民法院、最高人民检察院关于办理与盗窃、抢劫、诈骗、抢夺机动车相关刑事案件具体应用法律若干问题的解释》（法释〔2007〕11号，2007年5月11日）第三条第二款 国家机关工作人员疏于审查或者审查不严，致使盗窃、抢劫、诈骗、抢夺的机动车被办理登记手续，数量达到五辆以上或者价值总额达到五十万元以上的，依照刑法第三百九十七条第一款的规定，以玩忽职守罪定罪，处三年以下有期徒刑或者拘役。

5. 陆飞荣玩忽职守案（指导性案例第196号）

裁判摘要：滥用职权通常表现为故意不正确行使职权或者超越职

权,但行为人对行为本身的故意,并不意味着行为人对行为结果所持的态度是希望或者放任,而玩忽职守表现为行为人严重不负责任,应当预见自己玩忽职守的行为可能发生使公共财产、国家或人民利益遭受重大损失的危害结果,因为疏忽大意而没有预见,或者已经预见而轻信能够避免。

玩忽职守罪以造成重大损失为构成要件,本质上也属于一种责任事故型犯罪,与其他事故型犯罪的不同之处,在于其为公务型事故。*

397-4　**1.** 法释〔2012〕18 号第一条　国家机关工作人员滥用职权或者玩忽职守,具有下列情形之一的,应当认定为刑法第三百九十七条规定的"致使公共财产、国家和人民利益遭受重大损失":

(一)造成死亡 1 人以上,或者重伤 3 人以上,或者轻伤 9 人以上,或者重伤 2 人、轻伤 3 人以上,或者重伤 1 人、轻伤 6 人以上的;

(二)造成经济损失 30 万元以上的;

(三)造成恶劣社会影响的;

(四)其他致使公共财产、国家和人民利益遭受重大损失的情形。

法释〔2012〕18 号第八条　本解释规定的"经济损失",是指渎职犯罪或者与渎职犯罪相关联的犯罪立案时已经实际造成的财产损失,包括为挽回渎职犯罪所造成损失而支付的各种开支、费用等。立案后至提起公诉前持续发生的经济损失,应一并计入渎职犯罪造成的经济损失。

债务人经法定程序被宣告破产,债务人潜逃、去向不明,或者因行为人的责任超过诉讼时效等,致使债权已经无法实现的,无法实现的债权部分应当认定为渎职犯罪的经济损失。

渎职犯罪或者与渎职犯罪相关联的犯罪立案后,犯罪分子及其亲

---

* 雷某案(2016 年 12 月 24 日北京市人民检察院官方微信)。

北京市丰台区人民检察院认定:邢某某等五人在执行公务活动过程中,不正确履行职责,存在不当执法行为,执法行为超出合理限度,致执法对象发生吸入性窒息;不履行职责,在发现雷某身体出现异常后,未及时进行现场急救、紧急呼救和送医抢救,致执法对象未得到及时救治,以致发生死亡结果。且事后故意编造事实、隐瞒真相、妨碍侦查。该行为触犯了《中华人民共和国刑法》第三百九十七条第一款之规定,符合玩忽职守罪构成条件。

鉴于邢某某等五人系根据上级统一部署开展执法活动,对雷某执行公务具有事实依据与合法前提,且雷某有妨碍执法行为,犯罪情节轻微,能够认罪悔罪,综合全案事实和情节,根据《中华人民共和国刑法》第三十七条之规定,不需要判处刑罚,依据《中华人民共和国刑事诉讼法》第一百七十三条第二款之规定,决定对邢某某等五名涉案警务人员不起诉。

友自行挽回的经济损失,司法机关或者犯罪分子所在单位及其上级主管部门挽回的经济损失,或者因客观原因减少的经济损失,不予扣减,但可以作为酌定从轻处罚的情节。

2. 罗甲、罗乙、朱某、罗丙滥用职权案(检例第 6 号)

要旨　根据刑法规定,滥用职权罪是指国家机关工作人员滥用职权,致使"公共财产、国家和人民利益遭受重大损失"的行为。实践中,对滥用职权"造成恶劣社会影响的",应当依法认定为"致使公共财产、国家和人民利益遭受重大损失"。

3. 杨某玩忽职守、徇私枉法、受贿案(检例第 8 号)

要旨　本案要旨有两点:一是渎职犯罪因果关系的认定。如果负有监管职责的国家机关工作人员没有认真履行其监管职责,从而未能有效防止危害结果发生,那么,这些对危害结果具有"原因力"的渎职行为,应认定与危害结果之间具有刑法意义上的因果关系。二是渎职犯罪同时受贿的处罚原则。对于国家机关工作人员实施渎职犯罪并收受贿赂,同时构成受贿罪的,除刑法第三百九十九条有特别规定的外,以渎职犯罪和受贿罪数罪并罚。

397-5　法释〔2012〕18 号第一条　具有下列情形之一的,应当认定为刑法第三百九十七条规定的"情节特别严重":

(一)造成伤亡达到前款第(一)项规定人数 3 倍以上的;

(二)造成经济损失 150 万元以上的;

(三)造成前款规定的损失后果,不报、迟报、谎报或者授意、指使、强令他人不报、迟报、谎报事故情况,致使损失后果持续、扩大或者抢救工作延误的;

(四)造成特别恶劣社会影响的;

(五)其他特别严重的情节。

397-6　法〔2003〕167 号　六、关于渎职罪　(四)关于"徇私"的理解　徇私舞弊型渎职犯罪的"徇私"应理解为徇个人私情、私利。国家机关工作人员为了本单位的利益,实施滥用职权、玩忽职守行为,构成犯罪的,依照刑法第三百九十七条第一款的规定定罪处罚。

397-7　高检发释字〔2006〕2 号　三、附则　(五)本规定中的"徇私舞弊",是指国家机关工作人员为徇私情、私利,故意违背事实和法律,伪造材料,隐瞒情况,弄虚作假的行为。

第三百九十八条[1]　【故意泄露国家秘密罪;过失泄露国家秘密罪】国家机关工作人员违反保守国家秘密法的规定,故意[2]或者过失[3]泄露国家秘密[4],情节严重的,处三年以下有期徒刑或者拘役;情节特别严重的,处三年以上七年以下有期徒刑。

非国家机关工作人员犯前款罪的,依照前款的规定酌情处罚。

398-1　《最高人民法院关于审理为境外窃取、刺探、收买、非法提供国家秘密、情报案件具体应用法律若干问题的解释》(法释〔2001〕4号,2001年1月22日)第六条　通过互联网将国家秘密或者情报非法发送给境外的机构、组织、个人的,依照刑法第一百一十一条的规定定罪处罚;将国家秘密通过互联网予以发布,情节严重的,依照刑法第三百九十八条的规定定罪处罚。

398-2　高检发释字〔2006〕2号　一、渎职犯罪案件

(三)故意泄露国家秘密案(第三百九十八条)故意泄露国家秘密罪是指国家机关工作人员或者非国家机关工作人员违反保守国家秘密法,故意使国家秘密被不应知悉者知悉,或者故意使国家秘密超出了限定的接触范围,情节严重的行为。

涉嫌下列情形之一的,应予立案:

1. 泄露绝密级国家秘密一项(件)以上的;

2. 泄露机密级国家秘密二项(件)以上的;

3. 泄露秘密级国家秘密三项(件)以上的;

4. 向非境外机构、组织、人员泄露国家秘密,造成或者可能造成危害社会稳定、经济发展、国防安全或者其他严重危害后果的;

5. 通过口头、书面或者网络等方式向公众散布、传播国家秘密的;

6. 利用职权指使或者强迫他人违反国家保守秘密法的规定泄露国家秘密的;

7. 以牟取私利为目的泄露国家秘密的;

8. 其他情节严重的情形。

398-3　高检发释字〔2006〕2号　一、渎职犯罪案件

(四)过失泄露国家秘密案(第三百九十八条)　过失泄露国家秘密罪是指国家机关工作人员或者非国家机关工作人员违反保守国家秘密法,过失泄露国家秘密,或者遗失国家秘密载体,致使国家秘密被不应知悉者知悉或者超出了限定的接触范围,情节严重的行为。

涉嫌下列情形之一的,应予立案:

1. 泄露绝密级国家秘密一项(件)以上的;

2. 泄露机密级国家秘密三项(件)以上的;

3. 泄露秘密级国家秘密四项(件)以上的;

4. 违反保密规定,将涉及国家秘密的计算机或者计算机信息系统与互联网相连接,泄露国家秘密的;

5. 泄露国家秘密或者遗失国家秘密载体,隐瞒不报、不如实提供有关情况或者不采取补救措施的;

6. 其他情节严重的情形。

398-4　于萍故意泄露国家秘密案(刑事审判参考案例第210号)

辩护律师将在法院复制的案件证据材料让被告人亲属查阅的行为不构成故意泄露国家秘密罪。

第三百九十九条　【徇私枉法罪】司法工作人员[1]徇私枉法、徇情枉法,对明知是无罪的人[*]而使他受追诉、对明知是有罪的人而故意包庇不使他受追诉,或者在刑事审判活动中故意违背事实和法律作枉法裁判的,[2]处五年以下有期徒刑或者拘役;情节严重的,处五年以上十年以下有期徒刑;情节特别严重的,处十年以上有期徒刑。

【民事、行政枉法裁判罪】在民事、行政审判活动中故意违背事实和法律作枉法裁判,情节严重的,[3]处五年以下有期徒刑或者拘役;情节特别严重的,处五年以上十年以下有期徒刑。

(刑四)【执行判决、裁定失职罪;执行判决、裁定滥用职权罪】在执行判决、裁定活动中,严重不负责任或者滥用职权,不依法采取诉讼保全措施、不履行法定执行职责,或者违法采取诉讼保全措施、强制执行措施,致使当事人或者其他人的利益遭受重大损失的,[4]处五

---

* 虽说徇私枉法罪是“徇私”和“枉法”的有机组合,但徇私只是原因,而枉法才是结果,没有结果,何谈原因。根据《最高人民检察院关于渎职侵权犯罪案件立案标准的规定》的规定,本罪中的“无罪的人”,特指是“没有犯罪事实或者其他依法不应当追究刑事责任的人”。因此,徇私枉法罪的行为人是否有罪,直接取决于其枉法对象是否有罪。而判断枉法对象是否有罪,不仅要考察其最终的出罪形式是不起诉决定,还是无罪判决,还应进一步辨别不起诉决定和无罪判决的具体种类,如果是存疑不起诉或相对不起诉、存疑的无罪判决,而不应认定徇私枉法案被告人犯有枉法行为。

年以下有期徒刑或者拘役;致使当事人或者其他人的利益遭受特别重大损失的,处五年以上十年以下有期徒刑。[5]

司法工作人员收受贿赂*,有前三款行为的,同时又构成本法第三百八十五条(*受贿罪*)规定之罪的,依照处罚较重的规定定罪处罚。

399-1 《最高人民检察院法律政策研究室关于非司法工作人员是否可以构成徇私枉法罪共犯问题的答复》(高检研发〔2003〕第11号,2003年4月16日) 非司法工作人员与司法工作人员勾结,共同实施徇私枉法行为,构成犯罪的,应当以徇私枉法罪的共犯追究刑事责任。

399-2 高检发释字〔2006〕2号 一、渎职犯罪案件

(五)徇私枉法案(第三百九十九条第一款) 徇私枉法罪是指司法工作人员徇私枉法、徇情枉法,对明知是无罪的人而使他受追诉、对明知是有罪的人而故意包庇不使他受追诉,或者在刑事审判活动中故意违背事实和法律作枉法裁判的行为。

涉嫌下列情形之一的,应予立案:

1. 对明知是没有犯罪事实或者其他依法不应当追究刑事责任的人,采取伪造、隐匿、毁灭证据或者其他隐瞒事实、违反法律的手段,以追究刑事责任为目的立案、侦查、起诉、审判的;

2. 对明知是有犯罪事实需要追究刑事责任的人,采取伪造、隐匿、毁灭证据或者其他隐瞒事实、违反法律的手段,故意包庇使其不受立案、侦查、起诉、审判的;

3. 采取伪造、隐匿、毁灭证据或者其他隐瞒事实、违反法律的手段,故意使罪重的人受较轻的追诉,或者使罪轻的人受较重的追诉的;

4. 在立案后,采取伪造、隐匿、毁灭证据或者其他隐瞒事实、违反法律的手段,应当采取强制措施而不采取强制措施,或者虽然采取强制措施,但中断侦查或者超过法定期限不采取任何措施,实际放任不管,以及违法撤销、变更强制措施,致使犯罪嫌疑人、被告人实际脱离司法机关侦控的;

5. 在刑事审判活动中故意违背事实和法律,作出枉法判决、裁定,即有罪判无罪、无罪判有罪,或者重罪轻判、轻罪重判的;

6. 其他徇私枉法应予追究刑事责任的情形。

---

* 《刑法修正案(四)》将"贪赃枉法"修改为"收受贿赂"。

399-3　高检发释字〔2006〕2 号　一、渎职犯罪案件

（六）民事、行政枉法裁判案（第三百九十九条第二款）　民事、行政枉法裁判罪是指司法工作人员在民事、行政审判活动中，故意违背事实和法律作枉法裁判，情节严重的行为。

涉嫌下列情形之一的，应予立案：

1. 枉法裁判，致使当事人或者其近亲属自杀、自残造成重伤、死亡，或者精神失常的；

2. 枉法裁判，造成个人财产直接经济损失十万元以上，或者直接经济损失不满十万元，但间接经济损失五十万元以上的；

3. 枉法裁判，造成法人或者其他组织财产直接经济损失二十万元以上，或者直接经济损失不满二十万元，但间接经济损失一百万元以上的；

4. 伪造、变造有关材料、证据，制造假案枉法裁判的；

5. 串通当事人制造伪证，毁灭证据或者篡改庭审笔录而枉法裁判的；

6. 徇私情、私利，明知是伪造、变造的证据予以采信，或者故意对应当采信的证据不予采信，或者故意违反法定程序，或者故意错误适用法律而枉法裁判的；

7. 其他情节严重的情形。

399-4　高检发释字〔2006〕2 号　一、渎职犯罪案件

（七）执行判决、裁定失职案（第三百九十九条第三款）　执行判决、裁定失职罪是指司法工作人员在执行判决、裁定活动中，严重不负责任，不依法采取诉讼保全措施、不履行法定执行职责，或者违法采取保全措施、强制执行措施，致使当事人或者其他人的利益遭受重大损失的行为。

涉嫌下列情形之一的，应予立案：

1. 致使当事人或者其近亲属自杀、自残造成重伤、死亡，或者精神失常的；

2. 造成个人财产直接经济损失十五万元以上，或者直接经济损失不满十五万元，但间接经济损失七十五万元以上的；

3. 造成法人或者其他组织财产直接经济损失三十万元以上，或者直接经济损失不满三十万元，但间接经济损失一百五十万元以上的；

4. 造成公司、企业等单位停业、停产一年以上，或者破产的；

5. 其他致使当事人或者其他人的利益遭受重大损失的情形。

（八）执行判决、裁定滥用职权案（第三百九十九条第三款）　执行

判决、裁定滥用职权罪是指司法工作人员在执行判决、裁定活动中,滥用职权,不依法采取诉讼保全措施、不履行法定执行职责,或者违法采取保全措施、强制执行措施,致使当事人或者其他人的利益遭受重大损失的行为。

涉嫌下列情形之一的,应予立案:

1. 致使当事人或者其近亲属自杀、自残造成重伤、死亡,或者精神失常的;

2. 造成个人财产直接经济损失十万元以上,或者直接经济损失不满十万元,但间接经济损失五十万元以上的;

3. 造成法人或者其他组织财产直接经济损失二十万元以上,或者直接经济损失不满二十万元,但间接经济损失一百万元以上的;

4. 造成公司、企业等单位停业、停产六个月以上,或者破产的;

5. 其他致使当事人或者其他人的利益遭受重大损失的情形。

399-5　立法理由:根据《关于〈中华人民共和国刑法修正案(四)(草案)〉的说明》,上述行为,按照《刑法》第三百九十七条规定的滥用职权罪和玩忽职守罪是可以追究刑事责任的,在司法实践中对这种行为没有及时追究刑事责任,主要是由于对这种行为未作具体规定,司法机关在适用法律时认识不明确。因此,对发生在修正案公布以前的这类行为仍应追究刑事责任。

第三百九十九条之一　(刑六)【枉法仲裁罪】依法承担仲裁职责的人员,[1] 在仲裁活动中故意违背事实和法律作枉法裁决的,情节严重的,处三年以下有期徒刑或者拘役;情节特别严重的,处三年以上七年以下有期徒刑。

399A-1　理解与适用:依法承担仲裁职责的人,是指依据法律、行政法规和部门规章的规定承担仲裁的人员,不仅包括依据仲裁法的规定,在独立于行政机关、与行政机关没有隶属关系的仲裁委员会对民商事争议承担仲裁职责的人,还包括依据《劳动法》《公务员法》《体育法》《著作权法》《反兴奋剂条例》《企业劳动争议处理条例》等规定,在有政府行政主管部门代表组成的仲裁机构中对法律、行政法规、部门规章规定的特殊争议承担仲裁职责的人员。

第四百条　【私放在押人员罪】司法工作人员[1] 私放在押的犯罪嫌疑人、被告人或者罪犯的,[2] 处五年以下有期徒刑或者拘役;情节严重的,处五年以上十年以下有期徒刑;情节特别严重的,处十年以上有期徒刑。

【失职致使在押人员脱逃罪】司法工作人员由于严重不负责任,致使在押的犯罪嫌疑人、被告人或者罪犯脱逃,造成严重后果的,[3]处三年以下有期徒刑或者拘役;造成特别严重后果的,处三年以上十年以下有期徒刑。

400-1　《最高人民检察院关于工人等非监管机关在编监管人员私放在押人员行为和失职致使在押人员脱逃行为适用法律问题的解释》(高检发释字〔2001〕2号,2001年3月2日)　工人等非监管机关在编监管人员在被监管机关聘用受委托履行监管职责的过程中私放在押人员的,应当依照刑法第四百条第一款的规定,以私放在押人员罪追究刑事责任;……

400-2　高检发释字〔2006〕2号　一、渎职犯罪案件

(九)私放在押人员案(第四百条第一款)　私放在押人员罪是指司法工作人员私放在押(包括在羁押场所和押解途中)的犯罪嫌疑人、被告人或者罪犯的行为。

涉嫌下列情形之一的,应予立案:

1.私自将在押的犯罪嫌疑人、被告人、罪犯放走,或者授意、指使、强迫他人将在押的犯罪嫌疑人、被告人、罪犯放走的;

2.伪造、变造有关法律文书、证明材料,以使在押的犯罪嫌疑人、被告人、罪犯逃跑或者被释放的;

3.为私放在押的犯罪嫌疑人、被告人、罪犯,故意向其通风报信、提供条件,致使该在押的犯罪嫌疑人、被告人、罪犯脱逃的;

4.其他私放在押的犯罪嫌疑人、被告人、罪犯应予追究刑事责任的情形。

400-3　高检发释字〔2006〕2号　一、渎职犯罪案件

(十)失职致使在押人员脱逃案(第四百条第二款)　失职致使在押人员脱逃罪是指司法工作人员由于严重不负责任,不履行或者不认真履行职责,致使在押(包括在羁押场所和押解途中)的犯罪嫌疑人、被告人、罪犯脱逃,造成严重后果的行为。

涉嫌下列情形之一的,应予立案:

1.致使依法可能判处或者已经判处十年以上有期徒刑、无期徒刑、死刑的犯罪嫌疑人、被告人、罪犯脱逃的;

2. 致使犯罪嫌疑人、被告人、罪犯脱逃三人次以上的;

3. 犯罪嫌疑人、被告人、罪犯脱逃以后,打击报复报案人、控告人、举报人、被害人、证人和司法工作人员等,或者继续犯罪的;

4. 其他致使在押的犯罪嫌疑人、被告人、罪犯脱逃,造成严重后果的情形。

第四百零一条 【徇私舞弊减刑、假释、暂予监外执行罪】司法工作人员[1] 徇私舞弊,对不符合减刑、假释、暂予监外执行条件[2] 的罪犯,予以减刑、假释或者暂予监外执行[3] 的,处三年以下有期徒刑或者拘役;情节严重的,处三年以上七年以下有期徒刑。

401-1 《最高人民法院、最高人民检察院、公安部、司法部、国家卫生计生委关于印发〈暂予监外执行规定〉的通知》(司发通〔2014〕112号,2014年12月1日)第三十二条 在暂予监外执行执法工作中,司法工作人员或者从事诊断、检查、鉴别等工作的相关人员有玩忽职守、徇私舞弊、滥用职权等违法违纪行为的,依法给予相应的处分;构成犯罪的,依法追究刑事责任。

401-2 罪犯王某某暂予监外执行监督案(检例第72号)

裁判要旨 人民检察院对违法暂予监外执行进行法律监督时,应当注意发现和查办背后的相关司法工作人员职务犯罪。对司法鉴定意见、病情诊断意见的审查,应当注重对其及所依据的原始资料进行重点审查。发现不符合暂予监外执行条件的罪犯通过非法手段暂予监外执行的,应当依法监督纠正。办理暂予监外执行案件时,应当加强对鉴定意见等技术性证据的联合审查。

401-3 高检发释字〔2006〕2号 一、渎职犯罪案件

(十一)徇私舞弊减刑、假释、暂予监外执行案(第四百零一条)

徇私舞弊减刑、假释、暂予监外执行罪是指司法工作人员徇私舞弊,对不符合减刑、假释、暂予监外执行条件的罪犯予以减刑、假释、暂予监外执行的行为。

涉嫌下列情形之一的,应予立案:

1. 刑罚执行机关的工作人员对不符合减刑、假释、暂予监外执行条件的罪犯,捏造事实,伪造材料,违法报请减刑、假释、暂予监外执行的;

2. 审判人员对不符合减刑、假释、暂予监外执行条件的罪犯,徇私舞弊,违法裁定减刑、假释或者违法决定暂予监外执行的;

3. 监狱管理机关、公安机关的工作人员对不符合暂予监外执行条件的罪犯，徇私舞弊，违法批准暂予监外执行的；

4. 不具有报请、裁定、决定或者批准减刑、假释、暂予监外执行权的司法工作人员利用职务上的便利，伪造有关材料，导致不符合减刑、假释、暂予监外执行条件的罪犯被减刑、假释、暂予监外执行的；

5. 其他徇私舞弊减刑、假释、暂予监外执行应予追究刑事责任的情形。

第四百零二条　【徇私舞弊不移交刑事案件罪】行政执法人员徇私舞弊，对依法应当移交司法机关追究刑事责任的不移交，情节严重的，[1] 处三年以下有期徒刑或者拘役；造成严重后果的，处三年以上七年以下有期徒刑。

402-1　1. 高检发释字〔2006〕2号　一、渎职犯罪案件

（十二）徇私舞弊不移交刑事案件案（第四百零二条）　徇私舞弊不移交刑事案件罪是指工商行政管理、税务、监察等行政执法人员，徇私舞弊，对依法应当移交司法机关追究刑事责任的案件不移交，情节严重的行为。

涉嫌下列情形之一的，应予立案：

1. 对依法可能判处三年以上有期徒刑、无期徒刑、死刑的犯罪案件不移交的；

2. 不移交刑事案件涉及三人次以上的；

3. 司法机关提出意见后，无正当理由仍然不予移交的；

4. 以罚代刑，放纵犯罪嫌疑人，致使犯罪嫌疑人继续进行违法犯罪活动的；

5. 行政执法部门主管领导阻止移交的；

6. 隐瞒、毁灭证据，伪造材料，改变刑事案件性质的；

7. 直接负责的主管人员和其他直接责任人员为牟取本单位私利而不移交刑事案件，情节严重的；

8. 其他情节严重的情形。

2. 胡某、郑某徇私舞弊不移交刑事案件案（检例第7号）

要旨　诉讼监督，是人民检察院依法履行法律监督的重要内容。实践中，检察机关和办案人员应当坚持办案与监督并重，建立健全行政执法与刑事司法有效衔接的工作机制，善于在办案中发现各种职务犯

罪线索;对于行政执法人员徇私舞弊,不移送有关刑事案件构成犯罪的,应当依法追究刑事责任。

第四百零三条　【滥用管理公司、证券职权罪】国家有关主管部门的国家机关工作人员,徇私舞弊,滥用职权,对不符合法律规定条件的公司设立、登记申请或者股票、债券发行、上市申请,予以批准或者登记,致使公共财产、国家和人民利益遭受重大损失的,[1] 处五年以下有期徒刑或者拘役。

上级部门强令登记机关及其工作人员实施前款行为的,对其直接负责的主管人员,依照前款的规定处罚。

403-1　高检发释字〔2006〕2号　一、渎职犯罪案件

(十三)滥用管理公司、证券职权案(第四百零三条)　滥用管理公司、证券职权罪是指工商行政管理、证券管理等国家有关主管部门的工作人员徇私舞弊,滥用职权,对不符合法律规定条件的公司设立、登记申请或者股票、债券发行、上市申请予以批准或者登记,致使公共财产、国家和人民利益遭受重大损失的行为,以及上级部门、当地政府强令登记机关及其工作人员实施上述行为的行为。

涉嫌下列情形之一的,应予立案:

1. 造成直接经济损失五十万元以上的;

2. 工商行政管理部门的工作人员对不符合法律规定条件的公司设立、登记申请,违法予以批准、登记,严重扰乱市场秩序的;

3. 金融证券管理机构的工作人员对不符合法律规定条件的股票、债券发行、上市申请,违法予以批准,严重损害公众利益,或者严重扰乱金融秩序的;

4. 工商行政管理部门、金融证券管理机构的工作人员对不符合法律规定条件的公司设立、登记申请或者股票、债券发行、上市申请违法予以批准或者登记,致使犯罪行为得逞的;

5. 上级部门、当地政府直接负责的主管人员强令登记机关及其工作人员,对不符合法律规定条件的公司设立、登记申请或者股票、债券发行、上市申请予以批准或者登记,致使公共财产、国家或者人民利益遭受重大损失的;

6. 其他致使公共财产、国家和人民利益遭受重大损失的情形。

第四百零四条　【徇私舞弊不征、少征税款罪】税务机关的工作人员徇私舞弊,不征或者少征应征税款,致使国家税收遭受重大损失的,[1] 处五年以下有期徒刑或者拘役;造成特别重大损失的,处五年以上有期徒刑。

404-1　高检发释字〔2006〕2 号　一、渎职犯罪案件

(十四)徇私舞弊不征、少征税款案(第四百零四条)　徇私舞弊不征、少征税款罪是指税务机关工作人员徇私舞弊,不征、少征应征税款,致使国家税收遭受重大损失的行为。

涉嫌下列情形之一的,应予立案:

1. 徇私舞弊不征、少征应征税款,致使国家税收损失累计达十万元以上的;

2. 上级主管部门工作人员指使税务机关工作人员徇私舞弊不征、少征应征税款,致使国家税收损失累计达十万元以上的;

3. 徇私舞弊不征、少征应征税款不满十万元,但具有索取或者收受贿赂或者其他恶劣情节的;

4. 其他致使国家税收遭受重大损失的情形。

第四百零五条　【徇私舞弊发售发票、抵扣税款、出口退税罪】税务机关的工作人员违反法律、行政法规的规定[1],在办理发售发票、抵扣税款、出口退税工作中,徇私舞弊,致使国家利益遭受重大损失的,[2] 处五年以下有期徒刑或者拘役;致使国家利益遭受特别重大损失的,处五年以上有期徒刑。

【违法提供出口退税凭证罪】其他国家机关工作人员违反国家规定,在提供出口货物报关单、出口收汇核销单等出口退税凭证的工作中,徇私舞弊,致使国家利益遭受重大损失的,[3] 依照前款的规定处罚。

405-1　《最高人民法院研究室关于违反经行政法规授权制定的规范一般纳税人资格的文件应否认定为“违反法律、行政法规的规定”问题的答复》(法研〔2012〕59 号,2012 年 5 月 3 日)　国家税务总局《关于加强新办商贸企业增值税征收管理有关问题的紧急通知》(国税发明电〔2004〕37 号)和《关于加强新办商贸企业增值税征收管理有关问题的补充通知》(国税发明电〔2004〕62 号),是根据 1993 年制定的《中

华人民共和国增值税暂行条例》的规定对一般纳税人资格认定的细化,且2008年修订后的《中华人民共和国增值税暂行条例》第十三条明确规定:"小规模纳税人以外的纳税人应当向主管税务机关申请资格认定。具体认定办法由国务院主管部门制定。"因此,违反上述两个通知关于一般纳税人资格的认定标准及相关规定,授予不合格单位一般纳税人资格的,相应违反了《中华人民共和国增值税暂行条例》的有关规定,应当认定为刑法第四百零五条第一款规定的"违反法律、行政法规的规定"。

405-2 高检发释字〔2006〕2号 一、渎职犯罪案件

(十五)徇私舞弊发售发票、抵扣税款、出口退税案(第四百零五条第一款) 徇私舞弊发售发票、抵扣税款、出口退税罪是指税务机关工作人员违反法律、行政法规的规定,在办理发售发票、抵扣税款、出口退税工作中徇私舞弊,致使国家利益遭受重大损失的行为。

涉嫌下列情形之一的,应予立案:

1. 徇私舞弊,致使国家税收损失累计达十万元以上的;

2. 徇私舞弊,致使国家税收损失累计不满十万元,但发售增值税专用发票二十五份以上或者其他发票五十份以上或者增值税专用发票与其他发票合计五十份以上,或者具有索取、收受贿赂或者其他恶劣情节的;

3. 其他致使国家利益遭受重大损失的情形。

405-3 高检发释字〔2006〕2号 一、渎职犯罪案件

(十六)违法提供出口退税凭证案(第四百零五条第二款) 违法提供出口退税凭证罪是指海关、外汇管理等国家机关工作人员违反国家规定,在提供出口货物报关单、出口收汇核销单等出口退税凭证的工作中徇私舞弊,致使国家利益遭受重大损失的行为。

涉嫌下列情形之一的,应予立案:

1. 徇私舞弊,致使国家税收损失累计达十万元以上的;

2. 徇私舞弊,致使国家税收损失累计不满十万元,但具有索取、收受贿赂或者其他恶劣情节的;

3. 其他致使国家利益遭受重大损失的情形。

第四百零六条 【国家机关工作人员签订、履行合同失职被骗罪】国家机关工作人员在签订、履行合同过程中,因严重不负责任被诈骗,致使国家利益遭受重大损失的,[1] 处三年以下有期徒刑或者拘

役；致使国家利益遭受特别重大损失的，处三年以上七年以下有期徒刑。

406-1　高检发释字〔2006〕2号　一、渎职犯罪案件

（十七）国家机关工作人员签订、履行合同失职被骗案（第四百零六条）　国家机关工作人员签订、履行合同失职被骗罪是指国家机关工作人员在签订、履行合同过程中，因严重不负责任，不履行或者不认真履行职责被诈骗，致使国家利益遭受重大损失的行为。

涉嫌下列情形之一的，应予立案：

1. 造成直接经济损失三十万元以上，或者直接经济损失不满三十万元，但间接经济损失一百五十万元以上的；

2. 其他致使国家利益遭受重大损失的情形。

第四百零七条　【违法发放林木采伐许可证罪】林业主管部门的工作人员违反森林法的规定，超过批准的年采伐限额发放林木采伐许可证或者违反规定滥发林木采伐许可证，情节严重，致使森林遭受严重破坏的，[1] 处三年以下有期徒刑或者拘役。

407-1　**1.** 高检发释字〔2006〕2号　一、渎职犯罪案件

（十八）违法发放林木采伐许可证案（第四百零七条）　违法发放林木采伐许可证罪是指林业主管部门的工作人员违反森林法的规定，超过批准的年采伐限额发放林木采伐许可证或者违反规定滥发林木采伐许可证，情节严重，致使森林遭受严重破坏的行为。

涉嫌下列情形之一的，应予立案：

1. 发放林木采伐许可证允许采伐数量累计超过批准的年采伐限额，导致林木被超限额采伐十立方米以上的；

2. 滥发林木采伐许可证，导致林木被滥伐二十立方米以上，或者导致幼树被滥伐一千株以上的；

3. 滥发林木采伐许可证，导致防护林、特种用途林被滥伐五立方米以上，或者幼树被滥伐二百株以上的；

4. 滥发林木采伐许可证，导致珍贵树木或者国家重点保护的其他树木被滥伐的；

5. 滥发林木采伐许可证，导致国家禁止采伐的林木被采伐的；

6. 其他情节严重，致使森林遭受严重破坏的情形。

林业主管部门工作人员之外的国家机关工作人员，违反森林法的

规定,滥用职权或者玩忽职守,致使林木被滥伐四十立方米以上或者幼树被滥伐两千株以上,或者致使防护林、特种用途林被滥伐十立方米以上或者幼树被滥伐四百株以上,或者致使珍贵树木被采伐、毁坏四立方米或者四株以上,或者致使国家重点保护的其他植物被采伐、毁坏后果严重的,或者致使国家严禁采伐的林木被采伐、毁坏情节恶劣的,按照刑法第三百九十七条的规定以滥用职权罪或者玩忽职守罪追究刑事责任。

2.《最高人民检察院关于对林业主管部门工作人员在发放林木采伐许可证之外滥用职权、玩忽职守致使森林遭受严重破坏的行为适用法律问题的批复》(高检发释字〔2007〕1号,2007年5月16日) 林业主管部门工作人员违法发放林木采伐许可证,致使森林遭受严重破坏的,依照刑法第四百零七条的规定,以违法发放林木采伐许可证罪追究刑事责任;以其他方式滥用职权或者玩忽职守,致使森林遭受严重破坏的,依照刑法第三百九十七条的规定,以滥用职权罪或者玩忽职守罪追究刑事责任,立案标准依照《最高人民检察院关于渎职侵权犯罪案件立案标准的规定》第一部分渎职犯罪案件第十八条第三款的规定执行。

第四百零八条[1] **【环境监管失职罪】**负有环境保护监督管理职责的国家机关工作人员严重不负责任,导致发生重大环境污染事故,致使公私财产遭受重大损失或者造成人身伤亡的严重后果的,[2]处三年以下有期徒刑或者拘役。

408-1 《最高人民法院、最高人民检察院关于办理环境污染刑事案件适用法律若干问题的解释》(法释〔2023〕7号,2023年8月15日)

408-2 《最高人民法院 最高人民检察院关于办理环境污染刑事案件适用法律若干问题的解释法释》(法释〔2023〕7号,2023年8月15日)第一条 实施刑法第三百三十八条规定的行为,具有下列情形之一的,应当认定为"严重污染环境":

(一)在饮用水水源保护区、自然保护地核心保护区等依法确定的重点保护区域排放、倾倒、处置有放射性的废物、含传染病病原体的废物、有毒物质的;

(二)非法排放、倾倒、处置危险废物三吨以上的;

(三)排放、倾倒、处置含铅、汞、镉、铬、砷、铊、锑的污染物,超过国家或者地方污染物排放标准三倍以上的；

(四)排放、倾倒、处置含镍、铜、锌、银、钒、锰、钴的污染物，超过国家或者地方污染物排放标准十倍以上的；

(五)通过暗管、渗井、渗坑、裂隙、溶洞、灌注、非紧急情况下开启大气应急排放通道等逃避监管的方式排放、倾倒、处置有放射性的废物、含传染病病原体的废物、有毒物质的；

(六)二年内曾因在重污染天气预警期间，违反国家规定，超标排放二氧化硫、氮氧化物等实行排放总量控制的大气污染物受过二次以上行政处罚，又实施此类行为的；

(七)重点排污单位、实行排污许可重点管理的单位篡改、伪造自动监测数据或者干扰自动监测设施，排放化学需氧量、氨氮、二氧化硫、氮氧化物等污染物的；

(八)二年内曾因违反国家规定，排放、倾倒、处置有放射性的废物、含传染病病原体的废物、有毒物质受过二次以上行政处罚，又实施此类行为的；

(九)违法所得或者致使公私财产损失三十万元以上的；

(十)致使乡镇集中式饮用水水源取水中断十二小时以上的；

(十一)其他严重污染环境的情形。

法释〔2023〕7号第四条　实施刑法第三百三十九条第一款规定的行为，具有下列情形之一的，应当认定为“致使公私财产遭受重大损失或者严重危害人体健康”：

(一)致使公私财产损失一百万元以上的；

(二)具有本解释第二条第五项至第十项规定情形之一的；

(三)其他致使公私财产遭受重大损失或者严重危害人体健康的情形。

法释〔2023〕7号第十九条第四款　本解释所称“公私财产损失”，包括实施刑法第三百三十八条、第三百三十九条规定的行为直接造成财产损毁、减少的实际价值，为防止污染扩大、消除污染而采取必要合理措施所产生的费用，以及处置突发环境事件的应急监测费用。

第四百零八条之一　(刑八、刑十一)【食品、药品监管渎职罪】负有食品药品[1]安全监督管理职责的国家机关工作人员，滥用职权或者玩忽职守，有下列情形之一，造成严重后果或者有其他严重情节的，处五年以下有期徒刑或者拘役；造成特别严重后果或者有其

他特别严重情节的,处五年以上十年以下有期徒刑:

(一)瞒报、谎报食品安全事故、药品安全事件的;

(二)对发现的严重食品药品安全违法行为未按规定查处的;

(三)在药品和特殊食品审批审评过程中,对不符合条件的申请准予许可的;

(四)依法应当移交司法机关追究刑事责任不移交的;

(五)有其他滥用职权或者玩忽职守行为的。

徇私舞弊犯前款罪的,从重处罚。

408A-1 《最高人民法院、最高人民检察院关于办理危害药品安全刑事案件适用法律若干问题的解释》(高检发释字〔2022〕1号,2022年3月6日)第十四条　负有药品安全监督管理职责的国家机关工作人员,滥用职权或者玩忽职守,构成药品监管渎职罪,同时构成商检徇私舞弊罪、商检失职罪等其他渎职犯罪的,依照处罚较重的规定定罪处罚。

负有药品安全监督管理职责的国家机关工作人员滥用职权或者玩忽职守,不构成药品监管渎职罪,但构成前款规定的其他渎职犯罪的,依照该其他犯罪定罪处罚。

负有药品安全监督管理职责的国家机关工作人员与他人共谋,利用其职务便利帮助他人实施危害药品安全犯罪行为,同时构成渎职犯罪和危害药品安全犯罪共犯的,依照处罚较重的规定定罪从重处罚。

第四百零九条　【传染病防治失职罪】从事传染病防治的政府卫生行政部门的工作人员严重不负责任,导致传染病传播或者流行,情节严重的,[1] 处三年以下有期徒刑或者拘役。

409-1　1. 高检发释字〔2006〕2号　一、渎职犯罪案件

(二十)传染病防治失职案(第四百零九条)　传染病防治失职罪是指从事传染病防治的政府卫生行政部门的工作人员严重不负责任,不履行或者不认真履行传染病防治监管职责,导致传染病传播或者流行,情节严重的行为。

涉嫌下列情形之一的*,应予立案:

---

* 本立案标准吸收了《最高人民法院、最高人民检察院关于办理妨害预防、控制突发传染病疫情等灾害的刑事案件具体应用法律若干问题的解释》第十六条的规定。

1. 导致甲类传染病传播的；

2. 导致乙类、丙类传染病流行的；

3. 因传染病传播或者流行，造成人员重伤或者死亡的；

4. 因传染病传播或者流行，严重影响正常的生产、生活秩序的；

5. 在国家对突发传染病疫情等灾害采取预防、控制措施后，对发生突发传染病疫情等灾害的地区或者突发传染病病人、病原携带者、疑似突发传染病病人，未按照预防、控制突发传染病疫情等灾害工作规范的要求做好防疫、检疫、隔离、防护、救治等工作，或者采取的预防、控制措施不当，造成传染范围扩大或者疫情、灾情加重的；

6. 在国家对突发传染病疫情等灾害采取预防、控制措施后，隐瞒、缓报、谎报或者授意、指使、强令他人隐瞒、缓报、谎报疫情、灾情，造成传染范围扩大或者疫情、灾情加重的；

7. 在国家对突发传染病疫情等灾害采取预防、控制措施后，拒不执行突发传染病疫情等灾害应急处理指挥机构的决定、命令，造成传染范围扩大或者疫情、灾情加重的；

8. 其他情节严重的情形。

2.《最高人民法院、最高人民检察院关于办理妨害预防、控制突发传染病疫情等灾害的刑事案件具体应用法律若干问题的解释》(法释〔2003〕8 号，2003 年 5 月 15 日)第十八条　本解释所称"突发传染病疫情等灾害"，是指突然发生，造成或者可能造成社会公众健康严重损害的重大传染病疫情、群体性不明原因疾病以及其他严重影响公众健康的灾害。

第四百一十条　【非法批准征收、征用、占用土地罪；非法低价出让国有土地使用权罪】国家机关工作人员徇私舞弊，违反土地管理法规，[1] 滥用职权，非法批准征收、* 征用、占用土地，[2] 或者非法低价出让国有土地使用权，情节严重的，[3] 处三年以下有期徒刑或者拘役；致使国家或者集体利益遭受特别重大损失的，[4] 处三年以上七年以下有期徒刑。

410-1　《全国人民代表大会常务委员会关于〈中华人民共和国刑法〉第二百二十八条、第三百四十二条、第四百一十条的解释》(主席

* 根据 2009 年 6 月 27 日《全国人民代表大会常务委员会关于修改部分法律的决定》修改。

令第18号,2009年8月27日) 刑法第二百二十八条、第三百四十二条、第四百一十条规定的“违反土地管理法规”,是指违反土地管理法、森林法、草原法等法律以及有关行政法规中关于土地管理的规定。

410-2 **1.**《全国人大常委会关于〈中华人民共和国刑法〉第二百二十八条、第三百四十二条、第四百一十条的解释》(主席令第18号,2009年8月27日) 刑法第四百一十条规定的“非法批准征收、征用、占用土地”,是指非法批准征收、征用、占用耕地、林地等农用地以及其他土地。

2. 高检发释字〔2006〕2号 一、渎职犯罪案件

(二十一)非法批准征用、占用土地案(第四百一十条)非法批准征用、占用土地罪是指国家机关工作人员徇私舞弊,违反土地管理法、森林法、草原法等法律以及有关行政法规中关于土地管理的规定,滥用职权,非法批准征用、占用耕地、林地等农用地以及其他土地,情节严重的行为。

涉嫌下列情形之一的,应予立案:

1. 非法批准征用、占用基本农田十亩以上的;

2. 非法批准征用、占用基本农田以外的耕地三十亩以上的;

3. 非法批准征用、占用其他土地五十亩以上的;

4. 虽未达到上述数量标准,但造成有关单位、个人直接经济损失三十万元以上,或者造成耕地大量毁坏或者植被遭到严重破坏的;

5. 非法批准征用、占用土地,影响群众生产、生活,引起纠纷,造成恶劣影响或者其他严重后果的;

6. 非法批准征用、占用防护林地、特种用途林地分别或者合计十亩以上的;

7. 非法批准征用、占用其他林地二十亩以上的;

8. 非法批准征用、占用林地造成直接经济损失三十万元以上,或者造成防护林地、特种用途林地分别或者合计五亩以上或者其他林地十亩以上毁坏的;

9. 其他情节严重的情形。

410-3 **1.** 高检发释字〔2006〕2号 一、渎职犯罪案件

(二十二)非法低价出让国有土地使用权案(第四百一十条) 非法低价出让国有土地使用权罪是指国家机关工作人员徇私舞弊,违反土地管理法、森林法、草原法等法律以及有关行政法规中关于土地管理

的规定,滥用职权,非法低价出让国有土地使用权,情节严重的行为。

涉嫌下列情形之一的,应予立案:

1.非法低价出让国有土地三十亩以上,并且出让价额低于国家规定的最低价额标准的百分之六十的;

2.造成国有土地资产流失价额三十万元以上的;

3.非法低价出让国有土地使用权,影响群众生产、生活,引起纠纷,造成恶劣影响或者其他严重后果的;

4.非法低价出让林地合计三十亩以上,并且出让价额低于国家规定的最低价额标准的百分之六十的;

5.造成国有资产流失三十万元以上的;

6.其他情节严重的情形。

2.《最高人民法院关于审理破坏草原资源刑事案件应用法律若干问题的解释》(法释〔2012〕15号,2012年11月22日)第三条　国家机关工作人员徇私舞弊,违反草原法等土地管理法规,具有下列情形之一的,应当认定为刑法第四百一十条规定的"情节严重":

(一)非法批准征收、征用、占用草原四十亩以上的;

(二)非法批准征收、征用、占用草原,造成二十亩以上草原被毁坏的;

(三)非法批准征收、征用、占用草原,造成直接经济损失三十万元以上,或者具有其他恶劣情节的。

410-4　《最高人民法院关于审理破坏草原资源刑事案件应用法律若干问题的解释》(法释〔2012〕15号,2012年11月22日)第三条　国家机关工作人员徇私舞弊,违反草原法等土地管理法规,具有下列情形之一的,应当认定为刑法第四百一十条规定的"致使国家或者集体利益遭受特别重大损失":

(一)非法批准征收、征用、占用草原八十亩以上的;

(二)非法批准征收、征用、占用草原,造成四十亩以上草原被毁坏的;

(三)非法批准征收、征用、占用草原,造成直接经济损失六十万元以上,或者具有其他特别恶劣情节的。

第四百一十一条　【放纵走私罪】海关工作人员徇私舞弊,放纵走私,情节严重的,[1] 处五年以下有期徒刑或者拘役;情节特别严重的,处五年以上有期徒刑。

411-1　**1.**高检发释字〔2006〕2号　一、渎职犯罪案件

(二十三)放纵走私案(第四百一十一条)　放纵走私罪是指海关

工作人员徇私舞弊,放纵走私,情节严重的行为。

涉嫌下列情形之一的,应予立案:

1. 放纵走私犯罪的;

2. 因放纵走私致使国家应收税额损失累计达十万元以上的;

3. 放纵走私行为三起次以上的;

4. 放纵走私行为,具有索取或者收受贿赂情节的;

5. 其他情节严重的情形。

2.《最高人民法院、最高人民检察院、海关总署关于办理走私刑事案件适用法律若干问题的意见》(法〔2002〕139号,2002年7月8日)

十六、关于放纵走私罪的认定问题

依照刑法第四百一十一条的规定,负有特定监管义务的海关工作人员徇私舞弊,利用职权,放任、纵容走私犯罪行为,情节严重的,构成放纵走私罪。放纵走私行为,一般是消极的不作为。如果海关工作人员与走私分子通谋,在放纵走私过程中以积极的行为配合走私分子逃避海关监管或者在放纵走私之后分得赃款的,应以共同走私犯罪追究刑事责任。

海关工作人员收受贿赂又放纵走私的,应以受贿罪和放纵走私罪数罪并罚。

第四百一十二条　【商检徇私舞弊罪】国家商检部门、商检机构的工作人员徇私舞弊,伪造检验结果的,[1] 处五年以下有期徒刑或者拘役;造成严重后果的,处五年以上十年以下有期徒刑。

【商检失职罪】前款所列人员严重不负责任,对应当检验的物品不检验,或者延误检验出证、错误出证,致使国家利益遭受重大损失的,[2] 处三年以下有期徒刑或者拘役。

412-1　高检发释字〔2006〕2号　一、渎职犯罪案件

(二十四)商检徇私舞弊案(第四百一十二条第一款)　商检徇私舞弊罪是指出入境检验检疫机关、检验检疫机构工作人员徇私舞弊,伪造检验结果的行为。

涉嫌下列情形之一的,应予立案:

1. 采取伪造、变造的手段对报检的商品的单证、印章、标志、封识、质量认证标志等作虚假的证明或者出具不真实的证明结论的;

2. 将送检的合格商品检验为不合格,或者将不合格商品检验为合

格的；

3. 对明知是不合格的商品，不检验而出具合格检验结果的；

4. 其他伪造检验结果应予追究刑事责任的情形。

412-2 高检发释字〔2006〕2 号 一、渎职犯罪案件

（二十五）商检失职案（第四百一十二条第二款） 商检失职罪是指出入境检验检疫机关、检验检疫机构工作人员严重不负责任，对应当检验的物品不检验，或者延误检验出证、错误出证，致使国家利益遭受重大损失的行为。

涉嫌下列情形之一的，应予立案：

1. 致使不合格的食品、药品、医疗器械等商品出入境，严重危害生命健康的；

2. 造成个人财产直接经济损失 15 万元以上，或者直接经济损失不满 15 万元，但间接经济损失 75 万元以上的；

3. 造成公共财产、法人或者其他组织财产直接经济损失 30 万元以上，或者直接经济损失不满 30 万元，但间接经济损失 150 万元以上的；

4. 未经检验，出具合格检验结果，致使国家禁止进口的固体废物、液态废物和气态废物等进入境内的；

5. 不检验或者延误检验出证、错误出证，引起国际经济贸易纠纷，严重影响国家对外经贸关系，或者严重损害国家声誉的；

6. 其他致使国家利益遭受重大损失的情形。

第四百一十三条 【动植物检疫徇私舞弊罪】动植物检疫机关的检疫人员徇私舞弊，伪造检疫结果的，[1] 处五年以下有期徒刑或者拘役；造成严重后果的，处五年以上十年以下有期徒刑。

【动植物检疫失职罪】前款所列人员严重不负责任，对应当检疫的检疫物不检疫，或者延误检疫出证、错误出证，致使国家利益遭受重大损失的，[2] 处三年以下有期徒刑或者拘役。

413-1 高检发释字〔2006〕2 号 一、渎职犯罪案件

（二十六）动植物检疫徇私舞弊案（第四百一十三条第一款） 动植物检疫徇私舞弊罪是指出入境检验检疫机关、检验检疫机构工作人员徇私舞弊，伪造检疫结果的行为。

涉嫌下列情形之一的，应予立案：

1. 采取伪造、变造的手段对检疫的单证、印章、标志、封识等作虚假

的证明或者出具不真实的结论的;

2. 将送检的合格动植物检疫为不合格,或者将不合格动植物检疫为合格的;

3. 对明知是不合格的动植物,不检疫而出具合格检疫结果的;

4. 其他伪造检疫结果应予追究刑事责任的情形。

413-2 高检发释字〔2006〕2号 一、渎职犯罪案件

(二十七)动植物检疫失职案(第四百一十三条第二款) 动植物检疫失职罪是指出入境检验检疫机关、检验检疫机构工作人员严重不负责任,对应当检疫的检疫物不检疫,或者延误检疫出证、错误出证,致使国家利益遭受重大损失的行为。

涉嫌下列情形之一的,应予立案:

1. 导致疫情发生,造成人员重伤或者死亡的;

2. 导致重大疫情发生、传播或者流行的;

3. 造成个人财产直接经济损失十五万元以上,或者直接经济损失不满十五万元,但间接经济损失七十五万元以上的;

4. 造成公共财产或者法人、其他组织财产直接经济损失三十万元以上,或者直接经济损失不满三十万元,但间接经济损失一百五十万元以上的;

5. 不检疫或者延误检疫出证、错误出证,引起国际经济贸易纠纷,严重影响国家对外经贸关系,或者严重损害国家声誉的;

6. 其他致使国家利益遭受重大损失的情形。

第四百一十四条 【放纵制售伪劣商品犯罪行为罪】对生产、销售伪劣商品犯罪行为负有追究责任的国家机关工作人员,徇私舞弊,不履行法律规定的追究职责,情节严重的,[1] 处五年以下有期徒刑或者拘役。

414-1 高检发释字〔2006〕2号 一、渎职犯罪案件

(二十八)放纵制售伪劣商品犯罪行为案(第四百一十四条) 放纵制售伪劣商品犯罪行为罪是指对生产、销售伪劣商品犯罪行为负有追究责任的国家机关工作人员徇私舞弊,不履行法律规定的追究职责,情节严重的行为。

涉嫌下列情形之一的,应予立案:

1. 放纵生产、销售假药或者有毒、有害食品犯罪行为的;

2. 放纵生产、销售伪劣农药、兽药、化肥、种子犯罪行为的；

3. 放纵依法可能判处三年有期徒刑以上刑罚的生产、销售伪劣商品犯罪行为的；

4. 对生产、销售伪劣商品犯罪行为不履行追究职责，致使生产、销售伪劣商品犯罪行为得以继续的；

5. 三次以上不履行追究职责，或者对三个以上有生产、销售伪劣商品犯罪行为的单位或者个人不履行追究职责的；

6. 其他情节严重的情形。

第四百一十五条　【办理偷越国(边)境人员出入境证件罪；放行偷越国(边)境人员罪】负责办理护照、签证以及其他出入境证件的国家机关工作人员，对明知是企图偷越国(边)境的人员，予以办理出入境证件的，[1] 或者边防、海关等国家机关工作人员，对明知是偷越国(边)境的人员，予以放行的，[2] 处三年以下有期徒刑或者拘役；情节严重的，处三年以上七年以下有期徒刑。

415-1　高检发释字〔2006〕2号　一、渎职犯罪案件

(二十九)办理偷越国(边)境人员出入境证件案(第四百一十五条)　办理偷越国(边)境人员出入境证件罪是指负责办理护照、签证以及其他出入境证件的国家机关工作人员，对明知是企图偷越国(边)境的人员，予以办理出入境证件的行为。

负责办理护照、签证以及其他出入境证件的国家机关工作人员涉嫌在办理护照、签证以及其他出入境证件的过程中，对明知是企图偷越国(边)境的人员而予以办理出入境证件的，应予立案。

415-2　高检发释字〔2006〕2号　一、渎职犯罪案件

(三十)放行偷越国(边)境人员案(第四百一十五条)　放行偷越国(边)境人员罪是指边防、海关等国家机关工作人员，对明知是偷越国(边)境的人员予以放行的行为。

边防、海关等国家机关工作人员涉嫌在履行职务过程中，对明知是偷越国(边)境的人员而予以放行的，应予立案。

第四百一十六条　【不解救被拐卖、绑架妇女、儿童罪】对被拐卖、绑架的妇女、儿童负有解救职责的国家机关工作人员，接到被拐卖、绑架的妇女、儿童及其家属的解救要求或者接到其他人的举报，

而对被拐卖、绑架的妇女、儿童不进行解救,造成严重后果的,[1] 处五年以下有期徒刑或者拘役。

【阻碍解救被拐卖、绑架妇女、儿童罪】负有解救职责的国家机关工作人员利用职务阻碍解救的,[2] 处二年以上七年以下有期徒刑;情节较轻的,处二年以下有期徒刑或者拘役。

416-1 高检发释字〔2006〕2号 一、渎职犯罪案件

(三十一)不解救被拐卖、绑架妇女、儿童案(第四百一十六条第一款) 不解救被拐卖、绑架妇女、儿童罪是指对被拐卖、绑架的妇女、儿童负有解救职责的公安、司法等国家机关工作人员接到被拐卖、绑架的妇女、儿童及其家属的解救要求或者接到其他人的举报,而对被拐卖、绑架的妇女、儿童不进行解救,造成严重后果的行为。

涉嫌下列情形之一的,应予立案:

1. 导致被拐卖、绑架的妇女、儿童或者其家属重伤、死亡或者精神失常的;

2. 导致被拐卖、绑架的妇女、儿童被转移、隐匿、转卖,不能及时进行解救的;

3. 对被拐卖、绑架的妇女、儿童不进行解救三人次以上的;

4. 对被拐卖、绑架的妇女、儿童不进行解救,造成恶劣社会影响的;

5. 其他造成严重后果的情形。

416-2 高检发释字〔2006〕2号 一、渎职犯罪案件

(三十二)阻碍解救被拐卖、绑架妇女、儿童案(第四百一十六条第二款) 阻碍解救被拐卖、绑架妇女、儿童罪是指对被拐卖、绑架的妇女、儿童负有解救职责的公安、司法等国家机关工作人员利用职务阻碍解救被拐卖、绑架的妇女、儿童的行为。

涉嫌下列情形之一的,应予立案:

1. 利用职权,禁止、阻止或者妨碍有关部门、人员解救被拐卖、绑架的妇女、儿童的;

2. 利用职务上的便利,向拐卖、绑架者或者收买者通风报信,妨碍解救工作正常进行的;

3. 其他利用职务阻碍解救被拐卖、绑架的妇女、儿童应予追究刑事责任的情形。

第四百一十七条*　**【帮助犯罪分子逃避处罚罪】**有查禁犯罪活动职责的国家机关工作人员，向犯罪分子通风报信、提供便利，帮助犯罪分子逃避处罚的，[1]处三年以下有期徒刑或者拘役；情节严重的，处三年以上十年以下有期徒刑。

417-1　**1.** 高检发释字〔2006〕2号　一、渎职犯罪案件

（三十三）帮助犯罪分子逃避处罚案（第四百一十七条）　帮助犯罪分子逃避处罚罪是指有查禁犯罪活动职责的司法及公安、国家安全、海关、税务等国家机关工作人员，向犯罪分子通风报信、提供便利，帮助犯罪分子逃避处罚的行为。

涉嫌下列情形之一的，应予立案：

1. 向犯罪分子泄露有关部门查禁犯罪活动的部署、人员、措施、时间、地点等情况的；

2. 向犯罪分子提供钱物、交通工具、通讯设备、隐藏处所等便利条件的；

3. 向犯罪分子泄露案情的；

4. 帮助、示意犯罪分子隐匿、毁灭、伪造证据，或者串供、翻供的；

5. 其他帮助犯罪分子逃避处罚应予追究刑事责任的情形。

2.《最高人民法院、最高人民检察院关于办理扰乱无线电通讯管理秩序等刑事案件适用法律若干问题的解释》（法释〔2017〕11号，2017年7月1日）第七条第二款　有查禁扰乱无线电管理秩序犯罪活动职责的国家机关工作人员，向犯罪分子通风报信、提供便利，帮助犯罪分子逃避处罚的，应当依照刑法第四百一十七条的规定，以帮助犯罪分子逃避处罚罪追究刑事责任；事先通谋的，以共同犯罪论处。

第四百一十八条　**【招收公务员、学生徇私舞弊罪】**国家机关工作人员[1]在招收公务员、学生工作中徇私舞弊，情节严重的，[2]处三年以下有期徒刑或者拘役。

418-1　最高人民法院刑二庭审判长会议《关于教师能否成为招收

---

*　该罪系1997年《刑法》新增，在1991年《全国人民代表大会常务委员会关于严禁卖淫嫖娼的决定》第9条的基础之上修改而成，原规定是有查禁卖淫、嫖娼活动职责的国家工作人员，为使违法犯罪分子逃避处罚，向其通风报信、提供便利的，按玩忽职守罪论处。两者比较，《刑法》扩大了主体范围，同时缩小了犯罪对象的范围。

学生徇私舞弊罪主体问题》(《刑事审判参考》2001年第2期) 刑法第四百一十八条所规定的招收学生徇私舞弊罪的主体是国家机关工作人员,学校的教师属于文教事业单位人员,不属于国家机关工作人员,因此不能成为招收学生徇私舞弊罪的构成主体;教师接受委托或者聘请临时担任考试监考员等与招收学生相关职务的,并不具有国家机关工作人员身份,同样不能成为招收学生徇私舞弊罪的犯罪主体。

418-2 高检发释字〔2006〕2号 一、渎职犯罪案件

(三十四)招收公务员、学生徇私舞弊案(第四百一十八条) 招收公务员、学生徇私舞弊罪是指国家机关工作人员在招收公务员、省级以上教育行政部门组织招收的学生工作中徇私舞弊,情节严重的行为。

涉嫌下列情形之一的,应予立案:

1. 徇私舞弊,利用职务便利,伪造、变造人事、户口档案、考试成绩或者其他影响招收工作的有关资料,或者明知是伪造、变造的上述材料而予以认可的;

2. 徇私舞弊,利用职务便利,帮助五名以上考生作弊的;

3. 徇私舞弊招收不合格的公务员、学生三人次以上的;

4. 因徇私舞弊招收不合格的公务员、学生,导致被排挤的合格人员或者其近亲属自杀、自残造成重伤、死亡,或者精神失常的;

5. 因徇私舞弊招收公务员、学生,导致该项招收工作重新进行的;

6. 其他情节严重的情形。

第四百一十九条 【失职造成珍贵文物损毁、流失罪】国家机关工作人员严重不负责任,造成珍贵文物损毁或者流失,后果严重的,[1]处三年以下有期徒刑或者拘役。

419-1 《最高人民法院、最高人民检察院关于办理妨害文物管理等刑事案件适用法律若干问题的解释》(法释〔2015〕23号,2016年1月1日)第十条 国家机关工作人员严重不负责任,造成珍贵文物损毁或者流失,具有下列情形之一的,应当认定为刑法第四百一十九条规定的"后果严重":

(一)导致二级以上文物或者五件以上三级文物损毁或者流失的;

(二)导致全国重点文物保护单位、省级文物保护单位的本体严重损毁或者灭失的;

(三)其他后果严重的情形。

理解与适用:2006 年《最高人民检察院关于渎职侵权犯罪案件立案标准的规定》将失职造成珍贵文物损毁、流失罪的入罪标准之一规定为“导致国家一、二、三级珍贵文物损毁或者流失的”。而根据《刑法》第四百一十九条的规定,失职造成珍贵文物损毁、流失罪的入罪要件为“造成珍贵文物损毁或者流失,后果严重”。因此,“导致国家一、二、三级珍贵文物损毁或者流失”实际只是重复了“造成珍贵文物损毁或者流失”的规定,并未对“后果严重”作出解释。因此,上述解释第十条第一项规定“导致二级以上文物或者五件以上三级文物损毁或者流失的”,才认定为造成珍贵文物损毁或者流失“后果严重”,构成失职造成珍贵文物损毁、流失罪。

第十章　军人违反职责罪[1]

C.10-1　《军人违反职责罪案件立案标准的规定》(以下简称《军人违反职责罪立案标准》)*(政检〔2013〕1号,2013年3月28日)**。

第四百二十条　【军人违反职责罪的概念】军人违反职责,[1]危害国家军事利益,[2]依照法律应当受刑罚处罚的行为,是军人违反职责罪。

420-1　《军人违反职责罪立案标准》第三十四条　本规定中的"违反职责",是指违反国家法律、法规,军事法规、军事规章所规定的军人职责,包括军人的共同职责,士兵、军官和首长的一般职责,各类主管人员和其他从事专门工作的军人的专业职责等。

420-2　《军人违反职责罪立案标准》第三十五条　本规定所称"以上",包括本数;有关犯罪数额"不满",是指已达到该数额百分之八十以上。

《军人违反职责罪立案标准》第三十六条　本规定中的"直接经济损失",是指与行为有直接因果关系而造成的财产损毁、减少的实际价值;"间接经济损失",是指由直接经济损失引起和牵连的其他损失,包括失去在正常情况下可能获得的利益和为恢复正常管理活动或者为挽回已经造成的损失所支付的各种费用等。

《军人违反职责罪立案标准》第三十九条　本规定中财物价值和损失的确定,由部队驻地人民法院、人民检察院和公安机关指定的价格事务机构进行估价。武器装备、军事设施、军用物资的价值和损失,由部队军以上单位的主管部门确定;有条件的,也可以由部队驻地人民法

---

* 本章全部罪名的立案标准均来自于本规定,特此说明。

** 《军人违反职责罪案件立案标准的规定》(政检〔2013〕1号,2013年3月28日)第四十条　本规定自2013年3月28日起施行。2002年10月31日总政治部发布的《关于军人违反职责罪案件立案标准的规定(试行)》同时废止

院、人民检察院和公安机关指定的价格事务机构进行估价。

第四百二十一条　【战时违抗命令罪】战时违抗命令，对作战造成危害的，[1] 处三年以上十年以下有期徒刑；致使战斗、战役遭受重大损失的，处十年以上有期徒刑、无期徒刑或者死刑。

421-1　《军人违反职责罪立案标准》第一条　战时违抗命令罪是指战时违抗命令，对作战造成危害的行为。

违抗命令，是指主观上出于故意，客观上违背、抗拒首长、上级职权范围内的命令，包括拒绝接受命令、拒不执行命令，或者不按照命令的具体要求行动等。

战时涉嫌下列情形之一的，应予立案：

（一）扰乱作战部署或者贻误战机的；

（二）造成作战任务不能完成或者迟缓完成的；

（三）造成我方人员死亡一人以上，或者重伤二人以上，或者轻伤三人以上的；

（四）造成武器装备、军事设施、军用物资损毁，直接影响作战任务完成的；

（五）对作战造成其他危害的。

第四百二十二条　【隐瞒、谎报军情罪；拒传、假传军令罪】故意隐瞒、谎报军情或者拒传、假传军令，对作战造成危害的，[1] 处三年以上十年以下有期徒刑；致使战斗、战役遭受重大损失的，处十年以上有期徒刑、无期徒刑或者死刑。

422-1　《军人违反职责罪立案标准》第二条　隐瞒、谎报军情罪是指故意隐瞒、谎报军情，对作战造成危害的行为。

涉嫌下列情形之一的，应予立案：

（一）造成首长、上级决策失误的；

（二）造成作战任务不能完成或者迟缓完成的；

（三）造成我方人员死亡一人以上，或者重伤二人以上，或者轻伤三人以上的；

（四）造成武器装备、军事设施、军用物资损毁，直接影响作战任务完成的；

（五）对作战造成其他危害的。

《军人违反职责罪立案标准》第三条　拒传军令罪是指负有传递军令职责的军人,明知是军令而故意拒绝传递或者拖延传递,对作战造成危害的行为。

假传军令罪是指故意伪造、篡改军令,或者明知是伪造、篡改的军令而予以传达或者发布,对作战造成危害的行为。

涉嫌下列情形之一的,应予立案:

(一)造成首长、上级决策失误的;

(二)造成作战任务不能完成或者迟缓完成的;

(三)造成我方人员死亡一人以上,或者重伤二人以上,或者轻伤三人以上的;

(四)造成武器装备、军事设施、军用物资损毁,直接影响作战任务完成的;

(五)对作战造成其他危害的。

第四百二十三条　【投降罪】在战场上贪生怕死,自动放下武器投降敌人的,处三年以上十年以下有期徒刑;情节严重的,处十年以上有期徒刑或者无期徒刑。

投降后为敌人效劳的,处十年以上有期徒刑、无期徒刑或者死刑。

第四百二十四条　【战时临阵脱逃罪】战时临阵脱逃的,[1] 处三年以下有期徒刑;情节严重的,处三年以上十年以下有期徒刑;致使战斗、战役遭受重大损失的,处十年以上有期徒刑、无期徒刑或者死刑。

424-1　《军人违反职责罪立案标准》第五条　战时临阵脱逃罪是指在战斗中或者在接受作战任务后,逃离战斗岗位的行为。凡战时涉嫌临阵脱逃的,应予立案。

第四百二十五条　【擅离、玩忽军事职守罪】指挥人员和值班、值勤人员擅离职守或者玩忽职守,造成严重后果的,[1] 处三年以下有期徒刑或者拘役;造成特别严重后果的,处三年以上七年以下有期徒刑。

战时犯前款罪的,处五年以上有期徒刑。

425-1 《军人违反职责罪立案标准》第六条 擅离、玩忽军事职守罪是指指挥人员和值班、值勤人员擅自离开正在履行职责的岗位,或者在履行职责的岗位上,严重不负责任,不履行或者不正确履行职责,造成严重后果的行为。指挥人员,是指对部队或者部属负有组织、领导、管理职责的人员。专业主管人员在其业务管理范围内,视为指挥人员。值班人员,是指军队各单位、各部门为保持指挥或者履行职责不间断而设立的、负责处理本单位、本部门特定事务的人员。值勤人员,是指正在担任警卫、巡逻、观察、纠察、押运等勤务,或者作战勤务工作的人员。

涉嫌下列情形之一的,应予立案:

(一)造成重大任务不能完成或者迟缓完成的;

(二)造成死亡一人以上,或者重伤三人以上,或者重伤二人、轻伤四人以上,或者重伤一人、轻伤七人以上,或者轻伤十人以上的;

(三)造成枪支、手榴弹、爆炸装置或者子弹十发、雷管三十枚、导火索或者导爆索三十米、炸药一千克以上丢失、被盗,或者不满规定数量,但后果严重的,或者造成其他重要武器装备、器材丢失、被盗的;

(四)造成武器装备、军事设施、军用物资或者其他财产损毁,直接经济损失三十万元以上,或者直接经济损失、间接经济损失合计一百五十万元以上的;

(五)造成其他严重后果的。

第四百二十六条 (刑九)【阻碍执行军事职务罪】以暴力、威胁方法,阻碍指挥人员或者值班、值勤人员执行职务的,处五年以下有期徒刑或者拘役;情节严重的,处五年以上十年以下有期徒刑;情节特别严重的,处十年以上有期徒刑或者无期徒刑。战时从重处罚。

第四百二十七条 【指使部属违反职责罪】滥用职权,指使部属进行违反职责的活动,造成严重后果的,处五年以下有期徒刑或者拘役;情节特别严重的,处五年以上十年以下有期徒刑。

第四百二十八条 【违令作战消极罪】指挥人员违抗命令,临阵畏缩,作战消极,造成严重后果的,[1] 处五年以下有期徒刑;致使战斗、战役遭受重大损失或者有其他特别严重情节的,处五年以上有期徒刑。

428-1 《军人违反职责罪立案标准》第九条 违令作战消极罪是指指挥人员违抗命令,临阵畏缩,作战消极,造成严重后果的行为。违抗命令,临阵畏缩,作战消极,是指在作战中故意违背、抗拒执行首长、上级的命令,面临战斗任务而畏难怕险,怯战怠战,行动消极。

涉嫌下列情形之一的,应予立案:

(一)扰乱作战部署或者贻误战机的;

(二)造成作战任务不能完成或者迟缓完成的;

(三)造成我方人员死亡一人以上,或者重伤二人以上,或者轻伤三人以上的;

(四)造成武器装备、军事设施、军用物资或者其他财产损毁,直接经济损失二十万元以上,或者直接经济损失、间接经济损失合计一百万元以上的;

(五)造成其他严重后果的。

第四百二十九条 【拒不救援友邻部队罪】在战场上明知友邻部队处境危急请求救援,能救援而不救援,致使友邻部队遭受重大损失的,对指挥人员,[1] 处五年以下有期徒刑。

429-1 《军人违反职责罪立案标准》第十条 拒不救援友邻部队罪是指指挥人员在战场上,明知友邻部队面临被敌人包围、追击或者阵地将被攻陷等危急情况请求救援,能救援而不救援,致使友邻部队遭受重大损失的行为。

能救援而不救援,是指根据当时自己部队(分队)所处的环境、作战能力及所担负的任务,有条件组织救援却没有组织救援。

涉嫌下列情形之一的,应予立案:

(一)造成战斗失利的;

(二)造成阵地失陷的;

(三)造成突围严重受挫的;

(四)造成我方人员死亡三人以上,或者重伤十人以上,或者轻伤十五人以上的;

(五)造成武器装备、军事设施、军用物资损毁,直接经济损失一百万元以上的;

(六)造成其他重大损失的。

第四百三十条 【军人叛逃罪】在履行公务期间,擅离岗位,叛逃境外或者在境外叛逃，危害国家军事利益的，[1] 处五年以下有期徒刑或者拘役；情节严重的，处五年以上有期徒刑。

驾驶航空器、舰船叛逃的，或者有其他特别严重情节的，处十年以上有期徒刑、无期徒刑或者死刑。

430-1 《军人违反职责罪立案标准》第十一条　军人叛逃罪是指军人在履行公务期间，擅离岗位，叛逃境外或者在境外叛逃，危害国家军事利益的行为。

涉嫌下列情形之一的，应予立案：

（一）因反对国家政权和社会主义制度而出逃的；

（二）掌握、携带军事秘密出境后滞留不归的；

（三）申请政治避难的；

（四）公开发表叛国言论的；

（五）投靠境外反动机构或者组织的；

（六）出逃至交战对方区域的；

（七）进行其他危害国家军事利益活动的。

第四百三十一条　【非法获取军事秘密罪】以窃取、刺探、收买方法，非法获取军事秘密的，[1] 处五年以下有期徒刑；情节严重的，处五年以上十年以下有期徒刑；情节特别严重的，处十年以上有期徒刑。

（刑十一）【为境外窃取、刺探、收买、非法提供军事秘密罪】为境外的机构、组织、人员窃取、刺探、收买、非法提供军事秘密的，处五年以上十年以下有期徒刑；情节严重的，处十年以上有期徒刑、无期徒刑或者死刑。

431-1 《军人违反职责罪立案标准》第十一条　非法获取军事秘密罪是指违反国家和军队的保密规定，采取窃取、刺探、收买方法，非法获取军事秘密的行为。

军事秘密，是关系国防安全和军事利益，依照规定的权限和程序确定，在一定时间内只限一定范围的人员知悉的事项。内容包括：

（一）国防和武装力量建设规划及其实施情况；

（二）军事部署，作战、训练以及处置突发事件等军事行动中需要控制知悉范围的事项；

(三)军事情报及其来源,军事通信、信息对抗以及其他特种业务的手段、能力,密码以及有关资料;

(四)武装力量的组织编制,部队的任务、实力、状态等情况中需要控制知悉范围的事项,特殊单位以及师级以下部队的番号;

(五)国防动员计划及其实施情况;

(六)武器装备的研制、生产、配备情况和补充、维修能力,特种军事装备的战术技术性能;

(七)军事学术和国防科学技术研究的重要项目、成果及其应用情况中需要控制知悉范围的事项;

(八)军队政治工作中不宜公开的事项;

(九)国防费分配和使用的具体事项,军事物资的筹措、生产、供应和储备等情况中需要控制知悉范围的事项;

(十)军事设施及其保护情况中不宜公开的事项;

(十一)对外军事交流与合作中不宜公开的事项;

(十二)其他需要保密的事项。

凡涉嫌非法获取军事秘密的,应予立案。

第四百三十二条 【故意泄露军事秘密罪;过失泄露军事秘密罪】违反保守国家秘密法规,故意或者过失泄露军事秘密,情节严重的,[1] 处五年以下有期徒刑或者拘役;情节特别严重的,处五年以上十年以下有期徒刑。

战时犯前款罪的,处五年以上十年以下有期徒刑;情节特别严重的,处十年以上有期徒刑或者无期徒刑。

432-1 《军人违反职责罪立案标准》第十四条 故意泄露军事秘密罪是指违反国家和军队的保密规定,故意使军事秘密被不应知悉者知悉或者超出了限定的接触范围,情节严重的行为。

涉嫌下列情形之一的,应予立案:

(一)泄露绝密级或者机密级军事秘密一项(件)以上的;

(二)泄露秘密级军事秘密三项(件)以上的;

(三)向公众散布、传播军事秘密的;

(四)泄露军事秘密造成严重危害后果的;

(五)利用职权指使或者强迫他人泄露军事秘密的;

(六)负有特殊保密义务的人员泄密的;

（七）以牟取私利为目的泄露军事秘密的；

（八）执行重大任务时泄密的；

（九）有其他情节严重行为的。

《军人违反职责罪立案标准》第十五条　过失泄露军事秘密罪是指违反国家和军队的保密规定，过失泄露军事秘密，致使军事秘密被不应知悉者知悉或者超出了限定的接触范围，情节严重的行为。

涉嫌下列情形之一的，应予立案：

（一）泄露绝密级军事秘密一项（件）以上的；

（二）泄露机密级军事秘密三项（件）以上的；

（三）泄露秘密级军事秘密四项（件）以上的；

（四）负有特殊保密义务的人员泄密的；

（五）泄露军事秘密或者遗失军事秘密载体，不按照规定报告，或者不如实提供有关情况，或者未及时采取补救措施的；

（六）有其他情节严重行为的。

第四百三十三条　（刑九）【战时造谣惑众罪】战时造谣惑众，动摇军心的，[1] 处三年以下有期徒刑；情节严重的，处三年以上十年以下有期徒刑；情节特别严重的，处十年以上有期徒刑或者无期徒刑。

433-1　《军人违反职责罪立案标准》第十六条　战时造谣惑众罪是指在战时造谣惑众，动摇军心的行为。

造谣惑众，动摇军心，是指故意编造、散布谣言，煽动怯战、厌战或者恐怖情绪，蛊惑官兵，造成或者足以造成部队情绪恐慌、士气不振、军心涣散的行为。

凡战时涉嫌造谣惑众，动摇军心的，应予立案。

第四百三十四条　【战时自伤罪】战时自伤身体，逃避军事义务的，[1] 处三年以下有期徒刑；情节严重的，处三年以上七年以下有期徒刑。

434-1　《军人违反职责罪立案标准》第十七条　战时自伤罪是指在战时为了逃避军事义务，故意伤害自己身体的行为。

逃避军事义务，是指逃避临战准备、作战行动、战场勤务和其他作战保障任务等与作战有关的义务。

凡战时涉嫌自伤致使不能履行军事义务的，应予立案。

第四百三十五条　【逃离部队罪】违反兵役法规,[1]逃离部队,情节严重的,[2]处三年以下有期徒刑或者拘役。

战时犯前款罪的,处三年以上七年以下有期徒刑。

435-1　《兵役法》(2021修订)(1984年5月31日制定,1998年12月29日第一次修正,2009年8月27日第二次修正,2011年10月29日第三次修正,2021年8月20日修订)第五十八条　军人以逃避服兵役为目的,拒绝履行职责或者逃离部队的,按照中央军事委员会的规定给予处分。

军人有前款行为被军队除名、开除军籍或者被依法追究刑事责任的,依照本法第五十七条第二款的规定处罚;其中,被军队除名的,并处以罚款。

明知是逃离部队的军人而招录、聘用的,由县级人民政府责令改正,并处以罚款。

435-2　《军人违反职责罪立案标准》第十八条　逃离部队罪是指违反兵役法规,逃离部队,情节严重的行为。

违反兵役法规,是指违反国防法、兵役法和军队条令条例以及其他有关兵役方面的法律规定。

逃离部队,是指擅自离开部队或者经批准外出逾期拒不归队。

涉嫌下列情形之一的,应予立案:

(一)逃离部队持续时间达三个月以上或者三次以上或者累计时间达六个月以上的;

(二)担负重要职责的人员逃离部队的;

(三)策动三人以上或者胁迫他人逃离部队的;

(四)在执行重大任务期间逃离部队的;

(五)携带武器装备逃离部队的;

(六)有其他情节严重行为的。

《最高人民法院、最高人民检察院关于对军人非战时逃离部队的行为能否定罪处罚问题的批复》(法释〔2000〕39号,2000年12月8日)　军人违反兵役法规,在非战时逃离部队,情节严重的,应当依照刑法第四百三十五条第一款的规定定罪处罚。

第四百三十六条　【武器装备肇事罪】违反武器装备[1]使用规定,情节严重,因而发生责任事故,致人重伤、死亡或者造成其他严重后果的,[2] 处三年以下有期徒刑或者拘役;后果特别严重的,处三年以上七年以下有期徒刑。

436-1 《军人违反职责罪立案标准》第三十七条　本规定中的"武器装备",是实施和保障军事行动的武器、武器系统和军事技术器材的统称。

436-2 《军人违反职责罪立案标准》第十九条　武器装备肇事罪是指违反武器装备使用规定,情节严重,因而发生责任事故,致人重伤、死亡或者造成其他严重后果的行为。情节严重,是指故意违反武器装备使用规定,或者在使用过程中严重不负责任。

涉嫌下列情形之一的,应予立案:

(一)影响重大任务完成的;

(二)造成死亡一人以上,或者重伤二人以上,或者轻伤三人以上的;

(三)造成武器装备、军事设施、军用物资或者其他财产损毁,直接经济损失三十万元以上,或者直接经济损失、间接经济损失合计一百五十万元以上的;

(四)严重损害国家和军队声誉,造成恶劣影响的;

(五)造成其他严重后果的。

第四百三十七条　【擅自改变武器装备编配用途罪】违反武器装备管理规定,擅自改变武器装备的编配用途,造成严重后果的,[1] 处三年以下有期徒刑或者拘役;造成特别严重后果的,处三年以上七年以下有期徒刑。

437-1 《军人违反职责罪立案标准》第二十条　擅自改变武器装备编配用途罪是指违反武器装备管理规定,未经有权机关批准,擅自将编配的武器装备改作其他用途,造成严重后果的行为。

涉嫌下列情形之一的,应予立案:

(一)造成重大任务不能完成或者迟缓完成的;

(二)造成死亡一人以上,或者重伤三人以上,或者重伤二人、轻伤四人以上,或者重伤一人、轻伤七人以上,或者轻伤十人以上的;

(三)造成武器装备、军事设施、军用物资或者其他财产损毁,直接经济损失三十万元以上,或者直接经济损失、间接经济损失合计一百五十万元以上的;

(四)造成其他严重后果的。

第四百三十八条　【盗窃、抢夺武器装备、军用物资罪】盗窃、抢夺武器装备或者军用物资[1]的,[2]处五年以下有期徒刑或者拘役;情节严重的,处五年以上十年以下有期徒刑;情节特别严重的,处十年以上有期徒刑、无期徒刑或者死刑。

【盗窃、抢夺枪支、弹药、爆炸物、危险物质罪】盗窃、抢夺枪支、弹药、爆炸物的,依照本法第一百二十七条(*盗窃、抢夺枪支、弹药、爆炸物罪*)的规定处罚。

438-1　《军人违反职责罪立案标准》第三十八条　本规定中的"军用物资",是除武器装备以外专供武装力量使用的各种物资的统称,包括装备器材、军需物资、医疗物资、油料物资、营房物资等。

438-2　《军人违反职责罪立案标准》第二十一条　盗窃武器装备罪是指以非法占有为目的,秘密窃取武器装备的行为。

抢夺武器装备罪是指以非法占有为目的,乘人不备,公然夺取武器装备的行为。

凡涉嫌盗窃、抢夺武器装备的,应予立案。

盗窃军用物资罪是指以非法占有为目的,秘密窃取军用物资的行为。

抢夺军用物资罪是指以非法占有为目的,乘人不备,公然夺取军用物资的行为。

凡涉嫌盗窃、抢夺军用物资价值二千元以上,或者不满规定数额,但后果严重的,应予立案。

第四百三十九条　【非法出卖、转让武器装备罪】非法出卖、转让军队武器装备的,[1]处三年以上十年以下有期徒刑;出卖、转让大量武器装备或者有其他特别严重情节的,处十年以上有期徒刑、无期徒刑或者死刑。

439-1　《军人违反职责罪立案标准》第二十二条　非法出卖、转让武器装备罪是指非法出卖、转让武器装备的行为。出卖、转让,是指违反武器装备管理规定,未经有权机关批准,擅自用武器装备换取金钱、财物或者其他利益,或者将武器装备馈赠他人的行为。

涉嫌下列情形之一的,应予立案:

（一）非法出卖、转让枪支、手榴弹、爆炸装置的；

（二）非法出卖、转让子弹十发、雷管三十枚、导火索或者导爆索三十米、炸药一千克以上，或者不满规定数量，但后果严重的；

（三）非法出卖、转让武器装备零部件或者维修器材、设备，致使武器装备报废或者直接经济损失三十万元以上的；

（四）非法出卖、转让其他重要武器装备的。

第四百四十条　【遗弃武器装备罪】违抗命令，遗弃武器装备的，[1] 处五年以下有期徒刑或者拘役；遗弃重要或者大量武器装备的，或者有其他严重情节的，处五年以上有期徒刑。

440-1　《军人违反职责罪立案标准》第二十三条　遗弃武器装备罪是指负有保管、使用武器装备义务的军人，违抗命令，故意遗弃武器装备的行为。

涉嫌下列情形之一的，应予立案：

（一）遗弃枪支、手榴弹、爆炸装置的；

（二）遗弃子弹十发、雷管三十枚、导火索或者导爆索三十米、炸药一千克以上，或者不满规定数量，但后果严重的；

（三）遗弃武器装备零部件或者维修器材、设备，致使武器装备报废或者直接经济损失三十万元以上的；

（四）遗弃其他重要武器装备的。

第四百四十一条　【遗失武器装备罪】遗失武器装备，不及时报告或者有其他严重情节的，[1] 处三年以下有期徒刑或者拘役。

441-1　《军人违反职责罪立案标准》第二十四条　遗失武器装备罪是指遗失武器装备，不及时报告或者有其他严重情节的行为。

其他严重情节，是指遗失武器装备严重影响重大任务完成的；给人民群众生命财产安全造成严重危害的；遗失的武器装备被敌人或者境外的机构、组织和人员或者国内恐怖组织和人员利用，造成严重后果或者恶劣影响的；遗失的武器装备数量多、价值高的；战时遗失的，等等。

凡涉嫌遗失武器装备不及时报告或者有其他严重情节的，应予立案。

第四百四十二条　【擅自出卖、转让军队房地产罪】违反规定，擅自出卖、转让军队房地产，情节严重的，[1] 对直接责任人员，处三年以下有期徒刑或者拘役;情节特别严重的,处三年以上十年以下有期徒刑。

442-1 《军人违反职责罪立案标准》第二十五条 擅自出卖、转让军队房地产罪是指违反军队房地产管理和使用规定,未经有权机关批准,擅自出卖、转让军队房地产,情节严重的行为。

军队房地产,是指依法由军队使用管理的土地及其地上地下用于营房保障的建筑物、构筑物、附属设施设备,以及其他附着物。

涉嫌下列情形之一的,应予立案:

(一)擅自出卖、转让军队房地产价值三十万元以上的;

(二)擅自出卖、转让军队房地产给境外的机构、组织、人员的;

(三)擅自出卖、转让军队房地产严重影响部队正常战备、训练、工作、生活和完成军事任务的;

(四)擅自出卖、转让军队房地产给军事设施安全造成严重危害的;

(五)有其他情节严重行为的。

第四百四十三条 【虐待部属罪】滥用职权,虐待部属,情节恶劣,致人重伤或者造成其他严重后果的,[1] 处五年以下有期徒刑或者拘役;致人死亡的,处五年以上有期徒刑。

443-1 《军人违反职责罪立案标准》第二十六条 虐待部属罪是指滥用职权,虐待部属,情节恶劣,致人重伤、死亡或者造成其他严重后果的行为。虐待部属,是指采取殴打、体罚、冻饿或者其他有损身心健康的手段,折磨、摧残部属的行为。

情节恶劣,是指虐待手段残酷的;虐待三人以上的;虐待部属三次以上的;虐待伤病残部属的,等等。

其他严重后果,是指部属不堪忍受虐待而自杀、自残造成重伤或者精神失常的;诱发其他案件、事故的;导致部属一人逃离部队三次以上,或者二人以上逃离部队的;造成恶劣影响的,等等。

凡涉嫌虐待部属,情节恶劣,致人重伤、死亡或者造成其他严重后果的,应予立案。

第四百四十四条 【遗弃伤病军人罪】在战场上故意遗弃伤病军人,情节恶劣的,对直接责任人员,[1] 处五年以下有期徒刑。

444-1　《军人违反职责罪立案标准》第二十七条　遗弃伤病军人罪是指在战场上故意遗弃我方伤病军人，情节恶劣的行为。

涉嫌下列情形之一的，应予立案：

（一）为挟嫌报复而遗弃伤病军人的；

（二）遗弃伤病军人三人以上的；

（三）导致伤病军人死亡、失踪、被俘的；

（四）有其他恶劣情节的。

第四百四十五条　【战时拒不救治伤病军人罪】战时在救护治疗职位上，有条件救治而拒不救治危重伤病军人的，[1] 处五年以下有期徒刑或者拘役；造成伤病军人重残、死亡或者有其他严重情节的，处五年以上十年以下有期徒刑。

445-1　《军人违反职责罪立案标准》第二十八条　战时拒不救治伤病军人罪是指战时在救护治疗职位上，有条件救治而拒不救治危重伤病军人的行为。

有条件救治而拒不救治，是指根据伤病军人的伤情或者病情，结合救护人员的技术水平、医疗单位的医疗条件及当时的客观环境等因素，能够给予救治而拒绝抢救、治疗。

凡战时涉嫌拒不救治伤病军人的，应予立案。

第四百四十六条　【战时残害居民、掠夺居民财物罪】战时在军事行动地区，残害无辜居民或者掠夺无辜居民财物的，[1] 处五年以下有期徒刑；情节严重的，处五年以上十年以下有期徒刑；情节特别严重的，处十年以上有期徒刑、无期徒刑或者死刑。

446-1　《军人违反职责罪立案标准》第二十九条　战时残害居民罪是指战时在军事行动地区残害无辜居民的行为。

无辜居民，是指对我军无敌对行动的平民。

战时涉嫌下列情形之一的，应予立案：

（一）故意造成无辜居民死亡、重伤或者轻伤三人以上的；

（二）强奸无辜居民的；

（三）故意损毁无辜居民财物价值五千元以上，或者不满规定数额，但手段恶劣、后果严重的。

战时掠夺居民财物罪是指战时在军事行动地区抢劫、抢夺无辜居

民财物的行为。战时涉嫌下列情形之一的,应予立案:

(一)抢劫无辜居民财物的;

(二)抢夺无辜居民财物价值二千元以上,或者不满规定数额,但手段恶劣、后果严重的。

第四百四十七条 **【私放俘虏罪】**私放俘虏的,处五年以下有期徒刑;私放重要俘虏、私放俘虏多人或者有其他严重情节的,处五年以上有期徒刑。

第四百四十八条 **【虐待俘虏罪】**虐待俘虏,情节恶劣的,[1] 处三年以下有期徒刑。

448-1 《军人违反职责罪立案标准》第三十一条 虐待俘虏罪是指虐待俘虏,情节恶劣的行为。

涉嫌下列情形之一的,应予立案:

(一)指挥人员虐待俘虏的;

(二)虐待俘虏三人以上,或者虐待俘虏三次以上的;

(三)虐待俘虏手段特别残忍的;

(四)虐待伤病俘虏的;

(五)导致俘虏自杀、逃跑等严重后果的;

(六)造成恶劣影响的;

(七)有其他恶劣情节的。

第四百四十九条 **【战时缓刑】**在战时,对被判处三年以下有期徒刑没有现实危险宣告缓刑的犯罪军人,允许其戴罪立功,确有立功表现时,可以撤销原判刑罚,不以犯罪论处。

第四百五十条 **(刑十一)【本章适用的主体范围】**本章适用于中国人民解放军的现役军官、文职干部、士兵及具有军籍的学员和中国人民武装警察部队的现役警官、文职干部、士兵及具有军籍的学员以及文职人员、执行军事任务的预备役人员和其他人员。

第四百五十一条 **【战时的界定】**本章所称战时,是指国家宣布进入战争状态、部队受领作战任务或者遭敌突然袭击时。

部队执行戒严任务或者处置突发性暴力事件时,以战时论。

附　　则

第四百五十二条　【生效日期及法律的废止与保留】本法自1997年10月1日起施行。

列于本法附件一的全国人民代表大会常务委员会制定的条例、补充规定和决定,已纳入本法或者已不适用,自本法施行之日起,予以废止。

列于本法附件二的全国人民代表大会常务委员会制定的补充规定和决定予以保留,其中,有关行政处罚和行政措施的规定继续有效;有关刑事责任的规定已纳入本法,自本法施行之日起,适用本法规定。

附件一

全国人民代表大会常务委员会制定的下列条例、补充规定和决定,已纳入本法或者已不适用,自本法施行之日起,予以废止:

1. 中华人民共和国惩治军人违反职责罪暂行条例
2. 关于严惩严重破坏经济的罪犯的决定
3. 关于严惩严重危害社会治安的犯罪分子的决定
4. 关于惩治走私罪的补充规定
5. 关于惩治贪污罪贿赂罪的补充规定
6. 关于惩治泄露国家秘密犯罪的补充规定
7. 关于惩治捕杀国家重点保护的珍贵、濒危野生动物犯罪的补充规定
8. 关于惩治侮辱中华人民共和国国旗国徽罪的决定

9. 关于惩治盗掘古文化遗址古墓葬犯罪的补充规定

10. 关于惩治劫持航空器犯罪分子的决定

11. 关于惩治假冒注册商标犯罪的补充规定

12. 关于惩治生产、销售伪劣商品犯罪的决定

13. 关于惩治侵犯著作权的犯罪的决定

14. 关于惩治违反公司法的犯罪的决定

15. 关于处理逃跑或者重新犯罪的劳改犯和劳教人员的决定

附件二

全国人民代表大会常务委员会制定的下列补充规定和决定予以保留,其中,有关行政处罚和行政措施的规定继续有效;有关刑事责任的规定已纳入本法,自本法施行之日起,适用本法规定:

1. 关于禁毒的决定*

2. 关于惩治走私、制作、贩卖、传播淫秽物品的犯罪分子的决定

3. 关于严惩拐卖、绑架妇女、儿童的犯罪分子的决定

4. 关于严禁卖淫嫖娼的决定

5. 关于惩治偷税、抗税犯罪的补充规定**

6. 关于严惩组织、运送他人偷越国(边)境犯罪的补充规定

7. 关于惩治破坏金融秩序犯罪的决定

8. 关于惩治虚开、伪造和非法出售增值税专用发票犯罪的决定

---

* 《中华人民共和国禁毒法》(2007 年 12 月 29 日通过)第七十一条废止了《关于禁毒的决定》。

** 2009 年 6 月 27 日,《全国人民代表大会常务委员会关于修改部分法律的决定》将第五项和第六项废止。

附录一　关键词索引

E

F

K

L

M

附录二　刑法总则法定量刑情节一览表*

<table>
<tr><th colspan="2" rowspan="2"></th><th colspan="2">犯罪主体</th><th colspan="2">违法阻却事由</th><th>犯罪未完成</th><th colspan="3">共犯</th><th>量刑</th></tr>
<tr><th>已满七十五周岁的人（过失犯罪）</th><th>未成年人（已满十四周岁）</th><th>防卫过当</th><th>紧急避险过当</th><th>中止犯</th><th>从犯</th><th>胁从犯</th><th>教唆未成年人犯罪</th><th>累犯（过失犯罪和未成年人除外）</th></tr>
<tr><td rowspan="4">应当</td><td>从重</td><td></td><td></td><td></td><td></td><td></td><td></td><td></td><td>●</td><td>●</td></tr>
<tr><td>从轻</td><td>●</td><td>●</td><td></td><td></td><td></td><td>●</td><td></td><td></td><td></td></tr>
<tr><td>减轻</td><td>●</td><td>●</td><td>●</td><td>●</td><td>●</td><td>●</td><td>●</td><td></td><td></td></tr>
<tr><td>免除</td><td></td><td></td><td>●</td><td>●</td><td>●</td><td>●</td><td>●</td><td></td><td></td></tr>
</table>

<table>
<tr><th colspan="2" rowspan="2"></th><th colspan="3">犯罪主体</th><th colspan="2">犯罪未完成</th><th>共犯</th><th colspan="5">刑罚的裁量</th></tr>
<tr><th>已满七十五周岁的人（故意犯罪）</th><th>精神病人</th><th>又聋又哑的人或者盲人</th><th>预备犯（比照既遂犯）</th><th>未遂犯（比照既遂犯）</th><th>教唆未遂</th><th>自首</th><th>坦白</th><th>立功</th><th>重大立功</th><th>犯罪情节轻微</th></tr>
<tr><td rowspan="4">可以</td><td>从重</td><td></td><td></td><td></td><td></td><td></td><td></td><td></td><td></td><td></td><td></td><td></td></tr>
<tr><td>从轻</td><td>●</td><td>●</td><td>●</td><td>●</td><td>●</td><td>●</td><td>●</td><td>●</td><td>●</td><td></td><td></td></tr>
<tr><td>减轻</td><td>●</td><td>●</td><td>●</td><td>●</td><td>●</td><td>●</td><td>●</td><td>●</td><td>●</td><td>●</td><td></td></tr>
<tr><td>免除</td><td></td><td></td><td>●</td><td>●</td><td></td><td></td><td>●</td><td></td><td></td><td>●</td><td>●</td></tr>
</table>

*1. 属于“应当”的法定量刑情节一般为减轻或免除，较少为从轻。
2. 属于“可以”的法定量刑情节一般为从轻或减轻，较少为免除。
3. 涉及犯罪主体的法定量刑情节，除又聋又哑的人或者盲人外，无论是“应当”，还是“可以”，均为从轻或减轻。
4. 从重只有“应当”，没有“可以”。